KB183986

LIRE LE CAPITAL

Lire le Capital
by Louis Althusser, Étienne Balibar, Roger Establet, Pierre Macherey, Jacques Rancière

LIRE LE CAPITAL

『자본』을 읽자

LOUIS ALTHUSSER·ÉTIENNE BALIBAR
ROGER ESTABLET·PIERRE MACHEREY·JACQUES RANCIÈRE
루이 알튀세르 · 에티엔 발리바르 · 로제 에스타블레 · 피에르 마슈레 · 자크 랑시에르

그린비

진태원 · 배세진 · 김은주 · 안준범 옮김

일러두기

1. 이 책은 1965년에 초판이 발행된 *Lire le Capital*을 완역한 것이다. 우리말 번역은 1996년 PUF(프랑스대학출판부)에서 '카드리주'Quadrige 총서 중 한 권으로 발행된 3판 판본을 바탕으로 했다. *Lire le Capital*의 여러 판본 간행과 관련해서는 이 책에 실린 「3판 편자 서문」에서 구체적 내용을 확인할 수 있다.

2. 이 책의 번역은 진태원, 배세진, 김은주, 안준범이 각자 맡은 장章을 책임 번역하는 방식으로 이루어졌다. 다만 책 말미에 단 '해제'는 옮긴이 가운데 한 사람인 진태원이 썼다.

3. 원서의 이탤릭 강조 부분은 굵은 글씨로 표시했고, 원서에서 내주 형태로 있던 출처 주는 국내 독자들의 가독성을 높이고자 각주 형태로 일관성 있게 본문 하단에 정리했다. 출처 주들 가운데 국역본이 있는 경우에는 필요에 따라 옮긴이가 대괄호로 서지 정보를 부연해주었고 (구체적 서지 정보는 맨 처음 나올 때만 적고, 이후 여러 번 반복되면 제목과 쪽만 간략히 적었다), 국역본이 없는 경우에는 제목만 번역해 역시 대괄호 안에 묶었다.

4. 본문과 인용문, 각주의 대괄호([ ]) 부분은 모두 옮긴이가 부연한 것이다. 본문의 소괄호(( ))는 알튀세르 등 원서의 지은이가 단 것이며, 이들이 인용문 내에서 추가한 부연 설명은 중괄호({ })로 묶었다(단, 인용문 내에서 지은이의 부연이 아닌 것은 옮긴이 주로 별도 설명을 달아두었다). 각주 가운데 원서에 있던 주석은 번호로만, 독자의 이해를 돕기 위해 옮긴이들이 단 주석은 ❖ 표시를 추가해 구분했다. 원서에서 지은이들이 병기한 독일어 원문이나 특별한 부연을 위해 쓴 용어는 괄호로 묶었으나, 그 이외의 프랑스어 원문을 옮긴이들이 단순 병기할 때는 괄호를 달지 않았다.

5. 원서의 인용문 가운데 『자본』을 인용한 경우, 알튀세르 등 지은이가 제시하는 프랑스어 번역을 직접 옮긴 뒤 국역본(강신준이 옮긴 『자본』, 길, 2008~2010)을 참고하여 때에 따라서는 번역 내용을 수정하고 그 서지 정보를 제시하는 방식을 취했다. 『자본』 이외의 텍스트 또한 원서의 내용을 직접 우리말로 옮긴 뒤 해당 국역본 참조가 필요하다 판단할 경우 그것과 대조해 수정하고 그 서지 정보를 제시했다. 이는 번역의 무게중심을 지은이들의 논의 맥락을 존중하는 데 두기 위함이다.

6. 원서의 출처 주 가운데 "Tome I, chapitre 1, paragraphe 10" 방식으로 되어 있는 서지사항은, 애초 프랑스에서 두 분책으로 출간되었던 초판의 1권(Tome I) 10절(paragraphe 10)을 지시하는 것이다. 이를테면 알튀세르는 원서에 실린 자신의 두 번째 논문 「『자본』의 대상」(이 번역서에서는 3장)에서 첫 번째 논문 「『자본』에서 마르크스의 철학으로」(이 번역서에서는 서장)를 빈번히 참조하면서 관련 출처를 그렇게 지시하고 있다.

7. 단행본이나 정기간행물 등은 겹낫표(『 』)로, 단편이나 논문, 책 속의 장 등은 홑낫표(「 」)로 표기했다.

8. 외국어 인명, 지명 등 고유명사는 국립국어원 외래어 표기법 용례에 따라 적되 국내에서 이미 굳어진 것이거나 옮긴이들의 판단이 다를 경우 예외를 두기도 했다.

차례

3판 편자 서문

에티엔 발리바르 외[1] / 배세진 옮김

우리가 여기에서 그 새로운 판본[즉 3판]을 제시하는 집단 저작 『"자본"을 읽자』는 여러 해 전부터 절판되어 구할 수 없게 되었다. 하지만 그럼에도 이 저작은, [1]('마르크스주의'의 다양한 조류 너머에서 수행되는) 마르크스의 사상에 대한 해석, 혹은 [2]('내부주의적' 모델과 '외부주의적' 모델 사이에서 취해진) 인식론의 대상과 지위, 혹은 [3]'주체' 범주에 대한 비판—더 아래[이 글의 뒷부분]에서 언급될 그 불확실성들에도 불구하고, 구조주의라는 통념notion은 이 주체 범주 비판의 신호탄signal 역할을 일정 기간 동안 수행했다—이 촉발하는 정치철학과 역사이론의 질문들, 이 세 가지가 생산하는 토론과 연구의 탐지

1 ❖ 이 서문은 이하 내용에서 언급되는 바에 비추어, 아마도 에티엔 발리바르를 주축으로 다른 두 명의 엮은이가 함께 쓴 것으로 추정된다. 아울러 독자들은 이 서문에서 1판과 2판의 서문도 같이 읽어볼 수 있다.

점과 준거점으로 활용되기를 멈추지 않고 있다.

이 세 가지 이론적 맥락은 1960년대의 지적 운동에서 전형적인 것들이며, 그 효과가 오늘날까지도 느껴진다. 『"자본"을 읽자』는 이 세 가지 이론적 맥락들 간 연접을 각별히 표상한다. 이 저작은, 그 안에 담기게 될 텍스트들 속에서 서로 지속적으로 엮여 있는 모습을 발견하게 될 서로 다른 기획들 간의 마주침(과 상호적 긴장)의 지점 위에 놓여 있다(이 텍스트들의 각 저자들은 이 기획들에 자신만의 빛을 비추고 자신만의 강조점을 부여하고자 시도한다). 첫 번째 기획은 마르크스의 과학적 저작[즉 『자본』]을 비판적으로 재독해하고, 마르크스의 이 [『자본』의] 개념들을 인간과학의 장 전체에서 동원하는 것이다. 두 번째 기획은 '구조인과성'causalité structurale이라는 관념의 견지에서 변증법의 범주와 형상을 재주조하는refonte 것이다. 이 두 번째 기획에서 구조인과성이라는 관념은, 프로이트의 정신분석학 개념이 임상의학(그 고유한 의미에서의)이 지니는 경계를 넘어 취하는 유효범위에 관한 성찰과도, 인식에 관한(즉 인식의 토대와 기준들에 관한) 이론[즉 '과학적 인식론'épistémologie과는 구분되는 '인식(조건)에 관한 이론'théorie de la connaissance] 전체를 텍스트에 대한 '증상적 독서'lecture symptomale[혹은 증상적 독해]의 문제설정, '이론적 실천'pratique théorique의 문제설정 그리고 '인식효과'effets de connaissance의 물질적 생산의 문제설정으로 대체하고자 하는 철학적 시도와도 분리 불가능하다. 앞의 두 기획 모두를 (최소한 주관적으로는) 지배했던 마지막 기획은 스피노자적 영감으로부터 출발하는(혹은, 이 시기 알튀세르가 정식화한 방식인 '이론적 반인간주의'antihumaniste théorique로부터 출발하는) 공산주의적 정치에 대해 탐구하는 것이다. 이 스피노자적 영감은 공산주의적 정치를 '필연성의 지배[필연의 왕국]로부터의 탈출'sortie du règne de la nécessité(마르크스가 『자본』 3권에서 제시했으며 엥겔스가 『반뒤링』에서 다시 취했던 저 유명한 헤겔적 정식을 따르자면)로서 사고하기보다는 자유의 필연적 생성devenir nécessaire de la liberté으로 사고한다.

이 모든 이유로 인해, 그리고 토론을, 심지어는 논쟁을 촉발하기를 절대로 멈추지 않으면서, 『"자본"을 읽자』는 프랑스의, 그리고 프랑스 바깥의 많은 이의 눈에는 결국 일종의 고전으로 비쳤다. 그러나 원래 이 저작은 루이 알튀세르Louis Althusser의 지도하에 1964~1965학년에 윌므가rue d'Ulm 파리고등사범학교École normale supérieure—당시 알튀세르는 이 교육기관에서 '교수자격시험 지도강사'agrégé répétiteur와 문리대 서기secrétaire 역할을 맡고 있었다—에서 열린 세미나의 기록일 뿐이었다.[2] 이 판본[즉 3판]의 확립과 관련해 필수적으로 언급해야 하는 사항과 이 판본을 이전 판본[즉 1판과 2판]으로부터 구분해주는 바를 제시하기 이전에, 이 세미나의 정황들에 대해 간략히 상기해보겠다.

『"자본"을 읽자』의 기원이 되는 세미나는 교수자들의 제안으로 혹은 학생들의 요구로 (대개의 경우 교수자들과 학생들 사이의 조율 이

---

2 알튀세르는 윌므가 파리고등사범학교에서 1948~1980년에 가르쳤다. Cf. Étienne Balibar, "notice Althusser"(Louis), *Bulletin de l'Association amicale de secours des anciens élèves de l'École normale supérieure*, année 1993, 45, rue d'Ulm, 75005 Paris와 Yann Moulier-Boutang, *Louis Althusser, une biographie*, Paris, Grasset(tome I: 1992; tome II: à paraître)를 참조하라[전자의 국역으로는 에티엔 발리바르 외, 진태원 외 옮김, 『뉴레프트리뷰 6』, 길, 2015에 실린 에티엔 발리바르, 장진범 옮김, 「알튀세르와 윌므가」를 보라. 참고로 후자 즉 얀 물리에-부탕의 알튀세르 전기는 1권만 출간되었고 예고되었던 2권은 출간되지 못했다].

후) 파리고등사범학교에서 조직되었던 연구자 양성을 위한 교육활동의 일환으로 출발한 것이다. 원칙적으로 이 교육활동은 정해진 학부(이 세미나의 경우에는 철학부)의 학생들을 대상으로 하는 것이었지만, (이학부나 문학부 같은) 다른 학부 학생들에게도, 그리고 교육기관 바깥의 적지 않은 수의 청강자와 참여자에게도 공개될 수 있었다. 이 세미나 이전에 알튀세르가 조직했던 세미나는 각각 '청년 마르크스'(1961~1962), '구조주의의 기원들'(1962~1963), '라캉과 정신분석학'(1963~1964)을 대상으로 했다. 마르크스의 『자본』에 대한 집단적 재독해와 『자본』의 일반적인 철학적 유효범위에 대한 논증에 할애된 1964~1965학년도 세미나는 이전 세미나들의 성과물에 대한 일종의 요약과 재투자를 구성했다.

이 작업들이 취하는 연속성은, 알튀세르의 최초의 이론적 시론들(이후, 1965년 프랑수아 마스페로François Maspero 출판사에서 『마르크스를 위하여』로,[3] 1976년 에디시옹 소시알Éditions Sociales 출판사에서 『입장들』로[4] 출판되는)에 대한 암묵적이거나 명시적인(하지만 전혀 배타적이지는 않은) 참조를 통해, 그리고 또한, 1958년 이후 몇몇 파리고등사범학교 출신 연구자들—이들은, 고유한 의미에서 하나의 집단을 형성하지는 않으면서, 몇몇 이해관심과 [정치]참여를 공유

---

3 파리의 라 데쿠베르트 출판사Éditions La Découverte에서 '정초들'Fondations 총서로 1986년에 재간행되었다.

4 그중에서도 특히, 지금 *Écrits sur la psychanalyse. Freud et Lacan*[『정신분석학에 관한 저술들. 프로이트와 라캉』], Louis Althusser, textes réunis et présentés par Olivier Corpet et François Matheron, Paris, Stock/IMEC, 1993에서 찾아볼 수 있는 1964년의 텍스트 「프로이트와 라캉」Freud et Lacan을 말한다[「프로이트와 라캉」의 국역본으로는 루이 알뛰세르, 김동수 옮김, 「프로이트와 라깡」, 『아미엥에서의 주장』, 솔출판사, 1991 참조].

했다—과 알튀세르가 행한 이어지는 협력 작업에 의해 담보되었다. 이전 학년도[즉 1963~1964학년도]가 끝나갈 시점에 기획된 『"자본"을 읽자』 세미나는 이렇게 알튀세르, 에티엔 발리바르Étienne Balibar, 이브 뒤루Yves Duroux 그리고 자크 랑시에르Jacques Rancière(이 셋은 당시 파리고등사범학교 5학년 학생이었다)가 집단적으로 준비했다. 이브 뒤루와 장-클로드 밀네르Jean-Claude Milner는 마르크스의 텍스트 「자본주의 생산양식 이전의 형태들」Formes antérieures au mode de production capitaliste을 세미나 전에 번역했다(이 번역본은 출간된 바 없다).[5] 알제리로 연수를 떠났다가 돌아온 로베르 린아르Robert Linhart는 당시 사전 준비 토론에 참여했다. 파리고등사범학교를 이미 졸업한 피에르 마슈레Pierre Macherey는 이 세미나에 참여하기 위해 파리고등사범학교로 돌아왔다. [역시] 파리고등사범학교를 이미 졸업한 철학자 로제 에스타블레Roger Establet는 [원거리에서 세미나의 내용을 간접적으로 공유한 뒤] 세미나 이후 이 책의 결론을 맺는 텍스트를 작성했다.

관념들의 (제도화되지 않았지만 엄밀한 성격을 지니는) 이러한 유통은 자연스럽게도 다른 이론적 장소들과 또한 함께 존재했다. 무엇보다도 먼저 파리대학교의 과학사센터Institut d'histoire des sciences de l'Université de Paris의 조르주 캉길렘Georges Canguilhem 세미나—

5 "Formen, die der kapitalistischen Produktionsweise vorhergehen", *Grundrisse der Kritik der politschen Ökonomie*(manuscrit de 1857-1858)의 일부[칼 맑스, 김호균 옮김, 『정치경제학 비판 요강』 2권, 그린비, 2000의 「자본주의적 생산에 선행하는 형태들」 참조. 본문에서는 「자본주의 생산에 선행하는 형태들」, 줄여서 「선행하는 형태들」로 표기했다].

알튀세르의 여러 제자가 해마다 이 세미나에 참석했다[6]—를, 그리고 또한 1964년 1월부터 파리고등사범학교로 자리를 옮긴 자크 라캉의 세미나[7]를 언급하도록 하자. 하지만 『"자본"을 읽자』에서 언급된 주제들로 우리 논의를 한정하자면, 관념들 혹은 질문들의 교환은 다른 집단들과도 동일하게 행해졌다. 예를 들어 1962년 『야생의 사고』*La Pensée sauvage*가 출간되었을 때, 클로드 레비-스트로스Claude Lévi-Strauss는 변증법과 역사에 관한 사르트르의 개념화에 대해 이전에 자신이 이미 제출한 바 있는 비판적 견해를 가지고 (특히 뤼시앵 골드만Lucien Goldmann과 뤼시앵 세바그Lucien Sebag가 참석한 자리에서) 토론하기 위해 파리고등사범학교를 방문했다는 점을 지적하자. 마찬가지로 고등연구실천원École pratique des Hautes Études(6부)에서 사회주의적 계획화의 이론적 문제들에 관한 샤를 베틀렘Charles Bettelheim의 세미나와, 고등연구실천원에서 발랑디에G. Balandier가 총괄하던 아프리카연구센터Centre d'Études africaines에서의 클로드

6 Cf. Pierre Macherey, "La philosophie de la science de Georges Canguilhem"[「조르주 캉길렘의 과학철학」], présentation de Louis Althusser, *La Pensée*[『라 팡세』], n. 113, janvier-février 1964.

7 1960년대 초 알튀세르와 라캉의 마주침에 관해서는 cf. Élisabeth Roudinesco, *La bataille de cent ans. Histoire de la psychanalyse en France*[『백년 전쟁. 프랑스 정신분석학사』], vol. 2, Éditions du Seuil, 1986, p. 386 이하를 보라. 이 책에서 루디네스코는 알튀세르와 라캉의 마주침이 라캉이 *Revue de l'enseignement philosophique*[『철학교육평론』](13e année, n. 5, juin-juillet 1963)에 수록된 알튀세르의 논문 "Philosophie et sciences humaines"[『철학과 인문과학』]을 읽음으로써 이루어지게 된 것이라고 주장한다. '구조주의'의 구성이라는 이론적 정세에서, 결정적 사건은 *La Nouvelle Critique*[『신비평』](n. 161~162, décembre 1964~janvier 1965)에 알튀세르의 텍스트 「프로이트와 라캉」이 게재된 것이었다. 우리는 특히, 이 책에 수록된 랑시에르의 텍스트에서 학술지 *La Psychanalyse*[『정신분석학』](PUF, 1956년에서 1964년 사이에 8호까지 출간됨)에 실린 라캉의 논문들—이후 자크-알랭 밀레르Jacques-Alain Miller가 확립한 체계적 색인과 함께 에디시옹 뒤 쇠이유Éditions du Seuil에서 1966년 출간된 『에크리』*Écrits*에 재수록된—에 대한 여러 참조를 발견할 수 있을 것이다.

메이야수Claude Meillassoux의 작업들[8]을 언급해두자.

『자본』에 관한 이 세미나는 윌므가 파리고등사범학교의 악트홀 Salle des Actes에서 30여 명은 넘지 않으면서도 일반적 회차séances에 비해서는 더 많은 수의 청강자 앞에서 1965년 1월 말과 4월 초 사이에 10여 회에 걸쳐 열렸다. 알튀세르의 세미나 개시 이후, 모리스 고들리에Maurice Godelier가 몇 년 전 학술지 『경제와 정치』*Économie et politique*에 실린 자신의 세 논문의 주제들을 다시 취해 첫 번째 발표를 했다.[9] 발표가 행해진 순서대로 말하자면, 고들리에의 뒤를 이어 랑시에르가, 그다음으로 마슈레가 발표했으며, 그 뒤에 다시 랑시에르가 자신의 발표를 마무리하는 발언을 했으며, 그다음으로 알튀세르 자신이, 마지막으로 발리바르가 발표했다. 이 발표들 모두에서, 각각의 발표가 끝날 때마다 모든 청강자가 함께 토론을 이어갔다.[10]

---

8 1960년 12월, 메이야수는 *Cahiers d'Études africaines*[『아프리카 연구지』] 4호에 자신의 논문 "Essai d'interprétation du phénomène économique dans les sociétés traditionnelles d'auto-subsistance"(「자급자족적 전통 사회들에서의 경제 현상 해석에 관한 시론」)을 발표했다(이 논문은 이후 출간되는 자신의 저서 *Anthropologie économique des Gouro de Côte-d'Ivoire*[『코트-디부아르 구로족에 대한 경제인류학』], Paris-La Haye, Mouton & Co., 1964의 내용을 미리 제시하고 있다). 몇 년 뒤 에마뉘엘 테레Émmanuel Terray는 메이야수의 작업들을 『"자본"을 읽자』에서 제시된 명제들과 맞세우는 방식으로 메이야수의 작업으로 되돌아왔다. 그의 텍스트 "Le matérialisme historique devant les sociétés lignagères et segmentaires"[「혈족사회와 환절사회 앞에선 역사유물론」], in *Le marxisme devant les sociétés "primitives". Deux études*[『'원시'사회들 앞에 선 마르크스주의. 두 연구』], Théorie V., Librairie François Maspero, 1969를 보라.

9 Maurice Godelier, "Les structures de la méthode du Capital de Karl Marx"(「칼 마르크스의 "자본"의 방법의 구조들」), *Économie et politique*(『경제와 정치』), n. 70 et 71, mai et juin 1960; "Quelques aspects de la méthode du Capital"(「"자본"의 방법의 몇몇 측면들」), *Ibid*., n. 80, mars 1961(이 두 논문 모두 *Rationalité et irrationalité en économie*(『경제에서 합리성과 비합리성』), Librairie François Maspero, 1966에 수록됨).

10 각각의 세미나마다 녹음기를 활용한 녹취가 행해졌는데 이 녹취는 당시에는 알튀세르가 보관했고, 지금은 현대출판기록물연구소IMEC, Institut Mémoires de l'Édition Contemporaine

세미나가 종결된 후 알튀세르는 (고들리에를 제외한) 모든 참여자에게 각자 발표한 내용으로 논문을 작성하고 이를 한 번 더 검토해 달라고 요구했다. 알튀세르 자신은 서론으로서 「『자본』에서 마르크스의 철학으로」[번역서의 「서장」]를 6월 중 불과 며칠 만에 작성했다. 세미나의 내용을 원거리에서 [간접적으로] 공유했던 에스타블레는 자신의 논문 「『자본』의 플란에 대한 시론」을 송고했다. 이렇게 구성된 두 권의 책[두 분책으로 구성된 『"자본"을 읽자』 1판]은, 논문 선집 『마르크스를 위하여』와 함께, 프랑수아 마스페로 출판사에서 알튀세르의 지도하에 출간되는, '이론'Théorie이라는 명칭의 새로운 총서를 개시하는 책들이 될 예정이었다. 그리하여 이 두 권의 책은 ['이론' 총서 1권으로 출간된 『마르크스를 위하여』에 이어] '이론' 총서의 2권과 3권으로 1965년 11월에 출간되었다.[11]

두 분책으로 구성된 1판(1분책은 알튀세르, 랑시에르, 마슈레의 논문으로 구성되었으며, 2분책은 알튀세르, 발리바르, 에스타블레의 논문으로 구성되었다)은 알튀세르의 서문[즉 「『자본』에서 마르크스의 철학으로」]에 이어, 다음과 같은 서문avertissement(1분책의 91~92쪽)을 포함했다.

가 소장하고 있으며 열람도 가능하다. 현대출판기록물연구소의 알튀세르 아카이브Fonds Althusser는 이 세미나와 관련한 준비 노트와 원고, 그리고 알튀세르가 스스로 주석을 달고 교정한 『"자본"을 읽자』 1판 몇 부 또한 소장하고 있다(IMEC, 25, rue de Lille, 75007 Paris).

11 이 총서의 4권 자리를 배정받게 된 책은 1966년 출간된 마슈레의 책 『문학생산의 이론을 위하여』*Pour une théorie de la production littéraire*였다. 1965년에서 1981년 사이에 프랑수아 마스페로 출판사에서 출간된 '이론' 총서는 이론을 상징하는 절뚝거리는 거위가 그려진 장식 컷을 표지에 담고 있는데, 건축가 자크 르뇨Jacques Regnault가 그린 것으로 라벤나Ravenne의 모자이크를 배경으로 하고 있다[국역판은 피에르 마슈레, 윤진 옮김, 『문학생산의 이론을 위하여』, 그린비, 2014를 참조].

곧 우리가 읽게 될 논문들은 그 발표가 행해졌던 순서에 따라 이 책에 다시 실렸다. 한 가지 예외는 자크 랑시에르의 논문 다음에 위치해 있는 피에르 마슈레의 연구인데, 이 연구는 [여기 실린 순서와 달리] 랑시에르 발표의 첫 번째 부분과 두 번째 부분 사이에 발표되었다.

로제 에스타블레의 텍스트와 [루이 알튀세르의] 전체 서문(1분책의 첫 번째 장)은 세미나 이후에 따로 작성된 것이다.

『자본』에 할애된 이 저작의 2분책 **끝**에 마르크스의 저작[즉 『자본』]의 플랜plan을 취급하는 일련의 언급[즉 에스타블레의 글 「『자본』의 플랜에 대한 시론」]을 배치하는 것이 역설적으로 보일 수도 있다. 하지만 우리는 다음 두 가지 이유에서 이러한 선택을 했다. 우선, 『자본』의 플랜은 그것이 『자본』에 대한 비판적 독해를 통해 확인된 문제들에 대한 **지표**indice로 개념화된다는 조건하에서만 성찰의 대상이 될 수 있기 때문이다. 그다음으로, 이러한 비판적 독해를 요약하는 (『자본』의 플랜에 대한) '올바른 독해'가 마르크스의 텍스트와 직접적 관계를 맺는 최고의 입문이기 때문이다.

독자들은, 우리보다도 더 정확히, 우리의 발표문 사이의 마주침, 교차 혹은 분기 들을 평가할 수 있을 것이다. 우리가 각기 고유한 방식으로 마르크스의 텍스트 안에서 우리의 길을 만들어냈다 해도, 우리는 우리의 자유가 혹은 우리의 고집이 어떤 것이었든지 간에 우리의 것 이전의 노선들에도 또한 아주 자연스럽게 주목했다. 그리고 심지어 우리가 이 이전의 노선들과 만나지 않았을 때에도 이 노선들은 우리에게 탐지점이 돼주었다. 이렇게, 다른 정황들 속에서 세공된, 하지만 우리의 텍스트들 안에 자리한 몇몇 중요 개념이 우리에게 탐지점 역할을 해주었다. 예를 들어, 자크 라캉의 지크문트 프로이트에 대한 독해를 주제로 하는 이전 세미나에서 자크-알랭 밀레르가 정의한 '환유적 인과성'causalité métonymique 개념을 중심으로 구성된 통념들이 그러하다.

『자본』 인용 시 우리는 (총 8분책의) 에디시옹 소시알판을 활용한다. 로마 숫자는 이 분책의 번호를 지시하며 아라비아 숫자는 쪽수를 지시한다. 그래서 *Capital*, IV, 105는 *Le Capital*, Éditions Sociales, tome IV, p. 105[에디시옹 소시알판 『자본』 4분책 105쪽]를 지시한다.[12]

『잉여가치학설사』*Théories sur la plus-value, Theorien über den Mehrwert*는 몰리토르Molitor의 번역으로 코스트Costes 출판사에서 펴낸 *Histoire des doctrines économiques*[『경제학설사』](총 8분책)를 인용했다. 우리는 『자본』의 분책과 쪽수 번호를 지시하는 방식과 동일한 방식을 이 책과 관련해서도 활용한다.[13]

---

12 알튀세르가 여기서 참조하는 총 8분책으로 구성된 판본은 에디시옹 소시알 출판사에서 '칼 마르크스 전집'*Œuvres complètes de Karl Marx* 시리즈로 1953년과 1957년 사이에 출판되었다. 『자본』 1권(1분책부터 3분책까지)은 "저자[즉 마르크스]에 의해 그 전체가 검토와 수정을 거친" 1873년의 조제프 루아Joseph Roy의 역사적 번역본이며, 2권(4분책부터 5분책까지)은 에르나 코니오Erna Cogniot의 번역본이고, 3권(6분책부터 8분책까지)은 C. 코엔-솔랄C. Cohen-Solal과 질베르 바디아Gilbert Badia의 번역본이다. 따라서 독자들은 『"자본"을 읽자』의 저자들이 활용한 **분책** 표시와, 『자본』에 대한 좀 더 일반적으로 통용되는 참조 표시[즉 『자본』 1권, 2권, 3권이라는 일반적 구분]를 혼동하지 않도록 주의해야 한다.

후에 이 동일한 번역이 모스크바의 프로그레 출판사Éditions du Progrès와 프랑스의 에디시옹 소시알 출판사 각각에서 (문고판 형태의) **세 분책**으로(즉 『자본』 1권, 2권, 3권이 각각 1분책, 2분책, 3분책으로) 재간되었다. 또한 루아가 번역한 1권은 알튀세르의 **해제**Présentation와 함께 1969년 '가르니에-플라마리옹'Garnier-Flammarion 출판사에서 문고판으로 다시 간행되었다. 장-피에르 르페브르Jean-Pierre Lefebvre의 책임 아래 일군의 번역자에 의해 "독일어 4판을 저본으로 삼아 번역된" 『자본』 1권의 **새로운 프랑스어 번역**은 메시도르Messidor 출판사/에디시옹 소시알 출판사에서 1983년 출간되었으며, 프랑스대학출판부의 '카드리주'Quadrige 총서로 1993년 재간되었다. 마르크스의 수정에 따라 매겨진 이 번역본의 장 번호는, 루아 번역본을 가져온 여러 판본의 장 번호와 다르다는 점을 기억하자(알튀세르의 주가 아닌 편자의 주).

13 이 책에서 알튀세르가 참조하는 몰리토르의 번역은 알프레드 코스트Alfred Costes 출판사

> 종종 우리는, 특별히 더 농밀하거나 각별한 이론적 의미가 충전된 몇몇 구절의 경우 우리의 텍스트를 독일어 텍스트에 더욱 밀착시키려는 목적에서, (조제프 루아의 『자본』 1권 번역을 포함해) 우리가 인용하는 프랑스어 번역들을 수정해야만 했다. 일반적으로 우리는 베를린의 디츠 Dietz 출판사 판본을 참조했는데, 『자본』과 『잉여가치학설사』 각각이 총 3분책으로 구성되어 있다.[14]
>
> — 루이 알튀세르

1968년 초(즉, 5~6월의 '사건들' 이전, 하지만 중국 '문화대혁명'과 프랑스에서의 마오주의 조직들의 구성—이 구성과 관련해, 『"자본"을 읽자』의 공저자들은 서로 분기하는 다양한 입장을 취했다—이후), 쇄를 거듭한 뒤 1판이 절판되자, 더 널리 보급 가능하게 해주는 '문고판'poche 형태로 재출간하자는 제안이 등장했다. 프랑수아 마스페로 출판사는 축약된 판본을 총 2분책으로 출간하자는 안을 제시했다. 이에 뒤이은 알튀세르의 제안을 따라, 이 두 권은 결국 알튀세르의 텍스

에서 1924~1925년에 출간되었으며, 1946~1947년에 재간되었다. (애덤 스미스까지 다루는) '1부'는 1분책과 2분책을, (리카도를 다루는) '2부'는 3분책부터 5분책까지를, (리카도 이후를 다루는) '3부'는 6분책부터 8분책까지를 구성한다. 질베르 바디아의 지도 아래 수행된 새로운 번역본은 1974~1978년에 『잉여가치학설사(『자본』 4권)』*Théories sur la plus-value(Livre IV du "Capital")*라는 오늘날 일반화된 제목으로 에디시옹 소시알 출판사에서 총 세 권으로 출간되었다(알튀세르의 주가 아닌 편자의 주).

14 알튀세르가 여기서 참조하는 "디츠판" 독일어 텍스트는, *Das Kapital*(『자본』)의 경우, 1955년 출간된 베를린의 디츠 출판사Dietz Verlag의 것이거나, 1962년 출간된 디츠 출판사의 것일 수 있다. 이 둘은 꽤 유의미하게 다른 판본이다. *Theorien über den Mehrwert*[『잉여가치학설사』]의 경우, 이는 디츠 출판사의 것이다(1분책은 1956년, 2분책은 1959년, 3분책은 1962년 출간). *Grundrisse der Kritik der politischen Ökonomie(manuscrit de 1857-1858)*[(『정치경제학 비판 요강』]를 참조한 경우, 이는 1953년 출간된 디츠 출판사의 것이다.

트들과 발리바르의 텍스트로 한정되었다(1분책: 알튀세르의 「『자본』에서 마르크스의 철학으로」가 서문으로, 알튀세르의 논문 「『자본』의 대상」 전반부가 본문의 1~5장으로 실림. 2분책: 알튀세르의 「『자본』의 대상」 후반부가 본문의 6~9장으로, 발리바르의 「역사유물론의 기본 개념들에 관하여」가 부록으로 실림). 이때에 알튀세르와 발리바르의 이 텍스트들은 여러 지점에서 재검토와 수정을 거쳤으며, 우리는 이 책의 끝에서 그 세부사항을 찾아볼 수 있다.[15] ([이 새로운 판본의 겉]표지에 쓰인 정식을 따르자면) "완전히 개정된"entièrement refondue 이 새로운 판본은 1968년 말에 출간되었다. 이 판본은 외국어 번역들의 저본으로도 활용되었는데, 첫 번째 외국어 번역은 이탈리아어(Feltrinelli, 1968)였으며 그 뒤를 스페인어(Siglo XXI, 1969)와 영어(New Left Books, 1970)가 이어갔다.[16]

이 새로운 판본[2판]의 1분책은 다음의 **서문**을 포함했다.[17]

1. 이 『"자본"을 읽자』 판본[2판]은 여러 지점에서 1판과 다르다.

한편으로, 이는 축약본인데, 왜냐하면 축소된 형태로 출간하려고 우리

1955년 디츠 출판사에서 출간된 마르크스와 엥겔스의 논선집 *Kleine Ökonomische Schriften*(경제학 소품집)—특히, 『자본』 1권 1편의 다른 판본인 "Die Wertform"(가치형태)이라는 텍스트를 포함하는—에 대한 몇몇 인용 또한 우리는 발견할 수 있다. 마지막으로, 이 책에서 참조하는 마르크스의 **서한들**은 대부분 『자본』에 관한 마르크스의 서한 모음집인, 질베르 바디아의 해제와 주석(Éditions Sociales, 1964)이 달린 『"자본"에 관한 서한들』*Lettres sur "Le Capital"*에서 볼 수 있다(알튀세르의 주가 아닌 편자의 주).

15 ❖ 이 수정사항 목록은 한국 독자들에게는 불필요하기에 책에 싣지 않았다.

16 알튀세르와 발리바르의 것 이외의 다른 논문들에 대한 독립적인 몇몇 번역 또한 다양한 학술지에 실렸지만, 『"자본"을 읽자』 완역은 여전히 존재하지 않는다[2024년 현재는 영어, 독일어, 헝가리어, 일본어 등의 완역본이 나와 있다].

17 '프티트 콜렉시옹 마스페로'Petite Collection Maspero 총서, pp. 5~6.

는 중요한 여러 논문(랑시에르, 마슈레 그리고 에스타블레의 논문)을 삭제했기 때문이다.

다른 한편으로, 이는 재검토되고 수정된 판본이며, 그래서 부분적으로는 새로운 판본이기도 하다. 여러 페이지, 특히 발리바르 텍스트의 여러 페이지는 이번에 프랑스에서 처음 출간된 것이다.

그러나 원본 텍스트[즉 1판]에 우리가 가한 정정들(삭제와 추가)은 용어법에 관한 것도, 활용된 범주와 개념에 관한 것도, 이 범주와 개념의 내적 관계에 관한 것도 아닌데, 그래서 결국 이러한 정정은 마르크스의 저작에 관해 우리가 제시한 해석 전반에 관한 것이 전혀 아니다.

1판과는 다른, 축약과 개선이 이루어진 『"자본"을 읽자』의 이 판본[2판]은 따라서 원본 텍스트의 이론적 입장들을 엄격하게 재생산하고 표상한다.

2. 이 점을 지적하는 것은 필수적이었다. 독자들에 대한 존중을 위해 그리고 순수한 [지적] 정직함을 위해, 1판에서 제시된 용어 사용법의 일관성과 철학적 입장을 2판에서도 정정 없이 온전히 유지하기를 우리는 원했기 때문이다. 2판에서 이를 정정하지는 않겠지만, 독자들은 정확히 다음 두 가지 지점에서 이것들을 [언젠가는] 필요불가결하게 정정해야만 한다는 점을 기억해주기 바란다.

우리 스스로를 '구조주의적' 이데올로기로부터 구별하기 위해 우리가 취했던 신중함에도 불구하고(매우 분명한 방식으로 우리는 마르크스에게서 발견할 수 있는 "결합"combinaison이 "조합combinatoire과는 아무런 관련도 없다"고 지적했다), '구조주의'에는 낯선 범주들의 결정적 개입에도 불구하고(최종심급에서의 결정, 지배, 과잉결정, 생산과정 등등) 우리가 활용했던 용어법은 어떠한 모호함을 초래하지 않기에는 여러 측면에서 '구조주의적' 용어법의 너무 근방에 위치해 있었다. 만일 우리가 몇몇 희귀한 예외(몇몇 통찰력 있는 비판은 우리의 논의와 구조주의적 이데올로기를 구분했다)를 논외로 한다면, 우리의 마르크스 해석은 현재의 유행에 걸맞게 '구조주의적'인 것으로 사람들에 의해 일반적으로 인지되고 판단되었다.

우리는 우리 텍스트들의 심원한 경향이, 용어법에서의 모호함에도 불구하고, '구조주의적' 이데올로기와 결부되지 않는다고 생각한다. 우리는 독자들이 우리의 이러한 주장을 기억하고 이를 검증하며 이에 동의하기를 희망한다.

반면 지금의 우리는 철학의 본성에 관해 내가 제시한 테제들 중 하나가(내가 가했던 그 모든 정확성에도 불구하고) 어떠한 '이론주의적' 경향을 띤다고 생각할 근거가 충분히 있다. 더 정확히 말해, 이론적 실천의 이론으로 철학을 정의하는 것(이러한 정의는 내가 『마르크스를 위하여』에서 제시했으며 『"자본"을 읽자』의 서문에서 다시 취했던 것이다)은 일면적이며 그래서 부정확하다. 이 경우, 그것은 용어법에서의 단순한 모호함의 문제가 아니라 개념화 그 자체에서 나오는 오류의 문제이다. 일면적 방식으로 철학을 이론적 실천들의 [대문자]이론Théorie(따라서 실천들의 차이에 대한 [대문자]이론)으로 정의하는 것은 '사변적'이든 '실증주의적'이든 간에 어떠한 이론적이고 정치적인 효과와 반향을 촉발하지 않을 수 없는 정식이다.

철학의 정의에 연결되어 있는 이러한 오류의 결과들은 『"자본"을 읽자』 서문의 몇몇 지점에서 정확히 인지되고 [그에] 한정될 수 있다. 하지만 사소한 몇몇 세부사항과 관련해 그러하다는 점을 제외한다면, 이 결과들은 우리가 『자본』에 관해 제시한 분석(즉 나의 논문 「『자본』의 대상」과 발리바르의 논문 「역사유물론의 기본 개념들에 관하여」)을 손상시키지 않는다.

앞으로, 차후의 일련의 연구 속에서 이러한 용어법을 정정하고 철학의 정의를 수정할 기회가 우리에게 있을 것이다.

— 루이 알튀세르

1973년, 알튀세르와 프랑수아 마스페로 출판사는 이 두 분책을 최초 텍스트의 온전함을 되찾는 방식으로 보완하기를 희망했다. 당시 랑시에르는 자신의 논문을 다시 출간하려면 그 논문 맨 앞에 '사용설명서'Mode d'emploi라는 제목의 자기비판적 서문을 달아야 한다면서 이를 요구했다. 참여자 전원의 동의를 얻지 못해 출판사가 이 요구를 거부했고, 랑시에르는 자신의 '사용설명서'를 1973년 11월 『현대』 *Les Temps modernes* 328호에 실었다. 결과적으로, 랑시에르의 논문은 수정 없이 '프티트 콜렉시옹 마스페로' 총서로서 『"자본"을 읽자』의 3분책을 구성했다. 『"자본"을 읽자』 4분책은 마슈레의 논문(재검토와 수정을 거침—아래의 '1판에서 변동된 사항'을 보라)과 에스타블레의 논문(수정 없음)으로 구성되었다. 이렇게 『"자본"을 읽자』 '2판'은 총 네 권으로 (1968년과 1973년을 거치며) 완간되었고, [1판과 마찬가지로] 여러 쇄를 거듭했다. 『"자본"을 읽자』 3분책과 4분책 앞에는 다음과 같은 발간사가 달려 있다.

'프티트 콜렉시옹 마스페로' 총서로 출간된 『"자본"을 읽자』의 첫 두 권 [알튀세르와 발리바르의 논문으로만 구성된 2판의 1분책과 2분책]의 독자들이 우리에게 종종 전해주었던 요구 사항에 응답하고자 우리는

『“자본”을 읽자』의 나머지 두 권인 3권과 4권[랑시에르, 마슈레, 에스타블레의 논문으로 구성된 3분책과 4분책]을 출간하기로 결정했다. 이에 따라 루이 알튀세르의 지도하에 ‘이론’ 총서로 1965년 출간된 판본[1판]이 그 온전한 형태로 복권된 것이다.

— 출판사

사실상 『“자본”을 읽자』 3판을 구성한다고 말할 수 있는 이 책은 (생존해 있는 공저자와 알튀세르 상속자의 동의 아래) 다음과 같은 원칙에 따라 확립되었다. 사진 제판[일종의 스캔 작업]을 통해 [그대로] 다시 취한 텍스트는 **2판 텍스트**이다(그래서 이 판본은 [2판이 포함하는] 정오표errata에 대한 정정은 반영되지 않았지만, 저자들이 [2판 출간을 위해 1판에] 가했던 수정은 포함하고 있다). 반면, 『“자본”을 읽자』를 구성하는 각 저자의 텍스트는, 원서인 1판이 취하는 그리고 이 원서의 기원이 되는 세미나의 플란을 복원하기 위해, **1판의 순서대로** 재배치되었다. **1판에서 변동된 사항**(1판 텍스트에 대한 수정 사항들—1판에서 삭제된 사항과 2판에 추가된 사항을 포함하는)은 이 책의 끝에서 확인할 수 있으며, [1]과 같이 대괄호 속 아라비아 숫자로 여백에 번호가 붙어 있다.[18] 번호는 각각의 수정 사항 처음에 등장한다. 이 번호는 관련 저자의 텍스트 각각에 독립적으로(알튀세르 I과 II, 마슈레, 발리바르) 부여되었다.

---

18 ❖ 앞서도 밝혔듯 이 수정 사항 목록은 한국의 독자들에게는 불필요하기에 이 책에 수록하지 않았다. 그러므로 이 번호들 또한 번역에 반영하지 않았다. 하지만 거기 담긴 수정사항은 이 번역서에 반영되어 있다.

독자들은 바로 다음 페이지에서 이번 판본을 위한 작업 중 발견된 주요 정오표를 확인할 수 있다.[19] 이 오류들은 1판에서 2판으로 그대로 넘어온 것이거나 2판에서 발생한 것이다.

이 3판은 에티엔 발리바르와 피에르 브라보 갈라Pierre Bravo Gala가 이브 뒤루와 협업하여 확립한 것이다.

— 편자 일동

19 ❖ 마찬가지로, 이 수정 사항 목록 또한 이 책에는 싣지 않았으며 대신 번역에 반영하였다.

『“자본”을 읽자』를 읽자[1]

에티엔 발리바르 / 배세진 옮김

이 글을 통해, 『“자본”을 읽자』 헝가리어 완역본에 부칠 서문을 집필해달라는 저의 친구 아담 타카치Adam Takacs와 그 출판사의 제안에 응할 수 있어, 저는 매우 기쁩니다. 분명 저는 프랑스어 원본이 처음 출간되고 50년이 흐른 뒤 이 책을 읽게 될 헝가리 독자들에게 맡겨진 이 책의 운명이 어떠할지 전혀 짐작할 수 없습니다.[2] 하지만 저는 이

1 이 서문은 루이 알튀세르, 에티엔 발리바르, 피에르 마슈레, 로제 에스타블레 그리고 자크 랑시에르가 1965년에 출간한 집단 저작 『“자본”을 읽자』의 헝가리어 완역본을 위해 집필한 것이다. 이 완역본은 Napvilág Kiadó 출판사에서 2019년 출간될 것이다. 출판사가 흔쾌히 허락해준 덕분에 우리가 이 텍스트를 여기에 공개할 수 있었다[이 텍스트는 에티엔 발리바르가 『“자본”을 읽자』의 헝가리어 완역본 출간을 기념해 쓴 서문으로, 웹진 Période에 원문이 무료로 공개되어 있다. http://revueperiode.net/lire-lire-le-capital/#:~:text=C389tienne20Balibar,thC3A9orique20important20de20Louis%20Althusser. 2024년 3월 24일 최종 접속].

2 『“자본”을 읽자』 헝가리어 번역은, 아마도 출간 50주년 기념이라는 의미로 설명이 가능하겠지만 그것만으로는 환원되지 않을, 이 책에 대해 사람들이 가지게 된 새로운 관심의 두드러진 표현 중 하나를 나타낸다. 『“자본”을 읽자』에 대한 이 새로운 관심은 지난 몇 해 동안 여러

저서의 헝가리어 번역이 20세기 지성사—그 정치적 역사와 밀접히 연결되어 있는—가 어떠했는지에 대한 더 나은 이해를 위한, 그리고 또한 어제와 마찬가지로 오늘날에도 (비록 그 양태는 서로 다를지라도) 유럽의 두 '절반'[즉 서유럽과 동유럽]을 (이 두 '절반' 사이에 존재하는 간극들과 분기점—우리가 이를 지시한다는 사실만으로는 극복할 수 없는—을 심화하면서도) 하나로 결합하는 것이 도대체 무엇인지에 대한 이해를 위한 기회가 될 것이라 믿고 싶습니다.

지금도 우리 모두의 유럽은 지난 세기 내내 그래왔던 것만큼이나 고통스러울, 그리고 아마도 또한 폭력과 마주할 그러한 유럽의 도래를 예상케 하는 자신의 역사 단계에 진입하고 있습니다. 이에 맞서기 위해서는, 유럽이 겪어온 갈등과 유럽이 1930년에서 1980년 사이의 거대한 '유럽적 내전'의 시대에 만들어낸 사상들에 대한 하나의 완전한 인식perception을, 그것도 가능한 한 가장 객관적인 인식을 획득하는 것만으로는 분명 충분치 않을 것입니다. 저를 포함하여 일군의 제자들과 함께 알튀세르가 1965년 11월, 즉 (폴 니잔Paul Nizan, 프란츠 파농Franz Fanon, 장-피에르 베르낭Jean-Pierre Vernant, 피에르 비달-나케Pierre Vidal-Naquet 등등의 책을 출판했던) 프랑수아 마스페로 출판사에서 '이론' 총서 창간 직후 출간했던 이 저서는 프랑스공산당—프랑스공산당은 소비에트 '중앙'이 제시했던 일련의 정향들orientations에 대한 굉장한 순종성을 오랫동안 자신의 특징으로 지녀온

언어로(독일어, 영어, 그리스어, 스페인어, 이탈리아어, 한국어 등등) 이 책의 번역 혹은 (이전 번역들은 1968년의 '축약'판을 번역해 알튀세르와 나의 글만을 담고 있으므로, 완역을 위한) 재번역을 실현시켰다.

정당이었습니다[3]—의 반항적인réfractaire 동시에 순종적인discipliné 구성원이자 서유럽 공산주의 지식인이었던 이[알튀세르]의 책이었습니다. 알튀세르는 제국주의적 적수들에 의한 '사회주의 진영'의 반복되는 분열이 자신의 눈에 표상했던 그 역사적 취약성에 끊임없이 사로잡혀 있었습니다. 아마도 알튀세르는 자신의 저서들 혹은 글들이 소련 내에서 그리고 인민민주주의 국가들 내에서 번역되고 논의되도록 많은 노력을 쏟았을 것이며, 또한 저 자신도 알튀세르가 이러한 방향으로 행했던 여러 시도, 하지만 그중 매우 소수만이 성공에 이를 수 있었던 그러한 시도들의 증인이었습니다.

하지만 최근 저는 [헝가리] '학술원철학회'에서 1968년 부다페스트에서 출간한 알튀세르의 논선집—알튀세르 자신이 선정한 텍스트로 구성된, 그리고 당시 헝가리의 정세를 반영해 그가 특별히 집필한 서문이 달린—을 (아담 타카치가 파리에 있는 저에게 전해준 덕택에) 발견하게 되었습니다. 만일 우리가 이 논선집이 게뢰 에르뇌Gerő Ernő, 즉 스탈린 치하 헝가리의 고위급 지도자들 중 한 명이었으며 1956년의 헝가리혁명을 위한 시도와 그에 대한 진압 이후 일선에서 물러나도록 강요받았던 바로 그 인물에 의해 번역되었다는 사실을 고려한다면, 우리는 당시 유럽 공산주의를 갈기갈기 찢어놓는 갈등

3 이는 특히, 분명 알튀세르의 정향을 짓눌렀던 방식으로, 당시 모리스 토레즈Maurice Thorez가 이끌던 프랑스공산당이 (1956년 '스탈린의 범죄에 대한 보고서' 출판을 거부하기 위해 마오쩌둥, 중국 공산당과 함께 공동전선을 형성했으나) 흐루쇼프가 소련공산당 정치국에 있는 자신의 경쟁자들을 모두 물리친 뒤에는 이 흐루쇼프(및 그 후계자들)와 무조건적 동맹을 맺었다는 사실로 명확히 표현되었다. '프라하의 봄'과 그 비극적 억압의 시기인 1968년은, 소련의 지도를 받는 프랑스공산당 당원들에 대해 알튀세르가 상대적으로 거리를 두기 시작한 해로 간주될 수 있다.

속에서 알튀세르가 도대체 '어느 편'에 위치해 있었는지를 진지하게 질문해볼 수 있을 것입니다. 우리가 말할 수 있는 최소한은, 알튀세르가 취했던 입장들이 당시 사람들이 '탈스탈린화'라고 불렀던 바에 대립하는 그 적수들에 의해 악용될 수 있었으리라는 점입니다. 특히 이러한 악용은 흐루쇼프가 가치를 부여하고자 했던 사회주의적 인간주의의 주제들—알튀세르는 이 사회주의적 인간주의가, 당시 소련을 지배하던 **경제주의**와 체계적으로 결합함으로써, 공산주의 혁명의 한가운데에 뿌리내리고 있던 부르주아 이데올로기의 중핵을 표상한다고 간주했습니다—에 대한 알튀세르의 반대를 대상으로 하는 것이었습니다. 사실 흐루쇼프가 소비에트 사회와 소비에트를 둘러싼 위성국가들에 대한 일당 지배[일당 독재]와 이 당이 형성하는 '민주집중제' 체계의 지배를 포기할 의도가 전혀 없었음에도, 인간주의에 대한 이러한 흐루쇼프의 선언은 (당시 반反전체주의적 토대 위에서 마르크스주의를 재정초하는 것을 목표로 삼고 있던) 동유럽의 비판적 지식인들에게 희망과 논거를 제공해주었습니다. 이러한 관점에서 보자면, 1956년 헝가리와 폴란드에서 일어난 봉기들은 그 역사적 중요성이 오늘날 완연히 밝혀진 그러한 전환점을 표시했습니다. 서구의 거대 공산주의 정당들(특히 이탈리아와 프랑스의 공산당)은 이로부터 분기하는 결론을 각각 이끌어내면서도 모두가 동일하게 이로부터 심원한 영향을 받았습니다.

1960년 말에 알튀세르의 제자가 되었고, 알제리 전쟁에 반대하는 프랑스 청년들의 저항에 영향을 받아 스무 살이던 1962년에 공산당 당원이 된 저는, 1956년의 사건들에 대해 알튀세르와 제대로 된 토론을 했던 기억이 없습니다. 하지만 이 1956년의 사건들이, 저명한 공산주의 지식인들이 그 희생자가 되었으며 1960년대의 수많은 '이론적' 논쟁들의 배경을 구성하던 그러한 출당과 '숙청'의 기회였기에, 저 또한 당시 알튀세르가 마차시 라코시Mátyás Rákosi와 게뢰의 독재에 대항하는 봉기를 교회, 파시즘 잔존 세력, 미국 비밀요원들이 꾸민 반공산주의적 음모로 만들어버렸던 [이 1956년의 사건에 대한] 공식 판본을 순수하고 단순하게 승인했을 거라 오랫동안 믿어왔음을 고백합니다…. [그렇지만] 사태는 그것이 그림자의 일부를 포함하고 있다 하더라도 아마 조금은 더 복잡할 것입니다. 제가 들을 수 있었던 '파리고등사범학교 동창생들'normaliens[4]의 증언은 알튀세르가 1956년 봉기의 의도와 자생성에 동의했으며 이 봉기에 대한 억압에 큰 충격을 받았다는 점을, 하지만 그렇다고 해서 이 억압이 그로 하여금 프랑스공산당의 공식 입장—자기 자신이 그 대상이 되었던 반공산주의적 운동의 폭력을 잊지 않았던 프랑스공산당은, 부다페스트의 사건들과 세계 다른 곳에서의 식민전쟁과 제국주의적 개입이 동시에 발생했다는 점을 자신의 공식 입장의 근거로 활용했습니다—을 부정하도록 하지는 않았다는 점을 암시합니다.[5] 따라서 저는, 알튀세르가 자신의

4 '노르말리앙'이란, 알튀세르가 1948년부터 아그레가시옹Agrégation[교수자격시험]에 대비하여 가르치던 파리고등사범학교 학생들을 가리키는 표현이다.

5 동일한 시기에, (결국 1958년 출당되는) 앙리 르페브르Henri Lefebvre 같은 프랑스공산당의 다른 대표적 지식인들은 프랑스공산당에 대해 이견을 형성하기 시작한다. 바르샤바조약에서 탈퇴하겠다는 헝가리 나기Nagy 정부의 선언은 소련이 자신의 개입을 정당화하는 데 가져다 쓴 주된 이유였으며, 이는 프랑스공산당 활동가들에게 가장 그럴싸한 이유[즉 소련의 헝가리 개입의 근거]로 오랫동안 남아 있게 된다. 1956년 11월 7일, 주로 학생으로 구성된 수천 명의 시위대가 적군 개입에 대한 보복으로 파리 프랑스공산당 본부에 방화를 저질렀다. 프랑스공산당 활동가들은 이에 강한 충격을 받았다. 당시 수많은 공산당 지식인(심지어 비판적인 공산당 지식인까지 포함하여)이 폴란드 사건과 헝가리 사건, 그리고 서베트남과 알제리

기억으로부터 끄집어내 이야기한 더 개인적인 사건들과 함께, 알튀세르로 하여금 (항상 그가 노동자계급을 대표하는 유일한 정치 조직으로 간주했던[6]) 당의 변형을 위해 '안에서부터'de l'intérieur 작업하도록 만들었던 동기들motifs의 복잡성 속으로 이 사건들이 들어가게 되었다는 가설을 단순하게 제시하는 바입니다. 알튀세르의 이러한 신념은 1960년대와 1970년대를 거치며 점점 더 혹독한 시험 아래 놓이게 되었지만, 당의 중심에서 철학과 사회주의의 정치이론과 자본주의 분석을 위한 마르크스주의적 방법에 관한 근본적 토론이 개시되도록 만들기 위한 그의 시도가 연거푸 실패하면서, 알튀세르가 조직[프랑스공산당]이 개혁 가능하지réformable 않다는 점을 분명히 깨닫게 되기까지는 결국 매우 오랜 시간이 걸렸습니다. 이러한 점에서 알튀세르의 궤적은 헝가리의 위대한 마르크스주의자인(그리고 20세기를 **통틀어** 위대한 철학자 중 한 명인) 죄르지 루카치György Lukačs의 궤적과 유사성을 지니는 것으로 보입니다. 비록 알튀세르와 루카치 이 둘

와 중동(수에즈운하 위기) 모두에 반향을 일으킨 이데올로기적 대립 속에서 '자신들의 진영을 선택'하도록 이끈 이유들에 관해서는, 루치오 마그리Lucio Magri의 회고록 *Il Sarto di Ulm*, Milan, 2009[영어 번역본으로는 *The Tailor of Ulm: Communism in the 20th Centry*(『월므가의 재단사: 20세기의 공산주의』), Verso, 2011을 참조]를 유용하게 읽을 수 있을 것이다.

6 더 자주 언급되는 이 문제의 또 다른 측면은, 알튀세르의 몇몇 제자와 친구들과는 달리, 알튀세르에게서 중·소분쟁 이후에 그리고 문화대혁명의 시기에 '친중국적' 조직들과의 동맹으로 전혀 번역되지 않았던, 반면 알튀세르로 하여금 일정 시간 동안 마오가 언표했던 엄청난 수의 테제와 구호들—알튀세르는 그 속에서, 다른 이들과 마찬가지로, '스탈린주의에 대한 좌익적 비판'을 보았다—을 자신의 것으로 다시 취하도록 이끌었던, 그러한 [복잡다단한] 알튀세르와 '마오' 사이의 관계이다. 2015년에 집필한 나의 논문 '알튀세르와 마오'를 보라. www.revueperiode.net/althusser-et-mao(이는 알튀세르 저작들의 중국어 번역본 서문을 위해 집필한 것이다[이 논문의 한국어 번역으로는, 「알튀세르와 마오」, 장진범 옮김, 웹진 인-무브, www.en-movement.net, 2017을 참조]).

의 철학적 입장이 서로 대척점에 놓여 있으며 이 둘의 [사상적] 진화 역시 시간적 간극을 지니긴 하지만 말입니다.

1977년, 건강 상태가 좋지 않았음에도 알튀세르는 일간지 『일 마니페스토』의 친구들이 조직한 '혁명 이후 사회에서 권력과 저항'Pouvoir et opposition dans les sociétés post-révolutionnaires이라는 제목의 베네치아 콜로키엄에서 '마르크스주의의 위기'가 이제 폭발ouverte했다고 선언했으며, 비록 자신이 열정과 어떠한 웅변성을 가지고 이러한 선언을 했으나, 그럼에도 이것이 자신이 최초로 행한 선언은 전혀 아니라고 주장했습니다.[7] 특히, 이전에 알튀세르 자신이 주장한 바와는 반대로, 여기서 알튀세르는 이러한 마르크스주의 위기의 근원들이 혁명적 이론으로서 마르크스주의의 구성 **이후** [외부로부터] 개입된 '편향'déviation—마르크스주의를 그 자신이 분리되어 나왔던 장소인 이데올로기들(알튀세르는 이 이데올로기들을 또한 '제2인터내셔널의 사후 복수'라고, 혹은 레닌이 비판했던 경제주의로의 회귀라고 불렀는데, 여기에 더해 우리는 인간 사회들의 연속을 해방 혹은 공산주의에 의해 필연적으로 종말에 도달하는 위대한 '진보를 향한 전진'으로 바라보는 고전적 역사철학의 사후 복수라고 부를 수도 있을 것입니다)로

7 Il Manifesto, *Pouvoir et opposition dans les sociétés post-révolutionnaires* [『혁명 이후 사회에서 권력과 저항』], Éditions du Seuil, Paris, 1978. 『일 마니페스토』는 체제저항적 공산주의 지식인들에 의해 1968년 창간된 일간신문으로, 그 설립자 중 한 사람인 로사나 로산다Rossana Rossanda는 알튀세르의 친구이자 그의 정치적 대화상대였다. 베네치아 콜로키엄(그리고 알튀세르가 참여한 여타의 후속 토론들)은 (쿠바를 포함한) 사회주의 국가들의 '체제저항자들'과 서방의 '독립적 마르크스주의 좌파'의 여러 흐름의 대표자들—이 가운데는 국제 공산주의의 몇몇 베테랑(특히 알튀세르가 큰 존경을 표했던, 코민테른과 코민포름의 역사에 대한 책을 쓴 페르난도 클라우딘Fernando Claudin)이 속해 있었다—, 이 양자의 동시적 참여로 특징지어졌다.

퇴보하도록 [알튀세르에 따르면] 이미 정해져destinée 있는—속에 있는 것이 아니라고 설명했습니다. 결국 이제 알튀세르의 입장은 마르크스주의 위기의 근원들이 **마르크스주의의 기원에**dès l'origine **현존**하고 있으며 마르크스주의의 역사 전체와 하나를 이룬다는 것입니다. 이에 따라 마르크스주의 이론은 **이 이론 자신의 구성 자체에서**(혹은 자신의 '문제설정' 내에서) **모순적인**, 그리고 특히 **갈등적인** 하나의 이론—바로 이 이론의 한가운데에서 서로 다른 철학적 영감들 사이의, 서로 다른 인식 프로그램들 사이의, 서로 다른 실천적 이해관계들 사이의, 미리 결정된 종말목적fin이 존재하지 않는 그러한 투쟁이 지속됩니다—으로 개념화됩니다. 바로 이러한 계기로 인해, (자신의 개인적 삶의 비극, 그리고 그가 감당해야만 했던 울증과 '조증' 국면의 반복으로 인해 더 혼돈스러운 것이 되어버린, 하지만 그렇다고 해서 이로 인해 그 의미와 창조성을 전혀 빼앗기지는 않은—유고집들의 출간이 우리로 하여금 이 점을 이해할 수 있게 해주었지요) 알튀세르의 지적 진화는 그가 『마르크스를 위하여』와 『"자본"을 읽자』 시기에 형성했던 기획들과 자신이 옹호했던 입장들로부터 점점 더 거리를 두게 만들었습니다. 제가 보기에 이는 (이전에 이미 여러 차례 수행한 바 있던) '자기비판'이라기보다는 사유와 실천을 위한 새로운 길에 대한 탐구, 자극적이면서도 동시에 불확실하고 수수께끼 같은, 그리고 물론 미완성된 그러한 탐험인 것 같습니다. 동시대의 많은 알튀세르 독자들은 바로 이 지점에서 1960년대의 지성적 개방을 (이 개방의 그 모든 반짝임에도 불구하고) 짓눌러버린 조직과 사유에 대한 제한들로부터의 (하지만 뼈아픈 대가를 치러야만 했던) 일종의 '해방'을 (충분한 근거를 가지고서) 보았습니다. 언어의 수준에서(철학에서 이 언어의 수준이라는 것은 항상 결정적이지요), 이것이 바로, 그 상징이 결국 '변증법적 유물론'에 대한 모든 준거를 대체하는 '우발성의 유물론'matérialisme aléatoire 혹은 '마주침의 유물론'matérialisme de la rencontre이라는 통념의 도입인, 알튀세르가 수행한 그러한 **단절**rupture이라는 점은 명확합니다.[8]

우리는 이러한 단절의 내용에 대한 서로 다른 여러 입장을 채택할 수 있습니다. 탁월한 해석가들이 그렇게 했듯, 이 새로운 '우발성의 유물론'의 요소들과 '마주침'이라는 단어 자체가 알튀세르가 이전에 행한 이론적 전개들, 그중에서도 특히 모든 역사적 '정세'conjoncture—만일 우리가 이 '정세'라는 것을 **정치의 가능성과 불가능성**이라는 관점에서 읽는다면—에 특징적인 **우연**contingence의 요소에 대한 이론적 전개들의 중심에 이미 존재한다고 주장하는 입장을 포함해서 말이죠.[9] 하지만 우리는 『"자본"을 읽자』의 의미와 이론적 전개들이 이제는 새로운 관점에서 다시 검토되어야 한다는 점을 무시할 수 없습니다. 이 『"자본"을 읽자』의 의미와 이론적 전개들은 더 이상 '정초적'인 것으로서 일방향적으로 간주될 수 없습니다.

---

8 Louis Althusser, "Le courant souterrain du matérialisme de la rencontre"[「마주침의 유물론이라는 은밀한 흐름」](1982), *Écrits philosophiques et politques*[『철학과 정치 저술들』], Paris, Stock/IMEC, 1994, t. 1, pp. 539~579를 보라[한국어 번역본으로는 루이 알튀세르, 백승욱·서관모 옮김, 『철학과 맑스주의: 우발성의 유물론을 위하여』, 새길, 1996을 참조].

9 워런 몬탁Warren Montag의 매우 중요한 저서 *Althusser and His Contemporaries: Philosophy's Perpetual War*[『알튀세르와 그 동시대인들: 철학의 영원한 전쟁』], Duke University Press, 2013을 보라. 에밀리오 데 이폴라Emilio de Ipola는 비교적ésotérique이고 현교적exotérique인, '두 가지 알튀세르'가 항상 존재했다고 주장한다. *Althusser, El infinito Adios*[『알튀세르, 무한한 아듀』], Buenos Aires Siglo XXI, 2007. 2012년 프랑스어 번역이 나왔으며 2018년에는 영어 번역이 나왔다.

그렇다면 알튀세르가 행한 입장의 전도는 1965년의 이 저서 『"자본"을 읽자』에 대해 오늘날 우리가 행하는 독해를 위해, 그리고 새로운 세대들—이 새로운 세대들에게 '진정한 알튀세르'는 **시간적으로 가장 최근의** 알튀세르일 가능성이 높죠(이 '시간'이라는 게 아무리 불확실한 것이라 해도요)—이 행할 독해를 위해, 어떠한 결과를 생산해낼까요? 제가 볼 때 우리가 피해야만 하는 장애물은 바로 알튀세르 스스로가 『마르크스를 위하여』 2장에서 '목적론적-분석적 방법'이라는 이름으로 불렀던, '청년 마르크스'와 '성숙기 마르크스' 사이의 관계에 대한 논쟁과 관련해 탁월하게 기술한 그러한 장애물입니다.[10] '목적론적-분석적 방법'의 핵심은 그 진화의 주어진 시기의 어느 한 철학자의 문제설정을 서로가 서로에 대해 독립적인 분리된 요소들로 **분해**décomposer하고, 그다음 이 분리된 요소들에 이 요소들을 기다리는 **미래**에 따라 긍정적이거나 부정적인 가치를 할당해 이 분리된 요소들의 내재적인 **종말목적**으로 또는 자기 자신에 대해 무의식적인 것으로 이 철학자의 문제설정을 회고적으로 표상하는 것입니다. 그런데 이러한 장애물로부터 우리를 방어해주는 안전장치는 하나의 이론적 계기[순간]의 **일관성**cohérence을 존중함과 동시에, 이 이론적 계기의 **의도**intention를 복원할 수 있게 해주는 하나의 혹은 복수의 역사적 **맥락들** 내에 이 일관성을 기입하는 것입니다. 『"자본"을 읽자』와 관련해 우리로 하여금 이러한 장애물을 피할 수 있게 해주는 맥락

10 Louis Althusser, *Pour Marx*(1965), Nouvelle édition, Avant-propos d'Étienne Balibar, Éditions La Découverte, Paris, 1996에서 2장 「청년 마르크스에 대하여(이론의 문제들)」를 참조[1996년 신판을 번역한, 즉 발리바르의 서문까지 모두 번역한 한국어 번역본으로는 루이 알튀세르, 서관모 옮김, 『마르크스를 위하여』, 후마니타스, 2017을 참조].

들을 지적해보자면 저에게는 최소한 다음 세 가지인 것 같습니다.[11]

첫 번째. 현상학적 실존주의의 지지자들과 신생 구조주의의 지지자들 사이의 이론적 갈등 격화로, 그리고 동시에 혁명적 실천의 재개(처음에는 피에르 부르디외Pierre Bourdieu가, 그다음으로는 레지스 드브레Régis Debray가 '혁명 속의 혁명'이라고 불렀던 바)에 대한 집착— 이는 특히 알제리전쟁으로 인해 더욱 강한 집착이 되었으며, 또 다른 국제적 사건들(쿠바혁명)이 이를 일반화하게 되지요— 으로 특징지어지는 1960년대 프랑스의 정치철학적 맥락.

두 번째. 당시 출간된 것이든 미출간된 것이든 이미 상당한 양이었던(하지만 아마 이조차도 전부는 전혀 아니었을 텐데, 빙산의 '드러난 부분'이 '드러나지 않은 부분'에 비해 매우 축소되어 있었기 때문이죠) **알튀세르의 저술들 전체**— 이 상당한 양의 저술 전체 내에서 스타일, 대상, 정향에서의 차이는 상당했습니다— 라는 맥락.[12]

11 당연히도 나는 이 세 가지 맥락을 지적하는 것으로 그치고자 한다. 이 세 가지 맥락을 그 세부지점에서 다루려면 이 서문과는 완전히 다른 또 하나의 공간이 필요할 것이다.

12 알튀세르의 유고집 출간 작업은 대부분 프랑수아 마트롱François Matheron에 의해, 그리고 그 뒤를 이어 미카엘 G. 고슈가리언Michael G. Goshgarian에 의해 이루어졌으며, 오늘날의 독자들은 둘 모두에게 큰 빚을 지고 있다. 알튀세르의 서로 다른 스타일과 서로 다른 정향 사이에서, 그에 의해 **출간된** 저서 혹은 글과 그에 의해 미완성되고 출간되지 않은 채 남게 된 저서 혹은 글이 나뉘는 기준이 되는 **구성**(혹은 **비율**)이라는 질문은, 나의 관점에서는 우리들 각자가 이 텍스트들에 대한 이해관심을 **정렬**하고 **위계화**하는 방식이 명백히 의존하고 있는, **여전히 해결되지 않은** 질문이다. 예를 들어, (오늘날의) 나는 1973년의 저서 『존 루이스에 대한 답변』*Réponse à John Lewis*이 끔찍하게 도그마적인, 재앙에 가까운 텍스트라고 간주한다. 이 저서가 알튀세르가 68혁명 이후의 논쟁 속에서 옹호하고자 했던 [특정한] 입장을 표현한다는 점을 완벽히 인지하고 있으면서도 말이다. 반면 이 『존 루이스에 대한 답변』과 정확히 동시대의 저서인 『마키아벨리와 우리』*Machiavel et nous*라는 미출간 저서를 나는 탁월한 텍스트로 간주한다. 왜 알튀세르가 이 『마키아벨리와 우리』라는 저서가 기대되는 결과를 산출하지 못하리라 여겨 그 출간을 보류했는지를 이해하면서도 말이다. 알튀세르는 『마키아벨리와 우리』 이외에 이 저서보다는 가치가 떨어지는 다른 수많은 텍스트에 대해서도 이와 동일한 태

마지막 **세 번째**. 1867년 『자본』 1권이 출간된 이래로, '마르크스주의적 전통' 내부와 외부에서, 그 문턱, 분기점, 반복 등과 함께, 철학자, 경제학자, 사회학자 혹은 인류학자, 역사학자, 심지어는 정치가 politiques가 행한 『자본』에 대한 '독해들'이 형성했던, 훨씬 더 거대한 그물망[맥락].

이 지점까지 도달하여, 그리고 명백히 매우 이질적인 이 서로 다른 맥락들을 최소한 부분적으로라도 고려에 넣었다는 전제하에서, 저는 하나의 **사고실험**을 시도해보는 것이 흥미롭지 않지는 않으리라 믿습니다. 극한적인, 심지어는 부조리한 가정을 통해, 만일 우리가 『"자본"을 읽자』라는 **계기를 제거**한다면, 우리는 어떻게 알튀세르의 지적 진화를 인식할 것인가? 제가 '계기'moment라고 말할 때, 저는 알튀세르 자신의 텍스트들만을, 다시 말해 집단작업 가운데 알튀세르가 쓴 글들인 「『자본』의 대상」(『"자본"을 읽자』의 중심에 위치해 있는)과 「『자본』에서 마르크스의 철학으로」(물론 『"자본"을 읽자』를 완성한 뒤 마지막으로 집필한, 상당한 분량의 서문인)만을 떠올리는 것이 아닙니다. 저는 또한, 알튀세르가 당시 밀접한 공생관계 속에서 함께 작업했던, 그리고 자신의 철학 무대로의 웅장한 '진입'에서 함께하기를 원했던 인물들인 제자들과 협업자들의 텍스트[즉 발리바르, 랑시에르, 마슈레, 에스타블레의 텍스트들]도 분리 불가능하게 떠올리고 있습니다.[13] 『"자본"을 읽자』, 그리고 이 『"자본"을 읽자』가 결정화하거

도를 유지했는데, 이 텍스트들 중에는 분명 [온전한 형태의] 저서도 포함된다.

13 결과적으로, 최종 출판본에 **포함된** 이들만이 아니라 또한 인접한 영역들에서 『"자본"을 읽자』의 저자들과는 독립적으로 등장했던 이들, 그리고 출판을 목적으로 한 집필 없이 구두 발표만 했기에 잠재적 존재로밖에는 존재하지 않았던 이들까지도. 이러한 관점에서, 단순

나 생성시키는 이러한 계기가 없다면, '알튀세르'와 '알튀세르주의'는 도대체 무엇이겠습니까? 만일 우리가 이러한 질문을 받아들인다면, 이 지점에서 우리는 자신들 사이에서 정반대로 대립되는 입장들 모두를 함께 옹호할 수 있을 것입니다.

심지어 우리는, 어떠한 관점에서 보자면, 『"자본"을 읽자』의 **말소**가, 변증법을 '인식론적 절단'coupure épistémologique에 대한 준거와 정세 한가운데에서의 '모순들의 전위déplacement'—이 '모순들

한 '후일담'petite histoire을 넘어서는 역사로서 다음 세 가지 지점이 나에게 중요해 보인다. 1)1965년 『"자본"을 읽자』라는 제목 아래 두 권짜리로 출간되었던(그리고 일러두기가 정확히 설명해주는 형태대로 본 번역본으로 다시 출간된) 이 책은 1964~1965학년도에 파리고등사범학교에서 열린 **세미나**의 예비 토론들과 작업들의 일부분만을 포함할 뿐이다. 2)『"자본"을 읽자』 출간 직후 알튀세르가 창설했던 '이론' 총서로 출간된 저서들 중 몇몇은 사실 동일한 기획과 동일한 '계기'의 구성요소들이다(이는 특히 마슈레의 1966년 저서 『문학생산의 이론을 위하여』, 에마뉘엘 테레의 1969년 저서 『'원시'사회들 앞에 선 마르크스주의』 그리고 장-피에르 오지에Jean-Pierre Osier의 1968년 주석-번역서인 포이어바흐의 『기독교의 본질』이 그러하다)[『'원시'사회들 앞에 선 마르크스주의』는 원제가 Le marxisme devant les sociétés "primitives"이며, 『문학생산의 이론을 위하여』의 원제는 Pour une théorie de la production littéraire이고, 우리말 번역판으로는 피에르 마슈레, 윤진 옮김, 『문학생산의 이론을 위하여』, 그린비, 2014를 참조]. 프랑수아 마스페로 출판사에서 1968년 출간된 니코스 풀란차스의 『정치권력과 사회계급』*Pouvoir politique et classes sociales*이 왜 알튀세르의 이 총서에 포함되어 출간되지 않았는지 사람들은 나에게 종종 질문하곤 했다. 알튀세르는 풀란차스의 이 저서를 자신의 총서로 출간하지 않기로 출판사와 합의했는데, 이러한 합의에 대해 알튀세르가 나에게 의견을 구했었다. 지금도 나는 내가 풀란차스의 저서를 알튀세르의 총서로 출간하지 않는 것에 동의한 데 대해 후회하고 있다[한국어판으로는 니코스 풀란차스, 홍순권·조형제 옮김, 『정치권력과 사회계급』, 풀빛, 1986 참조]. 미셸 페슈Michel Pêcheux의 '알튀세르적' 작업들(1975년의 『라 팔리스의 진실들』*Les vérités de la Palice*이라는 저서 이전의 작업들)이 아카데믹한 신중함의 강요에 의해 토마 에르베르Thomas Herbert라는 가명으로 대부분 『분석 잡지』*Cahiers pour l'Analyse*에 실렸다. 3)『"자본"을 읽자』가 토대로 삼고 있는 작업가설들 중 몇몇은 알튀세르의 제자와 협업자로 구성된 '서클'의 집합 출판물을 통해(하지만 내적 분기가 없지는 않으면서) 『"자본"을 읽자』 출간 이후에 명료히 나타나게 되었다. 특히 (킹스턴 대학의 피터 홀워드Peter Hallward와 녹스 페든Knox Peden의 노고로 최근 고증된 재판본이 나온) 『분석 잡지』(http://cahiers.kingston.ac.uk/ 참조)와 (『분석 잡지』에서와 같은 작업이 이루어지기를 여전히 기다리고 있는) 『마르크스-레닌주의 잡지』*Cahiers Marxistes-Léninistes*가 그러하다.

의 전위'는 마오의 1935년 텍스트인 「모순론」에서 영감을 얻은 것입니다—에 대한 준거(이 두 가지 준거는 스피노자적 유형의 존재론에 그 토대를 두고 있죠)로 대체하기 위해 헤겔적 유산으로부터의 분리를 통해 '변증법을 재정초'하겠다는 역설적 시도, '초기 알튀세르'의 근본 특징인 그러한 시도가 『마르크스를 위하여』를 구성하는 텍스트들과 『마르크스를 위하여』와 동시대적인 몇몇 글들(가령 1964년의 저 유명한 텍스트 「프로이트와 라캉」 혹은 「피콜로 극단: 베르톨라치와 브레히트(유물론적 연극에 대한 노트)」라는 1962년에 집필한 연극에 대한 더욱 잘 알려진 글의 후속작인 1966년의 글 「크레모니니, 추상적인 것의 화가」) 속에 이미 완전히 존재하고 있기 때문에, 1960년대 초와 1970년대 말(혹은 그 이후) 사이에 알튀세르가 밟아왔던 **궤적**에 대한 이해를 **전혀 바꾸지 않을 것**이라고까지 주장할 수도 있을 것입니다.[14] 그런데 알튀세르가 이후에 행하는 연속적 '정정들'과 '자기비판들'('주체 없는 과정'이라는 통념의 도입이 각인하는 헤겔적 유산에 대한 재가치화를 통한, 그리고 이와는 반대 방향으로, '이론에서의 계급투쟁'이라는 통념이 함축하는 격앙된exacerbé 실천주의를 통한 '정정'과 '자기비판' 또한 포함하여)의 대상이 되는 것이 바로 이 스피노자적 유형의 존재론입니다.[15] 그리고 제가 위에서 지적했듯, 알튀세르가 발본

14 Louis Althusser, "Freud et Lacan"[「프로이트와 라캉」](1964), *Écrits sur la psychanalyse*[『정신분석학에 관한 저술들』], Stock/IMEC, 1993에 다시 실림. "Cremonini, peintre de l'abstrait"[「크레모니니, 추상적인 것의 화가」](1966), *Écrits philosophiques et politiques*[『철학과 정치 저술들』], t. 2, pp. 596~609, Stock/IMEC, 1995에 다시 실림[「프로이트와 라캉」의 국역판은 루이 알뛰세르, 김동수 옮김, 「프로이트와 라깡」, 『아미엥에서의 주장』, 솔출판사, 1991 참조].

15 「레닌과 철학」Lénine et la philosophie을 보라. 이는 다음 저서를 통해 증보판이 출간되었다. *Lénine et la philosophie suivi de Marx et Lénine devant Hegel*, Maspero, 1972[국역판으로는 루이 알

적으로 반反변증법적 '우발성의 유물론' 관념을 발명해 냄으로써 변증법을 변형하기를 포기해버릴 때(어떤 이들은 '결국/드디어'라고 말할 테고 어떤 이들은 '오, 맙소사'라고 말하겠지요…), 그는 바로 이 문제설정으로부터 자신을 확정적으로 거리 두게 되는 것입니다.

그러나 또한 우리는 그 속에서 『"자본"을 읽자』라는 '계기'가 알튀세르가 1960년대 전반기에 그 형태를 부여했던 관념들, 그의 제자들이 그 젊음의 열정으로 떠받치고자 했던 관념들에 대한 집합적 발전을 표상할 뿐 아니라 또한 이 관념들 자체에 대한 하나의 **대체보충물**supplément 혹은 하나의 **과잉**excès—정확히 말해 이 과잉은 그 이후 '이론주의적'인 것으로 비판받았으며 거의 동시에 일련의 자기비판의 물결을 일으켰지요—을 표상하기도 한다는 정반대의 입장을 지지할 수도 있습니다. 모든 대체보충물이 그러하듯 이 대체보충물은 '위험스러운 것'으로 드러났는데, 왜냐하면 사실 이 대체보충물은 세미나를 위해 집필된 텍스트가 내포한 몇몇 잠재력으로 인해, 그리고 이 텍스트들이 당시 철학적 정세—알튀세르와 그의 제자들이 이 철학적 정세의 유일한 참여자들은 물론 아니었습니다만, 그럼에도 아마 그들은 이 철학적 정세를 장악maîtriser할 수 있다는 미망에 자양분을 공급했던 것 같습니다—내에서 이 정세와 공명함으로써, 상상되었던 바와는 다른 방향으로 나아갔기 때문입니다.[16] 바로 그렇기

튀세르, 진태원 옮김, 「레닌과 철학」, 이진경 외, 『레닌과 미래의 혁명』, 그린비, 2008 참조]. 또한 『존 루이스에 대한 답변』*Réponse à John Lewis*, *Maspero*, 1973과 『자기비판의 요소들』*Éléments d'autocritique*, Hachette, 1974)도 참조.

16 오늘날 나는 『"자본"을 읽자』 직후 알튀세르가 제안했던 '이론적 정세'conjoncture théorique의 도식들 속에서 충분히 명증하게 나타났던 이러한 장악에 대한 미망이 자크 라캉의 『에

때문에, 불확실한 가설들에 대한 언표 행위에 필수 불가결한 신중함을 유지하기 위해, 그리고 또한 (프랑스공산당 내의 혹은 프랑스공산당 바깥의) 정치조직들—자기들끼리도 양립 불가능했던—내 구성원들의 참여에 '괄호를 칠' 수 있기 위해 '비밀리에' 이루어졌던 몇 개월간의 열정적인 내적 활동 이후, 이러한 추동력과 함께 개시된 작업은 좋은 의미로든 나쁜 의미로든 갑작스럽게 **중단**되었습니다.[17]

이 글에서 제가 겨냥하는 목표는 잠재적인 것으로 남아 있는 이 이론적 전개를 재구성하고자 시도하는 것이 아니라, 다음과 같은 이중적 테제를 주장하기 위해 이것들을 저의 논거로 삼는 것입니다. **첫 번째로,** 『"자본"을 읽자』 내에는, 그것이 포함하는 (그리고 물론 우리

크리』*Écrits*와 미셸 푸코의 위대한 저서 『말과 사물』*Les mots et les choses*이 1966년에 출간되자 더는 존재할 수 없게 되었다고 생각한다. 이 두 저서는 몇몇 토대, 분명 이 토대들이 자기들 사이에서 서로 분기하는, 하지만 마르크스주의 철학을 지식savoir의 서로 다른 양태에 대한 '일반이론'으로 만들고자 했던 알튀세르의 프로그램으로는 어찌 되었든 환원 불가능한, 그러한 토대들 위에서 철학적 구조주의를 '재정초'하는 것으로 보였다. 이로 인해 이러한 장악에 대한 미망은, 비록 특히 『분석 잡지』를 중심으로 논의들이 계속 이어지기는 했지만, 매우 짧은 시간 동안 존재할 수 있었을 뿐이다. 알랭 바디우Alain Badiou, 프랑수아 르뇨François Regnault, 발리바르, 페쇠, 미셸 피샹Michel Fichant과의 협업을 통해 알튀세르와 마슈레가 파리고등사범학교에서 1967~1968년에 조직했던 '과학자를 위한 철학 강의'는 이러한 장악에 대한 미망 이후 등장한 것이다. 구조주의의 흔적들을 '말소'하고자 한, 『"자본"을 읽자』의 1968년 '축약' 2판(Petite Collection Maspero판)에서 알튀세르와 내가 행한 '수정들' 중 일부분 또한 내가 보았을 때에는 이러한 닫힘clôture으로 설명된다.

17 이러한 미완성 작업의 내용과 정향들—『"자본"을 읽자』의 '이론주의적' (혹은, 이러한 표현을 더 원한다면, 구조주의적) 정향을 '발본화'했던—을 오늘날 이해할 수 있게 해주는 주요 텍스트는 바디우, 마슈레 그리고 미셸 토르Michel Tort와 함께 조직한 학회를 통해 이브 뒤루Yves Duroux(그 또한 『분석 잡지』의 창립 구성원이다)와의 긴밀한 협업 속에서 알튀세르가 집필했던 「담론 이론에 관한 세 가지 노트」Trois notes sur la théorie des discours이다. Louis Althusser, *Écrits sur la psychanalyse. Freud et Lacan*[『정신분석학에 관한 저술들. 프로이트와 라캉』], IMEC/Stock, 1993을 참조하라(영어판으로는 Louis Althusser, *The Humanist Controversy and Other Writings*[『인간주의 논쟁』과 다른 글들], edited by François Matheron, translated by G. M. Goshgarian, Verso, 2003을 참조).

가 언제든 그 자체로 독해해낼 수 있는, 특히 만일 우리가 이 분석들을 이와 동일한 시기나 그 이후 시기의 마르크스의 『자본』에 대한 다른 해석을 시도한 것들과 비교하고자 할 때 더욱 잘 독해해낼 수 있는[18]) 매우 세부적인 지점들에 대한 분석들을 넘어, 암묵적인 하나의 **연구 프로그램**—이 연구 프로그램의 주요 관심 지점들과 (특정한 과장법으로 표현된) 예비적 정향들과 함께—이 존재하고 있습니다. **두 번째로**, 이 프로그램의 주요 저자는 명백히 알튀세르 자신이지만(알튀세르의 관념들과 제안들은 1964~1965학년도 세미나의 기원이며, 그의 기여는 오늘날 가장 의미 있는 것이면서도 동시에 가장 독창적인 것으로 보입니다), 이 프로그램의 세력선[핵심]은 하나의 집단적 저작[작업], '제자들'이 기여한 바를 우리가 전혀 무시할 수 없는 그러한 하나의 집단적 저작이라는 것입니다. 우리는 이 제자들이, 알튀세르를 '극한적으로 사고'penser aux extrêmes하도록 만듦으로써, 그리고 아마도 알튀세르가 이전에 개념화했던conçu 것을 넘어 '사고'하도록 만듦으로써, 알튀세르 연구의 가능한 방향들 중 하나의 방향으로 **알튀세르 스스로 자신을 추동하도록 하는 것**에 기여했을 것이라고 생각할 수 있습니다. 그 이후, 최소 얼마간의 시간 동안, 모든 사태는 마치 알튀세르가 자기 제자들의 자생적 경향을 '더 높은 가격으로 판매'surenchérir하고자, 가능한 한 최대한으로 자기 제자들의 자생적 경향을 '완전

18 예를 들어 내가 집필한 다음 글을 보라. "A point of Heresy in Western Marxism. Althusser's and Tronti's Alternative readings of Marx's Capital in the early 60's", in Nick Nesbitt (ed.), *The Concept in Crisis. Reading Capital Today*, Duke University Press, 2017 [국역으로는 에티엔 발리바르, 장진범 옮김, 「서방 맑스주의의 하나의 이단점. 1960년대 초 알튀세르와 트론티의 상반된 "자본" 독해」, 웹진 인-무브, 2017 참조].

화'perfectionner하고자 했던 것처럼 흘러갔습니다. 이것이 포함하고 있던 과잉의 위험과 함께 말이죠…. 또한 우리는, 조금은 다른 시나리오인데 하지만 그 결과는 큰 틀에서 동일합니다만, 이 제자들이 알튀세르의 위험천만한 몇몇 정향을 특히나 잘 '추측해내' 알튀세르로 하여금 이러한 방향으로 나아가도록 체계적으로 자극했다고 말할 수도 있습니다.

만일 우선 우리가 이 문제의 두 번째 측면, 즉 이론적 상호주관성intersubjectivité 혹은 이론적 관개체성transindividualité이라 불러도 될 만한 이 두 번째 측면을 고려해본다면, 저는 알튀세르와 그의 제자들 사이의 상호적 영향과 강화의 효과가 본질적으로는 다음 두 가지 제도적 요인과 관련된 것이라고 주장하고자 합니다. 한편으로, 『"자본"을 읽자』라는 세미나가 상당히 많은 수의 참가자들에게 열려 있었지만 결국에는 지적 우정과 끊임없는 대화—그 결과는 바로 공통의 철학적 '암호'를 만들어내고 참조 '재료군'corpus의 요소들(우리는 이 '재료군'의 요소들에서 마르크스, 스피노자, 프로이트뿐 아니라 루소, 칸트, 데리다가 재독해한 후설, 바슐라르, 카바예스, 캉길렘, 『광기의 역사』와 『임상의학의 탄생』의 푸코, 라캉과 [『에크리』 출간 전이었으므로] 당시에는 '구할 수 없었던' 이 라캉의 텍스트들, 브레히트를 발견할 수 있었습니다)을 선정하는 것이었죠—에 의해 통일된 하나의 소집단으로 축소된 (1961년부터 1965년까지) 4년에 걸친 교수와 학생 사이의 강력한 공동작업의 도달점이었다는 사실.[19] 다른 한편으로, 이 효과가

19 제자들과의 협업을 통해 알튀세르가 조직했던, 그리고 회고적 시각에서 보자면 일종의 진보progression[즉 시간의 흐름에 따라 일관된 맥락에서 점점 앞으로 나아가는 것]였던 것으로 보

당시 알튀세르의 가장 가까운 제자들이 거의 캉길렘의 인식론과 과학사 세미나를 통해 교육받았거나 이 캉길렘의 지도하에 작업했다는 사실. 이는 알튀세르의 제자들에게, (바슐라르조차 완전히 벗어나지는 못했던) 실증주의 유형의 합리주의에 대해 알튀세르가 지녔던 비판적 입장으로 인해, 인식론의 지배적 경향들(그것이 심지어 '프랑스적' 인식론이라 할지라도)에 관한 매우 강력한, 하지만 매우 독창적인 '인식론적 편향'을 주입하는 효과를 초래했습니다. 저는 이 두 번째 요소를 특히 강조하고자 하는데요, 왜냐하면 오늘날 저는 『"자본"을 읽자』의 테제들 속에서 [알튀세르 제자들의, 알튀세르와 캉길렘에게로의] 이러한 이중적 소속appartenance 혹은 이러한 이중적 교육의 편재적omniprésentes 흔적을 보기 때문입니다. 그리고 또한, 『"자본"을 읽자』로부터 아직은 완전히 다 끌어내지 못한 많은 수의 잠재성 사이에서, 캉길렘 자신이 알튀세르 집단의 명제들을 기입하고 논의했던 방식과의 (실제로 일어난 적은 없었던) 대결confrontation이 명백히 등장하기 때문입니다.[20]

이는 이 세미나의 목록은 다음과 같다. "청년 마르크스(1961~1962)", "구조주의의 철학적 기원들(1962~1963)", "라캉과 정신분석학(1963~1964)", "『자본』을 읽자(1964~1965)". 이 세미나들에서 (특히 내가 직접) 기록한 필기 노트들은 현대출판기록물연구소IMEC에 보관되어 있다.

20 알튀세르 집단의 인식론적 명제들에 대한 캉길렘의 논의가 기입되어 있는 주요한 이론적 문헌은 캉길렘의 1969년 글 「과학적 이데올로기란 무엇인가?」Qu'est-ce qu'une idéologie scientifique?이며, 이 텍스트는 『생명과학의 역사에서 이데올로기와 합리성』*Idéologie et rationalité dans l'histoire des sciences de la vie*, Éditions Vrin이라는 캉길렘의 논선집에 재수록되었다. 이미 매우 병든 상태였으며 완전히 다른 '정치[주의]적' 길로 들어서기 시작했던 알튀세르 자신은 내가 아는 한 캉길렘의 이 텍스트에 대해 논의한 바가 없다. 하지만 철학적일 뿐 아니라 개인사적으로도 매우 큰 중요성을 지니는 하나의 예외를 상정하는 것이 적절할 것이다. 이 예외란 『"자본"을 읽자』 출간 이후 '알튀세르' 집단에 참여했던, 그리고 알튀세르의 가

결론을 내기 위해 제가 위에서 언급했던 첫 번째 측면, 그러니까 제가 『"자본"을 읽자』 **연구 프로그램**이라고 불렀던 바로 돌아와보도록 하죠. 저는 여기에서, 제게는 선명하게 드러나 보이는, 그리고 서로 다른 여러 저자가 이에 대해 서로 다른 방식으로(심지어 종종 서로 충돌하는 방식으로) 기여했던 그러한 세 가지 이론적 중핵을 지적하는 것으로 만족하고자 합니다. 이 세 가지 이론적 중핵 각각은 『"자본"을 읽자』라는 이 저서의 여러 이론적 전개들 사이의 마주침의 지점에서 돌발한다는 점을, 그렇지만 이 저서의 최소한 **하나의 지점**으로(물론 명백히 알튀세르의 펜 아래에서 말이죠) 가장 강하게 집약된 그 정식화를 발견하게 된다는 점을 우리는 이해할 수 있을 것입니다. 이 이론적 전개들 모두는 실제적 개념화conceptualisation와 잔여적 비결정성indétermination의, 혹은 이론적 잠재성—지면 부족으로 여기에서는 행할 수 없는 바로 이 이론적 잠재성에 대한 논의를 우리는 앞으로 행해야만 할 것입니다—의 가변적 비율을 포함하고 있습니다.

첫 번째 중핵은 고유하게 **인식론적인** 것인데, 그러나 이 첫 번째 중핵은 마르크스의 청년기 저작들(비판적 방식이라 할지라도 **이데올로기**에 속하는 철학적 문제설정들 내에 뿌리내려 있을)과 성숙기 저작들(그러니까, 본질적으로는 『자본』 그 자체) 사이의 '절단'이라는 테제—이 테제에서 이데올로기를 **과학**(자신의 유에서 유일한unique en

장 가까운 협업자들 중 한 명이 된, 심지어 1970년대에는 알튀세르가 속내를 터놓고 이야기할 수 있는 주요한 친구들 중 한 명이 된 도미니크 르쿠르Dominique Lecourt의 작업인데, 그의 작업은 알튀세르적 영감과 캉길렘적 영감의 교차점에 온전히 위치하며, 이 두 영감 사이의 융합—이 융합의 결과들은 이후 르쿠르의 개인적 작업에도 오랫동안 영향을 미치게 된다—의 양태들에 대한 비판적이고 자기비판적인 다수의 성찰을 내포하고 있다.

son genre 하나의 모델을 취하는 그러한 과학)으로 이행시키는 '이론적 혁명'이 펼쳐지는 것인데—의 반복으로는 전혀 환원되지 않습니다. 이러한 [단순한] 묘사ébauche—우리는 이 묘사가 꽤나 기계적이라는 점을 지적해야 하는데—로부터 더 멀리 나아가, 우리는 『"자본"을 읽자』가 자신의 이론적 전개들 중 몇몇에서 조금 뒤 알튀세르에게서(그러니까 자신의 '자기비판'의 시기에, 하지만 이는 다음 지점과 관련해 진정으로 활용된 적은 없었던 자기비판이죠) '지속적 절단'이라는—이 '지속적 절단' 자신의 유효화effectuation에 의해 끊임없이 다시금 문제제기되는—훨씬 더 변증법적인 테제가 될 바로 나아가기 위한 길을 예비한다고 말해야만 합니다. 제가 보았을 때, 이 첫 번째 중핵을 구성하는 것은 바로 다음 명제들의 결합인데, 이 명제들에 따르면, (1)'모든 과학은 이데올로기의 과학'(이 테제는 마슈레가 최초로 정식화한 것인데, 그러나 알튀세르주의자들에게는 가장 뜻밖의, 그리고 가장 불편한 장소에서, 그러니까 '상품물신숭배'에 관한 분석들 내에서 규약들protocoles을 찾아내고자 했던 랑시에르 또한 자신만의 방식대로 발전시켰던 테제이지요)이며, (2)자신의 대상에 대한 하나의 **비판**으로도 동시에 존재하는 모든 과학은 선재先在하는 이론들—이 선재하는 이론들 내에서 이 대상은 인식connu되지는 않으면서 **인지** reconnu(혹은 '식별'identifié)되었[을 뿐이었]죠—에 관한 '증상적 독서'를 수단으로 삼아 앞으로 나아가야 합니다. 아마도 알튀세르와 그의 제자들은 이 두 가지 테제를, 알튀세르 자신의 문제설정의 **내부 그 자체**에서의 '이론주의'의 지양이라는 관점을 바로 이 지점에서 열어젖히기 위해, 마르크스의 담론과 각자[그러니까 알튀세르와 그의 제자들]의 담론에 **이중적으로 적용**하기만 했어도 충분했을[유의미했을]

텐데요…. 하지만 더는 추측하지 말도록 하지요.

오늘날 제가 **존재론적**이라고 부르고 싶은 두 번째 중핵은 『"자본"을 읽자』의 [3장] 「『자본』의 대상」의 탁월한 글 4절(이 절은 처음에는 '고전파 경제학의 결함. 역사 개념 개요'Les défauts de l'économie classique. Esquisse du concept d'histoire라는 제목을 달고 있었지만, 이후 2판에서는 더 정확한 방식으로 '역사적 시간 개념 개요'Esquisse du concept de temps historique라는 제목을 달게 되었지요)에서 근본적으로는 알튀세르의 주도하에 구성되는 것입니다. 이 절의 핵심은 인류사의 각 계기들 내에서 절대정신 도래의 실현을 '독해'할 수 있게 해주는 '본질적 절단면'coupe d'essence이라는 헤겔적(혹은 사람들이 헤겔의 것이라 간주하는) 관념과 처음부터 끝까지 대립되는 '현재가 자기 자신에 대해 취하는 비-동시대성'non-contemporanéité à soi du présent이라는 테제입니다. 오늘날 우리는, 세부지점에서 이 관념을 [시간성에 내재적 다수성과 이질성을 부여하는] 다른 '포스트-마르크스주의적' 시도들과 맞세울 수 있는데, 그 결과는 항상 진화주의와 역사주의에 대한 반박이지요(특히 벤야민과 에른스트 블로흐Ernst Bloch의 반박이 그러합니다). 알튀세르가 잘 알지는 못했던 혹은 고려하지는 않았던 벤야민과 블로흐와는 독립적으로, 알튀세르의 독창성은 시간성의 '심급들'이 취하는 **구조적** 특징에 놓여 있습니다. 이러한 관념은 부분적으로는 프랑스의 사회학적이고 역사기술적인historiographique 전통(즉 '사회적 시간들의 다수성')으로부터 파생된 것이고, 부분적으로는 또한 '불균등 발전'에 관한 마르크스적 논쟁들로부터 파생된 것입니다. 하지만 특히 이 관념은, 구조로부터 과정으로 나아가면서(제 눈에는, 알튀세르가 구조들의 **고정성** 혹은 **부동성**만을 사고할 줄 알았다고 믿었던, 알튀세르의 '구조주의'에 대한 종종 매우 가혹했던 비판들은 이 점을 충분히 고려하지 못한 것으로 보입니다), 『마르크스를 위하여』의 몇몇 장에서 언표되었던 '기원적인 복잡한 총체성'totalité complexe originaire이라는 관념의 존재론적 함의들에 대한 일종의 (유사quasi) 초월론적transcendantale 성찰과 조응합니다.[21] 바로 그렇기 때문에 오늘날 저는 당시 알튀세르 철학의 주요 개방선ligne d'ouverture이 현재présent와 생성devenir의 환원 불가능한 비-동시대성이라는 이 주제와 『"자본"을 읽자』의 서장 「『자본』에서 마르크스의 철학으로」의 마지막 단락들이 정식화하는 '사회효과'effet de société에 대한 질문 사이의 수렴—이러한 수렴은 특히 실증주의적 사회학의 변형태들 내에서든 '비판이론'에 속하는 변형태들 내에서든 '실체의 주체-되기[생성]'devenir sujet de la substance라는 질문 전체를 전복시키는 효과를 지닙니다—을 통해 그려진다고(혹은 그려질 것이라고) 사고하고 싶은 유혹을 느낍니다.

마지막으로 세 번째 중핵이 존재하는데, 이 세 번째 중핵에 이제부터 저는 **이론적**이라는 이름을 부여하고 싶은 유혹을 느낍니다. 역사유물론을 구성하는 '국지적 이론'théorie régionale이라는 의미에서, 혹은 알튀세르가 훨씬 더 뒤에 말하듯 '유한한 이론'théorie finie이라

21 마르크스의 『자본』에 관한 알튀세르의 세미나가 한창 진행 중일 때, 그리고 바로 그 세미나가 진행되던 동일한 대학[파리고등사범학교]에서, 자크 데리다Jacques Derrida가 "하이데거: 존재Être와 역사Histoire에 관한 질문"(이 세미나는 갈릴레 출판사Éditions Galilée에서 2013년 책으로 출간되었다)이라는 주제로 세미나를 열었다는 점은 매우 놀랍다. 이 세미나에서 데리다 역시 시간과 역사성에 대한 헤겔적 개념화의 지양이라는 질문을 동일하게 제기했다. 그러나 이 두 세미나 사이에는 어떠한 교류도 없었다.

는 의미에서, 그러니까 규정된 **한계들** 내부에서 가능한 [잠재적] 발견들—예를 들어 이 발견들은 사회구성체에 대한 이론이 이데올로기라는 질문을 통해 무의식 형성 이론과 반드시 교차하도록, 하지만 이 둘이 융합되거나 하나가 다른 하나로 대체될 수는 없도록 만듭니다—의 장에 **열려 있는** 이론이라는 의미에서 말이죠.[22] (세부지점에서는 매우 복잡한) 이 마지막 중핵을 구성하는 것은 정치경제학의 '대상'—마르크스적 비판으로 인해 (자본축적의 균형 조건들에 대한 하나의 이론으로부터 이 자본축적의 모순과 갈등에 대한 하나의 이론으로 나아감으로써) 형태변화métamorphosé가 되어 나오는 바로서의 정치경제학의 '대상'—에 대한 정의가 취하는 **가능조건**과 **구성요소**에 관한 성찰입니다. 이 지점에는 그 어떠한 의심의 여지도 없이 하나의 모호성이 존재하는데, 왜냐하면 이 '대상'을 교환에 의해 생성된 양적 외양apparences에 관한 경험주의로부터 벗어나게 함으로써, 그리고 이 '대상'의 **변이들**(혹은 이 '대상'의 역사적 변형들)을 절대로 경제적인 것으로 환원되지 않는 하나의 복잡한 사회적 구조의 **불변성**(**재생산**) 내에 기초 지음으로써, 이 '대상'의 **상대적 자율성** 내에서 이 '대상'을 **구축**하는 것이 관건인지, 아니면 오히려 이 '대상'을 **탈구축**déconstruire하는, 더 나아가 이 '대상'을 상황들(혹은 힘관계, 갈등과 투쟁의 형태이기도 한 '사회적 관계들')의 작용('구조인과성'을 끊임없이 생성시키는) 자체 내의 자율적 대상으로 해소하는 것이 관건인지를

22 Louis Althusser, "Le marxisme comme théorie finie"(「유한한 이론으로서의 마르크스주의」)(1978), in *La Solitude de Machiavel et autres textes*[『마키아벨리의 고독』과 다른 텍스트들], Yves Sintomer(éds), PUF, 1998.

단번에 알 수는 없기 때문입니다. 이러한 질문은 발리바르, 랑시에르, 에스타블레 그리고 알튀세르 자신의 텍스트들에서 서로 다른 방식으로 작동하며, 알튀세르가 이 질문을 계량경제학적 실증주의(그 '계획주의적' 변형태까지 포함하여)와 '상품형태'(최종적으로는 본질과 현상에 대한 헤겔적 논리로부터 유래하는)의 변증법에 대한 이중적 비판을 통해 해결하고자 시도했던, 1965년의 자신의 방식에 대해 완전히 만족한 적은 전혀 없었다는 점을 확인하게 됩니다. 오늘날의 우리에게서, 이 [알튀세르적] 질문은 아마도 하나의 낡은 인식론의 관점 속에서 정식화되는 것입니다. 하지만 자기 고유의 실정적이거나 부정적인 '외부성들'externalités로부터 고립된 하나의 경제과학을 실천할 가능성에 관한 경제학자들 사이에서의 반복되는 논쟁과 신자유주의 사이의 결합이 '정치경제학의 새로운 비판'이라는 질문을 날카롭게 제기한 이후부터, 이 질문이 완전히 낡아빠져 쓸모없는 것이라 믿는 것은 아마도 매우 순진한 것이 되겠죠. 마르크스적 비판에 존재하는 내적 갈등들에 대한 알튀세르적 독해는 물론, 그 어떠한 의심의 여지도 없이, 이 지점에서 우리가 고려해야만 하는 유일한 독해인 것은 전혀 아닙니다. 하지만 의심의 여지 없이 이 알튀세르적 독해는 그 [이론적] 원천들의 일부입니다.[23]

---

23 우리는 '정치경제학의 대상' 혹은 이 정치경제학의 '법칙들'과 이 법칙들이 사회적 총체성에 대해 취하는 '상대적 자율성'이라는 질문이 알튀세르를 지속적으로 사로잡았던, 혹은 마르크스주의 경제학자들과의 몇몇 '마주침'을 통해 그를 다시금 사로잡은 방식이 도대체 어떠했는지, 알튀세르가 제라르 뒤메닐Gérard Duménil의 저서 *Le concept de loi économique dans "Le Capital"*["자본"의 경제법칙 개념], Maspero, 1979에 부친 서문(『마키아벨리의 고독』에도 재수록됨)을 읽음으로써 파악할 수 있을 것이다[이 서문의 우리말 번역은 루이 알튀세르, 배세진 옮김, 「제라르 뒤메닐의 저서 『"자본"의 경제법칙 개념』의 서문」, 웹진 인-무브, 2024 참조].

방금 제가 말했듯 이 자리는, 이 이론적 중핵들 각각에 대해 그것이 가치를 지니는지 아닌지, 그리고 여전히 우리로 하여금 그것이 우리를 사고하게 만들 수 있는지 아닌지를, 혹은 우리가 다음과 같이 말하기를 원한다면, 도그마적 확언의 특징만을 갖는 것과 발전과 재정식화의 잠재력을 내포하고 있는 것을 [구분하고] 결정함으로써 이 이론적 중핵들—간단히 논하기 위한 의도로, 이 이론적 중핵들에, 저는 이 이론적 중핵들이 당시에는 분명 우리[즉 『"자본"을 읽자』의 저자들]의 정신 속에서 취하고 있지 않았던 독립성과 경직성을 부여했습니다—의 일관성을 검증해보기 위한 자리가 아닙니다. 하지만 제가 간략히 개진했던 바를 토대로 하자면, 저는 당시의 논의 속에서 '이론'과 '이론주의'라는 용어가 함축하고 있던 바에 대한 하나의 보충적 가설을 제기하고 싶습니다. 제가 말했듯, 바로 『"자본"을 읽자』라는 텍스트와 지적 태도[그 자체]가 탁월하게도 이러한 비난의 무게를 짊어졌던 것이죠. 알튀세르는 이러한 이론주의라는 비난을, 그 비난에 또 다른 철학적 내용을 부여하려 시도함으로써, '자기비판'의 방

이 텍스트를 읽음으로써 우리는, 알튀세르가 마르크스적 분석들을 유물론적 비판 위에 '정초'하려면 이 분석들을 변증법적 '설명순서'—상품-형태의 모순들에 대한 분석은 이 변증법적 '설명순서'의 출발점과 모델을 동시에 구성하는 것이다—로부터 분리해야 한다는 관념과 끊임없이 씨름해왔다는 점을 확인할 수 있을 것이다. 오늘날 내가 보았을 때, 이 논쟁에 내재적인 '인식론적 장애물들' 중 하나가 알튀세르가 1967년 쉬잔 드 브뤼노프Suzanne de Brunhoff의 저서 『마르크스의 화폐론*La monnaie chez Marx*』—『"자본"을 읽자』와 많은 지점에서 방법론적으로 매우 유사하면서도 또 다른 이론적 '중핵'(상품-형태의 중심에서 '일반적 등가물의 재생산'과 화폐-형태의 '내재적 외부성'extériorité immanente)으로 정향되어 있는)—을 제대로 고려하기만 했다면 제거될 수 있었을 것이라 생각하지 않기란 어려워 보인다. 여기서 우리는 너무나도 거대한 근접성[즉 알튀세르와 브뤼노프 사이의 개인적이고 사상적으로 매우 긴밀했던 관계]이 종종 생산해내는 [역설적] 맹점의 또 다른 놀라운 예시를 확인하게 된다.

식을 통해 자신의 것으로 다시 취했습니다.[24] 하지만 그렇다면 도대체 우리는 이 '이론주의'라는 표현으로 무엇을 의미해야 할까요? 특히 '편향'이란 도대체 **무엇에 대한** 편향인 걸까요? '변증법적 유물론'의 '우발성의 유물론'으로의 대체가 이끌어내는 반복 효과들과 관련해 위에서 보았듯, 우리는 회고적 목적론을 경계해야 합니다. '이론주의'라는 비난은 '포이어바흐에 대한 테제들'("철학자들은 세계를 다양하게 해석해왔을 뿐이다. 중요한 것은 세계를 변화시키는 것이다")에서부터 '실천의 우위'(이는 인식론의 장 내에서 표현되었을 뿐 아니라 정치의 장 내에서도 '구체적 상황에 대한 구체적 분석'[이라는 테제]을 통해 표현되었을 것입니다)라는 레닌주의적 정식들에 이르는, 마르크스주의적 전통의 중심에 뿌리박혀 있는 **실천**이라는 범주가 가한 일종의 복수에 당시 기반하고 있었습니다. 특히, 이러한 '이론주의'라는 비난은 (알튀세르와 알튀세르주의자들 그들 자신에게서) 이론에 대한 정의 내에서(이론의 대상의 편에서 그러할 뿐 아니라, 『"자본"을 읽자』가 모범적으로 예증하듯 이론의 방법의 편, 혹은 더 정확히 말해 이론의 '이론적 실천'이라는 편에서도) **계급투쟁을 희생시킨다**는 관념(나는 관념

---

24 프랑수아 마트롱은 이러한 자기비판이 알튀세르가 1967년 프란카 마도니아Franca Madonia와 주고받은 서신이 반영하는 지적(그리고 아마도 존재론적) '위기' 속에 그 근원을 두고 있음을 보여주었다. François Matheron, "Des problèmes qu'il faudra bien appeler d'un autre nom et peut-être politiques"[「분명 우리가 또 하나의 다른 이름으로 불러야 할, 그리고 아마도 정치적일 그러한 문제들에 관하여」], *Multitudes*(멀티튜드), n. 22, 2005/3을 참조(Louis Althusser, *Machiavel et nous, suivi de deux essais de François Matheron*[『마키아벨리와 우리』], préface par Étienne Balibar, Tallandier, 2009에 다시 실림). 이러한 자기비판은 1972년의 『자기비판의 요소들』에서 전개되었는데, 여기에서 알튀세르는 이 자기비판에 '스피노자주의적' 근원—1975년의 '아미엥 박사학위 업적 소개문'에서 더욱 미묘한 방식으로 다시 취해지기도 했던—을 부여한다('아미엥 박사학위 업적 소개문'이 재수록된 『마키아벨리의 고독』을 참조).

이 아니라 [계급투쟁을 희생시켰다는] 후회remords라고 말하고 싶기도 했습니다)으로부터 자신의 자양분을 얻었지요. 따라서, 객관적으로(전투적 참여를 통해) 그리고 동시에 주관적으로(그 안에서 **개념의 갈등성**이 혹은 그 내재적으로 논쟁적인 특징이 **실재의**, 즉 역사의, 사회의, 그리고 정치의 **갈등성**을 직접적으로 표현할, 그러한 새로운 범주들의 개진을 통해), **계급투쟁이라는 요소 내에** 다시 발을 집어넣기 위해, '이론'의 무언가—'이론'의 자기충족성, 더 나아가 '이론'의 '이론주의적' 전능함—를 역으로 희생시켜야만 했습니다. 하지만 정통성을 향한 이러한 정정의 결과는 도대체 무엇이었을까요? 물론 (제가 이전에 주장했던 바와는 반대로) 이전의 사고들에 대한 단순한 말소가 아니라, 알튀세르로 하여금 (마키아벨리와 다른 사상가들의 편에서) 정치의 개념을 탁월한 방식으로 탐구하도록 이끌었던, 하지만 또한 마르크스주의적(이고 레닌주의적)인 도그마들—한때 알튀세르는 이 도그마들의 계보학 전체를 탈구축하고 재구축하기를 원했던 것으로, 그리고 [그렇게] 할 수 있었던 것으로 보였으며, '프롤레타리아'라는 상당히 신화적인 관념이 이 도그마들의 계보학 전체를 떠받치고 있었지요—의 결을 끔찍하게도 벗어나지 못하게 만들기도 했던, 역표지signe contraire를 지니는 꼬임 혹은 전도된 편향입니다.

왜냐하면 실제로 정통성이란 존재하지 않으며, 혹은 더 정확히 말해, 정통성에 대한 단언prétention과 이러한 단언이 수반하는 믿음은 탁월한 종류의 '편향'—우리는 진리에 대한 원용을 통해 이로부터 벗어날 수 없으며, 단지 항상 상대적인 방식으로 오류에 대한 제시exposition와 이 정통성이 생성하는 **반정립적 위험들**에 대한 가정을 통해서만 이로부터 벗어날 수 있죠—이기 때문입니다.[25] 하지만 그렇기에—바로 이것이 제가 제안하고 싶은 것인데요—'이론주의'라는 (부정적 의미를 내포하는) 이름이 지시했던 바와 이론이었던 바 그 자체(최선의 것이든 최악의 것이든) 사이의 관계라는 질문은 종결된 것이 더 이상 아닌 것입니다. 우리는 그 함의들의 다수성 내에서 이 질문을 재개해야만 합니다. 이론의 실천은 어떠한 '실천의 우위'의 관점으로부터 우리가 이를 가지고 만들어내는 표상 내에서만(하지만 아마도 이 표상이 존재 가능한 유일한 것은 아닐 터인데) 이론주의적입니다. '이론주의'는, 아마도 그 끝이 존재하지 않을 왕복운동 내에서, '실천주의'의 전도된 이미지입니다. 그렇지만 이론의 가치는, 이론이 이론에 속한다는 사실로부터, 혹은 이론이 이론 그 자체로서 자율화된다는 사실로부터 **선제적으로**d'avance 판단되지는 않습니다. 우리는 이 이론의 내용을 그 적용에 대해, 그리고 이 이론의 고유한 일관성이

25 내가 보기에 알튀세르는 '마르크스주의의 위기'에 대한 자신의 진단을 내리기 바로 직전에 집필했던 텍스트들에서의, (주저함이 없지 않은) 끔찍한 방황의 끝에서 이러한 결론에 도달했던 것으로 보인다. 나는 이 텍스트들 가운데 특히 도미니크 르쿠르의 저서 *Lyssenko. Histoire réelle d'une science prolétarienne*(『리센코. 프롤레타리아 과학의 실제 역사』)에 붙이는 '진리 규범 없는 편향'déviation sans norme de vérité에 대해 언급하는 1976년의 서문을, 그리고 이와 동시대에 쓰인 텍스트, 이론적 실천과 비교해 '지속적 절단'과 동일한 성찰적 유효범위를 (잠재적으로는 이론 내에서의 계급투쟁에 대하여) 지니는 '갈등적 과학'이라는 관념이 등장하는 「마르크스와 프로이트에 대하여」Sur Marx et Freud를 떠올리고 있다(전자는 『마키아벨리의 고독』에 수록되어 있으며 후자는 『정신분석학에 관한 저술들』에 수록되어 있다)[「마르크스와 프로이트에 대하여」의 우리말 번역본으로는 윤소영 편역, 『알튀세르와 라캉』, 공감, 1996 참조]. 이 지점에서 우리는 자신의 자기비판 시기에 알튀세르가 빠져나올 수 없었던 곤경이, '이론주의'라는 비난이 (역사적이고 조직적인 참조점들을 제외한다면) 사실상 동일한 용어들로 프랑스공산당의 공식 철학자들에게서, 그리고 자신의 '마오주의적'인 옛 제자들 중 가장 냉혹한 intolérants 이들에게서(알튀세르에 대한 이들의 살인적 반감이 이 지점에서 프랑스공산당의 공식 철학자들과 공동전선을 형성하는 것을 전혀 방해하지 않았다) 동시에 제기되었다는 사실로부터 유래한다는 점을 기억하는 것이 중요하다.

라는 관점에서 또한 분석해야만 합니다.[26] 마르크스의 말마따나 '왕도' 가 없는 것과 마찬가지로 '지름길' 또한 존재하지 않습니다.[27]

제대로 된 증명을 위해서는 너무나도 짧고, 이 서문 뒤에 이어질

26 내가 이러한 의견조정mise au point을 랑시에르가 『알튀세르의 교훈』(*La leçon d'Althusser*, 1974, 라 파브리크La Fabrique 출판사에서 2012년 재판 출간)에서 (자기 자신 또한 그 주요 행위자의 한 명이었던 기획에) 행한 격렬한 비판(랑시에르는 또한 알튀세르의 자기비판이 그의 적수들이 제기한 이론주의라는 반대를 자기 자신의 것으로 '재활용'récupérer하는 것을 핵심으로 하는 그러한 지적 사기로 이중화된 위장술faux-semblants일 뿐이라고 비난한다)에 대한 나의 평가와 어떻게 절합할 수 있을지 사람들은 정당하게 질문을 제기할 수 있을 것이다. 일련의 모든 정세적 요소를 논의에서 제외한다면, 나는 우리가 다음과 같이 말할 수 있으리라 생각한다. 본질적으로 랑시에르가 공격하는 바는 '이론적인 것' 자체가 아니라, 오히려 (탁월한 마르크스주의 '교수'professeur로서의) 알튀세르가 극한으로까지 밀어붙이며 담지했던(하지만 사실은 알튀세르 혼자만이 아니라 마르크스주의 전통 전체와, 그리고 특히 노동자들의 '자생적' 의식에 대립되는 '이론적 투쟁'에 관한 카우츠키주의적이고 레닌주의적인 개념화와 일체를 이루는 것인) '이론'의 특정한 개념화와 실천에 연결되어 있는 **교육주의**pédagogisme였다고 말이다. 만일 우리가 알튀세르 집단의 '미시사'로 다시 한번 관심을 기울인다면, 여기에서 우리가 『"자본"을 읽자』의 텍스트들과 주제들에 대한 **활용**이 본질적으로는 이를 '덜 교육받은' 활동가들(대학생들)의 '이론적 교육'을 위한 도구로 만들기 위한 것—이러한 '이론적 교육'에 우리 모두는 열정적으로 참여했었다…—이었다는 점을 언급하지 않기란 불가능하다. 그리고 정확히 바로 이것이 68혁명을 산산조각 내버리는 그것이다. 그렇지만 이론은 이 이론에 대한 교육적 활용과 동일한 것인가? 혹은 다음과 같이 다시 질문해보자면, 교육적 실천은 이론적 실천의 유일한 형태인가? 이러한 질문은 전혀 단순하지 않다. 사실 이 질문은 서구의 '과학'과 '철학'의 역사 전체와 일체를 이루는 것인데, 이 서구의 '과학'과 '철학'은, 지식savoir과 무지ignorance 사이의 구분, 그리고 이러한 구분과 상관적인 학자savants(혹은 '알고 있는 자'sachants)와 무지자ignorants 사이의 구분—이러한 구분은 인식론적인 만큼이나 정치적이다—을 이미 전제함으로써, '인식'connaissance인 동시에 '교육'enseignement이기를 스스로 원했다. 만일 우리가 철학이 치유 불가능하게 '교육적'enseignante인 것이라고 사고한다면, 우리는 (랑시에르 자신이 1983년의 저서 『철학자와 그 빈자들』*Le philosophe et ses pauvres*에서 그렇게 했듯) 철학을 거부할 수 있다. 교육자로서 나의 직능을 흔들리지 않고 수행하면서도(하지만 마르크스주의 교수로서는 전혀 아니다…) 나는, 그 누구의 사고의 스승도 되기를 원하지 않는다면서 대학 교수직 제안을 거절했던 스피노자의 일화를 절대 망각하지 않고 있다.

27 이러한 관점에서, 알튀세르의 영어 번역자이자 편자인 그레고리 엘리엇Gregory Elliott은 알튀세르가 활용했던 '우회'détour라는 단어를 포착하고 알튀세르에 관한 자신의 탁월한 저서를 『이론의 우회』*The Detour of Theory*(Verso, 1987)라고 했는데, 이 제목은 옳았다[한국어판으로는 그레고리 엘리엇, 이진경·이경숙 옮김, 『알튀세르: 이론의 우회』, 새길아카데미, 2009 참조].

텍스트들에 대한 가림막이 되지 않기 위해서는 너무나도 넓은 범위에 걸쳐 있는 이러한 성찰들을 저는 여기에서 멈추고자 합니다. 아담 타카치와 출판사의 요청에 응답함으로써 결국 제가 말하고자 한 바는, 만일 우리가 『"자본"을 읽자』의 은밀한 동력을 구성했던 정치의 불확실성incertitudes을 향한 지적 열정과 끌림의 뒤섞임에 조금이라도 사로잡히도록 우리 스스로를 내버려두고자 한다면, 이 책의 그 무엇도 오늘날 그대로 언표되거나 유지될 수 없을 것이라는 점을 온전히 인식하면서도 자유롭고 비판적인 방식으로 『"자본"을 읽자』를 오늘날에도 계속 읽을 수 있어야만 한다는 점입니다. 하지만 그 용어의 강한 의미에서 한번 **문제화**되었던(그러니까 **개념들**이라는 수단을 통해서 말이죠) 바는 그 무엇도 절대로 지적 지평에서 순수하고 단순하게 사라질 수 없습니다. 바로 그렇기 때문에 지금과는 다른 삶 속에서 제가 기여했던 이 책과 함께 제 자신이 나아가고자 노력하는 것이며, 바로 그렇기 때문에 가벼운 향수nostalgie와 강력한 호기심의 뒤섞임과 함께 자신들 편에서 이를 시도하고자 하는 또 다른 이들을 제가 발견하게 되는 것입니다. 저 자신을 위해, 그리고 그때와 지금의 제 친구들을 위해, 특히 '이론' 내에서 함께 작업하는 법을 우리에게 가르쳐 준 그[알튀세르]를 위해, 제가 이 또 다른 이들에게 무한히 감사하고 있다는 점은 따로 말할 필요도 없겠지요.

2018년 11월 뉴욕에서

에티엔 발리바르

1872년 3월 18일, 런던

동료시민 모리스 라 샤트르Maurice La Châtre 씨에게

친애하는 동료시민이여,

『자본』*Das Kapital*의 [프랑스어] 번역본을 정기간행물 형태로 출간하겠다는 당신의 생각에 박수를 보냅니다. 이러한 형태 덕에 이 저작은 노동자계급에게 더욱 접근하기 쉬워질 것입니다. 저에게는 이 점이 다른 무엇보다도 중요합니다.

이것이 바로 당신 생각의 좋은 측면인데, 하지만 다음과 같은 나쁜 측면 또한 존재합니다. 『자본』에서 제가 활용했던 방법, 그러니까 경제학적 주제에 지금까지 적용된 적이 전혀 없었던 그 방법은 처음 몇 개의 장에 대한 독서를 상당히 까다롭게 만듭니다. 그래서, 항상 참을성 없이 결론지어버리기를 좋아하는, 일반적 원리들과 (자신들이 관심을 쏟는) 직접적 질문들 사이의 관계를 게걸스레 인식하고자 하는 프랑스 대중이, 이 처음 장들의 까다로움으로 인해 그다음으로 넘어가지 못한다는 점 때문에 이 저작의 독서 자체를 거부하지는 않을까 두렵습니다.

이것이 바로, 진리를 알고자 하는 독자들에게는 미리 경고해주고 대비할 수 있게 해주는 것 말고는 아무것도 제가 해줄 수 있는 게 없는, 당신 생각이 가진 결점입니다. 과학에 왕도란 존재하지 않으며, 과학의 가파른 오솔길을 오르고자 애쓰기를 두려워하지 않는 이들만이 이 과학의 빛나는 정상에 도달할 기회를 가질 수 있게 됩니다.

친애하는 동료시민에게, 감사의 마음을 담아,

칼 마르크스

서장

『자본』에서 마르크스의 철학으로

루이 알튀세르 / 진태원 옮김

이 책의 논문들은 1965년 초 [윌므가의] 파리고등사범학교에서 진행된 『자본』 연구 세미나에서 발표된 것들이다. 이 발표문들에는 당시 세미나의 정황을 보여주는 흔적이 담겨 있다. 구성과 리듬, 교육적이거나 구어적 표현 스타일이 그렇거니와 특히 각 탐구들 사이의 상위성相違性, diversité과 각각의 탐구에 포함된 반복, 망설임, 위험성에서 그렇다. 물론 우리는 시간이 허락할 때 원하는 만큼 이 발표문들을 다시 읽으며 서로 글을 교정하고 편차의 폭을 줄이고 최선을 다해 용어법과 가설, 결론을 일관성 있게 통일하여 단 하나의 담론이 지닌 체계적 질서에 따라 발표문 내용을 배열할 수도 있었을 것이다. 곧 이 발표문들을 한 권의 **완성된** 저작으로 구성하려 시도할 수 있었을 것이다. 하지만 우리는, 이 발표문들이 최선의 상태라고 주장할 생각은 없지만, 그럼에도 이 발표문들을 원래 상태 그대로 출간하기로 결정했다. 곧 미완의 텍스트들로서, 그저 한 가지 **독서**lecture의 개시로서.

1

물론 우리 모두는 『자본』을 읽었고, [우리 모두는 지금도] 『자본』을 읽고 있다. 근 한 세기에 이르는 시간 동안 우리는 『자본』을 매일 읽을 수 있었으며, 투명하게, 우리 역사의 비극과 꿈속에서, 우리의 유일한 희망이자 운명인 노동자운동의 논쟁과 갈등 속에서, 그 승리와 패배 속에서 『자본』을 읽을 수 있었다. 우리가 "세상에 나온" 때부터 우리는 계속해서 우리에게 『자본』을 (때로는 잘, 때로는 못) 읽어준 사람들의 글과 말 속에서, 죽은 이들과 살아 있는 이들, 엥겔스, 카우츠키, 플레하노프, 레닌, 로자 룩셈부르크, 트로츠키, 스탈린, 그람시, 그리고 노동자 조직 지도자들과 그 지지자들 및 반대자들, 곧 철학자, 경제학자, 정치학자의 글과 말 속에서 이 책을 읽어왔다. 우리는, 정세 conjoncture가 우리에게 "선별해준" 이 책의 단편들, "발췌문들"을 읽었다. 심지어 우리 모두는 "상품"에서 시작해 "수탈자들의 수탈"에 이르기까지 그 『자본』 1권을 다소간 읽어왔다.

그러나 언젠가는, 문자 그대로, 『자본』을 읽어야 한다. 텍스트 그 자체를, 네 권을 모두 남김없이, 한줄 한줄 읽도록 하자. 평평하고 무미건조한 2권의 고원 지대에서 이윤, 이자, 지대의 약속된 땅으로 내려가기 전에, 1권의 처음 몇 장이나, 아니면 단순재생산과 확대재생산의 도식들을 열 번씩 거듭해서 다시 읽자. 더 정확히 말하면, 『자본』을 프랑스어 번역본만이 아니라(마르크스 자신이 수정한 것을 넘어 새로 쓰다시피 한 조제프 루아의 1권 번역본이라 할지라도), 적어도 근본적인 이론적 장들은, 그리고 마르크스의 핵심 개념들이 나타나는 모든 대목은 독일어 원문으로 읽어야 한다.

그리하여 우리는 『자본』을 읽기로 뜻을 모았다. 여기 실린 발표문들은 그러한 기획에서 나온 것으로, 발표자 각각의 개인적 독서 기록에 불과하다. 각 발표문은 『자본』이라는 책의 거대한 숲을 자기 나름의 방식으로 헤쳐나가는 구불구불한 길을 만들어냈다. 그리고 우리가 이 발표문들을 아무런 수정도 하지 않고 원래 형태 그대로 제시하는 것은 이러한 모험이 담고 있는 모든 위험성과 장점을 [있는] 그대로 보여주기 위해서이다. 이는 독자가 이 발표문들에서 한 가지 독서 경험 자체를 그 탄생의 상태 그대로 알아보게 하기 위해서이며, 또한 이 첫 번째 독서의 자취를 따라, 우리를 더 멀리로 데려다줄 두 번째 독서를 독자 자신이 수행할 수 있게 하기 위해서이다.

2

하지만 순결한innocente 독서란 존재하지 않기 때문에, 우리가 어떤 독서에 대해 유죄인지coupable 말해보기로 하자.

우리는 모두 철학자다. 우리는 『자본』을 경제학자로서나 역사학자로서 또는 문학자로서 읽지 않았다. 우리는 『자본』에 대하여 그 경제적 내용이나 역사적 내용에 대한 질문을 제기하지 않았으며, 그 단순한 내적 '논리'에 대해서도 질문하지 않았다. 우리는 철학자로서 『자본』을 읽었고, 따라서 『자본』에 다른 질문을 제기했다. 사태 자체로 곧바로 나아가기 위해 다음과 같은 점을 인정하기로 하자. 곧 우리는 『자본』이 **그 대상**과 맺고 있는 **관계**라는 질문, 따라서 그 **대상**의 종별성spécificité에 관한 질문이면서 동시에 『자본』이 그 대상과 맺고 있는 **관계**에 관한 질문이기도 한 질문, 곧 이 대상을 다루기 위해 가동된 담론의 유형의 본성에 관한 질문, 과학적 담론에 관한 질문을 제기했다. 그리고 오직 차이에 대한 정의만이 존재하기 때문에, 우리는 『자본』에 대하여 그 대상만이 아니라 그 담론의 종차種差, différence spécifique에 관한 질문을 제기했다. 우리는, 우리 독서의 각 발걸음마다 어떤 점에서 『자본』의 대상이 단지 고전파 경제학(및 심지어 근대 경제학)의 대상과 구별될 뿐 아니라 또한 마르크스의 청년기 저작의 대상, 특히 1844년의 『경제학-철학 수고』의 대상과도 구별되는지 질문했다. 따라서 어떤 점에서 『자본』의 담론이 단지 고전파 경제학의 담론과 구별될 뿐 아니라, 또한 청년 마르크스의 철학적(이데올로기적) 담론과도 구별되는지 질문한 것이다.

『자본』을 경제학자로서 읽는다는 것은, 『자본』의 내용에 관한 질문을 제기하고 그 분석과 도식의 경제적 가치에 관한 질문을 제기한다는 것이었으며, 따라서 『자본』의 담론을, 『자본』 바깥에서 이미 정의되어 있는 어떤 [경제적] 대상과 비교하면서도 그 대상을 물음에 부치지 않는다는 것을 의미했다. 『자본』을 역사가로서 읽는다는 것은 『자본』의 역사적 분석이 『자본』 바깥에서 이미 정의되어 있는 어떤 역사적 대상과 맺는 관계에 대해 질문을 제기하면서도 그 대상을 물음에 부치지 않는다는 것을 의미했다. 『자본』을 논리학자로서 읽는다는 것은, 『자본』의 서술 및 증명 방법에 관한 질문을 제기하면서도, 여전히 『자본』의 담론의 방법들이 관계를 맺고 있는 대상을 물음에 부치지는 않은 채로 추상적으로 질문을 제기하는 것을 의미했다.

『자본』을 철학자로서 읽는다는 것은, 정확히 말하면 종별적 담론의 종별적 대상을 물음에 부치는 것이며, 이 담론이 그 대상과 맺고 있는 종별적 관계를 물음에 부치는 것이다. 따라서 이는 곧 **담론-대상** 통일체에 대하여 이 엄밀한 통일체를 다른 형태의 담론-대상 통일체와 구별시키는 인식론적 자격에 관한 질문을 제기하는 것이다. 오직 이러한 독서만이 『자본』이 인식의 역사 속에서 차지하는 위치와 관련된 질문에 대한 답변을 결정할 수 있다. 이러한 질문은 다음과 같이 집약될 수 있다. 『자본』은 여느 이데올로기 중 하나에 불과한 단순한 이데올로기적 생산물인가? 곧 청년기의 철학 저작에서 정의된 인간학적 범주들을 경제적 현실의 영역에 부과한 것이자 「유대인 문제에 대하여」 및 1844년의 『경제학-철학 수고』에 담긴 관념론적 열망을 '실현'한 것인가? 『자본』은, 고전 정치경제학—마르크스가 자신의 대상 및 개념을 그로부터 빌려 왔을—의 단순한 연속이자 완성인 것인가? 그렇다면 『자본』은 그 대상이 아니라 오직 그 **방법**에 의해, 헤겔에게서 빌려 온 변증법에 의해 고전파 경제학과 구별되는 것인가? 또는 정반대로, 『자본』은 그 대상, 그 이론, 그 방법에서 진정한 인식론적 변동mutation을 이루는 것인가? 『자본』은 새로운 분과학문의 현행적 정초, 어떤 과학의 현행적 정초, 따라서 진정한 사건, 곧 어떤 과학의 전사前史를 이루는 고전 정치경제학, 헤겔 및 포이어바흐의 이데올로기를 동시에 거부하는 하나의 이론적 혁명, 어떤 과학의 절대적 시작을 나타내는 것인가? 그리고 만약 이 새로운 과학이 **역사**에 대한 이론이라면, 이러한 과학은 역으로 자신의 **전사**에 대한 인식을 가능하게 해주는 것 아닌가? 곧 고전파 경제학 및 마르크스의 청년기 철학 저작을 명료하게 인식하도록 해주는 것 아닌가? 이것이 철학적 독서를 통해 『자본』에 제기되는 인식론적 질문이 지니는 함의들이다.

그러므로 『자본』에 대한 철학적 독서는 순결한 독서와는 정반대의 것이다. 그것은 죄를 지은 독서이지만, 고해를 통해 자신의 죄를 씻으려 하지 않는다. 그와는 반대로 이 독서는 자신의 죄를 "좋은 죄"라고 주장하며, 죄의 필연성을 증명함으로써 변호한다. 그러므로 이것은 하나의 예외적 독서이며, 모든 죄지은 독서에 대하여 그 순결성의 가면을 벗겨내는 질문, 그 순결성에 관한 단순한 질문을 던짐으로써 독서로서의 자기 자신을 정당화한다. **읽기lire란 무엇인가?**

3

이 단어가 매우 역설적인 것처럼 보일 수 있겠지만, 인간 문화의 역사에서 우리 시대는 언젠가 가장 극적이고 가장 힘겨운 시련을 경험한 시기, 곧 보기, 듣기, 말하기, 읽기와 같은 실존의 가장 "단순한" 행위의 의미를 발견하고 습득하게 된 시기로 기록될지도 모른다고 감히 주장해보고 싶다. 이 행위들은 인간들을 그들의 작업들œuvres과 관련짓고, 이 작업들[작품들]은 "작업들[작품들]의 부재"라는 자신들의 이면gorge으로 되돌려진다. 아직도 기세등등한 일체의 외양과 반대로 이 전복적 인식들은 심리학—심리학은 이 인식들에 대한 개념의 부재 위에 건립되어 있다—에 빚지고 있지 않으며, 오히려 몇몇 사람에게 빚지고 있다. 마르크스, 니체, 프로이트가 그들이다. 프로이트 이래로 우리는 듣는다는 것, 따라서 말한다는 것(그리고 침묵한다는 것)이 말하는 바[1]가 무엇인지 의문을 품기 시작했다. 말하기와 듣기의 이러한 '의미'[말하기와 듣기가 원하는 것]가 말과 청취의 순수성 아래에서 두 번째의 **전혀 상이한** 담론, 무의식의 담론이 지닌 소환 가능한[2] 깊이를 드러내는 게 아닌지 의문을 품기 시작했다.[3] 우리는 마르크스 이후에야[마르크스에 입각해서야]depuis Marx **읽기**가, 따라서 글쓰기가 **말하는 바**가 무엇인지, 적어도 이론 내에서나마 의문을 품기 시작할 수밖에 없게 되었다고 감히 주장해보겠다. 우리가 1844년의 『경제학-철학 수고』에 대해 고압적으로 군림하고 있는, 그리고 여전히 『자본』에 대한 이데올로기적 퇴행의 시도들에도 교활하게 들러붙어 있는 모든

---

1 ❖ '말하는 바'의 원문은 'veut dire'이다. 프랑스어에서 'vouloir dire'는 관용어로 '의미하다'라는 뜻을 갖는다. 그런데 vouloir는 '원하다', '의지하다'라는 뜻이며, dire는 '말하다'라는 뜻이기에 이 단어들을 문자 그대로 이해하면 '말하기를 원하다'라는 뜻이 된다. 현재의 문맥에서 알튀세르는 'vouloir dire'가 갖는 관용적 의미와 축자적 의미를 함께 활용하고 있다.

2 ❖ '소환 가능한'의 원문은 'assignable'이다. 이 단어는 '지정하다', '할당하다', '소환하다'라는 뜻을 지닌 'assigner' 동사에서 파생된 것으로, 역시 '지정 가능한', '할당 가능한', '소환 가능한' 등의 뜻을 갖는다. 이때 소환된다는 것은 주로 법정에 소환된다는 뜻이다. 왜 알튀세르가 이 단어를 사용했는지는 불분명하지만, 2절에서부터 계속 유지되고 있는 '순수한'innocent-'죄지은'coupable의 대립을 이 문장에서는 '순수성'-'(법정에) 소환 가능한'의 대립으로 약간 변형시키고 있는 것으로 보인다. 반면 '지정 가능한'이라는 의미로 이해하면, 이 대목은 무의식의 담론의 깊이는 불가해한 어떤 것이 아니라 규정 가능하고 인식 가능한 것이라는 뜻을 전하는 것으로 해석해볼 수 있다.

3 오늘날 프로이트에 대한 우리의 **독서**를 뒤집은 이러한 결과는 오랜 고독의 나날 속에서 수행된 자크 라캉의 비타협적이고 명료한 이론적 노력 덕분이다. 자크 라캉이 우리에게 제시해준 근본적으로 새로운 것이 공공재산이 되어감으로써 각자가 자기 나름의 방식으로 이를 사용하고 이익을 얻을 수 있게 된 이 시점에 나는 그의 모범적 독서의 가르침에 대하여 우리가 빚지고 있음을 꼭 표시해두고 싶다. 곧 보게 되겠지만, 이러한 가르침은 그것이 산출한 몇몇 효과에서는 원래 그것이 유래한 대상[무의식]을 넘어선다. 우리는 "재단사의 노동이 코트에서 사라지지 (않)"(마르크스)게 하기 위해, 우리의 코트에서도 사라지지 않게 하기 위해, 이를 **공개적으로** 꼭 표시해두고 싶다. 마찬가지로 나는 인식의 작업에 대한 독서의 거장들— 예전에는 가스통 바슐라르Gaston Bachelard와 장 카바예스Jean Cavaillès였고 오늘날에는 조르주 캉길렘과 미셸 푸코Michel Foucault인— 에게 우리가 은밀하게든 공공연하게든 지고 있는 빚에 대해서도 꼭 표시해두고 싶다.

이데올로기적 주장을 어떤 독서의 명시적 순결성으로 환원할 수 있었던 것은 분명 우연이 아니다. 청년 마르크스에게서는, 사물들의 본질, 인간의 역사적 세계 및 그 경제적·정치적·미학적·종교적 산물의 본질을 인식하는 것은 그 '구체적' 실존의 투명성 속에서 '추상적' 본질의 현존을 문자 그대로 **읽어내는**(lesen, herauslesen) 것이었다. 실존 속에서 본질을 읽어내는 이 무매개적 독서lecture immédiate에서 헤겔의 절대지의 종교적 모델, 곧 개념이 마침내 완전히 가시적이게 되고 우리들 사이에 자신의 모습 그대로 현존하고 그 감각적 실존 속에서 만져볼 수 있는 것이 되는 **이** 빵, **이** 신체, **이** 얼굴, **이** 인간이 정신 그 자체가 되는 이 역사의 종말이 표현된다. 우리로 하여금, **열려 있는 책**, 갈릴레이 그 자신이 말한 "세계라는 위대한 책"에 대한 독서의 향수는 모든 과학보다 더 오래된 것이라는 점을, 그리고 이러한 독서는 아직도 은밀하게 신의 공현公現, épiphanie과 [그리스도의] 재림再臨, parousie이라는 종교적 환상에 대해 그리고 단어들을 옷처럼 걸치고 있는 [성경이라는] 책을 자신의 몸으로 삼고 있는 진리가 바로 신성한 경전으로서 성경이라는 [기독교] 성경의 매혹적인 신화에 대해 반추하고 있다는 점을 깨닫게 해주는 것이 바로 이것이다. 글로 쓰인 담론을 진리의 무매개적 투명성으로 만들고, 현실은 어떤 목소리의 담론으로 만드는, **읽기**에 대한 모종의 관념에 사로잡혀 있어야 자연 또는 현실을 책—갈릴레이에 따를 경우 이 책에서는 "사각형과 삼각형, 원으로 이루어진" 어떤 언어의 침묵하는 담론이 말하고 있다—으로 간주하게 되는 것은 아닌지 우리로 하여금 의심해보게 만드는 것이 바로 이 점이다.

읽기의 문제, 따라서 결과적으로 **글쓰기**의 문제를 제기했던 최초의 인물인 스피노자는 또한 역사이론과 동시에 직접적인 것의 불투명성l'opacité de l'immédiat에 관한 철학을 세상에서 최초로 제시했던 인물이다. 그와 더불어 세상에서 처음으로 한 인간이 상상적인 것과 참된 것의 차이에 관한 이론을 통해 읽기의 본질과 역사의 본질을 결부시켰다는 것, 바로 이 사실은 왜 마르크스가 오직 [한편으로] 역사이론과 [다른 한편으로] 이데올로기와 과학 사이의 역사적 구별에 관한 철학을 정초함으로써만 마르크스가 될 수 있었는지, 그리고 왜 최종 분석에서 이러한 정초가 독서에 관한 종교적 신화의 소멸 속에서 정점에 이르게 되었는지 우리가 이해할 수 있게 해준다. 1844년의 『경제학-철학 수고』의 젊은 마르크스는 열린 책 속에서[막힘없이 술술]à livre ouvert 곧바로 인간의 본질을 그 소외의 투명함 속에서 읽어낸 바 있다. 하지만 반대로 『자본』은, 현실적인 것에 내적인 것이고 현실적인 것의 구조 내에 기입되어 있는 어떤 간격과 어떤 괴리를 정확하게 측정하는데, 이러한 간격 및 괴리는 그것들이 현실적인 것의 구조 내에 기입되어 있다는 그 사실로 인해 자신들의 효과 자체를 판독 불가능하게 만들고, 자신들에 대한 무매개적 독서가 가능하다는 미망을 자신들의 효과의 궁극적인 정점으로 만드는 성격을 지닌다(즉 **페티시즘**fétichisme이라는 미망이 그것이다). 이러한 독서의 신화를 그 은신처까지 추격하기 위해서는 역사로까지 나아갔어야 했는데, 왜냐하면 인간들은 역사에서 자신들의 종교 및 철학을 숭배하는 것을 익히고 이러한 숭배를 자연으로 투사함으로써 자연을 인식하려는 대담한 기획 속에서 소멸되지 않고자 했기 때문이다. 사고된 역사, 역사의 이론에 입각해서만 우리는 독서에 대한 역사적 종교를 해명할 수 있었다. 곧 인간들의 역사는 성서 안에 보존되어 있기는 하지만 성서의 페이지에 기록된 텍스트가 아니라는 사실을 발견함으로써, 역사의 텍스트는 어떤 목소리(로고스)가 [친히] 말을 하는 텍스트가 아니라 구조들의 구조가 산출한 효과들에 대한 들을 수 없고 읽을 수 없는 기보記譜, notation이기 때문에, 역사의 진리는 성서의 명시적 담론 속에서 읽을 수 있는 것이 아니라는 점을 발견함으로써 그렇게 할 수 있었다. 우리의 발표문들 가운데 몇몇을 읽어보면, 내가 여기서 은유적으로 말하는 게 아니고 내가 쓰는 용어들을 문자 그대로 받아들이고 있음을 납득할 수 있을 것이다. 독서에 대한 종교적 신화와 단절하기. 그 이론적 필연성은 마르크스에게서 "정신적" 총체totalité에 대한 관점, 아주 정확히 말하자면 전체tout를 **표현적** 총체로 간주하는 헤겔주의적 관점과의 단절이라는 형태를 띠었다. 우리가 독서 이론의 얇은 종잇장을 넘기면 그 아래에서 **표현** 이론을 발견하게 되는 것, 그리고 우리가 이 표현적 총체 이론(표현적 총체에서 각각의 부분은 전체적 부분pars totalis으로서, 각 부분들에 몸소 거처하는 전체를 무매개적으로 표현한다)을, 마지막으로dernière fois 헤겔에게서, 역사의 지반 그 자체 위에서 그리고 어떤 담론의 귀결들 속에서 (로고스를) 말하는 목소리에 관한 일체의 상보적인 종교적 신화들이 결집되는 이론으로서 발견하게 되는 것은 우연이 아니다. 자신의 성서[기록][4]에 거처하는 진리에 대한 종교적 신화, 그리고 (만약 눈과 귀가 순수한 것들이라면) 담론의 각 단어들마다 몸소 거하시는 진리의 말씀을 발견하기 위해 이러한 진리를 알아듣는 귀 또는 이 담론을 읽어내는 눈에 대한 종

4 ❖ 프랑스어로 성서는 Écriture라고 대문자로 표기하는데, 이것은 말 그대로는 '기록' 내지 '글'을 의미한다.

교적 신화가 그것이다. 일단 로고스와 존재 사이에, 그 존재 자체에서 세계 바로 그것인 이 거대한 책과 세계의 인식에 관한 담론 사이에, 사물들의 본질과 그 독서 사이에 확립된 종교적 공모관계와의 단절이 이루어진다면, 여전히 불안정한 시대의 사람들이 역사의 불안정함과 그들 자신의 대담함이 야기하는 두려움에 맞서 마법적 동맹 아래 피신하던 이 암묵적 계약이 깨진다면, 일단 이러한 연계가 깨진다면, 마침내 담론에 대한 새로운 관점이 가능해지리라는 것을 덧붙일 필요가 있을까?

4

마르크스로 되돌아가서, 우리는 정확히 그에게서, 단지 그가 말하는 것만이 아니라 그가 실행하는 것 속에서, 독서에 관한 시초의 생각과 실천으로부터, 독서에 관한 새로운 실천으로[의], 우리에게 **읽기**에 관한 새로운 이론을 제공해줄 수 있는 역사에 관한 한 이론으로의 이행 자체를 포착할 수 있다고 언급해두자.

우리가 마르크스를 읽을 때 우리는 곧바로 우리 앞에서, 큰 목소리로 **읽어주는** 한 사람의 **독자**를 발견하게 된다. 마르크스가 심오한 독자였다는 것은, 마르크스가 자신의 텍스트를 큰 목소리의 독서들로 채울 필요를 느꼈다는 것보다는 훨씬 덜 중요한 점이다. 단지 인용의 기쁨을 위해 또는 세심한 문헌 참조(이 점에서 마르크스는 편집증적 정확성을 보여주는데, 그의 적수들은 톡톡히 대가를 치른 후에야 이 점을 깨달을 수 있었다)를 통해서만이 아니라, 단지 그가 항상 견지했던 지적 정직성의 절차—이는 그로 하여금 항상 그리고 관대하게 자신이 진 빚을 인정하게 해주었다(아 그는 빚이란 무엇인지 알고 있었던 것이다)—에 의해서만이 아니라, 그의 발견 작업의 이론적 조건 속에 깊이 뿌리박은 이유 때문에 그렇게 했다. 그러므로 마르크스는, 『잉여가치학설사』[5](이 책은 본질적으로 노트 묶음에 머물러 있다)만이 아니라 『자본』에서도 우리 앞에서 큰 목소리로 읽어준다. 그는 케네를 읽고, 스미스를 읽고, 리카도 등을 읽는다. 마르크스는 이들을 완벽하게 투명해 보이는 방식으로 읽는다. 그들이 정확하게 말한 것에 의지하고 그들이 그릇되게 말한 것은 비판하기 위해, 요컨대 정치경제학의 인정받는 대가들과 관련지어 자신을 **위치시키기** 위해. 하지만 마르크스가 스미스와 리카도에 대해 수행하는 독서는 이러한 독서에 대한 일정한 방식의 독서에 대해서만 투명할 뿐이다. 즉, 자신이 읽는 것을 문제 삼지 않고, 자신이 읽은 텍스트의 명증함을 손에 쥔 현금처럼 확실한 것으로 받아들이는, 무매개적 독서에 대해서만 그런 것이다. 사실 마르크스가 스미스-리카도에 대해(이들을 예로 들어보자면) 수행하는 독서는, 자세히 **살펴보면**, 아주 독특한 것이다. 그것은 이중의 독서, 또는 오히려 근원적으로 상이한 독서의 두 가지 원리를 작동시키는 어떤 독서다.

첫 번째 독서에서 마르크스는, 자신의 담론에 입각하여 선구자들(예컨대 스미스)의 담론을 읽는다. 이러한 틀에 따른 독서, 곧 마르크스의 텍스트에 입각하여 스미스의 텍스트를 파악하는, 마르크스의

5 *Histoire des Doctrines Économiques*(trad. Molitor, Costes éd.)라는 제목으로 불역됨.

텍스트를 스미스의 텍스트의 척도로 투사하는 이러한 독서의 결과는 일치점과 불일치점을 나열하는 것, 스미스가 발견한 것과 놓친 것, 그의 장점과 약점, 그의 현존과 부재의 대차대조표를 작성하는 것에 불과하다. 사실 이러한 독서는 회고적인 이론적 독서로서, 스미스가 보지 못하고 이해하지 못한 것은 오직 근본적 결함manque으로만 나타난다. 몇몇 결함은 다른 결함들에 준거renvoient하고, 이 후자의 결함들은 최초의 결함에 준거하지만, 이러한 환원 자체가 우리를 현존과 부재에 대한 사실 확인에 머무르게 만든다. 결함들 자체의 경우, 이러한 독서는 이 결함들의 이유를 제시해주지 못하는데, 왜냐하면 결함들을 확인하는 것이 그 이유에 대한 탐구를 가로막기 때문이다. 스미스 담론의 외관상의 연속성 아래에서 스미스 담론 내에 있는 (하지만 스미스 자신에게는) 보이지 않는 결함들을 보여주는 것은 바로 마르크스 담론의 연속성이다. 이러한 결함들에 대해 마르크스는 대부분 스미스 자신의 부주의에 의한 것으로, 말 그대로 스미스 자신의 [정신의 또는 시선의] **부재**로 인한 것으로 설명한다. 스미스는 자신의 눈앞에 있음에도 볼 수 없었으며, 자신의 손안에 있음에도 움켜잡지 못했다는 것이다. 이러한 "**간과들**"[실수들]bévues은, 고전파 경제학 전체의 "믿기 어려운" 착오를 지배하는, 불변자본과 가변자본의 혼동이라는 이 "**거대한 간과**[실수]"와 다소간 관련되어 있다.[6] 그리하여, 인식을 구성하는 개념들의 체계에서의 모든 약점은, "보기"voir의 심리학

---

6 ❖ 프랑스어 "bévue"는 보통 "실수"나 "잘못"을 뜻하는데, 이 단어에는 "시각" 내지 "보기"라는 뜻을 지닌 "vue"라는 어근이 담겨 있다. 4절에서 알튀세르가 펼치는 논의의 핵심이 마르크스의 첫 번째 독서가 지닌 한계를, "보기"voir라는 문제와 관련짓는 것이기에 여기에서는 bévue를 "간과"라고 번역했다.

적 약점으로 환원되는 것으로 나타난다. 그리고 만약 그의 **간과들**[실수들]을 해명하는 것이 **보기**의 부재[보지 못함]라면, 하나의 동일한 필연성에 의해, "보기"의 현존과 예리함이 그의 **통찰들**vues, 모든 인정된 인식들을 설명해줄 것이다.

이렇게 되면 간과[실수]와 통찰의 이 단일한 논리는, 이 논리의 요체가 무엇인지 우리에게 드러내준다. 이것은 모든 인식 작업을 그 원리에서 **시각**vision의 단순한 관계에 대한 인정[재인지]reconnaissance으로 환원하는 어떤 인식관의 논리이며, 여기에서는 그 대상의 본성 일체가, **주어진 것**이라는 단순한 조건으로 환원된다. 스미스가, 보지 못하는 약점으로 인해 보지 못한 것을 마르크스는 본다. 스미스가 보지 못한 것이 분명 볼 수 있는[가시적인] 것이었으며, 그것이 볼 수 있는[가시적인] 것이었기 때문에 스미스는 그것을 보지 못할 수 있었고 마르크스는 그것을 볼 수 있는 것이다. 우리는 악순환에 빠져 있다. 주어진 대상을 보는 것으로서의 또는 정해진 텍스트를 읽는 것으로서의 인식이라는 거울 비추기의 신화로 전락하는 것인데, 여기에서 인식은 투명성 그 자체에 불과한 것이다. 맹목aveuglement이라는 일체의 원죄는 명철한 통찰력clairvoyance이라는 일체의 덕목과 마찬가지로 모두 권리상 보기에, 인간의 눈에 속하는 것이다. 하지만 우리는, 우리가 다른 이들을 취급하는 방식대로 취급을 받는 것이기 때문에, 이 경우 마르크스는 그가 근시가 아니라는 점은 제외된 채로 스미스로 환원된다. 이렇게 하여 스미스의 이른바 근시안에서 **벗어나기** 위해 마르크스가 기울인 거대한 작업은 아무것도 아닌 것이 되어버린다. 그것은 단순한 **보기**에서의 차이로, 모든 암소가 더 이상 검은 소가 되어버리지 않는 한낮으로 환원되는 것이며,[7] 마르크스가 그 자신을 스미스와 영구히 분리시키는 이론적 차이를 사고하게 해주는 역사적 거리와 이론적 괴리가 아무것도 아닌 것으로 환원되는 것이다. 그리고 마지막으로 우리는 여기에서 동일한 **시각**의 운명으로 소환되어, 마르크스 안에서 그가 본 것만을 보는 형벌에 처해지게 된다.

5

하지만 마르크스 안에는 이것과는 **전혀 다른**, 첫 번째 독서와 아무런 공통점이 없는 **두 번째 독서**가 존재한다. 첫 번째 독서, [즉] 현존과 부재, 통찰과 간과에 대한 이중적이고 상호 결합된 확인에 의해서만 유지되는 이 독서는 독특한 간과를 범하고 있다는 점에서 유죄다. 이 간과는 이 첫 번째 독서가 한 저자에게서 통찰과 간과가 결합되어 존재한다는 것이 한 가지 문제, 곧 통찰과 간과의 **결합**이라는 문제를 제기한다는 사실을 보지 못한다는 것이다. 이 첫 번째 독서가 이 문제를 보지 못하는 것은, 정확히 말하면 이 문제가 비가시적인 한에서만 가시적이기 때문이며, 이 문제가 명료한 눈을 갖고 있다면 충분히 볼 수 있는 주어진 대상들과는 전혀 다른 것과 관련되기 때문이다. 그것은 바로 가시적인 것의 장과 비가시적인 것의 장 사이의 필연적인 비가시적 관계인데, 이 관계는 비가시적인 것의 불투명한obscur 장의 필

7 ❖ 주지하다시피 "모든 암소가 검은 소가 되어버리는 밤"은 헤겔이 『정신현상학』 「서설」에서 (실체 중심의) 동일성 철학을 비꼬려고 쓴 표현인데, 알튀세르는 이를 비틀어 사용하고 있다.

연성을 가시적인 장의 구조의 필연적 효과로 정의한다.

하지만 내가 지적하려는 것을 더 잘 이해시키기 위해 나는 당분간 이 갑작스러운 문제제기를 유예된 상태로 놓아둘 것이며, 나중에 이 문제로 되돌아오기 위해 우리가 마르크스에게서 발견하는 두 번째 유형의 독서를 먼저 분석함으로써 우회할 것이다. 한 가지 사례면 충분하다. 그것은 임금에 관한, 『자본』 1권의 경탄할 만한 19장[8]인데, 이 19장의 논의는 『자본』 2권[9] 「서문」에 제시된 엥겔스의 비범한 논평에 암묵적이지만 뚜렷하게à la cantonade[10] 반영되어 있다.

따라서 나는 고전파 경제학의 **독자**인 마르크스를 그대로 인용하겠다.

> 고전 정치경제학은 일상생활에서 아무런 비판 없이 '노동의 가격'이라는 범주를 먼저 빌려 오고 그다음에야 비로소 이 가격이 어떻게 결정되는지 의문을 제기하였다. 우선 고전 정치경제학은 수요·공급 관계의 변동이 다른 모든 상품의 가격에 대해서와 마찬가지로 노동의 가격에 대해서도 그 가격의 변동[즉 일정한 크기를 오르내리는 시장가격의 변동] 외에는 다른 아무것도 설명하지 못한다는 사실을 금방 인식하였다. 그런데 수요와 공급이 일치하면 다른 요인이 불변인 한 가격의 변

8 *Le Capital*, II, p. 206 이하[국역본으로는 강신준 옮김, 『자본』, I-2, 17장 「노동력의 가치 또는 가격의 임금으로의 전화」 부분이다].

9 Le Capital, IV, pp. 20~24.

10 ❖ "à la cantonade"는 『마르크스를 위하여』에 수록된 「피콜로 극단: 베르톨라치와 브레히트(유물론적 연극에 대한 노트)」에 등장하는 표현이다. 여기에서는 내용을 고려하여 "암묵적이지만 뚜렷하게"라고 번역했다.

동은 멈추어버린다. 그렇게 되면 수요와 공급마저도 이제 더는 아무것도 설명하지 못하게 된다. 그리하여 결국 수요와 공급이 일치하면 노동의 가격은 수요·공급 관계와는 무관하게 결정되는 노동가격, 즉 노동의 자연가격이 되는데, 이것이야말로 원래 분석해야 할 대상이라는 점이 드러났다.

또는 예를 들어 1년과 같이 장기간의 시장가격 변동을 지켜보면 그 상승과 하락이 서로 상쇄되어 하나의 중간적 평균 크기[즉 불변적 크기]가 된다는 사실이 드러난다. 당연히 이 불변적 크기는 서로 상쇄되는 그것들의 편차와는 다른 요인에 따라 결정되는 것이 분명하다. 이처럼 노동의 우연적인 시장가격을 지배하고 규제하는 중간가격, 즉 노동의 '필요가격'(중농학파) 또는 '자연가격'(애덤 스미스)은 다른 상품의 경우와 마찬가지로 화폐로 표현된 노동가치일 수밖에 없다. **애덤 스미스는 말하기를, "상품은 정확히 그것의 가치대로 판매된다".**[11]

이런 식으로 고전파 경제학은 노동의 우연적 가격들을 통하여 노동가치를 찾아갈 수 있으리라 믿었다. **그다음 그것은[고전파 경제학은] 이러한 가치를 노동자의 존립과 재생산을 위해 필요한 생필품 가치로 규정할 것이다. 그리하여 의식하지 못하는 사이에 고전 정치경제학은 그때까지 자신이 탐구하는 외견상의 대상인 노동가치를 노동력 가치로 대체함으로써 지반을 변경했는데, 노동력이라는 이 힘은 노동자의 인격 속에서만 존재하며, 기계가 기계의 작동과 구별되는 것과 마찬가지로 노동력의 기**

11 ❖ 독일어판에는 없고 프랑스어판에만 있는 문장이다. 이하 인용에서도 프랑스어판에만 있는 내용은 굵게 표시한다.

능인 노동과 구별되는 것이다.[12] 따라서 분석 과정은 불가피하게 단지 노동의 시장가격을 그 필수적 가격 및 가치로 이끌어갈 뿐 아니라, 이른바 노동가치를 노동력 가치로 해소했으며, 그리하여 이제부터 노동가치는 노동력 가치의 '현상형태'로서만 취급될 수밖에 없게 된다. 따라서 분석이 도달하게 된 귀결은, **시초에 제시되었던 바의 문제를 해결한 것이 아니라, 문제의 항들 자체를 완전히 변경시켰다는 점이다.**

고전파 경제학은 결코 이러한 대체를 깨닫는 데 이르지 못했으며, 노동의 시장가격과 그 가치 사이의 차이, 이 가치와 상품가치의 관계, 이 가치와 이윤율의 관계 등에만 열중하고 말았다. 그리하여 고전 정치경제학이 가치 일반에 대한 분석을 심화할수록 이른바 노동가치는 고전 정치경제학을 해결할 수 없는 모순으로 이끌어가게 되었다….[13]

12 ❖ 이 대목의 독일어판 내용은 다음과 같다. "그렇다면 다른 상품들과 마찬가지로 이 가치도 다시 생산비에 의해 결정될 것이다. 그러나 노동자의 생산비{즉 노동자를 생산하거나 재생산하기 위한 비용}란 도대체 무엇인가? 이 질문은 의식하지 못하는 사이에 경제학의 근원적 문제로 자리 잡았는데, 왜냐하면 경제학은 노동 그 자체의 생산비를 문제로 삼아 제자리를 맴돌 뿐 거기에서 빠져나오지 못했기 때문이다. 그리하여 경제학이 노동가치라고 부른 것은 사실상 노동자의 신체 속에 존재하는 노동력의 가치이다. 그런데 이 노동력은—기계 그 자체가 기계의 작동과는 다르듯이—그 자체의 기능인 노동과는 다른 것이다"[강신준 옮김, 『자본』 I-2, 길, 2008, 739쪽. 이하 『자본』 국역판 인용문에서 중괄호는 『자본』 원문이고, 대괄호는 옮긴이 강신준의 것이며, 강조 표시는 알튀세르의 것이다].

13 *Le Capital*, II, pp. 208~209[이 대목의 독일어판 내용은 다음과 같다. "고전파 경제학은 노동의 시장가격과 이른바 노동가치 사이의 구별, 이 가치와 이윤율 간의 관계, 그리고 이 가치와 [노동을 통해 생산된] 상품가치와의 관계 등에만 열중한 나머지, 자신들의 분석이 노동의 시장가격에서 이른바 노동가치를 향해 진행될 뿐만 아니라 이 노동가치 자체를 다시금 노동력의 가치로 해소시켜버리는 방향으로 진행되고 있다는 사실을 깨닫지 못했다. 자신의 분석이 낳은 이런 결과를 의식하지 못하고 '노동가치'나 '노동의 자연가격' 등의 범주를 가치관계의 가장 적절한 표현이라고 생각함으로써 고전 정치경제학은, 나중에 보게 되듯이, 해결할 수 없는 혼란과 모순에 휩쓸리는 한편 속류 정치경제학에도 겉으로 드러난 현상에만 충실하려는 천박한 원칙의 확실한 근거를 제공하였다." 『자본』 I-2, 738~739쪽].

나는 이 놀라운 대목을 있는 그대로 제시하는데, 이것은 고전파 경제학에 대한 마르크스의 독서의 한 전범이다. 여기에서도 우리는 통찰과 간과의 대차대조표를 만드는 독서관의 운명에서 벗어날 수 없다고 믿게 될 듯하다. 고전 정치경제학은 …을 잘 보았지만 …은 보지 못했고 …을 보는 데까지 "이르지는 못했다"고 말이다. 여기에서도 이러한 통찰과 간과의 대차대조표는 틀에 따라 이루어지고, 마르크스주의적 [통찰의] 현존에 의해 고전파 경제학의 [통찰의] 부재가 드러나게 되는 듯하다. 하지만 작은, 아주 작은 차이점이 하나 존재하는데, 우리는 **보지 못하게** 하려는 의도를 전혀 갖고 있지 않은 만큼, 이 차이점을 독자에게 곧바로 알려두겠다. 바로 이것이다. 고전 정치경제학이 보지 못하는 것은, 그것이 보지 못하는 것이 아니라 바로 **그것이 보는 것**이다. 반대로 고전 정치경제학에 결여돼 있는 것은 그것이 결여하고 있는 것이 아니라 **결여하고 있지 않은 것**이다. 그것은 고전 정치경제학이 놓치는 것이 아니라 **놓치지 않는 것**이다. 그렇다면 간과는 자신이 보는 것을 보지 못하는 것이며, 간과는 대상과 관련된 것이 아니라 **통찰 그 자체와 관련된** 것이다. 간과는 **보기**와 관련되어 있다. 그렇다면 못 보기ne pas voir는 보기에 내재적인 것이며, 보기의 한 형태, 따라서 보기와 필연적 관계를 맺고 있는 것이다.

우리는 우리의 문제에 이르게 되었는데, 이 문제는 못 보기의 보기 안으로의 유기적 혼융이 취하는 이러한 현행적 동일성 **속에** 존재하며, 그러한 동일성에 **의해** 제기되는 것이다. 더 정확히 말하면 우리는 이러한 못 보기 또는 간과를 확인함으로써 더는 마르크스 이론의 틀 아래에서만 고전파 경제학을 독서하는 것과 관계하는 게 아니며, 고전 이론과 그것의 척도를 구성하는 마르크스 이론 사이의 비교와 관계하는 게 아니다. 왜냐하면 우리는 고전 이론을 고전 이론 **그 자신**하고만, 그것이 못 보는 것을 그것이 보는 것하고만 비교하는 것이기 때문이다. 따라서 우리는, 무한히 소급하지 않고 유일한 한 영역 내에서 정의되는, 순수 상태의 우리 문제와 관계하게 된다. 못 보기와 보기 사이의 이러한 필연적이고 역설적인 동일성을 이해하는 것은, 아주 정확히 말하면 우리의 문제(가시적인 것과 비가시적인 것을 통합하는 필연적 관계라는 문제)를 제기하는 것이며, 이 문제를 잘 제기하는 것은 이를 해결할 기회를 스스로에게 부여하는 것이다.

6

그렇다면 보는 것 안에서의 못 보기와 보기 사이의 이러한 동일성이 어떻게 가능한가? 우리의 텍스트를 주의 깊게 다시 읽어보자. 고전파 경제학이 "노동가치"라는 주제에 관해 일련의 문제들을 제기하는 과정에서, 아주 특수한 무언가가 일어났다. 고전 정치경제학은 (엥겔스가 『자본』 2권 서문에서, 플로지스톤 가설이 산소를 "생산"했듯이 고전파 경제학은 잉여가치를 "생산"했다고 말하게 될 것처럼) 정확한 답변을 "**생산**"했다. "노동"가치는 "노동"의 재생산을 위해 필요한 생필품의 가치와 동일하다. 정확한 답변은 정확한 답변이다. 첫 번째 방식으로 독서하는 이들은 스미스와 리카도에게 좋은 점수를 주고 다른 관찰들로 넘어갈 것이다. 하지만 마르크스는 아니다. 이는 그가 이러한 답변의 독특한 특성에 관심을 기울였던, 우리가 눈이라고 부르는 것을 갖고 있기 때문이다. 독특한 특성이란, **이 답변이 유일한 한 가지 결**

함을 가진 질문, 곧 제기되지 않았다는 결함을 가진 어떤 질문에 대한 답변이었다는 점이다.

고전파 경제학의 텍스트가 정식화했던 시초의 질문은 이런 것이다. 노동가치는 무엇인가? 고전파 경제학이 답변을 생산했던 텍스트 자체 내에서 엄밀하게 옹호할 수 있는 정확한 내용 그대로 본다면, 답변은 다음과 같이 쓰여 있다. "**노동(…)가치는 노동(…)의 존립과 재생산을 위해 필요한 생필품 가치와 같다**." 답변이 제시된 텍스트에는 두 개의 **빈칸**, 두 개의 부재가 존재한다. 고전파 경제학의 답변이 제시된 텍스트에서 우리로 하여금 빈칸을 **보게** 해주는 것은 마르크스다. 하지만 그가 우리로 하여금 보게 하는 것은, 오직 고전파 경제학의 텍스트 자체가 말하지 않음으로써 말하는 것, 말함으로써 말하지 않는 것일 뿐이다. 따라서 마르크스는 고전 텍스트가 말하지 않는 것을 말하는 것이 아니며, 따라서 마르크스는 고전 텍스트에 대하여, 이 텍스트의 침묵을 드러내는 어떤 담론을 외부에서 부과하기 위해 개입하는 것이 아니다. **자신이 침묵하는 것을 우리에게 말하는 것은 고전 텍스트 자체다**. 그것의 침묵은 바로 **그것 자신의 말**이다. 사실 우리가 말줄임표, 빈칸을 제거한다면, 우리는 항상 동일한 담론, 외관상 "빈틈없는" 동일한 문장을 얻게 된다. "**노동가치는 노동의 존립과 재생산을 위해 필요한 생필품 가치와 같다**." 하지만 이 문장은 아무것도 의미하지 않는다. "노동"의 존립이란 무엇인가? "노동"의 재생산이란 무엇인가? 답변에 나오는 두 번째 "노동"이라는 단어를 "노동자"로 대체하면 문제를 해결하는 데 충분할 것이라고 상상할 수도 있다. "**노동가치는 노동자의 존립과 재생산을 위해 필요한 생필품 가치와 같다**." 하지만 노동자는 노동이 아니므로, 문장의 첫 번째 노동이라는 단어와 [두 번째 '노동'을 대체한] 노동자라는 단어는 서로 어긋난다. 양자는 동일한 내용을 갖지 않으며, 양자 사이에 등식은 성립할 수 없는데, 왜냐하면 임금으로 구매하는 것은 노동자가 아니라 그의 "노동"이기 때문이다. 그렇다면 이 첫 번째 용어 노동을 두 번째 용어인 노동자 속에 어떻게 위치시킬 수 있는가? 따라서 문장의 언표 자체 내에, 아주 정확히 말하자면 답변의 맨 처음과 마지막에 나오는 "**노동**"이라는 용어의 수준에서[14] 무언가가 결여되어 있으며, 이러한 결여는 문장 전체에서 용어들 자체의 기능에 의해 엄밀하게 지시되고 있다. 말줄임표―우리가 표시한 빈칸―를 제거함으로써 우리는 문장을 재구성했을 뿐인데, 문자 그대로 취하면 이 문장은 그 자체가 자신 안에서 이러한 **공백의 자리**를 가리키고 있으며, 말줄임표의 점들을 언표 자체의 "빈틈없음"plein에 의해 생산된 어떤 결여의 장소로 복원하고 있다.

답변에 의해 답변 자체에, "**노동**"이라는 단어 바로 곁에 자리하게 된 이러한 결여는, 답변 안에 있는 그 질문의 부재의 현존, **그 질문**의 결여와 다른 어떤 것이 아니다. 왜냐하면 제기된 질문은 자신 안에 이러한 결여를 **위치시킬** 만한 방도를 포함하고 있지 않은 것으로 보이기 때문이다. "**노동가치란 무엇인가?**"는 어떤 개념과 동일한 문장, "노동가치" 개념을 **언표하는** 데 만족하는 개념-문장이고 언표-문장이며, 이것이 그 자체로 온전한 전체로서, 개념으로서, 결여된 질문, 결여된 개념, 개념의 결여가 아닌 한에서는 그 자체로 결여를 지시하지 않는다. 이것은 질문에 대하여 우리에게 답변하는 답변인데, 왜냐하

14 ❖ 프랑스어 원문에서는 "노동"이라는 용어가 문장의 맨 처음과 끝에 나온다. 하지만 우리말 번역에서는 이 순서를 살리는 것이 불가능하다.

면 질문은 **결여의 장소**로서의 답변에 의해 지시되는 이 "노동" 개념 자체만을 공간으로 지니고 있기 때문이다. 질문은 **질문 자신의 결여**일 뿐 다른 어떤 것이 아니라고 말하는 것은 [바로] 답변이다.

만약 자신의 결여를 포함하는 답변이 정확한 것이라면, 그리고 만약 **답변의** 질문이 답변의 개념의 결여일 뿐이라면, 이는 답변이 **다른 질문**에 대한 답변이기 때문인데, 이 다른 질문이 지닌 특이성은 그 답변 안에 있는 말줄임표 속에서, 정확히 말하면 **그 답변의 말줄임표 속에서** 언표되지 않았다는 점이다.

"**따라서 분석이 도달하게 된 귀결은, 시초에 제시되었던 바의 문제를 해결한 것이 아니라, 문제의 항들 자체를 완전히 변경시켰다는 점이다.**" 이 때문에 마르크스는 아주 간단하게도, **답변**의 빈칸들 속에서 언표되지 않은 형태로 현존하고 있던 개념, 이러한 빈칸들 자체를 어떤 현존하는 것의 빈칸들로서 생산하고 또한 나타나게 만들 만큼 답변 안에 현존하고 있던 개념을 언표함으로써, 언표되지 않은 **질문**을 제기할 수 있는 것이다. 마르크스는 고전 정치경제학의 답변의 언표의 빈칸들 속에 현존하고 있던 **노동력**이라는 개념을 언표 속에 도입하고-재설정함으로써, 그리고 노동력 개념의 언표 작용에 의해 답변의 연속성을 도입하고-재설정함으로써, 그와 동시에, 그때까지 제기되지 않았던 질문, 그때까지 답변이 질문이 없는 가운데 답변하고 있던 **바로 그 질문**을 생산한다.

이렇게 되면 답변은 다음과 같은 것이 된다. "**노동력의 가치는 노동력의 존립과 재생산에 필요한 생필품 가치와 같다.**" 그리고 이렇게 되면 이 답변의 질문은 다음과 같은 형태로 생산된다. "**노동력의 가치란 무엇인가?**" 빈칸들을 품고 있는 언표를 이렇게 복원함으로써, 그리고 답변으로부터 출발하여 **답변의** 질문을 이렇게 생산함으로써, 고전파 경제학이 자신이 보는 것에 대하여 맹목적인 이유, 따라서 그것의 보기에 내재적인 그것의 보지 못하기의 이유를 해명하는 것이 가능해진다. 더욱이, 마르크스가 고전파 경제학이 보면서도 보지 못하는 것을 볼 수 있게 된 메커니즘은 마르크스가 고전파 경제학이 보지 못하는 것을 보게 된 메커니즘과 동일하다는 것, 그리고 마찬가지로, 적어도 그 원칙에서 볼 때, 그 자체가 고전파 경제학의 텍스트에 대한 독서인 마르크스의 한 텍스트를 **읽으면서** 우리가 이와 같이 본 것을 보지 못함을 봄이라는 작업[15]에 대해 성찰하게 된 메커니즘과도 동일하다는 것이 명백해진다.

7

이렇게 해서 우리는, 어떤 **통찰**과 관련된 이러한 **간과**의 이유를 발견하기 위해 우리가 도달해야 하는 지점에 이르게 된다. 인식에 대한 관념을 완전히 개조해야 하고, 시각 및 무매개적 독서에 관한 거울 비추기의 신화를 버려야 하며, 인식을 생산으로 인식concevoir해야 한다.

사실 정치경제학의 실수méprise를 가능하게 하는 것은 정치경제학이 간과하는 **대상의 전환**에 영향을 미친다. 정치경제학이 보지 못

15 ❖ 알튀세르가 지금까지 계속 분석한 것처럼, "본 것을 보지 못함"non-vue du vu은 고전 정치경제학이 '노동력 가치'라는 문제를 발견했으면서도 이것을 '노동가치'라고 착각했다는 점을 말하는 것이며, 반대로 "본 것을 보지 못함을 봄"vue d'une non-vue du vu은, 마르크스가 고전 정치경제학 자신이 본 것을 보지 못하고 있는 것을 보았다는 것을 가리킨다.

하는 것은, 정치경제학이 볼 수도 있었는데 보지 못한, 이미 존재하는 어떤 대상이 아니라, 정치경제학이 자신의 인식 작업을 통해 스스로 생산하는 대상, 따라서 이러한 인식 작업 이전에는 존재하지 않았던 대상이다. 정확히 말하면, 정치경제학이 보지 못한 것은, 이 대상과 동일한, 생산 그 자체다. 정치경제학이 보지 못하는 것은 그것이 **하고 있는** 것이다. 곧 질문 없는 새로운 답변의 생산, 그리고 그와 동시에, 이 새로운 답변 속에 부정적 방식으로 함축되어 있는 새로운 잠재적 질문의 생산이다. 정치경제학은, 자신의 새로운 답변에 누락되어 있는 항목들을 통해 새로운 질문을 생산하는데, 단 이를 "**자신도 모르게**" 생산한다. 정치경제학은 최초의 "**문제의 항들을 완전히 변화시켰으며**", 그리하여 새로운 문제를 생산했지만, 단 그렇게 한 줄을 모르는 채로 그렇게 했다. 정치경제학은 이를 알기는 고사하고, "**자신도 모르게**" 그 스스로 "**지반을 변경했음**"에도, 자신이 여전히 이전 문제의 지반 위에 머물러 있다고 확신한다. 정치경제학의 맹목aveuglement, 정치경제학의 "간과"는, 그것이 생산하는 것과 그것이 보는 것 사이의 이러한 오해에서 기인하며, 이러한 "**대체**"quiproquoi에서, 곧 마르크스가 다른 곳에서는, 발화한 당사자에게는 필연적으로 파악 불가능한 "**언어유희**"(Wortspiel)라고 지칭하는 것에서 기인한다.

왜 정치경제학은 자신이 생산하는 것에 대하여, 자신의 생산노동에 대하여 필연적으로 맹목적인가? 왜냐하면 정치경제학은 시선을 **자신의 이전 질문**에 고정하고 있으며, 자신의 새로운 답변을 이전의 질문에 연결하기 때문이다. 왜냐하면 정치경제학은, 새로운 문제가 "**가시적이지 않은**" 것으로 존재하는 이전의 "**지평**"[16]에 고정되어 있기 때문이다. 마르크스가 이러한 필연적 "대체"를 사고하기 위해 사용하는 은유들은 우리에게 지반의 변경 및 그것과 상관적인 지평의 변화라는 이미지를 제시한다. 이 은유들은 우리가 "간과" 내지 "자신도 모르게"와 같은 심리학적 관점으로 환원되지 않게 해주는 중대한 한 가지 논점을 시사한다. 사실 새로운 답변 속에 자신도 모르게 함축되어 있는 이 새로운 문제의 생산에서 문제가 되는 것은, 집안 모임에 불쑥 나타난 방문객처럼 이미 식별되어 있는 대상들 사이에서 돌발한 새로운 대상과 관련된 것이 아니다. 그와는 정반대로, 발생한 그것은, 이 새로운 대상이 생산되는 데 바탕이 되는 지반 **전체** 및 지평 **전체**의 전환에 연루되어 있는 것이다. 이 새로운 비판적 문제의 돌발은, 그 "지평"의 양쪽 끝 경계에 이르기까지 지평 전체의 현실에 영향을 미치는 가능한 비판적 전환, 가능한 잠재적 변동의 개별적 징표일 뿐이다. 내가 이미 활용한 바 있는 언어로 이 사실을 표현하자면,[17] 이러한 **결정적**critique(우리가 결정적 상황이라고 말하는 의미에서) 성격을 부여받고 있는 새로운 문제의 생산은 새로운 이론적 **문제설정**problématique—이 문제는 이 문제설정의 증상적인 한 양태일 뿐이다—의 가능한 생산의 불안정한 징표다. 엥겔스는 『자본』 2권 「서문」에서 이 점에 관해 명확하게 말한 바 있다. 플로지스톤 가설에 의한 산소의 단순한 "생산" 또는 고전파 경제학에 의한 잉여가치의 단순한 "생산"은 자신 안에 단지 이전 이론의 **논점들 중 하나**만을 변형

16 *Le Capital*, II, p. 210.

17 *Pour Marx*, p. 40, pp. 63~66[『마르크스를 위하여』, 92쪽, 126~132쪽].

하는 것이 아니라 화학 내지 경제학 "**전체**"를 "전복시키는" 것을 포함하고 있다.[18] 따라서 외관상 국지적인 이러한 불안정한 사건 속에서 동요하고 있는 것은 이전 이론, 따라서 이전 문제설정의 **총체**에 대한 혁명의 가능성 여부다. 이를 통해 우리는 과학의 존재 자체에 고유한 다음 사실에 직면하게 된다. 곧 과학은 정해진 이론적 구조의 지반 위에서, 그리고 그 지평 안에서만 문제를 제기할 수 있으며, 과학의 문제설정은 고려되고 있는 과학의 어떤 계기에 과학의 정해진 절대적 가능성의 조건을 구성하며, 따라서 **모든 문제제기 형식들**의 절대적 규정을 구성한다는 것이 바로 그 사실이다.[19]

이로써 우리는 가시적인 것으로서의 **가시적인 것**이라는 규정, 따라서 그와 연결된 규정인 비가시적인 것으로서의 비가시적인 것이라는 규정을 이해할 수 있게 되며, 또한 가시적인 것과 비가시적인 것을 묶어주는 유기적 연관성[이라는 규정]도 이해할 수 있게 된다. 어떤 주어진 이론적 분과학문의 이론적 문제설정의 지반 및 지평, 곧 그 문제설정에 의해 정의된 구조화된 장 안에 위치해 있는 모든 대상 내지 문제는 가시적이다. 우리는 이 단어들을 문자 그대로 받아들여야 한다. 이렇게 되면 봄이라는 것은, 더는 "보기"의 직능faculté을 부여받고 있는 개별 주체(이 주체는 이러한 직능을 주의 집중하여 실행할 수도 있고 산만하게 실행할 수도 있다)에 속하는 사실이 아니다. 봄이라는 것은 보는 것의 구조적 조건에 속하는 사실이며, 문제설정이 그 대

18 *Le Capital*, IV, p. 21.
19 오귀스트 콩트는 바로 이 점을 여러 차례 확신에 차서 주장했다.

상들 및 그 문제들과 맺는 관계에 내재적인 반영관계다.[20] 이렇게 되면 시각은 신성화된 독서에서 자신이 지닌 종교적 특권을 상실하게 된다. 시각은 대상 내지 문제와 그것의 존재 조건—그것의 생산조건에서 비롯하는—을 연결하는 내재적 필연성의 반영에 불과하다. 문자 그대로, 이론적 문제설정에 의해 정의된 장 안에 존재하는 것을 **보는** 것은 더는 어떤 주체의 눈(정신의 눈)이 아니다. 자신이 정의하는 대상들 내지 문제들 속에서 **자신을 보는**[보이는]se voit[21] 것은 바로 이 장 자체다. 봄이라는 것은, 자신의 대상들에 대한 장의 필연적 반영에 불과한 것이다(이를 통해 우리는 시각에 관한 고전주의 철학의 "착각"quiproquo을 이해할 수 있는데, 고전주의 철학은 보기의 빛이 눈에서 나오는 **동시에** 대상에서도 나온다고 말**해야** 한다는 사실에 적지 않게 당혹스러워했다).

가시적인 것을 정의하는 동일한 관계가 또한 비가시적인 것을 가시적인 것의 이면의 그림자로서 정의해준다. 비가시적인 것을 문제설정의 장의 존재 및 고유한 구조에 의해 정의상 배제된 것으로—가시성의 장으로부터 **배제되고**, 배제된 것으로서 **정의되는** 것으로—정의하고 구조화하는 것, 다시 말해 문제설정의 장이 자신의 대상을 성찰하는 것, 곧 문제설정이 그것의 대상들 중 어떤 것과 필연

20 "내재적인 반영관계"에서 "반영"réflexion이라는 용어는 한 가지 이론적 문제를 제기하는데, 여기서는 이 문제를 다룰 수 없으며, 이 서장의 마지막 부분(19절)에서 논지가 개괄적으로 제시될 것이다.

21 ❖ 프랑스어 문법에서 se라는 대명사(이것은 '자기'를 의미한다)를 수반하는 대명동사는 많은 경우 수동태로 쓰이지만, 단어 뜻 그대로는 "자신을 ~한다"로 이해할 수도 있다. 이 경우에도 대명동사는 이처럼 두 가지 의미로 해석될 수 있다.

적이고 내재적으로 관계 맺는 것을 금지하고 억압하는 것으로 정의하고 구조화하는 것은 바로 문제설정의 장이다. 플로지스톤 가설에서 산소가, 또는 고전파 경제학에서 잉여가치 및 "노동력"에 대한 정의가 바로 그런 것이었다. 이 새로운 대상들 및 문제들은 기존 이론의 장에서는 필연적으로 **비가시적인** 것인데, 왜냐하면 그것들은 이 이론의 대상들이 아니기 때문에, 그것들은 **금지된 것들**, 다시 말해 이 문제설정에 의해 정의된 가시적인 것의 장과 아무런 필연적 관계도 필연적으로 맺지 않는 대상들 및 문제들이기 때문이다. 그것들이 비가시적인 이유는 원칙적으로 가시적인 것의 장으로부터 거부되고 억압된 것이기 때문이다. 그리고 바로 이런 이유로, 그것들이 (아주 특수한 증상적 정황 속에서) 도래할 때, 장 안에서 그것들의 달아나는fugitive 현존은 **감지되지 않은 채 일어나며**, 문자 그대로 지각할 수 없는 부재자가 된다. 왜냐하면 장의 기능 전체는 그것들을 보지 못하게 하고 그것들을 보는 것을 금지하는 데 있기 때문이다. 여기에서도 비가시적인 것은, 가시적인 것과 마찬가지로, 더는 **어떤 주체의 봄**의 기능이 아니다. 비가시적인 것은 이론적 문제설정이 자신의 비非대상들을 보지 못함이며, 비가시적인 것은, 이론적 문제설정이 자신의 비대상들, 자신의 비非문제들을 **주시하지 않기 위해**, 그것들을 보지 않으면서 그것들을 통과할 때 일어나는, 이론적 문제설정의 자기 성찰/자기 반영réflexion sur soi의 맹목적인 눈이며, 어둠이다.

그리고 미셸 푸코가 자신의 『광기의 역사』에 부친 「서문」의 매우 탁월한 대목에서 빌려 온 몇 가지 용어로[22] 가시적인 것과 비가시적인 것의 가능성의 조건들, 그리고 가시적인 것을 정의하는 이론적 장의 내부와 외부의 가능성의 조건들을 환기시켰기 때문에, 우리는 아마도 한 걸음 더 나아가, 이처럼 정의된 가시적인 것과 비가시적인 것 사이에 **모종의 필연성 관계**가 존재할 수 있음을 보여줄 수 있을 듯하다. 한 이론의 전개 과정에서 어떤 가시적 장의 비가시적인 것은 일반적으로 이 장에 의해 정의된 가시적인 것에 외재적이고 낯선 **아무것**이 아니다. 비가시적인 것은 가시적인 것에 의해 **가시적인 것의** 비가시적인 것으로, **가시적인 것이** 보기를 금지한 것으로 정의된다. 따라서 비가시적인 것은, 공간적 은유를 사용하자면, 단순히 가시적인 것의 바깥, 배제의 어두운 바깥이 아니라, 가시적인 것 자체에 내적인 **배제의 내적 어둠**인데, 왜냐하면 그것은 가시적인 것의 구조에 의해 정의된 것이기 때문이다. 다시 말하면 지반, 지평, 따라서 주어진 문제설정에 의해 정의된 가시적 장의 경계들 같은 유혹적 비유들은, 우리가 이 장을 공간적 은유의 문자에 따라[23] **그것 바깥의 다른 공간에 의해** 한정된 어떤 공간이라고 생각하게 되면, 이 장의 본성에 대한 그릇된 이미지를 낳을 위험이 있는 것이다. 이 또 다른 공간 역시 첫 번째 공간 안에 있는 것인데, 이 첫 번째 공간은 이 또 다른 공간을 자기 자

22 Michel Foucault, *Histoire de la folie*, Paris: Plon, 1961 [미셸 푸코, 이규현 옮김, 『광기의 역사』, 나남, 2003].

23 이 텍스트가 공간적 은유(장, 지반, 공간, 장소, 상황, 위치 등)에 의지하는 것은 한 가지 이론적 문제를 제기한다. 그것은 과학적 주장을 제기하는 담론 안에서 그것의 존재의 **자격**이라는 문제다. 이 문제는 다음과 같이 언표될 수 있다. **왜** 어떤 과학적 담론의 형식은 필연적으로 비과학적 담론에서 빌려 온 은유의 사용을 필수적으로 요구하는가?

신에 대한 부인否認으로 포함하는 것이다. 이 또 다른 공간은 첫 번째 공간 바로 그것이며, 첫 번째 공간은 자기 자신의 경계들 바깥으로 그것이 배제하는 것에 대한 부인을 통해서만 자신을 정의하는 것이다. 이것이 뜻하는 바는 첫 번째 공간에는 **내적** 경계들만이 존재하며, 첫 번째 공간은 자신의 바깥을 자기 내부에 품고 있다는 것이다. 그리하여 이론적 장의 역설은(만약 공간적 비유를 보존하고자 한다면), 그것이 **정의되었기**défini 때문에 **무한한**infini 공간이라는 점이다. 곧 이론적 공간은 그것을 무無와 분리해주는 아무런 외적 경계도, 아무런 외적 한계도 갖지 않는 것인데, 이는 바로 그것이 **정의되고** 자기의 내부로 한정되기 때문이며, 자기 안에 자신의 정의에 의해 한정됨을 포함하고 있기 때문이다. 이러한 정의는 이론적 공간이 아닌 것을 배제함으로써, 바로 그 공간을 만드는 것이다. 이렇게 되면 그것의 **정의**(과학적 작업의 핵심인)는, 이론적 공간을 **자신의 유類 안에서 무한한**[24] 것으로 만듦과 동시에, 그 공간의 정의 자체에 의해 **그것 내부에서** 그것으로부터 배제하는 것에 의해, 그 공간의 모든 규정에 이르기까지 그 공간의 내부를 표시하는 것이다. 그리고 아주 특수한 몇몇 결정적 정황에서 문제설정에 의해 생산된 질문들의 전개(여기에서는 "노동가치"에 대해 검토하면서 정치경제학이 제기하는 질문들의 전개)가 현존하는 문제설정의 가시적 장 속에서 **그 문제설정의** 비가시적인 것의 **한 양상의 달아나는 현존을 생산하기**에 이르는 일이 일어나게 되었을 때 이 생산물은 **비가시적**일 수밖에 없는데, 왜냐하면 장의 빛은 장을

---

24 ❖ 주지하다시피 "자신의 유 안에서 무한한"infinitum in suo genere, infini dans son genre은 스피노자가 『윤리학』에서 속성을 규정할 때 사용한 표현이다.

비추지 않은 채 맹목적으로 장을 통과하기 때문이다. 이렇게 되면 이 비가시적인 것은 이론적 실수, 부재, 결여 내지 증상의 특성 아래 감춰진다. 이 비가시적인 것은 바로 그것 자신으로, 정확히 말하면 이론에 대해 비가시적인 것으로 나타나게 되며, 이 때문에 스미스가 자신의 "간과"를 범하게 되는 것이다.

이러한 비가시적인 것을 보려면, 이 "간과들"을 보려면, 담론의 충만함 속에서 이러한 공백들lacunes을, 조밀하게 짜인 텍스트 안에서 이 빈칸들blancs을 식별하려면 날카로운 또는 주의 깊은 시선과는 전혀 다른 것이 필요하다. 보기의 실행에 대하여 "지반의 변경"이 제시하는 성찰réflexion에 의해 생산된, **깨우침을 얻은** 시선, 새로워진 시선이 필요하며, 마르크스는 이러한 시선을 통해 문제설정의 전환을 그려내고 있다. 나는 이러한 전환을 개시하고 성취하는 메커니즘에 대해 분석하겠다고 주장하지는 않으면서도 이러한 전환을 하나의 사실로 간주하겠다. 이러한 시선의 변동을 효과로 생산하는 "**지반의 변동**" 자체가 매우 특수하고 복잡한, 그리고 때로는 극적 조건들 속에서만 생산된다는 것; 이러한 변동이 "관점"point de vue을 변화시키는 정신의 결정이라는 관념론적 신화로 절대 환원될 수 없다는 것; 이러한 변동은 거대한 과정 전체를 작동시키며, 주체의 봄은 이러한 과정을 생산하기는커녕 자신의 자리에서 그것을 반영하는 데 불과하다는 것; 이러한 인식생산 수단의 실질적 전환 과정에서 "구성하는 주체"의 주장들은, 가시적인 것의 생산에 대한 시각의 주체의 주장들이 부질없는 만큼이나 부질없다는 것; 모든 것은 이론적 구조의 변동의 변증법적 위기 속에서 일어나며, 여기에서 "주체"가 수행하는 역할은 그 자신이 믿고 있는 역할이 아니라 과정의 메커니즘이 그에게 할당한 역할일 뿐이라는 것—이 모든 질문은 여기에서 다루기 어려운 것들이다. 여기에서는 다음 사항에 유념하는 데 만족해두자. 곧 주체가 이전의 비가시적인 것에 대하여, 이 비가시적인 것을 볼 수 있게 해줄 깨우친 시선으로 그것을 보려면 새로운 지반에서 자신의 새로운 자리를 차지했어야 한다는 것,[25] 달리 말하면 주체는 이미, 부분적으로는 그 자신도 모르는 사이에 이 새로운 지반 위에 놓여 있어야 한다는 것이 바로 그것이다. 만약 마르크스가 스미스의 시선에서 벗어나는 것을 볼 수 있다면, 이는 그가 이미 이 새로운 지반(이전의 문제설정이 자신도 모르는 사이에 새로운 답변을 생산하면서 생산한 것)에서 자리를 차지하고 있었기 때문이다.

8

이것이 바로 마르크스의 두 번째 독서이며, 우리는 이를 "**증상적**" 독서라고 부르고자 하는데, 이는 그것이 동일한 운동 속에서, 자신이 읽는 텍스트 자체 속의 드러나지 않는 것을 드러내며, 이것을 이 텍스트에서 필연적 부재의 형태로 현존하는 **또 다른 텍스트**와 관련시키는 한에서 그렇다. 마르크스의 두 번째 독서는 첫 번째 독서와 마찬가지로 **두 개의 텍스트**가 존재한다는 것을 가정하며, 두 번째 텍스트가 첫

25 나는 공간적 은유를 유지한다. 하지만 지반의 변화는 **장소 위에서/즉석에서**sur place 이루어진다. 아주 엄밀하게 본다면, 이론적 생산**양식**의 변동에 대해, 그리고 이러한 양식의 변동이 촉발하는 주체 기능의 변화에 대해 말해야 할 것이다.

번째의 척도라는 점을 가정한다. 하지만 새로운 독서를 이전의 독서와 구별 짓는 것은, 새로운 독서에서 **두 번째 텍스트**는 첫 번째 텍스트의 실수lapsus와 절합되어 있다는 점이다. 여기에서도 역시, 적어도 (우리가 여기에서 그 독서에 관해 분석하려고 하는 유일한 텍스트인) 이론적 텍스트에 고유한 장르에서는, **두 방향으로**sur deux portées 동시에 이루어지는 독서의 필요성과 가능성이 출현한다.

여러분이 **읽게** 될, 그리고 우리가 언표하는 법칙에서 벗어나지 않는 발표문들—만약 이것들이 적어도 잠시나마 이론적 의미를 지닌 담론으로서 주목받을 자격을 지니고 있다면—에서 우리는, 마르크스 자신이, **제기된 어떠한 질문에도 상응하지 않는 한 답변**이라는 역설 속에 포함되어 있는 비가시적 문제설정에 따라 스미스의 최초의 가시적 문제설정을 측정함으로써 스미스의 텍스트에서 독서될 수 없는 것을 읽어냈던 그 **"증상적" 독서**를, 마르크스의 독서에 대하여 적용하려고 시도하는 것 이상의 일은 하지 않았다. 독자들은 또한 이 발표문들에서 스미스와 마르크스를 구별 짓는, 따라서 마르크스가 스미스와 맺고 있는 관계와 우리가 마르크스와 맺고 있는 관계를 구별 짓는 무한한 거리가 다음과 같은 근본적 차이에 있음을 보게 될 것이다. 곧 스미스가 자신의 텍스트에서 직접적으로 관련된 그 어떤 질문에도 대응하지 않을 뿐 아니라 또한 자신의 저작 전체에서 제기했던 **어떠한** 질문에도 대응하지 않는 한 가지 답변을 생산하는 반면, 마르크스의 경우에는 그가 **질문 없는 답변**을 정식화하게 되었을 때 우리가 **다른 곳**에서, 20쪽이나 100쪽 뒤에서, 또는 다른 대상에 관하여, 아니면 전혀 다른 주제의 외양 아래에서 **질문 자체**를 찾아내고자 한다면, 마르크스에게서 또는 경우에 따라서는 마르크스에 관한 엥겔스의 주석에서—왜냐하면 엥겔스가 심오한 섬광을 비춰주기 때문이다—이를 찾아내고자 한다면, 약간의 인내심과 통찰력만으로도 충분하다.[26] 그리고 내가 감히 제안했던 것처럼 만약 마르크스에게 **다른 어느 곳에서도 제기된 바 없는 질문**에 대한 중요한 **답변**이 분명히 존재한다면, 마르크스는 이러한 답변을 표현하는 데 고유한 이미지들을 다수화하는multiplier 것을 조건으로 해서만 그것을 정식화하기에 이르게 된다. 이는 "재현"(Darstellung)과 그 현신들avatars의 답변인 셈이다. 이는 분명 마르크스가 자신이 생존하던 시기에 자신이 생산하는 것을 사고하는 데 적합한 개념을 보유하지 못했으며, 스스로 그 개념을 보유할 수 없었기 때문이다. 그것은 **자신의 요소들에 대한 구**

26 개인적 경험을 말해도 괜찮다면, 마르크스 또는 엥겔스에게서, 답변에는 부재한 질문이 다른 곳에 현존하는 것에 관한 두 가지 정확한 사례를 제시해보겠다. 나는 정말이지 힘겨운 성찰을 거친 끝에—이 성찰을 기록하고 있는 텍스트(*Pour Marx*, p. 87 이하[『마르크스를 위하여』, 161쪽 이하])는 이 고난의 흔적을 지니고 있다—마르크스의 헤겔 변증법의 '전도'라는 단어 안에서 적절한 부재를 식별해냈다. 그것은 마르크스의 개념의 부재, 따라서 마르크스의 질문의 부재였다. 힘겨운 노력 끝에 나는 마르크스가 말하는 '전도'의 실제 내용은 문제설정에서의 혁명이라는 점을 보여줌으로써 이러한 **질문**을 재구성할 수 있었다. 그런데 나중에 엥겔스가 쓴 『자본』 2권 「서문」을 읽으면서 내가 고통스럽게 정식화해낸 질문이 바로 그곳에 문자 그대로 실려 있음을 발견하고서 나는 경악할 수밖에 없었다! 왜냐하면 엥겔스는 명시적으로, 머리로 걷는 화학과 정치경제학을 '전도하기', '두 발로 세우기'를 그 "이론", 따라서 그 문제설정의 변화와 동일시하고 있었기 때문이다. 다른 사례도 있다. 내가 최초로 출간한 글들[『마르크스를 위하여』] 중 한 편에서 나는 마르크스의 이론적 혁명은 답변의 변화에 놓인 것이 아니라 질문의 변화에 놓여 있으며, 따라서 마르크스가 역사이론에서 수행한 혁명은, 마르크스가 이데올로기의 지반에서 과학의 지반으로 이행하게 해준 "요소의 변화"에서 비롯한다고 제안한 바 있다(*Pour Marx*, p. 41[『마르크스를 위하여』, 93쪽]). 그런데 최근 『자본』의 임금에 관한 장을 읽으면서 나는 마르크스가 이론적 문제설정의 변화를 표현하기 위해 "**지반의 변화**"라는 이 표현을 스스로 사용하고 있음을 발견하고는 역시 경악할 수밖에 없었다. 여기에서도 마찬가지로 내가 마르크스 저작의 특정 지점에서 **부재하는** 질문(또는 개념)을 힘겨운 작업을 거쳐 재구성했음에도, 마르크스는 그 저작의 다른 곳에서 이 질문을 문자 그대로 나에게 제시해주었던 것이다.

조의 효력efficace**이라는 개념**이다. 아마도 사람들은 분명히 그것은 단어에 불과하며, 단어의 **대상**은 거기에 온전히 존재하기 때문에 단지 단어가 결여되어 있을 뿐이라고 말할 것이다. 확실히 그렇다. 하지만 이 단어는 **개념**이며, 이 개념의 구조적 결여는 마르크스 담론의 지정될 수 있는 몇몇 **형식** 안에서, 그리고 그 담론의 식별 가능한 몇몇 **정식** 속에서 몇몇 엄밀한 이론적 효과로 반향되는데, 이는 무시할 수 없는 귀결을 낳는다. 이는 아마도 『자본』의 담론 안에 있는 몇몇 헤겔적 정식 및 준거의 **실제적 현존**을 비추는 데 도움을 줄 수 있을 텐데, 단 이번에는 곧 과거의 유물이나 잔재로서, 재치 있는élégance "아첨하기"(마르크스의 유명한 "아첨하기"[Kokettieren]라는 표현)로서, 또는 바보들을 위한 함정으로서("내 변증법의 장점은 차근차근 사태에 대해 말한다는 점인데, 그들은 내가 끝까지 다 말했다고 여기며 서둘러 나를 반박하려 하면서 사실은 자기들의 바보스러움만 드러내지!"—엥겔스에게 보내는 1867년 6월 26일 편지[27]) 비추는 것이 아니라, **내부로부터** 비출 수 있게 해줄 것이다. **내부로부터**, 곧 [『자본』 안에 몇몇 헤겔적 정식 및 준거가 실제로 현존하는 것을] 당혹스럽지만 불가피한 어떤 부재, **자신의 요소들에 대한 구조의 효력**이라는 개념(및 그것에 딸린 모든 하위 개념)—이 개념은 그의 저작 전체의 비가시적이며 가시적인, 부재하면서 현존하는 주축이다—의 부재의 정확한 척도로서 비

27 ❖ 실제로는 1867년 6월 27일 편지다. 더욱이 알튀세르가 전하는 '변증법'에 관한 마르크스의 말은, 독일어판의 실제 내용과는 다소 차이가 있다(*Marx-Engels Werke*, vol. 31, p. 313). 해당 대목의 국역본 번역은 이러하다. "이 방법은 저들이 어리석은 말을 아무 때나 공표하도록 자극하는 **함정**을 계속해서 **파는** 장점을 가지네." 김호균 옮김, 『자본론에 관한 서한집』, 중원문화, 1990, 155쪽.

출 것이다. 그렇다면, 마르크스가 몇몇 대목에서 헤겔의 정식들과 아주 잘 "유희한다"면, 이러한 유희는 단지 재치 있는 표현이거나 조롱인 것이 아니라, 오래된 개념들이, **이름을 갖지 못한** 어떤 부재하는 것을 무대에 몸소 불러내기 위해 그 부재하는 것의 역할을 갖은 힘을 다해 수행하지만 결국 실패 속에서만, 등장인물들과 그 역할들 사이의 간극 속에서만 부재하는 것의 현존을 겨우 "생산하는", **실제 드라마의 유희**라고 생각한다고 해서 안 될 것은 없을 터이다.

그리고 만약 이러한 결여(이는 **철학적** 결여다)를 식별하고 그 장소를 지정하는 것이 우리를 마르크스 철학의 문턱으로 데려갈 수 있다는 것이 사실이라면, 우리는 또한 역사이론 자체에서 이러한 작업의 또 다른 혜택을 누리기를 희망해볼 수 있다. 간파되지 않은 채, 오히려 결여되지 않은 것으로 신성화되고, 충만한 것으로 선포되는 어떤 개념적 결여는 몇몇 정황에서는 어떤 과학 또는 그 몇몇 분야의 발전을 심각하게 방해할 수 있다. 이 점을 납득하려면 어떤 과학은 자신의 이론적 취약점들을 극도로 주의 깊게 살필 경우에만 진보할 수 있다는 점, 곧 **생존할** 수 있다는 점에 주목하는 것으로 충분하다. 이로 인해 그 과학은 자신이 알고 있는 것이 아니라 자신이 **알지 못하는** 것에 자신의 생존을 의지하는데, 단 이는 이 알지-못하는-것을 잘 분간하고, 그것을 어떤 문제로 엄밀하게 제기한다는 절대적 조건 아래에서 그런 것이다. 하지만 어떤 과학이 알지 못하는 것은 경험론적 이데올로기가 믿는 그런 것, 곧 그것의 "잔여", 그것이 자기 바깥으로 제쳐둔 것, 그것이 인식하거나 해결하지 못하는 것이 아니다. 그것은 무엇보다도 그것이 가장 강력한 "명증함들"의 외양 아래 자신 안에 품고 있는 취약한 것, 그 담론의 몇몇 침묵, 몇몇 개념적 결여, 그것의 엄밀함이 지닌 몇몇 공백, 요컨대 주의 깊게 들어보면 그것이 그 충만함에도 불구하고, "울림소리를 내는" 모든 것이다.[28] 만약 어떤 과학이 자신 안에서 "울림소리를 내는" 것을 들을 줄 아는 경우에만 진보하고 생존하는 것이라면, 마르크스주의 역사이론의 목숨이 달린 어떤 것은 정확히 마르크스가 수없이 많은 방식으로 자신의 사고에 본질적인 어떤 개념의 현존을, 그의 담론에서의 부재라는 형태로 우리에게 지시하고 있는 바로 이 지점에 놓여 있을 것이다.

9

따라서 『자본』에 대한 우리의 철학적 독서는 다음과 같은 점에서 유죄다. 곧 마르크스가 고전 정치경제학에 대한 자신의 독서에서 눈부신 교훈을 제시해준 그 독서의 규칙을 따라 우리가 마르크스를 읽었다는 점이 바로 그것이다. 따라서 만약 우리가 우리의 잘못을 고백한다면, 이는 의도적으로 우리를 여기에 묶어두기 위해, 우리를 여기에 고정하기 위해, 우리가 언젠가 그 위에 우리 자신을 세우고, 그것의 작은 공간이 포함하는 무한한 연장extension, 곧 마르크스의 **철학**이라는 그 무한한 연장을 인정하고 싶다면 어떻게든 붙잡고 있어야 하는 지점으로서 여기에 우리를 걸어두기 위해 그런 것이다.

---

28 Pierre Macherey, "À propos de la rupture", *La Nouvelle critique*, mai 1965. p. 139[이 논문은 다음 책에 재수록되었다. Pierre Mcherey, *Histoires de dinosaure: Faire de la philosophie 1965~1997*, PUF, 1997].

우리 모두는 이 철학을 추구하고 있다. 『독일 이데올로기』의 철학적 단절의 절차가 우리에게 이것을 있는 그대로 제시해주지는 않는다. 또한 그 이전에, 철학적 인간학의 망막 이미지를 통해 얼핏 지각된 다른 세계에 대한 순간적 스냅사진으로 철학적 인간학의 어둠을 갈라내는 「포이어바흐에 관한 테제」의 몇몇 눈부신 섬광 역시 그 철학을 제시해주지 못한다. 마지막으로, 적어도 그 직접적 형식에서 본다면, 그리고 또한 그 천재적인 임상적 판단에도 불구하고, 엥겔스가 "뒤링 씨가 가능한 모든 것과 더불어 다른 것들까지도 다루고 있는 방대한 영역"[29], 곧 "체계"[30]라는 형식 속에 기입되어 있는 철학적 이데올로기 내지 세계관의 영역을 "그를 쫓아다니며" 제기해야 했던 『반뒤링』의 비판들 역시 그렇지 못하다. 왜냐하면 마르크스의 철학 전체가 「포이어바흐에 관한 테제」의 몇몇 진동하는 테제들 속에, 또는 『독일 이데올로기』의 [철학에 대한] 부정적 담론 속에, 요컨대 절단기 저작 속에 주어져 있다고 믿는 것은,[31] 근본적으로 새로운 이론적 사고의 성장—마땅히 숙성하고 자신을 정의하고 성장할 수 있는 시간이 필요한—에 필수 불가결한 조건을 특이하게도 곡해하는 일이기 때문이다. 엥겔스의 말에 따르면, "마르크스의 『철학의 빈곤』 및 『공산주의자 선언』에서 처음으로 정식화된 우리의 관점은 『자본』 출간에 이르기까지 족히 20년간 지속된 숙성기를 거쳤다".[32] 마찬가지로 마르크스의 철학 전체가—『반뒤링』이 (그리고 나중에는 『유물론

29 *L'Anti-Düring*, E. S., pp. 36~37.

30 *L'Anti-Düring*, E. S., p. 38.

31 *Pour Marx*, pp. 26~27 [『마르크스를 위하여』, 69~70쪽].

32 *L'Anti-Düring*, E. S., p. 38.

과 경험비판론』이) 자주 그렇게 하듯—적수의 지반 위에서, 곧 철학적 **이데올로기**의 지반 위에서 전투를 개시하는 저작의 논쟁적 정식들 속에서 우리에게 있는 그대로 주어질 수 있다고 믿는 것은, 이데올로기적 투쟁의 법칙에 대하여, 그리고 이러한 필수 불가결한 투쟁의 무대인 **이데올로기**의 본성에 대하여, 또한 이러한 이데올로기적 투쟁이 전개되는 철학적 이데올로기와, 전투를 개시하기 위해 이 무대에 출현하는 [대문자]이론 또는 마르크스주의 철학, 이 이데올로기와 이론 또는 철학 사이의 필수적 구별에 대하여 오해하는 것이다. 절단기의 저작들에만 또는 이후의 이데올로기적 투쟁에서 제시된 논변들에만 배타적으로 관심을 기울이는 것은, 마르크스의 철학이 실물 그대로 **읽을** 수 있게 주어지는 탁월한 장소는 그의 걸작, 곧 『자본』이라는 점을 보지 못하고 "**간과하는**" 잘못을 실천적으로 범하는 일이다. 하지만 우리는 이를 오래전부터, 특히 앞으로 언젠가 강의 교재로 사용될 『자본』 2권에 부친 비범한 「서문」에서 명시적으로 말한 바 있는 엥겔스 이후에, 그리고 마르크스의 철학은 "『자본』의 논리학" 안에, 마르크스가 쓸 수 있을 만한 "시간을 가질 수 없었던" 그 논리학 안에 모두 들어 있다고 말한 바 있는 레닌 이후부터 알고 있다.

우리는 마르크스와는 다른 세기에 살고 있다는, 다리 아래로 많은 물이 흘러갔고 우리의 문제는 더 이상 같은 것이 아니라는, 그런 반론이 제기되지는 못할 것이다. 우리는 정확히 아직 흘러가지 않은 생생한 물에 대해 말하고 있다. 우리는 많은 역사적 사례를 알고 있는데, 스피노자의 경우가 그렇다. 사람들은 자신들의 갈증을 해소하기 위해 만들어진 것이지만 자신들의 두려움이 감당할 수 없는 원천들을 그악스레 가두고 땅속 깊숙이 파묻으려 하는 것이다. 거의 한 세기 가까이 대학의 철학은 마르크스를 침묵의 땅, 시체들의 땅으로 덮어왔다. 같은 시기에 마르크스의 동료들과 후계자들은 가장 비극적이면서 가장 긴급한 전투를 치러야 했으며, 마르크스의 철학 전체는 그들의 역사적 기획 속으로, 그들의 경제적·정치적·이데올로기적 활동 속으로, 그리고 이러한 활동을 교육하고 지도하는 데 필수 불가결한 저작들 속으로 들어가 전해져왔다. 이 오랜 투쟁의 시기에 마르크스의 **철학**이라는 **관념**, 모든 활동을 뒷받침하는 인식의 순수성과 엄밀함에 종별적이고 필수 불가결한 그 철학의 실존과 기능에 대한 **의식**은 일체의 유혹과 공격에 맞서 보호받고 옹호되어왔다. 나는 이에 대한 증거로 단 하나의 사례만 들겠는데, 『유물론과 경험비판론』이라는 과학적 의식의 우렁찬 목소리, 레닌의 저작 전체가 바로 그것이다. 이것은 인식을 위한, 과학적 이론을 위한, 그리고 "**철학에서 입장을 취하기**"를 위한 영속혁명적révolutionnaire permanent 선언으로, 이 원리야말로 모든 것을 지배하는 것이며, 비타협적이고 명쾌한 과학적 엄밀성에 대한 가장 예리한 의식과 다르지 않다. 이것이 우리에게 주어져 있으며, 오늘날 우리의 과제를 정의한다. 곧 과학의 이론적 실천에 의해 생산된 **저작들**(무엇보다도 『자본』)이 한편에 있고, 경제적·정치적 실천(노동자 운동의 역사가 세계에 강제한 모든 변혁)에 의해 생산된 또는 이러한 실천에 대한 성찰에 의해 생산된 **저작들**(위대한 마르크스주의자들의 경제적·정치적·이데올로기적 텍스트들)이 다른 한편에 존재한다. 이 저작들은, 자본주의 생산양식 이론에 포함된 마르크스주의 역사이론을 지닐 뿐 아니라, 또한 마르크스의 **철학** 이론도 지니고 있는데, 이 철학이론은 그 **실천적** 표현의 불가피한 근사치에 이르기까지, 심층에서, 때로는 부지불식간에 이 저작들에 유령처럼 깃

들어 있다.

내가 최근에, 『자본』에서 수행된 자본주의 생산양식 분석의 과학적 실천 속에서, 그리고 노동자운동의 역사에서 이루어진 경제적·정치적 실천 속에서 실천적 상태로 실제로en personne 실존하고 있는 마르크스주의 철학의 이와 같은 **실천적** 실존에 대하여, 그 철학을 위해서만이 아니라 우리 자신을 위해서도 **필수 불가결한 이론적 실존의 형태**를 부여해야 한다고 주장했을 때,[33] 내가 제안한 것은, [마르크스주의 철학의] 이러한 실존, 곧 우리의 성찰의 최초 소재인 이 상이한 **저작들**의 고유한 양상의 본성 및 상이한 **정도들**에 따라 이 저작들을 하나씩 분석하는 비판적 탐구와 해명 작업과 다른 것이 아니었다. 내가 제안한 것은, 마르크스 및 마르크스주의의 저작들에 대한 "**증상적" 독서**, 곧 독서의 대상들을 **가시적으로** 만들고 빛을 비출 수 있는 문제설정의 성찰을 체계적이고 전진적으로 생산하는 것, 여전히 암시적이거나 실천적인 실존 이외의 다른 실존을 갖지 못한 것을 **볼** 수 있게 해주는 가장 심층적인 문제설정을 생산하는 것과 다른 것이 아니었다. 바로 이러한 요구에 따라 나는 직접적으로 정치적인(그리고 혁명에 몰입해 있던 혁명의 지도자 레닌이 수행한 능동적으로 정치적인) 실존 속에서 마르크스주의 변증법의 종별적인 이론적 형태를 **읽겠다**고 주장할 수 있었던 것이다. 바로 이러한 원칙에 따라 나는 모순에 관한 마오쩌둥의 1937년 저술을 정치 실천 속에서 제시된 마르크스주의 변증법 구조에 대한 성찰된 서술description로 다뤄보겠다고 주장할

33 *Pour Marx*, p. 165 이하[『마르크스를 위하여』, 284쪽 이하].

수 있었던 것이다. 하지만 이러한 **독서**는 펼쳐져 있는 책에 대한 독서, 또는 너무나 자주 마르크스주의 철학이 그것으로 환원되어왔던 "**일반화**"의 단순한 독서가 아니었고 또 그럴 수도 없었다. **추상**이라는 단어로 다뤄지는 이 후자의 독서는 독서에 대한 종교적이거나 경험론적인 신화에 대한 확증에 불과한데, 왜냐하면 이 독서가 개괄하는 세부적 독서들의 총합은 단 한순간도 이러한 신화에서 벗어나게 해주지 못하기 때문이다. 우리가 제안하는 이 독서는 원칙적으로 **이중적** 독서였으며, 한 **질문** 안으로 부재하는 어떤 질문에 대한 답변을 도입하게 해주는 다른 "증상적" 독서에서 비롯한 것이다.

사실을 명료하게 말하자면, 레닌이 1917년 혁명의 발발 조건들에 대하여 제시한 실천적인 정치적 분석에 관해 마르크스주의 변증법의 **종별성**이라는 질문을 제기하는 것은 어떤 **답변**에서 출발함으로써만 가능한 것이었는데, 이 답변은 자신과 인접해 있는 그 **질문**을 결여하는 답변이었다. 곧 이 답변은 우리가 보유하고 있는 마르크스주의 저작들의 **또 다른 장소**에 위치하고 있는 것으로, 아주 정확히 말하면 마르크스가 자신은 헤겔의 변증법을 "**전도**"시켰다고 선언하면서 제시한 **답변**이었다. "전도"를 통해 제시된 이러한 마르크스의 답변은 (부재하는) 질문에 대한 답변이었는데, 그 질문은 마르크스주의 변증법을 헤겔 변증법과 구별시키는 종별적 차이[종차種差]는 무엇인가 하는 질문이다. 하지만 "전도"를 통한 이 답변은 "노동가치"를 통한 고전 정치경제학의 답변과 마찬가지로 자신 안에 내적 결여를 포함하고 있다는 점에서 주목할 만한 것이다. 전도라는 은유를 따져보면, 이 답변이 자기 자신을 사고할 수 없다는 것, 따라서 이 답변은 자기 바깥에 있는 어떤 현실적이지만 부재하는 문제, 현실적이지만 부재하는 질문을 지시하며, 자신 안에 이러한 부재의 상관물로서의 공백 또는 개념적 애매성équivoque을 지닌다는 것, **단어 아래에서의 개념의 부재**를 지시한다는 것을 충분히 확인할 수 있다. 단어 아래에서의 개념의 이러한 부재를 하나의 증상으로 취급함으로써 나는 이러한 부재에 함축되어 있고 또한 그것에 의해 정의되는 질문을 정식화하는 길에 들어설 수 있었다. 레닌의 텍스트들에 대한 나의 "독서"는 비록 불완전하고 잠정적인 것이라 해도 이 텍스트들에 대하여 이론적 질문을 제기하는 경우에만 가능했는데, 이 텍스트들은 그 실존의 정도가 비록 순수하게 이론적인 것과는 전혀 다를지라도(왜냐하면 실천적 목적들을 위해 이 텍스트들은 소비에트 혁명이 분출한 정세의 구조를 서술하고 있기 때문이다) 그 답변을 현행적으로 표상[재현]하고 있다. 이러한 "독서"는 질문을 정확히 할 수 있게 해주었으며, 이렇게 전환된 질문을 마찬가지로 증상적인, 하지만 상이한 정도의 실존을 소유한 다른 텍스트들, 마오쩌뚱의 텍스트만이 아니라 동시에 마르크스가 1857년에 작성한 방법론적 텍스트[즉 1857년의 『정치경제학 비판 요강』「서설」]에도 다시 제기할 수 있게 해주었다. 첫 번째 답변에서 출발하여 구성된 질문에서 새롭게 전환된 또 다른 질문, 다른 저작들에 대한 독서, 오늘날에는 『자본』에 대한 독서를 가능하게 해줄 다른 질문들이 생겨난다. 하지만 『자본』을 읽기 위해 우리는 여기에서도 역시 일련의 이중적 독서, 곧 "증상적" 독서에 의지했다. 우리는 『자본』 안에서 여전히 비가시적인 것으로 남아 있으려 하는 것을 가시적이게 만들 수 있는 방식으로 『자본』을 읽었는데, 이러한 "독서"에 필수적인 한 걸음 물러서기는, 이러한 독서와 동시에 수행된 또 다른 두 번째 독서, 이 경우에는 마르크스의 **청년기 저작**, 특히 1844년의

『경제학-철학 수고』를 대상으로 하는, 그리고 청년기 저작의 바탕을 이루는 포이어바흐의 인간학적 문제설정 및 헤겔의 절대적 관념론의 문제설정을 대상으로 하는 어떤 두 번째 독서로부터 우리가 우리의 힘이 닿는 한에서 획득할 수 있는 장 전체를 갖게 되었다.

만약 마르크스의 철학이라는 질문, 곧 그것의 종차라는 질문이 『자본』에 대한 이 첫 번째 독서에서 그다지 전환되지 않고 정확하게 제기되지는 않는다 해도, 그것은 다른 "독서들", 일차적으로 『자본』에 대한 다른 독서들을(이 독서들로부터 새로운 차이들이 정확히 드러나게 된다), 그다음으로는 마르크스주의의 다른 저작들에 대한 독서를 가능하게 해주어야 한다. 가령 엥겔스의 『반뒤링』이나 『자연변증법』, 레닌의 『유물론과 경험비판론』(및 『철학노트』) 같은 마르크스주의 철학 텍스트들(하지만 불가피하게 이데올로기적 투쟁이라는 형태를 띠는)에 대한 박식한 독서lecture instruite라든가, 또한 우리 시대에 많이 볼 수 있고 사회주의 및 이제 사회주의를 향해 나아가고 있는 신생 해방국가들의 역사적 현실에 존재하는 마르크스주의의 다른 실천적 저작들에 대한 "독서"가 그 예가 될 것이다. 나는 의도적으로 아주 늦게야 이 고전적 철학 텍스트들에 대해 말하는데, 이는 다음과 같은 간단한 이유 때문이다. 곧 마르크스주의 철학의 본질적 원리들에 대한 정의가 제시되기 이전에는, 다시 말해 모든 철학적 이데올로기와 구별되는 마르크스주의 철학의 일관된 존재에 필수 불가결한 최소한의 것을 확립하는 데 도달하기 이전에는, 학술 텍스트가 아니라 투쟁 텍스트인 이 고전적 텍스트들을 그것들의 **이데올로기적** 표현의 수수께끼 같은 문자와 다른 식으로 **읽는** 것이 가능하지 않았기 때문이다. 왜 이러한 표현이 필연적으로 이데올로기적 표현의 **형태**를 띨 수밖에 없었는지 보여주지 않고는, 따라서 이러한 형태에 고유한 본질을 분리하지 않고는 가능하지 않았던 것이다. "개인숭배"나 아니면 현재 우리의 비극을 이루고 있는 이런저런 심각한 갈등 같은 노동자운동의 역사에 대한, 아직은 이론적으로 불분명한 저작들에 대한 "독서"의 경우도 마찬가지다. 이러한 "독서"는, 우리가 마르크스주의의 합리적 저작들 내에서, 이러한 비이성의 이유들을 이해하는 데 필수 불가결한 개념들을 제공해줄 수 있는 것을 식별하는 것을 조건으로 하여, 아마도 언젠가는 가능하게 될 것이다.[34]

지금까지 말한 모든 것을 한 단어로 요약할 수 있을까? 이 단어는 하나의 순환cercle을 지시한다. 곧 『자본』에 대한 철학적 독서는 우리의 탐구 대상 자체인 것, 곧 마르크스의 철학의 적용으로서만 가능하다. 이 순환은 마르크스주의 저작들 안에 있는 마르크스의 철학의 존재에 의해서만 인식론적으로 가능하다. 따라서 단어의 엄밀한 의미에서의 생산이 문제인데, 이는 잠재적인 것을 명시적인 것으로 만드는 것을 의미하는 듯 보이지만, 실은 어떤 의미에서는 **이미 실존하는** 것을 (미리 실존하는 최초의 소재에 대해 어떤 목적에 적합한 대상의 형태를 부여하기 위해) 전환하는transformer 것을 의미한다. 이러한 생산은, 생산의 작업에 순환이라는 필수적 형태를 부여하는 이중적 의미에서, **인식의 생산**이다. 그러므로 마르크스의 철학의 종별성을 인

34 사회주의의 미래에 본질적인 무언가를 자신들 안에, 그것도 종종 놀라운 형태로 담지하고 있는 그러한 새로운 저작들에 대한 "독서"의 경우도 마찬가지인데, 이 사회주의의 미래에 본질적인 무언가는 베트남부터 쿠바까지 지하 저항단체들이 수행하는 투쟁, "제3세계" 전위국가들이 자신들의 해방을 위해 수행하는 투쟁 속에서 마르크스주의가 생산하는 것이다. 이러한 새로운 저작들을 늦지 않게 "읽어낼" 줄 아는 것은 우리에게 사활이 걸린 일이다.

식하는 것concevoir은 그것의 인식을 생산하는 운동 자체의 본질을 인식하는 것 또는 인식을 **생산**으로 인식하는 것이다.

10

여기서 쟁점은 우리가 『자본』에 대한 우리의 독서에서 획득한 것을 이론적으로 **측정하는 것**과 다른 것일 수 없다. 이 발표문들이 **첫 번째** 독서에 불과한 것과 마찬가지로(이제 왜 우리가 이것들을 모두 주저하는 형태로 제시했는지 그 이유를 이해할 수 있을 것이다), 여기 제시하는 상세한 해명은 아직은 스케치일 뿐인 어떤 것의 첫 번째 윤곽 그리기에 불과하다.

하지만 내 생각에 한 가지 원칙은 획득된 것 같다. 만약 이것이 순결한 독서가 아니라면, 그것은 모든 독서가 자신의 교훈 및 자신의 규칙에서 진정한 당사자responsable를 반영하기 때문이며, 그 당사자는 바로 인식대상을 지탱하면서 인식을 인식으로 만들어주는 인식에 대한 개념화conception de la connaissance이다. 우리는 "표현적" 독서와 관련해 이 점을 간파했는데, 그것은 실존 속에서 본질을 드러난 그대로 읽는 독서다. 그리고 우리는 모든 불투명함이 무로 환원되어버리는 이러한 총체적 현존 배후에 공현의 투명함이라는 종교적 환상의 어둠과 그것이 특권화하는 고착 모델, 곧 로고스와 그것의 기록[성경]Écriture이 존재하는 것은 아닌지 의심했다. 안도감을 안겨주는 유혹적인 이 신화를 거부함으로써 우리는 마르크스가 우리에게 제시하는 새로운 독서를, 그것을 정초하는 새로운 **인식**관과 결합하는 것이 분명한 또 다른 연관이 존재함을 알게 되었다.

하지만 우리가 최상의 각도에서 이 문제에 접근하기 위해 다른 우회를 수행하는 것을 허락해주기 바란다. 아직 그 역사적 관계가 논증되는 것은 고사하고 검토되지도 못한 상이한 인식관들을 동일한 개념 아래 사고하고 싶지 않기 때문에 우리는 우리가 거부하는 종교적 독서의 기저에 놓인 인식관을, 그것 못지않게 생생하게 살아남아 있으며 그것의 세속적 판본으로서의 모든 특징을 구비한 인식관, 곧 **경험론적 인식관**과 관련시켜서 보아야 한다. 우리는 경험론적 인식관이라는 이 용어를 가장 넓은 의미로 받아들이는데, 왜냐하면 이것은 감각론적 경험론empirisme sensualiste만이 아니라 합리론적 경험론empirisme rationaliste도 포괄할 수 있기 때문이다. 실로 이것은 헤겔의 사상 자체에서도 작동하고 있는데, 이런 측면에서 보면 헤겔의 사상이란, 헤겔 자신도 동의하는 점이지만, 종교와 그 세속적 '진리'의 조화로 간주될 수 있다.[35]

경험론적 인식관은 우리가 살펴본 바 있는 신화를 특수한 형식 아래 부활시킨다. 이를 잘 이해하려면 이러한 인식관의 기저에 놓인 이론적 문제설정의 본질적 원리를 정의해야 한다. 경험론적 인식관은 주어진 대상과 주어진 주체 사이에서 전개되는 과정을 연출한다.

---

35 경험론이라는 것을 이처럼 유적 의미에서 이해한다는 것을 조건으로 할 때에만 18세기의 감각론적 경험론을 경험론이라는 개념에 포함하는 것을 받아들일 수 있다. 감각론적 경험론이 항상 내가 서술하게 될 방식에 따라 자신의 현실대상 속에서 인식을 **현실화하는**réalise 것은 아니라 해도, 어떤 관점에서는 그것이 인식을 역사의 산물로 인식한다 해도 그것은 (인식이 원래 포함하고 있는 것의 전개에 불과한) 역사의 **현실** 속에서 인식을 **현실화한다**. 이런 기준에 입각하면, 인식이 현실대상과 맺고 있는 현실적 관계**구조**에 대한 언급은 18세기의 이데올로기에서 인식과 현실역사의 관계에 대해서도 타당하다.

이 수준에서는 이 주체의 지위가 무엇이고(그것이 심리적 주체인지 역사적 주체인지 아니면 다른 어떤 것인지) 이 대상의 지위가 무엇인지(연속적인지 불연속적인지, 유동적인지 고정된 것인지)는 중요하지 않다. 주체의 지위는 토대를 이루는 문제설정의 **변이들**에 대한 정확한 정의définition précise와 관련될 뿐이며, 여기에서 우리는 오직 토대를 이루는 문제설정에만 관심이 있다. 주어져 있는, 따라서 인식과정에 선행하는 주체와 대상은 이미 모종의 근본적인 이론적 장을 정의하고 있지만, 이 주체와 대상은 이 정도의 상태에서는 아직 **경험론적인** 것으로 언표될 수 없다. 경험론적 인식관을 경험론적인 것으로 정의하는 것은 인식과정의 본성, 곧 인식의 **현실대상**에 따라 인식 자체를 정의하는 어떤 관계의 본성이다.

실로 모든 경험론적 인식과정은, 주체가 수행하는 **추상**이라고 명명된 작업에 달려 있다. 인식한다는 것은 현실대상으로부터 그 본질을 추상하는 것이며, 주체가 이러한 본질을 소유하는 것이 이른바 인식이다. 이러한 추상 개념이 어떤 식으로 특수하게 변용되든 간에, 추상 개념은 경험론의 종별적 징표를 구성하는 불변적 구조를 정의한다. 주어진 **현실**대상에서 그 본질을 추출하는 경험론적 추상은 **현실 추상**으로서, 주체가 현실대상의 **현실적** 본질을 소유하게 해준다. 인식과정의 각 계기에서 현실이라는 범주의 반복이야말로 경험론적 인식관에 특징적인 것임을 알 수 있다. 그런데 **현실** 추상이라는 것은 무엇을 의미하는가? 이것은 현실적 사실이라고 선포된 것을 해명하는 것이다. 본질은, 흙과 모래의 불순물로부터 금을 **추출한다**(또는 떼어낸다abstrait, 따라서 분리한다)고 말하듯이, 추출의 현실적 의미에서 현실대상들로부터 추출된다. 금이 채굴되기 이전에 불순물과 분리되지 않은 채 불순물 속에 뒤섞인 금으로서 존재하는 것과 마찬가지로, 현실적인 것의 본질은 현실적 본질로서, 그것을 포함하는 현실적인 것 **안에** 존재한다. 인식은 고유한 의미에서의 추상, 곧 본질을 포함하는 현실적인 것으로부터 본질을 추출하는 것이고, 본질을 포함하고 그것을 감추면서 품고 있는 현실적인 것으로부터 본질을 분리하는 것이다. 이러한 추출을 가능하게 해주는 절차가 무엇인가(가령 대상들 사이의 비교, 불순물의 마모를 위해 대상들을 서로 마찰시키는 것 등) 하는 것은 별로 중요하지 않다. 현실적인 것이, 동일한 본질을 포함하지만 서로 상이한 산재된 개체들로 합성된 모습을 띠는지 아니면 단 하나의 개체의 모습을 띠는지는 별로 중요하지 않다. 이 모든 경우에, 현실적인 것 자체 내에서, 본질을 품고 있는 불순물로부터 현실적인 것의 본질을 **분리하는 것**이 이러한 작업의 조건 자체로서 우리에게 강제되는데, 이것은 현실적인 것 및 그것의 인식에 대한 매우 특수한 표상이다.

현실적인 것은, 자기 내부에 순수한 금알갱이를 포함하고 있는 불순물의 흙덩어리처럼 구조화되어 있다. 곧 그것은 두 개의 현실적 본질, 순수한 본질과 불순한 본질, 금과 불순물 또는 (헤겔적 용어를 사용하여) 말하는 게 더 낫다면, 본질적인 것과 비본질적인 것으로 이루어져 있다. 비본질적인 것은 개체성의 형태(이런저런 과일, 이런저런 특수한 과일)나 물질성(이것은 "형태"[형상forme] 또는 본질이 아니다) 또는 "무"라든가 기타 다른 것으로 존재할 수 있지만 이는 별로 중요하지 않다. 중요한 사실은, 현실대상이 자신 안에, 현실적으로 두 개의 구별되는 현실적인 부분들, 곧 본질과 비본질적인 것을 포함한다는 점이다. 이는 우리에게 다음과 같은 첫 번째 결과를 제시해준다.

인식(이것은 본질적 본질에 불과하다)은 현실적인 것 안에, 현실적인 것의 또 다른 부분, 곧 비본질적인 부분 **안에**, 현실적인 것을 구성하는 한 부분으로서 현실적으로 포함되어 있다. **인식**, 그것이 지닌 유일한 기능은, 대상 안에서 그것 내에 존재하는 두 개의 부분, 본질적 부분과 비본질적 부분을 분리하는 기능인데, 이는 **비본질적인 현실적인 것을 제거**하여 인식하는 주체가 오직 현실적인 것의 두 번째 부분, 그것 자체가 현실적인 그리고 그 본질인 이 부분하고만 대면하도록 해주는 것을 목적으로 삼는 특수한 절차들(차례로 진행되는 골라내기, 체로 거르기, 긁어내기, 문지르기 등의 작업들)에 의해 이루어진다. 이는 우리에게 두 번째 결과를 제시해준다. 추상 작업과 그것의 일체의 연마 절차는 현실적인 것의 **한 부분을** 정화하고 제거하여 **다른 부분을 분리하는** 절차에 불과하다. 이러한 절차 자체는 추출된 부분 안에 아무런 흔적도 남겨두지 않으며, 이 절차의 작업의 모든 흔적은, 이 작업이 제거하려고 하는 현실적인 것의 부분과 더불어 제거된다.

그러나 이러한 제거 작업의 현실에 속하는 어떤 것이 이 작업의 결과 속에서 재현되는데, 하지만 이는 사람들이 믿는 바와 같이 이러한 작업의 **결과** 속에서 재현되는 것이 아니라(왜냐하면 이러한 결과는 순수하고 명료한 현실적 본질에 불과하기 때문에), 그러한 작업의 조건 속에서, 아주 정확히 말하면 **현실대상의 구조**(인식 작업은 이 구조에서 현실적 본질을 추출해야 한다) 속에서 재현된다. 이 현실대상은 이러한 목적에 부합하는 아주 특수한 구조를 지니고 있는데, 우리가 이미 분석 도중에 마주친 적이 있는 이 구조를 이제 좀 더 정확히 검토해봐야 한다. 이 구조는 아주 정확히 말하면 현실적인 것을 구성하는 두 부분, 곧 비본질적 부분과 본질적 부분이 현실적인 것 속에서 차지하는 **상대적 위치**와 관련되어 있다. 비본질적 부분은 대상의 **외부** 전체, 그 **가시적 표면**을 차지하고 있는 반면, 본질적 부분은 현실대상의 **내적** 부분, 그 **비가시적** 핵심을 차지하고 있다. 따라서 가시적인 것과 비가시적인 것의 관계는 외부와 내부의 관계, 껍데기와 핵심의 관계와 같다. 만약 본질이 무매개적으로 **가시적**이지 않다면, 이는 그것이 강한 의미에서 은폐되어 있기 때문에, 곧 **비본질적인 것**의 껍데기에 의해 완전히 덮여 있고 감싸여 있기 때문이다. 바로 여기에 인식 작업의 흔적 전체가 놓여 있다. 하지만 이러한 흔적은 현실대상 자체 내에서 본질적인 것과 비본질적인 것 각자의 상대적 위치 속에서 **실현되는** 것이다. 그리고 동시에 이를 통해 현실적 추출 작업 및 본질의 발견에 필수 불가결한 닦아내기 절차의 필요성이 정초된다. 이렇게 되면 발견이 현실적 의미를 얻는다. 곧 발견이란 씨를 감춘 껍데기, 과일의 껍질, 소녀의 얼굴, 진리, 신 또는 동상 등을 가리는 베일을 제거하듯이 본질을 덮고 있는 것을 제거하는 것이다.[36] 나는 이 사례들에서 이 구조의 기원을 찾고 있는 것이 아니다. 나는 그것들을, 모든 시각의 철학philosophies du voir이 자신들의 자기만족을 투영해왔던 거울 이미지들로 열거한 것이다. 이러한 경험론적 인식관의 문제설정이 그 자신의 분신으로서, 실존의 투명함 속에서 본질을 보는 종교적 시각의 문제설정에 기인한다는 점을 더 보여주어야 할까? 경험

36 나는 꾸며내는 것도 농담을 하는 것도 아니다. 미켈란젤로는 대리석 조각으로부터 본질적 형상을 생산하는 데 기초를 두는 게 아닌, 첫 번째 대리석 파편이 잘리기 이전부터 이미 끌어내야 할 형상을 돌 안에서 감싸고 있는 비형상적인 것을 **파괴**하는 데 기초를 두는 예술적 생산의 미학 전체를 발전시킨 바 있다. 여기에서 예술적 생산의 실천은 **추출**이라는 경험론적 현실주의 안에 묻혀 있다.

론적 인식관은 [종교적] 시각관의 한 변형으로 사고될 수도 있지만, 전자의 경우 **투명성**은 곧바로 주어지지 않고, 우리에게 본질을 감추는 이 베일, 불순한 껍질, 비본질적인 것에 의해 자기 자신과 분리되어 있다는 차이점이 존재한다. 추상이 순수한, 있는 그대로의 본질의 현실적 현존을 우리에게 제시해주기 위해 분리와 닦아내기 기술을 통해 이러한 비본질적인 것을 **분리해내기** 때문에, 인식은 간단한 봄vue에 불과한 것이 된다.

이제 비판적 거리를 두고 물러서서 경험론적 인식의 이러한 **구조**를 살펴보자. 우리는 이것을, 현실대상에 대한 인식 자체를, 인식되어야 할 현실대상의 **현실적 부분**으로서 사고하는 인식관으로 특징지을 수 있다. 이 [현실적] 부분은 본질적이고 내면적이며 감춰져 있다고, 따라서 언뜻 보아 비가시적이라고 말할 수 있지만, 그럼에도 이러한 특성들 자체로 인해, 비본질적 부분과 혼성된 현실대상의 현실성을 구성하는 한 부분으로 정립되어 있다. 인식, 곧 인식되어야 할 현실대상에 관하여 실행되는 아주 특수한 이러한 작업, 아무것도 아닌 게 아니라 정반대로 실존하는 현실대상에 **새로운 실존**, 바로 그 대상 인식의 실존을 덧붙이는 이러한 작업을 형상화하는 것(예컨대 메시지라는 형태로 이러한 인식을 언표하는 말이나 글로 쓰인 개념적 담론이 적어도 존재하는데, 이는 이러한 인식을 형상화하지만 그것이 능동적 주체의 행위이기에 대상 바깥에서 실행된다)은, 비본질적인 것과 본질 사이의, 표면과 심층 사이의, 외부와 내부 사이의 차이라는 형태 아래 **현실대상의 구조 속에** 모두 **기입되어** 있다! 따라서 인식은 이미 그것이 인식해야 하는 현실대상 속에, 대상의 현실적인 두 부분 각각의 배치라는 형태 아래 **현실적으로** 현존하고 있다! 단지 인식대상(본질이라 불리는 현실적 부분인)만이 아니라, 또한 [대상의 두 부분을] 구별하고, 현실대상의 두 부분(그중 하나—비본질적인 것—가 다른 것—본질 내지 내적 부분—을 감추고 감싸고 있는 외적 부분인) 사이에 현실적으로 실존하는 것으로 상관적으로 정립되는 것으로서의 대상에 대한 인식 작업도 현실적으로 현존하는 것이다.

현실대상의 현실적 부분으로서 인식된conçue 인식을 현실대상의 현실적 구조 속으로 투여하는 것, 바로 이것이 경험론적 인식관의 종별적 문제설정을 구성하는 것이다. 이러한 인식관을 그 개념 아래에서 파악하면 이로부터 중요한 결론을 이끌어내기에 충분하다. 이 결론은 이러한 인식관이 **말하는** 바를 자연히 넘어서는데, 왜냐하면 우리는 여기에서 그러한 인식관이 부인하면서 **실행하는** 것에 대한 고백을 얻기 때문이다. 나는 여기에서 이 결론들 가운데 최소한의 것도 다룰 수 없지만, 이 결론들을 발전시키는 것은 쉬운 일이다. 특히 우리가 여기에서 그 중요성의 전조를 인지한 바 있는, 가시적인 것과 비가시적인 것의 구조와 관련된 사항이 그렇다. 나는 그저 지나치는 김에 경험론의 범주들이 고전주의 철학의 문제설정의 중심에 놓여 있다는 점을 지적해두고 싶다. 이러한 문제설정을 인지하는 것, 심지어 침묵하는 변이들 및 그에 대한 부인 아래에서 그것을 인지하는 것은, 이 시기와 관련된 철학사 기획에 대하여 경험론 개념의 구축에 본질적 원리를 제시해줄 수 있다. 18세기에 로크와 콩디야크Condillac가 **공공연히 인정한** 이러한 문제설정은, 아주 역설적으로 보일 수 있겠지만 헤겔 철학에도 깊이 현존해 있다. 그리고 마르크스는, 우리가 앞으로 분석하게 될 이유로 인해, 비록 그 자신이 (부재하는) 질문을 정식화하기 위해 어떤 개념의 효과를 산출했음에도, 곧 그가 『자본』에서 수행한 분석에서 그 개념에 대한 답변을 생산했음에도, 이 개념의 결여를 사고하기 위해 **경험론의 문제설정을 사용하지 않을 수 없었다**. 이러한 문제설정은 마르크스가 이 문제설정의 용어들(외양과 본질, 외부와 내부, 사물들의 **내적** 본질, 외양의 운동과 현실적 운동 등)에 의지하면서도 **사실상** 그것을 뒤집고 비틀고 변형시켰지만 계속 살아남았다. 우리는 엥겔스 및 레닌 저술의 수많은 대목에서도 이 문제설정이 작동하는 것을 재발견하게 되는데, 이들은 이데올로기적 전투에서 이를 사용하려고 했다. 이러한 전투에서는 적수들이 선택한 '지형'에서 그들의 무자비한 공격이 이루어지기 때문에, 긴급하게 그 공격에 맞서야 하며, 적수들에게 그들 자신의 무기와 그들의 타격, 곧 그들의 **이데올로기적** 논거들 및 개념들을 되돌려주면서 시작해야 한다.

나는 여기에서 그저 다음과 같은 한 가지 명확한 논점, 곧 **단어들의 유희**가 이러한 개념화를 정초하며 **현실**이라는 개념의 근저에 놓여 있다는 점을 강조해두고 싶다. 실제로 이러한 경험론적 인식관을 무엇보다 "현실적인" 것에 관한 **단어들의 유희**에 의해 특징지을 수 있다. 우리가 방금 본 것처럼 인식 전체, [그리고] 그 대상(현실대상의 본질)만이 아니라 현실대상(인식 작업이 겨냥하는)과 이러한 인식 작업의 구별(인식 작업의 **장소** 그 자체인 구별)[인식 전체, 그 대상, 인식 작업의 구별]은, 그러니까 인식 작업이 그 인식을 생산하고자 하는 현실대상과의 그러한 구별 내에서의 인식 작업으로서의 대상은, 떳떳한 권리로 현실대상의 현실적 구조에 속하는 것으로서 정립되고 사고된다. 그렇다면 경험론적 인식관에서는 인식 전체가 **현실적인 것 속에 투여되어** 있으며, 인식은 **그 현실대상에 내적인, 이 현실대상의 현실적으로 구별되는 부분들 사이의 관계**로서 출현할 수밖에 없다. 만약 이러한 기본 구조가 명료하게 인식된다면, 이 구조는 많은 상황에서 우리에게 열쇠로 기여할 수 있으며, 특히 **모델 이론**[37]—나는 이 이론이 마르크스에게 근본적으로 낯선 것이라는 점을 내가 보여주었기를 바란다—이라는 무해한 형태 아래 제시되는 경험론의 현대적 형태들의 이론적 지위를 측정하는 데 기여할 수 있다. 우리에게는 아주 멀리 떨어져 있지만 마르크스 자신에게는 훨씬 더 가까웠던, 포이어바흐 및 마르크스의 절단기 저작(「포이어바흐에 관한 테제」, 『독일 이데올로기』)에서 이 구조는 일련의 애매한 표현들의 중심에 존재하는 '현실'과 '구체'에 관한 끝없는 **단어들의 유희**(오늘날 우리는 이것의 지연된 효과로 인해 고통을 겪고 있다)[38]를 이해하기 위한 열쇠로서 기여할

37 내가 여기에서 인식의 이데올로기로서의 모델 이론에 대해서만 언급하고 있으며 이를 거부하고 있다는 점에 유념해야 한다. 이런 관계에서 파악하면, (현대의 신실증주의에 의한) 그 이론적 정련의 정도가 어떻든 간에, 모델 이론은 경험론적 인식관의 변형태에 머무른다. 모델 이론에 대한 이러한 거부가 '모델'이라는 범주의 또 다른 의미와 용법을 배제하는 것은 아닌데, 정확히 말하면 오늘날 사회주의 국가들의 계획경제를 위한 기술적 실천의 다양한 상황 속에서 볼 수 있는 바와 같은, '모델'에 대한 기술적 용법에 실제로 상응하는 의미가 그렇다. 이 경우 '모델'은 어떤 목적을 달성하기 위해 주어진 데이터를 합성하는 **기술적 수단**이 된다. 이렇게 되면 '모델'의 경험론은, 인식이론이 아니라 실천적 응용에서, 곧 정치경제학의 과학에 의해 제공된 몇몇 인식의 기초 위에서 주어진 데이터에 입각해 몇몇 목적을 실현하기 위한 기술적 질서 속에서 자신의 자리, 자신의 본거지를 갖게 된다. 안타깝게도 실천 속에서 마땅히 나왔어야 할 반향을 얻지 못한 그 유명한 말에서 스탈린은 정치경제학을 경제정책과, 이론을 그 기술적 응용과 혼동하는 것을 금지한 바 있다. 인식의 이데올로기로서 경험론적 인식관은 모델의 실제 의미인 **기술적 도구**와 인식 개념 간의 혼동으로부터 자신의 기만술에 필요한 모든 외양을 이끌어온다.

38 조르주 폴리체르Georges Politzer의 『심리학 기초 비판』*Critique des Fondements de la psychologie*의 천재적 오류는 대부분 '구체'라는 무비판적 개념에서 기인한다. 폴리체르가 '구체적 심리학'의 도래를 선언했지만 후속 저작에서 이러한 선언이 아무런 귀결도 낳지 못한 것은 우연이 아니다. 사실 '구체'라는 용어가 지닌 모든 미덕은 그 비판적 용법에서 소진되어버렸는데, 이 용어로는 개념들의 '추상' 속에서만 존재할 수 있는 인식을 전혀 정초할 수 없는 것이다. 이는 이미 포이어바흐에서 관찰될 수 있는데, 그는 인식과 존재를 혼동하는 이데올로기적 개념인 '구체'를 원용하여 이데올로기에서 해방되려고 절망적으로 시도한 바 있다. 하지만 명

수 있다. 하지만 나는 엄청나게 풍부한 이러한 비판적 경로로 접어들지 않을 것이다. 이 단어들의 유희에 그 귀결을 맡겨둘 것이며, 이에 대한 반박은 우리 시대에 점증하고 있는 비판적 경각심에 맡겨둘 것이다. 나는 **단어들의 유희** 자체에 초점을 맞추고 싶다.

이 단어들의 유희는 자신이 살해하는 한 가지 차이를 유희한다. 동시에 그것은 시신을 탈취한다. 이 미묘한 살해의 피해자가 어떤 이름을 지니고 있는지 잠깐 살펴보자. 경험론이 본질을 인식의 대상으로 지칭할 때 그것은 어떤 중요한 것을 인정하지만 동시에 그것을 부인한다. 경험론은 인식대상이 현실대상과 동일하지 않다는 것을 인정하는데, 왜냐하면 그것은 인식대상을 단지 현실대상의 부분일 뿐인 것으로 선언하기 때문이다. 하지만 그것은 자신이 인정하는 것을 부인하는데, 정확히 말하면 두 개의 대상, 곧 인식대상과 현실대상 사이에 존재하는 이러한 차이를 하나의 동일한 대상, 곧 현실대상의 부분들 사이의 단순한 구별로 환원함으로써 그렇게 한다. 인정된avouée 분석에서는 두 개의 구별되는 대상이 존재하며, 하나는 "주체 바깥에, 인식과정에서 독립하여 존재하는"(마르크스) 현실대상이며, 다른 하나는 현실대상과 분명히 구별되는 인식대상(현실대상의 본질)이다.

백히 이데올로기는 이데올로기에서 해방될 수 없다. 마르크스 사상의 토대로서 '현실적' 인간주의, '구체적' 인간주의, 또는 '실정적' 인간주의를 내세우면서 청년기 저작에 준거하는 모든 마르크스 해석자들에게서도 동일한 애매성 및 동일한 단어들의 유희를 재발견하게 된다. 그들이 변명의 구실을 갖고 있다는 것은 사실인데, 왜냐하면 절단기 저작에서 볼 수 있는 마르크스 자신의 숱한 표현이 구체, 현실, '현실적·구체적 인간들' 등에 대해 말하고 있기 때문이다. 하지만 절단기 저작은 여전히, 자신이 거부하는 개념들의 우주에서 기인하는 부정의 애매성에 사로잡혀 있으며, 이러한 부정이 품고 있는 새롭고 실정적인 개념들을 적합한 형태로 정식화하지 못하고 있다. *Pour Marx*, pp. 28~29[『마르크스를 위하여』, 72~74쪽] 참조.

하지만 부인된déniée 분석에서는 **단 하나의 대상**, 곧 현실대상만이 존재할 뿐이다. 이로써 우리는 다음과 같이 정당하게 결론 내릴 수 있다. 실제vrai 단어들의 유희는 우리로 하여금 그 장소에 대해, 그 담지자(Träger)에 대해, 애매성의 중심을 이루는 단어에 대해 착각하게 만든다. 실제의 단어들의 유희는 **현실**이라는 단어(이것은 유희의 가면에 불과하다)에 대해 유희하는 것이 아니라, **대상**이라는 단어에 대해 유희한다. 유희가 살해하는 것에서 문제 삼아야 하는 것은 **현실**이라는 단어가 아니다. 문제 삼아야 하는 것은 대상 **개념**이며, 이 개념을 대상이라는 **단어**의 기만적 단일성에서 구해내기 위해서는, 이 개념에 대하여 **차이**를 생산해야 한다.

11

이로써 우리는 우리에게 열려 있는 길, 말하자면 역사 속의 두 철학자, 곧 스피노자와 마르크스에 의해 **거의** 우리 자신도 모르는 사이에 열려 있는 길에 접어들게 되었는데, 왜냐하면 우리는 이 점에 대해 진정으로 성찰해본 적이 없기 때문이다. 스피노자는 데카르트적 관념론에 잠재해 있는 교조적 경험론이라고 불러 마땅한 것에 맞서 인식**대상** 또는 본질은 그 자체로 **현실대상**과 절대적으로 구별되며 상이한 것이라고 경고했는데, 왜냐하면 그의 유명한 문구를 다시 사용한다면, 두 개의 대상 곧 인식**대상**인 원의 **관념**을 **현실대상**인 원과 혼동해서는 안 되기 때문이다. 마르크스는 1857년의 『정치경제학 비판 요강』「서설」에서 가능한 한 최대한의 위력으로 이러한 구별을 다시 취한 바 있다.

마르크스는 현실대상과 인식대상, 현실과정과 인식과정을 동일시한 헤겔적 혼동을 거부한다. “헤겔은 현실적인 것(das Reale)을, 자신 안에서 자신을 총괄하고 자신 안에서 자신을 심화하며 자신으로부터 운동하는 사고의 결과로 파악하는 오류에 빠졌다. 그러나 추상에서 구체로 상승하는 방법은 사고를 위한 방법, 곧 사고가 구체를 전유하고, 정신적 구체(geistig Konkretes)라는 형태 아래 그것을 재생산하는(reproduzieren) 양식(die Art)과 다른 어떤 것이 아니다.”[39] 헤겔이 역사에 대한 절대적 관념론이라는 형태를 부여하는 이러한 혼동은 그 원리에서 본다면 경험론의 문제설정을 특징짓는 혼동의 한 변형에 불과하다. 이러한 혼동에 맞서 마르크스는 **현실대상**(인식의 생산 “이전과 이후에 머리[Kopf] 바깥에서 자신의 독립성을 유지한 채 존속하는”[40] 현실적 총체로서의 현실구체)과 **인식대상**의 **구별**을 옹호한다. 이 경우 인식대상은 사고의 구체(Gedankenkonkretum), 사고의 총체(Gedankentotalität)로서, 곧 현실대상, 현실구체, 현실총체(사고의 구체, 사고의 총체는 정확히 이에 대한 인식을 제공한다)와 절대적으로 구별되는 **사고대상**으로서, 사고가 생산하는 사고의 산물이다. 마르크스는 여기에서 더 나아가, 이러한 구별이 단지 두 대상만이 아니라 두 대상 각자의 생산과정과 관련되어 있음을 보여준다. 이러저러한 현실대상, 현실-구체적 총체의 생산과정이 전적으로 현실적인 것 안에서 이루어지고 **현실적** 발생의 현실적 질서(**역사적** 발생의 계기들의 연

39 *Contribution*, E. S., p. 165. Texte allemand Dietz: *Zur Kritik*... p. 257.

40 *Contribution*, E. S., p. 166.

속의 질서)에 따라 실현되는 반면, 인식대상의 생산과정은 전적으로 인식 안에서 이루어지고 또 다른 질서에 따라 실현되는데, 이 후자의 질서에서는 '현실적' 범주들을 '재생산하는' 사고 범주들이 현실적인 역사적 발생의 질서와 **동일한** 장소를 차지하는 것이 **아니라**, 인식대상의 생산과정 속에서 그것들의 역할에 의해 지정된 전혀 다른 장소를 차지한다.

이 모든 주제에 대해 잠시 주의를 기울여보자.

마르크스가 인식생산 과정에 대해, 곧 인식이 인식의 '양식'에 따라 정확히 전유하려고 하는 현실대상과 구별되는 인식대상에 대해 그것은 전적으로 인식 안에서, '머릿속'에서 또는 사고 속에서 이루어진다고 우리에게 말할 때, 그는 단 한순간도 의식, 정신 또는 사고의 관념론에 빠지지 않는데, 왜냐하면 여기에서 문제가 되는 '사고'는 초월론적 주체 내지 절대적 의식이 지닌 직능, 현실세계가 물질로서 그것에 대면하게 될 그러한 직능이 아니기 때문이다. 이러한 사고는 또한 심리적 주체의 직능도 아닌데, 비록 인간 개체들이 이러한 사고의 행위자라고 해도 그렇다. 이러한 사고는 자연적이고 사회적인 현실 속에서 정초되고 분절되는, 역사적으로 구성된 **사고장치**의 체계다. 이러한 사고는 이 사고를, 이러한 정식을 감히 사용하자면, 인식의 규정된 **생산양식**으로 만드는 현실조건들의 체계에 의해 정의된다. 이러한 사고는, 그것이 작업하는 대상 유형(원재료)과, 그것이 보유하고 있는 이론적 **생산수단**(그것이 지닌 이론, 방법 및 실험 기술이나 다른 기술), 그리고 그것이 그 속에서 생산하는 역사적 관계(이론적이고 이데올로기적이면서 동시에 사회적인)를 결합하는(Verbindung) 어떤 구조에 의해 그 자체로 구성된다. 이런저런 사고하는 주체(개인)

에게 인식들의 생산에서 그의 위치와 기능을 지정하는 것은 바로 이론적 실천 조건들에 의해 정의되는 이러한 체계다. 물질적이면서 '정신적인' 체계로서 이러한 이론적 생산체계는 규정된 객관적 현실성을 지니고 있으며, 이 체계의 실천은, 이 체계에 대하여 그 '원재료'를 직·간접적으로 제공해주는, 실존하는 경제적·정치적·이론적 실천들에 기초하고 그것들에 절합되어 있다. 독특한 개인들의 '사고'의 역할과 기능을 정의하는 것이 바로 이러한 규정된 현실성이며, 이 개인들은 이미 정립된 또는 정립될 수 있는 '문제들'만을 사고할 수 있다. 따라서 경제적 생산양식의 구조가 직접적 생산자들의 노동력을 작동시키듯 개인의 '사고력'을 **작동시키는** 것, 하지만 그 구조에 고유한 양식에 따라 작동시키는 것은 바로 [이론적 생산체계의] 규정된 현실성이다. 따라서 '사고'는 물질적 세계에 대립하는 본질, '순수한' 초월론적 주체 내지 '절대 의식'의 직능—이는 관념론이 자기 자신을 그 속에서 재인지하고 정초하기 위해 신화로서 생산해낸 것이다—이기는커녕, 자연과 규정된 관계를 맺고 있는 주어진 역사적 사회의 현실세계 위에 정초되고 그것에 절합되는 고유한 하나의 현실적 체계이며, 자신의 존재 및 실천 조건들에 의해 정의되는, 곧 자신의 고유한 원재료(이론적 실천의 대상), 자신의 고유한 생산수단, 그리고 사회의 다른 구조들과 자신이 맺고 있는 관계 사이에 존재하는 규정된 '결합'(Verbindung) 유형으로서의 **고유한 구조**에 의해 정의되는 **종별적인** 하나의 체계다.

비록 경제적 자기반성이 경제적 생산구조의 종별적 조건들 속에서, 자연과의 필연적 관계 및 규정된 생산양식에 속하는 어떤 사회구성체의 전체 구조를 함께 구성하는 다른 구조들(법적·정치적 구조 및 이데올로기적 구조)을 함축한다고 해도, 우리가 경제적 생산과정은 전적으로 경제 안에서 이루어진다고 말할 수 있는 것과 마찬가지 방식으로, 필요한 변경이 이뤄진다면, 우리가 분석하는 대목에서 마르크스가 사용하고 있는 이 '사고'라는 아주 일반적인 용어를 위와 같은 식으로 정의해야 한다는 점을 유념할 때, 이론적 실천의 고유한 특성인 인식의 생산이 **전적으로 사고 안에서** 이루어진다고 말하는 것은 완전히 정당한 것이다. 그렇다면 마르크스가 말하듯이 "사고의 총체로서의, 사고의 구체로서의 구체적 총체는 사실은(in der Tat) 사고하기와 인식하기의 산물(ein Produkt des Denkens, des Begreifens)"[41]이라고 말하는 것은 완전히 정당한(richtig) 것이다. 그리고 이론적 실천을, 곧 원재료(사고가 작업하는 대상)에 대한 사고 작업을, "직관(Anschauung)과 표상(Vorstellung)을 개념들(in Begriffe)로 가공하는 작업(Verarbeitung)"[42]으로 표상하는 것은 완전히 정당한 것이다.

나는 다른 곳에서,[43] 인식생산 양식이 작업하는 이러한 원재료, 곧 마르크스가 직관(Anschauung)과 표상(Vorstellung)의 재료라고 지칭하는 것은, 인식의 역사에서 인식의 발전 정도에 따라 아주 상이한 형태를 띠어야 한다는 점을 보여주려 시도한 바 있다. 예컨대 아리스토텔레스가 작업했던 원재료와 갈릴레이, 뉴턴 또는 아인슈타인이 작업했던 원재료 사이에는 커다란 차이가 존재한다. 하지만 **형식적으로 본다면, 이 원재료는 모든 인식생산 조건의 일부를 이룬다**. 나는 또한

41 *Ibid*., p. 165.

42 *Ibid*., p. 166.

43 *Pour Marx*, pp. 194~195[『마르크스를 위하여』, 318~320쪽].

다음과 같은 점도 보여주려 했다. 곧 이러한 원재료가 인식의 한 분야가 진보하는 데 맞춰 점점 더 **가공된** 것이 된다는 점이 명백하다면, 그리고 만약 발전된 과학의 원재료가 '순수한' 감각직관이나 단순한 '표상'과는 분명 아무런 관계도 없다면, 역으로 우리가 인식의 한 분야의 과거로 아무리 거슬러 올라간다 해도, 우리는 결코 '순수한' 감각직관이나 표상과 관계하지 않고, **항상 이미** 복잡한 원재료, 그 재료에 고유한 '결합'(Verbindung) 속에서 감각적 '요소들'과 기술적 요소들, 그리고 이데올로기적 요소들을 결합하고 있는 '직관' 내지 '표상'의 구조에 관계하는 것이다. 따라서 인식은 결코, 경험론이 간절히 원하는 바와 같이 **순수한 대상**, 이 경우에는 **현실대상**(인식이 바로 그것에 대한 인식을 […] 생산하려고 목표로 삼는 것)과 동일한 것일 그러한 대상 앞에 놓이지 않는다. 그렇다면 자신의 '대상'에 대해 작업하는 인식은 **현실**대상이 아니라 자신의 고유한 원재료에 대해 작업하는 것인데, 이러한 원재료가 용어의 엄밀한 의미에서 (**인식의**) '**대상**'을 구성하며, 이러한 인식의 대상은 인식의 가장 초보적인 형태에서부터 **현실대상**과 구별된다. 왜냐하면 이러한 원재료는 항상 이미 (마르크스가 『자본』에서 부여한 강한 의미에서) **첫 번째 재료**[44], 곧 정확히 말하면, 이러한 재료를—아무리 조악한 대상일지라도—**인식의 대상**으로 구성하며, 또한 그것을 자신이 전환하게 될 대상으로 구성하는 복합적(감각적-기술적-이데올로기적) 구조의 부과에 의해 이미 가공되고 전환된 재료이기 때문이다. 복합적 구조는 지속적으로 **변형**되지만, **인식**

44 ❖ "원재료"와 "첫 번째 재료"의 프랑스어 원어는 모두 "matière première"이다.

의 대상이라는 의미에서 자신의 **대상**에 항상 적용되는 인식을 생산하기 위해 대상의 전개과정 중에 이런 대상의 **형태들**을 수정할 것이다.[45]

12

논의를 더 진척시키는 것은 당분간은 경솔한 짓일 터이다. 이론적 실천의 생산조건들이라는 형식적 개념만으로는 우리로 하여금 이론적 실천의 **역사**를 구성할 수 있게 해주는 종별적 개념들을 얻을 수 없으며, 이론적 실천의 상이한 분과(수학, 물리학, 화학, 생물학, 역사학 및 다른 "인간과학들")의 역사의 경우는 더욱더 그렇다. **이론적 실천의 구조**, 곧 **인식생산의 구조라는** 단순한 **형식적 개념**을 넘어서 나아가기 위해서는 인식의 역사라는 **개념**을 가공해내야 하며, 이론적 생산의 상이한 **양식**(일차적으로 이데올로기의 이론적 생산양식과 과학의 이론적 생산양식이라는 개념들) 및 이론적 생산의 상이한 **분과들**과 그것들 사이의 관계(상이한 과학들 및 그것들 사이의 의존과 독립 및 절합의 종별적 유형들)에 대한 개념들을 가공해내야 한다. 이러한 이론적 가공 작업은 매우 긴 호흡의 탐구를 전제하는데, 이러한 탐구는 과학사와 인식론의 고전적 분야domaine에 이미 존재하는 가치 있는 연구들에 의거해야 할 것이다. 따라서 이러한 탐구는, 한편으로는 이미 수집된 그리고 앞으로 수집될 '사실들'과 다른 한편으로는 과학사와 인

45 ❖ 지금까지와 마찬가지로 '전환'은 transformer를 옮긴 것이며, '변형'으로도 번역 가능하다. '수정'은 modifier를 옮긴 것이다.

식론 분야에서 이미 획득된 일차적인 이론적 성과들이 제시하는 모든 원재료를 전유하는 탐구다. 하지만 이러한 '사실들', 이러한 '경험적' 자료들은 대개의 경우, 아주 탁월한 몇몇 예외를 제외한다면,[46] 간단한 배열이나 연대기 형태로, 곧 역사에 대한 이데올로기적 개념화의 형태로 우리에게 제시되며, 심지어 역사철학의 선험적 틀 속에서 제시되기도 한다. 따라서 이러한 사실의 수집만으로는 인식의 역사를 구성하기에 충분치 못하며, 무엇보다도 인식의 역사에 대한 **개념을 구축해야** 한다. 이러한 작업에 본격적으로 착수할 수 있으려면 적어도 잠정적 형태로나마 그 개념을 구축해야 한다. 여러분이 곧 읽게 될 발표문들에서 우리가, 마르크스가 경제적 **생산**의 일반 조건을 사고하기 위해 채택하는 개념들 및 마르크스주의 사상이 자신의 **역사** 이론을 사고하기 위해 채택해야 하는 개념들에 깊이 주목한 이유는, 자본주의 생산양식의 **경제적** 영역에 관한 마르크스주의 이론을 파악하기 위해서만이 아니라, 인식의 생산과 그 역사에 관한 마르크스주의 이론을 [구성하기] 위해서는 형식적으로 정교하게 다듬는 것이 필수 불가결한 몇 가지 근본 개념(**생산** 개념, 생산양식의 **구조** 개념, **역사** 개념)을 가능한 한 최대로 명확하게 하기 위함이었다.

이미 우리는 우리의 이 연구가 추구하고 있고 앞으로 추구하게 될 길에 대한 관념을 갖기 시작했다. 이 글은 우리를 과학사에 대한 전통적 개념화를 혁명적으로 변혁하도록 인도할 터인데, 오늘까지도 전통적 개념화는 계몽주의 철학의 이데올로기, 곧 목적론적인, 따라

46 프랑스에서는 알렉상드르 쿠아레Alexandre Koyré, 가스통 바슐라르, 장 카바예스, 조르주 캉길렘, 미셸 푸코의 작업이 여기에 해당한다.

서 관념론적인 합리주의에 깊이 젖어 있다. 이성의 역사는 연속적 발전의 선형적 역사가 아니고, 기원의 씨앗 속에 이미 전체적으로 현존해 있어 그 역사는 단지 그것을 분명하게 드러내는 것에 불과한 어떤 [대문자]이성이 발현되거나 점점 더 의식화되는 연속적 역사도 아니라는 점을 우리는 이제 깨닫게 되었으며, 심지어 이미 연구된 몇몇 사례로 이를 증명할 수 있게 되었다. 우리는 이러한 유형의 역사 및 합리성은 주어진 역사적 결과의 회고적 미망illusion의 효과에 불과하다는 점을 알고 있는데, 이러한 미망은 그 역사를 '전미래'前未來, futur antérieur 시제에 따라 서술하며,[47] 따라서 그 기원을 그 목적/끝의 선취로서 사고한다. 계몽주의 철학의 합리성—헤겔은 이것에 대해 개념의 발전이라는 체계적 형태를 부여한 바 있다—은 이성 및 그 역사에 대한 이데올로기적 개념화conception에 불과하다. 오늘날 우리에게 인식 발전의 현실역사는, 이성의 종교적 승리를 기원하는 이러한 목적론적 희망과는 전혀 다른 법칙을 따르는 것으로 나타난다. 우리는 이러한 역사를 근본적인 불연속성(예컨대 새로운 과학이 이전의 이데올로기적 형성체의 배경에서 분리될 때 일어나는)과 심층적 개조에 따라 구획되는 역사로 인식하기 시작하는데, 이러한 개조가 인식 영역들의 존재의 연속성을 준수[존중]한다고 해도(하지만 항상 그런 것은 아니다), 그것은 인식 영역들régions의 단절과 더불어 새로운 논리를 개시하며, 이 논리는 단순한 발전이기는커녕 과거 논리의 '진리' 내지는 '전복'으로서, **문자 그대로 과거 논리의 자리를 차지하는/대신**

47 ❖ 전미래 시제는 영어 문법에서 미래완료에 해당하는 프랑스어 문법의 시제를 뜻한다.

하는prend sa place 것이다.

이로써 일체의 이성의 목적론을 포기하고, 어떤 결과가 자신의 조건들과 맺는 역사적 관계를 표현 관계가 아니라 생산관계로 인식해야 한다는 과제, 따라서 고전적 범주들의 체계와 어긋나고 이러한 범주들 자체를 **대체**할 것을 요구하는 문구를 사용하여, 우리가 **그 결과의 우연의 필연**이라고 부를 수 있는 것을 인식해야 한다는 과제가 부과된다. 이런 필연의 범주를 파악하기 위해서는 이러한 **생산**으로 인도하는 아주 특수하고 아주 역설적인 논리, 곧 인식(이것이 여전히 이데올로기적 인식의 분과의 역사에 속하는 것이든 아니면 과학으로 구성되고자 하는 또는 이미 과학으로 확립된 인식의 분과에 속하든 간에) 생산조건의 논리를 파악해야 한다. 이러한 논리 작용에서 우리는 아주 놀라운 통찰을 얻을 수 있는데, 반사 개념이 우리가 흔히 믿는 것(곧 사실은 지배적인 이데올로기적 개념화)과는 정반대로 기계론 철학이 아니라 생기론 철학에서 탄생한 것임을 보여준 조르주 캉길렘의 과학사 작업에서 얻을 수 있는 통찰이 그 사례다.[48] 17~18세기의 복합적인 문화적 형성체의 당혹스러운 생성을 연구한 미셸 푸코에게 우리가 빚지고 있는 통찰도 또 다른 사례다. 그의 연구에 따르면 이러한 형성체는 "광기"라는 과잉결정된 용어를 중심으로 일련의 의학적·법적·종교적·윤리적·정치적 관행들pratiques과 이데올로기들을 결집시켰는데, 이것들은 당대의 좀 더 일반적인 경제적·정치적·법적·이데올로기적 구조의 맥락 속에서 이러한 용어들이 부여받은 가

48 Georges Canguilhem, *La formation du concept de réflexe aux XVIIe et XVIIIe siècles*, PUF, 1955.

변적 위상과 역할에 따라 내적 배치와 의미가 변화하는 결합 속에서 작용하고 있었다.[49] 또한 우리가 푸코에게 빚지고 있는 또 하나의 통찰도 마찬가지 경우인데, 푸코는 외관상으로는 이질적인 조건들의 집합이 힘겨운 "실정적인 것의 노동"travail du positif 끝에 우리에게 명증한 것 자체로 보이는 것, 곧 임상의학의 "시선"에 의한 환자의 관찰에 대한 생산을 위해 공동으로 작용했다는 것을 보여준다.[50]

이론적으로 본질적이고 실천적으로 결정적인 과학과 이데올로기의 구별도 이로써 이러한 구별을 위협하는 교조주의적인 또는 과학주의적인 유혹에 맞서 자신을 방어할 수단을 얻게 되는데, 왜냐하면 이러한 탐구 및 개념화 작업에서 우리는 계몽주의 철학의 이데올로기를 복원하는 방식으로 이러한 구별을 사용하는 법이 아니라, 그와 반대로, 예컨대 이데올로기를 자신의 고유한 법칙을 지니고서 과학의 전사前史를 구성하는 현실역사로서 다루는 법을 배워야 하며, 또한 특수한 이론적 정세 속에서는, 다른 기술적 관행 및 이데올로기적이거나 과학적 습득과의 현실적 대질을 통해, 자신의 목적으로서가 아니라 [우연적] 돌발surprise로서 생산할 수 있는, [과학의] 현실적 전사로서 다루는 법을 배워야 하기 때문이다. 이렇게 해서 우리가 모든 과학을 창시하는 "인식론적 단절"rupture épistémologique의 조건들이라는 문제, 곧 고전적 용어법을 다시 사용하자면, 과학적 발견의 조건들이라는 문제를 제기하도록 강제된다는 것, 그리고 우리가 **또한**

49 Michel Foucault, *Histoire de la folie à l'âge classique*, Plon, 1961[미셸 푸코, 이규현 옮김, 『광기의 역사』, 나남, 2003].

50 Michel Foucault, *Naissance de la clinique*, Plon, 1964[미셸 푸코, 홍성민 옮김, 『임상의학의 탄생』, 이매진, 2006. 국역본은 번역에 문제가 많아 참조하기 어렵다].

마르크스에 대해서도 이 문제를 제기하도록 요구받고 있다는 것, 바로 이 점이 우리의 과제를 비상하게 증대시키는 것이다. 이 문제를 다루게 되면서 우리가 과학 및 그 탄생 배경을 이루며, 과학의 역사 내내 은밀하게 계속해서 과학을 따라다니는 이데올로기와의 관계를 완전히 새로운 방식으로 사고하도록 요구받고 있다는 것, 이러한 연구는 우리로 하여금 모든 과학은, 그것이 그로부터 벗어나는 이데올로기와의 관계 속에서 "이데올로기의 과학"으로서만 사고될 수 있다는 사실을 확인하게 만든다는 점,[51] 바로 이것이 우리를 당혹스럽게 만들 수 있는 것이다. 만약 우리가 인식의 **대상**이 지닌 본성, 곧 인식대상이란 한 과학이 그 과학을 규정하는 종별적 양식에 따라 이데올로기로부터 인식을 생산함으로써 구성될 때 이데올로기의 형태 속에서만 실존할 수 있다는 점에 미리 주목하지 않는다면 말이다. 이 모든 사례는 우리가 생산해야 하는 인식의 역사관에 관한 최초의 관념을 제시해줄뿐더러 또한 우리가 앞으로 수행하게 될 역사적 탐구 및 이론적 정교화élaboration 작업의 척도도 제공해준다.

13

이제 마르크스의 두 번째 결정적 언급을 제시해보겠다. 마르크스는 1857년의 『정치경제학 비판 요강』「서설」에서 현실대상을 인식대상

---

51 Pierre Macherey, "À propos de la rupture", *Nouvelle Critique*, mai 1965, pp. 136~140.

과 엄격하게 구별하면서 또한 양자의 과정을 구별하면서, 이 점이 중요한데, 이 두 가지 과정의 발생에서 **질서**의 차이를 부각한다. 『자본』에서 지속적으로 출현하는 다른 용어법으로 말하자면, 마르크스는 인식과정에서 **사고**의 범주를 지배하는 질서는 현실역사의 발생과정에서 **현실**의 범주를 지배하는 질서와 일치하지 않는다고 선언한다. 이 구별은 분명 『자본』에서 가장 논쟁적인 문제들 중 하나, 곧 **이른바 '논리적'** 질서(또는 『자본』에서 범주들의 '연역'의 질서)와 **현실'역사'**의 질서 사이에 동일성이 존재하는가 하는 문제와 밀접하게 관련되어 있다. 대다수 해석가는 이러한 질문에서 진정으로 '탈출하는' 데까지 이르지는 못하는데, 왜냐하면 그들은 이 질문을 그 적합한 용어들 속에서, 곧 이 질문이 요구하는 **문제설정**의 장 속에서 **정립하는** 데 동의하지 않기 때문이다. 동일한 사안을 이제 우리에게 친숙해진 다른 형태 아래에서 말해보자. 곧 『자본』은 우리에게 '논리적' 질서와 '역사적' 질서의 동일성과 비동일성에 대하여 일련의 **답변들** 전체를 제시해준다. 이 답변들은 명시적 질문이 없는 답변들이다. 이 때문에 이 답변들은, 그것들의 [암묵적으로 전제된] 질문들이라는 질문을 우리에게 제기한다. 곧 이러한 질문들이 그에 대한 답변으로서 제기된, 하지만 정식화되지는 않은 바로 그 질문을 우리로 하여금 정식화하도록 촉구한다. 이 질문이 논리적 질서와 역사적 질서의 관계와 관련된다는 점은 명백하지만, 이러한 단어들을 발화함으로써 우리는 답변의 용어들 자체를 다시 취하고 있을 뿐이다. 최종적으로 질문의 정립(따라서 생산)을 지휘하는 것은, 이 질문(이 문제)이 그 속에서 정립되어야 하는 문제설정의 장에 대한 정의다. 그런데 해석가들 대다수는 이러한 질문을 경험론적 문제설정 안에서 또는 (엄밀한 의미에서 이 문제설정의 '전도'인) **헤겔적 문제설정** 안에서 정립한다. 그러면서 첫 번째 경우에는 '논리적' 질서가 본질상 현실적 질서와 동일하기 때문에, 곧 현실적 질서 **안에** 그것의 본질 자체로서 실존하기 때문에, 논리적 질서는 현실적 질서를 따를 수밖에 없다는 점을 증명하고자 애쓴다. 또한 두 번째 경우에는 현실적 질서가 '논리적' 질서와 본질상 동일하기 때문에, 곧 현실적 질서는 논리적 질서의 현실적 실존에 불과하기 때문에 현실적 질서는 논리적 질서를 따라야 한다는 점을 증명하고자 애쓴다. 두 경우 모두에서 해석가들은 자신들의 가설과 명시적으로 반대되는 마르크스의 몇몇 답변에 폭력을 가할 수밖에 없게 된다. 나는 이러한 질문(이러한 문제)을 이데올로기적 문제설정의 장이 아니라, 현실대상과 인식대상을 구별하는 마르크스주의적인 이론적 문제설정의 장 안에서 정립하자고 제안하는 바이며, 이러한 대상들의 구별은 한편으로 인식에서 다른 한편으로 역사적 현실에서 '범주들'의 출현 질서 사이에 근본적 구별을 낳는다는 점을 지적해두겠다. 현실 역사적 발생의 질서와 과학적 담론 안에서 개념들의 전개 질서 사이의 **관계**라는 추정된 문제prétendu problème를 이 문제설정(이 두 가지 질서의 발본적 구분)의 장 안에 정립하는 것만으로도, 우리가 **상상적** 문제에 관여하고 있다는 결론을 충분히 내릴 수 있다.

이러한 가설은 마르크스가 우리에게 제시하는 답변의 다양성, 곧 '논리적' 질서와 '현실적' 질서가 서로 상응하는 경우들과 동시에 상응하지 않는 경우들을 존중할 수 있게 해준다. 이 두 가지 구별되는 질서의 상이한 계기들 사이에 **일대일 상응**이란 존재할 수 없다는 것이 사실이라면 말이다. 내가 현실대상과 인식대상의 구별은 두 질서에 속하는 항들 사이의 일대일 상응이라는 이데올로기적 신화(경험론적인 또는 절대적 관념론적인 신화)의 소멸을 산출한다고 말할 때 염두에 둔 것은 두 질서에 속하는 항목들 사이에 존재할 수 있는 **모든 형태**(심지어 **전도된** 형태를 포함하는)의 일대일 상응이다. 왜냐하면 전도된 상응은 여전히 공통의 질서에 따르는 항 대 항 상응이기 때문이다(오직 각 항목의 기호만 변화했을 뿐이다). 내가 이 마지막 가설을 언급하는 이유는 갈바노 델라 볼페Galvano Della Volpe와 그의 학파가 이러한 가설을 『자본』의 이론만이 아니라 마르크스주의 '인식 이론'théorie de la connaissance을 이해하는 데에도 본질적인 것으로서 견지하기 때문이다.

이러한 해설은 마르크스의 몇몇 문장에 의거하고 있는데, 가장 분명한 문장은 1857년의 『정치경제학 비판 요강』「서설」에 나온다.

> 요컨대 경제적 범주들을 그것들이 역사적으로 규정적 범주들이었던 질서에 따라 위치 지우는 것은 실행할 수도 없고 잘못된 것이다. 오히려 이 범주들의 질서는 그것들이 근대 부르주아 사회에서 서로 맺고 있는 관계 유형에 의해 규정되며, 이러한 질서는 그것들의 자연적 질서인 것처럼 보이는 것 또는 역사적 발전의 질서에 상응하는 것과는 정확히 **전도된**(umgekerhte) 관계에 의해 규정된다.[52]

이러한 전도(Umkehrung), 이러한 방향의 '역전'에 대한 믿음에 입각하여 논리적 질서가 역사적 질서에 대하여 항 대 항으로 전도된

52 *Introduction de 1857*, p. 171 [『정치경제학 비판 요강 I』, 김호균 옮김, 백의, 2000, 79쪽. 번역은 다소 수정].

것이라고 주장할 수 있는 것이다. 나는 이 점에 관해서는 이 책에 수록된 랑시에르의 논평을 참조하고 있다.[53] 더욱이 위의 인용문 바로 다음 부분에서 마르크스는 모호한 점을 아주 분명히 하는데, 왜냐하면 우리는 두 질서의 항들 사이의 직접적 상응이냐 전도된 상응이냐를 둘러싼 이러한 논쟁은 분석되고 있는 문제와는 아무런 관련이 없음을 배우게 되기 때문이다. "경제적 관계들 사이에 (…) 역사적으로 수립된 관계가 문제 되는 것이 아니다. 문제는 근대 부르주아 사회 내에서 이러한 관계들의 글리데룽Gliederung[54](분절된 결합)이다."[55] 바로 이러한 글리데룽, 이러한 사고의 분절된 총체야말로, 부르주아 사회의 존재를 구성하는 현실의 분절된 총체, 현실적 글리데룽에 대한 인식에 도달하기 위해 인식 내에서 인식대상으로서 생산해야 하는 것이다. 사고의 글리데룽이 생산되는 질서는 종별적 질서, 마르크스가 『자본』에서 실행하는 이론적 **분석**의 질서 자체로서, 『자본』의 이론 자체인 이러한 사고의 전체, 이러한 사고의 구체concret de pensée를 생산하는 데 필수적인 개념들의 연결, '종합'의 질서다.

---

53 이 책에 수록된 랑시에르의 글을 보라[본문 1장 「1844년의 『경제학-철학 수고』에서 『자본』까지의 비판 개념과 정치경제학 비판」].

54 ❖ Gliederung은 독일어로 '관절'이나 '분절', '편성'이나 '배열', '짜임'을 뜻하는 말이며, 어근을 이루는 Glied라는 단어는 '마디'나 '사지'四肢를 의미한다. 이 단어는 영어로는 주로 structure나 organization 등으로 번역되는데, 『정치경제학 비판 요강』의 영역본(*Grundrisse*, trans. Martin Nicolaus, Penguin Books, 1973, p. 110)에는 'order'로 번역되어 있다. 또한 우리말 번역본은 이를 그저 "구조"라고 옮긴다. 하지만 알튀세르는 본문에서 이 독일어 단어를 번역하지 않은 채 그대로 사용하면서 "분절된 결합"combinaison articulée이라는 번역을 괄호 안에서 제시하고 있다. 이는 그만큼 알튀세르가 이 단어에 매우 중요한 의미를 부여하고 있음을 시사하며, 실제로 이 단어는 「『자본』의 대상」에서도 핵심 개념으로 활용된다. 이 점을 감안하여 이 단어는 발음 나는 대로 '글리데룽'이라고 옮긴다.

55 *Introduction de 1857*, p. 171 [『정치경제학 비판 요강 I』, 79쪽. 번역은 다소 수정].

이 개념들이 분석 내에서 분절되는 질서는 마르크스의 과학적 논증의 질서다. 이러한 질서는 이러저러한 범주가 역사 속에서 출현하는 질서와는 아무런 직접적인 일대일 관계도 맺고 있지 않다. [두 질서 사이의] 잠정적 마주침이 존재할 수 있고, 동일한 질서에 의해 외관상 리듬을 부여받는 시퀀스의 단편들이 존재할 수 있지만, 이것들은 상응의 존재에 대한 증거, 상응의 질문에 대한 답변이기는커녕 **다른 질문**을 제기하는 것들이다. 이 질문을 제기하는 것이 정당한지를 고찰하기 위해서라도 두 질서의 구별 이론을 경유해야 한다(질문을 제기하는 것이 정당한지는 결코 확실하지 않다. **이 질문은 아무 의미가 없을 수 있으며, 우리는 이 질문이 아무 의미가 없다고 생각할 만한 충분한 이유를 갖고 있다**). 반대로 마르크스는, 얼마간 심술궂게, 현실적 질서는 논리적 질서와 모순된다는 점을 보여주기 위해 시간을 들여 증명하고 있으며, 때때로 그가 두 질서 사이에는 "**전도된**" 관계가 존재한다고 **말할** 정도까지 나아간다 해도, 우리는 이 단어를 문자 그대로 하나의 **개념**으로, 곧 자신의 의미를 발화되었다는 사실에서 이끌어내는 게 아니라 규정된 이론적 장에 온전하게 속해 있다는 사실에서 이끌어내는 하나의 개념으로 받아들여서는 안 된다. 반대로 랑시에르의 논증은 이 경우를 비롯한 『자본』의 다른 많은 경우에도 "전도"라는 용어는 이론적 엄밀성을 지니지 않은 것이라는 점, 다시 말해 마르크스의 분석 전체를 떠받치고 있는 이론적 문제설정—어떤 용어, 나아가 어떤 문장의 정당성이나 취약성을 판단하기 위해 미리 식별되고 정의되어야 하는—에 의해 우리에게 **강제되어** 있는 엄밀성 자체를 결여하고 있는 유비적 용법에 해당하는 것이라는 점을 보여준다. 이러한 논증을, 두 질서의 항들 사이의 **전도된 일대응 상응 관계**에 대한 해석을 유발하는 모든 대목에 대해 성공적으로 확장하는 것은 쉬운 일일 터이다.

14

따라서 나는 마르크스의 분석의 전개, 곧 그의 **논증**에 존재하는 개념들의 질서에 고유한 성격이라는 논점을 다시 다뤄보겠다. 이러한 개념들의 질서(또는 "논리적" 질서)가 역사적 질서와 아무런 항 대 항 상응 관계도 없는 하나의 **종별적** 질서라고 말하는 것과, 이러한 종별성, 곧 이 질서의 질서로서의 본성을 설명하는 것은 전혀 다른 문제다. 이 질문을 제기하는 것은 명백히, 인식의 역사의 주어진 계기에 기존의 과학성의 유형에 의해, 또는 이렇게 말하는 것이 더 낫다면, 과학의 고유한 실천 속에서 과학을 통해 **과학적인 것**으로 인정된 이론적 타당성의 규범들에 의해 요구되는 **질서의 형식**이라는 질문을 제기하는 것이다. 이 또한 거대한 함의와 복잡성을 지닌 문제이며, 이는 여러 가지 선행하는 이론적 문제에 대한 해명을 전제하는 것이다. 기존의 **논증성** 유형이라는 질문에 전제되어 있는 본질적 문제는 이론적 실천이 ('이데올로기적인 것'이든 아니면 '과학적인 것'이든 간에 인식들을 생산하면서) 자신의 타당성을 위해 필요한 규범들을 인정하는 **상이한 형식들**의 생산의 역사라는 문제다. 나는 이러한 역사를 이론적인 것 자체의 역사라고, 또는 인식의 역사의 주어진 계기에 **이론적 문제설정**—기존의 모든 이론적 타당성의 척도, 따라서 이론적 담론의 질서에 **증명의 힘과 가치**를 부여하기 위해 필요한 **형식**은 이러한 이론적 문제설정과 관련되어 있다—을 구성하는 것의 생산(및 전환)의 역사라고 부를 것을 제안한다. 이러한 **이론적인 것**의 역사, 이론성의 구조들 및 이론적 필증성apodicticité의 형식들의 역사는 구성되어야 할 것으로 남아 있다. 분명히 마르크스가 자신의 저작을 시작하는 순간에 말한 바와 같이 우리 수중에는 "거대한 문헌이 존재한다". 하지만 우리가 (특히 '인식 이론의 역사'로서 취급된 철학사에서) 보유하고 있는, 때로는 커다란 가치를 지닌 요소들과, 이 요소들을 이론적 형식으로 형식화하는 것—이는 바로 이론의 형성과 생산을 전제한다—은 별개이다.

내가 이러한 우회를 수행한 것은 마르크스로 되돌아가 그의 이론적 담론의 질서(또는 『자본』의 범주들의 '논리적' 질서)의 필증적 성격은 **이론적인 것의 역사**에 대한 이론의 바탕 위에서만 사고될 수 있을 뿐이라는 점을 말하기 위해서다. 이 후자의 이론은 한편으로 『자본』의 이론적 담론 내에서 수행되는 증명의 형식들과 다른 한편으로 그 담론과 동시대적이고 가까운 이론적 증명의 형식들 사이의 실제 관계가 어떤 것인지 드러나게 해줄 것이다. 이런 측면에서 보면, 마르크스와 헤겔의 비교 연구는 다시 한번 필수 불가결하다. 하지만 우리의 연구대상은 이것으로 끝나지 않는다. 왜냐하면 우리는 마르크스가 철학적 담론형식[56]과는 다른 증명 형식들에 계속 준거하는 것을 보면서 그가 **또한 수학, 물리학, 화학, 천문학** 등에서 빌려 온 증명 형식

56 이는 데카르트가 창시한 담론형식으로, 데카르트는 비록 독단적 경험주의에 빠지고 말았지만 철학 및 과학에서 '근거들의 질서'의 막대한 중요성을 명시적으로 의식하고 있었으며, 또한 인식의 질서와 존재의 질서의 구별도 의식하고 있었다.

들에도 의존하고 있다는 점을 종종 깨닫게 되기 때문이다. 그러므로 우리는 마르크스가 정치경제학에서 창시한 증명의 질서의 복잡성 및 독창성에 관해 계속 마르크스 자신으로부터 주목을 요청받게 되는 것이다.

라 샤트르에게 보낸 편지에서 마르크스는 스스로 다음과 같이 선언한다. "『자본』에서 제가 활용했던 방법, 그러니까 경제학적 주제에 지금까지 적용된 적이 전혀 없었던 그 방법은 처음 몇 개의 장에 대한 독서를 상당히 까다롭게 만듭니다."[57] 마르크스가 말하는 이 **분석 방법**은, 그가 독일어판 「재판 후기」에서 인용하고 있고 '**연구양식**'(Forschungsweise)과 조심스럽게 구별하고 있는 '**서술양식**'(Darstellungsweise)과 일체를 이룬다.[58] "연구양식"은 마르크스가 기존의 문헌들 및 그것들이 증언하는 사실들에 대하여 수년 동안 실행했던 구체적인 탐구를 말한다. 이러한 탐구는 그 탐구의 결과 속에서, 곧 이 탐구 자신의 대상인 자본주의 생산양식에 대한 인식 속에서 사라지는 경로에 따라 수행되었다. 마르크스의 '탐구' 규칙들은 부분적으로는 그의 독서노트에 포함되어 있다. 하지만 『자본』에서는, 모든 탐구가 겪기 마련이고, 발명자의 이론적 실천 수준에서 그의 발견과정에 고유한 논리를 표현하는 복잡하고 가변적인 절차, '시도와 오류' 같은 것과는 전혀 다른 것이 문제가 된다. 『자본』에서 문제가 되는 것은 체계적 서술, 곧 마르크스가 말하는 '**분석**'이 가리키는 논증 담론 유형의 형식 자체 내에서 개념들의 필증적 질서 짓기이다. 마르크스가 이미

---

57 *Le Capital*, I, p. 44[『자본』 I-1, 62쪽].

58 *Le Capital*, I, p. 29[『자본』 I-1, 60쪽].

존재하는 것으로 간주했음에 틀림없는 이 '분석'(왜냐하면 그는 이 분석을 정치경제학에 **적용하는 것**을 요구할 뿐이기 때문이다)은 어디에서 유래하는가? 우리는 마르크스를 이해하기 위해서는 이 질문이 필수 불가결하다고 생각하지만, 현재로서는 이 질문에 대해 완벽한 답변을 제시하기 어렵다.

이 책에 수록된 우리의 발표문들은 이러한 분석 및 이 분석이 실행하는 추론과 논증의 형식, 그리고 무엇보다도 거의 들리지 않고 외관상 중립적인 이 단어들, 마슈레가 『자본』의 첫대목과 관련해 연구했고 우리가 들어보려 전력을 기울였던 이 단어들에 관한 것이다. 이 단어들은 문자 그대로, 『자본』의 실제 담론 내에서 그 논증의 때로는 절반쯤 침묵하는 담론을 담지하고 있다. 만약 우리가 몇몇 미묘한 지점에서, 심지어 마르크스 자신의 문자에 거슬러, 이러한 침묵하는 담론에 고유한 시퀀스 및 논리를 재구성하는 데 성공했다면, 만약 우리가 그 공백을 확인하고 채웠다면, 만약 우리가 운 좋게도, 여전히 주저하는 그의 몇몇 단어를 더 엄밀한 다른 용어로 대체해냈다면, 우리로서는 그 이상 바랄 게 없다. 만약 우리가, 입증할 수 있는 여러 증거와 더불어, 마르크스의 담론은 원리상 헤겔의 담론에 대해 이질적이라는 점, 그리고 마르크스의 변증법(『자본』 1권 「재판 후기」는 이것을 우리가 언급한 서술양식과 동일시한다)이 헤겔 변증법과 전혀 다른 것이라는 점을 확립한 것이라면, 우리로서는 그 이상 바랄 게 없다. 우리는 마르크스가 이미 존재하는 것으로 제시하는 **이러한 분석 방법**을 어디에서 획득했는지 묻지 않았으며, 우리는 마르크스가 이 분석 방법을 빌려 오기는커녕, 그 자신이 단지 적용하기만 하면 된다고 생각했던 이 분석 방법을 스스로 **발명한** 것은 아닌지, 마치 그가 잘 알려진 여러 구절(조급한 해석자들이 거듭해서 반추하곤 했던)에서 자신이 헤겔에게서 빌려 왔다고 공표한 이 변증법을 분명히 발명했던 것처럼, 그 스스로 발명한 것은 아닌지 질문해보려 하지 않았다. **그리고 이 분석과 이 변증법이 우리가 생각하는 것처럼 하나의 동일한 것이라면**, 이것들의 본원적 생산은 헤겔과의 단절을 감행함으로써만 가능했다고 강조하는 것은 이러한 생산에 대한 충분한 설명이 되지 못한다. 더 나아가 이러한 생산을 위한 적극적 조건을 드러내야 하며, 마르크스 개인의 이론적 정세—마르크스의 역사가 마르크스를 그리로 이끌어 갔던—속에서 반영되어 그의 사유에서 이러한 변증법을 생산해냈던 가능한 적극적 모델들도 드러내야 한다. 우리는 이를 수행할 여력이 없었다. 확실히 우리가 드러낸 차이들은 이 새로운 연구에 대한 징표이자 이론적 지침으로 사용될 수 있지만, 새로운 연구 자체를 대신할 수는 없을 것이다.

더욱이 우리가, 이 첫 번째 철학적 독서의 노력 이후에 그렇게 생각할 수 있다고 믿는 것처럼, 마르크스가 새로운 형태의 논증적 분석의 **질서**를 발명했다면, (이론적인 것의 역사에서 대부분의 위대한 발명가가 그랬던 것과 마찬가지로) 그 발견 또한 분명히 인정받고 그다음 통상적인 과학적 실천 속으로 진입하기 위해서는 시간이 걸린다는 점은 틀림이 없다. **이론적인 것** 속에 새로운 질서를, 새로운 형식의 필증성 내지 과학성을 창시하는 사상가는 새로운 한 과학을 정초하는 사상가와는 완전히 다른 운명을 겪게 되는 것이다. 전자의 사상가는 오랫동안 무시되고 몰이해될 수 있는데, 특히 마르크스의 경우처럼 이론적인 것 **안에서의** 혁명적 발명가가 과학의 한 분과(여기에서는 역사의 과학) 내에서의 혁명적 발명가라는 이중적 모습을 띠고 이

후자의 가면을 쓰고 있는 경우에는 더욱더 그렇다. 그가 자신이 이론적인 것 안에서 창시하는 혁명의 개념에 대해 **부분적으로만 성찰했을** 뿐인 경우에는 더욱더 커다란 위험을 겪게 된다. 만약 새로운 과학의 발견을 통해 이론적인 것에 영향을 미치는 어떤 혁명을 개념적으로 표현하는 것을 저해했던 이유가 단순히 개인적 차원의 정황이나 "시간 부족"에만 기인한 것이 아니라면 이러한 위험은 배가된다. 그러한 이유들은, 개념들의 **정식화** 가능성을 지휘하는 객관적인 이론적 조건들의 실현 정도에서 기인할 수도 있는 것이다. 필수 불가결한 이론적 개념이란 필요할 때 명령하면 마법과 같이 스스로 형성되는 것이 아니다. 반면에 과학들이나 위대한 철학들의 시초에 관한 역사 전체는 새로운 개념들의 정확한 집합이 일렬종대로 행진을 벌이는 게 아니라는 것을 보여준다. 오히려 그중 어떤 개념들은 아주 오랫동안 지각하거나, 역사로부터 재단사 및 직물을 공급받지 못해 자기에게 들어맞는 제복을 갖추기 전까지는 빌려 온 옷을 걸치고 행진한다. 그사이에 개념은 저작들 속에 분명 현존하지만, 개념의 형식과 다른 형식 속에서, 곧 다른 보유자들로부터 "**빌려 온**", 정식화되고 활용 가능한, 또는 매혹적 개념들의 형식 내부에서 자신을 탐색하는 그런 형식 속에서 현존하고 있다. 이 모든 것은, 마르크스가 자신의 독창적 분석 방법을, 그 자신이 그것을 발명한 그 순간에 이미 존재하는 방법으로 취급하고 있다는 역설적 사실, 또한 그는 자신이 헤겔의 밧줄을 끊어내는 바로 그 순간 이 방법을 헤겔에게서 빌려 온다고 생각한다는 사실에는 불가해한 것이 전혀 없음을 보여준다. 이 단순한 역설을 해명하기 위해서도, 여기에서는 단지 소묘하는 데 그칠 수밖에 없지만, 분명 우리에게 여러 가지 놀라움을 안겨줄 거대한 작업이 필요하다.

15

하지만 우리는 인식대상과 현실대상의 질서상의 차이에 의거함으로써, 이러한 차이가 **징표**indice를 이루는 바로 그 문제에 접근할 수 있을 만큼 충분한 진척을 이러한 작업에서 이루어내지 못했다. 내가 말하는 문제는 이 두 가지 대상(인식대상과 현실대상) 사이의 관계라는 문제, 곧 **인식**의 존재 자체를 구성하는 문제다.

이로써 우리가, 두 가지 이유로 진입하기 **아주 어려운** 영역에 들어섰다는 점을 경고해두어야겠다. 이는 우선 이 영역의 공간을 표시하고 우리에게 길을 안내할 수 있을 만한 거의 아무런 마르크스주의적 **좌표**를 지니고 있지 못하기 때문이다. 실로 우리는 우리가 해결해야 할 뿐 아니라, 먼저 **정립**부터 해야 하는 어떤 문제에 직면해 있다. 왜냐하면 이 문제는 아직 **진정으로** 정립된 것이 아니기 때문이다. 곧 요구되는 문제설정의 토대 위에서, 그리고 이러한 문제설정이 요구하는 엄밀한 개념들 속에서 언표되지 않았기 때문이다. 그다음으로 이는, 역설적이게도 이 점이야말로 가장 심각한 난점인데(왜냐하면 우리는 문자 그대로 아직 진정으로 엄밀하게 정립되지 않은 이 문제에 대해 제시된 수많은 **해법**에 휩싸여 있기 때문에), 이 해법들에 휩싸이고 그 해법들의 '**명증성**'에 눈이 멀어 있기 때문이다. 그런데 이 해법들은 우리가 마르크스에 관해 말했던 해법들과 달리 부재하는 질문들에 대한 해법들이 아니다. 그리고 이 부재하는 질문들은 우리가 그 답변에 포함되어 있는 이론적 혁명을 표현하기 위해 앞으로 정식화해야 할 그런 질문들이다. 반면 수많은 해법은 **완벽하게 정식화된** 질문들 및 문제들에 대한 답변이자 해법인데, 왜냐하면 이 질문들과 문제들은 이 답변 및 이 해법에 맞춰 선별된 질문들이자 문제들이기 때문이다.

내가 염두에 둔 것은 정확히 말하면 이데올로기적 철학의 역사에서 '인식문제'problème de la connaissance 내지 '인식이론'théorie de la connaissance으로 묶이는 것이다. 나는 여기서 문제가 되는 것은 이데올로기적 **철학**이라고 말하는데, 왜냐하면 (데카르트에서 시작하여 칸트, 헤겔을 거쳐 후설에 이르는) 서양 관념론 철학과 일체를 이루는 전통을 정의하는 것이 바로 '인식문제'라는 이데올로기적 정립이기 때문이다. 나는 이러한 인식'문제'의 정립이 **이데올로기적**이라고 말하는데, 이는 이 문제가 그것에 대한 '답변'에 입각하여 그것의 정확한 **반영물**로서 정식화된 것인 한에서 그렇다. 곧 이러한 인식문제라는 것은 실제문제problème réel가 아니며, 사람들이 제시하고자 하는 **이데올로기적** 해법을 문제에 대한 해법으로 만들기 위해 먼저 정립되어야 하는 그런 문제다. 내가 여기서 이 점을 다룰 수는 없지만, 이 점은 이데올로기의 형식 속에서 이데올로기의 본질을 정의하는 것이며, 원칙적으로 이데올로기적 **인식**connaissance(무엇보다도 이데올로기가 인식문제나 인식이론이라는 형태로 인식을 성찰할 때 이데올로기가 말하는 인식)을 **재인지**reconnaissance라는 현상으로 환원하는 것이다. 이데올로기의 이론적 생산양식(이것은 이런 측면에서 볼 때 과학의 이론적 생산양식과는 완전히 다른 것이다) 속에서 **문제**를 정립하는 것은 인식과정 바깥에서 (종교적, 도덕적, 정치적이거나 다른 '이해관계'에 따라) 이론 외적 심급 및 요구가 강제함으로써 이미 생산된 어떤 **해법**을 가능하게 해주는 조건들을 이론적으로 표현하는 것에 불과하다. 이 경우 이 해법은, 인위적으로 만들어진 문제—해법의 이론적 거울

이자 실천적 정당화로 기능하는 문제—속에서 **자기 자신을 재인지**하게 된다. 따라서 '인식문제'가 지배하는 모든 서양 근대철학은 사실은, 이러한 **거울 속에서의 재인지**에서 기대된 이론적·실천적 효과를 가능하게 하기 위해 **생산된**(누군가는 의식적으로 그랬을 것이고 누군가는 무의식적으로 그랬겠지만 이 점은 별로 중요하지 않다) 이론적 토대의 견지에서, 그리고 그 토대 위에서 정립된 '문제'의 정식화에 지배되어온 것이다. 이는 모든 서양철학의 역사가 '인식문제'에 지배된 것이 아니라, 인식의 실제와는 거리가 먼 실천적·종교적·도덕적·정치적 '이해관계'에 따라 미리 강제된 이데올로기적 **해법**, '인식문제'가 수용**해야만** 하는 그 해법에 의해 지배되었다고 하는 말과 같은 말이다. 마르크스가 『독일 이데올로기』에서 아주 심오하게 말한 것처럼, "신비화는 단지 답변에만 존재하는 것이 아니라 질문 자체에도 존재한다".[59]

여기서 우리는 가장 큰 어려움에 직면하게 된다. 왜냐하면 우리는, 단지 거짓된 답변의 **반복**만이 아니라 무엇보다도 거짓된 질문의 반복이 사람들의 정신 안에 생산해온 뿌리 깊은 '명증함'에 저항해야 하며, 더욱이 이러한 기획에서는 우리만이 거의 유일하게 저항의 과제를 감당해야 하기 때문이다. 우리가 이데올로기적 공간과는 다른 장소에서 새로운 공간, **이러한 해법을 미리 결정하지préjuge 않는 문제를 올바르게 정립하는** 데 필요한 공간을 열기 위해서는, 이러한 이데올로기적 질문에 의해 정의된 이데올로기적 공간에서, **필연적으로 닫**

59 ❖ 칼 마르크스·프리드리히 엥겔스, 이병창 옮김, 『독일 이데올로기』 1권, 먼빛으로, 2019, 45쪽.

혀 있는 공간에서 벗어나야 한다. 이 공간이 닫혀 있는 이유는 이데올로기의 이론적 생산양식을 특징짓는 **재인지 구조의** 본질적 효과 중 하나가 그것이기 때문이다. 그리고 이 닫힌 공간은 라캉이 다른 맥락에서 다른 목적을 위해 **'이중적 거울관계'**라고 부른 것에 고유한 불가피한 닫힌 원환이다. 유명한 '데카르트적 순환'에서 헤겔 또는 후설적인 이성의 목적론의 순환에 이르는 서양철학의 '인식이론'의 역사 전체가 이러한 '인식문제'의 공간이 닫힌 공간이라는 점, 곧 악순환이라는 점(이데올로기적 재인지의 거울관계의 악순환)을 우리에게 **보여준다. 이러한 순환**이 필수적이라는 사실을 이론적으로 떠맡음으로써, 곧 자신의 이데올로기적 과업에 본질적인 것으로 사고함으로써 (후설과 더불어) 철학이 자신의 최고 양심과 정직함에 도달하게 되었다고 해도 철학은 **이 순환에서 벗어나지** 못했으며, 그 이데올로기적 속박에서 풀려나지 못했다. 마찬가지로 하이데거처럼, '열림'(이것은 닫힘에 대한 이데올로기적 비-닫힘에 불과한 것으로 보인다)을 이러한 닫힘, 곧 서양 형이상학에서 이러한 닫힘의 '반복'이 이루어지는 닫힌 역사의 절대적 가능성의 조건으로 사유하려고 한 철학자도 이러한 순환에서 벗어나지 못했다. 닫힌 공간의 단순한 바깥—이것이 그 공간의 외부든 심층이든 간에—에 위치함으로써 이 닫힌 공간에서 벗어날 수는 없는데, 이는 이러한 바깥이나 심층이 **그 닫힌 공간의** 바깥이자 심층인 한에서 여전히 **이** 순환, **이** 닫힌 공간에 속해 있기 때문이다. 이 바깥이나 심층은 닫힌 공간 자신과 다른 **그 공간의** 타자autre-que-soi 속에서 그 공간의 '반복'으로서 속해 있는 것이다. 닫힌 공간의 반복을 통해서가 아니라 그 공간의 비-반복을 통해서만 이 순환에서 빠져나올 수 있다. 이는 이론적으로 정초된 유일한 도주

fuite다. 하지만 이것은 정확히 말하면 항상 자신이 도주하는 것과 연루될 수밖에 없는 하나의 **도주**가 아니라 새로운 공간, 새로운 문제설정의 근본적 정초이며, 자신의 이데올로기적 위치의 재인지 구조 속에서는 인지되지 못하는 현실적 **문제**를 정립할 수 있게 해준다.

16

여기 내가 제시해보려는 몇 가지 성찰은 이 문제의 정립에 대한 일차적 개요이지만, 이러한 성찰이 필수 불가결한 만큼이나 불확실한 것이라는 점을 숨기지 않고 있는 그대로 밝혀두고 싶다.

1857년의 『정치경제학 비판 요강』「서설」에서 마르크스는 이렇게 쓰고 있다. "두뇌 속에서 사고의 전체(Gedankenganzes)로 현상하는(erscheint) 바와 같은 전체는 세계(die Welt)를 유일하게(einzig) 가능한 양식(Weise)으로 전유하는(aneignet), 사고하는 두뇌의 산물이며, 이 양식은 세계의 예술적(küntslerisch), 종교적, 실천적-정신적(praktischgeistig) 전유양식과는 상이한 것이다."[60] 여기서 문제는 마르크스가 근본적 관계—인식, 예술, 종교 및 실천적-정신적 활동은 이러한 관계의 서로 구별되는 종별적 양식(Weise)으로 나타난다—의 본질을 표현하기 위해 사용하는 전유appropriation(Aneignung) 개념의 수수께끼를 파고 들어가는 것이 아니다. 실제로 텍스트에서 강조

---

60 Karl Marx, *Grundrisse*, p. 258 [『정치경제학 비판 요강』 1권, 72쪽. 번역은 다소 수정].

하는 것은, 원칙적으로 이론적 전유양식과 구별되는 것으로 공표된 다른 모든 전유양식에 대한 이론적 전유양식(인식)의 종별성이다. 하지만 이러한 구별은 그 표현 속에서 이 구별이 바탕으로 삼고 있는 **현실세계**-와의-관계라는 공통적 배경을 드러내준다. 인식이 인식에 고유한 현실세계와의 종별적 전유양식을 통해 현실세계와 관련을 맺고 있다는 점이 이를 명료하게 지시해준다. 또한 이는 바로 인식에 의한 세계 전유 기능, 곧 **전적으로 사유 안에서** 일어남(우리가 정확히 설명했던 바로 그 의미에서)**에도 불구하고** 또는 오히려 전적으로 사유 안에서 일어나기 **때문에**, 세계에 대한 전유(Aneignung)라고 불리는 **현실**세계에 대한 이러한 개념적 파악(Begriff)[61]을 제시해주는 이러한 인식 생산 과정에 의한 세계 전유의 기능이 실행되는 방식, 따라서 그 방식을 보증해주는 **메커니즘**이라는 문제를 정립한다. 이는 또한, 그 대상(우리가 앞에서 정확히 설명했던 의미에서, 인식대상)에 대한 인식으로서 **현실**대상, 현실세계에 대한 파악 내지 전유인, 그러한 인식생산에 대한 이론이라는 질문을 정립한다.

이러한 질문이 '인식문제'라는 이데올로기적 질문과 전적으로 상이하다는 점을 굳이 언급할 필요가 있을까? 이것은 인식의 가능성을 **보증하는** 선험적 가능성의 조건에 대하여 외부에서 성찰하는 문제가 아니라는 점을 굳이 언급할 필요가 있을까? 이런 시나리오에 꼭 필요한 등장인물들을 무대에 올리는 식의 문제가 아니라는 점을 굳이 언급할 필요가 있을까? 내가 말하는 시나리오는, 과학적 의식에

61 ❖ '개념'을 뜻하는 독일어 Begriff는 '붙잡다', '움켜쥐다'를 의미하는 greifen을 어근으로 한다. 알튀세르가 'prise'라는 단어로 표현하고 있는 점이 이것이다. 여기에서는 '파악'이라 옮겼다.

대하여 그 의식이 자신의 **대상**과 맺고 있는 인식관계의 가능성의 조건이라는 질문을 제기하는 철학적 의식이라는 시나리오인데, 여기에서 이 철학적 의식은 자신의 자격과 장소, 기능이라는 질문을 제기하지 않도록 몹시 주의를 기울인다. 왜냐하면 [이 시나리오 안에서] 철학적 의식은 그 자신이 보기에 이성 그 자체로서, **기원**Origine에서부터 자신의 대상들 안에 현존해왔으며, 자신의 질문 자체 내에서 자기 자신하고만 관계를 맺고 있기 때문이다. 곧 처음부터 그 자신이 정답 자체로 제시될 수밖에 없는 그런 질문을 제기할 뿐이기 때문이다. 이러한 이데올로기적 시나리오 안에서 무대에 등장한 이론적 인물이 다음과 같다는 점을 굳이 언급할 필요가 있을까? 곧 한편으로는 철학적 **주체**(철학하는 의식), 과학적 **주체**(과학하는 의식), 경험적 **주체**(지각하는 의식)가 존재하고, 다른 한편으로는 이 세 **주체**Sujets와 대면하는 **대상**Objet이 있는데, 그것은 초월론적 또는 절대적 **대상**과 과학의 순수 원리, 지각의 순수 형식이다. 세 가지 **주체**는 동일한 본질 아래로 포섭되며, 세 가지 **대상**도 동일한 본질 아래로 포섭된다(예컨대, 알다시피 상당한 편차가 존재하기는 하지만 칸트나 헤겔, 후설 모두에게서 이러한 세 가지 **대상**의 동일화는 지각된 대상에서 인식된 대상에 이르는 연속적 동일화에 의거해 있다). 또한 이러한 속성들의 평행적 배분이 주체와 대상을 서로 마주보게 만든다는 점, 이 사실로 인해 대상 쪽에서는 인식대상과 현실대상의 지위 차이가, 주체 쪽에서는 한편으로 철학하는 **주체**와 과학자 주체 사이의, 다른 한편으로는 과학자 주체와 경험적 주체 사이의 지위 차이가 요술처럼 사라진다는 점을 굳이 언급할 필요가 있을까? 그리고 이 사실로 인해, 사고되는 유일한 관계는 신화적 **주체**와 신화적 **대상** 사이의 내면적이고 동시간적인 관계라는 점, 이러한 신화적 주체와 대상은 현실적 조건, 곧 인식생산 역사의 현실적 메커니즘을, 필요한 경우에는 이 **주체**와 **대상**을 위조해가면서, 종교적·윤리적·정치적 목적('신앙', '도덕' 또는 '자유', 곧 사회적 가치를 구제하기)에 종속시키는 **책임을 떠맡고** 있다는 점을 굳이 언급할 필요가 있을까?

우리가 정립하는 질문은 인식 자체와 다른 심급들에 의해 미리 정해진 답변을 산출하기 위해 정립되지 않는다. 곧 우리의 질문은 그 답변에 의해 미리 닫혀 있는 질문이 아니다. 그것은 보증의 질문이 아니다. 반대로 이 질문은 열린 질문이며(왜냐하면 이는 질문이 열어놓은 장 자체이기 때문에), 이러한 열린 질문으로 존재하기 위해서는, 이데올로기적 순환의 예정된 닫힘에서 벗어나기 위해서는, 이러한 이데올로기적 닫힘을 보증하는 것을 유일한 기능으로 삼고 있는 이론적 인물들의 봉사services를 거부해야 한다. 상이한 **주체들**과 **대상들로** 이루어진 이러한 인물들은, 서방의 '인간의 자유'의 가호 아래 **주체**와 **대상**의 최고 심급들 사이에서 체결된 이데올로기적 계약과의 공모를 통해 자신들의 역할을 수행하기 위해 맡은 바 임무를 잘 수행하고자 한다. 우리의 질문은 원리상 **열린** 것으로 정립되고 증명되는 질문, 곧 과학적 존재로서의 인식에 의해 정립되는 모든 현행적 질문에 대하여 열림의 구조를 지닌다는 점에서 동질성을 지닌 질문이다. 이러한 질문은 그 형식에서 이러한 **열림의 구조**를 표현해야 하며, 따라서 이러한 열림의 구조를 요구하는 이론적 문제설정의 장 안에서, 그러한 문제설정의 견지에서 정립되어야 한다. 다시 말하면 인식에 **종별적**

인, 현실대상의 전유**양식**이라는 질문이 정립되어야 한다.[62]

1)**주체**와 **대상**이라는 이데올로기적 인물이 품고 있는 이데올로기적 해법에 대한 의존을 배제하고 또한 이러한 주체와 대상이 움직이는 닫힌 순환 내에 있는 거울 재인지 구조를 배제한다는 견지에서.

2)열린 종별적 구조로서의 인식구조 개념을 형성하는 것이면서 동시에 인식이 자기 자신에게 정립하는 **질문**의 개념이기도 하다는 (이것이 뜻하는 바는 질문을 정립하는 가운데서도 이러한 질문의 위치와 기능이 사유되어야 한다는 점이다) 견지에서.

이 마지막 요구 사항은 인식생산의 역사에 대한 이론(또는 철학)과 현존하는 인식의 내용(과학)의 구별을 정초하면서도, 철학이라는 것을, '인식이론' 속에서 철학 자신이 참칭하는 권리의 이름으로 과학을 위해 법칙을 제정하는 법적 심급으로 만들지는 않기 위해 필수 불가결한 것이다. 이러한 권리는, 이데올로기적 철학에게 그 자신이 봉사하는 '상위의' 이해관계의 기정사실에 대한 **법적 재인지**를 보증해주는, 거울 재인지가 무대화되어 있다는 **기정사실**에 불과하다.

이러한 엄밀한 조건 **속에서** 우리의 문제가 정립되면 우리가 관심을 가진 이 문제는 다음과 같은 형태로 언표될 수 있다. **전적으로 사유 안에서 일어나는 인식과정은 어떤 메커니즘에 의해, 사유 바깥에, 현실세계 속에 존재하는 현실대상에 대한 인지적 전유를 생산하는가?** 또는 달리 말하면, **인식대상의 생산은 어떤 메커니즘에 의해** 사유 바깥의 **현실세계** 속에 존재하는 **현실대상에 대한 인지적 전유를 생산하는가?**

---

62 ❖ 이 단락과 그 앞 단락에서 굵게 표시된 '주체', '대상', '기원'은 모두 대문자로 시작한다.

인식 가능성의 **보증**이라는 이데올로기적 질문을 인식대상이라는 수단에 의한 현실대상의 인지적 전유 **메커니즘**이라는 질문으로 단순히 대체하는 것만으로도 우리는 이데올로기의 닫힌 공간에서 나가 우리가 찾고 있는 철학적 이론의 열린 공간으로 들어갈 기회를 얻는다.

17

우리의 질문을 다루기 전에, 우리를 이데올로기의 악순환에 다시 빠뜨리는 고전적 몰이해를 일람해보자.

실로 사람들은 '명증함'이라는 실용주의의 그럴듯한 어법을 사용해 우리의 질문에 대해 다음과 같이 즉석에서 답변을 제시한다. 인식대상의 생산은 어떤 메커니즘으로 현실대상에 대한 인지적 전유를 생산하느냐고…? 아 그거야 실천이지! 그게 실천이라는 기준의 역할이지! 만약 이 요리로도 여전히 우리가 배고파한다면, 사람들은 기꺼이 메뉴를 바꾸거나 또는 우리가 만족할 때까지 다양한 요리를 내놓는다. 사람들은 다음과 같이 말할 것이다. 실천이 바로 시금석이야, 과학적 실험이라는 실천! 경제적·정치적·기술적 실천, 구체적 실천! 또는 우리에게 자신들의 답변이 '마르크스주의적' 특징을 지닌다는 점을 납득시키기 위해 이렇게 말할 수도 있다. 그건 사회적 실천이야! 그리고 '이에 대한 보충'으로 수천 년 동안 수억 번에 걸쳐 인류는 사회적 실천을 반복해왔다! 또는 사람들은 엥겔스의 불운한 푸딩(맨체스터가 그에게 이 음식에 관한 논거를 제공해주었다)을 사용할 수도 있다. "푸딩에 대한 증명은 그것을 먹어보는 것이다!"

나는 우선 이런 종류의 답변은, 이데올로기의 영토에서 이데올로기에 맞선 투쟁을 할 때, 따라서 엄밀한 의미에서 이데올로기적 투쟁을 할 때 효력을 지닐 수 있으며, 따라서 채택되어야 한다는 점을 지적해두겠다. 왜냐하면 이 답변은 **이데올로기적** 답변으로서, 정확히 적수의 영토인 이데올로기의 영토에 위치해 있기 때문이다. 중요한 역사적 상황에서, 이데올로기적 적수를 우리 자신의 영토로 이끌어 들이지 못했을 때, 아니면 그가 우리 영토에서 자기의 막사를 세울 준비가 되어 있지 않았을 때, 또는 그의 영토로 내려가는 일이 필수적일 때, 이데올로기적 적수의 영토에서 싸움을 벌이거나 그렇게 강제되는 일이 일어났고 또 일어날 수 있다. 하지만 이러한 실천 및 이 투쟁에 적절하게 이데올로기적 논거를 사용하는 일은 **이론**의 대상이 되어야 하며, 그럴 경우에야 이데올로기적 영역에서의 이데올로기적 투쟁이 적수의 법칙 및 의지에 종속되지 않을 수 있고, 우리 자신이 우리가 맞서 싸워야 하는 이데올로기의 주체들로 하릴없이 변모하는 일을 막을 수 있다. 하지만 나는 동시에, 이러한 **실용주의적** 답변이 우리의 이론적 질문과 관련하여 우리를 여전히 배고픈 상태로 남겨놓는 것은 그리 놀라운 일이 아니라는 점을 덧붙여 지적해두고 싶다. 한 가지 일반적 이유와 여러 가지 특수한 이유를 들어 이를 증명해볼 수 있는데, 이 이유들은 모두 동일한 원리에 의거해 있다.

사실 실용주의는 본질상 우리 질문에 이데올로기적 답변을 부여함으로써 우리 질문을 이데올로기 속으로 빠뜨린다. 실용주의는 관념론적인 '인식이론' 이데올로기와 마찬가지로 **보증**을 찾아 떠나는 일밖에 하지 못한다. 단 하나의 차이점은, 고전적 관념론이 **사실에 의한** 보증에 만족하지 않고 **권리상의** 보증(우리는 이것이 사실적 상황의 법적 변장에 불과하다는 점을 알고 있다)을 원하는 데 반해(이것이 관념론의 일이다), 실용주의는 사실에 의한 보증, 곧 실천의 **성공**을 찾아다닌다는 점, 그리고 이것이 자주 '실천의 기준'이라 불리는 것에 할당될 단 하나의 내용을 이룬다는 점이다. 어떻게든 사람들은 **이데올로기적** 답변과 질문의 징표로서 **보증**을 제시해줄 수 있지만, 우리는 **메커니즘**을 찾고 있다! 푸딩에 대한 증명은 그것을 먹어보는 것이라는 논거는 훌륭하다! 그런데 우리가 관심을 갖는 것은, 우리가 아침에 푸딩을 먹는다고 **생각할** 때, 우리가 먹는 것이 중탕냄비에 졸여낸 코끼리 새끼 요리가 아니라 푸딩이라는 것을 보증해줄 **메커니즘**이다! 수백 년 또는 수천 년 동안 인류의 사회적 실천에 의해 반복적으로 이루어진 멋진 증명(모든 실천이 검게 보이는 밤)! 수백 년 또는 수천 년 동안 이러한 '반복'은 예컨대 예수의 부활, 성모 마리아의 처녀성 같은 일체의 종교의 '진리들', 인간의 '자발성'에 관한 일체의 편견들과 같은 온갖 '진리들', 요컨대 이데올로기의 가장 덜 존중받는 명증함에서 가장 많이 존중받는 명증함에 이르는 온갖 획득된 '명증함'을 생산해 왔다! **동일한 규칙을 따르는** 관념론과 실용주의의 공모된 게임 속에서 양자가 서로 설치해둔 함정에 대해서는 굳이 언급할 필요도 없다. 곧 관념론이 실용주의에게 말하기를, 당신은 어떤 **권리**에 입각해 실천이 권리라고 말하는가? 실용주의는 답변하기를, 당신이 말하는 권리는 변장한 사실에 불과하다. 여기에서 우리는 이데올로기적 질문의 닫힌 순환이라는 쳇바퀴를 돌고 있다. 왜냐하면 이 모든 경우에서 이 게임을 가능하게 해주는 공통의 규칙은 인식(또는 주체)과 그 현실대상(또는 대상) 사이의 일치에 대한 **보증**이라는 질문, 곧 **이데올로기적** 질문 그 자체이기 때문이다.

하지만 일반적 이유는 이 정도로 해두고 이제 특수한 이유로 넘어가보자. 이 후자는 우리가 **우리의 대상**을 마주하도록 해줄 것이다. 왜냐하면 이데올로기적(관념론적이거나 경험론적인) 방식으로 수용된 **실천**이라는 단어(이는 **이론**의 거울 이미지, 그 반의어에 불과하다. 곧 실천과 이론이라는 '대립물' 쌍은 거울 반사 영역의 두 항을 이루고 있다)를 발음하는 것만으로도, 이 단어를 둘러싼 유희의 핵심을 충분히 파악할 수 있기 때문이다. 이러한 실천은 실천 일반이 아니라 **서로 구별되는 실천들**이라는 것, 이것들은, 이론—곧 실천과 전적으로 대립하고 실천에 외재적인 것으로 간주된—과 마니교적 관계를 맺고 있지 않다는 것을 인정해야 한다. 왜냐하면 한편으로는, 이론 곧 몸체도 없고 물질성도 지니고 있지 않은 순수한 지적 시각에 불과한 이론이 존재하고, 다른 한편으로는 "궂은일에 종사하는" 전적으로 물질적인 실천이 존재하는 것이 아니기 때문이다. 이러한 이분법은 이데올로기적 신화에 불과한데, '인식이론'은 이 신화에서 이성의 이해관계와는 다른 '이해관계', 곧 노동의 사회적 분할이라는 이해관계, 더 정확히 말하면 (정치적·종교적·이데올로기적) 권력과 억압(그 집행주체는 곧 집행대상이기도 하다)을 반영하고 있다. 심지어 이러한 이분법은, 실천의 우위라는 무차별적 선언 속에서 혁명적 전망이 노동자들의 대의, 그들의 노고와 고통, 그들의 투쟁과 경험을 찬양하는 데 사용될 경우에도 여전히 이데올로기적인 것에 머물러 있다. 이것은 **평등주의적** 공산주의가 노동자운동의 목표에 관한 이데올로기적 관점에 머물러 있는 것과 정확히 같은 것이다. 엄밀한 의미에서, **실천에 대한 평등주의적 관점**—나는 그들의 노동과 고통, 투쟁이 여전히 우리의 현재 및 미래 전체, 삶과 희망에 관한 우리의 주장 일체를 부양하고

유지해주는 그 경험과 희생에 대한 모든 마르크스주의자들의 깊은 존경심과 더불어 이렇게 말하고 있다—이 변증법적 유물론과 맺고 있는 관계는 평등주의적 공산주의가 과학적 공산주의와 맺고 있는 관계와 동일하다. 곧 이러한 평등주의적 관점은, 바로 그 자리에 실천에 대한 과학적 관점을 세우기 위해 비판되고 지양되어야 하는 관점인 것이다.

하지만 서로 구별되는 실천들을 정확히 구별하지 못한다면, 이론과 실천의 관계에 대한 새로운 관점이 마련되지 못한다면, 실천에 대한 과학적 관점은 존재할 수 없다. 우리는 사회적 실존의 모든 수준은 경제적 실천, 정치적 실천, 이데올로기적 실천, 기술적 실천, 과학적(또는 이론적) 실천 같은 서로 구별되는 실천들의 장소라는 점을 보여줌으로써 **실천의 우위**를 이론적으로 긍정한다. 우리는 이 상이한 실천들에 고유한 구조—이 모든 경우에서 생산의 구조로 표현되는—를 사고함으로써, 그리고 이 상이한 구조들을 서로 구별해주는 것, 곧 이 구조들이 적용되는 대상의 상이한 본성, 그 대상들의 생산수단, 구조들의 생산활동이 그 속에서 이루어지는 생산관계의 상이한 본성을 사고함으로써 이 상이한 실천들의 내용을 사고한다(이 상이한 요소들 및 그것들의 결합[Verbindung]은 분명 경제적 실천에서 정치적 실천으로, 그다음에는 과학적 실천, 이론적-철학적 실천으로 나아감에 따라 변화한다). 우리는 이 상이한 실천들의 **비의존성[독립성]의 정도**를 사고함으로써, 그것들이 "최종심급에서 결정하는" 실천, 곧 경제적 실천에 **의존하는 유형**에 의해 그 자체로 정해지는 그것들의 '상대적' **자율성**의 유형을 사고함으로써 그것들 사이의 토대 및 절합관계를 사고한다. 하지만 우리는 더 멀리 나아가볼 수 있다. 우리는 실천의 평등주의적 신화를 제거하는 데 만족하지 않고 완전히 새로운 토대 위에서, 그동안 관념론적이거나 경험론적인 관점 속에서 신비화된 이론과 실천의 관계를 인식해보려 한다. 우리는 아주 초보적 형태를 띠고 있고 이데올로기에 깊이 젖어 있기는 하지만 인식의 한 가지 '요소'가 항상 이미 실천의 최초 단계부터, 가장 '원시적인' 사회의 생존을 위한 실천들에서도 관찰될 수 있다고 간주한다. 우리는, 실천의 역사의 또 다른 극단에서 보면 가장 '순수한' 형태를 띠고 있는, 보통 **이론**이라 불리는 것, '구체적 실천'과의 모든 직접적 관계 바깥에서 오직 사유의 힘만을 작동시키는 것(예컨대 수학이나 철학)으로 보이는 그것 역시 엄밀한 의미에서 **하나의 실천**으로, 과학적이거나 이론적인 실천(이것들 자체는 상이한 과학들이나 수학, 철학과 같은 여러 분과로 분할될 수 있다)이라고 간주한다. 이러한 실천은 **이론적** 실천이다. 이 이론적 실천은 이론적이지 않은 다른 실천들과 구별되는데, 우선 그것이 전환하는 대상(원재료)의 **유형**에 의해 구별된다. 이 이론적 실천은 또한 그것이 작동시키는 생산수단 및 그것의 생산이 이루어지는 사회·역사적 관계에 의해 구별된다. 마지막으로 그것이 생산하는 대상의 유형(인식들)에 의해서도 구별된다.

그렇다면 다른 모든 실천에서와 마찬가지로 이론과 관련해서도 실천이라는 척도에 대해 말하는 것이 충분한 의미를 얻게 된다. 왜냐하면 **이론적 실천**도 분명 자신의 고유한 척도를 갖고 있으며, 자신의 생산물의 성질을 **가치평가**하기 위한 정해진 규칙protocoles을 포함하고 있기 때문이다. 곧 과학적 실천의 생산물의 과학성에 대한 척도가 존재하는 것이다. 과학적 실천의 실제에서 이루어지는 일이 바로 이런 것이다. 일단 과학들이 제대로 구성되고 전개되면, 자신이 생산한 인식이 '참된' 것이라고, 곧 **인식**이라고 선언하기 위해 **외적** 실천에 의한 검증이 필요하지 않다. 세상의 어떤 수학자도 자신의 정리가 증명되었다고 선언하기 위해 물리학이 그것을 **검증**해주기를 기다리지 않는다. 비록 물리학에서 수학의 많은 부분이 응용된다 해도 그렇다. 수학자의 정리의 '진리'는, 100퍼센트 수학적 증명의 실천에 순수하게 **내적** 척도에 의해, 따라서 수학적 **실천의 척도**에 의해, 다시 말해 현존하는 수학적 과학성이 요구하는 형식에 의해 제공된다. 우리는 다른 과학의 결과들에 대해서도 마찬가지로 말할 수 있다. 적어도 가장 발전된 과학의 경우, 그것이 충분히 통제하는 인식 영역에서는 자신의 인식의 타당성의 척도를 스스로 제공한다. 이러한 척도는 문제가 되는 과학적 실천이 실행되는 엄밀한 형식과 완전히 혼융되어 있다. 우리는 '실험'과학들에 대해 이렇게 말할 수 있다. 이 과학들의 이론의 척도는 그것의 **실험들**expériences이며, 이것들이 그 이론적 실천의 형식을 구성한다. 우리는 우리가 가장 관심을 갖고 있는 과학, 곧 역사유물론에 대해서도 마찬가지로 말해야 한다. 곧 마르크스의 이론이 '참된' 것이기 때문에 그것이 성공적으로 응용될 수 있었던 것이지, 그것이 성공적으로 응용되었기 때문에 참된 것이 아닌 것이다. 실용주의적 척도는 자신이 실행되는 영역과 다른 지평을 갖지 않는 기술에는 잘 들어맞을 수 있지만, 과학적 실천의 경우에는 그렇지 못하다. 우리는 아주 엄밀하게 더 멀리 나아가 마르크스주의적 역사이론을 우발적 '가설'이라는 경험론적 모델(이 모델에 따르면, 이 가설이 '진리'를 주장할 수 있으려면 역사의 정치적 실천에 의한 **검증을 기다려야**만 한다)에 다소간 간접적으로 종속시키는 것을 거부해야 한다. 마르크스가 생산한 **인식**에 대해 인식이라는 **지위**를 부여할 수 있는 것은 이후의 역사적 실천이 아니다. 마르크스의 이론적 실천이 생산한 인식의 '진리' 척도는 이론적 실천 자체에 의해, 곧 논증의 가치에 의해, 인식생산을 보증한 **형식**의 과학성이라는 지위에 의해 제공되는 것이다. 마르크스가 생산한 인식의 '진리' 척도는 마르크스의 이론적 실천이다. 그리고 문제가 되는 것이 우발적 가설이 아니라 분명 인식이었기 때문에, 마르크스가 생산한 인식은 우리가 알고 있는 결과를 산출한 것이며, 여기에서는 단지 성공만이 아니라 실패 자체도 이론의 자기 성찰 및 내적 발전을 위한 적합한 '경험'을 구성하는 것이다.

과학적 실천에서 실천이라는 척도가 이렇게 발본적으로 내부적이라는 점은, 그것이 무제한적으로 타당한 과학들 내에서, 과학적 실천이 다른 실천들과 맺고 있는 유기적 관계를 결코 배제하지 않는다. 이 다른 실천들은 과학에 대하여 원재료의 상당 부분을 제공해주며 때로는 이 과학들의 이론적 구조에 대한 다소간 심원한 개편을 촉발하기도 하는데, 나는 다른 곳에서 지금 내가 말한 것이 잘못 이해되지 않도록 이 점에 관해 충분히 보여준 바 있다. 막 형성되고 있는 과학에서, 그리고 여전히 이데올로기적 '인식'에 지배되는 영역에서는 더욱더, 다른 실천들의 개입은 종종 결정적인 비판적 역할을 수행하게 되며, 이는 심지어 혁명적 역할일 수도 있다는 점을 나는 아주 분명하게 지시한 바 있다. 하지만 여기에서도 문제는 여전히 이데올로기적인 또는 이제 막 과학적인 것이 되기 시작한 이론적 실천의 장에서 규정적 실천이 개입하는 종별적 양식을 평등주의적 과학관 속에 잠겨버리게 만드는 것이 아니며, 또는 이러한 개입의 정확한 기능이나 무엇보다도 이러한 개입이 실행되는 (이론적) **형식**을 잠겨버리게 만드는 것도 아니다. 마르크스의 사례를 들어본다면, 마르크스 자신에게 가장 강렬했고 가장 개인적이었던 실천적 경험들(『라인신문』에서 "실천적 문제에 대한" 논쟁가로서의 경험, 파리 프롤레타리아의 최초 투쟁 조직에서의 직접적 경험, 1848년의 혁명가로서의 경험)은 그의 이론적 실천 속에, 그리고 그가 이데올로기적인 이론적 실천에서 과학적인 이론적 실천으로 이행하도록 만든 변혁 속에 **개입**했다. 하지만 이러한 실천적 경험은 그의 이론적 실천 안에서 **경험대상, 심지어 실험대상이라는 형태로**, 다시 말하면 새로운 사유대상, '관념', 나중에는 개념이라는 형태로 개입했으며, 이러한 개념의 성립은 다른 개념적 결과들(독일 관념론 및 영국 정치경제학에서 비롯한)과의 결합(Verbindung)을 통해 여전히 이데올로기적이었던 이론적 토대, 그가 당시까지 그 위에서 삶을 영위하고 있던(곧 사고하고 있던) 토대를 전복하는 데 기여했다.

18

이러한 긴 우회에 대해 변명하지 않겠다. 그것은 우회가 아니었다. 그것은 우리의 질문에 대한 이데올로기적 답변이라는 장애물을 제거하기 위해 필수적인 것이었다. 그리고 이를 위해서는 실천에 대한 이데올로기적 개념화라는 문제를 해명하는 것이 필수적이었는데, 마르크스주의도 늘 피해가지는 못했던 이러한 이데올로기적 개념화는 누구나 인정하다시피 오늘날 현대철학, 심지어 사르트르처럼 가장 정직하고 가장 관대한 그 대표자들까지 지배하고 있으며, 아마 앞으로도 오랫동안 지배할 것이다. (평등주의적 실천이라는, 또는 철학에서 흔히 말하듯 '프락시스'praxis라는 교차로에 휩쓸리지 않음으로써) 우리는, 이제 우리에게는 오직 한 가지 길, 분명 좁은 길이지만 열려 있는, 적어도 열려 있게 해야 하는 길이 남아 있음을 인정하는 데까지 이를 수 있었다. 따라서 우리의 질문을 다시 제기해보자. **인식대상**의 생산은 어떤 메커니즘에 의해 사유 바깥, 곧 현실세계에 실존하는 **현실대상**에 대한 인지적 전유를 생산할 수 있는가? 우리는 분명 메커니즘에 대해, 우리에게 다음과 같은 종별적 사실에 대한 설명을 제시해주어야 하는 메커니즘에 대해 말하고 있다. 그것은, **현실대상**(인식은 이것에 대한 것이다)과 구별되는 자신의 **대상**(인식대상)하고만 전적으로 관계를 맺고 있는 인식의 종별적 실천에 의한 세계의 전유양식이라는 사실이다. 바로 여기에 가장 커다란 위험이 도사리고 있다. 여러분은 아주 분명한 유보 아래 내가 제시하려고 하는 것이 정립된 질문에 대한 답변이 아니라 그 질문을 정확히 정립하기 위한 일차적 논거라는 점을 잘 이해할 수 있을 것이다.

질문을 정확히 정립하기 위해서는 아주 중요한 한 가지 구별에서 시작해야 한다. 인식**대상**이 **현실대상**의 인지적 전유를 생산하는 메커니즘이라는 질문을 정립할 때 우리는 인식**생산**의 조건이라는 질문과는 전혀 다른 질문을 정립하고 있는 것이다. 이 전혀 다른 질문은 이론적 실천의 역사에 대한 이론에 속하는 것으로, 우리가 살펴본 것처럼 이 질문은 이러한 실천의 구조 및 그 구조의 전환의 역사를 사고할 수 있게 해주는 개념들을 작동시킬 경우에만 가능해진다. 우리가 정립하는 질문은 새로운 질문으로, 다른 질문 속에서 침묵 아래 지나치게 되는 질문이다. 인식의 역사에 대한 이론 또는 이론적 실천의 역사에 대한 이론은 우리에게 인간의 인식이 **어떻게** 상이한 생산양식의 잇따름의 역사 속에서 우선은 이데올로기의 형식 아래, 그다음에는 과학의 형식 아래 생산되는지 이해할 수 있게 해준다. 이 이론은 우리에게 인식의 출현과 그 전개를 목도하게 해주고, 인식생산을 관할하는 문제설정 내부에서의 이론적 분화와 단절 및 전복, 그리고 이데올로기적 인식과 과학적 인식 사이에서 점진적으로 설립되는 분할 등도 목도하게 해준다. 이 역사는 인식의 역사의 각 계기마다, 인식들을 **있는 그대로**, 곧 그것들이 인식이라고 스스로 선언하든 아니든 간에, 그것들이 이데올로기적인 것이든 과학적인 것이든 간에, 있는 그대로, **인식들로서** 받아들인다. 이 역사는 인식들을 **생산물**로서, 결과로서 간주한다. 이러한 역사는 우리가 인식생산의 메커니즘을 이해하게 해주지만, 인식생산의 역사과정 중의 한 계기에 실존하는 어떤 인식이 주어져 있을 경우, 바로 이 인식이, 이러한 인식을 작동시키는 누군가를 위해 자신의 사유대상을 수단으로 하여 현실대상을 인지적으로 전유하는 자신의 기능을 완수하게 해주는 **메커니즘**을 우리가 이해할 수 있게 해주지는 못한다. 하지만 우리가 관심을 갖고 있는 것은 바로 이 **메커니즘**이다.

우리의 질문을 더 정확하게 다듬어야 할까? 인식생산의 역사에 대한 이론은 우리에게 한 가지 사실, 곧 어떤 메커니즘에 의해 인식이 생산되었는가를 관찰할 수 있게 해줄 뿐이다. 이러한 관찰은 인식을 **사실로** 간주할 뿐(역사적 관찰은 인식의 전환과 변주를, 인식을 생산하는 이론적 실천의 구조의 효과로서, 인식이라는 생산물로서 연구한다), **이러한 생산물이 여느 생산물이 아니라 정확히 인식이라는 사실**에 대해서는 결코 성찰하지 않는다. 따라서 인식생산의 역사에 대한 이론은 내가 '**인식효과**'라고 부르고자 하는 것, 곧 인식이라는 특수한 생산물의 고유성을 이루는 것을 설명하지 못한다. 우리의 새로운 질문은 정확히 말하면 바로 이 **인식효과**(마르크스가 "인식에 고유한 세계 전유양식"이라고 부르는 것)에 관한 질문이다. 우리가 여기에서 해명하자고 제안하는 **메커니즘**은, 우리가 인식이라고 부르는 완전히 특수한 생산물 속에서 이러한 **인식효과**를 산출하는 메커니즘이다.

여기에서도 우리는 (왜냐하면 우리가, 우리의 탐구를 위한 공간을 열어주는 길을 이끌어내기 위해, 그릇된 표상과 지속적으로 거리를 두어야 하는 운명에서 벗어날 수 없기 때문에) 폐기하고 파괴해야 하는 미망들illusions에 직면해 있다. 우리는 사실 우리가 간파해내려고 하는 메커니즘을 기원과 연결 지으려는 유혹에 빠질 수도 있다. 곧 모종의 엄밀한 과학의 순수 형식 속에서 우리에게 실행되는 이러한 인식효과는 무한한 **매개들**의 연쇄를 거쳐 현실 자체로부터 우리에게 도래한다고 말하려는 유혹이 바로 그것이다. 그리하여 수학에서는 특별히 추상적인 이런저런 공식의 인식효과를 이런저런 **현실**—그것이 구체적 공간이든 아니면 인간 실천의 일차적 실험과 조작이든 간에—에 대한 극단적으로 순화되고 추상화된 반향으로 사고하려는 유혹에 빠지게 된다. 물론 토지측량사의 구체적 실천과 피타고라스나 유클리드의 추상 사이에는 어떤 시점에 어떤 '괴리'décalage가 생겨난다는 점을 인정할 수 있지만, 이러한 괴리를 모종의 발전décollage으로, 이전에 이루어진 실천의 구체적 형태와 몸짓을 '이상성'의 요소 안에서 전사傳寫, décalque하는 것으로 생각할 수도 있다. 하지만 칼데

아 지방의 회계사나 이집트의 토지측량사와 부르바키Bourbaki[63] 사이에 존재하는 거대한 공간을 해명하기 위해 동원되는 일체의 개념들은, 반드시 고려해야 하는 이론의 여지가 없는 차이점들 아래에서 원칙적으로 현대 수학적 대상의 **인식효과**를, 기원적 현실대상, 곧 구체적 실천, 기원적인 구체적 몸짓과 일체를 이루는 기원적 의미효과와 연결해주는 의미의 연속성을 설립하려고 하는 개념들에 불과한 것이다. 이렇게 되면 인식효과의 '탄생지', '기원적인 땅'이 존재하게 될 것이다. 그것은 현실대상 자체일 수도 있는데, 경험론은 인식이란 현실대상의 일부, 곧 그 본질을 추출하는 일에 불과하다고 선언한다. 그것은 후설의 '전반성적' '생활' 세계, 선술어적인 수동적 종합일 수도 있다. 마지막으로 그것은 모든 아동심리학(발생적 심리학이나 여타의)이 싼값에 자신들의 '인식이론'을 정초하는 호사를 누리는 구체적 행위, 기초적 몸짓일 수 있다. 이 모든 경우에서 현실적이고 구체적이며 생생한 기원은 인식효과에 대한 온전한 책임을 영원히 떠맡고 있으며, 과학은 그 역사 전체에 걸쳐, 그리고 오늘날까지도 이러한 기원의 유산héritage에 대해 논평을 내리고 있을 뿐이다. 곧 그 가계hérédité에 종속되어 있을 뿐인 것이다. 좋은 기독교 신학에게 인류란 원죄 속에서만 살아 있는 것과 마찬가지로, 가장 구체적인 현실, 생명, 실천형식에서 비롯한—곧 이러한 형식들 속에서 소멸되며, 그러한 형식들과 동일한—**기원적 인식효과**라는 것이 존재할 것이다. 가장 '추상적

---

63 ❖ 니콜라 부르바키Nicolas Bourbaki는 1930년대 형성된 프랑스 수학자 집단을 가리키는 명칭이다. 집합론을 바탕으로 현대 수학을 체계적으로 정리하는 책을 수십 권 출판하여 현대 수학의 발전에 큰 영향을 끼쳤다.

인' 과학적 대상들 안에는 오늘날에도 여전히 그것들로 하여금 그 운명을 따르도록, 인식을 향하도록 예정 지어놓은 인식효과의 지워지지 않는 표시가 남아 있다. 이러한 '모델'이 상정하는 문제설정을 상세히 설명할 필요가 있을까? 독자들은 이 모델이 일관성을 유지하기 위해서는 **기원**의 신화에서 도움을 받아야 하리라는 것을 간파할 수 있을 것이다. 그것은 **주체**와 **객체** 사이의, 현실과 그 인식 사이의 분할되지 않은 기원적 통일성의 신화(양자가 동일한 출생이라는 것, 연극 효과에 정통한 사람이 말한 바와 같이, 인식connaissance은 공동-출생co-naissance이라는 것[64])에서 도움을 받아야 하며, 좋은 발생, 모든 **추상**, 무엇보다도 필수 불가결한 **매개들**의 도움을 받아야 한다. 독자들은 이 대목에서 18세기 철학이 온 세상에, 심지어 마르크스주의 전문가의 저작에도 확산시켜놓은 일군의 전형적 개념을 재인지하게 될 터이지만, 절대적으로 확신할 수 있거니와 자신들의 용도에 부합하는 이데올로기적 기능을 지닌 이 개념들은 마르크스와는 아무 관계가 없다.

이 지점에까지 이르렀으니 이제는 조금 더 명료하게 말해보자. 곧 마르크스주의는 이런 유의 경험론(유물론을 자처하든 아니면 선술어 내지 '기원적 기반' 또는 '실천'의 관념론으로 승화되든 간에), 이런 유의 관념론 및 그 연극에서 주인공 역할을 수행하기 위해 만들어낸 개념들 속에서 한순간도 자신을 발견하거나 재발견할 수 없다. 기원, '기원적 기반', 발생, 매개 같은 개념들은 선험적으로 의심스러운

---

64 ❖ 이것은 프랑스의 시인이자 극작가, 외교관이었던 폴 클로델Paul Claudel(1868~1955)의 『시학』*Art poétique*에 나오는 말이다.

것으로 간주되어야 한다. 그 이유는 항상 이 개념들이 자신들을 산출한 이데올로기를 다소간 유발하기 때문만이 아니라, 또한 오직 이러한 이데올로기적 용도를 위해 생산된 이 개념들은 항상 그 이데올로기를 지니고 다니는 노마드들이기 때문이다. 사르트르 및 그의 재능을 지니지 못한 다른 이들이 '**추상적인 것**'과 '**구체적인 것**' 사이의 공백을 메울 필요를 느끼고 **기원, 발생, 매개** 같은 범주를 남용하는 것은 우연이 아니다. 원죄의 경우와 마찬가지로 기원이라는 개념은, 사고하고 싶어하는 것을 사고할 수 있기 위해 사고해서는 안 되는 것을 한 단어로 집약하는 기능을 맡고 있다. 발생이라는 개념은 생산이나 변동mutation을 떠맡아 그것들을 은폐하는 일을 맡고 있는데, 생산이나 변동을 인지하는 것은 역사에 관한 경험론적 도식에 대해 결정적 연속성을 위협할 수 있기 때문이다. 매개라는 개념은 마지막 역할을 부여받고 있는데, 그것은 마치 석공이 벽돌을 줄지어 쌓듯이, 텅 빈 공간 속에서 이론적 원리들과 '구체적인 것' 사이에 마법적 중계 역할을 수행하는 것이다. 이 모든 경우에서 문제는 은폐 및 이론적 기만의 기능인데, 이는 아마도 현실적 당혹감과 동시에 선의지, 그리고 사건에 대한 이론적 통제력을 상실하지 않으려는 욕망을 나타내는 것일 수 있다. 하지만 이런 범주들은 최선의 경우에도 위험스러운 이론적 허구에 불과한 것이다. 우리의 질문에 적용해본다면 이 개념들은 우리에게 모든 경우에 싸구려 해법을 보증해준다. 곧 그것들은 기원적 인식효과와 현행적 인식효과 사이에 연쇄를 만들어내면서 문제의 정립 또는 오히려 비정립을 해법이라고 제시하는 것이다.

19

따라서 우리가 방금 치워놓은 공간으로 몇 걸음 더 나아가보자.

원초적인 현실대상에 대한 준거가 인식대상과 현실대상 사이의 차이(전자가 우리에게 이 후자에 대한 인식을 제공해준다)를 사유해야 하는 책임에서 우리를 면제해주지 않는 것과 마찬가지로, 우리는 현행적 인식효과의 메커니즘을 사유해야 하는 책임을 기원적 '인식효과'에 전가할 수 없다는 것을 방금 살펴보았다. 그리고 우리는 이 두 가지 문제가 사실은 하나에 불과하다는 것을 알고 있는데, 왜냐하면 기원적 효과의 신화가 아니라 현행적 인식효과의 실재 자체야말로 우리가 찾고 있는 답변을 제시해줄 수 있다는 것을 우리는 알고 있기 때문이다. 이런 측면에서 보면 우리가 마르크스와 같은 상황에 처해 있는데, 그가 말하기를 우리는 이전 사회형태, 따라서 더 시초적인 형태들에 대한 이해를 얻기 위해서는 **현재** 사회의 '글리데룽'(Gliederung; 분절되고 위계화된 체계적 결합)을 해명해야 한다. 물론 "인간의 해부학은 원숭이 해부학에 대한 열쇠다"라는 마르크스의 유명한 말도 다른 것을 의미하지 않는다. 물론 이 말은 1857년의 『정치경제학 비판을 위하여』「서설」에 나오는 또 다른 문장, 곧 우리가 범주들을 이해하게 해주는 것은 그 범주들의 역사적 발생이나 이전 사회형태에서의 그 범주들의 결합이 아니라 현재 사회에서의 이 범주들의 결합의 체계라는 것, 이러한 결합의 체계는 이 결합의 **변이**variation라는 개념을 제공함으로써 과거 구성체들 역시 이해하게 해준다. 마찬가지로 **현행적** 인식효과의 메커니즘에 대한 해명만이 우리에게 과거의 효과들에 대한 빛을 던져준다. 따라서 기원에 준거하는 것을 거부하는 것은 아주 심원한 이론적 요구와 상관관계를 맺고 있는데, 그것은 곧 가장 원초적인 범주들의 형태에 대한 설명이, 이 범주들(부분적으로는 이전의 형태들에서도 발견되는)의 **현행적인** 체계적 결합양식에 의존해야 한다는 요구다.

우리는 이러한 요구를 **바로 역사이론의 영역 내의** 마르크스 이론에 대해 구성적인 것으로 간주해야 한다. 설명해보겠다. 마르크스는 근대 부르주아 사회를 연구할 때 역설적 태도를 취한다. 그는 우선 이 현존하는 사회를 역사적 **결과물**로서, 따라서 역사에 의해 생산된 결과물로서 인식한다. 그렇다면 아주 당연하게도 우리는 헤겔적 관점에 관여하게 되는 것으로 보이는데, 이런 관점에서 보면 이 결과물은 "그 생성의 결과물"로 인식해야 할 만큼, 그 발생과 분리될 수 없는 결과물로서 인식된다. 하지만 사실 마르크스는 이와 동시에 전혀 다른 길을 택한다! "경제적 관계들이 다양한 사회형태들의 잇따름 속에서 역사적으로 차지하는 관계가 문제 되는 것이 아니다. '관념 속에서의'(프루동) 서열(역사운동에 대한 흐리멍덩한 관점)은 더욱 문제가 되지 않는다. 오히려 근대 부르주아 사회 내부에서 그것들이 차지하는 분절된 결합(Gliederung)이 문제다."[65] 마르크스는 『철학의 빈곤』에서 이미 같은 생각을 엄밀하게 표현한 바 있다. "**운동의, 잇따름의, 시간의** 유일한 단 하나의 **논리적 정식이 도대체 어떻게 사회의 신체**corps—**그 안에서 모든 경제적 관계가 동시적으로**simultanément(gleichzeitig) **공존하며 서로가 서로를 지지해주는 그러한 신체**—

65 *Introduction*, p. 171[『정치경제학 비판 요강』 1권, 79쪽. 번역은 약간 수정].

를 설명할 수 있겠는가?"[66] 따라서 마르크스의 연구대상은 역사적 **결과물**로 사고되는 현재의 부르주아 사회다. 하지만 이 사회에 대한 이해는 이 결과물의 발생에 대한 이론을 통해 이루어지는 것이 아니라, 정반대로 사회의 발생은 전혀 고려하지 않고 오직 "신체"에 대한 이론, 곧 **사회의 현행적 구조**에 대한 이론을 통해서만 이루어진다. 마르크스가 자신의 역사이론의 절대적 가능조건으로서 확고하게 긍정한 이 역설적 태도는 **두 개의** 구별되는 **문제들**이 이접적disjonction 통일체로 존재하고 있다는 점을 명료하게 드러낸다. 역사가 현재의 자본주의 생산양식을 결과물로서 산출하게 된 메커니즘을 설명하기 위해서는 분명히 정립하고 해결해야 할 문제가 존재한다. 하지만 이러한 결과물이 분명 **사회적** 생산양식이라는 것, 이 결과물은 임의의 실존태가 아니라 바로 **사회적** 실존형태라는 것을 이해하기 위해서는, 동시에 위의 문제와 절대적으로 구별되는 다른 이론적 문제를 정립하고 해결해야 한다. 이 두 번째 문제가 『자본』의 이론적 대상을 이룬다. 이것은 단 한순간도 첫 번째 문제와 혼동되어서는 결코 안 되는 것이다.

우리는 마르크스가 현재의 사회(및 전혀 다른 형태를 지닌 과거 사회)를 하나의 **결과물**인 동시에 하나의 **사회**로 간주한다고 말함으로써 마르크스를 이해하는 데 절대적으로 근본적인 이러한 구별을 표현할 수 있다. **결과물**의 문제, 곧 이런저런 생산양식, 이런저런 사회구성체의 역사적 생산이라는 문제를 정립하고 해결해야 하는 것

66 *Misère de la Philosophie*, p. 120[『철학의 빈곤』, 274쪽, 『칼 맑스·프리드리히 엥겔스 저작 선집』 1권, 박종철출판사, 1991. 번역은 약간 수정].

은, 한 생산양식에서 다른 생산양식으로의 전환 메커니즘에 관한 이론, 곧 한 생산양식에서 그것을 계승하는 다른 생산양식으로의 이행에 관한 이론이다. 하지만 현재의 사회는 단지 결과물, 생산물에 불과한 것이 아니다. 그것은 **이 [특수한]** 결과물, **이 [특수한] 생산물**로서, 전혀 다르게 기능하는 다른 결과물, 다른 생산물과 상이하게 **사회**로서 기능한다. 이 두 번째 문제에 답변하는 것이 생산양식의 구조에 관한 이론, 『자본』의 이론이다. 이 이론에서 사회는 '신체'로 포착되는데, 단 그것은 여느 신체가 아니라 **사회로서 기능하는 이 [특수한] 신체**로 포착된다. 이 이론은 결과물로서의 사회를 완전히 추상해버리며, 이 때문에 마르크스는 운동, 잇따름, 시간, 발생에 의거한 일체의 설명은 원칙적으로 이 문제, 전혀 상이한 문제인 이 문제에 부합하지 않는다고 주장하는 것이다. 동일한 것을 더 적합한 다른 언어로 말해보기 위해 나는 다음과 같은 용어법을 제안하겠다. 곧 어떤 역사가 생산한 결과물을 **사회**로서 실존하게 만드는 메커니즘이 바로 마르크스가 『자본』에서 연구하는 것이다. 따라서 마르크스가 연구하는 사회라는 생산물 바로 그것인 이 역사의 생산물에게 '**사회효과**', 곧 이러한 결과물을 모래더미나 개미집 또는 도구상자, 아니면 단순한 인간 집단이 아니라 **사회로서** 실존하게 해주는 효과를 생산한다는 속성을 부여해주는 것은 바로 이 메커니즘이다. 그러므로 마르크스가 사회를 그 발생으로 설명하면 설명해야 할 대상인 사회의 "신체"를 놓치게 된다고 설명할 때, 그는 자신의 이론적 시선을 이러한 결과물이 바로 사회로서 기능하게 해주는 메커니즘, 따라서 자본주의 생산양식에 고유한 '**사회효과**'를 생산하는 메커니즘을 해명하는 과제에 맞추고 있는 것이다. 이러한 '사회효과'의 생산 메커니즘은 그 메커니즘의 모든 효과가 드러날 때에만, 그리하여 이 효과들이 개인들이 사회로서의 사회가 맺고 있는 구체적이고 의식적인 또는 무의식적인 관계를 구성하는 효과들 자체의 형태 속에서 생산되기에 이를 때에만, 곧 인간들이 자신들의 의식적이거나 무의식적인 관념과 기획, 자신들의 행동과 행위, 자신들의 기능을 **사회적인** 것으로서 영위하는 이데올로기의 물신숭배 효과(또는 1859년의 『정치경제학 비판을 위하여』「서문」에서 말하듯 "**사회적** 의식형태")에 이를 때에만 완결될 수 있다. 이런 각도에서 볼 때 『자본』은 자본주의 생산양식 내에서 **사회효과**의 생산 메커니즘에 관한 이론으로 간주되어야 한다. 우리는 동시대 인류학과 역사학에서의 작업들 덕에 이 **사회효과**가 상이한 생산양식들에 따라 상이한 것은 아닐까 의심하기 시작했다. 이론적으로 말하면 우리는 이 상이한 사회효과들의 생산 메커니즘이 각양각색의 생산양식에 따라 상이하다고 사고할 만한 모든 이유를 갖고 있다. 『자본』의 이론에 함축되어 있는 엄밀한 문제에 대한 정확한 의식이 우리에게 새로운 문제를 제기하면서 새로운 지평을 열어놓는다는 점을 우리는 간파하기 시작한다. 하지만 동시에 우리는, 마르크스가 역사의 **결과물**로서 사회의 생산 메커니즘을 이해하는 일과는 완전히 다른 것을 추구하고 있음을 알려주는 『철학의 빈곤』과 1857년의 『정치경제학 비판 요강』「서설」의 통찰력 있는 몇 대목의 절대적으로 결정적인 함의를 이해하기 시작한다. 그것은 바로, 현존하는 현실**사회** 그 자체인 이 결과물에 의한 **사회효과**의 생산이 취하는 메커니즘을 이해하는 일이다.

냉혹한 구별 속에서 자신의 대상을 이처럼 정의함으로써, 마르크스는 우리가 관심을 기울이고 있는 문제를 정립하는 수단을 제공해준다. 그것은 바로 인식대상에 의한 현실대상의 인지적 전유라는 문제인데, 이는 이론적 실천, 미학적 실천, 종교적 실천, 윤리적 실천, 기술 등과 같은 상이한 실천들을 통한 현실세계의 전유 가운데 특수한 한 가지 경우다. 이 전유양식 각각은 자신의 **종별적 '효과'**의 생산 메커니즘이라는 문제를 정립하는데, 이론적 실천의 경우에는 인식효과, 미학적 실천의 경우에는 미학적 효과, 윤리적 실천의 경우에는 윤리적 효과 등이 그것이다. 이 모든 경우에서 문제는 마치 아편에 대하여 잠드는 성분이라는 말로 대체하듯이[67] 한 단어를 다른 단어로 대체하는 것이 아니다. 이 종별적 '효과들' 각각에 대한 탐구는 다른 단어의 마법에 의해 한 단어를 복제하는 것이 아니라 그 효과들을 생산하는 **메커니즘**에 대한 해명을 요구한다. 이 상이한 효과들에 대한 연구가 어떤 결론으로 우리를 이끌어갈 것인가에 대해 미리 판단을 내리지는 말고, 우리가 여기에서 관심을 기울이는 효과, 곧 인식이라는 이론적 대상의 존재의 생산물로서 **인식효과**에 대해 몇 가지 지적을 제시하는 것으로 만족하자. 인식효과라는 이 표현은 한 가지 유적 대상을 구성하며, 이것은 적어도 두 개의 하위 대상을 포함한다. **이데올로기적** 인식효과와 **과학적** 인식효과가 그것이다. 이데올로기적 인식효과는 그 속성에 의해 (곧 거울관계 속에서 재인지-몰인지reconnaissance-méconnaissance 효과에 의해) 과학적 인식효과와 구별된다. 하지만 이데올로기적 효과는, 비록 지배적인 다른 사회적 기능에 의존하

67 ❖ 이것은 몰리에르의 희곡 『부르주아 귀족』에 나오는 표현이다. 연극의 「세 번째 막간극」에서 "왜 아편이 사람을 잠들게 하나요? 그 원인을 설명해주십시오" 하고 묻자, 의사가 답변하기를 "아편에는 감각을 조금 마비시켜 사람을 졸리게 하는 성분이 있습니다" 하고 답변한다. 아편이 왜 졸리게 하는가 하고 물으니 졸리게 하는 성분Virtus dormitiva이 있어서 그렇다고, 동어반복적 답변을 제시하고 있는 것이다.

면서도 분명히 고유한 인식효과를 소유하고 있는 한에서, 바로 그 측면에서, 우리가 여기에서 관심을 기울이는 일반 범주에 들어가게 된다. 나는 뒤에서 전개될 분석, 오직 과학적 인식의 인식효과에만 초점을 맞추고 있는 분석의 서두에 관해 생겨날 수 있는 일체의 오해를 피하기 위해 이런 주의 사항을 제시해둔다.

어떻게 이러한 인식효과의 메커니즘을 해명할 수 있을까? 이제 우리는 조금 전에 우리가 얻어낸 성과, 곧 고려되고 있는 과학적 실천에 대한 '실천 기준'의 내부성이라는 것으로 되돌아가, 우리가 현재 직면한 물음은 이러한 내부성과 관련되어 있다고 말할 수 있다. 실제로 우리는 인식으로서의 과학적 명제의 타당성은 규정된 과학적 실천 내에서 특수한 **형식들**—이것들은 인식생산 내에 과학성이 **현존함**을 보증해주는 것들이다—의 작용에 의해, 달리 말하면 인식에게 그것이 지닌 ('참된') 인식으로서의 성격을 부여하는 종별적 형식들에 의해 보증된다는 점을 보여주었다. 나는 여기에서 과학성의 형식에 대해 말하고 있지만, 또한 이것의 반향을 수단으로, 이데올로기적 '인식' 내에서—모든 **앎**savoir의 양식 내에서라고 말해두자—동일한 역할을 수행하는(과학에서의 인식효과와 상이하지만 그것에 상응하는 효과를 보증하는) 형식들에 대해서도 생각하고 있다. 이 [과학성의] **형식들**은 [과학사의] 형식들, 곧 그것들 안에서 인식이 인식의 역사과정에 의해 그 결과로서 산출되어온 그런 형식들과는 구별된다. 환기하거니와, 이 과학성의 형식들은 이 역사에 의해 인식으로서 이미 생산된 인식과 관련된다. 달리 말하면 우리는 헤겔 모독죄, 발생론 모독죄로 고발당하는 것을 무릅쓰고 [인식이라는] 결과물을 **그 생성 없이** 고려할 텐데, 왜냐하면 이러한 이중의 범죄는 사실 한 가지 훌륭한 일,

곧 역사에 관한 경험주의 이데올로기로부터의 해방일 뿐이기 때문이다. 바로 이 결과물에 대해 우리는 인식효과의 생산 메커니즘이라는 질문을 정립하는 것이다. 그것도 마르크스가 **결과물**로 간주된 주어진 사회를 문제 삼으면서, 사회의 '사회효과'라는 질문 또는 사회를 **사회로서** 생산하는 **메커니즘**이라는 질문을 정립하는 방식과 아주 똑같은 방식으로.

우리는 이 종별적 형식들이 과학적 증명 담론 내에서, 곧 사유된 범주들(또는 개념들)에 대해 **규칙화된 출현과 소멸의 질서**를 부과하는 현상 내에서 작용하는 것을 보게 된다. 그렇다면 우리는 인식효과의 생산 메커니즘이 과학적 증명 담론 내에서 질서의 형식들이 작용하는 것을 뒷받침하는 메커니즘에서 기인한다고 말할 수 있다. 우리가 이 형식들의 작용을 **규제하는** 메커니즘이라 말하지 않고 **뒷받침하는** 메커니즘이라 말한 것은 다음과 같은 이유에서다. 곧 이 질서의 형식들은, 그 자체는 질서의 형식들이 아니지만 그것들의 숨은 원리인 다른 형식들과의 관련 속에서만en fonction de, 과학적 담론 내에서의 개념들의 출현 질서의 형식들로 나타날 수 있기 때문이다. 이미 사용한 바 있는 어휘로 말한다면, 질서의 형식들(과학적 담론 내에서 증명 형식들)은 토대적[근본적] '**공시**'synchronie의 '**통시**'diachronie다. 우리는 이 용어들의 용법을 나중에 「『자본』의 대상」에서 인식대상의 두 가지 실존 형식에 대한 개념들로, 따라서 인식에 순수하게 내재적인 두 개의 형식으로 더 정확히 규명할 것이다. 공시는 사유총체 또는 **체계**(아니면 마르크스가 말하듯 '종합') 속에서 개념들을 조직하는 구조를 대표하며, 통시는 증명의 질서화된 담론 속에서 개념들의 연속운동을 대표한다. 증명의 담론 질서의 형식은 '글리데룽', 곧 **체계** 그 자체 내에서 개념들의 위계화된 결합과 다르지 않다. 우리가 이처럼 이해된 '공시'가 일차적이며 모든 것을 지휘한다고 말할 때, 우리는 다음 두 가지를 말하려는 것이다.

1)개념들의 결합 내에 존재하는 위계체계가 체계 내에서 각 개념의 위치와 기능에 따라 각 개념의 정의를 규정한다는 것. 우리가 개념을 그 현실적 범주와 일대일 상응관계 속에 놓을 때, 이 개념의 내재적 **의미** 속에서 반영되는 것은 체계의 총체 속에서의 개념의 위치와 기능에 대한 이러한 정의다.

2)개념들의 위계체계는 증명 담론 속에서 개념들이 출현하는 '통시적' 질서를 규정한다는 것. 바로 이런 의미에서 마르크스는 개념, 잉여가치 등의 (개념)'형식들의 발전'에 대해 말하는 것이다. 이러한 '형식들의 발전'은 개념들을 사유총체의 체계 속에서 서로 연결하는 체계적 의존이 과학적 증명 담론 속에서 발현되는 것이다.

따라서 증명 담론의 질서형식들의 수준에서, 그리고 뒤에는 각각의 고립된 개념의 수준에서 생산되는 인식효과는 **체계의 체계성**이라는 조건 아래에서 가능한데, 이러한 체계성은 개념들 및 그들이 과학적 담론 속에서 출현하는 질서의 토대를 이룬다. 그렇다면 인식효과는, 아주 정확히 말하자면 체계와 담론의 **탈구의 통일체**를 구성하는 '작용'jeu(이 용어가 지닌 역학적 의미에서) 내에서 한편으로는 **체계의 실존**(과학적 담론 속에서 '전개된다'se développer고 하는)과, 다른 한편으로는 담론 **질서의 형식들의 실존**의 이원성 내지 이중성 속에서 작용한다. 인식효과는 과학적 담론의 효과로 생산되는데, 이 담론은 체계의 담론으로서, 곧 담론의 복잡한 구성의 구조 속에서 포착된 대상으로서 존재할 뿐이다. 만약 이러한 분석이 무언가 의미를 지니고 있다면, 이 분석은 우리를 다음과 같은 새로운 질문의 문턱으로 이끌어갈 것이다. 담론으로서 과학적 **담론**의 종별적 차이는 무엇인가? 과학적 담론은 어떤 점에서 다른 담론형식들과 구별되는가? 다른 담론들은 어떻게 해서, 과학적 담론에 의해 생산되는 인식효과와 다른 효과들(심미적 효과, 이데올로기적 효과, 무의식 효과)을 생산하는가?

20

나는 이 질문은 이 마지막 형태 아래 유예된 채로 남겨두고 다만 질문의 항들을 환기하는 데 만족하고자 한다. 우리는 이데올로기적 철학이 말하는 '인식이론'처럼, 우리는 우리가 알고 있다는 것을 분명히 알고 있다는 점, 그리고 우리가 이러한 화합을 **주체**와 **객체, 의식**과 **세계** 사이의 모종의 관계와 연결시킬 수 있다는 점을 우리에게 보증해주는 어떤 권리상의(또는 사실적인) **보증물**을 언표하려고 하지 않는다. 우리는 어떻게 인식의 역사에 의해 생산된 사실적 결과물, 곧 어떤 규정된 인식이 다른 어떤 결과물(그것이 망치든 오케스트라든 설교든 아니면 정치적 구호든 간에)이 아닌 **인식으로서** 기능하는지 설명해줄 수 있는 **메커니즘**을 해명하려 한다. 따라서 우리는 그 종별적 효과인 인식효과를 그 **메커니즘**에 대한 이해를 통해 정의하려 한다. 만약 이러한 질문이, 우리를 여전히 짓누르고 있는 일체의 이데올로기를 피해, 곧 공통적으로 '인식문제'를 정립하는 이데올로기적 개념들의 장 바깥에서 잘 정립된다면, 이 질문은, 현존하는 인식대상의 체계에 의해 규정된 질서형식들이 이러한 체계와 맺고 있는 질서형식들의 관계작용에 의해 지금 고려되고 있는 인식효과를 생산하게 되는 그러한 메커니즘에 관한 질문으로 우리를 이끌어가게 된다. 이 마지막 질문은 **과학적 담론**의 **변별적** 본성, 곧 자신의 질서의 각 계기에서 부재하는 것으로서 현존하는 것에 준거함으로써만 담론으로서 유지될 수 있는 어떤 담론의 종별적 본성과 결정적으로 대면하게 만든다. 부재하면서 현존하는 것은 바로 과학적 담론의 대상의 구성적 체계인데, 이것은 체계로서 실존하기 위해 그것을 '발전'시키는 과학적 담론의 부재하는 현존을 요구한다.

만약 우리가 여기에서, 마치 우리가 뛰어넘어야 할 어떤 문턱 앞에 있는 것처럼 멈춰 선다 해도, 과학적 담론의 고유성이 **기록된다는** écrit 것이라는 점만은 환기해두자. 따라서 과학적 담론은 우리에게 그 담론의 **기록**écriture의 형태라는 질문을 정립한다는 점 역시 환기해두기로 하자. 아마 기억하겠지만, 우리는 과학적 담론의 **독서**에서 출발한 바 있다.

따라서 우리는 한 가지 유일한 질문에서 벗어나지 못했다. 만약 우리가 그 질문에서 벗어나지 않은 가운데 원 안에서 맴돌지 않을 수 있었다면, 그것은 이 원이 이데올로기의 닫힌 원이 아니라, 그 경계들 clôtures 자체에 의해 영속적으로 열리는 원, 토대를 지닌 인식의 원이기 때문이다.

1965년 6월

1장

1844년의 『경제학-철학 수고』에서 『자본』까지의 비판 개념과 정치경제학 비판

자크 랑시에르 / 김은주 옮김

『자본』의 부제인 "정치경제학 비판"은 이 논문을 쓰는 이유를 보여준다.

이 부제는 두 가지 고찰을 요한다.

1)비판 개념은 마르크스의 저작 전반에 등장하는 개념이다. 마르크스는 자신의 사유가 진화해가는 계기마다 자신이 수행하는 종별적 활동을 가리키기 위해 이 개념을 사용했다.

다른 한편, 이 개념이 마르크스 저작에 늘 있었다고는 해도, 알다시피 마르크스가 이를 명시적 주제로 다룬 것은 자기 이력의 특정 시기, 곧 1842년에서 1845년까지이다. 이 시기 내내 비판 개념은 그의 사유의 중심 개념이었다. 그렇다면 다음 물음이 제기된다. 『자본』의 부제는 우리가 [마르크스의] 청년기 저작들에서 발견하는 비판 개념의 주제화와 어떤 관계에 있는가?

2)문제를 구체화해보자. 정치경제학 비판이라는 기획은 마르크스가 1844년에 처음으로 정식화했다. 바로 이 기획이 향후 생애 말년까지 마르크스의 작업 전체를 이끌어갈 것이다. 이 기획으로부터 차

례로 다음 저작이 탄생하게 된다.

— 명시적으로 정치경제학 비판으로 제시된 1844년의 『경제학-철학 수고』(이하 『경제학-철학 수고』)

— 1859년의 『정치경제학 비판을 위하여』

— 『자본』

그렇다면 『자본』과 1844년의 마르크스의 기획 사이의 관계는 무엇인가?

물론 나는 이 기획이 발전되어가는 전 역사, 이 기획이 점차 다듬어지는 과정의 전 역사를 따져보지는 않을 것이다. 두 텍스트를 견줘보는 것으로 만족하겠다. 하나는 『자본』이고, 다른 하나는 정치경제학에 대한 최초의 비판이자 청년 마르크스의 **비판이론**에 전적으로 의존하는 『경제학-철학 수고』다.

1부에서 나는 『경제학-철학 수고』에서 가동되고 있는 이 비판이론의 전체 모습을 규명해볼 것이다. 이렇게 함으로써 일련의 안표들(가령 경제주체의 문제)을 고정할 것이다. 2부에서 할 작업은 그런 전체 모습을 그리는 일은 아니고, 대신 나는 『자본』에서 두세 가지 문제를 취해 1부에서 붙박아 놓은 지점들에 정박해보고, 마르크스주의적 과학성으로의 이행, 그러니까 청년 마르크스의 이데올로기적 담론에서 『자본』의 과학적 담론으로의 이행을 구성하는 개념들에 어떤 전위가 일어나며 이 개념들 간의 관계가 어떠한지를 보여주고자 한다.

나의 이 연구는 특정한 이론적 성취에 기대고 있다. 그러한 이론적 성취로는 루이 알튀세르의 작업[1], 자크-알랭 밀레르가 짚어내고 다듬은 개념들, 특히 그가 자크 라캉의 이론과 폴리체르의 심리학 비판을 다루는 1964년 강의에서 발표한 (미출간) 논고들이 있다. 자크-

알랭 밀레르는 「이론 형성체의 기능」[2]이라는 텍스트에서 이 개념들이 『자본』에서 갖는 결정적 성격을 보여준 바 있다.

1 Louis Althusser, *Pour Marx*, collection Théorie, F. Maspero, 1965, Paris [루이 알튀세르, 서관모 옮김, 『마르크스를 위하여』, 후마니타스, 2017]

2 J.-A. Miller, "Fonction de la formation théorique", *Cahiers marxistes-léninistes*, n. 1, 1964.

I. 1844년의 『경제학-철학 수고』에서의 정치경제학 비판

예비적 고찰

『경제학-철학 수고』에서 가동 중인 비판은 마르크스가 포이어바흐의 인간학을 토대로 1843~1844년의 텍스트들에서 수행한 인간학적 비판의 가장 체계적인 형상을 대표한다. (여기서 우리의 목표는 이 비판의 완성된 모습을 그리는 것일 뿐이므로 당연히 포이어바흐와 마르크스의 관계 문제는 논외로 한다.)

다음 세 물음에 대한 대답을 통해 이 비판을 정의해보자.

이 비판의 대상은 무엇인가?

이 비판의 주체는 누구인가? 그러니까 누가 비판하는가?

이 비판의 방법은 무엇인가?

이 물음에 대한 답은 1843년 9월 루게Ruge에게 보내는 편지의 마지막 구절에 나와 있다.

> 우리 잡지[3]의 경향은 단 하나의 정식으로 포착할 수 있습니다. 우리 시대의 투쟁과 열망에 기댄 우리 시대의 자기-설명이 그것입니다. 이는 세계를 위한 과업이자 우리 자신을 위한 과업입니다. 이는 결집된 힘의 산물일 수밖에 없습니다. 고백일 뿐 그 이상은 아닙니다. 인류가 자신의 원죄를 씻기 위해서는 자신의 원죄가 무엇인지를 선언하기만 하면 됩니다Um sich ihre Sünden vergeben zu lassen, braucht die Menschheit sie nur für das zu erklären was sie sind.

비판은 온전히 내가 언급한 세 항—주체, 대상, 방법—이 여기서 서로 맺어지는 방식에 달려 있다.

먼저 대상에 대해 말해보자. 그것은 무엇인가? 그것은 인류라는 주체의 **경험**이다. 인류는 아주 오래전부터 맹목적으로 이런 경험을 이어왔지만, 이제 우리는 인류가 이런 경험 자체를 이해할 수 있는 지점에 와 있다.

우리란 비판적 의식에 해당한다. 비판적 의식이란, 이러한 경험이 자기 인식이라는 끝에 도달하는 시간이 도래했음을 최초로 의식하는 의식이다. 비판적 의식은 이러한 경험이 그 자신에게 명백해지는 특권적 의식이다. 더 정확히 말해, 비판적 의식은 이 인간 경험이 마침내 자신의 진리를 인식할 때 취하는 언어가 표현되는 곳으로서의 말parole이다.

방법은 온전히 이 **erklären[해명하기]**에 담겨 있다. **해명하기**란 **선**

3 『독불연보』*Annales franco-allemandes*를 말한다.

언하기와 **설명하기**를 모두 의미한다. 이는 사실들을 **있는 그대로**(für das was sie sind) 서술하는 일, 인간의 경험을 주어진 그대로 서술하는 일이 이미 사실들에 대한 설명임을 뜻한다. 이 사실들(마르크스가 말한 인류의 **원죄들**)을 정식화하는 말을 하는 것으로 충분하다. 이 사실들을 정식화한다는 것은 이미 그것들을 인식한다는 것이고 그것들을 인식함으로써 원죄로서의 이 사실들은 제거된다. 왜냐하면 이 사실들을 원죄로 만들었던 것은 다름 아니라 이 사실들이 인식되지 않았다는 점, 어떤 맹목적 경험이었다는 점이기 때문이다.

이런 **erklären[해명]**에서 첫째로 말해지는 바는 설명이 근본적으로 진술, 사실확인과 다른 질서에 속하지 않는다는 점이다.

우리는 다른 비유로 이를 표현할 수 있다. 말하자면 비판이 읽기라는 것이다. 비판이 마주하는 텍스트는 인류라는 주체의 경험이다. 이 텍스트, 이 진술을 구성하는 것은 무엇인가? 이 진술은 모순들로 짜여 있다. 인간 경험이 자신의 전개를 인식하게 되는 형식은 바로 모순의 형식이다. 인간 경험의 각 영역(정치적·종교적·도덕적·경제적 영역 등등)은 일정 수의 모순을 제시한다. 개인들은 마르크스가 말한 "우리 시대의 투쟁과 열망들" 안에서 이들 모순을 체감한다.

비판의 역할은 모순을 말하거나 (우리가 선택한 비유에 따르면) 모순을 읽는 데, 모순을 있는 그대로 표명하는 데 있다. 그렇다면 비판을 일상적 진술과 다르게 하는 것, 비판이 비판이게끔 하는 것은 무엇인가?

그것은 비판이 이 모순들 뒤에서 한층 더 심층적인 모순, **소외** 개념이 표현하는 모순을 지각한다는 점이다.

소외에 대한 상투적 기술은 누구나 안다. 소외란 주어인 인간이 자신의 본질을 구성하는 술어들을 외부 대상을 통해 표현하는 것이다. 소외의 단계에서 이 대상은 인간에게 낯설게 된다. 인간의 본질은 낯선 존재 안으로 옮겨 간다. 인간의 소외된 본질만으로 구성된 이 낯선 존재가 이제 진정한 주체로 정립되며 인간을 자신의 대상으로 정립한다.

소외에서 인간의 고유한 존재는 그의 낯선 존재라는 형태forme[4] 아래 실존하며, 인간적인 것은 비인간적인 것의 형태 아래, 이성은 비이성의 형태 아래 실존한다.

인간의 본질과 그의 낯선 존재의 이러한 동일성이 모순의 상황을 정의한다. 그러니까 모순의 토대는 주체의 자기 자신과의 분열이다. 모순이 **분열**이라는 것, 이것이야말로 비판적 담론의 모든 분절을 따라가는 데 결정적으로 중요한 사항이다.

하지만 경험에서 모순의 구조는 있는 그대로 주어지지는 않는다. 이 구조는 개별적 형태 아래 표현된다. 실제로 인간이 자신의 본질과 분열한 결과 분할이 나온다. 인간 경험이 발현되는 상이한 영역들—이 영역들은 인간본질의 상이한 술어들에 대응한다—에는 저마다 자율적인 실재성이 있다. 이 때문에 모순은 언제나 개별 영역 내부에서의 모순으로 등장한다. 이 개별적 형태에 그치고 마는 모순에 대한 진술 모두는 **일면적이고** 부분적인 진술이다. 비판의 노동은 모순을 **일반적 형태**로 고양하는 데 있다.

---

4 ❖ forme는 랑시에르의 이 글에서 가장 많이 등장하는 단어 중 하나로서 통상 철학적 맥락에서는 '형식'으로, 정치경제학의 맥락, 즉 『자본』에서는 '형태'로 번역된다. 여기서는 주로 '형태'로 번역하되, 문맥에 따라 '형식'이라고 옮긴 경우도 있다(가령 '내용'이라는 말과의 대비가 분명할 때). 여하튼 이 글에서 '형식'과 '형태'는 호환 가능하다.

상이한 개념이 이러한 수준 변화를 표현한다. 마르크스는 **일반적 형태, 원리의 고양, 참된 의미**라고 말한다. 이 용어들은 작업opération을 가리키는 일반적 개념인 **Vermenschlichung**(말 그대로, 인간화) 개념으로 집약된다. 모순에 일반적 형태를 부여한다는 것, 이는 모순에 인간적 의미를 부여한다는 것이다. 이 의미란 곧 인간과 그 본질의 분리이다. 개별 모순은 이 인간적 의미의 **발현**[5]이며, 비판은 이 의미를 모순의 일반적 형태, 즉 모순에서 분열되어 정립되는 두 항의 관계를 도출함으로써 회복한다.

하나의 사례를 들어보자. 마르크스는 『유대인 문제』에서 바우어가 유대인 해방 문제를 제기하는 방식을 비판한다. 바우어가 보기에 이 문제는 기독교 국가와 유대 종교의 관계로 귀착된다. 이렇게 그는 국가를 그 일반적 형태 아래 고찰하지 않고 개별 국가의 유형을 본다. 다른 한편, 유대교에도 그는 일반적인 인간적 의미를 부여하는 대신 그 종교적 의미만을 고려한다.

반면 마르크스는 일반적 형태로의 이런 이행을 감행한다. 그는 개별 국가/개별 종교의 모순에서 국가/국가의 전제들의 모순으로 이행하고, 후자의 모순은 국가/사적 소유의 모순에 귀착시킨다.

이 수준에서 심층적 모순이 나타난다. 그것은 곧 국가 안에서 인간의 본질이 인간의 바깥에 실존한다는 사실이다.

이 사례를 통해 우리는 비판적 담론이

5 ❖ manifestations(발현, 현시, 드러냄, 표출). 이 글에서는 이 단어의 유의어 apparition(현상, 나타남), représentation(표상) 등과 그 동사형인 apparaître comme(~로 나타나다), manifester(발현하다, 현시하다, 드러내다, 표출하다), se présenter(등장하다, 제시되다, 출현하다), se représenter(표상되다) 등이 많이 나온다. 각 단어의 번역으로 괄호 안의 단어들을 사용했다.

— 모순의 심층적 의미의 명시화이자

— 근원적 통일의 재발견임을 알게 된다.

여기서 말하는 근원적 통일이란 주체와 그 본질의 통일이다. **인간**주체와 그 본질의 이런 통일이 곧 포이어바흐식 비판에서 **진리** 개념을 정의한다.

이 진리 개념에 힘입어 우리는 비판적 담론에 대립하는 담론, 곧 **사변적 담론**을 위치시킬 수 있다. 사변적 담론은 추상적 담론으로 특징지어진다. 인간학적 비판에서 이 **추상** 개념은 근본적 애매함이 생겨나는 장소이다. 그것은 현실에서 일어나는 과정을 가리킴과 동시에, 특정 유형의 담론에 고유한 행보를 가리킨다.

실제로 여기서 추상적이라는 것은 '**분리된**'을 의미한다. 추상(분리)은 인간의 본질이 인간으로부터 분리되고 인간의 술어들이 낯선 존재에 고착될 때 일어난다. 사변은 이러한 추상, 근원적 통일의 이러한 분리에서 시작한다. 이 상태에서는 술어가 주어에서 분리된 채 실존한다. 하지만 근원적 통일이 이렇게 분열된다는 것은 동시에, 주체의 본질이 소외되어 있는 이 낯선 존재를 위해 새로운 통일이 구성된다는 것이기도 하다. 이는 술어를 진정한 주어로 정립하도록 해준다. 그래서 신학자들은 신으로 소외된 인간의 본질과 인간 사이의 분할에서 출발하여 신을 진정한 주어로 삼는다. 마찬가지로 사변 철학—헤겔식 철학—은 그 주체, 즉 인간에서 분리된 사유에서 출발해 사유를 추상적 이념으로, 경험의 진정한 주체로 삼는다.

이리하여 우리는 포이어바흐의 「미래의 철학」Philosophie de

l'avenir에서 다음 구절을 읽게 된다.[6]

> 헤겔 사상에서 신의 본질은 사유의 본질 또는 **사유하는 나와 추상에 의해 분리된** 사유에 다름없다. 헤겔 철학은 사유를, 즉 주관적이지만 주체 없이 사유된, 따라서 주체와는 구별된 어떤 존재로 표상된 존재를, 신적이고 절대적인 존재로 만들었다.

여기서 중요한 점은 사유 도구로서 추상의 가치가 실추된다는 점이다. (마르크스가 1857년의 『정치경제학 비판 요강』에서 이해한 의미에서의) 과학적 추상들을 통해 진행하고자 하는 모든 사유는 인간 경험의 추상적 계기들을 계속해서 분리해둔다고 비난받는다.

그러한 이유로 포이어바흐는 『철학 개혁을 위한 임시 테제』 *Thèses provisoires pour la réforme de la philosophie*에서 추상을 소외로 특징짓는다.

> 추상한다는 것은 자연의 본질을 자연 **바깥에** 정립하는 것이자 사유의 본질을 **사유하는 활동** 바깥에 정립하는 것이다. 헤겔 철학은 자기 체계를 온전히 이런 추상 활동 위에 세우면서 **인간을 자기 자신에게서** 소외시킨다. 헤겔 철학은 물론 자신이 분리하는 것을 동일화하지만, 다시 **분리**와 매개를 포함하는 방식으로 그렇게 한다.(테제 20)

6 Ludwig Feuerbach, *Manifestes philosophiques, textes chosis(1839~1845)*, traduit par Louis Althusser[루트비히 포이어바흐, 『철학 선언 선집』, 루이 알튀세르 옮김] PUF, 1973, p. 161.

미리 말해두자면, 우리는 이러한 추상이론에 마르크스가 1857년의 『정치경제학 비판 요강』에서 **사고과정**과 **현실과정**으로 구별하게 될 두 과정이 뒤섞여 있다고 말할 수 있다.

비판 개념에 대한 이와 같은 예비적 고찰을 요약하기 위해, 우리는 비판에 대해 가능한 세 유형의 담론을 끌어낼 것이다.

— **현상들** 수준에 있는 하나의 담론, 즉 모순의 한 개별 측면만을 포착하는 일면적 담론.

— **본질** 수준에 있는 두 개의 담론, 즉 비판적 담론 또는 참된 본질의 전개, 그리고 [이와 대비되는] 사변적 담론 또는 거짓 본질의 전개.

이제 우리는 『경제학-철학 수고』에서의 비판에 대한 연구를 개시할 수 있다.

1. 정치경제학의 수준

우리는 『경제학-철학 수고』의 모든 문제설정을 펼쳐 보이지는 않을 것이다. 다음 물음을 제기하면서 오히려 텍스트를 편향되게 다룰 것이다. 『경제학-철학 수고』에서 정치경제학의 **위치**는 무엇인가?

마르크스의 서문은 정치경제학 개념을 정의하지 않는다. 거기서 정치경제학은 목차의 한 요소처럼 나타난다. 마르크스는 자신이 상이한 **소재들**(법, 도덕, 정치 등)에 대한 비판을 제시하고 그다음 이 소재들의 연쇄를 보여준 뒤 마지막으로 사변 철학이 자기의 구축물을 만들기 위해 어떻게 이 재료들을 활용하는지 보여주겠노라고 선언한다. 여기서 정치경제학은 **자리매김**되지 않는다. 대신 두 가지가, 곧 **경제적 현실과 경제적 담론**이 자리매김될 것이다.

A)경제적 현실을 자리매김하는 단계[7]

여기서 경제는 토대나 최종심급의 자리에 나타나지 않는다. 여기서는 마르크스가 장차 『독일 이데올로기』 이후 이해하게 될 의미에서의 사회경제적 구조의 자리가 설정되어 있지 않다.

경제는 여타의 여러 소외를 환원함으로써 획득되는 근본적 소외로도 나타나지 않는다(나는 여기서 칼베즈Jean-Yves Calvez의 도식을 참조한다). 소외들은 우선은 모두 같은 수준에 있는 것으로 등장한다.

그러므로 우리는 첫 번째 자리매김에서 정치경제학, 법, 도덕, 정치를 인간 경험의 상이한 **부문들**로 정의할 수 있다. (경험에 대한 이 고유하게 헤겔적인 개념의 중요성을 여기서 강조해두자. 마르크스가 주제화하지 않은 이 개념이 그것의 주제화를 가능케 하는 것이다. 「세 번째 수고」의 헤겔에 대한 비판적 설명에서 이 개념은 비판되지 않은 채 있다. 이 개념이 인지되지도 비판되지도 않은 채 암묵적으로 현존한다는 점이야말로 청년 마르크스의 비판적 담론의 가능성의 조건이며 또한 과학적 담론을 불가능하게 하는 것이다.) 따라서 경제적 현실은 인간

---

7 ❖ 여기서 '~하는 단계'로 번역한 'pas de'는 '발걸음'이라는 뜻을 옮긴 것이지만, '~이 없다'를 뜻하는 말일 수도 있고, 영어 번역본에서는 이 뜻으로 옮기고 있다. 이 경우 이 문구는 "경제적 현실의 자리매김은 없음"을 뜻할 것이다. 뒤에 제시되는 내용을 보면 랑시에르는 둘 다를 겨냥한 것으로 보인다. 즉 경제적 현실(그리고 뒤에서는 경제적 담론)을 자리매김하는 단계가 있기는 있지만 실상은 그 일에 성공하지 못한다는 것이다.

본질의 전개와 소외를 각자의 방식으로 표현하는 부문 중 하나로만 나타난다.

그러나 이러한 첫 번째 자리매김은 두 번째 자리매김에 의해 반박된다. 「세 번째 수고」에서[8] 마르크스는 경제적 소외가 (오로지 **양심**에서만 일어나는 종교적 소외와는 대립적으로) 현실적 삶의 소외라고 선언한다. 그러므로 경제적 소외의 철폐는 여타 모든 소외의 철폐를 가져온다.

이러한 미끄러짐은 어떻게 가능한가? 경제 개념이 (생산 개념과 소비 개념에서) 인간이 자연과 맺는 모든 관계와 (교환 개념에서) 모든 인간 상호관계를 함축하도록 팽창해 있기 때문이다. 이 경우 경제는 인간 경험의 모든 장을 포괄하며, 바로 이 경험 개념 자체로 포착된 형상에 불과하다.

그래서 경제적 현실의 자리매김은 어떤 경우는 결핍으로, 다른 경우는 과잉으로 잘못을 범하게 된다. 하지만 양쪽 다 결과는 매한가지다. 마르크스는 정치경제학의 **영역**을 구성하지 않았다는 것이다.

B)경제적 담론을 자리매김하는 단계

『경제학-철학 수고』에서 다음 사실은 주목할 만하다. 과학적이라 자처하는 담론으로서의 정치경제학의 문제가 진정으로 제기되지는 않는다는 사실이 그것이다. 물론 마르크스는 「두 번째 수고」에서 정치

8 Karl Marx, *Manuscrit de 1844*, Editions sociales, 1962, p. 88.

경제학의 진보를 말한다. 하지만 이는 냉소주의의 진보이다. 곧 경제학자들이 정치경제학의 비인간성을 점점 더 솔직하게 실토한다는 것이다.

실상, 마르크스가 보기에 담론의 질서는 그것이 (거짓 본질을 전개하는 사변적 담론으로서든, 아니면 참된 본질을 전개하는 비판적 담론으로서든) 본질에 도달할 때만 특권적 질서가 된다. 지금 우리가 서 있는 수준에서는, 경제학자들의 담론은 단지 사실에 대한 반성을 뜻할 뿐이다. 경제적 사실과 경제학 사이에는 괴리가 없다. 마르크스가 **정치경제학의 수준**에 대해 말할 때, 그는 이러한 괴리의 부재를 표현한 셈이다. **정치경제학의 수준**이라는 표현은 한편으로는 인류의 어떤 발전 단계, 즉 경쟁, 빈곤화와 같은 현상들로 발현되는 발전의 단계를 정의한다. 그러나 이 표현은 경제학자들의 담론이 서 있는 개념적 수준을 가리키기도 한다. 이 같은 현상들의 수준에는 그에 맞는 반성적 의식이 상응한다. 달리 말해, 현상들에 대한 이 같은 반성적 지각은 마르크스가 장차 『자본』에서 "겉보기 운동에 대한 한낱 의식적 표현"이라고 특징짓게 될 것으로서 여기서 승인되고 있으며 고전파 경제학의 개념들은 단지 이러한 지각을 표현하고 있을 따름이다.

가령 마르크스가 「첫 번째 수고」에서 **경제법칙들**이라고 부른 것을 보자. 이 법칙들은 정치경제학의 어떤 단계, 즉 인류 발전의 어떤 단계에 상응하는 사실 상태의 표현이다.

엥겔스가 그 몇 달 전에 저술한 『국민경제학 비판 개요』*Umrisse zu einer Kritik der Nationalökonomie*라는 텍스트에서 진행했던 방식은 이와 달랐다. 그는 정치경제학의 **개념들**(가령 가치 개념)에 대한 비판을 시도했다. 그는 이 개념들의 내적 모순을, 사적 소유와 연관된 보다 심층적인 모순의 징표로 간주했다. 반면 『경제학-철학 수고』에서는 어떠한 경제학적 개념도 그 자체로는 비판되지 않는다. 이 개념들은 모두 **정치경제학의 수준**에서는 타당하다. 이 개념들은 사실을 적합하게 표현한다. 다만 사실을 **이해하지** 못할 뿐이다.

그래서 정치경제학은 경제적 사실들이 반영되는 거울로 나타난다. 이 거울 개념은 마르크스가 『헤겔 법철학 비판』에서 명시적으로 주제화했던 것이다. 그러니까 국가는 시민사회의 모순이 그 참된 의미들을 통해 반영되는 거울이다. 마찬가지로 이 주제는 루게에게 보내는 편지에도 숨어 있다. 여기서 마르크스는 비판의 출발점이 무엇이든 상관없지만 모순들이 반영되는 특권적 장소들은 있다고 설명한다. 국가와 종교가 그것이다. 1844년의 『경제학-철학 수고』에서는 정치경제학이 이런 거울 역할을 한다.

이제 우리는 『경제학-철학 수고』 「서문」의 다음 구절을 이해할 수 있다.

> 나의 성과는 정치경제학에 대한 양심적인 비판적 분석에 근거한, 전적으로 경험적인 분석의 산물이다.[9]

정치경제학 담론이 거울이기 때문에 경제학자들의 독해는 경험적 분석으로 간주될 수 있으며 경제적 현실의 모순들에 대한 비판일 수 있다.

---

9 ❖ 카를 마르크스, 강유원 옮김, 『경제학-철학 수고』, 이론과실천, 2006, 8쪽.

2. 비판의 정교화

비판은 정치경제학 **용어들**의 수준에 위치하는 것이 아니다. 그리고 실제로 비판은 경제현상들을 가리키기 위해 정치경제학의 모든 개념, 특히 애덤 스미스의 개념들을 비판 없이 이어받는다.

비판이란 더 근본적으로는 텍스트 전체에 대한 비판이기 때문이다. 경제적 담론의 진술이 일단 정식화된 연후에야 비판은 개입하게 될 것이다. 우리는 **정치경제학의 수준보다 더 높은 곳으로** 올라가, 경제학자의 담론에서 진술된 모순을 정치경제학의 일반적 형태로 제공할 것이다.

마르크스는 이러한 수준 변경을 소외된 노동에 관한 텍스트의 서두에서 명시한다.[10] 이는 fassen[표현하다]과 begreifen[이해하다]이라는 두 동사의 대립으로 표시된다.

> 정치경제학은 사적 소유라는 사실에서 출발한다. 그러나 그것은 이 사실을 우리에게 설명해주지는 않는다. 정치경제학은 사적 소유가 일반적이고 추상적인 정식들로 사실상 기술하고 있는 **물질적** 과정을 표현하며fassen, 이 정식들은 이후 정치경제학에 대해 **법칙**의 가치를 가지게 된다. 하지만 정치경제학은 이 법칙들을 이해하지begreifen 못한다. 다시 말해, 이 법칙들이 어떻게 사적 소유의 본질로부터 귀결되는지 보여주지 않는다.[11]

---

10 Karl Marx, *Manuscrit de 1844*, Editions sociales, 1962, p. 55.

11 ❖ 『경제학-철학 수고』, 83쪽. 이론과실천 판본에서는 begreifen을 '개념적으로 파악하다'로

정치경제학은 사적 소유의 운동을 현시하는 법칙들을 포착한다. 하지만 정치경제학은 이 법칙들을 그 내적 연쇄를 통해 **이해하지는** 못하며, 사적 소유의 본질이 벌이는 운동의 표현들로 이해하지도 못한다.

그런데 이런 **이해**야말로 비판의 고유한 과업이다. 이해는 장차 어떻게 일어날 것인가? 여기서 **출발점** 문제가 제기된다. 출발점은 **추상**일 수 없다. 출발점은 현상계에 속해야 한다. 다른 한편, 이러한 현상은 원리상 무차별적이다. 마르크스가 "현행적인 경제적 사실"이라고 부르는 것이 장차 출발점이 될 것이다. 마르크스는 이 사실을 서술할 것이고, 그다음 이 사실의 **개념**을 정식화할 것이다.

> 우리는 **현행적**인 경제적 사실로부터 출발한다. 노동자가 부를 생산하면 할수록, 노동자의 생산이 양적으로나 질적으로 증가할수록, 노동자는 그만큼 더 빈곤해진다. 노동자가 더 많은 상품을 창조할수록, 노동자는 그만큼 비참한 상품이 된다. 인간 세계의 가치절하(Entwertung)는 사물 세계의 가치증가(Verwertung)와 비례하여 커진다. 노동은 상품들만을 생산하는 것이 아니다. 노동은 그 자체를, 그리고 노동자를 **상품**으로 생산하며, 이는 노동이 상품 일반을 생산하기 때문이다.[12]

> 이 사실이 표현하는 바는 오직 다음과 같은 것에 불과하다. 노동이 생산하는 대상, 즉 노동생산물은 노동을 **낯선 존재로, 생산자로부터 독립**

옮겼다.

12 ❖『경제학-철학 수고』, 85쪽.

적인 힘으로 마주한다는 것이다. 노동생산물이란 어떤 대상에 고착되고 그 대상으로 구체화된 노동이며, 노동의 대상화이다. 노동의 실현은 노동의 대상화이다. 정치경제학 단계에서, 이와 같은 노동의 실현(Verwirklichung)은 노동자에게는 노동의 현실성(Entwirklichung)의 소멸로 나타나며, **대상화**는 **대상**의 소멸이자 **대상에의 예속**으로 나타나고, 전유는 소외(Entfremdung), 외화(Entäusserung)로 나타난다.[13]

마르크스가 출발하는 경제적 사실은 빈곤화이다. 노동자가 더 많은 부를 생산할수록 그는 그만큼 빈곤해진다는 것 말이다. 마르크스는 이 사실을 두고 본질 분석의 절차를 취한다. 이 사실은 무언가를 **표현한다**. 이 현상은 어떤 본질을 표현한다. 빈곤화는 어떤 과정의 발현으로, 이 과정의 **인간적**이고 **일반적**인 형태가 소외다.

경제적 사실은 이처럼 그 의미를 밝혀내게 해주는 정교화 작업을 거친다. 위의 두 인용문 사이에서 한 구조는 다른 구조로 치환된다. 경제적 사실들에 대한 진술 아래로 준거 텍스트, 즉 소외과정을 진술하는 인간학적 비판의 텍스트가 미끄러져 들어온다. **경제적 빈곤화**는 **인간학적 소외**가 된다.

모든 것은 두 진술의 수준에서 일어나는데, 이를 단순화된 형태로 제시하면 다음과 같다.

— 인간은 신을 생산한다.

— 노동자는 대상을 생산한다.

---

13 ❖『경제학-철학 수고』, 85쪽.

인간은 신을 생산한다. 다시 말해, 인간은 자신의 본질을 구성하는 술어들을 신으로 대상화한다. 이제 노동자가 대상을 **생산한다**고 말할 때, 출발점은 물론 생산이라는 무미건조한 개념이다. 그러나 이 생산 개념이 노동자와 생산물의 관계를 신과 인간의 관계라는 종교상의 모델에 비추어 사유하도록 해준다는 점에서, 바로 이 개념 덕분에 미끄러짐이 일어난다. 그리하여 생산활동은 유적 활동(인간이 활동을 통해 자신의 본질을 긍정하는 한에서의 인간 활동)과 같아지며, 생산된 대상은 인간의 유적 본질의 대상화와 같아진다. 그래서 이 생산물이 자본의 역량을 증가시킨다는 사실은 소외의 궁극적 계기, 즉 인간이 자기 대상의 대상이 되는 계기로서 나타난다.

이렇게 하여 노동자-생산물의 관계에 종교적 소외의 도식이 투사된다. 종교적 소외에서 인간과 인간의 생산물은 실제로 일치한다. 신은 오로지 인간의 술어들로만 만들어졌다. 그러므로 신은 인간이 거기서 자기 스스로를 알아볼 수 있는 완전히 투명한 대상이며, 소외의 종말은 논리적으로 볼 때 인간이 예전에 신으로 대상화했던 것을 인간이 되찾아가는 일로 나타난다. 그런데 주체/대상의 투명성이 대상의 본성 자체로 정당화되는 종교 비판의 토대라면, 마르크스는 여기서 이러한 투명성을 노동자가 자신의 생산물과 맺는 관계에 도입한다. 노동자의 생산물이란 거기서 노동자가 그 자신을 알아보아야 할 어떤 것으로 가정된다.

이러한 치환이 가능했던 것은 생산 개념으로 **말장난**을 했기 때문이다. **대상** 개념도 마찬가지다. 노동자가 어떤 대상을 생산한다고 말하는 것은 물론 단순해보이지만, 이 미규정된 대상 개념을 통해 대상에 대한 포이어바흐의 관점이 도입된다. 포이어바흐는 『기독교의 본질』에서 이 관점을 다음과 같이 표현한다.

> 인간의 대상은 대상으로 간주된 인간의 본질에 다름없다.[14]

> 한 주체가 본질적이고 필연적으로 관계를 맺는 대상은 이 주체의 고유한, 그러나 대상화된 본질에 다름없다.[15]

이처럼 노동자가 생산한 대상은 포이어바흐적 대상으로, 즉 인간의 고유한 본질의 대상화로 나타난다.

비판적 작업을 가능케 하는 것은 **생산**이나 **대상**이라는 용어에서 일어나는 미끄러짐이다. 이 두 개념은 (미규정된) 경제적 의미에서 인간학적 의미로 넘어가면서, 주어진 담론을 준거 담론으로 뒤바꾼다.

경제적 법칙이 (모순의 일반적 형태인) 인간학적 법칙이 되도록 해주는 이 기법을 우리는 **모호어법amphibologie**[16]이라 부르겠다.

---

14 Ludwig Feuerbach, *Manifestes philosophiques*(『철학 선언 선집』), p. 71.

15 *Ibid*, p. 61.

16 ❖ 보통 문장이 잘못 조성되어 두 가지 이상의 해석이 가능한 경우를 말하는 amphibologie/amphibolie는 철학에서는 칸트의 논의와 관련되며 '모호성'으로 번역된다. 칸트는 『순수이성비판』의 "Von der Amphibolie der Reflexionsbegriffe"(반성개념의 모호성)에서 ①한가지임(일양성)과 서로 다름(상이성), ②일치와 상충, ③내적인 것과 외적인 것, ④질료와 형식이라는 네 가지 반성 개념에 대해 지적하며, 그 개념들이 현상계의 대상과 관련될 때와 지성계의 대상과 관련될 때 다른 의미를 가질 수 있다고 했다. 그러면서 라이프니츠 같은 철학자는 이를 구별하지 못하고 지성계에서나 타당한 의미를 현상계에도 적용함으로써 소위 '현상을 지성화'하는 우를 범했다고 지적한다. 가령 '한가지임'을 규정하는 '식별 불가능자 동일성 원리'는 지성의 대상에만 타당하지만 라이프니츠는 이를 감성의 대상에도 타당하다고 잘못 보았다는 것이다. 랑시에르의 이 글도 칸트적 어법을 빌려 와 경제 범주들이 경제현상과 관련된 의미와 인간학적 의미를 모두 지닐 때 이를 amphibologie라고 부른다.

3. 모호어법과 그 토대

한편에 소외라는 준거 구조가 있다고 해보자.

소외에서는 다음과 같은 전도가 일어난다. 곧 인간의 유적 삶이 자신의 개인적 삶의 수단이 되며, 그의 본질이 자기 실존의 수단이 된다. 가령 『유대인 문제』에서 마르크스는 인권 선언이 어떻게 인간의 유적 삶을 표상하는 정치적 삶을 한낱 부르주아 사회 구성원들의 이기적 관심을 보존하는 수단에 불과한 것으로 만드는지를 보여준다.

다른 한편으로 경제적 개념, 즉 **생활수단**이라는 개념을 들어보자. 주지하듯, 고전파 경제학에 따르면 노동가치는 노동자에게 필수적인 생활수단의 가치와 같다. 마찬가지로, 마르크스가 이후 『자본』에서 노동가치라는 개념을 비판하고 이 개념이 **노동력**의 가치에 대한 비합리적 표현에 불과함을 보여주리라는 점도 주지의 사실이다. 그러나 우리가 서 있는 수준에서는 아직 이런 식의 비판이 이루어질 리 없다. 대신 다음 등식을 제시하는 것은 가능하다.

노동자의 노동 = 노동자에게 생활수단을 마련해주는 활동

그런데 청년 마르크스의 인간학에서는 노동이란 인간의 유적 삶의 발현이다. 그러므로 우리는 다음과 같은 등식을 획득한다.

노동자의 노동 = 노동자의 유적 활동의 발현

따라서

노동자의 유적 활동의 발현 = 노동자에게 생활수단을 마련해주는 활동

또는

유적 삶의 발현 = 개인적 실존을 유지하는 수단

우리는 여기서 소외를 특징짓는 목적-수단의 전복을 다시 만난다. 생활수단 개념은 경제법칙이 인간학적 구조를 통해 회수될 수 있게 해주었다.

우리는 여기서 마르크스가 명시적으로 개진하지 않았음에도 그의 담론의 가능성을 정초하는 작업의 한 사례를 제시했다. 이런 식의 증명은 『경제학-철학 수고』의 다른 많은 개념에 대해서도 이루어질 수 있다. 그래서 우리는 모호어법의 표를 그릴 수 있을 텐데, 이 표에서 고전파 경제학의 용어 및 이 용어들의 연쇄들(법칙들)이 어떻게 비판적(인간학적) 담론으로 치환될 수 있는지 보게 될 것이다.

[모호어법의 표]

경제	비판
노동자	인간
노동	유적 활동
생산물	대상
자본	낯선 존재(fremdes Wesen)
생활수단	삶의 수단(Lebensmittel)
가치	가치(Wert)=존엄(Würde)
교환	공동체
교역	교역(Verkehr)
부	부(포이어바흐적인 감성Sinnlichkeit)

[관여적 대립의 표]

인간homme	사물
수단	목적

비고

a)첫 번째 모호어법은 노동자/인간의 모호어법이다.

처음에는 과정의 주체가 노동자다. 따라서 여기서는 계급투쟁의 관점에서 출발한다고도 생각할 수 있다. 하지만 실상은 전혀 그렇지 않다. 이 텍스트의 두 번째 구절에서 이 노동자는 '생산자'가 된다. 나중에 이 생산자는 그냥 인간이 된다.

이 텍스트의 처음 구절[17]을 다시 읽어보자.

> 노동자가 부를 생산하면 할수록, 노동자의 생산이 양적으로나 질적으로 증가할수록, 노동자는 그만큼 더 빈곤해진다.

이제 이 구절을 「세 번째 수고」의 텍스트[18]와 비교해보자.

> 인간이 인간으로서 더 빈곤해질수록, 그는 적대적 존재를 지배하기 위한 화폐가 더 필요해지고, 그가 지닌 화폐의 힘은 생산의 양과 정확히 반비례하여 떨어진다. 다시 말해, 화폐의 힘이 증대함에 따라 인간의 빈곤도 증대한다.

소외는 인간 일반의 소외가 되었다.

b)가치의 모호어법은 이 텍스트의 Verwertung/Entwertung[가치증가/가치절하]의 쌍에서 감지될 수 있다. 가치라는 고전파 경제학의 개념에, 실상 **존엄**이라는 (칸트적) 개념을 지시하는 가치 개념이 겹쳐진다.

---

17 Karl Marx, *Manuscrits de 1844*, Editions Sociales, 1962, p. 57[『경제학-철학 수고』, 85쪽].

18 *Manuscrits de 1844*, p. 100[『경제학-철학 수고』, 145쪽].

c)교환의 모호어법은 마르크스가 1844년의 『경제학-철학 수고』를 집필하기 전 읽은 경제학자들을 논평한 강의노트에서 특히 두드러진다. 교환은 인간학적으로는 상호주관성으로 이해된다. 정치경제학의 단계에서 교환은 인간 공동체Gemeinwesen의 소외된 형태로 나타난다. 교역Verkehr 개념 역시 이러한 상호주관적 울림을 지닌 것으로 쓰인다. (심지어 『독일 이데올로기』에서도, **생산관계** 개념과 등가적인 것으로 상정된 **Verkehrsform**[교역형태] 개념은 인간학적 내용을 보존할 것이다.)

d)여타의 모호어법들은 이미 설명했다. **부**富의 모호어법은 예외인데, 이에 해서는 나중에 살펴볼 것이다.

이제 우리는 비판을 특징짓는 **begreifen**[이해하다]이 무엇인지를 정의할 수 있다. 이는 모순이 정립되는 등식의 항들을 치환 분해하는 것이다.

이 등식은 가령 다음과 같은 것들이다.

사물계의 가치증가 = 인간계의 가치절하

또는 노동가치 = 생활수단의 가치

다음의 근본 등식, 항등식에 도달할 때 해가 구해진다.

인간의 본질 = 낯선 존재

실제로 이 등식은 모순의 원리, 즉 인간주체로부터 인간본질의 분리를 시사한다. 이 분리는 『경제학-철학 수고』에서 **소외된 노동** 개념으로 표현된다. 그러므로 소외된 노동은 정립된 **개념**(Begriff)이며, 모든 방정식의 해다.

이러한 개념 규정으로부터 정치경제학에 대한 비판적 담론을 구성하는 일이 어떻게 가능하게 될 것인가? 마르크스는 68쪽에서 이렇게 말한다.[19]

19 *Manuscrits de 1844*, p. 68[『경제학-철학 수고』, 102쪽].

> **분석**을 통해 우리가 **소외된 노동** 개념으로부터 **사적 소유** 개념을 끌어냈던 것과 마찬가지로, 이 두 요인의 도움으로 경제학의 모든 범주를 해명할 수 있으며 각 범주, 가령 거래, 경쟁, 자본, 화폐 등의 범주에서, 우리는 단지 이 첫 번째 토대들[소외된 노동, 사적 소유]의 **규정되고 전개된 표현**만을 발견할 수 있을 뿐이다.

다시 말해, 정치경제학의 모든 범주에서 동일한 준거 구조를 발견할 것이다. 이는 전혀 놀랍지 않다. 모호어법의 기법에 대한 연구가 각 범주로부터 근본 모순, 즉 주체와 본질의 분열에 대한 표현을 발견할 수 있음을 보여주었기 때문이다.

언어에 대한 우리의 처음 비유로 되돌아가서 이 **begreifen[이해하다]**이 무엇인지 달리 표현해볼 수도 있다. begreifen이란 경제학적 진술 아래에 **견지되고** 있는 근본 언어를 계시하는 것이라고 말이다. 사실들의 연쇄를 이해하는 begreifen 운동은 인간 경험이 말해지는 통로인 언어를 정교화하는 작업이다.

또는 비판이란 번역이고 모호어법들의 표는 사전이라 해도 좋겠다. 그런데 후자는 아주 주목할 만하다. 우리는 여기서 용어들 사이의 일대일 대응을 발견하며, 비단 용어만이 아니라 진술들 역시 서로 대응한다.

이는 어떤 특권적 만남을 통해서만 가능하다. 명시적인 인간학적 담론과 고전파 경제학의 암묵적인 인간학적 담론의 만남 말이다. 실상 우리가 여기서 다루는 정치경제학은 '비판 이전의' 경제학, 그러니까 아직은 마르크스가 이후 『자본』에서 수행할 결정적 비판에 따르지 않는 경제학이다. 이는 생산양식의 종별성 개념을 정식화할 수 없어 생산 일반을 말하는 경제학, 경제적 발전을 경제주체들의 활동으로부터 인식하는 경제학이다.

고전파 경제학의 정의 중 하나, 곧 자본을 축적된 노동으로 규정하는 정의를 들어보자. 여기에 미끄러져 들어올 수 있는 인간학적 도식이나, 이후 마르크스가 『자본』에서 자본을 **생산관계**로 정의하고 그럼으로써 경제학적 담론을 **인간학**의 장에서 **과학**의 장으로 이행시키는 급진적 변경을 할 때에야 비로소 제거될 모호어법은 쉽게 눈에 띈다. 마찬가지로, 인간의 종복이어야 했지만 실상 인간의 주인이 되어버린 화폐를 다루는 부아기유베르Boisguillebert의 유명한 텍스트와 같은 글은 그 자체가 인간학적 비판의 작업 대상이 된다. 마르크스가 마주하는 정치경제학은 이렇게 하여 암묵적 인간학의 하중에 눌린다. 경우에 따라 명시적인 정도가 다르긴 하지만, 이 정치경제학은 일반적으로 **사회이론**이라는 틀에서 제시된다. 이 사회이론은 (욕구이론, 이익이론, 정념이론 등등으로 제시될 수 있는) 인간주체성에 대한 이론을 준거로 하며, 또한 인간주체 사이의 관계에 관한 상호주관성 이론, 나아가 인간과 자연의 관계에 대한 이론을 준거로 한다. 이 이론 영역을 구성하는 개념 자체가, 가령 **교환** 개념, **산업** 개념 등이, 일체의 심리학적 혹은 인간학적 함의를 탈피하고 있지 못하다. 그런데 청년 마르크스의 인간학적 이론은 바로 인간이 다른 인간이나 자연과 맺는 관계에 대한 일반 이론으로 제시된다. 마찬가지로 고전파 경제학에는 자연질서와 이 질서의 도착倒錯에 관한 어느 정도는 암묵적인 이론이 있다(이 이론의 사례는 위에서 언급한 부아기유베르의 텍스트에서 발견할 수 있다). 그런데 소외론이란 이런 도착이론을 체계화한 것이다. 이로써 인간학적 비판은 고전파 경제학에 암묵적으로 있던 인간학적 담론을 명시화하는 동시에 체계화하는 작업으로 등장할 수 있게 된다.

(나는 여기서 단지 이 문제를 아주 일반적으로 제기할 뿐이다. 당연히 이에 대한 심화된 연구가 필요할 것이다. 마찬가지로 다음의 두 관계 문제를 제기하면서 이 문제를 다르게 다뤄볼 수도 있을 것이다. 곧 한편으로는 『경제학-철학 수고』에 나오는 노동, 소외 등의 개념과 이들 개념에 대한 헤겔의 이론화 사이의 관계, 다른 한편으로는 헤겔이 정치경제학에

대해 갖는 관계가 그것이다.)

이제 이 두 담론이 서로 포개지도록 해주는 것이 무엇인지 더 정확히 가려내 보자. 모호어법들의 표를 보자. 번역, 즉 한 열에서 다른 열로의 이행을 가능케 하는 것은 공통적 **담지자**의 존재이다.

모호어법의 담지자란 **주체**, 즉 **인간주체**이다.

이 담지자가 어떻게 기능하는지 알기 위해 다음 구절을 연구해보자.

> 우리는 경제적 사실, 즉 노동자와 그의 생산의 소외에서 출발했다. 우리는 이 사실의 개념을 **낯설게 된** 노동, **소외된** 노동이라 표현했다.[20]

비판적 치환의 조건은 주어-술어-대상의 구조가 작동할 수 있다는 것이다. 이는 '**그의**' 생산이라는 소유격의 도입 덕분에 가능해진다. 조금만 반성해보아도 이 귀속관계는 명백하며, 또한 거대 산업 노동자의 경우 별 의미가 없다. 그런데 소유격 도입으로 인해 경제적 현상들의 장은 어떤 주체를 중심으로 돌아가게 된다. 이 주체는 **노동자** 안에 주어져 있지 않다. 그것은 **그의 생산** 안에 있다. 달리 말해, 술어의 도출이 주체를 규정한다.

이 '그의', 이 주/술 귀속관계가 여기서 도입되는 이유는 무엇인가? 이를 유도하는 것은 **생산** 개념 자체다. 이 개념은 『자본』에서와는 달리 아직 과학적으로 정의되지 않고, 다시 말해 **과정**procès에 위치하지 않고, 단지 어떤 주체의 활동 영역에서, 주체/대상 관계에서 일어나는 행위를 시사할 뿐이다. 더 일반적으로, 고전파 경제학의 개념들(가령 사회, 생산물, 부, 소득 등의 개념)은 비판을 거

---

20 *Manuscrits de 1844*, p. 65 [『경제학-철학 수고』, 96쪽].

치지 않았기 때문에 주체의 이 자리를 규정한다.

『자본』의 **생산과정** 개념을 선취하여 우리가 여기서 다루는 **생산** 개념과 대질하면, 우리는 『자본』에서 생산관계 개념이야말로 경제 범주들을 탈주체화하면서 모호어법들을 제거하게 한다는 점을 볼 수 있다. 여기 『경제학-철학 수고』에서는 이 개념이 없어 주체/인간을 경제학 범주들의 필수적 담지자로 규정한다.

이제 우리는 정치경제학 용어에 대한 무비판이 정치경제학 비판의 조건이 되는 이유가 무엇인지, 정치경제학 **영역**의 미규정이 어떻게 경제현상을 인간학적 과정의 표현들로 규정하는 조건이 되는지 볼 수 있다.

이와 관련하여, 『경제학-철학 수고』에서 정치경제학의 대표자가 누구인지 물어보는 것은 의미가 있다. 「첫 번째 수고」에 인용된 텍스트들을 참고한다면, 이들 텍스트는 두 범주로 나뉜다. (가장 많은) 첫 번째 범주는 애덤 스미스로부터 발췌된 것이며, 두 번째 범주는 (리카도의 '냉소주의'에 대한 인간주의적 비판을 대표하는) 뷔레Buret와 시스몽디Sismondi로부터 발췌된 것이다. 이들 텍스트로부터 마르크스는 **정치경제학 법칙들**을 끌어내고 이것들을 인간학적 이론으로 치환한다. 반대로 「첫 번째 수고」에 인용된 여러 텍스트에 리카도의 텍스트가 거의 부재하다는 사실도 확인할 수 있다. 물론 리카도는 차후, 특히 「두 번째 수고」에서 여러 번 언급될 것이다. 그는 정치경제학의 온갖 비인간적 귀결을 냉소적으로 표현한 사람이다. 하지만 여기서 마르크스는 고전파 경제학에서의 리카도의 독창성이 무엇인지 성찰하지는 않는다. 리카도는 다만 **정치경제학 내부에서** 본질과 현상의 차이를 표현한 사람일 뿐이다. 그런데 청년 마르크스가 보기에 이 차이는 경제학 담론 바깥의 소관이다. 이 차이야말로 경제학 담론과, 이것의 **의미**인 비판적 담론의 차이를 정의한다.

이후 『자본』에서 마르크스는 리카도의 독창성을 파악할 것이다. 그리고 리카도의 관점이 고전파 경제학 가운데 가장 심오한 것을 대표하는 한에서, 자신과 리카도의 관점 차이가 이 독창성의 수준에 있다고 볼 것이다. 반면 『경제학-철학 수고』의 수준에서 리카도는 추상의 인간으로 나타난다. 경쟁을 우연적인 것으로 정의하면서 겉보기의 경제적 현상을 부정하고 자신이 행한 추상들을 들이미는 자로 말이다(이것이 마르크스가 강의노트에서 리카도에 대해 비난한 점이다).

마찬가지로, 리카도는 경제에서 주관적 요인의 비중을 축소한 사람이기도 하다. 청년 마르크스는 이와 같은 축소를 정치경제학 법칙들이 가지는 비인간성의 표현으로만 생각한다.

마르크스가 리카도의 중요성을 합당한 수준에 놓고 파악하지 못했다면, 그 이유는 『경제학-철학 수고』의 관심사가 **정치경제학 원리들**에 대한 비판보다는 진정한 **부 이론**이기 때문이다(이를 어떻게 이해해야 하는지는 뒤에서 살펴보겠다).

비고

나는 앞서 모호어법의 표 아래 인격personne/사물의 대립과 수단/목적의 대립을 그려 넣었고 이를 "관여적 대립"의 표라고 불렀다. 이 대립들은 인간학적 담론에 그 의미를 부여한다. 동시에 이를 통해 우리는 이러한 대립들의 관여성이 자리매김되어 있는 장, 즉 칸트적 도덕의 장으로 소급된다.

나는 여기서 한 가지 문제를 환기하고자 한다. 마르크스와 헤겔의 관계라는 문제는 풍부하게 주제화된 데 반해, 청년 마르크스의 비판과 성숙한 마르크스의 비판 사이의 단절을 사유하는 데 결정적일 수 있는 관계, 즉 칸트/마르크스의 관계는 사유되지 않았다는 점이 그것이다.

청년 마르크스가 서 있는 지반이 칸트적 대립(자율성/타율성, 인격/사물, 수단/

목적)으로 구획되지는 않는지 물어볼 수 있다. 만일 그렇다면, 『자본』에서 이 대립들이 어떻게 전위되는지를 연구할 필요가 있을 것이다. 예를 들어 인격/사물의 대립이 **담지자**와 **인격화**의 개념으로 전위되는 경우처럼 말이다. 마찬가지로 자본주의 생산양식의 수단과 목적이라는 개념들이 이와 같은 수단/목적 대립의 탈주체화를 어느 정도 수행하는지를 물어봐야 할 것이다.

이 몇 가지 언급은 「첫 번째 수고」의 문제설정이 「세 번째 수고」에서 지양될 때 그것이 왜 헤겔적 지양인지 설명하게 해줄 수 있다.

4. 모순의 전개: 역사와 주체성 또는 동력moteurs과 동기motifs

비판적 작업은 근본 모순을 정의할 수 있게 해주었다. 인간이 자신의 대상 속으로 상실된다는 것, 인간이 자기 자신과 분리된다는 것, 사적 소유의 운동에서 인간본질이 소외된다는 것이 그것이다.

『경제학-철학 수고』의 문제설정이 이후 어떤 식으로 전개되는지는 알려져 있다. 즉 소외된 노동은 우선 사적 소유의 결과로 나타나지만, 분석은 사적 소유가 그 자체 소외된 노동의 결과임을 드러낸다. 이 경우 노동소외의 **기원** 문제가 제기된다. 소외는 우연에 지나지 않거나, 아니면 인류 발전에 내장된 필연적 과정이거나 둘 중 하나이다. 전자의 경우, 우리는 계몽 철학에서 말하는 기원과 흡사한 나쁜 역사의 기원이라는 문제설정으로 나아간다. 마르크스가 「세 번째 수고」에서 채택한 해결 방법은 후자인데, 거기서 인간본질의 소외는 인간적 세계의 실현을 위한 조건으로 나타날 것이다.

거기서도 역시 우리는 마르크스의 명시적 문제설정의 중심으로 들어가지는 않을 것이다. 우리의 과제는 다음 물음에 답하는 일이다. 경제주체들의 활동과, 정치경제학이라는 장을 구성하게 해주는 사적 소유의 역사적 전개 사이의 관계는 무엇인가?

우리는 선택된 배역, 즉 자본가가 겪을 재난들을 따라가면서 이 문제를 제기하겠다—이후 『자본』의 경우에도 이 배역에 대해 다시 말할 것이다.

우리의 출발점은 마르크스가 인용한 스미스의 한 구절이다.[21]

> 노동의 가장 중요한 작업들은 자본 사용자들의 계획과 사변에 따라 규제되고 관리된다.

자본가의 주체성이 경제 발전의 동력이라는 이 규정을, 보다시피 마르크스는 경제의 운행이 자본가의 자의에 의해 규제된다고 선언하면서 여러 곳에서 자기 의도에 맞게 다시 사용한다. 두 개념, 즉 기분(Laune)과 계산(Berechnung) 개념은 자본가적 주체성의 이런 기능을 표현한다. 주체성과 계산에 대한 이 이론은 "인간 욕구가 사적 소유 체제와 사회주의 아래서 가지는 의미"라는 표제를 단 「세 번째 수고」에서 특별히 선명하다. 이 이론은 정치경제학에 대한 새로운 규정을 낳는다. 정치경제학이 **계산**의 과학으로 나타나는 것이다. 예를 들어 노동가치 법칙은 정치경제학이 노동자에게 적용될 가장 내핍한 생활[의 정도]을 계산한다는 사실을 드러낸다. 엥겔스의 텍스트도 이

21 *Manuscrits de 1844*, p. 27 [『경제학-철학 수고』, 42쪽].

미 그랬지만, 여기서 정치경제학은 자본가적 주체성의 직접적 표현으로 사유된다. 이럴 경우 **정치경제학 법칙들**은 자본가의 의지를 표현하는 계명으로서 나타난다. 사적 소유의 전개를 규정하는 것이 바로 이 법칙들인 한에서, 이 법칙들은 경제현상을 표현한다.

이 텍스트에 "경제학의 법칙에 따르다", "경제학의 가르침에 순응하다" 같은 표현이 나오는 것도 이 때문이다. 이처럼 노동자는 경제학자가 대변하는 자본가적 계산의 계명에 따름으로써 경제학의 법칙에 따른다.

그러나 우리가 방금 그 역할을 살펴본 이런 자본가적 주체성은 사적 소유의 운동에서, 정치경제학 단계의 전개에서 소멸될 수밖에 없다. 이 소멸이 어떻게 실행되는지 살펴보는 일은 사소하지 않다.

이를 사유하기 위한 첫 번째 모델이 마르크스 앞에 등장한다. 바로 스미스의 **경쟁** 모델로서, 이 모델에서 주체성들의 활동이 균형을 이루며, 이기주의적 이익들의 합력으로 사회 조화가 이루어진다. 마르크스는 이 모델을 소환한다.[22] 이 주제에 관해 우리는 다음 사항에 주목할 수 있다. 『경제학-철학 수고』—나아가 엥겔스의 텍스트—가 경쟁에 부여하는 중요성은 그들의 텍스트에서의 정치경제학 비판이 여전히 이데올로기적 성격을 띠고 있음을 역력히 나타낸다는 것이다. 그러니까 여기서 그들은 마르크스가 이후 『자본』에서 현실적 운동과 겉보기 운동으로 구별하게 될 것을 혼동하고 있는 것이다. 그렇지만 여기서 마르크스가 스미스의 모델을 채택하지는 않는다. 그

22 *Manuscrits de 1844*, pp. 27~28.

는 경쟁으로 이윤이 줄어든다는 스미스의 테제를 비판한다.

따라서 마르크스는 두 번째 모델을 활용할 것이며, 우리는 이 모델이 "인간 욕구의 의미"를 다루는 텍스트에서 가동 중임을 볼 수 있다.[23] 여기서 마르크스는 낭비적 부에서 산업적 부로의 이행에 대한 이론을 전개한다. 이 변증법의 첫 번째 계기는 낭비적 부의 계기, 향락자본가의 계기이다. 이 첫 번째 계기는 두 번째 계기, 즉 **계산**의 계기 속으로 사라지도록 요구된다. 계산하는 자본가는 산업자본가이다. 그는 향락을 계산에 예속시키는데, 이 예속은 결국 계산을 부에 예속시키는 것으로 완수된다. 계산하는 자본가라는 계기는 사적 소유의 전개에서 마지막 계기이다.

> 그러므로 향락은 자본에 예속되며 향락을 일삼는 개인은 자본을 부리는 개인에 예속되지만, 예전에는 정반대였다. 따라서 이자 감소가, 완성되어가고 있는 자본 지배의 징후, 따라서 완성되어가면서 그 자신의 지양을 재촉하는 소외의 징후인 한에서만, 이자 감소는 자본 폐지의 징후이다.[24]

계산하는 자본주의라는 이 계기가 자본가의 지양에 선행하는 계기인 이유는 무엇인가? 이는 자본가의 주관성(계산)이 다름 아닌 **부**라는 대상성을 창출하여, 이 대상성 안에서 장차 자신이 소멸되고, 또 이 대상성이 소외를 끝낼 수 있게 할 것이기 때문이다.

---

23 *Manuscrits de 1844*, pp. 110~118.

24 *Manuscrits de 1844*, p. 110[『경제학-철학 수고』, 162쪽].

앞서 상정했던 모호어법을 여기서 명시화해보자. 계산의 귀결인 부는 인간의 힘에서 펼쳐진 부다. 이 부는 인간이 자신의 본질—소외된 노동이라는 형태 아래서 부를 일구었던 소외된 본질—과 재회하고 이 본질을 알아볼 수 있는 세계를 구성함으로써, 소외로 인해 가능해졌던 감각적 세계의 인간화를 표상한다. 즉 세계의 자연적 대상들이 **인간적인** 자연적 대상이 되는 운동의 끝을 표상하는 것이다.

모호어법은 부라는 (경제적) 개념 아래 놓인 것이 **감성**(Sinnlichkeit) 개념이라는 점에서 성립한다. 포이어바흐에게 **감성**(Sinnlichkeit)이란 인간이 자기 자신을 알아보는 곳으로서의 감각적 외부성이다. 마르크스에게 이러한 알아봄, **감성**(감각적 실재)과 **인간적인 것**의 이러한 동일성은 단지 귀결일 수밖에 없다. 부를 창출하는 소외된 노동의 귀결인 것이다.

> 인간의 본질에서 대상적으로 펼쳐진 부richesse 덕분에, 오직 그 덕분에 느낌이라는 인간의 주관적 능력의 풍부함richesse도 발전되거나 산출되며, 그래서 어떤 귀는 음악가가 되고 어떤 눈은 형식의 아름다움을 지각한다. 간단히 말해, **감각들은** 인간적 향락을 누릴 수 있게 되고 인간의 본질적 힘들이라고 긍정되는 감각들이 된다.[25]

우리는 여기서 사적 소유의 전개에서 **경제적 주체**의 이러한 소멸이 의미하는 바를 볼 수 있다. 경제적 주체의 사라짐을 통해 운동의

---

25 *Manuscrits de* 1844, p. 93[『경제학-철학 수고』, 136쪽].

진정한 주체인 **인류**가 나타난다. 자본주의의 **여러 동인**을 관통하여 길을 터왔고 동력 노릇을 했던 것은 바로 인간본질의 전개이다.

우리는 여기서 『역사철학강의』 서문에서의 헤겔적 모델과 만난다. 역사의 진정한 주체는 가상적 주체성들을 이용해 자신의 법칙을 부과한다. 역사의 진정한 동력은 인간의 본질이다. 그리고 부라는 계기에서 인류는 감각적 세계에서 자기 자신을 알아보면서 장차 이 본질을 회복할 수 있게 될 것이다.

이제 우리는 **정치경제학의 수준**이 무엇인지를 정확히 할 수 있다. 정치경제학의 단계는 부의 주관적 본질인 노동이 나타나는 단계이다. 정치경제학 담론은 인간의 본질을 부의 본질로 알아보지만, 이 본질의 소외는 인식하지 못하며, 부의 원천인 노동이 **소외된 노동**이라는 것도 알아보지 못한다. 경제학이 인간의 본질로 인식하는 것은 인간의 소외된 본질이다.

동시에 우리는 앞서 1번 부분에서 강조했던 이러한 어려움의 토대—**정치경제학 수준**이라는 개념으로 표현된, **경제적 현실**과 **경제적 담론** 사이에 괴리의 부재—를 이해하게 된다. 이 정치경제학 수준의 개념은 시작할 때 우리가 말했던 **인간 경험**이 전개되는 한 계기를 표현한다. 이 개념은 인류가 갖는 모종의 **자기의식**을 표현한다. 그러나 인류의 이 자기의식은 간접적 자기의식일 뿐이다. 인류는 자신의 본질을 오로지 소외의 형태 아래에서만 인식하기 때문이다. 또는, 같은 상황을 표현하는 것이지만, 인류는 자신의 본질을 자기의 여러 규정 중 하나를 통해서만 인식하기 때문이다(마르크스의 말에 따르면, 정치경제학은 인간을 자본가 내지는 노동자로만 인식하며, 노동을 이익을 얻기 위한 활동으로만 인식한다 등등). 마르크스는 경제를 인간이 다른 인간이나 자연과 맺는 관계의 인간학적 역사로 만들고, 그래서 경제적 객관성을 **상호주관성**이나 **감성**이라는 형식 아래에서만 인식함으로써, 경제적 객관성이 인간 경험의 변증법—이는 결국 **자기의식**의 변증법일 뿐이다—으로 사라지게 할 행보를 가능하게 했다.

5. 비판적 담론과 과학적 담론

비판적 담론의 모든 요소를 다시 살펴보면, 우리는 이 요소들이 특정한 형상, 곧 과학적 담론의 **불가능성의 조건들**이라는 형상을 그리고 있음을 볼 수 있다.

비판적 담론의 출발점은 **추상**의 거부이다. 비판적 담론에서 중요한 것은 실상 **주체의 역사**이다. 사유의 추상은 실재의 요소들을 서로 분리하는 것과 같으므로, 추상은 주체의 역사에서 분리된 한 계기만을 고찰할 수 있을 뿐이다. 추상이 그 역사의 이해에 도달하게 하지는 못한다.

그러나 비판은 구체적인 것에 대한 이론을 표방하는 탓에 자신의 담론이 반복에 불과할 수밖에 없게 한다. 비판은 그 출발점의 반복이다. 즉 일상 경험과 기성 담론이 비판에 제공하는 것의 반복이다.

이를 보여주기 위해 우리는 **이론적 실천** 개념을 사유하려고 알튀세르가 제공한 도식을 참조할 것이다.[26]

26 "Sur la dialectique matérialiste" (*La Pensée*, n 110, août 1963).

주지하듯, 이론적 실천이란 인식이라는 종별적 대상을 생산하는 변형과정이다. 그것은 한 '이론'의 개념들 또는 일반성 II를 수단으로 주어진 것, 즉 이전의 이론적 실천에 의해 이미 다듬어진 일반성들(일반성 I)을 변형하며, 그럼으로써 새로운 개념들, 새로운 인식(일반성 III)을 생산한다.

여기서 일반성 I을 표상하는 것은 고전 정치경제학의 **경제학적 개념**(생산, 노동, 자본, 수입, 부…)이다. 일반성 II는 인간학적 이론이다. **Erklärung[해명], Vermenschlichung[인간화], begreifen[이해하다]**과 같은 용어가 가리키는 이 인간학적 이론의 노동은 생산, 부, 낯선 존재 등의 **인간학적** 개념을 생산한다. 우리는 이러한 변형을 두 가지 방식으로 특징지을 수 있다.

— 하나는 일반성 I과 일반성 II의 관계의 관점에서다. 앞서 보았듯 인간학적 개념은 경제학적 개념의 **번역**이다. 모든 변형은 이런 번역에 불과하다. 어떤 새로운 **경제학적** 개념도 생산되지 않는다.

— 다른 하나는 일반성 II와 일반성 III의 관계의 관점에서다. '이론'(일반성 II)의 개념들, 즉 본질, 소외, 유적 활동 등의 개념은 단지 일반성 III의 인간학적 개념으로 재생산되고 복제될 뿐이다.

비판의 변형과정은 이처럼 이론적 실천의 희화화, begriffslose Form[무개념적 형식]에 불과하다. 청년 마르크스의 **이데올로기적 담론**은 이처럼 아무것도 변형하지 않는 변형과정이라는 아주 특수한 구조를 통해 등장한다.

이것이 청년 마르크스의 이론인 추상이론에 함축된 모든 것이다. 『정치경제학 비판 요강』에서 과학을 이데올로기와 구별하는 데 쓰이는 시금석이 추상이론이라는 점은 우연이 아니다. 그리고 마르크스주의 이론에 대한 대부분의 왜곡이 공히 구체에 대한 특정한 이데올로기를 바탕으로 한다는 점도 우연은 아니다.

우리는 마찬가지로 추상이론/주체이론의 쌍이 어떻게 해서 정치경제 영역을 **객관성의 영역**으로 구성하기라는 문제가 제기되지 못하게 하는지 이해할 수 있다. 실상,

1)객관성의 구성은 사실상 주체의 역사의 전개로 환원된다.

경험이라는 잠복된 개념은 과학 **영역**의 구성 가능성을 제거한다.

2)다른 한편, 인간본질의 역사에만 관련된다면, 종별적인 **과학적 담론들**을 생겨나게 할 **종별적 대상성들**을 구성하는 일은 가능하지 않다. 실상, 어디에서든 항상 같은 역사를 발견할 수밖에 없다. 어디에서든 표현되는 것은 인간의 본질이다.

포이어바흐는 이를 『임시 테제』(n. 62)에서 표현하고 있다.

> 언어에 따르면 인간의 이름은 개별 이름이지만, 진리에 따르면 인간의 이름은 모든 이름의 이름이다. 인간은 다수의 술어에 대한 권리가 있다. 인간이 무엇을 명명하거나 표현하든 간에, 인간은 자신의 본질만을 표현한다.[27]

우리가 각 대상에서 재발견해야 하는 것이 **인간의 이름**이듯, 청년 마르크스의 비판적 이론이 표현되는 테제들 각각에서 우리가 재발견해야 하는 것은 **인간에 대한 이론**이다. 이에 대해 우리는 일종의

---

27 Ludwig Feuerbach, *Manifestes philosophiques*[『철학 선언 선집』], p. 123.

표를 그려볼 수 있다.

비판이론	· 출발점의 무차별성 테제 · 거울 테제 · 비-추상 테제
모순이론	· 모순을 주체와 그 본질의 분열로, 그리고 주체의 행위의 전도로 보는 관점
"대상성 이론"	· 대상성은 주체의 역사의 전개를 통해 구성되며, 종별적 대상성의 영역들은 없다.

비판이론의 모습을 드러내는 이 테제들은 모두 서로를 반영하며 모두 인간에 대한 동일한 이론을 표현한다.

이 이론은 『경제학-철학 수고』에서 한계에 도달한다. 이 이론은 「세 번째 수고」에서 공산주의로 완결된다.

이 텍스트에서 마르크스는 헤겔이 철학에서 절대지를 정의했던 용어로 공산주의를 정의하면서 그야말로 헤겔적 변증법을 전개한다. 여기서 우리는 완전한 엄밀성을 갖추고 있지만 유지할 수 없는(사실상 혁명적 활동이 되고자 하는 이론의 틀에서는 유지할 수 없는) 담론과 마주하게 된다.

그래서 이 담론은 이어지지 않을 것이다. 비판이 마주하는 새로운 대상인 정치경제학은 여기서는 완전히 비판에 흡수되어버린 것처럼 보인다. 실제로 정치경제학은 이후 비판 모델에 파열을 내고 마르크스의 문제설정 전부를 재구조화할 것을 강요한다.

II. 『자본』에서의 비판과 과학

예비적 고찰

이 논문은 청년 마르크스의 이데올로기적 담론에서 마르크스의 과학적 담론으로의 이행이라는 마르크스의 개념적 장의 재조직화가 어떤 문제들을 마디로 이루어지는지를 보여주려고 한다.[28] 실상 이 글이 마르크스주의의 과학성 개념을 힘겹게나마 파악해냈고 그것을 통일된 담론으로 서술할 수 있다고 가정하는, 하나의 체계적 보고서일 리는 만무하다. 그래서 나의 방법은 상이한 지점들, 상이한 장소들로부터 출발해, 『자본』에서 마르크스 담론이 갖는 종별성을 점진적으로 그려내려 시도하는 일이 될 것이다.

이 종별성을 마르크스는 대개 비판이라는 이름이 아니라 **과학**이

28 ❖ 원서에서 "Cet exposé se propose de montrer sur quelques problèmes s'articule la réorganisation du champ conceptuel de Marx"라고 쓰인 이 문장은 문법적으로 문제가 있어, 부정형용사 quelques가 의문형용사 quels의 오식이라 추정하고 번역한다.

라는 이름으로 부른다. 쿠겔만Kugelmann에게 보내는 유명한 편지에서 『자본』은 "어떤 학문[과학]에 혁명을 일으킬 목적으로 쓴 과학적 시론"의 반열에 놓인다. 기성의 어떤 과학 영역에 대한 이와 같은 혁명의 기획은 인간학적 비판을 특징지었던 독해의 기획, 즉 한 담론에 암묵적으로 깔려 있을 기저 담론을 읽어내려는 기획과는 완전히 다른 것이다. 그러나 마르크스는 종별적으로 새로운 이 기획에도―『자본』의 부제가 보여주듯이―똑같이 비판이라는 용어를 사용한다. 그래서 그는 라살레Lassalle에게 보내는 1855년 2월 22일 편지에서 이렇게 쓴다.

> 맨 먼저 해야 할 작업은 **경제학 범주들에 대한 비판** 또는 비판적 형식으로 제시된 부르주아 경제학 체계다. 이는 체계의 표이면서 동시에 서술을 통한 이 체계의 비판이다.

나는 한 과학에 혁명을 일으킨다는 이 기획이 제기하는 문제들을 다루면서 몇 가지를 기지既知의 사실로 가정할 것이다. 그 핵심을 간추리면 다음과 같다.

― 내가 **경제적 현실**이라고 불렀던 것이 1859년의 『정치경제학 비판을 위하여』 「서문」에서 마르크스가 정의한 "사회의 경제적 구조" 내에 자리매김된다는 것. 그러니까 나는 역사적 유물론의 개념들을 기지의 것으로 가정할 것이다.

― 1857년 『정치경제학 비판 요강』에 서술된 방법의 문제설정.

이 경우 내가 제기하려는 물음은 다음과 같다.

마르크스가 한 과학에 혁명을 일으키고 새로운 과학 영역의 토대를 놓았다면, 이 영역의 지형은 어떠한가? 이 영역의 대상들은 어떻게 정의되며, 또 대상들 사이의 관계는 어떻게 정의되는가?

마르크스가 경제학 범주들에 대한 비판을 통해 이 새로운 과학의 토대를 놓았다면, 이 과학과 고전파 경제학의 본질적 차이의 토대는 무엇인가? 한편 마르크스의 이론에서 과연 무엇이 그가 거부한 경제학 담론, 곧 고전파 경제학 담론 및 속류경제학 담론을 이해하도록 해줄 것인가?

이와 동시에, 앞서 예고했던 대로, 나는 다음의 물음도 놓지 않을 것이다. 『자본』에서 『경제학-철학 수고』의 인간학적 문제설정은 어떻게 되는가?

이 물음을 마르크스에 대한 특정 해석, 즉 델라 볼페 학파의 해석에 준거하여 제기해볼 수 있다. 이 해석에 따르면, 마르크스는 『자본』에서 고전파 경제학 비판을 위해 자신이 "헤겔 법철학 비판"이라는 제목의 『1843년 수고』에서 다듬었던 비판 모델을 활용한다.[29]

이 텍스트에서 마르크스는 헤겔 법철학 비판을 위해 포이어바흐의 비판 모델, 즉 주어/술어 전복 모델을 활용했다. 이는 헤겔이 자율화된 술어를 도처에서 진정한 주어로 만들어버렸다는 것을 보여주는 일이다.

마르크스는 주권 개념을 예로 든다. 그가 말하길, 주권은 국가 신민들의 정신에 다름없다. 따라서 주권은 어떤 실체적 주어의 **술어**다 (마르크스는 이 주어를 ὑποκείμενον[휘포케이메논]으로, 실체로 정의한

29 이 수고는 몰리토르Molitor가 "Critique de la philosophie de l'Etat de Hegel"[헤겔의 국가 철학 비판]이라는 제목으로 번역했다. *Œvres philosophiques*, IV.

다). 소외에서 이 술어, 즉 국가 신민들의 정신은 그 주어와 분리된다. 이 술어는 국가의 본질로 나타난다. 주어와 술어에서 분리된 이 실존은 헤겔이 사변적 작업을 완수할 수 있게 한다. 그는 새로운 분리를 통해, 주권을 현실의 국가에서 분리하고 그것의 관념을 **자율적** 존재로 만든다.

이 자율적 존재에는 **담지자**가 있어야 한다. 이 자율적 존재에 담지자를 제공하는 것은 헤겔적 이념인데, 마르크스는 이 이념을 신비적 이념이라 부른다. 주권은 이 신비적 이념의 한 규정이 된다.

이러한 추상의 운동이 일단 완수되면 헤겔은 반대의 운동을 가동해 구체적인 것으로 다시 하강해야 할 것이다. 추상적 관념과 구체적인 경험적 현실의 연결은 신비적 방식으로만, 즉 육화incarnation를 통해서만 이루어질 수 있다. 이 육화를 통해 추상적 규정은 구체적인 것에 실존할 수 있을 것이다. 신비적 이념은 개별적 개체, 곧 군주로 육화될 것이다. 이 경우 헤겔 철학에서 주권의 직접적 실존으로 나타날 것이다.

이 운동을 정리하면 다음과 같이 [도식 a]가 나온다.

마르크스는 이 운동을 **실체화**hypostatisation라 부른다. 이 운동은 술어를 주어로부터 분리하고 실체화하여 추상적 범주로 만들고, 그런 다음 이 추상적 범주를 모종의 경험적 실존으로 육화한다. 마르크스는 또한, 우리가 경험의 사변으로의 전복(추상과 자율화) 및 사변의 경험으로의 전복(육화)과 관계한다고 말한다. 이 비판 모델은 이처럼 주어/대상 및 경험/사변의 두 대립쌍에 의해 지배된다.

델라 볼페에 의하면, 이 모델이 『정치경제학 비판을 위하여』와 『자본』에서 마르크스가 고전 정치경제학 비판을 위해 활용한 모델이

[도식 a]

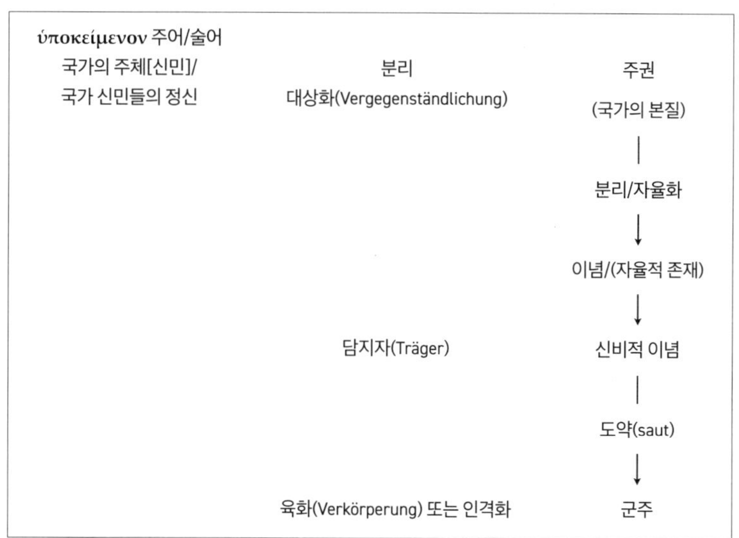

었다. 고전 정치경제학은 경제학 범주들을 그 주어인 특정 사회와 분리하고, 이 범주들을 생산의 일반 조건, 생산의 영원한 법칙들로 삼으면서 실체화한다. 그런 다음 고전 정치경제학은 자본주의 생산양식의 역사적이고 규정된 경제 범주를, 생산 일체에 적용되는 일반 범주가 단순히 육화된 것으로 보면서, 사변에서 경험으로 이행한다.

이 도식[도식 a]이 특별히 두드러지게 활용되었던 사례는, 마르크스가 1857년의 『정치경제학 비판 요강』에서 스튜어트 밀에게 가했던 비판에서 발견된다. 가령 스튜어트 밀에게 사적 소유는 전유라는 추상적 범주의 경험적 실존으로서 나타난다. 그에 따르면, 인간이 자연을 전유하지 않으면 생산도 없다. 그러므로 소유는 모든 생산의 일반 조건이다. 그러고 나면 전유라는 추상적 범주는 매우 특수한 소유 유형, 즉 자본주의적 사적 소유로 육화된다.

이와 비슷한 텍스트들, 그리고 『정치경제학 비판 요강』의 '특정 추상'에 관한 지면들로부터, 델라 볼페는 마르크스의 비판적 노동을 다음과 같이 요약한다. 마르크스는 미규정된 일반적 추상 혹은 실체화된 것들hypostasie을 도처에서 (역사적) 특정 추상으로 대체함으로써 고전파 경제학에 맞선다고 말이다.

그러나 이런 해석은 한 가지 핵심 문제를 간과하는 듯 보인다. 『1843년 수고』의 모델이 기능하기 위한 필수적인 이론적 조건들의 문제이다. 이를 위해서는 주체/대상 및 경험/사변의 두 대립쌍이 모두 『자본』의 이론적 장 내부의 관여적 대립이어야 한다.

우선 우리는 어떤 주체와 관계해야만 한다. 모델이 기능할 수 있으려면, 인간학적 담론에서 인류가 맡았던 주체의 역할을 사회가 맡아야 한다. 실제로 『정치경제학 비판 요강』의 두 텍스트는 사회를 주체인 양 말한다. 하지만 사회를 이처럼 주체로 규정하는 것은 다른 곳에서 마르크스가 거부하는 것이며, 앞으로 보겠지만, 이런 규정은 마르크스가 『자본』에서 가동하는 개념들과 양립할 수 없다.

한편 경험/사변 모델의 적용은 경제적 현실과 경제적 담론 사이에 특정 유형의 관계가 있음을 가정한다. 이 관계가 『자본』에서 더 이상 실존하지 않는다면 이 대립쌍도 작동하지 않는다.

이러한 문제설정을 바탕으로, 우리는 『자본』을 구성하는 '정치경제학 비판'의 종별성을 정의해볼 것이다. 여기서 우리는 정말로 이론적 지반의 변경과 마주하는지를 결정하게 해줄 지표를 얻을 것이다.

1. 출발점의 문제와 비판적 물음

A)가치와 가치형태

마르크스가 1857년의 『정치경제학 비판 요강』에서 과학의 **출발점**이라는 문제에 부여한 중요성은 알려져 있다. 이 문제가 근본적임은 『자본』에서 입증된다. 그래서 가령 마르크스는 『자본』 2권에서 스미스를 비판하면서 스미스의 오류와 모순은 그의 "과학적 출발점들"에서 찾아져야 한다고 선언한다. 따라서 마르크스와 고전파 경제학의 차이는 이 수준에 놓여야 한다.

마르크스가 보기에 고전파 경제학의 과학성을 정의하는 것은 무엇인가?

> 고전파 경제학은 분석을 통해 부의 상이한 형태들, 즉 고정되고 서로에게 낯선 형태들을 그 내적 통일성으로 환원하고, 이 형태들이 서로 무차별적인 방식으로 나열되지 않도록 한다.

> 고전파 경제학은 부와 그것의 다양한 발현형태(Erscheinungsformen)를 분리하면서 내적 연관(innere Zusammenhang)을 이해하고자(begreifen) 한다.[30]

30 *Theories sur la plus-value*(『잉여가치론』). *Histoire des doctrines économiques*(『경제학설사』)로 출간된 몰리토르Molitor의 번역서에 인용된 텍스트다. t. VIII, p. 184.

『자본』[31]에서 마르크스는 고전파 경제학의 작업을 가리키고자 **auflösen**(해소하다)이라는 동사를 사용한다. 고전파 경제학은 부의 고정된 형태들을 해소하는데, 이 작업을 마르크스는 같은 텍스트에서 **비판적** 작업이라 특징짓는다. 이 해소는 내적 통일성, 즉 노동시간에 의한 가치의 규정으로의 회귀다.

따라서 고전 정치경제학은 현상형태들의 다양성과 본질의 내적 통일성 간의 차이를 수립하면서 과학이 된다. 그러나 고전 정치경제학은 이러한 차이의 **개념**에 대해 반성하지는 않는다.

리카도에게서 이것이 어떻게 적용되는지를 살펴보자.

> 리카도의 출발점은 상품의 상대적 가치나 교환가치를 상품생산에 필요한 노동량으로 규정하는 것이다. (…) 가치실체는 바로 노동이다. 이 때문에 가치는 가치가 된다. 가치들은 이 실체를 얼마나 가지고 있느냐에 따라 크기가 달라진다.[32]

리카도는 두 가지를 규정한다. 한편으로 가치**실체**를 규정하는데 그것은 노동이다. 다른 한편 가치 **크기**를 규정하는데, 이는 시간을 통해 측정된다. 하지만 그는 세 번째 항을 간과한다.

---

31 Ed. sociales, t. III, p. 208. 우리는 전반적으로 에디시옹 소시알Éditions sociales의 프랑스어 번역본을 참조하며, 필요할 경우 수정하겠다[Karl Marx, *Le Capital, Critique de l'économie politique*, Editions Sociales, 1890. 국역본으로는 칼 마르크스, 『자본』, 강신준 옮김, 길, 2008~2010의 쪽수를 표기해둔다].

32 *Histoire des doctrines économiques*, t. III, p. 1.

리카도는 이 노동의 형태 — 교환가치를 창출하는 또는 교환가치로 나타나는, 노동의 개별적 규정 — 에도, 이 노동의 성격에도 관심을 두지 않는다.

그러므로 리카도의 과학적 출발점인 가치 분석에는 부재하는 항이 있다. 마르크스는 『자본』 1장에서 이 부재하는 항을 복구한다.

이제 가치 실체와 가치 크기는 규정되었다. 남은 것은 가치형태를 분석하는 일이다.[33]

리카도는 이 노동을 하지 않았다. 그는 통일성으로 회귀하는 데 그친다. 그에게는 부의 고정된 형태들의 해소(Auflösung)가 가치문제의 해결(Lösung)이다. 반대로 마르크스는 엥겔스가 2권 서문에서 지적했듯이 이러한 해결에서 **문제**를 본다. 마르크스는 우리가 비판적이라고 부를 수 있는 물음을 제기한다. 왜 가치 내용은 가치형태를 띠는가?

물론 정치경제학은 아주 불완전한 방식으로나마 가치와 가치 크기를 분석했고, 이 형태들에 숨겨져 있던 내용을 발견했다. 하지만 다음의 물음을 제기한 적은 없다. 왜 그런 내용은 그런 형태를 띠는가? 왜 노동은 가치로 표상되고(sich darstellt), 노동의 지속시간에 의한 노동의

33 *Le Capital*(『자본』), t. I, p. 62 [『자본』 2판에서 사라진 문장으로 국역본에는 없고 프랑스어 판본에만 남아 있다].

측정은 생산물의 가치 크기로 표상되는가?

비판적 물음이란 내용/형식[형태]의 관계를 문제 삼는 것이다. 리카도에게 가치란 **노동의 것**이다. 이 실체가 나타나는 형태는 하등 중요치 않다. 그러나 마르크스에게 노동은 가치로 **표상되며**, 노동은 상품들의 가치라는 **형태[형식]를 띤다**.

"x량의 상품 A = y량의 상품 B"라는 등식을 보자. 리카도는 A의 가치실체는 B의 가치실체와 같다고 말하면서 이 등식을 단순하게 해결한다. 반면 마르크스는 이 등식이 아주 특수한 항들로 정립되어 있음을 보여준다. 그중 하나의 항은 오로지 **사용가치**로만 나타나며, 다른 항은 오로지 교환가치 또는 **가치형태**로만 나타난다.

그러므로 등식은 "A의 가치형태 = B의 자연적 형태"로 정립되어야 한다.

B는 A의 가치표현을 위해 자기 몸, 자신의 자연적 형태를 빌려준다. 이처럼 가치의 실존형태는 B의 자연적 형태일 수밖에 없다.

그러므로 A의 내용과 B의 내용의 동일성을 주장하는 데 그칠 수 없다. 우리는 이를 『잉여가치론』에서 마르크스가 베일리Bailey에게 가한 비판에서 볼 수 있다. 베일리에게는 거리가 공간상의 두 대상의 관계인 것과 똑같이, 가치란 두 대상의 관계일 뿐이다.

> 한 대상이 다른 대상과 관련해서만 거리가 멀 수 있듯이, 한 대상은 다른 대상과 관련해서가 아니라면 가치를 가질 수 없다.[34]

마르크스는 이 논변을 다음과 같이 반박한다.

한 대상이 다른 대상과 떨어져 있을 때, 거리는 확실히 두 대상의 관계를 구성한다. 그러나 거리는 이 관계와는 구별된다. 공간의 차원, 특정한 길이는 임의의 어떤 대상들 사이의 거리에도 적용될 수 있다. 하지만 이것이 전부는 아니다. 우리가 거리를 두 사물의 관계라고 말할 때, 우리는 특수한 무언가를 가정한다. 두 사물을 서로 떨어져 있게 하는 그것들의 어떤 속성을 가정하는 것이다. 문자 A와 탁자 사이의 거리는 무엇인가? 이 물음은 부조리하다. 우리가 두 대상의 거리를 말할 때, 이는 공간상 거리와 관련된다. 우리는 두 대상 모두, 이 공간의 점들처럼 공간에 포함되어 있다고 가정한다. 우리는 두 대상이 공간의 존재들로서 동등함을 확립하며, 그런 다음에야 비로소 두 대상을 공간상의 상이한 점들로서 구별한다. 두 대상의 통일성은 그것들이 공간의 일부라는 점에 있다.[35]

내가 보기에 이 텍스트는 두 가지로 읽을 수 있다. 첫 번째 수준에서, 마르크스는 가치**실체**가 있음을 드러내면서, 베일리의 비판에 맞서 리카도를 옹호한다. 관계 맺는 두 항에 공통적인 이런 실체가 있으므로, 이 관계는 "문자 A = 탁자" 유형의 관계와는 관련이 없다. 후자의 관계는 부조리하고 비합리적이다. 리카도는 가치실체를 드러내면서 이 수준에서의 비합리성을 방지한다. 하지만 리카도는 가치형태를 드러내지 않았기 때문에, 상품형태보다 더 전개되고 더 복합적인 형태를 다룰 때 모순과 비합리성에 빠질 수밖에 없게 된다.

---

34 마르크스의 인용, *Histoire des doctrines économiques*, p. 218.

35 *Histoire des doctrines économiques*, pp. 218~219.

리카도가 누락한 것은 비판적 물음, 즉 기호 '='에 대한 물음이다. 앞서 보았듯, 이 기호는 완전히 이질적인 형태로 제시되는 두 항을 관계 맺게 한다는 점에서 문제적이다. 한편에는 순수한 **사물**, 다른 한편에는 순수한 **가치 육화**가 있다.

> A의 가치가 B로 표현된다는 사실을 주의 깊게 검토함으로써 다음을 알게 되었다. 이 관계에서 상품 A의 자연적 힘은 사용가치의 형식으로만 등장하며, 상품 B의 자연적 힘은 가치형태로만 등장한다.[36]

그러므로 기호 '='가 정립한 동일성은 가장 근본적인 차이를 감추고 있다. 그것은 상반된 것들의 동일성이다.

> 상대적 형식과 등가적 형식은 상관적이면서도 불가분한 두 측면이면서, 동시에 **상호 배타적인 대립적 극단들**이다.[37]

이러한 상반된 것들의 동일성이 가능한 이유는 오직 한 형태(B의 자연적 형태)가 그 자체 자기 반대항의, 곧 가치의 **발현형태**가 되기 때문이다.

따라서 우리는 상품들이 오로지 **표상**(Darstellung)의 아주 특수한 메커니즘에서만 등가가 됨을 보는데, 이는 두 번째 수준에서, 베일리에 대한 텍스트에서 암묵적으로 읽어낼 수 있는 것이다. 상품들은 한

---

36 *Le Capital*, t. I, p. 74[『자본』 I-1, 120쪽].

37 *Le Capital*, t. I, p. 63[『자본』 I-1, 105쪽].

날 사물로서도, 같은 실체의 사례로서도 서로 동등하지 않다. 상품들은 이 관계가 실현되는 구조가 부과하는 규정된 형식적 조건들에서 서로 동등하다.

우리는 공간에 대한 이러한 참조로부터 마르크스가 명시적으로 말한 것 이상을 이해할 수 있다. 대상이 가치의 **차원**에 의해 서로 관계 맺는 형식들은 어떤 공간의 구조에 의해 규정된 형식들이다. 등식에서 대상이 띠는 속성은 표상(Darstellung)이 이루어지는 공간의 속성에 의해 규정되어야 한다. 불가능한 등식을 가능하게 하는 이런 공간의 설정은 몇 가지 형식적 조작으로 표현된다. 표상, 표현, 형태를 띠기, 이러저러한 형태 아래 나타나기 등이 그것이다.

이 형식적 조작 중 하나인 "가치가 어떤 사물의 형태를 띠다"를 살펴보자. 이를 검토함으로써 우리는 내용/형식[형태] 관계의 의미를 정확히 할 수 있게 된다. 중요한 것은 내적 규정과 이 규정의 **실존 양상, 현상형태**(Erscheinungsform)[38] 사이의 관계이다.

실제로 표현이 의미하는 바는 가치의 실존 양상, 가치의 현상형태(또는 발현형태)가 등가적 상품의 자연적 형태에 있다는 것이다. 역설은 가치가 나타날 수도, 실존할 수도 없다는 점이다. 가치가 어떤 상품의 자연적 형태로 나타나는 한에서, 거기서 가치는 가치로서는 사라지고 사물의 형태를 띤다.

---

38 ❖ 랑시에르는 Erscheinungsform을 때로는 la forme de manifestation, 때로는 la forme d'apparition, 때로는 원어 그대로 사용하며, 때로는 프랑스어 표현 옆에 원어를 괄호에 넣어 병기하고 있다. 여기서는 la forme de manifestation은 '발현형태', la forme d'apparition은 '현상형태', 원어 그대로일 경우 Erscheinungsform[현상형태]로 번역한다. 병기되었을 경우 프랑스어 표현은 위의 규칙을 따르고 괄호 안의 독일어는 원어 그대로 기입한다.

그러므로 가치는 교환관계에서 발현되지 않는 한에서만, 교환관계를 발현형태로 한다. 우리는 『경제학-철학 수고』와는 다른, 아주 새로운 유형의 인과성과 관계하고 있다. 『경제학-철학 수고』에서 모순을 표현하는 등식들(예를 들어, 사물 세계의 가치 증가=인간 세계의 가치 절하, 또는 노동가치=생활수단의 가치)은 모두 하나의 등식, 즉 인간의 본질=인간에게 낯선 존재라는 등식으로 귀착되었다. 다시 말해 이 등식들은 그것들의 원인으로서 인간주체와 인간본질의 분열로 귀착되었다. 등식의 해는 등식의 한 변에 있었다. 모순의 원인과 등식의 해는 인간주체와 분리된 인간의 본질에 있었다. 원인은 자기 자신과 분리되는 주체성의 활동을 지시했다.

여기 『자본』의 "x량의 상품 A=y량의 상품 B" 등식에서는, 혹은 같은 말이지만 모순에서는, 원인이 등식 안에 있지 않다. 등식은 사물들 사이의 어떤 관계를 제시한다. 곧 원인의 부재에 의해 결과들 사이에 특정한 방식으로 맺어지는 어떤 연관을 제시한다. 이 원인은 사용가치를 창조하는 유용한 노동과 교환가치를 창조하는 노동의 동일성에, 구체적 노동과 추상적 노동의 동일성에 있다. 알다시피, 마르크스는 1868년 1월 8일 엥겔스에게 보내는 편지에서 노동의 이중적 성격(구체적 노동과 추상적 노동)의 발견이야말로 "비판적 관점의 모든 비밀"이라고 선언한다. 실상 이 구별은 두 규정의 **통일성**을 문제 삼을 수 있게 한다. 고전파 경제학은 이를 구별하지 않고 노동 개념을 받아들였다. 그래서 고전파 경제학은 추상적 노동/구체적 노동의 통일성이 가지는 종별적 성격을 이해하지 못할 것이며 풀어낼 길 없는 난점들에 빠져들게 될 것이다. 마르크스는 이 구별을 생각했기 때문에 통일성을 생각할 수 있다. 통일성은 **사회적** 과정의 귀결이다. 우리가 지시했던 부재하는 원인이란 **생산의 사회적 관계들**이다.

그래서 경제적 대상들이 관계 맺는 공간을 특징짓는 형식적 조작들은 사회적 과정을 감추면서 드러낸다. 우리는 더는 주관성의 활동에 준거하는 인간학적 인과성이 아닌 전적으로 새로운 인과성과 마주하고 있다. 우리는 이 인과성을 자크-알랭 밀레르가 폴리체르G. Politzer에 대한 비판적 서술에서 정식화한 개념을 빌려 환유적 인과성이라 부를 수 있다. 우리는 이 인과성에 대해 다음과 같이 진술할 수 있다. 결과들 사이의 연관(상품들 사이의 관계)을 규정하는 것은 부재하는 한에서의 원인(생산의 사회적 관계들)이라고 말이다. 이 부재하는 원인, 그것은 주체로서의 노동이 아니라 추상적 노동과 구체적 노동의 동일성으로, 이것을 일반화할 때 특정 자본주의 생산양식의 구조가 표현된다.[39]

달리 말해, 등식 "x량의 상품 A = y량의 상품 B"는 이미 보았듯 불가능한 등식이다. 마르크스가 장차 수행할 것, 그리고 그를 고전파 경제학과 근본적으로 구별해주는 것, 그것은 이 불가능한 등식의 가능성에 대한 이론이다. 고전파 경제학은 이 이론이 없어 자본주의적 생산이 분절되는 체계를 생각해내지 못한다. 이 부재하는 원인을 알아보지 못하기에, 고전파 경제학은 상품형태를 자본주의 생산양식이라는 **특정 생산양식의 "가장 일반적이고 가장 단순한** 형태"로 알아보지 못한다. 고전파 경제학은 비록 상품 분석에서 노동이라는 **실체**를 알아보았지만, 자본주의적 생산과정의 더 전개된 형태들을 이해하지는

39 이 논점이 제기한 문제들에 대해서는 부록을 참조하라.

못할 수밖에 없다.

고전파 경제학의 **출발점**을 비판하며 마르크스는 문제 하나를 도출했다. 한 구조가 자신과 동질적이지 않은 공간의 품 안에서 어떤 방식으로 발현되느냐의 문제다. 이제 이 문제의 항들을 정확히 밝힐 차례이다.

B)경제적 대상들의 문제

상품대상이 있다고 하자. 마르크스의 다음 세 진술은 이것이 대상으로서 갖는 특징을 정의할 수 있게 한다.

(1)"노동생산물은 상품형태를 띤다."

여기서 우리는 엄밀히 말해 상품대상이 아니라 **상품형태**가 있음을 본다.

(2)"노동생산물은 상품으로 변환된다. 다시 말해, 감각적-초감각적 사물 또는 사회적 사물(sinnliche-übersinnliche oder gesellschaftliche Dinge)이 된다."[40]

(3)"상품들은 인간 노동이라는 동일한 사회적 단위의 표현인 한에서만 가치대상성(Wertgegenständlichkeit)을 가진다."[41]

중요한 것은 상품들의 **Gegenständlichkeit[대상성]**, 곧 대상으로서의 실재성[42]을 정의하는 일이다. 이 실재성은 매우 특수하다. 상품

---

40 *Le Capital*, t. I, p. 85[『자본』 I-1, 134쪽].

41 *Le Capital*, t. I, p. 65.

42 문제는 우리가 관계하는 '대상의 유형'이 무엇인지, 그리고 이것의 대상으로서의 본성을 정초하는 게 무엇인지 아는 것이다.

들의 사물성은 사회적 사물성이고, 상품들의 대상성은 가치대상성이다. 마르크스는 다른 곳에서 상품에 **유령 같은 대상성**une objectivité fantomatique이 있다고 말할 것이다. 이 대상성은 인간 노동이라는 사회적 단위의 표현으로만 실존한다.

그러므로 더 이상 『경제학-철학 수고』와 유사한 주체-대상의 쌍을 만날 수 없다. 『경제학-철학 수고』에서 '**Gegenstand**'[대상]라는 용어는 감각주의적 의미로 받아들여졌다. 반면 여기 『자본』에서 그것은 유령에 불과하다. 즉 구조가 갖는 어떤 성격의 발현일 뿐이다. 사물의 형태를 띠는 것은 주체의 활동으로서의 노동이 아니라 **노동의 사회적 성격**이다. 그리고 여기서 말하는 **인간 노동**은 어떤 구성적 주체의 노동이 아니다. 그것은 규정된 사회구조의 표식을 지니고 있다.

> 유용한 사물의 생산에 지출된 노동을 이 사물의 '대상적'(gegenständliche) 속성으로, 다시 말해 가치로 표상하는(darstellt), 역사적으로 규정된 시대만이 노동생산물을 상품으로 변형한다.[43]

그러므로 "역사적으로 규정된 시대", 다시 말해 특정한 **생산양식**이 노동의 표상(Darstellung)을 상품의 유령 같은 대상성을 통해 실행

43 여기서는 독일어 텍스트에 따라 번역한다(Dietz, p. 76[『자본』 I-1, 121쪽]. 프랑스어 텍스트는 다음과 같이 말한다. "사회의 역사적 발전에서 노동생산물을 일반적으로 상품으로 변형하는 특정 시대가 있으며, 이 시대에는 유용한 대상들의 생산에 들어간 노동은 이 사물들에 내재적 성질이라는 성격, 이 사물들의 가치라는 성격을 지니게 된다"(Ed. sociales, p. 75). 프랑스어 판본에는 마르크스가 '일반적으로'라는 부사를 첨가했다는 점에 주목하자. 이러한 첨가는 우리가 부록에서 강조한 난점과 관련이 없지 않다.

한다.

이 **Gegenständlichkeit[대상성]**의 지위는 마르크스가 대상성의 가상(gegenständliche Schein)을 말할 때 한층 정확해진다.

> 가치로서의 노동생산물이란 이 생산물의 생산에 지출된 인간 노동의 순수하고 단순한 표현이라는 (…) 과학적 발견은 인류 발전사의 한 시대를 나타낸다. 하지만 노동의 사회적 성격을 사물, 즉 생산물 자체의 성격처럼 나타내는 환상(…den gegenständlichen Schein der gesellschaftlichen Charaktere der Arbeit)을 쫓아버리지는 못한다.[44]

Gegenständlichkeit[대상성]의 이 성격 때문에, 대상성이 있는 그대로만—다시 말해, 구조의 환유적 표현으로—인식되는 곳은 오직 과학에서다. 일상적 지각에서 대상성은 사물 자체의 속성으로 받아들여진다. 노동생산물의 사회적 성격은 이 생산물이 한낱 사물로서 가지는 자연적 속성으로 나타난다.

이 감각적-초감각적 대상에 대한 이론은 『자본』의 문제설정과 1844년의 『경제학-철학 수고』의 문제설정의 차이를 표시할 수 있게 해준다. 1844년의 『경제학-철학 수고』에서 경제적 대상들은 모호어법의 방식으로 다루어졌는데, 그 이유는 부의 이론이 포이어바흐적 감성 이론에 뒤덮여 있었기 때문이다. 노동대상의 **감성적** 성격은 그 대상의 **인간적** 성격을, 구성적 주체의 대상이라는 지위를 지시했다.

44 *Le Capital*, t. I, p. 86[『자본』 I-1, 137쪽].

반면 여기 『자본』에서 대상은 더 이상 인간적-감성적인 것으로 이해되지 않는다. 그것은 **감각적-초감각적**이다. 대상의 현상 방식에서의 이러한 모순은 그 대상이 속하는 대상성의 유형을 지시한다. 대상의 감각적-초감각적 성격은 대상이 사회적 성격의 발현으로 나타나면서 띠는 형식이다.

〈감각적/초감각적 관계→사회적 관계〉가 인간적/감성적 관계를 대체하며, 이는 마르크스가 상품의 물신숭배라 부른 것을 이해하는 데 기본적이다.

이를 보여주기 위해 1장의 텍스트 "상품의 물신적 성격과 그 비밀"의 서두를 살펴보자.

> 상품은 언뜻 보면 평범하고 자명한 물건으로 보인다. 그러나 우리의 분석은 반대로, 상품이 형이상학적 교활함과 신학적 변덕으로 가득 찬 매우 복잡한 사물임을 보여준다.[45]

마지막 문장을 **글자 그대로** 받아들이면 유익할 것 같다. 그럴 경우 이 문장은 포이어바흐와 청년 마르크스의 인간학에서 신학이 갖는 의미에 따라, 상품이 신학자임을 의미한다.

이를 실마리 삼아 상품 분석을 따라가보자.

> 옷의 생산에는 인간의 힘이 사실상 특수한 형태로 지출되었다. 따라서

45 *Le Capital*, t. I, p. 83 [『자본』 I-1, 133쪽].

옷에는 인간의 노동이 쌓여 있다. 이 관점에서 보면, 옷은 가치-담지자(Wertträger)이다. 물론 옷의 이러한 성질은 그것이 아무리 닳는다 해도 실밥 사이로 투명하게 들여다보이는 것은 아니다.[46]

대상은 더 이상 투명하지 않다. 인간주체를 준거로 한 감성적인 것 및 대상에 대한 이론 전체는 무너진다. 옷은 주체의 활동에서 비롯되지 않은 어떤 초자연적 성질을 지닌다. 옷은 자신과 아무 관련이 없는 어떤 것의 **담지자**(Träger)이다.

여기서 우리는 앞서 사변에 대한 인간학적 비판의 도식 안에 자리매김했던 담지자 개념을 다시 만난다. 그리고 다시 만난 이 개념은 인간학적 비판의 도식에서 **육화**에 상응하는 기능을 한다. 경험적 사물(옷)은 헤겔 철학에서 군주가 **주권**이라는 추상적 범주의 육화였던 것과 같은 방식으로 **가치**라는 초자연적 추상의 담지자가 된다.

가치가 동시에 옷이라는 측면을 취하지 않고서는 옷은 그 외재적인 관계 속에서 가치를 표상할 수 없다. 비유하자면 개인 B가 보기에 왕이 A의 모습을 하고 있지 않다면, A는 B에게 왕으로 표상될 수 없는 것처럼 말이다.[47]

우리가 한편으로 가치가 발현되는 구조, 다른 한편으로—1843년의 텍스트에서 사변의 일반적 구조의 한 요소였던—육화의

---

46 *Le Capital*, t. I, p. 66[『자본』 I-1, 109쪽].
47 *Le Capital*, t. I, p. 66[『자본』 I-1, 109쪽].

구조 사이에 상동을 주장할 수 있는 이유는, 단지 여기 『자본』에서는 왕이 다뤄지고 『1843년 수고』에서는 주권이 다뤄지기 때문만은 아니다. 왕이 A라는 경험적 실존으로 육화되듯, 주권이 헤겔적 군주라는 실존으로 육화되듯, 가치는 옷이라는 경험적 실존으로 육화된다.

따라서 우리는 『1843년 수고』의 형상과 동일한 형상이 나타남을 본다. 그러나 이 형상에 **비판적** 기능은 없다. 이 형상이 사변에 대한 인간학적 비판에서 담당했던 비판적 기능이 없음은 물론이고, 델라 볼페 학파가 고전 정치경제학의 사변적 작업에 대한 비판으로서 해주기를 바랐던 비판적 기능도 없다. 여기 『자본』에서 감각적인 것과 초감각적인 것의 통일은 **가치의 현상형태**를 표현하지 가치의 사변적 번역을 표현하지는 않는다. 반면 『1843년 수고』에서는 이 통일이 사변의 작업으로 제시되었다. 헤겔은 출발점에서 발견한 감각적인 것(경험적인 것)을 변형하여 초감각적 추상으로 만들었고, 그런 다음 이 초감각적 추상을 그것의 육신 역할을 하는 감각적 실존으로 육화했다.

이는 인간학적 비판에서 사변의 **절차**procédé를 가리켰던 형상이 여기서는 현실성의 장 자체에서 펼쳐지는 **과정**processus을 가리킴을 뜻한다. 이 현실성(Wirklichkeit) 개념은 정확히 구조의 규정들이 발현되는 공간(유령 같은 대상성의 공간)으로 이해되어야 한다. 우리는 지각의 관점에서 현실적인 Wirklichkeit[현실성]와 과학의 관점에서 현실적인 것을 구성하는 wirkliche Bewegung(현실적 운동)을 섬세하게 구별해야 한다.

우리는 Wirklichkeit[현실성], 즉 경제구조의 규정들이 나타나는 공간을 정의하는 속성들이 청년 마르크스에게는 사변 철학의 작업을 정의했던 속성들임을 알게 된다. 상품은 신학자다. 다시 말해, 현실성은 저절로 사변적이며, 현실성은 그 자신 신비의 형식으로 등장한다.

이처럼 육화구조의 기능이 바뀐 또 다른 사례는 Die Wertform[가치형태]이라는 제목의 텍스트(『자본』 1장에 대한 '교육적 목적의' 부록)에서도 찾아볼 수 있다.

> 추상적-일반적인 것이 구체적인 것의 속성으로 여겨지지 않고 정반대로 감각적-구체적인 것이 추상적-일반적인 것의 발현형태로만 여겨지는 이 운동이 가치표현을 특징짓는다. 동시에 이 운동은 가치를 이해하기 어렵게 한다. 내가 로마법과 독일법은 둘 다 법이라고 한다면, 이는 자명하게 이해된다. 하지만 내가 그 반대로 법이라는 추상적인 것이 로마법과 독일법이라는 구체적인 법들로 현실화된다고 말한다면, 이 경우 연관은 신비적이게 된다.[48]

여기서 가치의 실존양식을 특징짓는 과정은 청년 마르크스가 보기에 헤겔적 사변 작업을 특징지었던 과정, 즉 그가 『신성가족』에서 추상적 과일이 구체적 배와 아몬드로 현실화되는 변증법으로 예시했던 과정이다.

만일 현실성이 사변적이라면, 이로부터 극히 중대한 결과가 생겨난다. 루게에게 보내는 편지에 나온 모델에 따라 사물을 **있는 그대로** 읽거나 말한다고 자처하는 모든 비판적 읽기가 타당성을 상실하

48 *Kleine ökonomische Schriften*[『경제학 단편들』], p. 271.

는 것이다. 루게에게 보내는 편지의 야심은 다음 경구에 의해 꺾여 버린다. "가치는 자기 이마에 가치라고 써 붙이고 있지 않다"(Es steht daher dem Werte nicht auf der Stirn geschrieben was er ist).[49]

이제 우리는 행간을 읽는 독해를 요구하는 **텍스트**가 아니라 암호해독을 요구하는 **상형문자**와 마주한다. 이러한 암호해독은 과학의 작업이다. 비판적 읽기의 가능성을 닫아버리는 구조는 과학의 차원을 여는 구조다. 이 과학은 리카도처럼, 가치가 특정 상품의 육신에 부착되어 있다고 믿는 중상주의자들의 물신주의를 비웃으면서 노동을 가치실체로 정립하는 것으로 만족하지 않을 것이다. 이 과학은 노동의 사회적 성격이 취하는 사물형태가 어떤 구조를 토대로 하는지, 그 구조를 이론화함으로써 물신주의를 해명할 것이다.

비고 1

경제적 대상들에 대한 이러한 문제설정에서 작동하는 개념들을 흘깃 봐도, 여기서 다루어지는 것이 칸트의 **초월적 변증론**의 비판적 물음임이 드러난다. 실제로 우리는 거기서 대상(Gegenstand)이라는 문제설정, 현상/가상(Erscheinung/Schein) 및 감각적/초감각적(sinnlich-übersinnlich)의 두 쌍을 다시 만난다. 칸트에게서는 **주관의 능력들**을 준거로 하는 분할선에 따라 두 영역이 분리된다.

Gegenstand[대상]	
sinnlich[감각적]	übersinnlich[초감각적]
Erscheinung[현상]	Schein[가상]

49 ❖『자본』I-1, 137쪽.

마르크스에게는 완전히 다른 구조가 있다.

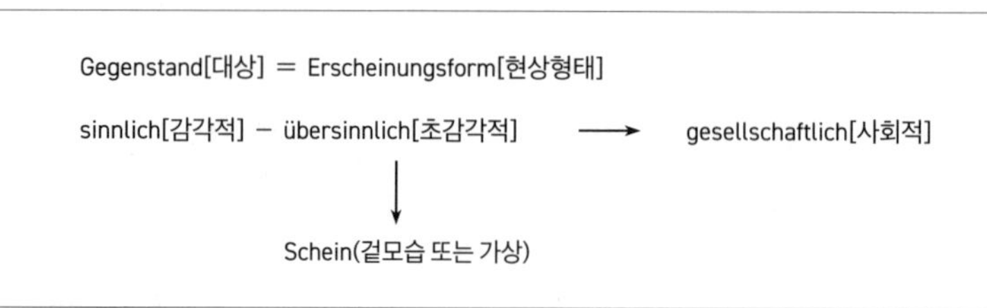

상품이 가치의 현상형태(Erscheinungsform)인 한에서, 상품은 Gegenstand[대상]이다. 이 대상의 속성들이 사회적 관계들의 발현형태에 불과한 한에서 이 대상은 감각적-초감각적 대상이다. 이 대상의 초감각적 성격을 알아보지 못한다는 것, 다시 말해 이 대상이 특정 사회구조를 통해 노동을 발현한다는 점을 알아보지 못한다는 것이야말로 **겉모습**(Schein)의 토대가 된다.

우리는 마르크스에게서, 특히 『자본』 1권에서 **분석론**과 **변증론**의 관계를 발견하지만, 이 관계는 요소들의 완전히 새로운 분배를, 이 개념들이 이루는 이론적 공간의 재조직을 전제한다. 이러한 재조직을 우리는 마르크스의 반反-코페르니쿠스적(칸트적 의미에서 반-코페르니쿠스적인, 즉 엄밀한 의미에서 코페르니쿠스적인) 혁명이라 부를 수 있을 것이다. 이제 현상들은 구성적 주체의 중심을 돌지 않는다. 현상들의 **구성** 문제에 주체 개념은 끼어들지 않는다. 반대로 마르크스가 진지하게 다루는 것, 그것은 현상과 '초월적 대상=X'의 관계이다. 현상들, 즉 대상들은 이 부재하는 X—이는 등식들의 미지의 해이기도 하다—의 현상형태들이다. 그러나 이 X는 대상이 아니라 마르크스가 말하는 사회적 관계이다. 사회적 관계가 그것과는 아주 이질적인 어떤 사물로 **표상**될 수밖에 없다는 사실로 인해, 이 사물은 감각적-초감각적 성격을 띠게 된다.

겉모습을 특징짓는 것은 사물이 거기서 단순히 감각적인 것처럼 나타난다는 점, 사물의 속성들이 자연적 속성처럼 나타난다는 점이다.

그래서 대상의 구성은 주체성의 소관이 아니다. 주체성의 소관 사항은 지각이다. 대상 구성의 조건과 대상 지각의 조건 사이의 간극, 이것이 겉모습을 규정한다.

비고 2

마르크스를 고전파 경제학과 근본적으로 달라지게 하는 것은 상품의 가치형태(또는 노동생산물의 상품형태)에 대한 분석이다. 여기서 추상 및 분석에 대한 고전파의 관점과 마르크스적 관점의 차이가 표시된다. 형태이론은 『정치경제학 비판 요강』에서 **특정 추상** 개념이 제기한 문제들에 대한 해결책을, 『자본』의 종별적인 이론적 실천의 구도에서 내놓는다.[50]

이 특정 추상이론에 대한 역사주의적 해석, 특히 델라 볼페 학파에서 찾아볼 수 있는 역사주의적 해석은 비관여적 관계, 즉 사유의 추상적인 것이 구체적인 현실과 맺는 관계에 입각한다. 이 경우 특정 추상은 구체적 현실의 풍부함(부富)을 공고하게 포착해두는 추상처럼 나타난다.

마르크스의 경우, 여기서 그의 관심사는 사유과정 내부의 과학적 출발점으로서의 상품의 가치형태(노동생산물의 상품형태)이다. 이 관점에서 보면, 이 형태는 가장 일반적이고 가장 단순하며 가장 추상적이지만 가장 덜 전개된 것으로 특징지어진다. 처음의 규정['일반적']은 결국 어려운 해석 문제를 낳으므로 여기서는 언급하지 않을 것이다. '단순한'과 '추상적인'은 『정치경제학 비판 요

---

50 마르크스에게는 이와 같은 형태 '분석'이야말로 과학성의 형식을 정의하는 것인 듯 보인다. 이에 관하여 아리스토텔레스에 대한 마르크스의 평가를 읽어보는 것은 흥미롭다. 아리스토텔레스는 "다른 많은 사유형태들, 사회형태들, 자연형태와 더불어 처음으로 가치형태를 분석했던 위대한 사상가"라고 일컬어진다(*Le Capital*, t. I., p. 73[『자본』 I-1, 117쪽]).

강』의 사유의 장을 정의하는 추상적/구체적, 단순한/복잡한의 대립 속에 위치한다. 그런데 이 두 대립은 여기서 **전개** 개념을 통해 그 정확한 의미를 얻는다. 이 형태는 가장 덜 전개되었으며, 과학의 노동—그것은 마르크스 이전에는 전혀 이루어진 적이 없다—은 이 단순한 형태를 전개해야 한다.

> [그러나 여기에서 수행해야 할 하나의 과제가 우리 앞에 놓여 있다.] 그것은 부르주아 경제학에서는 한 번도 시도된 바가 없는 것으로, 바로 이 화폐형태의 발생을 제공하는 일이다. 다시 말해, 가장 눈에 띄지 않는 가장 단순한 형태로부터 모든 이의 눈에 확연히 들어오는 화폐형태에 이르기까지 상품의 가치관계에 포함된 가치표현을 전개하는 일이다.[51]

이러한 전개를 리카도는 할 수 없다. 그는 자신의 가치이론으로부터 화폐형태를 연역할 수 없다. 가치표현이라는 개념, 형태라는 개념을 포착하지 못했기 때문이다.

따라서 리카도에게 부족한 점은 경제 범주들을 전개하는 동력, 즉 정치경제학의 **체계** 구성을 가능케 하는 전개의 동력이다. 이 동력이란 바로 모순이다.

여기서 모순 개념을 자리매김하는 문제, 이 개념의 이론적 타당성을 규정하는 문제가 제기된다.

『자본』 1권에서 마르크스는 과연 무엇을 두고 때로는 모순(Widerspruch), 때로는 한낱 대립(Gegensatz)이라고 부르는가?

여기서 이 문제에 대한 결정적 해법을 내놓을 수는 없고, 다만 몇 가지 자료

51 *Le Capital*, t. I., p. 63 [『자본』 I-1, 104쪽].

를 제시하고 가능한 연구 방향을 보여주는 도리밖에 없다.

"x량의 상품 A = y량의 상품 B"라는 관계가 있다고 해보자. 두 항 중 하나는 사용가치로만 등장하고 다른 하나는 교환가치로만 등장한다는 점에서, 이 관계는 모순적이라고 할 수 있다. 이 모순은 상품에 내적인 모순, 즉 상품이 사용가치와 교환가치로 이중화된다는 점을 지시하며, 이는 다시 상품의 가치형태로 표상된 노동을 특징짓는, 대립물들의 동일성—구체적 노동과 추상적 노동의 동일성—을 지시한다.

여기서 우리는 세 가지 사항에 주목할 수 있다.

(1)여기서 정립된 모순은 겉모습과 이데올로기의 질서로 환원될 수 없다. 베일리가 말한 상품 본연의 교환가치라는 개념에 함축된 의사-형용모순이 그랬던 것과는 다르게 말이다. 오히려 정반대로 이 모순은 오로지 과학적 담론에서만 나타난다. 이 모순은 xA = yB를 아주 자연스럽다고 여기는 교환주체들에게는 지각되지 않는다.

(2)이 모순은 **분열**에서 성립하는 것이 아니다. 『경제학-철학 수고』에서, 모순을 표현했던 등식들에서 모순은 근원적 통일성의 분리로 소급되었다. 모순은 상호 보완적 항들의 분리된 실존에 있었다. 여기 『자본』에서는 반대로 모순은 상호 배타적인 두 항의 통일에 있다.

상반된 두 항의 이러한 동일성은 양자의 통일을 담지하는 세 번째 항의 숨은 실존을 알려준다. 가령 감각적-초감각적 모순을 담지하는 **사회적**이라는 항이 그렇다.

(3)모순은 또한 헤겔 철학에서 존재가 무로, 구체적인 이것이 추상적 보편자로 전복되는 방식으로, 구체적 노동이 추상적 노동으로 전복되는 데서 성립하는 것도 아니다.

구체적 노동과 추상적 노동의 모순적 통일은 두 항 중 하나에 내속할 어떤 변증법에 의해 규정되지 않는다. 이 통일은 노동의 일반적 특징이 특정 생산양식에서 갖게 되는 특수한 형태를 표현한다.

실제로 마르크스는 생산 자체가 어떻게 사회의 가용 노동시간에 의해, 그리고 상이한 필요에 따른 사회적 노동의 재분배에 의해 필연적으로 규정되는지를 보여준다.[52] 이러한 조절은 모든 생산형태에서 이러저러한 방식으로 이루어질 수밖에 없다. 물론 그것은 이 형태들 각각에서 상이한 성격을 띤다. 그래서 마르크스는 1장의 물신주의를 다루는 텍스트에서 여러 상이한 생산형태(로빈슨의 형태, 중세의 형태, 농촌식 가부장적 산업형태, 마지막으로 공산주의 사회의 형태)에서 어떻게 이 자연법칙이 이 구조들 각각에 의해 규정된 종별적 형태에 따라 작용하는지 보여준다. 상품생산이 지배적 생산형태인 자본주의 생산양식에서는 노동시간과 그 재분배를 조절하는 법칙이 아주 특별한 형상을 띤다. 구체적 노동과 추상적 노동의 모순적 동일성의 형상이 그것인데, 이 형상은 상품교환에 내재하는 모순들로 표상된다.

이처럼 '모순'이 가리킬 수 있는 것은 실로 구조의 고유한 효력 양상 외에 다른 것이 아닐 것이다. 우리는 이미 구조의 표상Darstellung 공간이 모순의 공간이었다는 것을 보았다. 이 공간에서 대상은 대상이 아니었고 관계는 서로 아무 관계가 없는 사물들을 맺어주었다. 모순의 실존은 이처럼 구조의 실존 자체로 나타났다. 그러므로 우리는 아마도 마르크스가 『자본』 1권에서 사용한 모순 개념에 순전히 **지수적**indiciel 가치만을 부여해야 할 것이다. 마르크스는 모순과 모순의 전개에 대한 헤겔식 개념 안에서 근본적으로 새로운 무언가를 생각했을 것이다. 그것의 개념을 정식화하는 데 이르지는 못했지만 말이다.

---

52 특히 엥겔스에게 보내는 1868년 1월 8일 편지와 쿠겔만에게 보내는 1868년 7월 11일 편지를 참조하라.

이 새로운 것, 그것은 곧 구조를 지배하는 생산관계들의 작용 방식으로서의 구조의 작용 방식이다.

모순을 알아본다는 것은 이처럼 구조를 알아보는 것이다. 경제적 대상들과 이 대상들의 관계가 가동되는 구조, 특정한 생산양식의 구조를 알아보는 것이다. 마르크스는 상품형태를 분석하면서 모순을 발견했다. 다시 말해, 경제적 대상이 개별 구조의 발현으로서 규정된다는 것을 발견했다. 형태들의 전개는 이렇게 하여 모순의 전개가 될 것이다. 모순의 해결(Lösung)은 마르크스가 모순의 운동형태라고 부른 것에서 실현된다. 더 복잡하고 더 전개된 형태는 더 단순한 형태의 모순이 전개되고 해결될 수 있는 형태이다. 상품형태에 내속하는 모순들에 비해서는 교환형태가 그렇고, 단순 상품생산형태에 비해서는 자본주의적 생산형태가 그렇다.

> 이미 보았듯이 상품교환은 상호배제적인 모순적 조건들을 충족할 때만 실행될 수 있다. 상품을 사용가치와 교환가치라는 두 얼굴의 사물로 나타나게 만드는 교환의 전개는 이러한 모순들을 사라지게 하지는 못하지만, 이 모순들이 운동할 수 있는 형태를 창출한다. 게다가 이것은 현실의 모순을 해결하는 유일한 방법이기도 하다. 예를 들어, 한 물체가 끊임없이 다른 한 물체를 향해 다가가면서 동시에 그것으로부터 멀어지는 것은 하나의 모순이다. 타원은 이러한 모순이 실현되면서 동시에 해결되는 운동형태 중 하나다.[53]

상품이 숨기고 있는 사용가치와 교환가치의 모순, 사적 노동이 동시에 사회

---

53 *Le Capital*, t. I, p. 113[『자본』 I-1, 171~172쪽].

적 노동으로 표상되어야만 한다는 모순, 구체적 노동은 추상적 노동으로서만 가치를 얻는다는 모순, 상품에 내재하는 이 모순들은 유통에서 그 운동형태들을 획득한다.[54]

따라서 부르주아 생산형태들의 전개—이것이 『자본』의 고유한 대상이다—는 추상적 노동과 구체적 노동의 대립이라는 원초적 모순을 위한 운동형태들의 전개로 사유된다. 여기서도 마르크스가 이용한 개념들(모순, 전개, 모순의 해결)이 그 개념들로 사유된 것을 적합하게 표현하는지 물어볼 수 있다.

이 문제는 보류해두고 가치형태의 분석에서 끌어낼 수 있는 두 가지 핵심 요소를 주목해두자.

(1)이 분석과 여기에 함축된 형태이론은 생산관계를 구성하는 구조와 그 작용 방식을 **Wirklichkeit[현실성]**의 수준에서 밝혀내도록 해준다.

(2)이 분석은 자본주의 생산양식의 여러 형태 간의 연관과 분절에 대해 체계적으로 인식하도록 해준다. 고전파 경제학은 형태들의 이런 전개에까지 이를 수 없었다. (예를 들어 리카도는 상품 분석으로부터 화폐를 연역하거나 잉여가치와 평균이윤율의 연관을 보여주는 데 이르지 못했다.)

임금노동이라는 특수한 상품의 연구로 넘어가면서 우리는 이 두 요소가 명확해짐을 보게 될 것이다.

54 *Le Capital*, t. I, p. 112 [『자본』 I-1, 184쪽].

C)임금노동과 비합리적인 것l'irrationnel의 이론

주지하듯, 임금노동의 범주는 고전파 경제학에 해결 불가능한 문제를 제기한다. 실제로 자본가와 노동자 사이의 교환에서 무슨 일이 일어나는가?

자본가는 최소한의 사회적 노동량을 표상하는 임금을 가지고 노동자의 일정한 노동량, 노동일을 구매한다. 그래서 우리는 동등하지 않은 사회적 노동시간을 표상하는 두 상품이 동등한 것으로 교환됨을 목격하는데, 이는 노동가치의 법칙을 전복한다.

동시에 우리는 순환에 직면한다. 임금은 노동가치로 나타난다. 그런데 노동은 가치를 창조하는 것으로 정립되었다. 그렇다면 가치를 창조하는 것의 가치를 어떻게 규정할 것인가?

이와 같은 전복과 순환은 고전파 경제학에는 부재하는 새로운 범주, 즉 노동력 범주를 도입함으로써 해결된다.

임금은 **노동력**의 가치를 표상한다. 주지하듯 이 가치는 가치법칙에 따라 노동력 재생산에 필수적인 생활수단의 가치를 표상한다. 노동력의 가치에 대한 이런 규정을 고전 정치경제학도 정식화하긴 했으나 **노동가치**로 정식화했다. 착각quiproquo에 빠진 것이다.

마르크스 역시 『경제학-철학 수고』에서 이런 착각에 빠져 있었는데, 이는 노동가치 개념에 대한 무비판, 노동 개념 자체에 대한 무비판과 연관된다. 반대로 여기 『자본』에서 마르크스는 노동 개념 자체를 공격하고, **형태** 개념과 **관계** 개념의 도움을 받아 이 개념에 노동을 가해 노동력이라는 새로운 개념을 출현시킨다. 이 새로운 개념은 노동가치 개념의 부적합성을 이해할 수 있게 한다.

마르크스는 노동력의 교환가치(임금으로 표상되는, 노동력 재생산에 필수적인 사회적 노동량)와, 가치를 창조하는 노동력의 특수한 사용가치의 차이를 파악한다.

우리는 문제의 항들을 다음 두 진술로 정립할 수 있다.

(1)**노동력**은 노동력 재생산에 필수적인 노동시간으로 측정되는 교환가치와, **가치를 창조**하고 그 자신의 가치보다 우월한 교환가치를 생산하는 사용가치를 가진다. (다른 상품들은 이와 다르다.)

(2)노동은 가치를 창조한다. **노동은 가치를 가지지 않는다**.

진술된 두 항[노동, 노동력]에서 우리는 잉여가치의 가능성을 읽을 수 있다. 이렇게 할 수 있는 것은 노동의 이중적 성격, 즉 유용한 노동과 가치창조자로서의 노동이 구별됨을 분석한 덕분이다. 이 분석 덕분에 우리는 자본주의 생산양식의 겉모습을 꿰뚫을 수 있다.

> 어떤 겉모습을 보더라도 자본가가 대가를 지불하는 것은 노동자가 그에게 제공하는 유용성의 가치, 즉 노동가치이지, 노동자가 양도하는 것 같지 않은 노동력의 가치는 아니다. 실제 삶에 대한 경험만으로는 노동의 이중적 유용성을, 즉 여타의 모든 상품처럼 어떤 필요를 만족시킨다는 속성과 여타의 모든 상품과 달리 가치를 창조한다는 속성—이는 노동이 가치를 형성하는 요소로서, 가치를 가질 가능성을 배제한다—을 가진다는 점을 드러내지 못한다.[55]

55 *Le Capital*, t. II, p. 211 [『자본』의 독일어판, 영어판, 국역판에는 이 구절이 없다. 『자본』 I-2, 742쪽 참조].

우리는 다음과 같은 모순에 직면한다. 노동은 결코 상품일 수 없는데도 상품으로 나타난다는 것이다. 다시 말해 우리가 이미 밝혀냈던 구조와 마주하게 된다. 곧 **불가능한** 어떤 것이 Wirklichkeit[현실성] 안에 실존한다는 것이다. 이러한 불가능성의 가능성은 우리로 하여금 부재하는 원인을, 생산관계를 참조하게 한다. 직접생산자를 생산수단에서 분리한 원시적 축적 이후, 직접생산자는 자기 노동력을 상품으로 판매하도록 강제된다. 그들의 노동은 임금노동이 되며, 그리고 자본가는 그들의 노동력이 아닌 노동에 대가를 지불한다는 겉모습이 생겨난다.

노동가치라는 범주 뒤에 감춰진 **노동력의 가치**라는 범주를 드러내는 일은 자본주의적 생산관계의 결정적 성격을 드러내는 일이다.

리카도는 노동력의 가치의 **현상형태**로서 노동가치라는 범주를 문제화할 수 없는 탓에, 메커니즘 자체를 떠받치는 것, 곧 **자본**과 **임금노동**이라는 생산관계를 나타나게 할 수 없다.

> 그는 노동 대신 노동력에 대해 말했어야 했다. 그랬다면 자본은 노동자의 면전에서 노동의 물질적 조건을 표현하는 것으로, 규정된 사회적 관계로서 나타났을 것이다. 리카도에게 자본은 현재의 노동과 구별되는 축적된 노동일 뿐이다. 자본은 노동과정의 한 요소일 뿐이며, 이로부터 자본과 노동의 관계, 임금과 이윤의 관계를 연역할 수 없다.[56]

56 *Histoire des doctrines économiques*, t. III, p. 146.

마르크스 자신은 노동가치라는 범주를 문제 삼는다. 이 표현은 **비합리적인** 표현이다. 마르크스에게서 비합리적인 것이라는 범주는 정말로 결정적인 관계를 감추는 어떤 불가능한 관계의 정립을 가리킨다.

이 표현의 비합리성을 순진하게 사고하는 방식도 있다. 이 표현을 한낱 언어의 오용으로 간주하는 것이다. 그래서 프루동은 다음과 같이 표명한다.

> 노동이 '가치를 가진다'는 말은 그것이 상품이라는 말이 아니라 그 안에 잠재적으로 포함되어 있다고 가정되는 가치를 염두에 둔 말이다. 노동가치는 비유적 표현이다, 운운.[57]

이렇게 해서, 프루동에 따르면, 자본주의적 생산계 전체가 '비유적 표현', 단순한 시적 파격을 토대로 세워져 있는 셈이 된다. 이것은 매우 특징적인 설명 유형이다. 곧 자본주의적 생산의 **신비**, 자본주의의 근본적인 구조적 규정을 가리키는 표현들을 마주하고는 오로지 비유적 표현이나 주관적 구별만이 있다고 선언하는 것이다. 마르크스는 『자본』에서 이처럼 자의적인 것, 주관적인 것을 통한 설명 유형을 여러 차례 지적한다. (가령 리카도는 고정자본과 유동자본의 구별이 완전히 주관적인 구별이라고 선언한다.)

반대로 마르크스에게 비합리적 표현들은 자의적이지 않다. 이

57 마르크스의 직접 인용. *Le Capital*, t. II, p. 208 [『자본』 I-2, 738쪽 주석 6].

표현들은 엄밀한 필연성을 표현한다. 그것은 생산관계의 작용 방식의 필연성이다.

> '**노동가치**'라는 표현에서 가치 개념은 완전히 사라질 뿐 아니라 그 반대의 것으로 전복된다. 이는 가령 '**토지의 가치**'처럼 비합리적인 표현이다. 하지만 이 비합리적 표현은 생산관계 자체로부터 연원한다. 이것들은 본질적 관계의 현상형태들을 표현하는 범주들이다(Sie sind Kategorien für Erscheinungsformen wesentlicher Verhältnisse).[58]

여기서 우리는 형태 및 형태들의 전개에 대한 이론이 명확해짐을 본다. 노동가치라는 표현은 형태 변화를 전제한다. 노동력의 가치가 노동가치라는 발현형태(Erscheinungsform)로 나타나고 표출된다는 것이다. 노동력 가치의 발현형태인 노동가치는 이로써 자본주의 생산양식에 핵심적인 **생산관계**, 곧 임금노동의 발현형태가 된다. 형태들의 변형 메커니즘은 이처럼 스스로를 감추면서 Erscheinungsformen[현상형태들]로 표출되는 생산관계에 의해 규정된다. 비합리성은 바로 생산관계의 이 고유한 실효성, 표출/감춤의 지수이다.

> 노동력의 가치와 가격이 노동임금 형태로, 또는 노동가치와 가격으로 변형되는 것이 지니는 결정적 중요성이 이제 이해된다. 노동자와 자본가의 온갖 법적 표상, 자본주의 생산양식에 대한 모든 신비화, 모든 자

58 *Le Capital*, t. II, p. 208[『자본』 I-2, 737~738쪽].

유주의적 가상, 속류경제학의 모든 부질없는 변호론, 이 모두는 현실적 관계를 비가시적으로 만들고 현실적 관계와 상반된 것을 보여주는 이러한 발현형태에 기대고 있다.[59]

D)과정 개념

상품의 유령 같은 대상성 연구 그리고 **노동가치**라는 비합리적 표현 연구를 통해 어떤 구조가 포착될 수 있다. 우리는 Wirklichkeit[현실성] 형태들이 사회적 생산관계의 발현형태들이며, 이 생산관계는 이 Wirklichkeit[현실성]의 장에 그대로 나타나지는 않고 오히려 이 장에 주어진 관계들을 구조화한다는 것을 알게 된다. 우리는 동시에 이러한 발현형태가 감춤의 형태라는 점도 알게 된다. 고전파 경제학이 알아보지 못한 것이 이 구조이다. 고전파 경제학은 형태[형식]에 대한 이론이 없어 자신의 대상 자체를 알아보지 못한다. 과학이 관계하는 종별적 대상성, 즉 규정된 생산과정이라는 대상성을 알아보지 못하는 것이다.

이러한 과정 개념을 이해하기 위해 먼저 마르크스의 정의를 환기해보자.

과정이라는 말은 그 현실적 조건들의 총체에서 고찰된 전개를 표현한다.[60]

59 *Le Capital*, t. II, p. 211 [『자본』 I-2, 741쪽].
60 *Le Capital*, t. I, p. 181 [이 정의는 『자본』의 프랑스어판 주석에만 나온다].

과정의 두 가지 핵심 특징을 언급하면서 이 정의를 완성해보자.

(1)과정의 전개는 과정의 출발점을 항상적으로 재생산하게끔 이루어진다.

(2)과정에서 요소들은 그 **본성**이 아니라 그것들이 점유하는 **자리**, 그것들이 수행하는 **기능**에 의해 정의된다.

이 특징은 마르크스가 연구한 가장 단순한 과정, 즉 노동과정 일반에 대해 이미 타당하다. 마르크스는 어떻게 같은 물질적 요소가 노동과정에서 때로는 생산물, 때로는 원재료, 때로는 노동수단의 역할을 하는지 보여준다.

> 보다시피, 생산물이라는 성격, 원재료라는 성격, 노동수단이라는 성격은 그것이 노동과정에서 수행하는 특정한 위치에 따라서만, 그것이 노동과정에서 점유하는 자리에 따라서만 어떤 사용가치와 결부되며, 그 자리가 바뀌면 그것의 규정도 바뀐다.[61]

이미 이 수준에서 생산요소의 기능적 규정을 그 물질적 속성으로 여기는 혼동이 생길 수 있다. 하지만 실상 우리는 생산과정이 언제나 특정한 사회형태 안에서 일어난다는 것, 생산과정은 언제나 특정한 생산과정이라는 것을 알고 있다. 이는 생산과정이 규정하는 자리, 형태, 기능이 임의의 생산양식을 특징짓는 생산관계에 의해 규정되는 자리, 형태, 기능에 대해 그 자신 담지자 노릇을 할 수밖에 없

61 *Le Capital*, t. I, p. 185[『자본』 I-1, 272쪽].

다는 것을 뜻한다. 실제로 생산관계가 새로운 자리와 기능을 규정하고 이 자리와 기능이 노동과정의 요소들에 종별적 형태를 부여한다. Wirklichkeit[현실성]에서 이 형태들은 그것들을 담지하는 물질적 요소의 속성으로서 나타나지만, 실상은 전개의 숨겨진 동력이 나타나는 현상형태, 이 동력의 실존양식이다. 예를 들어 물신숭배적 가상을 통해 자기 토대인 사회적 관계로부터 단절되는 상품형태가 그렇고, 혹은 노동력의 가치, 다시 말해 자본주의적 생산관계가 숨겨져 있는 '노동가치'라는 형태가 그렇다.

과학의 대상으로서 과정의 이 구조는 그것을 설명하는 과학 개념들의 종별적 성격을 함축한다. 한편에서는 과학성의 진정한 형식을 규정하고, 다른 한편에서는 고전파 경제학의 오류의 원천을 규정하는 대립을 통해 마르크스가 표현했던 것이 이것이다.

> 여기서 중요한 것은 사물들을 포섭하는 정의가 아니라 규정된 범주를 통해 표현되는 규정된 기능이다.[62]

사물들(Dinge) 포섭하다 정의들	기능들 표현하다 범주들

고전파 경제학은 안정된 사물들 사이의 자연적 관계를 다룬다고 믿으면서 자본주의적 생산과정의 종별적 구조를 알아보지 못한다.

62 *Le Capital*, t. IV, p. 208[『자본』 II, 282쪽].

실제로 자본주의적 생산과정은 생산과정 일반의 층위, 상품생산형태의 층위, 그 자체의 여러 수준에서(생산, 재생산, 전체 과정) 전개되는 자본주의적 과정 특유의 형태들의 층위가 포개져 구성된다. 이런 구조를 단 하나의 평면으로 평탄화하는 고전파 경제학은 일련의 혼동에 빠진다. 생산요소의 물질적 규정과 생산요소의 자본주의적 형태의 규정 사이의 혼동, 단순한 상품생산형태와 자본주의적 형태의 혼동, 생산과정에서의 자본형태와 유통과정에서의 자본형태의 혼동 등에 빠지는 것이다. 이 모든 혼동은 마르크스가 『자본』 2권에서 비판한, 고정자본과 유동자본에 대한 스미스의 관점에 응축되어 있다. 스미스는 고정자본과 유동자본의 규정들, 그러니까 유통과정에 들어간 자본형태의 규정들을 결국 자본의 물질적 요소들의 유동성이나 부동성으로 환원한다.

이렇게 해서 우리는 『자본』의 출발점 연구가 어떻게 과학이 관계하는 고유한 대상성을 알아보게 하고 고전파 경제학의 오류들의 토대를 이해하게 하는지를 알게 된다.

부록

상품관계와 자본주의적 관계

가치형태에 대한 우리의 분석은 다음의 반박을 받았다. 우리는 상품의 가치형태를 규정하는 구체적 노동/추상적 노동의 동일성을 설명하려고 자본주의 생산관계를 끌어들인다. 그런데 상품형태가 자본주의 생산양식 이전부터 있었음은 명백하며, 또한 『자본』 1장의 상품 분석은 상품**생산형태**가 서로 다른 **생산양식들**에서 할 수 있는 역할과는 무관하게, 상품생산 일반의 특징들만을 끌어들이는 것 같다.

우선 반박의 범위를 한정해보자. 반박은 우리에게 근본적 지점처럼 보이는 것에는 전혀 반대하지 않는다. 그러니까 경제적 현실 Wirklichkeit의 현상들은 생산관계의 효력을 특수한 왜곡으로 표출한다는 점을 통해서만 이해된다는 데는 반대하지 않는 것이다. 반대로 문제가 되는 것은 자본주의 생산과정 이론에서 상품 분석이 수행하는 출발점 기능의 정확한 의미다.

우선 실제로 『자본』 1장에서는 자본주의 생산양식의 필수 전제인 한에서의 상품생산 일반이라는 문제만을 다루는 것 같다.

따라서 우리가 다루는 것은 상품-자본의 요소로서의 상품이 아니라 상품 일반이다. 유용한 노동과 **가치를 창조하는** 노동의 동일성은 단지 상품생산을 정의할 뿐이며, 자본주의적 생산은 유용한 노동과 **잉여가치를 창조하는** 노동의 동일성으로 정의된다.

그러므로 『자본』 1장에서 우리는 자본주의 생산양식에 고유한 규정들보다 (이론적으로나 역사적으로) 앞선 단계에 있을 것이다. 이로부터 『자본』 1장을 발생적 서술로 보는 역사주의적 독해가 가능하다. 원초적 형태의 교환에서 출발하여, 마르크스에 따르면 자본주의 생산양식 이전 사회들의 막간에 전개되었을 소규모 상업 지구들을 거쳐, 부르주아적 형태의 교환에 이르는 발생 말이다.

그러나 동시에 마르크스는 "노동생산물의 가치형태는 현행 생산양식에서 가장 추상적이고 가장 일반적인 형태이며, 이 때문에 역사적 성격을 얻는다"[63]고 말한다. 또한 엥겔스에게 보내는 1867년 6월 22일 편지에서 가장 단순한 형태의 상품이 "**화폐형태의 모든 비밀**, 이로써 **그 핵에서**in nuce **모든 부르주아적 형태**의 **노동생산물**의 비밀도 포함하고 있다"고 주장한다. **핵**의 비유는 1판 서문의 **세포** 비유와 마찬가지로, 자본주의 생산양식에 고유한 규정이 상품 및 상품교환의 단순한 규정에 그저 첨가되는 것이 아니라 어떤 방식으로든 이 규정에 이미 있을 수밖에 없음을 시사한다. 그렇다면 『자본』 1장은 모든 상품의 일반적 성격에 대한 분석이 아니라 특정 생산양식, 즉 자본주의 생산양식의 가장 단순한 형태**인 한에서의** 상품형태에 대한 분석일 것이다.

이 해석의 정확함에 대한 가장 명확한 확증을 우리는 『정치경제학 비판을 위하여』 1장에서 존 스튜어트 밀을 향한 마르크스의 찬사에서 얻는다.

> 스튜어트 밀은 부르주아 이전 시대에도 생산물이 상품형태를, 상품이 화폐형태를 띤다는 사실을 당연히 잘 알았다. 그러나 그는 부의 근본 형태로서의 상품, 전유의 지배적 형태로서의 소외는 오로지 부르주아적 생산 시기에만 속한다는 것, 따라서 교환가치를 창조하는 노동의 성격은 특별히 부르주아적이라는 것을 아주 세심하게 증명한다.[64]

그러나 우리는 『자본』에 대한 헤겔적 독해라는 함정을 피해야

---

63 *Le Capital*, t. I, p. 83 [『자본』의 프랑스어판 주석에만 있는 내용이다].

64 *Contribution à la critique de l'économie politique* [『정치경제학 비판을 위하여』], p. 35.

한다. 이 독해에 따르면, 상품형태는 자본주의 생산양식의 모든 모순의 싹을 그 내부에 담고 있을 것이고, 『자본』은 이러한 모순들의 전개에 불과할 것이다. 아울러 이 출발점 자체는 도착점에 의해 매개된다는, 그리고 상품은 자본주의 생산과정의 모든 전개를 전제한다는 헤겔식 담론의 불가피한 귀결도 함께할 것이다.

마르크스가 이런 헤겔적 해석을 뒷받침하는 논변들을 적어도 역사주의적 해석을 뒷받침하는 논변들만큼 제공하고 있음에 주목하고, 우리가 보기에 문제가 올바르게 제기될 수 있을 길을 표시해보자. 이를 위해 우리는 마르크스가 『자본』 3권의 「생산관계와 분배관계」라는 장에서 제공하는 표시들을 이용할 수 있다.

> 자본주의 생산양식은 생산물을 상품으로 생산한다. 상품을 생산한다는 사실이 자본주의 생산양식을 여타의 생산양식과 구별해주는 것은 아니다. 하지만 상품이라는 사실은 그 생산물의 지배적이고 결정적인 성격이다. 이는 우선 노동자 자신이 상품 판매자로서만, 따라서 자유로운 임금생활자로서만 등장하며, 노동 일반은 임금노동으로 등장한다는 점을 함축한다.[65]

> 이미 상품에는, 하물며 자본 생산물로서의 상품에는, 모든 자본주의 생산양식을 특징짓는 생산의 사회적 규정들의 사물화, 생산의 물질적 토대의 주관화가 포함되어 있다.[66]

---

65 *Le Capital*, t. VIII, p. 254[『자본』 III-2, 1166쪽].
66 *Le Capital*, t. VIII, p. 255[『자본』 III-2, 1167쪽].

> 사회적 노동시간이 부과되고 상품가치를 규정하는 특정한 형태는, 그에 상응하는 자본으로서의 생산수단의 형태와 연결되는데, 이 토대 위에서만 상품생산이 생산의 일반적 형태가 된다는 의미에서 그렇다.[67]

오로지 자본주의 생산관계를 토대로 해서만 상품생산형태는 지배적 생산형태가 되고, 상품형태는 일반적인 방식으로, 그리고 노동생산물의 형태로서 받아들일 수 있는 모든 규정을 지니고서 등장한다. 또는 유용한 노동과 가치를 창조하는 노동의 동일성은 유용한 노동과 잉여가치를 창조하는 노동의 동일성을 토대로 해서만 사회적 생산 전체를 규정한다고도 할 수 있겠다.

이로써 자본주의 생산관계의 결정적 성격이 표명된다.

자본주의 생산양식의 구성과정(원시적 축적)에서 직접생산자가 생산수단과 분리되고 생산수단이 자본으로 변환되고 나면, 직접생산자인 노동자의 유용한 노동은 가치를 창조하는 노동으로서만 발현될 수 있다. 이로써 유용한 노동과 가치를 창조하는 노동의 동일성이 곧 생산의 일반법칙이 되는 조건이 창출된다. 바로 이와 같은 방식으로 자본주의 생산양식의 특징들이 노동생산물의 단순한 상품형태 안에 이미 포함되어(eingeschlossen) 있을 수 있다.

---

67 *Le Capital*, t. VIII, p. 256[『자본』 III-2, 1169쪽].

2. 과정의 구조와 과정의 지각

A)형태들의 전개와 전도

우리는 과정의 내적 규정이 그 현상형태(또는 발현형태)와 맺는 관계를 표현하는 첫 번째 개념을 고정했다. **감춤**dissimulation 개념이 그것이다. 그렇게 하면서 우리는 이 관계를 정의하는 두 번째 개념을 잠정적으론 모호하게 내버려두었다. 그것은 **전도**(Verkehrung) 개념이다.

마르크스는 노동력의 가치를 노동가치로 바꾸는 형태 변화를 연구하면서 이렇게 단언한다.

> 이러한 발현형태는 현실적 관계를 보이지 않게 하고 나아가 그 반대를 보여준다.[68]

> '노동가치'라는 표현에서 가치 개념은 사라질 뿐 아니라 그 반대로 전도된다.[69]

이 전도는 어디서 성립하는가? 임금형태에서 **나타나는** 것은 노동자가 아무 구별 없이 자기 노동일 전체에 대해 대가를 지불받는다는 것이다. 반면 임금은 실상 노동력 가치에 상응하며, 따라서 노동자가 자기 노동력을 재생산하는 노동일의 일부에 상응한다. 이렇게 잉

68 *Le Capital*, t. II, p. 211 [『자본』 I-2, 741쪽].
69 *Le Capital*, t. II, p. 208 [『자본』 I-2, 737쪽].

여가치 이해를 위한 토대(노동일의 분할)는 임금형태에서 전복된다.

마르크스가 정치경제학에 가져온 혁명에서 핵심 중 하나는 정치경제학의 장에서 과학적 규정과 현상적 형태 간 전도관계를 밝혀냈다는 것이며, 마르크스에게는 바로 이것이 과학성의 일반 법칙이다.

> 사물들이 현상에서는 자주 전도된 모습으로 출현한다는(sich darstellt) 것은 정치경제학을 제외하고는 모든 과학에 익히 알려진 사실이다.[70]

생산관계가 수행하는 구성적 역할의 증거가 되는 구조적인 내적 규정들이 그 발현형태에서 전도된다는 사실은 이로써 과정의 근본 특징으로 나타난다. 바로 이 법칙이 그 형태들의 전개를 규정한다.

이미 단순한 화폐유통의 수준에서부터 이에 대한 예시를 찾을 수 있다. 실제로 화폐는 상품가치의 실존형태이고, 화폐유통은 상품들의 모순을 위한 운동형태이다. 그런데 유통 운동을 일상적 경험에 주어진 대로 살펴보면, 사태는 다르게 보인다.

> 화폐의 흐름은 동일한 운동의 항상적이고 단조로운 반복이다. 상품은 늘 판매자 편에 있고, 화폐는 **구매수단**으로서 늘 구매자 편에 있다. 화폐는 상품의 가격을 실현함으로써 **구매수단**으로 기능한다. 구매수단으로서 화폐의 기능은 상품가격을 실현하는 것이다. 화폐는 상품가격을 실현하고 상품이 판매자에서 구매자로 넘어가게 하면서 그 자신은

70 *Le Capital*, t. II, p. 208 [『자본』 I-2, 738쪽].

구매자에서 판매자로 옮겨 가며, 다른 상품에 대해서도 똑같은 행군을 다시 시작한다.

얼핏 보면 화폐의 이 일방향 운동은 상품의 양방향 운동에서 비롯되는 것 같지 않다. 유통이 상반된 겉모습을 낳는 것이다….

화폐는 혼자서는 운동할 수 없는 상품들이 유통되게 하는 것처럼 보이며, 화폐 자신의 방향과는 항상 대립적인 방향에서 이 상품들이 사용가치를 가지지 않은 사람의 수중에서 사용가치를 가진 사람의 수중으로 옮겨 가게 한다. 화폐는 끊임없이 유통영역에서 상품들을 밀어내고 대신 자신이 그 자리에 들어가며 자신의 원래 자리를 포기한다. 화폐의 운동은 상품유통의 표현에 불과함에도, 반대로 상품의 유통이 오로지 화폐의 운동으로부터만 귀결되는 듯 보인다.[71]

여기서 마르크스는 두 가지 운동을 구별한다. 하나는 **현실적** 운동이고 다른 하나는 **겉보기** 운동이다. 전자는 가치의 운동으로, 유통과정의 반복에서 스스로를 감추는 운동이다. 후자는 일상 경험이 신뢰하는 운동으로, 현실적 운동의 전도된 모습을 등장시킨다.

우리가 자본주의적 과정의 가장 추상적이며 가장 덜 전개된 형태들에서, 가장 많이 전개되고 가장 구체적인 형태들로 옮겨 갈수록, 이러한 전도관계가 확증됨을 볼 수 있다. 이와 같이 “하나의 전체로

71 *Le Capital*, t. I, p. 123[『자본』 I-1, 185~186쪽].

고려된 자본 운동이 탄생시키는 구체적 형태들"[72]의 전개, 즉 생산과정과 유통과정의 자본 전체 과정으로의 통일에 의해 규정되는 형태들의 전개, 이것이 『자본』 3권의 대상이다. 이 전개의 종점은 자본주의적 생산의 표면에서 현시되는 형태들, 즉 상이한 자본들이 경쟁에서 대결하는 형식이자 마르크스가 **생산행위자**라고 부른 경제적 주체들이 일상적 경험에서 지각하는 형태다.

과정의 형태들의 전개는 이처럼 전도 법칙에 지배된다. 즉 자본주의적 생산과정이 등장하거나 나타나는 형태들은 그 내적 규정에 비추어볼 때 정확히 전도되어 있다. 이 형태들은 **내적 연관**(innere Zusammenhang)이 전도된 **사물들의 연관**(Zusammenhang der Sache), 자본주의적 생산의 **현실적 운동**이 전도된 **겉보기 운동**을 등장시킨다. 생산행위자에게 지각되는 것은 이와 같은 겉보기 운동 또는 사물들의 연관의 형태다.[73]

---

72 *Le Capital*, t. VI, p. 47 [『자본』 III-1, 41쪽].

73 자크-알랭 밀레르는 "Fonction de la formation théorique"(「이론 형성체의 기능」), *Cahiers marxistes-léninistes*, n. 1에서 구조에 대한 주체의 지각을 규정하는 이와 같은 전도의 법칙을 밝혀냈다.

"종별적 생산양식이 분절되는 구조적 체계에서, 주체의 전위 범위는— 주체가 현행적인 것의 수준에 서 있는 한에서, 다시 말해 구조가 주체에게서 구조의 체계에 대한 지각은 앗아가면서 대신 구조의 상태(겉보기 운동)에 대한 지각은 허용하는 한에서— 가상으로 정의된다. "가상은 주체가 그것을 반성하고 의미하는 한에서, 한마디로 주체가 그것을 배가하는 한에서, 이데올로기 형태로 영속화된다."

"가상과 이데올로기는, 이것들이 '보다'에서 '말하다'로 이어지는 연속선상에서 사유될 때, 사회구성체 구조로의 편입을 통해 엄격하게 규정되는 주체의 자연적 요소를 형성한다."

"경제가 사회적 실천의 표현들manifestations 모두의 지시체로 자리매김해야 할 최종심급이라는 바로 그 이유 때문에, 경제의 활동은 현행적인 것의 차원에 근본적으로 낯설며, 경제는 그 결과들을 통해 주어진다."

"원인의 부재는 개인의 의식 수준에서 구조적 규정들의 전도를 완수하기에 충분하다."

"지각의 전도는 가상이다. 담론의 전도는 이데올로기다."

우리는 명확한 사례 하나를 들어 이 법칙을 연구할 것이다. 마르크스가 『자본』 3권에서 서술한 '보상 근거'에 대한 이론[74]이 그것이다. 하지만 이 텍스트를 연구하기 전에 두 가지 예비적 언급을 해둘 필요가 있다.

(1)보상 근거에 대한 분석은 『자본』 1권에 나오는 다음 텍스트의 응용을 제시한다.

> 자본의 필연적이고 일반적인 경향들은 그것들이 나타나는 형태들과 구별되어야 한다.

> 우리는 여기서 자본주의적 생산의 내재적 경향들이 어떻게 개별 자본의 운동에 반영되는지, 어떻게 경쟁을 강제하는 법칙으로 효력을 가지는지, 또 그럼으로써 어떻게 자본가에게 그들 작업의 동기로 인정받는지를 검토할 필요는 없다.

> 경쟁에 대한 과학적 분석은 실상 자본의 내밀한 본성에 대한 분석을 전제한다. 천체의 겉보기 운동이 천제의 현실적 운동을 인식하는 사람에게만 파악되는 것처럼 말이다.[75]

자본주의적 생산의 내재적 경향들(현실적 운동), 개별 자본들의 운동(겉보기 운동), 자본가들의 동인. 우리는 이 세 항의 관계에서

74 *Le Capital*, t. VI, p. 222 et s.[『자본』 III-1, 276쪽 이하]
75 *Le Capital*, t. II, p. 9[『자본』 I-1, 442쪽].

『경제학-철학 수고』와는 아예 다른 자본주의적 주체성에 대한 이론, 동력과 동기에 대한 이론이 형성되는 것을 볼 수 있다. 자본가의 동인이 대상성의 형태 아래 자본가 자신에게 해를 입히는 방향으로 작용하는 것이 아니다. 오히려 **자본**에 고유한 경향, 자본주의 생산양식의 구조적 법칙이 경쟁이라는 현상을 통해 자본가에 의해 동인으로 내면화된다.

『자본』 1권에서 이 문제는 부수적으로만 제기될 수 있었다. 반대로 3권에서는 **자본**의 내밀한 본성에 대한 분석을 통해 마르크스는 경쟁을 그 자체로 분석하지 않고 그 **토대**를 정립할 수 있는 지점에 도달한다. 그 토대란 현실적 운동과 겉보기 운동의 관계에 대한 규정이다.

(2)보상 근거에 대한 분석은 경쟁에 의한 이윤율 균등화 연구의 일부다. 이를 이해하려면 잉여가치에서 이윤으로의 이행과 평균이윤율의 확립을 대강이나마 상기해볼 필요가 있다.

a)잉여가치와 이윤

C(불변자본)+V(가변자본)+pl(잉여가치)이라는 공식에서 출발하자. 상품의 가치는 이 공식으로 표현된다. 우리는 이 공식에서 잉여가치율은 $\frac{pl}{V}$ 과 같다는 것을 끌어낸다. $\frac{pl}{V}$ 이라는 공식은 마르크스가 말한 **개념적 관계**를 표현한다. 실상 이 공식은 지불노동에 대한 지불되지 않은 노동의 비율인 잉여가치의 기원을 표현한다.

자본의 전체 과정의 구체적 현상의 수준에서는 잉여가치가 나타나지 않는다. 나타나는 것은 잉여가치의 **현상형태**인 **이윤**이다. 현상형태가 모두 그렇듯, 이윤은 [현상형태인] 동시에 감춤의 형태다. 실제로 여기서는 더 이상 가변자본에 대한 잉여가치의 개념적 관계가 아니라 자본 전체에 대한 잉여가치의 무개념적(begriffslose) 관계가 고려되는데, 이 관계에서 구성요소 사이의 차이는 사라지며, 따라서 마르크스의 말처럼 "잉여가치의 기원과 그 실존의 신비"가 지워진다.

이윤율은 다음 공식으로 표현될 것이다.

$$\frac{\text{P(이윤)}}{\text{pr(원가 또는 생산비용)}}$$

이 공식은 실제로는 $\frac{pl}{V}$을 표상하는데, 왜냐면 이윤의 크기는 잉여가치의 크기와 같고 C+V의 합은 생산비용을 규정하기 때문이다.

b)평균이윤율의 확립

잉여가치율과는 달리 이윤율은 불변자본의 변동으로 규정된다. 잉여가치율이나 이윤의 크기와는 독립적으로, 이윤율은 (유일하게 잉여가치를 생산하는) 가변자본에 대한 불변자본의 비중에 따라 변동할 것이다.

어떤 자본이 평균적 구성보다 덜 유기적으로 구성되어 있다면, 다시 말해 불변자본 C[76]의 몫이 평균 이하라면 이윤율은 증가할 것이고, 아니라면 그 반대가 될 것이다.

자유경쟁의 상황에서 자본은 이윤율이 평균보다 높은 영역으로 유입될 것이다. 이러한 자본 유입은 해당 영역에서 수요에 비해 공급

76 ❖ 원문에 V로 잘못 표기되어 있는 것을 고침.

과잉을 가져올 것이고, 자본이 빠져나간 영역에서는 그 반대가 될 것이다. 이런 식으로 균형이 수립된다.

> 이러한 지속적인 [자본의] 유입-유출에 의해, 즉 이윤율의 높고 낮음에 따라서 상이한 부문으로 자본이 분배되는 방식에 의해, 상이한 생산부문에서 평균이윤이 균등해지고 따라서 가치가 생산가격으로 변형되는 수요와 공급의 관계를 자본은 촉발한다.[77]

결과적으로, 같은 크기의 자본은 그 유기적 구성과 무관하게 동등한 이윤을 낼 것이다. 이런 식으로 가치법칙은 전복된다. 더 정확히 말해, 가치법칙은 그 반대의 형태 아래 실현된다. 하지만 가치법칙에 의한 이러한 규정은 오직 **과학**을 통해서만 인식된다. 가치법칙이 실현되는 경쟁형태들은 그것을 감춘다. 이것이 마르크스가 보상 근거를 다루는 텍스트에서 보여주는 바이다.

> 경쟁이 **보여주지 않은** 것, 그것은 바로 생산의 운동을 지배하는 가치의 결정이다. 생산가격의 배후에 감춰져 있으면서 최종심급에서는 그 생산가격을 결정하는 것은 바로 가치들이다.[78]

---

77 상품의 생산가격은 그 상품의 생산비용에다 일반적 이윤율에 맞게 계산된 이윤 비중을 덧붙인 것과 같다. 일반적 이윤율은 자본가계급이 탈취한 잉여가치의 전체 크기와 자본가계급이 대부한 총자본의 비율rapport을 표상한다. 실상 잉여가치는 자본가계급 전체를 위해 생산된다는 점을 고려해야 한다. 상이한 영역들 간의 이윤율 균형을 맞추는 경쟁의 운동은 궁극적으로는 이와 같은 "자본주의적 공산주의"를 실현한다. *Le Capital*, t. VI, p. 210[『자본』 III-1, 261쪽].

78 *Le Capital*, t. VI, p. 222[『자본』 III-1, 277쪽].

반면에 경쟁이 **보여주는** 것은 가치법칙을 거스르는 세 가지 현상이다.

①다양한 생산부문에서 자본의 유기적 구성과 독립적이며, 따라서 한 자본이 특정 부문에서 전유하는 살아 있는 노동의 크기와 독립적인 평균이윤의 실존

②임금 변동에 따른 생산가격의 등락

③시장가치와는 다른, 시장 생산가격을 중심으로 하는 시장가격의 중력 운동

> 이 모든 현상은 노동시간에 의한 가치의 결정에 위배될 뿐 아니라 지불되지 않은 잉여노동에서 성립하는 잉여가치의 본성에도 위배되는 듯 보인다. **그래서 경쟁에서는 모든 것이 거꾸로 나타난다**. 경제적 관계의 현실적인 실존의 표면에 등장하는, 따라서 이 관계의 담지자와 행위자가 이를 납득하려고 하는 표상들에 똑같이 등장하는, 경제적 관계의 완성된 형태(fertige gestalt)는 내적이고 본질적이지만 은폐된 그 핵 형태(Kerngestalt) 및 그에 상응하는 개념과 아주 다르며 사실상 그 역이고 대립물이기도 하다.[79]

우리는 이 텍스트에서 다음 이론들의 요소를 얻는다.

— 과정의 구조에 대한 이론

— 그 구조에서 주체의 자리에 대한 이론

79 *Le Capital*, t. VI. p. 223[『자본』 III-1, 277쪽].

— 이데올로기적 담론의 가능성 및 그것과 과학의 차이에 대한 이론

제시된 용어들을 표로 정리해보자.

Verkehrung(전도)

fertige Gestalt[완성된 형태]	Kerngestalt[핵 형태]
표면 현실적 실존 | 담지자 — 표상들(Vorstellungen) erklären[해명하다] 행위자	내적 본질적 | Begriff[개념]

우리는 일련의 등가적 용어로 위 표를 보완할 수 있다. 즉 fertige Gestalt[완성된 형태]의 수준은 사물들의 연관의 수준, 겉보기 운동의 수준, 현실성(Wirklichkeit)의 수준이기도 하다. Kerngestalt[핵 형태]의 수준은 내적 연관과 현실적 운동의 수준이다.

이 표를 통해 우리는 우선 **과학** 개념을 명확히 할 수 있다. 이를 위해 고전파 경제학을 과학으로 정의했던 텍스트를 상기해보자.

> 고전파 경제학은 분석을 통해 부의 상이한 형태들, 즉 고정되고 서로에게 낯선 형태들을 그 내적 통일성(innere Einheit)으로 환원하고(zurückführen), 이 형태들이 서로 무차별적 방식으로 나열되지 않도록 한다.

고전파 경제학은 부와 그것의 다양한(Mannighfaltigkeit) 발현 형태들(Erscheinungsformen)을 분리하면서 내적 연관을 이해하고자(begreifen) 한다.[80]

우리는 앞서 이 고전파 경제학의 기획에서 어떤 차이가 수립됨으로써 과학이라는 차원이 창시되었으며, 그러나 이 차이의 개념은 사유되지 않았다는 데 주목했다. 이제 위의 텍스트에서 begreifen[이해하다]의 작용, Begriff[개념]의 형상을 정의하는 용어들의 체계를 검토하면서, 이 차이의 개념이 사유되지 않은 이유를 더 상세하게 살펴보겠다.

zurückführen[환원하다] Einheit[통일성]	Mannigfaltigkeit[다양] Erscheinungsformen[현상형태들]

이것은 다양한 현상적 형태를 통일성으로 환원하는 것이며, 칸트 유형의 기획이 바로 이런 것이다. 마르크스는 이 같은 칸트적 어휘를 활용하여 과학과 그 탐구 대상의 일정한 관계 유형을 가리키는데, 이후 『잉여가치론』에서 그는 이를 형식적 추상, 거짓 추상, 불충분한 추상이라고 특징지을 것이다.

내적 통일성과 다양한 Erscheinungsformen[현상형태들] 사이의 외적 관계에만 머무를 때, 이러한 유형의 추상에는 형태의 전개가 없다. Kerngestalt[핵 형태]가 그것에 반대되는 fertige Gestalt[완성된 형태]에서 실현되게 해주고, 겉보기 운동을 현실적 운동의 한 기능으로 만드는 형태의 전개가 없는 것이다. 이는 이런 **통일성**의 가능성 조건이 사유되지 않았다는 점, 체계의 동력이 발견되지 않았다는 점에

80 ❖ 이는 *Histoire des doctrines économiques*(『경제학설사』), t. VIII, p. 184에서 인용한 구절이다.

기인한다. 장차 마르크스는 이 가능성의 조건을 사유하기에 앞서, 과학에 구성적 역할을 하는 차이 개념을 정식화하고 과학의 정확한 기능을 지정할 수 있게 될 것이다. 만일 과정의 형태가 전개되면서 내적 본질, 핵 형태가 그 전개된 형태들로 사라지고 감춰지고 전도된다면, 만일 내적 본질이나 핵 형태가 (이윤 형태에서 잉여가치가 그렇듯이) **비가시적 요소**가 된다면, 과학은 이런 비가시적인 것의 과학으로서, 가시적 운동의 비가시적 운동으로의 환원으로서 창설된다. 이 경우 과학에 대한 최초의 정의를 이 새로운 정의로 대체할 수 있으며, 이 새로운 정의는 아마도 처음에는 도식적인 것처럼 보이겠지만 실은 엄밀하게 설명될 것이다.

> 과학적 작업이란 가시적 운동, 한낱 겉보기 운동을 내부의 현실적 운동으로 환원하는 일이다.[81]

이러한 겉보기 운동의 환원은 사실상 현실적 운동의 제시와 다름없다. 이 텍스트에서 과학의 활동을 가리키는 용어가 Begriff[개념]인 것은 이 때문이다. 이것은 과정의 내적 규정이 발현되는 운동에 대한 파악이다.

Begriff[개념], begreifen[이해하다]이라는 개념을 『경제학-철학 수고』와 비교하여 위치시켜보는 것도 쓸모없지는 않다. 『경제학-철학 수고』에서 begreifen 작업은 인간학적 준거 담론으로의 번역을 가

81 *Le Capital*, t. VI, p. 322[『자본』 III-1, 411쪽].

리켰다. 이로부터 정치경제학의 모든 범주를 동일 **개념**(소외된 노동)의 표현들로서 발견할 수 있었다. 각각의 범주는 마르크스가 소외된 노동과 사적 소유가 구성한다고 생각한 "일차적 토대들"의 "규정되고 전개된 표현"에 불과했다. 그는 거래, 경쟁, 자본, 화폐를 이렇게 전개될 수 있는 범주의 사례로 제시했다.

이 "규정되고 전개된 표현"이라는 정식은 『자본』의 정식들과 아주 가깝게 보인다. 그러나 이 정식이 사실상 가리키는 것은 (인간학적) 본질이 그 개별화된 표현인 현상과 맺는 관계다. begreifen은 본질과 현상들의 수준 차이만을 확립하며, 이때 현상들은 모두 같은 수준에 있고 똑같은 자격으로서 본질의 표현들이다. 범주들의 열거(거래, 경쟁, 자본, 화폐)에서 전개되지도 않고 규정되지도 않은 것, 그것은 바로 화폐와 자본의 수준 차이, 자본의 운동과 경쟁의 운동 사이의 수준 차이이고, 또한 자본주의적 생산**체계**에서의 이 범주들의 분절이다.

『자본』에서 begreifen은 반대로 이 범주들 각각을 배치하는 일이며, 자본주의 생산과정이 실현되는 형태들의 운동을 파악하는 일이다. 개념적 노동이 형태들의 분절을 파악하는 것은 오로지 형태들의 분절을 규정하는 것, 즉 사회적 관계를 파악하는 한에서다. 예를 들어 잉여가치율의 개념적 관계는 이윤율의 무개념적 관계가 감추는 사회적 관계를 파악하게 해준다.

이러한 개념적 포착을 통해 과학은 구조의 분절을 파악할 수 있다. 이 때문에 과학은 그것을 딛고 성립할 수 있는 담론의 가능성의 조건도 제공할 수 있다. 이 담론이 성립하는 장소, 주체의 **표상들**Vorstellungen이 행사되는 장소를 규정함으로써 말이다.

B)주체성의 기능

주체, 곧 생산행위자는 여기 『자본』에서나 다른 여러 텍스트에서 **담지자**(Träger)로 정의된다.

이 개념은 중요하다. 이미 살펴보았듯 마르크스는 경제적 대상들을 정의할 때 이 개념을 활용한다. 이 개념이 주체와 대상 모두를 정의하는 데 이용된다는 사실, 이것은 이미 작동된 개념들의 전위를 잘 보여준다. 『경제학-철학 수고』에서 중심적 [개념] 쌍은 주체/대상(또는 인격/사물)의 쌍이었다. 경제적 현실을 정의하는 관계들은 주체/대상의 쌍에 의해 규정된 영역에서 성립했다. 이런 규정들로는 대상에 대한 주체의 활동, 주체/대상 관계의 전복, 대상에서 주체를 알아보기가 있었다. 반면에 『자본』에서는 생산관계의 탈중심적 위치가 주체와 대상의 자리를 규정한다. 주체/대상의 쌍은 이제 경제적 현실의 장 구성을 규정하는 모태가 아니다. 경제적 대상성을 구성하는 것은 생산관계이고 주체는 이 생산관계의 담지자에 불과하다.

우리는 다음과 같은 일련의 변형을 마주하게 된다.

주체	⟶	생산행위자(담지자)
행위	⟶	과정
대상	⟶	감각적-초감각적 사물(담지자)

왼쪽 열에서는 주체가 동력이지만, 오른쪽 열에서는 생산관계가 동력이다.

『1843년 수고』의 도식(예비적 고찰의 열한 번째 부분을 보라)을 준거로 삼아 『자본』에서의 주체성 이론과 청년 마르크스의 주체성 이론의 거리를 재볼 수 있을 것이다. 우리는 이 도식에서 마르크스가 신비적 주체의 ὑποκείμενον[휘포케이메논]으로 정의한 실재적이고 실체적인 주체와, 신비적 이념이라는 자율적 관념의 **담지자** 사이에 놓인 간극을 볼 수 있다. 여기 『자본』에서는 **담지자**가 실체적 주체를 대신한다.[82] 담지자 개념은 이전에는 주체와 그 본질의 분열을 입증하는 사변적 작업의 한 항이었지만, 여기서는 주체의 규정을 현실적 과정에 위치시키는 역할을 한다. 다음과 같은 이중의 운동을 통해 마르크스는 주체가 자기 자리를 발견하는 과정의 구조를 펼치면서 사변의 구조를 닫는다.

한편으로 주체는 자신을 모든 대상성, 모든 실체성을 구성하는 원리로 만들어주었던 실체적 두께를 상실해버리고 담지자라는 옅은 실재성만을 지닌다. 다른 한편, 우리가 보여주었듯, 만일 사변과 신비화가 어떤 담론이 Wirklichkeit[현실성]를 바탕으로 작업한 변형의 결과이기는커녕 과정의 구조가 Wirklichkeit[현실성]에 **등장하는** 방식 자체를 특징짓는다면, 주체 기능의 핵심 내용은 신비화된 존재에 있을 것이다.

주체의 이런 기능을 규정하는 두 번째 개념을 고찰한다면, 우리는 같은 유형의 변형을 확인할 수 있다. 그것은 **인격화** 개념인데, 이 역시 『1843년 수고』의 모델에 대응하는 짝이 있다. 자본가와 노동자

82 ❖ 원문은 "Ici le sujet substantiel vient à la place du support"(여기서는 실체적 주체가 담지자를 대신한다). 그러나 이 글에서 Ici가 보통 『자본』을 가리키고 『자본』을 언급할 때 현재 시제를 사용한다는 점에 주목하여 "Ici le support vient à la place du sujet substantiel"를 잘못 표기한 것으로 추정하고 해석한다.

는 자본과 임금노동이라는 생산관계가 인격화된 것으로 규정된다. 그래서 마르크스는 다음과 같이 쓰는데, 이 텍스트는 새로운 토대에 근거한 **향락**과 **계산**의 문제설정을 담고 있어 더욱 흥미롭다.

> 자본가는 인격화된 자본으로 기능하는 한에서만 역사적 가치, 역사적 생존권, 사회적 존재 이유를 갖는다. 오직 이런 자격으로만 자본가의 실존의 일시적 필연성은 자본주의 생산양식의 일시적 필연성에 함축된다. 그러므로 자본가 활동의 결정적 목표는 사용가치도 아니고 향락도 아니며, 교환가치와 그것의 지속적 증식이다.
>
> 자본주의적 생산의 발전은 필연적으로 한 기업에 투하되는 자본을 끊임없이 증대시키고, 또 경쟁은 각각의 자본가에게 자본주의 생산양식의 내재적 법칙들을 외적이고 강제적인 법처럼 부과한다.[83]

이처럼 생산행위자는 생산관계의 인격화 내지 담지자로 정의된다. 이 행위자는 여기서 구성적 주체가 아닌 지각하는 주체로서, 자신이 지각하는 경제적 관계를 **스스로에게 해명하려고** 하는 주체로서 개입한다. 동사 erklären[해명하다]은 청년 마르크스에게서는 비판적 활동을 표현했지만, 여기서는 자본주의적 주체가 그 자신이 사로잡혀 있는(befangen) 구조를 해명해보려고 시도할 때 띠게 되는 필연적으로 신비화된 방식을 가리킨다. 실제로 이 주체의 표상들은 마르크

83 *Le Capital*, t. III, p. 32[『자본』 I-2, 810~811쪽].

스에 따르면 "겉보기 운동의 의식적 표현"에 불과하다. 이 주체의 인식 도구는 직관이자 특히 경험인데, 이 경험은 겉보기 운동의 규칙성, fertige Gestalt[완성된 형태]의 안정적 형태들과 연결된다. 경험은 어떤 규칙적 관계들, 가령 임금과 상품가격의 관계를 가르쳐주는데, 이 관계로부터 사람들은 높은 임금은 가격을 상승시킨다는 결론을 끌어낸다.

이러한 체계가 보상 근거의 경우에서는 어떻게 작동할지 살펴보자.

> 자본주의적 생산이 일정한 발전 단계에 이르면, 개별 부문들의 상이한 이윤율이 균등화되고 이어서 평균이윤율이 수립되는 것은, 시장가격이 자본을 끌어당기거나 밀어내는 인력과 척력의 놀이만으로는 결코 이루어지지 않는다. 평균가격과 그에 상응하는 시장가격이 일정 기간 굳어지고 나면, 이런 획일화 과정에서 어떤 **차이들**은 보상받는다는 사실이 개별 자본가들의 **의식**에 들어오고 그들은 주저하지 않고 이런 차이를 대차계정에 포함시킨다. 자본가들의 표상에서 이 차이들은 실존하며 자본가들은 그것들을 보상 근거로 계산에 도입한다.
>
> 기본 관념은 이윤 그 자체이다. 즉 같은 크기의 자본은 동일한 시간 동안 반드시 동등한 양의 이윤을 산출해야만 한다는 관념 말이다.[84]

84 *Le Capital*, t. VI, p. 223[『자본』 III-1, 277쪽].

자본주의적 주체의 가상은 두 요소로 분해될 수 있다.

(1)이 주체는 자기가 모르는 현실적 운동의 법칙이 실현되는 통로인 겉보기 운동의 현상들을, 자기 행동의 **동인**으로 내면화한다. 그래서 보상 근거란, 단지 경쟁에 의한 이윤율의 균등화 현상이 자본가의 **계산**을 규정하는 동인으로서 그에게 내면화된 것에 불과하다.

> 자본가의 계산은 이러한 표상에 기대고 있다. 그는 가령 상품이 생산과정에서 지체되거나 원거리 시장에서 판매되어야 해서 자본의 회전이 길어지고, 이 때문에 이윤감소가 생기는 경우, 이를 높은 가격으로 보충함으로써 이윤을 자기에게 귀속한다.[85]

(2)이를 바탕으로 자본가는 보상 근거들이 이윤의 실존을 결정한다고 상상하지만, 이윤의 크기는 전 영역에서 착취된 잉여노동의 총합으로 이루어지며, 보상 근거들은 이윤의 크기를 개별 자본의 비중에 따라 **분배하는** 과정의 번역에 불과하다.

> 자본가들은 그들이 상이한 생산부문의 상품가격을 상호 계산할 때 활용하는 이 모든 보상 근거들이, 실은 단지 공동의 전리품, 곧 총 잉여가치에 대해 그들 모두 각자의 자본 크기에 비례하여 공평한 권리를 갖는다는 사실에 기인함을 그냥 잊어버린다. 아니, 경쟁이 이를 보여주지 않기에 보지 못한다. 보유한 이윤이 쥐어짜낸 잉여가치의 크기와 다르

85 *Le Capital*, t. VI, p. 223 [『자본』 III-1, 278쪽].

기에, 그들에게는 보상 근거가 총 잉여가치의 균등 분배에 쓰이는 것이 아니라 마치 **이윤 그 자체를 창조하는** 것처럼 보인다. 왜냐하면 그들은 이윤이 단지 상품생산 비용의 증가—그 동기가 무엇이든—에서 유래한다고 간주하기 때문이다.[86]

이 분석에서 우리는 세 가지 중요한 요소를 도출할 수 있다.

(1)우리는 생산행위자의 의식 수준에서 겉보기 운동이 지각되고 그 운동에 구성적 역할을 하는 전도顚倒가 확증됨을 볼 수 있다.

현실적 운동에서 이윤은 잉여가치, 즉 지불되지 않은 노동에 달려 있다. 착취된 잉여노동의 전체 크기가 잉여가치의 크기를 규정하며, 따라서 이윤 분배가 실행될 수 있는 한계를 규정한다. 노동-가치의 법칙은 이처럼 생산 전체에 대해 규제적 법칙의 역할을 한다. 이윤 범주는 잉여가치의 **생산**이 아니라 **분배**와 관련된다. 겉보기 운동은 이러한 잉여가치 분배 운동이 마치 잉여가치를 구성하는 것처럼 나타나게 한다. 이 현상들을 보상 근거들로 내면화하는 자본주의적 주체성은 이제 자기 동인을 구성적인 것으로 정립할 수 있다.

(2)동시에 우리는 생산행위자의 표상들(Vorstellungen)이 표상하는 바를 볼 수 있다. 이것이 생산행위자의 실천 범주들이다. 자본가는

86 *Le Capital*, t. VI, p. 224[『자본』 III-1, 278~279쪽. 마지막 문장은 내용상 반직관적이므로, 『자본』의 국역본에서 마지막 두 문장에 해당하는 부분을 옮겨둔다. "오히려 그들[자본가들]에게는, 그들이 획득한 이윤의 크기가 그들이 쥐어짜낸 잉여가치의 크기와 다르기 때문에 그들의 보상 근거가 총 잉여가치에서 고루 분배받는 것에서 유래한 것이기보다는 상품의 비용 가격에다 보상 근거에 따라 덧붙여진 것으로부터 유래한 것으로, 말하자면 그 보상 근거가 **이윤 그 자체를 창출하는** 것처럼 보인다"].

과정의 내적 구조에 관심을 둬봐야 득 될 게 없다. 그에게 필요한 범주는, 그가 자신의 실천을 체험하고 계산을 실행할 때 관계하는 겉보기 운동의 형태를 표현하는 범주들이다. 과정을 구성하는 범주들은 그에게는 어떤 점에서는 회계장부의 항목들이다.

그래서 자본주의적 가상 체계는 크기 이론으로 표현된다. 노동일로 상품가치를 규정하는 것은 자본가의 배후에서 일어나는 일이며, 잉여가치는 그의 회계장부에 들어오지 않는다. 그는 계산을 위해 주어진 규제적 크기들을 필요로 한다. 그는 이 크기들을 생산된 가치의 분배를 규정하는 크기, 즉 임금, 이윤, 지대에서 발견한다. 자본주의적 생산의 표면에서는, 따라서 자본가의 경험에서는, 이 크기가 상품가치를 **구성하는** 요소로 나타난다. 그 결과 자본가는 이 크기를 가치를 구성하는 크기로 계산에 넣는다.

> 이론의 차원에서의 **경험**, 실천의 차원에서의 **이해타산적 계산**은 상품가격이 임금, 이자, 지대, 그러니까 노동, 자본, 땅의 가격에 의해 규정된다는 것, 그리고 이 가격 요소들이 실제로 규제 가격을 확립한다는 것을 보여준다.[87]

(3)마지막으로, 우리는 『경제학-철학 수고』와 비교해볼 때 **계산** 개념에 어떤 전위가 일어났는지 규정할 수 있다. 『경제학-철학 수고』에서 계산이론은 자본주의적 주체성의 결정이 그 자신에 해롭게 되

87 *Le Capital*, t. VIII, p. 249.

는 전복의 지표였다. 자본가가 자신을 위해 계산할 때, 그는 헤겔적 보편정신에 따라서가 아니라 인간본질의 발전에 따라서 사업행위자 역할을 했다. 반면 여기 『자본』에서 자본가의 계산은 구조의 겉보기 운동 수준에 위치한다. 자본가는 자신의 계산이 가치의 운동을 규정한다고 믿지만 실상 그 반대다. 자본가적 계산이론은 자본가가 생산행위자, 자본주의적 관계의 담지자가 되는 데 필수적인 가상에 대한 이론이다.

우리는 여기서 형태들의 **구성**과 이 형태들의 **지각** 사이의 괴리라는 **겉모습**(Schein) 메커니즘을 다시 만난다. 자본주의적 주체는 지각하는 주체로서 겉보기 운동이 제시한 모종의 관계를 의식한다. 그가 이 관계를 자기 행위의 동인으로 삼을 때, 그는 그 자신을 구성적 주체로 간주하게 된다. 그는 Erscheinungen[현상들]에서 자신의 구성적 활동의 결과들을 다시 만나리라 믿는다. 주체가 그 자신을 구성적인 것으로 정립하는 이런 방식에서, 그의 존재를 구성한다고 말했던 신비화가 완성됨을 우리는 볼 수 있다.

우리가 들 다른 사례는 이윤율 저하인데, 이 또한 자본가의 의지에 의해 규정되는 조작으로 간주된다.

> 노동생산성이 증가할 때, 상품 각각의 가격 또는 일정량의 상품가격은 하락하고, 상품 수는 증가하며, 상품당 이윤 크기와 상품 총량에 대한 이윤율은 하락하는 반면, 상품 총량을 두고 계산된 이윤 크기는 증가한다는 것, 이는 자본주의 생산양식의 본성에서 귀결되는 현상이다. 이 현상들은 다음의 방식으로만 표면으로 표출된다. 즉, 개별 상품당 이윤의 크기 하락, 개별 상품의 가격 하락, 사회의 총자본 또는 개별 자본가

가 생산한 상품 총량의 증가, 이를 두고 계산된 이윤의 크기 증가로만 말이다. 이 사실들로부터 사람들은, 자본가가 개별 상품당 이윤의 몫을 자기 마음대로 줄이고 더 많은 수의 상품을 생산하면서 손해를 벌충한다는 관념을 끌어낸다.[88]

여기서 우리는 자본의 내재적 경향들, 겉보기 운동, 자본가의 의식이라는 세 항의 관계가 명명백백하게 드러남을 본다.

이윤율의 감소는 여기서 자본 증식의 **결과**로, 그리고 이 증식의 따름정리인 자본가의 계산—이에 따르면, 자본가가 획득할 이윤 크기는 최소의 이윤율을 가지고도 한층 커질 것이다—의 **귀결**로 나타난다.[89]

이처럼 과정에서의 생산행위자의 자리는 그의 실천에 필수적인 표상들을 단지 자본의 겉보기 운동의 표현들로, 따라서 자본의 현실적 운동에 대해 완전히 전도된 표현들로 규정한다. 전도(Verkehrung) 개념은 이처럼 설명되고 토대를 갖게 된다. 이 개념은 『독일 이데올로기』에서부터 이데올로기를 정의하기 위해 사용되었으나 당시에는 마르크스가 Kerngestalt[핵 형태]와 fertige Gestalt[완성된 형태]의 차이를 확립하지 않은 탓에 토대가 없었다. 왜냐하면 마르크스는 『독일 이데올로기』에서 Wirklichkeit[현실성]라는 이데올로기적 개념에 사로잡혀 있었기 때문이다. 마르크스에게 과학은 Wirklichkeit[현실성]

88 *Le Capital*, t. VI, p. 243[『자본』 III-1, 305~306쪽].

89 *Le Capital*, t. VI, p. 238[『자본』 III-1, 300쪽].

의 수준에 위치했다. 그에 따르면, 과학은 평범한 인간의 현실을 연구해야만 했다. 그가 **현실성**과 현실적 운동의 차이를 생각하지 않음으로써, 전도는 단지 주체성의 함수에 불과한 것으로 나타났다—설명이랍시고 내놓은 것은 이 주체성을 소부르주아로 특징짓는 것이었다. 슈티르너나 바우어는 소부르주아였고, 현실을 뒤집어 반영하는 것은 현실을 볼 수 없는 소부르주아적 주관성의 본질이었다.

반면 여기 『자본』에서 전도는 과정의 구조 자체에서 토대를 갖는다. 마찬가지로 청년 마르크스에게 사변적 작업의 특징이었던 Verkehrung[전도] 개념과 이 개념의 차이도 확립된다.

이렇게 정의된 생산행위자의 자리는 동시에 경제에 대한 모종의 담론, 즉 **속류경제학**의 담론이 있던 장소도 규정한다.

> 속류경제학은 실상 부르주아적 생산관계에서 생산행위자가 가지는 표상들을 교의적 차원에서 번역하고 체계화하는 일, 그리고 이를 변호론으로 만드는 일만을 한다.[90]

『경제학-철학 수고』의 「세 번째 수고」에서 정치경제학은 자본주의적 주체성의 담론으로 나타났다. 여기 『자본』에서 이 기능은 한 개별 담론, 곧 속류경제학의 담론이 담당한다. 고전파 경제학은 과학의 지반에 있으며, 또한 이 지반 위에서 그것과 마르크스의 과학적 담론의 차이가 확립된다.

---

90 *Le Capital*, t. VIII, p. 196.

C)가치와 생산가격: 추상의 문제로의 회귀

이 차이, 우리에게는 이제 그것을 명확히 할 수단이 있다. 우리는 이 일을 풍부하게 논의된 한 문제, 곧 가치와 생산가격의 관계를 놓고 수행해볼 것이다.

생산가격의 정의를 상기해보자.

> 상품의 생산가격은 상품의 생산비용에다, 일반이윤율에 따라 계산한 이윤의 백분비를 더한 것과 같다. 달리 말해, 상품의 생산가격은 상품의 생산비용에다 평균이윤을 더한 것이다.[91]

생산가격에는 우리가 이미 검토했던 전복이 실현되어 있다. 등가의 자본들은 자본의 유기적 구성과 무관하게 등가의 이윤율을 제공하는데, 이는 가치이론을 전복시키는 것 같다.

> 가치의 생산가격으로의 변형은 체계의 토대, 즉 상품이 포함하는 노동시간에 의한 상품가치의 결정을 무너뜨리는 것 같다.[92]

이러한 모순은 『자본』 3권 출판 직후부터 숱한 논쟁을 불러일으켰는데, 『자본』 3권에 대한 엥겔스의 보론에서 그 반향을 느낄 수 있다. 근래에는 이탈리아 경제학자 피에트라네라Pietranera의 논문 「『자

91 *Le Capital*, t. IV, p. 174(『자본』 III-1, 216쪽].

92 *Histoire des doctrines économiques*(『경제학설사』), t. VIII, p. 164.

본』의 논리적 구조』La Struttura logica del Capitale에서 이 모순이 문제시된다.[93] 피에트라네라는 델라 볼페가 마르크스주의의 과학성을 정의하기 위해 개진한 개념들에 근거하여 설명을 시도한다.

그는 우선 물리학과의 유비에 근거한 설명을 비판한다. 이런 유의 설명에 따르면, 노동-가치 법칙은 진공에서나 타당한 이론적 법칙이다. 그러나 경제현상들의 현실성에서 우리는 충만한 공간과 관계한다. 이 때문에 마찰 현상과 유사한, 부수적이고 교란하는 현상들이 일어난다. 가치와 생산가격의 차이는 진공에서 작동하는 법칙과 충만한 공간에서 작동하는 법칙의 차이의 표현인 셈이다.

그러나 피에트라네라가 보기에, 이러한 진공/충만한 공간의 대립은 마르크스주의적이지 않은 추상이론에 준거한다. 그는 이것에 대해 특정 추상이론, 다시 말해 **특정한 역사 발전의 단계**를 표상하는 추상이론을 맞세울 것이다.

그의 해석은 다음 구절들에 의거한다.

(1)『자본』 3권의 한 구절.[94]

> 상품가치 혹은 거의 그 가치에 따른 상품교환은, 특정 수준의 자본주의 발달을 요구하는 생산가격에 따른 교환보다 훨씬 낮은 정도의 발전을 필요로 한다.

93 *Società*, 1955[*Società*, No. 3, No. 4, 1956. 원문에 연도가 잘못 표기되었음].

94 *Le Capital*, t. VI, p. 193[『자본』 III-1, 238쪽].

(2)『자본』 3권의 보론은 엥겔스가 이 문제로 촉발된 다양한 해석과 반박 들에 대응하고자 쓴 것이다. 여기서 엥겔스는 가치법칙이 현실에 전혀 상응하지 않는 한낱 "이론적 허구" 혹은 추상에 불과하다는 의견을 반박하고자 한다. 그래서 그는 다음과 같이 쓴다.

> 경제법칙들이 타당할 수 있는 한, 마르크스의 가치법칙은 상품이 단순 생산되는 전 시기에 걸쳐, 따라서 상품의 단순 생산이 자본주의 생산양식의 도래로 변경될 때까지 일반적으로 타당하다.
>
> […] 그러므로 마르크스의 가치법칙은 생산물을 상품으로 변형하는 교환의 초기에서 시작하여 기원후 15세기에 이르기까지 일반적으로 타당하다.[95]

엥겔스의 주석이 정확하다면, 노동-가치의 법칙은 **자본주의 전에는** 타당했지만, 자본주의 생산양식의 발달로 더 이상 타당하지 않게 되었다는 아주 놀라운 결론에 이르게 된다. 발달된 자본주의에서 지배적 범주는 가치가 아니라 생산가격일 것이다.

피에트라네라는 엥겔스의 이 해석을 토대로 삼는다. 그가 보기에 가치는 선행발달 단계에 상응하는 특정한 추상이다. 반면 생산가격은 평균이윤율을 전제하며 상이한 산업 분야—이것들을 특징짓는 것은 그 자본들의 상이한 기술적 구성, 따라서 상이한 이윤율과 유

95 *Le Capital*, t. VI, p. 35[『자본』 III-2, 1190~1191쪽].

기적 구성이다—의 존재를 전제한다. 그래서 생산가격은 19세기의 자본주의 발달 단계를 해명해주는 특정한 추상이다.

이로부터 피에트라네라는 델라 볼페의 핵심 테제 중 하나를 이용할 것이다. 마르크스주의 과학성의 특징은 범주들이 출현하는 연대기적 순서의 역逆인, 범주들의 논리적 순서 확립에 있다는 테제가 그것이다. 이 테제는 『정치경제학 비판 요강』의 유명한 한 단락을 근거로 하는데, 여기서 마르크스는 이렇게 선언한다.

> 경제 범주들을 그것들이 역사적으로 결정적이었던 순서대로 배열하는 일은 불가능하며 또한 오류일 것이다. 이 범주들의 순서는 반대로 근대 부르주아 사회에서 그것들 서로의 관계에 의해 규정되며, 이 순서는 이 범주들의 자연적 순서처럼 보이는 것 혹은 역사적 진화에서 이 범주들의 잇따름의 순서에 상응하는 듯 보이는 것의 역이다.[96]

이 텍스트는 **Grundform**(근본형태) 이론을 지시한다. 이는 선행 단락으로 명확해지는데, 여기서 마르크스는 특히 다음과 같이 선언한다.

> 모든 형태의 사회에서, 특정한 생산과 이에 의해 발생한 관계가 다른 모든 생산과 이에 의해 발생한 관계들의 서열과 비중을 정한다.[97]

---

96 *Contribution à la critique de l'économie politique*, p. 171 [『정치경제학 비판 요강』 I, 79쪽]

97 *Contribution à la critique de l'économie politique*, p. 170 [『정치경제학 비판 요강』 I, 78쪽].

자본주의 생산양식에서 근본형태는 산업자본 형태다. 산업자본 형태는 출현 순서에서는 맨 마지막이다. 상업자본과 금융자본의 형태는 더 오래되었다. 이들 자본형태가 산업자본이 탄생할 수 있게 했다. 하지만 산업자본이 자본주의 생산양식의 **근본형태**가 되면서 산업자본은 이 선행 형태들을 종속시키며 자기 과정의 특수 형태들로 만든다.

마르크스가 말하길, 그래서 산업자본은 **이자 낳는 자본**을 자기에게 복속시키는 나름의 방식을 가지고 있다. 그것은 산업자본에 고유한 형식, 즉 신용 시스템의 창조다. 신용형태에서 이자 낳는 자본은 산업자본에 종속된 특수하고 단순한 형태로 나타난다.

피에트라네라는 이 도식을 가치/생산가격의 관계에 대해 사용할 것이다. 이 범주들이 위치한 수준을 고려하지 않고서 말이다. 그는 가치와 생산가격 사이에, 마르크스가 이자 낳는 자본과 산업자본 사이에 확립했던 것과 똑같은 관계를 확립할 것이다.

실상 다음과 같은 시계열時系列이 있다고 하자.

시장가격 — 가치 — 생산가격 — (독점가격)

또는 이를 달리 표현하여 다음의 시계열이 있다고 하자.

잉여 — 잉여가치 — 이윤 — (독점수입)

이 계열(범주들의 역사적 출현 순서)을 뒤집으면, 자본주의 사회에서의 범주들 간 종속의 이론적 순서가 얻어진다. 각 범주는 선행 범주에 역사적으로 종속되며 또한 선행 범주를 이론적으로 이해하게 해준다. 마르크스가 저술하던 시대의 지배적 범주는 **생산가격** 범주다. 이전 단계들에서 지배적 범주인 가치 범주는 이제 이론적으로나 역사적으로나 생산가격 범주에 종속된다. 여기서도 역시 우리는 아주 놀라우면서도 **발현형태** 이론과 화해하기 어려운 결론에 도달한다.

『정치경제학 비판 요강』의 텍스트를 이렇게 응용하는 것은 왜 부당한가? 왜냐하면 첫 번째 경우, 우리는 **가치의 실존형태들 사이의 관계**를 다루고 있었기 때문이다. 자본주의 생산양식에서 가치의 근본적 실존형태인 산업자본은 상업자본과 이자 낳는 자본을, 자기에게 종속된 가치의 실존형태들로 만든다. 반면 두 번째 경우(가치/생산가격의 관계), 우리는 **가치와 그 실존형태들 사이의 관계**, 과정의 핵심 구조인 Kerngestalt[핵 형태]와 이것의 가장 전개되고 구체적인 형태 사이의 관계를 다룬다. 이윤은 잉여가치에 대해 어떤 교란된 형태를 표상하지는 않는다. 하물며 잉여가치에 뒤따라올 지배적 형태를 표상하지도 않는다. 이윤은 다만 잉여가치의 발현형태다.

가치와 잉여가치는 체계의 동력이다. 하지만 그 자체로는 체계의 숨겨진 요소다.

> 상대적으로 잉여가치와 잉여가치율은 비가시적 요소이고 밝혀내야 할 핵심 지점인 데 반해 이윤율, 따라서 이윤의 형태 아래의 잉여가치는 표면에 나타나는 현상들이다.[98]

---

98 *Le Capital*, t. VI, p. 61 [『자본』 III-1, 61쪽].

마찬가지로 마르크스는 생산가격에 대해서도 그것이 "완전히 외화되고(veräusserliche) 얼핏 보면 무개념적인(begriffslose) 상품의 가치형태"라고 말할 것이다.

잉여가치에서 이윤으로, 가치에서 생산가격으로 넘어가면서, 우리는 보다 진전된 **역사적 단계**로 이행하는 것이 아니라 **과정의** 다른 **수준**으로 넘어간다. 우리는 현상, fertige Gestalt[완성된 형태]의 수준에 있으며 더 이상 본질, Kerngestalt[핵 형태]의 수준에 있지 않다. 하지만 본질의 법칙은 현상들의 전도에서 실현된다. 가령 자본가계급 전체에 대해 잉여가치 생산을 규정하는 것은 가치법칙이다. 이윤과 생산가격은 단지 자본가계급 구성원 사이의 잉여가치 분배와만 관련되는 범주들이다. 이 범주들은 잉여가치와 가치가 과정 전체의 수준에서 취하는 형태이다.

따라서 피에트라네라에게 없는 것, 그것은 고전파 경제학과 마르크스의 근본적 차이이다. 이 차이 덕분에 마르크스는, 고전파 경제학에서는 불충분한 추상이론 때문에 설명될 수 없었던 것, 즉 가치 및 잉여가치가 그것들의 변양된 형태들과 맺는 관계를 설명할 수 있다. 고전파 경제학자들은 다음 문제에 부딪혔다. 노동-가치 법칙과 이를 부정하는 부르주아적 생산 현상들을 어떻게 화해시킬 것인가? 마르크스에 따르면, 특히 애덤 스미스에게 문제가 제기된 방식은 다음과 같다.

> 물론 애덤은 상품가치를 상품이 포함하는 노동시간으로 규정할 것이다. 하지만 그런 다음 그는 이러한 가치 규정의 실재성을 아담 이전 시대로 쫓아버린다. 달리 말해, 단순 상품의 관점에서 스미스에게 참이라

고 보인 것은 자본, 임금노동, 지대 등 더 고차적이고 복잡한 형태들이 단순 상품을 대체하자마자 그에게는 모호해진다. 그가 사람들이 자본가, 임금노동자, 지주, 고리대금업자 등으로서가 아니라 그저 상품의 단순 생산자, 단순 교환자로서 서로 마주했던 부르주아 계급의 실낙원에서 상품가치는 노동시간으로 측정된다고 말할 때, 그는 이를 표현하고 있다.[99]

이제 엥겔스가 말한 바를 기억해보자. 그는 마르크스의 가치법칙이 "자본주의 생산양식의 도래"로 변경되기 이전, **상품이 단순 생산되는 전 시기에 걸쳐** 타당하다고 말했다. 그런데 바로 이런 관점 때문에 마르크스는 스미스를 비판한다. 요컨대 엥겔스와 피에트라네라는 마르크스에게 스미스 이론을 떠안김으로써 추상에 대한 리카도식 원죄에서 그를 구해내고자 한 것이다. 하지만 마르크스는 우리에게 자기 이론에 대해 의심할 여지를 전혀 남기지 않는다.

가치법칙의 완벽한 전개는 거대한 산업 생산이 이루어지고 자유경쟁이 이루어지는 사회, 곧 근대 부르주아 사회를 전제한다.[100]

상품들이 자기 가치대로 개별적으로 교환된다는 사실과 가치법칙은 별개다. 과정에 대한 그리고 형태들의 전개에 대한 이론은 가치법칙이 완벽히 전개될 때, 이 법칙이 자신의 대립물을 통해, 즉 생산가

---

99 *Contribution à la critique de l'économie politique*, pp. 35~36.
100 *Ibid*, p. 37.

격에 따른 상품교환을 통해 실현된다는 것을 이해할 수 있게 한다.

상황에 기인하는 '현실주의적' 반응 때문이 아니라면, 2권 서문의 말미[101]에서 문제를 완벽하게 **제기했던** 엥겔스의 해석상의 오류를 설명하기 힘들다. 반면 피에트라네라의 해석의 근거는 잘 보인다. 그는 가치와 생산가격이 상이한 두 **추상 수준**에 상응한다고—그리고 이 추상 수준을 추상적 모델과 혼동해서는 안 된다고—선언했다. 물론 상이한 추상 수준과 관련되기는 하지만, 피에트라네라는 이것을 역사적 발전의 상이한 **단계**의 표현으로밖에 생각하지 못했다. 여기서 추상은 **어떤 선형적 역사에서 떨어져 나온 계기**로만 생각되었다.

그럼으로써 피에트라네라는 『경제학-철학 수고』의 지반에 위치하게 된다. 이 수고는 과학의 대상으로서의 과정의 구조와 역사의 발전이 같다는 이론을 표상한다.

피에트라네라가 과정 전개의 형태와 역사 발전의 단계를 동일시한다면, 이는 그가 델라 볼페처럼 역사주의의 지반, 분리로서의 추상 이론의 지반에 서 있기 때문이다. 다시 말해, 우리가 앞서 본 것처럼 『경제학-철학 수고』의 전제들에서 윤곽이 드러나는 경험주의의 지반에 서 있기 때문이다. 추상적 변증법에 맞선 투쟁에서 그는 역사 발전과 일치하지 않는 대상성의 구성을 생각할 수가 없는 것이다.

이는 역사주의적 입장을 내세움으로써 구조를 알아보지 못하는 경우이다. 그러나 정확히 하자면, 구조의 규정들에 대한 분석만이 경제형태들과 경제 범주들의 역사성을 **간접적으로** 파악하게 해준다. 가

---

101 ❖ 『자본』 II, 31~34쪽.

령 감각적-초감각적 대상으로서의 상품 분석이 그러한데, 이 분석은 상품을 특정한 사회적 관계의 표현으로, 따라서 역사 발전의 특정한 단계의 표현으로 정립하도록 해주었다.

이 논점에 대한 연구를 이어가다 보면, 우리는 우리의 출발점, 즉 리카도가 가치형태를 알아보지 못했다는 사실과 다시 마주하게 될 것이다. 리카도는 노동을 가치실체로 정립했다. 이 노동의 특수한 성격에 관심을 두지 않고, 이 노동이 아주 특수한 형태로 표상된다는 사실은 고려하지 않은 채 말이다. 그는 다만 가치법칙을 주장하는 데 그쳤다. 그런데 우리는 지각된 현상들이 이 법칙에 위배된다는 것을 알고 있다.

그렇다면 두 가지 가능성이 있다. 하나는 가치법칙을 포기하는 것, 다시 말해 마르크스의 말대로라면 "과학적 태도의 기초이자 토양"을 포기하는 것이다. 이것이 속류경제학의 해결책이다. 이는 또한 대중화된 애덤 스미스의 해결책이기도 한데, 그는 가치법칙을 아담 이전 시기로 돌려보내고 난 후 상품가치를 세 원천(임금, 이윤, 지대) 이론을 통해 규정한다. 다른 하나는 리카도처럼 가치법칙을 유지하는 것이다. 하지만 평균이윤율처럼 가치법칙과 모순되는 사실들을 이 법칙 안으로 집어넣으려면 강권을 발동해야 한다. 이 강권의 발동을 리카도는 다음의 이중부정을 통해 실행한다.

— 첫째, 잉여가치와 이윤의 차이 부정. 리카도에게 이윤이란 잉여가치의 다른 표현에 불과하며, (리카도가 자연가격이라 부른) 생산가격은 가치의 화폐적 표현에 불과하다.

— 둘째, 전도의 부정. 그래서 가치법칙의 모순으로 나타나는 평균이윤은 리카도에서는 가치법칙의 확증이다. 더 일반적으로, 리

카도 이론에서 겉보기 운동은 현실적 운동의 확증으로 제시된다.

이 이중의 실행에서 리카도의 방법, 리카도가 의존하는 추상 유형이 표출된다.

> 리카도는 경쟁의 형태를 납득했기 때문에 경쟁의 겉모습을 포기하고 법칙 그 자체를 탐구한다. 그는 한편으로는 충분히 나아가지 않는다고 비난받을 수 있으며, 다른 한편으로는 외적 형태를 전개하는 대신 그것을 곧바로 일반 법칙의 표상이자 확증으로 간주한다고 비난받을 수 있다. 첫 번째 의미에서 리카도의 추상은 불완전하다. 두 번째 의미에서 리카도의 추상은 순전히 형식적이며 그 자체로 거짓이다.[102]

첫 번째 논점과 관련해 마르크스는 리카도에 대한 관습적 비판—이는 청년 마르크스의 비판이기도 했다—의 대척점에 선다. 리카도는 지나치게 추상적인 것이 아니라 충분히 추상적이지 못했다.

> 리카도가 지나치게 추상적이라고 비난하는 것은 잘못일 것이다. 오히려 그 반대가 참이다. 리카도는 상품들의 가치를 고찰하면서 경쟁이 드러내 보이는 이윤을 잊을 수 없었다.[103]

사실, 노동시간으로 규정된 상품가치만을 다뤄야 했을 첫 번째 장에서 리카도가 임금, 자본, 이윤, 일반이윤율 등의 범주를 들여온다

102 *Histoire des doctrines économiques*, t. III, p. 89.
103 *Ibid*, p. 47.

고 마르크스는 우리에게 말한다. 리카도는 그의 원리(부의 고정된 형태들의 **해소**)와 반대로, 그가 잉여가치의 순수 형태와 구별하지 않는, 잉여가치의 **개별 형태들**을 주어진 것으로 받아들인다. 그래서 그는 첫 번째 장에서부터 일반이윤율을 상정한다. 반면 마르크스 자신은 근본적 해소를 실행한다. 엥겔스에게 보내는 1868년 1월 8일 편지에서 그는 『자본』의 "근본적으로 새로운 세 요소"를 정의한다.

> 이윤, 지대, 이자 같은 잉여가치의 고정된 형태들은 물론, 잉여가치의 개별 파편들을 처음부터 주어진 것으로 다루는 이전의 모든 경제학에 맞서, 나는 우선 이 모든 것들이 이를테면 용해되어 있는 잉여가치의 일반적 형태를 다룬다네.

리카도가 **일반적 형태**와 **개별 형태들**을 구별하지 않았다면, 이는 근본적으로 그가 **형태규정**(Formbestimmungen)을 알아보지 못했기 때문이다.

여기서 우리는 두 번째 논점, 즉 리카도의 추상은 형식적이며 그 자체로 거짓이라는 논점을 건드린다. 마르크스는 더 뒤에서 리카도의 추상을 참된 추상과 대립시키며, 다른 곳에서는 리카도의 추상을 강요된 추상이라 특징짓는다. 이러한 거짓 추상의 바탕은 『잉여가치 학설사』의 리카도 연구 앞부분에서 분석된다.

> 리카도의 방법은 다음과 같다. 그는 상품의 가치 크기를 노동시간으로 규정하는 데서 출발하여, 그다음 여타의 경제적 관계들, 범주들이 이러한 가치 규정을 어기는지 또는 어떤 의미에서 이 규정을 변경하는지를

탐구한다.[104]

리카도의 추상은 단순 요소가 아니다. 즉 그것을 전개함으로써 구체적 과정을 재구축할 수 있는 그런 요소가 아니다. 리카도는 경제 범주들을 개별적으로 취해 각 범주에서 노동-가치의 규정을 재발견하고자 한다. 그는 추상적 본질이 현상들에서 재발견되어야 한다고 본다. 이를 위해서는 교란 요소를 제거하는 것으로 충분하다. 이는 현상이 본질과 다양한 비본질적 부수류accidents로 구성된다고 전제하는 것이다.

겉보기에 법칙을 위배하는 모든 것은 부수적이며, 비본질적인 것으로 전락한다. 가치라는 **불변항**이 정립되었다. 이 불변항을 재생산하지 못하는 모든 것은 비본질적인 것에 속한다.

리카도는 추상에 대한 고전적 관점에 머문다. 이 관점은 혹자들이 마르크스에게 적용하려고 하는 마찰이론으로부터 훨씬 쉽게 정당화될 수 있을 것이다. 리카도는 잉여가치를 그 순수 형태에서 연구하지 않았으므로, 잉여가치의 겉보기 교란이 사실 잉여가치의 실존 방식, 즉 잉여가치가 그 반대의 형태 아래 실현되는 방식임을 알아볼 수 없다. 따라서 그는 이 교란을 멀리해야 했고, 모순과 전복이 있는 곳에서 동일성을 주장해야 했으며, 현실적 운동의 모순인 겉보기 운동을 현실적 운동의 **직접적** 확증으로 정립해야 했다. 마르크스는 리카도가 "과학에 앞서 과학을 제공"하려 했다면서 그의 오류를 요약한다

104 *Histoire des doctrines économiques*, t. III, p. 6.

(쿠겔만에게 보내는 1868년 7월 11일 편지). 이 때문에 리카도 이론에서는 한편에는 과학적 규정(가치법칙), 다른 한편에는 부의 고정된 형태들, 즉 주어진 것으로 간주된 가치의 현상형태들이 서로 하나의 체계로 연결되지 않은 채 병렬되어 있다.

경제학자들의 오류의 원천을 그들의 출발점에서 찾으라는 조언을 따른다면, 우리는 리카도의 상황이야말로 마르크스가 출발점 수준에서 지적했던 이런 몰인지에서 비롯됨을 목도하게 될 것이다. 리카도는 상품의 단순한 가치형태와 화폐형태의 관계를 이해하지 못했던 것과 같은 이유로, 이윤과 잉여가치의 진정한 관계를 이해하지 못한다. 이는 그가 실체(노동)를 불변항으로 정립한 후, 가치**형태**가 비본질적인 것으로 전락하게 내버려두었기 때문이다. 그는 이 가치형태를 자명한 것으로 받아들였다. 그는 이 형태를 문제화하고 비판적 물음을 제기하고, 그럼으로써 "비판적 관점의 모든 비밀", 즉 상품의 가치로 표상된 노동의 이중적 성격이 나타나게 해야 했다.

이로부터 자본주의적 생산형태들의 전개에 대한 이해가 가능하다. 마르크스는 이를 『자본』 1장의 한 주석에서 알려준다. 노동생산물의 가치형태는 자본주의 생산양식의 가장 추상적인 형태라고 말이다. 이 형태에 대한 분석은 이 형태들의 이후 전개(화폐형태, 자본형태 등)를 이해할 수 있게 한다. 대신 만일 이 분석이 누락되고 형태에 대한 비판적 물음이 제기되지 않는다면, 핵 형태와 구체적 형태들 사이의 관계 문제도 더 이상 제기될 수 없다. 그저 실존하는 범주들과 내적 규정을 표현하는 범주를 **비교하는** 데 머무를 수밖에 없다. 전개될 수 없는 거짓 추상을 얻는 것이다.

앞서 인용한 텍스트에서 고전파 경제학의 방법이란 부의 상이한 형태들을 통일성으로 환원하는 것으로 정의된다고 했던 점을 상기해 본다면, 우리는 아래 텍스트에서 마르크스의 방법이 갖는 차이를 파악할 수 있다.

> 고전파 경제학은 가끔 이러한 분석에서 자가당착에 빠진다. 그것은 종종 매개항들(Mittelglieder) 없이 곧바로 환원하고자 하며, 상이한 형태들의 원천이 동일함을 증명하고자 한다. 필경 이는 고전파 경제학의 분석적 방법에서 비롯되며, 비판과 이해는 이 방법에서 시작되어야 한다. 고전파 경제학은 발생적 방식으로 상이한 형태들을 전개하는 데는 관심 없고, 단지 분석에 의해 그것들을 통일성으로 환원하는 데만 관심을 두는데, 왜냐하면 고전파 경제학은 이 형태들을 주어진 전제로 삼아 출발하기 때문이다. 하지만 분석은 발생적 해명을 위한 필요조건, 진정한 형태구성과정Gestaltungsprozess의 이해를 위한 필요조건이다.[105]

마르크스의 문면만 본다면, 고전파 경제학은 그저 불완전할 뿐인 것 같다. 고전파 경제학은 과학의 두 과제 중 첫 번째 과제인 분석, 즉 **통일성으로의 환원**만 수행하고 두 번째 과제인 형태들의 **발생적 전개**는 등한시한 것 같다. 그러나 실상, 우리가 이미 보았듯, 마르크스는 리카도와 분석 자체에서, 즉 통일성을 탐구하고 그 실존양식을 규정하는 방식에서 갈라선다. 마르크스가 수행한 **형태분석**만이 두 번째 계기인 발생적 전개를 가능케 한다.

105 *Histoire des doctrines économiques*, t. VIII, p. 185.

그래서 발생적 전개는 리카도의 이론에서 경제 범주들의 관계를 특징짓는 병치, 비교, 반복에서 벗어나게 해준다. 다시 말해 발생적 전개만이 정치경제학의 **체계**를 구성하도록 해준다. 하지만 이러한 구성은 발생적 전개를 현실의 역사적 과정을 정방향으로나 역방향으로 재생산하는 것으로 이해하기를 포기할 때만 가능해진다.

여기서도 역시 역사주의적 해석을 경계해야 한다. 이런 유의 해석에 따르면, 마르크스의 추상은 **전개 가능**한데, 이는 그의 추상이 **역사적**이며 따라서 역사로부터 그 운동을 받아들이기 때문이다. 그러나 사실상 마르크스의 추상의 변별점은 그것이 어떤 공간의 형식적 속성들, 어떤 대상성 영역의 구성을 파악한다는 점에 있다. 이 때문에 마르크스의 추상은 단순 범주에서 출발하여 복잡한 범주들을 전개할 수 있게 된다.

마르크스와 리카도의 차이는 영원한 것으로 정립된 체계와, 범주들이 장차 (그것들의 역사성을 보여주는 기호인) + 기호에 의해 변용을 겪게 되었을 역사적 체계 사이에 있지 않다. 마르크스만이 칸트적 의미의 **체계**를 만들기에 이른다. 정치경제학이 체계적이려면 한 가지 방식밖에 없으며, 그것은 마르크스가 『자본』의 첫 장에서부터 규정한 이와 같은 근본적으로 새로운 유형의 대상성에 접근하는 것이다.

그러므로 마르크스의 혁명은 정치경제학의 범주들을 역사화한 데 있지 않다. 오히려 이 범주들의 체계를 만든 데 있다. 그리고 우리는 체계 비판이 체계에 대한 과학적 서술에 의해 이루어진다는 것을, 다시 말해 이 체계는 오직 사회구성체 발전 이론을 통해서만 이해될 수 있는 구조를 나타나게 한다는 것을 안다.

맞은편에서 리카도의 '체계'는 강권 발동으로 나타난다. 리카도는 가치법칙을 전개하여 이 법칙을 어기는 현상들이 **어떻게** 이 법칙의 (위장되고 전도된 형태의) 실존양식인지를 보여주는 대신, 이 현상들을 강제로 가치법칙에 집어넣으려는 "강요된 추상"을 통해, 비-과학의 내부에서 과학을 긍정하고자 한다. 따라서 그는 이 현상들의 고정성, 상호 무차별성으로부터 부의 주어진 형태들을 도출하고, 이 형태들을 다시 내적 본질에 결부하는 기획을 끝까지 수행하지 못했다. 이 때문에 가장 엄밀한 형태의 고전파 경제학을 대표하는 리카도에게서 물신숭배의 가능성은 항상 남아 있다. 물신숭배는 리카도의 강권 발동으로 추방될 뿐 이해되지 않는다.

3. Veräusserlichung[외화]와 물신숭배의 구성

예비적 고찰

『자본』의 물신숭배 개념은 우선은 소박한 형태로 정식화될 수 있는 문제를 제기한다. 그것은 무엇인가?

알다시피, 이 개념은 청년 마르크스의 인간학으로부터 『자본』을 해석하는 사람들에게는 연결점 역할을 한다. 이들에게 물신숭배는 소외의 새로운 이름일 뿐이다. 물신숭배에서 인간 사이의 관계는 사물 사이의 관계가 된다. 그래서 인간 활동은 낯선 존재로 옮겨가고, 사물들의 규정이 되며, 인간은 사물 사이의 이러한 관계에 지배된다. 따라서 물신숭배는 소외과정과 유사한 **인간학적 과정**일 것이다.

반대 해석은 물신숭배에 대해 현실적 과정의 성격 일체를 부인하고, 물신숭배란 단지 경제적 관계들에 대한 어떤 관점, **이데올로기**에 불과하다고 말할 것이다.

우리는 실상 물신숭배를, 과정의 구조와 그 형태들의 전개에 대해 우리가 말했던 것의 연속선상에서 생각할 때에만 이해하게 될 것이다.

이미 우리는 자본주의 생산과정의 더 구체적인 형태들로 넘어갈수록 이 형태들의 운동을 이끄는 내적 규정은 사라진다는 것, 핵 형태가 완성된 형태 속으로 사라진다는 것을 보았다. 바로 이 운동이 물신주의에 구성적 역할을 한다. 물신적 구조라 부를 수 있는 특정한 연관이 과정의 표면에 등장한다. 물신주의적 담론이란 자본주의적 과정의 표면에 등장하고 생산행위자의 의식에 반영되는 구체적 형태들의 이 연관을 다듬어낸 것이다.

이러한 물신주의적 담론을 마르크스는 자신이 **삼위일체 정식**이라 부르는 것으로 요약한다. 이 정식은 세 쌍으로 구성된다.

— 자본/이윤

— 토지/지대

— 노동/임금

여기서 자본, 토지, 노동의 세 요소는 각각 수입을 산출하는 세 원천으로 나타난다. 자본은 자연적으로 이윤을 산출하고 노동은 임금을 산출하며 토지는 지대를 산출한다. 이 삼원성은 생산행위자들이 지각한 것의 체계화, 그들의 행위가 기입되는 형태들의 체계화를 표상한다.

비고

마르크스는 첫 번째 쌍(자본/이윤)을 그것이 사실상 덮고 있는 것, 즉 자본/이자의 쌍으로 대체하는 편이 나을 것이라고 지적한다. 실제로 이윤은 잉여가치의 현상형태—다시 말해 감춤의 형태—다. 하지만 이윤은 잉여가치의 가장 구체적이고 가장 매개된 형태는 아니다. 그것은 여전히 생산 영역과 관계를 맺고 있다. 이자는 이윤의 현상/감춤의 형태, 따라서 잉여가치의 이차적 현상/감춤의 형태로, 잉여가치의 가장 구체적이고 가장 매개된 형태를 표상한다. 이자는 생산 영역 바깥에서도 나타난다. 이자의 메커니즘은 다음과 같다. 화폐 총계 A가 대부되면, 그것은 원주인에게 A'(A+ΔA)의 형태로 돌아오며, 이는 계약 덕분이다. 여기서는 어떤 생산과정도 논외가 되며, 두 인격 사이의 계약과 자기증식하는 화폐의 신비적 권력만이 문제다.

자본은 이런 형태로 자본주의적 과정의 표면에 나타난다. 그래서 삼원성의 첫 번째 쌍을 진정으로 구성하는 것은 자본/이자 정식이다.

나는 물신숭배의 구성을 연구하기 위해, 세 쌍 중 하나인 자본/이윤의 쌍(다시 말해, 자본/이자의 쌍)의 가능성의 조건을 검토할 것이다. 이런 가능성의 조건을 마르크스는 자본주의적 관계의 Veräusserlichung이라 부른다. 이 개념의 의미를 예단하지 않기 위해 우리는 이를 평범하게 **외화**exteriorisation라 번역하겠다.

자본주의적 관계—이는 생산관계로서의 자본으로 이해되어야 한다—의 Veräusserlichung[외화]이라는 문제는 마르크스에 의해 특히 『자본』 3권 24장,[106] 즉 「**이자 낳는 자본 형태에서의 자본주의적 관계의 외화**」이라는 절에서 주제화

106 *Le Capital*, t. VII, p. 53[『자본』 III-1, 513쪽].

된다.

이 텍스트에서 이자 낳는 자본 형태는 자본주의적 관계가 가장 외화된(äusserlichste) 형태로 특징지어진다. 이 텍스트와 『자본』 3, 4권의 다른 텍스트를 바탕으로 우리는 이 최상급의 몇 가지 동의어를 꼽아볼 수 있다. 거기서 이자 낳는 자본은 가장 **구체적이며** 가장 **매개되고** 가장 **물신화되며** 가장 **소외된**(entfremdetste) 형태로 정의된다. 이렇게 해서 우리는 두 가지 흥미로운 고찰에 이른다. 한편으로 물신화의 운동은 외화의 운동과 같은 것으로 나타나며, 다른 한편 인간학적 비판의 핵심 개념인 Entfremdung(소외) 개념은 Veräusserlichung[외화] 개념과 동등한 것으로 나타난다. 우리는 『자본』 3권과 4권에서 Entfremdung[소외]/Veräusserlichung[외화]의 쌍과 만나는데, 이상하게도 이 쌍은 『경제학-철학 수고』의 지배적 쌍인 Entfremdung[소외]/Entäusserung[외화]을 환기한다. 따라서 여기서 우리가 마주하는 쌍이 『경제학-철학 수고』의 쌍과 겹치는지를 알려면, 이 쌍의 의미를 분간할 필요가 있다.

그러면 Veräusserlichung[외화]이란 무엇인가? 물신숭배의 구성을 허용하는 이 운동의 구조를 정의하기 위해, 우리가 과정의 구조를 해명할 수 있게 하는 개념들을 정립해보자.

이 개념들로는

— 모든 과정을 지탱하는 한에서의 **관계**: 이는 당연히 생산관계로 이해되어야 한다.

— 관계가 발현되는 것이자 관계를 Wirklichkeit[현실성]에서 표상하는 것인 한에서의 **형태**.

— 과정의 **기원**과 **한계**

— 형태들의 **운동** 또는 **전개**

— **결과**

이제 과정의 물신화된 형상을 가능케 하는 이 요소들의 변형을 탐구해보자.

A)형태의 'Begriffslosigkeit'[무개념성]

자본주의적 관계의 외화는 우선 이자 낳는 자본 형태가 begriffslose Form, 즉 무개념적 형태 또는 개념이 박탈된 형태라는 점에 기대고 있다. 이는 A—A'의 형태와 관련되는데,[107] 여기서 A'=A+a(또는 A+ΔA)이다. 이 형태에서는 그것을 가능케 하는 과정이 사라진다는 점에서 Begriffslosigkeit[무개념성]가 성립한다.

실제로 여기서 A의 자생적 운동으로 정립된 A-A'의 운동은 화폐-자본 A가 생산과정에 들어가서 가치를 증식할 때만 가능하다. 산업자본의 재생산과정 내부에서의 이러한 가치증식이 증식 ΔA를 허용한다.

A에 의해 진정한 순환이 완수되려면, A와 A' 사이에 세 가지 순환 중 하나인 화폐-자본의 순환 전체가 정립되어야 한다. 화폐-자본의 순환은 마르크스가 『자본』 2권의 시작 부분에서 연구한 산업자본의 세 가지 기능적 형태 중 하나다.

그러면 우리는 다음 도식을 얻을 것이다.

$$A — A — M \begin{cases} T \cdots\cdots P \cdots\cdots M' — A' — A' \\ Mp \qquad\qquad (M+m) \qquad\qquad (A+a) \end{cases}$$

107 ❖A는 Argent(화폐)의 약자이다.

이 과정만이 최초의 가치 A로부터 A+ΔA와 동등한 가치 A'로 이행하도록 해준다.[108]

우리의 흥미를 끄는 물음은 이 순환에서 A와 A'의 관계가 어떤 것이냐는 물음이다. 우선

$$A — M \begin{cases} T\cdots\cdots \\ Mp \end{cases}$$

단계에 있는 A의 종별적 형태가 무엇인지 물어보자.

마르크스의 답변은 다음과 같다.

> 이 첫 번째 단계에서 A는 화폐로서 유통된다. 그것이 화폐-자본으로 기능한다면, 그 이유는 단순하게도 A가 통화 기능에서 벗어나 그 자신과 상품으로서 마주하는 P의 요소들, 즉 T와 Mp로 전환되기 위해서는 화폐 상태가 A에게 필수적이기 때문일 뿐이다. 이러한 유통 행위에서 A는 오로지 화폐로만 기능한다.[109]

이는 A가 **그 자체로는** 자본이 아님을 의미한다. A는 혼자서는 어떤 증식의 힘도 가지지 않는다. A는 자본의 기능(가치의 가치증식 기

108 화폐-가치 A는 상품 T(노동력)와 Mp(생산수단)를 구매하도록 해준다. 이럴 때 노동력이라는 상품들은 생산적 순환(P)에 참여하게 되며, 이 생산적 순환의 귀결은 '증가된' 상품-가치 M'이다. 그리고 M'은 A'로 전환된다[위의 도식에서 A는 Argent(화폐), M은 Marchandise(상품), T는 La Force de travail(노동력), Mp는 Les Moyens de production(생산수단), P는 Production(생산)의 약자이다].

109 *Le Capital*, t. IV, p. 47[『자본』 II, 66~67쪽].

능)이 아니라 통화 기능(구매 기능)만을 수행한다. 그렇다면 무엇이 이 순전한 통화 기능을 자본 기능으로 변형하는가? 과정의 다른 단계들과 A와의 연관의 본성이 그것이다.

> 이 활동[110]은 자본-가치 과정의 첫 번째 단계이며, 동시에 그것이 구매하는 상품 T와 Mp의 종별적 사용형태에 힘입어 화폐-자본의 기능이 된다.[111]

마지막 구절은 두 가지를 의미한다.

1) $A — M \begin{cases} T\cdots\cdots \\ Mp \end{cases}$

이것은 화폐-자본의 기능이며, 화폐-자본은 T와 Mp의 특수한 성격 덕분에 정말로 가치를 증식하는 P 단계를 가능케 하는 한 자본의 재생산과정에서 어떤 역할을 한다.

2)더 상세히 말하자면, 여기서 결정적인 것은 상품 T(노동력)의 본성이다. A의 가치증식과정은 노동력이라는 이 절대적으로 특수한 상품이 시장에 있기 때문에 가능하다. 우리가 마주하는 형태는 이리하여 자본과 임금노동의 대립을 숨긴다. 이 형태에 대한 연구는 자본주의적 생산관계를 순환의 동력으로 드러낸다.

> 이 순환 전체는 생산과정의 자본주의적 성격을 전제하며, 이런 생산과

110 A—M의 활동.

111 *Le Capital*, t. IV, p. 47 [『자본』 II, 67쪽].

정과 함께 그것이 이끄는 특정한 사회 상태를 토대로 한다.

$$A — M = A — M \begin{cases} T \\ Mp \end{cases}$$

그러나 A—T는 임금을 전제하며, 결과적으로 생산수단을 생산자본의 일부로 전제하며, 결과적으로 노동과정과 가치증식과정을 이미 자본의 기능으로 전제한다.[112]

이제 A'를 고찰해보자. 이것은 A의 생산물이라 할 수 없고, (금의 생산과 같은 특별한 경우가 아니고는) P의 생산물이라고도 할 수 없다. 그것은 M'의 변환형태다. 화폐형태로의 회귀는 화폐자본이 아닌 상품자본 M'의 함수이다. 차이 a, 즉 P 단계에서 산출된 차이 m의 화폐형태는 A에 고유한 운동을 표상하지 않는다.

화폐자본은 산업자본의 순환 내부에서 단지 통화 기능만을 하며, 이 통화 기능은 이 순환의 다른 단계들과의 전체적인 관련에 의해서만 동시에 자본 기능으로서 의미를 가진다.

A'를 A에 대한 a의 관계로서, 즉 자본관계로서 표상(Darstellung)하는 것은 화폐자본이 아니라 상품 자본 M'의 직접적 기능이며, 이 M'도 역시 m과 M 사이의 관계로서 단지 생산과정의 결과, 즉 생산과정에서 자본-가치가 가치를 증식하는 결과를 표현하고 있을 뿐이다.[113]

---

112 *Le Capital*, t. IV, p. 58[『자본』 II, 81쪽].

113 *Le Capital*, t. IV, p. 72[『자본』 II, 99쪽].

이로부터 순환의 **결과**를 표현하는 A'=A+ΔA의 정식에서 A와 A'는 관계가 없다는 것이 따라 나온다. 이 등식은 불가능한 등식이다. 불가능한 관계의 이런 정립을, 알다시피 마르크스는 **비합리적인 것**이라는 개념으로 표현한다.

당연히 이러한 비합리적인 것의 근거는, 화폐자본의 순환 전체와 이 순환이 다른 순환들과 맺는 연관을 표현하는 정식에 있다. 비합리적이고 무개념적인 정식 A'=A+ΔA는 다음의 완결된 정식으로 설명된다.

$$A — M \begin{cases} T \cdots\cdots P \cdots\cdots M' — A' \\ Mp \end{cases}$$

이 정식은 **개념적 관계**를 표현한다. 다시 말해,

1)이 정식은 순환을 구성하면서 이 순환을 다른 순환들과 자본 재생산과정 전체 안으로 통합하는 치환 및 형태변화 전체를 포착하고 있다.

2)이 정식은 가치증식과정 전체를 지탱하는 생산관계의 결정적 성격을 표시한다.

A와 A'의 불가능한 관계는 순환 전체를 지배하는 것, 즉 **생산관계**로서의 자본, 아울러 이의 보완물인 **임금노동**에 의해 지탱됨으로써만 가능하다.

그래서 화폐자본의 순환은 자본주의적 과정을 가장 잘 표현하는 순환이다. 실상 이 과정의 고유성은 가치의 자기증식을 원리로 한다는 것이며, A에서 A'로의 순환은 이를 명확하게 표현한다. 그러나 자본의 재생산과정, 즉 자본과 임금노동의 생산관계로 가능해진 가치

의 자기증식 과정의 이러한 규정된 형태는 그 **결과** 안으로 사라지는 경향을 보인다.

이처럼 A'는 그 자신의 내부에서 분화되고 기능적으로(개념적으로) 구별되며 또한 자본관계를 표현하는 가치총액으로 나타난다.

그러나 이것은 단순히 결과로만, 이 결과를 낳는 과정의 매개 없이 표현된다.[114]

그러므로 이 순환의 특징은 과정이 결과 안으로 사라진다는 것이다. 그래서 이 순환은 자율화될 경우 자본주의적 과정을 알아보지 못하게 할 소지를 제공한다.

마르크스가 『자본』 2권에서 연구한 재생산과정 전체에서 이런 자율화가 일어날 위험은 없다. 화폐-자본의 순환의 자율성은 상품-자본의 순환 속으로 사라진다.

> 그 순환의 첫 번째 형상(화폐-자본의 순환)에서 자본-가치의 화폐형태에 속하는 자립성의 외양은, 여기 두 번째 형상에서는 사라지며, 따라서 두 번째 형상은 첫 번째 형상에 대한 비판이자 첫 번째 형상을 한낱 특수한 형상으로 만들어버린다.[115]

이 형상에 대한 비판은 재생산과정 전체의 전개를 통해 이루어진다. 하지만 이 전개는 **과학**에서만 나타난다.

현실에서, 이러한 자율화, 이러한 개념 상실(Begriffslosigkeit), 이

---

114 *Le Capital*, t. IV, p. 46[『자본』 II, 64쪽].

115 *Le Capital*, t. IV, p. 69[『자본』 II, 95쪽].

러한 비합리성은 자본주의적 과정의 가장 구체적이면서 가장 매개된 형태들로 나아감에 따라 실제로 발현될 것이다.

이자 낳는 자본 형태에서 이 과정은 완성된다. 실상 이 형태는 자본의 가장 구체적이고 가장 매개된 형태다. 이 형태는 잉여가치의 이윤으로의 변형을 전제할 뿐 아니라 이윤의 기업수익과 이자로의 분할도 전제한다. 화폐 A를 대부하는 금융자본가는 생산과 재생산의 전 과정 바깥에 있다. 그는 다만 총액 A를 대부하고 총액 A'를 환수할 뿐이다. 이 두 활동 사이에서 벌어지는 일에 대해 그는 아무 관심이 없다.

이렇게 A—A' 형태에서 자본주의적 과정 전체는 사라졌다. A와 A' 사이의 중간항들의 연관이 A와 A'의 관계를 가능케 한다면, Begriffslosigkeit[무개념성]는 이 모든 중간항이 사라짐을 표현한다. 이로써 Begriffslosigkeit[무개념성]는 이러한 연관을 지탱해주고 그것을 가능케 하는 것, 즉 **자본주의 생산관계**의 사라짐을 표현한다. 형태의 Begriffslosigkeit[무개념성]에서 생산관계의 사라짐, 바로 이것이 마르크스가 자본주의적 관계라 부른 것의 외화(Veräusserlichung)에 토대가 되는 것이다.

이런 사라짐이 가능해진 것은 이자 낳는 자본형태라는 가장 구체적이고 가장 매개된 형태에 이르는 형태의 전개를 통해서임을 우리는 안다. 형태의 이러한 전개, 매개들의 이러한 연쇄 역시 그 결과인 형태 속으로 사라진다. 자본주의적 과정의 가장 매개된 이 형태는 순전한 직접성, 즉 화폐자본이 자기 자신과 맺는 순수한 관계처럼 등장한다.

이를 바탕으로 우리는 Veräusserlichung[외화] 개념을 이해할 수 있다. 실제로 우리는 이 개념이 **생산관계**와 **과정형태** 사이의 관계를 표시한다는 것을 알고 있다. 다른 한편, 우리는 이미 **관계/형태** 연관의 일반적 메커니즘을 알아보았고, 이 메커니즘을 환유적 인과성의 연관으로 특징지었다. 자신을 과정형태들의 전개와 분절 안의 일정한 위치에 자리매김해주었던 모든 특징을 상실한 것이 begriffslose Form[무개념적 형태]이라면, 환유적 인과성은 바로 이 begriffslose Form[무개념적 형태]에서 가장 근본적인 결과들을 생산하게 될 것이다.

이 결과들을 세부적으로 살펴보기에 앞서, 문제의 항들이 Veräusserlichung[외화](또한 Entfremdung[소외])에 대한 특정 유형의 해석을 배제하고 있음을 주목해볼 수 있다. 해당 항들은 주어, 술어, 사물이 아니라 관계와 형태다. 여기서 다루어지는 낯설게 되기는 주어의 술어들이 낯선 존재로 외화됨을 표시하는 것이 아니라, 과정의 가장 매개된 형태에서 자본주의적 관계에 일어나는 일을 가리킨다.

B)관계의 'Veräusserlichung'[외화]

'외화' 개념은 으레 다른 세 개념을 수반한다. Verrücktheit(부조리), Versachlichung(사물화), Verkehrung(전복)이 그것이다.

이 가운데 고유한 개념적 의미가 없는 첫 번째 용어는 제쳐놓겠다. Verkehrung 개념은 문제를 제기한다. 한편으로 이 개념은 앞서 연구한 대로, 과정의 완성된 형태들에서 과정의 내적 규정의 전도를 가리킨다. 그런데 여기서 이 개념은 새로운 함의를 지니며, 이에 대해서는 뒤에서 검토하겠다.

Versachlichung[사물화] 개념은 Gegenständlichkeit[대상성] 구성과 Darstellung[표상] 메커니즘에 대해 이미 말한 바로부터 이해되어야 한다. 상품형태 분석에서 우리는 사물이나 대상이 어떤 관계의 담지자이지만 이 담지 기능, 사물의 감각적-초감각적 성격을 알아보지 못하기 때문에, 사회관계의 표현에 불과한 것이 사물의 자연적 **속성**으로 변형된다는 것을 보았다.

더 정확히 하자면, **형태**의 기능에서 모든 것이 결정되었다. 형태는 사물의 형태(외피)임과 동시에 생산관계의 현상형태였다.

이제 우리는 마르크스가 **사물**로서의 자본(화폐총액 또는 물질적 요소—원료나 기계 등—의 크기)과 이것이 담지하는 생산관계로서의 자본의 관계에서 밝혀낸 Darstellung[표상] 메커니즘을 다시 만난다.

> 자본은 사물이 아니라 역사적이고 규정된 사회구성체에 속하는 사회적이고 규정된 생산관계로서, 사물로 표상되며sich darstellt 이 사물에 특수한 사회적 성격을 부여한다.[116]

우리는 Verhältnis/Ding[관계/사물]의 대립을 다시 만나는데, 이 대립은 Darstellung[표상]을 실존양식으로 한다. Darstellung[표상]을 알아보지 못하면 대립은 소거되고 자본은 단순한 사물로 둔갑한다.

여기에는 세 항이 있다.

---

116 *Le Capital*, t. VIII, p. 193.

— 생산관계로서의 자본

— 여기서는 이자 낳는 자본의 무개념적 형태인 **자본형태**

— 이자 낳는 자본 형태를 외피로 삼아 관계-자본의 담지자 구실을 하는 사물(자본의 물질적 요소)

그런데 이자 낳는 자본 형태는 그것을 개별적이고 특정한 형태의 자본으로 만들어주는 것에 대한 일체의 기억을 상실했다. 그래서 이 자본형태의 규정들은 사물의 물질적 규정들과 혼동될 것이다.

Begriffslosigkeit[무개념성] 때문에 형태는 더 이상 형태의 기능을 하지 못한다. 그러면 생산관계의 사회적 규정은 사물의 물질적 규정으로 환원될 것이다. 이로부터 마르크스가 **물질적 토대**(담지자 기능을 하는 사물들)라 부른 것과 사회적 규정 사이에 혼동이 생겨난다. 사회적 규정은 물질적 생산요소의 자연적 **속성**이 된다. 그래서 관계-자본은 **사물**이 되었다.

그러나 이 사물은 아주 특별한 속성을 지닌다. 이 사물의 신비적 성격은 두 가지 방식으로 표현될 수 있다.

첫째, A가 가치총계로 간주되면, A—A'의 관계는 4=5 형태의 불가해한unbegreiflich 관계일 것이다. 여기서 우리는 증식의 신비와 마주한다.

둘째, 이 신비에 대한 해법을, 사물 A의 물질적 요소들의 사용가치 쪽에서 찾아볼 수 있다. 그러면 불가해한 관계는 공약 불가능한 관계로 대체된다. 곧 **사물** A는 잉여가치, 다시 말해 사회적 관계를 생산한다. 우리는 이 공약 불가능한 관계에 참된 이름을 부여하면서 이 신비를 적합하게 정식화하겠다. **비합리적** 관계라고 말이다.

이로써 우리는 이 신비의 가능성과 해법을 이해할 수 있다. Verkehrung 개념을 명확히 하면 해법이 주어질 것이다. 이 개념은 다음의 운동을 가리킨다. 사회적 관계가 사물로 변형된다는 것은 또한 사물이 사회적 관계로 변형된다는 것이다. 사회적 관계가 사물 안으로 사라졌을 때, 이 사물은 사회적 관계가 규정하는 운동을 물려받았다. 이 운동은 사물의 자연적 능력 혹은 불가사의한 성질로서 사물에 현존한다. 그러므로 우리는 여기서 마르크스가 생산관계 작용양식의 특징이라고 간주한 **감춤**의 의미가 정확해지고 완성되는 것을 볼 수 있다.

이러한 작용양식의 결과는 우선 사물이 특정 운동을 부여받은 자동기계로 나타난다는 점에서 드러난다. 4에서 5로의 이행이 가능한 까닭은 사물이 그 안에 자기증식의 이유를 가지고 있기 때문이다. 그리고 사물이 이러한 이유를 가지는 까닭은, 마르크스의 말처럼 사물 안에 사회적 관계가 현존함으로 말미암아 사물이 수태하기 때문이다. 그러므로 비합리적인 것이야말로 사물의 증식 **이유**다.[117] 비합리적인 것은 이렇게 하여 이유라는 단어의 모든 의미에서 Wirklichkeit[현실성]의 이유로 확증된다. 사물 안에 사회적 관계가 현존하는 양식은 두 가지 신비를 설명하게 해준다. 하나는 증식이라는 신비이고, 다른 하나는 한낱 사물에 불과한 것이 사회적 관계를 생산한다는 신비이다. 사물-자본은 이렇게 하여 (땅이 지대를 생산하듯이) 이자를 자연적으로 그리고 특정한 방식으로 생산할 수 있다. 이 운동은 사

117 이러한 이유를 기하학적 이유로 간주했던 프라이스Price에게 닥친 이론적 불행은 나중에 살펴볼 것이다.

물이 **자율적 주체**가 된다는 말로 요약될 수 있는데, 마르크스는 이를 Versubjektivierung(주체화) 개념으로 표현한다.

그러므로 우리 앞에는 이중의 운동이 있다. 한편으로 생산의 사회적 규정들의 사물화가 있고, 다른 한편 생산의 물질적 토대들의 주체화, 즉 생산의 사회적 규정을 표상하며 감추는 사물의 주체화가 있다. 마르크스는 이 이중의 운동이 자본주의 생산양식의 가장 단순한 규정, 즉 노동생산물의 상품형태에서 이미 감지되었다고 설명한다.

> 이미 상품에는, 특히 자본 생산물로서의 상품에는, 생산의 사회적 규정들의 사물화(Verdinglichung)와 생산의 물질적 토대들의 주체화(Versubjektivierung)—이것이 모든 자본주의 생산양식을 특징짓는다—가 포함되어 있었다.[118]

이 이중 운동이 Verkehrung 개념의 앞서 언급한 두 번째 의미를 구성하는데, 우리는 이를 **전복**renversement이라 번역하겠다. 전복의 결과는 "마법에 빠진 세계, 물구나무를 하고 있는 전복된 세계"다.[119]

우리가 보기에 핵심은 Verkehrung 개념의 이 두 가지 기능을 구별하는 일이다. 왜냐하면 첫 번째 기능(형태들의 전개에 의해 규정되는 기능, 그러니까 Kerngestalt[핵 형태]에서 fertige Gestalt[완성된 형태]로의 이행에 의해 규정되는 기능으로서의 전도)만이 엄격한 개념적 규정을 받아들일 수 있기 때문이다. Verkehrung의 두 번째 기능(사회적

118 *Le Capital*, t. VII, p. 255.
119 *Le Capital*, t. VIII, p. 207.

관계들의 사물화와 물질적 담지자의 주체화라는 이중 운동)은 인간학적 후광에 휩싸여 있고 이전의 개념적 장에 대한 무반성적·무비판적 준거의 표시가 남아 있는 기능이다.

한편으로는 자본주의적 관계의 Veräusserlichung[외화]을 특징짓는 한에서의 이러한 전복의 형상, 다른 한편으로는 『경제학-철학 수고』에 표현된 소외의 고전적 형상, 여기서 우리는 이 둘의 관계를 상세히 검토할 필요가 있다. 마르크스가 여기 『자본』에서 기술하는 운동의 모든 항에 대해, 그에 상응하는 등가물이 『경제학-철학 수고』에도 있는 것 같다. 여기 『자본』에서 Entfremdung[소외]/Veräusserlichung[외화]의 유의어 쌍과 Verkehrung 개념으로 구성되는 현재의 구조에, 『경제학-철학 수고』에서는 Entfremdung[소외]/Entäusserlichung[외화]의 쌍과 Verkehrung 개념으로 구성된 구조가 상응한다. (이러한 전복은 인간학적 비판에서는 주체가 자기 대상의 대상이 되는 소외과정의 완성을 가리킴과 동시에, 분리와 전복을 확증하는 사변의 절차를 가리킨다.) 다른 한편, 여기 『자본』에서나 『경제학-철학 수고』에서나 전복은 인격/사물 관계의 지반에 자리 잡고 있다.

이 때문에 여기서 작동하는 개념들의 의미작용을 정확히 할 필요가 있다. 우선 사물화(Versachlichung 또는 Verdinglichung)의 운동을 보자. 사물로 옮겨 가는 것은 주체성의 본질이 아니라 관계다. Veräusserlichung[외화]에서는 주체가 자기 자신과 분리되고 그 술어들이 낯선 존재로 옮겨 가는 것이 아니다. 오히려 형태가 그것이 담지하는 관계에 낯설게 되고, 이 관계에 낯설게 됨으로써 사물이 되며 관계의 사물화를 초래한다. Veräusserlichung[외화]에 대한 이 정의는 Entfremdung[소외]에 대해서도 타당하다.

물신숭배에 빠지는 것은, 사물의 그 자신과의 거리—이 거리는 경제적 관계들이 활동하는 장소들이기도 하다—를 만들어내는 구조적 연루다. 이 거리는 물신숭배에서 제거된다. 그런데 사물이 곧바로 어떤 주체성의 대상으로 간주되었던 『경제학-철학 수고』에서도 이 거리는 똑같이 제거되었다고 말할 수 있다. 이 거리, 즉 구조에 장악되었음을 드러내는 사물의 특수한 차원의 제거야말로 **대상**과 **생산물**의 모호어법을 가능케 했다. 그러므로 자본주의적 관계의 Versachlichung[사물화]은, 자본이 경제적 관계들을 규정하는 특수한 차원이 제거되는 경우가 아니라면, 주어의 술어들이 대상화된 것으로 이해될 수 없다.

주체화의 경우, 우리는 그것 역시 한 실체적 주어의 술어가 주체로 전복되는 것이 아님을 보게 된다. 마르크스가 사물의 주체화로 가리키는 바는 사물이 과정의 **동력 기능**을 획득한다는 것이다. 이 기능은 과정 내에서 주체에도, 주체와 대상의 상호작용에도 속하지 않고 **생산관계**에 속하는데, 생산관계는 주체와 대상의 공간에 근본적으로 낯설다. 이 공간에는 단지 생산관계의 **담지자들**만이 있을 뿐이다. 사물이 수용하는 속성은 주체의 성질이 아니라 생산관계의 동력이다. 사물이 주체로 나타나는 것은 그것이 운동을 물려받은 한에서이다. 주체 개념은 어떤 가상적 운동 안에 자리를 갖는 하나의 기능을 가리킨다.

이로부터 우리는 다음의 결론을 내릴 수 있다. 곧 『경제학-철학 수고』와 같은 이론적 장에서 주체화, 사물화, 전복이라는 개념이 모종의 개념적 내용을 적합하게 표현한다손 치더라도, 이 개념들은 『자본』의 이론적 장에서는 다른 개념적 내용을 **가리킬** 뿐이다. 여기서 이 개념들은 더 이상 대상과의 개념적 합치의 영역에 속하지 않고 **유비**의 영역에 속한다. 그리하여 사물화, 주체화, 전복이라는 용어는 모든 것이 결정되는 중심점, 즉 과정의 동력 기능과 생산관계 특유의 효력을 가린다.[120]

두 운동의 차이를 간략히 표현해보자. 『경제학-철학 수고』에서 주체(노동자)는 대상에 자신의 본질을 놓는다. 이 대상은 낯선 존재(자본)의 역량을 키울 것이며, 이 낯선 존재는 전복의 운동을 통해 스스로를 주체로 정립하고 노동자를 자기 대상의 대상으로 축소한다.

반면 『자본』에서 Veräusserlichung[외화]은 형태의 Begriffslosigkeit[무개념성] 때문에 관계의 규정들이 사물의 물질적 속성들로 환원된다는 점에서 성립한다. 그리고 관계가 사물 안으로 사라지고 나면, 사물은 자동적 주체로 등장한다(주체화). 이 운동에 노동자와 자본가는 개입하지 않는다. 그래서 여기서 노동자는 과정의 근원적 주체가 아니라 임금노동 생산관계의 담지자로 등장한다. Entfremdung[소외] 메커니즘은 주체와 무관하다.

그러므로 우리는 두 가지 상이한 구조를 규정할 수 있다. 하지만 마르크스는 계속해서 이 둘을 혼동하여, 자본주의적 관계의 Entfremdung[소외]을 실체적 주체의 소외 모델을 바탕으로 사유하고, 전도로

---

120 이 도식의 활용이 물신숭배 메커니즘을 표현하는 데 얼마나 부적합한지는, 인격의 사물화가 결코 사물들의 '주체화'(물질적 담지자들의 자율화)에 상응하지 않는다는 점에 주목하면 명백해질 것이다. 정반대로, 이자 낳는 자본 형태에서 자동화된 사물의 형상에 상응하는 것은 자유로운 두 인격 사이의, 구성적인 두 주체성 사이의 계약이다. 이로써, 물신숭배는 주체와 대상 간의 관계가 아닌, 이 각각의 담지자와 이것을 규정하는 생산관계 사이의 관계와 관련된다는 점이 명백해진다.

서의 Verkehrung을 전복으로서의 Verkehrung으로 사유하는 경향을 보인다.

나는 이러한 미끄러짐의 사례를 『자본』 3권 2장에서 취하겠다. 여기서 다뤄지는 것은 잉여가치의 이윤으로의 변형이다. 우리가 이미 보았듯, 잉여가치에서 노동시간에 의한 가치 규정과 잉여노동에 의한 잉여가치 규정은 사라지며, 이윤은 이 잉여가치의 현상/감춤의 형태, 자본주의적 생산의 현실적 운동의 **전도**를 특징으로 하는 형태였다. 그런데 이 텍스트에서 우리는 이 전도가 전복이라는 인간학적 형상이 되고, 마찬가지로 인간학적 담론의 특징인 이 미규정성 속에서 Entfremdung[소외]의 첫 번째 모델과 두 번째 모델이 뒤섞이는 것을 볼 것이다.

> 잉여가치가 이윤율을 통하여 이윤으로 변형되는 방식은, 이미 생산과정에서부터 이루어진 주체와 대상의 상호전도interversion가 전개된 것에 불과하다. 이미 그 순간부터 우리는 노동의 주체적 생산력이 모두 자본의 생산력으로 등장함을 보았다.
> 한편에서는 가치, 즉 살아 있는 노동을 지배하는 과거의 노동이 자본가로 인격화되고, 다른 한편에서는 반대로 노동자가 순전히 물질적 노동력으로, 즉 상품으로 나타난다.[121]

우리 앞에는 다음의 운동이 있다.

121 *Le Capital*, t. VI, p. 64[『자본』 III-1, 64쪽].

여기서 활용된 도식은 고전적인 인간학적 도식이다.

자본주의적 생산과정의 형태들이 그 특징인 전도와 함께 전개된다는 것은 원래의 주체/대상 전복이 전개된다는 것일 테다. 만일 이 도식이 정합적이라면, 우리의 증명 전부는 무화된다. 그러나 이 도식은 실상 정합적이지 않다. 실제로 살아 있는 노동이 상품으로 변형되는 사태에 상응하는 것은 과거의 노동이 **자본**으로 변형되는 것이지 자본가로 변형되는 것이 아니다.

인격화, 『자본』에서 이 개념이 갖게 되는 엄격한 의미에서의 인격화는 전혀 다른 것이다. 인격화는 생산관계의 담지자로서 주체의 기능을 가리킨다. 앞서 보았듯, 생산관계는 한편으로는 주체의 기능, 다른 한편으로는 대상의 기능을 규정한다. 생산관계는 대상의 Darstellung[표상]만이 아니라, 자크 라캉의 용어를 빌리자면 **주체를 무대에 놓기**mise en scène du sujet[122]를 실현한다. 알다시피, 이로

122 Jacques Lacan, *La Psychanalyse*, t. VI, pp. 112~113을 참고하라. "따라서 다니엘 라가슈Daniel Lagache가 자신이 제안한, 어떤 식으로든 겉보기의 구조(이는 기술적 성격이 자연적으로 포함

써 주체/대상의 쌍이 과정의 동력으로 기능하는 것도 배제되고 과정의 운동이 주체/대상의 상호적 운동이라는 것도 배제된다. 『자본』에서 가동되고 있는 인격화의 엄밀한 기능은, 마르크스가 여기서[『경제학-철학 수고』에서] 이 개념을 이용하는 방식의 타당성을 전부 박탈한다.

이제 우리의 도식을 손질한다면 다음의 결과를 얻게 된다.

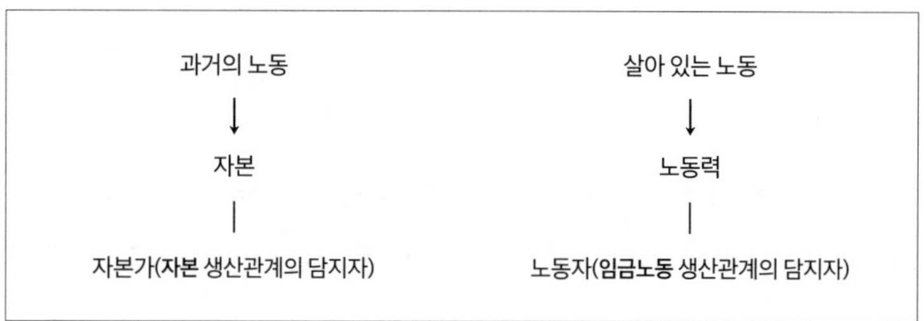

노동력의 맞은편에 있는 것은 자본이지 인격(자본가)이 아니다. 마찬가지로 자본가의 맞은편에 있는 것은 다른 주체인 노동자이지 사물이 아니다. 주체/대상의 전도를 위한 자리는 여기에는 더 이상 없다.

그러니까 『자본』에서 인간학의 자리는 마르크스 담론의 침전물

하는 것에 대한 비판을 함축할 것이다)와 경험과 거리를 둔 채 말할 수 있는 구조(왜냐하면 이는 그가 분석적 메타심리학에서 인정한 '이론적 모델'과 관련되므로) 사이의 선택으로부터 출발할 때, 이러한 이율배반은 세 번째이기는 해도 배제될 수는 없는 구조양식, 즉 순수하고 단순한 기표의 조합이 그것이 산출되는 실재에서 규정하는 결과들을 등한시한다. 그런데 구조주의는 우리의 경험의 장을 그것ça이 말하는 장으로 정립하도록 허용하는 것 아닌가? 만일 그렇다면, 구조의 "경험과의 거리"는 사라지는데, 왜냐하면 이 거리는 구조에서 이론적 모델로서가 아니라 주체를 구조라는 무대에 놓는 근원적 기계로서 작동하기 때문이다."

로 마련된 자리 외에는 없다. 마르크스가 자기 개념들을 자리매김하지 않은 곳에서 이 개념들은 인간학적 안표들 주위를 돈다. 마르크스 담론의 엄밀함이 느슨해지는 곳에서 인간학적 담론이 모습을 드러낸다. 마르크스가 자신의 어휘를 엄밀하게 비판하지 않는 이상, 이런 미끄러짐은 필연적이기도 하다. 새로운 개념을 표현하기 위해 『자본』이 도입한 낱말 중 상당수는 청년 마르크스의 인간학적 개념들을 표현하는 데 이용되었던 것들이니까.

이 구별을 강조할 필요가 있다. 우리는 정말로 다른 **개념들**과 관계하고 있기 때문이다. 예를 들어, 우리는 『자본』에서 Verkehrung[전도] 개념과 Entfremdung[소외] 개념을 보는데, 이 개념들은 『경제학-철학 수고』와 비교하면 다른 내용을 지닌 새로운 개념들이다. 그러나 인간학적 개념(나는 이를 개념 I이라 부를 것이다)과 『자본』의 개념(개념 II)을 표현하는 데 같은 **낱말들**이 이용된다.

두 경우 다, Verkehrung 개념과 Entfremdung 개념이 관계의 기능을 한다는 점을 강조해두는 것이 좋겠다. 이 개념들은 모종의 이론적 공간의 한가운데서 항들 사이의 관계를 드러낸다. 이론적 공간 I에서 Verkehrung, Entfremdung 개념을 통해 관계 맺는 항들은 주어, 술어, 대상, 인격, 사물, 경험, 사변 등이다. 이론적 공간 II에서 이 항들은 단순 형태와 복합 형태, 관계와 형태 등이다.

두 이론적 공간은 서로 다른 속성을 지닌다. 그 결과, 유형 I의 관계들과 유형 II의 관계들은 상동일 수 없다. 따라서 엄밀하게 하자면 이 관계 개념들을 표현하는 낱말들 역시 달랐어야 할 것이다. 마르크스가 이런 엄밀성의 요구를 따르지 않기 때문에, 첫 번째 형상이 더 이상 자기 자리가 아닌 곳에 들어올 위험은 언제나 있다. 미끄러짐은 두 번에 걸쳐 일어난다. 유형 I의 관계들과 유형 II의 관계들 사이에 상동을 확립하는 데서, 그리고 이로써 이론적 공간 I을 재구성하여 이론적 공간 II가 그 안에 들어가도록 시도함으로써 말이다. 하지만 이런 시도에서 어떤 **비틀림**이 나타나는데, 이는 공간 II의 저항을 입증한다. 이런 비틀림이 가령 우리가 방금 연구한 도식의 비정합성을 만들어낸다.

마르크스가 인간학적 비판에서 빌려 온 도식을 활용할 때마다 우리는 거의 항상 같은 종류의 비틀림을 발견한다. 이 주제와 관련해 특별히 의미심장한 텍스트는 종교적 소외 비판의 낡은 도식을 답습하는 텍스트들이다. (예를 들어, 『자본』 1장에서처럼) 마르크스가 자신의 연구대상인 과정과 종교적 소외과정 사이의 유비를 부각할 때마다, 분석은 유비가 절대로 엄밀하지 않음을 보여준다.

주목할 만한 또 다른 비틀림은 마르크스가 물신숭배를 특징지을 때 자주 사용한 정식에서 나타난다. 인간들의 관계는 사물들의 관계가 된다는 정식 말인데, 이 정식에서 두 개의 보어는 주어의 자리를 절취한다.

남은 일은 이 미끄러짐의 심층적 이유를 아는 것이다. 우리는 앞서 마르크스가 자기 어휘를 비판해보지 않았다는 사실을 문제 삼았다. 이 같은 비판의 부재는 단순한 태만이 아니다. 마르크스가 용어의 차이를 확립하는 일이 필수적이라고 판단하지 않았다면, 그 이유는 그가 자신의 담론과 청년 마르크스의 인간학적 담론의 차이를 엄격하게 사유한 적이 없기 때문이다. 마르크스의 이론적 실천에서 우리가 마르크스가 단지 **긍정**했을 뿐인 단절을 **규정할** 수 있다 해도, 우리가 두 문제설정의 근본적 차이를 정식화할 수 있다 해도, 마르크스 자신은 이 차이를 한 번도 진정으로 파악하지도 개념화하지도 못했다.

C)기원의 전위와 한계의 위반

우리는 과정의 기원(Ursprung), 한계(Grenze), 결과에 무슨 일이 일어나는지를 검토하면서 이 과정의 물신화된 형상이 완성되는 것을 볼 것이다.

여기서 말하는 **기원**은 시간적 기원이 아니라 자본주의적 과정 그 자체의 기원이다.

자본주의적 생산과정은 자본의 가치증식과정이므로, 우리가 관계하는 기원은 잉여가치의 기원, 곧 잉여노동이다.

이 기원은 자본주의적 과정의 구체적 형태들에서는 드러나지 않는다. 주어지는 것은 과정의 결과물이다. 그러니까 총잉여가치의 분해로 얻어지는 몫들인 이윤, 이자, 지대다. 보상 근거에 대한 연구는 잉여가치의 분배를 표현하는 이 몫들이 잉여가치의 **구성요소들**로 등장한다는 것을 보여준다.

이 겉모습이 속류경제학의 토대이며, 속류경제학의 체계적 기원은 널리 대중화된 애덤 스미스의 세 원천 이론이다. 애덤 스미스의 작업은 일정 시기 생산된 가치의 **분해**에서 귀결되는 요소들인 임금, 이윤, 지대를 이 가치의 구성요소로 만든다.[123]

---

123 애덤 스미스가 세 원천 이론을 정립하기 위해, 생산된 가치가 실상 한편으로는 **자본**으로, 다른 한편으로는 **수입**(임금, 이윤, 지대)으로 분해된다는 점을 오인할 수밖에 없었음을 환기하자. 자본으로 다시 전환되는 부분은 그의 분석에서 사라진다. 이 때문에 임금, 이윤(기업가의 수익+이자), 지대가 가치를 구성한다고 말할 때, 혹은 이윤과 지대가 잉여가치를 구성한다고

애덤 스미스의 작업은 두 단계로 분해될 수 있다. 먼저 임금, 이윤, 지대가 그 기원(가치로 실현되는 사회적인 총노동시간)에서 떨어져 나온다(임금, 이윤, 지대는 가치의 분해를 표상한다). 그러면 임금, 이윤, 지대는 자율화되고 상호 무차별적 형태들로 등장한다. 그런 후에 이 요소들—이것들은 과정에서 그 자리가 부여한 형태규정을 상실했다—각각의 고유한 **기원**을 찾아야 한다. 세 원천 이론은 임금에는 노동, 지대에는 토지, 이윤에는 자본을 기원으로 지정한다.

세 **원천**은 이렇게 해서 몰인지된 **기원**의 자리를 차지한다. Ursprung/Quelle(기원/원천)의 대립은 우연히도 마르크스에게서는 발견되지 않는다. 이 대립은 사회적으로 규정된 생산과정에서 일종의 자연적 과정으로의 이행을 표시한다. 기원이 원천으로 전위되는 사태는 Versachlichung[사물화], 즉 생산의 사회적 관계가 물질적 속성들로 정의되는 사물로 둔갑하는 사태를 보완한다. 그것은 과정의 자연화를 완결시킨다.

이러한 기원의 사라짐은 동시에 한계의 사라짐이다. 이 한계가 가치의 기원(노동시간)과 잉여가치의 기원(잉여노동)에 의해 규정된다는 것을 우리는 안다. 착취된 잉여노동의 총량이 잉여가치의 한계를 규정한다. 이런 방식으로 가치법칙은 잉여가치가 이윤, 이자, 지대로 분배될 수 있을 한계를 표시하는 규제적 법칙으로 작용한다. 세 원천 각각이 자연적으로 수입을 생산한다는 세 원천 이론이 낳은 모든 가상은 이렇게 무너진다. 개념적인 질적 한계는 생산된 가치 및 잉여

말할 때 같은 것이 표현된 셈이다.

가치의 총량을 규정한다.

반대로, 만일 자본이 자연적으로 이윤을 생산한다면, 만일 자본이 자동장치처럼 작동한다면, 모든 질적 한계는 제거되며, 이윤 산출은 순수한 기하급수 법칙을 따르는 것처럼 보이게 된다. 프라이스Price에 국가 재정 당국의 모든 문제를 해결할 수 있다고 믿게 한 천재적 발견은 여기서 나온다.

> 복리를 가져다주는 화폐는 처음에는 천천히 증가한다. 그러나 증가 속도는 부단히 가속되므로 어느 시점이 지나면 증가 속도가 상상을 초월할 정도로 빠르게 된다. (…)
>
> 우리의 구세주가 탄생한 바로 그해에 6%의 복리로 대부된 1실링이 있다면 지금쯤 그것은, 태양계 전체를 토성 궤도와 지름이 같은 하나의 공으로 볼 때, 그 공보다 더 큰 금덩어리에 해당하는 액수로 커져 있을 것이다. 그래서 국가는 곤경에 처할 이유가 없다. 왜냐하면 국가는 원하는 짧은 기간에 최소의 저축으로 최대의 부채를 단숨에 갚아버릴 수 있기 때문이다.[124]

여기서 자본주의적 **자동장치**의 형상이 완성됨을 본다. 기하급수적 증가라는 가상이 가능하다면, 이는 자본의 가치 증식의 질적 한계를 사람들이 알아보지 못했기 때문이다.

124 마르크스가 인용. *Le Capital*, t. VII, pp. 58~59[『자본』 III, 519~520쪽].

> 잉여가치와 잉여노동의 동일성은 자본축적에 질적 한계를 정한다. 그 한계란 총**노동일이**며, 이는 동시에 착취할 수 있는 노동일 수를 제한하는 현재의 생산력과 인구의 발전 수준을 가리킨다. 반대로 잉여가치가 이자라는 무개념적 형태로 파악되면, 한계는 양적인 것에 불과하며 상상을 초월한다.[125]

이처럼 기원과 한계가 지워짐으로써 과정의 물신화된 형상, 곧 경제적 관계들이 생산행위자의 지각에 주어지는 형상이 완성된다.

> 이자 낳는 자본에서 자본주의적 물신의 표상이 완성된다. 이 표상은 축적된 노동생산물, 그것도 화폐로 고정된 노동생산물에, 비밀스러운 자질에 의해 완전히 자동적인 방식으로 기하급수를 따라 잉여가치를 생산하는 능력(Kraft)을 귀속시킨다.[126]

4. 마법에 빠진 세계

우리는 삼위일체 정식을 이루는 세 쌍 중 한 쌍의 구성을 기술했다. 이 분석에서 우리는 두 가지 중요한 결론을 끌어낼 수 있다.

(1)이 구성의 과정은 1844년의 『경제학-철학 수고』의 주어(주

---

125 *Le Capital*, t. VII, p. 62 [『자본』 III-1, 524쪽].

126 *Le Capital*, t. VII, p. 62 [『자본』 III-1, 524쪽].

체)/술어/대상 구조와는 아예 다른 구조를 개입시킨다.

(2)물신숭배가 제시하는 형태들은 사변으로 왜곡된 형태들이 아니다. 그것들은 자본주의적 과정이 생산행위자에 대해 실존하는 형태들이다.

> 이윤형태가 그 내적 핵심을 감춤에 따라, 자본은 점점 더 사물의 형태를 띠고 관계는 점점 더 사물이 된다. 단, 이 사물은 자기 안에 사회적 관계를 담고 있는 사물, 감각적-초감각적 존재이다. 그리고 자본과 이윤의 이러한 형태에서 관계는 표면에 고정된 전제로 나타난다. 이는 **관계의 현실성 형태, 아니 관계의 현실적 실존형태다.** 그리고 바로 이러한 형태에서 관계는 그 담지자인 자본가의 의식에 체험되고 자본가의 표상에 반영된다.[127]

여기서 우리는 우리의 출발지점, 즉 자본주의적 체계를 규정하는 관계들은 그 감춤의 형태에서만 실존할 수 있다는 것과 다시 만난다. 이 관계들의 현실성 형태는 그것들의 현실적 운동이 사라지는 형태이다.

물신숭배 분석은 신비화가 구조의 신비화라는 것, 신비화는 구조의 실존 자체라는 것을 우리에게 확인해준다. "자본가 선생과 토지부인이 사회적 배역으로서, 그러나 동시에 직접적으로는 한낱 사물

127 *Histoires des doctrines économiques*, t. VIII, p. 164. 강조는 필자.

로서 환상적 원무를 추는"[128] 물신숭배의 "마법에 빠진 세계"는 결과들이 원인의 부재로 인해 맺게 되는 그런 연관의 완성된 형상이다. 마르크스는 원인의 이런 부재를 한낱 거리로서 반성할 뿐이다. 원인의 부재는 매개들의 사라짐, 과정의 결정들에 대한 망각과 연결된다.

그러나 이 망각 또한 구성적 역할을 하는데, 우리가 마주한 것은 더 이상 헤겔적인 기억(Erinnerung) 능력을 갖춘 의식의 전개가 아니기 때문이다.

그러므로 거리와 망각이라는 부적합한 이미지를 넘어, 우리는 토대로 돌아가게 된다. 이 토대는 과정의 현상형태들이, Wirklichkeit[현실성]의 장에서 감춰지지 않고는 절대로 등장할 수 없는 어떤 것에 의해, 즉 생산관계에 의해 규정된다는 사실이다. 자본주의 생산양식이라는 특정 생산양식의 형성과정(Entstehungprozess)을 증언하는—다시 말해 증언하지 않는—생산관계에 의해서 말이다.

이처럼 물신숭배는 인간학적 과정을 표상하는 것이 아니라, 자본주의 생산양식의 구조가 Wirklichkeit[현실성], Alltagsleben(일상생활)의 장에 등장하고 자본주의 생산양식의 담지자인 생산행위자의 의식과 활동에 주어지는 특수한 괴리를 표상한다.

바로 이를 바탕으로 물신숭배의 형태들은 속류경제학이라는 특수한 담론으로 다듬어지고 체계화된다.

속류경제학이 실제로 하는 일이라곤, 부르주아적 관계에 사로잡힌 생

---

128 *Le Capital*, t. VIII, p. 206

> 산행위자의 표상들을 교의적 차원에서 번역하고 체계화하며 이를 변호론으로 만드는 일뿐이다.[129]

속류경제학은 Wirklichkeit[현실성], Alltagsleben[일상생활]의 형태들에서 출발하여 그것들을 삼원성 정식의 세 쌍으로 체계화한다. 한낱 사물들(자본, 토지의 물질적 요소들)이 사회적 관계(잉여가치, 지대)를 발생시키는 소외되고 비합리적인 형태들로 체계화하는 것이다. 이러한 공약 불가능한 관계들이야말로 속류경제학에는 체계의 합리적 핵심을 표상한다.

> 속류경제학자가 이 공약 불가능한 관계에 도달하자마자 그는 모든 것을 이해했다고 믿으며 더 성찰할 필요를 느끼지 못한다. 왜냐하면 그는 정확히 부르주아적 표상의 '합리적 핵심'에 도달했기 때문이다.[130]

지금 우리가 서 있는 지점에서 우리는 지금까지 만난 모든 유형의 담론을 특징지어볼 수 있다.

지각에 주어지는 출발점은 "부의 고정된 형태들", 생산행위자가 관계하는 Wirklichkeit[현실성]의 형태들이다.

속류경제학자는 이 형태들을 체계화하고 그것들에 합리적 핵심, 정확히 말해 "비합리적인 것"을 제공하는 데 만족한다. 그의 담론은 겉보기 운동에 대한 반성이면서 내적 본질에 대한 부정이자 과정의

129 *Le Capital*, t. VIII, p. 196.
130 *Le Capital*, t. VIII, p. 197.

현실적 운동에 대한 부정이다.

고전파 경제학은 이 고정된 형태들을 해체하여 그것들을 내적인 본질적 통일성으로 환원하려고 한다. 예를 들어 지대를 초과이윤으로 환원한다. 하지만 고전파 경제학은 자기 기획을 완수할 수 없는데, 왜냐하면 고전파 경제학은 이 형태들을 과정의 내적 본질의 **현상형태들**로 이해하지 못하기 때문이다. 그러므로 고전파 경제학은 겉모습에 대한 교의적 부정을 통해 내적 본질을 긍정할 뿐이며, 물신숭배의 형식들을 이해하지 못한 채 추방하는 것밖에 할 수 없다.

반대로 마르크스의 이론은 이 소외되고 비합리적인 형태들을 과정의 내적 본질의 현상형태들로 이해한다. 그것은 과정 이론과 과정에 대한 몰인지의 이론을 동시에 수행할 수 있다.

우리는 여기서 네 번째 담론, 곧 1844년의 『경제학-철학 수고』의 담론으로 돌아갈 수 있다. 이 담론의 출발점 역시 우리가 방금 검토했던 "소외되고 비합리적인 형태들"이다. 「첫 번째 수고」는 세 원천에서 출발한다. 그리고 청년 마르크스는 리카도적 해체를 **추상적**이라 간주하며 거부한다. 그래서 그는 리카도에 대한 독서 노트에서 다음과 같이 쓰고 있다.

> 정치경제학은 자기법칙들에 더 큰 일관성과 규정성을 제공하기 위해 현실성(Wirklichkeit)을 부수적인 것으로, 추상을 현실적인 것으로 정립할 수밖에 없다.

그러므로 1844년의 『경제학-철학 수고』의 담론은 소외되고 비합리적인 형태들에서 출발하여 Wirklichkeit[현실성] 수준에 머무르고자 하는 담론이다. 이것이 의미하는 바는, 1844년의 『경제학-철학 수고』의 담론에서 비합리적 형태는 비이성의 형태, 낯설게 된 이성의 형태, 자기 자신에게 낯설게 된 인간의 형태일 것이라는 점이다.

또는 이 **소외된** 형태들이―여기서 '소외된'이라는 용어에 어떤 의미를 부여해야 하는지는 이미 살펴보았다―이 담론의 관점에서 볼 때 인간학적 의미에서 **소외의 형태들**이라 해도 괜찮겠다.

따라서 부의 형태들을 소외된 노동의 규정으로 환원하는 것이 경제적 Gegenständlichkeit[대상성]의 형태들에 대한 진정한 비판이 될 수는 없다. 이런 환원은 인간주체 및 상호주관성의 규정들이 도처에서 물질적 규정 및 사물들의 관계를 대신하는(이에 대한 가장 주목할 만한 사례는 부의 모호어법과 교역의 모호어법이다) 전복의 단순한 형상에 머물러 있을 뿐이다. 그래서 이 담론은 여전히 Wirklichkeit[현실성]의 가상들에 사로잡혀 있다.

Ⅲ. 결론을 대신할 비고

나는 고전파 경제학 담론의 가능성이라는 문제를 제기하면서 끝맺고자 한다.

실제로 그 가능성의 조건이 선명하게 정의되는 담론이 있다. 속류경제학의 담론이 그렇다. 고전파 경제학의 경우에는 문제가 다르다. 고전파 경제학은 그 토대에서 생산행위자들의 표상에 의존하지 않는다. 단지 그 취약점에서만 그러한 표상에 의존한다.(예를 들어 대중적으로 알려진 애덤 스미스의 이론의 경우) 한편으로 고전파 경제학 담론의 상대적 자율성, 즉 물신숭배의 겉모습을 일소하게 할 자율성, 다른 한편으로 고전파 경제학의 본질적 제한, 즉 자본주의적 생산의 현실적 운동을 이해하는 데까지 도달할 수 없는 무능력, 이 둘을 어떻게 동시에 설명할 것인가?

마르크스는 고전파 경제학이 수행한 해소의 노동을 칭송한 후 이렇게 선언한다.

그럼에도 고전파 경제학의 가장 탁월한 대변자들조차 그들의 비판이

해부한 이 우주의 겉모습에 어느 정도는 사로잡혀 있다. (부르주아의 관점에서 보면 그럴 수밖에 없다.)[131]

이 불가능성은 어떻게 발현되는가? 우리는 고전파 경제학 담론에 담긴 구조에 대한 몰인지가 명확해지는 특권적인 두 지점이 있다는 사실을 곰곰히 생각해볼 수 있다. 고전파 경제학이 보지 못하는 두 가지가 있다.

우리는 가치형태를 알아보지 못한다는 사실과 연관된 첫 번째 지점을 길게 검토했다. 마르크스가 고전파 경제학에서 이런 몰인지가 필연적이라는 점을 정립하는 방식은 다음과 같다.

> 고전 정치경제학은 상품 분석에서, 특히 상품의 가치 분석에서, 상품이 교환가치가 되는 형태를 성공적으로 연역한 적이 없는데, 이것이 고전 정치경제학의 주요 악덕 중 하나다. 애덤 스미스와 리카도 같은 고전 정치경제학의 가장 탁월한 대표자들조차 가치형태를 무차별적인 어떤 것 또는 상품의 본성과 내밀한 관계가 없는 것으로 취급한다. 이는 비단 양으로서의 가치가 그들의 주의를 송두리째 집어삼키기 때문만은 아니다. 더 심층적인 이유가 있다. 노동생산물의 가치형태는 현행 생산양식의 가장 추상적이고 가장 일반적인 형태이며, 이 때문에 현행 생산양식은 사회적 생산의 특수한 한 양식이라는 역사적 성격을 획득한다. 만일 노동생산물의 가치형태를 모든 사회, 모든 생산의 자연적

131 *Le Capital*, t. VIII, p. 208.

이고 영원한 형태로 간주하는 잘못을 저지른다면, 가치형태, 그런 다음 상품형태, 더 전개한다면 화폐형태, 자본형태 등의 종별적 측면도 필연적으로 간과하게 된다.[132]

그러므로 고전파 경제학이 가치형태를 비본질적인 것이 되도록 내버려두면서 알아보지 못하는 것은 자본주의 생산양식의 특수한 **역사적** 성격이다.

잉여가치의 기원과 연관된 두 번째 지점의 분석에서도 상황은 마찬가지일 것이다. 실제로 스미스와 리카도의 모든 오류, 다양한 문제에 대해 그들이 제시하는 모든 잘못된 정식화는 같은 결과로 이어진다. 잉여가치의 형성을 모호하게 하는 것이다.

고전파 경제학의 담론 전체에 **부재하는** 구별이 하나 있다. 그것은 **가변자본**과 **고정자본**의 구별이다. 그런데 이 구별의 정립은 잉여가치의 신비를 일소한다. 이 정립은 자본주의 생산과정의 동력, 곧 자본과 임금노동의 대립이 나타나게 한다. 이 정립은 자본주의적 생산이 특정한 역사적 생산관계에 의해 규정된 것으로 나타나게 한다.

이처럼 이 두 논점을 둘러싸고 일어나는 고전파 경제학 담론의 모든 누락과 모순은 다음 사실을 감추는 경향을 보인다. 자본주의적 생산의 실존이 역사적으로 규정된 특정 생산양식의 실존이라는 사실이다.

고전 정치경제학의 감추기 놀이에서 그것이 늘 지나쳐야 하는

---

132 *Le Capital*, t. I, p. 83 [『자본』 I-1, 144~145쪽, 각주 32].

지점이 하나 있다. 고전 정치경제학이 **볼 수 없는** 어떤 것이 있으며, 그것이 볼 수 없는 이것은 그것이 **보지 말아야 할** 것이기도 하다.

보지 말아야 함이라는 이 개념은 사실 마르크스가 정식화한 것은 아니다.[133] 그는 고전파 경제학 담론의 가능성의 특수한 조건을 개념적으로 반성하지는 않았다. 그가 고전파 경제학 본연의 제한을 사유하는 방식은 유비적이다.

이는 이윤율 저하 문제에 관한 리카도의 입장을 논평하는 『자본』 3권의 한 텍스트의 연구에서 나타날 것이다.

> 이윤율은 자본주의적 생산의 추동력이며, 자본주의적 생산에서는 이윤과 함께 생산될 수 있는 것이, 그것도 이윤과 함께 생산될 수 있는 한에서만 생산된다. 그래서 영국 경제학자들이 이윤율 하락을 우려했던 것이다. 이런 하락이 단지 가능하다는 사실만으로도 리카도를 떨게 할 수 있었다는 점, 이는 그가 자본주의적 생산조건을 얼마나 깊이 이해하고 있었는지를 정확히 보여준다.

> 리카도는 '사람들'에는 관심을 기울이지 않은 채 자본주의적 생산을 연구한다고, 인간과 자본-**가치**가 어떤 대가를 치르든 개의치 않고 생산력 발전만 고려한다고 비난받는다. 그런데 바로 이 점이야말로 리카도 이론의 중요한 측면이다. 사회적 노동생산력의 발전은 자본의 정당

133 이 지점들에는 자본주의 생산양식의 역사적 성격, 따라서 이 생산양식의 필연적 소멸이 새겨져 있기 때문에 고전파 경제학은 이 지점들을 볼 수 없다고 말하는 것, 그리고 자본주의는 그 죽음과 마주할 수 없다고 말하는 것, 이는 분명 이러한 맹목성 개념의 정식화로 간주될 수 없다.

화이자 역사적 과업이다. 이를 통해 자본은 스스로 알지 못하는 채 더 고도의 생산양식을 위한 물적 조건을 창조한다. 리카도를 불안에 떨게 했던 것은, 자본주의적 생산의 촉진제이며 축적의 조건이자 추동력이기도 한 이 이윤율이 생산의 발전으로 위협받는다는 것이다. 그리고 여기서 핵심은 양적 비율이다. 사실상 이 모든 것은 더 심층적인 이유에 달려 있지만, 리카도는 이를 직관할 뿐이다. 자본주의적 생산의 상대성은 여기서 순전히 경제학적 지평에서, 다시 말해 부르주아적 관점에서, 자본주의적 지성의 한계 내에서, 자본주의적 생산의 관점에서, 자본주의적 생산의 한계에서 포착된다. 알다시피, 자본주의적 생산은 절대적 생산체계가 아니라 특정 시기 생산력의 제한된 발전에 상응하는 역사적 생산양식이다.[134]

여기서 관건이 되는 개념들을 눈여겨보자. 우선 리카도의 '직관'(Ahnung)이 있다. 이 개념의 등장은 아무것도 아닌 게 아니다. 자본주의 생산양식의 내밀한 본성에 대한 리카도 자신의 제한된 '관점'을 넘어서는 리카도의 예감, 직관을 가리키고자 할 때마다 마르크스는 이 개념을 사용한다. 여기서 이러한 필연적 제한성을 표시하는 것은 세 가지 표현이다. in rein *ökonomischer* Weise[순전히 **경제적인** 방식으로], im *bourgeois* Standpunkt[**부르주아적** 관점에서], innerhalb der Grenzen des *kapitalistischen Verstandes*[**자본주의적** 지성의 한계 내에서]가 그것이다.

134 *Le Capital*, t. VI, p. 271 [『자본』 III-1, 341~342쪽].

우리는 이들 표현을 『자본』 1권, 임금에 관한 장 말미의 한 텍스트와 견주어볼 수 있다.

> 정치경제학은 사물의 진상에 가깝게 접근했지만 그것을 의식적으로 정식화하지는 못하였다. 정치경제학이 낡은 부르주아적 외피를 벗지 못하는 한 이는 불가능하다.[135]

이 두 텍스트를 견주어볼 때 마르크스가 고전파 경제학의 제한성을 사유하기 위해 사용한 유비적 모델이 드러난다. 여기에는 자본주의적 주체의 **표상들**(Vorstellungen)과는 구별되는 **자본주의적 지성**(**kapitalistischer Verstand**)에 대한 정의가 있다. 마르크스는 이 자본주의적 지성을 생산양식 발전 모델을 바탕으로 사유한다. 알다시피, 특정 생산양식에서 생산력은 생산관계에 의해 구속되는 지점까지 발전한다. 생산관계는 생산양식 고유의 **한계**를 구성하며, 이 한계는 생산력의 속박이라는 현상으로 표출된다. 그런데 **Kapitalistischer Verstand[자본주의적 지성]**는 정확히 **이론적 생산양식**으로 사유된다. 이 생산양식 내부에서 이론적 생산력은 이 생산양식 고유의 절대적 한계에 예속된 채로, 어느 지점까지만 발전할 수 있다. 마르크스는 명시화되지 않은 이런 유비적 모델에 입각하여, 생산력이 부르주아적 생산관계에 갇힌 것처럼 "낡은 부르주아적 외피"에 갇힌 정치경제학 담론 본연의 가능성과 본연의 제한성을 사유한다.

---

135 *Le Capital*, t. II, p. 213 [『자본』 I-2, 744쪽].

사정이 이렇다면, 마르크스가 우리에게 고전파 경제학 담론의 가능성이라는 **개념**을 제공한 것은 아니라고 단정할 수 있다. 이 개념을 정식화할 수 있으려면, 고전 정치경제학과 마르크스적인 과학이 서로 갈라져 나가는 **공통 장소**를 사유해야 할 것이다. 다시 말해, 고전파 경제학의 가능성을 이해하려면, 과학 자체의 가능성이라는 문제, 과학이 자신의 가능성의 역사적 조건과 맺는 관계라는 문제를 제기해야 한다.

마르크스는 이 문제를 결코 자본주의 생산양식에 고유한 모순이 전개되어가는 것과 그의 비판이 전개되어가는 것 사이의 어떤 평행에 호소하여 해결하지는 않는다. 여기서 나는 마르크스가 자본주의 생산양식에 대한 과학적 비판은 이 체계 자체가 위기에 놓이는 순간부터 가능하다고 설명하는 유명한 텍스트를 언급해둔다.

이렇게 **위기**와 **비판**을 연계시키는 발상이 『독일 이데올로기』의 특징인 역사주의적 이데올로기의 잔재가 아닌지 의심할 수 있다. 게다가 마르크스에게서 이 [역사주의적] 관점은 다른 관점, 즉 과학의 순수성이라는 관점과 대립한다. 그렇다면 과학의 가능성은 역사의 멈춤과 연관된다. 리카도가 과학적 담론을 견지할 수 있었던 것은 이를테면 역사가 약화된 안정의 시기에 집필하기 때문이다. 자본주의의 위기와 계급투쟁이 격화되자마자 이러한 담론은 더 이상 가능하지 않으며 리카도의 후예들은 변호론과 속류경제학으로 넘어간다.

일반적으로 말해, 마르크스에게서 비판 개념에 동반되는 역사주의적 관점은 과학의 토대를 역사적 행위자들의 실존 조건과의 근본적 단절에 두는 관점과 대립한다. 그렇다면 문제는 이러한 단절의 조건을 사유하는 것이다. 마르크스가 『자본』에서 과학의 장소와 과학성의 형식들을 규정한다고 해도, 과연 그가 다음 물음에 답하고 있는지 물을 수 있다. 어떻게 과학의 장소에 이르게 되는가?

속류경제학의 경우, 이 물음은 자본주의적 주체의 자리를 Wirklichkeit[현실성]에서 규정함으로써 해결된다. 즉 만일 누군가가 속류경제학 담론이 있는 장소에 이를 수 있다면, 그 이유는 그가 이미 거기에 있기 때문이다. 반면 과학적 담론에 도달하는 문제에 대한 대답은 주어지지 않는다. 그리고 나는 이 물음이 『정치경제학 비판 요강』의 유명한 구절들을 통해 해결될 것이라고 믿지 않는다.

알다시피 이 물음은 특히 델라 볼페 학파에 의해 "이론과 역사"라는 형태로 문제화된 바 있다. 하지만 여기서 구체-추상-구체의 순환이론 또는 역사적-물질적 심급에서 역사적-이성적 심급으로의 이행이론을 통해 주어진 답변은, 마르크스가 확립한 사유과정과 실재과정 사이의 근본적 구별에 미치지 못한다. 한편으로, 추상적인 것과 구체적인 것의 규정들은 사유와 실재의 규정들과 혼동된다(경험주의적 절취subreption). 다른 한편, 여기서 제안된 인식론적 모델에는 과거, 현재, 미래라는 이데올로기적 범주들이 온통 스며들어 있다. 이 범주들은 주어진 대상(역사)이 속류 이데올로기적 규정에서 **비판 없이** 받아들여졌다는 사실 때문에 부과된다. 델라 볼페에게 주어진 이데올로기적 대상의 이데올로기적 속성에 대한 인식론적 진술에서의 이러한 [역사주의적] 반성은, 한편으로 구체-추상-구체의 운동관으로 표출되며, 다른 한편 과학성의 형식의 정의항으로 간주되는 전건-후건 구조로 표출된다. 이처럼 경제 범주들의 관계는 전건에서 후건으로 이어지는, 그리고 선형적 연속체 안에 위치하는 일련의 계열을 모델로 사유된다. 피에트라네라의 사례를 통해 이미 우리는 귀결들의 선형적 질서로서의 이런 합리성 이론(역사의 이데올로기적 개념의 속성들에 대한 반성)이 어떻게 과학의 차원을 알아보지 못하는지, 그리고 과학의 대상인 과정의 본성을 알아보지 못하는지를 확인했다.

이렇게 해서 우리는 대답으로 제기되는 이론적 난점들은 **물음**이 제기되었던 방식 자체에서 비롯함을 알게 된다. 그러므로 우리는 여기서 마르크스가 우리에게 그 표본적 형상을 제시한 바 있는 운동을 완수해야 하며, 물음의 항들 자체, 특히 역사 개념을 따져보아야 한다. 우리가 문제를 해결할 수 없다 해도, 이 물음이 적어도 어떤 **지반**에서 해결될 수 있는지는 알게 될 것이다. 그것은 역사에 대한 다른 개념이다.

2장

『자본』의 서술방식에 대하여(개념의 노동)

피에르 마슈레 / 김은주 옮김

"지옥의 입구와 마찬가지로 과학의 문턱에도."

—『정치경제학 비판을 위하여』「서문」에서

서술과정이란 담론을 앎의 엄밀한 운동을 따라 배치하는 일이다. 나타남의 운동, 앎의 출현을 기술하는 운동을 따르는 것이 아니라(알다시피 마르크스는 서술과정과 연구과정이 구별되기를 원한다), 그와는 다른, 앎을 정식화하는 운동을 따라서 말이다. 이는 배열이나 순서 정리[1]의 기계적 동작과 손쉽게 동일시되어서는 안 되는 운동, 자기법칙들과의 관계를 통해 규제되어야 할 자율적 운동[2]이다.

이 과정은 그 운동 자체를 따라 연구될 수도 있다. 곧 서술과정을 되밟아봄으로써 이 서술이 과연 **어떤 조건들**에 의해 규정되는지, 어

1 이 때문에 우리는 서술**순서**를 말하는 것을 가급적 피할 것이다.

2 '자율적'은 '독립적'과 동의어가 아님을 상기하자. 그래서 인식과정은 종별적이지만 분리된 것은 아니다.

떤 원리에 객관적으로 의존하는지를 보는 것도 가능하다.

하지만 이렇게 제기된 문제는 고전적 문제이기도 한 『자본』의 구도에 관한 문제이니만큼 너무 방대하다. 물론 전체의 이 배치에 대한 인식은 핵심적이며, 『자본』 읽기에 필수적인 선결 사항으로 보인다. 그러나 이 인식에도 선결 사항이 없지 않다. 역설적으로 이 인식은 매우 상이한 양상들에 따라 이루어지는 읽기에 의존한다. 한 권에서 다른 권으로, 한 장에서 다른 장으로 어떻게 넘어가는지를 알기 전에, 한 단어에서 다른 단어로, 그러니까 (과학적 담론에서 단어는 개념으로 취급되어야 하므로) 한 개념에서 다른 개념으로 어떻게 넘어가는지를 알아야 한다. 이 세밀한 읽기는 처음에는 텍스트 전체가 아니라 그 일부만을 대상으로 할 수 있다. 그렇다고 출발점이어야 할 이 부분적 읽기가 아무것이나 대상으로 할 수도 없는 노릇이다. 무작위로 택한 견본에 대한 읽기 훈련일 수는 없는 것이다. 이 읽기는 원리상 **시작에 대한 읽기**일 것이다.

그러므로 서술과정에 대한 물음 제기는 다르게 말해 『자본』 1권 1부 1장의 처음[3]에 대한 세밀한 읽기라고 부를 수 있다.

물음의 이런 변환은 정당화될 수밖에 없다. 이 변환은 여러 가지 핵심 이유에 따른 것이다. 이들 이유를 빠르게 관통하여 말해두자면, 우선 마르크스가 출발점에 결정적 중요성을 부여하기 때문이며, 이 **구별이** 과학적 서술에 대한 일정한 관점과 일정한 실천을 함축하고, 이 관점과 실천은 어떤 쓰기 방식, 독창적인 과학적 문체를 요구하기

---

3 *Le Capital*, Editions sociales, t. I. pp. 51~56[『자본』 1-1, 87~94쪽].

때문이며, 이 쓰기는 그것에 부합하는 읽기를 요구하기 때문이고, 마지막으로 이러한 읽기는 바로 출발점에서 습득될 것이기 때문이다.

출발점의 특권은 마르크스 방법의 특징이다. 이 특권을 설명하고 해명하기 전에, 그것을 그저 **알아보는** 것으로도 좋다. 알다시피 마르크스는 『자본』 1장에 아주 특별한 정성을 기울였다. 『정치경제학 비판』 초안들에서부터 이 텍스트의 흔적이 발견되며, 정말로 완성된 게 맞나 싶을 정도로 이 텍스트는 최종 판본에 이를 때까지 무한정 다듬어지고 교정되며 거듭 손질된다. 마치 마르크스가 시작을 끝내지 못했던 것처럼 말이다. 그러나 나중에 보겠지만, 과학적 담론의 가치는 완성된 겉모습보다는 실질적 미완성에서 더 많이 얻어진다.

시작을 끝맺기의 이 같은 어려움은 모든 것이 시작 **안에** 있어야 한다(그 이후 서술은 씨앗으로부터인 듯 전개된다)는 것에서 비롯하지 않는다. 담론에 대한 이토록 **유기체적인** 관점은 마르크스가 생각한 앎의 창시와는 완전히 이질적이다. 시작은 **배치**와 같다. 곧 시작이란 개념들의 배열이며 (분석) 방법의 설정이다. 이런 시작은 이중적 개시와 같다. (새로운 개념들과 방법을 가져오므로) 앞선 것과 단절하며, 뒤에 오는 것과도 차별화된다는 점에서 말이다. 출발점의 문제는 정말로 독창적이다. 출발점은 바로 그 특권적 위치 때문에 담론 전체의 구조를 밝혀주며, 그 특권적 위치 덕분에 방법의 몇몇 문제가 특별한 조명 아래 제기될 것이다.

이 모든 것은 과학적 서술에 대한 일정한 관점, 과학의 일정한 실천을 함축한다. 시작을 설명한다는 선택, 이 선택 역시 과학에 대한 일정한 관념에 의해 통솔된다. [이 관념에 따르면] 『자본』 1편 1장 1절의 설명은 **인식론적** 설명일 것이다. 출발점으로부터는 연역과 같은 것을 통해 마르크스 담론의 추이를 도출할 것이 아니라 그것과는 완전히 다른 것을 도출할 필요가 있을 것이다. 그것은 이 담론에 선행하는 것, 이 담론의 조건들이다.[4] 그래서 한 절에 대한 이러한 읽기에서 제기된 물음은 아주 단순해 보인다. 마르크스의 담론은 어떤 점에서 과학적 담론인가? 그리고 이 담론이 과학적이라는 **표지**를 [『자본』의] 시작에서 읽어낼 수 있는가?

이 물음은 매우 어렵다. 실상 『자본』의 서술을 과학의 관념에, 다른 데서 온, 그리고 그 자체로, 별도로 규정될 과학의 관념에 소급시키는 일은 가능하지 않다. 실상 서술의 구조가 의존하는 과학의 관념은 **새로운** 관념으로, 시작으로 고지된다. 마르크스는 이미 획득된 관념에서 출발하여 서술을 펼쳐가지 않았다. 그는 과학에 대한 일정한 관념을 구성하는 일과 과학적 담론을 실현하는 일을 **한꺼번에** 하고자 했다. 이 둘은 함께하며, 또 그렇지 않을 수 없다는 점은 명백하다. 이 때문에 서술과정을 독자적으로 연구할 수는 없으며, 하물며 『자본』 전체의 관점과 구조, 마르크스의 과학이론을 별도로 분리해 같이 서술하는 것도 가능하지 않다. 이 이론들은 그 실천들과 함께한다. 오직 이론만이 이 실천을 해명할 수 있게 하므로, 이론의 도정을 그려낼 수 있도록 이 실천의 도정에 참여할 필요가 있다. 이로써 이미 우리는 마르크스가 어떤 점에서 과학에 대한 어떤 관점, 즉 과학에 대한 고전적 해명과 단절하는지 알게 된다. 과학의 담론 이전에 과학에 관한 담론이 있는 것이 아니라 둘은 동시적이지만 그렇다고 둘이 구별되지 않

4 그러므로 이는 인식론이라는 관념에 새로운 의미를 부여하는 일이기도 하다. 즉 인식론이 대상으로 하는 조건들은 단지 이성적 조건들만은 아니다. 그것은 객관적 조건들이다.

는 것은 아니다.

그렇다면 출발점의 특권적 가치는 쉽게 정당화된다. 필연적으로 함께하는 이 두 "사물", 즉 과학의 이론과 과학의 실천은 무엇보다 출발점에서 **구별될** 수 있다(물론 분리되지는 않는다).

그런데 시작을 설명하기, 여기에는 어떤 읽기 방법이 가정되어 있다. 여기서 새로운 물음이 제기된다. 과학적 담론을 어떻게 읽을 것인가? 한 담론 안의 과학을 어떻게 읽어낼 것인가?

모든 과학적 언어는 그것이 타당성 규범들과 맺는 관계로 정의된다. 이 규범들이 이 과학적 언어에 대한 읽기 형식들을 규정한다. 마르크스는 모든 경제적 기술技術 및 경제적 이데올로기에 맞서, 그 스스로 『자본』을 하나의 이론적 기획으로 제시한다. 문제는 이 이론이 과연 어떤 규범들과 관련하여 과학적 이론으로 정의되는지를 아는 일이며, 이론으로 들어가는 하나의 또는 여러 가지 방식을 이 규범들로부터 연역하는 일이다. 실상 이론적 작업은 그 자체로 이론적 파악 양식을 가정한다. 즉 어떤 앎이 수용되려면 이 앎이 대답하는 문제들이 미리 식별되어 있어야 하고 이 앎의 조건들이 미리 규정되어 있어야 한다.

이 프로그램은 인식 이론(이 이론은 진리 문제의 영역이라는 아주 특수한 영역에 의존한다)의 프로그램과는 아무 관련이 없는 것으로서, 알튀세르가 다른 데서 설명하듯 철학자에 의해 현실적으로 완수되어야 한다. 그러나 이 과업에는 철학자의 노동에 대한 아주 정확한 정의가 가정되어 있다. "과학의 대상 자체의 가지성可知性의 조건이 곧 철학"이라는 것이다. 철학은 과학사에 대한 인식에 다름이 없다. 오늘날 철학자란 이론들의 역사를 공부하면서 **동시에** 이 역사에 대한 이론을 공부하는 자다. 그러므로 철학의 문제설정은 이중적이지만 분할되지는 않는다. 즉 철학을 한다는 것, 이는 과학적 문제들이 **어떤 조건들 아래서**dans quelles conditions 그리고 **어떤 조건들을 달고** à quelles conditions 제기되는지 연구하는 것이다. 유물론자에게 이 조건들은 순전히 이론적이지만은 않다. 그것들은 우선 객관적이고 실천적이다.

철학에 대한 이런 식의 정의는 분명 자명하지는 않다. 오히려 이 정의는 전통적인 철학적 유산을 거스르는 것 같다. 단지 겉모습만이 아니라 권리상의 필연성을 표현하는 사실상의 상황에서 말이다. 과학적 문제들의 문제를 해결하는 데서가 아니라 제기하는 데서, 철학은 실로 지금까지 우리에게 무엇을 가져다주었는가?

이 문제는 그 고전적 형식에서는, 그러니까 대체로 19세기 초엽까지는 (이상적) 합법성과 (자연적) 현실성의 견지에서 제기된다. 이 두 항의 관계에, 이 두 항이 서로 동일화되는 방식(또는 정도)에 모든 것이 달려 있다. 증명의 엄밀함은 이성적인 것과 현실적인 것의 조합에 의해, 혹은 둘의 뒤섞임에 의해 정의된다. 기하학적 정신의 이상은 이에 상응한다. '원초적' 명제들에서 공들여 생성한 정리들로 나아가면서, 단순한 것에서 복합적인 것으로 나아가면서, 명제들의 **순서**를 **자연적 순서**에 합치하게끔 구축한다는 점에서 그렇다. 과학의 개념들은 그 합리성과 현실성에 의해 규정된다. 이로부터 질서의 철학 전체가 구상되어 나오는데, 이 철학은 과학적 인식의 과정을 권리상 통제한다고 참칭하지만 거기서 생겨나는 문제를 해결하지 못하는 사실상의 무능력으로 정의된다. 어떤 철학이 역사적으로 유의미하다면, 해당 철학이 그 특유의 난제를 통해 이 모순을, 이를테면 물질적으로 규정하도록 해주는 한에서 그렇다. 방법이라는 범주의 고전적 사용은 결국 잘못 제기된 문제로 귀착되는 이런 유형의 철학적 문제설정의 특징적 사례를 제공한다. 마르크스에게서는 별도로 제기된 방법에 대한 물음이 있지도, 있을 수도 없다.

헤겔 논리학을 이런 철학적 논리학의 최후이자 완성된 모습으로 간주할 수 있다. 완성된 모습인 까닭은, 헤겔 논리학이 철학적 논리학의 조건들을 그 일반성에서 이어받기 때문이며, 마찬가지로 난점을 답변으로 변형하면서 모든 문제를 **해결하기** 때문이다. 그러나 사변철학은 필연적으로 최후일 이 형태에서 새로운 의미를 얻는다. 순전한 과학적 이데올로기가 되는 것이다. 파스칼, 데카르트, 콩디야크, 칸트는 과학의 어떤 상태가 최종적이라고 간주될 수 있는지 그 조건들을 정하려고 했다. 필연적으로 불충분할 이 조건들을 명시화하면서, 그들은 상이한 조건들의 가능성을 암암리에 내비쳐 보인다. 반대로 헤겔이 실행한, 갈등의 일치된 해결은 어떤 상태의 앎[5]을 절대적 체계로 만든다. 모순은 해당 모순 자신을 토대로 제거되는 것이다.[6] 이럴 경우 변증법은 강림으로, 모순의 성금요일로 제시될 수 있다. 철학은 완성된 것, 최종적인 것의 **이미지**를 구축하는 기능밖에 가지지 못한다.

이렇게 장엄한 죽음을 맞이하면서 종결된 사변철학은 결국 과학이 역설적으로 이데올로기로, 기술技術로 변장한 것에 불과하다. 더 정확히 말해, 과학적 앎을 수행적 앎(동일선상에 놓이고 정돈된 일련

5 헤겔 철학에서 이 통념에 담긴 애매성과 함께 말이다. 이로써 전체에 대한 앎이기도 한 자기에 대한 앎.

6 일반적으로 모든 탈신비화 기획은 본성상 신비화하는 성격을 띤다고 말할 수 있다.

의 귀결들, 일련의 획득물로 간주된 과학)으로 전복하고, 이를 기초로 이 수행적 앎을 인식으로 변장한 것이다. 과학에 대한 이데올로기(과학이 스스로를 유한한 것으로 간주하려는 필연적 유혹)가 앎으로 통하고 인식을 대신하는데, 이데올로기는 이 인식의 부재를 표시하면서 또한 가린다.

이 전복은 앎의 난제를 해결책으로 만들고 물음을 답변으로 변형하며 결여를 충만의 측면에서 제시하는데, 이 전복으로 논리학의 모든 고전적 문제는 다음에서 보듯 해결되지 않고 제거된다.

1)개념의 분할된 본성은 그 분할 자체에서 통일되고 화해된다. 이성적인 것은 현실적이며, 엄밀한 서술의 전개는 그 대상의 산출을 수반한다. 그 결과(동시에가 아니라), 현실적인 것은 이성적이다. 개념의 연역이 동시에 현실의 연역은 아니다. 대칭은 그 본질상 기만적이다. 개념에서 개념들이 근본적으로 연역됨과 동시에, 개념에서 현실적인 것이 연역된다(그래서 개념의 전개에서 현실은 늘 사례, 예시의 자격으로 개입한다)고 말할 수 있을 뿐이다. 개념의 현실성인 개념의 합리성으로부터, 현실의 합리성이 연역된다. **개념 안에서** 합리성과 현실성이 동일하기 때문에, **개념 바깥에서** 현실적인 것은 이성적이다.

2)이참에 출발점의 문제도 제거된다. 현실적 과정과 서술의 과정이 뒤섞이는 것이다. 개념에 가장 내적인 것에서 출발하든 가장 외적인 것(감성적 경험)에서 출발하든 상관없다. 출발점의 충분함과 불충분함은 해결 조건으로서 등가적이다. 그리고 바로 이런 방식으로 현상학에서 논리학으로 넘어간다.

이렇게 해서 합치, 추론의 올바름이라는 고전적 문제는 시쳇말로 변증법화된다. 해법 체계의 실효성 때문에 아무 순서나 다 자연스럽다.

◆◆◆

마르크스와 더불어 과학사에서, 또한 과학사에 대한 이론에서 매우 중요한 어떤 일이 일어난다.[7] ('기하학적 방식'에 독창적 의미를 부여하기 위해서만 '기하학적 방식'을 복원하는 스피노자와 다소 비슷한 방식으로) 수학적 모델을 거부하지 않고 이 모델에 완전히 새로운 자리를 정해주는 새로운 과학의 부상을 계기로, 과학의 새로운 문제설정의 조건들, 과학이라는 이름에 걸맞은 과학에 대한 최초의 유물론적 문제설정의 조건들이 실현된다. 실상 『자본』은 과학 자체의 지위 수준에서 일어나는 변동의 순간을 표시한다.

마르크스는 자신이 경제과학에서[8] 새로운 서술형식을 창시했음을 직감했다. 그는 1872년 3월 18일 라 샤트르에게 보낸 편지(『자본』의 프랑스어 판본의 서문)에서 이 형식을 **분석의 방법**이라 부른다.

> 내가 사용한 분석의 방법은 경제적인 주제들에 여태 적용되어본 적이 없었던 것으로, 이 방법은 처음 몇 장의 독해를 어지간히 고되게 할 것입니다. (…) 과학에는 왕도가 없으며, 가파른 길들을 애써 기어오르기

---

7 당연히 마르크스의 작업을 "사유의 순수 요소"에서 일어난 과학사의 한 사건으로 환원할 수는 없을 것이다. 그러나 마르크스가 일으킨 혁명은 이 과학사 안에서도 일어나며, 이 혁명은 과학사를 순전히 이론적인 역사라는 지위에서 벗어나게 한다.

8 경제과학의 지반 위가 아니라 그 옆에서, 생산양식의 문제설정이라는 **새로운** 틀에서.

를 두려워하지 않는 자들만이 그 빛나는 정상에 도달하는 행운을 누립니다.[9]

(1857년의) 『정치경제학 비판 요강』의 미완성 텍스트는 우리에게 이 방법의 원리까지는 아니라도, 적어도 이 방법의 프로그램은 제공한다. 과학적 엄밀함은 현실적인 것과 사유된 것을 혼동할 소지가 있는 것 일체를 제거하는 데 있다. 과학적 서술을 구축한다는 것, 이는 현실적인 것과 사유된 것의 결합을 모색하거나 둘 중 하나를 다른 하나에서 연역하는 것이 아니다. 그러니까 둘을 섞는 것이 아니다. 유물론적 관점에서 볼 때, 인식이란 객관적인 현실적 과정의 **특정한 결과**다. 인식은 객관적 현실의 관념적 복제물이 아니다. 그렇다면 문제는 인식이 어떻게 생산되는지를 아는 것이다.

경제적 현실에 대해 과학을 한다는 것, 이는 개념들을 통해 서술을 구축함을 의미한다. 이론이란 개념들을 명제로 배치하는 것, 또 증명의 형식 아래 명제들을 그 [논리적] 추이에 따라 배치하는 것이다. 그러므로 현실을 출발점으로 삼느냐 아니면 도달점으로 삼느냐는 핵심 문제가 아니다.[10] 필요한 일은 정확한 명제들을 정식화하게 해줄 개념 및 논증 형식을 발견하는 일이다. 이는 모든 과학이 엄밀성의 길에 접어드는 순간 제기되는 물음이다. 따라서 더 이상 개념이 현실적인지 또는 현실적인 것이 이성적인지를 물을 필요가 없다. 헤겔의 준

9 ❖ 『자본』 1-1, 62~63쪽, 번역은 수정.

10 게다가 실재적인 것에서 "출발한다"라는 것은 명백하다. 그렇지만 이는 이러한 출발이 취할 **형식**에 대해 아무것도 말할 수 없게끔 한다. 그런데 이것이 핵심 문제이다.

칙은 전복되는 것이 아니라 다음의 정식으로 사라진다.

현실적인 것은 현실적이다: 변증법적 유물론

이성적인 것은 이성적이다: 유물론적 변증법

이 두 명제는 어느 하나가 다른 하나에 종속되는 것이 아니라 동일한 것이다. 다만 두 명제의 수준은 다르다. 후자의 명제가 엄격하게 전자의 명제 아래에 있다.

과학은 그 자체로 사고과정이다. 그러므로 과학이 정의하는 서술형식은 현실적 과정과도, 과학을 결과로 내놓는 탐구과정과도 뒤섞이지 않는다. 이는 단순한 전복이 아닌데, 이렇게 제기된 문제가 근본적으로 새롭기 때문이다(설령 이 문제가 어떤 과학의 실천에서 사실상 해결되었다 하더라도 말이다). 관건은 개념의 합리성과 현실적인 것의 현실성 사이의 물질적 관계를 사유하기 위한 도구를 찾는 것이다. 고전 논리학은 이 문제가 제기될 수 없었던 조건을 보여주고 노출했다. 헤겔 철학은 이 문제를 제거하기 위한 것이었다. 이 관계들은 새로운 개념으로 사유되어야 한다. 이 개념이 『자본』에 직접 나타나는가, 아니 더 정확히 말해, 나타나기 시작하는가, 이것이 핵심 물음이다.

이 물음에 답하기 위해 우리는 『자본』을 읽는 법을 배워야 한다. 실상 우리는 개념들을 곧장 현실의 견지에서 해석하는 헤겔적 독해에 익숙해져 있다. 헤겔적 독해는 마르크스가 『자본』을 쓰기 위해 스스로 제기한 문제에 어떤 식으로든 답변하는 이상 완전히 자의적이지는 않다. 아주 오랫동안, 심지어는 1858년까지도(『정치경제학 비판을 위하여』의 초고를 보라) 마르크스는 헤겔적 글쓰기의 유혹에 굴복하면서도 저항해야 했다. 마르크스가 이 장애를 넘어서는 수단을 실제로 찾았다면, 이는 같은 계기를 통해 우리에게 새로운 읽기 원리를 제공한다. 관건은 과학적 글쓰기의 조건들을 마르크스 텍스트의 문자에서 찾는 일이다. 연이은 교정들(이는 후회와는 정반대로, 엄밀한 연구의 단계들이다)에 대한 연구를 통해서만이 아니라 최종 텍스트의 배치에서도 찾아야 한다.

헤겔식 이데올로기의 (역설적인?) 상관자는 과학적 텍스트에 대한 **실재론적** 읽기다. [이에 따르면] 개념을 통해 투명해지는 것은 내용이다. 사람들은 단어들이 현실이 표출되는 종이 위 구멍인 양, 혹은 일종의 사변적 엿보기를 통해 현실적 과정이 연구될 수 있는 틈새인 양 읽는다. 게다가 이런 독해는 개념이 사물의 대체물인 한에서만 매력을 가진다는 자생적인 과학적 태도에 상응한다.

개념의 길과 다시 만나려면, 반대로 과학적 언어가 반영하는 동시에 배제하는 현실과 혼동될 위험이 없는 것을 언어에서 강조해야 한다—과학적 언어는 현실을 해명하기 위해 분명 현실을 폐기하거나 제거하지 않고 배제해야 한다.

그러므로 모든 혼동을 넘어 이성적인 것 자체를 다룰 때, 소박한 독해가 찌꺼기라고 방치할 그런 것을 읽어내야 한다. 곧 직접적으로 현실적이지도 않고 현실을 대신하지도 않으며, 단지 합리성의 도구로만 간주되는 것을 읽어내야 하는 것이다. 그러므로 단어들이 닻ancre을 내렸거나 잉크encre를 뿌렸다고 추정되는 곳이 어딘지를 보려고 단어들을 읽는 대신, 우리는 중간적인 것들에 관심을 둘 것이다. 그러니까 증명의 장소 자체인 이런 연결 관계에, 추론 형식을 물질적으로도 규정하는 개념들에 관심을 둘 것이다. 서술의 의미와 엄밀함이 전해지는passer 통로인 이 단어들을 우리는 비밀번호mots de passe로 삼을 수 없을까?

그러므로 해석과 설명에 대한 전통적 관심을 뛰어넘어, 처음에 핵심으로 보이는 것, 즉 내용[11]은 제쳐두고 글쓰기의 세부 사항을 일종의 근시안적 주의를 기울여 살펴보아야 한다. 이 방법이 아주 독창적이진 않으나 『자본』 읽기에 적용된 적은 아마 없을 것이다. 이 방법은 다른 눈으로 읽는 것이 아니라 아예 다른 텍스트를 다루는 양 읽는 것이다. 그러니까 전통의 시선에서는 폐기물에 불과한 것, 그래서 놓쳐버리는 것(반면 이 전통은 그것을 확실히 기술적으로 통제했다고 믿는다)이 눈에 들어오는 그런 텍스트를 말이다. 이런 읽기는 엄밀하지만, 다시 말해 자의적이지 않지만, 그렇다고 배타적이지도 않다. 이런 읽기는 『자본』에 대한 가능한 유일한 읽기도, 최상의 읽기도 아니다. 이는 마르크스가 **쓰기** 위해 해결해야 했던 몇 가지 문제를 텍스트 내부에서 추출하는, 이를테면 임시장치다.

나아가 두 유형의 읽기(내용 읽기와 형식 읽기)에는 상호 구별되면서도 동시적인 두 가지 글쓰기가 상응한다. 마르크스는 『자본』을 동시에 두 수준에서 썼다. 하나는 경제학적 서술의 수준이고(이 수준에서 개념들은 엄밀하다. 개념들이 특정한 과학적 실천에 부합하는 한에서, 그리고 사유에 의한 현실의 전유를 가능하게 하는 한에서 말이다), 다른 하나는 추론 **행위**conduite를 규정하는 서술 도구, 쓰기 수단의

11 관념론은 물질적 실재를 단지 내용으로만 환원한다.

수준이다. 이 두 번째 수준에도 그 나름의 개념이 있다. 이는 과학의 개념들로서, 이 개념들 없이는 어떤 것도 읽거나 쓸 수 없으며, 이 개념들은 (첫 번째 수준을 정의하는) 선행하는 과학적 실천의 이론에 상응한다. 이 두 종류의 개념 중 어느 하나가 다른 것보다 우위에 있다고 (예를 들자면, 내용의 개념들은 서술의 재료가 되지만 두 번째 수준의 개념들이 한낱 '조작적인', 즉 도구적 가치만을 가진다는 식으로) 말하려는 것이 아니다. 오히려 두 가지 글쓰기가 필연적으로 함께한다는 점, 둘의 협력이나 갈등 없이는 『자본』의 단 한 **페이지**도 있을 수 없었다는 점을 알아야 한다.

사실 『정치경제학 비판을 위하여』 초고에서 『자본』 텍스트의 최종 상태에 이를 때까지의 여러 번의 교정을 주의 깊게 연구하면, 마르크스가 서술에 최종 형태를 부여할 수 없을 정도로(왜냐하면 서술은 언제든 손질될 수 있는 듯 보이므로) 서술을 부단히 손질하면서, **쓰기의 지면**을 지평으로 삼은 채 과학 저술가의 노동을 했음을 깨닫게 된다. 우리는 이 쓰기의 지면에 읽기의 지면을 상응시킬 줄 알아야 한다. 한 조각의 텍스트를 대상으로 눈을 크게 뜬 채, 그렇지만 행간을 읽기 위해서가 아니라 행들에서 보통 읽지 못하는 것을 읽고자, 상이한 수준의 개념과 상이한 유형의 개념이 물질적으로 어떻게 배치되는지를 보려고 시도해야 한다. 하지만 조각이라는 가치만으로 아무 텍스트나 연구해도 좋다는 것은 아니다. 가정상 가장 의미심장할 수밖에 없는 것은 시작, 즉 처음 페이지들에 주어진 것이다. 아마도 거기, 과학의 입구야말로 과학적 서술이 가장 험난한 모험을 하는 곳일 테니까.

앞서 살펴본 대로 여기서 문면대로 설명할 텍스트인 『자본』 1권

1장 1절은 비중이 다른 세 부분으로 분해될 수 있다. 텍스트의 통일성은 단일 방법의 항구성으로 확보된다. 이 통일성이 단순한지 아니면 복잡한지, 방법은 의도하는 만큼 단일한지 물어야 할 것이다. 전체적으로 마르크스는 세 대상에 순차적으로 적용되는 어떤 **분석**을 실행한다고 말할 수 있다. 부의 분석(처음 네 줄), 상품 분석(에디시옹 소시알 출판사에서 나온 프랑스어 판본 52쪽의 맨 끝까지),[12] 가치 분석이 그것이다. 이 세 분석을 서로 분리해 연구해야 하며, 그러면 한 분석에서 다른 분석으로 어떻게 넘어가는지 반드시 묻게 될 것이다.

12 ❖ 강신준 번역본에서 '부의 분석'은 87쪽 첫 단락, '상품 분석'은 89쪽 두 번째 단락까지이다.

I. 출발점과 부의 분석

1

출발점은 이론적으로는 가장 어려운 것이다. "어떤 과학에서든 시작은 어려운 법이다."[13] 이 때문에 마르크스는 되풀이해 경고한다. 1권 읽기, 무엇보다도 1장 읽기는 특히 고되다고 말이다. 그는 이 어려움이 특별히 프랑스 독자들에게는 더 크지 않을까 걱정한다. 1장이 부단히 수정되었던 이유다. 마르크스는 이 페이지들이 누구나 접근하기 쉬운 것이 되게끔 온갖 애를 썼다. 하지만 그 자신의 고백처럼, 제거될 수 없는 수준의 어려움이 있다. 과학적 서술을 나중에 놓고, 그 앞에 입문, 통속적인(따라서 엄밀하지 않은) 소개나 방법에의 예비적 고찰을 놓는다는 것은 있을 수 없었다. 의미심장하게도 미완성인 그 유명한 1859년의 『정치경제학 비판을 위하여』 「서문」을 『자본』이 물

13 *Le Capital*, 1판 서문, p. 17 [『자본』 I-1, 43쪽].

려받지 않았음은 주지의 사실이다. 그러므로 대상에의 입문이나 방법의 도입은 없다. 독려하는 여러 서문이 있을 따름이다. 과학에 곧바로 **들어가야** 한다. 마르크스가 '요소들에 대한 분석'이라 부른 것에서, '미시적 분석'(독일어판 1판 서문)에서 시작해야 한다. 이런 유의 분석은 가장 일반적이고 가장 '추상적인' 개념들을 다룬다. 1859년의 『정치경제학 비판을 위하여』 「서문」과 핵심 지점에서 합류하는 이 텍스트는 과학의 시작이 갑작스러움을 우리에게 알려준다. "추상은 그가 도구로 이용할 수 있는 유일한 힘이다."[14] 이 책은 **통행로**가 아닌 단절을 향해 열린다. 이론적 실천에 질리도록 익숙해져 이처럼 뛰어넘을 수 있어야 한다.

일단 서술의 원칙을 정하고 나면, 이 원칙들을 어떻게 적용할지를 알아야 한다. 하나의 특정 과학은 그 대상과 방법으로 정의되고, 이 대상과 방법은 상호 제한한다. 가장 고차적인 추상에서 시작할 수 있으려면 이와 같은 제한이 처음부터 주어져야 한다. 달리 말해보자. 과학이 장차 노동을 가하게 될 개념들은 무엇인가? 과학이 다룰 개념들은 어디서 오는가?

출발점은 엄밀해야 하지만 아예 불가사의한 것일 수는 없다. 말하자면 출발점은 그 자신에 대한 입문이어야 한다. 즉 출발점은 정당화될 필요가 없거나(그렇지 않으면 우리는 무한 소급에 빠질 것이다), 아니면 그저 정당화되지 않는 것, 정당화될 수 없는 것, 임의적인 것이다. 실상 마르크스 서술의 출발점은 완전히 뜻밖이다. 다른 모든 개

---

14 *Le Capital*, t. I, p. 18 [『자본』 I-1, 44쪽].

념이 '나올' 발원지인 첫 번째 개념은 **부**富라는 개념이다. 이 **부** 개념은 분명 과학적 추상이 아니며, 짐짓 구체적으로 보일 뿐인 경험적 개념으로, 『정치경제학 비판 요강』에서 우리가 단죄하도록 배운 개념들(가령 '인구' 관념에 대한 비판을 보라)과 가깝다. 부는 경험적 추상이다. 그것은 하나의 관념으로, 짐짓 (경험적이고) 구체적으로 보이나 그 자체로 불완전하다(이 관념은 자율적 의미를 가지지 않으며, 단지 이 관념을 거부하는 개념들의 집합과 관련해서만 의미를 지닌다). 부는 **얼핏 보면 그로부터 아무것도 끌어낼 수 없는** 이데올로기적 통념이다. 연구(과학적 탐구의 노동)과정의 관점에서 보면, 부는 가장 나쁜 출발점이다. 얼핏 보아 서술과정은 사정이 다른 것 같다. 마르크스는 부의 관념에서 출발하여 자기 이론의 근본 개념들을 제시하기 때문이다. 이 시작을 어떻게 생각해야 할까?

여러 논평이 이 물음에 대답하도록 해준다.

A)마르크스는 부의 관념에 그것이 실제로 산출할 수 있는 것 이상을 요구하지 않는다. 그는 경험적 개념에는 경험적 분석을 적용한다. 부를 기계론적 의미에서 **요소들**로 **분해하는** 것이다(상품은 부의 세포가 되는 '요소적[기본적] 형태'다). 부는 상품의 더미에 다름없다. 관념은 그 한계 내에서 '착취된다'. 관념이 말할 수 없는 것을 말하게 할 수는 없는 일이다.

B)부의 관념에 아무것도 보태지 않고, 이 관념에 어떤 비밀을 부여하지도 않고—부의 관념은 바로 이런 비밀을 제거했다—, 이처럼 기술하는 데 그치는 한, 부의 관념은 정당화가 필요 없다. 이 관념은 그 불충분함이 용인하는 것 이상을 말하지 않는다. 그러므로 이 관념은 적법하지는 않더라도 적어도 실천적인 출발점이다. 즉 이 관념

은 '경제과학'의 직접적으로 **주어진** 경험적 대상이다. 바로 이 자격으로 이 관념은 가령 애덤 스미스의 분석에 **틀**을 제공한다. 여기서 이 관념은 마치 환기하는 역할을 하는 것 같다. 정치경제학은 흔히 부의 연구로 이해되는데, 우리가 부의 관념에서 출발한다면, 보다시피 이 관념은 ~으로 분해된다는 식으로 말이다. 그러나 이 개념은 분명 그 자체로는 가치를 가지지 않는다. 이 개념은 그야말로 **이행적**이며, 다른 것으로 넘어가는 데, 특히 과학적 탐구의 과거와의 연관을 환기하는 데 쓰인다. 이러한 환기 기능은 이 개념이 첫 번째로 등장하는 이유가 이 개념의 엄밀함 때문이 아니라 반대로 임의성 때문임을 잘 보여준다. 이 개념의 자명한 허약함은 다른 것을 말할 필연성을, 이전의 모든 것에 대한 망각으로부터만 나아가는 이 어려운 길에 들어서야 할 필연성을 보여준다.

한 단어, 세 줄로 주어진 이 취약한 출발점은 과학적 엄밀함의 근본 조건 중 하나를 부각한다. 합리성의 노동대상인 개념들은 동등하지 않으며 같은 가지성可知性의 판에 놓여 있지 않다. 반대로 이 개념들은 필연적으로 **이질적**이다. 이것들은 서로 단절되는 한에서만 서로 조응한다. 우리는 이 조건을 여러 번 만나게 될 것이다.

C)부 관념의 역할은 대조를 통해서도 이해할 수 있다. 실제로 이 출발점이 마르크스의 저작에서 전례가 없었던 것은 아니다. 1844년의 『경제학-철학 수고』가 경제학을 반성의 대상으로 삼을 때도 이미 출발점은 부의 관념이었다. 이 시기 마르크스는 경제학자들에게서 부의 개념을 받아들이는데, 왜냐하면 이 개념은 비판받아 **마땅하기** 때문이다. 그는 이 개념에 대한 비판에서 이 개념의 가치를 끌어낸다. 이 개념에 대한 (『자본』에서처럼 기계적인 것이 아니라 비판적인) 분

석은 이 개념에 기거하는 모순을 부각한다. 부는 동시에 빈곤이다. 국가의 부는 국가의 빈곤이다. 일단 비판을 통해 이 모순이 노출되고 명시화되면, 이 개념은 **비옥하다**고 간주될 수 있었다. 모순의 해소를 통해 더 많은 의미로 채워진 새로운 개념들을 생산하는 일이 가능해졌기 때문이다. 실제로 1844년의 『경제학-철학 수고』에서 마르크스는 부 관념에 **들어 있는** 모순에 대한 이런 분석에서 출발하여, '현실적인 경제적 사실'을 부각하는 데 이르렀다. 즉 빈곤화, 이와 더불어 소외된 노동이 이렇게 변증법적으로 제시된 것이다. 마르크스는 헤겔식 분석이라는 고전적 길을 통해(헤겔적 방법이 다른 면에서는 맹렬하게 **단죄된다**는 점은 1844년의 『경제학-철학 수고』가 담고 있는 역설 중 가장 작은 것에 불과하다), 결국 부라는 (공허한) 개념이 특정한 앎을 생산하도록 만든다. 이 개념의 기능은 그 취약함이 아닌 그 본질성에 있는데, 이 개념에서 경제적 과정의 본질을 온전히 발견할 수 있기 때문이다.

분명 마르크스는 『자본』에서 같은 출발점을 아주 다르게 활용한다. 그는 이 출발점에 (모순들의) 해결이라는 방법을 더 이상 적용하지 않는데, 왜냐하면 이 해결은 어떤 '겉모습'의 실재를 제시한다는 점에서 결국 가장 커다란 가상이기 때문이다. 해결은 사실상 아무것도 지니지 않은 관념, 적어도 사람들이 거기에 놓은 것 이상은 없는 관념을 비옥한 것으로 나타나게끔 한다. 이제는 더 이상 부의 '모순들'이 우리에게 가르쳐줄 것은 없다. 마르크스는 이 관념의 이른바 비옥함 때문이 아니라 반대로 그 불모성 때문에 이 관념을 활용한다. 그는 장차 이 관념으로 하여금 다름 아닌, **사람들이 그것에 놓은 바**를 말하도록 할 것이다. 비판을 통해 이 관념의 전제 또는 조건을 탐구함으로써

가 아니라, 이 관념이 할 말을 물음으로써, 사람들이 그것에 부여한 의미를 물음으로써 말이다. 이 때문에 그는 부의 관념에 비판적 분석을 외부로부터 적용하는 것이 아니라 그저 부 관념에 걸맞은 기계적 분석을 적용하여 그것을 **그 고유한 선을 따라** 재단할 뿐이다. 그 결과 개념의 (역설적으로 개념 자신의 해소와 결속된) 자기 자신에 대한 반성이라는 가상이, 그리고 펼침으로써 새로운 앎이 자생적으로 생산된다는 가상이 제거된다. 부의 관념은 그것을 만든 자들이 마르크스가 매우 자주 '일상적' 앎이라고 부른 것과 흡사한 극히 경험적인 지식을 통해 알고 있었던 것 이상을 우리에게 가르쳐주지 않는다. 그것은 곧 부가 상품들의 **더미**라는 것이다. 이처럼 출발점은 그것을 진지하게 받아들이지 않아도 될 정도로 충분히 임의적이고, 그 이유를 찾을 필요가 없을 만큼 충분히 '직접적'인데, 이 때문에 우리는 그것을 망각한다는 점조차 망각할 것이다.

이 불모의 관념의 생산물인 상품, 즉 '부의 요소'는 처음에는 부 개념과 본성이 같은 개념이다. 그러나 더 이상 경험적으로 재단될 수 없는 개념이다. 따라서 마르크스가 아직도 분석이라 부르는 '추상의 힘'으로 노동을 가할 필요가 있을 것이다. 이 분석은 이전의 분석과 반드시 같은 유형일 수는 없을 것이고, 어쨌든 (개념을 분해하는 동시에 단죄하는) 비판적 분석은 아닐 것이다. 이 분석은 조건들에 대한 탐구이며, 이 탐구는 결국 모순과 마주치겠지만, 이 모순은 헤겔 모델에서와는 아주 다른 모순일 것이다. 따라서 이와 동시에 부 개념은 포기될 것이며, 상품 개념은 엥겔스가 영어판 서문에서 개진한 프로그램에 따라 변형될 것이다.

출발점의 분석, 출발점에서의 분석에는 그러므로 분석이라는 방법의 방향 전체가 담겨 있지는 않다. 부 개념이 그렇듯 분해로서의 분석은 잠정적 가치만을 갖는다. 부의 분석(요소들로의 분해)에서는 향후 이루어질 분석들의 모델을 결코 얻을 수 없다. 실상 방법이 치르게 될 시험은 사실들의 시험(일상적 분석에서 사실들은 가혹하기까지는 않더라도 어쨌든 엄격하니까)이 아니라 여타 개념의 시험이다. **분석** 개념은 (부 개념 때부터 획득되지는 않았어도 이미 있었던 것이지만, 이제 완전히 다른 수준에 있는) 상품 개념에 적용되면서 더 많은 변이를 겪을 것이다.

2

하지만 이 첫 번째 분석에 좀 더 머물러보는 것이 좋겠다. 이 분석은 아직 최후진술을 하지 않았기 때문이다. 실제로 이 분석에 등장하는 어휘는 향후의 분석에서 부분적으로 변경되어 다시 등장할 것이고, 분석 작업의 세부 사항을 특징짓는데, 이 어휘 또는 개념적 레퍼토리 역시 중대한 변천을 겪을 것이다.

분석의 '재료'를 분석의 산물과 맺어주는 용어들이 그것이다. "부는… 상품의 거대한 더미로 **고지된다**s'annonce comme." 이 표현에는 다음과 같은 수많은 등가어가 있으며, 이것들은 전체적으로 같은 의미론적 단위를 정의한다.

~의 형태로 세상에 나오다vient au monde sous la forme de.

~(으)로 나타나다apparaît comme(erscheint als)

~(으)로 고지되다s'annonce comme

~(으)로 출현하다se présente comme

얼핏 보면 ~으로 나타나다à première vue apparaît

우선 ~이다est d'abord(ist zunächst)

~의 측면으로 출현하다se présente sous l'aspect de

(…)

이 표현들은 모두 분석 작업을 특징짓고 정의하는 동일 개념을 가리킨다. 그것은 곧 형태 개념인데, 가령 상품은 부의 '기초 형태'이다. 분석은 **형태[형식] 관계**에 따라 용어들을 대면시키는 특수한 유형의 관계다. 이 관계를 단순하게 정의해볼 수 있다.

만일 A가 B로 나타난다면, 정의상

B는 A의 형태[형식]이고

A는 B의 내용이라고

말할 수 있다.

사례(텍스트의 약간 뒷부분을 보라).

가치는 두 상품 사이의 교환관계로 나타난다.

교환관계는 가치형태다.

가치는 교환관계의 내용이다.

(형태라는 통념이 단순하지 않으며, 다양하게 명시될 수 있으니만

큼 복잡하다는 것을 보여주는) 또 다른 사례들:

— 상품은 부의 **기초 형태**다.[15]

— 사용가치는 상품의 **자연적 형태[현물형태]**이다.[16]

— 교환관계는 가치의 현상형태다.[17]

이 세 용법에 걸쳐 ['형태'라는] 단어가 단 하나의 의미만 품고 있다고 말할 수 있을까? 이 단어는 동일한 분석과정을 가리키는가, 동일한 분석과정의 상이한 국면들을 가리키는가, 아니면 상이한 과정들을 가리키는가?

이 서두("부는 상품**으로 나타난다**")에서 제시된, 아니 사용된 형태 개념은 사물의 경험적 실존 양상, 사물이 나타나고 스스로를 내보이며 현시되는 방식을 가리키는 것 같다. 이런 의미에서 부는 단연 경제적 현실의 형태이다.

형식적으로나 방법적으로나 분석의 출발점은 경험적인 형태 개념으로, 이 개념에는 물론 부의 관념이 상응한다. 제기될 수 있는 여러 물음 중 하나는 이러한 현상형태를 겉모습이라는 견지에서, 다시 말해 겉모습-현실, 본질-현시의 관계 내부에서 해석해야 하느냐이다. 당장은 여기에 반대되는 것이 없지만, 곧이어 가치형태의 경우는 그렇지 않으리라고 말할 수 있다. 가치가 **스스로를 내보이지 않는다**

15 *Le Capital*, t. I. p. 51.

16 *Le Capital*, t. I. p. 62.

17 *Le Capital*, t. I. p. 52.

는 것, 나타나지 않는다는 것이야말로(이 점에서 가치가 팔스타프의 친구 퀴클리 부인과 정반대라는 점은 주지의 사실이다), 가치를 정의하는 항목인 이상, **가치** 개념은 경험적으로 아주 얇다. 즉 투명하다. 따라서 난점은 이것이다. 출발점에서 아무것도 이해되지 못했거나, 아니면 형태의 통념, 그와 함께 분석의 통념이 도중에 새로운 정의를 받아들여 이제 다시 그것을 끌어내야 하거나. 실상 방금 감지한 대로, 마르크스는 추론 형식을 아주 정확한 의미로 규정하는 개념들을 사용하지만, 이 의미가 무엇인지는 말하지 않고, 마치 정의가 필요 없다는 듯 이 의미를 명시적으로 정의하지 않고 사용한다. 만일 개념들이 동질적이기만 했어도, 이것이 그다지 어려운 일은 아니었을 것이다. 하지만 이 개념들이 추론의 정도에 따라 상이한 정의를 받아들일 수가 있다면, 그 이유는 이 변화 역시 이 개념들을 정의하는 데 일조하기 때문이다. 그렇다면 형태 개념은 아주 특별히 중요해지는데, 왜냐하면 형태 개념과 더불어 **개념의 지위** 일반이 그 자체로, '자연적 형태'에서 가장 추상적인 형태에 이르기까지 상이한 수준에서의 형태 개념의 사용에 관여되었을 것이기 때문이다.

엥겔스가 영어판 서문에서 지적한 것이 바로 이러한 난점이다.

> 우리가 독자들을 위해 제거할 수 없었던 난점이 하나 있다. 특정 용어들을 일상생활에서 사용되는 의미뿐만 아니라 현행 정치경제학에서 사용되는 의미와도 아주 다르게 사용한다는 점 말이다. **그러나 이는 불가피했다.** 어떤 과학의 새로운 측면은 이 과학의 전문어들상의 혁명을

함축한다.[18] (…) {화학의 개념적 어휘상에서의 혁명은 이의 사례이다.}

이 텍스트가 명시적으로 적용되는 곳은 경제학적 탐구의 **내용**을 한정하는 개념들이다. 그러나 이 텍스트는 추론에 형식을 부여하는 용어들에도 적용되어, 전통적 언어에서 『자본』의 과학적 언어로의 이행을 특징지을 뿐 아니라 과학적 서술 내부에서는 한 수준의 언어에서 다른 수준의 언어로의 이행, 한 유형의 추론에서 다른 유형의 추론으로의 이행을 특징짓는 데도 쓰일 수 있다. 이러한 이행은 또한 괴리이고, 차이와 단절의 난입인데, 이는 불충분함의 신호가 아니라 과학적 표현의 **조건들** 자체다.

분석이 이런 분화를 겪는 가운데 자기 자신의 내부에서 정의된다고 할 때, 분석은 장차 다른 어떤 용어들로 제시될 것인가? 상품 분석이 이를 가르쳐준다.

18 *Le Capital*, t. I. p. 35. [『자본』 I-1, 72쪽].

II. 상품 분석과 모순의 현상

절의 제목이 보여주듯 이 새로운 분석의 요점은 상품 '내부에서' 두 **요인**,[19] 즉 사용가치와 교환가치(둘 중 후자가 결국 단적으로 가치라 불리게 될 것이다)를 구별하는 데 있다. 요인 개념은 새로우며, 이를 절대로 형태 개념과 혼동해서는 안 된다. 마르크스는 경제학자 베일리에 대한 주석[20]에서 경제학자들이 저지르는 핵심 오류 중 하나가 가치와 가치형태의 혼동이었음을 보여준다. 그럼에도 분석의 과정에서 이 두 요인은 우리가 형태관계로 간주하도록 배웠던 관계들 내부에서 출현한다. 가령, "상품은 우선 (…)[사용가치]다".[21] "교환가치는 우선 (…)으로 나타난다."[22] 게다가 각 요인이 형태관계에서 차지하는 자리

---

19 ❖ facteur/Faktor. 강신준의 『자본』 번역에서는 이를 '요소'라고 번역하고 있으나 여기서는 'élément'과의 구별을 위해 facteur는 '요인'으로, 'élément'은 '요소'로 옮긴다. 단, 'élément'의 형용사형 'élémentaire'는 그의 『자본』 번역에 따라 '기초[적]'이라 옮긴다.

20 *Le Capital*, t. I. p. 61 [『자본』 I-1, 106쪽].

21 *Le Capital*, t. I. p. 51 [『자본』 I-1, 87쪽].

22 *Le Capital*, t. I. p. 52 [『자본』 I-1, 89쪽].

야말로 두 요인을 가장 명료하게 구별하도록 해줄 것이다.

그러므로 분석은 더 이상 물질적·경험적 요소들(상품들)을 생산하지 않고 요인들을 생산한다. 이 분석은 이전의 분석과 같은 유형인가? 다시 말해, 분석은 이번에도 분해인가? 그렇다면 상품 분석을 다음의 표로 제시해볼 수 있을 것이다.

상품	⟶	요인 1 : 사용가치
	⟶	요인 2 : 교환가치

분석 개념의 의미는 위의 물음에 주어질 대답에 달려 있다. 마르크스의 말마따나 그가 '분석적 방법'을 자신의 대상에 적용한 최초의 사람이라면(그런데 이 대상은 방법의 적용 이전에도 존재했을까?), 이 분석 개념은 과학적 서술의 본성과 구조를 정의하도록 해줄 것이다.

1.

"상품은 우선… 사물이다."[23] 그러므로 사용가치 또는 사물은 상품의 형태다. 이 형태는 곧바로, 직접적으로 알아볼 수 있는데, 왜냐하면 그것은 확정된 윤곽으로 나타나기 때문이다. 이 형태에 "모호하고 불확정적인 것은 전혀" 없다. 사물은 욕구들의 자연적 **다양성**의 틀 안에서

23 *Le Capital*, t. I. p. 51 [『자본』 I-1, 87쪽].

특정 위치를 갖는다. 사물은 다음의 두 상이한 관점에 입각하여 완결적으로 연구될 수 있다.

— 질적 관점에서. 이로부터 사용의 '다양한 측면'이 도출되며, 이것은 역사의 산물이다.
— 양적 관점에서. 이로부터 유용한 사물의 질이 측정되며, 이것은 '상업적 관례'의 역할이다.[24]

따라서 사용가치는 온전하게 인식될 수 있는데, 왜냐하면 그것은 ('사회적 형태', 즉 사물들의 분배 방식과 '상관없는') **물질적** 규정이기 때문이다. 정의상 사물은 오직 그 자체로만, 그 개별성에서만, 사용의 순수 다양성의 틀에서만 가치가 있다고 말할 수 있다.

하지만 "자본주의 생산양식이 지배하는" 사회에서 이 정의는 상이한 두 방식으로 해석될 수 있다. 우선 사물들은 부의 재료(독일어 텍스트에서는 '내용'[Inhalt]이라 말한다)이다. 하지만 **동시에** 사물들은 새로운 항이자 두 번째 요인인 교환가치와 관계를 맺으며, 교환가치의 '물질적 지지대'(Stoff)가 된다.

이렇게 해서 지금까지는 단순하고 선명했던 사물이라는 통념에 일종의 탈구가 일어난다. 가치는 당연히 상품의 형식(이것은 교환가치가 아니다)이지만, 부의 질료이자 교환가치의 질료이다. ("우리가 연구해야 할 사회인") 자본주의 사회에서 사물은 **하나의 형태[형식]에**

24 사물은 순전히 질적인 요인이 아니며 양적으로 다뤄질 수 있다는 점에 주목해야 한다.

두 내용이 들어 있다. 단어들이 더 이상의 의미가 없든지, 아니면 이 수수께끼는 해결되어야 한다.

사물이 이중으로 규정되는 이유는 사물에서 그 사물의 물질적 성격과 별도로 어떤 상이한 본성의 상이한 성격이 현시되기 때문이 아니다. 그것은 사물이 동시에 두 사물의 질료로 쓰이기 때문이다. 사물은 하나의 질료로서 본질적으로 상이한 두 범주와 관련된다. 부는 경험적 범주이며, 직접적으로는 주어지지 않는 교환가치와 반대이다. 이리하여 **두 얼굴의 사물**이라는 관념이 처음으로—그러나 마지막은 아니다—나타난다. 관련되는 것이 경험적 범주이냐의 여부에 따라, 사물은 상이한 얼굴을 보여준다. 이 중 한 얼굴이 다른 얼굴의 가면이라고 말할 수 있을까?

우리가 서 있는 분석의 지점에서, 분석의 궤적을 아래와 같이 요약할 수 있다. 2. 교환가치

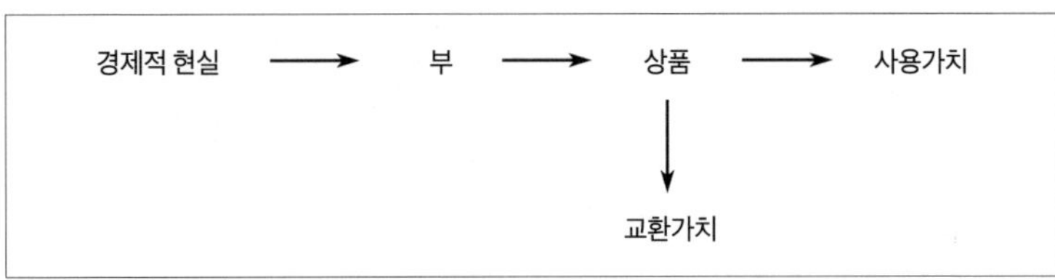

교환가치는 자기 윤곽을 직접적으로 드러내지 않는다. 부와 사물이라는 순전히 경험적인 이 경제적 실재들이 그래 보이는 것과는 달리 말이다. 상품이 나타나기 위해 사물이라는 윤곽이 필요한 것처럼, 교환가치도 특수한 형태로만 출현한다. (두 상품이 동시에 나타나는) 교환관계가 그것이다. 따라서 가치를 정의하려면 고전파 경제학에서

빌려 온 새로운 통념, 곧 **교환**이라는 통념을 개입시켜야 한다.

— 상품은 사물의 형태로 나타난다.
— 가치는 교환의 형태로 나타난다.

그러므로 서로 구별되는 형태관계들에서 상품의 두 요인은 대립적 위치를 차지한다. 게다가 이 두 형태관계 간 유사성은 겉보기에 불과하고 두 관계는 사실상 비대칭적이다. 우선 사물은 상품에 선명한 윤곽을 제공하며, 여기서는 어떤 불확정성도 드러나지 않는다(겉보기에 그렇다. 그러나 지금 당장은 이런 나타남만이 중요하다). 반대로 교환을 통해 가치는 "임의적이고 순전히 상대적인 것처럼 보인다."[25]

그 결과 상품은 가치로서 나타날 수 없다. 오히려 가치는 상품교환의 형태로 나타난다. 따라서 우리는 다음의 정의들을 가지게 된다.

— 사물은 상품의 형태다.
— 상품교환은 가치의 형태다.
— 사물은 가치의 물질적 지지대다.

이 정의들을 대질해보면, 가치라는 통념은 **깨져서** 나온다. 가치는 우선 "상품의 요인"으로 제시되었었다. 그러니까 그것과 상품의 관계가 의미하는 바가 있음에 틀림없다. 하지만 상품(사물: 전혀 불확

25 *Le Capital*, t. I. p. 52[『자본』 I-1, 89쪽].

정적이지 않은 것)과 가치(교환: 임의적인 어떤 것)의 나타남의 양상들은 가치와 상품 간의 어떤 공통 척도도 배격하는 것 같다. "상품에 내재하는 상품 본연의 교환가치는 일종의 형용모순처럼 보인다."[26] 상품은 가치로 나타날 리 없다.

바로 이런 방식으로 모순이 『자본』에 등장한다. 그러니까 어떤 모순의 겉모습인 한에서만 등장하는 것이다. 모순이 정식화됨(모순이 상품의 가치라는 표현을 구조화한다)과 동시에, 모순은 겉모습일 뿐이라는 앎이 주어진다. 분석의 목표는 모순 너머로 나아가는 것이다. 그러려면 모순은 해결해야 할 것이 아니라(겉보기의 모순에는 해결될 것이 없으므로) **제거해야** 할 것이 된다.[27]

여기까지 오는 동안 서술은 다음의 난점을 부각하기에 이르렀다. 상품을 경험적으로 제시하는 양립 불가능한 두 방식이 있다는 것이다. 바로 이 난점이 분석을 더 멀리 이끌고 갈 것이며, 상품 개념의 변형을 필연화할 것이다.

상품이란 동시에 두 가지 사물이다. 그 자체로서의 상품은, 그 내재성에서는, 그 내면성에서는, 그 윤곽에서는 나무랄 데 없이 사물이라 불린다. 반면 교환이라는, 스스로에게 결정적인 경험을 통해 **자기**

---

26 *Le Capital*, t. I. p. 52 [『자본』 I-1, 89쪽].

27 분명, 마르크스에게 모순이 항상 그리고 본질적으로 겉보기일 뿐이라고, 다시 말해 사유의 속성이라고 말해서는 안 된다. 유물 변증법은 그 반대로, 레닌의 정식을 따르자면, 모순들을 "사물들의 본질 자체에서" 탐구하는 변증법이다. 하지만 우리가 고찰하고 있는 텍스트의 단계에서는, 즉 가치 분석의 시작에서는, 모순은 일종의 형식적 모순으로 기능한다. 이로부터 적어도 하나의 가설을 끌어낼 수 있다. 즉, 『자본』의 분석은 수많은 종류의 모순을 제시하고 전개하며, 『자본』의 '논리'는, 만일 그것이 실제로 유물론적이라면, 모순 일반의 논리학으로 환원될 수 없다는 가설 말이다.

자신, 아니 자기 분신과 마주했을 때의 상품에는 낯설고 기묘한 어떤 사물이 **기거하는** 것으로 드러난다. 이 어떤 사물은 상품에 속하지 않고 오히려 **상품이 그것에 속하는 것**으로서, 가치라 불린다. 상품이 상품으로서 폐기되는 순간, 또는 적어도 자신의 현상형태를 폐기하는 순간(교환을 통해 상품은 대체되는 듯 보인다. 즉 상품의 낯선 분신이 상품을 대신하는 것이다), 상품이 고유의 형식을 더 이상 **가지고** 있지 않아 사라지는 순간, 상품은 다른 사물의 형식인 것처럼 보인다. 바로 여기서, **형용모순**contradictio in adjecto과 함께 분석의 새로운 국면이 시작된다. 가치와 가치형태의 구별에 근거한 가치 분석이 시작되는 것이다. 그러므로 가치는 상품과는 달리 경험적 형태가 아니다. 그래서 새로운 **형태**를 지니는 분석이 상품 분석을 대신해야 할 것이다.

요약해보자. '자생적으로' 정의되었던 경제학적 개념들에서 출발하여, 이 정의들이 허용하는 용법의 틀 안에서 **상품의 가치**를 말하기란 불가능했던 것으로 나타났다. 역설적으로, 이 단어들은 일탈적 정식화의 맥락이 아니라면 공표될 수 없다. 이 개념들의 엄밀한 사용은 이 개념들의 불충분성을 부각했다. 분석의 새로운 국면, 새로운 분석에서 제거되어야 할 것은 이러한 불충분성이며, 그와 동시에 형식적 모순이다.

이제 처음에 제기된 물음에 답할 수 있다. 상품을 요인들로 분석한다는 것은 기계적 분석, 요소들로 분해한다는 것이 아니다. 분석에서 개념의 분할이 허용되었던 유일한 이유는 분석이 이중구도에서 작동하기 때문이다.

요인 2 // 상품 ⟶ 요인 1

상품의 사용가치는 말할 수 있다. 그러나 상품의 가치는 (당분간) 말할 수 없다. 상품 개념을 상품의 두 요인 중 어느 것과 관련짓느냐에 따라, 상품 개념은 다른 의미를 지닌다. 어떤 경우 상품 개념은 내부에서 전개되지만(자기 윤곽을 지닌 상품 그 자체), 다른 경우 외부에서 전개된다(교환의 틀에서 분할된 상품)고 말할 수 있다. 그러므로 모순은 개념 안에 있지 않고 개념에서 연역되지 않는다. 모순은 개념을 다루는 가능한 두 방식의 귀결이다. 그것은 개념에 두 가지 상이한 분석을, 그것도 상이한 수준들에서 적용할 가능성에서 귀결된다. 모순은 여기서 형식적인데, 왜냐하면 모순은 개념의 제시 방식에 속하기 때문이다. 용어 간의 모순은 개념 간의 모순조차 아니며 그저 개념을 다루는 방식의 차이, 단절이다. 이 모순은 고유하게는 서술과정에 속할 뿐이며 현실적 과정에 대해서는 아무것도 소급지시하지 않는다. 이 모순은 **심지어 서술과정이 현실적 과정을 배제하는 종별적 방식을 소급지시한다고도 할 수 있겠다**. 그러므로 형식적 모순은 개념의 상이한 형식들 사이의 모순이다. 이 형식들이 개념화의 상이한 수준에 의해 규정되기 때문이다. 그렇다고 모순이 **인위적**이라고, 모순이 서술의 어떤 기교에서 비롯된다고 결론 내려서는 안 된다. 반대로 모순은 앎의 구성에서 필연적인 한 계기를 가리킨다.[28]

이 분석은 이전의 분석과 마찬가지로 과학적 서술을 뒷받침하는 개념들의 본성이 같지 않음을 드러낸다. 그러므로 이 개념들은 상호간에 직접적으로 도출되지는 않는다. 이들은 서로 연역되기보다는

28 이런 의미에서 형식적 모순은 또한 실질적 모순이기도 하다.

서로 **마찰을 일으킨다**. 이들 간의 부조화가 앎에서의 진전을 가능케 하며, 새로운 앎을 생산한다. 서술의 논리가 있다면, 그것은 개념들의 이런 노동을 이끄는 냉혹한 논리다. 이러한 서술의 논리는 그 자신을 재료로 하며, 개념들을 부단히 정의하기에 이른다. 서술은 개념에서 개념으로 이행하며, 이 개념들은 내용상으로만이 아니라 형식상으로도 새롭다. 서술의 한 계기를 규정하는 것, 분석을 규정하는 것은 개념들의 갈등이며, 논증의 상이한 수준들 사이의 단절이다. 이러한 '결함들'이 서술을 끝까지, 최종적 단절까지 이끌며, 이 끝이 서술을 상이한 수준에서 재개하도록, 새로운 분석에 착수하도록 강제한다.

이 때문에 형식적 모순은 해결될 필요가 없을 것이다. 서술이 **재개**될 때, 그것은 모순을 이 모순의 지반과는 다른 곳에 세울 것이다. 이렇게도 말할 수 있다. 상품이 (교환의 경험에서) 동시에 두 가지 사물인 한에서, 상품은 (두 요인을 지닌) 두 얼굴의 사물이라고 말이다. 분석이 아직 더 있다면, 그것은 더 이상 추상적 단위로 인식된 상품에 대한 것일 수 없다. 이제 분석의 최소 대상은 **두 상품**일 것이다. 이와 같은 대상의 변동 역시 헤겔적 유형의 순전히 사변적인 운동에서와 같은 분석의 연속적 심화가 없음을 보여준다. 불충분한 관점은 이 관점과 양립 불가능한(또한 결코 상보적이라 간주될 수 없는) 다른 관점과 교환된다. 두 상품에 대해 말한다는 것은 사람들이 하나의 상품을 말하면서 해왔던 일을 역으로 수행하는 것이다. 왜냐하면 그것은 사용가치를 **추상하는** 일이기 때문이다.[29] 이제 상품의 두 요인 각자가 **별**

29 *Le Capital*, t. I. pp. 53~54를 보라. "일단 사용가치를 제쳐두면."

도로 연구되려면 어떤 예외적 조건들이 요구되는지 알게 된다.

III. 가치 분석

"이 문제를 좀 더 자세히 살펴보도록 하자."[30]

1

분석의 출발점, 또는 분석의 대상은 이제 두 상품의 교환관계, 동등한 관계다. 따라서 가치를 정의하기 위해 화폐형태를 고려할 필요는 없을 것이다. 화폐형태는 전개된 형태이며(이에 대한 분석은 가치 분석으로부터 연역된다. 그것이 화폐발생이다), 교환은 기초 형태다.

이 새로운 출발점을 이해하려면, 스무 쪽 뒤[31] 아리스토텔레스에 대한 유명한 텍스트로 곧장 가는 것이 좋겠다. 알다시피 아리스토텔레스는 상품의 화폐형태를 교환관계의 기초 형태로 환원할 줄 안다.

30 ❖ 『자본』 I-1, 89쪽.

31 *Le Capital*, t. I. p. 73[『자본』 I-1, 117쪽].

그는 가치가 **동등한 관계**에서 순수한 상태로(스스로를 내보이지 않음이 곧 가치의 심층적 본성이 아니었던들, 거의 '몸소'라고 할 수도 있겠다) 나타난다는 것을 파악했다. "이는 아리스토텔레스의 천재성을 보여준다."[32] 하지만 여기서는 다루지 않을 이런저런 역사적 환경 때문에 그는 "이 관계의 실질적 내용이 무엇이었는지" 발견하지 못했다. 그는 가치의 현상형태가 "a=b"라는 일반적인 모습을 하고 있음을 잘 보았고, 심지어 이 구조의 모델들을 제공할 줄도 알았다. 하지만 a와 b가 무엇인지, a와 b가 무엇으로 이루어져 있는지는 말할 수 없었다. 더 정확히 말해, 그는 자신이 그것을 안다고 믿었다. 그는 a와 b가 경험적 모델들에 나타나는 모습 그대로라고, a와 b가 사물들이라 믿었다. 하지만 동시에 사물들 사이의 동등성을 말할 수 없음을 잘 알고 있었다. "아리스토텔레스는 '그런 것은 사실상 존재하지 않는다'라고 말한다."[33] 그러므로 아리스토텔레스는 모순의 두 끝을 붙잡고, 그의 지식이 갈 수 있는 만큼 멀리 나아갔다. 가치가 나타나게 하기 위해 두 요소의 동등성을 긍정해야 하면서, 그와 동시에 동등성의 긍정을 유지하기 위해 사물이라는 통념을 파괴해야 한다(따라서 상품이라는 관념을 도입해야 한다). 이 이율배반을 해소하려면, 동등성이 사물들 사이에서가 아니라 상품들 사이에서 성립한다는 것을 아는 것으로 충분하다. (또한 이를 위해서는 "상품 형태가 노동생산물의 일반적 형태가 되기"[34]를 기다려야 한다.) '형용모순', 여기서 아리스토텔레스의 무지

32 ❖『자본』I-1, 119쪽.

33 ❖『자본』I-1, 119쪽.

34 ❖『자본』I-1, 119쪽.

가 시작되며, 또 가치 분석이 시작된다.

2

새로운 분석을 시작할 수밖에 없게 만드는 난점은, "두 **사물**이 동시에"라는 형태로 제시된 교환의 표상에서 비롯된다. 경험적 용어로 정식화된 이 표현은 경험적으로는 아무 의미가 없다. 그러므로 분석은 더 이상 경험의 견지에서 이루어져서는 안 된다. 한 사물, 모든 사물, 물론 이는 엄밀히 말해 의미가 있다. 하지만 경험의 수준에서 단지 가상의 기능밖에 가질 수 없는 두 사물의 관계를 **판별해주는** 것, 그러니까 궁극적으로는 설명해주는 것은 아무것도 없다. 경험을 통해 두 사물이 나란히 있음을, (부에서 상품들이 그렇듯) 병렬해 있음을 알 수 있다. 그러나 두 사물은 명시적으로는 어떤 관계도 담지하지 않는다. 경험의 관점에서 보면, 두 사물과 한 사물 사이에 양적 차이는 있지만 질적 차이는 전혀 없다.

"하나의 개별 상품"[35]을 보자. 이 상품은 교환관계에 들어갈 때만 가치를 가진다. 그런데 다음 장을 보면, 이 상품이 스스로 교환관계에 들어가지는 않는다. 어떤 교활한 중개인이 채찍질을 가해 상품을 교환관계로 데리고 가야 한다(모든 것, 심지어 "몸을 파는 어리석은 여자들"까지 거기로 떠밀리면서 가치를 얻게 되는 시장에 대한 묘사를 보

35 *Le Capital*, t. I. p. 53[『자본』 I-1, 89쪽].

라). 그래서 두 상품의 관계에 자연적이거나 직접적인 것은 없다. 실험 동작을 환기할 어떤 동작을 통해 이 관계는 생산되어야 하고 물질적으로 실현되어야 한다.

3

이런 식으로 촉발된 두 상품의 관계는 **표현관계**로 정의된다. "a=b"라면, 정의상 b는 a의 표현이라고 말할 것이다. 형태라는 통념과 표현이라는 통념은 혼동되어서는 안 된다. "a=b" 관계는 형태(가치의 현상형태)다. 이 관계를 맺는 항들은 형태의 표현이 아니라 여전히 규정되어야 할 것으로 남아 있는 다른 어떤 것의 표현이다.

관계의 두 항(두 상품)이 (나중에 등장하겠지만 '비상호적' 방식으로) 서로 표현한다는 사실 때문에, 관계는 그 자체가 현상형태다. 그래서 가치는 관계 **안에** 있지 않다. 또한 가치는 a에도 없고 b에도 없다. a가 b로 표현된다는 사실 때문에, **가치를 드러내는 것은** a가 아니라 **관계 전체다**. "교환가치는 이 다양한 표현과는 구별되는 내용을 가진다."[36] 관계 때문에 표현이 있지만, 관계의 항들을 관계의 **내용**으로 간주해서는 안 된다.

가치 분석은 그러므로 개념에서 개념으로 이행하도록(가령 가치를 연역하도록) 해주는 물질적 논리에 의거하고 있다. 그러나 그것은

---

36 *Le Capital*, t. I, p. 53[국역본 89쪽에 해당하나 프랑스어 판본과 달리 이 문장이 없다].

더 이상 분해의 경험적 방법과도, 모순의 형식적 방법과도 아무 관련이 없다. 두 방법이 서술의 다른 계기들에서는 유사한 역할을 맡을 수 있었지만 말이다.

4

관계는 단지 "a=b"(a는 b와 같다)라는 질적 형식으로만 실현되지 않는다. 그것은 또한, 그리고 무엇보다도 "ax=by"(a는 얼마만큼의 b다)라는 양적 관계다. 관계는 핵심적으로 **척도**가 나타나는 곳이다. 이 계기에서 분석은 결정적 변이를 겪는다.

새로운 분석은 결정적 선택에서 시작한다. 그것은 교환관계를 질적 관계로서 연구하지 않고, 거기서 단지 그 양적 내용만을 고찰하겠다는 선택이다. 가치의 본성을 인식하려면(가치가 임의적인 것이 아니라는 것을 이해하고, 가치가 관계에서 스스로를 내보이는 바 그대로 이해하려면), **겉모습에서 벗어나야** 하고, 가치의 현상형태를 물리치면서 그 내용을 따져보아야 한다. 가치의 내용은 "가치의 다양한 표현과 구별된다", 즉 경험적 모델들과는 구별된다. 관계의 직접적 질료인 '두 사물'의 이면에서 제3의 것, "그 자체로는 두 사물 중 어떤 것도 아닌"[37] 것을 찾아야 한다. 그것은 곧 이 관계의 구조다.

관계의 동등성(이것이 관계의 현실성을 정의한다)은 어떤 척도로

37 ❖『자본』I-1, 90쪽. "양자는 어떤 제3의 것과 동등한데, 이 제3의 것은 그 자체로서는 전자도 후자도 아닌 어떤 것이다."

부터, 그 자체가 모든 개별 관계(이 관계들은 척도의 적용, 척도의 '물질적 지지대'에 지나지 않는다)와 구별되는 어떤 척도로부터, 아니 척도로 잴 가능성으로부터가 아니고는 구성될 수도 규정될 수도 없다. 교환관계에 진입하는 '대상들'은 '그것들의 가시적인 면과 상이한' 어떤 다른 대상으로부터만 측정될 수 있으며, 앞으로 보겠지만, 그렇게만 계산될 수 있다.

그러므로 두 상품의 교환관계를 분석한다는 것은 경험적 비교를 해가며 상품에 직접 현상하지는 않는 이 두 번째 요인을 상품으로부터 끌어낸다는 것을 의미하지 않는다. 관계를 해석하려면 이 관계 자체를 본성이 다른 어떤 평가 규범에 조회해야 한다.

5

이로부터 비단 경제적 분석에만 한정되지는 않을 하나의 일반 규칙을 정식화해볼 수 있을 것이다. 대상들을 경험적이지 않은 방식으로 비교하려면, 이 척도의 일반 형태를 미리 규정해두어야 한다는 것이 그것이다. 이 요구는 여기서 처음 발견되는 것으로, 주지하듯 마르크스가 쓰지는 않았지만, "『자본』의 논리학"의 핵심 측면에 해당한다. 형태에 대한 모든 연구는 적어도 두 개의 구별되는 수준에서 성립한다. 표현관계를 단지 그 경험적 실재성의 측면에서만 탐구한다면, 표현관계가 표현하는 바를 알아낼 도리가 없다. 이렇게 하여 유물론적 표현이론이 만들어지는데, 이것은 의미에 관한 모든 기술記述이 (따라서 증상학의 모든 시도가) 지닌 맹목적인 경험적 성격을 비판한다.

어떤 관계가 표현하는 바를 알려면 무엇이 이 관계를 표현하는지도 알아야 하며, 심지어는 우선적으로 알아야 한다. 달리 말하자면 어떻게 어떤 의미(여기서는 동등성: 뒤에서 보겠지만, 동등성은 중립적이지도 상호적이지도 않으며, 반대로 분극화되어 있다)가 관계의 항들 사이에서 통하는지는 이 관계 자체를, 다른 본성을 한 다른 표현관계의 한 항으로 볼 경우에만 이해할 수 있다.

6

관계를 주어진 그대로 분석한다면 어떠한 앎도 생산될 수 없다. 관계를 변형하고 해석하고 등식으로 환원해야 한다. 그래서 관계는 **다른 것**을 의미한다. 우리는 "우선 출현하는 것"에서 이 현상함의 조건들로 넘어오게 되었다.

그러니까 가치는 교환관계 내에서만 가치로서(가치 출현의 한계 내에서) 출현하지만, 아리스토텔레스처럼 모순 앞에 멈춰 서지 않는 한, 이 관계를 그 자체로 분석하는 일은 불가능하다. 과일 안의 씨앗과는 달리 가치는 관계 **안에** 있지 않기 때문이다. 상품으로부터 혹은 두 개의 상품으로부터 가치로 넘어가는 것은 오직 한 형태를 다른 형태와 분리하는 단절에 따름으로써다. 교환관계는 가치에 접근하는 유일한 수단이지만 가치를 직접적으로 포착하게 해주지는 않는다. 관계는 가치에 이르는 유일한 길이지만, 길은 관계를 **단지 거쳐갈 뿐이다**. 가치 개념에 도달하면, 관계 자체를 벗어나서 가치의 현상의 조건들을 따져 보아야 한다. **역설적이게도, 교환관계가 가치의 현상형태**

인 것은 가치가 거기에 나타나지 않는 한에서만이다.

교환관계에서 벗어나 가치 개념을 보는 수단을 제공하는 것은 바로 등식이다. "**두 상품의 교환관계가 무엇이든**, 그것은 언제나 등식으로 표상될 수 있다."[38] 따라서 "모든 교환가치가 표현되는 등식들에 대한 분석을 통해 가치의 연역"을 시작할 수 있다.[39] 그러므로 관계를 등식으로 **환원하고** 그런 다음 이 등식에서 가치를 **연역해야** 한다. 이는 가치의 현상형태에서 가치를 연역하자는 것이 아니다(앞서 보았듯 이런 연역은 불가능하다). 마찬가지로 관계를 경험적으로 채우는 대상들을 그것들의 추상적 가치로 환원하자는 것도 아니다. 이 점에 관해서는 마르크스 자신이 엥겔스에게 보내는 1877년 7월 25일 편지에서 아주 유쾌하게 해명한다.

> '강단 사회주의자들'의 커다란 '통찰력'을 보여주는 사례
>
> 마르크스가 보여준 것과 같은 커다란 통찰력으로도, '사용가치'(이 얼간이는 '상품', 그러니까 쾌락의 요소가 문제라는 점을 망각하고 있습니다)를 그것과 상반되는 것, 곧 일정량의 노력, 희생으로 해소하는 문제를 해결할 수 없다. (…) (이 얼간이는 제가 가치 등식에서 '사용가치를 가치로 환원'하고자 했다고 믿습니다.) 이는 본성이 다른 요소들을 대체하는 것이다. 다른 본성을 지닌 사용가치들의 등식화는, 그것들을 사용가치의 공통 요인으로 환원함으로써만 설명할 수 있다. (아니 사용

38 ❖『자본』I-1, 89~90쪽.

39 ❖2판 후기, 『자본』I-1, 50쪽.

가치들을 곧바로… 무게로 환원하지 않은 이유는 뭘까요?) 유식한 척하는 정치경제학의 천재 크니스 씨는 말하죠….

실제로 쾌락이 고통으로 전복되는 경우가 드물지 않은 1844년의 『경제학-철학 수고』를 이 천재가 알았더라면, 그는 거기서 더 많은 영감을 받고 파고들었을 것이다. 『자본』의 엄밀한 서술에는 더 이상 변증법적 전복도, 소박한 환원도 없다. 여기서 환원과 연역은 엄격한 조합을 대가로 해서만 가치를 가지는데, 이 조합의 기능은 현실적인 것과 사유된 것 사이의 일체의 혼동을 배제하는 것이다.[40] 헤겔적 연역이 대체되고 전복되어 경험적 환원이 되었던 과일 과정에 대한 『신성가족』의 텍스트[41] 이래 먼 길을 지나왔다. 곧 등식을 경유하여 환원과 연역을 배치하고 변형하며, 그럼으로써 관념론적 인식의 두 가지 전통적 방법을 같은 구도에 놓고 단 하나의 비판 안에 뒤섞는 것이다. 다시 말해, 새롭게 정의된 분석은 논리적 유심론에서 멀어지는 만큼이나 경험론에서도 멀어진다.

---

40 이와 같은 혼동이 유지된다면, 사유가 어떻게 실재 자체를 토대로 실재를 전유하는지가 이해될 수 없다.

41 ❖ '과일 과정'이란 현실의 과일들(배들, 사과들, 아몬드들…)로부터 '과일'이라는 일반 관념을 추상하고, 이를 실체화한 다음, 다시 현실의 과일들을 이러한 추상적 '과일'이 주체로서 전개되는 계기들, 겉모습들로 만드는 사변철학의 작업을 일컫는다.

7

환원-연역이라는 복잡한 작업의 끝에서, 교환관계라는 통념은 더 이상 아무 쓸모가 없게 된다. 이미 다른 많은 것을 그렇게 했듯 이 통념도 버릴 수 있게 된다. "그러므로 두 대상은 **그 자체로는 둘 중 어느 것도 아닌** 제3의 항과 동등하다. 이 두 대상 각각은 교환가치로서는 **다른 쪽과 무관하게** 제3의 항으로 환원될 수 있다."[42] 가치는 상품에서 출발하는 경험적 환원을 통해 획득되지 않았듯 교환에서 출발하는 경험적 환원을 통해서도 획득되지 않는다. 교환 분석의 역설은 가치가 교환의 항들 **안에**도, 항들 사이의 관계 **안에**도 있지 않다는 점이다. 가치는 주어지지도 않고 도출되지도 않으며 밝혀지지도 않는다. **가치는 개념으로서 구축된다**. 이 때문에 관계의 매개는 분석의 특정 계기에서는 모든 의미를 상실한다. (아리스토텔레스가 통찰했듯) 교환은 가치에 도달하는 유일한 수단이지만, 가치를 정의하는 데는 전혀 도움이 되지 않는다. 가치는 (개념이라는) 자신의 실재성을 자신에 대한 탐구의 단계들과 혼동하지 않으니 말이다.

또는 이렇게 볼 수도 있다. 가치는 두 대상 각각에 동시에 있지 않은 이상, 두 대상에 공통적인 내용일 수 없다. 그런데 가치는 자신을 담지하는 대상과 독립적이며, 가치는 별도로, "자기 스스로" 실존한다. 마찬가지로 가치는 두 대상 사이에, 같은 본성을 지닌 또 다른 대상으로 있는 것(이것이 아리스토텔레스의 가상이다)도 아니다. 가

42 ❖ 『자본』 I-1, 90쪽.

치는 **본성이 다른** 대상, 즉 개념이다.

가치가 '상품들의 변증법'(전개되지 않은 형태로 처음부터 주어진 개념과 그 안에서의 동일성, 대립, 해소)에 의존하지 않는다는 점에서, 가치 분석은 변증법적—헤겔적 의미에서—이지 않다. 분석의 운동은 연속적이지 않으며, 대상에 대한 문제제기, 서술의 방법과 수단에 대한 문제제기로 부단히 중단된다.

8

서술 내부에서의 이런 분화가 없다면 엄밀한 분석도 없을 텐데, 이 분화를 이해하려면 초보적인 기하학의 사례를 검토해볼 필요가 있다. 이 사례는 논증에서 중차대한 역할을 하는데, 왜냐하면 이 사례는 특별히 분석의 최종 단계에 적합한 추론 형식을 도출하는 기능을 하기 때문이다.

> 초보적 기하학의 예를 들어보면 이것(교환에서 가치로의 이행)은 분명해진다. 온갖 직선 도형의 면적을 측정하고 비교하기 위해 이 직선 도형을 몇 개의 삼각형으로 분해한다. 그리고 삼각형 자체는 그 가시적 모양과 전혀 다른 표현으로, 즉 밑변×높이의 $\frac{1}{2}$로 환원한다. 마찬가지로 상품의 교환가치도 상품이 더 많이 갖거나 더 적게 가지는 어떤 공

통물로 환원될 수 있어야 한다.[43]

사례는 개념 규정에서 등식이 어떤 역할을 하는지 밝혀주어야 한다. 면적 계산(아무리 초보적이라도 계산은 경험적 소여와는 달리 직접적으로, 자생적으로 얻어지지 않으며, 인식의 노동이 반드시 필요하다)은 잇따른 두 분석으로 이루어진다. 첫 번째 분석은 상품을 도출한 분해와 유사한 경험적 분해로서, 모든 [직선 도형들의] 더미의 바탕이 되는 요소, 곧 삼각형이라는 첫 번째 추상을 생산한다. 이렇게 해서 문제가 제기된다. 삼각형들을 측정하는 일이다. 이 척도는 두 번째 분석을 통해, 그러니까 삼각형을 "그 가시적 모양과는 전혀 다른 표현"인 면의 등식으로 환원하는 분석을 통해 획득된다. 면의 척도는 면을 가진 모든 것, 곧 도형들을 경험적으로 맞대놓는다고 해서 얻어지지는 않는다. 면이 큰지 작은지에 대한 물음은 면이라는 기초 개념에 대한 근본 물음의 한 측면에 지나지 않는다. [개념으로서] '면'**la** surface이라는 표현은 면을 가진 사물들의 경험적 다양성에서 출발하는 환원으로는 획득되지 않는다. 역으로 더 크거나 작은 이 면들 또한 면이라는 기초 개념에서 출발하는 연역으로는 획득되지 않는다. 개념이란 실재를 해명하게 해주는 이런 개별적 실재다. 이처럼 추상적 표현은 그 자체로 고려된, 다시 말해 다른 것들과는 독립적으로 고려된 각 '대상'과 궁극적으로 그리고 근본적으로 관계를 맺는다. 추상적 표현은 대상들 사이의 관계에 대한 개념, 다시 말해 경험적 개념이

43 *Le Capital*, t. I. p. 53 [『자본』 I-1, 90쪽].

아니다. 그것은 **개별적인 각 대상에 대한 개념**으로, 관계의 매개 덕분에 드러나기는 하나 이 매개에 의해 생산되지는 않는다. 그래서 헤겔주의에 대한 (암묵적) 비판은 동시에 경험론에 대한 (명시적) 비판이 된다.

면의 등식은 교환의 등식처럼 하나의 관념, 즉 완전히 상이한 종류의 '대상'이다. 그것은 현실의 내용이 아니라 사유의 내용으로, 이미 사용되었던 분류를 적용하자면 일반성 III이다.[44] 이제, 분석이 현실의 대상들을 제3의 '대상'으로 환원한다고 말할 때, 대상이라는 용어는 상징적 의미로(단, 우의적 의미는 아니다. 개념은 당연히 특정 종류의 대상이다) 사용되고 있음을 이해하게 된다. 원의 관념에 중심도 원주도 없는 것처럼, 삼각형의 면 역시 그 자체 삼각이 아니다. 마찬가지로, 가치라는 통념도 교환되지 않는다.

이렇게 하여 우리는 항들을 교환의 틀에서 서로 맺어주는 관계에 대한 분석이 그 자체 제3의 '대상'을 소급지시하며 궁극적으로는 이 대상의 부재를 드러낸다는 점을 이해하게 된다. **교환은 이 새로운 제3의 항을 보여주기보다는 은폐한다**. 현실, 교환의 실천 및 시장은 이 제3의 항을 창출하기에는 충분치 않다. 실로 시장과 교환은 사람들이 이 척도—이것들의 경우 가치 개념—를 그것들에 관련시킬 줄 모르는 가운데서도, 아주 오랫동안, 아주 상이한 형태 아래 존재할 수 있었다. 마르크스는 가치 개념을 "인식이라는 간판을 달고 있는" 시장의 진열대에서 발견하지 않았다. 교환할 물건이 거의 없는 이 상점은

44 L. Althusser, *Pour Marx: Sur la dialectique matérialiste*를 참조[알튀세르, 서관모 옮김, 『마르크스를 위하여』, 후마니타스, 2017].

장터가 아닌 다른 곳에 천막을 치고 있다. 과학적 서술의 엄밀함, 그것만이 지식을 마침내 생산하며, 그것 없이는 가치 **개념**은 아무 의미도 없었을 것이다. 다시 말해, 실존하지 않았을 것이다.[45]

따라서 초보적 기하학의 사례는 그 단순성에도 불구하고, 아니 그 단순성 때문에 극히 중요해진다. 이 사례는 가치의 본성을 규정하며, 가치에 과학적 개념이라는 본질적 성질을 부여한다. 뒤이어 다른 사례, 곧 화학의 사례[46]나 물리적 속성의 측정 사례[47]가 하는 유사한 역할도 눈여겨봐야 한다. 이들 사례 역시 개념과 개념이 반영하는 현실 사이의 관계를 표시하는 데 쓰일 것이기 때문이다.

9

서술 절차는 경험적 환원의 절차도 아니고 개념적 연역의 절차도 아니다. (마르크스가 그와 같은 변증법의 운동을 따른다는 인상을 준다면,— 알다시피 이는 단지 '겉멋'에 불과하다— 이는 바로 변증법이 기만적이라는 것, 변증법은 현실적 운동이 아닌 가상의 놀이만을 기술한다는 것을 보여줌으로써다). (경제적 실천과 그 과학적 이데올로기들의 방향을 정하고 이끄는) 경험적 추상에서 출발하여, 과학적 개념이라는 사유의 이런 내용, 이와 같은 **사고-의-구체**concret-de-pensée를 구성

45 인식은 실재를 기계적으로 반영하지도 직접적으로 반영하지도 않는다.

46 *Le Capital*, t. I, p. 65.

47 *Le Capital*, t. I, p. 70.

해야 한다. 이 내용은 절대로 도출되거나 연역되는 것이 아니며, 특수한 가공노동을 통해 **생산된다**.

이제 개념의 규정들, "두 대상의 관계를 특징짓기 이전에 각 대상에 고유한 공통적인 무언가"[48]의 규정들을 제시할 수 있다. 분석 방법은 구성의 현실적 과정의 전도된 형상이 아니고, 대신 겉모습들을 정말로 꿰뚫으면서 가상(이것은 감추는 한에서만 보여준다. 말 그대로, **은닉해둔다**고 할 수도 있으리라)에서 벗어나려는 몸짓을 매번 계속하기 때문에, 개념의 규정은 우선 부정적일 것이다. "이 공통적인 무언가는 ~**일 수 없다**"는 식으로 말이다. 이러한 부정을 통해 경험적 현상양식에서 근본적으로 멀어진다.

"공통적인 무언가"는 자연적 성질이나 사용가치로부터 정의될 수 없다. 여기서는 사례를 제쳐두는 게 좋겠다. 초보적 기하학의 경우, 면이라는 기초 개념은 다양한 면들로부터 곧바로 연역될 수 없는데, 이 다양성을 정의하는 데 면의 기초 개념이 쓰인다는 바로 그 이유 때문이다. 사용가치와 교환가치의 관계는 지금부터는 아주 상이한 성격을 띠게 된다. 이 관계는 아주 특수한 조건에서만 개념을 그 [개념의 대상이 되는] 사물과 맺어주며, 이런 특수한 조건 때문에 이 관계의 '역사적' 구성을 물어볼 수밖에 없다. 어떻게 이 관계가 실현되었는가? 이 점에 대해 엥겔스는 절의 말미에서[49] 아주 중요한 주석을 덧붙일 것이다. 하지만 개념과 그 사물 사이의 관계가 교환가치와 사용가치의 관계가 아니라 가치와 상품의 관계라는 점에는 주목할

48 *Le Capital*, t. I, p. 65를 참조하라. 여기서는 '내속하는' 속성을 말한다.

49 *Le Capital*, t. I, p. 56.

수 있다. 그런데 면의 기초 개념이 면들에 [면이라는] 자격을 부여하듯이, 가치라는 통념이 상품들에 [상품이라는] **자격을 부여한다**.

교환행위는 그것의 **조건**이기도 한 "사용가치를 추상하는" 한에서만 가치의 현상을 나타낸다. 이러한 추상작용이 없다면, 교환행위에는 어떤 의미도 없을 것이다. "이러한 추상작용이 모든 교환관계를 특징짓는다." 이는 아리스토텔레스가 그 의미를 이미 이해했으나 정식화하지는 못한 명제다. 교환은 우선 모든 성질의 제거로서 (간접적으로나마) 나타나며, 이 소멸을 바탕으로 하나의 비율이 현상하게끔 한다. 가치는 양적인 (그리고 더 이상 질적이지 않은) 다양성으로부터만 식별될 수 있다. 앞으로 보겠지만, 이는 아직 분석의 가장 피상적인 면에 지나지 않는다. 즉 이 양적 관계(비율)의 추상적 성격을 분석적 환원의 진정한 끝과 혼동해서는 안 된다. 초보적 기하학의 사례, 면적 계산의 비유를 다시 들자면, 교환에 대해 가장 명백한 현상 조건은 비율이 아니며, 오히려 비율은 환원되고 해명되어야 한다. 비율은 그 나름대로 어떤 개념을 가리킨다(소급지시한다). 그러나 비율이 이 개념과 뒤섞이지는 않는다. 마치 질적 다양성이 사용을 정의하듯(게다가 지나치면서 잠깐 보았듯, 사용가치에 대한 양적 관점도 있다), 관계의 **양**이 가치 그 자체를 정의하는 것은 아니다. 양과 질 사이에 실재적 분간은 있을 수 없고 다만 피상적 대립만이 있을 뿐이다. 그것은 단지 잠정적 분류, 사용가치와 교환가치의 구별을 **표상하는** 방식에 불과하다. 이 구별의 현실적 형태는 다른 곳에서 찾아야 한다. 양과 질의 대립은 우리가 그것을 액면 그대로 받아들이지 않는 한에서만 우리에게 말한다.

그래서 가치의 부정적 규정("~을 추상함으로써", 이는 환원을 명명하는 특수한 방식이다)은 (비율을 겨냥하는) 순전히 양적인 연구에 이르는 것이 아니라, 새로운 **질**에 대한 탐구에 이른다. 알다시피 그것은 **노동생산물**이라는 질이다. '대상들'은 단순한 사물들로서는 그 사용을 통해, 다시 말해 그것들 간의 환원 불가능성에 의해 서로 변별된다. 이런 성격을 제쳐놓으면, 이 대상들의 경험적 질들이 사라지는 동시에 무언가가 나타나는데, 그것은 대상들의 양적 측면이 아니라 (아주 상이한 본성의: 직접적으로는 관찰 불가능한) **또 다른 질**이다. "이 대상들에는… 하나의 질만 남는데", 이것이 바로 가치이며, 장차 그것의 **실체**가 규정될 수 있을 것이다.

10

하지만 가치가 몸소 실체적으로 나타나는 순간, 우리는 가치가 특징짓는 대상이 그 자체로 '변신했음'(이 표현은 두 번 나온다)을 알아차리게 된다. 만일 대상 간의 관계를 가능하게 했던 것을 보려고 해본다면—이는 대상이 사물로서 가진 성격을 추상함으로써만 이루어질 수 있는데—, 관계란 사람들이 믿었던 것, 가령 아리스토텔레스가 믿었던 것과는 다른 것임을 알아차리게 된다. 가치가 다른 것, 제3의 '대상'일 뿐 아니라, 가치를 우선적으로 현시했던 관계 역시 사람들이 믿었던 것과는 다르다는 것도 알아차리게 된다. 관계의 구성을 이해하려면, 관계 자체를 변신시키는 새로운 '요인'을 개입시켜야 한다. 이 순간 우리는 모순의 다른 면으로 완전히 넘어와 있다. 그리고 이 순간 유령들이 깨어난다.

대상은 변신했다. 이전에 사물이었던 대상은 이제 상품이 되었다. 그리고 이는 분명 사변적 전환이 아니라 실재적 변형이다. 엥겔스의 주석으로 정확해진 사물과 상품에 대한 마지막 텍스트에 따르면, 사물은 당연히 상품이 아닐 수 있다. 심지어 노동생산물일 때조차 말이다. 다시 말해 사물은 상품이 되었다. 한편으로, 사람들은 사물의 관념에서 상품의 관념으로 넘어갔고, 다른 한편 사물은 실제로 상품이 되었다. 이는 개념을 서술하는 운동이 단지 [현실적] 구성의 과정을 따르는 것(또는, 결국은 같은 것이지만, 반대 방향으로 거슬러 올라가는 것)에 불과하다는 뜻인가? 전혀 그렇지 않다. 현실적 변형과, 우리가 변신을 보면서 현실적 변형에 대해 갖는 인식은 이질적이다. 변신을 본다는 것, 이는 (가치실체를 규정하면서) 새로운 인식을 생산한다는 것이다. 그러니까 같은 방향으로든 반대 방향으로든 현실적 운동에 상응하는 개념의 운동은 없었고, 대신 **가상의 제거**가 있었던 것이다. 변신을 본다는 것은 우리가 인식하고자 하는 현실이란 현실이 현시하는 바가 아님을, 우리가 믿는 바가 아님을 안다는 것이다. 현실은 사물들이 아니라 유령들로 구성되는 것이다.

이러한 인식은 현실의 그 자신에 대한 노동에서 비롯된 것도, 관념의 그 자신에 대한 노동에서 비롯된 것도 아니다.

A)가치란 '대상들'로부터 출발해, 교환이라는 특권적 상황에 힘입어 '대상들'의 개별성을 추상하면서 획득했을 개념(이 경우 개념은 경험적 추상일 것이다)이 아니다. 즉 개념은 교환 상황에 의해 직접적으로 **생산되는** 것이 아니다. 가치 개념은 인식노동의 생산물이며, 이 노동은 관계에 붙어 다니는 유령들을 쫓아내기 위해, 관계의 명백한 특징이었던(이 관계를 보게 하면서 이 관계를 판별시켰던) 측면을 관

계에서 제거한다.

B)개념은 (경험적 실재에 등을 돌리면서) 오직 개념들로부터만 생산될 수 있다. 그래서 이를 사변적 과정이라 여길 수 있을지도 모른다. 실제로는 개념 수준의 변화가 있는데, 단 해당 개념 내부가 아니라 외부에서의 변화(개념에서 개념으로의 이행)이다. 또한 이 운동은 개념에 의해 생산되지는 않지만, 개념에서 출발하여 특정한 물질적 조건하에 인식을 생산한다. 이 새로운 인식의 출현으로 현실이 곧바로 변경되는 것은 아니다. "현실은 이전이나 이후나 사유 바깥에서 독립적으로 존속한다."[50] 사물의 관념은 우리를 마치 손으로 이끌듯 상품 개념으로 인도해줄 어떤 사변적 단계가 아니다. 그것은 인식이 노동을 가하는 개념적 재료의 요소 중 하나다. 같은 방식으로, 상품은 오직 사물로부터만 상품이 되지만, 사물을 고찰한다고 해서 상품이 무엇인지 알게 되는 것도 아니고, 심지어 상품 개념이 의미를 가진다는 것조차 알게 되지 않는다. 사물은 맹목적 형태의 상품이 아니다. 엄밀히 말해, 사물은 상품이 나타날 때 우리가 맹목적임을 보여주는 징표다. 가치에 대한 우리의 인식은, 우리가 사물이나 교환에 대해 갖는 원초적 개념에 대한 **비판**으로부터만 획득된다.

그러므로 변신은 경험적이지도 사변적이지도 않으며, 단지 우리가 거짓 모순을 제거하면서 거짓 모순에서 빠져나온다는 사실에서 성립할 뿐이다.

---

50 *Introduction générale à la Contribution*[『정치경제학 비판 요강』, p. 72].

11

그러므로 '두 얼굴을 한 사물'은 '처음에만' 그럴 뿐이었다(더욱이, 동시에 두 사물인 것도 마찬가지다. 모순의 항들은 **사라졌다**). 상품은 **자신의** 가치에서 분리된, 모순적이고 분열된 실재가 아니다. 반대로 상품은 자신의 근본 성질에 의해 잘 규정된다(이러한 근본 성질로부터 양적 계산, 즉 노동량으로부터 가치를 계산하는 일이 가능하다). 단지 상품은 현상하는 그대로가 아닐 뿐이다(그 역도 마찬가지다). 상품의 진정한 실재성은 유령(어떤 노동의 생산물이 아니라 **노동 일반**의 생산물)이라는 점이다. 유령은 경험적으로 관찰 가능한 일체의 성질을 배제하고 표현되어야 하는 것이며, 그럼에도 여전히 물질적인 실재다.

두 얼굴을 한 사물이 부적합한 표상에 불과하다면, 사용가치와 교환가치는 절대 같은 평면에 놓여서는 안 된다. 둘 사이에는 무지나 가상 때문이 아니라면 모순이 있을 수 없다(그래서 모순은 가상의 모순일 뿐이다). 그렇다면 앞서 이미 내다보았던 문제로 되돌아갈 수 있다. 곧 상품의 '두 요인'이 개념 내부의 분화로 획득되지는 않았다는 문제가 그것이다.

교환에서 등장했던 '대상들'은 이제는 기껏해야 '승화된 것'에 불과하다. "대상들은 기껏해야 하나의 사물만을 나타낼 뿐이다."[51] 이제 우리는 이 사태의 궁극적 조건에 도달했다. 상품 속에 지출되고 축적되며 응고되고 파묻힌 노동 일반이 그것이다. 이 노동 자체는 다시

51 ❖『자본』I-1, 91쪽.

"유일한 힘"에 의해 생산된다. 즉 "'가치들 전체를 통해' 나타나는 사회 전체의 노동력"에 의해서 말이다. 분석적 연구는 단순 요소(가치)에서 출발하여, 가치를 최종심급에서 구성하는 복잡하고 구조화된 전체로 거슬러 올라간다. 이렇게 해서 가치는 오로지 가치들 전체와 관련해서만 정의되며, 오직 사물과의 관계를 통해서만 규정되는 사용과는 근본적으로 구별된다. 따라서 상품의 가치라는 표현은 새로운 의미를 띠게 되는데, 왜냐하면 이 표현은 더 이상 분석의 최종 항이 아니라 여러 단계 중 하나에 불과하기 때문이다. 만일 가치실체가 노동 일반(이것을 "모든 형태의 사회로부터 독립적인"[52] 노동과 혼동해서는 안 된다)이라면, 이는 가치라는 단순 요소가 그것이 여타의 모든 가치와 맺는 관계를 통해 단지 **변별적**diacritique 의미만을 갖기 때문이다. 그러므로 단순 요소들에 대한 형식적 연구는 그 자체로는 미완결적이다. 겉보기의 형식적 모순에 대한 연구 다음에는, 자본주의 생산양식을 구성하는 현실적 모순에 대한 연구가 이어질 것이다.

이 점은 특별히 중요한데, 사물과 상품 사이에 존재하는 비대칭을 명백하게 드러내는 일이 가능해지기 때문이다. 단지 역사적 비대칭만이 아니라 둘의 관계가 상호성이 전혀 가능하지 않은 잇달음의 관계라는 사실을 말이다. 분석 도중에 상품의 현실적 과정을 개입시키는 일이 흥미로운 것은, 오직 이 역사가 마치 분석된 재료 안에 침전되어 있는 것과 같음을 보여줄 수 있는 한에서만이다. 그러니까 조건들의 비대칭적 배열 안에서 이 역사를 다시 발견할 수 있는 한에서

52 *Le Capital*, t. I, p. 58.

만이다. 사용가치는 변별하는diacritique 형식 아래서가 아니라 사물과의 직접적 관계를 통해서 규정된다. 즉 사용가치는 구조화된 전체로부터 의미를 얻는 것이 아니라 근본적 다양성 내부에서 의미를 얻는다.

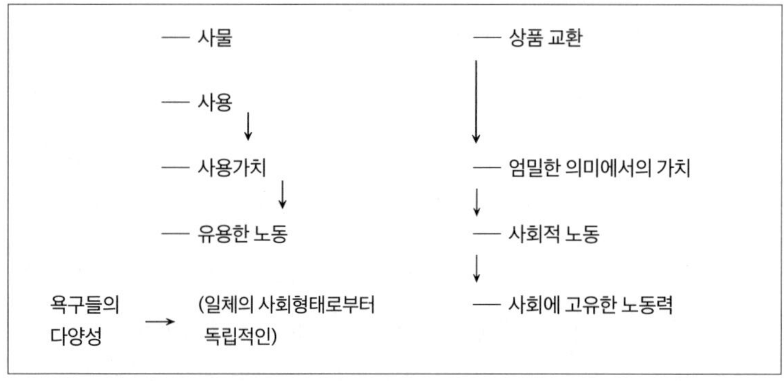

그러므로 사용가치와 교환가치의 구별되는 성격을 유비적 형식으로 제시하는 일은 불가능하다. 상품과 그 가치의 관계가 사물과 그 유용성의 관계와 같다는 식으로 말이다. 다시 한번 말하지만, 대칭이나 상호성은 없다. 두 수준의 구별은 (어떤 이상적 전체 내부에서 스스로 분열되는) 추상적인 것이 아니라 현실적인 것이다. 그리고 오직 분석적 방법만이 이 구별을 해명하게 해준다.

자본주의 사회의 시장을 가득 채운 "대상들"은 **현실적으로** 분할되어 있다. 한편으로 유용하며, 다른 한편 서로 교환되는 것이다. 이 두 측면 사이에 사변적 갈등은 있을 수 없다. 오히려 현실적 갈등만이 있다. [사용가치와 교환가치의] 구별에 대한 적합한 인식 역시 존재할 수 있다.

『자본』의 서두 부분에 대한 이 읽기에서 다음 결론을 도출할 수 있다.

1)경험론 비판과 사변적 관념론 비판은 함께 간다.

2)현실적 과정(경제사에서 상품의 출현)은 분석의 운동을 통해 곧바로 재생산되지는(반영되지는) 않는다. 그러나 상품 없는 사물은 생각할 수 있어도 사물 없는 상품은 생각할 수 없게 만드는 '역사적' 차이는 개념의 조건을 배열하는 서술의 순서에서 재발견된다. 분석에 고유한 이 교의적dogmatique 순서의 틀에서 상품은 사물과 동등한 것으로나 사물의 이면으로 제시될 수 없다. 이렇게 하여 사물에서 상품으로의 이행을 사유하게 해주면서 그 역은 사유할 수 없게 하는 잇달음 순서의 필연성이 표현된다.

가치가 상품에 대해 갖는 관계는 사용이 사물에 대해 갖는 관계와 같지 않다. 왜냐하면 이 용어들[가치, 상품]은 개념적 분석에서 아주 멀리 떨어진 수준들에서만 의미를 지니기 때문이다. 이 형식적 불가능성이 개념들 사이에서 교의적 순서를 정의하며, 또한 그것이 역사적 순서를 해명하는 최선의 방식이기도 하다. 그래서 사유가 (현실적인 것의 내부에 있으면서도) 현실적인 것과 구별되는 것과 달리, 교의적 순서는 역사적 순서와 구별되지 않는다. 교의적 순서가 역사적 순서를 사유하도록 하기 때문이다.[53]

3)앞서 주목할 수 있었듯, 개념들은 분석이 진행되는 가운데 불변의 의미를 보존하지 못한다. 예를 들어, 상품 개념은 처음에는 '유클리드적' 개념 같은 것이었다. 상품은 선명한 윤곽을 띤 형태(도형의

53 교의적 순서가 역사적 순서를 구성한다는 것을 의미하지는 않는다. 오히려 그 반대이다. 그리고 바로 여기서 반영이라는 통념은 충만한 의미를 획득한다.

등가물)로 나타난다. 그래서 상품은 경험적으로 정의될 수 있다. 그러나 가치 개념은 사정이 다른데, 이런 정의를 받아들일 수 없기 때문이다(가치 개념은 처음부터 그것을 배제한다). 가치는 정의되지 않은 형태로 나타난다. 가치 개념은 장차 환원과 연역의 조합을 통해 구축되어야 한다. 그러나 회귀적으로 보면, 일단 가치실체가 도출되고 나면, 상품의 정의는 상품을 불완전하게 특징짓는 것으로 나타난다(상품의 정의는 단지 현시에 불과했다). 상품은 그 경험적 윤곽에서는 단지 그 자신의 유령에 불과했다. 진정한 가치 개념과 마주할 때 상품은 변신을 겪는다. 따라서 개념들은 하나가 다른 하나로부터 상호 간에 전개되어 나오지도 않지만, 하나가 다른 하나 곁에 무차별적 관계로 놓여 있지도 않다. 개념들은 서로에게 노동을 가하며 서로를 변형한다. 인식의 과정 역시, 그러나 그 홀로는 이루어질 수 없는 물질적 과정이다.

이 노동은 개념들을 다소간에 과학적 이론(일반성 I)에서 빌려온 이데올로기적 개념이라는 원초적 상태로부터, 과학적 개념의 상태로(일반성 III) 이행하게 해야 한다. 일부 개념은 이런 변이를 겪는다. 다른 일부는 지나는 길에나 출발 시에는 유용하지만 도중에 제거될 것이다.

이 변이는 역사과학에 직접 속하지는 않는 개념들의 노동으로부터도 비롯한다. 추론의 형식을 기술하고 명실상부하게 분석의 노동(일반성 II)을 수행하는 이 개념들은 아주 상이한 영역에서 연원한다.

— 과학의 일반 방법론	분석 추상
— 논리적이고 철학적인 전통	형식[형태] 표현 모순
— 수학적 실천	방정식 환원 척도

이 개념들의 기능은 경제학 이론에 내용을 제공하는 개념을 (분석하면서) 변형하는 일이다.

이 개념들 자체도 서술과정에서 변형을 겪는 것으로 나타난다. 이 개념들의 의미는 완전히 바뀐다. **분석**은, 앞서 보았듯, 그것이 상이한 수준들로 이행함에 따라 끊임없이 정의되어간다. 마찬가지로 **형태**라는 통념의 경우 적어도 두 가지 양립 불가능한 용법으로 사용된다. 상품은 사물로서 나타나며(형태란 상품에 최초의 선명한 윤곽을 제공하는 이런 나타남의 형태이다), 가치는 상품들의 교환관계 속에서, 아니 이 관계에 대하여 나타난다. 이 현상형태는 특별히 취약한데, 왜냐하면 모순을 수반하기 때문이다. 이 때문에 환원을 통해 또 다른 항으로 거슬러 올라가야 한다. 명실상부한 가치형태지만 이번에는 곧장 명백하지는 않은 또 다른 항, 즉 가치의 등식으로 말이다. 그러므로 상품 개념이 (상품을 그 환영의 윤곽으로 나타나게끔 하기 위해) 문제시되었던 것과 동시에 형태 개념은 완전히 변형되었다.

이처럼 개념은 다른 개념에 대해 "노동하지만" 그 자체도 노동을 겪는다. 무엇에 의해서냐고 물을 수 있다. 곧 개념이 만일 그 자신 일반성 III이 되는 경향을 보이는 일반성 I이라면, 이 개념에 대해 어떤 개념이 일반성 II의 역할을 하는가? 물음에 대한 답은 간단하다. 바로 다른 개념, "내용을 지닌 개념"이며, 이 개념은 형식적 개념의 자리를 차지하고 처음 개념을 시험에 부친다. 그래서 인식의 노동은 동시에 두 방향으로 이루어진다(이 점에서도 이 노동은 명실상부하게 변증법적이다). 우리가 처음부터 보았듯이, 『자본』의 텍스트는 두 수준에서 쓰였다. 과학적 이론 일반(추론 형식)의 수준과 개별 과학의 실천 수준에서 말이다. 이 중 어떤 관점에 서서 읽느냐에 따라, 개념들은 상이한 작용을 한다.

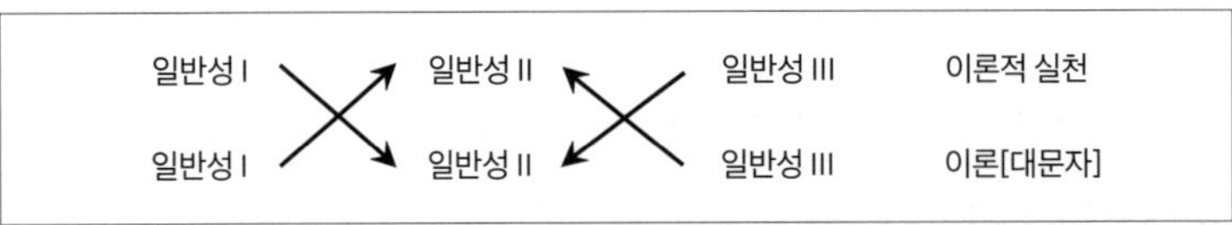

4)과학적 서술은 체계적 방식으로 조직되지만, 그렇다고 해서 동질적이고 정합적인 순서를 소급지시하는 것은 아니다. 개념 사이의 연관은 일의적이지도 등가적이지도 않다. 이 연관은 구별되는 여러 수준에서 동시에 수립된다. 그러므로 담론의 용어들이 엄밀한 일치의 관계를 이루고 있지는 않다. 이 관계는 무엇보다도 어떤 불일치(예를 들어, 형용모순)가 실현하는 유익한 긴장에 의해 유효성을 얻는다. 그래서 개념과 명제 사이의 이행은 비록 엄밀하게 증명되었을지라도 연역의 기계적 모델(등가적이거나 동일한 요소들 사이의 관계)을 따르지는 않음을 이해하게 된다. 여러 **종류**의 개념을 대립시키고 이 개념들을 노동하게 하는 갈등으로부터 새로운 인식은 **생산된다**.

이럴 경우 과학적 효력을 질서 부여로 표상하는 것이 왜 전적으로 불충분한지도 이해하게 된다. 인식은 무질서를 질서로 대체하거나 최초의 무질서를 정돈하는 데 있지 않다. 이와 같은 이미지는 자생적인 과학적 실천의 본질적 측면(분류학의 이상)을 잘 표상하지만, 과학적 노동의 물질적 현실성에는 상응하지 않는다. 과학의 직접적 대상이라는 관념, 주어진 무질서한 대상이라는 관념은 거짓이다. 대신 인식이 자신의 내용, 즉 자신의 질서를 구축하며, 인식이 자기 출발점과 도구들을 마련한다.[54] 핵심은 인식이 설립하는 질서가 "정돈되어야 할" 현실에 덧대어 있지 않을뿐더러 최종적일 수도 없다는 점이다. 반대로 이 질서는 늘 잠정적이다. 그것에 대해 부단히 노동해야 하고 그것을 부단히 다른 유형의 질서들과 맞대면시켜야 한다. 연속적인 단절을 통해 한 질서에서 다른 질서로 이렇게 이행하는 것이야말로 인식의 무한정한 과정을 정의한다.

질서-무질서의 대립은 이와 같은 활동을 해명하기에는 너무나 빈곤하다. 부단한 갈등을 통해 서로 관계 맺는 상이한 질서들은 그 자체가 (불충분하고, 결함 있으며, 잠정적인) 무질서와 매한가지이다. 인식의 진정한 노력은 현실적 무질서 대신 (아니, **다른 곳에**), 이 현실적 무질서를 측정하기에 알맞은 **사유의 무질서**를 세우는 데 있다.[55] 진정한 합리성과 진정한 논리학은 다양성 및 부등성의 합리성과 논리학이다. 앎을 생산한다는 것, 이는 무질서를 질서인 양 만들어낸다는 것이며, 질서인 양 이용한다는 것이다. 이 때문에 앎의 구조는 결코 투명하지 않으며, 불투명하고 분할되며 불완전하고 물질적이다.[56]

1965년 6월

54 하지만 이러한 인식과정은 독립적이지도 않고 일차적이지도 않다. 이 과정은 그 자체로 물질적 실재에 의해 규정된다(그리고 인식과정은 객관적 조건의 결과인 한에서 물질적 실재의 반영이다).

55 ❖ en lieu est place를 en lieu et place로 읽음.

56 이 글은 에디시옹 소시알에서 출간된 『자본』 1권의 번역에 따랐다.

3장

『자본』의 대상

루이 알튀세르 / 배세진 옮김

Ⅰ. 머리말

Ⅱ. 마르크스와 그의 발견들

Ⅲ. 고전파 경제학의 이점

Ⅳ. 고전파 경제학의 결점: 역사적 시간 개념 개요

Ⅴ. 마르크스주의는 역사주의가 아니다

Ⅵ. 『자본』의 인식론적 명제들(마르크스와 엥겔스)

Ⅶ. '정치경제학'의 대상

Ⅷ. 마르크스의 비판

Ⅸ. 마르크스의 거대한 이론적 혁명

부록. '이상적 평균'과 이행의 형태에 관하여

I. 머리말[1]

절반은 계획적이었고 절반은 즉흥적이었던, 『자본』에 대한 우리의 집단연구를 조직했던 [『"자본"을 읽자』 집필 작업에 대한] 분업 속에서, 나에게 주어진 역할은 마르크스와 그의 저작[작업] 간 관계에 대해 말하는 것이었다.[2] 나는, **마르크스와 그의 저작 간의 관계**라는 제목하에, 다음과 같은 질문을 다루려 했다. 자신의 기획의 본성에 관해 마르크스는 어떠한 표상을 스스로 형성해 가지고 있었으며 우리에게

1 ❖ existence(실존)와 être(존재)의 번역 시 엄밀하게 구별하지 않고 '실존'과 '존재' 중 맥락에 따라 자연스러운 것을 선택해 옮겼다. articulation은 진태원과 동일하게 '절합'으로 옮겼다. empirisme는 진태원의 경우 '경험론'으로 옮기지만 여기에서는 '경험주의'로 번역했다. mutation은 '변동'으로, transformation은 '변형'으로 거의 통일해 옮겼다. conception의 경우 '개념화'로 옮기는 것이 문제가 있다는 것을 인지하고 있지만, 이 conception이 독립적으로 사용될 때 '관'으로만 옮기는 것이 불가능하다는 점에서 '개념화'로 통일해 옮겼다. 그래서 예를 들어 la conception de l'histoire는 '역사관'으로 간단히 옮길 수 있으나 '역사에 대한 개념화'로, la conception du temps은 '시간관'으로 간단히 옮길 수 있으나 '시간에 대한 개념화'로 옮겼다. 여기에서 '개념화'가 간단히는 '관'이라는 점을 독자들은 염두에 두기를 바란다.

2 ❖ 여기에서 '저작'[작업]은 프랑스어 œuvre를 옮긴 것으로, 이 단어에는 '저작'과 '작업'이라는 의미가 모두 들어 있다. 이후에는 어색한 부분이 있더라도 '저작'으로 통일해 옮긴다.

어떠한 표상을 제시하는가? 어떠한 개념들 속에서 마르크스는 자신의 새로움을, 그러니까 고전파 경제학자들과 자신 사이의 구별을 사고하는가?[3] 어떠한 개념들의 체계 속에서 마르크스는, 한편에서는 고전파 경제학의 발견들을 자극했던, 그리고 다른 한편에서는 마르크스 자신의 발견들을 자극했던 조건을 설명하는가? 이러한 질문들을 통해 나는, 마르크스의 저작이 이 저작 생산의 이론-역사적 조건과 맺는 관계를 그가 어디에서 그리고 어떻게 이론적으로 성찰했는지 살펴보기 위해 그를 심문하고자 했다. 이를 통해 나는 마르크스에게, 마르크스주의 철학의 대상 자체를 형성하는 근본적인 인식론적 질문을 직접적으로 제기하고, (『자본』의 세공élaboration을 통해 그가 도달했던) 명료한explicite 철학적 의식의 정도를 가능한 한 정확히 평가하고자 했다. 결국 이를 평가한다는 것은, 자신의 과학적 정초행위 자체를 통해 마르크스가 열어젖힌 새로운 철학적 장champ 내에서, 마르크스가 조명했던 부분과 어둠 속에 여전히 남겨진 부분을 비교하는 것이었다. 마르크스가 행했던 바를 평가함으로써, 가능한 한 최대한으로 나는, 그가 우리로 하여금 행하도록 인도했던 바를 (이 장을 위치짓기 위해, 이 장의 범위를 측정하기 위해, 그리고 이 장을 철학적 발견에 접근 가능토록 만들기 위해) 표상하기를, 간단히 말해 가능한 한 가장

---

3 ❖ distinction은 모두 일관되게 '구별'(혹은 가끔은 맥락에 맞게 '구별점')로, 그 동사형 distinguer 또한 모두 일관되게 '구별하다'로 옮겼다. 또한 많은 경우 '고전파 경제학'과 '정치경제학'의 원어는 Économie Classique와 Économie Politique이므로 '대문자'임을 표기해주어야 하지만, '고전파'가 들어간 경우, 그러니까 '고전파 경제학'이나 '고전파 경제학자들'의 경우에는 불필요하다고 판단해 '대문자'라는 말을 생략했다. 그 이외에, 즉 '정치경제학' 등의 경우에는 대문자로 표기된 경우 '대문자'라는 말을 넣어주었다.

정확히 마르크스주의 철학에 대한 탐구를 향해 열려진 이론적 공간을 확정하기를 원했다.

이것이 바로 나의 기획이었다. 첫눈에는 이러한 나의 목표가 단순하며 곧장 실행 가능한 것으로 보였다. 실제로 마르크스는 『자본』이라는 텍스트 혹은 『자본』 집필을 위한 준비 노트들에서 자신의 저작 자체에 대한 일련의 판단들 전체, 그리고 자신의 전임자들(중농주의자, 스미스, 리카도 등)에 대한 비판적 비교들, 그리고 마지막으로는 마르크스 자신의 분석 절차procédés를 수학, 물리학, 생물학 등의 방법 그리고 헤겔이 정의한 변증법적 방법과 상호접근케 하는 매우 정확한 방법론적 언급들을 우리에게 남겨주었다. 다른 한편으로, 1847년의 『철학의 빈곤』 2부인 '정치경제학의 형이상학'의 이론적이고 방법론적인 최초의 언급들을 극히 심원한 방식으로 발전시키는 『정치경제학 비판을 위하여』의 1857년의 「서설」[즉 1859년의 『정치경제학 비판을 위하여』 「서문」('1859년 서문')이 아닌, 『정치경제학 비판요강』(그룬트리세, 1857~1858년 원고)의 서설('1857년 서설')]로부터 우리가 확인할 수 있듯, 이 텍스트들 전체가 우리의 성찰 대상을 실제적으로 포함하며, 결국 내가 방금 언급했던 인식론적 기획이 실체적 현실corps et réalité이 되기 위해서는 이미 세공된 이 재료를 체계적 질서화를 위해 이에 적용하는 것만으로도 충분하다고 믿는 것이 정당해 보였다. 마르크스의 저작과 발견들을 언급하면서, 그가 자신의 새로움에 대한 그러니까 자신의 대상이 취하는 특수한 구별점에 대한 적합한 철학적 용어들[관점들]termes로 성찰했다고 생각하는 것이, 그리고 이러한 그의 적합한 철학적 성찰이 명확한 용어들로 자신의 특수한 구별점을 고정시킴으로써 『자본』의 **과학적 대상**에 대한 정

의에 그 자체로서 적용되었다고 생각하는 것이 자연스러워 보였다.[4]

◆◆◆

그런데 『자본』에 대한 독해를 가지고 우리 스스로가 행할 수 있는 그러한 경험[실험]과 같이 우리가 마르크스주의의 해석의 역사 내에서 활용할 수 있는 『자본』 독해의 지침protocoles은 마르크스의 텍스트 자체에 내재하는 현실적 난점을 우리에게 제시해준다. 나는 이 난점을 나의 이 글[즉 「『자본』의 대상」]의 대상이 될 두 가지 범주 아래 한데 모음으로써 이를 그 두 가지 범주로 구분해주고자 한다.

1)몇몇 외양apparences[겉으로 그렇게 보이는 바]과는 대조적으로, 그리고 어찌 되었든 우리가 기대하는 바와는 대조적으로, 『자본』에서 마르크스의 방법론적 성찰은 **마르크스주의 철학의 대상**에 대한 발전된 개념도, 심지어는 **명시적**explicite 개념조차도 우리에게 제시하지 않는다.[5] 마르크스의 이 성찰은 항상 우리에게 이 개념이 인지하고 식별하고 한정하며 결국 사고하는 바를, 그러나 거의 대부분은 기나긴 탐구의 종착점에서, 그리고 몇몇 표현의 수수께끼를 꿰뚫은 뒤에야 얻을 수 있는 바를 제시해준다. 따라서 우리의 질문은 하나의 단순한 축자적littérale 독해(그것이 심지어 주의 깊은 독해라 하더라도)

4 ❖ 여기서 '용어들'[관점들]로 옮긴 termes라는 어휘에는 '용어', '관점', '조건'이라는 의미가 모두 들어 있다. 앞으로는 많은 경우 이 세 의미 중 하나만을 선택해 옮기겠다.

5 ❖ '발전'은 동사 développer를 옮긴 것으로, 변증법과 관련해 이 동사는 '전개'를 뜻한다. 대부분 '발전'으로 옮기되, 필요한 경우 맥락에 따라 '발전'[전개]이나 '전개'로 옮기면서도 불가피한 경우에는 원어를 병기한다.

이상의 것을 요구한다.[6] 즉 우리의 질문은 우리가 『자본』에서 그럼에도 찾아내고자 하는 이러한 마르크스주의 철학의 원리 그 자체를 마르크스의 텍스트에 적용하는 하나의 진정한 **비판적** 독해를 요구한다. 이러한 비판적 독해는 [우리의 의도와 달리] 하나의 원환을 구성하는 것으로 보이는데, 왜냐하면 [우려스럽게도 마치] 우리가 마르크스주의 철학의 적용 그 자체로부터 마르크스주의 철학[그 자체의 도출]을 기대하는 것처럼 [다른 이들의 눈에] 비칠 수 있기 때문이다. 따라서 다음 사항을 명확히 설명해두자. 우리는, 마르크스가 우리에게 명시적으로 제시했던 혹은 마르크스의 [대문자]절단Coupure과 성숙기의 [대문자]저작들로부터 검출될 수 있는 그러한 철학적 원리에 대한 **이론적 노동**으로부터,[7] 즉 『자본』에 적용된 이 철학적 원리에 대한 **이론적 노동**으로부터, 이 철학적 원리의 엄밀성에 대한 정교화affinement와 동시에 이 철학적 원리의 발전과 심화를 기대한다는 점을 말이다. 이 외양적apparent 원환은 우리를 놀라게 할 수 없는데, 왜냐하면 인식의 '생산' 전체는 이 '생산'의 과정 내에서 이러한 원환을 [그 자체로] 함축하기 때문이다.

2)그렇지만 이러한 철학적 탐구는, 이번에는 『자본』 내에서의 마르크스주의 **철학**의 대상의 존재와 구별에 대한 것이 아니라 『자본』의

---

6 ❖ 여기에서 '요구하다'는 demander가 아니라 exiger를 옮긴 것이다. 이 동사에는 '요구', '요청' 등의 의미가 담겨 있으며, demander보다 훨씬 강한 뉘앙스를 지니고, 또한 '상황의 필연성'과 이로 인한 '의무'라는 맥락이 포함되어 있다. 이 글에서는 demander가 아니라 exiger가 일관되게 쓰이므로, exiger를 원어 병기 없이 '요구'라고 번역한다.

7 ❖ 알튀세르의 인식론과 관련해 이미 굳어진 용어법을 따라, rupture는 '단절'로, coupure는 '절단'으로 일관되게 구분해 옮겼다.

과학적 대상 자체의 존재와 구별에 대한 것인, 그러한 또 하나의 현실적 난점과 부딪치게 된다. 하나의 단순한 증상적 질문—그 질문 주위에서 『자본』에 대한 대부분의 해석과 비판이 빙빙 돌고 있는—만을 논의의 대상으로 취해보자면, 엄밀하게 말했을 때 『자본』이 우리에게 그에 대한 이론을 제시하는 그러한 대상의 **본성**이란 도대체 무엇인가? 이는 [대문자]경제인가 아니면 [대문자]역사인가? 그리고, 이러한 질문을 특정하기 위해 다음과 같이 말해보자면, 만일 『자본』의 대상이 [대문자]경제인 것이라면, 매우 정확히 어떠한 점에서 이 대상은 자신의 개념 내에서 고전파 경제학의 대상과 구별되는 것인가? 만일 『자본』의 대상이 [대문자]역사인 것이라면, 도대체 이 역사란 무엇이며 이 [대문자]역사 내에서 [대문자]경제의 자리는 무엇인가 등등. 여기에서도 역시, 심지어 주의 깊은 것이라 하더라도, 마르크스의 텍스트에 대한 하나의 단순한 축자적 독해는 우리를 불만족시킬 수 있으며, 혹은 심지어 우리를 **질문으로부터 비켜나**à côté de la question 지나치도록 만들고 마르크스의 이해에 그럼에도 본질적인 이러한 질문을 우리로 하여금 제기하지 않고 넘어가도록, 그리고 마르크스의 발견이 촉발한 이론적 혁명과 이 혁명의 결론들[결과들 또는 영향들]conséquences의 유효 범위에 대한 정확한 의식을 우리로부터 빼앗아 가도록 만들 수 있다. 아마도 마르크스는 『자본』에서, 그리고 극도로 명료한 하나의 형태하에서, 자신의 대상의 개념이 식별하고 언표하는 바를 제시하는 것으로 보이며, 아니다, 내가 방금 뭐라 했는가, 마르크스는 그 스스로가 완벽히 명확한 용어로 이를 언표한다. 하지만 마르크스가 어떠한 모호함도 없이 자신의 대상의 개념을 정식화했다 하더라도, 그는 이와 동일한 선명성을 가지고 자신의 **구**

별 개념을, 다시 말해 자신의 대상을 고전파 경제학의 대상과 분리시키는 **특수한 차이**를 여전히 정의하지 않았다.[8] 마르크스가 이 구별이 존재한다는 점을 예리하게 의식하고 있었다는 점에는 그 어떤 의심의 여지도 없다. 고전파 경제학에 대한 마르크스의 비판 전체는 이 점을 증명한다. 그러나 마르크스의 정식들—그 안에서 마르크스가 이러한 구별을, 이러한 특수한 차이를 우리에게 제시하는—은, 우리가 앞으로 보게 되겠지만, 종종 당황스러운déconcertant 것이다. 이 정식들은 우리를 이러한 구별 개념의 길 위에 설 수 있도록 해주지만, 대부분 기나긴 탐구의 종착점에서야 그럴 수 있게 해주며, 바로 이 지점에서, 일단 이 개념의 표현들 중 몇몇 수수께끼를 꿰뚫어본 뒤에야 이를 가능케 한다. 그런데 마르크스가 자신의 전임자들과 이론적으로 분리되는 **장소**, 그리고 마르크스가 이러한 절단의 의미[방향]를 결정하는 **장소**, 그러한 **장소**를 지정하는assigne 비판적이고 인식론적인 독해 없이, (어느 정도는 선명하게) 『자본』의 대상의 차이적 특수성을 확정할 수 있을 것인가?[9] 정확히도 인식생산의 역사에 대한 하나의 이

---

8 ❖ 이 글에서 매우 자주 등장하는 용어인 '특수한 차이'는 différence spécifique를 옮긴 것으로, spécifique는 한국의 인문사회과학계에서 어원을 살려 '종별적'으로도, 그래서 différence spécifique은 '종차'로도 많이 번역된다(이 책의 서장 「『자본』에서 마르크스의 철학으로」를 번역한 진태원은 '종별적'이라는 역어를 빈번히 활용한다). 하지만 이 글 「『자본』의 대상」에서 옮긴이는 일관되게 '특수한'으로 옮긴다. 이 글에서 '특수한 차이' 혹은 '차이적 특수성'은 마르크스의 '대상', 『자본』의 '대상'에 대한 논의에서 핵심이 되는 어휘이기에 독자들이 이 표현을 항상 염두에 두고 글을 독해할 필요가 있다. 또한 '모호함'은 équivoque를 옮긴 것으로, 조금 불필요하더라도 équivoque나 équivocité는 '모호한' 혹은 '모호함'으로, 유의어 ambigu나 ambiguïté는 '모호성'으로 구분해 옮긴다.

9 ❖ '차이적'은 différentielle을 옮긴 것으로, différentiel은 직역하면 '차이적'이지만 수학에서는 '미분적'이라는 의미의 어휘다. 인문사회과학에서도 (수학으로부터의 유비적 차용을 통해) 광범위하게 활용되는 단어다. 이 글에서는 일관되게 '차이적'으로 옮긴다. 또한 '의미'[방향]는

론—마르크스와 그의 전사préhistoire 사이의 관계에 적용된—에 대한 활용 없이, 그러니까 **마르크스주의 철학**의 원리들에 대한 활용 없이, 어떻게 이러한 결과résultat를 주장prétendre할 수 있을 것인가?[10] 앞으로 보겠지만, 이러한 첫 번째 질문에는 다음과 같은 두 번째 질문이 추가된다. 마르크스가 자신의 대상을 고전파 경제학의 대상으로부터 구별해주는 차이를 하나의 엄밀한 개념 내에서 사고함에서 그가 겪었던éprouvée 것으로 보이는 그러한 어려움은 마르크스의 발견의 **본성**에, 그러니까 이 경우에는 그의 비범한 **새로움**에 관련되는 것 아닌가? 그러니까 이러한 발견이 당시에 이용 가능한 철학적 개념들에 비해 이론적으로 **매우 앞서 있었다**는 사실에 관련되는 것 아닌가? 그리고 이 경우, 그러므로 마르크스의 과학적 발견은 그의 **새로운 대상**의 당황스러운 본성이 요청하는 **새로운** 철학적 문제들의 위치 지움position[즉 정립]을 절대적으로 요구하는 것 아닌가? 이 마지막 이유로, 철학은, 『자본』이라는 텍스트가 철학에 제기하는 놀라운 질문들 즉 철학 자신의 미래를 위해 결정적이면서도 전례 없는 그러한 질문들에 답변하기 위해, 이 『자본』에 대한 심층적 독해 전체에 소환된

---

sens를 옮긴 것으로, 이 어휘에는 '의미'와 '방향'이라는 의미가 모두 들어 있으나 이 글에서는 '의미'로만 옮긴다.

10 ❖ 여기에서 '주장'은 prétendre를 옮긴 것으로, 그 명사형은 prétention이다. 이 단어는 한국어로 옮기기가 상당히 까다로운데, 기본적으로 '주장'을 의미하지만 '거들먹거림'이라는 의미 또한 지닌다는 점에서, 그리고 prétendu가 '소위' 혹은 '이른바'라는 의미를 지닌다는 점에서 알 수 있듯 prétention이 뜻하는 '주장'은 사실 '근거가 약한, 자기만 그렇다고 생각하는 그러한 주장'이다. 그래서 이하에서는 종종 '강변'이라는 단어를 활용해 의역하기도 했다. 앞으로도 기본적으로 '주장'이라고 옮기면서도 원어를 병기하거나 의역을 통해 '주장'을 뜻하는 다른 단어들과 구분 짓는 방식으로 옮기도록 한다. 물론 prétendu의 경우에는 '소위' 등으로 옮기겠지만, 원어를 따로 병기하지 않는다.

자신의 모습을 발견하게 되었다.

이것이 바로 이 연구의 이중적 대상인데, 이 연구는 [바로 다음에 등장하는 『자본』과 '마르크스주의 철학'으로의] 지속적인 이중의 되돌아감renvoi[혹은 준거]에 의해서만 가능하다. 즉, 『자본』에서 작동 중인à l'œuvre 마르크스주의 철학의 대상에 대한 식별identification과 인식connaissance은 『자본』의 대상 자체의 특수한 차이에 대한 식별과 인식을 전제하며, 이 『자본』의 대상의 특수한 차이에 대한 식별과 인식은 그 자신의 편에서 마르크스주의 철학에 대한 활용을 함축하며 이 마르크스주의 철학의 발전을 요구하는 것이다. 우리가 독해해야만 하는, 그것도 『자본』 자체에서 독해해내야만 하는, 그러한 마르크스주의 철학의 도움 없이 『자본』을 진정으로 독해하는 것은 불가능하다. 만일 이러한 이중의 독해, 즉 과학적 독해로부터 철학적 독해로, 철학적 독해로부터 과학적 독해로의 지속적 되돌아감['과학적 독해'와 '철학적 독해' 사이의 상호준거]이 필수적이며 생산적인 것이라면, 아마도 여기에서 우리는 이러한 (마르크스의 과학적 발견이 자기 자신 내에 담지하는) 철학적 혁명—진정으로 새로운 철학적 사유의 양식을 개시하는 하나의 혁명—의 고유성을 인지reconnaître할 수 있을 것이다.

이러한 이중의 독해가 필요불가결하다는 것, 우리는 이 점을 과거 『자본』에 대해 행해진 단순하고 무매개적인immédiates[성급하고 직접적인] 독해들이 촉발했던 난점과 오해, 즉 『자본』의 대상의 특수한 차이에 대한 다소간 심각한 오해와 모두 관련되어 있는 그러한 난점과 오해를 통해서도 **역으로**a contrario 확신할 수 있다. 우리는 다음과 같은 중대한 사실을 고려할 수밖에 없다. 상대적으로 최근의 시기에 이르기까지, 『자본』은 '전문가들' 사이에서는 경제학자들과 역사학자들—종종 경제학자들은 『자본』을 자신들의 고유한 실천의 무매개적 의미에서[자신들의 연구행위와 직접적으로 관련해] [대문자] 경제학의 교과서로 간주했으며, 종종 역사학자들은 『자본』을 그 몇몇 부분에서는 자신들의 고유한 실천의 무매개적 의미에서 역사학의 저작으로 간주했다—에 의해서만 독해되어왔다는 사실 말이다. 수천수만의 노동운동가가 연구해왔던 이 『자본』이라는 저서는 경제학자들과 역사학자들에 의해 독해되어왔지만, **철학자들에 의해서는,** 다시 말해 『자본』에 자신의 대상이 지니는 차이적 본성에 관한 사전적 préalable 질문을 제기할 수 있는 '전문가들'에 의해서는 정말이지 거의 독해되지 않았다.[11] 아주 소수의 예외들(아주 소수인 만큼 탁월한 것들이기는 하지만)을 제외한다면, 경제학자들과 역사학자들은 『자

11 매우 심원한 뿌리를 지니는 이유들로 인해, 사실은 직업 철학자들이 아닌 정치적 운동가들과 지도자들이 철학자로서 『자본』을 독해하고 이해할 줄 알았다. 레닌이 바로 가장 탁월한 예인데, 『자본』에 대한 레닌의 **철학적** 이해intelligence는 그의 경제적이고 정치적인 분석들에 다른 것들과는 비교가 안 되는 하나의 심원함, 하나의 엄밀함 그리고 하나의 날카로움을 제공해준다. 레닌에 대해 우리가 가지고 있는 이미지 속에서, 위대한 정치지도자라는 이미지는 마르크스의 위대한 이론적 저작들에 대한 끈질기고 섬세하며 심도 깊은 연구에 착수했던 인물이라는 레닌상을 너무 자주 가려버리곤 한다. 만일 레닌의 공적 활동의 최초 몇 년간(즉 **1905년 혁명에 선행하는 몇 년간) 『자본』의 이론에 대한 가장 어려운 질문들에 할애된 정교한 텍스트들이 탄생했다면, 이는 전혀 우연이 아니다. 『자본』에 대한 10년간의 연구와 성찰은 레닌에게 다른 것들과는 비교 불가능한 이러한 이론적 형성**[교육]을 가능케 했는데, 이는 러시아와 세계 전체의 노동자운동 지도자[즉 레닌]를 위한 경이로운 정치적 지성intelligence을 생산해냈다. 또한 바로 이러한 이유에서 레닌의 경제적이고 정치적인 저작들(집필된 저작들만이 아니라 또한 그의 역사적 실천œuvre도)이 그러한 이론적이고 철학적인 가치를 지닐 수 있는 것이다. 따라서, 바로 이 안에서 우리는, "실천적" 상태à l'état "pratique"로 작동 중인à l'œuvre **마르크스주의 철학을,** 정치, 행동, 분석 그리고 정치적 결단으로 생성된 마르크스주의 철학을 연구할 수 있다. 결국 자신이 경험했던, 다른 것들과는 비교가 불가능한 **이론적이고 철학적인 형성[교육]을 레닌은 정치적인 것**으로 만들어냈던 것이다.

본』에 그러한 종류의 질문을 최소한 엄밀한 형태로는 제기할 능력이, 그래서 결국에는 마르크스의 대상을 다른 대상들—마르크스의 대상보다 이전에 존재했던 것이든 마르크스의 대상과 동시대적인 것이든, 분명 유사하거나 친연성을 가진—로부터 고유하게 구별해주는 바를 개념적으로 식별할 능력이 없었다. 일반적으로 그러한 기획은 철학자들에게만, 혹은 충분한 철학적 교육formation을 받은 전문가들에게만 접근 가능한 것이었다. 왜냐하면 이러한 기획은 철학의 대상 자체와 조응하는 것이기 때문이다.

그런데 마르크스의 대상을 (고전파적이든 근대적이든) [대문자] 정치경제학의 대상으로부터 구별해주는 특수한 차이에 대한, 즉 『자본』의 대상에 대한 질문을 이 『자본』에 제기할 수 있는, 이러한 질문을 『자본』에 제기하면서 『자본』을 독해한 그러한 철학자들이란 도대체 누구인가? 『자본』이 부르주아 경제학자들과 역사학자들에 의한 뿌리 깊은radical 이데올로기적-정치적 금기 아래 80년 동안 존재했다는 점을 우리가 알고 있다면, 우리는 대학교 강단 철학이 이 『자본』에 예비해놓을 수 있었던 그 운명이 어떠할지 충분히 상상할 수 있을 것이다! 『자본』을 철학의 관심을 끌 만한 하나의 대상으로 간주할 준비가 되어 있는 유일한 철학자들은 오랫동안 마르크스주의 운동가들일 수밖에 없었다. 고작 20년 혹은 30년 전부터 비-마르크스주의적인 몇몇 철학자가 이러한 금기의 경계를 넘어서기 시작했다. 하지만 마르크스주의적이든 아니든, 이 철학자들은 『자본』에 자신들의 철학이 생산한 질문들만을, 일반적으로는 『자본』의 대상에 대한 인식론적인 하나의 진정한 취급traitement을 개념화할[12] 능력이 없었던 그러한 철학이 생산한 질문들만을(그것도 자신들의 철학이 이러한 생산을 고집스레 거부하지는 않았을 때) 제기할 수 있었다. 마르크스주의자들 가운데, 매우 탁월한 경우인 레닌을 제외한다면, 라브리올라Antonio Labriola와 플레하노프Georgi Plekhanov, '오스트리아-마르크스주의자들', 그람시, 그리고 아주 최근에는 소련의 로젠탈M. Rosenthal과 일렌코프Evald Iljenkov, 이탈리아의 델라 볼페 학파(갈바노 델라 볼페, 루치오 콜레티Lucio Colleti, 줄리오 피에트라네라Giulio Pietranera, 알도 로시Aldo Rossi 등등) 그리고 사회주의 국가들의 여러 연구자를 우리는 언급할 수 있다. 그러나 '오스트리아-마르크스주의자들'은 신칸트주의자들에 불과하다. 이들은 자신들의 이데올로기적 기획으로부터 살아남은 그 무엇도 우리에게 전해주지 못했다. 플레하노프, 그리고 특히 라브리올라의 중요한 저작은 특별한 연구를 행할 가치가 있으며, 마찬가지로 하지만 완전히 다른 차원에서, 마르크스주의 철학에 관한 그람시의 위대한 테제들도 그러한 특별한 연구를 행할 가치가 있다. 뒤에서 우리는 이에 대해 다루게 될 것이다. 로젠탈의 저서 『"자본"에서 변증법의 문제들』*Les problèmes de la dialectique dans "Le Capital"*이 일정 부분은 [본질적] 질문에서 비켜나 있다고 판단하는

12 ❖ '개념화하다'는 concevoir를 옮긴 것으로, 그 명사형인 conception 또한 일관되게 '개념화'로 옮겼다. 사실 la conception matérialiste de l'histoire, 즉 '역사에 대한 유물론적 개념화'가 한국 인문사회과학에서는 전통적으로 '역사에 대한 유물론적 인식' 혹은 간단히 '유물사관'으로 번역되듯, 이는 '인식' 혹은 '관'으로 번역 가능한 어휘이다. 하지만 '인식'을 뜻하는 다른 어휘들이 매우 많으며, '관'의 경우 홀로 쓰일 수는 없다는 점에서, '개념화'라는 번역어로 일관되게 옮긴다.

것이 이 저서를 [근거 없이] 비방하는 것은 아닐 것이다. 왜냐하면 로젠탈의 이 책은 마르크스의 언어 자체가 어떤 때에는 질문의 대상이 될 수도 있다는 점을 전제하지 않고 마르크스가 자신의 대상과 이론적 실행들opérations을 지시하기 위해 활용하는 무매개적 언어를 반복하기만 할 뿐이기 때문이다. 일렌코프, 델라 볼페, 콜레티, 피에트라네라 등의 연구에 관해 말해보자면, 이들의 저작들은 『자본』을 독해했던, 그리고 이러한 독해 이후 『자본』에 본질적 질문을 직접적으로 제기하는, 마르크스주의 철학을 『자본』에 대한 이해와 연결하는 근본적 관계를 의식하고 있는 박식하며 엄격하고 심도 깊은 저작들이다. 하지만 우리는 이 저작들이 우리에게 매우 중요해 논의대상으로 삼을 가치가 충분한[논의의 여지가 있는] 마르크스주의 철학에 대한 개념화를 종종 제시한다는 점을 앞으로 확인하게 될 것이다. 그게 무엇이든 간에, 동시대 마르크스주의 이론가들의 탐구 속에서, 다음과 같은 동일한 주장exigence이 곳곳에서 표현된다. 『자본』의 이론적 결론에 대한 심화된 이해는 **마르크스주의 철학**에 대한 더 엄격하고 풍부한 하나의 정의를 경유한다는 주장이 말이다. 다른 용어로 말하자면, 그리고 고전적인 용어를 다시 취해 말하자면, 역사유물론의 이론적 미래는 오늘날 『자본』에 대한 엄격하고 비판적인 연구에 그 자체 의존하는 변증법적 유물론에 대한 심화에 달려 있다는 주장이 말이다. 역사는 우리에게 이 거대한 과업을 제시한다. 우리는, 그것이 아무리 소박한 수준이라 하더라도, 우리가 가진 수단들의 범위 내에서, 이 과업에서의 우리 몫을 해내고자 한다.

이제 내가 설명하고 예증하려 하는 테제의 문제로 다시 돌아오겠다. 이 테제는, 이미 앞에서 다루었으므로 우리가 쉽게 이해할 수 있듯, 마르크스를 고전파 경제학자들로부터 분리시키는 차이에 대한 질문을 스스로에게 제기하는 철학자들만의 관심사인 하나의 인식론적 테제일 뿐 아니라 경제학자들과 역사학자들 자신들의 관심사일 수 있는, 또한 결과적으로 자연스레 정치운동가들의 관심사일 수 있는, 그래서 결국 『자본』의 모든 독자의 관심사일 수 있는 하나의 테제이기도 하다. 『자본』의 대상이라는 질문을 제기함으로써, 이 테제는 『자본』이라는 텍스트에 포함된 경제적이고 역사적인 분석의 토대와 직접적으로 관계하게 된다. 따라서 이 테제는, 마르크스의 적수들이 단호한 반대의 대상으로 삼아 마르크스에 대립하는 논거로 전통적으로 취해왔던 몇몇 독해상의 난점을 해소할 수 있어야만 할 것이다. 그러므로 『자본』의 대상이라는 질문은 하나의 철학적 질문이기만 한 것이 아니다. 만일 과학적 독해와 철학적 독해 간 관계로부터 [도출되어] 개진된 바가 근거 있는 것이라면, 『자본』의 대상이 취하는 특수한 차이에 대한 해명은 『자본』의 경제적이고 역사적인 내용 그 자체를 위한 『자본』의 최상의 이해 수단을 제공해줄 수 있을 것이다.

이제 나는 이 '머리말'을 마무리하기 위해 다음과 같은 결론을 제시하고자 한다. 만일 내가 **마르크스가 자신의 저작과 맺는 관계**를 대상으로 할 예정이었던 설명의 애초 기획을 『자본』의 **고유한 대상**을 다루는 두 번째 기획으로 대체했다면, 이는 다음과 같은 하나의 필연적 이유 때문이다. 마르크스가 자신의 저작과 맺는 관계를 표현하는 언급들을 이 언급들의 깊이 전체에서 이해하기 위해서는 그 문자들 자체를 넘어, 이 언급들 전체에 존재하는, 이 관계를 함축하는 모든 개념에 존재하는 그러한 본질적 지점까지, 그러니까 **『자본』의 대상이 지니는 특수한 차이**의 본질적 지점까지, 가시적이면서도 은폐되어 있으며 현존présent하면서도 부재absent하는 지점으로까지, 마르크스의 혁명적 발견의 현존présence의 **본성** 그 자체와 관계된, 마르크스의 혁명적 발견의 당황스러운 새로움과 관계된 탓에 부재하는 지점까지 나아가야만 했기 때문이라는 이유 말이다. 몇몇 경우에 이 이유들이 우리에게 첫눈에는 비가시적인 것으로 나타날 수 있다는 점은 아마도 최종적으로는 이 이유들이, 모든 발본적 새로움이 그러하듯, **너무 눈이 부셔 우리 눈을 멀게 하는**aveuglantes 것이라는 점과 관련되는 것 같다.[13]

13 ❖ 프랑스어 aveuglant은 '눈이 부신'과 '맹목적인'이라는 서로 어느 정도 반대되는 두 의미를 모두 지니는 형용사로, 정확한 의미는 너무 눈이 부셔 우리의 눈을 멀게 한다는 것이다. 그래서 '눈이 부신'과 '맹목적인' 중 하나의 의미를 선택해 의역하지 않고 위와 같이 옮겼다. 또한 프랑스어 형용사 radical의 경우 '근본적'과 '급진적'의 의미가 모두 있어, 대부분 '발본적'으로 옮겼다. 마지막으로, 이 글에서 반복적으로 등장하는 핵심 어휘인 présence와 absence는 '현존'과 '부재'로, présent의 경우 맥락에 따라 '현존하는'으로 옮기거나 '현재' 혹은 '현재의'로 옮겼다. 물론 어색하다고 판단되는 곳에서는 présence를 existence(혹은 être)와 마찬가지로 '존재'로 옮긴 곳도 있지만 가능하면 présence와 existence를 대부분 구분해서 옮겨주었다.

Ⅱ. 마르크스와 그의 발견들

나는 마르크스의 텍스트를 무매개적으로 독해하는 방식으로 논의를 이끌어가고자 하며, 이러한 목적에서, 마르크스 자신에게 발언권을 양보하고자 한다.

엥겔스에게 보내는 1867년 8월 24일 편지에서 마르크스는 다음과 같이 쓴다.

> 내 책에서 가장 뛰어난 점은 다음과 같아. 1)**첫 번째** 장[즉 『자본』 1권 1장]부터(그리고 이 첫 번째 장 위에 사실들에 대한 **모든** 이해가 기초해 있지) 내가 한편으로는 사용가치로, 다른 한편으로는 교환가치로 표현되는 **노동의 이중적 성격**을 명확히 한다는 사실. 2)이윤, 이자, 지대 등등의 **개별 형태와는 독립적으로 잉여가치**를 취급한다는 점. 『자본』 2권은 이에 대한 증명을 제시할 거야. 이 개별 형태를 끊임없이 그 일반 형태와 혼동하는 고전파 경제학에서 이 개별 형태를 취급하는 방식은 정말 **잡탕 만들기**olla potrida에 불과해.[14]

1883년, 즉 말년에 집필한 「아돌프 바그너의 정치경제학 교과서에 대한 난외주석」에서 마르크스는 바그너에 대해 다음과 같이 언급한다.[15]

> (…) 무지몽매한 악당vir obscurus{아돌프 바그너}은 다음 세 가지를 보지 못했다.
>
> 이미 나의 논의에서는 우리가, 상품에 대한 분석 내에서, 두 가지 형태들—그 아래에서 이 상품이 현존하고 있는—에 머물러 있지 않으며, 이러한 상품의 이중성 내에서 (상품이 그 생산물인) 노동의 이중적 특징, 즉 사용가치를 창조하는 노동들의 구체적 양식들인 유용한 노동과, 어떠한 '유용한' 방식으로 지출되는지는 중요치 않은 노동력의 지출로서의 노동인 추상노동, 이러한 이중적 특징이 반영된다고(바로 이 점 위에 생산과정에 대한 이후의 설명이 기초하는데) 주장함으로써 직접적으로 우리의 논의를 지속해나간다는 **점을.**
>
> **이어서,** 상품의 가치형태의 전개 내에서, 그리고 최종심급에서는en dernière instance 이 상품의 화폐-형태 즉 화폐의 전개 내에서, 한 상품의 가치는 다른 상품의 사용가치 내에서, 다시 말해 다른 상품의 자연

---

14 ❖『마르크스의 철학』(에티엔 발리바르, 배세진 옮김, 오월의봄, 2018)의 부록 2번 「마르크스의 '두 가지 발견'」의 번역을 조금 고쳐 가져왔다. 사실 발리바르가 최근에 집필한 논문인 「마르크스의 '두 가지 발견'」에서의 이 편지 인용문과 알튀세르가 1965년에 집필한 이 텍스트에서의 편지 인용문은 프랑스어 번역이 많이 다른데, 이 차이를 살려줄 필요는 없다고 판단한다. 참고로, 흥미롭게도 마르크스의 이 1867년 8월 24일 편지(『마르크스의 철학』에는 옮긴이의 실수로 날짜가 잘못 기재되어 있음)는 발리바르가 반복적으로 활용하는 텍스트인데, 『역사유물론 연구』(에티엔 발리바르 지음, 배세진 옮김, 현실문화, 2019)에서도 발리바르는 이 텍스트를 그대로 인용한다.

15 *Le Capital*, III, p. 248.

적 형태 내에서 표현된다는 **점을.**

마지막으로, 잉여가치 그 자체는 노동력에만 배타적으로 속하는, 이 노동력의 특수한 사용가치로부터 연역된다는 등등의 **점을.**

그래서 결론적으로 나의 논의에서 사용가치는 이전 경제학에서와는 완전히 다른 방식으로 중요한 역할을 수행하지만, 이 사용가치는 그에 대한 고찰이 '사용가치'와 '가치'라는 용어들 혹은 통념들에 대한 궤변으로부터가 아니라 주어진 경제구성체에 대한 분석으로부터 귀결되는 경우에만(이 점에 주의하라!) 고려된다는 **점을** 말이다.

여기에서 나는 이 텍스트들을, 자신의 분석 전체를 지배하는 마르크스의 기본 개념들이 마르크스 자신에 의해 명시적으로 지시된, 이 기본 개념들 각각에 대한 마르크스의 [분석] 규칙들protocoles로서 인용하고 있다. 따라서 이 텍스트들에서, 마르크스는 자신을 자신의 전임자들로부터 구별해주는 차이들을 지시한다. 이를 통해 마르크스는 우리에게 자신의 대상이 지니는 특수한 차이를 제시해주는 것인데, 그러나 그가 이러한 특수한 차이를 자신의 대상의 [단수] **개념**의 형태보다는 이 대상에 대한 분석에 활용되는 [복수] 개념들의 형태로 제시한다는 점에 잘 주목하자.

이 텍스트들은 마르크스가 자신의 발견들을 제시하는 유일한 텍스트인 것은 전혀 아니다. 『자본』을 독해하는 도중에도 우리는 폭넓은 유효범위를 지니는 그의 발견들을 찾아낼 수 있다. 예를 들어, 고전파 경제학 전체가 사고할 수 없었던 화폐의 발생, 스미스와 리카도에게는 부재하는 자본(c+v)의 유기적 구성, 자본주의적 축적의 일반법칙, 이윤율 저하의 경향적 법칙, 지대에 관한 이론 등등. 그러나 나는 고전파 경제학자들이 자신들의 전제들과 양립 불가능하기에 침묵 속에서 지나가도록 내버려두었거나 [일부러] 피했던 이러한 경제학적 사실들과 실천들을 매번 가지적이도록intelligibles 만드는 이 발견들[전체]을 나열하고자 하지는 않는다. 왜냐하면 이 세부적인de détail 발견들은 마르크스가 자신의 저작에서 자신의 핵심 발견들로 식별했던 새로운 기본 개념들의 가깝거나 먼 결론들[파생물들]일 뿐이기 때문이다. 그러므로 이제 바로 기본 개념들을 검토해보자.

이윤, 지대 그리고 이자라는 서로 다른 형태를 잉여가치로 환원하는 것은 잉여가치의 발견 그 자체에 비하면 이차적 발견이다. 따라서 근본적 발견은 다음 두 가지와 관련되는 것이다.

1)가치와 사용가치라는 쌍, 그리고 이 쌍을 [고전파] 경제학자들이 식별할 수 없었던 다른 쌍인 추상노동과 구체노동이라는 쌍에 준거케 하기. 고전파 경제학자들과는 반대로 마르크스가 사용가치와 그 상관물인 구체노동에 부여한 매우 특별한 중요성, 사용가치와 구체노동이 결정적 역할을 수행하는 장소로서의 전략적 지점들에 대한 참조, 즉 한편으로는 불변자본과 가변자본 사이의 구별과 다른 한편으로는 생산의 두 부문(즉 생산수단을 생산하는 1부문과 소비수단을 생산하는 2부문) 사이의 구별이라는 전략적 지점들에 대한 참조.

2)잉여가치. 나는 이를 다음과 같이 요약하고자 한다. 마르크스의 근본적 발견들을 담지portent하는 개념들은 **가치**와 **사용가치**라는 개념, 그리고 **추상노동**과 **구체노동**이라는 개념, 마지막으로 **잉여가치**라는 개념이라고 말이다.

바로 이것이 마르크스가 우리에게 말해주는 바이다. 그리고 우리는 분명 이를 믿지 않을 그 어떤 이유도 가지고 있지 않다. 사실 『자본』을 독해함으로써 우리는 『자본』의 경제학적 분석이 최종심급에서는 이 기본 개념들에 기초해 있다는 점을 증명démonstration할 수 있다. 우리는 신중한 독해를 행한다는 유보 조건하에서 이를 행할 수 있다. 하지만 이러한 증명이 그 자체로 자명한 것aller de soi은 아니다. 왜냐하면 이러한 증명은 엄밀성을 위한 엄청난 노력을 전제하기 때문이다. 특히 이러한 증명이 마르크스가 선언한 발견들 내에 현존하는(하지만 어떠한 기이한 부재 속에서 현존하는) 무언가를 생산하며, 그 원리에서부터 이 무언가를 필연적으로 내포하고 있다는 점을 명료히 확인해 이 증명을 완성하기 위해서는 말이다.

참고로 이러한 부재를 부정적 방식으로 예감하도록[미리 인지하도록] 만들기 위해, 다음과 같이 하나의 단순한 언급을 해두는 것으로 만족하자. 마르크스가 자신의 발견과 명시적으로 관계 맺는, 그리고 자신의 경제학적 분석 전체를 지지하는 개념들, 즉 가치와 잉여가치라는 개념들은 정확히도 현대 경제학자들이 마르크스에게 행한 모든 비판이 악착같이 공격했던 개념들이라는 점을 말이다. 이러한 개념들이 비-마르크스주의 경제학자들에 의해 어떠한 용어들로 공격받았는지를 아는 것은 중요하다. 이들은 마르크스의 이 개념들을 경제적 현실réalité économique을 암시하면서도 그 근본에서는 비-경제학적, 즉 '철학적'이고 '형이상학적'인 개념들로 남아 있는 개념들이라며 마르크스를 비난했다. 심지어 『자본』 2권이 출간되자 이로부터 『자본』 3권에서야 설명되는 이윤율의 경향적 저하 법칙을 도출해낸 공적이 있는 슈미트Conrad Schmidt와 같이 명석한 경제학자조차 마르크스의 가치법칙이 아마도 마르크스의 이론화 내에서 필수적인 것이기는 하겠지만 그럼에도 어쨌든 허구fiction에 불과하다고, 즉 가치

법칙이 하나의 '이론적 허구'라고 마르크스를 비난한다. 나는 마르크스에 대한 이러한 비판을 어떠한 지적 쾌락을 위해 인용하는 것이 아니라, 이 비판이 마르크스의 경제학적 분석들의 토대 그 자체를, 측정과 수량화가 불가능하기에 비-경제학적인 현실을 지시하는 '비-조작적'non-opératoires 개념이라 비난받는 가치와 잉여가치라는 개념들을 대상으로 하기에 인용하는 것이다. 이러한 비난이 여기에서 문제가 되는 경제학자들이 자신들의 고유한 대상을 통해 스스로에게 형성해내는 그러한 개념화를 자신의 방식대로 명확히 드러내고 있다는 것, 이 점은 확실하다. 물론 이러한 비난이 마르크스에 대한 이 경제학자들의 대립이 가장 커다란 민감성에 도달하는 지점을 우리에게 지시해주기는 하지만, 이 경제학자들은 그럼에도 자신들의 비난 내에서 마르크스의 대상 그 자체를 우리에게 제시해주지는 않는다. 왜냐하면 이 경제학자들은 마르크스의 대상을 '형이상학적인 것'으로 취급하기 때문이다. 그럼에도 나는 이 지점을 [고전파] 경제학자들이 마르크스의 분석들에 대해 오인contresens하게 되는 그러한 **오해**malentendu의 지점 그 자체로 지시하고자 한다. 그런데 이러한 독해에서의 오해는 마르크스의 대상 그 자체에 대한 오해를 통해서만 가능하다. 이 마르크스의 대상 그 자체에 대한 오해는 이 [고전파] 경제학자들로 하여금 자신들이 마르크스에게로 투사한 자신들 고유의 대상을 읽어내도록 해준다. 또 다른 대상, 즉 자신들의 것이 아닌 완전히 다른 대상[즉 마르크스 자신의 대상]을 마르크스에게서 읽어내도록 해주는 대신 말이다. 그러나 [고전파] 경제학자들이 마르크스의 약점과 이론적 결함défaillance으로 선언하는 이러한 오해의 지점은 오히려 마르크스의 가장 강력한 힘의 지점[강점], 마르크스를 자신의 비판가들로부터 발본적으로 구분해주며 또 어떤 경우에는 자신의 가장 가까운 지지자들 중 몇몇으로부터도 자신을 구분해주는 그러한 지점이다![16]

이러한 오해의 광범위함에 대한 증거로, 나는 위에서 이미 언급한, 엥겔스가 슈미트에게 보내는 1895년 3월 12일 편지를 인용하고자 하는데, 방금 전 우리는 이 편지에서 마르크스에 대한 슈미트의 반대[비난]의 메아리를 들을 수 있었다. 엥겔스는 슈미트에게 다음과 같이 대답한다.[17]

> (마르크스에 대한 당신의 반대에서) 저는 세부지점으로 엇나가고자 하는 동일한 경향을 발견하게 되는데요, 저는 이러한 경향이 독일의 대학들에서 1848년부터 도입되기 시작한 철학에서의 절충주의적 방법 때문이라고 생각합니다. 이러한 절충주의적 방법으로 인해 우리는 우리의 시야에서 전체ensemble를 완전히 잃어버리게 되고, 세부지점에 대한 끝도 없으며 상당히 공허한 사변들 속에서 너무 자주 길을 잃고 방황하게 됩니다. 그런데 제가 보기에 최근 당신은 모든 고전철학자들 중에서 특히 칸트에 매몰되신 것 같습니다. 그리고 칸트는 (…) 볼프Wolf식 궤변과 명백히 타협했지요. 이로부터 저는, 가치법칙에 대한 당신의 의견에서도 역시 명확히 드러나는, 칸트가 신의 존재를 실천이성의 전제로 환원했던 것과 거의 마찬가지로, 가치법칙을 하나의 허구로,

16 ❖ '경제학자'는 소문자로 시작하는 économiste를 옮긴 것이고, 고전파 경제학자는 대문자로 시작하는 Économiste를 옮긴 것이다.

17 ❖ 『칼 맑스 프리드리히 엥겔스 저작 선집』 6권, 박종철출판사, 1997, 584쪽.

하나의 필연적 허구로 당신이 치부해버릴 정도로까지 (…) 세부지점에 빠져들고 마는 당신의 성향을 파악하게 됩니다.

가치법칙에 대해 당신이 행하는 반대들은, 당신의 이 반대들을 현실의 관점에서 고려해본다면, 모든 개념에까지 도달하는 것입니다. 헤겔적 어휘를 다시 빌려 오자면, 사유와 존재 사이의 동일성은 원과 다각형에 대한 당신의 예시와 곳곳에서 일치하는 것입니다. 혹은 심지어 어느 한 사물의 개념과 이 사물의 현실은, 절대로 만나는 일 없이 끊임없이 상호 접근해가는 두 개의 점근선漸近線과 같이 평행한 것입니다. **어느 한 사물의 개념과 현실을 분리시키는 이러한 차이가 정확히 바로 개념이 그 즉시d'emblée, 무매개적으로immédiatement 현실인 것이 아니도록, 그리고 현실이 자기 자신의 개념인 것이 아니도록 만드는 것입니다.**[18] 개념이 자신의 본질적 특징을 소유한다는, 그래서 현실—우선 이 현실을 추상abstraire해야만 개념을 얻을 수 있죠—과 직접적으로d'emblée 일치하지 않는다는 사실로 인해, 개념은 항상 하나의 단순한 허구 이상의 것입니다. 현실이 기나긴 우회를 통해서만 이 결과들에 조응하며 심지어 그렇기에 점근선적 방식으로만 상호 접근한다는 이유에서, 당신이 사고의 모든 결과를 허구라 부르지는 않는다면 말이죠.

18 ❖ immédiatement은 매개물이 없다는 의미에서 '직접적'이라는 의미이며, 사실 프랑스어의 구어에서도 많이 쓰이는 d'emblée 또한 '그 즉시'로 구분해 옮겨주었으나 많은 경우 '직접적'이라는 의미를 지닌다. 이 맥락에서는 이 두 부사가 같은 의미라고 보아도 무방하다. 또한 '사물'은 프랑스어 chose를 옮긴 것으로, 사실 chose를 '사물'로만 번역하면 이 단어가 가진 '사태'라는 의미를 충분히 살리지 못하게 된다. 그래서 스피노자 철학에서는 프랑스어 chose로 번역되는 스피노자의 개념 res를 '실재'로 번역하기도 한다. 이 글에서는 간단히 '사물'로만 번역하겠지만, 종종 이 단어를 '사태'로 새기면 문장이 더 자연스럽게 읽힌다.

(그 명증성의 진부함이라는 형태로 제시된)[즉, 너무 당연한 것이라 제대로 된 설명이 필요 없다고 전제하고 제시된] 당황스러운stupéfiant 엥겔스의 답변은 마르크스의 적수들이 악의를 가지고 논평할 수 있다고 자부하는 그 오해에 대해 [이 적수들과는 정반대로] (어떤 의미에서는) 선의의 논평을 제시하는 것이다.[19] 엥겔스는 슈미트의 수준에 맞춘sur mesure [엄밀하지 않은] 인식론을 통해 슈미트의 '조작적'opératoire 반대로부터 빠져나가고 있는데, 이 [엄밀하지 않은] 인식론은 개념이 취하는 자기 대상과의 (개념으로서의) 부적합성inadéquation을 [점근선적] 추상의 근사성approximations de l'abstraction 내에서 추구하고 정초하는 이론이다! 이는 질문을 비껴가는 답변인데, 마르크스에게서 가치법칙이라는 개념은 자신의 대상에 적합한adéquat 완연한 하나의 개념이고—이는 이 개념이 자신의 변이들이 취하는 한계들의 개념, 그러니까 자신의 부적합성의 장에 대한 적합한 개념이기 때문이다—, 인간의 추상에 의해 세상 속에 던져진 모든 개념을 변용한다는[왜곡한다는] 그 원죄로 인해 [즉 태생적으로] 부적합한 개념은 전혀 아니다.[20] 그러므로 엥겔스는 마르크스의 적합

---

19 ❖ '명증성의 진부함'에서 '명증성'은 évidence를 옮긴 것으로, 어떤 복잡한 의미를 지니는 단어가 전혀 아니다. '명증한 것', '자명한 것', 즉 '당연시되는 바'를 의미하는 단어로(그러므로 이는 aller de soi와 거의 동의어다), 여기에서 알튀세르는 엥겔스가 '너무 당연한 것을 진부하게도 반복해야 한다'는 점에서 지금 우리의 논의에서 보자면 너무 엄밀하지 않아 우리 눈에 당황스러워 보일 정도인 답변을 슈미트에게 제시하고 있다는 점을, 이 단어를 통해, 그리고 stupéfiant이라는 단어를 통해 지적하고 있다.

20 ❖ 이 글에서 알튀세르가 제시하는 인식론(정확히는 '인식과정론')이 스피노자주의적인 것이라는 맥락을 고려해, adéquat와 inadéquat는 '적합한'과 '부적합한'으로 번역한다. 물론 '변용하다'로 번역한 affecter의 경우 스피노자 철학의 맥락과는 다르지만 그럼에도 '변용하다'로, 명사형 affection의 경우에도 '변용'으로 옮긴다.

한 개념이 지니는 이론적 강점force을 개념이 지니는 태생적 약점으로 취해 이를 인식에 대한 경험주의적 이론으로 지연시키는[퇴보케 하는]reporte 것이다! 이러한 지연[퇴보]은 자신의 내용(경험주의)뿐 아니라 그 활용에서도 이데올로기적인(왜냐하면 이 지연은 다른 무엇보다도 정확히 이러한 이론적 오해에 대한 답변에 쓰이기 위한 목적으로 만들어졌기 때문에), 인식에 대한 이데올로기적 이론과의 공모 속에서만 가능한 것이다. 『자본』의 이론이 이로부터 변용될[왜곡될] 위험이 있을 뿐 아니라(『자본』 3권 서문에서 엥겔스가 제출한 테제가 그러한데, 이 테제에서 엥겔스는 가치법칙이 "교환의 시작에서부터… 우리의 15세기까지" 경제학적으로 유효하다고 주장한다—이는 매우 곤혹스러운troublant 하나의 예시이다), 엥겔스의 답변과 슈미트의 반대 모두에서 은밀한 이론적 기준norme의 역할을 수행하는 인식에 대한 경험주의적 이데올로기의 표지, 바로 이 표지(!)로 각인되어 마르크스주의 철학이론 또한 이로부터 변용될[왜곡될] 위험이 있다. 내가 이러한 마지막 답변에서 논의를 멈추었다면, 이는 현재의 오해가 정치적 혹은 이데올로기적 적의뿐 아니라 이론적 맹목aveuglement—마르크스에게 자신의 대상에 대한 질문을 제기해야 한다는 우리의 의무를 조금이라도 저버린다면 결국 우리 스스로가 빠져버릴 위험이 있는—의 효과들 또한 드러나게 만들 수 있다는 점을 제대로 강조하기 위함이다.

Ⅲ. 고전파 경제학의 이점[21]

그러므로 사태를 우리에게 말해진 바 그대로 취하여, 직접적으로(마르크스가 자신을 고전파 경제학자들과 구별해주는 바를 자기 자신 내에서 찾을 때) 그리고 간접적으로도(마르크스가 이 고전파 경제학자들 내에서 자기 자신을 사고할 때, 다시 말해 이 고전파 경제학자들의 비-발견 내 자신의 발견의 현존 혹은 이 현존에 대한 예감pressentiment을 바로 이 고전파 경제학자들 내에서 탐지할 때, 그러니까 자기 자신과 가장 가까운 자신의 전사préhistoire의 맹목 속에서 자기 자신의 통찰을 사고할 때) 마르크스 스스로는 자기 자신을 어떻게 사고하는지 질문해 보자.[22]

---

21 ❖ '이점'은 mérite를 옮긴 것으로, 한국어의 구어에서 일상적으로 쓰는 영어 단어 '메리트'merit와 동의어이다. 하지만 이 단어는 '이점'이라는 의미와 함께 여기에서는 고전파 경제학자들의 '업적' 혹은 '공적'이라는 의미도 가지고 있다. 하지만 이어지는 4절 제목 '고전파 경제학의 결점'과 대구를 이루도록 '이점'으로만 옮긴다.

22 ❖ 한 번 더 설명하자면, 여기에서 '현존'은 한국의 인문사회과학에서 '현전'이라고도 많이 번역되는 présence를 옮긴 것으로, 이와 달리 être나 existence는 '존재'로, présent은 '현재' 등으로 대부분 구분해 옮겼다. 굳이 '현존'이라는 철학 용어로 번역하지 않아도 되는 맥락이라 할지

여기에서 나는 모든 세부지점으로 들어갈 수는 없는데, 그렇지만 이 세부지점들은 정교하면서도 남김 없는 연구를 할애할 가치를 지니고 있다. 나는 우리가 다루고 있는 문제에 대한 [충분한 수의] 적절한 지표 역할을 해줄 몇몇 요소만을 취하고자 한다.

마르크스는 자신의 전임자들[즉 고전파 경제학자들]에게 자신이 지고 있는 빚이 어느 정도인지를 측정[평가]하고, 그럼으로써 자신의 전임자들의 사고가 (자기 자신의 발견에 견주어) 지니는 긍정적인 것 le positif을 『잉여가치학설사』에서 매우 명료하게 나타나는 두 가지 구별되는 형태하에서 평가한다.[23]

한편에서 마르크스는 자신의 전임자들이 (비록 이 개념을 언표하는 표현이 언어의 혼동confusion 혹은 모호함의 함정에 여전히 빠져 있기는 하지만) 매우 중요한 하나의 개념을 분리하고 분석했다는 점에 경의를 표하고 그 업적을 인정해준다. 이를 통해 마르크스는 페티Petty에게서 가치 개념을, 스튜어트Steuart와 중농주의자들 등에게서 잉여가치 개념을 탐지해낸다. 마르크스는 분리된 개념적 획득물들acquisitions을 여전히 부적합한 용어법의 혼동으로부터 대부분 추출해냄으로써 이 분리된 개념적 획득물들의 가치를 되살려낸다.

다른 한편에서 마르크스는 더 이상 이러저러한 세부적 획득물

라도 다른 어휘들과의 구분을 위해 가능하면 '현존'으로 그대로 옮겨주었다. 또한 '스스로 자기 자신을 사고하다'는 se penser soi-même을 옮긴 것이다.

23 ❖ 한국에서는 『자본』 4권을 "잉여가치학설사"라고 부르지만, 프랑스에서는 (물론 대동소이하나) Théories sur la Plus-Value, 즉 "잉여가치에 대한 이론들"(즉 "잉여가치론")이라 부른다. 알튀세르는 *Théories sur la Plus-Value*(*Histoire des Doctrines Économiques*)라고 표기하는데, 이 책이 처음 프랑스어로 번역되었을 때의 제목이 *Histoire des Doctrines Économiques*, 즉 '경제학설들의 역사'였기 때문이다.

(즉 이러저러한 개념)을 대상으로 하는 것이 아니라 정치경제학의 '과학적' 취급양식을 대상으로 하는 또 하나의 다른 이점을 강조한다. 마르크스에게는 다음 두 가지 특징이 이러한 관계하에서 변별적인 것으로 보인다. 첫 번째 특징은, 우리가 갈릴레이적이라고 말할 수 있을 매우 고전적인 정신 내에서 과학적 태도 그 자체와 관계된다. 이는 감각적 외양들apparences을 괄호에 넣기mise entre parenthèses라는 방법, 즉 [대문자]정치경제학의 영역 내에서는 모든 가시적 현상phénomènes과 경제세계에 의해 생산되는 경험적-실천적 개념(지대, 이자, 이윤 등등), 간단히 말해 마르크스가 『자본』의 끝에서 '종교'의 등가물이라고 말했던 '일상생활'의 모든 경제적 범주를 괄호에 넣기라는 방법이다.[24] 이러한 괄호에 넣기는 현상들로 인해 감추어진 본질을, 현상들의 본질적 내부성intériorité을 드러내는dévoilement 효과를 지닌다. 마르크스에게, 다른 모든 과학과 마찬가지로 경제과학은 현상의 본질로의 환원, 혹은 마르크스 스스로가 천문학과의 명시적 비교를 통해 말하듯 "**외양적apparent 운동의 현실적réel 운동으로의**" 환원에 의존한다. 심지어 세부적인 것이라 할지라도 과학적 발견을 이루어낸 모든 경제학자는 이러한 환원을 통과했던 것이다. 하지만 이러한 부분적 환원은 정관사la 과학을 구성하기에는 충분하지 않다.

24 ❖ phénomène과 구분하고자 apparence를 외양이라고 옮겼으나, 사실 독일어 Erscheinung(현상)을 철학에서는 프랑스어로 apparence로도 많이 옮긴다. 하지만 『마르크스의 철학』(에티엔 발리바르, 배세진 옮김, 오월의봄, 2018) 3장에서 발리바르가 '상품의 현상학'으로서 물신숭배론과 관련해 '외양의 필연성'을 언급하듯 물신숭배론의 맥락이 전제된 '현상학'이기에 여기서는 apparence를 '외양'으로, phénomène을 '현상'으로 구별해 옮겼다. 이에 대해서는 『마르크스의 철학』 3장 「이데올로기 또는 물신숭배: 권력과 주체화/복종」 혹은 부록 2 「마르크스의 '두 가지 발견'」을 참조하라.

그렇기 때문에 다음 두 번째 특징이 이 지점에 개입해 들어오는 것이다. 자신의 대상의 총체성totalité을 포섭하며 모든 경제적 현상들의 (환원된) 본질을 서로 연결시키는 '내부적 연관'lien intérieur을 포착하는 하나의 체계적 이론이 바로 과학이라는 점 말이다. 심지어 부분적 형태 아래라고는 해도(이 형태가 농업생산으로만 한정되었기 때문에) 임금, 이윤, 지대, 상업적 이득 등과 같이 매우 다양한 현상을 **유일한** 기원적originaire unique 본질, 즉 농업 영역 내에서 생산된 잉여가치와 관계지은 것이 중농주의자들, 그중 특히 케네Quesnay의 위대한 업적이다. 또한 이러한 체계성systématique을 중농주의자들의 농업적 선전제présupposé로부터 해방함으로써 이 체계성의 개요를 제시한 것은 스미스의 업적인데, 그러나 이를 절반만 완수했으니 그것은 곧 그의 결함tort이기도 하다. 스미스의 용서할 수 없는 약점은 서로 다른 본성의 대상들에 대한 [자신이 부당하게 전제한] 하나의 유일한 기원 하에서 다음 두 가지를 동시에 사고하고자 했다는 점이다. (환원된) 진정한 '본질들'만이 아니라 그 본질로 환원되지 않는 날것의 현상들까지 말이다. 따라서 스미스의 이론은 (환원되지 않은 날것의 현상들이 모인) **현교적인 것**l'exotérique과 (본질들이 모인) 유일하게 과학적인 것la seule scientifique으로서의 **비교적인 것**l'ésotérique이라는 두 가지 학설의 필연성 없는 조립[즉 무논리적 배치]에 불과하다. 그러나 마르크스의 이러한 단순한 언급[비판]에는 수많은 의미가 가득 담겨 있다. 왜냐하면 마르크스의 언급은 단순히 체계성의 형태가 과학을 형성하는 것이 아니며, 과학을 형성하는 것이 '본질들'(즉 이론적 개념들)만의 체계성의 형태라는 점(**현실적인 것**réel의 요소들로서의 날것의 현상들—자기들 사이에서 서로 연결된—의 체계성의 형태가 아니라, 심지어는 '본질들'과 날것의 현상들의 혼합된 체계성의 형태도 아니라)을 함축하기 때문이다. 무엇이 되었든 간에, 스미스의 ['현교적인 것'과 '비교적인 것'이라는] 두 가지 '학설들' 사이의 모순을 사고하고 지양했던 것은, 그리고 과학성의 형태하에서, 다시 말해 자신의 대상의 내적 본질을 언표하는 개념들의 통일된unifié 체계로서 [대문자]정치경제학을 진정으로 개념화했던 것은 바로 리카도의 업적이다.[25]

> 드디어 리카도가 등장했다…. 부르주아적 체계의 생리학적 출발점, 이 부르주아적 체계의 내밀한 유기체에 대한 이해와 이 부르주아적 체계의 생명 과정에 대한 이해의 토대, 그것은 바로 노동시간에 의한 가치의 결정이다. 리카도는 바로 여기에서부터 출발하며, 과학으로 하여금 낡아빠진 관습을 포기하도록, 이 과학이 발전시켰거나 표상했던 다른 범주들—생산과 유통의 관계들—이 이 토대에 어느 정도까지 조응하는지를, 이 출발점에 어느 정도까지 조응하는지를, 혹은 이에 얼마나 모순되는지를 이해하도록 강제한다. 즉, 과정 내에 존재하는 현상들을 그리고 이 현상들 자체를 재생산하게 만들 뿐인 과학이 어느 정도까지 토대—이 토대 위에서 부르주아 사회의 내밀한 연결이, 즉 그 진정한 생리학이 기초하는데, 이 진정한 생리학은 이 토대를 자신의 출발점으로 형성한다—에 조응하는지 말이다.[26] 한마디로 말해, 이는 체계의

25 ❖ 여기서 '지양'은 dépassement을 옮긴 것이다. 이후 모든 '지양'은 동사 dépasser 혹은 명사 dépassement의 번역이다.

26 ❖ 프랑스어 procès와 processus 모두 '과정'을 뜻하지만, 19세기에는 processus가 '현학적' 뉘앙스를 지녔기 때문에 마르크스가 프랑스어로 집필할 때 '과정'을 processus 대신 모두 procès로 썼다. 하지만 현재 프랑스어에서는 '과정'을 거의 대부분 processus로 쓰며, procès는 거의 대

현실적 운동과 외양적 운동 사이의 모순에 대한 것이다. 이것이 바로 과학에 관해 리카도가 지니는 위대한 역사적 의미이다.[27]

현상의 본질로의 환원(즉 소여[주어진 것]의 이 소여에 대한 개념으로의 환원), 본질의 내적 통일성unité(즉 자신들의 개념[개념들의 개념] 아래 통일된 그러한 개념들이 취하는 체계성). 따라서 바로 이 환원과 통일성이 마르크스의 관점에서는 하나의 분리된 결과 혹은 하나의 일반이론의 과학적 특징의 조건들을 구성하는 두 가지 실정적 결정요소들이다.[28] 그렇지만 여기에서 우리는 이 결정요소들이 [대문자]정치경제학과 관련하여 기존의 과학적 합리성(기존의 [대문자]이론적인 것)의 일반 조건들을 표현한다는 점을 지적해야 한다. 마르크스는 이 일반 조건들을 과학적 합리성 일반의 **형식적** 기준들normes의 자격으로 [대문자]정치경제학에 수입하기 위해 기존 과학들의 상태로부터 이 조건들을 차용하게 만드는 것일 뿐이다. 마르크스가 중농주의자들, 스미스 혹은 리카도를 판단할 때, 그는 이 중농주의자들과 스미스와 리카도를 (이들이 취하는 대상의 **내용**에 대한 선입견 없이) 이 형식적 기준들—이들이 이 기준들을 존중했는지 아니면 무시했는지를 결정하는—에 종속시킨다.

부분 '재판'을 뜻한다. 하지만 프랑스 마르크스주의 전통 내에서는 마르크스의 영향으로 인해 procès를 '과정'이라는 의미로 많이 사용하며, 그래서 이 글에서 알튀세르 또한 procès와 processus를 혼용하고 있다. 그러나 굳이 구분이 필요 없다는 판단에서 옮긴이는 모두 '과정'으로 번역했다.

27 *Histoire des Doctrines Economiques*[『잉여가치학설사』], III, pp. 8~9.

28 ❖ détermination은 맥락에 따라 '결정', '결정작용', '결정요소', '규정'으로 모두 번역이 가능하다. 앞으로도 맥락에 따라 적절히 구분해 옮겨주고, 필요한 경우에는 원어를 병기한다.

하지만 그렇다고 해서 우리가 여기에서 형태상의 순수한 판단에만 머물러 있는 것은 아니다. 이 형태들이 추상하는 내용은 [대문자] 경제학자들[즉 고전파 경제학자들] 그 자신들에게서 이미 존재하고 있다는 점을 마르크스가 벌써 이전에 지시하지 않았던가? 마르크스가 자기 고유의 이론의 토대에 위치시켰던 개념, 즉 가치와 잉여가치는, 현상-본질의 환원[현상의 본질로의 환원]과 이론적 체계성과 정확히 동일하게, 고전파 경제학자들의 이론적 획득물들titres 내에서 그 자체로 이미 등장하지 않았던가? 하지만 바로 이 지점에서 우리는 상당히 기묘한 상황 앞에 놓이게 된다. 본질적으로 모든 것은 마르크스가 사실은 고전파 경제학의 상속인에 불과했던 것으로, 자기 선조들로부터 내적 체계성이라는 모델(자신의 대상의 과학적 형태)뿐 아니라 이들의 핵심 개념들(즉 자신의 대상의 내용)과 환원이라는 방법까지도 물려받았기에 그것도 어마어마하게 유복한 상속인에 불과했던 것으로 제시되며, 바로 이 지점에서 현대의 마르크스 비판가들이 마르크스의 기획을 판단해버렸던 것이다. 그렇다면 도대체 마르크스의 고유성, 마르크스의 역사적 이점[공적]은 무엇인가? 이 마르크스 비판가들에 따르면, 아주 단순히, 고전파 경제학자들에 의해 이미 거의 완성된 작업을 연장하고 완성했다는 것이다. 누락된 것을 보충하고, 미해결된 채 남아 있던 문제들을 해결하며, 결국 고전파 경제학자들의 유산을 풍요롭게 만들었다는 것이다. 하지만 물론 이 고전파 경제학자들의 방법과 이론뿐 아니라 **이들의 대상**의 정의 자체 또한 수용함으로써 이들 고유의 원칙들, 그러니까 이들의 문제설정의 기반 위에서 그렇게 한 것이다. 마르크스의 대상은 무엇이며 『자본』의 대상은 무엇인가 하는 질문에 대한 답변은 몇몇 뉘앙스[미세한 지점들]

와 발견을 제외한다면 마르크스의 원리 그 자체 내에, 스미스 내에, 그리고 특히 리카도 내에 이미 기입되어 있는 것이다. [대문자]정치경제학의 위대한 이론적 직조물tissu은 이미 여기에 모두 잘 준비되어 있다. 물론 몇몇 결함과 빠진 실絲이 이곳저곳에 존재하긴 하지만 말이다. [이러한 인식 내에서] 마르크스는 이 실들을 당기고, 이 실들의 짜임trame을 명료히 하고, 몇몇 지점을 완성하고, 결국 비판 불가능하게 만들기 위해 이 작업을 **마감**fini했을 것이다. 위에서 말한 바를 따름으로써, 『자본』의 독해에서 생길 수 있는 오해의 가능성 자체가 사라진다. 마르크스의 대상이 리카도의 대상과 다른 것이 전혀 아니기 때문에 말이다. 따라서 리카도에서 마르크스에 이르는 [대문자]정치경제학의 역사는 더 이상 어떠한 문제도 일으키지 않는, 절단 없는 하나의 아름다운 연속이 된다.[29] 어떠한 오해가 혹시 존재한다 하더라도, 이는 리카도와 마르크스 사이에서가 아니라 이들 바깥에 존재하는 오해이다. 더 이상 리카도와 마르크스 사이가 아니라, 마르크스가 그 탁월한 '마감자'finisseur에 불과한 노동-가치에 대한 고전파 경제학 전체와 현대의 한계주의적이고 신-한계주의적인 정치경제학—또 하나의 완전히 다른 문제설정 위에 기초해 있는—사이의 오해인 것이다.

29 ❖ '직조물', '실', '짜임', '마감' 등의 단어들을 통해 알튀세르는 '절단 없는 연속'으로서의 실과 아마포의 비유를 활용하고 있다.

◆ ◆ ◆

사실, 우리가 그람시의 몇몇 주석(그람시에 따르면 마르크스주의 철학은 일반화된 리카도 그 자체이다), 로젠탈의 이론적 분석들, 혹은 심지어 (이와는 다른 방식으로 비판적인) 델라 볼페와 그 제자들의 언급을 읽을 때면, 우리는 그들이 이러한 **대상의 연속성**으로부터 탈출하지 않는다[못한다]는 사실을 확인하고 놀라게 된다. '매개작용'médiations의 복잡성을 무시함으로써 자신의 추상들을 경험적 현실들과 너무 직접적으로 관계 맺게 했다고 마르크스가 리카도에게 제기하는 비난을 제외한다면, 마르크스가 스미스에게 제기하는 사변적 추상(델라 볼페, 콜레티 그리고 피에트라네라의 언어로 말하자면, '실체화'hypostisation)이라는 비난을 제외한다면, 다시 말해 결론적으로 추상에 대한 규제된réglé 활용 내에서의 몇몇 잘못된 시도들 혹은 '전도'inversion를 제외한다면, 우리는 스미스의 대상과 리카도의 대상 사이의, 그리고 마르크스의 대상 사이의 본질적 차이를 지각하지 못한다. 대상에서의 이러한 비-차이는 다음과 같은 형태하에서 통속적 마르크스주의 해석 내에 기입되었다. 차이가 존재하는 지점은 대상이 아니라 오직 방법이라는 해석, 즉 고전파 경제학자들이 자신들의 대상에 적용했던 방법은 **형이상학적**일 뿐인 반면, 마르크스의 방법은 **변증법적**이라는 방법에서의 차이 말이다. 그러므로 이에 따르면 모든 것은 헤겔로부터 수입된, 리카도 내에서 이미 존재하는 즉자적인en soi 하나의 대상에 적용된, 즉자적인 하나의 방법으로 우리가 개념화한, 그러한 변증법과 관계하는 것이다. 마르크스는, 모든 행운bonheur이 그러하듯, 역사를 가지지 않는 이러한 행복한heureuse 결합union

에 자신의 천재성이라는 기적으로 단순히 날인을 했을 뿐인 것이다. 그러나 우리의 불행malheur에 따르면, 우리에게는 여전히 완전히 '작은' 하나의 난점이 남아 있다. 유물론의 단단한 지반 위에서 걷게 만들기 위해서는 '자신의 두 발로 다시 서도록 만들어'야만 하는 이러한 변증법의 '재전도'reconversion의 역사라는 문제 말이다.

이 지점에서도 나는, 거리 두기의 즐거움을 위한 도식적 해석—아마도 정치적이고 역사적인 의미에서의 존재 자격은 가지고 있을—이 지니는 편의성에 대해서는 언급하지 않겠다. 고전파 경제학과 마르크스 사이의 **대상의 연속성**이라는 가설은 마르크스의 적수들만의 것도, 그리고 심지어 마르크스의 지지자들 중 몇몇의 것만도 아니다. 이러한 가설은 마르크스 자신의 명시적 담론으로부터 수차례에 걸쳐 은밀하게silencieusement 탄생한다. 혹은 오히려 이 가설은 자기 자신의 명시적 담론을 이중화double하는 마르크스의 (들리지[이해되지]inentendu 못한 채 남아 있는) 어떠한 침묵silence으로부터 탄생한다. 몇몇 특정한 순간들에, 몇몇 특정한 증상적 장소에서, 이 침묵은 담론 속에서 몸소 돌발하며 (증명의 빛 속에서는 보이지 않는 가느다랗고 하얀 섬광brefs éclairs blancs 속에서) 진정한 이론적 오류들을 이 담론이 시나브로 생산하도록 강제한다.[30] 이 진정한 이론적 오류들이란, 사고의 필연성 내에 기입되어 있는 것처럼 보임에도 여전히 허공에 떠 있는 이러저러한 단어들, 이성 앞에서 열리는 것처럼 보이는

30 ❖ '돌발'은 동사 surgir, 명사 surgissement을 옮긴 것으로, 이 글에서는 일관되게 '돌발'로 옮겼다. 알튀세르의 철학, 그중 '우발성의 유물론'은 '기원의 문제설정'을 비판하는 것이 핵심인데, 이러한 비판에서 중심이 되는 어휘가 바로 '돌발'이다. 그렇기 때문에 몇몇 부분에서 조금 어색하더라도 모두 '돌발'로, 또 접두사 re가 붙었을 경우 '재돌발'로 옮긴다.

공간 그 자체를 (거짓된 명증성을 통해) 회복 불가능하게irrémédiablement 닫아버리는 이런저런 판단들이다. 단순한 축자적 독해는 이 논거들 내에서 텍스트의 연속성만을 본다. 그러나 우리에게는 이러한 누락들lacunes을 지각 가능하게 만들기 위해, 그리고 언표된 단어들 아래에서 침묵의 담론—이 침묵의 담론은, 말해진verbal 담론 내에서 돌발함으로써, 엄밀함의 결여로서의 공백들을, 혹은 말해진 담론의 노력의 극단적 한계들을 이 말해진 담론 안에서 촉발한다(이 한계에 일단 도달하고 나면 이 말해진 담론의 부재absence가 도래하게 되는데, 그렇지만 이 부재는 이 부재 자신이 **열어젖히는** 공간 내에 도래하는[31] 것이다)—을 식별하기 위해, '**증상적**' 독서가 필요하다.

이에 대해 다음 두 가지 예시를 제시하겠다. [첫째] 이론적 실천의 과정을 떠받치는 추상들을 통해 마르크스가 스스로 형성해 가지게 되는 개념화, 그리고 [둘째] 마르크스가 고전파 경제학자들에게 가하는 비난의 유형[형태].

◆ ◆ ◆

『정치경제학 비판을 위하여』의 '1857년 서설'[즉 『정치경제학 비판 요강』「서설」]의 3절['정치경제학의 방법']은 마르크스가 정초한 새로운 철학의 '방법서설'로 간주될 충분한 이유가 있다.[32] 진정 이 1857년의

31 ❖ 여기에서 '도래하다'라는 말은 옮긴이가 추가한 것으로, 원문에서 알튀세르는 술어 없이 이 문장을 쓰고 있다.

32 ❖ 주지하다시피 '방법서설'Discours de la Méthode은 르네 데카르트의 저서 제목이다.

『정치경제학 비판 요강』「서설」은, 정치경제학의 범주들과 방법에 대한 분석이라는 유형하에서, 과학적 실천에 대한 하나의 이론을, 그러니까 (마르크스주의 철학의 대상이 되는) 인식과정의 조건에 대한 하나의 이론을 정초하는 바를 포함하는 마르크스의 유일한 체계적 텍스트이다.

이 텍스트를 떠받치는 이론적 문제설정은 마르크스주의 철학을 사변적 혹은 경험주의적 이데올로기 전체와 정확히 구별할 수 있게 해준다. 마르크스의 테제의 결정적 지점은 **현실적인 것**réel과 **사고**의 구별 원리와 관련된다. 현실적인 것, 그리고 이 현실적인 것의 서로 다른 양상들인 현실-구체concret-réel, 현실적인 것의 과정processus du réel, 현실총체성totalité réelle 등은, 현실적인 것에 대한 **사고**와 그 서로 다른 양상인 사고과정processus de pensée, 사고총체성totalité de pensée, 사고-구체concret de pensée 등과는 다른 것이다.

이러한 구별 원리는 다음과 같은 두 가지 본질적 테제를 함축한다. 1)현실적인 것이 이 현실적인 것에 대한 사고에 대해 지니는 우위라는 유물론적 테제. 왜냐하면 현실적인 것에 대한 사고는 자신과는 독립적인 현실적인 것의 존재를 전제하기 때문이다(현실적인 것은 "**이전과 마찬가지로 이후에도, 정신 바깥에서 자신의 독립성을 지니며 존속**"한다).[33] 2)현실적인 것과 현실적 과정에 대한 사고와 사고과정의 특수성이라는 유물론적 테제. 이 두 번째 테제가 아주 특별하게 1857년의 『정치경제학 비판 요강』「서설」 3절에서 마르크스의 성찰

33 *Introduction de 1857*[1857년의 『정치경제학 비판 요강』「서설」], p. 165.

대상이 된다. 현실적인 것에 대한 사고, 현실적인 것에 대한 개념화, 그리고 사고의 모든 실행—현실적인 것은 이 실행들을 통해 사고되고 개념화된다—은 사고의 질서에, 사고의 요소에 속하는데, 우리는 이를 현실적인 것의 질서, 현실적인 것의 요소와 혼동할 수는 없다. "**정신 내에서 사고총체성totalité pensée으로 나타나는 바로서의 전체는 사고하는 두뇌의 생산물이다**…."[34] 마찬가지 방식으로, 사고-구체는 현실적인 것이 아니라 사고에 속한다. 인식과정, 즉 세공 노동travail d'élaboration(Verarbeitung)—사고가 이를 통해 시초의du début 직관들과 표상들을 인식들 혹은 사고-구체로 변형하는—은 그 전체가 사고 내에서 이루어지는 것이다.

현실적인 것-의-**사고**pensée-du-réel[즉 '현실적인 것-에 대한-사고']와 이 **현실적인 것**réel 사이에 어떠한 관계가 존재한다는 점에는 아무런 의심의 여지도 없다. 하지만 이는 하나의 현실적 관계[35]—이 현실적 관계라는 단어를 통해, 그에 대한 사고가 바로 (적합하거나 부적합한) 인식인 **그러한 현실적인 것 내에** 기입된 하나의 관계를 뜻하도록 하자—가 아니라 인식의 관계, 인식의 적합 혹은 부적합의 관계이다. 현실적인 것에 대한 인식과 현실적인 것 사이의 이러한 인식 관계는 이 관계 내에서 인식된 **현실적인 것의** 한 관계가 아니다. 인식의 관계와 현실적인 것의 관계 사이의 이러한 구별은 근본적이다. 만일 우리가 이 구별을 존중하지 않는다면, 어김없이 우리는 사변적 관념론 혹은 경험주의적 관념론에 빠져버리고 만다. 만일 우리가 헤겔

34 위의 책, p. 166.

35 Tome I, chap. I, paragraphes 16, 18[알튀세르, 서장 「『자본』에서 마르크스의 철학으로」, 16, 18절]

처럼 현실적인 것을 사고로 **환원**함으로써, "**현실적인 것을 사고의 결과로 개념화**"함으로써[36] 사고와 현실적인 것을 혼동한다면, 우리는 사변적 관념론에 빠져버리고 만다. 만일 우리가 현실적인 것에 대한 사고를 현실적인 것 그 자체로 환원함으로써 사고와 현실적인 것을 혼동한다면, 우리는 경험주의적 관념론에 빠져버리고 만다. 두 경우 모두에서, 이러한 이중적 환원의 핵심은 하나의 요소를 다른 하나의 요소로 투사projeter하고 실현réaliser하는 것이다. 즉, 현실적인 것과 그에 대한 사고 사이의 차이를 사고 그 자체 내부의 차이로(사변적 관념론) 혹은 현실적인 것 그 자체 내부의 차이로(경험주의적 관념론) 사고하는 것이다.

이 두 테제는 자연스럽게 몇몇 문제를 제기하는데,[37] 그러나 이 테제들은 마르크스의 텍스트 내에 어떠한 모호함도 없이 함축되어 있다. 그런데 바로 이것이 우리의 관심을 끄는 것이다. [대문자]정치경제학의 방법들을 검토함으로써, 마르크스는 두 가지 방법을 구분한다. 첫 번째 방법은 ("인구, 국민nation, 국가, 여러 국가" 같은) "살아 있는 하나의 총체성으로부터" 출발하는 방법이며, 두 번째 방법은 "노동, 분업, 화폐, 가치와 같은 단순한 통념들로부터 출발"하는 방법이다. 그러므로 하나는 현실적인 것 그 자체에서 출발하고 다른 하나는 추상들에서 출발하는 두 가지 방법이 존재하는 것이다. 이 둘 중에 무엇이 좋은 방법인가? "**현실적인 것과 구체로부터 출발하는 것이 좋은 방법인 것처럼 보인다…. 그러나 이를 조금 더 자세히 살펴본다면,**

---

36 *Introduction de 1857*, p. 165.

37 Cf. Tome I, chap I, paragraphes 16, 17, 18.

우리는 바로 여기에 오류가 존재한다는 점을 지각하게 된다." '사고-구체' 내에서 현실적인 것에 대한 인식을 생산하기 위해 단순한 추상들로부터 출발하는 두 번째 방법이 "**명백히 올바른 과학적 방법**"이며, 바로 이것이 스미스에서 리카도에 이르는 고전 정치경제학의 방법이다. 형식적으로는, 이러한 정치경제학의 방법에 대한 담론의 명증성으로부터 수정해야 할 것은 그 무엇도 없다.

◆◆◆

그러나 이러한 마르크스의 담론 자체는, 그 명증성 내에서 그의 **증상적 침묵**을 포함하면서도 은폐한다. 이러한 침묵은 인식과정이 이론적 노동과 세공의 과정이라는 점을, 그리고 사고-구체가 혹은 현실적인 것에 대한 인식이 이러한 이론적 실천의 생산물이라는 점을 보여주려 하는 담론의 전개 전체 내에서는 들리지 않는다.[38] 이 침묵은 이 침묵이 지각되지 않은 채 지나가는 바로 그 지점인 **정확한 하나의 지점**에서만 '들린's'entend다. 즉, 마르크스가 시초 **추상들**abstractions initiales—바로 이 시초 추상들 위에서 이 변형 노동이 실행된다—에 대해 말하는 지점에서 말이다. 그런데 이 시초 추상들이란 도대체 무엇인가? 도대체 무슨 권리로 마르크스는, 이 시초 추상들 내에서, 이 시초 추상들을 비판하지 않으면서, 스미스와 리카도가 출발한 그 범주들을 수용하는 것인가? 이로 인해 마르크스가 스미스와 리카도

38 ❖ 알튀세르는 ce silence est inaudible, 즉 '침묵이 들리지 않는다'라고 문학적으로 표현한다.

의 대상과의 연속성 내에서 사고하고 있다고, 그래서 스미스와 리카도 그리고 마르크스 사이에 그 어떤 대상에서의 절단도 개입하지 않는다고 우리가 생각[오해]하도록 만들면서 말이다. 이 두 질문은 하나의 동일한 질문, 아주 단순히 마르크스가 **이 질문을 제기하지 않는다**는 이유로 그가 답변하지 않는 바로 그러한 동일한 질문일 뿐이다. 바로 이 지점이 마르크스의 침묵의 **장소**이며, 이 텅 빈 장소는 일종의 경험주의와 같은 '자연적인' 이데올로기적 담론에 의해 장악될 위험이 있다. 마르크스는 다음과 같이 쓴다. "**17세기의 경제학자들은 항상 살아 있는 총체성, 즉 인구, 국민, 국가, 여러 국가로부터 출발한다. 하지만 이 17세기의 경제학자들은 분석을 통해 분업, 화폐, 가치 등등의 몇몇 규정적 일반관계를 추출dégager하는 것으로 항상 끝맺는다. 이 요인들이 다소간 확정되거나 추상되자마자, 노동(…)과 같은 단순한 통념들로부터 출발하는 경제체계들이 시작되었다.**"[39] 하지만 마르크스는 이러한 '분석', '추상', '확정'fixation의 본성에 대해서는 침묵한다. 이는 침묵이다. 혹은 오히려 이 '추상들'과 현실적인 것(우리는 바로 이 현실적인 것으로부터 추상들을 '추상'해낸다) 사이의 관계지음mise en rapport, 이 '추상들'과 현실적인 것의 '직관과 표상' 사이의 관계지음이다. 따라서 이 '직관과 표상'은, 그 순수성 속에서, 이 추상들의 날것의 질료matière brute인 것처럼 보인다. 날것의 질료이든 최초의 질료이든 이러한 질료의 지위에 대한 언표[해명]는 전혀 없이 말이다.[40] 이

39 *Introduction de 1857*, p. 165[1857년의 『정치경제학 비판 요강』 「서설」, 71쪽].

40 ❖ '날것의 질료'는 matière brute를 옮긴 것으로, '천연 재료'라고 의역할 수 있으며, '최초의 질료'는 matière première를 옮긴 것으로, '원료'로 의역할 수 있다.

러한 침묵의 심연creux 속에서, 현실적인 것과 이 현실적인 것에 대한 직관과 표상 사이의 **현실적** 조응의 관계에 대한 이데올로기가, 이 현실적인 것으로부터 그 '추상적 일반관계'를 추출dégager하기 위해 이 현실적인 것을 대상으로 실행되는 하나의 '추상'의 현존이, 즉 추상에 대한 경험주의적 이데올로기가 자연스럽게 성찰된다.[41] 우리는 다른 방식으로 질문을 제기할 수 있는데, 그러나 우리는 마르크스에게서 이 질문이 항상 **부재**함을 확인하게 된다. 이 질문은 다음과 같다. 어떠한 점에서 이 '추상적 일반관계'는 '규정적'[결정적]이라고 말해질 수 있는가? 그러한 모든 추상은 그 자체로 이 추상의 대상에 대한 과학적 개념인 것인가? 이데올로기적 추상들과 과학적 추상들, '좋은' 추상들과 '나쁜' 추상들이 존재하는 것은 아닌가? 마르크스는 이에 대해 침묵한다.[42] 다시 한번 우리는 이 동일한 질문을 다른 방식으로 제기할 수 있다. 고전파 경제학자들의 예의 그 추상적 범주들, 인식을 생산하기 위해 출발해야만 하는 그러한 추상들, **따라서** 이 추상들은 마르크스에게는 문제가 되지 않는다고. 마르크스에게서 이 추상들은 사전적préalable 추상과정으로부터, 자신이 침묵하는 그 사전적 **추상**과정으로부터 연유하는 것이다. 따라서 추상적 범주들은 **현실적**

41 ❖ '성찰'은 se recueillir라는 대명동사를 옮긴 것으로, '침묵 속에서 성찰하기', 즉 '묵상'을 의미하는 말이다. 알튀세르는 '침묵'이라는 단어와의 관련성 속에서 이 대명동사를 활용하고 있다. 그래서 영역본과는 달리 '모여든다'라고 옮기지 않았다.

42 이 침묵으로 인해 치러야 할 값은, 로젠탈의 저서 『"자본"에서 변증법의 문제들』의 7장, 특히 '좋은' 추상과 '나쁜' 추상 사이의 차이라는 문제를 회피하는 데 할애된 부분들을 읽어본다면, 그리고 마르크스주의 철학 내에서 '**일반화**'généralisation라는 용어—이 용어를 통해 과학적 추상의 본성이 사고(다시 말해, 사실은 비-사고)된다—와 같은 모호한 용어들의 운명을 생각해본다면 충분히 짐작할 수 있다. **들리지 않는** 이 침묵의 대가는 바로 경험주의의 유혹이다.

인 추상적 범주들catégories abstraites réelles을 '반영'réfléchir할 수 있는데, 이 **현실적인** 추상적 범주들이란 경제세계의 경험적 현상들에 이 현상들의 개별성에 대한 추상의 자격으로 거주하는 현실적인 추상적인 것abstrait réel이다. 하지만 여기에서 우리는 다시 한번 이 동일한 질문을 다른 방식으로 제기할 수 있다. ([대문자]경제학자들의 범주와 같은) 시초의du début 추상적 범주들은 그 끝fin에서도 여전히 존재하고 있으며, 이 범주들은 '구체적' 인식들을 정확히 생산해냈지만, 우리는 이 범주들이 **변형**transformées되었다는 점을 보지 못하며, 심지어 이 범주들은 사실 변형될 필요조차 없었던 것으로 보이기까지 한다. 왜냐하면 이 범주들은, 그 출발점départ에서 이미 이 범주들의 대상에 적합한 하나의 형태—과학적 노동이 생산해낼 '사고-구체'가 이 범주들의 순수하고 단순한 **구체화**로, 이 범주들의 순수하고 단순한 자기-복잡화auto-complication로, 이 범주들의 순수하고 단순한 자기구성autocomposition(이 범주들의 자기-구체화로 암묵적으로 간주된)으로 나타날 수 있는 그러한 형태—내에서 존재했었기 때문이다. 이렇게 하나의 침묵이 명시적인 혹은 암묵적인 하나의 담론으로까지 확장될 수 있는 것이다. 마르크스가 우리에게 제시하는 이 모든 이론적 기술description은 형식적인 것으로 남아 있는데, 왜냐하면 이 모든 이론적 기술은 이 시초 추상들의 본성을, 이 시초 추상들의 자신들의 대상과의 적합성에 대한 문제를, 결국 이 시초 추상들이 관계 맺는 대상을 의문에 부치지 않기 때문이다. 왜냐하면, 이와 상관적으로 이 모든 이론적 기술은 이론적 실천과정 내에서의au cours du procès 이 추상적 범주들의 변형을, 그러니까 이 변형들 내에 함축된 대상의 본성을 의문에 부치지 않기 때문이다. 그러나 이 점을 두고 마르크스에게 비난을 가하는 것은 중요하지 않다. 마르크스는 자신의 텍스트에서, 심지어는 미출간된 채로 남아 있던 이 텍스트[1857년의 『정치경제학 비판 요강』「서설」]에서 **모든 것**을 말할 필요가 없었으며, 어찌 되었든 그 누구에게도 한 번에 모든 것을 다 말하라고 요구할 수는 없는 노릇이기 때문이다. 그러나 우리는 너무 서두르는 마르크스의 독자들에게 그들이 **이러한 침묵을 듣지** 않았다고,[43] 그리고 너무나도 성급하게

---

43 그러나 이 침묵의 의미를 오해하지는 말기 바란다. 이 침묵은 마르크스주의 철학의 원리들을, 즉 인식생산의 역사에 관한 이론의 원리들을 밝혀내는 것을 그 대상으로 취했던 것이 아니라, [대문자]정치경제학의 취급에 필수적인 **방법적 규칙들**règles de méthode을 고정하는 것을 그 대상으로 취했던 것인 그러한 규정된 하나의 담론에 속하는 것이다. 따라서 마르크스는, **지식**savoir**의 생산**이라는 문제를 스스로에게 제기하지 않으면서, 이미 구성된 지식 한가운데에 스스로를 위치시켰다. 바로 그렇기 때문에, **이 텍스트의 한계 내에서**, 마르크스는 특정한 하나의 현실réel에 조응하는 것으로 스미스와 리카도의 '좋은 추상들'을 취급하고, 고전 정치경제학의 탄생을 촉발했던 극도로 복잡한 조건들에 대해 침묵할 수 있는 것이다. 바로 그렇기에 마르크스는 고전 정치경제학이 (여전히 이데올로기에 의해 지배되어 있음에도) 자신의 인식 내에서 현실적인 것에 대한 특정한 영향력prise을 행사하는 대상으로 자기 스스로를 구성할 수 있었던 장소로서의 고전파적 문제설정의 장이 어떠한 과정을 통해 생산될 수 있었는지를 이해하도록 해주는 지점을 미해결의 상태로 남겨둘 수 있는 것이다. 이러한 방법론적 텍스트가 마르크스주의 철학과 일체를 이루는 인식생산의 이론을 구성해야 한다는 요구의 문턱 그 자체로 우리를 이끌어간다는 점, 분명 이는 **우리에게** 제기된 하나의 요구이다. 하지만 이는 또한, 우리가 이 텍스트의 이론적 미완성성(이 정확한 지점에서의 침묵)과 동시에 마르크스의 새로운 역사이론의 **철학적** 유효범위 이 둘 모두에 주의한다는 조건에서, 마르크스에게 빚지고 있는 요구이기도 하다(특히 이러한 요구가 우리로 하여금 이데올로기적 실천과 과학적 실천의 다른 실천들과의 절합, 그리고 이 실천들의 유기적이고 차이적인 역사, 이 둘을 **사고하도록 강제**한다는 점에서 말이다). 결국 우리는 이 텍스트에서의 그 침묵을 다음 두 가지 방식으로 취급할 수 있다. 이 침묵이 지배적인 경험주의적 추상이론을 그 내용물로 지니고 있기 때문에 이 침묵을 자명한 것va de soi으로 간주하는 [잘못된] 방식, 혹은 이 침묵을 하나의 한계와 하나의 문제로 취급하는 [올바른] 방식 말이다. 하나의 **한계**: 이는 마르크스가 자신의 사고를 이끌고 갔던 극한점인데, 그렇지만 이 한계는 우리를 경험주의적 철학의 낡아빠진 장 안으로 버려두기는커녕 우리에게 하나의 새로운 장을 열어젖힌다. 하나의 **문제**: 이는 이 새로운 장의 본성은 도대체 무엇인지의 문제이다. 이제 우리는, 경험주의의 길들과는 완전히 다른 길들 위에서 우리의 연구를 진행해나가야 한다고 의심해볼 만큼 충분히 존재하는 지식의 역사에 대한 연구들을 활용할 수 있다. 하지만 이러한 결정적 탐구 내에서, 마르크스 자신은 우리에게 (서로 다른 실천들 사이의 구조화와 절합이라는) 근본 원리들을 제

경험주의로 빠져들었다고 비난할 수는 있다. 마르크스의 **침묵의 장소**를 정확히 위치 지음으로써, 우리는 이러한 침묵이 포함하면서도 은폐하는 다음의 질문을 제기할 수 있게 된다. 정확히 바로 **추상들의 차이적 본성**—과학적 사고는, 그 노동과정의 끝에서, 최초의 추상들과는 다른 새로운(그리고, 마르크스와 고전파 경제학자들을 분리시키는 절단과 같은 인식론적 절단의 경우에는, 발본적으로 새로운) 추상들을 생산하기 위해, 이 추상들을 대상으로 노동한다—이라는 질문 말이다.[44]

만일 방금 내가 일반성 I(즉 시초 추상들)을 일반성 III(즉 인식과정의 생산물들)과 세심하게 구별함으로써, 이론적 실천의 과정 내부

시해준다. 이를 통해 우리는 침묵에 대한 혹은 이론적 공백에 대한 이데올로기적 취급과 이에 대한 과학적 취급 사이에 존재하는 차이를 확인하게 된다. 전자의 취급은 이데올로기적 **닫힘**clôture 앞에 우리를 놓아두며, 후자의 취급은 우리를 과학적 **열림**ouverture 앞에 놓아둔다. 이를 통해 우리는 모든 과학적 노동을 짓누르는 이데올로기적 위협에 대한 정확한 하나의 예시를 확인할 수 있게 된다. 이데올로기는 과학의 엄밀성이 쇠락하는 각 지점에서 과학을 노려보고 있을 뿐 아니라, 또한 현재 진행되고 있는 하나의 탐구가 그 **한계**에 도달하는 극한점이기도 하다. 매우 정확히 바로 이 지점에서, 과학의 생명[즉 생사]이 달려 있는 수준 자체 내에 철학적 활동이 개입해 들어올 수 있는 것이다. 이데올로기의 닫힘에 맞선 과학의 열림을 보호하는 이론적 경계심vigilance으로서 그러한데, 물론 열림과 닫힘 일반에 대해 말하는 것으로 만족하지 않고 **이러한 열림과 닫힘의 역사적으로 규정된 전형적 구조들**까지 말한다는 조건에서 말이다. 『유물론과 경험비판론』의 레닌은 마르크스주의 철학의 특수한 기능을 구성하는 절대적으로 근본적인 이러한 요구를 끊임없이 상기시켰다.

44 ❖ 특히 4장의 핵심 어휘인 articulation, 즉 '절합'은 인문사회과학에서 상당히 널리 사용되는 용어다. '절합'은 관절과 같이 두 항 혹은 여러 항 사이를 '절합'시키면서도 동시에 '분리' 즉 '분절'시키는 사태를 표현하는 용어다('접합'이라는 역어 또한 종종 사용된다). 그렇기에 독자들은 이 글에서, 특히 4장에서 '절합'으로 번역하는 이 articulation이 이러한 '관절적' 의미를 지니고 있다는 것을 염두에 두고 알튀세르의 글을 독해해야 한다. 한 가지 더 지적하자면, 동사형 articuler에는 '분명하게 발음하다'라는 뜻도 있는데, 낱낱의 소리로서 음소를 하나씩 하나씩 분명하게 발음하는 것이 결국 이를 '관절적으로' 각각 끊어서 발음하는 것이라는 점에서 그 어원적 동일성을 확인할 수 있다. 따라서 '분명하게 발음하다'라는 의미로 이 어휘가 사용될 경우, 이 어휘는 '강조하다'라는 의미를 지닌다.

로 개입해 들어오는 서로 다른 추상들에 **서로 다른** 이름들을 부여함으로써, 이러한 차이를 사고해야만 하는 필연성을 명증하게 만들고자 시도했다면, 이러한 시도는 아마도 마르크스의 담론에 무언가를 추가했을 것이다. 그러나 또 다른 관계에서, 동시에 나는 마르크스의 **침묵**이라는 유혹에 굴복함 없이, 마르크스 자신의 담론을 **복원하도록**, 그러니까 **붙잡도록** 만들었을 뿐이기도 하다. 나는 이 침묵을 압력[억압] 아래에서의 한 담론의 잠재적 쇠퇴로, 그리고 또 다른 한 담론의 억압refoulantes 작용—이러한 억압을 통해 앞선 담론의 자리를 차지하고 이 앞선 담론의 침묵 속에서 말하는 담론, 즉 경험주의적 담론—으로 **들었다**.[45] 나는 **후자의 담론**[즉 경험주의적 담론]**을 쫓아냄으로써 첫 번째 담론 속에서 침묵을 말하도록** 만드는 것 이외의 다른 일을 한 것이 전혀 아니다. 사람들은 이것이 단순한 세부지점에 불과하다고 말할 것이다. 물론 그러하다. 하지만 바로 이러한 종류의 세부지점들에서, 다른 때는 수다스럽던 담론들이 엄밀성이 뒤로 물러서는 때에는 말을 멈추고 있는 것이며, 또한 (매우 중요한 결과로서) 이 담론들이 철학자 마르크스를 이 마르크스가 투쟁하고 거부하는 이데올로기 자체 안으로 완전히 가두어버리는 것이다. 우리는 곧 이에 대한 예시들을 확인할 것인데, 이 예시들에서 하나의 미세한 침묵에 대한 비-사고[즉 사고되지 않은 바]는 사고되지 않은 담론의 이름titre이, 다시 말해 이데올로기적 담론의 이름이 되어버린다.

45 ❖ 여기서 '듣다'는 위에서 모두 그러했듯 프랑스어 동사 entendre를 번역한 것인데, 이 동사는 '이해하다'라는 뜻으로도 많이 쓰인다.

Ⅳ. 고전파 경제학의 결점: 역사적 시간 개념 개요

이제 나는, 이를 가지고 우리가 이 동일한 문제를 또 하나의 다른 방식으로 평가해볼 수 있을 그러한 나의 두 번째 예시, 즉 마르크스가 고전파 경제학자들에게 가하는 비난의 종류에 대한 검토로 나아가 보겠다.[46] 마르크스는 고전파 경제학자들에게 세부지점에서의 여러 가지 불만을 제기하고 근본적인 하나의 비난을 가한다.

이 세부지점에서의 여러 가지 비난 가운데 나는 하나의 비난만을 논할 것인데, 이 비난은 용어법에서의 문제를 대상으로 한다. 마르크스는 스미스와 리카도가 '잉여가치'를 항상 **이윤, 지대 그리고 이자라는**

46 ❖ '비난'은 앞서도 등장했던 reproche를 옮긴 것으로, 비판 즉 critique와 달리 마치 우리말에서 '비난' 혹은 '힐난'이 그러하듯 주관적 의미가 강하게 담겨 있다. 하지만 여기에서는 우리말 어휘 '비난'의 주관적 뉘앙스를 고려하지 말고 '비판'으로 이해하는 것이 더 자연스러울 것 같다.

형태로 분석한다는 점, 그래서 이 '잉여가치'는 절대로 **자신의 이름으로** 불리지 않고 항상 다른 이름들로 가장하고 있다는 점, 다시 말해 이 '잉여가치'가 그 '존재형태들'인 이윤, 지대 그리고 이자와는 구별되는 그 '일반성' 내에서 개념화되지 않는다는 점, 겉보기에는 사소한 것 같은 이러한 사실에 문제를 제기한다. 마르크스의 불만이 취하는 이런 형태는 흥미롭다. 마르크스는 잉여가치와 그 존재형태들 사이의 스미스와 리카도의 혼동을 손쉽게 정정할 수 있는 언어상의 단순한 불충분함[결핍]으로 간주하는 것처럼 보인다.[47] 그리고, 이러한 사실로 인해 마르크스가 스미스와 리카도를 읽을 때, 그는 다른 단어들에 의해 가장되어[은폐되어] 부재해 있는 단어를 복원하고, 스미스와 리카도를 [자신만의 방식으로 다시] 번역한다. 스미스와 리카도가 누락한 바를 복원하면서, 이들이 침묵하는 바로 그것을 말하면서, 지대와 이윤에 대한 이들의 분석을 (이들의 분석에서 지대와 이윤의 내부적 본질로 전혀 명명되지 않았던) 잉여가치 일반에 대한 분석으로 독해해내면서 말이다. 그런데 우리는 마르크스 자신의 고백에 따르면 이 잉여가치라는 **개념**이 자기 이론의 두 가지 핵심 개념들 중 하나, 문제설정과 대상이라는 관계 내에서 자신을 스미스와 리카도로부터 분리해주는, 고유한 차이에 대한 지시적 개념들[고유한 차이를 지시

47 ❖ 여기에서 '정정'은 rectifier를 옮긴 것으로, 마르크스주의에서 자주 사용되는 어휘인 '정정'의 프랑스어는 rectification이다. 마르크스주의에서는 '정정'이라는 어휘가 중요하기에 일관되게 '정정'으로만 번역했다. 반면 modification이나 remaniement의 경우 '수정'으로 번역했는데, 특히 modification은 (물론 remaniement 또한 이러한 의미로 쓰인 곳이 있기는 하지만) '대상의 수정' 혹은 '대상의 변형transformation'이라는 의미에서 중요하게 활용되는 어휘이기에 modification의 경우에만 원어를 병기해주었다.

해주는 개념들] 중 하나라는 점을 알고 있다. 사실 마르크스는 하나의 **개념**의 부재(그런데 사실 여기에서 이 개념이라는 것이 그저 아무 개념이나 모조리 의미하는 것은 전혀 아니다)라는 문제를 마치 하나의 **단어**의 부재라는 문제인 것처럼 취급한다. 하지만 앞으로 우리가 확인하게 되듯 이 개념은 이 개념을 떠받치는 문제설정에 대한 질문을, 다시 말해 문제설정에서의 차이라는 질문을, 즉 마르크스를 고전파 경제학으로부터 분리해주는 절단이라는 질문을 제기하지 않고는 그 용어의 모든 엄밀함 내에서 개념으로 취급하기가 불가능한 개념이다. 이 지점에서도 또다시, 마르크스가 자신의 이러한 비난을 명확히 가할 때에, 그는 자신이 행하고 있는 바의 문자lettre를 [그 자체로, 즉 문자 그대로] 생각하고 있는 것은 아니다. 왜냐하면 마르크스는 문제설정에서의 혁명을 (그 용어의 화학적 의미에서) '침전시키는' 하나의 유기적 **개념**의 부재를 하나의 **단어**의 누락으로 환원하고 있기 때문이다.[48] 마르크스의 이러한 누락은, 만일 이 누락이 제거되지 않는다면, 마르크스 자신을 자신의 전임자들의 수준으로 격하할 것이며, 결국 우리는 또다시 마르크스와 그 전임자들 사이의 대상의 연속성이라는 관념 안으로 굴러떨어지게 될 것이다. 나중에 이 문제로 되돌아오자.

『철학의 빈곤』에서 『자본』에 이르는, 고전파 경제학 전체에 가하는

48 ❖ 여기에서 '침전시키다'는 précipiter를 옮긴 것으로, 영어 precipitate와 동일하게 이 프랑스어는 화학에서 쓰이는 용어로서 '침전'을 가리킨다.

마르크스의 근본적 비난은 고전파 경제학이 자본주의의 경제적 범주들에 대한 **무-역사적**a-historique이고 초역사적éternitaire이며 고정주의적fixiste이고 추상적인 하나의 개념화를 가지고 있다는 것이다.[49] 자기 고유의 용어로 마르크스는 이 범주들의 본성, 상대성 그리고 타동성을 명증화하고 이해하기 위해 이 범주들을 역사화해야 한다고 선언한다. 마르크스에 따르면 고전파 경제학자들은 이 범주들이 역사적으로 결정되었다는, 그래서 역사적이고 일시적transitoires이라는 점을 보지 못하고, 이로 인해 자본주의적 생산조건을 모든 생산의 초역사적 조건으로 만들어버렸다.

> [대문자]경제학자들은 부르주아적 생산관계, 분업, 신용 그리고 화폐를 고정된, 초역사적인, 부동의[불변의] 범주들로 표현한다…. 이 [대문자]경제학자들은 어떻게 우리가 이 주어진 관계 내에서 생산을 수행하는지를 설명한다. 하지만 이 [대문자]경제학자들이 우리에게 설명하지 않는 것, 이는 어떻게 이 관계가 생산되는지이다. 다시 말해 이 관계를 탄생하게 만드는 역사적 운동이다…. 이 범주들은 이 범주들이 표현하는 관계가 그렇지 않듯 초역사적이지 않다. 이 범주들은 역사적이고 일시적인 생산물이다.[50]

---

49 ❖ 6장에서 다시 등장하겠지만, '영원한'이라는 의미를 지니는 프랑스어 éternitaire는 알튀세르가 이 어휘를 활용하는 맥락에 맞게 '초역사적'으로, éternel 또한 몇몇 경우를 제외하고는 구분 없이 '초역사적'으로 옮겼다.

50 *Misère de la Philosophie*, Éditions Sociales, pp. 115~116; p. 119[칼 맑스, 최병연 옮김, 「철학의 빈곤」, 『칼 맑스 프리드리히 엥겔스 저작 선집』 1권, 박종철출판사, 1997, 268, 273쪽].

앞으로 확인하게 되겠지만 마르크스의 이러한 비판은 그의 **실제** 비판의 최종 단어[즉 결론]는 아니다. 마르크스의 비판이 무한히 더 심원한 것인 반면, 위 인용문에서 제시된 비판은 피상적이고 모호한 것으로 남아 있다. 하지만 만일 마르크스가, 고전파 경제학자들과 자신 사이의 모든 차이를 이 고전파 경제학자들이 취하는 개념화의 비-역사성 내에 고정할 때 자신의 선언된 비판 내에서 자신의 실제 비판의 종착점이 아닌 중간지점에 종종 남아 있곤 한다면, 아마도 이는 우연이 아닐 것이다. 마르크스의 이러한 판단jugement은 사람들이 『자본』에 대해, 그리고 마르크스주의 정치경제학 이론만이 아니라 마르크스주의 철학에 대해서도 제시했던 해석을 매우 무겁게 짓눌러왔다. 우리는 바로 이 지점에, 그러니까 마르크스의 사고의 전략적 지점들 중 하나에, 심지어 내가 마르크스의 사고의 제1의 전략적 지점이라고까지 말할 그러한 지점에 서 있는 것인데, 또한 이 지점은 마르크스의 자기 자신에 대한 판단이 지니는 이러한 이론적 미완성성inachèvement이 마르크스에 대한 오해들 중 가장 심각한 오해들을 생산해냈던, 게다가 마르크스를 처단하기 위해 마르크스를 [고의로] 오인하는 것에 관심이 있는 자신의 적수들에게서만이 아니라 또한 (그리고 무엇보다도) 동일하게 자신의 지지자들에게서도 이 오해들을 생산해냈던 지점이기도 하다.

우리는 이 모든 오해들을 마르크스주의와 역사 사이의 이론적 관계를 중심으로 하는, 마르크스주의의 소위 발본적 역사주의를 중심으로 하는 하나의 오해를 중심점으로 삼아 한곳으로 모두 모아보겠다. 이 핵심 오해가 취하는 서로 다른 여러 형태의 [공통] 토대에 대해 검토해보자.

우리에게서 이 핵심 오해는 마르크스가 헤겔과 맺는, 그리고 변증법과 역사에 대한 개념화와 맺는 관계를 직접적으로 건드리는 것이다. 만일 마르크스를 고전파 경제학자들로부터 분리시키는 모든 차이가 경제적 범주들의 역사적 특징으로 요약된다면, 마르크스에게서는 이 범주들을 역사화하는 것만으로 충분할 것이다. 다시 말해 이 범주들을 고정적, 절대적, 초역사적인 것으로 간주하기를 거부하며, 오히려 이와 정반대로 이 범주들을 상대적, 잠정적 그리고 일시적인 것으로, 그러니까 최종심급에서는 이 범주들의 역사적 존재의 계기에 종속된 것으로 간주하는 것만으로 충분하다.[51] 이 경우 마르크스가 스미스와 리카도와 맺는 관계는 헤겔이 고전철학과 맺는 관계와 동일한 것으로 표상될 수 있다. 하지만 만일 정말 그러하다면, 우리가 헤겔이 운동화된[운동 속에 놓여 움직이게 된]mis en mouvement 스피노자였다고 말할 수 있듯, 마르크스는 운동화된, 다시 말해 역사화된 리카도에 불과할 것이다. 이 경우, 다시 한번, 마르크스의 모든 공적은 리카도를 헤겔화하고 변증화했다는 것, 다시 말해 이미 구성된 하나의 내용—역사적 상대성의 가녀린 칸막이에 의해서만 진리로부터 분리되는 그러한 내용—을 헤겔적인 변증법적 방법에 따라 사고했던 것으로 환원될 것이다. 이 경우, 다시 한번, 우리는 하나의 전통 전체에 의해 축성된consacrés 도식들, 즉자적 방법으로서의 변증법—이 변증법은, 자신이 그 인식의 원리들과 객관적 법칙들을 동시에 제

51 ❖ '계기'는 moment을 옮긴 것으로, 이 단어에는 '계기'와 '순간'이라는 의미가 모두 있으며, 특히 헤겔 철학과 관련해서는 '순간'보다는 '계기'로 옮긴다. 하지만 필요한 경우 '순간'도 병기했다.

공해야 하는 그러한 대상의 특수성과 관계를 전혀 맺지 않으면서, 자신이 그 내용의 법칙loi임에도 이 내용 자체에 대해 무관심한 채로 남아 있다—이라는 개념화 위에 기초해 있는 도식들로 굴러떨어지고 말게 될 것이다.[52] 최소한 그 원리에서는 이미 [어느 정도] 해명된 이 지점을 계속 다루지는 않겠다.

하지만 나는 비판받지도dénoncée 해명되지도 않은, 아마도 오래전부터 마르크스주의의 해석을 지배해왔으며 여전히 지배하고 있을, 또 하나의 다른 혼동을 명증화하고자 하는데, 여기에서 의도적으로 나는 혼동이라는 어휘를 사용함으로써 **역사 개념을 대상으로 하는 혼동**을 지시하고자 한다.

고전파 경제학이 경제적 범주들에 대한 역사적 개념화가 아니라 초역사적 개념화를 가지고 있었다고 우리가 주장할 때, 이 범주들이 자신들의 대상에 대해 적합하도록 만들기 위해 이 범주들을 역사적인 것으로 사고해야만 한다고 우리가 선언할 때, 우리는 역사 개념에 관한 질문을 스스로에게 제기한다는 대비행위précaution 없이 공통의[상식적] 표상 내에 존재하는 **역사 개념**을, 혹은 오히려 **하나의 특정한** 역사 개념을 전면에 내세우는 것이다. 사실상 우리는, 자기 스스로 하나의 이론적 문제를 초래하는 개념을 해결책으로 개입하도록 만드는 것인데, 왜냐하면 우리가 수용하고 취하는 바로서의 이 역사 개념은 아직 제대로 비판되지 않은 개념이기 때문이다. 그리고 이 개념은,

52 ❖ 헤겔 철학의 용어 '즉자'는 프랑스어에서 en soi, '대자'는 pour soi로 번역된다. 하지만 en soi는 일상에서 '그 자체로'라는 뜻이므로, 맥락에 따라 필요한 경우가 아니면 모두 '그 자체로'로 자연스럽게 옮긴다.

모든 '명증한' 개념들과 마찬가지로, 기존의 혹은 지배적 이데올로기가 이 개념에 할당하는 그 기능만을 자신의 모든 이론적 내용으로 취할 위험이 있다. 결국 이는 우리가 그것이 기반하는 권리[근거]titres에 대해 검토해보지 않은, 하나의 해결책이기는커녕 사실은 이론적 차원에서 문제를 초래하는 그러한 하나의 개념을 이론적 해결책으로 개입하도록 만드는 것이다. 결국 이는 우리가 헤겔로부터 혹은 역사가들의 경험주의적 실천으로부터 이 역사 개념을 차용할 수 있다고, 그리고 이 역사 개념을 원리적 차원에서의 그 어떤 어려움도 없이, 다시 말해 이렇게 소박한 방식으로 우리가 '주워섬기는'ramasse 한 개념의 유효한 내용이 무엇인지에 대한 예비적인 비판적 질문을 제기함 없이 마르크스 내부로 수입할 수 있다고 간주하는 것이다. 마르크스의 이론적 문제설정이 요구하고 강제하는 역사 개념의 내용이 무엇이어야 하는지를 스스로 질문해보는 것이 우선적으로 필요함에도 마치 이 개념이 [그 자체] 자명한 것이라는 듯 말이다.

앞으로 이어질 설명을 미리 논하지는 않으면서, 나는 원리상의 몇몇 지점을 정확히 설명하고자 한다. 나는 적절한 대항-예시[반례]로서(왜 이 대항-예시가 적절한 것인지 우리는 곧 확인하게 될 것이다) 역사에 대한 헤겔적 개념화를, 즉 헤겔에게는 역사적인 것 그 자체의 본질이 반영되는se réfléchit 장소로서의 **역사적 시간**에 대한 헤겔적 개념을 선택해보겠다.

◆◆◆

알다시피 헤겔은 시간을 "der daseiende Begriff", 다시 말해 그 무매개적, 경험적 실존 내에서의 개념le concept dans son existence immédiate, empirique으로 정의한다. 시간 스스로가 우리를 (이 시간의 본질이 개념이라고 우리가 간주하도록 만드는 방식으로) **개념**에 준거케 하기에, 다시 말해 역사적 시간이 개념(여기에서는 [대문자]관념)의 전개의 한 계기를 구현incarnant하는 역사적 총체성의 내재적 본질의 반영, 시간의 연속성 내에서의 반영인 것에 불과하다고 헤겔이 의식적으로 공언하기에, 헤겔의 승인하에 우리는 역사적 시간이 사회적 총체성—역사적 시간은 바로 이 사회적 총체성의 **실존**이다—의 본질을 반영하게끔 만드는 것에 불과하다고 간주할 수 있게 된다. 이는 역사적 시간의 본질적 특징들이 이러한 사회적 총체성의 고유한 구조에 (그 지표들로서) 우리를 준거케 할 것이라는 점을 의미한다.

우리는 헤겔적인 역사적 시간의 두 가지 본질적 특징을 분리할 수 있다. 하나는 시간의 동질적 연속성continuité homogène이며, 다른 하나는 시간의 동시대성contemporanéité이다.[53]

1)시간의 동질적 연속성. 시간의 동질적 연속성은 [대문자]관념의 변증법적 전개가 취하는 연속성의 실존 내에서의 그 반영이다. 이를 통해 시간은 [대문자]관념의 전개과정의 변증법적 연속성이 **그 안에서** 나타나는se manifeste 그러한 하나의 연속이 된다. 따라서 이러한 수준[차원]에서 역사과학의 문제 전체는 하나의 변증법적 총체성에서 다른 하나의 변증법적 총체성으로의 잇따름에 조응하는 시기구분

53 ❖contemporanéité는 '동시성', '동시간성', '동시대성'으로 모두 번역 가능한데, 여기서는 가장 많이 통용되는 역어 '동시대성'으로 번역했다. 독자들은 이 어휘의 의미의 핵심이 동시성이라는 점을 기억하기 바란다. 또한 반복적으로 등장하는 la contemporanéité à soi-même은 '자기 자신에 대한 동시대성' 정도로 옮겼다.

périodisation에 따라 이 연속을 분절découpage하는 것에 달려 있게 된다.[54] [대문자]관념의 계기들[순간들]은, 시간의 연속continu du temps 내에서 정확히 분절하는 것이 문제인 [이 계기들의 수만큼의] 역사적 시기들 내에 존재한다. 이 지점에서 헤겔은, 자신의 고유한 이론적 문제설정 내에서, 역사학자들의 실천에서의 제1의 문제, 예를 들어 볼테르가 루이 15세의 세기를 루이 14세의 세기로부터 구별함으로써 표현했던 문제—그런데 이는 여전히 근대 역사기술historiographie에서도 주요한 문제이다—를 사고하도록 만들었을 뿐이다.

2)시간의 동시대성 혹은 역사적 **현재**présent라는 범주. 이 두 번째 범주는 첫 번째 범주[즉 시간의 동질적 연속성]의 조건이며, 바로 이 두 번째 범주가 우리로 하여금 헤겔의 가장 심원한 사고로 들어갈 수 있게 해주는 것이다. 만일 역사적 시간이 사회적 총체성의 실존이라면, 우리는 도대체 이러한 실존의 구조가 무엇인지 정확히 설명해야만 한다. 사회적 총체성이 자신의 역사적 실존과 맺는 관계가 하나의 **무매개적** 존재와 맺는 관계라는 점은 이 관계가 그 자체로 **무매개적**이라는 점을 함의한다. 다른 용어로 말하자면, 역사적 실존의 구조는 전체tout의 모든 요소가 항상 동일한 시간 내에서, 동일한 현재 내에서 공존하는 구조, 그래서 동일한 현재 내에서 서로가 서로에 대해 [즉 어떠한 요소(들)가 다른 요소(들)에 대해] 동시대적인 구조라는 것이다.[55] 이는 헤겔적인 사회적 총체성의 역사적 실존의 구조가, 내

54 ❖ continuité는 '연속성'으로, succession은 '잇따름'으로 구분해 옮겼다.

55 ❖ 이 글에는 한국어로 '전체'를 의미하는 몇몇 어휘가 등장하는데, 그중 특히 tout(영어로 whole)는 『마르크스를 위하여』에서부터 알튀세르가 totalité(영어로 totality) 즉 '총체성'과 함께 체계적으로 활용하는 용어이다. 이 글에서 '전체'는 몇몇 예외를 제외하고 대부분 이 tout

가 하나의 '**본질적 절단면**'이라 부르자고 제안하는 바를, 다시 말해 지적 실행opération—이 지적 실행을 통해 우리는 역사적 시간의 어떠한 계기에서도 **하나의 수직적 절단**을, 이러한 절단면coupe에 의해 전체 요소들이 이 요소들 사이에서 하나의 무매개적 관계(이 요소들의 내적 본질을 무매개적으로 표현하는) 내에 존재하는 것으로 드러나게 만드는 그러한 현재에 대한 절단을 실행하게 된다—을 가능케 한다는 의미이다.[56] 따라서 우리가 '본질적 절단면'에 대해 언급할 때, 우리는 이러한 절단면—이 절단면에서 전체의 모든 요소는 그 자체로 이 요소들의 본질의 무매개적 현존présence인(그래서 이 본질은 **이 요소들 내에서** 무매개적으로 **독해 가능하게** 되는데) 그러한 하나의 공존coprésence 내에서 주어진다—을 존재 가능케 하는 사회적 총체성의

를 옮긴 것이고 알튀세르가 특수한 의미를 부여하는 용어이므로, 독자들은 이 '전체'가 통속적 의미의 전체가 아니라는 점에 주의하기를 바란다.

56 ❖ opération은 영어 operation과 동일한 의미를 지니는 프랑스어로, '작전', '실행', '조작', '수행' 등의 의미를 지닌다. 사실 학문적으로는 '조작'이라는 의미로 많이 쓰이며, 그래서 '조작적 개념' 등을 표현할 때 형용사형 opératoire가 많이 쓰인다. 하지만 이 글에서는 대부분 '실행'으로 옮기면서 필요한 경우 '조작'이라는 의미 또한 병기한다. 여기에서 '지적 실행'은 '지적 조작' 혹은 '지적 작업'을 통해 '절단'을 수행하고 결국 '절단면'을 만들어낸다는 점을 나타내기 위해 쓰인 표현이다. 또한 '본질적 절단면'은 coupe d'essence를 옮긴 것으로, '본질적 절단면'이라는 역어는 『알튀세르의 철학적 유산』(윤종희·박상현 외 지음, 공감, 2008)에서 이를 '본질적 단면'이라고 번역한 것에서 도움을 받아 선택한 역어임을 밝힌다. 여기에서 coupe가 '절단 작업의 결과'를 나타낸다는 점을 상기한다면 이 표현의 의미를 쉽게 이해할 수 있을 것이다. 물론 사실 (프랑스어에서 일반적으로 그러하듯) 이 coupe 또한 coupure와 동일하게 couper, 즉 '절단하다'의 명사형 '절단'을 의미할 수도 있고, 또 그러한 뉘앙스로 알튀세르가 이 coupe라는 단어를 사용하기도 했지만, 번역의 일관성을 위해 옮긴이는 이 coupe를 '절단의 결과'로서의 '절단면'으로만 번역한다. 그로 인해 이하에서는 가끔 '절단면'으로 옮기는 것이 어색한 부분이 등장하는데, 이때에는 대괄호로 '절단'을 병기해주었다. 그리고 알튀세르는 coupe d'essence, coupe de l'essence, coupe essentielle 등 표현을 조금씩 바꿔 사용하는 경우가 종종 있으나 옮긴이는 모두 '본질적 절단면'으로 옮겼다.

특수한 구조를 암시하는 것이다. 우리는 바로 이 사회적 총체성의 특수한 구조가 이러한 본질적 절단면을 존재 가능케 하는 것이라는 점을 이해하게 된다. 왜냐하면 이러한 절단면은 총체성의 통일체의, 즉 하나의 '정신적' 통일체의 고유한 본성에 의해서만 존재 가능하기 때문이다.[57] 만일 우리가 이 통일체라는 용어를 통해 하나의 표현적 총체성totalité expressive의 통일체 유형을, 다시 말해 그 모든 부분들parties이 서로가 서로에 대해[어떠한 부분(들)이 다른 어떠한 부분(들)에 대해] 표현적인, 그리고 (이 부분들을 포함하는) 사회적 총체성 각각에 대해 표현적인(왜냐하면, 그 표현의 무매개적 형태하에서, 총체성의 본질 자체를 각각의 사회적 총체성이 자기 자신 안에 포함하고 있기에), 그만큼의 '**전체적 부분들**'parties totales[즉 pars totalis]인 그러한 하나의 총체성의 통일체 유형을 정의하기를 원한다면 말이다. 여기에서 나는 내가 이미 언급했던 헤겔적 전체의 구조를 암시하고 있다. 헤겔적 전체는 전체의 각 요소가, 그것이 물질적 혹은 경제적 규정이든, 이러저러한 정치적 제도이든, 이러저러한 종교적·예술적 혹은 철학적 형태이든, 규정된 한 역사적 계기 내에서 개념의 자기 자신에서의 현존la présence du concept à soi-même 이외에 그 무엇도 아닌 그러한 통일체의 한 유형을 소유하고 있다. 바로 이러한 의미에서 요소들의 서로에 대한 서로의 공존[어떠한 요소(들)가 다른 어떠한 요소(들)와 함께 현존함]과 각 요소의 전체에 대한au tout 현존, 이 공존과 현존이 권리적인en droit 사전적 현존présence préalable, 즉 개념의 존재의 규정

57 ❖ '통일체'는 unité를 옮긴 것으로, 이는 '통일', '통일성', '단일체' 혹은 '단위'로도 옮길 수 있는 어휘이다.

들 전체에서의 이 개념의 총체적 현존 내에 정초해 있는 것이다.[58] 바로 이러한 현존을 통해 시간의 연속성이, 개념의 실정적 규정들에서의 이 개념의 현존의 연속성이라는 현상으로서 존재 가능해지는 것이다.[59] 우리가 헤겔에게서 [대문자]관념의 전개의 **계기**에 대해 언급할 때 우리는 이 계기라는 용어가 다음의 **두 가지 의미**의 통일체에 준거한다는 점에 주의해야 한다. 이 계기의 첫 번째 의미는 (시간의 연속성을 요청하고 시기구분의 이론적 문제를 촉발하는 바로서의) 어떠한 전개의 계기이며, 두 번째 의미는 개념의 모든 구체적 규정 내에서 이 개념의 자기 자신에서의 현존의 현상 이외에는 그 무엇도 아닌, 그러한 현재로서의 시간의 계기이다.

개념의 현행적 본질에서의 전체의 모든 규정의 절대적이고 동질적인 이러한 현존이 방금 전 문제가 되었던 '본질적 절단면'을 존재 가능케 하는 것이다.[60] 바로 이 절대적이고 동질적인 현존이, 자신의 원리 내에서, 저 유명한 헤겔적 정식—역사적으로 **현존하는[현재의]** présente 철학인 이 전체에 대한 지식savoir 내에서, 이 전체의 자기의

58 ❖ en droit와 en fait 사이의 대립은 철학 전통에서 자주 사용되는 대당이다. 여기에서 '권리적인'이란, en fait 즉 사실적으로 이미 주어져 있다는 점에서 '우연적'과 대립되는, 정당하게 존재해 논리적이라는 점에서 '비우연적'이라는 의미를 지닌다.

59 ❖ '개념의 실정적 규정들에서의 이 개념의 현존'은 présence du concept à ses déterminations [positives]'을 옮긴 것이며, 바로 아래에 등장하는 '이 개념의 자기 자신에서의 현존'은 présence du concept à soi-même를 옮긴 것이다. 여기에서 전치사 à의 번역이 상당히 까다로운데, 옮긴이는 '에서의'라고 문어적으로 옮겼다. 사실 조금 의역해 번역하자면 '에서의' 대신에 '내에서'로 옮길 수도 있을 것이다. 이는 이 개념이 (규정들 내에서) 개념 자신에 '대해' 현존하고 있다는 것으로, 이 규정들 혹은 결정작용들 내에서 개념이 '자율적'으로(하지만 이 개념이 취하는 외연 내에) 존재해 있음을 뜻한다.

60 ❖ 환언하면, '전체의 모든 규정이 절대적이고 동질적인 방식으로 개념의 현행적 본질에서 현존하고 있다는 것'이다.

식에 이르기까지 그리고 이 자기의식마저 포함하여, 전체에 대한 모든 규정들에서 유효한—, **그 어떤 것도 자신의 시간을 넘어 튀어오를 수는 없다**는 저 유명한 정식을 설명하는 것이다.[61] 따라서 헤겔에게서 현재는 모든 지식의 **절대적 지평**을 구성하는 것인데, 왜냐하면 모든 지식은 전체의 내부적 원리의 이 지식 내에서의 실존[전체의 내부적 원리가 이 지식 내에서 실존함] 이외에 그 무엇도 아니기 때문이다. 철학은, 그것이 아무리 멀리 나아간다고 해도, 이 절대적 지평의 한계를 절대로 넘어서지 못한다. 비록 이 철학이 **밤마다** 비행기를 탄다고 해도, 이 철학은 여전히 낮에, 오늘에 속해 있으며, 이 철학은 자기 자신을 반영하는, 개념의 자기 자신에서의 현존을 반영하는 현재에 불과하다. 그러므로 이 철학에 내일은 본질적으로 금지되어 있는 것이다.

◆◆◆

그리고 바로 그렇기 때문에 현재라는 존재론적 범주는 역사적 시간에 대한 예상anticipation 전체를, 개념의 도래할à venir 전개에 대한 의식적 예상 전체를, **미래**futur를 대상으로 하는 모든 지식을 금지하는 것이다. 이는 헤겔의 성찰[이론화] 내에서는 가능하지 않은 의식적인 역사적 예견prévision에 대한 역설적 증인[헤겔에게서는 이 의식적인 역사적 예견이 불가능하다는 점에서 역설적인 증인]의 역할을 수행

---

61 ❖ '자신의 시간을 넘어 튀어오르다'는 sauter par-dessus son temps을 옮긴 것이다. '자신의 시간을 넘어 튀어오를 수는 없다'는 알튀세르가 이 장 전체에서 비판하는 헤겔의 시간 개념의 핵심을 나타내는 표현이다.

하는 '위대한 인간들'의 존재를 설명함에서 헤겔이 겪는 이론적 곤란을 설명해준다. 위대한 인간들은 미래avenir를 지각하지도 인식하지도 않는다. 이 위대한 인간들은 예감pressentiment 속에서 이 미래를 추측devinent한다. 이 위대한 인간들은, 인식할 수 있는 능력 없이, 내일의 본질의 임박함을, '껍질 속의 씨앗'을, 현재에서는 가시적이지 않은 잉태 중인 미래를, 현행적 본질의 소외 내에서 탄생하고 있는 중인 도래할à venir 본질을 예감하는 예언가들에 불과하다. 미래avenir에 대한 지식이 존재하지 않는다는 것, 이는 정치에 대한 과학, 현재의 현상들이 지니는 앞으로의futurs 효과들을 대상으로 하는 지식이 존재하지 못하도록 방해한다. 바로 그렇기 때문에, 엄밀한 의미에서, 가능한possible **헤겔적 정치학**이란 존재하지 않는 것이다. 그리고 이러한 사실로 인해, 우리는 **헤겔적** 정치가를 전혀 만나보지connu 못했던 것이다.

◆◆◆

만일 이 지점에서 내가 헤겔적인 역사적 시간의 본성과 이 시간의 이론적 조건에 대해 강조한다면, 이는 역사에 대한 이러한 개념화와 이 역사가 시간과 맺는 관계에 대한 개념화가 오늘날의 우리 사이에서도 여전히 살아 숨 쉬고 있기 때문이다. 공시성synchronie과 통시성diachronie에 대한 오늘날 광범위하게 통용되는 구별을 통해 우리가 확인할 수 있듯이 말이다. 바로 이 연속적-동질적인, 자기-자신에-대해-동시대적인 역사적 시간에 대한 개념화가 이러한 구별의 토대에 존재하는 것이다. 공시적인 것은 동시대성 그 자체, 본질의 규정들에서의 본질의 공존[본질과 본질의 규정들 사이의 공존], 하나의 '본질적 절단면' 내에서의 구조로 읽힐 수 있는 현재(왜냐하면 현재는 본질적 구조의 실존 그 자체이기 때문에)이다. 따라서 공시적인 것은 연속적-동질적 시간에 대한 이러한 이데올로기적 개념화를 전제한다. 그러므로 이 경우 통시적인 것은, 엄밀한 의미에서의 '역사'가 환원되는 바로서의 '사건들'(레비스트로스 참조)이 시간의 연속 내에서의 일련의 우연적contingentes 현존에 불과한 그러한 장소인 시간적 연속성continuité temporelle의 시퀀스séquence 내에서의 이 현재의 생성devenir에 불과한 것이다. 따라서 (공시적인 것과 마찬가지로) 핵심적 개념으로서 통시적인 것은 시간에 대한 헤겔적 개념화, 즉 역사적 시간에 대한 이데올로기적 개념화 내에서 우리가 상기시켰던 그 동일한 특징들을 동일하게 전제하고 있다.

◆◆◆

이는 역사적 시간에 대한 이데올로기적 개념화인데, 왜냐하면 역사적 시간에 대한 이러한 개념화가 사회적 전체tout social의 경제적·정치적·종교적·미학적·철학적 요소 등 모든 요소들 사이의 연결lien을 구성하는 통일체의 유형을 가지고 헤겔이 스스로 형성해 가지게 되는 그러한 개념화에 대한 반영에 불과하다는 점이 명확하기 때문이다. 이는 헤겔적 전체tout hégélien가, 자신의 모든 부분들parties이 자신들 사이에서 '공모'하는 그러한 전체, 자신의 각 부분이 **전체적 부분** pars totalis인 그러한 전체, 즉 라이프니츠적 의미에서 하나의 '정신적 전체'이기 때문이며, 역사적 시간의 이러한 이중적 측면(동질적-연속성과 동시대성)의 통일체가 존재 가능하며 필연적인 그러한 전체이기 때문이다.

그리고 바로 이것이 헤겔이라는 대항-예시가 적절한 것인 이유다. 헤겔적 전체의 구조와 헤겔적인 역사적 시간의 본성 사이에서 우리가 방금 고정한 관계를 우리로부터 은폐하는 것은, 시간에 대한 헤겔적 관념이 가장 공통적인[많은 이가 지닌] 경험주의로부터 차용한 것이라는 점, 대부분의 **역사학자** 자신들에게서, 그게 아니라 해도 어찌 되었든 헤겔이 알고 있던 모든 역사학자—즉 역사적 시간의 특수한 구조에 대해 그 어떤 질문도 스스로에게 제기하지 않았던 모든 역사학자—로부터 그 소박한 형태를 우리가 발견하게 되는 일상적 '실천'의 거짓fausses 명증성[62]의 경험주의로부터 차용한 것이라는 점이다. 오늘날, 몇몇 역사학자는 이에 대한 질문들을, 그리고 종종 매우 탁월한 형태하에서 이러한 질문들을 스스로에게 제기하기 시작하고 있다(뤼시앙 페브르Lucien Febvre, 에르네스트 라브루스Ernest Labrousse, 페르낭 브로델Fernand Braudel 등 참조). 하지만 이들은 자신들이 연구하는 **전체의 구조**에 따라 명시적으로 이 질문들을 스스로에게 제기하는 것이 아니며, 이들은 이 질문들을 진정으로 개념적인 형태하에서 스스로에게 제기하고 있는 것도 아니다. 단순히 이들은 역사 내에 서로 다른 시간들이, 시간의 다양함variétés이, 짧은 시간, 중간 길이의 시간, 긴 시간이 **존재**한다는 **사실을 확인**constatent할 뿐이며, 이들은 이 서로 다른 시간들 상호간의 간섭interférences을 이 서로 다른 시간들

62 포이어바흐를 따라 우리는 헤겔의 철학이 '사변적 경험주의'라고 말할 수도 있을 것이다.

사이의 마주침의 생산물들로 간주하는 것으로 만족한다. 그러므로 이들은 이 다양함을, [이 다양함만큼의] **변이들**variations로서 전체의 구조와 관계 맺지 않는다. 이 전체의 구조가 이 변이들의 생산을 직접적으로 지배함에도 말이다. 오히려 이들은 이 다양함을, **지속**durée을 통해 측정 가능한 [그만큼의] 변수들variantes로서 그 자체 일상적 시간과, 우리가 위에서 언급한 지속적인continu 이데올로기적 시간과 관계 맺고자 하는 유혹을 느낀다. 그래서 헤겔이라는 대항-예시는 적절한 것인데, 왜냐하면 이 대항-예시는 자신들 스스로에게 질문을 제기하지 않는 이들만이 아니라 심지어 자기 스스로에게 질문을 제기하는 이들에게도(왜냐하면 일반적으로 이들이 제기하는 질문들은 역사 개념에 대한 근본적 질문이 아니라 시간의 이데올로기적 개념화와 관계되기 때문에), 일상적[일상행위자들의] 실천과 역사학자들의 실천에 대한 날것의 이데올로기적 미망들을 대표하는 것이기 때문이다.

◆◆◆

그렇지만 헤겔로부터 우리가 다시 취할 수 있는 것, 그것은 바로 이 경험주의가 우리로부터 은폐하는 것, 곧 헤겔이 역사에 대한 자신의 체계적 개념화 내에서 승화되도록 만들었을 뿐인 그것이었던 것이다. 우리는 우리의 간략한 하지만 비판적인 분석이 생산한 다음의 결과를 취할 수 있다. 사회적 전체의 '생성'devenir이 그 안에서 사고되는 그러한 역사 개념화의 비밀을 발견하기 위해 **사회적 전체의 구조**를 엄밀한 방식으로 심문해야 한다는 결론 말이다. 사회적 전체의 구조가 일단 인식되고 나면, 우리는 역사적 시간에 대한 개념화—그 안에서 이러한 개념화 자신이 반영되는—가 사회적 전체의 구조와 맺는, 겉보기에는 '문제없는' 관계를 이해하게 된다. 방금 헤겔에 대해 행해졌던 바는 동일하게 마르크스에게도 유효하다. 즉, '자명'aller de soi한 것처럼 보였던 역사에 대한 개념화, 하지만 사실은 사회적 전체에 대한 하나의 정확한 개념화에 유기적으로 연결되어 있는 그러한 역사에 대한 개념화의 잠재적인 이론적 선전제들을 우리가 명증화할 수 있게 해주었던 행보démarche를, 우리는 마르크스에게도 동일하게 적용할 수 있는 것이다. 사회적 총체성에 대한 마르크스적 개념화로부터 출발해 **역사적 시간에 대한 마르크스적 개념을 구축**하는 것을 우리의 대상[목표]으로 제시함으로써 말이다.

♦♦♦

우리는 마르크스적 전체가 그 어떤 잠재적 혼동 없이 헤겔적 전체와 구별된다는 점을 알고 있다. 마르크스적 전체는 그 통일체가, 라이프니츠적이며 헤겔적인 전체의 표현적 통일체 혹은 '정신적' 통일체이기는커녕, 특정한 유형의 **복잡성**으로 구성되어 있는 그러한 전체, 이 복잡한 구조적 통일체 내에서 (최종심급에서는 경제라는 수준niveau 혹은 심급instance에 의해 고정되는 특수한 결정양식들에 따라 서로가 서로에게 절합되면서) 공존하고 있는 변별적distincts이며 '상대적으로 자율적'인 수준들 혹은 심급들이라고 우리가 부를 수 있는 바를 포함하는 하나의 **구조화된 전체**tout structuré의 통일체로 구성되어 있는

그러한 전체이다.[63]

물론 이 전체의 구조적 본성을 명확히 설명해야 하지만, 지금으로서 우리는 ('본질적 절단면'을 존재 가능케 하는) 현존의 헤겔적 공존 유형이 이러한 새로운 유형의 총체성의 존재에 알맞을 수 없다는 점을 예상하기 위해 이러한 잠정적 정의에 만족할 수 있을 것이다.

이러한 고유한 공존을, 마르크스는 『철학의 빈곤』의 한 구절에서 (여기에서는 생산관계에 대해서만 단순히 언급하면서도) 이미 선명하게 지시한 바 있다.

> 모든 사회의 생산관계들은 하나의 전체를 형성한다. 프루동 씨는 경제적 관계들을 [이 경제적 관계들 수만큼의] 사회적 국면들phases—각 사회적 국면이 서로서로를 생성하는, 테제thèse로부터 반테제antithèse가 그러하듯 하나의 사회적 국면으로부터 다른 하나의 사회적 국면이 도출되는, 그래서 이 사회적 국면들의 논리적 잇따름 내에서 인류[인간성]의 비인격적 이성raison impersonnelle을 실현하는—로 간주한다. 그런데 이러한 프루동 씨의 방법 내에 존재하는 유일한 문제점 한 가지는, 이 국면들 중 하나의 국면에 대한 검토[분석]만을 시도하면서, 프루동 씨가 사회의 다른 모든 관계—그렇지만 프루동 씨가 아직도 여전히 자신의 변증법적 운동을 통해 생성케 하도록 만들기 시작하지도 않은 그러한 관계들—에 의거하지 않으면서는 이 하나의 사회

63 Cf. "Contradiction et surdétermination"[「모순과 과잉결정」](*La Pensée*, n. 106) & "Sur la dialectique materialiste"[「유물론적 변증법에 대하여」](*La Pensée*, n. 110), *Pour Marx*, François Maspero éd., p. 85 et suiv., p. 161 et suiv.에 다시 실림[국역본은 루이 알튀세르, 서관모 옮김, 『마르크스를 위하여』, 후마니타스, 2017 참조].

적 국면을 설명할 수 없다는 점이다. 그다음으로, 프루동 씨가 순수이성을 수단으로 하여 다른 국면들의 출산[창출]enfantement으로 나아갈 때, 프루동 씨는 마치 이 다른 국면들이 갓 태어난 아기들인 듯 이러한 출산을 행한다. 즉, **프루동 씨는 이 다른 국면들이 첫 번째 국면과 같은 나이를 먹었다는 사실을 망각하는 것이다….** 정치경제학의 범주들을 통해 하나의 이데올로기적 체계의 조직édifice을 구축함으로써, 우리는 [즉 프루동 씨는] **사회적 체계의 구성물들membres을 탈구disloque시키게 된다.** 우리는 사회의 서로 다른 구성물들을 [이 구성물의 수만큼 여러] 분리된à part 사회들—서로가 서로의 뒤를 이어 도달하는 그러한 사회들—로 변화시키는 것이다. **운동의, 잇따름의, 시간의** 유일한 단 하나의 **논리적 정식이 도대체 어떻게 사회의 신체corps—그 안에서 모든 경제적 관계가 동시적으로simultanément 공존하며 서로가 서로를 지지해주는 그러한 신체—를 설명할 수 있겠는가?**(강조는 알튀세르)[64]

모든 것이 바로 여기에 있다. "사회적 체계의" 구성물들의 이러한 공존, 이러한 절합, 관계들의 자기들 사이에서의 상호적 지지는 "운동의, 잇따름의, 시간의 논리" 내에서는 스스로 사고될 수 없다.[65] 만일 마르크스가 『철학의 빈곤』에서 보여주었듯 '논리'가 '운동'과 '시간'—여기에서 '운동'과 '시간'은 프루동적 신비화의 기원으로서 마르크스가 직접적으로 원용하는 것이다—의 추상화에 불과한 것이

64 *Misère de la philosophie*, Éditions Sociales, pp. 119~120[『철학의 빈곤』, 273~274쪽].

65 ❖ 여기에서 '스스로 사고되다'는 대명동사 se penser를 옮긴 것으로, 여기에는 '스스로 사고하다'와 '자기 자신을 사고하다', 즉 '자기 자신이 사고되다'의 두 가지 의미가 모두 있다.

라는 점을 우리가 잊지 않고 계속 염두에 둔다면, 우리는 그 구성물들과 구성적 관계들의 **공존**형태를 그리고 역사의 고유한 구조를 이해하기 위해 성찰의 질서[순서]를 전도하여 우선은 총체성의 특수한 구조부터 사고해야만 한다는 점을 개념화할 수 있게 된다.

자본주의 사회를 대상으로 하는 1857년의 『정치경제학 비판 요강』「서설」에서, 마르크스는 **전체의 구조**가 시간적 잇따름succession temporelle에 대한 모든 논의 이전에 개념화[사고]되어야 한다는 점을 다시금 정확히 설명한다.

> 중요한 것은 사회의 서로 다른 여러 형태들의 잇따름 내에서 경제적 관계들 사이에 확립되는 관련이 아니다. '관념 내에서의'(프루동) 그 잇따름의 질서[순서]는 더더욱 아니다. **중요한 것은 부르주아 사회 내에서의 그 절합된-위계hiérarchie-articulée(Gliederung)이다.**[66][67]

이를 통해 다음과 같은 또 하나의 새로운 중요 지점이 명확해진다. 전체의 구조는 **위계화된 유기적인**organique hiérarchisé 하나의 **전체**의 구조로 절합articulée된다. 전체 내에서 구성물들과 관계들의 공존은 구성물들과 관계들의 절합articulation(Gliederung) 내에 특수한 하나의 질서[순서]를 도입하는 하나의 지배적 구조의 질서[순서]에

66 *Introduction de 1857*, p. 171 [『정치경제학 비판 요강』「서설」, 79쪽].

67 ❖ '경제적 관계들'에서 '관계'는 rapport를 옮긴 것이고, 그 뒤에 나오는 '관련'은 relation을 옮긴 것이다. 또한 알튀세르가 '절합된 위계'hiérarchie articulée로 옮긴 Gliederung을 진태원은 '글리데룽'으로 음차한 바 있다. 이 책의 서장 「『자본』에서 마르크스의 철학으로」의 133쪽 진태원의 옮긴이 주 참조.

종속된다.

> 모든 사회형태들 내에서, 하나의 규정된 생산과 이 생산에 의해 생성된 관계들이, 다른 생산들과 이 다른 생산들에 의해 생성된 관계들에 그 서열과 중요성을 할당하는 것이다.[68]

여기에서 하나의 핵심 지점을 지적해두자. 마르크스가 하나의 생산형태에 의한 지배domination라는(예를 들어 단순상품생산에 대한 산업생산의 지배 등) 예시를 우리에게 제시해주는, 하나의 구조의 이러한 우위dominance는 하나의 **중심**의 우선성primauté으로 환원될 수 없다. 구조가 그 요소들과 맺는 관계 또한, 자신의 현상들에 내부적인 그러한 본질의 표현적 통일체로 환원될 수 없는 것과 마찬가지로 말이다. 이러한 위계는 사회적 전체의 서로 다른 '수준들' 혹은 심급들 사이에 존재하는 효과성efficace의 위계를 표상할 뿐이다. 각 수준이 그 자체 구조화되는 것이기 때문에 이 위계는 전체 내에서 현존하는 구조화된 서로 다른 수준들 사이에 존재하는 효과성의 위계, 정도degré 그리고 지표indice를 표상한다. 즉, 이는 종속된 다른 구조들과 그 요소들, 이것들에 대한 하나의 지배적 구조의 효과성이 취하는 위계인 것이다. 다른 곳에서 나는 어떠한 정세의 통일체[단위] 내에서 이러한 하나의 구조의 다른 구조들에 대한 '우위'가, 그것이 개념화되기 위해서는, 경제적 구조에 의한 비-경제적 구조들의 '최종심급에

68 *Introduction de 1857*, p. 170[『정치경제학 비판 요강』「서설」, 78쪽].

서의' 결정의 원리에 준거한다는 점을, 그리고 이 '최종심급에서의 결정'이 효과성의 위계 내 구조들의 전위들déplacements에 대한 필연성과 가지성의 절대적 조건이며 전체의 구조화된 수준들 사이의 '우위'의 전위['우위'의 변경]의 절대적 조건이라는 점을, 그리고 또한 유일하게 이러한 '최종심급에서의 결정'만이 (이 전위들에 어떠한 필연적 기능을 부여함으로써) 관찰 가능한 전위들에 대한 자의적 상대주의로부터 벗어날 수 있게 해준다는 점을 보여주었다.[69]

만일 이것이 마르크스주의적 총체성에 고유한[적절한] 통일체 유형인 것이 맞는다면, 이로부터 다음 몇 가지 중요한 이론적 결론이 뒤따르게 된다.

◆◆◆

첫 번째로, 이러한 총체성의 존재를 **현재**의 동시대성이라는 헤겔적 범주 내에서 사고하는 것은 불가능하다. 구조화된 서로 다른 여러 수준, 즉 경제적인 것, 정치적인 것, 이데올로기적인 것 등의 공존, 그러니까 경제적 하부구조, 법적이고 정치적인 상부구조, 이데올로기 그리고 이론적 형성물(철학이나 여러 과학들)의 공존은 헤겔적 **현재**의

---

69 ❖ '정세'는 conjoncture를 옮긴 것으로, 알튀세르의 철학적 궤적에서 이 개념 자체의 의미 혹은 지위가 다소 변화하기는 하지만, 기본적으로 알튀세르의 철학에서 이는 '구조'에 대립되는 의미를 지니는 매우 중요한 어휘이다. 따라서 모두 일관되게 '정세'로 옮겼다. 또한 '전위'는 déplacement을 옮긴 것으로, 프로이트의 정신분석학으로부터 알튀세르는 '전위/치환/전치'déplacement와 '응축/압축'condensation이라는 용어를 차용해 이를 모순의 '전위/치환/전치'와 '응축/압축'을 표현하는 데 활용한다. 이 글에서는 '전위'로 옮긴다.

공존 내에서, 시간적 현존과 본질의 그 현상들 내에서의 현존이 일치coïncident하는 장소인 이 이데올로기적 현재의 공존 내에서 더 이상 사고될 수 없다. 결과적으로, 무매개적 존재를 대신하는 장소인, 연속된 현존의 무매개적 존재의 장소인, 그러한 **연속적이고 동질적인 시간**이라는 모델은 역사의 시간으로 더 이상 취해질 수 없다.

◆◆◆

이 원리들이 이끌어내는 결론들을 더욱 두드러지게 만들 이 마지막 지점에서 시작해보자. 근사적으로[근사적 가설로서], 마르크스주의적 전체의 특수한 구조로부터 우리는, 전체의 서로 다른 여러 수준의 전개의 과정을 **동일한 역사적 시간 내에서** 사고하는 것이 더 이상 불가능하다는 결론을 이끌어낼 수 있다. 이 서로 다른 여러 '수준'의 역사적 존재 유형은 동일하지 않다. 이와는 정반대로 우리는 다른 수준들의 '시간들'로부터 상대적으로 자율적인, 그러니까 그 의존성dépendance 자체에서 상대적으로 비의존적인[독립적인]indépendant 하나의 **고유한 시간**을 각 수준에 할당assigner해야만 한다. 우리는 다음과 같이 말해야만 하고 말할 수 있어야만 한다. 각각의 생산양식에는, 특수한 방식으로 구획 지어진scandés 생산력 발전의 하나의 고유한 시간과 하나의 고유한 역사가, 특수한 방식으로 구획 지어진 생산관계의 하나의 고유한 시간과 하나의 고유한 역사가, 정치적 상부구조…의 [하나의 고유한 시간과] 하나의 고유한 역사가, 철학…의 하나의 고유한 시간과 하나의 고유한 역사가, 미학적 생산…의 하나의 고유한 시간과 하나의 고유한 역사가, 과학적 형성물의 하나의 고유한 시간과 하나의 고유한 역사 등등이 존재한다고 말이다. 이 고유한 역사들 각각은 그 고유한 리듬에 따라 구획 지어지며 이 각 역사의 역사적 시간성과 그 구획들scansions(연속적 전개, 혁명, 절단 등등)의 특수성에 대한 **개념**을 이미 결정했다는 조건에서만 인식이 가능하다.[70] 하지만 그렇다고 해서 이 각각의 시간들과 이 각각의 역사들이 **상대적으로 자율적**이라는 점, 이러한 사실이 이 각각의 시간들과 이 각각의 역사들로부터, 전체로부터 **비의존적인**[독립적인] [그와 동일한 수의] 영역들domaines을 만들어내는 것은 전혀 아니다. 이 각각의 시간들과 각각의 역사들의 특수성, 다르게 말해 이 각각의 시간들과 각각의 역사들의 상대적 자율성과 비의존성은 전체 내에서의 특정한 하나의 절합 유형 위에, 그러니까 전체에 대한 특정한 하나의 **의존성 유형** 위에 토대해 있다. 예를 들어 철학의 역사는 신이 내려준 권리를 지닌droit divin 비의존적인 하나의 역사가 아니다. 철학의 역사가 지니는 특수한 역사로서 존재할 수 있는 그 권리는 (전체의 내부에 존재하는) 절합의 관계들, 그러니까 상대적 효과성의 관계들에 의해 결정된다. 따라서 이 시간들과 역사들의 특수성은 **차이적**différentielle인데, 왜냐하면 이 특수성은 서로 다른 여러 수준 사이에서의, 전체 내에 존재하는 차이적 관계들 위에 토대해 있기 때문이다. 그래서 각각의 시간과 역사의 **비의존성**의 양식과 정도는 필연적으로, 전체의 절합들의 집합ensemble 내 각 수준의 **의존성**의 양식과 정도에 의해 결정된다. 그러므로 어느 하나의 역사와 어느 하나의 수준의 '상대적' 비의존성

70 ❖ 이미 지적했듯 '결정'은 모두 '규정'으로도 번역이 가능하다.

을 개념화하는 것은 공허한 비의존성에 대한 실정적 확언affirmation positive으로도 절대 환원될 수 없으며, 또한 심지어 의존성 그 자체에 대한 단순한 부정négation으로도 절대 환원될 수 없다. 이러한 '상대적 비의존성'을 개념화하는 것은 그 '상대성'을, 다시 말해 이 '상대적' 비의존성의 양식을 그 필연적 결과로 생산하고 확정하는 **의존성** 유형을 정의하는 것이다. 이는 곧 전체 내 부분적partielles 구조들의 절합들의 수준에서, 상대적 비의존성의 생산자인 이 의존성 유형—우리는 이러한 의존성 유형이 서로 다른 여러 '수준'의 역사 내에서 산출하는 효과들을 관찰한다—을 결정하는 것이다.

바로 이러한 원리가 서로 다른 여러 '수준' 각각에 개별적으로 조응하는 서로 다른 여러 **역사**의 가능성과 필연성을 정초하는 것이다. 바로 이러한 원리가 우리로 하여금, 사회적 전체 내의 서로 다른 여러 수준을 서로서로 절합하는 특수한 의존성 내에서 이 역사들 각각의 상대적 비의존성을 사고해야 한다는 의무를 우리로부터 절대로 면제시키지는 않으면서, 아니 오히려 우리로 하여금 이러한 의무를 강제하면서, 경제의 역사에 대해, 정치의 역사에 대해, 종교의 역사에 대해, 이데올로기들의 역사에 대해, 철학의 역사에 대해, 예술의 역사에 대해, 과학들의 역사에 대해 말할 수 있게 해주는 것이다. 바로 그렇기 때문에, 만일 우리가 차이적 역사들histoires différentielles에 불과한 이러한 서로 다른 여러 역사histoires différentes를 구성할 권리를 가지고 있다면, 우리는, 우리 시대 최고의 역사가들이 종종 그렇게 행하듯 서로 다른 여러 시간과 리듬의 존재를 이 시간과 리듬의 차이에 대한 개념에 관계 맺지 않으면서, 다시 말해 이 시간과 리듬의 차이를 전체의 수준들 사이의 절합 내에 정초하는 유형적 의존성에 관계 맺지 않으면서, 이 여러 시간과 리듬의 존재에 대한 **사실확인**constater에 만족할 수는 없다. 따라서 현대의 역사가들이 그렇게 하듯, 서로 다른 시간들에 따른 서로 다른 시기구분들이 **존재한다**고, 각각의 시간들이 자신들만의 리듬을, 한편은 느리고 다른 한편은 빠른 리듬을 가지고 있다고 말하는 것만으로는 충분하지 않다. 우리는 또한 이 리듬과 구획에서의 차이들을 그 토대 내에서, 서로 다른 시간들을 이 시간들 사이에서 이어주는 그 절합 유형, 전위 유형과 꼬임torsion 유형 내에서 사고해야만 한다. 여기에서 더 멀리 나아가기 위해, 심지어 우리는 **가시적**이고 측정 가능한 시간의 존재를 성찰하는 것에 만족해서는 안 된다고, 오히려 우리는 각각의 가시적 시간의 외양들 아래에서 발견할 수 있는 비가시적 리듬들과 구획들의 존재양식, **비가시적** 시간들의 존재양식이라는 질문을 필연적으로 제기해야 한다고까지 말하도록 하자. 『자본』에 대한 단순한 독해만으로도 우리는 마르크스가 이러한 요구를 심원하게 감지하고 있었다는 점을 알 수 있다. 예를 들어 『자본』에 대한 독해는 경제적 생산의 시간이, 만일 이것이 (서로 다른 생산양식에 따라 서로 다른) 하나의 특수한 시간이라면, 바로 이 특수한 시간으로서 하나의 비-선형적인 복잡한 시간이라는 점을, 즉 시간의 시간이라는 점을, 삶의 시간 혹은 시계의 시간[즉 자연적 시간]의 연속성 내에서는 **읽어낼** 수 없으며 생산의 고유한 구조들로부터 출발하여 우리가 **구축**해야만 하는 하나의 복잡한 시간이라는 점을 보여준다. 마르크스가 분석하는 자본주의적 경제생산의 시간은 그 개념 내에서 **구축**되어야만 한다. 이 시간 개념은 생산과 유통과 분배라는 서로 다른 실행들을 구획 짓는 서로 다른 리듬들의 현실로부터 출발해 구축되어야만 한다. 즉, 예를 들어 생산의 시간과 노동의 시간 사이의 차이, 생산의 서로 다른 주기들(고정자본의 회전, 유동자본의 회전, 가변자본의 회전, 화폐의 회전, 상업자본의 회전, 금융자본의 회전 등) 사이의 차이와 같은 이 서로 다른 여러 실행에 대한 개념으로부터 출발해 구축되어야만 하는 것이다. 그러므로 자본주의 생산양식 내에서 경제적 생산의 시간은 일상적 실천의 이데올로기적 시간의 명증성과는 절대로 그 어떤 공통점도 가지고 있지 않다. 분명, 자본주의 생산양식 내 경제적 생산의 시간은 생물학적 시간(인간노동력과 동물노동력에서의 노동과 휴식의 반복이라는 몇몇 제한, 농업생산을 위한 몇몇 리듬) 내에서 몇몇 규정된 지점에 뿌리박혀 있다. 하지만 자본주의적 생산 내 경제적 생산의 시간은 그 본질에서 이 생물학적 시간과 전혀 동일시되지 않으며, 어떠한 의미에서도 이 자본주의적 생산 내 경제적 생산의 시간은 주어진 이러저러한 과정의 흐름 écoulement으로부터 **무매개적으로 읽힐** 수 있는[독해 가능한] 그러한 시간이 아니다. 이는 자본주의적 생산의 전체 과정[총과정]이라는 현실 자체가 비가시적이고 불투명한 만큼이나 본질적으로 비가시적이고 읽히지 않는 시간이기 때문이다. 이 시간은, 우리가 방금 언급했던 서로 다른 시간, 서로 다른 리듬, 서로 다른 회전 등의 복잡한 '교차'와 같이, 그 **개념** 내에서만—이 시간이라는 개념은 모든 개념이 그러하듯 절대로 무매개적으로 '주어지'는 것이 아니며, 절대로 가시적 현실 내에서 **읽힐** 수 있는 것이 아니다—접근 가능한 것이다. 이 시간이라는 개념은 다른 모든 개념과 마찬가지로 **생산**되고 **구축**되어야만 한다.

이로부터 우리는, 예술의 시간에 대해서는 말할 것도 없고 정치적 시간, 이데올로기적 시간, 이론적인 것(즉 철학)의 시간 그리고 과학적인 것의 시간에 대해서도 동일하게 말할 수 있게 된다. 하나의 예를 들어보자. 철학의 역사[철학사]의 시간 또한 무매개적으로 읽힐 수 있는 것이 아니다. 분명 우리는 역사적 연표[철학사 연표]에서 철학자들이 **이어져 내려오는** 것을 **보게** 되고, 우리는 이 시퀀스를 역사 그 자체로 간주할 수 있다. 하지만 바로 이 지점에서 또다시, 우리는 가시적인 것의 잇따름이라는 이데올로기적 선입견을 포기해야 하고 **철학의 역사의 시간이라는 개념을 구축하는** 기획에 착수해야만 한다. 그리고 이러한 개념을 구축하기 위해, 우리는 현존하는 (이데올로기적이고 과학적인) 문화적 형성물들 사이에서 철학적인 것의 특수한 차이를 필연적으로 정의해야 하고, 철학적인 것을 [대문자]이론적인 것 그 자체의 수준에 속하는 것으로 정의해야 하며, [대문자]이론적인 것 그 자체의 차이적 관계들을 한편으로는 기존의 서로 다른 실천들과, 다른 한편으로는 이데올로기와, 결국에는 과학적인 것과 연결시켜야만 한다. 이 차이적 관계들을 정의한다는 것, 이는 [대문자]이론적인 것(즉 철학적인 것)과 그 다른 현실들 사이의 고유한 절합 유형을 정의하는 것, 그러니까 철학의 역사와 서로 다른 여러 실천의 역사들, 그리고 이데올로기들의 역사와 과학들의 역사, 이것들 사이의 절합을 정의하는 것이다. 하지만 이것만으로는 충분하지 않다. 철학의 역사의 개념을 구축하려면 철학 자체에서, 철학적 형성물들 자체를 구성하는 특수한 현실을, 그리고 **철학적 사건들**의 가능성 자체를 사고하기 위해 우리가 준거해야만 하는 그러한 특수한 현실을 정의해야만 한다. 바로 이것이 역사 개념의 생산이라는 모든 이론적 작업에 본질적인 과업들 중 하나이다. 다시 말해 **역사적 사실** 그 자체에 대한 하나의 엄밀한 정의를 부여하기라는 과업 말이다. 이러한 탐구의 결과를 미리 예상하지는 않으면서, 이 지점에서 단순하게 나는 우리가, 그 일반성 내에서[일반적으로], 역사적 존재 안에서 생산되는 모든 현상 가운데, **기존의 구조적 관계들을** (**그 변동을 통해**) **변용하는 사실들**을 **역사적** 사실로 정의할 수 있다는 점을 지적하고자 한다. 철학의 역사 내에서도, 철학의 역사를 하나의 역사로 말할 수 있으려면 **철학적 사실들, 역사적 유효범위를 취하는[역사에 영향을 미치는] 철학적 사건들**, 다시 아주 정확히 말하자면 (현실적 변동을 통해) **기존의 철학적인 구조적 관계들**(이 경우에는 기존의 이론적 문제설정)을 변용하는 **철학적 사실들**이 생산된다는 점을 동일하게 인정해야만 한다. 당연히 이 사실들이 항상 **가시적인** 것은 전혀 아니며, 오히려 종종 이 사실들은 진정한 억압의, 다소간 장기간 지속되는 진정한 역사적 부인 dénégation의 대상이 되는 일이 일어나기도 한다. 예를 들어 로크의 경험주의에 의한 고전적인 도그마적 문제설정의 변동은, 이 로크의 경험주의가 18세기 전체, 즉 칸트, 피히테 심지어 헤겔을 지배했듯, 관념론적 비판철학을 오늘날에 이르기까지 지배하고 있는, 역사적 유효범위를 취하는 하나의 철학적 사건이다. 이 역사적 사실은, 특히 그 기나긴 유효범위 내에서(그리고 무엇보다도, 칸트에서 헤겔에 이르는 독일 관념론의 사고에 대한 이해에서 이 역사적 사실이 지니는 최고의 중요성 내에서), 종종 의심받는다. 이 역사적 사실은 그 진정한 깊이 profondeur에 따라서는 거의 평가받지 못하는 것이다. [하지만] 이 역사적 사실은 마르크스주의 철학에 대한 해석에서 절대적으로 결정적인 역할을 수행했으며, 여전히 우리는 많은 부분에서 이 역사적 사실의 수인이다. 또 다른 예를 들어보자. 스피노자의 철학은 철학의 역사 내에서 전례 없는 하나의 이론적 혁명을 도입하며, 아마도 이 이론적 혁명은, 철학적 관점에서 우리가 스피노자를 마르크스의 유일한 직계 조상이라고 간주할 수 있을 정도로까지 모든 시대의 철학적 혁명들 중 가장 거대한 이론적 혁명일 것이다. 그렇지만 이러한 발본적 혁명으로서의 스피노자의 철학은 놀라운 역사적 억압의 대상이 되었으며, 마르크스주의 철학 또한 이와 거의 비슷하게 몇몇 국가에서 놀라운 역사적 억압의 대상이었고 심지어 지금도 그러하다. 바로 이 마르크스주의 철학이 '무신론'의 혐의를 받는 그 수장[스피노자]이 겪었던 불명예스러운 모욕을 대신 당하게 된 것이다. 17세기와 18세기의 공식적 역사가 스피노자에 대한 기억에 악착같이 행했던 [공격의] 고집스러움, 그리고 글을 쓸 권리를 가지기 위해 스피노자에 대해 불가피하게 모든 저자(몽테스키외 참조)가 취해야만 했던 거리, 이는 스피노자의 사고가 지니는 혐오스러움과 매혹 둘 모두의 증거이다. 따라서 철학으로부터 억압당한 스피노자주의의 역사는 (가시적 철학의 환히 밝혀진 무대 위에서가 아니라) 정치적이고 종교적인 이데올로기(이신론déisme) 내에서 그리고 과학들 내에서와 같은 **다른 장소들**에서 작동하는 하나의 은밀한souterraine 역사로 펼쳐진다. 그리고 스피노자주의가 이 무대 위에 재등장하게 되었을 때, 그러니까 처음에는 독일 관념론의 '무신론 논쟁' 내에서, 그다음으로는 학구적 해석들 내에서 재등장하게 되었을 때 이 스피노자주의는 어느 정도 **오해**의 표지 아래에서 재등장한 것이었다. 내 생각에 나는, 그 서로 다른 영역 내에서 역사 개념의 구축을 도대체 어떠한 길 위에서 우리가 개시해야 하는지 제시하기 위해, 이 개념의 구축이 연표chronique에 기록된 사건들의 가시적 시퀀스와는 그 어떤 관계도 맺지 않는 하나의 현실을 그 어떤 이론의 여지도 없이 생산한다는 점을 보여주기 위해 이 점에 관해 충분히 설명한 것 같다.

프로이트 이후 우리가 무의식의 시간이 전기biographie의 시간과 혼동되지 않는다는 점을 알고 있는 것과 동일한 방식으로, 그리고 오히려 전기의 몇몇 특징들에 대한 이해에 도달하기 위해서는 우리가 **무의식의 시간에 대한 개념을 구축**해야 한다는 점을 알고 있는 것과 동일한 방식으로, 우리는 시간의 연속성에 대한 이데올로기적 명증성 내에서는 절대로 주어지지 않는 개념들(이 시간의 연속성을 가지고 역사의 시간을 만들어내고자 한다면 하나의 올바른bonne 시기구분을 통해 이를 적절히 절단하는 것만으로도 충분할 것이다), 대신 전체의 구조 내에서의 그 대상의 차이적 본성과 차이적 절합으로부터 출발하여 구축되어야만 하는 개념들, 서로 다른 역사적 시간들에 대한 개념들을 동일한 방식으로 구축해야만 한다. 이 점을 확신하기 위해 여전히 몇몇 예시가 더 필요할까? 우리가 미셸 푸코Michel Foucault의 『광기의 역사』와 『임상의학의 탄생』이라는 탁월한 연구들을 읽어본다면, 하나의 분과학문 혹은 하나의 사회가 자신의 선량한bonne 의식, 다시 말해 [결국] 자신의 나쁜mauvaise 의식을 감추고 있는 가면[이라는 선량한 의식]이 반영되도록 만들 뿐인 장소로서의 공식적 연대기의 아름다운 시퀀스를, 문화적 형성물들의 구성과 발전과정의 본질을 구성하는 절대적으로 예상되지 않은 시간성으로부터 얼마만큼의 거리로[얼마만큼이나 멀리] 분리시킬 수 있는지를 확인할 수 있을 것이다. 진정한 역사는 구획 짓고 절단하는 것만으로 충분할 어떠한 선형적 시간의 이데올로기적 연속 내에서 이 역사를 읽어낼 수 있도록 허락하는 바를 전혀 지니고 있지 않으며, 그와는 정반대로 오히려 진정한 역사는 극도로 복잡한, 그리고 물론 이데올로기적 편견의 방심시키는désarmante [역할을 수행하는] 단순성에 대하여 완벽히 역설적인 하나의 고유한 시간성을 소유하고 있다. '광기'라는 형성물과 의학에서의 '임상의학적 시선'의 도래라는 형성물과 같은 문화적 형성물들의 역사를 이해하는 것은, 역사를 식별함으로써 이 역사의 대상 자체를 구축하기 위해, 그리고 이로부터 **그 역사 개념**을 구축하기 위해, 추상의 거대한 작업이 아니라 추상 **내에서의** 거대한 작업을 전제한다.[71] 이 지점에서 우리는, 모든 역사의 시간이 단순한 연속성의 시간인 가시적인 경험적 역사, 사건들의 공백(사건들은 일단 처음에는 이 시간 속에서 생산되며, 그다음으로 우리는 이러한 연속성을 '시기 구분'하기 위해 절단의 절차들procédés에 따라 사건들을 규정하고자 한다)이 그 '내용'인 그러한 가시적인 경험적 역사와는 대척점에 서 있게 된다. 모든 역사의 밋밋한 신비로움을 요약하는 연속과 불연속의 이러한 범주들 대신에, 우리는 무한히 더 복잡한, 각 역사의 유형에 따라 특수한 범주들—이 범주들에 새로운 논리들이 개입해 들어오게 되며, 또한 물론 바로 이 범주들에서 '운동과 시간의 논리'의 범주들에 대한 승화에 불과한 헤겔적 도식들이 고도로 근사적 가치만을 (하지만 다시 한번, **이 범주들을 가지고 이 범주들의 근사성에 조응하는 근사적 즉 지시적 활용을 행한다**는 조건에서) 가지게 된다—과 관계하게 된다. 왜냐하면 만일 우리가 이 헤겔적 범주들을 적합한 범주들로 오해하게 된다면, 이 헤겔적 범주들에 대한 활용은 이론적으로 부조리한, 실천적으로 공허하거나 파국적인 것이 될 것이기 때문이다.

---

71 ❖ '추상의 작업'은 travail d'abstraction, '추상 내에서의 작업'은 travail dans l'abstraction을 번역한 것이다.

전체의 수준들의 복잡한 역사적 시간이라는 이러한 특수한 현실을 가지고 역설적이게도 우리는, 이 특수하고 복잡한 시간에 '본질적 절단면'이라는 시련[테스트]épreuve을, **동시대성**의 구조의 핵심적 시련을 적용하고자 시도함으로써 실험expérience을 행할 수 있다. 이러한 종류의 역사적 절단은, 비록 우리가 경제적 질서 내에서든 정치적 질서 내에서든 주요한 변동의 현상들에 의해 수행되는consacrée 어떠한 시기구분에 이를 적용하는 것이라 해도, '동시대성'이라 불리는 구조를 소유하고 있는, 전체의 표현적 혹은 정신적 통일체 유형에 조응하는 현존présence을 소유하고 있는 그 어떤 '현재'présent도 드러내지 않는다. '본질적 절단면' 내에서 우리가 확인하게 되는 공존은 '수준들' 각각의 현재 그 자체인 편재적omniprésente 본질을 전혀 밝혀주지 않는다. 그것이 정치적 수준이든 경제적 수준이든 하나의 규정된 수준에서 '유효한'vaut 절단, 그러니까 예를 들자면 정치적인 것에 대한 '본질적 절단면'에 조응하는 그러한 절단은 경제적인 것, 이데올로기적인 것, 미학적인 것, 철학적인 것, 과학적인 것—서로 다른 시간들 속에서 살고 있는, 그리고 서로 다른 절단들, 서로 다른 리듬들, 서로 다른 구획들ponctuations을 경험하고 있는—과 같은 다른 수준들에는 전혀 조응하지 않는다. 말하자면, 어느 한 수준의 현재는 다른 한 수준의 부재이며, 이러한 하나의 '현존'과 [복수의] 부재들 사이의 공존은 구조의 절합된 탈중심화décentration articulée 내에서 전체의 구조의 효과일 뿐이다. 따라서 국지화된localisée 하나의 현재 내 [복수의] 부재들로 우리가 포착하는 것, 이것은 바로 전체의 구조의 비-국지화non-localisation이다. 혹은 더 정확히 말해 전체의 구조의 '수준들'(이 '수준들' 자체 또한 구조화되어 있다)에 대한, 그리고 전체의 구조의 수준들의 '요소들'에 대한, 이 전체의 구조에 고유한 효과성 유형이다. 이러한 불가능한 본질적 절단면이 드러내는 것, 그것은 바로, 이 본질적 절단면이 부정적인 방식으로en négatif 보여주는 부재들 자체에서, 규정된 하나의 생산양식에 속하는 하나의 사회구성체에 고유한 역사적 존재형태, 그러니까 마르크스가 규정된 생산양식의 발전과정이라 부르는 바의 고유한 유형이다. 이 과정 역시, 『자본』에서 자본주의 생산양식에 대해 언급하며 마르크스가 **서로 다른 시간들의 얽힘**의 유형이라 부르는 것, 다시 말해 구조의 서로 다른 수준들에 의해 생산된 서로 다른 시간성들—이 서로 다른 시간성들 간의 복잡한 결합은 과정의 전개의 고유한 시간을 구성한다—의 '어긋남'décalage과 '꼬임'torsion의 유형이다.

방금 언급한 바에 대한 모든 오해를 피하려면 내 생각에 다음 몇 가지 언급을 추가할 필요가 있겠다.

우리가 방금 소묘한 역사적 시간에 관한 이론은 그 '상대적' 자율성 내에서 고찰된 서로 다른 수준들에 대한 하나의 역사의 가능성을 정초할 수 있게 해준다. 하지만 이로부터 역사가 '상대적으로' 자율적인 서로 다른 역사들의 병치, 한편에서는 단기적 양식으로 다른 한편에서는 장기적 양식으로 하나의 동일한 역사적 시간을 살아가고 있는 서로 다른 역사적 시간성들의 병치로 만들어지는 것이라고 연역해서는 안 된다. 달리 말해, 현재에 대한 본질적 절단면들을 존재 가능케 하는 하나의 연속적 시간이라는 이데올로기적 모델을 일단 거부하고 나면, 우리는 이러한 표상을 이와는 다른 겉모습allure을 보이는, 하지만 [사실은] 시간에 대한 동일한 이데올로기를 암암리에 복원하고 마는 또 하나의 표상으로 대체하지 않도록 경계해야 한다. 그래서 근본점이 되는de base 하나의 동일한 이데올로기적 시간을 서로 다른 시간성들의 다양성과 관계 맺도록 하는 것, 그리고 참조점이 되는de référence 하나의 연속적 시간의 동일한 선 위에서 이 서로 다른 시간성들 사이의 **어긋남**—따라서 결국 우리가 **시간적 차원에서의**, 그러니까 참조점이 되는 이 이데올로기적 시간 내에서의 뒤처짐retard 혹은 앞섬avance으로 사고하는 것으로 만족해버리는—을 측정하는 것이 올바른 것일 수는 없다. 만일 우리가 우리의 새로운 개념화 내에서 '본질적 절단면'을[즉 '본질적 절단'을] 실행하고자 시도한다면, 우리는 이것이 불가능하다는 점을 확인하게 된다. 하지만 이는, 시간적 공간espace temporel 내에서 하나의 시간의 다른 하나의 시간에 대한 앞섬 혹은 뒤처짐이 열차의 예정보다 빠른 도착과 도착의 지연이 공간적으로 표시되는 SNCF[프랑스 국유철도] 열차 시간 알림판과 같이 나타나는 하나의 계단 혹은 이빨 형태의 절단면으로서의 **불균등한 하나의 절단면** 앞에 우리가 놓이게 된다는 점을 의미하지 않는다.[72] 만일 우리가 이를 행한다면, 우리는, 우리 시대 최고의 역사학자들이 종종 그러하듯, 앞섬 혹은 뒤처짐이 전체의 구조의 효과들이 아니라 참조점[준거점]의 연속성의 변형태들에 불과할 뿐인 그러한 역사에 대한 이데올로기의 함정에 빠져버리고 말 것이다. 역사학자들 자신들에 의해 **사실확인된** 현상들을 **이 현상들에 대한 개념에,** 그러니까 (동질적이고 연속적인 이데올로기적 시간이 아니라) 고찰된 생산양식의 역사라는 개념에 관계 맺도록 하기 위해 우리는 바로 이

72 ❖'계단 혹은 이빨 형태의'는 à escaliers ou dents multiples를 옮긴 것이다.

모든 이데올로기의 형태와 단절해야 한다.

우리의 이러한 결론은 우리 시대의 경제적이고 정치적인 사고의 언어 내에서 거대한 전략적 역할을 수행하는 일련의 모든 통념, 예를 들어 마르크스주의 자신의 통념들인 **전개의 불균등성, 잔재, 지체**(의식의 지체) 혹은 현재의 경제적이고 정치적인 실천[현실] 내에서의 '**저-발전**'이라는 통념 등의 지위를 명료히 확정하기 위해서는 최고의 중요성을 지니는 것이다.[73] 따라서 우리는, 실천적으로[현실에서] 거대한 유효범위를 취하는 결론을 지니는 이러한 통념들과 관련해, 차이적 시간성이라는 이러한 개념에 제시할 의미를 명확히 설명해야 한다.

이러한 요구[필요성]에 응답하기 위해, 다시 한번 우리는 우리의 역사이론에 대한 개념을 경험적 역사의 명증성에 의한 모든 오염으로부터 발본적으로 정화해야 한다. 왜냐하면 우리는 이러한 '경험적 역사'가 역사에 대한 경험주의적 이데올로기의 맨얼굴에 불과하다는 점을 알고 있기 때문이다. 그 거대한 무게를 자랑하는, 하지만 인간들

73 ❖ 이미 지적했듯 développement의 두 가지 의미는 '발전'과 '전개'이고 모순과 관련해서는 '발전'보다는 '전개'라는 번역어를 더 많이 사용한다. '전개의 불균등성'의 경우 알튀세르가 『마르크스를 위하여』에서 분석하는 '모순의 전개의 불균등성'을 의미하고, 반면 '저-발전'은 알튀세르가 이 글을 집필할 당시인 1960년대에 강한 영향력을 행사하던 '종속이론'과 관련해 많이 논의된 제3세계의 '저-발전'이라는 통념을 지시하므로 이 경우에는 '전개'보다는 '발전'이라는 역어가 더 적절하다고 판단했다.

을 짓누르고 있는 거대한 대기층의 무게가 지구에 사는 이 인간들에게는 전혀 느껴지지 않듯, 더 이상 사람들 심지어 역사학자들 모두에 의해 느껴지지 않는 이러한 경험주의적 유혹에 대항하여, 그 어떤 모호함도 없이 우리는, 스피노자가 이미 지적했듯 **개라는 개념은 짖을 수 없다**는 사실과 마찬가지로, **역사 개념**이 경험적일 수 없다는, 다시 말해 사람들이 흔히들 사용하는 범박한 의미에서 **역사적**일 수 없다는 점을 명료하게 바라보고 이해해야만 한다. 그 모든 엄밀성 속에서 우리는 '경험적' 시간성과의 타협으로부터, 이 '경험적' 시간성을 지지하고 포함하는 시간에 대한 이데올로기적 개념화와의 타협으로부터, **이론으로서의** 역사이론이 ('역사적 시간'이 자신의 대상을 구성한다는 핑계하에서) 이 '역사적 시간'의 '구체적' 규정들에 종속될 수 있다는 이데올로기적 관념과의 타협으로부터 역사이론을 해방시켜야 한다는 절대적 필연성을 개념화해야 한다.

우리는, 우리 모두를 여전히 지배하고 있는, 동시대 역사주의의 근본을 구성하고 있는, 그리고 인식대상을 현실대상의 '특질들'qualités 자체—인식이란 바로 이 현실대상의 '특질들'에 대한 인식인 것인데—에 의해 변용되도록 만듦으로써 우리로 하여금 인식대상과 현실대상을 혼동하도록 만들기를 원하는, 이러한 선입견의 놀라운 힘에 대해 스스로 미망을 형성해 가져서는 안 된다. 역사에 대한 인식은 설탕에 대한 인식이 달지 않은 것과 마찬가지로 역사적이지 않다. 하지만 이러한 단순한 원리가 [우리의] 의식 내에서 '자신의 길을 만들어나가기'frayé sa voie 이전에, 아마도 [우리는 이미] 하나의 '역사

(학)' 전체를 가지고 있어야 할 것이다.[74] 따라서 이제부터 우리는 몇몇 지점을 정확히 설명하는 것으로 만족하겠다. 우리는, 서로 다른 시간성들—바로 위에서 우리가 다룬, 그리고 이 시간 내에서 지정 가능한 그만큼의 뒤처짐, 앞섬, 잔재 혹은 전개의 불균등성으로 사고될—을 시간의 연속성이 취하는 그만큼의 불연속성들의 자격으로 유일하고 동일한 하나의seul et même 시간과 관계지음으로써, 연속적-동질적임과 동시에 자기 자신에 대해 동시대적인 시간에 대한 이데올로기 속으로 다시 굴러떨어질 수 있다. 이를 통해, 우리 자신의 부인에도 불구하고, 우리는 (그 연속성 안에서 우리가 이러한 불균등성들을 측정하게 되는 그러한) 참조점[준거점]의 시간을 확립하게 되는 것이다. 그러나 이와는 정반대로 우리는 이러한 시간적 구조의 차이들을 전체의 총구조structure d'ensemble du tout 내 서로 다른 요소들 혹은 서로 다른 구조들의 절합양식mode d'articulation의 객관적 지표들로, 그리고 **유일하게 이 객관적 지표들로만** 간주해야 한다. 결국 이는 만일 우리가 역사 내에서 '본질적 절단면'을[즉 '본질적 절단'을] 실행할 수 없다면, 이는 우리가 전체의 복잡한 구조의 특수한 통일체 내에서 이른바 뒤처짐, 앞섬, 잔재, 전개의 불균등성—현실의 역사적 현재présent historique réel의 구조 내에서, 즉 **정세**conjoncture의 현재의 구조 내에서 공-**존co-existent**하고 있는—의 개념을 사고해야 한

74 ❖ '역사(학)'은 histoire를 옮긴 것으로, 한국어와 달리 프랑스어에서는 '역사'와 '역사학'이 모두 histoire 한 단어로 표현된다. 이를 구분해주기는 쉽지 않은데, 최대한 맥락을 고려해 '역사'와 '역사학'으로 구분해 번역하고, 애매한 경우 혹은 알튀세르가 이 두 단어 모두를 가리킨 것으로 판단될 경우 '역사(학)'으로 옮긴다.

다는 점을 의미하게 된다.[75] 그러므로 이러한 뒤처짐과 앞섬을 측정할 수 있게 해줄 어떠한 토대의 시간temps de base에 준거할 경우 차이적 역사성들의 유형들에 대해 말하는 것은 그 어떠한 의미도 가지지 못하게 되는 것이다.

반면 이는 뒤처짐이나 앞섬 등과 같은 은유적 언어의 최종적 의미가 전체의 구조 내에서, 이러저러한 요소에 고유한 장소 내에서, 전체의 복잡성 내의 이러저러한 구조적 수준에 고유한 장소 내에서 찾아져야 한다는 점을 의미하게 된다. 그래서 차이적인 역사적 시간성에 대해 말하는 것, 이는 전체의 현행적 형세configuration actuelle 내에서 이러저러한 요소 혹은 이러저러한 수준의 **장소**lieu를 위치 지어야 한다는 의무를, 그리고 이러저러한 요소 혹은 이러저러한 수준의 **기능**fonction을 그 고유의 절합 내에서 사고해야 한다는 의무를 절대적으로 떠맡는 것이다. 또한 차이적인 역사적 시간성에 대해 말하는 것, 이는 다른 요소들에 따라 이 요소의 절합관계를, 다른 구조들에 따라 이 구조의 절합관계를 결정해야 한다는 의무를, 전체의 결정 구조에 따라[76] 이 구조의 **과잉결정**surdétermination 혹은 **과소결정**sous-détermination이라고 불렀던 바를 정의해야 할 의무를, 또 다른 언어로 우리가 **결정 지표**indice de détermination, **효과성 지표**indice

---

75 ❖ 통일체는 unité를 옮긴 것으로 '통일성'으로도 번역 가능하다. 반복적으로 등장하고 있는 '뒤처짐', '앞섬', '잔재', '전개의 불균등성'의 원어는 retards, avances, survivances, inégalités de développement을 옮긴 것으로 '지체', '선행', '잔존', '불균등 발전'으로도 번역 가능하다. '공-존'으로 옮긴 co-exister의 경우 '공동-실존'으로 조금 더 풀어 번역하는 것이 가능하다.

76 ❖ 여기서 '따라'는 en fonction de를 옮긴 것으로, 앞서 등장한 fonction, 즉 '기능'이라는 어휘와의 관계에서 이해해야 한다. fonction에는 '기능'만이 아니라 '함수'라는 의미도 있다.

d'efficace—그에 따라, 문제가 되는 그 요소 혹은 구조가 전체의 총 구조 내에서 현행적으로 변용되는—라고 부를 수 있는 바를 정의해야 할 의무를 떠맡는 것이다.[77] **효과성 지표**라는 용어를 통해, 우리는 다소간 지배적인 혹은 종속적인, 그러니까 항상 다소간 '역설적인' 결정, 전체의 현행적 메커니즘 내 주어진 하나의 요소의 혹은 구조의 결정이 지니는 특징을 의미할 수 있다. 그리고 이는 역사이론théorie de l'histoire에 필요불가결한 정세이론théorie de la conjoncture과 다른 것이 전혀 아니다.

나는 거의 전부를 다시 세공해야만 하는 이러한 분석으로 더욱 깊이 진입하기를 원하지 않는다. 나는 이 원리들로부터 두 가지 결론, 즉 하나는 공시성과 통시성이라는 개념, 다른 하나는 역사라는 개념과 관련되는 두 가지 결론을 이끌어내는 것으로 만족하고자 한다.

1)만일 방금 우리가 언급한 바가 어떠한 객관적 의미를 가진다면, 통시-공시라는 쌍은, 왜냐하면 이 통시-공시라는 쌍을 하나의 인식으로 오해함으로써 우리는 인식론적 공백vide 안에, 다시 말해 (이데올로기는 공백을 두려워하므로) 이데올로기적 충만함plein 안에, 더욱 정확히 말하자면 역사에 대한 이데올로기적 개념화(이 개념화 내에서 시간은 동질적-연속적이고 자기 자신에 대해 동시대적일 텐데)의 충만함 안에 머무르게 되기 때문에, 하나의 오인méconnaissance의 장소[일 뿐이]라는 점이 명확해진다. 만일 역사와 이 역사의 대상에 대한 이러한 이데올로기적 개념화가 무너진다면tombe, 이 통시-공시

77 ❖ 이 장의 핵심 개념인 efficace를 이후로도 일관되게 '효과성'으로 번역하겠다. 대신 위에서도 그러했듯 이와 유사한 어휘인 effectif의 경우 '유효한'으로 옮긴다.

라는 쌍 또한 사라지게 된다. 그렇지만 이 쌍으로부터 유래하는 무언가는 여전히 남게 되는데, 이는 바로 인식론적 실행opération—통시-공시라는 쌍은 이 인식론적 실행의 무의식적 반영 그 자체, 더 정확히 말해, 일단 이 통시-공시 쌍에 대한 이데올로기적 준거가 드러나고 나면, 이러한 인식론적 실행 그 자체이다—이 목표로 하는 것이다. 공시성이 목표로 하는 바는 **현실대상**으로서의 대상의 **시간적** 현존과는 아무런 관계도 없으며, 이와는 정반대로 오히려 다음과 같은 또 하나의 다른 현존 유형과 또 하나의 **다른 대상**의 현존과 관계된다. 구체적 대상의 시간적 현존이 아니라, 역사적 대상의 역사적 현존에 대한 역사적 시간이 아니라, **이론적 분석 그 자체의 인식대상의** 현존(혹은 '시간'), 즉 **인식의** 현존 말이다. 따라서 공시적인 것은 전체의 구조의 서로 다른 요소들과 서로 다른 구조들 사이에 존재하는 특수한 관계들에 대한 **개념화**일 뿐이며, 바로 이 의존과 절합의 관계들에 대한 **인식**으로서 공시적인 것은 의존과 절합의 관계들을 통해 하나의 유기적 전체 즉 하나의 체계를 형성한다. **공시적인 것, 그것은 스피노자적 의미에서의 영원성[초역사성]**, 혹은 대상의 복잡성에 대한 적합한 인식을 통한 이 복잡한 대상에 대한 적합한 인식이다. 매우 정확히도 바로 이것이 마르크스가 현실적-구체적인 역사적 잇따름과 구별하는 바이다. 마르크스는 다음과 같이 말한다.

> 도대체 어떻게 운동, 잇따름, 시간에 대한 유일한 하나의 논리적 정식이 사회의 신체—이 사회의 신체 내에서 모든 경제적 관계는 동시적

으로 공존하며 서로가 서로를 지지해준다—를 설명할 수 있는가?[78]

만일 공시성이 마르크스의 지적대로 이러한 것이라면, 공시성은 단순하고 구체적인 시간적 현존과는 아무런 관계도 없는 것이며, 대신 공시성은 전체를 하나의 전체로 만드는 복잡한 절합에 대한 인식과 관계된 것이다. 공시성은 구체적 공존이 아니며, 대신 공시성은 현실대상에 대한 인식을 제공하는 인식, 인식대상의 복잡성에 대한 인식인 것이다.

공시성이 이러하다면, 이로부터 우리는 통시성과 관련해서도 유사한 결론들을 이끌어내야 한다. 바로 공시성에 관한(그러니까 본질의 자기 자신에 대한 동시대성에 관한) 이데올로기적 개념화가 통시성에 대한 이데올로기적 개념화를 정초하는 것이기 때문이다. 그래서 통시성으로 하여금 역사에서 [자신의] 역할을 수행하게끔 하는 사상가들의 사유 내에서 이 통시성이 자신의 빈곤함을 어떻게 스스로 고백하는지를 보여줄 필요는 거의 없는 것이다. 통시성은 사건적인 것 événementiel으로, 그리고 사건적인 것이 공시적인 것의 구조에 미치는 효과들로 환원된다. 따라서 역사적인 것은 시간의 텅 빈 연속 내에서 우연적contingentes 원인들로 인해 돌발하거나 추락tombe하는 예견되지 않은 것imprévu, 우연한 것hasard, 사실적으로 유일한 것unique du fait이 된다.[79] 그래서, 이러한 맥락에서 '구조적 역사'를 위한 기획

---

78 *Misère de la philosophie*, p. 120)[『철학의 빈곤』, 274쪽. 알튀세르는 앞서 등장한 동일한 인용의 번역을 조금 수정해서 제시하고 있다].

79 ❖ '시간의 텅 빈 연속'은 continu vide du temps을 옮긴 것이다.

은 가공할 위력을 가진 문제들을 제기하는데, 우리는 이 가공할 위력을 가진 문제들에 대한 끈질긴 성찰을 『구조인류학』에서 레비-스트로스가 이 기획에 할애했던 몇몇 구절에서 발견할 수 있다. 도대체, 텅 빈 시간과 불규칙한 사건들이 어떠한 기적을 통해 공시적인 것의 탈-구조화들과 재-구조화들을 촉발할 수 있을 것인가?[80] 공시성이 자신의 자리에 일단 다시 놓이고 나면, 통시성의 '구체적' 의미는 추락tombe하게 되며, 이 지점에서 통시성에 대한 잠재적인possible 인식론적 활용(공시성으로 하여금 하나의 이론적 전환conversion을 경험하도록 만든다는, 그리고 이 공시성을 그 진정한 의미에서—그러니까 구체적인 것이 아니라 인식하는 것connaître이라는 의미에서—하나의 범주로 고려한다는 조건에서)을 제외한 그 무엇도 이 통시성으로부터 남지 않게 된다. 따라서 통시성은 **과정**의 거짓된 이름, 혹은 마르크스가 **형태들의 전개**라 부르는 바의 거짓된 이름에 불과한 것이다.[81] 하지만 여전히 또한 이 지점에서 우리는 **인식 내부에**, 인식과정 내부에 있는 것이며, 현실-구체적인 것의 전개 내부에 있는 것이 전혀 아니다.[82]

---

80 ❖ 조금 어색하더라도 원어대로 '탈-구조화'와 '재-구조화'는 복수로 번역했다. 또한 여기에서 '불규칙한'은 ponctuels을 옮긴 것이다.

81 Cf. Tome I, chapitre I, paragraphe 13.

82 모든 오해를 피하기 위해 나는, '통시적인 것'이라는 이 **서자**bâtard 개념에 대한 오늘날의 일상적 활용에 출몰하는 잠재적 경험주의에 관한 이러한 비판이 역사적 변형들에 대한 현실에는, 예를 들어 하나의 생산양식에서 다른 하나의 생산양식으로의 이행에는 분명 도달하지 못한다는 점을 추가로 지적하고자 한다. 만일 우리가 이러한 현실(즉 구조들의 현실적 변형이라는 사실)을 '통시성'으로 **지시하고자** 한다면, 우리는 이를 통해 역사적인 것 그 자체(절대로 순수하게 정적인 것은 전혀 아닌)만을, 혹은 (역사적인 것 내부의 구별을 만들어냄으로써) **가시적으로** 변형되는 바를 지시하는 것일 뿐이다. 하지만 우리가 이 변형에 대한 개념을 사고하기를 원할 때, 우리는 더 이상 현실적인 것('통시적인 것') 내에 있는 것이 아니라, **현실적인** '통시적인 것' 그 자체와 관련해 (우리가 방금 전에 설명한) 인식론적 변증법이 작동하는 장소로서

2)이제 역사적 시간 개념에 대해 다루어보겠다. 이 역사적 시간 개념을 엄밀하게 정의하기 위해, 우리는 다음 조건을 우리의 수단으로 취해야만 한다. 규정된 한 생산양식에 속하는 하나의 사회구성체를 구성하는 사회적 총체성의 지배관계 내의à dominante, 그리고 차이적 절합관계 내의à articulations différentielles 복잡한 구조에서 스스로를 정초할 수밖에 없기에, 이 역사적 시간 개념은, 그리고 이 개념의 내용은 그 전체ensemble에서 고려된 것이든 그 서로 다른 '수준들'에서 고려된 것이든 총체성의 구조에 따라서만 자신의 자리를 할당받을 수 있다. 특히, 역사적 시간을 고찰된 사회적 총체성의 실존의 특수한 형태로 정의함으로써만, 시간성의 서로 다른 구조적 수준들이 조응, 비-조응, 절합, 어긋남 그리고 꼬임이라는 고유한 관계들—전체의 총구조에 따라 이 전체의 서로 다른 '수준들'이 자신들 사이에서 유지하는—에 따라 개입해 들어오는 그러한 실존의 특수한 형태로 정의함으로써만, 이 역사적 시간 개념에 어떠한 내용을 부여하는 것이 가능해진다. 생산 일반이라는 것이 존재하지 않는 것과 마찬가지로 역사 일반이란 존재하지 않으며, 대신 최종적으로는 특수한 구조들 위에 정초해 있는 역사성의 특수한 구조들이, 서로 다른 생산양식들이, 이 총체성들의 본질에 따라서만, 다시 말해 이 총체성들의 고유한 복잡성의 본질에 따라서만 의미를 가지는 역사성의 특수한 구조들(왜냐하면 이 역사성의 특수한 구조들은 전체들touts로서 결정되고 절합된 사회구성체들의 실존, 특수한 생산양식들에 속해 있는 사회구성

의 인식 내에, 즉 개념과 '이 개념의 형태들의 전개' 내에 있게 되는 것이다. 이 점에 대해서는 이 책에 수록된 발리바르의 논문을 참조하라.

체들의 실존에 불과하기 때문에)이 존재하는 것이라는 점을 지적해야 한다.

그 **이론적** 개념을 통한 역사적 시간에 대한 이러한 정의는 역사학자들과 그들의 실천에 직접적으로 관련된다. 왜냐하면 이 역사적 시간에 대한 정의는 온갖 종류의 역사학(그것이 넓은 의미의 역사이든, 경제적·사회적·정치적·미술사적·문학적·철학적·과학적 등의 전문화된 역사이든)을, 몇몇 예외를 제외한다면 강력하게 지배하고 있는 경험주의적 이데올로기에 대한 그들의 관심을 끌기 때문이다. 사태를 노골적으로 말해보자면, 역사학은 자기 자신이, 강한 의미에서의 **이론** 없이, 자신의 대상에 대한 이론 없이, 그러니까 자신의 이론적 대상에 대한 정의 없이 존재할 수 있다는 미망 속에서 살고 있다. 역사학에서 이론으로 기능하는 것, 역사학의 눈에는 이론을 대체하고 있는 것으로 보이는 것, 그것은 바로 역사학의 **방법론**, 다시 말해 역사학의 유효한 실천들을 지배하는, 문헌들에 대한 비판과 사실들에 대한 확립을 중심으로 하는 실천들을 지배하는 규칙들이다. 이론적 대상을 대체하는 것은, 역사학의 눈에, 바로 이 역사학의 '구체적' 대상이다. 따라서 역사학은 자신의 방법론을 자신에게는 결여되어 있는 이론으로 오해하고 있는 것이며, 역사학은 이데올로기적 시간의 구체적 명증성의 '구체적인 것'[구체]을 이론적 대상으로 오해하고 있는 것이다. 이러한 이중의 혼동은 경험주의적 이데올로기에 전형적인 것이다. 역사학에서 결여되어 있는 바는, 그것이 무엇이 되었든 모든 과학에 본질적인 하나의 문제와 의식적으로 용감하게 대면하는 것이다. 이 문제란 이 과학의 **이론**의 본성과 구성이라는 문제인데, 이를 통해 나는 과학 그 자체에 내부적인 이론을, 즉 (실험적인 것이라

할지라도) 모든 방법과 모든 실천을 정초하는, 그리고 동시에 이 과학의 이론적 대상을 정의하는 이론적 개념들의 체계를 의미하고자 한다. 그런데 아주 소수의 예외를 제외한다면, 역사학에 관해 역사학자들은, 이 역사학의 이론에 대한 사활적이고 위급한 문제를 스스로에게 제기하지 않는다. 또한 과학적 이론의 부재로 인해 공백으로 남겨진 자리가 어떠한 하나의 이데올로기적 이론에 의해 점거되는 일이 필연적으로 발생하며, 이와 관련해 우리는, 그 세부지점까지 변용하는, 역사학자들의 방법론 수준 자체에서의 그 해로운 효과들을 보여줄 수 있다.

따라서 과학으로서 역사학의 대상은 동일한 유형의 이론적 실존을 소유하며, 마르크스에게서의 정치경제학의 대상과 동일한 수준에서 확립된다. (『자본』이 그 하나의 예시인) 정치경제학의 이론과 과학으로서 역사학의 이론 사이에서 우리가 검출할 수 있는 유일한 차이는, 정치경제학의 이론이 사회적 총체성의 상대적으로 자율적인 하나의 부분만을 고려하는 데 반해, 원리적으로 역사학의 이론은 복잡한 총체성 자체를 자신의 대상으로 스스로에게 제시한다는 점과 관련된다. 이러한 차이를 제외한다면, 이론적 관점에서, 정치경제학의 과학과 역사의 과학[역사학이라는 과학] 사이에는 그 어떤 차이도 존재하지 않는다.

『자본』의 '추상적' 특징과 과학으로서 역사학의 소위 그 '구체적' 특징 사이의 대립, 사람들에 의해 종종 원용되는 그러한 대립은 순수하고 단순한 오해이며, 우리를 지배하는 선입견들의 왕국에서 이 오해가 선택자의 자리를 차지하고 있기에 이 오해에 대해 한마디 하는 것이 그리 무용하지는 않을 것이다. 정치경제학 이론이 최종적으로는 구체적이고 현실적인 역사학 내 실천들에 의해 제공받는 일차 재료에 대한 탐구 내에서 세공되고 발전된다는 점, 정치경제학 이론이 이러저러한 사회구성체의 이러저러한 정세, 이러저러한 시기와 관계 맺음으로써 '구체적'이라고 말해지는 경제적 분석들 내에서 실현될 수 있고 실현되어야 한다는 점, 이는, 역사이론 또한 구체적이고 현실적인 역사에 의해 생산된 일차 재료에 대한 탐구 내에서 세공되고 발전된다는 사실 내에서, 그리고 역사이론 또한 '구체적 상황'에 대한 '구체적 분석' 내에서 자신을 실현한다는 사실 내에서 자신의 확실한 보증물répondant을 발견한다. 모든 오해는 역사학이 어떠한 이론의 '적용'으로서의 이 두 번째 형태, 그러니까… 강한 의미에서는 존재하지 않는 이 이론의 '적용'으로서의 이 두 번째 형태 아래에서가 아니라면 전혀 존재하지 않는다는 점, 그리고 이러한 사실로 인해 역사이론의 '적용'이 이러한 부재하는 이론의 (어떤 의미에서는) 등 뒤에서 실행되며 매우 자연스럽게도 이 '적용'이 이 부재하는 이론으로 오해된다(스스로 존재하기 위해서는 최소한의 이론은 필요한 것이기에 이 '적용'이 다소간 이데올로기적인 개요적 수준의 이론esquisses de théorie에 의거하는 것이 아니라면)…는 점과 관계되어 있다. 역사학자들에게는 **강한 의미에서 역사이론이 존재하지 않는다**는 혹은 거의 존재하지 않는다는 사실, 따라서 기존 역사학의 개념들이 정말 많은 경우 자신들의 이론적 토대를 어느 정도는 찾아나가려는 경향을 지니는 '경험적' 개념들—여기에서 '경험적'이라는 것은, 달리 말하자면, 그 '명증성' 아래에 스스로를 숨기는 그러한 하나의 이데올로기와 강하게 교미되어[혼합되어] 있다는 의미이다—이라는 **사실**, 우리는 이를 진지하게 고려해야 한다. 이는 자신들의 이론에 대한 관심으로 인해 다른 역사학자들로부터 구별되는 최고의 역사학자들, 하지만 이론이 찾아질 수 없는 수준인 역사학적 **방법론**—이 역사학적 **방법론**은 자신을 정초하는 이론 바깥에서는 정의될 수 없으므로—의 수준에서 이론을 찾으려 하는 그러한 최고의 역사학자들의 경우이다.

역사학 또한 (우리가 방금 명확히 했던 의미에서의) 이론으로서 존재하게 될 그날, 역사학의 이론과학으로서 그리고 경험과학으로서의 이중적 실존은 더 이상 그 어떤 문제도 일으키지 않을 것이다. 이론과학과 경험과학으로서의 마르크스주의 정치경제학 이론의 이중적 실존이 그 어떤 문제도 초래하지 않는 것과 같이 말이다. 바로 그날, 균형이 맞지 않아 불안정한 이 쌍의 이론적 불균형, 즉 정치경제학이라는 추상적 과학과 소위 말하는 '구체적' 과학이라는 쌍 사이의 이론적 불균형은 사라질 것이며, 이러한 불균형의 사라짐과 함께, 죽은 자들의 부활과 성인들saints의 영성체에 관한 몽상과 종교적 의식들—미슐레 100년이 지나서도 여전히 역사학자들이 (카타콤이 아니라) 우리 시대의 공적 장소들에서 이를 기념하기 위해 시간을 보내고 있는—전체 또한 사라질 것이다.[83]

이 주제에 대해 한마디만 덧붙이겠다. 역사이론으로서의 역사학과 소위 '구체적인 것의 과학'으로서의 역사학, 즉 자신의 대상의 경험주의에 사로잡힌 역사학 사이의 만연해 있는 혼동과, 이 '구체적인' 경험적 역사와 정치경제학의 '추상적' 이론 사이의 대당, 이 둘은 상당

---

83 ❖ '카타콤'은 파리 전역에 자리해 있는 '지하동굴'을 의미한다. 프랑스대혁명이나 파리코뮌, 레지스탕스와 같은 굵직한 역사적 사건들이 있을 때마다 이 '지하동굴' 카타콤은 프랑스인들 사이에서 비밀 공간으로 활용되었다.

히 많은 수의 개념적 혼동과 거짓 문제의 기원에 놓인 것들이다. 심지어 우리는 이 오해 스스로가 이데올로기적 개념들—이 이데올로기적 개념들의 기능은 한편으로 기존 역사학의 이론적 부분, 다른 한편으로 경험적 역사학(이 경험적 역사학이 사실은 기존 역사학의 거의 대부분을 차지한다), 이 둘 사이에 존재하는 **거리**, 다시 말해 공백을 **채우는 것**을 그 핵심으로 한다—을 **생산**한다고까지 말할 수 있다. 나는 이 개념들을 대충 훑어보고 넘어가고 싶지는 않은데, 이 개념들에는 온전한 하나의 연구 전체가 필요하기 때문이다. 그 예시를 위해 세 가지를 지적해보겠다. 본질과 현상이라는 고전적 쌍, 필연성nécessité과 우연성contingence이라는 고전적 쌍, 그리고 역사 내에서 개인의 행위action라는 '문제'.

◆◆◆

본질과 현상이라는 쌍은, 경제주의적 혹은 기계론적 가설 내에서, 비-경제적인 것을 경제적인 것의 현상으로, 그러니까 경제적인 것을 그 본질로 설명하는 역할을 떠맡고 있다. 이러한 실행 내에서 은밀하게, 이론적인 것(그리고 '추상적인 것')은 경제의 편에 위치해 있으며(왜냐하면 우리는 『자본』에서 이에 대한 이론을 가지고 있기 때문에), 경험적인 것 즉 '구체적인 것'은 비-경제적인 것, 다시 말해 정치적인 것, 이데올로기 등의 편에 위치해 있다. 본질과 현상이라는 쌍은, 만일 우리가 '현상'을 구체적인 것, 경험적인 것으로, 본질을 비-경험적인 것, 추상적인 것, 현상의 진리로 간주해버린다면, 이러한 자신의 역할을 상당히 성공적으로 수행하는 것이다. 바로 이 지점에, 어느 한 대상에 대한 인식을 다른 한 대상의 존재와 비교하는 교차점 내에서 이론적인 것(경제적인 것)과 경험적인 것(비-경제적인 것) 사이의 부조리한 관계가 확립되는 것이며, 바로 이것이 우리를 오류추리paralogisme 속으로 밀어 넣는 것이다.

◆◆◆

필연성과 우연성이라는 쌍 혹은 필연성과 우연hasard이라는 쌍 또한 본질과 현상이라는 쌍과 동일한 종류의 것이며 동일한 기능을 수행하도록 예정되어 있다. 즉, 어느 한 대상(예를 들어 경제)의 이론적인 것과 다른 한 대상의 비-이론적인 것, 즉 경험적인 것(즉, 경제적인 것이 '자신의 길을 만들어나가는' 장소로서의, 예를 들어 '정황'circonstances이나 '개인성' 등과 같은 비-경제적인 것) 사이의 거리를 메우기라는 기능 말이다. 예를 들어 우리가 필연성이 우연적 소여들을 통해, 다양한 정황을 통해 '자신의 길을 만들어나간다'라고 말할 때, 두 현실이 직접적 관계 없이 서로 대립하는 하나의 놀라운 메커니즘mécanique을 확립하게 된다. 이 경우 '필연성'은 하나의 **인식**을(예를 들어 경제에 의한 최종심급에서의 결정이라는 법칙), 그리고 '정황'은 **인식되지 않은 바**ce qui n'est pas connu를 지시하게 된다. 하지만 하나의 인식을 하나의 비-인식과 비교하는 대신, 우리는 비-인식을 괄호 속에 넣고 이 비-인식을 인식되지 않은 대상의 **경험적 실존**(우리가 '정황', 우연적 소여 등이라고 부르는 바)으로 대체한다. 이는 우리로 하여금 **용어들을 교차**시키는 것을, 그리고 규정된 한 대상에 대한 **인식**(경제적인 것의 필연성)을 다른 한 대상의 **경험적 실존**(정치적 '정황'이나 혹은 다른 정황들—이 정황들을 통해 앞서 말한 '필연성'이 말하자면 '자신의 길을 만들어나가'게 된다)과 비교하는 어떠한 단락의 오류추리를 실현할 수 있게 해준다.[84]

이 오류추리의 가장 유명한 형태는 '역사 내에서 개인의 역할'이라는 '문제'의 모습으로 우리에게 제시된 바 있다…. 그런데 이는 어느 한정된 대상(예를 들어 경제)—이 대상은, 다른 대상들(정치적인 것, 이데올로기적인 것 등등)은 그것의 현상으로[만] 사고되는 그러한 본질을 표상한다—의 이론적인 것 혹은 인식을 굉장히 중요한(정치적으로 중요한!) 그 경험적 현실, 즉 개인적 행위라는 현실과 대립시키는 것을 핵심으로 하는 비극적[출구 없는] 논쟁일 뿐이다. 바로 이 지점에서 또 한 번 우리는 교차된 항들 사이의 단락과 관계하고 있는 것이며, 이 교차된 항들 사이의 비교는 부적절한illégitime 것이 된다. 왜냐하면 여기에서 우리는 한정된 하나의 대상에 대한 인식을 다른 하나의 대상의 경험적 존재와 대립시키고 있기 때문이다! 나는 이 개념들이 그 저자들[즉 이 개념들을 만들어낸 이들]로 하여금 맞닥뜨리도록 만드는 난점들—이 저자들은, 물속의 물고기와 같이 이러한 오류추리 내에서 편안히 존재하고 있는 헤겔적인(그리고 더 일반적으로는 고전적인) 철학적 개념들에 대해 비판적으로 문제제기하지 않

84 ❖ '단락'은 court-circuit를 옮긴 것으로, '단락'이란 전기가 공급되는 두 가닥의 선이 만나 연결되는 것, 즉 '합선'을 뜻하는데, 이것이 인문사회과학에서는 서로 이질적인 두 항이 급작스럽게 만나는 것, 그리고 이렇게 '합선'되어 새로운 효과를 갑자기 '펑' 하고 생산해내는 것을 뜻한다. 동질적인 두 항의 안정적 결합이라는 뉘앙스보다는 이질적인 두 항의 불안정하고 위험스러운 급작스러운 연결 혹은 '절합'으로 인해 이 이질적인 두 항과도 이질적인 제3의 항이 어떠한 효과로서 생산되는 것을 지시한다. 여기서는 어느 하나의 대상에 대한 인식과 다른 한 대상의 경험적 실존 사이의 '단락'을 지시하기 위해 쓰인 어휘이다.

는 한에서는, 현실에서pratiquement 이 난점들로부터 빠져나올 수 없었다—에 대해 강조하고자 하지는 않는다. 그렇지만 나는 '역사 내에서 개인의 역할'이라는 이 거짓 문제가 그럼에도 역사이론 내에 정당하게de plein droit 속해 있는 하나의 진정한 문제의 지표라는 점을 지적하고자 한다. 이 하나의 진정한 문제란 바로, **개인성의 역사적 존재형태들**의 개념이라는 문제이다. 『자본』은, 자본주의 생산양식과 관련해 이 생산양식에 의해 요청되고 생산된 개인성의 서로 다른 형태들을 (기능들에 따라, 즉 개인들이 분업 내에서, 구조의 서로 다른 '수준들' 내에서 바로 이 기능들의 '담지자들'Träger로 존재하게 되는 그러한 기능들에 따라) 정의함으로써, 이 문제의 정립에 필수적인 원리들을 우리에게 제시해준다. 물론, 이 지점에서 또 한 번, 주어진 하나의 생산양식 내 개인성의 역사적 존재양식은 '역사' 내에서 육안으로는 읽어낼 수 없는 것이며, 그러므로 이 존재양식에 대한 개념 또한 **구축**되어야 하는 것이다. 그리고 모든 개념이 다 그러하듯 이 존재양식은 우리를 놀라게 만들 것들을 자신 안에 지니고 있는데, 이 놀라운 것들 중 가장 명료하게 드러나는 바는 이 존재양식이 사람들 사이에서 통용되는 이데올로기의 가면에 불과한 '소여'의 거짓 명증성들을 전혀 닮아 있지 않다는 것이다. 우리는 개인성의 역사적 존재양식의 변이라는 개념으로부터 출발하여, 그 가장 유명한 형태로 제기된, 이론적으로 보자면 (어느 한 대상의 이론을 다른 한 대상의 경험적 실존과 대면케 한다는 점에서) [상간 남녀 사이에서] '간통으로 태어난 사생아'adultérin여서 불안정bancal하기에 하나의 거짓된 문제인 '**역사 내에서 개인의 역할**'이라는 '**문제**' 내에서 진정으로 끈질기게 잔존해 있는 바에 접근할 수 있게 된다. 우리가 현실적인[실제로 존재하는] 이론적 문제(개인성의 역사적 존재형태들이라는 문제)를 제기하지 않는 한, 우리는 앙시앵레짐 몰락의 비밀이 묻혀 있는 것은 아닌지 확인하기 위해 루이 15세의 침대 밑을 뒤져보았던 플레하노프와 같이 혼동 속에서 계속 논쟁하게 될 것이다. 일반적으로 개념들은 침대 밑에 숨겨져 있지 않으니까 말이다.

◆◆◆

일단 최소한 그 원리에서는 역사적 시간에 대한 마르크스주의적 개념의 특수성이 무엇인지가 명료히 밝혀지고 나면, 일단 **역사라는 단어**를 짓누르는 공통 통념[존재양식]들을 이데올로기적인 것으로 비판하고 나면, 우리는 역사에 대한 이러한 오해가 마르크스에 대한 해석에서 초래했던 서로 다른 여러 효과를 더 잘 이해할 수 있게 된다. 그 혼동들의 원리[토대 혹은 근본]에 대한 이해는 『자본』에서 고유한 용어들로 등장함에도 불구하고 종종 오인되어왔던 몇몇 본질적 구별들의 적절성을 **그 사실 자체를 통해**ipso facto 우리로 하여금 발견할 수 있게 해준다.

첫 번째로, 고전 정치경제학을 '역사화'하려는 단순한 기획projet이, 고전파 경제학의 범주들이 역사에 대한 이론적 개념 내에서 사고되기는커녕 역사에 대한 이데올로기적 개념화 내에 단순히 투사pro-jetées되는 장소로서의 오류추리라는 이론적 곤경impasse으로 우리를 집어넣는다는 점을 우리는 이해하게 된다. 이러한 진행은 다시 한번 새롭게 마르크스의 특수성에 대한 오인[오해]과 결합되는 고전적 도식을 우리에게 제시한다. 이 오인에 따르면 결국 마르크스는 한편으로는 고전 정치경제학과, 다른 한편으로는 헤겔적인 변증법적 방법(역사에 대한 헤겔적 개념화의 이론적 응축물concentré) 사이의 결합을 승인하는 인물일 것이다. 하지만 그렇다면 우리는, 여기에서 또다시 한 번 더, 선결정된 어느 한 대상에 대해 선재하는 현교적 방법이 [그 대상에] 덧씌워진 부분placage 앞에, 다시 말해 자신의 대상과는 독립적으로 한정된 방법의 [그 대상과의] 의심스러운 이론적 결합union 앞에, 자신의 대상과의 적합성에서의 일치accord d'adéquation가 헤겔적 역사주의만이 아니라 경제주의적인 초역사주의 또한 특징짓는 어떠한 오해의 이데올로기적 공통 토대 아래에서만 승인될 수 있는 그러한 이론적 결합 앞에 놓이게 된다.[85] 그리고 이러한 사실로부터, 역사-초역사성이라는 쌍의 두 항은, 헤겔적 '역사주의'라는 것이 경제주의적 '초역사주의'의 역사화된 대항-함의contre-connotation를 지니는 것이기에, 하나의 동일한 문제설정에 속하게 된다.

하지만 **두 번째**로, 또한 우리는 『자본』 그 자체에서의 경제이론과 역사(학) 사이의 관계에 대한 여전히 종결되지 않은 논쟁의 의미를 이해할 수 있게 된다. 만일 이 논쟁이 오늘날의 우리에게까지 이어져 내려올 수 있었다면, 이는 상당 부분 경제이론 그 자체의 지위에 대한, 그리고 역사(학)의 지위에 대한 혼동의 효과[영향]하에서 가능했던

85 ❖ placage의 동사형 plaquer는 '도금하다' 혹은 '덧대어 붙이다'라는 뜻으로, 바로 아래에 등장하는 '결합'과 연결되는 표현이다.

것이다. 엥겔스가 『반뒤링』[86]에서 "[대문자]정치경제학이 **역사적 재료 matière를, 다시 말해 지속적으로 변화하는 재료를** 취급"하기 때문에 "이 [대문자]정치경제학이 본질적으로 **하나의 역사적 과학**"이라고 쓸 때, 우리는 모호함의 지점에 정확히 위치하게 된다. 이 모호함의 지점에서 **역사**라는 단어는, 이 단어가 하나의 역사이론의 **인식대상**을 지시하느냐 아니면 이와는 정반대로 현실대상—이 역사이론은 이 현실대상에 대한 인식을 제공하는 것인데—을 지시하느냐에 따라 마르크스주의적 개념으로 비틀거리며 힘겹게 나아갈basculer vers 수 있고, 마찬가지로 이 단어는 역사에 대한 이데올로기적 개념화로도 비틀거리며 힘겹게 나아갈 수 있다. 정당하게de plein droit 우리는 마르크스주의 정치경제학 이론이 자신의 지역들régions 중 하나로서 마르크스주의 역사이론에 준거한다고 말할 수 있다.[87] 하지만 또한 우리는 정치경제학 이론이, 그 이론적 개념에서까지도, 현실역사의 고유한 **특질[성격]**qualité(즉 이 역사의 '재료'가 [지속적으로] '**변화**'한다는 점)에 의해 변용된다고 생각할 수 있다. 엥겔스는 역사(그 이데올로기적-경험주의적 의미에서의)를 마르크스의 이론적 범주들 안으로 도입시키는 자신의 몇몇 놀라운 텍스트에서 바로 이 두 번째 해석으로

86 *Antidühring*, E. S. p. 179.

87 ❖ région은 '지역'보다 '영역'으로 옮기는 것이 여기서는 더 자연스럽겠지만, 알튀세르가 마르크스의 '역사과학'을 '대륙'이라는 비유로 표현한다는 점을 염두에 두고 이를 '지역'으로 직역했다. 참고로 알튀세르는 이 책이 나온 뒤인 1966년에 집필한 「담론이론에 관한 세 가지 노트」Trois notes sur la théorie du discours에서 '일반이론'과 '국지적 이론'을 구분하는데, 이때 '국지적'의 원어가 바로 région의 형용사 régional이다. 따라서 이하에서 등장하는 '지역적 이론'의 경우에도 '지역적 이론' 대신 '국지적 이론'으로 번역하는 것이 더 자연스러울 것이다. 하지만 이 글에서는 일관되게 '지역적'으로, 그래서 '국지적 이론' 또한 '지역적 이론'으로 옮기겠다. 참고로 「담론이론에 관한 세 가지 노트」는 아직 우리말로 번역되지 않았다.

우리를 밀어 넣는 것이다. 이에 대한 예시로 나는, 마르크스의 현실대상의 고유성, 즉 정의를 **통한 모든 취급[분석]을 본질적으로 거부하는 역사적 현실의 운동적mouvante이고 변화적changeante인** 본성(**이 정의의 고정적이고 '초역사적인' 형태는 역사적 생성devenir의 영구적 운동성 mobilité을 배반할 수밖에 없을 것인데**)과 관계된 이유로 인해 마르크스가 자신의 이론 내에서 진정한 **과학적 정의들**을 생산할 수 없었다고 반복적으로 주장하는 엥겔스의 고집을 들고 싶다.

◆◆◆

『자본』 3권 서문에서 엥겔스는 파이어만Fireman의 비판을 인용하면서 다음과 같이 쓴다.

> 파이어만의 비판들 전체는 다음과 같은 **오해**에 기반해 있다. 마르크스가 사실은 [논의를] **전개**하고 있는[있을 뿐인] 곳에서 그 **정의**를 원한다는[원하기까지 한다는] 오해 말이다. 일반적으로는, 정당하게도 우리는 마르크스의 글들 속에서 한 번만으로도 완전히une fois pour toutes 유효한, 모든 것이 갖추어진 그러한 정의들을 찾고자 할 수 있을 것이다. 사물들과 이 사물들 사이의 상호관계가 고정적이지 않고 가변적인 것으로 개념화될 때에, 이 사물들의 정신적 반영으로서의 개념들 자신들 또한 변이variation와 변화changement에 종속되어 있는 것은 당연한 것이다. 이러한 조건 내에서, 이 개념들은 하나의 경직된 정의 내에 갇혀 있게 되지 않을 것이며, 대신 이 개념들은 그 형성의 역사적 혹은 논리적 과정에 따라 전개될 것이다. 결과적으로, 우리는 왜 마르크스가

자본으로 나아가기 위해 『자본』 1권의 도입부에서 단순상품생산으로부터 출발하는지를 명확히 이해하게 된다. 마르크스에게 단순상품생산은 역사적 전제조건인 것이다.

동일한 주제가 『반뒤링』의 작업노트에서 다시 다루어진다.[88]

정의는 과학에 아무런 가치를 지니지 않는다. 왜냐하면 정의는 항상 불충분하기 때문이다. 단 하나의 유일한 **현실적** 정의는 **사물** 그 자체의 **발전[전개]**인데, 그러나 이 **발전[전개]은 더 이상 하나의 정의가 아니다.** 생명이란 무엇인지 인식savoir하고 보여주기 위해, 우리는 생명의 모든 형태를 연구하고 이를 그 연쇄 내에서 표상하도록 강제된다. 반면 **일상적 활용 속에서,** 우리가 정의라고 부르는 바가 지니는 가장 일반적이고 동시에 가장 전형적인 특징들에 대한 간략한 설명은 종종 유용한 것일 수도, 심지어는 필연적인 것일 수도 있으며, 만일 우리가 이 설명으로부터 이 설명이 언표할 수 없는 것을 요구하지는 않는다면, 이것이 우리에게 어떠한 문제를 일으키지는 못할 것이다(강조는 알튀세르).

불행하게도 이 두 텍스트는 그 어떤 모호함을 위한 자리[즉 다르게 해석할 여지]도 남겨놓지 않는데, 왜냐하면 이 두 텍스트는 '**오해**'의 장소를 매우 정확히 지시하는 것으로까지, 그리고 이 '**오해**'의 용어들[관점들 또는 항들]을 정식화하는 것으로까지 나아가기 때문이다.

88 *Antidühring*, E. S., p. 395.

이 오해[라는 연극]의 모든 등장인물이 여기에서 무대 위로 나오는데, 각각의 인물들은 우리가 이 연극으로부터 기대하는 효과에 의해 규정된 역할을 수행한다. 그러므로 우리가 이 등장인물들에게 할당하는 역할이 무엇인지 이들 스스로가 고백하도록, 이 역할을 포기하도록, 그리고 이들이 완전히 다른 또 하나의 텍스트를 낭독하기 시작하도록 하려면 이 등장인물들의 자리place를 변화시키는 것만으로 충분할 것이다. 이러한 추론이 기반해 있는 모든 오해는 개념들의 이론적 전개와 현실역사의 발생genèse을 혼동하는 오류추리에 놓여 있다. 그러나 이와 달리 1857년의 『정치경제학 비판 요강』「서설」에서 마르크스는, 한편으로는 과학적 증명의 담론 내 개념들의 잇따름의 질서 내에서, 다른 한편으로는 현실역사의 발생적génétique 질서 내에서 등장하는 용어들[관점들 또는 항들] 사이의 그 어떤 일대일biunivoque 상관관계도 우리가 확립할 수 없다는 점을 보여줌으로써 이 두 **질서[차원]**를 세심하게 구별했다. 이 지점에서 엥겔스는, '논리적' 전개와 '역사적' 전개를 그 어떤 주저함도 없이 동일시함으로써, 이러한 불가능한 상관관계를 가정한다. 그리고 매우 솔직하게도 엥겔스는 이러한 동일시가 요청하는 이론적 가능조건을 우리에게 지시해준다. 이 이론적 가능조건이란 바로, 이 두 가지 전개들의 질서 사이의 동일성에 대한 확언이, 역사이론 전체에 **필수적인 개념들**이 그 개념적 실체 내에서 **현실**대상의 **고유성들**에 의해 변용된다는 점과 관계되어 있다는 사실이다. "사물들이 (…) 가변적인 것으로 개념화될 때에 이 사물들의 정신적 반영으로서의 **개념들 자신 또한 변이variation와 변화changement에 종속된다**." 그러므로 개념의 전개와 현실역사의 전개를 동일시할 수 있으려면 이미 인식대상을 현실대상과 동일시했어야만, 그리고 이미 개념을 현실역사의 현실적 규정들에 종속시켰어야만 하는 것이다. 따라서 엥겔스는 역사이론의 개념들을 구체적인 경험적 잇따름(즉 역사의 이데올로기)으로부터 직접적으로 차용한 **운동성 계수**coefficient de mobilité에 의해 변용되게 만들고, 이를 통해 '현실-구체'를 '사고-구체' 안으로, 현실적 변화로서의 역사적인 것을 개념 그 자체 안으로 위치변환하는 것이다. 이러한 전제하에서, 엥겔스의 추론은 모든 정의가 비-과학적 특징을 지니는 것으로 완전히 결론지어지도록 강제된다. [이미 위에서 한 번 인용했듯, 엥겔스에 따르면] "**정의는 과학에는 아무런 가치를 지니지 않는**"데, 왜냐하면 "**단 하나의 유일한 정의는 사물 그 자체의 발전[전개]인데, 그러나 이 발전[전개]은 더 이상 하나의 정의가 아니**"기 때문이다. 이 지점에서 또 한 번, 현실적 사물은 개념으로 대체되며, 현실적 사물의 전개(다시 말해 구체적 발생의 현실역사)는, 『자본』에서와 마찬가지로 1857년의 『정치경제학 비판 요강』「서설」에서도 인식으로부터만 배타적으로 유래하는 것으로, 그리고 과학적 증명의 담론 내 개념들의 나타남apparition과 사라짐disparition의 필연적 질서와만 배타적으로 관계된 것으로 명시적으로 선언되는 '**형태들의 전개**'로 대체된다. 슈미트에게 제시한 엥겔스 자신의 답변 내에서 이미 우리가 접했던 주제, 즉 개념의 본원적 허약함faiblesse originaire이라는 주제가 어떻게 엥겔스의 해석 내에서 또다시 등장하는지를 굳이 설명해야 할까? 만일 "정의가 과학에는 아무런 가치를 지니지 않는" 것이라면, 이는 이 정의가 "**항상 불충분**"하기 때문에, 달리 말해 개념이 본질적으로 쇠약하며 이 개념이 자신의 이러한 결함[즉 죄]faute을 자신의 개념적 본성 자체에 기입해놓기 때문이다.[89] 바로 이 원죄에 대한 인식이 엥겔스로 하여금, 현실적인 것의 발생형태들의 역사적 생산 내에서 그 자체 스스로 '정의'되는 현실적인 것을 **정의하겠다**는 모든 주장prétention을 포기하도록 만드는 것이다. 이 지점으로부터 출발하여, 만일 우리가 **정의**의 지위에 관한, 다시 말해 개념의 지위에 관한 질문을 제기한다면, 우리는 이 정의[혹은 개념]에 그 이론적 거들먹거림과는 완전히 다른 하나의 역할을 부여하도록 강제된다. 이 역할이란 바로 "일상적 활용"에만 배타적으로 적절한 '실천적' 역할, 그 어떤 이론적 기능도 지니지 않는 일반적 지칭désignation의 역할이다. 자신의 질문에 함축되어 있는 용어들[관점들 또는 항들]을 교차시키기 시작했던 엥겔스가 역설적으로 결론에서는 하나의 정의에, 그 의미 또한 교차되어 있는, 다시 말해 엥겔스가 겨냥하는 대상에 비해 어긋나 있는 하나의 정의에 도달하게 된다는 점을 지적하는 것이 의미 없지는 않은 것이다. 왜냐하면 과학적 개념의 역할에 대한 이러한 (일상적인) 순수한 실천적 정의 내에서, 엥겔스는 사실 우리에게 **이데올로기적** 개념의 기능들 중 하나의 기능, 즉 이 **이데올로기적** 개념의 실천적 암시allusion와 지시indice의 기능에 대한 이론을 개시할 수 있게 해주는 바를 제공해주기 때문이다.

바로 이 지점에서까지, 인식대상과 현실대상 사이의, 인식 내에서 개념의 '형태들의 전개'와 구체적 역사 내에서 현실적 범주들의 전

89 ❖ '쇠약'은 défaillant을 옮긴 것으로, 이 글에서 많은 경우 défaillance는 '결함'으로 의역했으나, 여기서는 '개념의 본원적 허약함'이라는 의미를 살리기 위해 défaillance의 기본적 의미 '쇠약'으로 옮긴다.

개 사이의 근본적 구별—마르크스가 명확하게 표시했던—에 대한 오해가 초래되는 것이다. 즉, 인식에 대한 경험주의적 이데올로기라는, 그리고 『자본』 자체에서 **논리적인 것**과 **역사적인 것** 사이의 동일화라는 오해 말이다. 이러한 동일화에 매달려 있는 질문 내에서 그토록 많은 해석가가 빙빙 돌고 있다는 점에는, 만일 『자본』 내에서 논리적인 것과 역사적인 것 사이의 관계에 대한 모든 문제가 **존재하지 않는 하나의 관계**를 가정하고 있는 것이라면, 우리를 놀라게 할 부분이 전혀 없는 것이다. 이 존재하지 않는 관계를 두 전개(즉 개념의 전개와 현실역사의 전개) 내에서 등장하는 두 가지 **질서**의 항 사이를 일대일로 직접적으로 조응시키기의 관계로 생각하는 것, 혹은 이 동일한 관계를 전개의 두 가지 질서의 항 사이를 **전도된 방식으로**inverse 조응시키기의 관계로 생각하는 것(이것이 바로 랑시에르가 분석하는 델라 볼페와 피에트라네라의 테제의 토대이다), 이는 결국 그 **어떤 관계도 존재하지 않는 바로 그곳에서** 우리가 관계에 대한 가설로부터 탈출하지 않고 그대로 남아 있는 것이다. 이러한 오해로부터 우리는 다음 두 가지 결론을 이끌어낼 수 있다. 첫 번째 결론은 완전히 실천적인 것이다. 이 문제를 해결하기 위한 과정에서 만나게 되는 난점들은 심각한 난점, 아니 내가 뭐라 했는가, 심각한 정도가 아니라 극복 불가능한 난점이다. 만일 우리가 **존재하는 문제**를 항상 해결할 수 있는 것은 아니라 하더라도, 우리는 어쨌든 존재하지 않는 문제를 우리가 해결할 수는 없는 노릇이라는 점은 확신할 수 있다.[90] 두 번째 결론은 이론적

---

90 **존재하지 않는 문제들**이 놀라운 이론적 노력들을, 그리고 해결책의 대상만큼이나 환영적인 fantomatiques 해결책들 자체에 대한 다소간 엄밀한 생산을 가능케 할 수 있다는 점, 우리는

인 것이다. 하나의 상상적 문제에는 하나의 상상적 해결책이 필요하며, 그렇다고 해서 아무런 상상적 해결책이나 괜찮은 것은 아니고, 대신 이 상상적 문제의 (상상적) 정립이 요청하는 **정관사**la 상상적 해결책이 필요한 것이라는 결론 말이다. 어느 하나의 문제(이 하나의 문제 또한 상상적일 수 있는데)의 (이데올로기적인) 상상적 정립 전체는 이 정립 자체에 규정된 하나의 문제설정을, 이 문제정립의 가능성과 형태 모두를 정의하는 그러한 하나의 문제설정을 담지한다. 이러한 문제설정은 이데올로기적 상상계에 고유한 거울놀이를 통해, 이 문제에 주어진 해결책 내에서 거울에 반영된 **자기 자신을 발견하게 된다**.[91] 만일 이 문제설정이 위에서 언급한 그러한 해결책 내에서 몸소en personne 직접적으로 자기 자신을 발견하지는 않는다고 해도, 이 문제설정은 역사적인 것과 논리적인 것 사이의 동일화를 지지하는 잠재적 '인식이론'théorie de la connaissance 내에서 이 문제설정이 명시적으로 문제가 될 때 노골적인 얼굴로 다른 장소에서, 그러니까 인식에 대한 **경험주의적** 이데올로기 내에서 나타나게 된다. 따라서 또 하나의 다른 형태하에서 델라 볼페와 그 제자들이 역사주의적 경험주의의 하

이 점을 생각해냈다는 점에서 칸트에게 빚지고 있다. 칸트 철학의 상당 부분은 **대상 없는 '과학들'**(합리적 형이상학, 합리적 우주론, 합리적 심리학)의 존재 가능성에 대한 이론으로 개념화될 수 있다. 우연히 읽게 되는 게 아니고야 우리는 그다지 칸트를 읽고 싶지는 않기에, 우리는 칸트를 읽는 일은 생략하고 대상 없는 '과학들'의 생산자들을 직접 심문할 수 있다. 예를 들어 신학자들, 대부분의 심리사회학자[사회심리학자], 혹은 몇몇 '심리학자' 등이 있다. 게다가 나는, 몇몇 특정 상황들에서, 이론적이고 이데올로기적인 정세라는 사실로부터, 이 '대상 없는 과학들'이 (이들의 소위 '대상'의 이론에 대한 세공 내에서) 기존 합리성의 이론적 **형태들**을 점유détenir하거나 생산할 수 있다는 점을 덧붙이고자 한다. 예를 들어 중세시대에 신학은 기존의 이론적인 것의 **형태들**을 그 **어떤 의심도 하지 않고** 점유했으며 세공했다.

91 Cf. Tome I, ch. I.

나의 고차원적supérieure 형태인 '역사적 추상'의 이론이라는 논거로 『자본』 내에서의 역사적 질서와 논리적 질서 사이의 **전도된**inverse 동일화라는 테제를 지지하는 것과 달리, 만일 엥겔스가 이 경험주의의 유혹 내에서 자신의 질문에 의해 문자 그대로 재촉되는[떠밀려서 성급히 앞으로 나아가버리는]précipité 모습을 우리가 보게 된다면, 이는 전혀 우연이 아닌 것이다.

이제 다시 『자본』으로 돌아오겠다. 존재하지 않는 관계의 상상적 존재에 대해 우리가 방금 지적한 오해는 경제이론과 역사이론 사이에, 자신의 권리를 가지고en droit 존재하고 있으며 그렇게 정초되어 있기에 정당한légitime 그러한 또 하나의 **다른 관계**를 비가시적으로 만드는 효과를 온전히 지니고 있다. 만일 첫 번째 관계(경제이론과 구체적 역사)가 상상적이라면, 이와 달리 두 번째 관계(경제이론과 역사이론)는 하나의 진정한 **이론적** 관계이다. 왜 이 지점에서 이 진정한 **이론적** 관계는 가시적이지는 않더라도 최소한 불투명한 것으로 우리에게 남아 있는 것일까? 이는 첫 번째 관계가 이 두 번째 관계에 대해 '명증성'의 침전précipitation을 느끼고 있었기 때문이다. 다시 말해 『자본』에서 '구체적' 역사에 대한 몇몇 페이지(노동일 단축을 위한 투쟁, 매뉴팩처에서 기계제 대공업으로의 이행, 본원적 축적 등)를 읽음으로써 어떤 의미에서는 『자본』을 '자신의 집'과 같이 편안하게 느꼈으며 따라서 '구체적' **역사**의 [존재]권리titres에 대한 질문을 제기할 필요는 느끼지 않으면서 이 '구체적' **역사**의 존재에 따라 경제이론의 문제를 제기했던 그러한 역사학자들이 겪는 경험주의적 유혹을 느끼고 있었기 때문이다. 역사학자들은 경험주의적 양식 위에서 마르크스의 분석들을 해석했다. 그런데 마르크스의 분석들은 강한 의미에서의,

다시 말해 역사 개념의 전개에 의해 지지된다는 의미에서의 역사학적 분석들이기는커녕, [앞으로 구성해나가야 하는] **하나의 역사학을 위한**pour une histoire, 절반만 마감된[절반만 작업이 끝난]semi-finis 물질들[재료들]이다[92]. **이 물질들[재료들]**에 대한 하나의 진정한 **역사학적** 취급이라기보다는 말이다. 역사학자들은 절반만 세공된 이 물질들[재료들]의 현존을 통해 역사에 대한 이데올로기적 개념화를 위한 논거를 형성했으며, 따라서 '구체적' 역사에 대한 이러한 이데올로기라는 질문을 정치경제학의 '추상적' 이론에 제기했다. 이로부터 『자본』에 대해 이 역사학자들이 느끼는 매혹과 동시에 자신들 앞에 그 많은 부분에서 '사변적'인 것으로 나타나는 이 『자본』의 담론에 대해 이들이 느끼는 곤혹스러움이 유래한다. 경제학자들 또한, (구체적인) 경제적 역사[경제사]와 (추상적인) 경제이론 사이에서 갈팡질팡하며 거의 동일한 반응réflexe을 경험했다. 경제학자와 역사학자 모두는 『자본』에서 자신들이 찾고자 했던 바를 발견했다고 생각했지만, 경제학자와 역사학자는, 개념들의 추상적 질서와 역사의 구체적 질서 사이의 일대일의 혹은 이와는 다른 방식의 관계에 관한 상상적 문제를 제기함으로써, 또한 이 『자본』에서 또 다른 무언가를, 이들이 '찾고자' 하지 않았던 바를, 그러니까 그들이 **환원[제거]**하고자 했던 바를 발견하기도 했다. 경제학자와 역사학자는 자신들이 **발견한** 것이 자신들의 질문에 응답하지 않았으며, 대신 또 하나의 완전히 다른 질문, 물론 그들이 스스로 담지하고 있던 그리고 그들이 자신들의 『자본』 독해 내

92 cf. Tome II, le texte de Balibar[이 책 4장 발리바르의 논문 참조].

에 투사했던 역사 개념에 대한 이데올로기적 미망의 거짓을 폭로했던 그러한 완전히 다른 질문에 응답했다는 점을 보지[인지하지] 못했다. 경제학자와 역사학자가 보지 못했던 것은 정치경제학의 '추상적' 이론이 역사이론의 대상 자체에 지역으로서(수준 혹은 심급으로서) 유기적으로 속해 있는 하나의 지역에 대한 이론[즉 '지역적 이론' 혹은 '국지적 이론']이라는 점이다. 경제학자와 역사학자가 보지 못했던 것은 『자본』에서 역사가 현실대상이 아니라 이론대상으로, 현실적-구체적 대상으로서가 아니라 (개념적인) '추상적' 대상으로 등장한다는 점, 그리고 일차적 수준의 역사(학)적 취급[분석]이 노동일 감축을 위한 투쟁에 대해서든 자본주의적인 본원적 축적에 대해서든 마르크스에 의해 적용되는 곳인 『자본』의 몇몇 장[즉 『자본』의 '역사적 장들'] 이 역사이론에, 역사 **개념**의 구축에 그리고 이 역사 **개념**의 '전개된 형태들'— 자본주의 생산양식에 대한 경제이론은 이 '전개된 형태들'의 규정된 한 '지역'을 구성한다 —의 구축에 그 원리로서 준거한다는 점이다.

이러한 오해의 현행적[현재까지 영향력을 발휘하는] 효과들 중 하나에 대해 한마디 추가할 필요가 있을 것이다.[93] 이 오해 안에서 우리는 '이론적 모델'**로서의** 『자본』— 이는 그 개입이, 주어진 하나의

93 ❖ '추상'과 '구체'에 대한 논의가 등장하는 9절에서도 지적하겠지만, le concret와 l'abstrait의 경우 le réel을 '현실적인 것'으로 번역하는 것과 달리, '추상에서 구체로'와 같은 표현에서의 번역 관행에 따라 (몇몇 부분을 제외하고) '구체'와 '추상'으로만 번역하도록 하겠다. 물론 abstraction 또한 '추상'이기 때문에 혼동의 여지가 있을 수 있지만 크게 문제되지 않는다고 판단한다. 더군다나 le concret를 '구체적인 것'으로 번역하면 이 4절뿐 아니라 이후 9절에서도 문장이 너무 이해하기 어려워져 옮긴이로서는 어쩔 수 없는 면이 있었다.

인식이 취하는 대상에 대한 경험주의적 오해의 증상(그 용어의 임상의학적 의미에서)으로서 일반적으로는a priori 항상 인지될relevée 수 있는 그러한 정식이다—이라는 해석의 기원들 중 하나를 발견한다. '모델'로서의 이론에 대한 이러한 개념화는 이론 자체 **내에** 이론을 경험적 구체로부터 분리시키는 거리를 포함한다는 고유하게 이데올로기적인 첫 번째 조건하에서만, 그리고 이 거리를 그 자체 **경험적** 거리로, 그러니까 구체 그 자체에 속하는 것으로 사고하는(따라서 우리는 이 구체를 '이론보다-항상-더-풍요롭고-더-생명력-넘치는' 것으로 정의하는 특권화, 다시 말해 진부함을 우리 스스로에게 내어줄 수 있게 된다) 동일하게 이데올로기적인 두 번째 조건하에서만 진정 가능한 것이다.[94] '생명'과 '구체'의 풍요로움에 대한 가치부여의 정당함titres exaltants에 대한 이러한 공언 내에, 인간들의 상상력과 행위의 활기참이 이론의 빈곤함과 흐릿함에 대해 지니는 우위가 존재한다는 점, 이것이 지적 겸손이라는 이름의 진지한 교훈이라는 점([이론의] 도그마에 빠져 있는 오만한 이들은 잘 들으시기를)에는 어떠한 의심의 여지도 없다.[95] 하지만 구체와 생명이 변호론적 데생(자신이 숨기고 있

94 ❖ '이론보다-항상-더-풍요롭고-더-생명력-넘치는'은 'toujours-plus-riche-et-plus-vivant-que-la-théorie'를 옮긴 것이다.

95 ❖ '행위의 활기참'에서 '활기참'은 verdeur를 옮긴 것으로, 이는 '정정함', '대담함', '분방함'이나 '신맛', '떫은맛' 등을 의미하는데, 여기에서는 '생명' 혹은 '구체'의 '생명력 넘치는' 에너지를 지시하는 것이다. 또한 '흐릿함'은 grisaille를 옮긴 것으로, 미술에서 '그리자유'(채도 낮은 단색화)를 의미하는 단어이며, 일상에서는 구름이 많이 낀 '흐린 날씨'를 지시할 때 매우 많이 쓰이는 단어이다. 여기서는 '구체'와 '생명'의 '생생함'에 대비되는 '이론'의 '빈곤함'과 '어두움'을 지시하기 위해 사용되었다. 또한 '잘 들으시기를'은 à bon entendeur salut의 번역으로, 결국 이 표현은 '이론'에 대한 '역사' 혹은 '실천'의 우위를 주장하는 이들을 비꼬기 위한 것이다. 이들의 비난에 따르면 알튀세르 자신이 '역사' 혹은 '실천'에 대한 '이론'의 우위를 주장하는 '이

는 발톱[스타일 혹은 형태]이 얼마나 날카롭든, 신은 항상 '구체'와 '생명'의 과잉surabondance에 대한, 다시 말해 '초월'에 대한 깃털 속에 자신의 둥지를 틀고 있다)이나 순수하고 단순한 지적 게으름을 감추기 위한 용도로 사용될 수 있는 수다 떨기의 편리함에 대한 변명거리가 될 수 있다는 점에 대해 이제 우리는 확실히 인지하게 되었다. 우리에게 중요한 것은 바로, 구체의 초월성transcendance du concret이 취하는 과잉들surplus이라는 주제에 대해 되풀이해 말해지는 이 일종의 공통장소[상식]를 가지고 행해지는 **활용**이다. 그런데 '모델'로서의 인식에 대한 개념화 내에서, 우리는 '구체'와 이론 사이의 관계, 다시 말해 **거리**를 사고할 수 있도록 하기 위해, 이론 자체 **내에서** 그리고 동시에 현실적인 것 자체 **내에서**, 현실적 대상—이론이 제공해주는 것은 정확히 바로 이 현실적 대상에 대한 인식인 것인데—에 외부적인 하나의 현실적인 것un réel 내로가 아니라 **부분**partie이 **전체**와 맺는, 즉 '부분적'partielle 부분이 과잉적surabondant 전체와 맺는 하나의 관계로서의 **이 현실대상 그 자체 내로** 현실적인 것 혹은 구체가 개입해 들어오는 모습을 보게 된다.[96] 이러한 실행은 이론을 다른 여러 도구 중 하나의 경험적 도구로 사고하도록 만드는, 간단히 말해 모델로서의 인식이론 전체를 그것 자체로 직접적으로 환원하는 효과를, 그러니까 이론적 실용주의의 한 형태를 불가피하게 초래하게 된다.

따라서 이 지점에서 우리는 그 오해의 마지막 효과에서까지, 정확한 이해와 비판의 원리를, 다음의 한 원리를 취하게 된다. 대상의

론의 도그마에 빠져 있는 오만한 이'이기 때문이다.

96 Cf. Tome I, ch. I, paragraphe 10.

현실적인 것[대상의 현실] 내에서 이론적 전체ensemble(정치경제학 이론)와 **현실적인** 경험적 전체ensemble(구체적 역사)—이론적 전체는 이 **현실적인** 경험적 전체에 대한 인식인데—사이에서 이 둘을 일대일로 조응하게 만드는 것이 『자본』 내에서의 '[대문자]논리'와 '[소문자]역사' 사이의 '관계'에 관한 질문에 대해 저질러졌던 오해들의 기원에 존재한다는 원리 말이다. 이 오해들 중 가장 심각한 것은 다음과 같은 맹목aveuglement의 효과이다. 즉, 『자본』이 경제이론에 대한 이해에 필요불가결한 하나의 역사이론을 온전히 **포함하고 있다**는 점을 종종 지각하지 못하게끔 방해하는 그러한 맹목 말이다.

V. 마르크스주의는 역사주의가 아니다

하지만 바로 이 지점에서 우리는 동일한 종류이면서도 아마 훨씬 더 심각한 것일 마지막 오해와 대면하게 된다. 이 오해는 『자본』에 대한 독해를 대상으로 할 뿐 아니라, 그리고 마르크스주의 철학을 대상으로 할 뿐 아니라, 또한 『자본』과 마르크스주의 철학 사이에 존재하는, 그러니까 역사유물론과 변증법적 유물론 사이에 존재하는 관계를 대상으로 하는, 다시 말해 하나의 전체로 간주된 마르크스의 저작[즉 작업]의 의미를 대상으로 하는, 결국에는 현실역사와 마르크스주의 이론 사이에 존재하는 관계를 대상으로 하는 것이기에 동일한 종류임에도 훨씬 더 심각한 오해일 것이다. 이 오해는 마르크스주의 안에서 하나의 역사주의를, 그리고 모든 역사주의들 가운데에서 가장 발본적인 역사주의인 하나의 '**절대적 역사주의**'를 **보는**voit 그러한 **오류** bévue 내에 자리하고 있다.[97] 이러한 확언은, 역사과학과 마르크스주

97 ❖ 이 글에는 '오류'를 지시하는 여러 어휘가 등장하지만, 특히 bévue는 '아주 거대한 오류'를 지시하기 위해 알튀세르가 사용하는 어휘이기에 원어를 병기해주었으며, 알튀세르 자신도

의 철학 사이에 존재하는 관계라는 유형 아래서[차원 내에서], 마르크스주의 철학이 **현실역사**와 맺는 관계를 무대 위에 상연한다.

◆◆◆

나는 마르크스주의가 이론적 관점에서 인간주의가 아닌 것과 마찬가지로[98] 역사주의가 아니라는 점을, 적지 않은 상황에서 인간주의와 역사주의 둘 모두가 동일한 이데올로기적 문제설정에 토대해 있다는 점을, 그리고 **이론적으로 말해** 마르크스주의는, 동일한 운동을 통해 그리고 이 마르크스주의를 정초하는 유일한 인식론적 단절로 인해 하나의 반反인간주의이자 하나의 반反역사주의라는 점을 주장하고자 한다.[99] 게다가 나는 엄밀한 방식으로 하나의 무-인간주의와 하나의 무-역사주의라고 말해야만 할 것이다.[100] 하지만 나는 단절에 대한

그런 맥락에서 bévue를 이탤릭체로 강조하고 있다. 참고로 이 글에서는 '오해'를 의미하는 다양한 프랑스어(bévue를 포함해 malentendu, contresens, méprise 등)가 사용되는데, 이 글에서 '마르크스에 대한 오해'는 중요한 표현이기는 하지만 이 다양한 프랑스어를 구분해줄 필요는 없다고 판단해 원어 병기를 하지는 않았다. 또한 이 책의 서장인 알튀세르의 글(「『자본』에서 마르크스의 철학으로」)에서 이 bévue는 vue와의 대당 속에서 사용되는데, 진태원은 이를 '간과들'[실수들]로 옮기고 있다.

98 Cf. *Pour Marx*, p. 225 sq.

99 ❖ '유일한'unique은 마르크스주의를 정초하는 '단 한 번의' 인식론적 단절을 뜻하는 단어로, 『마르크스의 철학』(에티엔 발리바르, 배세진 옮김, 오월의봄, 2018) 1장에서 발리바르가 제시한 '단절'과 '절단' 사이의 구별을 따른다면, 조금 더 정확히는 '단 한 번의 인식론적 절단'이라 말할 수 있을 것이다. 왜냐하면 발리바르의 구별에 따르면, coupure(break라는 번역어도 쓰이지만 더 정확히는 영어의 cut에 해당하는 '절단')가 어떠한 하나의 과학을 전pré 과학적 이데올로기로부터 분리시킴으로써 '정초'하는 인식론적 혁명을 뜻한다면, rupture(영어의 rupture에 해당하는 '단절')는 이러한 '절단' 이후에 이 정초된 과학에 대항해 이를 다시 전 과학적 이데올로기로 되돌려놓으려는 시도들을 비판하는 것으로서의 '작은 혁명들'을 뜻하기 때문이다.

100 ❖ '반인간주의'와 '반역사주의'는 antihumanisme과 antihistoricisme을 번역한 것이고, '무-인

선언—이 단절에 대한 선언은 자명한 것이기는커녕 그와는 정반대로, 수행하기에 매우 까다로운 것이다—이 지니는 모든 무게를 이 무-인간주의와 무-역사주의에 부여하기 위해, 단순한 부정접두사의 형태[즉 '무'] 대신에 이러한 이중으로 부정적인['반'의] 정식(반인간주의와 반역사주의)을 의식적으로 활용하고자 한다. 왜냐하면 40년 전부터 몇몇 영역에서 마르크스주의를 끊임없이 위협하고 있는 인간주의와 역사주의의 공격을 물리치려면 단순한 부정접두사의 활용만으로는 결코 충분치 않기 때문이다.

우리는 어떠한 정황에서 마르크스에 대한 이러한 인간주의적이고 역사주의적인 해석이 탄생했는지, 그리고 최근의 어떠한 정황이 이 해석에 새로운 생명력을 부여했는지 완벽히 알고 있다. 이 해석은 1917년 러시아혁명에 선행하는 기간에, 그리고 특히 러시아혁명 직후 몇 년 동안에 제2인터내셔널의 기계론과 경제주의에 대항하는 맹렬한 반격réaction 속에서 탄생했다. 이 해석은, '개인숭배'의 범죄와 도그마적 오류에 대한 소련공산당 20차 당대회의 고발 직후에 이루어진 이 해석에 대한 최근의 부활이 상당히 다른 형태 아래에서라고는 할지라도 몇몇 역사적 권리[정당성]를 지니는 것과 마찬가지로, 실제적인 역사적 공적mérites을 자신의 권리로 지니고 있다. 만일 최근에 이루어진 이러한 새로운 생명력의 부여가 [러시아혁명 시기에 이루어진, 인간주의적이고 역사주의적인 해석을 통한 반격의] 반

간주의'와 '무-역사주의'는 a-humanisme과 a-historicisme을 옮긴 것이다. '엄밀하게 말하자면' '무'라고 말해야 한다고 알튀세르가 지적하는 것은, 마르크스주의가 인간주의와 역사주의와는 그 어떤 관계도 맺고 있지 않다는 점을 강조하고자 하기 때문이다.

복에 불과한 것이라면, 그리고 대부분의 경우, 혁명적 정신의 저항적 힘('좌익주의적'인 것이긴 했지만)을 당시에 지니고 있었던 이 역사적 반격에 대한 자비로운 혹은 능수능란한 하지만 '우익적'인 우회에 불과한 것이라면, 이러한 해석의 최초 상태의 역사적 의미를 평가하려면 제2인터내셔널에 적용하는 기준norme과 동일한 기준을 우리가 활용할 수는 없을 것이다. 독일 좌파 즉 처음에는 로자 룩셈부르크Rosa Luxemburg와 프란츠 메링Franz Mehring의 독일 좌파, 그다음에는 1917년 러시아혁명 이후의 일련의 모든 이론가(이들 중 몇몇은 코르쉬와 같이 그 영향력을 상실하기도 했으나 루카치 같은 그리고 가장 중요하게는 그람시 같은 또 다른 이들의 경우에는 영향력 있는 역할을 수행했다)로 구성된 독일 좌파 주위에서 혁명적 인간주의와 혁명적 역사주의의 주제들이 확립되었다. 우리는 레닌이 어떠한 용어로 제2인터내셔널의 기계론적 진부함에 대항하는 '좌익주의화된' 반격 운동을 평가했는지 알고 있다. 레닌은, 예를 들어 로자 룩셈부르크와 그람시가 당시 진정으로 혁명적인 것을 포함했다는 점을 인정하면서도, (참고로 『좌익주의 혹은 공산주의의 소아병』에서) 이 '좌익주의화된' 반격 운동의 이론적 우화와 그 정치전술을 비판했다. 우리는 언젠가 이 모든 과거를 명료히 밝혀내야 할 것이다. 우리의 현재 자체에서 실제 인물을 유령으로부터 제대로 구별해내기 위해서는, 그리고 제2인터내셔널의 기계론과 숙명론에 대항하는 반격이 역사가 인간들에게 그 수행의 임무를 부과했던 혁명을 결국 **이루어내고자** 했기에 이 인간들의 의식과 의지에 대한 호소라는 형태를 취해야만 했던 그 혼란스러운 전장에서 당시 수행되어야만 했던 비판의 결과를 이론의 여지 없이 탄탄한 토대들 위에 자리 잡게 만들기 위해서는, 역사적이고 이론적인 연구가 우리에게 필요불가결한 것이다. 그때 아마도 우리는, 그람시가 1917년의 반자본주의 혁명이, 제2인터내셔널이 마치 성서처럼 사회주의의 숙명적 도래를 **읽어냈던** 한 권의 [대문자]책[즉 『자본』]으로 인해서가 아니라 인간들과 대중들과 볼셰비키들의 의지적이고 의식적인 행위를 통해, 칼 마르크스의 **『자본』에 반해** 수행되어야만 했다는 점을 명확히 강조하는 **『자본』에 반하는 혁명**을 격찬했던 그 유명한 그의 저술의 제목[즉 '『자본』에 반하는 혁명']의 역설을 조금은 더 잘 이해할 수 있을 것이다.[101]

이러한 인간주의와 역사주의의 '좌익주의적'인 최초 형태[러시아혁명 당시 등장했던 형태]를 생산해낸 조건에 대한 과학적 연구를 기다리면서도, 우리는 마르크스 자신 안에서 이러한 해석을 승인해줄 수 있었던 바를, 그리고 분명 오늘날의 마르크스 독자들의 눈에 이 해석의 최근 형태를 성공적으로 정당화해주는 것으로 보이는 바를 식별할 수 있다. 우리는 기계론적이고 진화주의적인 독해에 자양분을 공급할 수 있었던 정식화에서의 그 동일한 모호성들이 이와 동시에 역사주의적 독해 또한 승인해주었다는 점을 발견하고 놀라지는 않을 것이다. 이미 레닌은, 기회주의와 좌익주의의 역설적 마주침이 우리를 당황하게 만들지 않도록 이 기회주의와 좌익주의의 공통의

101 그람시는 다음과 같이 말한다. "아니다, 기계적 힘들은 역사에서 절대로 승리를 거두지 않는다. 외부적 외양apparence extérieure을 빚어내[현실을 변화시켜] 결국 승리하게 되는 것은 항상 바로 인간들, 의식들 그리고 정신이다…. 그들은 인간의 끈질긴 의지를 자연법칙으로, 사이비-지식인들pseudo-savants이 만들어낸 사물의 숙명적 흐름으로 대체해버렸다"(리나시타Rinacità에서 출판한 텍스트, 1957, pp. 149~158. 마리오 트론티Mario Tronti의 *Studi Gramsciani*, Editori Riuniti, 1959, p. 306에서 재인용).

이론적 토대에 대한 충분한 예시들을 제공했다.

이제 정식화에서의 모호성을 언급해보자. 바로 이 지점에서 여전히 우리는, 우리가 이미 그 효과를 가늠한 바 있는 하나의 현실에 부딪혀 넘어지게 된다. 자신의 저작 속에서 자신을 자신의 전임자들로부터 분리시키는 구별을 온전히 **생산**해냈던 마르크스가, 결국 이는 모든 발명가의 공통된 운명이기는 한데, 충분히 완전한 선명성을 가지고 이러한 구별의 **개념**을 사고하지는 않았다는 현실 말이다. 마르크스는 자신의 이론적으로 혁명적인 사유행보démarche에 대한 이론적 개념과 함의들을 적합하고 발전된[전개된] 하나의 형태하에서 이론적으로 사고하지는 않았다.[102] 때로 마르크스는 이 사유행보를 (더 나은 선택의 여지가 없어) 부분적으로는 다른 이들로부터 차용해온 개념들(특히 그 무엇보다도 헤겔적 개념들) 내에서 사고했는데, 이는 이 개념들을 차용해온 장소인 본원적인 의미론적sémantique originaire 장과 이 개념들이 적용된 장소인 개념적 대상들의 장 사이의 어긋남이라는 효과를 초래했다. 때로 마르크스는 이러한 차이 그 자체를 사고했으나 부분적으로만, 혹은 하나의 개요적 지표esquisse d'une indication 내에서, 이 개념들의 등가물[이 개념들과 동일한 가치를 지니는 것]에 대한 끈질긴 탐구 내에서,[103] 하지만 한 개념의 적합성 내에서 자

102 ❖ 이 문장과 아래 문장에서는 processus 즉 '과정'과 procédé 즉 '절차'와 유사한 단어인 démarche를 단순히 '과정'이라 옮기지 않고 '사유행보'로 번역한다. 이 어휘는 이 글과 깊이 공명하는 알튀세르의 또 다른 1978년 텍스트 「제라르 뒤메닐의 저서 "『자본』의 경제법칙 개념"의 서문」에서도 중요하게 활용되는 어휘이다. 「제라르 뒤메닐의 저서 "『자본』의 경제법칙 개념"의 서문」, 루이 알튀세르 지음, 배세진 옮김, 웹진 인-무브(www.en-movement.net), 2024 참조.

103 마르크스의 유형적typiques 은유들에 대한, 그리고 이 유형적 은유들의 확장prolifération—유

신이 생산해낸 바에 대한 엄밀한 독창적 의미sens original를 언표하는 데는 단숨에 성공해내지 못하면서 사고했다. 비판적 독해를 통해서만 식별될 수 있으며 제거될 수 있는 이러한 어긋남은 **마르크스의 담론의 텍스트 자체의 객관적 일부를 이룬다**.[104]

바로 이 때문에, 모든 경향적 이유를 논외로 한다면, 마르크스의 그토록 많은 상속자와 지지자가 마르크스의 텍스트를 손에 쥐고서 자신들은 이 텍스트에 **문자 그대로** 충실히 남아 있다고 주장prétendant하면서도 그의 사유에 대한 부정확한 해석들을 발전시킬 수 있었던 것이다.[105]

이 지점에서 나는, 이 경우 어떠한 텍스트들 위에 우리가 마르크스에 대한 **역사주의적** 독해를 정초할 수 있는지 보여주기 위해 세부 지점으로 들어가보고자 한다. 나는 마르크스의 [대문자]청년기의, 혹은 [대문자]절단의 텍스트들[106]에 대해서는 언급하지 않겠다. 왜냐하면 이 [대문자]청년기[특히 1844년의 『경제학-철학 수고』] 혹은 [대문자]절단[특히 「포이어바흐에 관한 테제들」과 『독일 이데올로기』]의 텍

형적 은유들이 그 고유한 이름으로, 즉 그 개념의 이름으로 부를 수 없어 그 윤곽을 그려 내는 것만을 자신들의 임무로 삼았던 그러한 하나의 중심centre을 둘러싼—에 대한 하나의 온전한 연구 전체를 여기에서 제시된 이러한 관계[관점] 아래서 수행해야 할 것이다.

104 어긋남이라는 사실과 이 어긋남의 필연성은 마르크스 고유의 것이 아닌, 모든 과학적 정초의 사유행보와 모든 과학적 생산 일반에도 속하는 것이다. 이에 대한 연구는 인식생산의 역사에 대한 이론에, 그리고 여기에서도 여전히 우리가 그 필요성을 느끼고 있는 이론적인 것의 역사에 속하는 것이다.

105 ❖ 단정할 수는 없지만, '경향적 이유들'에서 '경향', 즉 tendance는 '분파'를 의미하는 것으로 보인다. 마르크스주의에서 관례적으로 '분파'로 번역해오던 tendance를 여기서는 '경향'으로 번역한다.

106 *Pour Marx*, p. 26.

스트들 위에 이 **역사주의적** 독해를 정초할 수 있다는 점을 증명하는 것은 [『마르크스를 위하여』에서 내가 이미 보여주었듯] 손쉬운 일이기 때문이다. 「포이어바흐에 관한 테제들」이나 『독일 이데올로기』 같은 인간주의적이고 역사주의적인 심원한 반향이 여전히 울려 퍼지고 있는 텍스트들에, 이 텍스트들로부터 우리가 기대하는 단어들을 이 텍스트들이 발음하도록 만들기 위해 폭력을 가할 필요는 없다. 왜냐하면 이 텍스트들은 이 단어들을 다른 이들의 도움 없이도 스스로 발음하기 때문이다. 나는 『자본』과 1857년의 『정치경제학 비판 요강』「서설」에 대해서만 언급하겠다.

마르크스에 대한 역사주의적 독해가 의거할 수 있는 마르크스의 텍스트들은 두 가지 집합으로 그러모아질 수 있다. 첫 번째 집합은 그 안에서 역사적 과학의 전체 대상이 우리에게 주어지는 조건들에 대한 정의와 관계된다.[107]

1857년의 『정치경제학 비판 요강』「서설」에서 마르크스는 다음과 같이 쓴다.

> … 역사적 과학 혹은 사회적 과학 일반에서, 경제적 범주들의 진행과 관련해, **주체 즉 여기에서는 근대 부르주아 사회가 현실 속에서만이 아니라 두뇌 속에서도 주어진다는 점,** 따라서 [경제적] 범주들은 이 주체의, 이 규정된 사회[근대 부르주아 사회]의 존재형태들, 규정된 존재조건들, 때로는 규정된 단순한 측면들 등을 표현한다는 점을 잊어선 안

107 ❖ 불필요한 구분일 수도 있지만, science de l'histoire를 '역사과학'으로 번역하는 한편, science historique은 '역사적 과학'으로 옮겼다.

된다."[108]

우리는 이 텍스트를 『자본』의 한 구절과 상호접근시킬 수 있다.[109]

> 사회적 삶의 형태들에 대한 성찰[이론], 그러니까 결국 이 사회적 삶의 형태들에 대한 과학적 분석은 현실적 운동과는 완전히 반대되는 하나의 길을 따른다. 이러한 성찰 또는 분석은 이미 전체가 확립된 소여들과 함께, **발전[전개]의 결과들과 함께** 사후적으로 시작된다….[110]

이 텍스트들은 사회적 과학과 역사적 과학 전체의 대상이 [이미] 생성된devenu 하나의 대상, 즉 하나의 결과라는 점뿐 아니라 이 대상에 적용되는 인식활동 또한 이 소여의 **현재**에 의해, 이 소여의 현행적 계기에 의해 정의된다는 점도 지시한다. 이는 크로체B. Croce의 표현을 다시 취해 몇몇 이탈리아 마르크스주의 해석가들이 '역사적 현재'의 '**동시대성**'이라는 범주, 하나의 역사적 대상을 취급하는 인식 전체의 조건을 역사적으로, 그러니까 역사적 조건으로 정의하는 범주라고 부르는 것이다. 그런데 우리가 이미 알다시피 이 동시대성이라는 용어는 하나의 모호함을 내포한다.

마르크스 자신 또한 1857년의 『정치경제학 비판 요강』「서설」의, 위에 인용한 텍스트보다 몇 줄 앞에서 이 절대적 조건을 인정하고 있

---

108 *Introduction de 1857*, p. 170 [1857년의 『정치경제학 비판 요강』「서설」, 77쪽].

109 *Le Capital*, p. 87 [『자본』 I-1, 38쪽).

110 ❖ 여기에서 '소여들'은 données를 옮긴 것인데, 사실 '소여'의 프랑스어는 남성형 donné이고, 여성형 donnée는 현재 프랑스어에서 '데이터'를 의미한다.

는 것처럼 보인다.

> 결국 우리가 역사적 발전[전개]이라고 부르는 바는 [이 역사적 발전(또는 전개)에서의] 마지막 형태가 과거의 형태들을 자신의[즉 마지막 형태의] 발전[전개] 단계로 이끌어주는 단계들로 간주한다는 사실에 기초해 있다. 그러나 이 마지막 형태는 **제대로 규정된 조건 내에서가 아니라면 자기 자신에 대해 스스로가 행하는 비판을** 거의 대부분의 경우 **행하지** 못하기에 (…) 이 마지막 형태는 과거의 형태들을 항상 하나의 일면적 양상 아래서만 개념화한다. 기독교는 어느 특정 정도에 이르기까지, 말하자면 그 가능성에 있어, 자기 자신에 대해 스스로가 행하는 비판을 완수한 뒤에 비로소 이전의 신화들을 객관적으로 이해하는 작업을 도울 수 있었다. 마찬가지로, 부르주아 정치경제학은 **부르주아 사회가 스스로 행하는 자기비판이** 시작되는 그날이 되어서야 봉건사회, 고대사회, 동양사회를 이해하는 데 이르게 되었다….[111][112]

나는 이 텍스트를 다음과 같이 요약하겠다. 하나의 역사적 대상을 취하는 과학 전체(그리고 특히 정치경제학이라는 과학)는 주어진 그리고 현재의 역사적 대상, 과거 역사의 결과로 생성된 대상을 취급한다고 말이다. 따라서 현재로부터 출발하는 그리고 하나의 생성된-대상objet-devenu을 취급하는 인식의 실행 전체는 이 대상의 현재를

111 *Introduction de 1857*, p. 170[1857년의 『정치경제학 비판 요강』 「서설」, 77쪽].

112 ❖ '스스로 행하는 (자기)비판'은 '자기 자신에 대한 비판' 즉 '자기를 향한 비판'인 동시에 '자기 스스로가 행하는 비판'이기도 하다.

이 대상의 과거에 투사하는 것에 불과하다. 그래서 마르크스는 '반영적'réfléchissante 역사학인 『역사철학 입문』*Introduction à la philosophie de l'Histoire*에서 헤겔이 비판했던 바인 회고rétrospection를 바로 이 지점에서 기술하는 것이다. 이러한 불가피한 회고는, 만일 현재가 자기 자신에 대한 과학에, 자기 자신에 대한 비판에, 이 과학에 대한 자기비판에 도달하는 데에 성공한다면, 다시 말해 만일 현재가 본질을 **가시적인 것**으로 만드는 하나의 '**본질적 절단면**'이라면, 바로 그러할 때에만 과학적인 것이 된다.

하지만 바로 이 지점에 두 번째 집합의 텍스트들이 개입해 들어온다. 즉, 이 지점은 우리가 마르크스 자신의 역사주의에 관해 말할 수 있는 결정적 지점이다. 이 결정적 지점은 위에서 언급한 텍스트에서 마르크스가 **현재의 "자기비판의 잘 규정된 조건들"**이라 부르는 바와 정확히 관련된다. 이를 다음과 같이 이해해보자. 어떠한 현재의 자기의식[자기에 대한 의식]conscience de soi의 회고가 주관적이기를 멈추려면, 이 현재 스스로 자기비판을 할 수 있어야 하며 결국 이를 통해 **자기에 대한 과학**science de soi에까지 도달해야 한다고 말이다.[113] 그런데 만일 우리가 정치경제학의 역사로 고개를 돌린다면 우리는 무엇을 보게 되는가? 우리는 **자신들의 현재가 취하는 한계 내에** 갇혀 사고하는 것 이외에는, 그러니까 자신들의 시간을 넘어 튀어오를 수 없어 이렇게 사고하는 것 이외에는 그 무엇도 하지 않은 사상가들을 보

113 ❖ '어떠한 현재'는 un présent을 옮긴 것으로, 간단히 '현재'라고 옮겨도 큰 문제는 없지만 의미를 정확히 살려주기 위해 그렇게 옮긴다. 또 '스스로 자기비판을 하다'는 s'autocritiquer를 옮긴 것으로, autocritiquer 자체가 '자기비판을 하다'이지만, 알튀세르가 이를 s'autocritiquer 즉 대명동사로 활용하고 있기에 '스스로'라는 말을 넣었다.

게 된다. 아리스토텔레스의 경우, 그의 모든 천재성은 그로 하여금 수량이 x인 대상 A = 수량이 y인 대상 B라는 동등성égalité을 등식égalité으로 써 내려가도록, 그리고 이 등식의 공통적 실체라는 것은 부조리하기에 사고 불가능한 것이라는 점을 선언하는 것만을 허락했을 뿐이다. 그 와중에 아리스토텔레스는 자신의 시대의 한계를 건드렸다. 그런데 도대체 누가 아리스토텔레스로 하여금 자신의 시대의 한계를 넘어 나아가도록 하는 것을 가로막았는가?

> 모든 노동이 상품가치의 형태 내에서 무차별적[동질적]indistinct 인간노동으로 표현된다는, 따라서 결국 [모두] 동등한égaux 것으로 표현된다는 점을 아리스토텔레스로 하여금 이 상품의 가치형태 내에서 읽어내지lire(herauslesen) **못하도록 가로막았던 것은** 그리스 사회가 노예노동에 기초해 있었으며 그 자연적 토대로서 인간들의 불평등inégalité과 이 인간들의 노동력의 불평등을 취하고 있었다는 점이다.[114]

아리스토텔레스로 하여금 이러한 천재적 직관의 독해를 행할 수 있게 허락했던 그 현재는, 동시에 아리스토텔레스가 자신이 제기했던 질문을 해결하는 것을 금지했다.[115] 고전 정치경제학의 모든 위대한 발명가에게도 사태는 동일하다. 중상주의자들은, 자신들의 시대의 화폐정책을 가지고서 화폐이론을 만듦으로써, 자기 자신들의 고

114 *Le Capital*, p. 73[『자본』 I-1, 119쪽).

115 물론 이러한 이해가 잘못된 것은 아니다. 하지만 우리가 이러한 한계를 '역사'와 직접적으로 관계 맺게 할 때, 이 지점에서 우리는 또다시 역사에 대한 **이데올로기적** 개념을 단순하게 원용할 위험성을 지니게 된다.

유한 현재를 반영하게 만들었을 뿐이다. 마찬가지로 중농주의자들은, 잉여가치에 대한 천재적 이론을, 하지만 자연적 잉여가치에 대한, 그러니까 밀이 자라나는 모습을 **볼** 수 있는, 그리고 이 밀을 생산하는 농업노동자가 소비하지 않은 잉여surplus가 농장주의 곳간으로 들어가는 모습을 **볼** 수 있는 그러한 농업노동의 잉여가치에 대한 천재적 이론을 소묘함으로써 자기 자신들의 고유한 현재를 반영하게 만들었을 뿐이다. 그러던 중 중농주의자들은 **자기 자신들의 현재의 본질**을, 즉 마르크스가 열거하는 노르망디, 피카르디, 일-드-프랑스의 뒤를 잇는[116] 파리 분지의 비옥한 평원에서의 농업자본주의의 발전을 언표하고 있었을 뿐이다.[117] 이 중농주의자들 또한 자기 자신들의 시간[즉 현재]을 넘어 튀어오를 수는 없었다. 이들은 자기 자신들의 시간[즉 현재]이 자기 자신들에게 하나의 **가시적** 형태로 인식을 제공하는, 그리고 자기 자신들의 의식을 위해 이러한 인식을 생산하는 한에서만 이 인식에 도달하는 데 성공할 수 있었다. 결국 이 중농주의자들은 자신들이 **본** 것을 기술했[을 뿐이었]던 것이다. 스미스와 리카도는 이보다 더 멀리 나아가 자신들이 **보지 못한** 것마저 기술했는가? 스미스와 리카도는 자기 자신들의 시대를 넘어 튀어 올랐는가? 아니다. 만일 스미스와 리카도가 자기 자신들의 현재에 대한 단순한 **의식**과는 다른 것으로서 하나의 과학에 도달하는 데 성공했다면, 이는 이들의 의식이 이 현재에 대한 진정한 **자기비판**을 포함하고 있었기 때문이

116 *Antidühring*, E. S., chapitre X, p. 283.

117 ❖ 노르망디Normandie, 피카르디Picardie, 일-드-프랑스Ile-de-France, 파리 분지Bassin parisien는 모두 프랑스의 지역 명칭이다.

다. 그렇다면 이러한 자기비판은 도대체 어떻게 가능했는가? 그 원리에서 헤겔적인 이러한 해석 논리 내에서, 우리는 다음과 같이 말하고자 하는 유혹을 받게 된다. 스미스와 리카도는 자기 자신들의 현재의 의식 내에서, 이 의식이 의식으로서[의식 그 자체로서] **자기 자신에 대한 자기비판 그러니까 자기에 대한 과학**이었기 때문에, 과학 그 자체에 도달했다고 말이다.[118]

달리 말해, 스미스와 리카도가 살아가고 있으며 살아냈던 현재의 특징, 즉 이 현재를 다른 모든 (과거의) **현재들**로부터 구별해주는 그 특징은, 최초로 이 현재가 자기 자신 내에서[즉자적으로]en soi **자기 자신에 대한 자기 스스로의 비판**sa propre critique de soi을 생산했다는, 따라서 이 현재가 자기의식[자기에 대한 의식]이라는 형태 자체 내에서 자기에 대한 과학[자기과학]을 생산하는 그러한 역사적 특권을 가졌다는 점이다.[119] 하지만 이 현재는 하나의 이름을 지니게 된다. 이는 **절대지**[절대적 지식]의 현재라는 이름이며, 이 현재에서 의식과 과학은 일체를 이루고, 이 현재에서 과학은 의식의 무매개적 형태 내에서 존재하며, 이 현재에서 진리는 직접적까지는 아니라 해도 약간의 노력만 기울이면 현상들 내에서 펼쳐진 책을 읽는 것과 같이 손쉽

---

118 ❖ 방금 지적한 s'autocritiquer와 유사하게 여기서도 sa propre autocritique로 표현되었기에 이를 '자기 자신에 대한 자기비판'으로 옮긴다. 또한 이미 한 차례 등장했듯, '자기에 대한 과학'은 science de soi를 옮긴 것으로, '자기의식'과 대구를 이루도록 간단히 '자기과학'으로 옮기거나, 그렇게 이해할 수 있다.

119 ❖ '살아가고 있으며 살아냈던'은 vivant et vécu를 옮긴 것으로, vivre 즉 '살다'의 현재분사가 vivant(영어의 living)이며 과거분사가 vécu(영어의 lived)이다. 사실 vécu는 현상학적 맥락 등에서 '체험된'으로도 번역되며, 하버마스의 개념 '생활세계'의 프랑스어 번역어가 바로 le monde vécu이다.

게 **읽어낼** 수 있다(왜냐하면 현상들 내에서, 현실적인 경험적 존재 내에서, 추상들— 고찰된 사회-역사적 과학 전체가 그 위에 기초해 있는— 이 실제적으로 현존하기 때문이다). 마르크스는 아리스토텔레스에 대해 언급한 뒤 곧바로 다음과 같이 말한다.

> 모든 노동이 인간노동이기 때문에, 그리고 모든 노동이 인간노동이라는 점에서, 이 모든 노동을 동등égalité하고 등가équivalence적인 것으로 간주하는 가치표현의 비밀은 인간의 동등성[평등]이라는 관념이 인민적 선입견préjugé populaire의 뿌리 깊은 성격[즉 사회 전체로의 일반화]을 이미 획득했을 때에만 풀릴 수 있다…. 하지만 이는 **상품형태가 노동생산물이라는 일반형태가 되는 하나의 사회 내에서만,** 그래서 인간들이 자신들 사이에서 상품의 생산자와 교환자로서 맺는 관계가 지배적인 사회적 관계인 그러한 **하나의 사회 내에서만** 가능하다….[120]

혹은 다르게 말하여,

> … 다음과 같은 **과학적** 진리가, 즉 서로가 서로에 대해 독립적인 방식으로 실행되는 사적 노동들이, 비록 이 사적 노동들이 분업의 자연발생적 사회체계의 가지들ramifications로서 서로 얽히고설키게 된다고는 해도, 이 사적 노동들에 대한 사회적 비율 척도 아래로 지속적으로 포섭된다[양적 비율로 환원된다](…)는 **과학적** 진리가, **경험** 자체**로부**

---

120 *Le Capital*, p. 75[『자본』I-1, 119쪽].

터 드러나기 위해서는 이미 상품생산이 완전히 발전되어 있어야만 한다….[121]

> 가치로서의 노동생산물이[즉 노동생산물의 가치가] 이 노동생산물의 생산 내에서 지출된 인간노동의 순수하고 단순한 표현이라는 (…) 과학적 발견은 인류의 발전에서 하나의 [새로운] 시대[의 도래]를 표시한다.[122]

여기에서 [대문자]정치경제학이라는 과학을 정초하는 이러한 역사적 시대époque는 경험(Erfahrung) 그 자체와의, 다시 말해 현상 내에서의 본질에 대한 직접적à ciel ouvert 독해와의, 혹은 우리가 이런 표현을 더 선호한다면, 현재의 단면tranche du présent에 대한 본질적 절단면coupe de l'essence으로의 독해와의 온전한 관계 맺음인 것처럼 보인다. 즉, 상품생산의 일반화, 그러니까 상품이라는 범주의 일반화가 절대적 가능조건으로서, 그리고 이와 동시에 이러한 경험으로부터의 직접적 독해로부터 얻어진 무매개적 소여로서도 나타나는 장소로서의 인간역사의 특수한 한 시대의 본질과의 온전한 관계 맺음인 것처럼 보인다. 사실 1857년의 『정치경제학 비판 요강』 「서설」뿐 아니라 『자본』에서도, 노동 일반 즉 추상적 노동이라는 현실은 자본주의적 생산에 의한 하나의 현상적 현실로서 생산된다고 말해진다. 어떤 의미에서 역사는 벌써 이러한 지점에 도달하여, **과학적 추상들이**

121 *Le Capital*, p. 87 [『자본』 I-1, 138쪽].
122 *Le Capital*, p. 86 [『자본』 I-1, 137쪽].

경험적 현실들의 상태로 존재하는 장소로서의, 과학과 과학적 개념들이 백일하에 드러난à ciel ouvert **진리들**로서 경험의 **가시적**인 것의 형태 내에서 존재하는 장소로서의 이러한 예외적인 특수한 현재를 이미 생산했을 것이다.

1857년의 『정치경제학 비판 요강』「서설」에서 마르크스는 이를 다음과 같이 말한다.

> … **노동 일반이라는 이러한 추상은** 노동들의 구체적 총체성에 대한 **사고**(geistige) **내에서의 결과일 뿐인 것이 아니다.** 이러저러한 규정된 노동들에서의 무차별성indifférence은 하나의 사회형태, 즉 그 안에서 규정된 개인들이 하나의 노동에서 다른 하나의 노동으로 손쉽게 이동하는, 그리고 그 안에서 노동의 일정한 한 종류가 이 개인들에게는 우연적인 것일 뿐인, 그러니까 무차별적인 것일 뿐인 하나의 사회형태에 조응한다. 바로 이 지점에서, 노동은 **범주** 내에서, 그뿐 아니라 **현실** 자체 **내에서**(in der Wirklichkeit)도 부 일반을 창조하는 수단이 되었으며, 규정으로서 이 노동은, **어떠한 개별 양상하에서만 이 개인들과 일체를 이루는 것에 불과할 뿐임을** 멈추게 되었다. 이러한 사물의 상태는 부르주아 사회들 중 가장 근대적인 존재형태인 미국에서 가장 높은 발전 정도에 도달했다. **바로 여기에서만 '노동', '노동 일반', 노동 '자체'sans phrase라는 범주의 추상은, 근대경제의 출발점으로서, 실천적 진리가 된다**(wird praktisch wahr). **이렇듯, 근대경제가 제일 앞줄에 위치시키는, 그리고 모든 사회형태에 유효valable하며 매우 의고적인 하나의 관계를 표현하는 가장 단순한 추상은 가장 근대적인 사회의 범주로서만 실천적 진**

리(praktisch wahr)로서의 이 추상적 형태하에서 나타나게 된다.[123]

만일 자본주의적 생산의 현재가 그 가시적 현실(Wirklichkeit, Erscheinung, Erfahrung) 내에서, 그 자기의식 내에서 과학적 진리 자체를 생산해냈다면, 그래서 만일 이 현재의 자기의식이, 이 현재 고유의 현상이 현행적으로en acte 이 현재 고유의 자기비판이라면, 우리는 과거에 대한 현재의 회고rétrospection du présent sur le passé가 더 이상 이데올로기가 아니라 참된 인식이라는 점을 완벽히 이해하게 되며, 또한 우리는 **과거에 대한 현재의 정당한 인식론적 우위**를 포착하게 된다.

부르주아 사회는 **존재하는 것들 가운데 가장 발전된, 가장 다양한** 역사적 생산조직이다. 이러한 사실로부터, 이러한 사회의 관계들을 표현하는 그리고 이 사회의 구조를 이해할 수 있게 해주는 범주들은, 이와 동시에, **그 잔해들과 요소들을 남겨두고 사라져버린 [이전] 사회형태들 전체—이 잔해들과 요소들로부터 이 사회가 구축되었으며, 부분적으로는 아직 지양되지 않은 그 몇몇 흔적이 이 사회 내에서 지속적으로 잔존하게 되며, 몇몇 단순한 그 기호signes는 스스로 발전함으로써 자신들의 의미signification 전체를 가지게 된다—의 생산관계들과 생산구조를 해명할 수 있게 해준다. 결국 인간 해부학은 원숭이 해부학의 열쇠인 것이다.** 열등한 동물종의 경우 우리는 우등한 형태가 그 자체로 이미 인식

123 강조는 알튀세르. *Introduction de 1857*, pp. 168~169[1857년의 『정치경제학 비판 요강』 「서설」, 75쪽].

되었을 때에만 우등한 형태를 **예고하는 기호들을** 이해할 수 있게 된다. 바로 이러한 의미에서 부르주아 경제는 우리에게 고대 경제 등의 [이해를 위한] 열쇠를 제공하는 것이다.[124]

경제의 역사 전체(혹은 다른 종류의 역사들)를 (예를 들어 상품 내에 무매개적으로 현존하는 가치와 같은) 하나의 단순하고 시초적primitive이며 기원적originaire인 형태의 (헤겔적 의미에서의) 전개로 개념화하기 위해서는, 그리고 『자본』을 가치 범주 혹은 더 나아가 **노동** 범주와 같은 하나의 기원적 범주로부터 출발해 모든 경제적 범주들을 **논리-역사적으로 연역하는 작업**으로 독해하기 위해서는, 절대지의 논리에서 한 걸음 더 넘어서는 것, 의식과 동일한identique 하나의 과학의 현재 내에서 정점에 도달하여 완성되는 역사의 전개를 사고하는 것, 그리고 정초된 회고 내에서 이 결과를 반영하는 것만으로도 충분하다. 그런데 이러한 조건 아래서, 『자본』의 서술방법méthode d'exposition은 개념의 사변적 발생과 혼동된다. 심지어 개념에 대한 이러한 사변적 발생은 현실구체 자체의 발생과, 다시 말해 경험적 역사의 과정과 동일한 것이 되고 만다. 이럴 경우 [『자본』과 마주해] 우리는 하나의 헤겔적 본질의 저작 앞에 놓이게 될 것이다. 바로 그렇기 때문에 출발점이라는 질문이, 모든 것이 이 출발점 즉 『자본』 1권 [1편] 1장에 대한 오해에 기반한malentendue [잘못된] 독해 내에서 작동할 수 있기에, 하나의 비판적 가치를 지니게 되는 것이다. 또한 바로 그렇기

124 *Introduction de 1857*, p. 169 [1857년의 『정치경제학 비판 요강』 「서설」, 76쪽].

때문에 이 글에서 이전 설명들을 통해 내가 이미 보여주었듯, 모든 비판적 독해가 이런 오해에 빠지지 않으려면 『자본』 1권 [1편] 1장의 개념들의 지위와 분석양식의 지위를 명확히 해명해야만 하는 것이다.

이러한 역사주의의 형태는, 이 역사주의의 형태가 절대-지 savoir-absolu의 부정에서 그 정점에 도달하고 이 절대-지의 부정 안에서 말소되는 한에서 하나의 **한계-형태**로 간주될 수 있다. 이런 의미에서 우리는 이 역사주의의 형태를, 이 역사주의의 형태가 우리를 다른 역사주의의 형태들에 대한 이해를 가능케 한다는 점에서, 이 다른 역사주의의 형태들—비록 종종 더욱 '발본적'이기도 하지만 덜 확정적péremptoires이고 종종 덜 가시적인—의 공통 모체로 간주할 수 있다.

이에 대한 증거로서 나는, 종종은 의식적으로 종종은 무의식적으로 몇몇 마르크스주의 해석가들, 프랑스의 해석가들과 마찬가지로 특히 이탈리아의 해석가들의 저작을 물들이고 있는 역사주의의 동시대 형태들을 제시하고 싶다. 이탈리아 마르크스주의 전통 내에서 '절대적 역사주의'로서의 마르크스주의 해석이 가장 선명한 특징과 가장 엄밀한 형태를 제시하기 때문이다. 약간의 지면을 할애해 내가 이 점에 대해 강조하는 것을 허락해주길 바란다.

이러한 전통은 라브리올라와 크로체로부터 이 전통의 상당 부분을 상속받은 그람시에게로 거슬러 올라가는 것이다. 따라서 우리는 그람시를 다루어야만 한다. 하지만 나는, 놀라울 정도로 미묘하며 섬세한 그람시의 천재적 저작을 필연적으로 도식적일 수밖에 없는 나의 언급으로 왜곡하지는 않을까 하는 것뿐 아니라, 그람시적인 **변증법적 유물론** 해석을 대상으로 해서만 내가 정식화하고자 하는, 나의 이론적 유보를 나도 모르게 독자들로 하여금 역사유물론이라는 영역 내에서의 그람시의 비옥한 발견들로까지 확장하도록 잘못 이끌지 않을까도 걱정하기에 매우 깊은 거리낌[주저함]을 느끼면서, 이렇게 나는 그람시를 다루고자 한다. 따라서 독자들은 그람시의 변증법적 유물론 해석과 역사유물론 해석 사이에 존재하는 구별을 잘 유념해야 한다. 이러한 구별이 없다면 나의 이러한 비판적 성찰 시도는 그 한계를 넘어가버릴 것이기 때문이다.

우선 나는 다음과 같은 기초적인 대비행위précaution를 수행하겠다. 나는 어떠한 경우에도, 그리고 그 어떤 구실prétexte이나 그람시의 그 어떤 텍스트texte를 가지고도, 그람시를 그 자신이 했던 말들 자체로 무매개적으로 이해하기를 거부할 것이다.[125] 나는 그람시의 이 말들을, 이 말들이 그람시의 가장 심원한 철학적 문제설정에 진정으로 속하는 '**유기적' 개념들**을 통해 승인된 기능을 수행할 때만—그러니까 이 **말들**이 하나의 논쟁적 역할이든 하나의 '실천적' 지시의 기능이든(**기존의** 하나의 문제 혹은 하나의 대상에 대한 지시이든 하나의 문제를 제대로 제기하고 해결하기 위해 취해야 할 **방향**에 대한 지시이든) 이를 떠맡게 된 언어의 역할을 수행할 때만이 아니라—취하도록 하겠다. 예를 들어 크로체에 대한 그람시의 유명한 주석과 같이[126] 하나

125 ❖ '그 어떤 구실이나 그람시의 그 어떤 텍스트를 가지고도'는 sous le premier prétexte ou texte venu를 옮긴 것으로, 이는 '텍스트' 즉 texte와 '구실' 혹은 '핑계' 즉 prétexte라는 두 단어 사이의 유사성을 통한 알튀세르의 말놀이이다. 이를 통해 알튀세르가 표현하려는 바는, 자신이 그람시의 텍스트를 '문자 그대로' 그러니까 '무매개적인' 경직된 방식으로 취해 이를 구실로 삼아 그람시를 '평면적으로' 비판하지는 않겠다는 것이다.

126 Antonio Gramsci, *Il Materialismo Storico e la Filosofia di B. Croce*, Einaudi, p. 159.

의 논쟁적인 텍스트에 대한 피상적 독해를 통해 그람시를 '절대적'인 '인간주의자'이자 '역사주의자'로 선언하는 것은 그람시의 의도를 부당하게 비난하는 일에 불과할 것이다.

헤겔주의는 우리의 저자[즉 크로체]가 철학을 하는philosopher 이유들 중 (상대적으로) 가장 중요한 이유임에 틀림없다. 특히 그리고 또한, 왜냐하면 헤겔주의는 그 어떤 의심의 여지도 없이 탁월한 중요성을 가지고 있었던, 그리고 철학적 탐구의 세계-역사적인 한 계기를 표상하는, 관념론과 유물론의 전통적 개념화들을 하나의 새로운 종합을 통해 지양하고자 시도했기 때문이다. 바로 그렇기 때문에, 우리가 (크로체의) 『에세이』*Essai*에서 프락시스의 철학의 '내재성'immanence이라는 용어가 은유적 의미에서 활용된다 말할 때, 우리는 그 무엇도 말하지 않는 것이다. 사실 여기에서 내재성이라는 용어는 '범신론자들'이 부여하는 의미가 아닌, 그리고 전통적인 형이상학적 의미를 전혀 지니고 있지 않은, 하지만 새로운 것이며 [그 의미가] 확정되어야만 하는 그러한 하나의 특별한 의미를 획득했다. 매우 광범위하게 통용되는 역사유물론이라는 표현 내에서 우리는, 우리가 유물론이라는 형이상학적 기원의 첫 번째 단어가 아니라 역사라는 두 번째 단어를 강조해야 한다는 점을 망각했다.[127] 프락시스의 철학은 절대적 '역사주의', 사유에 대한 절대적 세속화mondanisation와 '세속성'terrestrité, 역사에 대한 절대적 인간

127 ❖ 이탈리아어 혹은 프랑스어에서 '역사유물론'matérialisme historique은 '유물론'이 첫 번째 단어이고 '역사'가 두 번째 단어이다.

주의이다.[128] 바로 이러한 방향으로 우리는 세계에 대한 새로운 개념화의 광맥을 파고 들어가야만 한다.

그람시의 이러한 '절대적'인 '인간주의적'이고 '역사주의적'인 확언들이 무엇보다도 우선 비판적이고 논쟁적인 의미를 지닌다는 점은 너무나 명확하다. 이 주장들은 다른 무엇보다도 다음 두 가지 기능을 수행한다. 1)마르크스주의 철학에 대한 모든 형이상학적 해석을 거부하기, 2)이전의 형이상학들과의 모든 관계를 단절시키기 위해, 마르크스주의적 개념화가 확립되어야만 하는 장소와 이 장소의 방향성을 '실천적'[129] 개념들로 **지시하기**. 여기서 이 장소란 마르크스가 이미 고전철학들의 초월성 즉 저편jenseits을 'diesseits'(우리의 이편)의 자격으로 대립시켰던 '내재성' 즉 '이편'의 장소이다.[130] 이러한 구별은 「포이어바흐에 관한 테제들」 중 두 번째 테제로 그 용어 그대로 등장한다.[131] 그러나 이미 우리는, 그람시에 의해 단 하나의 유일하고 동일한 기능을 지닌 하나의 쌍으로 묶인 이 두 개념(인간주의와 역사주의)의

128 ❖ '프락시스'는 praxis를 옮긴 것이다.

129 *Pour Marx*[『마르크스를 위하여』], p. 254 sq에서 정의된 의미의 단어이다.

130 ❖ '저편'은 au-delà를 옮긴 것이고, '이편'은 ici-bas를 옮긴 것이다. '저편'은 '초월성의 영역', '이편'은 '현실의 영역'을 뜻한다고 보면 된다.

131 ❖ 「포이어바흐에 관한 테제들」 중 두 번째 테제는 다음과 같다. "테제 2: [현실]대상적 objective, gegenständliche 진리를 인간적 사고에 귀속해야 하는가의 문제는 이론의 문제가 아니라 실천의 문제이다. 바로 이 실천 속에서 인간은 진리, 즉 유효한 현실과 역량, 자신의 사고가 지니는 세속적 특징caractère terrestre을 증명해야만 한다. 사고—실천으로부터 고립된—의 유효한 현실성 또는 유효한 비-현실성에 관한 논쟁은 순전히 스콜라주의적인 문제이다." 에티엔 발리바르, 『마르크스의 철학』, 배세진 옮김, 오월의봄, 2018, 128쪽. 참고로 『마르크스의 철학』에는 조르주 라비카Georges Labica가 프랑스어로 옮긴 「포이어바흐에 관한 테제들」을 저본으로 삼은 열한 가지 테제 번역 전체가 실려 있다.

'실천적-지시적' 본성으로부터, 최초의 결론을, 분명 그 자체 제한적이기는 하지만 이론적으로 중요한 그러한 결론을 이끌어낼 수 있게 된다. 만일 이 개념들이 지시적-논쟁적인 것이라면, 이 개념들은 하나의 탐구가 진입해야만 하는 방향을, 마르크스주의에 대한 해석의 문제가 제기되어야 하는 공간으로서의 영역 유형을, 하지만 이러한 해석의 **실정적 개념**을 제시하지는 않으면서 분명히 지시하는 것이다. 그람시의 해석을 판단할 수 있기 위해, 우선 우리는 이 해석을 표현하는 실정적 개념들을 해명해야만 한다. 결국 그람시가 '절대적 역사주의'라는 용어로 의미하려는 바는 도대체 무엇인가?

만일 우리가 그람시의 정식화들이 지니는 비판적 의도를 넘어선다면, 무엇보다도 우선 우리는 그 첫 번째 **실정적 의미**를 발견하게 된다. 마르크스주의를 하나의 역사주의로 제시함으로써, 그람시는 마르크스주의 이론에 본질적인 하나의 규정을, 즉 **현실역사** 내에서 마르크스주의 이론의 실천적 역할을 강조한다. 그람시의 지속적 관심사 중 하나는 그가 종교에 대한 크로체적 개념화를 자신의 것으로 다시 취하면서 거대한 '세계관들' 혹은 '이데올로기들'이라고 부르는 바의 역사적-실천적 역할과 관계된다. 이 '세계관들' 혹은 '이데올로기들'은, 인간들에게 그러니까 '지식인들'만이 아니라 또한 그리고 특히 '범박한 이들'simples에게도 세계의 흐름에 대한 일반적 관점과 **동시에** 실천적 품행의 규칙 또한 제공함으로써, 인간들의 실천적 삶 안으로 침투할 수 있는, 그러니까 하나의 역사적 시대 전체에 영감과 생명력을 불어넣을 수 있는 그러한 이론적 형성물들이다.[132] 이러한 관계[의미]하에서, 마르크스주의의 역사주의란 이러한 과업과 이러한 필연성에 대한 의식일 뿐이다. 마르크스주의는, 이 마르크스주의가 **자신의 이론 그 자체 내에서** 역사 안으로, 사회의 모든 층위들 안으로, 그리고 심지어는 인간들의 일상적 품행 안으로까지 이러한 침투의 조건을 사고하는 한에서만, 스스로가 역사이론이라고 주장prétendre할 수 있다. 바로 이러한 관점 내에서 우리는, 예를 들어 철학은 구체적이고 현실적이어야 하며 역사가 되어야 한다고, 현실 철학자는 정치가와 다를 바 없다고, 철학·정치학·역사학은 결국 단 하나의 유일하고 동일한 것이라고 말하는 그람시의 몇몇 정식화를 이해할 수 있는 것이다.[133] 바로 이러한 관점을 통해 우리는 지식인과 이데올로기에

132 "만일 우리가 크로체가 종교에 대해 제시하는 정의, 즉 삶의 규범이 될 세계관으로서의 종교라는 경우에 머무른다면, 그리고 만일 삶의 규범이 책에서 말하는livresque 의미에서가 아니라 실천적 삶 내에서 실현된 규범으로 이해된다면, 인간들 대부분은, 이들이 실천적으로 행위하는 한에서, 그리고 이들의 실천적 행위 내에 하나의 세계관 즉 하나의 철학이 함축적으로 내포되어 있다면, 철학자들이다." Gramsci, *Materialismo Storico*, p. 21.

"하지만 하나의 문화적 운동, 하나의 '종교' 그리고 하나의 '믿음'이 된 모든 세계관의, 모든 철학의 근본 문제가 이제 제기되기 시작한다. 이는 실천적 활동과 의지를 생산한, 그리고 함축적인 이론적 전제로서 이 의지 내에 포함된 그러한 경우인데, 만일 이데올로기라는 용어를 통해 우리가 (예술, 법권리, 경제적 활동, 개인적이고 집합적인 삶의 모든 발현manifestations 내에서 함축적으로 표현되는manifeste) 세계관이라는 그 가장 고양된 의미를 부여한다면, 우리는 이를 하나의 '이데올로기'라 부를 수 있을 것이다."

"달리 말해, 우리에게 제기되는 문제는 정확히 바로 이 이데올로기에 의해 공고화cimenté되고 통합unifié된 사회적 블록bloc social 내에서 이데올로기적 통일성unité을 보존하는 것이다…." (Ib, p. 7)

이 인용문들을 통해 우리는 예술, 법, 경제적 활동, 즉 "개인적이고 집합적인 삶의 모든 발현들" 내에서 '함축적으로' 표현되는 이데올로기에 대한 개념화가 헤겔적 개념화와 매우 가까운 것이라는 점을 인지할 수 있었을 것이다.

133 "모든 인간은 철학자다." (p. 3)

"행위agir가 항상 **정치적인** 행위인 것이기에, 각자의 현실철학이 이 각자의 정치 내에 온전히

대한 그람시의 이론을, 다소간 주관적이며 자의적인 이데올로기들을 생산할 수 있는 개인적 지식인들과 '유기적' 지식인들 혹은 '집합적 지식인'(즉 당)—자신의 '세계관'(혹은 유기적 이데올로기)을 모든 인간의 일상적 삶 안으로 집어넣음으로써 하나의 지배적 계급이 자신의 '헤게모니'를 확립하게 해주는—사이의 구분을 이해하고 그람시의 마키아벨리적 [대문자]'군주'에 대한 해석—[그람시에게서는] 현대의 공산당이 새로운 조건 등등 속에서 그 유산을 자신의 것으로 다시 취하는 것인데—을 이해할 수 있는 것이다. 하지만 이 모든 경우에서, 그람시는 실천적으로만이 아니라 **의식적으로도**, 그리고 **이론적으로도**, 마르크스주의에 내재하는 이러한 필연성이 표현되도록 만들고 있을 뿐이다. 따라서 마르크스주의의 역사주의는 잘 개념화된 자기 자신의 이론의 **양상들**과 **효과들** 중 하나에 불과하며, 자기 자신에 대해 일관적인conséquente avec soi 마르크스주의 자신의 이론에 불과한 것이다. 즉, [그람시에 따르면] 현실역사에 대한 하나의 이론은, 그 또한 다른 '세계관들'이 아주 오래전에 행했던 바처럼, 현실역사를 통과해야 한다. 거대 종교들에서 참인 바는 마르크스주의 자체에서

포함되어 있다고 말할 수는 없는 것일까? (…) 따라서 우리는 철학을 정치로부터 분리할 수 없으며, 심지어 우리는 하나의 세계관에 대한 선택과 비판 또한 역시 하나의 정치적 사실이라는 점을 보여줄 수 있다."(p. 6)

"만일 모든 철학이 하나의 사회에 대한 **표현**인 것이 참이라면, 이 모든 철학은 사회에 대해 반작용réagir해야 하며 긍정적이고 부정적인 몇몇 특정한 효과들을 결정해야만 할 것이다. 이 모든 철학이 개인의 '실패작'élucubration이 아니라 '역사적 사실'이라는 점에서, 이 모든 철학이 반작용하는 범위는 그 역사적 유효성이 취하는 범위이다."(pp. 23~24)

"철학과 역사(학) 사이의 동일성은 유물론에 내재적인 것이다…. 독일 프롤레타리아가 독일 고전철학의 상속자라는 명제는 철학과 역사(학) 사이의 동일성을 정확히 포함하고 있다…."(p. 217, pp. 232~234도 참조)

도, 심지어 더 강한 이유로 참이어야 한다. 마르크스주의와 이 이데올로기들 사이에 존재하는 차이에도 불구하고 참이어야 할 뿐 아니라, 또한 마르크스주의의 철학적 새로움으로 인해(왜냐하면 마르크스주의의 그 철학적 **새로움**은 자신의 이론 자체의 실천적 의미를 자신 안에 포함하는 데 있기 때문에), 바로 이 차이 그 자체 때문에도 참이어야 한다.[134]

하지만 우리를 마르크스주의 이론 내부의 주제로 준거케 하는 이 '역사주의'의 마지막 의미가 매우 거대한 부분에서 여전히, 모든 '책상머리'livresques 마르크스주의자들을 마르크스주의를 현실에 대한 장악 없이 '개인적 철학들'의 운명 속으로 강림하도록 만든다고 주장하는 이들로 규탄하는 것을, 혹은 심지어는 정치적 행위와 현실역사로는 진입하지 않으면서 (크로체와 같이) '위로부터'par le haut 인간종을 교육시키기를faire l'éducation 원하는 르네상스 지식인들의 불행한 전통을 다시 취하는 모든 이데올로그로 규탄하는 것을 목적으로 하는 하나의 **비판적 지표**라는 점을 우리는 인지했을 것이다.[135] 그람시가 주장했던 역사주의는 이러한 이론과 그 '사상가들'의 귀족주의에 대항하는 강력한 저항의 의미를 지니고 있다.[136] 제2인터내셔널의 책

---

134 이러한 의미로 이해된 '역사주의'라는 개념이 **포함**하는 바는 마르크스주의 내에서 하나의 정확한 이름을 가지고 있다. 바로 이론과 실천 사이의 결합, 더 특수하게는 마르크스주의 이론과 노동자운동 사이의 결합의 문제라는 이름 말이다.

135 ❖ 여기에서 '강림하도록 만든다'는 faire retomber를 옮긴 것으로, 직역하자면 '추락하도록 만든다'로 옮겨야 하지만 이 '책상머리' 마르크스주의자들 스스로는 자신들이 '천상에 있던' 마르크스주의를 '개인들'에게로 '내려오도록' 만든다고 '주장'하기 때문에 의역하여 '강림'으로 옮겼다.

136 Gramsci, *Materialismo Storico*, pp. 8~9.

상머리 위선pharisaïsme에 대항하는 이전의 저항(즉 '『자본』에 반하는 혁명')의 소리가 바로 이 그람시의 저항에서 여전히 반향하고 있다. 이는 '실천', 정치적 행위, '세계의 변형'—이것들이 없다면 마르크스주의는 도서관 쥐들의 먹잇감 혹은 수동적 정치 공무원들의 먹잇감이 되고 말 것이다—에 대한 직접적인 하나의 호소인 것이다.[137]

이러한 저항은 자기 자신 내에[즉자적으로]en soi 마르크스주의 이론에 대한 하나의 새로운 이론적 해석을 **필연적으로** 지니고 있는가? **필연적으로**는 아니다. 왜냐하면 이러한 저항은, 하나의 절대적 호소라는 실천적 형태하에서, 마르크스의 이론이 취하는 하나의 본질적 주제[테마]를, 즉 **마르크스의 이론 자체 내에서**, 마르크스에 의해 확립된 '이론'과 '실천' 사이의 새로운 관계라는 주제를 [이 주제에 대한 새로운 이론적 해석을 제시함 없이] 단순하게 발전시키기만 할 수도 있기 때문이다. 이 주제를 우리는 마르크스 자신에 의해 다음의 **두 장소에서** 사고되고 있는 것을 발견하게 되는데, 한편으로는 역사유물론(이데올로기들의 역할에 대한 이론, 그리고 기존 이데올로기들의 변형에서 과학적 이론의 역할에 대한 이론)이라는 장소, 다른 한편으로는 변증법적 유물론(우리가 '인식에 대한 유물론적 이론'이라고 일반적으로 부르는 바 내에서의 이론과 실천, 그리고 이 이론과 실천 사이의 관계에 대한 마르크스주의 이론을 대상으로 하는)이라는 장소이다. 역사유물론과 변증법적 유물론이라는 이 두 경우 모두에서, 마르크스에 의해 생생하게 주장되는 바, 그리고 우리의 문제에서 쟁점이 되는 바,

137 ❖ 마르크스는 자기해명이라는 목표를 달성했기에 『독일 이데올로기』를 출간하지 않는다고 말하면서, 이를 '쥐들의 비판이 갉아먹도록 내버려두었다'로 표현한 바 있다.

그것은 바로 마르크스주의적 **유물론**이다. 따라서 마르크스주의의 '역사주의'(우리가 방금 정의했던 매우 정확한 의미에서)에 대해 그람시가 행했던 강조는, **실제로는,** (역사유물론과 변증법적 유물론 모두에서의) 마르크스의 개념화가 지니는 단호하게 **유물론적인** 특징을 암시하는 것이다. 그런데 이러한 **현실**은 우리를 당황스러운 하나의 언급의 길 위에 서게 만들며, 이러한 당황스러운 하나의 언급은 모두가 동일한 정도로 우리에게 곤란을 초래하는 다음 세 가지 측면을 포함한다. 1)직접적으로 문제가 되는 것이 **유물론**인 반면, 그람시는 "역사유물론"이라는 표현 내에서, 그에 따르면 "**유물론이라는 '형이상학적 기원의' 첫 번째 단어가 아니라 '역사'라는 두 번째 단어를 강조해야 한다**"는 점을 선언한다. 2)유물론에 대한 강조가 역사유물론뿐 아니라 변증법적 유물론과도 관계되어 있는 반면, 그람시는 역사유물론 이외의 것에 대해서는 거의 언급하지 않는다. 더욱이 그람시는 '유물론'이라는 표현이 '형이상학적' 반향들을 필연적으로 초래하거나, 아마도 이러한 반향들 이상의 것을 초래할 것이라고 주장한다. 3)따라서 그람시가 [사실은] 역사에 대한 과학적 이론만을 유일하게 지시하는 것인 '역사유물론'이라는 표현에 두 가지 의미를 담지하게 한다는 점은 명확하다. 그람시에게서 '역사유물론'이라는 표현은 역사유물론과 마르크스주의 철학을 **동시에** 의미하는 것이다. 따라서 그람시는 **역사유물론이라는 단수의 것** 내에서 역사이론과 변증법적 유물론이라는, 실은 구별되는 두 가지 영역을 혼동하고 있는 것이다. 앞서 제시된 언급들과 [특히] 이 마지막 결론을 언표하기 위해, 나는 내가 [자의적으로] 분석하는 단 하나의 구절도 분명 나 스스로에게 허락지 않으며, 대신 그람시 자신의 매우 많은 수의 이론적 전개들—이 이론적 전개들은 이 마지막 결론을 그 어떤 모호함 없이 확인시켜주는데, 그래서 이 이론적 전개들은 이 마지막 결론에 하나의 개념적 의미를 제시해준다—을 활용하겠다.[138] 나는 바로 이 지점에서 우리가 그람시적 '역사주의'의 새로운 의미—이번에는 우리가 더 이상 지시적이고 논쟁적인 혹은 비판적인 하나의 개념에 대한 정당한 활용으로는 환원할 수 없는, 대신 마르크스의 사고의 내용 그 자체를 대상으로 하는 하나의 **이론적 해석**으로 우리가 간주해야만 하는, 그래서 우리의 유보 혹은 비판 아래로 굴러 떨어질 수 있는—를 발견할 수 있다고 생각한다.

결국 그람시에게는 이 개념에 대한 논쟁적이고 실천적인 의미를 넘어 마르크스에 대한 진정한 '역사주의적' 개념화, 즉 **마르크스의 이론이 현실역사와 맺는 관계**를 대상으로 하는 이론에 대한 '역사주의적' 개념화가 존재하는 것이다. 만일 그람시가 종교에 대한 크로체

---

138 다음을 예로 참고하라. "프락시스의 철학은 분명히 현실에 대한 내재주의적immanentiste 개념화로부터 유래하지만, 이 개념화가 모든 사변적 향기로부터 정화되고 순수한 역사 혹은 역사성으로 환원되거나 순수한 인간주의로 환원되는 한에서만 그러한 것이다…. 프락시스의 철학은 내재주의와 결부될 뿐 아니라 또한 현실에 대한 그 주관적 개념화에도 결부된다. 역사적 사실로, 하나의 사회집단의 '역사적 주관성'으로, (철학적 '사변'의 현상으로 제시되며 단순한 하나의 실천적 행위인, 즉 구체적인 사회적 내용물의 형태이자 사회 전체를 하나의 도덕적 통일체로 구성되도록 이끄는 방식인) 현실적 사실로, 그렇게 이 개념화를 설명함으로써 이 프락시스의 철학이 이 개념화를 전도하는 한에서 말이다…." *Materialismo Storico*, p. 191.
또 다른 예는 다음과 같다. "만일 사건들의 영원한 산출écoulement 속에서 개념들을 확정하는 것이 필연적인 일이라면(이 개념들 없이 현실은 이해될 수 없을 것이다), 운동 중인 현실과 현실에 대한 개념이 (만일 이 현실과 개념이 논리적으로 구별될 수 있다 해도) 분리 불가능한 통일체로 역사적으로 개념화되어야 한다는 것은 절대적으로 필요불가결한 일이며 우리는 반드시 그렇게 해야만 한다." *Ibid.*, p. 216.
보그다노프적 역사주의의 반향이 첫 번째 텍스트에서 명백히 존재한다. 두 번째 텍스트에서는 모든 역사주의에 공통된 사변적-경험주의적 테제, 즉 개념과 (역사적인) **현실**대상 간 동일성이라는 테제가 등장한다.

적 이론에 지속적으로 사로잡혀 있다면 이는 전혀 우연이 아니다. 만일 그람시가 종교에 대한 크로체적 이론의 용어들을 수용한다면, 그리고 만일 그람시가 종교에 대한 크로체적 이론을 현실의 종교들로부터 마르크스주의라는 새로운 '세계관'으로까지 확장한다면, 만일 그람시가 **이러한 관계[맥락]하에서** 이 종교들과 마르크스주의 사이에 그 어떤 차이점도 설정하지 않는다면, 만일 그람시가 이 종교들과 마르크스주의를 '세계관' 혹은 '이데올로기'라는 동일한 개념 아래 위치시킨다면, 만일 그람시가 마르크스주의를 이데올로기적 '세계관들'로부터 구별해주는 바가 모든 천상의 '내세'au-delà를 종결짓는 (유의미한importante) 형식적 차이라기보다는 절대적 내재성의 변별적 **형태**, 즉 **과학성의 형태**라는 점을 지적함 없이 종교, 이데올로기, 철학 그리고 마르크스주의 이론을 그토록 손쉽게 동일시한다면 이는 전혀 우연이 아니다. 심지어 '유기적'이기까지 한 이전의 종교들 혹은 이데올로기들과 마르크스주의—**이 마르크스주의는 그람시에게는 하나의 과학이며**[과학인 동시에], 대중 속에서 하나의 **새로운** 이데올로기 형태(이번에는 이전과는 달리 하나의 과학 위에 기초해 있는 그러한 이데올로기인데, **이는 인류가 전혀 경험해본 적 없는 것이다**)를 생산해냄으로써 인류 역사의 '유기적' 이데올로기가 되어야만 한다—사이의 이러한 '절단', 이 '절단'은 그람시에 의해 진정으로 성찰된 적이 없으며, 그는 현실역사 내에서 '프락시스의 철학'의 침투 요구와 그 실천적 조건에 너무나도 강하게 영향받아 이러한 절단과 이 절단의 이론적이고 실천적인 결론들의 역사적 의미를 무시해버리고 만다. 이로 인해 그람시는 **동일한 하나의 용어하에서** 역사에 대한 과학적 이론(역사유물론)과 마르크스주의 철학(변증법적 유물론)을 **서로 결합하도록** 하는 경향을, 그리고 이러한 통일체를 하나의 '세계관' 혹은 결국은 이전 종교들과 비교 가능한 하나의 '이데올로기'로 사고하는 경향을 거의 대부분의 경우에 취하게 된다. 게다가 그람시는 마르크스주의 **과학**과 현실역사 사이의 관계를 (역사적으로 지배적이며 활동적인) 하나의 '유기적' **이데올로기**와 현실역사 사이의 관계의 모델 위에서 사고하는 동일한 경향을, 결국 마르크스주의적인 과학이론[과학적 마르크스주의 이론]과 현실역사 사이의 이러한 관계를 하나의 유기적 이데올로기와 이 이데올로기가 살아가는 시대 사이의 관계를 충분히 잘 설명해주는 **직접적 표현**관계라는 모델 위에서 사고하는 경향을 가지게 된다. 내가 볼 때는 바로 이 지점에 그람시의 역사주의가 취하는, 반박의 여지가 있는 원리가 놓여 있는 것 같다. 바로 이 지점에서 그람시는 모든 '역사주의'에 필요불가결한 언어와 이론적 문제설정을 자생적으로[스스로] 발견하게 된다.

이 전제들로부터 출발하여, 우리는 우리 논의의 시작에서 내가 인용했던 정식들에 이론적으로 역사주의적 의미를 부여할 수 있다. 왜냐하면 이 정식들은, 내가 방금 지시했던 맥락 전체에 의해 지지되고 있기에, 그람시에게서 이러한 이론적으로 역사주의적인 의미 또한 지니고 있기 때문이다. 그리고 만일 이제 내가 가능한 가장 엄밀한 방식으로, 가능한 가장 소박한 공간[지면] 안에서 이 정식들의 함의를 발전시키고자 시도한다면, 이는 그람시에게 불만을 제기하기 위한 것이라기보다는(그람시는, 그래야만 할 때 거리를 취하지 않기에는 역사적이고 이론적인 감각이 너무나 발달해 있기 때문에) 하나의 잠재적 논리—이 잠재적 논리에 대한 인식은 일정 수의 그 이론적 효과들을 인지 가능하게 만들어주는데, 그람시 자신에게서든 그람시로부터 영감을 얻거나 그와 결합할 수 있는 이들 중 몇몇에게서든, 이 잠재적 논리와의 만남은 그렇지 않았다면 수수께끼적인 것으로 남아 있었을 것이다—를 **가시적인** 것으로 만들기 위함이다. 따라서 이 지점에서 또다시, 내가 『자본』의 몇몇 텍스트에 대한 '역사주의적' 독해에 관해 행했듯, 나는 하나의 **한계-상황**을 설명할 것이며, (그람시, 델라 볼페, 콜레티, 사르트르 등의) 이러저러한 해석보다는 이들의 성찰에 출몰하는, 그리고 가끔은 이들의 개념들과 문제들과 해결책들 중 몇몇에서 돌발하는 이론적 문제설정의 **장**을 정의할 것이다.

이러한 목적에서, 그리고 형식적인 것에 머무르는 것이 전혀 아닌 이러한 유보 아래, 이제 나는 그람시로부터 다음의 정식을 취하고자 한다. 마르크스주의는, 우리로 하여금 하나의 잠재적 문제설정 전체를 명증화할 수 있게 해주는 하나의 증상적 테제로 '**절대적 역사주의**'로 개념화되어야만 한다. 우리가 현재 취하고 있는 관점에서 이러한 그람시의 확언을 어떻게 이해할 것인가? 만일 마르크스주의가 하나의 절대적 역사주의라면, 이는 마르크스주의가 헤겔적 역사주의 내에서, 그러니까 [대문자]절대지의 지양 불가능한 현재라는 그 종말목적fin을, 역사의 이론적이고 실천적인 고유한 부정인 바 그 자체를 역사화하기 때문이다. 절대적 역사주의 내에서, [대문자]절대지는, 그러니까 역사의 종말목적은 더 이상 존재하지 않는 것이다.

총체성이 하나의 '본질적 절단면' 내에서 가시적visible이고 독해 가능한lisible 것이 되는, 의식과 과학이 일치할 특권화된 현재란 더 이상 존재하지 않는다. [대문자]절대지가 더 이상 존재하지 않는다는 것—그런데 바로 이것이 **절대적** 역사주의를 가능케 하는 것이다—, 이것이 바로 [대문자]절대지가 그 자체로 역사화되었다는 점을 의미한다. 만일 더 이상 특권화된 현재가 존재하지 않는다면, 모든 현재가 동등한 자격을 가지고 바로 이 특권화된 현재가 된다. 이에 따라, 역사적 시간은 이 각각의 현재 내에서 각각의 현재로 하여금 동시대성의 '본질적 절단면'을 [생산] 가능케 하는 그러한 하나의 구조를 소유하게 된다. 그렇지만, 마르크스주의적 총체성이 헤겔적 총체성과 동일한 구조를 가지고 있지 않기에, 특히 마르크스주의적 총체성이 서로가 서로에 대해 직접적으로 표현적이지는 않은 그러한 서로 다른 수준들 혹은 심급들을 포함하고 있기에, 이 마르크스주의적 총체성으로 하여금 '본질적 절단면'이[즉 '본질적 절단'이] 가능하도록 만들기 위해서는, 각각의 현재가 다른 모든 현재와 일치하는 방식으로, 그러니까 이 모든 현재가 '동시대적인' 방식으로 이 구별되는 수준들을 그 수준들 사이에서 상호연결시켜야만 한다. 이 모든 현재가 형성하는, 이러한 방식으로 수정된 관계는, 진정한 마르크스주의적 개념화 내에서는 동시대성에 대한 이러한 이데올로기적 독해를 반박하는 왜곡과 어긋남의 효과들을 배제할 것이다. 따라서 마르크스주의를 (절대적) 역사주의로 사고하려는 기획은 마르크스주의적 총체성을 헤겔적 총체성의 변이[변종]로 축소하고 납작하게 만들어버리는aplatir 경향을 지니는, 그리고 다소간 수사학적 구별들에 대한 신중함précaution을 유지하는 경우에서조차 [복수의] 수준들을 분리하는 현실적 차이들을 흐려지게 하거나 환원해버리거나 누락해버리고 마는, 그러한 하나의 논리적 필연성이 지니는 연쇄 효과들을 자동적으로 촉발하게 된다.

수준들에 대한 이러한 환원이 노골적으로 나타나는, 다시 말해 이러한 환원을 (이 단어의 두 가지 의미에서) 배반하는/드러내는trahir

'명증성'의 가림막 아래 은폐되는 증상적 지점을, 우리는 과학적이고 철학적인 **인식**의 지위 내에서 정확히 지시할 수 있다.[139] 우리는 그람시가 세계에 대한 개념화[세계관]와 역사에 대한 개념화[역사관] 사이의 실천적 통일성을 너무 강조한 나머지 마르크스주의 이론을 이전의 모든 유기적 이데올로기로부터 구별해주는 바를, 즉 마르크스주의 이론의 **과학적** 인식으로서의 특징을 자신의 것으로 취해야 한다는 점을 무시했음을 보았다. 그람시가 역사이론으로부터 선명하게 구별하지 않는 마르크스주의 철학 또한 이와 동일한 운명을 겪는다. 그람시는 마르크스주의 철학이 현재의 역사와 직접적 표현관계를 맺게 만든다. 그로 인해 그람시에게서 철학은, 헤겔이 원했듯 '철학의 역사'(크로체에게서 다시 차용한 개념화)인 것이고 결국은 [그 자체로] **역사**가 되어버린다. 모든 과학과 모든 철학이 그 현실적 토대에서는 현실역사이기에, 현실역사 자체가 철학과 과학이라고 말해질 수 있는 것이다.

하지만 마르크스주의 이론 내에서 이러한 발본적인 이중의 확언을 어떻게 사고할 수 있으며 이러한 이중의 확언을 정식화하게 해주는 이론적 조건을 어떻게 창조할 수 있는가? 이는 바로, 마르크스가 구별했던 수준들 사이의 거리를 **축소**하는 효과를 정확하게 생산해내는 일련의 개념적 미끄러짐들 전체를 통해 가능하다. 이 개념적 미끄

139 ❖ '배반하다/드러내다'trahir는 이 글에서 알튀세르가 가끔 활용하는 어휘이다. 여기서 알튀세르가 '이 단어의 두 가지 의미에서'라고 말하는 이유는 이 trahir가 '배반하다'라는 의미뿐 아니라 '배반하다'의 의미와 연결되는 맥락에서 (거짓임을) '명백히 드러내다', '폭로해버리다' 등의 의미 또한 지니기 때문이다. 굳이 '배반하다'의 의미까지 적시할 필요가 없는 다른 맥락에서는 원어 병기 없이 간단히 '드러내다' 정도로 옮겼다.

러짐들 각각은 우리가 마르크스의 개념적 정확성 내에 기입되어 있는 이론적 구별점들에 주의를 기울이지 않는다면 그만큼 덜 지각 가능한 것이다.

바로 그래서 그람시는 하나의 과학적 이론 혹은 하나의 과학에 속하는 이러저러한 범주들이 그람시 자신이 하나의 '인간적 관계'[140]와 동화시키는 하나의 '**상부구조**'[141] 혹은 하나의 '역사적 범주'라고 지속적으로 선언하는 것이다. 사실 이는 마르크스가 '상부구조'라는 개념에 부여하기를 거부하는 외연을 이 '상부구조'라는 개념에 부여해버리는 것이다. 마르크스는 이를 거부하는데, 왜냐하면 그는 이 '상부구조'라는 개념에 1)법-정치적 상부구조와 2)이데올로기적 상부구조(즉 [하부구조에] 조응하는 '사회적 의식의 형태들')만을 위치시키기 때문이다. 따라서 [대문자]청년기 저작들(그중 특히 1844년의 『경제학-철학 수고』)을 제외한다면, 마르크스는 **과학적 의식을 상부구조에 절대로 포함시키지 않는 것이다**. 언어가 그렇지 않은 것과 마찬가지로 (스탈린은 언어가 상부구조에 포함되지 않는다는 점을 보여주었다), 과학 또한 '상부구조'라는 범주 안에 자리할 수 없다. 과학을 하나의 상부구조로 만드는 것, 이는 구조와 함께 [하나의] '블록'을 너무나도 잘 형성하는 이러한 '유기적' 이데올로기들(그래서 이 '유기적' 이데올로기들은 이 구조와 동일한 '역사'를 가지게 되는데) 중 하나로 과학을 사고하는 것이다! 그런데 심지어 마르크스주의 이론 내에서도, 우리는

140 *Materialismo Storico*, p. 160.

141 과학에 대한 그람시의 놀라운 언급이 담긴 몇몇 부분을 참조. *Materialismo Storico*, pp. 54~57. "사실 과학 또한 하나의 상부구조, 하나의 이데올로기이다"(p. 56). 또한 p. 162도 참조.

이데올로기들이 이 이데올로기들을 산출해냈던 [하부]구조보다도 더 오래 살아남을 수 있으며(이는 이데올로기들 중 상당수에 해당하는 경우인데, 예를 들어 종교와 도덕 혹은 이데올로기적 철학이 그러하다), 또한 동일하게 법-정치적 상부구조의 몇몇 요소([예를 들어] 로마법처럼 말이다!)보다도 더 오래 살아남을 수 있다는 주장을 찾아볼 수 있다. 과학과 관련해 말해보자면, 과학은 하나의 이데올로기로부터 탄생할 수 있고, 과학으로 스스로를 구성하기 위해 이 이데올로기의 장으로부터 떨어져 나올 수 있지만, 바로 이 떨어져 나옴détachement, 그러니까 이 '절단'이 (최소한 이 과학 자신의 역사가 현실적 연속성을 취하도록 보증해주는 몇몇 역사적 조건 내에서—그렇지만 [역사적으로 보자면] 이러한 보증이 항상 이루어졌던 것은 아니다) 과학을 하나의 유일한 역사 즉 [하부]구조와 상부구조의 통일체가 취하는 '역사적 블록'이라는 역사의 공통된[일반적] 운명으로부터 벗어나게 만들어주는 역사적 존재와 역사적 시간성의 새로운 형태를 개시하는 것이다. 관념론은 과학에 고유한 시간성, 과학의 발전 리듬, 과학의 연속성 유형과 구획 유형을 이데올로기적으로 반영하는데, 이것들은 과학으로 하여금, 무역사성anhistoricité과 비시간성intemporalité이라는 형태로, 정치적이고 경제적인 역사의 부침vicissitudes으로부터 벗어나도록 만들어주는 것으로 보인다. 이렇듯 관념론은 사고되기 위해서는 다른 모든 범주를 필요로 하는, 하지만 상대적으로 자율적이고 고유한 과학적 인식의 역사를 역사적 존재의 다른 양태들(즉 이데올로기적 상부구조와 법-정치적 상부구조라는 양태들, 그리고 경제적 구조[즉 하부구조]라는 양태)로부터 구별함으로써 **사고되어야만 하는**, 그러한 하나의 현실적 현상을 실체화hypostasie해버린다.

과학의 고유한 역사를 유기적 이데올로기의 역사와 경제-정치적 역사로 **환원**하고 **동시에** 이 과학의 고유한 역사를 유기적 이데올로기의 역사와 경제-정치적 역사와 **동일시**하는 것, 결국 이는 과학을 이 과학의 '본질'로 환원하는 것과 동일하게 이 과학을 역사로 환원해버리는 것이다. 여기서 과학의 역사로의 전락은 이론적 전락의 지표[이면]에 불과하다. 즉, 역사이론을 **현실**역사 속으로 밀어넣어버리는 전략, 역사과학의 (이론적) 대상을 현실역사로 환원해버리는 전락, 따라서 인식대상을 현실대상과 혼동하는 전락 말이다. 이러한 전락은 여기서 철학과 현실역사가 그 주인공으로 등장하는 경험주의적 이데올로기의 무대 안으로의 전락과 다른 것이 전혀 아니다. 그람시의 역사적이고 정치적인 놀라운 천재성이 어떠했든 간에, 그람시는 자신이 과학의 지위를 사고하기를 원했을 때, 그리고 특히 철학의 지위를 사고하기를 원했을 때(왜냐하면 사실 그는 과학에 대해서는 거의 다루지 않았기 때문에), 이러한 경험주의적 유혹으로부터 벗어나지 못했다. 그람시는 현실역사와 철학 사이의 관계를 표현적 통일성의 관계—이러한 관계를 보증하는 역할을 떠맡은 매개물들[매개작용들]이 어떤 것이든 간에—로 사고하려는 유혹을 지속적으로 받았다.[142] 이미 우리는 그람시에게서 한 명의 철학자가 최종심급에서는 한 명의 '정치가'라는 점을, 그람시에게서 철학이 대중들의 활동과 경험의, 경제-정치적 프락시스의 직접적 생산물(모든 '필연적 매개물들[매개작용들]'의 존재라는 유보하에서)이라는 점을 확인했다. 직업 철학자

142 매개물[매개작용]médiation 개념에 대해서는 tome I, chapitre I, paragraphe 18을 참조.

들 바깥에서 이미 완전히 만들어진 이러한 '양식'bons sens의 철학에, 그리고 역사적 프락시스 내에서 말하는 이러한 '양식'의 철학에, 직업 철학자들은 그 실체를 수정하지는 않으면서 자신들의 목소리를, 자신들의 담론의 형태들을 빌려줄 뿐이다. [이로 인해] 자동적으로, 그람시는 1839년의 유명한 텍스트에서 현실역사에 의해 생산된 철학을 철학자들에 의해 생산된 철학과 대립시키는 포이어바흐의 정식들 자체를, 그러니까 프락시스를 사변에 대립시키는 정식들 자체를 그람시 자신의 사유를 표현함에서 필요불가결한 하나의 대립항opposition으로 다시 취한다. 그리고 바로 사변에 대한 '구체적' 철학으로의 포이어바흐적 '전도'renversement의 용어[관점] 자체에서 그람시가 크로체적 역사주의를 자신의 자산으로 다시 취하고자 하는 것이다. 즉, 여기에서 '전도'란 크로체의 사변적 역사주의를 '전도하는 것', 다시 말해 크로체의 사변적 역사주의를 마르크스주의적 역사주의로 만들어내기 위해 이 크로체의 사변적 역사주의를 두 발로 다시 제대로 서도록 돌려놓는 것이며, 이를 통해 현실역사를, '구체적' 철학을 재발견하는 것이다. 만일 하나의 문제설정에 대한 '전도'가 이러한 문제설정의 구조 자체를 보존하는 것이 사실이라면, 우리는 현실역사와 철학 사이의 (헤겔 혹은 크로체에 의해 사고된) 직접적 표현관계([직접적임에도] 필수적인 모든 '매개물들[매개작용들]'과 함께 말이다)가 전도된 이론 내에서 재발견된다는 점에 놀라지는 않을 것이다. 매우 정확히 말하자면 그람시가 정치(현실역사)와 철학 사이에서 확립하려는 유혹을 받는 그러한 직접적 표현관계 내에서 말이다.

하지만 사회구조 내에서의 이론적·철학적 그리고 과학적 형성물들이 점하는 특수한 장소를 정치적 실천으로부터 분리시키는, 그러니까 이론적 실천의 장소를 정치적 실천의 장소로부터 분리시키는 거리를 최소한으로 축소하는 것만으로는 충분치 않다. 더 나아가 [그람시는] 철학과 정치 사이에 공언된 동일성을 예증하고 축성하는 **이론적 실천**에 대한 하나의 개념화를 스스로에게 제시해야만 한다. [그람시에게 제기되는] 이러한 잠재적 요구는, [복수의] 수준들 사이의 구별을 **제거**réduire하는 것을 새로이 그 효과로 취하게 되는, 그러한 [그람시의] 새로운 개념적 미끄러짐들을 설명해준다.

이러한 그람시적 해석에서, 이론적 실천은 모든 특수성을 상실하여 **역사적 실천** 일반으로, 즉 그 아래에서 경제적 실천, 정치적 실천, 이데올로기적 실천 그리고 과학적 실천과 같이 서로 다른 여러 생산 형태가 사고되는 그러한 범주로 환원되는 경향을 지니게 된다. 그렇지만 이러한 동화는 몇 가지 까다로운 문제를 우리에게 제기한다. 그리고 그람시 자신은 절대적 역사주의가 이데올로기들에 대한 이론이라는 장애물에 부딪혀 좌초할 위험이 있다는 점을 인정했다. 하지만 「포이어바흐에 관한 테제들」을 엥겔스가 쓴 한 구절('산업과 실험'으로서의 역사)과 상호접근하게 함으로써, 이를 통해 그 개념 아래서 서로 다른 여러 실천을 모두 통합하는 능력을 가진 하나의 실천이라는 모델을 제시함으로써, 하나의 해결책을 위한 논거를 그람시 스스로가 우리에게 제공해주었다.[143] 절대적 역사주의의 문제설정은 이 문제가 해결되어야 한다고 **요구했다**exigeait. 그렇기 때문에, 만일 이 절대적 역사주의의 문제설정이 이 문제에 대해 경험주의적 정신에 의

---

143 ❖ '산업과 실험으로서의 역사'란 엥겔스가 역사를 일종의 '산업' 혹은 '공업'과 '실험'으로, 즉 실험을 통해 무언가를 생산해내는 '과정'으로 본다는 의미이다.

해 고취된 해결책을 제시하려는 경향을 지니게 된다면 이는 전혀 우연이 아닌 것이다. 여기에서 이 모델은 예를 들어 근대 과학의 현실로부터라기보다는 근대 과학의 한 특정한 이데올로기로부터 빌려 온 **실험적 실천**의 모델일 수 있다. 콜레티는 그람시의 이러한 [이론적] 지표를 자신의 것으로 다시 취하여, 현실 그 자체와 정확히 마찬가지로 역사 또한 하나의 '**실험적 구조**'를 소유한다고, 그래서 이 역사는 그 본질에서 하나의 실험으로 구조화되어 있다고 주장했다. 이로 인해 현실역사는 자신의 편에서 '산업과 실험'으로 선언되었기에, 그리고 모든 과학적 실천은 자신의 편에서 실험적 실천으로 정의되었기에 역사적 실천과 이론적 실천은 하나의 유일하고 동일한 구조만을 가질 뿐인 것이다. 콜레티는 역사가 과학과 정확히 마찬가지로 **가설**의 계기―[프랑스의 생리학자] 클로드 베르나르Claude Bernard의 도식에 따르면 실험의 구조에 대한 상연mise en scène에서 필요불가결한―를 자신의 존재 내에 포함한다는 점을 보증함으로써 역사적 실천과 이론적 실천 사이의 이러한 비교를 그 극한으로까지 밀어붙인다. 따라서 살아 있는 정치적 행위 내에서 (모든 행위에 필요불가결한 미래에 대한 투사projections를 통해) 자기 자신에 대해 예상하기를 멈추지 않는 그러한 역사는, 실험과학의 실천과 정확히 마찬가지로, 현행적 가설과 증명일 것이다. 이러한 본질적 구조의 동일성을 통해, 이론적 실천은 역사적 실천과 **직접적으로, 무매개적으로** 그리고 적합하게 동화될 수 있으며, 따라서 이론적 실천의 장소의, 정치적 혹은 사회적 실천의 장소로의 환원은 실천들에 대한 하나의 유일한 구조로의

환원 내에 정초할 수 있게 된다.[144]

방금 나는 그람시와 콜레티의 예시를 원용했다. 이는 그람시와 콜레티가 역사주의의 문제설정이라는 하나의 동일한 이론적 불변항invariant이 취할 수 있는 이론적 **변이들**[변종들]의 가능한 유일한 예시이기 때문은 아니다. 하나의 문제설정은 이 문제설정의 장champ을 가로지르는 사고들과 절대적으로 동일한 변이들을 전혀 강제하지 않는다. 왜냐하면 우리는, 우리가 이 장을 다양한 각도에서 접근할 수 있기에, 매우 다른 여러 길을 통해 하나의 장을 가로지를 수 있기 때문이다. 하지만 이 장을 마주치는 것은 우리가 이 장을 마주치는 사고들이 서로 다른 만큼이나 서로 다른 효과들을 생산하는 법칙을 경험하게 된다는 점을 함의한다. 그렇지만 이 모든 효과는, 이 효과들이 하나의 동일한 구조—마주치게 된 문제설정이라는 구조—의 효과들이라는 점에서, 몇몇 동일한 특징들을 공통적으로 지니게 된다. 이에 대한 하나의 역설적 예시를 제시해보자면, 우리 모두는 사르트르의 사고가 그 어떤 방식으로도 그람시가 제출하는 마르크스주의 해석으로부터는 유래하지 않는다는 점을 알고 있다. 사르트르의 사고는 이와는 완전히 다른 기원들을 가지고 있는 것이다. 하지만 사르트르가 마르크스주의를 만나게 되었을 때, 그는 자기가 지니고 있던 이유들로 인해 마르크스주의에 대한 하나의 역사주의적 해석(물론 사르트르는 이를 역사주의적 해석으로 명명하기를 거부했지만)을 즉각 제시했다. 위대한 철학들(사르트르는 로크와 칸트-헤겔의 철학들 다

144 ❖ '하나의 유일한 구조'une structure unique는 동어반복적일 수 있으나 (다른 부분에서도 종종 그러했듯) 의미를 강조하기 위해 '하나'와 '유일'을 함께 사용해 번역했다.

음으로 마르크스의 철학을 이 위대한 철학의 예로 제시한다)은 "**역사적 계기—이 위대한 철학들은 바로 이 역사적 계기의 표현인데—가 넘어서지 않는 한에서는, 넘어설 수 없는 것**"이라고 선언하면서 말이다.[145] 여기에서 우리는, 사르트르에게 고유한 형태하에서, **사르트르에게서는** 자신의 주요 개념인 **총체화**totalisation에 대한 특수화spécification를 표상하는 구조들, 하지만 그럼에도 사르트르에게 고유한 것인 이 **총체화**라는 개념에 대한 일종의 특수화하에서 역사주의적 문제설정의 구조와의 그 마주침을 위해 필수적인 개념적 효과를 실현하는 구조들, 즉 동시대성, 표현, 지양 불가능성l'indépassable(헤겔의 "그 누구도 자신의 시간을 넘어 튀어오를 수는 없다")의 구조를 발견하게 된다. 그런데 이 효과들이 [존재 가능한] 유일한 효과들인 것은 전혀 아니다. 그래서 우리는 사르트르가 자기 고유의 수단들을 통해 (하나의 위대한 철학을 주조하고 논평하며, 이 위대한 철학을 인간들의 실천적 삶을 통과하도록 만드는) '이데올로기들'[146]에 대한 하나의 이론—몇몇 지점에서 유기적 지식인에 대한 그람시적 이론과 매우 가까운[147]—을 재발견하는 모습을 보고도 전혀 놀라지 않을 것이다. 심지어 우리는 사르트르에게서 서로 다른 여러 실천(마르크스에 의해 구별된 서로 다른 여러 수준)에 대한 하나의 유일한 실천으로의 동일한 **필연적**

145 *Critique de la Raison Dialectique*, Gallimard, p. 17[국역본으로는 장 폴 사르트르, 『변증법적 이성 비판 1: 실천적 총체들의 이론』, 변광배 외 옮김, 민음사, 2024 참조. 여기서 '넘어서다'는 '지양하다'로 옮기는 것이 가능한 dépasser를 옮긴 것이다].

146 *Ibid*., pp. 17~18.

147 심지어 우리는 그람시에게서 그 자신의 고유한 용어들로 표현된 철학과 이데올로기 사이의 사르트르적 구별을 발견하게 된다. *Materialismo Storico*, p. 197.

환원이 실행되는 것을 보고도 별로 놀라지 않을 것이다. 사르트르에게서, 사르트르 자신의 고유한 철학적 기원들과 정확하게 연관되는 이유로 인해, 실험적 실천이라는 개념이 아니라 '프락시스'라는 개념 그 자체가, 셀 수 없이 많은 '매개물들[매개작용들]'이라는 값을 치르고(사르트르는 탁월한 매개물[매개작용]의 철학자인데, 이 매개물[매개작용]은 차이들에 대한 부정 내에서 이 차이들에 대한 통일성을 보증하는 기능, 정확히 그 기능을 수행한다), 과학적 실천과 경제적 혹은 정치적 실천 사이에서 그러한 것만큼이나 서로 다른 여러 실천에 대한 통일을 가능케 하는 역할을 떠맡는 것이다.

매우 도식적인 이러한 언급들을 이 자리에서 더 발전시킬 수는 없다. 하지만 그럼에도 이 언급들은 마르크스주의에 대한 모든 역사주의적 해석 내에 필연적으로 내포된 함의들에 대한 관념을, 그리고 이러한 해석이 자기 자신에게 스스로 제기하는 문제들에 답변하기 위해 생산**해야만** 하는 특수한 개념들에 대한 관념을 제시할 수는 있다. 최소한 이 해석이 그람시, 콜레티 혹은 사르트르의 경우에서와 마찬가지로 스스로가 이론적으로 고집스럽고exigeante 엄밀하기를rigoureuse 원할 때는 말이다.[148] 이러한 해석은, 개념들의 생산이라는 질서[차원] 내에서 이 해석 자신의 기획의 경험주의적 특징의 효과로서 존재하

---

148 ❖ exigeant은 프랑스어 구어에서 상당히 많이 사용되는 표현으로, 누군가가 exigeant하다는 말은 그 사람이 상당히 요구하는 것이 많아 까다로운 사람이라는 의미이다.

는 다음과 같은 일련의 환원들 전체라는 조건에서만 자기 자신을 스스로 사고할 수 있다. 예를 들어 모든 실천을 실험적 실천으로 혹은 '프락시스' 일반으로 환원하고 그다음으로 이 모-실천pratique-mère을 정치적 실천과 동화한다는 조건에서 철학은, 그리고 심지어 과학은, 그러니까 이와 동일하게 마르크스주의는 현실역사의 '표현'으로 사고될 수 있는 것이다. 이를 통해 우리는 과학적 인식 자체 혹은 철학, 그리고 어쨌든 마르크스주의 이론을 경제-정치적 실천의 통일체로, '역사적' 실천의 중심으로, **'현실'역사로** 격하rabattre하는 데에 이르게 된다. 이에 따라 우리는 마르크스주의에 대한 모든 역사주의적 해석에 의해 마르크스주의의 이론적 조건 그 자체로서 요구된 결과, 즉 마르크스주의적 총체성에 대한 헤겔적 총체성이라는 변이로의 변형이라는 결과에 도달하게 된다.

결국 마르크스주의에 대한 역사주의적 해석은 다음과 같은 최종적 효과, 즉 역사과학(역사유물론)과 마르크스주의 철학(변증법적 유물론) 사이의 구별에 대한 실천적pratique 부정에 도달할 수 있게 된다. 이러한 최종적 환원 내에서, 마르크스주의 철학은 역사이론에 자신의 자리를 내어주기 위해 실천적 차원에서pratiquement 자신의 존재 이유를 상실하게 된다. 변증법적 유물론이 역사유물론 속에서 소멸하게 되는 것이다.[149] 우리는 이를 그람시에게서, 그리고 그람시를 추수하는 이들 대다수에게서 선명하게 확인하게 된다. 변증법적 유물론이라는 **단어**뿐 아니라 그 고유한 한 대상에 의해 정의된 마르크스주의 철학이라는 **개념** 또한 그람시와 그를 추수하는 이들에게서 그에 대해 가장 강력한 유보를 표하도록 자극하는 것이 되는 것이다. 그람시와 그를 추수하는 이들은 (그 대상, 이론, 방법에서) 이론적으로 자율적인, 그러니까 역사과학과는 구별되는 하나의 철학이라는 단순한 관념이 마르크스주의를 형이상학 안으로, [대문자]자연에 대한 [대문자]철학[즉 '대문자' 자연철학]의 복원(아마도 엥겔스가 [『자연변증법』이라는 저서를 집필했기에] 이러한 복원에 책임이 있는 이일 것이다) 속으로 던져버린다고 간주한다.[150] 왜냐하면 모든 철학은 역사이며, '프락시스의 철학'은, 철학과 마찬가지로, 역사와 철학 혹은 역사와 과학 사이의 동일성에 대한 철학일 수밖에 없기 때문이다. 그 자신의 고유한 대상을 더 이상 가지지 않기에 마르크스주의 철학은 그 자율적 영역discipline으로서의 지위를 상실하게 되며, 그람시가 크로체로부터 다시 취한 단어를 따르자면, 하나의 단순한 '**역사적 방법론**'으로, 다시 말해 역사의 역사성historicité de l'histoire에 대한 단순한 자기의식으로[즉 역사가 자신의 역사성을 단순히 의식하는 것으로], 그 모든 발현manifestations 내에서 현실역사의 현존에 대한 반영으로 환원되고 만다.

149 이와 동일한 구조적 이유로 인해 우리는 사르트르에게서 마르크스주의적 역사과학이 [하나의] **철학이 된다**는 역의 효과를 관찰할 수 있게 된다.

150 부하린의 교과서를 비판하는 그람시의 저서를, 그리고 마찬가지로 콜레티 저서의 여러 부분을 참조.

역사와 정치에 대한 이론으로부터 분리되어버린다면, 철학은 형이상학이 되어버릴 수밖에 없다. 반면 근대 사유의 역사에서 프락시스의 철학이 대표하는 거대한 정복[성취]은 바로 철학의 **구체적 역사화와** 이 철학과 역사의 동일화이다.[151]

따라서 이러한 철학의 역사화는 철학을 하나의 역사적 방법론의 지위로 환원해버린다.

역사의 규정된 한 기간 내에서 참인 것으로, 다시 말해 규정된 한 역사적 행위의, 규정된 (하지만 회의주의나 도덕적이고 이데올로기적인 상대주의에 빠지지는 않으면서도 곧바로 이어지는 그 다음의 한 기간 내에서 그 의미가 지양되고 '비워진') 한 프락시스에 대한 필수적이고 분리 불가능한 표현으로 철학적 주장affirmation을 사고하는 것, 즉 **철학을 역사성으로 개념화하는 것,** 이는 하나의 어려운 정신적 실행[작업]이다…. 이 저자(부하린-알튀세르)는 프락시스의 철학이라는 개념을 '**역사적 방법론**'으로 세공하는 데에 성공하지 못하며, 또한 이 프락시스의 철학을 [하나의] 철학으로, 단 하나의 유일한 **구체적 철학**으로 세공하는 데에도 성공하지 못한다. 다시 말해 이 저자는, **크로체가 사변적 관점에서 스스로에게 제기했으며 또한 해결하고자 시도했던 문제를 현실적 변증법이**라는 관점에서 스스로에게 제기하는 것에도, 이를 해결하는 것에도 성공하지 못한 것이다.

151 *Materialismo Storico*, p. 133.

이 마지막 단어들을 통해 우리는, 다시 기원으로 그러니까 크로체에 의해 '발본화'된 헤겔적 역사주의로, 사변적 철학으로부터 '구체적' 철학으로, 즉 사변적 변증법에서 현실적 변증법으로 등등, 통과[이동]하기 위해서는 '전도'하는 것만으로도 충분할, 그러한 헤겔적 역사주의로 되돌아오게 된다. 마르크스주의를 역사주의로 해석하려는 이론적 기획은 **절대적 한계**—포이어바흐 이래로, 바로 이 절대적 한계 안에서, 프락시스 내에서의 사변의 '전도', '구체' 내에서의 추상의 '전도'가 실행된다—로부터 전혀 탈출하지 않는다. 이 한계는 헤겔적 사변 내에서 승화된 경험주의적 문제설정에 의해, 그리고 그에 대한 어떠한 '전도'도 우리를 해방시킬 수 없는 그러한 경험주의적 문제설정에 의해 정의된다.[152]

따라서 우리는 마르크스를 역사주의적으로 해석하는 데에서 필요불가결한 이 서로 다른 이론적 환원들 내에서, 그리고 이 이론적 환원들이 만들어내는 효과 내에서, 모든 역사주의의 공통적 근본구조가, 즉 본질적 절단면으로의 독해를 가능케 하는 동시대성이 발현되

152 조금 전에 나는 사르트르의 철학에 고유한 기원들에 대해 언급했다. 사르트르는 데카르트, 칸트, 후설 그리고 헤겔 내에서 사고한다. 하지만 사르트르의 가장 심원한 사고는 아마도 **조르주 폴리체르로부터**, 그리고 (아무리 이러한 상호접근이 역설적인 것으로 보일지라도) 부차적으로는 베르그손으로부터 유래하는 것 같다. 그런데 사실 폴리체르는 현대의 포이어바흐이다. 폴리체르의 저서 『심리학 토대 비판』*Critique des Fondements de la Psychologie*은 [대문자]구체적 심리학이라는 이름으로 [대문자]사변적 심리학을 비판하는 저서이다. 폴리체르가 대상으로 삼는 주제는 사르트르에 의해 '철학소들'philosophèmes로 다루어질 수 있었던 것들인데, 사르트르는 자신의 이러한 영감을 손에서 놓은 적이 전혀 없었다. 사르트르적 역사주의가 **구체적** 주체성 이론 내의 도그마적 마르크스주의의 **추상들** 즉 '총체성'을 전도할 때, 사르트르는 또한 다른 장소들에서도, 그리고 다른 대상들과 관련해서도, 하나의 '전도'renversement를, 포이어바흐에서부터 청년 마르크스와 폴리체르에 이르기까지 그 비판이라는 외양 아래서 동일한 문제의식을 **보존**케 만들 뿐인 그러한 '전도'를 '반복'하는 것이다.

는 것을 선명하게 확인하게 된다. 또한 이와 동일하게 우리는 이러한 [근본]구조가 좋든 싫든 마르크스주의적 총체성의 구조에 강제되며 (왜냐하면 [근본]구조에 대한 이러한 강제가 바로 마르크스주의적 총체성의 구조의 이론적 조건이기 때문에) 이 구조를 변형하고 이 구조의 서로 다른 수준들을 서로서로 분리시키는 현실적 거리를 축소하는 것을 보게 된다. 결국 마르크스주의 역사학은 생산관계와 생산력의 통일체, 다시 말해 **하부구조**에 대한 과학들과 철학 그리고 이데올로기들의 억압에 의해 역사에 대한 이데올로기적 개념인 시간의 현존과 시간적 연속성의 범주 안으로, 즉 현실역사의 경제-정치적 실천 안으로 '재추락'하게 된다.[153] 이러한 결론이 역설적으로 보이기에, 아마도 사람들은 나에게 이 같은 주장을 언표했다며 불만을 표하겠지만, 우리는 분명 이러한 결론을 이끌어낼 수밖에 없다. 그 정치적 의도와 그 정치적 강조점의 관점으로부터가 아니라 그 **이론적 문제설정**의 관점으로부터, 이 인간주의적이고 역사주의적인 유물론은 제2인터내셔널의 경제주의적이고 기계론적인 해석의 기초적인 이론적 원리들과 마주하게 된다. 만일 이러한 동일한 이론적 문제설정이 서로 다른 영감을 취하고 있는 복수의 정치들—하나는 숙명론적이고 다른 하나는 의지주의적인, 하나는 수동적이고 다른 하나는 의식적이고 능동적인—을 공통적으로 지지해줄 수 있다면, 이는 모든 이데올로기가 그러하듯, 이러한 이데올로기적인 이론적 문제설정이 포함하는 이론적 '**작동**'의 원천 때문이다. 이 경우, 정치적이고 이데올로기

153 ❖ 이미 한 번 등장한 aplatissement은 문자 그대로는 '납작하게 만들다'라는 뜻이어서 '억압'으로 의역했다.

적인 상부구조의 가장 능동적인 속성들을 상보적 교차를 통해 하부구조에 부여함으로써, 이러한 역사주의가 제2인터내셔널의 테제들에 정치적으로 대립할 수 있었던 것이다. 속성들의 전이에 대한 이러한 실행은, 예를 들어 철학과 이론의 속성들을 통해 정치적 실천을 변용함으로써(자생주의), 경제적 '프락시스'에 정치의 그 모든 능동적인 심지어는 폭발적인 이점들을 부여함으로써(아나르코생디칼리슴), 혹은 정치적 의식과 정치적 결정에 경제적인 것에 대한 결정을 내맡김으로써(의지주의), 서로 다른 여러 형태 아래에서 개념화될 수 있다. 이 사태를 한마디로 말해보자면, 만일 상부구조를 하부구조와 동일시하는 혹은 의식을 경제와 동일시하는 구별되는 두 가지 방식이, 그러니까 하나는 의식과 정치에서 유일하게 경제만을 보는 것이고 반면 다른 하나는 정치와 의식으로 경제를 채워 넣는 것인, 그러한 구별되는 두 가지 방식이 정말로 존재한다면, 현존하는 [복수의] 수준들을 서로가 서로에게로 환원되도록 만듦으로써 이 현존하는 수준들을 **이론적으로** 동일시하는 문제설정의 구조만이, 작동 중인 동일화의 단 하나의 유일한 **구조**만이 결국 존재하는 것이다. 한편으로는 경제주의-기계론의, 다른 한편으로는 역사주의-인간주의의 이론적 혹은 정치적 **의도들**이 아니라 이 **의도들**의 개념적 메커니즘을 우리가 분석할 때, 바로 이론적 문제설정의 이러한 공통된 구조가 가시적이게 된다.

인간주의와 역사주의 사이의 관계에 대한 언급을 하나 더 해보자. 우리가 인간주의적이지 않은 하나의 역사주의를 개념화할 수 있는 것과 정확히 마찬가지로 역사주의적이지 않은 하나의 인간주의를 개념화할 수 있다는 점은 너무도 명확하다. 물론 이 지점에서 나는 과학과 마르크스주의 철학의 **이론적 토대**로서 그 기능 내에서 간주된 **이론적** 인간주의와 **이론적** 역사주의만을 언급하고 있다.[154] 마르크스에 대한 **인간주의적인 하지만 역사주의적이지는 않은** 해석을 확립하기 위해서는 도덕 혹은 종교 내에, 혹은 사회-민주주의라고 불리는 이러한 정치-도덕적 이데올로기 속에서 사는vivre 것만으로도 충분하다. 하지만 이는, 그것이 종교적이든 윤리적이든 혹은 인간학[인류학]적이든, '인간본성'에 대한 어떠한 하나의 이론에 '비추어'lumière 마르크스를 독해하는 것밖에 안 된다(R. R. P. P., 란트슈트Landshut와 마이어Mayer 같은 사회민주주의자들, 그 뒤를 잇는 마르크스의 [대문자]청년기 저작들의 최초 편집자들인 칼베즈Calvez 신부와 비고Bigo 신부 그리고 막시밀리안 루벨 참조). 『자본』을 하나의 윤리적 영감으로 환원하는 것은, 우리가 1844년의 『경제학-철학 수고』의 발본적 인간학에 조금만 의거한다면 애들 장난처럼 쉬운 일이다. 하지만 이와는 정반대로 우리는 또한 마르크스에 대한 **인간주의적이지 않은 역사주의적** 독해의 가능성을 개념화할 수 있다. 만일 내가 제대로 이해하고 있는 것이 맞는다면, 콜레티의 대단한 노력들은 바로 이러한 방향을 향해 있다. 인간주의적이지 않은 역사주의적인 독해를 승인하기 위해 우리는, 콜레티가 정확히 바로 그렇게 했듯, 역사의 본질을 구성하는 [대문자]생산력과 [대문자]생산관계 사이의 통일체를 (심지어 역사화된 것이라 해도) 하나의 인간본성에 대한 단순한 현상으로 환원하기를 거부해야만 한다. 그렇지만 이 지점에서는 이 두 가지 가능성

154 ❖ 알튀세르가 이를 지적하는 이유는, 많은 이들이 오해하는 것과 달리, 그가 제시하는 테제가 단순한 '반인간주의'가 아니라 '이론적 반인간주의+실천적 인간주의'이기 때문이다.

모두를 남겨두자.

인간주의와 역사주의에 대한 결합이 가장 심각한 유혹을 표상하는 것이라는 점을 우리는 반드시 지적해야 한다. 왜냐하면 이러한 결합이 최소한 외양상으로는 가장 거대한 이론적 이점을 획득하기 때문이다. 이 이론적 이점들 중 하나는, 모든 인식을 역사적인 사회적 관계들로 환원하는 것[즉, 첫 번째 환원] 내에, **생산관계**를 단순한 **인간적 관계**로 취급하는 두 번째 환원을 은밀하게 도입할 수 있다는 점이다.[155] 이러한 두 번째 환원은 다음과 같은 하나의 '명증성' 위에 기반해 있다. 역사는 처음부터 끝까지 하나의 '인간적' 현상인 것 아닌가? 그래서 마르크스는 잠바티스타 비코Giambattista Vico를 인용하면서 인간들은 자신들이 역사를 완전히 '**만들**'었기에 이 역사를 인식할 수 있는 것이라고 선언하지 않았던가? 그렇지만 이러한 '명증성'은 다음과 같은 하나의 독특한 선전제 위에 기초해 있다. 역사의 '행위자들'은 이 역사라는 텍스트의 저자들이며 이 역사생산의 주체들이라는 선전제 말이다. 하지만 이러한 선전제 또한 사실은 완전한 하나의 '명증성' 자체인데, 왜냐하면 이러한 선전제에 따르면 연극이 우리에게 제시하는 바와는 정반대로, 역사 속에서 이 구체적 인간들은 이 구체적 인간들이 그 당사자[저자]인 그러한 역할들[배역들]의 행위자[배우]이기 때문이다.[156] 저자-행위자[당사자-배우]가 아리스토텔레스

155 이러한 은밀함은 마르크스주의에 대한 모든 인간주의적 해석에서 일반적인 것이다.

156 ❖ 알튀세르가 연극과의 유비를 경유해 프랑스어 단어 auteur(당사자/저자), rôle(역할/배역), acteur(행위자/배우)가 가지는 이중적 의미를 활용하고 있어 대괄호로 부연해주었다. 여기에서 알튀세르가 말하고자 하는 바는, 이러한 선전제에 따르면 실제 역사 속에서 구체적 인간들이 수행하는 역할이, 연극의 경우 배우들이 자신들이 맡고 있는 배역의 저자(즉 당사자)

의 낡은 몽상에서와 같이 한 형제처럼 닮기 위해서는, 그리고 역사의 그 고유한 연출자[감독]인 **생산관계**가 단순한 **인간적 관계**로 환원되기 위해서는, 이 **연출자**[감독], 즉 자기를-스스로-치료하는-의사를 슬쩍 옆으로 치워놓는 것만으로도 충분하다. 『독일 이데올로기』는 이 '현실적 인간들', 이 '구체적 개인들', 즉 '땅 위에 단단히 발 딛고 서 있는' 이 역사의 진정한 주체들에 대한 정식들로 넘쳐나지 않는가? 「포이어바흐에 관한 테제들」은 대상성 자체가 이 주체들의 '실천적-감각적' 활동의 완전히 인간적인 결과라고 선언하지 않는가? 신학적 혹은 도덕적 인간학들의 추상성과 고정성으로부터 벗어나기 위해서는, 그리고 마르크스를 자신의 구석진 공간 즉 역사유물론의 중심 한가운데로 되돌려놓기 위해서는, 이러한 인간본성에 '구체적' 역사성의 속성을 부여하는 것만으로도 충분하다. 이에 따라 우리는, 이미 인간본성의 역사에서의 혁명과 함께 계몽주의 철학이 이를 원했듯, 이러한 인간본성을 역사에 의해 생산된 것으로, 인간 또한 변화하므로 역사와 함께 변화하는 것으로, 그 객관적 역사의 사회적 생산물들에

가 아닌 것과 달리, 바로 이 구체적 인간들 자신들이 저자(즉 당사자)로서 직접 수행하고 있는 역할(쉽게 말해, 연기를 하고 있는 '배우'가 아니라 '진짜 그 사람')이라는 것이다. 그런데 결국 알튀세르가 제출하고자 하는 주장은 이러한 관념이 그 자체 하나의 명증성이며 역사주의와 인간주의에 고유한 부당전제라는 것이다. 오히려 『마르크스를 위하여』에 수록된 「피콜로 극단: 베르톨라치와 브레히트(유물론적 연극에 대한 노트)」를 참조하면 쉽게 파악할 수 있듯, 알튀세르에게 역사는 하나의 연극이며 그 배우들(즉 행위자들)은 그 배역의 저자(즉 당사자)가 전혀 아니다. 『마르크스를 위하여』와 『"자본"을 읽자』 시기의 알튀세르를 통상적으로 '구조주의' 시기의 알튀세르라고 부르기에, 이를 간단히 알튀세르의 '구조주의적 관점'이라고 부를 수도 있을 것이다. 참고로, 프랑스어 auteur는 예술과 관련해서는 '저자'(영화의 경우 영화감독)를 뜻하는 어휘이지만 일상에서, 특히 텔레비전 뉴스 등에서는 '행위의 책임을 지는 이 행위의 귀속자'로서 '당사자'를 뜻한다. 가령 프랑스에서 테러나 범죄가 발생했을 경우, 뉴스에서는 이 테러범 혹은 범죄자를 auteur라고 부른다.

의해 가장 내밀한 그 직능들—이는 보기, 듣기, 기억, 이성 등의 가장 내밀한 직능을 말하는 것인데, 엘베시우스는 이미 (그리고 루소 또한) 디드로에 반대해 이를 주장했으며, 포이어바흐는 이를 가지고 자신의 철학의 거대한 한 부분을 만들어냈고, 오늘날에는 다수의 문화주의적 인류학자들이 이를 행하고 있다—에서까지 변용된 것으로, 이 인간본성을 개념화할 것이다. 그리고 이에 따라 역사는, 인간본성을 변형하는 역사의 진정한 주체는 그대로 남겨두는, 그러한 인간본성의 변형이 되어버린다. 그래서 결국 우리는 인간들로 하여금 자신들이 그 주체인 역사적 효과의 동시대인이 되도록 만들기 위해 역사를 인간본성 내에 도입하게 되는 것이다. 하지만, 바로 이 지점에서 모든 것이 결정되는 것인데, 결국 우리는 생산관계, 정치적이고 이데올로기적인 사회적 관계를 역사화된 '**인간적 관계**'로, 다시 말해 상호-인간적, 상호-주관적[주체적] 관계로 환원해버리고 마는 것이다. 이것이 바로 역사주의적 인간주의의 주요 활동무대이며, 이것이 바로 이 역사주의적 인간주의의 거대한 강점이다. 즉, 마르크스를 마르크스보다 훨씬 이전의 이데올로기, 18세기에 탄생한 이데올로기의 흐름 안으로 집어넣는다는 강점, 마르크스로부터 혁명적인 이론적 단절의 독창성이라는 이점[공적]을 박탈하고 심지어 많은 경우 마르크스를 '문화적' 인류학[즉 '문화인류학'] 등의 현대적 형태들에 수용 가능한 인물로 만들어버린다는 강점 말이다. 이러한 강점을 목도하고도 오늘날 마르크스를 진정으로 표방할 수 있다고 믿는 이들 중 그 누가 이 역사주의적 인간주의—사실은 우리를 마르크스로부터 멀리 떨어뜨려놓는 이데올로기에 불과한—를 원용하지 않겠는가?

그렇지만, 최소한 **정치적으로 말하자면**, 사태가 항상 이러했던 것은 아니다. 나는 마르크스주의에 대한 인간주의적-역사주의적 해석이 1917년 러시아혁명의 예감과 맥락 속에서[즉 러시아혁명 전과 후에] 왜 그리고 어떻게 탄생했는지 언급했다. 이미 지적했듯, 이 마르크스주의에 대한 인간주의적-역사주의적 해석은 제2인터내셔널의 기계론과 기회주의에 대항하는 격렬한 저항의 의미를 지닌 것이었다. 이 해석은 전쟁을 거부하기 위해, 자본주의를 무너뜨리기 위해 그리고 혁명을 행하기 위해 인간의 의식과 의지에 직접적으로 호소했다. 이 해석은, **그 이론 자체에서**, 혁명 속으로 던져진 현실적 인간들의 이론적 책임성에 대한 이러한 위급한 호소를 연기하거나 질식시킬 수 있는 모든 것을 가차없이 거부했다. 이 동일한 운동 속에서 이 해석은 **그 의지에 대한 이론**을 요구했다. 바로 그렇기 때문에 이 해석은 헤겔로의 회귀(청년 루카치와 코르쉬의 경우)를 공언했으며, 마르크스의 학설을 노동자계급과의 직접적 **표현**관계로 확립하는 그러한 하나의 이론을 세공했다. 바로 이 시기로 '부르주아 과학'과 '프롤레타리아 과학' 사이의 대립, 프롤레타리아적 실천의 표현과 배타적 생산물로 마르크스주의를 간주하는 그러한 관념론적이고 의지주의적인 해석이 승리했던 저 유명한 대립의 탄생이 거슬러 올라가는 것이다. 이 '좌익주의적' 인간주의는 프롤레타리아를 인간본질의 장소이자 선교사로 지시했다. 만일 프롤레타리아가 인간을 그 '소외'로부터 해방하는 역사적 역할을 짊어지게 되었다면, 이는 바로 인간본질—이러한 인간본질의 절대적 피해자가 바로 인간 자신인 것인데—에 대한 부정을 통해 이루어졌던 것이다. 마르크스의 [대문자]청년기 텍스트들에 의해 선언된 철학과 프롤레타리아 사이의 동맹은 이제 더는 서로가 서로에 대해 외부적인 두 부분들 사이의 동맹이기를 멈추게 되었다. 자기 자신에 대한 발본적 부정에 대항하는 봉기적en révolte 인간 본질로서의 프롤레타리아는 인간본질에 대한 혁명적 확언이 되었다. 따라서 [이 '좌익주의적' 인간주의에서] 프롤레타리아는 **현행적 철학** philosophie en acte, 그리고 이 철학 자체의 정치적 실천인 것이다. 이를 통해 마르크스의 역할은 자신이 태어난 곳에서 행위되고agie 살아진vécue 이러한 철학에 자기의식의 단순한 형태를 부여하는 것으로 환원되었다. 바로 그렇기 때문에 사람들은, 그 유일한 역사적 저자로서 프롤레타리아를 통해, 이 마르크스주의를 인간본질의 직접적 표현과 직접적 생산으로, '프롤레타리아적' '과학' 혹은 '철학'으로 공언했던 것이다. 프롤레타리아 **바깥**에서 행해지는 하나의 특수한 이론적 실천에 의한 마르크스주의 이론의 생산이라는, 그리고 노동자운동 내부로의 마르크스주의 이론의 '**수입**'이라는 카우츠키주의적이고 레닌주의적인 테제는 [이 '좌익주의적' 인간주의에서] 가차없이 거부되며, 자생주의의 모든 주제가 이 열려진 틈 즉 프롤레타리아의 인간주의적 보편주의를 통해 마르크스주의 안으로 쏟아져 들어오게 되었다. **이론적으로**, 이 혁명적 '인간주의'와 '역사주의'는 당시에 접근 가능했던 마르크스의 [대문자]청년기 텍스트들과 헤겔을 함께 표방했다.[157] 나는 이제 다음과 같은 그 **정치적** 효과들의 영역으로 넘어가고자 한다. 제국주의에 대한, 그리고 사회주의 체제 내에서의 '정치경제학' 법칙들의 소멸에 대한 로자 룩셈부르크의 몇몇 테제, 소련에서의 프롤레트쿨트proletkult 운동과 '노동자 반대파'Opposition ouvrière라

157 ❖ '당시에'라는 표현을 알튀세르가 쓴 이유는, 마르크스의 청년기 텍스트들, 특히 1844년의 『경제학-철학 수고』가 마르크스 사후, 즉 1920년대에 처음 출간되었기 때문이다.

는 개념화 등, 그리고 가장 일반적으로는 소련의 프롤레타리아 독재 시기를 (스탈린적 도그마주의의 역설적 형태들 내에서까지) 심원하게 각인했던 '의지주의'라는 **정치적** 효과들 말이다. 심지어 오늘날까지 이 '인간주의'와 '역사주의'는 자신들의 정치적 독립을 쟁취하고 방어하기 위한, 그리고 사회주의적 길로 나아가기 위한 제3세계 인민들의 정치적 투쟁에서도 그 진정한 혁명적 메아리가 여전히 울려 퍼지도록 만들고 있다. 하지만 이 이데올로기적이고 정치적인 강점들 자체는, 레닌이 경탄할 만한 방식으로 포착해냈듯 이 강점들이 작동하게 만드는 **논리**의 몇몇 효과라는, 때가 되면 경제적이고 정치적인 개념화와 실천 내에서 관념론적이고 의지주의적인 유혹을 필연적으로 생산하는 그러한 몇몇 효과라는 대가를 치르게 된다. 이 이데올로기적이고 정치적인 강점들이, 우호적 정세의 도움을 통해, 개량주의와 기회주의에 물든 개념화들 혹은 아주 단순하게도 수정주의적인 개념화들을, 역설적인 하나의 전도(역설적이기는 하지만 이 전도는 또한 필연적인 것이기도 한데)를 통해 촉발하지는 않는다 해도 말이다.

바로 이것이 모든 **이데올로기적** 개념화의 고유성인데, 만일 이 이데올로기적 개념화가 과학적 개념화를 그 의미로부터 벗어나도록 만듦으로써 이 과학적 개념화가 인식이라는 유일한 필요성 바깥의 '이해관계들'에 지배되도록 종속시킨다면 이는 더욱 사실일 것이다. 이러한 의미에서, 다시 말해 이 과학적 개념화가 이를 알지 못한 채로 말하고 있는 그 대상을 이 과학적 개념화에 제공한다는 조건에서, 역사주의는 이론적 가치를 지니게 된다. 왜냐하면 역사주의는 **현행적** 이해관계들로부터 자신의 의미를 수용하는 **이데올로기** 전체의— 이 **이데올로기** 전체는 이 **현행적** 이해관계들에 복무하도록 종속되어 있다—본질적인 한 측면을 충분히 기술해주기 때문이다. 만일 **이데올로기**가 자기 시대의 총체적인 객관적 본질(즉 역사적 현재의 본질)을 표현하지 않는다 하더라도, 최소한 이 **이데올로기**는, 내부적 강조점에 대한 가벼운 전위가 산출하는 효과에 의해, 역사적 상황의 현행적 변화들을 충분히 잘 표현할 수 있다. 하나의 과학과는 달리, 하나의 이데올로기는 이론적으로 닫혀 있는 동시에 정치적으로 유연하고 적응적이기 때문이다. 이데올로기는, 그 고유한 내적 관계에 대한 어떠한 감각조차 가능하지 않을 정도로 미세한 수정을 통해 역사적 변화들—이데올로기는 이 역사적 변화들을 흡수하고 장악하는 것을 그 임무로 지니고 있는데—을 **반영**하는 것에 스스로 만족함으로써, 외양적 운동 없이 시간의 욕구에 따라 휘어진다[변형된다]. 바티칸 제2차 공의회의 '교회 근대화'라는 모호한 예시는 그 명료한 증거를 우리에게 제시해주기에 충분할 것이다. 왜냐하면 이 '교회 근대화'는 이론의 여지가 없는 변화의 효과이자 신호이지만, 동시에 영리하게 활용 가능한 정세의 도움을 통해 역사학의 손에 다시 떨어진 그러한 간교한[능수능란한] 변화의 효과이자 신호이기도 하기 때문이다. 따라서 이데올로기는 이데올로기로서 자신의 형태를 보존하면서도 변화한다(하지만 이는 어떠한 감각조차 가능하지 않을 정도로 미세한 방식으로 이루어지는 것이다). 이데올로기는 움직이지만 부동의 운동 mouvement immobile이라는 방식으로 움직이며, 이 부동의 운동은 이데올로기를 **그 자리 위에 그대로**, 그러니까 이데올로기로서 그 장소와 역할 위에 그대로 유지시킨다. 이데올로기는 철학 자체에 대해 헤겔이 지적했듯, 자신의 시간으로부터 전혀 튀어오르지는 않으면서도(왜냐하면 이데올로기는 거울반영의 포획 내에 **사로잡힌**—그래서 바로 인간들이 그 안에 **사로잡히게** 되는 것인데—이 시간 그 자체에 불과하기 때문이다) 역사 내에서 일어나는 바를 반영하고 표현하는 부동의 운동이다. 바로 이러한 본질적 이유로 인해 1917년 러시아혁명의 메아리로부터 만들어진 혁명적 인간주의가 오늘날 다양한 정치적 혹은 이데올로기적 관심사들—이 관심사들 중 한편은 이 혁명적 인간주의의 기원들과 여전히 관계를 맺고 있으며, 다른 한편은 이 기원들로부터 다소간 멀어져 낯선 상태로 존재해 있다—의 이데올로기적 **반영**의 역할을 수행할 수 있는 것이다.

◆◆◆

이러한 역사주의적 인간주의는, 예를 들어 부르주아지 혹은 프티-부르주아지 출신의 지식인들—이 지식인들은, 종종 본래적으로 극적인 용어로, 이들 바깥에서 행해지는[만들어지는] 역사(이들 바깥에서 행해지기에[만들어지기에], 이들은 이를 인식해내지 못하면 이를 두려워하게 된다)의 적극적 구성원으로 자신들이 온전한 권리를 가지고 속해 있는지 아닌지의 질문을 스스로에게 제기한다—의 이론적 보증물caution로 활용될 수 있다. 아마도 이것이 사르트르가 제기했던 가장 심원한 질문일 것이다. 사르트르의 이 질문은 그의 이중적 테제, 즉 [첫 번째로] 마르크스주의가 '우리 시대의 넘어설 수 없는[지양할 수 없는] 철학'이며 [두 번째로] 그 어떤 문학적 혹은 철학적 저작도 제국주의적 착취에 의해 기아와 단말마의 고통으로 환원된 한 명의 비참한 자 앞에서는 단 한 시간도 독해할 가치가 없다는 그러한 이중적 테제에 온전히 포함되어 있다. 충실성을 위한 이러한 이중적 선언,

즉 한편으로는 마르크스주의의 이념에 대한, 다른 한편으로는 모든 피착취자를 향한 대의에 대한 이중적 선언에 사로잡혀, 사르트르는 그가 스스로 생산한 그리고[그럼에도] 하찮은 것으로 간주하는 [대문자]'말들'을 넘어, 우리 시대의 [끔찍한] 비인간적 역사 내에서, 모든 (혁명적) 변증법에서와 마찬가지로 모든 (이론적) 합리성에도 인간적 '기획'의 초월론적인 유일한 기원[단 하나의 기원]을 할당하는 '변증법적 이성'의 이론을 통해 진정으로 자신의 역할을 수행할 수 있다고 확신한다.[158] 따라서 역사주의적 인간주의는 사르트르에게서 인간 자유에 대한 찬양이라는 형태를 취하게 되는데, 이 형태 내에서 자신들의 전투를 자유롭게 개시함으로써 역사주의적 인간주의는 노예혁명의, 잊히고 말았지만 길고 길었던 밤 이래로 아주 조금의 인간적 빛을 위해 영원히 투쟁하는 모든 피억압자의 자유와 연대하게 된다.[159]

이 동일한 인간주의는, 우리가 그 강조점을 조금씩만 바꾸어 위치시킨다면 정세와 욕구에 따라 저마다 대의를 위해 활용될 수 있을 것이다. 예를 들어 '개인숭배' 시기의 오류와 범죄에 대항하는 저항, 이 오류와 범죄가 해결되기를 보고자 하는 조급함, 참된 사회주의적 민주주의에 대한 희망 등의 대의를 위해 말이다. 이 정치적 감정들이 스스로의 이론적 토대를 가지기를 원할 때, 이 정치적 감정들은 이 이

158 ❖ '대문자 말들', 즉 Mots는 주지하다시피 사르트르의 저서 『말』의 원제이다. 알튀세르는 사르트르의 이러한 주장을 사르트르 자신의 저서에 의거해 비꼬고 있다. 장 폴 사르트르, 『말』, 정명환 옮김, 민음사, 2008 참조.

159 ❖ '연대하다'는 communier를 옮긴 것으로, 이 동사의 첫 번째 의미는 '영성체하다'이다. 알튀세르가 굳이 가톨릭 용어를 활용한 이유는 사르트르 사유의 이른바 '신성함'을 비꼬기 위함으로 보인다.

론적 토대를 항상 동일한 텍스트들과 동일한 개념들 내에서 찾는다. 그러니까 1917년 러시아혁명 이후의 위대한 시기가 배출해낸 이러저러한 이론가들 속에서(그리고 바로 그렇기 때문에 청년 루카치나 코르쉬에 대한 출판물들이, 그람시의 몇몇 모호한 정식에 대한 이러한 열정[열광]이 등장하는 것이다), 혹은 마르크스의 인간주의적 텍스트들 즉 [대문자]청년기 저작들 속에서, 그러니까 '현실적 인간주의', '소외', '구체적인 것', 역사, 철학 혹은 '구체적' 심리학 안에서 말이다.[160, 161]

마르크스의 [대문자]**청년기 저작들**에 대한 비판적 독해와 『자본』에 대한 심화된 연구만이 [절단 이후의] 마르크스의 문제설정에는 너무 멀어 낯선 것인étrangers **이론적** 인간주의와 역사주의의 의미와 위험성을 우리에게 밝혀줄 수 있을 것이다.

[162]

아마도 독자들은 역사에 대한 오해를 대상으로 하는 이러한 분석을 우리로 하여금 착수하게끔 이끌어준 출발점을 기억하고 있을 것이다. 나는 마르크스가 자기 자신을 스스로 사고한[163] 방식이 그가 자신의 전임자들[즉 스미스와 리카도 등]의 이점[3절의 대상]과 결점[4절

160 Cf. *La Nouvelle Critique*, n. 164 sq.

161 ❖ '현실적 인간주의'에 대해서는 『마르크스를 위하여』에 실린 「"현실적 인간주의"에 대한 보충노트」 참조.

162 ❖ 알튀세르는 이 뒤에 이어지는 한 문단을 앞부분과는 완전히 독립적인 것으로 아예 표시해 놓았는데, 아마도 그 한 문단이 3~5절 전체의 결론임을 지시하기 위함인 것 같다.

163 ❖ '자기 자신을 스스로 사고하다'는 se penser lui-même, 즉 '스스로 사고하다'와 '자기 자신을 사고하다'를 결합해 옮긴 것이다.

의 대상]에 대해 내렸던 판단으로부터 도출될 수 있다는 점을 지적했다. 이와 동시에 나는, 마르크스의 텍스트가 지니는 그 담론의 외양적 연속성 속에서 엄밀한 의미의 누락들lacunes, 공백들blancs 그리고 결함들défaillances, 즉 마르크스의 담론이 자신의 침묵의 말해지지 않은 바—자신의 담론 그 자체 내에서 돌발하는—에 불과한 것으로 존재하는 장소들을 식별하기 위해, 우리가 이 마르크스의 텍스트를 하나의 무매개적 독서가 아니라 하나의 **'증상적' 독서**에 종속시켜야만 한다는 점을 지시했다.[164] 나는 마르크스가 자신의 전임자들에게 존재하는 하나의 개념의 부재에 대해, 즉 잉여가치라는 **개념**의 부재—엥겔스가 지적하듯 마르크스는 '자비롭게도' 마치 이것이 하나의 단어의 부재[에 불과한 것]인 듯 다루었다—에 대해 내렸던 판단 내에 존재하는 이 이론적 증상들 중 하나를 강조했다. 우리는 또 하나의 다른 **단어**, 즉 **역사**라는 단어가 마르크스가 자신의 전임자들에게 가하는 비판적 담론 내에서 돌발할 때 이 단어에 일어나는 바가 무엇인지 살펴보았다. 하나의 충만한plein 단어인 듯 보이는 이 단어는 사실은 그 명증성의 무매개성 내에서 이론적으로는 텅 빈vide, 혹은 오히려 엄밀한 의미의 누락 내에서 그 모습을 보이는 충만한-이데올로기plein-de-l'idéologie인 단어이다.[165] 『자본』의 대상에 대한 비판적 질문을 스스로에게 제기하지 않고 [순진한 방식으로] 『자본』을 읽는 이는 이 단어[즉 '역사'라는 단어] 안에서 자기 자신에게 '말을 거는' 그

164 ❖ '말해지지 않은 바'는 non-dit를 옮긴 것으로, 알튀세르의 문학적 의도를 살려 '말해지지 않은 침묵'이라는 동어반복을 활용해 번역한 것이다.

165 유비적으로 우리는 이 경우를 (프로이트에게는 '충만한 욕망'plein du désir인) 증상, 실수, 꿈과 상호접근시킬 수 있다.

어떤 간지도 보지 못한다.[166] 그는 그저 순진하게 담론을, 그러니까 그 안에서 이 단어가 첫 번째 단어일 수 있는, 역사에 대한 이데올로기적 담론일 수 있는, 그다음으로는 역사주의적 담론일 수 있는 그러한 담론을 추수하고 있[을 뿐이]다.[167] 우리가 앞에서 이미 확인했으며 이를 통해 이해하고 있듯 이론적이고 실천적인 결론들은 이러한 결백함innocence을 가지고 있지 않다. 정반대로 인식론적이고 비판적인 독해 내에서, 우리는 이 말해진 단어 아래에서 이 단어가 감추고 있는 침묵을 듣지 않을 수 없으며, 텍스트의 검게 칠해진 부분noir[충만함 혹은 종이 위의 '글자'] 속에서 거의 섬광 같은 짧은 시간 동안 매달려 있는 엄밀한 의미의 하얀 부분blanc[공백 혹은 ('글자'를 제외한) 종이의 여백]을 보지 않을 수 없다. 이와 상관적으로, 외양적으로는 연속적인, 하지만 사실은 하나의 억압적 담론의 위협적 침입에 의해 중단되고 복속된 이러한 담론하에서 우리는 참된 담론의 침묵하는 목소리를 듣지 않을 수 없으며, 우리는 그 심원한 연속성을 복원하기 위해 이 참된 담론의 텍스트를 복원하지 않을 수 없다.[168] 바로 이 안에서 마르크스의 엄밀성에서의 결함이 놓여 있는 정확한 지점들에 대한 식별이 이 엄밀성에 대한 인정과 일체를 이루게 되는 것이다. 바로 이 마르크스의 엄밀성이 우리에게 마르크스의 결함들을 지시해주는 것

166 ❖ '간지'는 malice를 옮긴 것으로, 일반적으로 '이성의 간지'를 표현할 때 프랑스어로 ruse라는 단어를 사용하지만, 여기서는 맥락상 '간지' 정도를 뜻한다고 판단해 (현대 이전 프랑스어의 경우) '악의'와 (현대 프랑스어의 경우) '짓궂은 장난'을 의미하는 malice를 '간지'로 의역했다.

167 ❖ '첫 번째 단어'라는 말은 이것이 전혀 이론적으로 가공되지 않은 '순수한' 혹은 '순진한' 어휘에 불과하다는 점을 표현하는 것으로 보인다.

168 ❖ '은밀한 목소리' 정도로 옮길 수도 있으나 역시 알튀세르의 문학적 의도를 살려 voix silencieuse를 '침묵하는 목소리'로 옮겼다.

이며, 마르크스의 잠정적 침묵의 그리 길지 않은 순간 속에서 우리는 마르크스에게 자기 자신의 것인 그 말parole을 되돌려주는 것 이외에는 그 무엇도 행하지 않는 것이다.

Ⅵ. 『자본』의 인식론적 명제들(마르크스와 엥겔스)

이 기나긴 우회를 마치고, 우리 분석의 현황을 짚어보도록 하자. 현재 우리는 마르크스 고유의 대상을 탐구하고 있다.

첫 번째 계기에서, 우리는 마르크스가 **자신 고유의 발견**을 우리에게 지시해주는 텍스트들을 심문했으며, 이를 통해 우리는 이러한 발견의 담지물들porteurs로서 가치와 잉여가치라는 개념들을 식별해냈다. 그렇지만 우리는 정확히도 이 개념들이, 경제학자들뿐 아니라 많은 수의 마르크스주의자가 빠지고 말았던, 마르크스주의적인 정치경제학 이론의 고유한 대상에 대한 오해의 장소였다는 점을 지적해야만 했다.

그리하여 **두 번째 계기에서**, 우리는 (자신의 과학적 전사préhistoire에 대해 마르크스 스스로가 제시하는 판단 속에서 마르크스 자신을 붙잡을 수 있기를 희망하면서) 마르크스 스스로 자신의 전임자들 즉 고전 정치경제학의 정초자들에게 내렸던 판단을 통해 마르크스를 심문했다. 여기에서도 또한 우리는 당황스러운 혹은 불충분한 정의들에 부딪혀 넘어지고 말았다. 우리는 마르크스가 자기 자신을 고전파 경제학으로부터 구별해주는 차이 개념을 진정으로 사고하는 데 이르지 못했으며, 또한 내용에서의 연속성이라는 관점에서 이 차이를 사고함으로써, 마르크스가 형태에서 단순히 구별되는 것으로서의 변증법으로 혹은 이러한 헤겔적 변증법의 토대인 역사에 대한 특정한 이데올로기적 개념화로 우리를 던져 넣었다는 점을 확인했다. 우리는 이러한 모호성들의 이론적이고 실천적인 결론들을 측정[평가]했다. 이 결론들은 텍스트들의 모호함이 『자본』의 특수한 대상에 대한 정의뿐 아니라 또한, 그리고 동시에, 마르크스의 이론적 실천의 정의와 마르크스의 이론이 이전의 이론들과 맺는 관계, 결국 과학의 이론과 과학의 역사의 이론도 변용했다는 점을 통해 확인될 수 있다. 바로 이 지점에서, 우리는 정치경제학의 이론과 역사[학]의 이론 혹은 역사유물론에만 관계하고 있는 것이 아니라, 과학의 이론과 과학의 역사의 이론, 혹은 변증법적 유물론과도 관계하고 있는 것이다. 그리고 우리는, 암묵적en creux 방식일 뿐이라도, 마르크스가 역사에 관한 이론 내에서 생산하는 바와 마르크스가 철학 내에서 생산하는 바 사이에 본질적인 하나의 관계가 존재한다는 점을 **보게**voyons 된다. 어쨌든 최소한 우리는 그 신호 정도는 **보게** 된다. 역사유물론의 개념체계 내에 경험주의적 이데올로기라는 철학적 이데올로기가 가득 차기 위해서는 이 역사유물론의 개념체계 내에 아주 작은 공백 하나만 있어도 충분하다. 우리는 이 체계로부터 이 체계를 가득 채우고 있는 이데올로기적 철학의 명증성들을 비워낼 때에만 이 공백을 인지할 수 있다. 우리는 마르크스의 여전히 불충분한 몇몇 과학적 개념을, 그 자리를 부당하게 차지한 철학적 개념들의 이데올로기적 본성을 인지한다는 절대적 조건에서만, 엄밀하게 정의할 수 있다. 결국 이 절대적 조건이란 과학적 개념들의 결함을 우리에게서 은폐하는 철학적 개념들을 이데올로기적인 것으로 인식하고 인지하는 데 적합한 마르크스주의 철학의 개념들을 동시에 정의하기 시작한다는 조건이다. 바로 여기에서 우리는 이러한 이론적 숙명 한가운데에 온전히 위치하게 된다. 최초의 담론으로부터 분리 불가능한, 하지만 이 최초의 담론으로부터는 구별되는 또 다른 담론, 즉 마르크스의 **철학**이라는 담론, 이 담론의 텍스트를 마르크스 자신의 말[지시]dictée에 따라 쓰지écrire 않고는 그의 과학적 담론을 **읽을**lire 수 없다는 이론적 숙명 말이다.

◆◆◆

이제 이러한 우리 심문의 세 번째 계기를 다루어보자. 『자본』, 엥겔스의 서문들, 몇몇 편지 그리고 「아돌프 바그너의 정치경제학 교과서에 대한 난외 주석」은 우리를 생산적 길 위에 서게 해줄 내용을 지니고 있다. 마르크스에게서 우리가 지금까지는 부정적으로en négatif 인지해야만 했던 것을, 이제부터는 실정적으로en positif 발견할 수 있게 된다.

◆◆◆

우선 우리는 **용어법**에 관한 간단한 몇 가지 언급을 살펴볼 것이다. 우리는 마르크스가 스미스와 리카도에게 그들이 잉여가치를 이 잉여가치의 존재형태들, 즉 이윤, 지대, 이자와 끊임없이 **혼동**한다는 비난을 가한 바 있다는 점을 알고 있다. 따라서 위대한 [대문자]경제학자들의 분석에는 하나의 **단어**가 빠져 있는 것이다. 마르크스가 스미스와 리카도를 독해할 때, 그는 이 스미스와 리카도의 텍스트에서 빠져 있는 이 단어를 복원해낸다. 그러나 명백히[겉보기에는] 사소해 보이는 이 부재하는 한 **단어**의 복원 행위가 마르크스에게는 중대한 이론적 결론들을 가져온다. 왜냐하면 이 단어는 하나의 단어인 것이 아니라 하나의 **개념**, 그것도 하나의 새로운 대상의 출현과 상관적인 하나의 새로운 개념적 체계의 **표상물**인 하나의 이론적 개념이기 때문이다. 모든 단어는 물론 개념이다. 하지만 모든 개념이 이론적 개념인 것은 아니며, 모든 이론적 개념이 새로운 대상의 표상물인 것은 아니다. 만일 잉여가치라는 단어가 이 지점에서 중요한 것이라면, 이는 이 잉여가치라는 단어가 대상의 구조를 직접적으로 변용하기 때문이며, 그러므로 이 대상의 구조의 숙명은 이러한 단순한 명명 내에서 작동한다. 이 모든 결론이, 마르크스가 스미스와 리카도에게 그들이 하나의 **단어**를 넘어 튀어오른다고 비난할 때에, 마르크스의 정신 내에서 그리고 마르크스의 펜 끝 아래에서는 조금도 현존하지 않는다 해도 괜찮다.[169] 마르크스가 다른 이들과 달리 모든 것을 단번에 말할 수 있다고 우리가 간주할 수는 없기 때문이다. 중요한 것은 마르크스가 **여기에서**ici 말하면서 자신이 말하지 않는 바를 **다른 곳에서는**ailleurs 말한다는 점이다. 그런데 우리는 마르크스가 하나의 적합한 과학적 **용어법**을, 다시 말해 정의된 용어들의 일관된 하나의 체계—여기에서 활용된 단어들은 개념들일 뿐 아니라, 또한 여기에서 새로운 단어들은

169 ❖ 여기에서 '튀어 오른다'는 앞에서 헤겔과 관련해 이미 언급된 시간에 관한 명제에 사용된 것과 동일한 어휘의 번역이다.

그것이 새로운 만큼이나 하나의 새로운 대상을 정의하는 개념들이기도 하다—를 구성할 필요성을 가장 중요한 첫 번째 이론적 요구로 간주했다는 점을 의심할 수는 없다. 사용-가치와 가치를 혼동하는 바그너에 반대하여, 마르크스는 다음과 같이 쓴다.

> [바그너의] 독일어로 쓰인 이 횡설수설로부터 우리가 발견할 수 있는 유일하게 명확한 것은, 만일 우리가 **단어적 의미에**au sens verbal 머무른다고 치면, 무엇보다도 우선 가치(Wert, Würde)라는 **단어가** 상품이 되기도 전부터 심지어 '노동의 생산물'로서 매우 오래전부터 존재해왔던 유용한 사물들 자체에 적용된다는 점이다. 하지만 이는 고대인들에게서 소금이라는 단어가 우선 식용 소금에 적용되었고 결과적으로 **설탕** 등도 철학자 가이우스 플리니우스 세쿤두스 이래로 **소금의 변종** 등으로 나타난다는 사실이 그러한 만큼[만] '상품-가치'에 대한 **과학적 정의와** 관계되는 것이다.[170]

그리고 이보다 조금 더 전에 마르크스는 다음과 같이 쓴다.

> 이는 [근대 과학으로서의] 화학의 도래 이전의 고대 화학자들을 떠올리게 만든다. 왜냐하면 일상생활에서 (북유럽 전통에 따라) 단순히 버터라고 불렸던 식용 버터는 물렁물렁한 점도를 가지고 있으며, 그래서

---

170 *Le Capital*, III, pp. 249~250[알튀세르가 『자본』 프랑스어판에 준거했기 때문에 서지사항을 이렇게 제시한 것인데, 정확히는 『자본』이 아니라 「아돌프 바그너의 정치경제학 교과서에 대한 난외 주석」의 쪽수를 표시해야 한다. 영역본에 따르면 이는 *Marx-Engels: Werke*, Bd. XIX, p. 372이다].

이 고대 화학자들은 버터 성질의 즙을 염화물, 아연 버터, 안티몬 버터 등으로 불렀기 때문이다.[171]

이 텍스트는 각별히 명료한 성격을 지니는데[명료화의 역할을 수행하는데], 왜냐하면 이 텍스트는 한 과학(즉 화학)의 대상에서의 이론적 혁명이라는 배경에서 한 단어의 '**단어적 의미**'를 그 과학적이고 개념적인 의미와 구별하기 때문이다. 만일 마르크스가 **하나의 새로운 대상**을 스스로에게 제시한다면, 그는 이에 조응하는 하나의 새로운 개념적 용어법을 필연적으로 스스로에게 제공해야만 한다.[172]

특히 엥겔스는 1886년 『자본』 영어판 서문의 한 구절에서 이 점을 확인했다.[173]

하지만 우리가 독자들로 하여금 당면하지 않도록 만들 수 없었던 하나의 난점이 존재한다. 바로 일상생활뿐 아니라 또한 **통상적**courante **정치경제학** 내에 존재하는 것과도 다른 의미로 몇몇 용어를 활용하는 것이다. 하지만 우리는 **이를 피할 수 없었다.**

어떠한 한 과학의 새로운 양상aspect 전체는 이 과학의 기술적 용어들 termes techniques(Fachausdrücken) 내에서의 하나의 혁명을 함축한다.

171 *Le Capital*, III, p. 249[역시 알튀세르가 『자본』 프랑스어판에 준거했기 때문에 서지사항을 이렇게 제시한 것으로, 정확히는 『자본』이 아니라 「아돌프 바그너의 정치경제학 교과서에 대한 난외 주석」의 쪽수를 표시해야 한다. 영역본에 따르면 이는 *Marx-Engels: Werke*, Bd. XIX, p. 371이다.

172 Cf. *Le Capital*, I, préface p. 17. 여기에서 마르크스는 자신에 의해 "창조된 새로운 용어법"에 대해 언급한다.

173 *Le Capital*, I, pp. 35~36[『자본』, I-1, 72~73쪽].

이에 대한 가장 좋은 증거는 화학인데, 대략 20년마다 이 화학에서 모든 용어법(Terminologie)은 발본적으로 변화하며, 이 화학에서 우리는 서로 다른 일련의 이름들을 거치지 않는 단 하나의 유기화합물도 거의 발견할 수가 없다. 일반적으로 정치경제학은 상업적이고 산업적인 생활 용어들을 그 자체로 다시 취하는 데, 그리고 이 용어들을 조작하는 데 만족해왔으며, **이로 인해 정치경제학 자신이 표현되는 관념들의 비좁은 원환 안에 스스로를 가두었다는 점을** 생각하지 못했다.

바로 그렇기 때문에 고전파 경제학의 대표자들은, 지대와 마찬가지로 이윤이 노동자가 자신의 고용주—이 고용주는, 비록 그가 [뒤에 등장하는] 하위부분들, 즉 파편들을 전유하는 첫 번째 소유자라 하더라도, 마지막 그리고 배타적 소유자인 것은 아니다—에게 제공하는 생산물의 지불되지 않은 부분의 하위부분들, 즉 파편들에 불과하다는 점을 완벽히 **알고 있으면서도, 이윤과 지대에 대한 통상적 개념들**concepts courants(übliche Begriffe)**을 전혀 지양하지 못했으며 생산물의 지불되지 않은 부분**(**마르크스가 순생산물**produit net**이라 부르는**)**을 그 전체성** intégrité **속에서, 즉 하나의 전체로서 전혀 검토하지 않았다.** 그래서 고전파 경제학의 대표자들은 순생산물의 기원과 본성에 대한 **명료한 이해에도,** 이 순생산물의 가치에 뒤이어 행해지는 분배를 조절하는 법칙들에 대한 **명료한 이해에도** 전혀 도달하지 못했다. 마찬가지로, 농업이나 수공업이 아닌 모든 산업은 매뉴팩처라는 용어하에 무차별적으로 분류되며, 이로 인해, 본질적으로 서로 다른 경제사의 거대한 두 시기들 사이의 구별이 말소된다. 이 거대한 두 시기란, 육체노동의 분할에 기초한 고유한 의미의 매뉴팩처 시기, 그리고 기계제에 기초한 근대 산업의 시기이다. 그렇지만 **근대 자본주의 생산을 인류 경제사 내의 잠**

정적인 하나의 단계로만 간주하는 이론이 이러한 생산형태를 초역사적 éternelle이며 확정적définitive인 것으로 간주하는 저자들[즉 고전 정치경제학자들]이 활용하는 용어와는 다른 용어를 사용해야 한다는 것은 매우 명백하다.[174]

이 텍스트로부터 다음의 근본적 확언을 다시 취해보자.

1)한 과학의 대상 내에서의 혁명 전체(즉 이 과학의 새로운 양상)는 이 과학의 용어법 내에서의 필연적 혁명을 이끌어낸다.

2)모든 용어법은 관념들의 한정된 하나의 원환에 연결되어 있는데, 우리는 이를 다음과 같이 표현할 수 있다. 즉, 모든 용어법은 이 용어법의 토대 역할을 하는 이론적 체계의 기능이며, 이 모든 용어법은 자신 안에서 규정되고 제한된 하나의 이론적 체계를 포함한다.

3)고전 정치경제학은 이 고전 정치경제학의 관념들 체계와 이 고전 정치경제학의 용어법 사이의 동일성에 의해 한정된 하나의 원환 내에 갇혀 있었다.

4)마르크스는 고전파 경제이론을 혁명화함으로써 이 고전파 경제이론의 용어법 또한 필연적으로 혁명화해야만 했다.

5)이러한 혁명의 핵심 지점은 정확히 **잉여가치**를 그 **대상**으로 한

174 이 텍스트는 매우 탁월하며 거의 모범적인 것이라고 볼 수 있다. 이 텍스트는, 엥겔스의 비범한 인식론적 감각으로부터, 다른 경우들에서 엥겔스로부터 우리가 얻을 수 있었던 것과는 완전히 다른 하나의 관념[즉 엥겔스가 마르크스와 마찬가지로 이론적 천재성을 지니고 있다는 관념]을 우리에게 제시해준다. 사람들이 마르크스에 대립시키기를 원했던, 급이 떨어지는 마르크스 주석가로서의 엥겔스라는 관념과는 매우 거리가 먼, 이러한 엥겔스의 이론적 천재성에 대해 다룰 다른 기회가 있을 것이다.

다. 그 대상의 개념이었던 단어[용어] 내에서 이 잉여가치를 사고하지 못했기 때문에, 고전파 경제학자들은 경제적 실천[즉 현실의 경제적 행위나 작동양태]에 대한 이데올로기적 혹은 경험적 개념들에 불과했던 단어들의 수인으로 어두운 밤 속에 머물러 있을 수밖에 없었다.

6)최종적 수준에서 엥겔스는 고전 정치경제학과 마르크스 사이에 존재하는 용어법상의 차이를 대상에 대한 개념화에서의 차이와 관계 맺도록 한다. 고전 정치경제학자들이 이 대상을 초역사적인 것으로 간주하는 반면, 마르크스는 이 대상을 일시적transitoire인 것으로 간주하는 것이다. 우리는 이 주제로부터 무엇을 사고해야 하는지 이미 알고 있다.

이 마지막 약점에도 불구하고 엥겔스의 이 텍스트는 매우 탁월한 것인데, 왜냐하면 이 텍스트는 한편으로 규정된 한 과학적 분과의 **대상**과 다른 한편으로 이 분과의 용어법의 체계와 관념들의 체계, 이 둘 사이의 내밀한 관계를 명확히 밝히기 때문이다. 따라서 우리는 대상, 용어법 그리고 이 용어법에 조응하는 개념적 체계 사이의 내밀한 관계, 즉 일단 대상이 수정modifié되고 나면(그러니까 일단 이 대상의 '새로운 양상들'이 포착되고 나면) 관념들의 체계와 개념적 용어법 내에서의 상관적 수정modification을 필연적으로 촉발해야 하는 그러한 관계를 드러나도록 만들어야 한다.

등가적인 다른 언어를 사용하여, 엥겔스가 **대상의 본성, 이론적 문제설정의 본성** 그리고 **개념적 용어법의 본성**, 이 셋 사이의 필연적인 하나의 기능적 관계의 존재를 확언한다고 말하자.

이러한 관계는 엥겔스의 또 다른 놀라운 텍스트, 즉 『자본』 2권의

「서문」— 임금 문제와 관련한 고전파 경제학자들의 맹목에 대해 마르크스가 제시하는 분석[175]과 직접적으로 관계 맺게 할 수 있는 텍스트— 에서 더욱 선명하게 드러난다.

이 텍스트에서 엥겔스는 다음 질문을 선명하게 제기한다.

> 여러 세기 이전부터, 자본주의하 인류는 잉여가치를 생산해왔다. 그리고 이 자본주의하 인류는 조금씩 조금씩 이 잉여가치의 기원에 관해 질문하기 시작했다. 이 잉여가치로부터 자본주의하 인류가 만들어낸 첫 번째 관념은 상업의 직접적 실천으로부터 도출되었다. 사람들은 잉여가치가 생산물의 [기존] 가치에 대한 더 높은 가치부여[즉 생산물의 원래 가격보다 더 높은 가격을 주고 이 생산물을 구입하는 것]로부터 도출되는 것이라고 말했다. 이러한 의견은 중상주의자들의 것이었다. 하지만 제임스 스튜어트James Stuart는 이 경우 [마치 제로섬 게임과도 같이] 다른 편이 얻은 것을 반드시 한편은 잃게 된다는 것을 이미 이해하고 있었다. 그러나 이러한 스튜어트의 깨달음이 잉여가치를 바라보는 그러한 [중상주의적] 방식이 매우 오랫동안 지속되는 것을 막아내지는 못했다. 특히 사회주의자들에게서 말이다. 애덤 스미스는 고전파 과학을 이로부터 구출해낸다….[176]

이에 따라 엥겔스는 스미스와 리카도가 자본주의적 잉여가치의 기원을 인식하고 있었음을 보여준다. 만일 스미스와 리카도가 "**특별**

175 *Le Capital*, II, p. 206 sq.

176 *Le Capital*, IV, p. 15 [『자본』, II, 21쪽].

한 범주로서의 잉여가치 자체와 이 잉여가치가 이윤과 지대 내에서 취하는 개별 형태들 사이의 구분을 확립하지 않"았다 해도,[177] 이들은 그럼에도 『자본』의 마르크스주의 이론의 근본원리, 즉 잉여가치를 '**생산**'해냈다.

바로 이로부터, 인식론적 관점에서 적절한 다음과 같은 질문이 유래한다.

> **그렇다면 도대체 마르크스가 잉여가치에 대해 새롭게 말한 것은 무엇이란 말인가?**
> 로드베르투스를 포함한 마르크스의 모든 사회주의 전임자들의 이론이 그렇게 허무하게 사라져버렸던 것과 달리, 잉여가치에 대한 마르크스주의 이론은 청천벽력과 같은 전율을 안겨주고 게다가 이것이 모든 문명화된 국가들에서 그러했던 것은 도대체 어떻게 가능했는가?[178]

하나의 새로운 이론의 돌발이 생산하는 경이로운 효과에 대한 엥겔스의 이러한 인정, 즉 '청천벽력'은 마르크스의 **새로움**에 대한 생생한 지표로서 우리의 관심을 끄는 것이다. 마르크스가 경제학자들과 자신 사이의 관계를 표현하고자 하는 장소인 이러한 모호한 차이들(고정주의적 초역사주의와 운동 중인 역사)이 여기에서는 더 이상 중요한 것이 아니다.[179] 엥겔스는 마르크스와 고전파 경제학 사이의

177 *Le Capital*, IV, p. 16[『자본』, II, 23쪽].

178 ❖ *Le Capital*, II, 29쪽.

179 ❖ 고전 정치경제학자들의 사유양식인 '고정주의적 초역사주의'는 éternitarisme fixiste를, 마르크스의 사유양식의 핵심인 '운동 중인 역사'는 histoire en mouvement을 옮긴 것이다.

인식론적 **단절**이라는 진정한 문제를 **직접적으로** 제기하기를 서슴지 않는다. 엥겔스는 이를 가장 적절하면서도 동시에 가장 역설적인 지점, 즉 잉여가치라는 지점에서 제기한다. 바로 이 잉여가치는 전혀 **새로운 것**이 아닌데, 왜냐하면 이 잉여가치는 고전파 경제학에 의해 이미 완벽히 '생산'되었기 때문이다! 따라서 엥겔스는 마르크스에게서는 **전혀 새롭지 않은** 하나의 현실과 관련해 마르크스가 취하는 **새로움**이라는 질문을 제기하는 것이다! 결국 이러한 **질문**이 지니는 그 비범한 이해 내에서 엥겔스의 천재성이 발현되는 것이다. 엥겔스는 조금의 주저함도 없이 그 최후의 구석진 공간에서 이 질문과 대면한다. 엥겔스는 이 질문이 그 **답변**의 압도적 형태 아래서 제시되는 바로 그곳에서 이 질문과 대면한다. 그러니까 오히려 답변이 자신의 명증성[자명함]의 압도적 권리를 통해 사소한 질문조차 제기하는 것을 금지하는 바로 그곳에서 말이다! 엥겔스는 **서로 다른 두 가지 담론** 내에서 형상화되는 하나의 현실이 취하는 비-새로움의 새로움nouveauté de la non-nouveauté이라는 질문, 다시 말해 이 두 가지 이론적 담론 내에 기입된 이러한 '현실'의 **이론적 양태**에 대한 질문을 제기하는 배짱을 지니고 있다. 엥겔스가 악의를 가지고 혹은 우연하게 이 질문을 제기했던 것이 아니라, 과학들의 역사에 대한 이론 위에 정초해 있는 과학에 대한 하나의 이론[즉 마르크스의 '정치경제학 비판' 혹은 '역사과학']의 장 내에서 이 질문을 제기했다는 점을 이해하는 데는 엥겔스의 답변을 읽어보는 것만으로 충분하다.[180] 사실 엥겔스로 하여금 자신의

180 ❖ '악의'는 malice를 옮긴 것으로, 과거 프랑스어에서는 '악의'라는 의미로 많이 쓰였지만 요즘은 '짓궂은 장난'이라는 의미로만 사용된다. 알튀세르는 이 글 이외에도 여러 글에서 malice

질문을 정식화하고 이 질문에 대한 답변을 정의할 수 있게 해주는 것은 바로 [마르크스의 '역사과학'에 대한] 화학의 역사와의 비교다.

> 그렇다면 도대체 마르크스가 잉여가치에 대해 새롭게 말한 것은 무엇이란 말인가? (…)
> 화학의 역사는 그 자체가 하나의 예시로서 우리에게 이를 보여줄 수 있다.
> 우리 모두 알다시피 18세기 말경에는, 모든 연소combustion의 본성을 연소되는 물체로부터 플로지스톤phlogistone이라 사람들이 이름 붙였던 절대적 가연물질로서의 가설적 물체가 다른 물체로 떨어져 나간다는 방식으로 설명했던 플로지스톤 이론[즉 '연소설']이 여전히 지배적이었다. 이러한 플로지스톤 이론은, 몇몇 경우에서는 적용되기 힘들었던 이론임에도, 당시 알려진 화학적 현상들 대부분을 설명하는 데에 충분했다.
> 그런데 바로 1774년에 프리스틀리Priestley가 "플로지스톤으로부터 너무나 순수한 혹은 면제된[그러니까 플로지스톤이 전혀 없는] 상태라서, 이와 비교한다면 일상의 공기는 이미 오염되어 있는 것으로 보일 정도"인 그러한 일종의 기체를 생산해냈다. 프리스틀리는 이를 탈플로지스톤화된 기체[탈연소기체]라고 불렀다. 조금 뒤 셸레Scheele는 스웨덴에서 동일한 종류의 기체를 생산해냈고 대기 속에서 이 동일한 종류의 기체의 존재를 증명해냈다. 더 나아가 셸레는 우리가 이 동일한 종

를 '악의'라는 뜻으로 많이 쓰고 있다.

류의 기체 내에서 물체를 태울 때 혹은 일상의 공기 내에서 물체를 태울 때 이 기체가 사라진다는 점을 확인했다. 셸레는 이를 '화기체'air à feu라고 불렀다. (…)[181]

프리스틀리와 셸레 둘 모두는 자신의 손에 든 것이 무엇인지 **알지 못한 채로** 산소를 **생산해** 냈다.[182] 이 둘은 "**이미 확립되어 있는 것으로 자신들이 간주했던**" 플로지스톤의 "**범주들로부터 벗어날 수 없었다**". 플로지스톤적 개념화 전체(die ganze phlogistische Anschauung umstossen)를 **전도**renverser할 그리고 **화학을 혁명화**révolutionner할 요소는 이 둘의 손 안에서 불모성의 상태에 빠져버린 채 남아 있었다[그 어떤 변화도 만들어내지 못했다].

하지만 프리스틀리는 자신의 발견을 그 즉시 파리에 있던 라부아지에에게 전했으며, 라부아지에는 이러한 **새로운** 현실[사실]réalité(Tatsache)로부터 출발하여 **플로지스톤 화학 전체를** 재검토했다. 라부아지에는 최초로 새로운 종류의 기체가 새로운 화학 원소라는 점을, 그리고 연소 내에서 **빠져나가는** 것은 미스터리한 플로지스톤이 아니며, 바로 이 새로운 원소가 **물체와 결합한다는** 점을 발견했다. 그리고 이를 통해 라부아지에는 최초로 **플로지스톤이라는 형태하에서 머리로 걷던 화학 전체를 두 발로 설 수 있게 했다**(stellte so die ganze Chemie, die in ihrer phlogistischen Form auf dem Kopf gestanden, erst auf die Füsse). 그리고 라

---

181 ❖ 엥겔스가 여기서 '기체를 생산'했다고 표현하는 이유는 바로 뒤에서 확인할 수 있듯 '생산'을 '발견'과 구분하기 위함이다. 독자들은 이를 염두에 두고 '생산'이라는 표현의 뉘앙스를 파악하기 바란다.

182 ❖ 강신준 번역본(30쪽)에서는 '추출'로 번역했으나 여기서는 알튀세르의 의도를 살려 알튀세르가 제시하는 프랑스어 번역본의 역어 produire 즉 '생산'으로 직역한다.

부아지에가 이후 스스로 주장prétendu한 것과는 달리 그가 프리스틀리와 셸레와 동시에 그리고 이들과는 독립적으로 산소를 생산했다는 것이 정확한 사실은 아니라고 할지라도, 라부아지에는 그럼에도 자신들이 무엇(was)을 생산했는지를 조금도 알지 못한 채로 이를 생산(dargestellt)하기만 했던 프리스틀리와 셸레와 달리 산소를 진정으로 **발견**(der eigentliche Entdecker)했던 이이다.[183]

마르크스가 잉여가치론과 관련해 자신의 전임자들과 형성하는 관계는 라부아지에가 프리스틀리와 셸레와 형성하는 관계와 동일하다. 마르크스보다 매우 오래전부터 사람들은, 우리가 지금은 잉여가치라고 부르는(nehnen) 바, 즉 생산물의 가치의 이러한 부분partie의 **존재**(die Existenz)를 확립해왔다. 동일하게 사람들은 이러한 부분으로부터 도출되는 바를 다소간 명확하게, 그러니까 자본가들이 그 등가물équivalent을 지불하지 않으면서 전유하는 노동의 생산물이라고 언표하기도 했었다. 하지만 사람들은 이보다 더 멀리 나아가지는 못했다(Weiter aber kam man nicht). 한편에서는, 그러니까 고전파 부르주아 경제학자들은, 기껏해야 노동의 생산물이 노동자와 생산수단의 소유자 사이에서 분할되는 비율을 연구했다. 다른 한편에서는, 그러니까 사회주의자들은 이러한 분할을 부정의하다고 간주했고 유토피아적 수단들에 따라 이러한 부정의를 끝장내고자 했다. 한편과 다른 한편 모두는 그들이 확립했던 바 그대로의(wie sie sie vorgefunden hatten) 경제적 범주들

183 ❖ 이 마지막 문장 또한 알튀세르가 제시하는 프랑스어 번역본에 준거해 강신준 번역본과는 다르게 옮겼다.

내에 사로잡힌 채(befangen) 남아 있었던 것이다.[184]

그런데 이러한 상황에서 마르크스가 등장하게 된다. **자신의 모든 전임자들과는 직접적으로 정반대되는 입장(in direktem Gegensatz zu allen seinen Vorgänger)을 취하기 위해서 말이다.** 자신의 전임자들이 하나의 **해결책**(Lösung)을 보았던vu 곳에서, 마르크스는 하나의 **문제**(Problem)만을 보았다vit. 마르크스는 이곳에 탈플로지스톤화된 기체도, 화기체도 존재하지 않으며 단지 산소가 존재한다는 점을 보았다. 마르크스는 여기에서 문제가 되는 것이 경제적 현실[사실](Tatsache)에 대한 단순한 확인constatation도 아니고, 영원한 정의와 참된 도덕이 이러한 현실[사실]과 형성하는 갈등도 아니며, 대신 경제학 전체를 전복bouleverser(umwalzen)하도록 요청된 현실[사실], 전체ensemble(gesamten)에 대한 이해를 위한 열쇠를 (이 열쇠를 활용할 줄 아는 이라면 누구에게나) 제공해주는 그러한 하나의 현실[사실]이라는 점을 보았다. 이러한 현실[사실]로부터 출발하여, 마르크스는 이미 확립된 것으로 자신이 마주했던 범주들 전체를 재검토(untersuchte)했다. 마치 라부아지에가 산소로부터 출발하여 플로지스톤 화학의 확립된 범주들을 재검토했던 것과 마찬가지로 말이다. 잉여가치가 무엇인지 알기 위해, 마르크스에게는 가치가 무엇인지 알 필요가 있었다. 그러므로, 그 무엇보다도, 리카도의 가치론 그 자체를 비판 아래에 종속시킬 필요가 있었다. 그래서 마르크스는 가치를 형성할 수 있는 그 속성과 관련해 노동을 연구했으며, 그는 최초로 **어떠한** 노동이 가치를 형성하는지, 왜 그

184 ❖ 이 인용문에서는 répartition을 '분할'로 옮겼으나, 나머지 번역에서는 대부분의 경우 '배분'으로 옮겼다. 즉, distribution은 '분배'로, répartition은 '배분'으로 구분했다.

리고 어떻게 이 노동이 가치를 형성하는지를 확정했다. 게다가 마르크스는 결국 가치라는 것이 이러한 종류의 노동이 응결된 것일 뿐이라는 점을 확정했다. 이는 로드베르투스가 이해하는 데에 끝까지 실패하고 말았던 지점이다. 뒤이어 마르크스는 상품과 화폐 사이의 관계를 연구했고, 어떻게 그리고 왜 상품과 이 상품들의 교환이 (이 상품이 지니고 있는, 가치로서의 내재적 성질로 인해) 상품과 화폐 사이의 대립을 필연적으로 생산해내는지를 보여주었다. 이 지점에서 마르크스가 정초했던 화폐론은 최초의 온전한(ershöpfende) 화폐론이었으며 바로 이 화폐론이 오늘날 모든 이가 암묵적으로 수용하는 것이다. 마르크스는 화폐의 자본으로의 변형을 연구했고, 이 화폐의 자본으로의 변형이 노동력의 구매와 판매를 자신의 토대로 취한다는 점을 증명했다. 노동을 노동력으로 **대체함**으로써(an die Stelle … setzen) 마르크스는 리카도 학파를 침몰시켰던 난점들 중 하나를 단번에 해결했다(löste er mit einem Schlag). 바로 노동에 의한 가치의 결정이라는 리카도의 법칙과 조화를 이루도록 자본과 노동의 상호교환을 설정하는 것의 불가능성 말이다. 바로 불변자본과 가변자본 간 구분을 확인함으로써, 마르크스는 그 현실적 과정marche réelle과 그 가장 미세한 세부지점들 내에서까지 가치의 형성과정procès de formation을 표상(darzustellen)하고 해명(erklären)하는 데 성공했던 것인데, 이는 그의 전임자들 모두에게는 불가능했던 것이다. 따라서 마르크스는 자본의 내부intérieur 그 자체에서, 그것이 무엇이 되었든 로드베르투스와 부르주아 경제학자들은 이끌어낼 능력이 없었던, 하지만 가장 복잡한 경제학적 문제들의 해결을 위한 열쇠를 제공해주었던 하나의 구별을 확인했던 것이다. 가장 놀라운 방식으로 『자본』 2권이, 그리고 더 나아가서는, 앞으로 우리가 확인하게 되듯,

『자본』 3권이 다시 한번 증명하듯이 말이다. 그런데 마르크스는 잉여가치 그 자체에 대한 검토에서도 가장 멀리 나아갔다. 마르크스는 절대적 잉여가치와 상대적 잉여가치라는 잉여가치의 두 형태를 발견했고, 이 두 형태가 자본주의적 생산의 역사적 변화에서 서로 다른, 하지만 둘 모두 동일하게 결정적 역할을 수행한다는 점을 증명했다. 잉여가치로부터 출발함으로써, 마르크스는 임금에 관해 우리가 가지게 된 최초의 합리적 이론을 발전시켰고, 또한 마르크스는 최초로 자본주의적 축적의 역사의 근본특징들을, 그리고 이 자본주의적 축적의 역사적 경향에 대한 하나의 묘사를 제시했다.

그렇다면 로드베르투스는 어떠했는가? 이 모든 것을 읽은 뒤에 (…) 로드베르투스는 잉여가치가 어디에서부터 유래하는 것인지를 더욱 간결하고 더욱 명확하게 자신 스스로가 이미 말했었다는 점을 발견한다. 결국 로드베르투스는 이 모든 것이 '자본의 현행적 형태'forme actuelle du capital 다시 말해 역사적으로 존재하는 바 그 자체로서의 자본에는 아마도 적용될 것이지만 [로드베르투스의] '자본 개념'concept de capital 다시 말해 로드베르투스가 자본을 가지고 스스로 형성해 가졌던 유토피아적 관념에는 적용되지 않는다는 점을 발견한다. 죽을 때까지 플로지스톤을 믿었으며 산소에 대해서는 그 무엇도 알기를 원하지 않았던, 우리 말년의 프리스틀리와 정확히 똑같이 말이다. 자신의 잉여가치 혹은 오히려 자신의 '임료'와 함께 로드베르투스가 상식lieu commun을 재발견했을 뿐인 반면 프리스틀리는 실제 최초로 산소를 생산해냈다는 차이가, 그리고 라부아지에의 태도와는 달리 마르크스는 잉여가치의 존재라는 현실[사실](Tatsache)을 자신이 최초로 발견했다는 듯이 주장prétendre하는 것을 경멸했다는 차이가 존재하기는 하지만

말이다.[185]

이 탁월한 텍스트의 테제들을 요약해보자.

1)플로지스톤 이론이 완전히 지배적이던 기간에, 프리스틀리와 셸레는 프리스틀리가 탈플로지스톤화된 기체[탈연소기체]라고 불렀던, 그리고 셸레가 화기체라고 불렀던, 그러한 기묘한 기체를 '생산'(s-tellen dar)한다. 그러나 사실 이는 우리가 이들 이후에 산소라고 부르게 될 기체였다. 하지만, 엥겔스가 다음과 같이 말하듯, "**프리스틀리와 셸레는 자신들이 생산해낸 것에 대한 조금의 관념도 가지지 못한 채 단순히 이를 생산해냈다.**" 다시 말해, 이에 대한 **개념**을 소유하지 못한 채로 말이다. 바로 그렇기 때문에, "**플로지스톤적 개념화 전체를 전도하고 화학을 혁명화할 원소는 그들의 손안에서 불모성의 상태에 빠져버린 채 남아 있었던 것이다.**" 왜 이들은 이러한 불모성과 맹목에 빠져버린 것일까? 왜냐하면 이들은 "**이미 확립된 것으로 그들이 마주했던 '플로지스톤적' 범주들로부터 벗어날 능력이 없었**"기 때문이다. 왜냐하면 이들은 산소에서 하나의 문제를 보는 대신 "**하나의 해결책만을**" 보았기 때문이다.[186]

2)그러나 이들과 달리 라부아지에는 정반대의 것을 행했다. "**이러한 새로운 현실[사실]로부터 출발함으로써, 라부아지에는 플로지스톤 화학 전체를 재검토했**"으며, "**이를 통해 라부아지에는 그 플로지스**

---

185 *Le Capital*, IV, pp. 20~22[『자본』, Ⅱ, 29~33쪽].

186 ❖ 앞서 인용된 엥겔스의 글과 동일한 구절들이지만 맥락에 맞추어 약간 다르게 번역했으며, 이는 이하 본문에서도 마찬가지이다.

톤적 형태하에서 머리로 걷던 화학 전체를 두 발로 서도록 해놓았다." 다른 이들은 하나의 해결책을 보았던 바로 그 지점에서 라부아지에는 하나의 문제를 보았던 것이다. 이 때문에, 만일 우리가 프리스틀리와 셸레가 산소를 '생산'했다고 말할 수 있다 해도, 이 산소에 자신의 개념을 제공함으로써 이 산소를 발견한 유일한 인물은 라부아지에인 것이다.

라부아지에가 프리스틀리와 셸레에 대해 맺었던 관계와 동일하게, 마르크스 또한 스미스와 리카도에 대해 정확히 그런 관계를 맺는다. 즉, 마르크스는 자신의 전임자들이 단순히 **생산**하기만 했던 잉여가치를 진정으로 **발견**했던 것이다.

◆◆◆

이러한 단순한 비교와 이 비교를 표현하는 용어들은 마르크스의 저작에 대한, 그리고 엥겔스의 인식론적 분별력에 대한 심원한 관점들을 우리에게 열어젖힌다. 마르크스를 이해하기 위해, 우리는 마르크스를 다른 학자들과 동일한 한 명의 학자로 취급해야 하며, 마르크스의 과학적 저작에 우리가 다른 학자들, 즉 여기에서는 라부아지에에게 적용하는 것과 동일한 인식론적이고 역사적인 개념들을 적용해야만 한다. 이에 따라 마르크스는 갈릴레이와 라부아지에에 비견될 수 있는 한 사람의 과학 정초자로 나타나게 된다. 더욱이, 마르크스의 저작이 그의 전임자들의 저작과 맺는 관계를 이해하기 위해서, 마르크스를 자신의 전임자들로부터 구별해주는 **절단** 혹은 **변동**의 본성을 이해하기 위해서, 우리는 다른 정초자들, 즉 자신들의 전임자들과 단절해야만 했던 이들의 저작을 심문해야만 한다. 그러므로 마르크스에 대한, 마르크스의 발견의 메커니즘에 대한, 마르크스의 과학적 정초를 개시하는 인식론적 절단의 본성에 대한 이해는 우리를 과학들의 역사에 대한 하나의 일반이론의 개념들, 즉 이 **이론적 사건들**의 본질을 사고할 수 있게 해주는 그러한 개념들에 준거케 한다. 이러한 일반이론이 여전히 기획의 상태로 존재하고 있거나, 혹은 이러한 일반이론이 이미 부분적으로는 형체를 갖추기 시작했다는 점, 이는 하나의 사실이다. 이러한 일반이론이 **마르크스의 연구에 절대적으로 필수불가결한 것**이라는 점, 이는 또 하나의 다른 사실이다. 엥겔스가 자신이 직접 만들어낸 바를 통해 우리에게 제시해주는 그러한 길은 어떠한 값을 치르고라도 우리가 걸어가야 하는 길이다. 이는 역사과학에 대한 정초행위 그 자체 속에서 마르크스에 의해 정초된 철학의 길과 다른 것이 전혀 아니다.

엥겔스의 텍스트는 이보다 더 멀리 나아간다. 엥겔스는 **절단** 개념에 대한 최초의 이론적 개요를 자기 고유의 용어들 속에서 우리에게 제시한다. 이러한 변동을 통해 하나의 새로운 과학은 하나의 새로운 문제설정 위에서, 그러니까 이전의 이데올로기적 문제설정과는 거리를 두면서 확립된다. 그런데 이것이 바로 가장 놀라운 지점이다. 엥겔스는 문제설정의 변동에 대한, 그러니까 **절단**에 대한 이러한 이론을 "**머리로 걷던**" 하나의 분과학문을 "**두 발로 서**"도록 하는 "**전도**"renversement의 용어들 속에서 사고한다. 이 지점에서 우리는 하나의 낡아빠진 인식과, 그러니까 마르크스가 『자본』의 독일어 2판 후기에서 **헤겔 변증법으로 하여금 관념론적 상태에서 유물론적 상태로 이행하도록 만들기 위해 이 헤겔 변증법에 마르크스가 행했던 취급을 정의할 때 사용했던 그 용어들 자체와 마주하고 있는 것이다!** 이 지점에서 우리는 마르크스가, 마르크스주의를 거대한 무게로 [오늘날에도] 여전히 짓누르고 있는 하나의 정식 속에서 헤겔과 자신 사이의 관계를 정의할 때 사용했던 용어들 자체와 대립하고 있다. 이는 정말 엄청난 차이 아닌가! 마르크스의 수수께끼적인 정식 대신에, 우리는 엥겔스의 빛나는 [수수께끼적이지 않고 명료한] 정식을 가지고 있다. 그리고 결국 엥겔스의 정식 안에서 우리는 최초로, 그리고 아마도 고전적 텍스트들 전체에서 **유일하게**, 마르크스의 정식에 대한 설명을 **명료하게** 발견하게 된다. "**머리로 걷던 화학을 두 발로 서게 다시 돌려놓기**"는 엥겔스의 텍스트에서 그 어떤 잠재적 모호성 없이 다음을 의미한다. 이론적 토대를 **변화시키기**, 화학의 이론적 문제설정을 **변화시키기**, 이전의 [낡은] 문제설정을 하나의 새로운 문제설정으로 대체하기. 이것이 바로 그 유명한 '전도'가 의미하는 것이다. 하나의 이미지에 불과하기에 하나의 개념의 의미도 엄밀함도 지니지 않는 그러한 이미지 속에서, 마르크스는 과학적 정초 전체를 개시하는 문제설정 변동의 **존재**를 자신의 편에서 단순히 지시하고자 했던 것이다.

3)엥겔스는 이론적 역사에서의 하나의 사건, 즉 고유한 의미의 하나의 **이론적 혁명**의 형식적 조건들 중 하나를 우리에게 기술해준다. 인식의 역사를 구성할 수 있기 위해서, 인식의 역사 내로 개입해 들어오는 이론적 혁명에 대한 **사실**적인 혹은 **사건**적인 이론적 개념들을 구축해야 한다는 점을 우리는 확인했다. 이와 마찬가지로, 정치

의 역사 혹은 경제의 역사를 사고할 수 있기 위해, 우리는 사실적, 역사적-사건적, 혁명적 등의 개념을 구축하고 절합해야만 한다는 점을 확인했다. 마르크스와 함께 우리는 역사과학의 역사 내에서, 그뿐 아니라 철학의 역사 내에서도, 즉 매우 정확히 말해 [대문자]**이론적인 것**의 역사 내에서 최고의 중요성을 지니는 하나의 역사적 절단의 장소에 서 있는 것이다. 이러한 절단—이 절단은 우리로 하여금 지식savoir의 역사에 대한 시기구분périodisation이라는 문제를 해소할 수 있게 해준다—은 역사과학 내에서 그리고 철학 내에서 마르크스가 확립했던 문제설정 혁명인 **이론적 사건**과 동시에 발생한다.[187] 이러한 [이론적] 사건의 전체 혹은 일부분이 사람들에 의해 인지되지 못한 채 지나간다는 점, 이러한 이론적 혁명이 이 혁명의 모든 효과가 느껴지도록 만들기 위해서는 **어느 정도의 시간**이 필요하다는 점, 이러한 이론적 혁명이 관념들의 가시적 역사 내에서 믿을 수 없는 억압을 겪어왔다는 점은 중요하지 않다. [이론적] 사건이 발생한 것이고, 절단은 일어난 것이고, 이러한 절단으로부터 태어난 역사는 공식적 역사 아래에서 자신의 지하도[공식적 역사라는 땅의 아래로 나 있는 길]를 파내려가기 때문이다. "노련한 두더지여, 잘 파내려갔소!" 어느 날 관념들의 공식적 역사는 이 이론적 혁명보다 뒤처지게 될 것이며, 그러나 이 관념들의 공식적 역사가 이를 깨달았을 때는, 이미 너무 늦어 있을 것이다. 이 관념들의 공식적 역사가 이러한 사건에 대한 이론적 인지를 수용하고 이로부터 결론들을 이끌어내지 않는 한 말이다.

---

187 ❖ '동시에 발생한다'coïncider avec는 '시간적으로 동시에 일어난다'는 의미만이 아니라 '일치한다', 즉 '동일한 것이다'라는 의미도 내포한다.

그런데 바로 이 엥겔스가 이러한 혁명의 또 다른 측면을 우리에게 보여준다. 이 혁명 속에서 살아가면서 동시에 **이 혁명을 부인하려는** 이들의 악착스러움 말이다. "말년의 프리스틀리는 죽을 때까지 플로지스톤을 버리지 않았고 산소에 대해 알기를 원하지 않았다." 이는 프리스틀리가, 새로운 발견이 막 단절을 이루어냈던 대상인 [낡은] 이론적 문제설정을 의문에 부치기를 거부하면서, 스미스와 리카도가 그랬듯 **기존 관념들의 체계**에 여전히 매달려 있었기 때문이다.[188] 만일 내가 이론적 **문제설정**이라는 용어를 제시할 수 있다면, 이는 엥겔스가 우리에게 **말하는** 바에 하나의 이름(이 하나의 이름은 바로 하나의 개념이다)을 부여함으로써 가능한 것이다. 엥겔스는 자신이 말하는 바를 이전 이론에 대한 비판적인 재질문화, 이전에는 **해결책**으로 제시되었던 바를 **문제로 제기**하는 행위 속에서의 새로운 것의 구성, 이 둘로 요약한다. 그런데 이는 임금에 대한 그 유명한 장에서 마르크스 스스로 만든 개념화와 다른 것이 전혀 아니다.[189] 고전 정치경제학으로 하여금 임금을 필수적 생활수단의 가치로 정의하도록, 그러니까 올바른 결과를 발견하고 생산하도록 해주었던 바를 재검토하면서 마르크스는 다음과 같이 쓴다. "고전 정치경제학 자신도 모르는 사이에, 이 고전 정치경제학은, 지금까지 자신의 탐구의 명백한 apparent 대상이었던 노동가치를 노동력의 가치로 대체함으로써, **지**

188 사회적 역사[사회사] 또한 지식의 역사[지식사]와 다르게 진행되지 않는다. 사회적 역사에서도 우리는 "그 무엇도 배우지 않고 그 무엇도 잊어버리지 않는" 이들을 발견한다. 특히 이들이 맨 앞줄에서 공연을 관람했을 때에는 말이다[알튀세르가 '역사'를 '연극'에 유비한다는 점을 고려한다면 독자들은 '공연'을 '연극'으로 바꿔 읽어도 좋을 것이다].

189 *Le Capital*, II, p. 206 sq.

반을 변경했다…. 따라서 이 고전 정치경제학의 분석이 도달했던 결과는 **출발점에서 제시되었던 바로서의 문제를 해결하는 것[해소해버리는 것]이 아니라 이 문제의 용어를 변경하는 것이다.**"[190] 바로 이 지점에서 우리는 '전도'의 내용이 무엇인지 확인하게 된다. 이 '전도'란 "용어termes[관점]의 변경"과 일체를 이루는 "지반의 변경", 그러니까 이론적 토대—이 이론적 토대로부터 **질문들**이 언표되고 **문제들**이 제기된다—의 변경이다. 바로 이 지점에서, 우리는 '전도', '머리로 걷던 것을 두 발로 서게 만들기', '지반의 변경' 그리고 '문제의 용어들의 변경'이 모두 하나라는 점을 확인하게 된다. 이것들은 근본적 이론—바로 이 근본적 이론으로부터 출발해 모든 문제가 새로운 이론의 용어들과 장 내에서 제기된다—의 고유한 구조를 변용하는 하나의 동일한 변형인 것이다. 따라서 이론적 토대를 변경하는 것은, 만일 한 과학의 역사의 주어진 한 시기에 이 한 과학의 이론이, 자신의 대상에 제기하는 **질문들의 유형의 이론적 모체**matrice théorique일 뿐인 것이 사실이라면, 만일 근본적인 하나의 새로운 이론과 함께 지식의 세계 내에서 대상에 질문들을 제기하는, 문제들을 제기하는, 그래서 결과적으로 새로운 해답들을 생산하는 새로운 유기적 방식이 나타나는 것이 진정 사실이라면, 그렇다면 이는 [다름 아닌] 바로 **이론적 문제설정**의 변경인 것이다. 스미스와 리카도가 임금에 대해 제기했던 질문에 대해 언급하면서, 엥겔스는 다음과 같이 쓴다. "**이러한 형태로 제기**

---

190 ❖ 여기에서 '변경'은 changer를 옮긴 것으로, '변화하다' 혹은 '변화시키다'로 지금까지 번역했으나, 한국에서 알튀세르의 이 논의와 관련해 '지반의 변경'이라는 용어가 굳어져 있어 여기에서는 '변경'으로 옮겼다.

되어, 질문(die Frage)은 해결 불가능한 것(unlöslich)이 된다. 마르크스는 이 질문을 올바른(richtig) 용어들로 제기했으며, 바로 그렇기 때문에 마르크스는 이 질문에 그 해답을 제공했던 것이다."[191] 문제에 대한 이러한 **올바른 정립**position juste은 우연의 효과가 전혀 아니다. 정반대로 이러한 올바른 정립은 하나의 올바른 형태 내에서의 문제들의 정립의 체계인 **하나의 새로운 이론의 효과**, 즉 하나의 새로운 문제설정의 효과이다. 그러므로 모든 이론은 그 본질에서 하나의 문제설정이며, 다시 말해 이론의 대상과 관련한 모든 문제정립의 이론적-체계적 모체이다.

4)하지만 엥겔스의 텍스트는 이를 넘어서는 무언가를 포함하고 있다. 그의 텍스트는 현실réalité, 새로운 사실fait nouveau(Tatsache), 그러니까 이 경우에는 잉여가치의 존재가 "**하나의 경제적 사실에 대한 단순한 확인constatation**"으로 환원되지 않는다는 관념을, 정반대로 이 새로운 사실은 경제학 전체를 전복할, 그리고 "**자본주의적 생산 전체**"에 대한 이해를 제공할 운명을 지니는 하나의 사실이라는 관념을 내포한다.[192] 그러므로 마르크스의 발견은 하나의 주관적 문제설정(주어진 하나의 현실을 심문하는 주관적이고 단순한 방식, 순수하게 주관적인 '관점'point de vue의 변경)이 아니다. 대상과 관련한 문제 전체의 정립을 위한 이론적 모체의 변형과 상관적으로, 마르크스의 발견은 **대상의 현실**, 그러니까 **이 대상에 대한 객관적 정의**와 관련된다. 대

191 *Ibid*. p. 23.

192 ❖ '자본주의적 생산 전체'에서 '전체'는 ensemble, 즉 '앙상블'을 옮긴 것으로, 참고 삼아 지적하자면 『자본』과 관련해 procès d'ensemble de la production capitaliste는 '자본주의적 생산의 전체 과정'보다는 '자본주의적 생산의 총과정'으로 관용적으로 번역된다.

상에 대한 정의에 관해 질문을 제기하기, 그것은 새로운 이론적 문제설정이 겨냥하는 **대상의 새로움**이 지니는 차이적 정의에 대한 질문을 제기하는 것이다. 한 과학이 겪는 혁명들의 역사 내에서, 이론적 문제설정에 대한 모든 전복은 대상에 대한 정의의 변형, 그러니까 이론의 **대상** 자체 내 지정 가능한 차이와 상관적이다.

이러한 마지막 결론을 끌어냄으로써, 나는 엥겔스보다 더 멀리 나아간 것일까? 그렇기도 하고 아니기도 하다. 우선 **아니다**. 왜냐하면 엥겔스는 라부아지에 이전에 모든 문제의 정립을 결정했던, 그러니까 이 문제에 조응하는 모든 해결책의 의미를 결정했던 플로지스톤적 관념들의 체계에 준거할 뿐 아니라, "**리카도의 가치에 대한 이론 그 자체를 비판 아래에 복속시킬**"[193] 최후의 필요성—마르크스는 이러한 필요성에 강제되었던 것인데—을 상기시킬 때, 리카도의 관념들의 체계에도 준거하기 때문이다. 하지만 동시에, **그렇다**. 만일 하나의 과학혁명인 이 이론적 사건에 대한 분석에서 매우 날카로웠던 엥겔스가 이론의 **대상 내에서는** 이러한 혁명의 효과들을 사고할 동일한 대담함을 아마도 가지지 못했다는 것이 사실이라면 말이다. 우리는 엥겔스에게는 매우 민감한 그 지점에서 엥겔스의 개념화의 모호함들을 확인할 수 있었다. 이 모호함들 전체는 인식대상과 현실대상 사이의 경험주의적 혼동으로 이어질 수 있다. 엥겔스는, 경험주의적 테제의 (상상적[허구적]) 안전성 바깥의 위험에 자신의 몸을 내맡김으로써, 인식대상과 현실대상 사이의 공언된 **현실적**réelle 동일성을 엥

193 *Ibid*., p. 21.

겔스 자신에게 제공해주는 보증물들을 잃어버리는 것에 대해 명백한 두려움이 있다. 엥겔스는 그럼에도 자신이 사실은 말하고 있는 바를, 그리고 과학들의 역사가 자신의 한걸음 한걸음마다 이 엥겔스에게 보여주는 바를, 그러니까 하나의 인식의 생산과정이 필연적으로 이 인식의 (개념적) 대상의 끊임없는 변형을 통과한다는 점을, 인식의 역사와 일체를 이루는 이러한 변형이 항상 **현실대상**과 관련되어 있는 **새로운** 인식(인식의 새로운 대상)을 생산하는 것—이 **현실대상**에 대한 인식은 바로 인식대상의 수정remaniement에 의해 심화되는데—을 바로 자신의 효과로 지닌다는 점을 개념화함에서 애를 먹는다. 마르크스가 심원한 방식으로 말하듯, **현실**대상—이 **현실**대상에서 중요한 것은 바로 이 **현실**대상에 대한 인식을 획득하거나 심화하는 것인데—은 이 **현실**대상과 관련되어 있는 인식과정 이전과 이후 모두 [변화 없이] **그 자체로 남아 있다**(1857년의 『정치경제학 비판 요강』 「서설」 참조). 따라서 만일 현실대상이 이 현실대상과 관련된 인식과정의 절대적 참조점이라면, 이 현실대상에 대한 인식의 심화는 **인식대상**을 필연적으로 변용하는 **이론적 변형노동**에 의해 실행된다. 왜냐하면 이 이론적 변형노동은 이 인식대상만을 대상으로 하기 때문이다. 레닌은 과학적 실천의 이러한 본질적 조건을 완벽히 이해했다. 그리고 이것이 바로 『유물론과 경험비판론』의 위대한 주제들 중 하나, 즉 **인식대상의 끊임없는 수정을 통한 현실대상의 인식에 대한 끊임없는 심화라는 주제**이다. 이러한 인식대상의 변형은 다양한 형태들을 경험할 수 있다. 이러한 인식대상의 변형은 연속적이고 감지 불가능한 것일 수도 있고, 혹은 이와는 정반대로 불연속적이고 감지 가능한 것일 수도 있다. 명료히 확립된 하나의 과학이 급격한 변화à-coups 없이 발전할 때, (인식)대상의 변형은 연속적이고 진보적인 하나의 형태를 띠게 된다. 대상의 변형은 대상 내에서 이전에는 **조금도 가시적이지 않았던** '새로운 양상들'을 가시적인 것으로 만든다. 그래서 이 대상은 아직 제대로 알려지지 않았지만 우리가 탐험하게 되는 그러한 지역들에 대한 지리학 지도와 같은 것이다. 지도 안의 빈 부분들은 새로운 세부지점들 그리고 설명들로 채워지지만, 지역의 이미 인지되고 인식된 경계contour 일반을 수정하지는 않는다. 바로 그렇기 때문에, 예를 들어 우리는 마르크스가 정의했던 대상에 대한 체계적 탐구를 마르크스의 뒤를 이어 지속해나갈 수 있는 것이다. 이 탐구에서 우리는 이전에는 우리가 볼 수 없었던 바를 새로운 세부지점들로부터 틀림없이 '볼' 수 있게 될 것이다. 하지만 우리가 얻어낸 결과들에 의해 전복되기보다는 우리가 얻어낸 결과들에 의해 확증될 구조를 지니는 한 대상의 내부에서[만] 그러할 것이다. [반면] 이론적 문제설정의 진정한 **변동들**이 개입해 들어올 때, 한 과학의 발전의 **결정적**critiques 시기들에서 사태는 완전히 다르게 전개된다. 이때 이론의 **대상**은 그에 조응하는 변동을 겪게 되는데, 이 경우에 이 변화는 대상이 지니는 [여러] '양상'뿐 아니라, 그리고 이 대상의 구조의 세부지점들뿐 아니라, 또한 이 대상의 구조 자체에 대한 것이기도 한 것이다. 따라서 가시화되는 것은 대상의 새로운 한 구조인데, 종종 이는 우리가 정당하게 **새로운 대상**이라고 말할 수 있을 정도로 이전의 구조와는 매우 다르다. 19세기 초부터 오늘날에 이르는 수학의 역사 혹은 근대 물리학의 역사가 이러한 종류의 변동을 풍부하게 보여주고 있다. 하나의 새로운 과학이 탄생할 때, 그러니까 이 새로운 과학이 그 탄생을 위해 단절해야만 했던 이데올로기의 장으로부터 분리될 때 더 강한 이유에서 사태는 동일하게 진행된다. 이러한 이론적 '떼어냄'décrochage은 항상 그리고 필연적으로 이론적 문제설정에서의 혁명적 변화를, 그리고 이론의 대상에 대한 그만큼 발본적인 수정modification을 촉발한다. 이 경우 우리는 **대상의 구조 그 자체**에 대한 **혁명**, 질적 도약, 수정에 대해 고유한 방식으로 말할 수 있게 된다.[194] 물론 새로운 대상은 이전의 이데올로기적 대상과 여전히 어떠한 관계를 보존할 수 있으며, 우리는 이 새로운 대상 내에서 이전 대상에서도 역시 속해 있었던 요소들을 재발견할 수도 있다. 하지만 이 요소들의 의미가, 이 요소들에게 바로 이 의미를 부여해주는 새로운 구조와 함께 변화하게 된다. 분리된 요소들에 관한 이러한 외양적 유사성들은 한 대상의 요소들의 의미 구성 내 구조의 기능을 무시하는 피상적 시선을 오용[초래]할 수 있다. [고립적으로] 분리된 요소들이 지니는 기술적인techniques 몇몇 특정한 유사성을, 동시대의 자본주의와 사회주의만큼이나 서로 다른 구조를 동일한 범주('산업사회') 아래에 정렬하는 해석자들이 오용할 수 있는 것과 꼭 마찬가지로 말이다. 사실, 하나의 새로운 과학을 그 과학이 탄생한 장소인 이데올로기로부터 분리시키는 절단 내에서 가시적인 이러한 이론적 혁명은, 그 또한 동일한 시기에 혁명

194 이에 대한 좋은 예시는 다음과 같다. 프로이트의 '대상'은 프로이트의 전임자들의 심리학적 혹은 철학적 이데올로기의 '대상'에 비해 발본적으로 새로운 대상이다. 프로이트의 대상은 다양한 근대 심리학의 대상들(심리학자들이 원하는 만큼 그 수를 늘릴 수 있는!)과는 아무런 관련이 없는 **무의식**이다. 심지어 우리는 모든 새로운 분과학문의 제1의 과업의 핵심이 자신이 **발견하는** 새로운 대상의 특수한 차이를 사고하는 것, 이 새로운 대상을 이전의 대상으로부터 엄격하게 구별하는 것, 그리고 이 새로운 대상을 사고하기 위해 필요한 고유 개념들을 구축하는 것에 놓여 있다고까지 개념화할 수 있다. 바로 이 근본적인 이론적 노동 내에서 하나의 새로운 과학이 성공적인 드높은 투쟁을 통해 실제적 자율성을 자신의 권리로 쟁취하게 되는 것이다.

의 장소이기도 한, 그리고 고유한 의미에서 하나의 **새로운 대상**이 되는 이론의 대상 내에서 심원하게 반향을 울린다. **대상** 내에서의 이러한 변동은, 이에 조응하는 문제설정 내에서의 변동과 꼭 마찬가지로, 엄밀한 인식론적 연구의 대상이 될 수 있다. 그리고 새로운 문제설정과 새로운 대상이 구성되는 것이 하나의 동일한 운동을 통해서이기에, 이러한 이중적 변동에 대한 연구는 사실 지식형태들의 역사와 이 지식형태들의 생산 메커니즘에 대해 성찰하는 분과학문, 즉 철학에 속하는 하나의 동일한 연구이다.

이를 통해, 이제 우리는 다음과 같은 우리 질문의 문턱에 다다르게 된다. 『자본』 내에서 마르크스가 정초한 경제학 이론의 **고유한 대상**은 무엇인가? 『자본』의 대상은 무엇인가? 마르크스의 대상을 그 전임자들의 대상으로부터 분리시키는 특수한 차이란 도대체 무엇인가?

Ⅶ. '정치경제학'의 대상[195]

우리가 제기했던 질문에 우리 스스로 답변하기 위해, 우리는 『자본』의 부제인 '정치경제학 비판'Critique de l'Économie Politique을 **문자 그대로** 취해보겠다. 만일 우리가 제시하는 관점이 정확한 것이라면, 정치경제학을 '비판'한다는 것은 기존 한 분과학문의 이러저러한 부정확성 혹은 이러저러한 세부지점을 비판하거나 정정하는 것을 의미할 수 없으며, 또한 심지어 이미 폭넓은 범위에서 개시된 탐구의 운동을 뒤따라감으로써 이 정치경제학의 누락들lacunes을 메우고 공백들blancs을 채우는 것을 의미할 수는 더더욱 없다. '정치경제학을 비판하는 것'은 이 정치경제학을 하나의 새로운 문제설정과 하나의 새로운 대상에 **대립**시킨다는 것을, 그러니까 정치경제학의 **대상** 자체를 의문에 부친다는 것을 의미한다. 하지만 정치경제학이 자신의 대상

195 ❖ 제목의 '정치경제학'은 원문에서 이탤릭체에 첫 글자가 대문자로 되어 있으므로 사실 '[대문자]정치경제학'이라고 해주어야 하지만, 이 7절에서 '정치경제학'은 두 곳을 제외하면 전부 '대문자 정치경제학'으로 쓰여 있기 때문에 이 제목을 포함해 이 장 전체에서 [대문자]는 생략했다.

에 의해 정치경제학으로 정의되는 것이기 때문에, 이 정치경제학의 대상에 대립되는 새로운 대상으로부터 출발하여 이 정치경제학에 도달하는 비판은 이 정치경제학의 존재 자체에서의 그에 대한 비판으로 나아갈 수 있다. 이것이 바로 마르크스의 경우이다. 마르크스가 수행하는 정치경제학 비판은 정치경제학 자체—이 정치경제학이 자신의 자율성에 대해 강변하는 이론적 주장들prétentions 내에서의, 그리고 이 정치경제학이 사회적 현실에 대한 고유의 이론을 만들기 위해 이 사회적 현실 속에서 확립하는 '분절'découpage 내에서의 정치경제학 자체—까지도 의문에 부치지 않고서는 이 정치경제학의 대상에 문제를 제기할 수 없다. 그러므로 정치경제학에 대한 마르크스의 비판은 매우 발본적이다. 마르크스의 비판은 정치경제학의 대상뿐 아니라 **대상으로서의 정치경제학 자체** 또한 의문에 부치기 때문이다. 마르크스의 이러한 테제에 그 발본성의 이점을 부여하기 위해, 이 정치경제학 자신의 **주장** 내에서 정의되는 바로서의 정치경제학이 마르크스에게는 그 어떤 존재권리도 지니지 않는다고 말하자. 이렇게 개념화된 정치경제학이 존재할 수 없는 것이라면, 이는 사실상의 이유들 때문이 아니라 **권리상의** 이유들 때문이다.[196]

만일 정말로 이러하다면, 우리는 어떠한 오해가 마르크스를 자

196 ❖ '사실상'은 de fait를, '권리상'은 de droit를 옮긴 것으로, 이미 지적했듯 프랑스어에서 이 de fait와 de droit 사이의 대당은 철학적 의미를 지닌다. de fait가 (논리적 필연성 없이) 우연히 사실적으로 주어진 사태를 나타낸다면, de droit는 정반대로 (논리적으로 필연적이어서) 우연적이지 않은 방식으로 의도적으로 주어진 사태를 나타낸다. 이 구절이 뜻하는 바는, 마르크스의 비판에 따르면 정치경제학의 존재는 사실적 차원에서가 아니라 정당성 차원에서, 그러니까 논리적 차원에서 부정된다는 것이다.

신의 전임자들로부터 혹은 자신의 비판가들로부터 혹은 자신의 지지자들 중 몇몇으로부터 분리시키는지를 이해하게 될 뿐 아니라, 또한 어떠한 오해가 마르크스를 그의 뒤를 이어 등장했던 '경제학자들'로부터 분리시키는지를 이해하게 된다. 이 오해는 단순한 것이지만, 그럼에도 동시에 역설적인 것이다. 이 오해는 단순한 것인데, 왜냐하면 경제학자들은 자신들의 존재에 대한 정치경제학의 이러한 주장 prétention 속에서 살아가지만, 이러한 주장은 이 정치경제학으로부터 존재에 대한 모든 권리droit를 빼앗아 가기 때문이다. 이 오해는 역설적인 것인데, 왜냐하면 마르크스가 정치경제학의 권리의 비-존재[권리 또는 정당성이 존재하지 않음]로부터 끌어내는 결론이 바로 『자본』이라 불리는, 그리고 처음부터 끝까지 분명 [소문자]정치경제학에 대해서만 말하는 것처럼 보이는 이 거대한 저서Livre이기 때문이다.

따라서 우리는 필요불가결한 설명들의 세부지점으로 들어가, 이 설명들을 하나로 결합시키는 엄밀한 관계 내에서 이 설명들을 조금씩 조금씩 발견해내야만 한다. 이 필요불가결한 설명들을 예상하기 위해, 이 설명들에 대한 이해에 필수적인 것인 첫 번째 탐지점을 제시해보자. 정치경제학의 자기 존재에 대한 주장[즉 자신의 존재에 대한 '부당전제']은 본성의 기능을, 그러니까 이 **정치경제학의 대상에 대한 정의**의 기능을 수행한다. 정치경제학은 '경제적 사실들'의 영역을 대상으로 스스로에게 내어주는데se donne, 이 '경제적 사실들'은 정치경제학에게 **사실들**의 명증성[즉 사실적 명증성]을 지니고 있다. 다시 말해, 이 '경제적 사실들'은 정치경제학에 스스로 '주어지는'donnent 것이기에 이 정치경제학이 그 근거를 따질 필요 없이 취하는 그러한 절대적 소여들données absolues이다. 정치경제학의 이러한 주장에 대한 마르크스의 거부는, 정치경제학이 이 대상이 **자신에게 주어졌다**고 주장하면서 자신의 대상으로 사실상en fait 자의적으로 '**스스로에게 내어주는**'se donne 그러한 '소여'donné의 명증성에 대한 거부와 동일한 것이다. 정치경제학에 대한 마르크스의 모든 논박은 이 대상을, '주어진' 대상이라는 소위 그 양태를 겨냥한 것이다. 왜냐하면 정치경제학의 주장은 자신의 대상이 자신에게 **주어졌다**는 주장의 거울반영에 불과한 것이기 때문이다. 대상의 '소여'[주어짐]에 대한 질문을 제기함으로써, 마르크스는 대상, 대상의 본성, 대상의 한계들, 그러니까 대상의 존재 영역 자체에 대한 질문을 제기하는 것이다. 왜냐하면 하나의 이론이 자신의 대상을 사고하는 **양태**는 이 대상의 본성뿐 아니라 이 대상의 존재 영역의 상황과 범위도 변용하기 때문이다. 참고삼아 스피노자의 유명한 다음 테제를 [우리 식으로] 다시 취해보자.[197] 근사

197 ❖ 이 부분을 이해하기 위해 진태원의 논문 「스피노자의 "윤리학": 욕망의 힘, 이성의 역량」, 『동서인문』, 2018(4)의 36~39쪽에서 다음을 인용해보자(강조는 원문의 것이며, 또한 진태원의 논문 「스피노자의 공통 통념 개념 I」, 『근대철학』 제1권 제1호, 2006 전체도 참조하라). "스피노자는 『윤리학』 2부 정리 40의 두 번째 주석에서 인간 인식의 세 가지 유형을 구별한다. 1종의 인식을 스피노자는 '상상'imaginatio이라고 부른다. (…) 2종의 인식은 '이성'ratio이라고 불리는 것이다. (…) 3종의 인식은 '직관적 지식'scientia intuitiva으로, 스피노자에 따르면 이 인식은 '신의 어떤 속성들의 형상적 본질에 대한 적합한 관념으로부터 실재들의 본질에 대한 적합한 인식으로 나아'가는 인식이다. 스피노자는 『윤리학』 5부 정리 25 이하에 가서 본격적으로 세 번째 유형의 인식을 다룬다. 이처럼 인간 인식을 세 가지 유형으로 분류한 뒤, 스피노자는 이를 다시 규범적으로 분류한다. 그에 따르면 '1종의 인식은 거짓의 유일한 원인이며, 2종과 3종의 인식은 필연적으로 참되다.'(2부 정리 41) 스피노자의 논점은 1종의 인식이 우리에게 항상 거짓된 인식을 제시해준다는 것이 아니라, 1종의 인식을 통해 얻는 인식은 **근거 내지 원인에 대한 인식에 기반을 두고 있지 않기 때문에**(스피노자는 이를 '전제 없는 결론들'consequentiae absque praemissis이라는 간명한 표현으로 지칭한다) 혹시 그것이 참된 인식을 제공해주더라도 그것은 필연적으로 참된 인식 따라서 확실한 인식이라 할 수 없다는 점이다. 가령 누군가에게 예전에 들어서 1:2 = 3:x라는 비례식의 답이 6이라는 것을 알고 있다거나 또는 '찍어서' 답을 얻은 경우 비례식이 복잡해지면 답을 구하기 어렵다. 요컨대 1종의

적으로[근사적 가설로], 우리는 정치경제학이 더 이상 존재할 수 없다고, '결론들'conclusions의 과학 자체란 존재할 수 없다고 주장할 수 있다. '결론들'의 과학은 과학이 아닌데, 왜냐하면 '결론들'의 과학은 자신의 '전제들'prémisses에 대한 현행적 무지ignorance en acte이기 때문이며, 이 '결론들'의 과학은 현행적 상상계imaginaire en acte(즉 '1종'[의 인식])에 불과하기 때문이다.[198] 결론들의 과학은 전제들의 과학의 하나의 효과, 하나의 생산물에 불과하다. 하지만 이러한 전제들의 과학을 존재하고 있는 것으로[즉 기존의 것으로] 가정한다면, **소위** 결론들의 과학('1종'[의 인식])이라는 것은 상상적인 것으로, 현행적 상상계로 인식된다. 결론들의 과학은, 인식되고 나면, 그 주장과 대상의 소멸 속에서 함께 사라진다. **대체적으로** 마르크스에게서도 사태는 동일하다. 만일 정치경제학이 스스로는 존재할 수 없는 것이라면, 이는 이 정치경제학의 대상이 스스로는 존재하지 않기 때문에, 그리고 이 정치경제학의 대상이 이 정치경제학의 개념의 대상이 아니거나 이 정치경제학의 개념이 부적합한 대상의 개념이기 때문에 그러한 것이

인식과 2종 및 3종의 인식의 차이점은 전자는 **우연성에 기반을 둔 인식**이며 후자는 (원인 내지 근거의) **필연성에 기반을 둔 인식**이라는 점이다. 따라서 스피노자가 '1종의 인식이 아니라, 2종과 3종의 인식이 우리에게 참과 거짓을 구별할 수 있도록 가르쳐준다'(2부 정리 42)고 말하는 것은 자연스러운 귀결이다. 스피노자 자신의 용어법에 따르면 1종의 인식에는 부적합한inadaequatus 관념들이 속하며, 2종과 3종의 인식에는 적합한adaequatus 관념들이 속한다." 이미 지적했듯, 이러한 스피노자적 맥락에서 옮긴이는 adéquat를 '적합한'으로, inadéquat를 '부적합한'으로 일관되게 번역했다.

198 ❖ 여기에서 '현행적'은 actuel이 아니라 en acte를 옮긴 것으로, 의역하자면 '현재 작용/작동하고 있는'이라는 뜻이다. actuel의 경우에는 원어 병기 없이 '현행적'이라고 번역하지만 en acte의 경우에는 원어 병기와 함께 '현행적'으로 옮긴다. 또한 스피노자적 어휘 '1종'은 le premier genre를 옮긴 것이고 '상상계'는 l'imaginaire를 옮긴 것이다.

다. 정치경제학은 우선 이 정치경제학의 전제들의 과학이 존재한다는 조건에서만 존재할 수 있다. 혹은 만일 우리가 정치경제학의 개념의 이론을 더 선호한다면, 정치경제학의 개념의 이론이 존재한다는 조건에서만 존재할 수 있다. 하지만 이러한 정치경제학의 개념의 이론이 존재하기 시작하자마자, 정치경제학의 주장은 이 정치경제학의 존재 자체 내에서 즉 그 상상적 주장 내에서 사라져버린다. 매우 도식적인 이러한 지표들로부터 우리는 다음 두 가지 잠정적 결론을 끌어낼 수 있다. 만일 [대문자]'정치경제학 비판'이 우리가 말하는 그 의미를 정말로 가지고 있는 것이라면, 이 [대문자]'정치경제학 비판'은 이와 동시에 고전 정치경제학이 자신의 주장의 상상계 내에서 겨냥하는 바인 **대상에 대한 진정한 개념**의 구축, 즉 마르크스가 정치경제학과 대립시키는 새로운 대상 개념을 생산할 그러한 구축이기도 해야 한다. 만일 『자본』에 대한 모든 이해가 이 새로운 대상에 대한 개념의 구축에 달려 있는 것이라면, 『자본』에서 그 개념을 탐구하지 않으면서 그리고 모든 것을 이 개념과 관계 맺도록 하지 않으면서 이 『자본』을 읽는 이들은 오해 혹은 수수께끼에 부딪혀 넘어질 위험성이 크다. 비가시적인 원인들이 생산해낸 '효과들' 내에서, '1종의 인식'에서는 [실제와 달리] 태양이 우리로부터 200보 떨어진 것[처럼 보이는]만큼이나 우리로부터 가까이 위치한 경제의 상상계 내에서([역설적이지만] 이 경제의 상상계는 무한한 거리만큼 떨어져 있다는 바로 그 이유 때문에 우리로부터 가까이 위치해 있[는 것으로 보인]다) 살아감으로

써 말이다.[199]

이러한 탐지점은 우리의 분석을 도입하기에 충분한 장소이다. 바로 이 탐지점이 어떻게 우리가 우리의 분석을 이끌어갈 것인지를 알려준다. 마르크스의 대상에 대한 하나의 차이적[변별적] 개념에 도달하기 위해 우리는 다음과 같은 A와 B 두 가지의 사전적 논의를 통한 우회를 행할 것이다. 정치경제학의 대상 유형(마르크스가 자신의 대상을 구성하기 위해 거부하는)을 정치경제학 자신의 구조적 특징들 속에서 우리에게 보여주는 그러한 정치경제학의 대상에 대한 분석(A). 이 대상 범주들에 대한 비판은 마르크스의 대상의 구성적이고 실정적인 개념들을 마르크스 자신의 이론적 실천 속에서 우리에게 지시해줄 것이다(B). 이로써 우리는 마르크스의 대상을 정의할 수 있을 것이며, 그 정의로부터 몇몇 중요한 결론을 이끌어낼 수 있을 것이다.

---

199 ❖ 이 구절은 스피노자의 『윤리학』 2부 정리 35의 주석에 나오는 태양의 사례를 참조해야 이해할 수 있는데, 이 『윤리학』 2부 정리 35의 주석에서 스피노자는 다음과 같이 말한다. "태양을 볼 때 우리는 이것이 우리로부터 200걸음 정도 떨어져 있다고 상상한다. 오류는 단순히 이런 상상에 있는 것이 아니라, 이런 식으로 상상하는 중에 우리가 태양의 진정한 거리 및 이러한 상상의 원인에 대해 무지하다는 사실에 있다. 왜냐하면 나중에 태양이 지구 지름의 600배 이상 멀리 떨어져 있다는 것을 알게 된다 하더라도, 우리는 여전히 이를 가까이 있는 것으로 상상할 것이기 때문이다. 우리가 태양을 이처럼 가까이 있는 것으로 상상하는 것은 우리가 그것의 진짜 거리를 모르기 때문이 아니라, 우리의 신체의 변용[즉 affection]은 우리의 신체가 태양에 의해 변용되는 한에서 태양의 본질을 함축하기 때문이다."(「스피노자와 알튀세르: 상상계와 이데올로기」, 진태원, 『스피노자의 귀환』, 서동욱·진태원 엮음, 민음사, 2017에서 재인용) 참고로 스피노자의 이 구절을 변형해 알튀세르는 다음과 같이 주장한다. "사람들은 자신들의 이데올로기를, 데카르트 추종자들이 200보 거리에 있는 달을 '보았듯이', 또는— 그들이 집중하지 않았다면— 보지 않았듯이, 결코 의식의 형태로서가 아니라 그들의 '세계'의 한 대상으로서, 그들의 '세계' 자체로서 '산다'"(루이 알튀세르, 『마르크스를 위하여』, 서관모 옮김, 후마니타스, 2017, 406쪽). 한편 이 문단과 그 앞 문단에서 '주장'은 모두 prétention을 옮긴 것이다.

◆◆◆

A.[200] 정치경제학의 대상의 구조

여기에서 우리가 고전 정치경제학 이론들의, 게다가 더욱이 현대 정치경제학 이론들의 세부지점에 대한 검토를, 이 고전 정치경제학 이론들과 현대 정치경제학 이론들이 자신들의 이론적 실천 내에서 자신들과 관계 맺게 하는 그러한 **대상**(비록 이 이론들은 자신들의 대상을 그 자체로서 성찰하지 않지만)에 대한 정의를 이 세부지점으로부터 끌어내기 위해 수행할 수는 없다.[201] 나는 정치경제학의 대상의 **이론적 구조**를 구성하는 가장 일반적인 개념들만을 위치 짓고자 한다. 본질적으로 이러한 분석은 정치경제학의 대상과 관련된 것이다. 물론 이는 (스미스와 리카도의) 고전 정치경제학에 대한 것이지만, 그렇다고 해서 정치경제학의 고전적 형태로 한정되지는 않는데, 왜냐하면 동일한 **이론적** 기본범주들이 오늘날에도 여전히 다수의 경제학자들의 작업을 지탱하고 있기 때문이다. 바로 이러한 의미에서 나는 앙드레 라랑드André Lalande의 『철학 사전』이 제시하는 개념들을 기초적인 이론적 지침으로 삼을 수 있으리라 믿는다. 이 『철학사전』이 제시하는 개념들의 변이[비일관성], 근사[부정확함], 심지어 그 '진부함'platitude조차 우리에게 이점이 없지는 않은데, 왜냐하면 이 정의들

200 ❖ 원문에 A 이후 B가 등장하지 않는다.

201 현대 정치경제학 이론들과 관련해서는 모리스 고들리에의 탁월한 논문으로부터 많은 도움을 받을 수 있을 것이다. Maurice Godelier, "Objet et méthodes de l'anthropologie économique", *L'homme*, octobre 1965.

은 공통의 이론적 바탕의 지표들뿐 아니라 의미의 반향과 굴절의 가능성의 지표들로서도 [충분히] 간주될 수 있기 때문이다.

라랑드의 사전은 정치경제학을 다음과 같이 정의한다. "**현상들에 대한 인식을, 그리고 (만일 이 현상들의 본성이 다음을 내포한다면) 부의 분배, 그리고 부의 생산과 소비(이 부의 생산과 소비 현상들이 부의 분배 현상과 연결되어 있는 한에서)에 대한 법칙들의 결정을 자신의 대상으로 취하는 과학. 이 단어의 기술적**technique **의미에서 우리는 활용**utilisation **가능한 모든 것을 부라고 부른다.**"[202] 지드André Gide, 시미앙François Simiand, 오토 카르민Otto Karmin 등을 인용하면서 라랑드가 제시하는 일련의 정의들은 **분배** 개념을 전면에 위치시킨다. 생산, 분배, 소비라는 세 개의 장champs으로 정치경제학의 외연을 정의하는 것은 고전 정치경제학자들, 그중 장-바티스트 세Jean-Baptiste Say에 의해 다시 행해진다. 생산과 소비에 대해 언급하며 라랑드는 이 생산과 소비가 "**어떤 특정한 측면에서만 경제적**"이라고 지적한다. "**이 생산과 소비를 그 총체성 내에서 취해보자면, 이 생산과 소비는 정치경제학에게는 낯선 매우 많은 통념들, 생산과 관련하여 기술학과 민족학과 풍속학으로부터 차용한 통념들을 내포한다. 정치경제학은 생산과 소비를 취급한다. 하지만 이 생산과 소비가 원인 혹은 결과의 자격으로 분배와 관계 맺는 범위 내에서 그러한 것이다.**"

이러한 도식적 정의를 정치경제학의 가장 일반적 바탕으로 취하

---

202 I, p. 187 [알튀세르가 "I, p. 187"이라고만 서지 정보를 제공해 정확히 어떤 판본인지 알 수 없으나 본문은 *Vocabulaire technique et critique de la philosophie*라는 이름의 라랑드 철학용어 사전으로부터 인용한 것이다].

도록 하자. 그리고 이 정치경제학의 대상의 **구조**와 관련해, **이론적** 관점에서 이러한 정의가 내포하는 바를 살펴보자.

a)우선 이 정의는 하나의 **동질적 장**이라는 고유성을 소유하고 있는 한정된 한 장의 내부에 배분되어 있는 '경제적' 사실들과 현상들의 존재를 함의한다. 이 장과 (이 장을 채움으로써) 이 장을 구성하는 현상들은 **소여들**, 다시 말해 직접적 바라봄[확인]과 관찰을 통해 접근 가능한 것들이다. 그러므로 이 장과 현상들에 대한 이해는 이 장과 현상들의 개념에 대한 사전적인 이론적 구축에 의존하지 않는다. 이 동질적 장은 하나의 한정된 공간인데, 여기에서 그 서로 다른 결정요소[규정], 즉 경제적 사실 혹은 경제적 현상은 이 경제적 사실과 현상이 존재하는 장의 동질성으로 인해 비교 가능하며, 그래서 이 공간은 매우 정확히 말하자면 **측정 가능한**, 그래서 **수량화 가능한** 공간이다. 그러므로 모든 경제적 사실은 본질적으로 측정 가능한 것이다. 이미 이는 고전파 [정치]경제학의 거대한 원리이기도 했다. 정확히 말해, 마르크스의 비판이 가하는 최초 핵심 지점이 바로 이 원리이다. 마르크스의 관점에서, 스미스와 리카도의 중대한 오류tort는 가치-형태에 대한 분석을 가치의 **수량**에 대한 고려만으로 희생[즉 환원]했다는 점이다. "**수량으로서의 가치가 스미스와 리카도의 관심을 흡수해버린다.**"[203] 이 지점에서 현대 경제학자들은, 그들 사이의 개념화에서의 차이들에도 불구하고, 그들이 마르크스가 자신의 이론 내에서 '비-조작적인', 다시 말해 자신들의 대상에 대한 측정을 배제하는 개념들을 생

203 *Le Capital*, I, p. 83, note 1.

산한다고 비난할 때, 고전파들과 입장을 같이한다. 이 '비-조작적인' 개념의 예시가 바로 잉여가치이다. 하지만 이 비난은 비난하는 당사자들[즉 현대 경제학자들]에게로 되돌려지게 되는데, 왜냐하면 마르크스는 잉여가치의 '전개된 형태들'formes développées(즉 이윤, 지대, 이자)을 위해 [이 비난하는 당사자들의 대상에 대한] 측정을 받아들이고 이를 활용하기 때문이다. 만일 잉여가치가 측정가능한 것이 아니라면, 이는 바로 이 잉여가치가 그 자체로 측정 가능한 이 형태들의 **개념**이기 때문이다. 물론 이러한 단순한 구별은 모든 것을 변화시킨다. 그래서 [소문자] 정치경제학의 현상들의 동질적이고homogène 평면적인plan 공간은 더 이상 하나의 단순한 소여가 아니게 되는데, 왜냐하면 이 공간은 이 공간 **개념**의 정립을, 다시 말해 현상들을 동질적인 것으로, 그러니까 측정 가능한 것으로 간주할 수 있게 해주는 조건과 한계에 대한 정의를 요구하기 때문이다. 현대 정치경제학이 고전 정치경제학의 경험주의적인 '수량적' 전통에 충실히 남아 있다는 점을 망각하지 않으면서(앨프리드 마셜Alfred Marshall의 용어를 다시 취하자면, 현대 정치경제학이 '측정 가능한' 사실들만을 인식한다는 것이 사실이라면), 이 차이를 명확히 지적하도록 하자.

b)그렇지만 경제적 사실들에 대한 이러한 실증주의적-경험주의적 개념화는 보이는 만큼 '평평'plate하지는 않다. 지금 나는 자신의 현상들로 인해 **평면적인**plan 그러한 '진부함'platitude에 대해 말하고 있다. 만일 이 동질적 공간이 이 공간에 대한 개념의 깊이profondeur에 준거하는 것이 아니라고 하더라도, 이 공간은 그럼에도 자기 고유의 평면plan에 외부적인, 그리고 자신의 존재 속에서 이 공간을 지지하고 정초하는 그러한 **이론적** 역할을 보증하는 어떤 특정한 세계에

준거한다. 경제적 현상들의 동질적 공간은 생산하고 분배하며 수용하고 소비하는 **인간들**의 세계와의 규정된 한 관계를 함축한다. 바로 이것이 정치경제학의 대상의 두 번째 이론적 함의이다. 이러한 함의는 스미스와 리카도에게서 그러했던 것과 같이 항상 가시적인 것은 아니며, 이 함의는 잠재적인 것으로 남아 있을 수 있고 [대문자]경제학에 의해 직접적으로 주제화되지 않을 수도 있다. 하지만 그럼에도 이 함의는 이 [대문자]경제학의 대상의 구조에 본질적인 것으로 남아 있다. 정치경제학은 경제적 사실들을 이 인간**주체들의 욕구**(혹은 '효용')에 그들의 기원으로서 관계 맺게 한다. 따라서 정치경제학은 교환가치를 사용가치에 환원하고자 하는 경향을 지니며, 사용가치(고전파 경제학의 표현을 다시 취하자면, '부')를 인간의 욕구로 환원하고자 하는 경향을 지닌다.[204] 바로 이것이 (라랑드가 인용하는) 시미앙의 논의이기도 하다. "**하나의 현상은 어떠한 점에서 경제적인가? 이 현상을 (프랑스 전통의 고전적 용어인—하지만 이 용어가 가장 나은 용어인 것은 전혀 아니다) 부에 대한 고찰로 정의하는 대신 물질적 욕구의 충족을 자신들의 중심 통념으로 취하는 최근 경제학자들의 논의를 따르는 것이 나에게는 더 나은 것으로 보인다.**"[205] 시미앙은 자신의 요청이 마치 새로운 것인 양 제시한다는 점에서 오류를 범하고 있다. 시미앙의 정의는, 인간들과 이 인간들의 욕구의 뒤편에서, 경제적 현상의 **주체들**로서 이 인간들이 수행하는 **이론적 기능**을 무대 위로 올림으로써 고전

204 ❖ '욕구'는 프랑스어 besoin을 옮긴 것으로, 사실 이 어휘에는 '필요'와 '욕구'라는 의미가 모두 있다. 하지만 이 글에서는 '욕구'만을 표기하도록 하겠다.

205 Lalande, I, p. 188.

파적 정의를 반복할 따름이다.

이는 고전파 경제학이, 경제적 주체들과 그들의 욕구 내에서 모든 행위—이 행위들에 의해 경제적 대상들이 생산되고 배분되며 수용되고 소비된다—를 정초하는 하나의 **'소박한'naïve 인간학**이라는 조건에서만, 경제적 사실들이 그 실증성과 측정 가능성의 동질적 공간에 속하는 것으로 사고할 수 있다는 점을 의미한다. 헤겔은 이러한 '소박한' 인간학과 경제적 현상들 사이의 **통일성**에 대한 철학적 개념을 **'욕구의 영역'**sphère des besoins, 혹은 정치사회와는 구분되는 '시민사회'société civile라는 유명한 표현으로 제시했다.[206] 욕구의 영역이라는 개념 내에서 경제적 사실들은 '욕구'에 사로잡힌 인간주체들(그러니까 그 자신 또한 가시적이고 관찰 가능한 하나의 소여인 **호모 에코노미쿠스**) 내에서 정초된 것으로, 이 경제적 사실들의 경제적 본질 내에서 사고된다.[207] 그러므로 측정 가능한 경제적 사실들의 동질적인 실증주의적 장은 주체들로 구성된 하나의 세계 위에 기초해 있는데, 이 세계에서 (노동분할 내에서의) 생산자 주체들의 활동은 이 동일한 욕구의 주체들의 욕구를 만족시키려는 목적의 소비대상들의 생산을 그 목표와 효과로 취한다. 그러므로 욕구의 주체들과 같은 이러한 주체

---

206 마르크스의 성숙기 텍스트들에 존재하며 그람시가 **경제적** 존재의 영역을 지시하기 위해 끊임없이 다시 취하는 이 '시민사회' 개념은 모호한 것이며 마르크스주의의 이론적 용어로부터 제거되어야만 하는 것이다. 이 '시민사회'라는 개념으로 하여금 정치적인 것에 대립되는 경제적인 것이 아니라 공적인 것에 대립되는 '사적인 것'을, 다시 말해 법권리droit와 법-정치적 이데올로기의 결합이 경제적인 것에 미치는 효과를 지시하도록 만들지 않는 한 말이다.

207 ❖ '사로잡힌'은 en proie à를 옮긴 것으로, 여기에서 proie는 '먹이'를 뜻하며 '고통받는다'는 의미가 있다. 의역해서 '사로잡힌'으로 옮겼지만 직역한다면 '먹잇감이 되어 고통받는' 정도로 옮길 수 있다.

들은 사용가치의 생산자로서의, 상품의 교환자로서의, 사용가치의 소비자로서의 주체들의 활동을 지지한다.[208] 그래서 경제적 현상들의 장은 그 기원에서도 종말목적fin에서도, 인간주체들— 바로 이 인간주체들의 욕구가 이 인간주체를 경제적 주체로 정의하는 것이다—의 집합 위에 기초해 있다. **그러므로 정치경제학의 고유한 이론적 구조는, 주어진 현상들의 동질적 공간과 이데올로기적 인간학—이 정치경제학의 공간의 현상들이 취하는 경제적 특징을 욕구의 주체로서의 인간(호모 에코노미쿠스라는 소여) 내에 정초하는—사이의 무매개적이고 직접적인 관계 맺음에 달려 있다.**

이 지점을 조금 더 자세히 들여다보자. 우리는 주어진 경제적 사실들 혹은 현상들의 동질적인 하나의 공간에 대해 말했다. 그리고 바로 여기서, 그러니까 이 소여 뒤에서, 세계를 그 존재 내에서 지지하기 위해[즉 세계를 존재케 하기 위해] 필수적인 주어진 인간주체들로 구성된 하나의 세계를 발견하게 된다. 따라서 첫 번째 소여는 가짜 소여이다. 혹은 오히려 이 첫 번째 소여는 진정 주어진 것이지만, (그 자체로 또한 소여인) 이러한 인간학**에 의해** 주어진 것이다. 바로 이 인간학이, 그러니까 정말로 인간학만이 홀로, 정치경제학의 공간 안으로 그러모아진 현상들을 **경제적**이라고 선언할 수 있게 해주는 것이다. 이 현상들은 인간주체들의 **욕구**의 (다소간 무매개적이거나 '매개

208 ❖ 조금 어색하지만 '지지하다'로 옮긴 프랑스어는 supporter로, 사실 독일어의 Träger, 즉 담지자의 프랑스어 번역어는 porteur와 support 두 가지이다. 물론 porteur가 '담지자'를 의미하는 경우가 훨씬 많고, supporter와 support에는 다른 쓰임이 있기에 여기에서는 구분해 번역해주었지만 독자들은 이를 '담지'로 읽어도 무방하다. 사실 supporter보다는 soutenir가 '지지하다'의 의미로 더 많이 쓰인다.

화된'médiatisés 효과들, 결국 자신의 합리적 본성animal rationale, 수다스러운 본성animal loquax, 웃을 줄 아는 본성ridens, 정치적 본성politicum, 도덕적이고 종교적인 본성 곁에서 인간을 **욕구**의 주체homo oeconomicus로 만드는 바가 생산하는 효과로서의 경제적 현상들이다. 그러므로 [대문자]경제의 **경제적인 것**을 정의하는 것은 바로 (인간주체의) 욕구인 것이다. 따라서 경제적 현상들의 동질적 공간이라는 **소여**는 이러한 암묵적silencieuse 인간학에 의해 **경제적인 것**으로서 우리에게 주어진다. 하지만 따라서, 더 자세히 살펴본다면, 바로 이 '주기를 행하는'donnante[소여케 하는] 인간학이 강한 의미에서 절대적으로 주어진 바[즉 절대적 소여]인 것이다! 이 절대적으로 주어진 바를 정초하기 위해 신에게, 그러니까 제 스스로 자신을 내어주는se donne lui-même [대문자]소여Donné, **자기 원인인**causa sui 주어진-신Dieu-Donné에게 의존하지 않는다면 말이다. 뒤편에 [숨어] 자리하는, 주기를 행하는donnante 하나의 이데올로기—우리는 이 이데올로기에게 해명하라고 요구할 것이 전혀 없으며[즉 의문의 여지가 없을 정도로 우리에게 자명한 것이며], 이 이데올로기는 자신이 원하는 것을 우리에게 준다—를 통해서가 아니라면 명증성들의 무대 전면에 절대로 소여가 존재하지 않는다는 점을 충분히 잘 확인할 수 있는 이 지점에 대해서는 넘어가자. 만일 우리가 이 무대의 장막 뒤편을 보러 가지 않는다면, 우리는 이 이데올로기의 '증여'don의 제스처를 보지 못하게 된다. 이 '증여'는, 모든 책ouvrage이 자신의 저작œuvre 속에서 그러하듯, 소여 내에서 사라져버린다. 우리는 이러한 '증여'의 관객들, 다시 말해

이 '증여'를 갈구하는 걸인들이다.[209]

그러나 이것이 전부가 아니다. 이렇게 경제적 현상들의 공간을 (이 경제적 현상들을 경제적인 것이라 말하게끔 만듦으로써) 지지하는 이 동일한 인간학은 이 경제적 현상들 내에서 이후의 다른 형태들로 재돌발한다. 이 이후의 다른 형태들 중 몇몇 형태는 이미 잘 알려져 있다. 만일 고전 정치경제학이 (중농주의자들로부터 스미스를 거쳐 세까지) 하나의 행복한 섭리의 질서로, 경제적 조화로 제시될 수 있었다면, 이는 정치경제학의 잠재적 인간학의 도덕적 혹은 종교적 속성들을 경제적 현상들의 공간 내에 직접적으로 투사함으로써 가능했던 것이다. 부르주아 자유주의의 낙관주의 내에서 혹은 리카도에 대한 사회주의 논평가들—마르크스는 이 논평가들과 끊임없이 논쟁하는데—의 도덕적 저항 내에서 작동하고 있는 것이 바로 이 동일한 유형의 개입이다. 인간학의 내용은 변화하지만, 이 인간학은 그 역할과 그 개입의 장소에서 지속적으로 잔존subsiste한다. 이번에도 여전히 바로 이 잠재적 인간학이 현대 정치경제학자들의 몇몇 신화 내에서 재돌발하는 것이다. 예를 들어 경제적 '합리성', '최적', '완전고용' 혹은 욕구의 경제학, '인간[주의]적'[인간의 얼굴을 한] 경제학 등과 같은 모호한 개념들 속에서 말이다. 경제적 현상들의 본원적 토대fondement originaire의 역할을 하는 이 동일한 인간학이, 이 경제적 현상들의 의미, 다시 말해 이 경제적 현상들의 **종말목적**을 정의하는 것

---

209 ❖ 알튀세르는 le donné, 즉 '주어진 바' 혹은 '소여'를 가지고 계속 말놀이를 하고 있다. 이러한 '주기'의 행위를 하는 주체인 인간학을 표현하기 위해 그는 donnant, 즉 '주는 행위를 하는'이라는 형용사 혹은 현재분사를 사용하며, 또한 '자기 자신을 내어주기', 즉 의역하자면 '존재하기'를 뜻하는 대명동사 se donner와 '증여'를 뜻하는 don이라는 명사도 활용하고 있다.

이 문제가 되자마자 존재하기 시작한다. 따라서 경제적 현상들로부터 주어진 동질적 공간은 이 동질적 공간을 기원들과 종말목적들을 통해 속박하는 인간학에 의해 이중적으로[기원들과 종말목적들에 의해] 주어지게 된다.[210]

그리고 만일 이러한 인간학이 현상들 자체의 무매개적 현실로부터 **부재**하는 것처럼 보인다면, 이는 기원들과 종말목적들 사이에서 존재하는 것이며, 또한 그 보편성을 통해서 존재하는 것이다(그러나 이 보편성은 반복에 불과하다). 모든 주체가 동일하게 욕구의 주체이기 때문에, 이 주체들의 집합을 괄호에 넣음으로써 바로 이 욕구의 주체들이 생산하는 효과들을 취급할 수 있게 된다. 따라서 이 욕구의 주체들의 보편성은 이 주체들의 욕구의 효과들이 지니는 법칙들의 보편성 내에서 반영되며, 이는 자연히도 정치경제학을 절대적인 것 내에서 (과거의, 현재의, 미래의 모든 사회형태들의) 경제적 현상들을 취급할 것이라는 주장prétention으로 향하도록 만든다. 마르크스가 고전파 경제학자들에게서 발견해낸, 거짓된 초역사성에 대한 이러한 취향[경향]goût은 부르주아 생산양식을 영속화하고자 하는 이 고전파 경제학자들의 욕망으로부터 이들에게 **정치적으로** 유래하는 것이다. 스미스나 세 같은 몇몇 이에게 이 부르주아 생산양식은 너무나 명증한[자명한] 것이다. 하지만 이러한 취향은 부르주아지에게서보다 더욱 오래된, 역사의 다른 시간 속에서 살아 있는 또 다른 이유로부터, 그러니까 정치적이지 않은 이유로부터, 하지만 **이론적인** 이유로부터

210 ❖ '기원들'과 '종말목적들'은 origines과 fins으로, 즉 복수형으로 쓰여 있어 이를 살려 옮긴다.

도래하는 것일 수도 있다. 정치경제학의 대상의 구조를 승인하는 이러한 암묵적 인간학으로부터 초래된 이론적 효과들 말이다. 이는 아마도 리카도의 경우일 텐데, 리카도는 언젠가는 부르주아지의 시대가 그 생명을 다해 소멸할 것이라는 점을 잘 알았고 부르주아지의 경제 메커니즘 내에서 이 운명을 이미 읽어냈음에도 드높은 목소리로 그 초역사성에 대한 연설을 행했다.

정치경제학의 대상의 구조에 대한 분석 내에서, 우리는 주어진 경제적 현상들의 동질적 공간과 하나의 잠재적 인간학 사이의 이러한 기능적 통일성보다 더 멀리 나아가 선전제들과 이론적(철학적) 개념들—이 선전제들과 이론적 개념들은 이것들이 맺는 특수한 관계들 내에서 이러한 통일성을 지지하는데—을 명확히 밝혀내야 하는가? 결국 우리는 소여, 주체, 기원, 종말목적, 질서와 같은 기본적인 철학적 개념들 앞에, 그리고 선형적이고 목적론적인 인과성의 관계와 같은 그러한 관계들 앞에 놓이게 된다. 이 개념들은 정치경제학의 연출된 무대mise en scène 위에서 자신들에게 수행이 강제되는 역할이 무엇인지 보여주기 위해 세부적 분석을 필요로 한다. 하지만 이 세부적 분석은 우리를 너무 멀리 나아가도록 이끌 것이고, 더욱이 우리는, 마르크스가 이 개념들로부터 벗어나거나 이 개념들에 완전히 다른 역할들을 부여하는 모습을 보게 될 때, 이 개념들의 이면 또한 발견할 것이기도 하다.

VIII. 마르크스의 비판

마르크스는 주어진 경제적 현상들의 동질적 장에 대한 실정적 개념화와, 이 개념화를 지지하는 호모 에코노미쿠스의 (그리고 이 이외의 다른 것들의) 이데올로기적 인간학, 이 둘을 동시에 거부한다. 따라서 마르크스는 이 둘 사이의 통일성[즉 '경제적 현상들의 동질적 장에 대한 실정적 개념화'와 '이데올로기적 인간학' 사이의 결합]과 함께 [대문자]정치경제학의 대상의 구조 자체를 거부하는 것이다.

마르크스의 저작 속에서 **고전적 인간학**의 운명이 어떠할지 우선 살펴보도록 하자. 이러한 목표를 위해, 우리는 경제(학)적 '공간'espace의 거대한 지역들régions, 즉 소비, 분배, 생산을 매우 빠르게 편력해볼 것이다.[211] 이 거대한 지역들에서 인간학적 개념들이 어떠한 이론적 자리를 차지하고 있는지를 확인해보기 위해 말이다.

211 ❖ 이미 지적했듯, région은 '영역'으로 의역하는 것이 더 자연스럽지만 알튀세르가 마르크스의 '역사과학'을 '대륙'으로 비유하기 때문에 역시 '지역'으로 계속 직역한다.

◆◆◆

A. 소비

우리는 **소비**에서 출발해볼 수 있는데, 인간학[인류학]은 이 소비에 직접적으로 관계하고 있는 것으로 보인다. 왜냐하면 인간학은 인간적 '**욕구**'라는 개념에 의문을 제기하기 때문이다. 그런데 마르크스는 1857년의 『정치경제학 비판 요강』「서설」에서 우리가 경제적 욕구를 경제적 주체들의 '인간적 본성'과 관계 지음으로써 일의적 방식으로 정의할 수는 없다는 점을 보여준다. 왜냐하면 소비는 **이중적**이기 때문이다. 소비는 주어진 한 사회의 인간들의 **개인적 소비**는 물론, 욕구 개념의 보편적 활용에 할애하기 위해 우리가 생산의 욕구를 충족하는 소비로 정의해야 할 그러한 **생산적 소비** 또한 포함한다. 이 생산적 소비는 생산에 필수적인 생산의 '대상들'(원료matières brutes 혹은 일차 재료matières premières 혹은 이 원료에 대한 변형 노동의 결과물)과 생산의 도구들(도구나 기계 등등)을 포함한다. 따라서 소비의 한 부분 전체[즉 생산적 소비]는 생산 자체와 직접적이고 배타적으로 관계하고 있다. 따라서 생산의 한 부분 전체는 개인 욕구의 충족이 아니라, 단순재생산이든 확대재생산이든 생산조건의 재생산을 가능케 하기 위해 할애된다. 이러한 사실확인constat으로부터, 마르크스는 고전 정치경제학에는 부재한, 절대적으로 본질적인 두 가지 구별을 이끌어냈다. **불변자본과 가변자본** 사이의 구별, 그리고 두 가지 생산부문 즉 단순재생산의 토대 혹은 확대재생산의 토대 위에서 생산조건의 재생산을 목적으로 하는 **1부문**과 개인적 소비의 대상에 대한 생산을 목적으로 하는 **2부문** 사이의 구별이 그것이다. 이 두 부문 간 비율은, 욕구의 소비 내로는 전혀 진입하지 않고 단지 생산 자체 내로만 진입하는 사용가치들의 한 부분 전체의 본성과 집합masse을 결정하기 위해 직접적인 방식으로 개입해 들어오는 생산의 **구조**에 의해 지배된다. 이러한 발견은 가치의 실현에 관한 이론 내에서, 자본주의적 축적과정 내에서 그리고 이 자본주의적 축적과정으로부터 도출되는 모든 법칙들 내에서 본질적 역할을 수행한다. 『자본』 2권과 3권에서 여러 차례에 걸쳐 반복되는, 인민주의자들과 그들의 스승인 '낭만주의적' 경제학자 시스몽디에 대한 레닌의 비판 속에서 그 메아리를 우리가 발견하게 되는, 스미스에 대항하는 마르크스의 끊임없는 논쟁이 대상으로 삼는 것이 바로 이 지점이다.[212]

그렇지만 이러한 구별이 모든 문제를 해결하는 것은 아니다. 만일 생산의 '욕구'가 모든 인간학적 규정으로부터 벗어나 있는 것이 사실이라 해도, 생산물들의 한 부분이 개인들에 의해 소비되고 이 개인

212 내가 이 텍스트에서 수행할 수는 없는, 스미스에 대한 마르크스의 이 기나긴 비판들에 대한 연구가 매우 흥미로울 것이라고 나는 지적하고자 한다. 한편으로는 마르크스가 이 핵심 지점에서 스미스로부터 구별된다는 점을 보기 위해서, 다른 한편으로는 **어떻게 그리고 어디에서 마르크스가 자신의 본질적 차이점을 위치 짓는지를** 보기 위해서, 그러니까 어떻게 마르크스가 현대 경제학 전체를 지배하는 '부조리한 도그마'의 기원인 스미스의 믿기지 않는 '**오류**'**bévue**, '**맹목**', '**오해**', '**망각**'을 설명하는지를 보기 위해서, 결국 왜 마르크스가 마치 자신은 아직 끝장을 보지 못했다는 듯 자신의 비판을 네 번 혹은 다섯 번 다시 시작할 필요를 느끼는지를 보기 위해서 말이다. 그리고 우리는, 인식론적 관점에서 적절한 다른 결론들 가운데에서도, 스미스의 '**거대한 오류**'가 **개인 자본가에 대한 배타적 고려**와, 그러니까 **전체** 바깥에서 고찰된 경제적 주체들 즉 과정 전반의 마지막에서야 등장하는 그러한 주체들에 대한 **배타적 고려**와 직접적으로 관계 맺고 있다는 점을 발견하게 될 것이다. 달리 말해, 그 직접적 효과성이라는 형태하에서, 우리는 **인간학적 이데올로기의 결정적 현존**을 스미스에게서 발견하게 될 것이다(이 점과 관련한 핵심적인 참고문헌은 *Le Capital*, IV, pp. 176~210, V, pp. 15~85, VIII, pp. 210~228, *Doctrines*, I, pp. 197~218 등이다).

들이 이 생산물들의 한 부분을 통해 자신들의 '욕구'를 충족한다는 점이 남게 되기 때문이다. 그러나 여기에서도 여전히, 우리는 인간학이 마르크스의 비판에 의해 자신의 이론적 주장들prétentions 내에서 타격을 입는 것을 보게 된다. 이 '욕구'가 마르크스에 의해 절대적 소여가 아니라 '역사적'인 것으로 명시적으로 정의될 뿐 아니라,[213] 또한 특히 이 욕구가 그 경제적 기능 내에서 '지불 능력이 있는'solvable 것이어야만 한다는 조건하에서 인정되기 때문이다.[214] 경제적 역할을 수행하는 유일한 욕구는 경제적으로 충족될 수 있는 욕구이다. 즉, 이 욕구는 인간본성 일반에 의해 정의되지 않으며, 대신 지불 가능성solvabilité에 의해, 다시 말해 개인이 활용할 수 있는disposent 수입 수준에 의해, 그리고 주어진 시기 생산의 기술적 능력의 결과인 가용한disponibles[즉 '소유'하고 있으며 '활용'할 수 있는, 다시 말해 '처분'할 수 있는] 생산물들의 **본성**에 의해 정의되는 것이다. 그런데 생산의 형태들에 의한 개인 욕구의 결정은 이러한 논의보다 더 멀리 나아가는데, 왜냐하면 생산은 정의된 소비수단들(사용가치들)을 생산할 뿐 아니라 또한 이 소비수단들의 **소비양식**도, 심지어 이 생산물들에 대한 욕망désir까지도 생산하기 때문이다.[215] 달리 말해, 사용가치와 욕구 사이에 명백히 무매개적인 관계를 설정하는(그래서 역사화된 것이라고 하더라도 어쨌든 어떠한 인간학에 직접적으로 속하는 것처럼 보이는) 개인적 소비 자체는 우리를 한편으로는 (**생산력**의 수준에서) 생산의 기

213 *Misère de la Philosophie*[『철학의 빈곤』], E. S. pp. 52~53; *Le Capital*, I, p. 174, p. 228, VIII, p. 235 etc.

214 *Le Capital*, VI, p. 196, p. 207.

215 *Introduction de 1857*, p. 157.

술적 능력에, 다른 한편으로는 수입의 분배(즉 잉여가치와 임금의 배분형태들)를 확정하는 **생산의 사회적 관계**에 준거하도록 한다. 이 마지막 지점으로 인해, 우리는 인간들의 **사회계급들**로의 분배—이러한 분배를 통해 인간들은 생산과정의 '진정한' '주체들'(만일 우리가 이 용어를 계속 활용할 수 있다면)이 되는데—에 준거하게 된다. 따라서 이러한 방식으로 정의된 '욕구'가 인간학적 토대와 맺는 직접적 관계는 순수하게 신화적인[허구적인] 것이 된다. 혹은 오히려 우리는 사물의 질서를 전도하여 인간학이라는 관념이(만일 이 인간학이라는 관념이 존재 가능한 것이라면) 이 '욕구'에 대한 (인간학적인 것이 아니라) 경제적인 정의에 대한 고려를 통과한다고 말해야 한다. 이 욕구는 더 이상 인간학적이지 않은, 그러니까 **구조적인** 이중적 규정에 종속된다. 생산물들을 1부문과 2부문으로 배분하는 결정, 그리고 욕구에 그 내용과 의미를 할당하는 결정(생산력과 생산관계 사이의 관계의 구조)이라는 이중적 결정 말이다. 그러므로 이러한 개념화는 고전적 인간학에게서 경제적인 것에 대한 그 정초적 역할을 박탈한다.

B. 분배

분배가 욕구의 결정에 본질적인 하나의 요인으로 나타났으므로 생산의 곁에서는 이 새로운 범주가 어떻게 되는지 살펴보자. 분배 또한 생산과 마찬가지로 이중적 양상 아래서 제시된다. 분배는 수입의 분배—생산관계에 준거하는—일 뿐 아니라 생산과정에 의해 생산된 사용가치의 분배이기도 하다. 그런데 우리는, 이 사용가치 내에서, 1부문의 생산물 혹은 생산수단이, 그리고 2부문의 생산물 혹은 소비수단이 등장하는 것을 알고 있다. 2부문의 생산물은 개인의 수입을 통해, 그러니까 개인의 수입에 따라서, 그러니까 이 개인의 수입의 배분에 따라서, 그러니까 첫 번째 분배에 따라서 교환된다.[216] 1부문의 생산물 즉 생산조건의 재생산을 목적으로 하는 생산수단과 관련해 말하자면, 이 생산수단은 수입을 통해contre 교환되는 것이 아니라 생산수단의 소유자들 사이에서, 즉 생산수단의 독점을 이뤄내는 자본가계급의 구성원들 사이에서 직접적으로 교환된다(이는 『자본』 2권의 실현 도식들이 산출하는 결과다). 따라서 사용-가치의 분배 뒤에서 또 하나의 분배가 모습을 드러낸다. 이는 바로 생산과정 내에서 하나의 기능을 실행하는 그러한 사회계급들로 인간들을 분배하는 것이다.

> 그 가장 진부한[일반적인] 개념화 내에서, 분배는 생산물들의 분배로, 그러니까 생산으로부터 가장 멀리 떨어져 있는 것으로, 말하자면 생산으로부터 독립적인 것으로 나타난다. 하지만 생산물의 분배이기 이전에, 분배는 첫 번째로 생산 도구들의 분배이며, 두 번째로, **이는 결국 동일한 관계에 대한 또 하나의 다른 규정인 것인데,** 사회의 구성원들을 서로 다른 여러 생산 종류들로 분배하는 것, 즉 개인들의 규정된 생산관계로의 종속이다. 생산물의 분배는 명시적으로 이러한 [첫 번째와 두 번째] 분배—생산과정 자체에 포함되어 있으며 **생산의 구조를** 규정하는—의 결과일 뿐이다.[217]

---

216 ❖ 앞서도 지적했듯 '배분'은 répartition을, '분배'는 distribution을 옮긴 것이다.
217 *Introduction de 1857*, E. S., p. 161 [1857년의 『정치경제학 비판 요강』 「서설」, 66쪽].

따라서 우리는 이 두 경우 모두에서, (사회의 구성원들을 구별되는distinctes 계급들로 분배하는 것의 지표인) 수입의 분배에 의해 그리고 소비수단과 생산수단의 분배에 의해, 생산**관계**와 **생산** 그 자체에 준거하게 된다.

첫눈에 보기에는 호모 에코노미쿠스 인간학의 이론적 개입을 요청하는 것으로 보였던, 그리고 이러한 이유로 인해 이 호모 에코노미쿠스 인간학에 토대의 외양을 부여할 수 있었던 [것으로 보였던] 이러한 범주들에 대한 검토는, 그러므로 다음과 같은 이중의 결과를 생산한다. 1)자신의 정초자적 역할(즉 경제적인 것 그 자체에 대한 결정, 경제의 '주체들'에 대한 결정)을 더 이상 수행하지 않게 되는 인간학, 즉 인간학[그 자체]의 소멸. 경제적 현상들의 '평면 공간'espace plan은 더 이상 인간주체의 존재의[인간주체의 존재로 구성된] 인간학적 공간에 의해 이중화되지 않는다. 2)경제적인 것에 대한 진정한 결정의 장소로서 **생산**에 대한 (소비와 분배에 대한 분석 내에 함축된) 필연적 준거renvoi. 이와 상관적으로, 이러한 이론적 심화는 우리에게 경제적 현상들의 장에 대한 하나의 변형으로 나타난다. 경제적 현상들로 구성되어 있던 이 이전의 동질적 '평면 공간'을 하나의 새로운 형상이 대체하게 되는데, 이 새로운 형상에서 경제적 '현상들'은 이를 결정하는 '**생산관계**'의 지배하에서 사고된다.

두 번째 결과를 통해 우리는 다음과 같은 마르크스의 근본테제를 인지하게 되었을 것이다. 즉, 소비와 분배를 지배하는 것은 **생산**이지 그 역이 아니라는 테제 말이다. 그런데 우리는 마르크스의 발견 전체를 이 근본테제와 그 결론들로 환원하는 모습을 자주 목격하곤 한다.

하지만 이러한 '환원'은 하나의 작은 난점과 맞닥뜨리게 된다. 이러한 마르크스의 발견이 이미 중농주의자들에게로 소급되며, 또한 '탁월한 생산의' 경제학자(이는 마르크스 자신의 표현이다)로서 리카도가 이 발견에 하나의 체계적 형태를 이미 부여했다는 난점 말이다. 왜냐하면 리카도는 분배와 소비에 대한 생산의 우위를 공언했기 때문이다. 그렇지만 마르크스가 1857년의 『정치경제학 비판 요강』「서설」에서 그렇게 하듯 여기에서 더 멀리 나아가, 만일 리카도가 분배가 [대문자]정치경제학의 고유한 대상을 구성한다고 주장했다면 이는 리카도가 생산행위자들을 사회계급들로 배분하는 것과 관계된 분배의 측면을 암시했기 때문이라는 점을 인정해야 한다.[218] 그렇지만 이 지점에서도 또한 우리는 마르크스가 잉여가치에 대해 말하는 바를 리카도에게도 동일하게 적용해야 한다. 리카도는 잉여가치의 현실에 대한 인지의 모든 외부적 지표signes extérieurs를 제시했지만, 그는 이 외부적 지표들을 끊임없이 이윤, 지대 그리고 이자라는 형태espèces 아래에서, 다시 말해 리카도 자신의 것과는 다른 개념들 아래에서 말했다. 동일한 방식으로, 리카도는 생산관계의 존재에 대한 인지의 모든 외부적 지표들을 제시했지만, 그럼에도 그는 이 외부적 지표를 끊임없이 수입과 생산물에 대한 분배라는 유일한 형태espèces하에서만, 그러니까 이에 대한 **개념**을 생산하지 않고 말한다. 그 가장 déguisement 아래에 놓인 한 현실의 **존재**를 식별하는 것만이 문제일 때, 이 현실을 지시하는 단수의 단어 혹은 복수의 단어들이 부적합한

218 *Introduction de 1857*, E. S., pp. 160~161.

개념들이라는 점은 별로 중요하지 않다. 그런데 바로 이것이 마르크스로 하여금, 자신의 직접적인immédiate 대안적substitutive 독해 속에서, 자신의 전임자[즉 리카도]의 언어를 번역할 수 있게, 그리고 리카도가 이윤이라는 단어를 발음하는 곳에서 **잉여가치**라는 단어를 발음할 수 있게 해주는 것이다. 혹은 리카도가 수입의 분배라는 단어를 발음하는 곳에서 **생산관계**라는 단어를 발음할 수 있게 해주는 것이다. 하나의 존재를 지시하는 것만이 문제인 한 모든 것은 잘 진행되어간다. 사물을 그 이름으로 부르기 위해 하나의 단어만 교정하는 것으로도 충분하기 때문이다. 하지만 이러한 가장으로부터 태어나는 이론적 결론들conséquences théoriques이 문제일 때 수행해야 할 과업은 심각한 것이 된다. 왜냐하면 이 단어는 하나의 개념으로서 역할을 수행하고, 이 개념의 부적합성 혹은 부재는 심각한 이론적 효과들을 촉발하기 때문이다. 문제가 되는 저자가 이 심각한 이론적 효과들을 인지하든 못하든 말이다(이것이 바로 리카도가 부딪혀 넘어지게 되는 모순들이다). 따라서 우리는 부정확한 한 단어하에서의 한 현실에 대한 가장으로 우리가 오해하는 바가 실은 두 번째 가장에 대한 가장—즉 한 개념의 이론적 기능에 대한 한 단어 아래로의 가장—이라는 점을 깨닫게 된다. 이러한 조건에서, 용어법의 변이는 문제설정과 대상 내에서의 변이의 현실적 지표일 수 있다. 하지만 모든 것은 마치 마르크스가 자기 자신의 작업을 양분했던 것처럼 진행된다. 한편에서, 마르크스는 자신의 전임자들에 대한 대안적 독해를 실행하는 것으로 만족한다. 바로 여기에, 마르크스로 하여금 자신의 전임자들에게 진 빚을 매우 넉넉한 방식으로 항상 계산하도록 만드는, 그리고 실질적으로는 '생산자들'을 '발견자들'로 취급하도록 만드는 그러한 '자비로움'(엥겔스)의 표지가 존재한다. 하지만 다른 한편에서, 서로 다른 여러 장소에서이기는 하지만, 마르크스는 자신의 전임자들이 자신들의 맹목으로부터 끌어낸, 자신들이 생산한 현실의 개념적 의미에 관한 이론적 결론들에 대해 가차없는 비판을 가하는 모습을 보여준다. 최고조의 가혹함으로 마르크스가 스미스 혹은 리카도를 잉여가치와 그 존재형태들 사이를 구별할 줄 몰랐다며 비판할 때, 사실 마르크스는 이 스미스 혹은 리카도를 자신들이 '생산'할 수 있었던 현실에 대한 **개념**을 제공하지 않았다고 비난하는 것이다. 따라서 우리는 하나의 단어에 대한 단순한 '누락'omission이 사실은 하나의 **개념**의 부재라는 것을 명료히 확인하게 된다. 왜냐하면 하나의 개념의 현존 혹은 부재는 이론적 결론들의 연쇄 전체를 결정하기 때문이다. 바로 이것이, 단어의 부재가 이러한 부재를 '포함'하는 이론에 미치는 효과를 역으로 en retour 우리에게 명확히 밝혀주는 것이다. 이 이론에서 하나의 '단어'의 부재는 **또 다른** 하나의 개념의 현존이다. 달리 말해, 리카도의 담론 내에서 부재하는 하나의 '단어'를 복원하기만 하면 된다고 생각하는 이는 이러한 부재의 **개념적** 내용에 대해 오해할 위험이 있으며, 리카도의 개념들 그 자체를 단순한 '단어들'로 환원해버리는 이인 것이다. 바로 이러한 거짓된 식별들fausses identifications—하나의 개념을 구축할 때 우리가 하나의 단어만을 복구하도록 만들기만 하면 된다고 믿는 것, 리카도의 개념들이 단어들에 불과하다고 믿는 것—사이의 교차 속에서 우리는 마르크스가 왜 자신의 전임자들의 발견—이 발견에서 마르크스의 전임자들은 대부분 '발견'하지는 않으면서 '생산'하기만 한다—에 대해 격찬함과 동시에 전임자들이 단순히 끌어내기만 했을 뿐인 이론적 결론들에 대해 그토록 거칠게 비판하기도 하는지 그 이유를 찾아야 하는 것이다. 나는 마르크스의 이런 판단의 의미를 제대로 위치 짓기 위해 이 세부지점 내로 진입해야만 했다.

> 리카도—이 리카도에게는 근대의 생산을 그 규정된 사회구조 내에서 개념화하는 것이 중요했으며, [이러한 의미에서] 그는 탁월한 생산의 경제학자인데—는, **바로 이러한 이유로 인해,** 생산이 아니라 분배가 근대 정치경제학의 진정한 주제를 구성한다고 주장한다.[219]

"바로 이러한 이유로 인해"는 다음을 의미한다.

> … 본능적으로, 분배의 형태들 내에서 리카도는 **주어진 한 사회 내 생산행위자들 간 고정된 관계에** 대한 가장 명확한 표현을 보았다.[220]

이 "주어진 한 사회 내 생산행위자들 간 고정된 관계"가 바로 **생산관계**이며, 이 생산관계에 대한 마르크스의 고찰—'**본능적**'instinctif 예감이라는 형태하에서가 아니라, 다시 말해 '**모르는 상태**'insu라는 형태하에서가 아니라, **개념**과 그 결론들이라는 형태하에서의 고찰—은 고전파 경제학의 대상을, 그리고 이 대상과 함께 [대문자]정치경제학 자체로서의 과학 자체를 전복한다.

마르크스의 고유성은 생산의 우위를 주장했으며 심지어 이를 보여주었다는 점에 있는 것이 아니라(리카도 또한 자신의 방식으로 이미

---

219 *Introduction de 1857*, E. S., p. 161 [1857년의 『정치경제학 비판 요강』 「서설」, 66쪽].
220 *Ibid*., p. 160 [1857년의 『정치경제학 비판 요강』 「서설」, 65쪽].

이를 행했다), **생산이라는 개념**에 예전의 개념이 지시했던 대상과는 발본적으로 다른 하나의 대상을 지정함으로써 **생산이라는 개념**을 변형했다는 점이다.

C. 생산

마르크스에 따르면 모든 생산은 다음의 분리 불가능한 두 요소로 특징지어진다. 첫 번째는, 사용가치로 만들어내기 위한 목적에서 인간이 자연원료에 가하는 변형을 설명하는 **노동과정**procès de travail. 두 번째는, 그 결정작용[규정] 아래에서 이 노동과정이 실행되는 그러한 **생산의 사회적 관계**. 우리는 노동과정(a)과 생산관계(b)라는 두 지점을 연속적으로 검토해볼 것이다.

(a)노동과정

노동과정에 대한 분석은 **물질적 조건**과 생산기술을 대상으로 한다.

> 노동과정… [즉] 사용가치의 생산, 그리고 [생산자 자신의] 욕구를 충족시키는 외부 대상들에 대한 전유를 목표로 하는 활동은 인간과 자연 사이의 물질적 교환의 일반적 조건이며, 바로 그렇기 때문에 인간 삶의 모든 사회적 형태로부터 독립적인 혹은 오히려 이 모든 사회적 형태에 동일하게 공통적인, 인간 삶의 물리적 필요성이다.[221]

---

221 *Le Capital*, I, p. 186[『자본』, I-1, 97쪽].

이 과정은 세 가지의 단순한 요소들 간의 결합combinaison으로 환원된다. "(…) 1)인간의 개인적 활동 혹은 고유한 의미의 노동, 2)노동이 작용하는 대상, 3)노동이 작용할 때 활용하는 수단."[222] 따라서 한정된 노동 도구들을 적합한 (기술적techniques) 규칙들에 따라 활용함으로써 (원료든 이미 노동이 가해진 재료든 혹은 1차 재료든) 노동의 **대상**을 유용한 생산물로 변형하는 인간노동력의 지출이 개입하는 것이다.

이러한 분석은 우리가 연속적으로 검토할 다음의 **두 가지 본질적 특징**을 드러나도록 만든다. 첫 번째는 노동과정 조건의 물질적 본성, 두 번째는 노동과정 내에서 **생산수단**이 수행하는 지배적 역할.

첫 번째 특징. 노동력의 모든 생산적 지출은, 이 노동력의 실행에서, 가공되지 않은brute 자연이든 인간활동에 의해 변형된modifiée 자연이든 자연의 존재로 전부 환원되는 **물질적** 조건을 전제한다. 마르크스가 "노동은 무엇보다도 인간과 자연 사이에서 이루어지는 하나의 과정, 그 안에서 인간이 자연과의 물질적 교환을 자기 자신의 활동을 통해 보증하고 규제하며 통제하는 그러한 과정이다…. 노동은 자연과 마주하여 자연의 힘으로서의 역할을 수행한다"고 쓸 때, 그는 물질적 자연의 생산물로의 변형, 그러니까 물질적 메커니즘으로서의 노동과정이 자연과 테크놀로지의 물리적 법칙들에 의해 지배된다는 점을 확언하는 것이다. 노동력 또한 이 메커니즘 내부에 기입된다. 그 물질적 조건에 의한 노동**과정**의 이러한 규정은, 이 규정의 수준

222 *Le Capital*, I, p. 181.

에서, 인간노동을 순수 창조로 간주하는 모든 개념화를 금지한다. 우리는 이러한 순수 창조의 관념론이 신화의 상태에 머물러 있지 않으며 정치경제학 자체를 지배했다는 점을, 그래서 이로부터 범박한 사회주의의 경제적 유토피아 또한 지배했다는 점을 알고 있다. 예를 들어 (인민은행이라는 기획을 제시했던) 프루동이, ('노동전표'를 주창했던) 그레이Gray가, 마지막으로 「고타강령」이 그러했는데 「고타강령」은 그 첫 줄에서 다음과 같이 말한다.

"노동은 모든 부와 모든 문화의 원천이다."

마르크스는 다음과 같이 응답한다.

노동은 모든 부의 원천이 아니다. 자연 또한 노동이 그러한 것만큼 사용가치―물질적 부는 바로 이 사용가치로 이루어져 있다!―의 원천인데, 이 노동은 그 자체로는 자연력, 인간노동력의 표현에 불과하다. ["노동은 모든 부와 모든 문화의 원천"이라는] 닳고 닳은 이 문장은 모든 어린이용 입문서들 속에서 발견되며, 이 문장은 노동이 이 노동을 수반하는 모든 대상과 [노동]과정과 함께 수행된다는 점을 전제한다는 조건에서만 참이다. 하지만 사회주의적 강령은 이러한 부르주아적 관용구phraséologie로 하여금 **조건들**―이 조건들만이 이 부르주아적 관용구가 어떠한 의미를 가지도록 할 수 있는데―을 소리 없이 무시하도록 내버려둘 수는 없다…. 부르주아지는 노동에 이러한 **창조의 초**

자연적 역량을 부여할 그럴듯한 이유들을 가지고 있다….”[223]

바로 이 동일한 유토피아주의가 스미스, 그리고 이 점에서 스미스를 따랐던 모든 유토피아주의자로 하여금 **노동과정의 물질적 조건의 재생산의 필연성이 취하는 형식적 표상**(노동과정의 존재에서 본질적인 것인 그러한 표상)을 경제적 개념들 내에서 누락시키도록, 따라서 생산과정 전체에 함축된 생산력(노동의 대상, 노동의 물질적 도구)의 **현행적** 물질성—바로 이 관계[양상] 아래에서 스미스의 [대문자] 정치경제학은 생산에 관한 모든 이론에 필요불가결한 **재생산** 이론을 결여하고 있는 것인데—을 추상[제거]하도록 만들었던 것이다. 바로 이 노동에 대한 동일한 관념론이 1844년의 『경제학-철학 수고』에서 마르크스로 하여금 스미스를 모든 부(즉 모든 사용가치)를 인간**노동**으로만 환원할 줄 알았다는 점에서 “근대 [대문자]정치경제학의 루터”로 선언하도록, 그리고 스미스는 정치경제학 전체를 노동의 주관성subjectivité에 환원했다는 점에서 그리고 헤겔은 “인간의 본질로서의 노동”을 개념화했다는 점에서 스미스와 헤겔 사이의 이론적 결합을 승인하도록 하는 것이다. 『자본』에서 마르크스는 모든 노동과정의 물질적 조건이라는 개념을 사고함으로써, 그리고 이 물질적 조건의 **경제적 존재형태들**이라는 개념을 생산함으로써, 이러한 노동의 관념론과 단절한다. 자본주의 생산양식에서의, 한편으로는 불변자본과 가변자본 사이의 결정적 구별, 다른 한편으로는 생산의 1부문과 2부

223 *Critique de Gotha*, E. S., pp. 17~18[「고타강령 비판」, 370쪽, 『칼 맑스·프리드리히 엥겔스 저작 선집』 4권, 박종철출판사, 1997].

문 사이의 결정적 구별을 통해 마르크스는 이러한 노동의 관념론과 단절하는 것이다.

이 단순한 예시 속에서, 우리는 경제적 분석의 장 자체에서 촉발된 이론적이고 실천적인 효과들을, **이 경제적 분석의 장의 대상 개념**에 대한 단순한 사고를 통해 측정할 수 있다. 마르크스에게는, 경제적 분석 자체의 장에서 경제학적으로 '조작적인'opératoires 개념들(불변자본, 가변자본, 1부문, 2부문)—이 개념들은 이 경제적 분석 자체의 장의 질서ordonnance와 본성nature을 전복시킨다—을 산출하기 위해 생산의 물질적 조건이라는 현실을 생산 개념에 속하는 것으로 사고하는 것만으로 충분하다. 이 경제적 분석의 장의 대상 개념은 하나의 유사-경제학적para-économique 개념이 아니며, 이는 경제적 대상 그 자체의 본성에 대한 이해에 필수적인 경제적 개념들의 구축의 개념[즉 개념들의 구축을 위한 개념]이다. 즉, 불변자본과 가변자본, 1부문과 2부문이라는 경제적 개념들은, 경제적 분석의 장 자체에서, **노동과정의 물질적 조건**이라는 개념에 대한 경제적 결정요소[규정]에 불과한 것이다. 따라서 대상 개념은 직접적으로 '조작적인' 경제적 개념들의 형태 아래 무매개적으로 존재하게 된다. 하지만 이 대상 개념 없이는, 이 [불변자본과 가변자본, 1부문과 2부문 같은] 개념들은 생산될 수 없었을 것이며, 우리는 온갖 이데올로기적 유혹에 노출된 스미스의 경제적 관념론 내에 머물러 있었을 것이다.

이 지점은 핵심적인데, 왜냐하면 이 지점은, 우리가 스스로를 마르크스주의적이라고 선언하기 위해서는 경제와 (경제 내) 생산이 사회적 존재의 다른 모든 영역sphères을 지배한다고 간주하는 것만으로는 충분치 않다는 점을 우리에게 보여주기 때문이다. 우리는 이 테제를 공언할 수 있지만, 이 공언과 동시에 우리는 노동이 '인간의 본질'과 정치경제학의 본질을 동시에 구성한다고 선언함으로써, 결국 노동에 대한, '노동 문명'civilisation du travail 등등에 대한 인간학적 이데올로기를 발전시킴으로써, 경제와 생산에 대한 하나의 관념론적 개념화를 발전시켜버릴 수도 있다. 그러나 이와는 정반대로 마르크스의 유물론은 경제적 생산에 대한 하나의 유물론적 개념화를, 다시 말해 다른 조건들 가운데에서도, 노동과정이라는 환원 불가능한 물질적 조건에 대한 명증화를 전제한다. 바로 이 지점이 내가 위에서 인용했던 엥겔스의 편지—이 편지에서 마르크스는 그가 자신의 전임자들이 "**사용가치라는 범주에** 부여했던 것과는 완전히 다른 중요성을 부여했다"고 설명한다—속에 담겨 있던 마르크스의 정식의 직접적 적용점들 중 하나이다. 바로 이 지점에서 마르크스주의를 '노동의 철학'으로 간주하는 모든 해석은, 그것이 윤리적 해석이든 인격주의적 personnalistes 혹은 실존주의적 해석이든, 좌초하게 된다. 그런데 이는 특히 실천적 타성태pratico-inerte에 관한 사르트르의 이론에서 그러한데, 왜냐하면 이 이론은 노동과정의 물질적 조건의 양태에 대한 개념을 결여하고 있기 때문이다. 이미 스미스는 노동과정의 현행적인 물질적 조건을 과거 노동과 관계지었다. 이를 통해 스미스는 이전 **노동**의 **비현행성**inactualité 내에서, 이 이전 노동에 대한 기억 속에서(헤겔은 자신의 '기억'Erinnerung에 대한 이론 내에서 이러한 개념화를 수용해야만 했다), 주어진 순간 노동과정의 존재에 의해 요청되는 물질적 조건의 **현행성**을 무한한 퇴행 속으로 해소했다dissolvait. 마찬가지로 사르트르는 그 자체로는 또 다른 프락시스praxis 혹은 이전의 다른 프락시스들과 비교해, 그래서 (결국 기원적 주체의 프락시스에까지 이르는) 다른 이전 프락시스들과 비교해 부차적인 하나의 이전 프락시스에 대한 철학적 기억 속에서 **현행적인** 물질적 조건—이 현행적인 물질적 조건에 대한 구조적 결합combinaison structurale은 모든 유효한 노동을, 일차 재료에 대한 하나의 유용한 생산물로의 모든 현행적 변형을 지배한다—을 해소해버린다. 경제학자로서 작업하는 스미스에게서, 이러한 관념[론]적 해소dissipation idéale는 경제 자체의 영역에서 중요한 이론적 결론들을 촉발한다. 사르트르에게서, 이러한 관념적 해소는 그 명시적인 철학적 '진리' 내에서 무매개적으로 승화된다. 즉, 스미스에게서는 잠재적인 것으로 남아 있는 주체의 인간학이 사르트르에게서는 자유의 철학이라는 열린[노골적] 형태를 취하게 되는 것이다.

두 번째 특징. 노동과정에 대한 동일한 분석이 '**노동수단**'의 지배적 역할을 명증화한다.

> 노동수단의 활용과 창조는 (…) **특수하게 인간적인** 노동과정을 특징지으며, 바로 이러한 이유에서 벤저민 프랭클린Benjamin Franklin은 인간을 도구를 만드는 동물toolmaking animal로 정의하는 것이다. 예전 노동수단의 유물reliques은, 사라진 사회들의 경제적 형태에 대한 연구에서, 멸종된 동물의 신체조직을 인식하는 데 동물뼈 화석의 구조가 지니는 것과 동일한 중요성을 지닌다. 하나의 경제적 시기를 다른 경제적 시기로부터 구별하는 것은 우리가 생산하는 바(macht)라기보다는 생산하는 방식(wie), 우리가 생산할 때 활용하는 노동수단이다. 노동수단은 인간노동력 발전의 척도gradimètres일 뿐만 아니라 또한 우리가 그 안에서 생산을 행하는 그러한 사회적 관계의 지표indices(Anzeiger)이

기도 하다.[224]

따라서 노동과정의 세 가지 구성요소(즉 대상, [노동]수단, 노동력) 가운데, [대상과 노동력에 대한] **노동수단**의 우위dominance가 존재하는 것이다. 바로 이 노동수단이라는 요소가 모든 경제적 시기에 공통적인 노동과정 내에서 우리로 하여금 그 본질적 형태들을 구별해줄 특수한 차이를 식별하고 위치 짓도록 해주는 것이다. 다시 말해, 바로 이 '노동수단'이 고찰된 노동과정의 유형적 형태를 결정하는 것이다. 경제적 생산 내에서 이루어지는 변형에 종속된 외부적 자연[자연이라는 외부]의 '공격 양식'[자연을 이용하는 양식]을 고정시킴으로써, 이 '노동수단'은 마르크스주의적 분석—경제학만이 아니라 역사학에서도—의 기본 범주인 **생산양식**을 결정한다. 그리고 동시에 이 '노동수단'은 생산적 노동의 **생산성** 정도를 확정한다. 노동과정의 다양성 내에서 관찰 가능한 적절한 차이들이라는 개념, 역사의 '시기구분'périodisation만이 아니라 무엇보다도 역사라는 개념의 구축을 가능케 하는 개념, 이는 바로 **생산양식**이라는 개념인데, 이처럼 **생산양식** 개념은 여기에서 우리가, 노동수단의 질적 차이 내에서, 다시 말해 노동수단의 생산성 내에서 고려하는 그러한 관계하에서 정초된다. 노동수단의 지배적 역할이라는 개념과 생산성이라는 경제학적으로 '조작적인' 개념 사이에 하나의 직접적 관계가 존재한다는 점이 드러나도록 만들 필요가 여전히 우리에게 있는가? 여전히 우리는, 마르

224 *Le Capital*, I, pp. 182~183 [『자본』, I-1, 268~269쪽].

크스가 비난하듯 고전파 경제학이 생산성이라는 이 개념을 분리시켜 식별할 줄을 전혀 몰랐다는 점을, 그리고 이 고전파 경제학이 저질렀던 역사에 대한 오인이 **생산양식**이라는 개념의 부재와 연결되어 있다는 점을 지적해야 하는가?[225]

생산양식이라는 핵심 개념을 생산함으로써 마르크스는, 생산이 행하는 자연을 향한 물질적 공격의 상이한différentiel 정도를, 즉 '인간과 자연' 사이의 기존 통일체의 상이한 양식을, 그리고 이러한 통일체의 변이 정도를 표현할 수 있게 된다. 하지만 생산양식 개념은 우리에게 생산의 물질적 조건에 대한 고찰의 이론적 유효범위를 발견케 해주는 동시에, 또한 '인간-자연' 통일체의 변이 정도와 상관적인 또 하나의 다른 결정적 현실을 발견케 해준다. 이는 바로 **생산관계**이다. "노동수단은 인간노동력 발전의 척도일 뿐만 아니라 또한 우리가 그 안에서 생산을 행하는 그러한 사회적 관계의 지표이기도 하다…." 이를 통해 우리는 인간-자연이라는 통일체의 변이 정도에 의해 표현되는 이 인간-자연 통일체가 동시에 인간-자연 관계와 **사회적 관계**—그 안에서 생산이 실행되는 그러한 관계—간 통일체이기도 하다는 점을 발견하게 된다. 따라서 생산양식이라는 개념은 이러한 이중의 통일체[즉 인간-자연 관계의 통일체이자 사회적 관계의 통일체]라는 개념을 포함한다.

---

225 이 장에서는 거의 다루어지지 않은 이 모든 문제에 관해서는, 본서에 실린 발리바르의 텍스트를, 특히 **생산력** 개념에 대한 그의 중요한 분석을 보라.

(b)생산관계

따라서 우리는 생산과정의 **새로운 조건** 앞에 놓이게 된다. 인간이 자연과 맺는 관계의 특수한 본성을 표현하는 생산과정의 **물질적** 조건 이후에, 이제 우리는 생산과정의 **사회적** 조건, 즉 **생산의 사회적 관계**를 연구해야만 한다. 이 새로운 조건은, 한편으로는 (생산행위자들 사이에 이미 존재하는) 관계들에 따른en fonction **생산행위자들**, 다른 한편으로는 생산의 **물질적 수단,** 이 둘 **사이에** 존재하는 관계의 특수한 유형과 관련된다. 이러한 세부설명은 핵심적이다. 왜냐하면 **생산의 사회적 관계는 인간들 사이의 단순한 관계로, 인간들만을 문제시하는 관계로, 그러니까 상호주관성[상호주체성]—인정, 명성, 투쟁, 지배와 복종 등—이라는 보편적 모체의 변이로 그 어떤 이유에서도 환원될 수 없는 것**이기 때문이다. 마르크스에게서 생산의 사회적 관계는 **인간들만** 무대 위에 등장시키는 것이 아니며, 특수한 '결합들'combinaisons 내에서 생산과정의 **행위자들**과 생산과정의 **물질적 조건** 또한 무대 위에 오르게 만든다. 나는 이 지점을 특히 강조하고자 하는데, 랑시에르가 마르크스의 몇몇 표현—여기에서 우리는, 마르크스의 청년기 용어법, 즉 그 인간학적 철학에 여전히 고취되어 있는 마르크스의 용어법 속에서, (문자 그대로) 인간들이 서로 맺는 관계를 사물들[사태들]이 그것들 사이에서 맺는 관계와 대립시키고자 하는 유혹을 받을 수 있다—으로부터 제시했던 분석들과 결합하는 한 가지 이유로 인해 그러하다. 그런데 **생산관계** 내에는 필연적으로 인간들과 사물들[사태들] 사이의 관계—인간들이 자신들 사이에서 맺는 관계가 인간들과 생산과정의 물질적 요소들 사이의 현존하는 확정적 관계에 의해 정의되는 그러한 관계—가 함축되어 있다.

마르크스는 이 관계를 어떻게 사고하는가? 마르크스는 이 관계를 하나의 '분배' 혹은 하나의 '결합'combinaison(Verbindung)으로 사고한다. 1857년의 『정치경제학 비판 요강』 「서설」에서 이 분배에 대해 언급하며, 마르크스는 다음과 같이 쓴다.

> 그 가장 진부한[일반적인] 개념화 내에서, 분배는 생산물들의 분배로, 그러니까 생산으로부터 가장 멀리 떨어져 있는 것으로, 말하자면 생산으로부터 독립적인 것으로 나타난다. 하지만 생산물의 분배이기 이전에, 분배는 첫 번째로 생산 도구들의 분배이며, 두 번째로, **이는 결국 동일한 관계에 대한 또 하나의 다른 규정인 것인데,** 사회의 구성원들을 서로 다른 여러 생산 종류로 분배하는 것, 즉 개인들의 규정된 생산관계로의 종속이다. 생산물의 분배는, 명시적으로, 이러한 [첫 번째와 두 번째] 분배—생산과정 자체에 포함되어 있으며 **생산의 구조**(Gliederung)**를** 규정하는—의 결과일 뿐이다. 생산에 내포된 이러한 분배를 고려하지 않고 생산을 고찰하는 것은 명백히 공허한 추상일 뿐이다. 반면 생산물의 분배는 생산의 계기(Moment)를 본원적으로 구성하는 이러한 분배에 함축되어 있기 때문이다…. 생산은 생산도구의 특정 **분배** 내에서 자신의 출발점을 필연적으로 가지게 되는 것이다….[226]

따라서 이러한 분배는 생산수단의 생산행위자들에게로의 특정한 **할당**attribution 내에, 한편으로는 생산수단과 다른 한편으로는 생

226 *Introduction de 1857*, p. 161[1857년의 『정치경제학 비판 요강』 「서설」, 66~67쪽].

산행위자들 사이에 확립된 특정한 규제된 관계[일정한 비율] 내에 놓이게 된다. 형식적으로 이러한 할당-분배는 생산수단에 속하거나 생산행위자들에 속하는 특정 수의 요소들 사이의 **결합**combinaison(Verbindung), 한정된 양태들에 따라 실행되는 결합으로 개념화될 수 있다.

[그런데 사실] 이는 마르크스 자신의 표현이다.

> 생산의 사회적 형태가 어떠하든, 노동자와 생산수단은 항상 이 생산의 사회적 형태의 요인들로 남아 있다. 하지만 노동자와 생산수단은, 이들이 분리되어 있는 한에서는 잠재적 상태로만 존재하는 요인이다. 그 어떤 생산에서도, 이 노동자와 생산수단 사이의 결합combinaison이 필수적이다. 이러한 결합을 수행하는 **특수한 방식**(die besondere Art und Weise)이 바로 (사회적 구조Gesellschaftsstruktur가 거쳤던) 서로 다른 경제적 시기들을 구별해주는 것이다.[227]

아마도 가장 중요한 텍스트일 마르크스의 또 다른 텍스트에서,[228] 봉건제 생산양식에 대해 논하며 마르크스는 다음과 같이 쓴다.

> 특수한 경제적 형태—그 안에서 불불 잉여노동이 직접생산자들로부터 탈취extorqué되는—는 생산 자체로부터 무매개적으로[즉 직접적으로] 도출되는 바로서의, 그리고 역으로 이 생산에 대해 규정적 방식

227 *Le Capital*, IV, p. 38.

228 *Le Capital*, VIII, pp. 170~173[『자본』, III-2, 1056쪽].

으로 반작용하는 그러한 지배와 복종의 관계le rapport de domination et de servitude를 결정한다. 바로 이 생산 위에서, 생산관계 자체로부터 도출되는 경제적 공동체의 구조화structuration(Gestaltung) 전체가, 그리고 이로 인해 동시에 이 경제적 공동체의 특수한 정치적 구조structure(Gestalt)가 기초하게 된다. 생산조건의 소유자들이 직접생산자들과 맺는 무매개적 관계, 즉 각각의 형태가 노동의 양식(Art und Weise)의 규정된 발전 정도에, 그러니까 이 형태들의 사회적 생산력 발전의 특정한 정도에 이 형태들의 본성에 적합한 방식으로 조응하는 그러한 관계, 매번 바로 이 관계 내에서 우리는 사회적 구축construction(Konstruktion) 전체의, 따라서 이에 이어 또한 주권souveraineté의 정치적 형태의, 의존관계의, 결국 각각의 특수한 존재형태의 숨겨진 토대fondement(Grundlage)라는 가장 깊숙한 곳에 숨겨진 비밀(innerste Geheimnis)을 발견하게 된다.[229]

이 텍스트의 이론적 전개는 지금까지 제시된 두 가지 요소(즉 생산행위자들[예를 들어 노동자]과 생산수단)하에서 가장 큰 중요성을 지니는 구별들이 등장하도록 만든다. 생산수단 편에서, 우리는 생산의 대상—예를 들어 (자본주의 이전의 생산양식들 전체에서 결정적 역할을 **직접적**으로 수행한) 토지—과 생산도구 사이의, 이미 앞에서 다루었던 구별이 나타나는 것을 보게 된다. 생산**행위자들**의 편에서,

229 ❖ '직접생산자'는 producteur immédiat를 옮긴 것으로, 프랑스어의 마르크스 번역 관행상으로 사실상 producteur direct와 동의어이기 때문에 이 immédiat의 경우 '직접'으로 옮기면서도 굳이 원어를 병기하지는 않았다.

우리는 노동자와 노동력 사이의 구별을 넘어 생산의 **무매개적 행위자들**(이는 마르크스의 표현이다)—이 행위자들의 노동력이 생산 내에서 적용[실행]되는 것이다—과 생산과정 일반에서 생산수단의 소유자 역할을 수행하는(하지만 이들은 이 생산과정 일반 내에서 노동자로 혹은 무매개적 행위자로 등장하지는 않는데, 왜냐하면 이들의 노동력은 생산과정에서 활용되지 않기 때문이다) 다른 인간들 사이의 본질적 구별이 나타나는 것을 보게 된다. 노동력, 무매개적[직접] 노동자, 무매개적 노동자가 아닌 주인Maîtres[예를 들어 자본가], 생산의 대상, 생산도구 등과 같은 이 서로 다른 요소들을 결합하고 **관계지음**으로써 우리는 인간 역사 내에서 존재해왔으며 지금도 존재할 수 있는 서로 다른 **생산양식**을 정의할 수 있게 된다. 이러한 이미 존재하는 규정된 요소들에 대한 관계지음의 실행은, 만일 이러한 서로 다른 결합들 내에 놓인 관계들의 매우 개별적인 특수한 본성이 그 장을 긴밀하게 정의하고 제한하지 않는다면, [부적절하게도] **조합**combinatoire을 떠올리도록 만들 수 있다. 서로 다른 생산양식을 획득하기 위해서는 이 서로 다른 요소를 결합combiner해야 하지만, 조합의 **결과**(그것이 바로 현실적 생산인 것인데)의 고유한 본성 내에서만 의미를 가지는 **특수한 결합양식들**, 게다가 **소유**propriété, **점유**possession, **처분**disposition, **향유**jouissance, **공동체**communauté 등인 그러한 **특수한 결합양식들**(즉 'Verbindungen')을 활용하면서 결합해야만 한다. 특수한 관계들을 현존하는 요소들에 대한 서로 다른 분배들에 적용하는 것은 한정된 생산양식들의 생산관계들을 구성하는 제한된 수의 구성체들formations을 생산한다. 이 생산관계는 생산의 서로 다른 행위자 집단이 생산의 대상과 도구와 맺는 관계를 결정하며, 이 사실로부터 동시에, 생산행위자들을 생산과정 내에서 정의된 하나의 자리place를 차지하는 기능적 집단들로 배분한다. 따라서 생산행위자들이 자신들 사이에서 맺는 관계는 이 생산행위자들이 생산수단(대상과 도구)과 맺는 유형적 관계로부터, 그리고 생산의 구조에 의해 생산수단이 이 생산행위자들과 가지게 되는 관계 내에서 기능적으로 정의되고 위치 지어진 집단들 내로 이 생산행위자들을 분배하는 것으로부터 도출된다.

여기서 내가 이 '결합'combinaison 개념과 이 개념의 서로 다른 형태에 대한 이론적 분석 내로 진입할 수는 없다. 대신 이 지점에서 나는 이 책에 수록된 발리바르의 논문에 의거하고자 한다. 그렇지만 이 '결합'이라는 개념의 이론적 본성이 하나의 **비판적** 형태로 앞에서 개진되었던 확언, 즉 마르크스주의는 **역사주의가 아니**라는 주장을 정초할 수 있다는 점은 명확하다. 왜냐하면 마르크스주의적 역사 개념은 이러한 '결합'의 형태들에 대한 변이 원리에 기초해 있기 때문이다. 단지 나는 다음과 같은 **이중의 이유**에서 주목할 만한 이 생산관계의 특별한 본성을 강조하고 싶을 뿐이다.

◆◆◆

내가 방금 인용한 텍스트에서 우리는 마르크스가 현존하는 요소들에 대한 이러저러한 결합형태forme de combinaison가 이러한 결합을 보증하기 위해 필수적인 지배와 복종의 특정한 한 형태를, 사회의 **정치적** 형세configuration(Gestaltung)의 특정한 한 형태를 필연적으로 함축한다는 점을 보여주고 있다는 사실을 확인했다. 여기서 우리는 정확히 어떠한 장소에서 정치적 '형성'[즉 '구성체']의 필연성과 형태가 정초하게 되는지 확인하게 된다. 이는 바로, 생산행위자들과 생산수단 사이의 연결liaison 양식들을 구성하는 Verbindungen의 수준, 즉 소유, 점유, 처분 등등의 관계의 수준인 것이다.[230] 이러한 관계 유형들은, 생산행위자들에 대한 무매개적 노동자[직접노동자]와 주인[자본가]으로의 다양화diversification 혹은 비-다양화[분할 혹은 비-분할]에 따라, 물질적 힘(국가의 힘과 같은)의 수단과 도덕적 힘(이데올로기의 힘과 같은)의 수단에 의해 정의된 관계 유형들을 부과하고 유지하는 목표를 지니는 정치적 조직의 존재를 **필연적인 것**으로(계급사회) 혹은 **불필요한 잉여적인 것**으로(계급 없는 사회) 만든다. 이를 통해 우리는 특정 생산관계가 이 생산관계 고유의 존재조건으로서 법-정치적이고 이데올로기적인 **상부구조**의 존재를 전제한다는 점을, 그리고 왜 이 상부구조가 필연적으로 **특수한** 것인지를(이 상부구조는 이 상부구조를 요청하는 특수한 생산관계의 기능[함수]이기에) 확인하게 된다. 또한 우리는 다른 몇몇 생산관계는 정치적 상부구조가 아니라 단지 이데올로기적 상부구조만을 요청한다는 점(즉 계급 없는 사회의 경우)을 확인하게 된다. 마지막으로 우리는 고찰된 생산관계의 본성이 이러저러한 상부구조의 형태를 요청하거나 요청하지 않을 뿐 아니라 또한 사회적 총체성의 이러저러한 수준에 맡겨진délégué **효과성의 정도** 또한 확정한다는 점을 확인하게 된다. 어떠한 것이 되었든, 이 모든 결론으로부터, 우리는 생산관계와 관련된 하나의 결론conclusion

230 하나의 중요한 설명이 더 필요하다. 마르크스가 활용하는 '소유'propriété라는 용어는 생산관계가 법적juridique 관계와 동일하다고 [잘못] 믿게끔 만들 수도 있다. 그런데 법권리droit는 생산관계가 아니다. 생산관계는 하부구조에 속하는 것이고 법권리는 상부구조에 속하는 것이기 때문이다.

을, 즉 생산관계는 이 생산관계가 요청하는 상부구조의 형태들에 이 생산관계 고유의 그만큼 많은 수의 존재조건으로서 준거한다는 결론을 이끌어낼 수 있다. 따라서 우리는, 생산관계가 취하는 특수한 상부구조적 존재조건을 추상[생략]하면서는, 생산관계를 그 개념 내에서 사고할 수 없다. 단 하나의 예시만 들어보자면, 우리는 (한편으로는 생산수단의 소유자와 다른 한편으로는 임금노동자 사이의 분리라는) 자본주의적 생산관계가 **존재하는** 영역인 노동력의 구매와 판매에 대한 분석이 자신의 대상에 대한 이해를 위해 노동력의 판매자(즉 임금노동자)와 완전히 마찬가지로 구매자(즉 자본가)를 법권리의 주체로 구성하는 **형식적인 법적 관계**에 대한 고찰, 그리고 한 줌의 착취자들을 생산수단의 소유자로 만드는, 그리고 대다수 인구를 잉여가치의 [직접]생산자로 만드는 그러한 역할들의 분배 내에서 경제적 행위자들을 유지하고 포함하는 정치적이고 이데올로기적인 하나의 상부구조 전체에 대한 고찰을 직접적으로 전제한다는 점을 분명히 확인하게 된다. 따라서 고찰된 사회의 상부구조 전체는, 특수한 방식으로, 생산관계 내에, 다시 말해 생산행위자들의 규정된 범주들 사이로 생산수단과 경제적 기능을 분배하는 고정된 구조 내에 함축되고 현존하게 된다. 만일 생산관계의 구조가 경제적인 것 그 자체를 정의한다면, 규정된 한 생산양식의 생산관계라는 개념의 정의가 사회의 구별되는[변별적] 수준들이라는 개념과 이 수준들의 고유한 절합 유형(다시 말해 효과성 유형)의 총체성이라는 개념의 정의를 필연적으로 경유한다고 말한다 해도 과언은 아닐 것이다.

여기서 문제가 되는 것은 그 어떤 의미에서도 형식적 요구가 아니며 대신 **경제적인 것** 자체의 정의를 지배하는 절대적인 이론적 조건이다. 이러한 의거의 결정적 중요성을 이해하는 데는, 자본주의 생산양식과는 다른 생산양식들과 관련해 이 정의가 제기하는 수없이 많은 문제를 참조해보는 것만으로 충분하다. 마르크스가 종종 언급하듯, 만일 자본주의 사회 내에 감추어진 것이 봉건제 사회 혹은 원시 공동체에서 명확히 가시적이라 해도, 바로 이 봉건제 사회 혹은 원시 공동체 사회 내에서 우리는 **경제적인 것이 직접적으로 명확히 가시적이지는 않다**는 점을 확인하게 된다! 바로 이 동일한 봉건제 사회와 원시 공동체에서, 사회구조의 서로 다른 수준들의 효과성 정도가 **명확히 가시적이지는 않다**는 점을 우리가 **또한 명확히 보게 되는 것**과 동일한 방식으로 말이다! 경제적인 것을 찾아나가면서 혈족관계 혹은 종교적이거나 다른 제도들과 맞닥뜨리게 되는 인류학자들 혹은 민족학자들은 어느 지점에서 멈추어야 하는지를 '알고' 있다. '경제' 속에서 역사의 지배적 결정요소를 찾아나가면서 이를 바로… 정치 혹은 종교에서 발견하게 되는 중세사 전문가들은 어느 지점에서 멈추어야 하는지를 '알고' 있다.[231, 232] 이 모든 경우에서, 문제가 되는 것은 경제적인 것에 대한 **무매개적** 이해appréhension도, 날것의brut 경제적 '소여'도 아니며, 이러저러한 수준 내에서 무매개적으로 '주어진'donnée 효과성도 아니다. 이 모든 경우에서, 경제적인 것에 대한 식별은 **이 경제적인 것이라는 개념의 구축**—구축되기 위해서 이 개념은 전체의 구

231 Cf. Godelier, "Objet et méthodes de l'anthropologie économique", in *L'homme*, octobre 1965.

232 ❖ '멈추다'는 s'en tenir à를 옮긴 것으로, '경제적인 것'을 찾고자 하는 인류학자들과 민족학자들의 경우 결국 '혈족관계'나 '종교적인 혹은 다른 제도들'을, '경제 내 역사의 지배적 결정요소'를 찾고자 하는 중세사 전문가들의 경우 결국 '정치' 혹은 '종교'를 마주하게 될 것을 어느 정도는 미리 예상하여 더는 나아가지 않고 그 자리에 만족해 멈춘다는 뉘앙스의 표현이다.

조의 서로 다른 수준들(고찰된 생산양식의 구조가 필연적으로 함축하는 바로서의 수준들)에 대한 특수한 존재와 절합에 대한 정의를 전제한다── 을 통과한다[구축 내에서 이루어진다]. 경제적인 것의 개념을 구축하는 것, 이는 한 생산양식의 구조의 수준, 심급 혹은 지역으로 이 개념을 엄밀하게 정의하는 것이다. 따라서 이는 이 개념 고유의 **장소, 범위, 한계**를 이러한 구조 내에서 정의하는 것이다. 만일 우리가 낡은 플라톤적 이미지를 다시 취하고자 한다면, 이는 바로 전체의 구조의 고유한 '절합'에 따라(**하지만 이 절합에 대한 잘못된 이해 없이**) 이 전체의 구조 내의 경제적인 것의 지역을 '분절'découper하는 것이다. '소여'에 대한 '분절'découpage, 다르게 말해 경험주의적 분절은 항상 이 절합에 대해 실수를 저지르는데, 이는 바로 이 '분절'이 '현실적인 것' 위에 (이 '분절'을 지탱하는) 이데올로기의 자의적 분절과 절합을 투사하기 때문이다. 따라서 이 분절과 절합에 대한 개념을 소유한다는, 그러니까 **구축한다**는 조건에서만 올바른 분절과 절합이 존재하게 된다. 다른 용어로 말해, 사회적 전체의 구조의 그 서로 다른 실천들 혹은 수준들로의 차이화différenciation에 대한 개념을 사전에 구성해놓지 않고는, 전체의 구조 내에서 이 실천들 혹은 수준들의 고유한 의미를 **발견**해놓지 않고는, 이 실천들의 당혹스러운 다양성 내에서 경제적 실천과 그 형세와 그 양태의 지역을 식별해놓지 않고는, 원시사회들 내에서의 명백히[겉보기에는] '경제'와 무관한 이러저러한 **사실**과 이러저러한 **실천**(혈연적 의식 혹은 종교적 의례가 생산하는 실천들 혹은 '포틀래치' 경쟁에서 집단들 간의 관계와 같은)을 **엄밀하게 경제적인 것**으로 간주하는 것은 가능하지 않다. 동시대의 민족학과 인류학의 난점들 중 거대한 한 부분은 이 민족학과 인류학이 자신들의 대상에 대한 개념을 구축해야 한다는 이론적 대비행위précaution 없이 이 '사실들'에 접근한다는 점과 관련된다는 것이 옳은 것 같다. 민족학과 인류학의 이러한 누락[오류]은 이 민족학과 인류학으로 하여금 그 자체가 경제적인 것을 실천적으로 정의하는 범주들을, 다시 말해, 게다가 그 자체가 대부분 경험주의적인 (동시대 사회들의 경제적) 범주들을 민족지적 현실 내에 투사하게끔 만든다. 이는 아포리아들의 수를 늘리기에 충분하다. 이 지점에서도 또 한 번 마르크스를 따라가보자면, 우리는 원시사회들과 다른 사회들을 통한 이러한 우회를, 이 원시사회들과 다른 사회들에서 우리의 사회가 우리로부터 감추는 바를 명확히 보기 위해서만, 다시 말해 그 어떤 다른 현실(정치적 현실, 이데올로기적 현실 등등)이 **절대로 명확히 보여지지 않는 것**과 마찬가지로 경제적인 것이 '소여'와 [절대로] 일치하지coïncide 않는다는 점을 **명확히 보기** 위해서만 수행하는 것이다. 이는 자본주의 생산양식이 **물신숭배**가 경제적인 것의 지역[영역]을 특히나 변용하는 그러한 생산양식이라는 점을 우리가 알고 있는 만큼 자본주의 생산양식에서 '명증'하다. 자본주의적 생산의 세계 내 경제적 '소여'의 육중한massives '명증성'에도 불구하고, 그리고 바로 이 물신화된 '명증성들'의 '육중함'이라는 특징 때문에, 경제적인 것의 본질에 대한 접근은 이 경제적인 것이라는 개념의 구축을 통해서만, 다시 말해 경제적인 것의 지역이 전체 구조 내에서 차지하고 있는 **장소**의 명증화를 통해서만, 따라서 이러한 지역과 다른 지역들(법-정치적이고 이데올로기적인 상부구조) 사이에 존재하는 절합의 명증화를 통해, 그리고 경제적 지역 자체에서 다른 지역들의 **현존**(혹은 효과성) 정도에 의해 가능할 수 있다. 바로 이 지점에서 또다시, 이러한 요구는 실정적인 이론적 요구로서 직접적으로 난관에 부딪힐 수 있다. 즉, 이 요구 또한 누락될 수 있는 것이고, 그래서 이 요구는 이론적이든(설명 내에서의 모순과 문턱) 실천적이든(예를 들어 사회주의적 혹은 심지어 자본주의적 계획하의 기술technique 내 난점들) 고유한 효과들에 의해 발현된다. 바로 이것이, 마르크스가 제시하는, **생산관계**에 의한 경제적인 것의 결정으로부터 매우 도식적인 방식으로 우리가 이끌어낼 수 있는 첫 번째 결론이다.

◆◆◆

하지만 두 번째 결론 또한 첫 번째 결론만큼이나 중요하다. 만일 생산관계가 이제부터 우리에게 사회적 총체성의 구조 내에 **기입된** 하나의 지역적 **구조structure** régionale 자체로 나타나게 된다면, 이 지역적 구조 또한 그 **구조**의 본성[구조적 본성]으로 인해 우리의 관심을 끌게 된다. 이 지점에서, 우리는 이론적 인류학의 신기루가 사라지는 것을 보게 되며, 동시에 **주어진** 경제적 현상들의 동질적 공간이라는 신기루가 사라지는 것을 보게 된다. 경제적인 것은 사회적 전체의 광역적 globale 구조 내에서 하나의 고유한 자리를 차지하고 있는 구조화된 하나의 지역일 뿐만 아니라, 또한 이 경제적인 것의 자리 자체에서, 경제적인 것의 지역적인régionale (상대적) 자율성 속에서, 이 경제적인 것은 하나의 지역적 **구조**—이 지역적 구조는, 바로 자기 자신의 자격으로, 자신의 요소들을 결정하는 그러한 구조이다—로 기능하기도 한다. 여기에서 우리는 이 책의 공저자들의 연구결과들과 다시 만나게 된다. 즉, 생산관계의 구조가 생산행위자들—이들은 이들이 그 기능들[즉 뒤에 나오는 자리들의 기능들]의 '담지자'porteurs(Träger)인 한에서 그 자리들의 점유자 이외에 그 무엇도 아니다—에 의해 점유되고 떠맡아진 **자리들**과 **기능들**을 결정한다는 결과 말이다. 따라서 (과정의 구성적 주체들이라는 의미에서) 진정한 '주체들'은 이 점유자들occupants도 이 기능자들fonctionnaires도 아니며, 따라서 모든 외양[이 시사하는 것]과는 반대로 소박한 인류학의 '소여'의 '명증성들', 즉 '구체적 개인들', '현실적 인간들'이 아니라 **이 자리들과 기능들에 대한 정의**définition**와 분배**distribution**이다. 그러므로 진정한 '주체들'은 이 정의자들**définisseurs**과 분배자들**distributeurs**, 즉 생산관계**(**와 정치적이고 이데올로기적인 사회적 관계**)**이다**. 하지만 이것이 [그럼에도] '관계'이기 때문에, 우리는 이 관계를 **주체**라는 범주에서 사고할 수 없다. 그리고 만일 누군가가 우연히라도 이를 주체라는 범주에서 사고하게 된다면, 그는 이것이 이 생산관계를 인간들 사이의 관계, 다시 말해 '**인간적 관계**'로 환원하기를 원하는 것이라는 점을 깨닫게 되고, 따라서 마르크스에 대한 진정으로 비판적인 하나의 독해를 마르크스의 아주 소수의 모호한 정식들 중 몇몇에 대해 행한다는 조건에서 생산**관계**가 (정치적이고 이데올로기적인 사회적 관계와 온전히 마찬가지로) 모든 인류학적 상호주관성[상호주체성]으로 환원 불가능하다 (왜냐하면 이 생산관계는 생산의 대상과 행위자에 의해 점유되고 '담지'portées되는 관계들과 자리들과 기능들의 분배의 특수한 하나의 구조 내에서만 이 대상과 행위자를 결합하기combinent 때문에)는 점을 가장 심원한 방식으로 보여주었던 마르크스의 사상을 모욕하게 되는 것이다.

따라서 우리는, 여기에서 한 번 더, 마르크스의 대상 **개념**이 어떠한 점에서 그의 전임자들의 대상 개념과 발본적으로 구분되는지, 그리고 왜 마르크스에 대한 비판들이 이를 인식하지 못했는지 이해할 수 있게 된다. 생산이라는 개념을 사고하는 것은 생산의 조건들의 통일체라는 개념을, 즉 생산양식이라는 개념을 사고하는 것이다. 생산양식을 사고하는 것, 이는 물질적 조건만이 아니라 생산의 사회적 조건 또한 사고하는 것이다. 각각의 경우에서, 이는 경제(학)적으로 '조작적인'(여기에서 나는 이 '조작적'이라는, 경제학자들에게서 통용되는 개념을 의도적으로 활용한다) 개념들에 대한 정의를 지배하는 개념을 (이 경제학자들의 대상 개념으로부터 출발하여) 생산하는 것이다. 그런데 우리는 자본주의 생산양식에서 무엇이 경제적 현실 자체에서 자본주의적 생산관계라는 사실을 표현하는 개념인지를 알고 있다. 바로 **잉여가치라는 개념**이다. 자본주의적 생산의 물질적 조건과 사회적 조건 사이의 통일체는 가변자본과 잉여가치의 생산 사이에 존재하는 직접적 관계에서 표현된다. 잉여가치가 측정 가능한 하나의 현실이 아니라는 점은 이 잉여가치가 하나의 사물이 아니라 하나의 관계의 개념, 하나의 사회적 생산구조의 개념, **이 잉여가치의 '효과'**(우리가 조금 뒤에 정의할 그러한 의미에서) **내에서만** 가시적이고 측정 가능한 존재의 개념이라는 점과 관계된다. 잉여가치가 자신의 효과 내에서만 존재한다는 점은 이 잉여가치가 그 규정된 이러저러한 효과 내에서 완전히 포착될[이해될] 수 있다는 점을 의미하지는 않는다. 이러한 포착[이해]을 위해서는 이 잉여가치가 효과 내에서 **완전히 현존**tout entière présente해야만 하는데, 반면 이 잉여가치는 자신의 **규정된** 부재 내에서만 구조로서 현존하고 있기 때문이다. 잉여가치는 총체성 내에서만, 이 잉여가치의 효과의 총체적 운동 내에서만, 마르크스가 '잉여가치의 존재형태들의 전개된 총체성'이라 부르는 바 내에서만 현존한다. 이 잉여가치의 본성 자체와 관계된 다음과 같은 한 가지 이유 때문에 그러한데, 이는 잉여가치가 생산과정의 행위자와 생산수단 사이에 존재하는 하나의 생산관계, 다시 말해 잉여가치의 전개와 존재의 총체성 내에서 그 과정을 지배하는 구조 그 자체라는 이유이다. 생산의 **대상**, 즉 땅, 광석, 석탄, 목화와 **생산도구**, 즉 도구outil, 기계 등은 가시적이고 지정 가능하며 측정 가능한 '사물들'[사태들] 혹은 현실들이다. 즉, 이 생산의 대상과 생산도구는 **구조**가 아닌 것이다. 반면 생산관계는 구조이다. 그리고 일반[주류] 경제학자는 경제(학)적 '사실들', 즉 가격, 교환, 임금, 이윤, 지대 등 이 모든 '측정 가능한' 사실을 탐색해보았자 소용이 없다. 이 일반 경제학자는 이 사실들의 수준에서 **구조**를 '보지' 못할 것이다. 뉴턴 이전의 '물리학자'가 물체의 추락에서 만유인력의 법칙을 '보지' 못했듯이, 혹은 라부아지에 이전의 화학자가 '탈플로지스톤화된' 공기 속에서 산소를 '보지' 못했듯이 말이다. 분명, 뉴턴 이전에 우리가 물체가 떨어지는 것을 '보았'듯이, 마르크스 이전에 우리는 한 줌의 인간들에 의해 '착취당하는' 인간들 다수masse를 '보았'다. 하지만 이러한 착취의 경제적 '형태들'이라는 개념, 생산관계의 경제적 존재라는 개념, 이러한 **구조**에 의한 정치경제학 영역sphère 전체의 지배와 결정의 경제적 존재라는 개념은 당시에 이론적으로 존재할 수 없었다. 스미스와 리카도가 지대와 이윤이라는 '사실' 속에서 잉여가치라는 '사실'을 '생산'했다 하더라도, 스미스와 리카도는 자신들이 '생산'한 바에 대해 알지 못한 채로(왜냐하면 이들은 자신들이 '생산'한 바를 그 개념 속에서 사고하고 이로부터 이론적 결론들을 끌어낼 줄 몰랐기 때문에) 어둠 속에 남아 있었다. 스미스와 리카도는 하나의 '사실'이 '결합'의 **관계**, 복잡성의 관계—생산양식의 현재와 그 위기와 미래를 지배하는, (경험적 현상들이 너무나 눈부시게 빛나 눈을 멀게 할 정도인aveuglante 자신들의 명증성 자체에서 **비가시적인 것**으로 남아 있으면서도 동시에 이 경험적 현상들의 가시적 세부지점들에서까지) 경제적 현실 전체를 생산양식의 구조적 법칙으로 결정하는, 그러한 생산양식 전체와 공실체적인—의 존재일 수 있다는 점을 (이들 시대의 문화 전체가 그러했던 것과 마찬가지로) 전혀 개념화하지 못했기에 조금도 **사고**할 수 없었다.

IX. 마르크스의 거대한 이론적 혁명

이제 드디어 우리는 마르크스를 그의 전임자들로부터 분리시키는, 그리고 마르크스의 **대상**을 마르크스의 전임자들의 **대상**으로부터 분리시키는 거리를 가늠하기 위해, 다시 앞의 논의로 되돌아갈 수 있게 된다.

이제부터 우리는 [대문자]정치경제학 내에서 경제적 현상들의 **경제적** 본성을 (호모 에코노미쿠스 이론을 통해) 정초하는, **그리고** 동시에 **한 소여의 동질적 공간 내에** 이 경제적 현상들의 존재 또한 정초하는, 이러한 [이중의] 기능을 지니는 인간학이라는 주제[테마]를 포기할 수 있게 된다. 인간학의 '소여'를 버리고 나면, 우리에게 남는 것은 바로 우리의 관심 대상이 되는 이 [동질적] 공간이다. 자기 자신을 더 이상 어떠한 하나의 인간학 위에 정초할 수 없는 이러한 [동질적] 공간에는 그 존재 내에서 도대체 어떠한 일이 일어나게 되는가? 어떠한 효과를 통해 [이 동질적 공간의] 이러한 쇠퇴défaillance[즉 하나의 인간학 위에 자신을 정초할 수 없다는 결함]가 이 공간을 변용하게 되는가?

◆◆◆

[대문자]정치경제학은, 규정된[결정된] 하나의 효과가 하나의 대상-원인(즉 또 다른 하나의 현상)과 관계지어질 수 있는 바로서 존재하는 인과성인 대상-원인에 대한 타동적이고 기계적인 인과성—자신의 내재성의 필연성이 하나의 소여의 시퀀스 내에서 그 전부tout entière가 포착saisie될 수 있는 바로서 존재하는 그러한 인과성—이 지배하는 하나의 평면 공간espace plan에 속하는 경제적 현상들을 사고했다.[233] 이러한 공간의 동질성, 이러한 공간의 평면적 특징, 이러한 공간의 소여로서의 고유성, 이러한 공간의 선형적 인과성 유형은, 이것들이 이루는 체계 내에서, 이론적 문제설정의 구조를 구성하는, 다시 말해 이 이론적 문제설정의 대상을 개념화하는 (그리고 동시에 이 이론적 문제설정에 이 이론적 문제설정의 존재에 대한 한정된—이 이론적 문제설정 자체에 의해 한정된—질문들을 그에 대한 답변의 형태 즉 척도[측정]의 도식을 온전히 예상하면서도 제기하는) 하나의 특정 방식의 구조를 구성하는 이론적 결정작용들이며, 결국 이는 하나의 경험주의적 문제설정이다.[234] 마르크스의 이론은 이러한 개념화와 발본적으로 대립한다. 마르크스의 이론이 이전의 이론들에 대한 '전도'ren-

233 ❖ '대상-원인'은 cause-objet를 옮긴 것이고, '내재성'은 immanence를, '인과성'은 causalité를 옮긴 것이다. '타동적'과 '기계적'은 각각 transitif와 mécanique라는 형용사를 옮긴 것이다. 바로 아래에 등장하는 '선형적'은 linéaire를 옮긴 것이며 한참 뒤에 등장하는 '구조적 인과성'은 causalité structurale을 옮긴 것이다.

234 ❖ 이미 지적했듯, '결정', '결정작용', '결정요소'의 원어는 모두 규정으로도 번역 가능한 détermination이다. 또한 '척도[측정]의 도식'이란 schème de la mesure를 옮긴 것이다.

versement이기 때문이 아니다. 마르크스의 이론은 이론적으로 이러한 개념화와 아무런 관계가 없기에 완전히 다른 것이며, 그렇기에 마르크스의 이론은 이러한 개념화를 '전도'하는 것이 아니라 이러한 개념화와 단절하는 것이다. 마르크스는 경제적인 것을 **그 개념을 통해** 정의하기에, 만일 우리가 그의 사고를 공간적 은유를 통해 잠정적으로 예증하고자 한다면, 그는 우리에게 경제적 현상들을 한 동질적 평면 공간의 무한성 내에서가 아니라, 한 광역적globale 구조의 한정된 한 장소 내에 그 자체로 기입되어 있으며 한 지역적régionale 구조에 의해 규정되어 있는 그러한 **한 지역**région 내에서 제시한다. 즉, 그 자체로 또 하나의 다른 복잡하고 깊은 공간 내에 기입되어 있는, 하나의 복잡하고 깊은 공간 말이다. 하지만 여기에서 이러한 공간적 은유는 버리도록 하자. 왜냐하면 이러한 공간적 은유의 장점들은 최초의 대립[즉 공간적 은유와는 대립되는 '깊이' 혹은 '복잡성'] 내에서는 사라져버리기 때문인데, 모든 것은 이러한 깊이, 혹은 더 엄밀하게 말해 이러한 **복잡성**의 본성과 관계되기에 그러하다. 경제적 현상들을 그 개념을 통해 정의하는 것, 이는 이 경제적 현상들을 그 복잡성의 개념을 통해, 다시 말해 생산양식의 (광역적) **구조**—전체의 구조의 한정된 한 장소에 위치해 있는 한정된 지역의 현상들을 경제적 대상들로 구성해 결정하는 그러한 (지역적) **구조**를 결정하는 **구조**—의 개념에 의해 정의하는 것이다. 고유한 의미에서의 경제적 수준에서, 경제적 대상들을 구성하고 결정하는 구조는 **다음과 같은 구조**, 즉 생산력과 생산관계 간 통일체라는 구조이다. 이 생산력과 생산관계 간 통일체로서의 **구조**라는 개념은 생산양식이라는 광역적 구조라는 개념 바깥에서는 정의될 수 없다.

마르크스의 이론적 기본 개념들에 대한 이러한 단순한 자리 지움mise en place, 즉 이 개념들에 대한 하나의 이론적 담론의 통일체 내로의 단순한 정립position, 이는 단숨에 다음과 같은 몇 가지 중요한 결론들을 이끌어낸다.

첫 번째 결론. 경제적인 것은 (무매개적으로 가시적이고 관찰 가능한 점 등등과 같은) 하나의 소여의 특질qualité을 소유할 수 없다. 왜냐하면 경제적인 것의 식별은 경제적인 것의 구조라는 개념을 요구하기 때문이며, 역으로 이 경제적인 것의 구조라는 개념은 생산양식(그리고 이 생산양식의 서로 다른 여러 수준, 이 수준들의 특수한 절합들)의 구조라는 개념을 요구하기 때문이다. 왜냐하면 이 경제적인 것의 식별은, 따라서 그 **개념**의 구축을 전제하기 때문이다. 경제적인 것의 개념은, 생산양식에 속하는 다른 '수준들'(정치적인 것, 이데올로기적인 것 등등) 각각에 대한 개념과 꼭 마찬가지로, **각각의 생산양식을 위해[각각의 생산양식마다 특수한 방식으로]** 구축되어야만 한다. 따라서 경제과학 전체는 다른 과학들과 마찬가지로 자신의 대상의 개념 구축에 의존한다. 이러한 조건에서, [대문자]경제이론과 [대문자]역사이론 사이에는 그 어떤 모순도 존재하지 않는다. 오히려 정반대로, 경제이론은 우리가 앞서 소묘할 수 있었던 역사이론이라는 의미에서의 역사이론(즉 역사주의적이고 경험주의적인 의미의 역사이론이 아닌)에 종속된 하나의 지역[영역]이다.[235] 그리고 자신의 대상의 개념을 제공하지는 않으면서 역사적 현상들의 '장'champ의 가시적인 것 내에

235 [「『자본』의 대상」] 3절 참조[이 논문의 앞부분을 지시하는 참조 표시라 서지사항을 제시하는 주석이지만 예외적으로 옮겨둔다].

서 무매개적으로 이 개념을 '읽어낼' 수 있다고 주장하는 그러한 모든 '역사학'이 자신이 원하든 원하지 않든 경험주의에 오염된 채 남아 있는 것과 마찬가지로, 자신의 대상의 개념을 구축하지 않으면서 '사물들[사태들] 자체'로, 다시 말해 '구체'로, '소여'로 나아가는 '정치경제학' 전체는, 이 '정치경제학'이 원하든 원하지 않든 경험주의적 이데올로기의 올가미에 걸린 채로, 그리고 이 '정치경제학'의 진정한 '대상'의 (다시 말해, 그것이 고전 자유주의의 이상이든 심지어 노동의 '인간주의'[휴머니즘]의 이상이든, 게다가 사회주의적 이상이든, 이 '정치경제학'의 목표들의) 재돌발의 지속적 위협 아래 남아 있다.

두 번째 결론. 만일 경제적 현상들의 '장'이 무한한 하나의 평면의 **동질성**을 더 이상 가지지 않는다면, 이 '장'의 대상들은 자신들 사이에서 동질적인 그러한 모든 장소가, 그러니까 비교와 측정이 균일하게 uniformément 가능한 장소들이 당연히도 더는 아니게 된다. 측정, 수학적 도구의 개입, 그리고 이 개입 고유의 양태들 등의 가능성은 그렇다고 해서 경제적인 것으로부터 배제되는 것은 아닌데, 하지만 이제부터 이 가능성은, 수학의 다른 원천들(예를 들어 계량경제학의 도구들 혹은 다른 형식화 절차들)이 적용될 수 있는 장소와 한계와 같은 그러한 측정 가능한 것의 장소와 한계에 대한 개념적 정의에 사전적으로 종속되게 된다. 수학적 형식화는 개념적 형식화에만 종속될 수 있다. 바로 이 지점에서 또 한 번, 정치경제학을 경험주의로부터, 심지어 형식주의적 경험주의일 뿐이라 하더라도 이러한 경험주의로부터 분리시키는 경계는 (이론적) 대상의 개념을 '구체적' 대상으로부터, 그리고 이 '구체적' 대상에 대한 조작의 (심지어 수학적인) 규칙들protocoles로부터 분리시키는 그러한 경계를 경유하게 된다.

이러한 원리의 실천적 결론들은 명백하다. 예를 들어 계획화가 지니는 '기술적'techniques 문제들에 대한 해결에서 그러한데, 이 문제들 안에서 우리는 매우 단순히 대상의 개념에 대한 부재로부터, 다시 말해 경제(학)적 경험주의로부터 산출되는 '문제들'을 진정으로 '기술적인' 문제들로 기꺼이 오해하게 된다. 지적 '기술통치'technocratie는 이러한 종류의 혼란을 자양분으로 먹고살며, 여기에서 자신이 항시 활용할 바를 발견하게 된다. 존재하지 않는 혹은 잘못 놓인 문제를 해결하는 것보다 시간이 더 오래 걸리는 일은 존재하지 않으니까 말이다.

세 번째 결론. 만일 경제적 현상들의 장이 더는 이러한 평면 공간이 아니고 대신 복잡하고 깊은 공간이라면, 만일 경제적 현상들이 이 경제적 현상들의 **복잡성**(다시 말해 이 경제적 현상들의 구조)에 의해 결정되는 것이라면, 우리는 더 이상 이전과 같이 이 경제적 현상들에 선형적 인과성이라는 개념을 적용할 수 없다. [대문자]정치경제학의 대상에 대한 새로운 정의에 의해, 이 [대문자]정치경제학의 '복잡성'에 의해, 다시 말해 이 [대문자]정치경제학의 고유한 결정, 즉 **구조에 의한 결정**에 의해 요청되는 인과성의 새로운 형식을 설명하기 위한 또 하나의 개념이 필요하다.

이 세 번째 결론은 우리의 모든 관심을 끌 가치가 있는 것인데, 왜냐하면 이 세 번째 결론은 우리를 절대적으로 새로운 하나의 이론적 영역domaine으로 들어가게 해주기 때문이다. 하나의 대상이 자신의 무매개적으로 가시적인 혹은 감각 가능한 외양에 의해 정의될 수 없다는 점, 이 대상을 포착saisir(begreifen: saisir; Begriff: concept)하기 위해서는 이 대상에 대한 개념으로의 우회를 거쳐야만 한다는 점,[236] 이것이 바로 이미 알려진 익숙한 무언가와 같이 우리 귀에 울려 퍼지는 그러한 테제이다. 최소한 이는 고전철학 내에서 다소간 성찰된 근대 과학의 역사 전체의 교훈이다. 비록 이러한 성찰이 (데카르트에게서와 같은) 초월적 경험론 혹은 (칸트와 후설에게서와 같은) 초월론적 경험론 혹은 (헤겔에게서와 같은) '객관적'-관념론적 경험론의 요소 내에서 실행된 그러한 성찰이기는 하지만 말이다.[237] 서양철학을 지배하는 '인식이론'théorie de la connaissance 내에서 승화된 이 경험주의의 형태들 전체와 단절하기 위해서는, 이 서양철학의 주체(코기토)와 대상[객체]의 문제설정과 단절하기 위해서는, 이 경험주의의 형태들의 모든 변형태[변종]와 단절하기 위해서는, 어마어마한 이론적 노력이 필요하다는 것, 이는 확실하다. 하지만 최소한 이 모든 철학적 이데올로기는 그럼에도 이 끈질긴 경험주의에 대항해 현실 과학들의 이론적 실천이 부과하는 하나의 현실적 필연성[요청]을 '암시'allusion[즉 간접적으로 지시]한다. 어느 한 현실대상에 대한 인식이 '구체적인 것'과의 무매개적 접촉을 통과하는 것이 아니라 (인식대상이라는 의미에서의) 이 대상의 **개념**의 생산을 (이 대상의 절대적인 **이론적** 가능조건을 통과하듯) 통과해야 한다는 점을 알아야savoir 한다는 필연성[요청] 말이다. **형식적으로**, 마르크스가 우리에게 부과하는 과업은, 마르크스가 우리로 하여금 정치경제학에 대한 하나의 이론을 구

236 ❖ 여기에서 '포착'은 saisir, 즉 '파악', '이해', '포착' 등의 의미를 지니는 프랑스어 동사를 옮긴 것이다. 그리고 '포착' 뒤에 이어지는 괄호는 알튀세르의 것이다.

237 ❖ '초월적'은 transcendant을, '초월론적'은 transcendantal을 옮긴 것이다. 또한 여기에서는 예외적으로 empirisme을 '경험주의'가 아니라 '경험론'으로 옮겼다.

성할 수 있도록 경제적인 것에 대한 개념을 생산하도록 강제할 때, 마르크스가 **이 경제적인 것에 대한 개념을 통해** 이 대상의 수학화의 타당성validité의 영역과 한계와 조건을 정의하도록 강제할 때(만일 이 수학화가 서양 비판철학의 경험주의적-관념론적 전통 전체와 제대로 단절한다면 말이다), 그 어떤 의미에서도 현실의effective 과학적 실천과 단절하라는 것이 아니다. 오히려 이와는 정반대로 마르크스의 요구는, 하나의 새로운 영역 내에서, 자신들의 자율성에 도달한 과학들의 실천에 오랜 시간에 걸쳐 부과된 그러한 요구들이다. 만일 이 요구들이 경제과학을 지배했고 여전히 지배하고 있는 경험주의적 이데올로기로 심원하게 물든 실천들과 종종 충돌한다면, 아마도 이는 이 '과학'[즉 경제과학]의 젊음[즉 탄생한 지 얼마 되지 않음] 때문일 것이며, 또한 '경제과학'이 다른 과학들에 비해 이데올로기의 압력에 특히나 노출되어 있기 때문일 것이다. [경제과학을 포함한] 사회에 대한 과학들은 수학적 과학들과 같은 평온함을 지니고 있지 못하다. 이미 홉스는 이를 지적한 바 있다. 기하학은 인간들을 연결unit시키고 사회과학은 인간들을 분열divise시킨다. '경제과학'은 역사의 거대한 정치적 전투들의 경기장이자 내기판enjeu[즉 '쟁점']이다.

우리의 이 세 번째 결론에서, 그리고 이 세 번째 결론이 우리로 하여금 **하나의** (지역적) **구조**—그러나 이 [지역적 구조] 자체 또한 생산양식이라는 (광역적) 구조에 의해 결정되는 것이다—**에 의해 결정되는** 경제적 현상들을 사고하도록 하는 요구에서, 사태는 완전히 다르게 전개된다. 이러한 요구는 마르크스에게 하나의 문제를 제기하는데, 이 문제는 하나의 **과학적** 문제, 다시 말해 정의된 하나의 과학([대문자]정치경제학 혹은 [대문자]역사학)의 이론적 실천에 속하는 그러한 문제일 뿐 아니라, 또한 하나의 이론적 혹은 철학적 문제이기도 하다. 왜냐하면 이 문제는 과학성 혹은 기존의 (이론적) 합리성의 형태들 자체를, 즉 주어진 한 계기에 [대문자]**이론적인 것** 자체를, 다시 말해 철학의 대상을 정의하는 형태들을 필연적으로 변용하는 하나의 개념 혹은 [복수의] 개념들의 집합의 생산과 매우 정확히 관련되기 때문이다.[238] 이 문제는 역사이론과 [대문자]정치경제학이론의 엄밀한 담론을 구성하기 위해서는 절대적으로 필요불가결한 (철학적인) 하나의 이론적 개념의 생산, 즉 **개념의 형태로는 존재하지 않는** 필요불가결한 하나의 철학적 개념의 생산과 온전히 관련되어 있다.

새로운 과학 전체의 탄생이 이러한 차원ordre의 (철학적인) 이론적 문제들을 필연적으로 제기한다고 주장하는 것은 아마도 여전히 너무 이를 것이다. 그렇지만 엥겔스는 이미 이를 사고했으며, 만일 우리가 그리스에서 수학의 탄생, 갈릴레이 물리학의 구성, 미적분의 구성, 화학의 토대[기반] 구성, 생물학의 토대[기반] 구성 등에서 일어난 일을 검토해본다면, 우리 또한 이렇게 사고할 충분한 이유를 가지게 된다. 이 정세들 중 여럿에서, 우리는 다음과 같은 놀라운 현상을 목도하게 된다. 철학적 성찰에 의한 근본적인 과학적 발견의 '재영유'reprise, 그리고 철학에 의한 새로운 합리성 형태의 생산(기원전 4세기와 기원전 5세기 수학자들의 발견 이후의 플라톤, 갈릴레이 이후의 데카르트 그리고 미적분을 발견한 후의 라이프니츠 등등). 이러한 철학적 '재영유', (명시적으로 제기되지는 않는다고 해도 문제의 대상이 되는 위대

238 Cf. Tome I, chapitre I, paragraphe 14.

한 과학적 발견들 내에서 최소한 '실천적 상태'à l'état pratique로 포함되어 있는 **이론적 문제들**을 해결하는), 새로운 이론적 개념들의 (철학에 의한) 생산, 이는 [대문자]이론적인 것의 역사, 다시 말해 철학의 역사의 거대한 절단들을 표시한다. 그렇지만 몇몇 특정한 과학적 분과학문들(심리-생리학이나 심리학 등)은 기존의 합리성 형태에 대한 단순한 확장을 통해 정초될 수 있었던 혹은 심지어 **정초되었다고 믿을 수 있었던** 것으로 보이는데, 이는 [대문자]이론적인 것 내에서 하나의 혁명을 **그 사실 자체에 의해서**ipso facto 촉발하는 것이 **아무** 과학적 토대인 것이 아니라 (최소한 우리는 이를 가정해볼 수는 있는데) 자신의 대상을 사고할 수 있기 위해 [대문자]이론적인 것 내에서 기존 문제설정을 **실천적으로**pratiquement 수정해야 한다는 의무를 지니는 것으로서의 과학적 토대라는 점을 전제suggérer하는 경향을 지니게 될 것이다. 따라서 합리성의 새로운 형태(과학성, 필증성apodicticité 등등)의 현재화mise à jour를 통해 [대문자]이론적인 것 내에서, 위에서 언급한 이러한 과학의 돌발에 의해 촉발된 그 전복을 성찰할 수 있는 그러한 철학은 이러한 과학의 존재로부터 [대문자]이론적인 것의 역사 내 하나의 결정적 구획 지음scansion을, 하나의 혁명을 표시할 것이다.

만일 이러한 새로운 합리성의 철학적 생산에 필요한 기한délai을, 심지어 (몇몇 이론적 혁명이 그 대상이 될 수도 있는) 역사적 억압들refoulements에 대해 우리가 다른 곳에서 언급했던 바를 제대로 고려해본다면, 마르크스는 우리에게 이러한 중요성의 한 예시를 정확히 제시하고 있는 것이다. 마르크스에 의한 [대문자]정치경제학의 대상에 대한 발본적 수정modification이 제기하는 인식론적 문제는 다음과 같이 정식화될 수 있다. **어떠한 개념을 수단으로 하여 우리는, 특정 지**

역의 구조에 의해 주어진 이 지역의 현상들에 대한 결정으로 식별된, 그러한 새로운 결정형태를 사고할 수 있을 것인가? 더욱 일반적인 방식으로 말하자면, **어떠한 개념을 수단으로 하여 우리는, 혹은 어떠한 개념들의 집합을 수단으로 하여 우리는, 하나의 구조가 지니는 요소들에 대한 결정을, 그리고 이 요소들 사이에 존재하는 구조적 관계들을, 그리고 이 구조의 효과성**efficace**에 의한 이 관계들의 효과들**effets **전체를 사고할 수 있을 것인가? 그리고 더욱이, 어떠한 개념을 수단으로 하여 우리는, 혹은 어떠한 개념들의 집합을 수단으로 하여 우리는, 하나의 지배적 구조에 의해 종속된 하나의 구조의 결정을 사고할 수 있는가? 달리 말해, 어떻게 구조적 인과성이라는 개념을 정의할 수 있는가?**

이러한 단순한 이론적 질문은 이 질문 자체 내에 마르크스의 천재적인 과학적 발견을, 즉 역사와 정치경제학의 이론에 대한 발견, 『자본』의 발견을 요약한다. 하지만 이 단순한 이론적 질문은 마르크스의 이 천재적인 과학적 발견을 그의 과학적 발견 내에 '실천적 상태'로 포함되어 있는 천재적인 이론적 질문으로, 마르크스가 자신의 저작 내에서 '실천'pratiquée했던 질문—마르크스는 이 질문에 대한 답변으로 자신의 과학적 저작 자체를 (자신의 과학적 저작과 동일한 엄밀성을 지니는 철학적인 하나의 저작 속에서 그에 대한 **개념**을 생산하지는 않으면서) 제시했던 것인데—으로 요약한다.

이 지점에서 이러한 단순한 질문은, 이 질문이 인과성에 대한 고전적 이론들 전체를 폭파해버릴 무언가를, 혹은 심지어 탄생하기도 전에 오인된 채 그리고 지각되지 못한 채 흘러가버리거나 땅에 파묻혀버리고 말 무언가를 포함한다는 점에서 새로운 것이고 예견 불가능한 것이다.

매우 도식적으로, 우리는 고전철학(기존의 [대문자]이론적인 것)이 효과성을 사고하기 위해 오직 개념들의 두 가지 체계만을 활용[소유]하고 있었다고 말할 수 있다. 인과성을 타동적이고 분석적인 효과성으로 환원했던 데카르트적 기원의 기계론적 체계. 이는, 엄청난 왜곡이라는 대가를 치르지 않는 한(우리가 데카르트의 '심리학' 혹은 생물학에서 보듯이 말이다), 하나의 전체의 자신의 요소들에 대한 효과성[하나의 전체가 자신이 지니는 요소들에 미치는 효과성]을 사고하기에 적합할 수 없었다. 그렇지만 우리는 또한, 정확히도 하나의 전체의 자신의 요소들에 대한 효과성을 설명하기 위해 개념화된 두 번째 체계를 활용[소유]하고 있었는데, 이는 바로 라이프니츠적 표현expression 개념이다. 바로 이 모델이 헤겔의 사고 전체를 지배한다. 그러나 이 모델은 자신의 원리 내에서 (여기에서 문제의 대상이 되는) 전체가 유일한 내부성intériorité unique의 원리로, 다시 말해 하나의 **내부적 본질**essence intérieure—이 요소들은 따라서 그 현상적 표현형태들에 불과하다—로 환원될 수 있다는 점을 전제하며, 따라서 각각의 순간에 우리가 무매개적으로 적합한 다음 등식équation을 써 내려갈 수 있도록 본질의 내적interne 원리가 전체의 각 지점들에 현존하고 있는 것이다. **이러저러한 요소들**(헤겔에게서라면 경제적, 정치적, 법적, 문학적, 종교적 등의 요소들) = **전체의 내부적 본질**. 바로 이 지점에서 우리는 전체가 자신의 각 요소들에 미치는 효과성을 사고할 수 있게 해주는 하나의 모델을 가지게 되었지만, 내부적 본질essence intérieure과 외부적 현상phénomène extérieur이라는 범주는, 문제의 대상이 되는 총체성에 속하는 현상들 각각에 매 장소 매 순간 적용 가능하기 위해서는, **전체에 대한 하나의 특정한 본성을, 정확히 말해, 각각의 요소가**

'전체적 부분'pars totalis과 같이 총체성 전부totalité entière에 대해 표현적인 그러한 하나의 '정신적'spirituel 전체의 본성을 전제해야만 했다.[239] 다르게 말해 라이프니츠와 헤겔에게서 우리는, 자신의 요소들 혹은 부분들에 대한 전체의 효과성이라는 바로 이 하나의 범주를 취하게 되었던 것인데, 그러나 우리는 이 전체가 하나의 구조가 아니라는 절대적 조건에서만 이 범주를 가졌던 것이다.

만일 전체가 **구조화된 것**으로, 다시 말해 정신적 전체의 통일체 유형과는 완전히 다른 하나의 통일체 유형을 소유하고 있는 것으로 전제된다면, 사태는 더 이상 동일한 것이 아니게 된다. 분석적이고 타동적인 인과성의 범주에서 구조에 의한 요소들의 결정을 사고하는 것이 불가능해질 뿐 아니라, **자신의[즉 본질의] 현상들에 내재적인 이러한 하나의 일의적이고 내부적인 본질의 광역적인 표현적 총체성의 범주에서 이 요소들의 결정을 사고하는 것 또한 불가능해진다**. 하나의 전체의 구조에 의한 그 전체의 요소들의 결정을 사고하고자 하는 것은 가장 거대한 이론적 곤란 내에서 절대적으로 새로운 하나의 문제를 스스로에게 제기하는 것이었다. 왜냐하면 우리는 이 문제를 해결하기 위해 세공된 그 어떤 철학적 개념도 활용[소유]하지 않았기 때문이다. 이 문제를 제기하고 이 문제에 대한 최초의 해결책을 소묘하는 놀라운 대담함을 지녔던 유일한 이론가는 바로 스피노자였다. 그러나 역사는, 우리가 이미 알다시피, 그 밤의 두께 아래로 이 스피노자를 매장시켰다. 유일하게 마르크스를 통해서만 우리는, 비록 마르크

239 ❖ pars totalis는 단어를 통해 알 수 있듯 '전체적 부분'을 뜻하는 단어인데, 단순히 '전체' 내의 '부분'이라기보다는 '전체를 표현하는 부분'이라는 의미를 지닌다.

스가 스피노자를 제대로 이해했던 것은 아니지만, 이 매장된 얼굴의 윤곽을 겨우 짐작하기 시작하게 된다.

사실 여기서 나는, 그 가장 일반적인 형태하에서, 근본적이고 극적인 하나의 이론적 문제를(바로 이 문제에 대한 이전의 설명들이 우리에게 이에 대한 정확한 관념을 제공했다) 우리가 다시 취하도록 reprendre 하고 있을 뿐이다. 나는 바로 여기에 하나의 근본적 문제가 있다고 말하는 것인데, 왜냐하면 다른 길들을 통해 (언어학을 포함해) 정신분석학 같은 동시대 이론, 그리고 생물학 같은(심지어 물리학 같은) 다른 분과학문과 같은 동시대 이론은 자기 자신보다 한참 이전에 마르크스가 고유한 의미에서 이 문제를 '생산'하리라고는 차마 예상하지 못하면서도 이 문제와 마주하게 되었기 때문이다. 나는 바로 여기에 하나의 **극적인** 이론적 문제가 있다고 말하는 것인데, 왜냐하면 **이 문제를 '생산'**했던 마르크스가 **이 문제를 문제로서 제기하지는** 않았으며 대신 비할 바 없는 탁월함으로 (그 개념을 활용[소유]하지는 않으면서도) 이 문제를 실천적으로pratiquement 해결하고자 노력했기 때문이다. 하지만 이 문제의 정립과 해결에 필연적으로 부적합할 수밖에 없는 이전의 도식들에 다시 빠져버리는 함정을 완벽하게 피하지는 못하면서 말이다. 마르크스가 그 표현들 내에서 명확히 윤곽을 그리고자 시도하는(이 표현들 자체에 대한 탐구를 위해) 이 문제가 바로 우리가 다음의 1857년의 『정치경제학 비판 요강』「서설」에서 읽어낼 수 있는 바이다.

> 모든 사회형태 내에서, 하나의 규정된 생산과 이 생산에 의해 생성된 관계들이, 다른 생산들과 이 다른 생산들에 의해 생성된 관계들에 그

서열과 중요성을 할당하는 것이다. 바로 이 일반적 조명éclairage(Beleuchtung)에 모든 색채couleurs가 스며들며, 또한 바로 이 일반적 조명이 이 모든 색채의 개별적 색조들tonalités을 수정하는 것이다. 바로 이 개별적 에테르가 이 에테르로부터 다시 빠져나오게 되는 모든 존재형태의 특수한 비중을 결정하는 것이다.[240]

이 텍스트에서 문제가 되는 것은 하나의 지배적 생산구조에 의해 종속된 몇몇 특정한 구조들의 결정, 그러니까 다른 하나의 구조에 의한 하나의 구조의 결정, 지배적 구조 그러니까 결정하는 구조에 의해 종속된 하나의 구조의 요소들에 대한 결정이다. 이전에[즉 『마르크스를 위하여』에서] 나는 정신분석학으로부터 차용한 **과잉결정**surdétermination이라는 개념을 통해 이 현상을 설명하고자 시도했으며, 우리는 하나의 [정신]분석적 개념으로부터 마르크스주의 이론으로의 이러한 전이transfert가 자의적 차용이 아니라 필연적 차용이었다고 전제할 수 있다. **왜냐하면 정신분석학과 마르크스주의, 두 경우 모두에서 문제가 되는 것은 다음과 같은 동일한 이론적 문제이기 때문이다. 하나의 구조에 의한 결정(이 하나의 구조에 의한 한 요소의 결정이든 이 하나의 구조에 의한 [다른] 한 구조의 결정이든)을 어떠한 개념을 가지고 사고해야만 하는가?** 마르크스는 바로 이 동일한 문제를 고려하고 있는 것이며, 바로 이 동일한 문제의 윤곽을 또 한 번 마르크스는, 물체가 빠져 있는baignent 일반적 조명과 에테르라는 변형된 은유를 도

---

240 *Introduction de 1857*, pp. 170~171 [1857년의 『정치경제학 비판 요강』 「서설」, 78쪽].

입함으로써, 그리고 하나의 개별적 구조의 위치localisation, 기능 그리고 관계(이 세 가지는 마르크스 자신의 표현으로는 그 관계, 관계의 서열, 그리고 관계의 중요성이다)에 대한 지배, 기원적 색채에 대한 지배, 대상들[객체들]의 특수한 질량에 대한 지배에 의해 생산된 연속적으로 이어지는 수정을 도입함으로써, 그려보려 시도하고 있는 것이다. 이전의 설명들이 이 동일한 문제의 표현들과 이 문제의 추론 형태들에 대한 엄밀한 분석을 통해 우리에게 보여주었던 것이 바로 이 동일한 문제가 마르크스에게서 지속적이고 실제적으로 존재한다는 점이며, 또한 우리는 이러한 동일한 문제 전체를 가치에 대한 마르크스주의 이론 전체의 핵심적인 인식론적 개념인 'Darstellung'['재현']이라는 개념—구조의 자신의 효과 내에서의 그 **현존** 방식, 그러니까 구조적 인과성 자체를 지시하는 것을 정확히 자신의 대상으로 취하는 그러한 개념—으로 요약할 수 있는 것이다.

만일 우리가 이 'Darstellung'이라는 개념을 [다른 개념들로부터] 구별해놓았다 해도, 이는 이 개념이 구조의 효과성을 사고하기 위해 마르크스가 활용하는 유일한 개념이기 때문은 아니다. 마르크스가 **자신 이전까지는 사고되지 못하던** 이러한 특수한 현실을 설명하기 위해 은유적 성격의 서로 다른 족히 12개가 넘는 표현을 활용하고 있다는 점을 확인하는 데는 『자본』 맨 앞의 서른 쪽 정도를 읽어보는 것만으로 충분하다. 만일 우리가 특히 이 개념을 다시 취했다면, 이는 이 용어가 가장 덜 은유적이면서도 동시에 (마르크스가 부재와 현존, 다시 말해 **구조의 그 효과 내에서의 현존**을 동시에 지시하기를 원할 때 그가 목표로 삼는 개념에) 가장 가까운 개념이기 때문이다.

이 지점은, 아주 조금의 가능성이라 하더라도 그리고 어떠한 의미에서는 부주의에 의한 것이라 하더라도 **경제적 대상에 대한 고전적 개념화**의 결함에 빠지는 것을 피하기 위해, 마르크스에게서 경제적 대상에 대한 마르크스주의적 개념화가 **비경제적인 어떠한 구조에 의해 바깥에서** 결정될 것이라고 주장하는 것을 피하기 위해 극도로 중요하다. 구조는 경제적 현상들로부터 **외부적인** 하나의 본질(경제적 현상들의 양상과 형태들과 관계들을 수정할, 그리고 **이 경제적 현상들로부터 외부적이라는 이유로 부재하는**, 그러한 부재하는 원인으로서 이 경제적 현상들에게 효과성을 지닐[효과를 미칠])이 아니다. **구조의 자신의 효과에 대한 '환유적 인과성'[241] 내에서 원인의 부재는 경제적 현상들에 대한 구조의 외부성의 결과가 아니다. 오히려 이와는 정반대로 이는 구조의 효과들 내에서의 구조의 내부성이 구조로서 취하는 형태 그 자체다.** 따라서 이는 효과들이 구조에 외부적이지 않다는 점을, 효과들이 그 안에서 **구조가 자신의 표지를 각인하게** 될 선재하는 어떠한 대상 혹은 어떠한 요소 즉 어떠한 공간이 아니라는 점을 함의한다. 오히려 이와는 정반대로, 이는 구조가 (그 용어의 스피노자적 의미에서 자신의 효과들에 내재적인 원인으로서) 자신의 효과들에 내재적이라는 점을, **구조의 실존 전체는 이 구조의 효과들 내에 놓여 있다**는 점을, 간단히 말해 구조 자신의 요소들의 특수한 하나의 결합combinaison에 불과한 구조가 자신의 효과들 바깥에서는 아무것도 아니라는 점을 함의한다.

이러한 정확한 설명은 이러한 현실에 대한 표현의 발견과 탐구

241 이 '환유적 인과성'은 자크 라캉이 프로이트에게서 탐지했던 구조적 인과성의 형태를 특징짓기 위해 자크-알랭 밀레르Jacques-Alain Miller가 만든 표현이다.

가 마르크스에게서도 취하게 되는 종종 기묘한 형태를 해명하기 위해 매우 중요하다. 이 기이한 형태를 이해하기 위해, 자신의 효과들에 대한 구조의 외부성은, 마르크스에게서 하나의 순수한 외부성으로 개념화되거나 혹은 하나의 **내부성**으로 개념화될 수 있다는 점을 지적해야만 한다(이 외부성 혹은 내부성이 **자신들의 효과들로부터 구별되는** 것으로 전제된다는 유일한 조건에서는). 이러한 구별은 마르크스에게서 종종 안dedans과 밖dehors 사이의 구별, 사물의 '내밀한 본질'essence intime과 이 사물의 현상적 '표면' 사이의 구별, 사물의 '내밀한' 관계 즉 '내밀한 연관'lien intime과 이 사물 자체에 외부적인 관계와 연결 사이의 구별이라는 고전적 형태를 취한다. 그리고 우리는, 그 원리 내에서, 본질과 현상 사이의 고전적 구별로, 다시 말해 **존재 자체에, 현실 자체에 자신의 개념의 내부적 장소**(따라서 구체적 외양들의 '표면'과 대립되는 장소)를 위치시키는 구별로 되돌아오는, 그러므로 현실적 대상에 속하지 않는 구별(왜냐하면 이는 바로 개념 혹은 인식을 존재하는 대상으로서의 이 현실적인 것으로부터 분리하는 그러한 구별이기 때문이다)을 **현실적 대상 자체에서의** 수준 혹은 부분들의 차이로 [부당하게] 위치전환하는 [마르크스적] 대당opposition이 마르크스로 하여금 자신을 방심하게 만드는 다음과 같은 [거짓된] 자명한 이치에 가 닿도록 할 수 있다는 점을 우리는 알고 있다.[242] **만일 본질**

242 ❖ '자신을 방심하게 만드는'은 désarmante를 옮긴 것으로, 이는 arme라는 단어를 통해 알 수 있듯 무장하고 있던 것을 해제시킨다, 즉 비유적으로는 긴장을 풀고 방심하게 만든다는 의미이다. 또한 '자명한 이치'는 미셸 페슈Michel Pêcheux의 저서 제목이기도 한 "라 팔리스 신사의 진실"La vérité de la Palice에서도 사용된 바 있는 표현인 la Palice에서 유래한 lapalissade를 옮긴 것으로, '명증성' 혹은 '자명성'을 뜻하는 évidence와 동의어로 간주하면 된다.

이 현상들과 다른 것이 아니라면, 만일 본질적 내부가 비본질적 외부 혹은 현상적 외부와 다른 것이 아니라면, 우리에게 과학은 필요 없을 것이다.[243] 동일하게 우리는, 이 독특한 정식이 추상에서 구체로의 이행, 따라서 **자신의 원리 내에서 추상된 본질적 내부성에서 외부적, 가시적 그리고 감각적인 구체적 규정들로의 이행**으로 이해된 그러한 이행, 결국 『자본』 1권에서 3권으로의 이행을 요약해줄 그러한 이행으로서의 개념 전개를 우리에게 제시해주는 마르크스의 모든 논거로부터 자신의 자양분을 섭취할 수 있다는 점을 알고 있다.[244] 이 지점에서 한 번 더, 마르크스의 논증의 모호함[혼동] 전체는 마르크스 자신이 1857년의 『정치경제학 비판 요강』 「서설」에서 현실적 구체로부터 완벽히 분리시켰던 사고-구체와 이 현실적 구체 사이의 혼동 위에 기반해 있다. 현실에서 『자본』 3권의 구체, 다시 말해 지대, 이윤 그리고 이자에 대한 **인식**은 모든 인식과 마찬가지로 **경험적 구체가 아니라 개념**인데도, 그러니까 항상 그리고 여전히 하나의 추상—이 추상이 경험적 **존재** 자체가 아니라 이 경험적 존재에 대한 **인식**, 사고행위penser의 생산물이라는 점을 명확히 표시하기 위해 내가 '**일반성 III**'Généralité III이라고 부를 수 있었고 불러야만 했던 바—인데도 말이다. 따라서 우

---

243 *Le Capital*, VIII, p. 196. "만일 사물의 외양과 본질이 혼동된다면[구별되지 않는다면] 모든 과학은 불필요한 잉여적인 것이 될 것이다." 이는 고전적인 정치적 사유 전체에 출몰하는 낡은 몽상의 메아리를 수정해 활용한 것이다. 이 낡은 몽상에 따르면, 만일 인간의 정념과 이성이 혼동된다면, 모든 정치는 불필요한 잉여적인 것이 될 것이다.

244 ❖ '추상'은 l'abstrait를, '구체'는 le concret를 옮긴 것으로, 사실 이 글 전체의 번역의 일관성을 고려한다면 '추상적인 것'과 '구체적인 것'으로 옮겨야 하지만 이미 '추상에서 구체로의 이행'이라는 표현이 한국어로 굳어져 있기도 하고 다른 부분들에서 이렇게 옮기기에는 곤란한 점이 있어 여기에서는 이미 지적했듯 관행에 따라 '추상'과 '구체'로 옮겼다.

리는 이로부터 엄밀한 방식으로 결론을 이끌어내 **『자본』 1권에서 3권으로의 이행은 사고-추상으로부터 현실-구체로의 이행과는, 현실-구체를 인식하기 위해 필수적인 사고의 추상들로부터 경험적 구체로의 이행과는 아무런 관계도 없다**고 말해야만 한다. 『자본』 1권에서 3권으로 나아가면서, 우리는 절대 추상으로부터, 다시 말해 인식으로부터, '사고행위penser와 개념화행위concevoir의 생산물'로부터 탈출하는 것이 아니다. **우리는 절대 개념으로부터 탈출하지 않는다**. 단지 우리는 인식의 추상 내부에서, 구조라는 개념과 이 구조의 가장 일반적인 효과들의 개념으로부터 이 구조의 개별적particuliers 효과들의 개념들로 이행하는 것일 뿐이다. 그 어떤 순간에도 우리는 개념의 '전개' 혹은 특수화spécification를 사물의 전개와 개별성particularité으로부터 분리시키는 절대적으로 넘어설 수 없는 경계를 뛰어넘는 것이 전혀 아니다. 그리고 이는 다음과 같은 정당한 이유에서 그렇다. **이러한 경계는 당연히 넘어설 수 없는 것인데, 왜냐하면 이 경계는 전혀 경계가 아니기 때문이며, 왜냐하면 이 경계는 하나의 경계일 수 없기 때문이며, 왜냐하면 이 경계는 하나의 사물에 대한 개념의 추상과 이 사물의 경험적 구체(경계라는 개념의 사용을 우리에게 허락해줄 수 있는) 사이의 (정신적인esprit 혹은 현실적인réel) 공통의 동질적 공간에 존재하는 것이 아니기 때문이다**.

만일 이 지점에서 내가 [사람들이, 그리고 마르크스마저 종종 저지르는] 이러한 모호함[혼동]을 강조한다면, 이는 마르크스가 자기 자신이 **생산**해냈던 인식론적 문제, 즉 **하나의 구조가 자기 자신의 요소들에 대해 미치는 효과성을 이론적으로 어떻게 설명할 것인가**를 진정으로 성찰된 개념 속에서 사고해야만 했을때 그가 어떠한 난점과 마주하게 되었는지를 제대로 보여주기 위함이다. 이러한 난점은 결론들을 초래하지 않을 수 없었다. 위에서 나는 마르크스 이전의 이론적 성찰이, 사고된 효과성efficace pensée의 두 가지 모델만 제시했다는 점을 지적했다. 갈릴레이와 데카르트적 기원을 지니는 타동적 인과성 모델, 그리고 라이프니츠적 기원을 지니며 헤겔이 다시 취한 표현적 인과성 모델 말이다. 그러나 이 두 가지 모델은, 본질과 현상이라는 두 가지 개념이 형성하는 모호함 위에서 상당히 쉽게 작동함으로써, **본질-현상**이라는 쌍의 고전적 대립이 취하는 공통토대인 것으로 스스로를 드러낼 수 있었다. 본질과 현상이라는 이 개념들의 모호함은 명백하다. 본질은 현상에 준거하지만, 동시에 이 본질은 소리 없이en sourdine **비본질적인 것**에도 준거한다. 본질의 발현manifestation과 표현expression일 수 있는 현상은 본질에 준거하지만, 동시에 이 현상은 경험적 주체에게, 지각에, 그러니까 가능한possible 경험적 주체의 경험적 변용에 나타나는 바에 소리 없이 준거한다. 그러므로 현실 자체에서 이 모호한 결정들을 축적하는 것, 그리고 **현실적인 것에 외부적인** 구별에 따라서만 의미를 지니는 그러한 구별—왜냐하면 이러한 구별은 현실적인 것과 이 현실적인 것에 대한 인식 사이의 구별을 작동시키기 때문에—을 **현실적인 것 자체에 위치 짓는 것**localiser은 매우 단순한 일이다. 하나의 구조가 자기 자신의 요소들에 대해 미치는 효과성의 독특한 현실을 사고하기 위한 하나의 개념을 탐구해나가는 마르크스는, 의지vertu가 아니라 강제force에 의해 **본질과 현상이라는 고전적 쌍의** 모호성을 떠맡음으로써, 그리고 '**현실적 운동과 외양적 운동**'의 현실적인 것이 취하는 '**내부와 외부**'라는 형태하에서, 그리고 '**내밀한 본질**'과 구체적이고 현상적인 (주체들에 의해 지각되고 조작된

manipulées) 결정들이라는 형태하에서, **현실에 대한 인식과 이 현실 자체 사이의 인식론적 차이**를 현실réalité 속으로 위치전환함으로써, **본질과 현상이라는 고전적 쌍**에 대한 (솔직하게 말하자면 거의 불가피했던) 활용으로 빠져버릴 수밖에 없었다. 이는 당연히도 마르크스의 전임자들이 발견했거나 발견하지 못했던 바에 대한 개념을, 혹은 마르크스를 자신의 전임자들로부터 구별해주는 차이의 개념을 제공하는 것이 마르크스에게서 문제가 될 때 우리가 지각할 수 있었듯, 마르크스의 과학에 대한 개념화에 모두가 예상할 수 있듯 결론들[이론적 변형]을 초래했다.

하지만 이런 모호함은 마르크스가 '**물신숭배**'라는 이름을 붙인 현상에 대한 해석에도 결론들을 초래하지 않을 수 없었다. 우리는 물신숭배가 경제적 과정 내 행위자들의 미망illusions 혹은 지각perception과 관계된 하나의 주관적[주체적]subjectif 현상이 아니라는 점을, 그래서 우리는 이 물신숭배를 경제적 주체들이 차지하고 있는 자리에 의해 이 경제적 주체들 내에서, 그 과정 내에서, 구조 안의 이들의 장소 내에서 생산되는 **주관적[주체적] 효과들**로 환원할 수 없다는 점을 보여주었다. 그렇지만, 얼마나 많은 마르크스의 텍스트가 **물신숭배**를 유일하게 '의식'에만 속하는 **하나의 '외양'**apparence, **하나의 '미망'**으로 우리에게 제시하는가! 얼마나 많은 마르크스의 텍스트들이 이 동일한 주체들의 '의식'에 물신화된 하나의 형태하에서 즉 외양적apparent 운동의 형태하에서 '**나타나는**'apparaissant, 그러한 과정의 현실적이고 내적인 운동을 우리에게 보여주는가! 그렇지만 또한 얼마나 많은 마르크스의 다른 텍스트들이 이러한 외양이 주관적인 것[주체적인 것]을 전혀 가지고 있지 않으며 오히려 이와는 정반대로, '의식들'과 지각들의 '미망' 그 자체는 이차적이며 또한 순수하게 객관적인 이런 최초의 '미망'의 구조에 의해 어긋나décalée 있는 반면, 구석구석 de part en part 객관적[객체적 또는 대상적]인지를 보증해주는가! 아마도 바로 이 지점에서 우리는 마르크스가, 필연적으로 모순적인 [사유의] 운동 내에서, 자신들의 대상에 부적합한 준거 개념들과 논쟁하고 있는(때로는 이 준거 개념들을 수용하면서 그리고 때로는 이 준거 개념들을 거부하면서) 모습을 가장 선명하게 확인하게 되는 것 같다.

그렇지만, 그리고 동시에 이러한 모순적인 주저함 자체로 인해, 마르크스는 자신이 진정 말하고자 하는 바의 입장을 종종 취하기도 한다. 그래서 마르크스는 그 대상에 적합한 개념들을 생산하면서도, 모든 사태는 마치, 섬광과도 같은 순간의 제스처 속에서 이 적합한 개념들을 생산하면서도 그가 이러한 생산을 취급해 이와 이론적으로 대결하지는 않았던 것처럼, 이 생산을 자기 분석의 장 전체에 부여하기 위해 이 생산에 대해 성찰하지는 않았던 것처럼 진행된다. 예를 들어, 이윤율에 대해 다루면서 마르크스는 다음과 같이 쓴다.

> pl/c+v, 즉 이윤율이라는 관계는 이 관계의 내부적인 개념적 의존성에 적합한 방식으로 개념화된 것으로(seinem begrifflichen, innern Zusammenhang entsprechend gefasst), 또한 잉여가치의 본성에 적합한 방식으로 개념화된 것으로, 이 관계는 지출된 자본 전체의 가치증식(mise en valeur)의 정도를 표현하는 것이다.[245]

245 *Le Capital*, VI, p. 64.

다른 여러 구절에서와 마찬가지로 이 구절에서도 마르크스는, 그 어떤 모호함도 없이, **내부성**intériorité이 '**개념**'과 다른 것이 전혀 아니라는 진실을, 내부성이 현상의 **현실적** '내부'l'intérieur가 아니라 이 현상에 대한 인식이라는 진실을 '실천'한다.[246] 만일 그러하다면, 마르크스가 연구하는 현실은 내부와 외부라는 두 가지 수준을 지니는 하나의 현실로, 즉 내부는 순수한 본질과 동일시되는 것으로, 외부는 때로는 순수하게 주관적인 하나의 현상(한 '의식'의 변용affection)과, 때로는 본질에 낯설étranger거나 비본질적이라는 이유로 불순한 하나의 현상과 동일시되는 것으로 제시될 수 없다.[247] **만일 '내부'가 개념이라면**, '외부'l'extérieur는, 전체의 구조의 효과들이 구조의 실존 자체일 수밖에 없는 것과 꼭 마찬가지로, 개념의 특수화spécification일 수밖에 없다. 바로 이것이, 예를 들어 지대와 관련해 마르크스가 말하는 바이다.

> 지대에 관한, 다시 말해 자본주의 생산양식이라는 토대 위에서 토지소유가 취하는 특수하고 자율적인 경제적 형태에 관한 과학적 분석을 위

---

246 ❖ '실천'은 프랑스어 동사 pratiquer를 옮긴 것으로, 조금 어색하더라도 직역하여 '실천'으로 옮겼으나 '실행' 정도로 의역해도 무방하다. 참고로 알튀세르가 이 「『자본』의 대상」에서 해명하고자 하는 궁극적 개념은 결국 '이론적 실천'pratique théorique, theoritical practice 혹은 '과학적 실천'pratique scientifique, scientific practice인데, 주의할 것은 이 '실천'에는 한국어의 '실천'에 담긴 '운동주의적' 혹은 '투쟁주의적' 의미가 없다는 사실이다. 오히려 중립적인 의미에서 '실행'으로 이해하는 것이 더 정확하며, 그러므로 '이론적 실천'이란 이론적 행위를 (과학적 절차에 따라) 수행한다는 정도의 의미이다. 이와 유사하게, 알튀세르의 유명한 논문 「이데올로기와 이데올로기적 국가장치들」에서 이 pratique 즉 '실천'은 '관행'으로 옮기는 것이 더 적절하다.

247 ❖ '두 가지 수준을 지니는 하나의 현실'은 une réalité à deux niveaux를 옮긴 것으로, '지니는'은 전치사 à를 의역한 것이다.

해서는, 이 지대를 왜곡하고 이 지대의 본성을 흐리는 모든 보충요소가 벗겨진 그 **순수한 형태** 속에서 이 지대를 검토하는 것이 중요하다. 하지만 토지소유의 실천적[현실적] 효과들을 제대로 이해하기 위해서도, 그리고 심지어 지대의 **개념과 본성에** 대해 모순적이면서도 이 **지대의 실존양식으로** 나타나는 **사실들 전체에 대한 이론적 인식에** 도달하기 위해서도, 이러한 혼동의 근원에 존재하는 요소들을 인식하는 것이 중요하다.[248]

이를 통해 우리는 마르크스가 자신의 분석에 부여하는 이중적 지위를 확인하게 된다. 마르크스는 자본주의적 지대라는 개념 이외에 그 무엇도 아닌 하나의 순수 형태를 분석한다. 이러한 순수성을, 마르크스는 개념의 양태와 정의 자체 이 둘 모두로 사고하며, 동시에 마르크스는 이 순수성을 **경험적 비순수성**으로부터 구별해주는 바로서 사고한다. 그렇지만 이와 동시에 마르크스는, 이러한 동일한 경험적 비순수성을, 이차적 정정 운동 내에서, '**실존양식들**'로, 다시 말해 지대 그 자체의 개념에 대한 이론적 규정들로 그 즉시 사고한다. 이러한 개념화 내에서, 우리는 순수한 본질과 비순수한 현상들 사이의 구별로부터 탈출하며, 우리는 (경험적인 것에 대한 순정화épuration이기에) 경험적 **순정화**의 결과일 뿐인 순수성에 대한 경험주의적 관념을 포기하게 된다. 즉, 실제적으로 우리는 순수성을 **개념의 순수성**, 자신의 대상에 적합한 인식의 순수성으로, 그리고 이 개념의 결정을 지대

248 *Le Capital*, VII, p. 16[『자본』, Ⅲ, 852쪽].

의 실존양식에 대한 유효한 인식으로 사고하게 된다. 그 자체로 이러한 언어가, 내부와 외부 사이의 구별을 개념과 현실적인 것 사이의 구별로 혹은 (인식의) 대상과 현실적 대상 사이의 구별로 대체하기 위해 이 내부와 외부 사이의 구별을 폐지한다는 것은 명확하다. 하지만 만일 우리가 이러한 필요불가결한 대체를 진지하게 사고하게 된다면, 이러한 대체는 우리를 과학적 실천과 그 대상에 대한 개념화—경험주의와는 그 어떤 공통점도 가지지 않는—의 방향으로 나아가도록 만든다.

과학적 실천에 대한 이러한 완전히 다른 개념화의 원리들을 마르크스는 우리에게 1857년의 『정치경제학 비판 요강』 「서설」에서 어떠한 모호함도 없이 제시한다. 하지만 이러한 개념화를 전개développer하는 것과, 이 개념화를 하나의 구조가 자신의 요소들에 미치는 효과성에 관한 개념의 생산이라는 전대미문의 이론적 문제에 적용mettre en œuvre하는 것은 서로 다른 것이다. 마르크스가 'Darstellung'을 가지고 행하는 그 활용 내에서 **실천**하는 모습을 우리가 확인했던 그러한 개념, 그리고 대상들의 조명[대상들을 비추는 빛의 각도] 혹은 대상들의 특수한 질량의 수정이라는 이미지들을 이 대상들이 빠져 있는[이 대상들을 둘러싸고 있는] 에테르를 통해 [은유적으로] 그 윤곽을 명확히 하고자 시도하는 모습을 우리가 확인했던 그러한 개념은, 마르크스의 분석 내에서, 마르크스가 전례 없는 하지만 극도로 정확한 언어로 자신의 사고를 표현했던 구절들에서, 종종 직접적인 방식으로en personne 드러나게 된다. 이 언어는 그렇지만 이미 **거의 완벽히 개념들**인 은유들의 언어, 아마도 개념들로 **포착**saisis되기를, 그러니까 다시 기억되고retenus 전개될développés 일만 남은 은유들의 언어이다. 따라서 매번 마르크스는 자본주의 체계를 하나의 **메커니즘** mécanisme, 하나의 **역학[장치]**mécanique, 하나의 **기계류**machinerie, 하나의 **기계**machine, 하나의 **조립라인**montage으로(Triebwerk, Mechanismus, Getriebe…)[249] 혹은 '사회적 신진대사'의 복합체로[250] 제시한다. 이 모든 경우에서, 현상들의 가시적 무질서에 대립되는 이 현상들의 '내밀한'intime 연관이 사라지는 것과 꼭 마찬가지로, 안과 밖 사이의 통상적 구별은 사라진다. 따라서 우리는 현상적 주관성과 본질적 내부성 사이의 경험주의적 이율배반으로부터 확정적으로 해방되어 또 하나의 다른 이미지, 준-개념quasi-concept과 마주하게 된다. 즉, 그 **조립라인**과 **기계류**의 법칙들에 의해, 그 개념의 특수화에 의해 그 가장 구체적인 결정들 속에서 규제된réglé 객관적 체계와 마주하게 된다. 따라서 우리는 'Darstellung'이라는 고도로 증상적인 이 용어를 기억할souvenir 수 있게 되며, 이 용어를 '기계류'라는 용어와 상호접근케 할 수 있게 되고, 이 용어를 문자 그대로, 그러니까 이 기계류가 자신의 효과들 내에서 실존하는 것 자체—이는 바로 **미장센**mise en scène 즉 연극으로서의 실존양식인 것인데, 여기에서 이 **미장센** 혹은 연극은 그 고유의 무대, 그 고유의 텍스트, 그 고유의 행위자들[배우들][과 동일한 것]이며, 이 연극의 관객들은 그들이 우선 강제로 무대에 오르게 된, (본질적으로 **저자[당사자] 없는 연극**이라는 이유에서) 자신들이 그 저자[당사자]일 수는 없는 그러한 텍스트와 역할[배역]의 강제에 사로잡힌 행위자들[배우들]인 경우에만 이 연극의 관객들일 수 있

249 Cf. *Le Capital*, VIII, p. 255; III, p. 887; VIII, p. 256; IV, p. 200; V, p. 73; V, p. 154.
250 Cf. *Le Capital*, VIII, p. 191.

다—로 취할 수 있게 된다.

여기에 한마디를 덧붙여야 할까? 기존의 [대문자]이론적인 것의 객관적 한계들과 단절하기 위해[이 한계들을 넘어서기 위해], 그리고 자신의 과학적 발견이 철학에 제기했던 질문을 사고하기 위한 것[즉 도구]을 주조하기 위해 마르크스가 행했던 반복적 노력과 그 실패, 그리고 그 실패의 반복, 이는 그 자체로, (하늘이 우리에게 보내온 신호로 인해 단지 이제야, 실은 오래전부터 **마르크스의 질문이 결국 우리의 질문이었던 것**은 아닐까, 마르크스의 질문이 우리의 미래 전체를 규정commande하는 것은 아닐까 의심해보기 시작한) 우리보다 한참 이전에 절대적 고독 속에서 마르크스가 겪었던 이론적 비극의 일부를 이룬다. 마르크스는 홀로 자신의 주변에서 자신의 동맹자들과 지원자들을 찾고자 했다. 도대체 누가 [절대적 고독 속에서 홀로 싸우던] 마르크스에게 그가 헤겔에 의거[의존]했다는 점을 들어 그를 용서하지 않고 비판할 수 있겠는가? 우리 자신에 대해 말해보자면, 우리는 [마르크스가 이미 존재하므로 이제는] 우리가 혼자가 아니라는 점에서 마르크스에게 빚지고 있다. 우리의 고독은 마르크스가 우리에게 말해주었던 바에 대한 우리의 무지와 관계되었을 뿐이다. 비난해야 할 것은 바로 우리 안의, 그리고 마르크스를 이미 앞서 나갔다고 생각[착각]하는 모든 이들 안의 무지이다. 그런데 여기에서 내가 말하는 이들은 [우리 시대에서] 최고인 이들만을 말하는 것이다. 물론 이 최고의 이들조차 마르크스가 우리에게 발견해주었고 열어젖혀주었던 그러한 대륙의 경계선에 있을 뿐이긴 하지만 말이다.[251] 마르크스에 대해 우리는 마르크스 안에서 그의 결함défaillances, 누락lacunes, 빠뜨림omissions을 보아야voir 한다는 빚을 지고 있다. 그러나 이 결함, 누락, 빠뜨림이 모두 모여 마르크스의 위대함을 구성하는 것인데, 왜냐하면 우리는 이 결함, 누락, 빠뜨림을 다시 취함으로써, 그의 죽음으로 인해 중단된 하나의 담론을 그 시작부터 다시 취하도록 만드는 것 이외에 다른 일을 하는 것이 전혀 아니기 때문이다. 우리는 『자본』 3권이 어떻게 끝나는지 알고 있다. 바로 '**사회계급**'les classes sociales이라는 제목이 달린 20여 줄의 글이 [미완인 채로] 쓰여 있으며, 그 뒤로 마르크스는 침묵한다.

251 ❖ 알튀세르는 마르크스가 우리에게 역사과학이라는 '대륙'을 발견해주었다고 강조하는데, 이때의 '대륙'은 continent을 옮긴 것이다. 이에 따라 여기에서는 알튀세르가 '땅' 혹은 '대지'라는 뜻의 terre를 썼지만 '대륙'으로 의역했으며, 마찬가지로 '문턱'을 뜻하는 seuil도 '경계선'으로 의역했다.

부록. '이상적 평균'과 이행의 형태에 관하여[252]

마르크스의 발견과, 그리고 이 마르크스의 발견의 표현형태들과 직접적 관계를 맺고 있는 두 가지 중요한 이론적 문제들, 즉 현실 자본주의의 '이상적 평균'으로 『자본』의 대상을 정의하는 것의 문제, 그리고 하나의 생산양식에서 다른 하나의 생산양식으로의 이행의 형태라는 문제에 대해 한마디만 해보자. 마르크스는 다음과 같이 지적한다.

> 이 일반적 분석에서 우리는 **현실적**인 경제적 관계들이 이 관계들의 **개념**에 정확히 조응한다고, 혹은, 이와 동일한 말이지만, 여기에서는 현실적 관계들이 그것들 고유의 **일반유형**type général(allgemeinen Typus)을 표현하는 한에서만 이 현실적 관계들이 설명될 것이라고 항상 전제할

252 ❖ '이상적 평균'은 moyenne idéale을 옮긴 것으로, 이 부록에서 idéal은 '이상' 혹은 '이상적'으로, idéalité는 '이상성'으로, idéel은 '관념적'으로, réel은 '현실적'으로, le réel은 '현실적인 것'으로 일관되게 구분해 옮겼다(réalité는 당연히 '현실'로 옮겼다). 또한 '이행'은 transition을 옮긴 것이다.

것이다.[253]

마르크스는 이 일반유형을 자본주의 생산양식의 '이상적 평균'(idealer Durchschnitt)으로 정의한다. 평균과 이상성이 (기존의 특정한 하나의 현실에 준거하면서도) 개념의 편에서 결합되는 이러한 명명은 이 용어법을 지지하는 철학적 문제설정의 문제를 다시 한번 새롭게 제기한다. 이러한 명명은 경험주의에 오염되어 있는 것 아닐까? 『자본』의 독일어 1판「서문」의 한 구절은 우리로 하여금 바로 그렇게 생각하도록 만들 수 있다.

> 자연과정을 이해하기 위해 물리학자는, 섭동[교란]의 영향들influences perturbatrices로부터 가장 덜 흐려져 있으며 가장 명확한 형태하에서 제시된 현상들을 연구하거나, 이 현상들의 진행의 규칙성을 가능한 가장 강하게 보증하는 그러한 조건 내에서 실험하거나 둘 중 하나이다. 나는 이 [『자본』이라는] 저서에서 자본주의 생산양식과 이 자본주의 생산양식에 조응하는 생산과 교환의 관계들에 대해 연구한다. 영국은 이러한 생산의 고전적 장소이다. 바로 그렇기 때문에 나는 이 영국이라는 국가로부터 내 이론의 전개에서 예증의 역할을 수행하는 주요 사실들과 예시들을 빌려 오는 것이다.[254]

이러한 이유로 마르크스는 영국이라는 예시를 취한다. 하지만

---

253 *Le Capital*, VI, p. 160.

254 *Le Capital*, I, p. 18 [『자본』, I-1, 45쪽].

마르크스는 이 예시 자체를 탁월한 '순수화'purification에 종속시키는데, 왜냐하면, 마르크스 자신의 고백에 따른다면 그는 이 영국이라는 예시를, 자신의 대상이 현존하는 두 계급 이외에는 그 무엇도 포함하지 않는다—이는 세계 어디에서도 그 예시를 찾을 수 없는 상황이다—는 점을, 세계시장 전체가 자본주의적 생산의 세계에 종속되어 있다—이 또한 동일하게 현실에는 존재하지 않는 상황이다—는 점을 가정한다는 조건에서 분석하기 때문이다. 따라서 마르크스는, 이 영국이라는 예시가 고전적이고 순수한pur 예시라 하더라도, **심지어 영국이라는 예시를** 연구하는 것도 **아니며**, 대신 마르크스 자신이 자본주의 생산양식의 '이상적 평균'이라고 정확히 부르는 바, 즉 존재하지 않는 하나의 예시를 연구하는 것이다. 레닌은 1899년에 집필한 「실현 이론에 관한 새로운 언급들」Nouvelles remarques sur la théorie de la réalisation[255]에서 이러한 외양적 난점을 강조했다.

> 오래전부터 스트루베Pyotr Berngardovich Struve의 관심을 끌었던 다음과 같은 하나의 문제에 대해 잠시 멈추어 생각해보자. 실현réalisation의 진정한 과학적 가치[의미]란 무엇인가?
>
> 실현의 진정한 과학적 가치는, **마르크스의 추상적 이론**의 다른 테제들 전체와 정확히 동일한 진정한 과학적 가치를 지닌다. 만일 스트루베가 "절대적 실현이 자본주의적 생산의 이상이기는 하지만 그것이 이 자본주의적 생산의 현실은 전혀 아니"라는 사실에 곤란해했다면, 우리

255 *Œuvres*, éd. fr., tome IV, pp. 87~88.

는 그에게 마르크스가 발견한 자본주의의 모든 다른 법칙이 **자본주의의 이상**과 정확히 동일한 방식으로 표현된다는, 하지만 **자본주의의 현실**과 동일한 방식으로 표현되는 것은 **전혀 아니**라는 점을 상기시킬 수 있을 것이다. 마르크스는 다음과 같이 지적한다. "우리의 목표는 자본주의 생산양식의 내적 조직화를, 말하자면 그 이상적 평균 내에서만 표상하는 것이다." 자본에 관한 이론은 노동자가 자신의 노동력에 대한 온전한 가치를 지급받는다는 점을 가정한다. 바로 여기에 자본주의의 이상이, 하지만 이 자본주의의 현실은 전혀 아닌 것이 놓여 있다. 지대에 관한 이론은 농업 인구 전체가 토지소유자, [농업]자본가 그리고 [농업]임금노동자로 나뉜다고 가정한다. 바로 여기에 자본주의의 이상이, 하지만 이 자본주의의 현실은 전혀 아닌 것이 놓여 있다. 실현에 관한 이론은 생산의 비례적 배분을 가정한다. 바로 여기에 자본주의의 이상이, 하지만 이 자본주의의 현실은 전혀 아닌 것이 놓여 있다.

레닌은, '이상적 평균'이라는 마르크스의 표현에서 취한 '**이상적**'이라는 용어로부터 출발해 마르크스의 대상의 이상성을 실제의effective 역사적 현실성과 대립시킴으로써 마르크스의 언어를 다시 취하고 있을 뿐이다. 그러나 우리는 레닌의 이러한 대립을 너무 멀리까지 밀어붙임으로써 경험주의의 함정에 빠져서는 안 된다. 특히 만일 우리가 레닌이 마르크스의 이론을 하나의 '**추상적**' 이론—따라서 자본주의의 실제적effectives 형태들이 지니는 현실의 구체-역사적 특징과 자연스럽게 대립되는 것으로 보이는—으로 지시한다는 점을 인지한다면 말이다. 하지만 여기에서도 또다시, 우리는 이러한 **이상성**을 하나의 **관념성**idéellité으로, 다시 말해 마르크스의 대상의 단순한 개념성conceptualité으로 개념화함으로써, 그리고 '평균'을 (경험적 추상의 결과가 아니라) 마르크스의 대상의 개념이 지니는 내용으로 개념화함으로써, 그의 진정한 의도를 다시 포착할 수 있다. 마르크스의 대상은 현실적 대상에 대립되는 하나의 **이상적** 대상이, 그리고 이러한 대립으로 인해 (그래야만 함과 그러함 사이의, 규범norme과 사실fait 사이의 구별과 같이) 이 현실적 대상으로부터 구별되는 하나의 **이상적** 대상이 아니다. 마르크스의 이론의 대상은 **관념적**인 것, 다시 말해 개념의 추상 내에서의 인식이라는 관점에서 정의되는 것이다. 마르크스 스스로가, "**자본주의적 체계의 특수한 차이는 이 자본주의적 체계의 중핵 전체의dans sa structure du noyau tout entière**(**in ihrer panzen Kerngestalt**) **구조 내에서 발현된다se manifeste**(**sich darstellt**)"라고 말하면서 이 점을 지적한다. 바로 이 '중핵'Kerngestalt과 그 규정들déterminations이, 이러한 특수한 차이가 자본주의 생산**양식**을 **자본주의** 생산양식으로 정의하는 한에서, 마르크스의 분석 대상을 구성한다. 스트루베와 같은 속류 경제학자들에게 현실과 모순되는 것으로 보이는 바가 마르크스에게서는 **현실 자체**를, **자신의 이론적 대상의 현실**을 구성하는 것이다. 이를 정확히 이해하기 위해서는, 역사이론의 대상에 대해 말해진 바를, 그러니까 정치경제학 이론의 대상에 대해 말해진 바를 기억하는 것만으로 충분하다. 정치경제학 이론은 **생산양식들**이라는, 역사적 존재의 기본적 단위형태들formes d'unité을 연구한다. 게다가 이것이, 만일 우리가 마르크스의 표현들을 문자 그대로 취하는 것에 동의한다면, 그가 영국에 대해 언급하는 『자본』의 독일어 1판 서문에서 우리에게 말해주는 바이다.

나는 이 [『자본』이라는] 저서에서 자본주의 생산양식과 이 자본주의 생산양식에 조응하는 생산과 교환의 관계들에 대해 연구한다.[256]

영국과 관련해 마르크스의 텍스트를 주의 깊게 읽어본다면, 영국은 이론적 연구대상으로서가 전혀 아니라 **예증**illustration**과 예시**exemples**의 원천**으로서만 단순히 개입해 들어온다.

영국은 이러한 생산의 고전적 장소이다. 바로 그렇기 때문에 나는 이 영국이라는 국가로부터 내 이론의 전개에서 **예증**의 역할을 수행하는 주요 사실들과 예시들을 빌려 오는 것이다.[257]

마르크스의 이러한 단호한 선언은 첫 번째 문장, 즉 (마르크스가 "**섭동[교란]의 영향들로부터 가장 덜 흐려져**" 있는 '순수한' 대상을 탐구하고자 한다고 우리가 이해하게 만들 수 있을 그러한 용어들로) 물리학이라는 예시가 주어졌던 문장을 그 정확한 관점 안으로 다시 위치 지운다.[258] 따라서 영국 또한, 이러한 관계에서, 비순수[불순]하고 섭동된[교란된] 하나의 대상이다. 하지만 이러한 '비순수성'과 '섭동[교란]'은 이론적 제약gêne이 전혀 아닌데, **왜냐하면 마르크스의 이론적 대상**

256 *Le Capital*, I, p. 18 [『자본』, I-1, 45쪽].

257 *Ibid* [『자본』, I-1, 45쪽].

258 ❖ 위에서 이미 한 차례 등장했던 '섭동' 혹은 '교란'은 perturbation을 옮긴 것으로, 프랑스어에서 일상적으로 이 어휘는 '교란'을 뜻하며 교통상황과 관련해 많이 접할 수 있는 단어이다. 물리학에서는 이를 '섭동'으로 번역하는데, 여기서는 마르크스의 주장의 맥락이 물리학적인 것이기 때문에 '섭동'으로 옮긴다.

은 영국이 아니라 그 '중핵'(Kerngestalt) **내에서의 자본주의 생산양식과 이러한 '중핵'의 규정들이기 때문이다.** 마르크스가 자신은 '이상적 평균'을 연구한다고 우리에게 말할 때, 그러므로 우리는 이러한 이상성이 비-현실non-réel 혹은 이상적 기준norme을 함의하는 것이 아니라 현실의 **개념**을 함의하는 것이라는 점을 이해해야 한다. 그리고 또한 이러한 '평균'이 하나의 경험주의적 평균이 아니라는 점을, 그러니까 비-독특성non-singulier을 함의하는 것이 아니라 오히려 고찰된 생산양식의 특수한 차이라는 개념을 함의한다는 점을 이해해야만 한다.

이 지점보다 더 멀리 나아가보자. 왜냐하면, 만일 우리가 영국이라는 예시로 되돌아온다면, 그리고 만일 우리가 이 영국이라는 예시를 마르크스의 외양적으로apparemment 순수화되고 단순화된 대상인 두 계급으로 구성된 자본주의 생산양식과 비교한다면, 우리는 우리가 **하나의 현실적 잔여**un résidu réel와 마주할 수밖에 없다는 점을 인정하지 않을 수 없기 때문이다. 더 정확히 말하면, 적절한 지점에서 우리의 논의를 한계지음으로써 우리가 마주하게 되는 하나의 현실적 잔여인 **다른 계급들**([부르주아지와 프롤레타리아트 이외의] 토지소유자들, 수공업자들, 농업 소착취자들)의 현실적 실존existence réelle을 말이다. 솔직히 말하자면, 마르크스가 모든 대상에 대해 자본주의 생산양식의 특수한 차이라는 개념만을 제시한다는 사실을 순수하고 단순하게 원용함으로써, 그리고 현실적인 것과 그 인식 사이의 차이를 원용함으로써 이 현실적 잔여를 적절히 제거할 수는 없다![259]

---

259 ❖ '원용'은 프랑스어 동사 invoquer를 옮긴 것이며 이 문장의 의미를 좀 더 쉽게 풀면, 이 사실과 차이를 단순히 '언급' 혹은 '활용'함으로써 이 현실적 잔여를 제거하는 것은 불가능하다는

하지만 겉보기에 이론의 여지가 전혀 없는, 그리고 『자본』의 이론에 대한 경험주의적 해석의 주요한 논거인 이러한 난점에서, 역사이론이 취하는 지위에 대해 말해진 바가 자신의 모든 의미를 가질 수 있는 것이다. 왜냐하면 마르크스는 자본주의 생산양식과는 **다른 생산양식들**, 그러니까 생산요인들 간 결합(Verbindung)의 특수한 통일성의 유형으로서의 다른 생산양식들뿐 아니라, 또한 생산양식들의 구성과정 내에서 **생산양식들 자신들 사이에서 존재하는 이 서로 다른 생산양식들의 관계들**도 동시에 연구한다는 조건에서 자본주의 생산양식의 특수한 차이를 연구할 수 있기 때문이다. 영국 자본주의의 비순수성은 마르크스가 『자본』에서 연구하고자 의도하지는 않았던, 하지만 그럼에도 마르크스주의 이론에 속하는 그러한 하나의 현실적이고 한정된 대상이다. 그 무매개적 형태하에서 이러한 비순수성은, 자본주의 생산양식에 의해 아직은 제거되지 않은 종속된 생산양식 형태들의 '**잔존물들**'survivances—영국을 지배하고 있는 자본주의 생산양식의 중심에 존재하는—이라고 우리가 임시적으로는 부를 수 있는 것이다. 따라서 이러한 소위 '비순수성'은 생산양식들의 이론에, 그리고 특히나 **하나의 생산양식에서 다른 하나의 생산양식으로의 이행의 이론**—이는 **규정된 한 생산양식의 구성과정의 이론**과 동일한 것인데, 왜냐하면 모든 생산양식은 이전에 존재했던 한 생산양식의 기존 형태들에서 출발해야만 구성될 수 있기 때문이다—에 속하는 대상이다. 이 대상은 자신이 가진 그 온전한 권리하에서de plein droit 마르크

것이다.

스주의 이론에 속하는 것인데, 만일 우리가 이 대상의 권리titres를 인지할 줄 안다면, 우리는 이 대상이 가지는 권리에 대한 이론을 마르크스가 우리에게 남겨주지 않았다 해서 그를 비난할 수 없을 것이다. 최소한 자본의 본원적 축적에 대한 마르크스의 텍스트들 전체는 이 주제에 할애되어 있다. 그 텍스트들이 자본주의 생산양식의 구성과정, 다시 말해 봉건제적 생산양식에서 자본주의 생산양식으로의 이행을 대상으로 하는 이론에 대한 개요까지는 아니라고 해도 말이다. 따라서 우리는 마르크스가 유효하게 우리에게 제시한 바, 그리고 마르크스가 그 스스로는 우리에게 제시할 수 없었기에 우리로 하여금 직접 취하게끔 해준 바를 인지해야 한다. 우리가 자본주의 생산양식 이전의 생산양식들에 대한 마르크스주의 이론의 개요만을 가지고 있다고 말할 수 있는 것과 꼭 마찬가지로, 이 문제의 존재와 특히 이 문제를 그 고유한 이론적 형태 내에서 제기해야만 하는 필연성이 일반적으로 인지되지 못했기에, 우리는 **마르크스가 하나의 생산양식에서 다른 하나의 생산양식으로의 이행, 다시 말해 하나의 생산양식 구성에 관한 이론을 우리에게 제시하지 않았다**고 말할 수 있으며, 심지어는 말해야 한다. 우리가 사회주의의 구축—바로 이 사회주의의 구축에서 자본주의 생산양식으로부터 사회주의적 생산양식으로의 이행이 문제가 되는데—이라고 부르는 바를 달성할 수 있기 위해서라는 아주 단순한 이유에서도, 혹은 심지어 제3세계 국가들의 소위 '**저-발전**'에 의해 제기되는 문제들을 해결하기 위해서도, 이러한 이론이 필요불가결하다는 것을 우리는 알고 있다. 여기에서 나는 이러한 새로운 대상이 제기하는 이론적 문제들의 세부지점으로 들어갈 수는 없다. 하지만 우리는 뜨거운 현재성을 지니는 이 문제들의 정립과 해결이 마르크스주의 탐구의 제1의 차원에 놓이도록 보증할 수는 있다. '개인숭배' 시기라는 문제뿐 아니라 '사회주의를 향한 민족적[국민적] 길들', '평화적 길들' 혹은 그렇지 않은 '길들' 등등이라는 형태하에서 언표된 모든 현재적 문제들[즉 1960년대 당시의 문제들] 또한 이러한 이론적 탐구에 직접적으로 속하는 것이다.

이 지점에서도 역시, 비록 마르크스의 정식화들 중 몇몇은 어떠한 모호함의 가장자리로 우리를 데려가지만, 그는 우리를 지표도 자원도 없는 상태로 남겨두지는 않았다. 만일 우리가 하나의 생산양식에서 다른 하나의 생산양식으로의 이행이라는 질문을 하나의 이론적 문제로 제기할 수 있다면, 그러니까 과거의 이행들을 해명할 수 있을 뿐 아니라 미래를 예상하고 '우리의 시대로부터 튀어 오를' 수 있다면 (이는 헤겔적 역사주의는 행할 수 없었던 것이다), 이는 소위 역사의 '실험적 구조'에 따른 것이 아니라 생산양식들에 대한 이론으로서의 마르크스주의적 역사이론, 즉 서로 다른 생산양식들의 구성적 요소들에 대한 정의에 따른 것이며, 한 생산양식의 구성과정이 제기하는 이론적 문제들(달리 말해, 한 생산양식의 다른 한 생산양식으로의 변형의 문제들)이 고찰된 생산양식들에 대한 이론의 직접적 기능이 된다는 [이론과 직접적으로 연결된다는] 사실로 인한 것이다.[1] 바로 이것이, 마르크스가 이론적이고 실천적으로 결정적인 이 문제를 사고할 수 있게 해주는 바를 우리에게 제시했다고 우리가 말할 수 있는 이유이다. 관련 생산양식들에 대한 인식에서 출발해 이행의 문제들이 제

1 이 책에 수록된 발리바르의 논문[4장 「역사유물론의 기본 개념들에 대하여」] 참조.

기되고 해결될 수 있는 것이다. 그러므로 우리는 미래를 예상할 수 있고, 그 미래에 대한 이론뿐 아니라 특히 그 미래의 현실을 우리에게 보증해주는 길들과 수단들에 대한 이론 또한 만들 수 있는 것이다.

우리가 방금 위에서 정의한 의미로 이해된 마르크스주의적 역사이론은, 이 마르크스주의적 역사이론의 조건과 한계를 매우 정확히 정의할 줄 안다는 유보조건하에서, 우리에게 이러한 권리를 보증해준다. 하지만 동시에 이 마르크스주의적 역사이론은 우리에게 여전히 남아 있는 앞으로 수행해야 할 과업을, 그 거대한 과업의 크기를, 만족스러운 엄밀함으로 이 길들과 이 수단들을 정의하기 위해 측정할 수 있게 해준다. 이러한 정식에 역사주의적 반향을 울리게 하지 않는다는 조건에서, 만일 인류가 자신이 완수할 능력이 있는 그러한 과업들만을 스스로에게 제기하는 것이 사실이라면, 또한 이 인류는 이 과업들과 자신의 능력 사이의 기존 관계에 대한 정확한 의식을 가져야만 하며, 인류는 자신의 미래를 생산하고 지배할 적절한 수단들을 정의하기 위해, 그 용어들[조건들]에 대한 인식과 이 용어들[조건들]이 맺는 관계에 대한 인식을, 그러니까 이 과업들과 이 능력들에 대한 문제제기를 통과하는 것을 받아들여야만 한다. 이러한 의식과 받아들임이 없다면, 그 새로운 경제적 관계들의 '투명성' 내에서까지, 인류는 이미 공포의 침묵 속에서 경험한 바 있듯, 그리고 인간주의의 [실현 가능성 없는] 희망 속에서 한 번 더 이러한 경험을 반복할 수 있듯, 순수한 의식 속에서[즉 소박한 의식상태로] 위험과 어둠이 여전히 가득한 그러한 미래로 들어갈 위험에 처할 것이다.

4장

역사유물론의 기본 개념들에 대하여

에티엔 발리바르 / 안준범 옮김

I. 시기구분으로부터 생산양식으로

II. 구조의 요소들과 이 요소들의 역사

III. 재생산에 대하여

IV. 이행이론을 위한 요소들

마르크스에게서 역사에 대한 과학적 일반이론을 볼 수 있겠다는 생각은 앞서 발표된 논문들에서 이미 정식화되었다. 이 논문들은, 그러한 이론 형성에서, 마르크스가 "생산양식"이라는 중심 개념을 구축한 것이 역사철학의 전통 전체에 대하여 인식론적 절단으로 기능했다는 점을 주목하여 제시했다. 요컨대 교조적이든 경험론적이든 관념론의 원리들과 절대 양립할 수 없는 이 개념은, 이 개념의 일반성 안에서, 사회와 역사에 대한 문제 틀 전체를 차츰 전복한다는 것이다.

사태가 이러하다면 이는, 우리가 아는 바와 같이, 마르크스의 "역사유물론"이 우리에게 과학적 역사인식의 **요소들**(예컨대 정치경제적 측면에서 부르주아 사회의 역사에 한정되는 요소들)만이 아니라, 그 원리 면에서 참된 하나의 이론적 과학을, 따라서 하나의 추상적 과학을 제공하기 때문이다. "생산양식" 개념 및 이 개념에 무매개적으로 연결되는 개념들은, 개념들의 유효성이라는 면에서 어떤 시기 또는 사회유형에 제한되지 않고 오히려 역으로 그런 시기나 사회유형의 구체적 인식이 이 개념들에 의존하는, 최초의 추상적 개념들로 출현한다. 이로부터, 이 개념들을—이 개념들이 내포하는 일반성의 층위에서—정의하는 일, 말하자면 마르크스 이후의 역사과학이 유념해온 몇몇 문제를 실제로 제기하는 일의 중요성이 도출된다.

그런데 알튀세르는 앞서 발표한 자신의 논문에서, 역사에 대한 추상적 이론의 명시적 정식화(그러므로 인식)가 난점들과 애매함들로 둘러싸여 있음을 우리에게 제시해주었다. 그는 이러한 사태의 역사적이고 철학적인 이유들을 제시했다. 역사에 대한 과학적 인식을 개시한 마르크스 이론에서는, 그 역사 자체를 항구적 대상으로 상정하면서도 정작 그 역사에 대한 적합한 개념을, 그 역사 자체를 위해 숙고된 개념을 어디서도 제공하지 않는다는 역설이 현실화될 수 있다. 나는 먼저 이 논점을 약간 더 정밀하게 다듬고자 하는데, 이런 정밀함이 곧바로 우리의 특수한 문제로 이어질 것이다.

이러한 이론적 정식화가 존재하지 않는다고 말하는 것이 전적으로 정확한 것은 아니다. 여러 텍스트가 이 정식화의 주목할 만한 윤곽을 그렸는데, 예컨대 『독일 이데올로기』 1부("생산"에 대한 새로운 정의가 여기에 이미 모두 담겨 있다)와 『정치경제학 비판 요강』에[1] 수록된 다양한 『자본』 준비 초고들이 그러하며, 특히 1859년의 『정치경제학 비판을 위하여』 「서문」에 담긴 관점[용어]은 마르크스주의 전통 속에서 줄곧 주해되어왔다. 이것들은 전망하고 요약하는 매우 총론적인 텍스트이며, 정당화의 간명함과 정의의 생략만큼이나 구분도

1 Karl Marx, *Grundrisse der Kritik der politischen Oekonomie*(Rohentwurf 1857-1858), Dietz Verlag Berlin, 1953. 이 수고들 중 특히 주목할 것은 *Formen, die der Kapitalistischen Produktion vorhergehen*(「자본주의 생산에 선행하는 형태들」)인데, 이 논문에서는 *Formes antérieures*(「선행하는 형태들」)라는 축약한 명칭으로 인용할 것이며 면수는 독일어판에 따른다(pp. 375~413).

명료하며 주장도 단호한 텍스트다. 실은 진정한 역사적 필연성인 어떤 우연한 불운에 의해, 방법론에 대한 주요 논술(1857년 「서설」)이 그렇듯 역사이론의 원리들에 대한 논술들은 죄다 이런 유형의 텍스트이며, 게다가 이것들 대부분은 저자의 의지에 따라 출판되지 않고 미완으로 남겨진 초고였다. 마르크스의 독자들이 "도대체 마르크스는 **어디에서** 우리에게 자신의 역사관을 논술했다는 것이냐"고 자문할 수 있었다는 것에는, 비록 이들에게 음험한 비판 의도가 있었다 하더라도, 나름의 정당성이 없지 않았다.

『인민의 벗들은 누구이며 그들은 사회민주주의자들과 어떻게 싸우는가』에서[2] 청년 레닌이 내놓은 답변, 즉 이 이론은 도처에, 그렇지만 두 가지 형식으로 있으니, 1859년의 『정치경제학 비판을 위하여』 「서문」은 "역사유물론 가설"을 제시하며 『자본』은 자본주의 사회구성체를 사례로 그 가설을 작동시켜 **입증**한다는 답변은 잘 알려져 있다. "역사유물론"이라는 표현에서 "유물론"이 의미하는 것은 **과학**에 다름 아니고 따라서 이 표현은 엄밀하게 "역사과학"과 동의어라는, 우리에게 결정적인 주해를 레닌이 작성할 수 있었던 것은 바로 이런 개념들 덕분이다. 게다가 이 개념들은 과학에 대한 경험주의적이고 심지어 실용주의적인 이론에 유기적으로 속하며, 레닌의 이 텍스트는 전적으로 그런 이론의 적용이다(가설/입증). 하지만 다른 견지에서 그 흐름을 이어가보자.

---

2 Vladimir Il'ich Lénine, *Ce que sont les amis du peuple et comment ils luttent contre les social-démocrates* in *Œuvres Complètes*, traduction française, Paris-Moscou 1958, tome 1[블라디미르 일리치 레닌, 김우현 옮김, 『인민의 벗이란 무엇인가』, 중원문화, 2012].

1859년의 『정치경제학 비판을 위하여』 「서문」을 주의 깊게 읽어 보면, 사실 이 서문은 우리에게 가설 형식이 아니라 하나의 답변 형식을 명시적으로 제시하는데, 이 답변이란 그 질문이 재구성되어야 하는 답변이다.

잘 알려진 텍스트로, 바이데마이어에게 보낸 1852년 3월 5일 편지를 예로 들자면, 이미 이 책에서 관심을 표한 바 있는 강령적 텍스트들textes-programmes 중 하나인 이 텍스트에서 마르크스는 **자신이 새로이 증명했던** 것을 언급한다.

> [근대] 사회에서의 계급들의 존재를 발견한 공로도, 그 계급들 사이의 투쟁을 발견한 공로도 나에게 속하는 것이 아니네. 부르주아 역사[가]들은 나보다 훨씬 앞서 이러한 계급투쟁의 역사적 발전을 서술하였고, 부르주아 경제학자들은 이 계급들의 경제적 해부학을 서술하였네. 내가 새로이 한 일은 다음과 같은 것들을 증명한 것이네. 1. 계급들의 존재는 생산의 특정한 역사적 발전단계들과 연결되어 있을 뿐이라는 것….[3]

그가 자신의 "새로움", 즉 자신의 절단과 과학성이 **계급주의**를 한정 짓는 데 있다고 생각하고자 할 때, 우리는 바로 여기서 마르크스 특유의 사고방식을 재발견한다. 경제적 계급주의(영국)라는 것이 있듯이 역사적 계급주의라는 것도 있는데 그 대표자들은 19세기 초 프

3 ❖ 칼 마르크스·프리드리히 엥겔스, 『칼 맑스 프리드리히 엥겔스 저작 선집』 2권, 박종철출판사, 1992, 497쪽.

랑스 역사가들(티에리Thierry, 기조Guizot)과 독일 역사가들(니부어Niebuhr)이다. **이 지점이야말로 마르크스의 출발점이며, 저들의 도달점이다**. 역사인식이 가장 완성된 형태에서 보여주는 것은 일련의 계급투쟁에 의해 조직되고 합리화되는 "문명들", "정권들", "사건들", "문화들"의 연쇄이다. 또한 계급투쟁들의 일반적 형태에서의 형상이 열거될 수도 있으니, 말하자면 노예와 자유시민, 귀족과 평민, 봉건영주와 농노, 장인과 직인, 지주와 부르주아, 부르주아와 프롤레타리아 등등이 그런 형상이다. 역사가 제공하는, 그래도 그 자체가 이미 인식노동의 결과인, 이러한 유산에, 바로 이러한 사실에 『공산주의자 선언』을 여는 저 유명한 구절이 조응한다. "지금까지의 모든 사회의 역사는 계급투쟁의 역사였을 뿐이다." 이 구절은 마르크스 이론의 첫마디가 아니라 **그 이론에 선행하는 것**으로, 마르크스가 수행하는 변형노동의 원재료를 요약한다.

이 논점은 우리가 마르크스의 **질문**을 더 정확히 정식화할 수 있도록 해주기 때문에 매우 중요하다. 1859년의 『정치경제학 비판을 위하여』「서문」에 포함된 이 질문은 다음과 같다. **역사는 계급투쟁의 역사라는 확언이 어떤 조건들에서 과학적 언표일 수 있는가?** 달리 말한다면, 이들은 어떤 계급이며, 계급이란 무엇이고, 계급투쟁이란 무엇인가?

우리가 「서문」 텍스트 자체로 들어가 실제로 보게 되는 것은 "사회구성체"Gesellschaftsformation와 이것의 "경제적 토대" 즉 "경제적 구조"Struktur 사이의 관계에 대한 논술인데, **생산양식** 연구가 후자의 해부학을 구성한다. 사회구성체란 계급들 사이의 일차적 "모순"의 자리이며, 마르크스는 이 모순을 투쟁, 전쟁, 대립이라는 용어로 지칭하는데, 이 모순은 "때로는 공공연하며 때로는 감춰질" 수 있는 것으로, 이 모순을 이루는 항들은 "한마디로 억압자들과 피억압자들"이다(『공산주의자 선언』의 정식들). 일차적 모순은 여기서 마치 자신의 본질과 관계를 맺듯 "모순"의 이차적 형태와 관계를 맺지만, 마르크스는 이 모순형태를 일차적 모순과 혼동하지 않으려고 언제나 많은 주의를 기울이며, 심지어 용어법에서도 이 모순형태를 "개인적 의미가 아니라"(nicht im individuellen Sinn), 즉 사람들 사이의 투쟁이 아니라 적대적 구조라는 면에서 "적대"라고 명명한다. 이 모순형태는 경제적 **토대에 내재적**이고, 어떤 규정된 생산양식 특유의 것으로, 그 모순의 항들은 "생산력 수준"과 "생산관계"라고 명명된다. 어떤 생산양식에서 다른 생산양식으로의 이행("경제적 사회구성체가 진보하는 시대들")과 그로 인한 사회구성체 전반의 변형을 규정하는 것은 바로 생산력과 생산관계 간 적대의 혁명적 단절 효과이다. 마르크스는 경제적 구조에 내재적인 이러한 "적대"의, 상대적으로 자율적인 영역 또는 무대의 수준에 자신의 연구를, 자기 스스로 국한하려 한다.

그런데 이 영역의 위상을 획정하기가, 우리로서는 엄밀하게 말해 불가능한 채로 남아 있으니, 왜냐하면 이 영역을 정의하는 항들이 아직 의미를 갖지 않기 때문이다. 몇몇 항을 묘사적으로 형용함을 구실로, 혹은 마르크스가 우리에게 그 항들을 제시할 때의 그 직접적 단순함을 구실로, 그 항들이 무매개적 경험 안에서 자명한 의미작용을 하는 **주어져 있는 것들**이라 믿는다면, 이는 실로 완벽하게 틀린 것일 터이다. 그 항들은 역으로 마르크스에 의해 **생산된 것들**이며(그가 공들여—특히 "시민사회"라는 항의 사용을 통해—우리에게 환기하듯, 이러한 생산의 원료 상당 부분이 철학적이고 경제학적인 전통에 의해 구성된다), 너무나 자명하지 않은 항들이라 마르크스가 그 항들에 관해 다른 곳에서 부여한 정의를 익히지 않고 실제 사회학적 분석에 그 항들을 사용할 경우에는 대단히 심각한 곤란이 초래된다. 바로 이런 이유로 경험론적 부르주아 사회학의 관점에서 기꺼이 그 항들을 역설적이고 변칙적이며 일관성 없다고 지적하게 되는 것이며, 그렇지 않으면 별 다른 절차 없이 그 항들을 다른 항들, 예컨대 기술, 경제, 제도, 인간관계 등등의 항에 동화시키게 되는 것이다.

텍스트 독해 안으로 더 깊이 들어가면, 우리는 역사가 과학으로 전화되는 것을 정초하는 두 가지 원리를 끌어낼 수 있다. **시기구분** 원리와, 사회구조 안에서 상이한 **실천들의 절합** 원리인데, 하나는 통시적 원리로, 하나는 공시적 원리로 보인다. 실천들의 절합 원리가 해당되는 건축물(Bau) 또는 "조응" 메커니즘에서, 사회구성체는 상이한 층위들(우리가 심급이라고도, 실천이라고도 말하는 그것들)로 구성되는 것으로 제시된다. 마르크스는 **세** 층위를 열거한다. 경제적 토대, 법적이고 정치적인 상부구조들, 사회의식의 형태들. 시기구분에 관해 말하자면, 이것은 역사의 경제적 구조의 **시대들**에 따라 역사를 구분한다. 이 두 원리는 시간적 연속성의 이중적 **환원**을 도입한다. 원시사회 문제(즉 마르크스가 사회의 기원을 사유하는 방식: 그는 『[공산주의자] 선언』에 비하면 여기서는 사회의 기원을 암시하지 않는다)를 제쳐둔다면, 사회적 **구조 전체**에 속하는 요소들(경제적 토대, 법적이고 정치적인 형태들, 이데올로기적인 형태들)의 절대적 불변성으로의 환원이 우선 있다. 이어서, 시기들의 분할을 통해 역사적 연속성을 불연속성으로 대체하는 것과, 일시적으로 불변이지만 돌발적 변동("혁명")으로 변경되는 **구조적 상태들**의 연쇄로 대체하는 것이 있다. 변동을 유발하는 적대는 이러한 불변성 자체에 의해서만, 즉 이 적대가 대립시키는 항들의 영속성에 의해서만 정의될 수 있다.

이 구조적 상태들이 **생산양식들**이고, 사회의 역사는 생산양식들의 불연속적 연쇄로 환원 가능하다.

이제 이 개념들의 이론적 지위에 대해 반드시 질문해야 한다. 이 개념들은 전부 **실증적** 개념이고, 내가 앞에서 말한 과학적 추상의 층위에서 텍스트에는 온통 이론적 인식의 동질적 내용만 있을 뿐인가? 예컨대 "실천철학"의 가장 정밀한 논술이 문제였던 그람시가 생각했듯이 말이다.

그러나 도리어 내 생각엔 일군의 **실천적** 개념들이라 불렸던[4] 그것의 지위를 이론적 실천 자체의 한가운데에서 갖고 있는 것이 바로 이 텍스트이다. 달리 말해 이 텍스트가 우리에게 제시하는 개념들이 여전히 그 **정식화**에서 의존하는 문제설정은 정확히 말하자면 교체해야 할 문제설정이다. 또한 이 개념들이 개념적으로 사유하지는 못하더라도 가리키고는 있는 **자리**는, 낡은 문제설정 한가운데에서 떠오른 새로운 문제를 다르게 제기하고 그 참에 해결도 하기 위해 **가야만 하는** 곳이다.

이 특징을 분명히 하기 위해 나는 **시기구분** 개념을 주요 사례로 들겠다. 이것은 여기서 마르크스가 질문하는 전통적 역사관을 관통하는 개념이다. 이것은 시간의 선을 조각내고 바로 그렇게 함으로써 역사적 현상을 자율적 총체성의 틀 안에서 이해할 가능성을 찾아내

---

4 Louis Althusser, "Note complémentaire sur 'l'humanisme réel'", in *Pour Marx*, Maspero, 1965, pp. 253~258[『마르크스를 위하여』, 421~435쪽].

는, 연속성 안에 있는 불연속성 개념이다(이 일반적 형식 아래에서, "문명"을 검토하든 아니면 "정세"와 대립되는 "구조"를 검토하든 문제가 달라지지는 않는다). 따라서 시기구분 개념은 역사가들이 자신들의 실천에서 결코 회피할 수 없는 문제에 이론적 형식을 부여하지만, 그렇다고 해서 이 개념 자체가 역사가들에게 이론적 해법을, 정밀한 이론적 **방법론**을 가져다주는 것은 아닌데, 그 기본적 이유는 후술될 것이다. 역시 마르크스의 이 텍스트들을 명백하게 사로잡은 문제는 "올바른 절단"의 문제이다. 단수의 또는 다수의 올바른 절단이 이루어지면, 시간의 선형적 흐름 속에서 부단히 펼쳐지는 역사는 본질적 영속성이 종속적 운동과 맺는 관계라고 이해할 수 있게 된다. 이 문제설정에 필연적으로 포괄되는 질문들이, 경제구조들을 구별하고자 하느냐 또는 오히려 **세기들**("루이 14세의 세기")을 구별하고자 하느냐에 따라, 그 본질에서 차이를 갖는 것은 아니다. [세기들의 구별이라는] 정식화의 장점은 시간의 선형성이 부과하는 조건들을 이 문제들이 존중할 수밖에 없음을, 달리 말하자면 이 문제들이 모든 불연속성을 시간적 불연속성의 평면으로 옮겨놓을 수밖에 없음을 부단히 환기시킨다는 데 있다. 이렇게 해서, 근대 경제사에서 역사적 개념화의 주요 도구로 나타날 수 있었던 것이 **장기 지속**과 **단기 지속**의 구별, 즉 시간의 선형성 위에서 완전히 "두루뭉술하게 된" 구별이다. 사람들은 장기 지속 현상들을 단기 지속 현상들과 구별하려고 할 것이고, 단기 지속 현상들이 어떻게 장기 지속 현상들의 흐름 안에, 게다가 이 현상들의 규정 안에 **삽입되는지를** 제시하려 할 것이다. 아울러 이제 두 유형의 난점이 영속될 것이다. 역사적 사건이라는 통념과 연관되는 난점[이 하나 있다]. **짧음**(갑작스러움)이라는 단일 기준으로 귀착되는 이 역사적 사건은 따라서 거의 필연적으로 정치적 사건들의 영역 안에 거처한다. 또 다른 난점은 **명료한** 절단을 행하는 것의 불가능성과 연관된다.

마르크스는 동일한 방식으로 정확하게 사안을 다루는 것으로 보인다. 다만 시기구분의 새로운 기준을 제기하는데, 올바른 절단을 실현하는 수단을 가지고 최적의 시기들을 내놓는다. 요컨대 그 누구도 이 시기들이 **자의적**인 것까지는 아니더라도 여하튼 **인위적인** 것이라고는 감히 말하지 못할 그런 시기들, 역사적인 사회적 현실성의 본성 자체에 조응하는 그런 시기들을 말이다.[5] 실은, 인식론적 단절이라는 발상을 진지하게 다뤄야 한다면, 선택된 기준(경제구조의 시대들)의 본성 자체에 문제제기 방식의 완전한 변형이 내포된다고 말해야 할 것이다. 마르크스는 우리에게, 인류의 역사를 시기구분하려면 예술이나 정치나 과학이나 법이라는 측면보다 **오히려** 경제과학의 측면에서 나아가야만 하리라고 말해주는 것이다. 이 개념의 이론적 본질, 그가 새롭게 가져온 것, **이 개념을 차이 나게 정의하는 그것은** 모든 시기구분에 공통되는 일반적 형식이 아니라 질문에 대한 특수한 답 안에 거처할 수 있음이 이제 확실해보인다.

5 "자의적인 것까지는 아니더라도 여하튼 인위적인." 나는 『실증철학 강의』*Cours de philosophie positive*(première leçon, tome 1, p. 24)에서 오귀스트 콩트가 학문이 여러 분과로 나뉘는 것을 두고 쓴 용어들을 원용한다. 어떤 학문을 상이한 상태들로 "절단"하는 문제는 이와 동일한 성격을 지닌다. "이 혁명의 정확한 기원을 부여하기란 불가능하다. (…) 이 혁명은 꾸준히 점차 달성되어왔다. (…) 그렇지만 (…) 생각의 탈선을 막기 위해서는 어떤 시대를 고정하는 것이 적절하다"(ibid., p. 10). 베이컨, 데카르트, 갈릴레이가 이제 물리학으로부터 실증성으로의 이행을, 아울러 실증적 상태의 전반적 우위의 출범을 규정한다. 과학들의 분류와 세 가지 상태의 법칙을 이중으로 절합했던 콩트는 지금껏 이 일반적 이론 문제에 대한 가장 엄밀한 사상가이다. 어떤 "분업"을 구성하는 상이한 실천들이 어떻게 상호 절합되며, 이 절합은 어떻게 이런 실천들에서의 변동들("절단들")과 더불어 변주되는가의 문제 말이다.

그런데 우리는 마르크스가 자신의 이론을 우리에게 제시하는 이러한 형식을 이 형식의 인식론적 특이성 안에서 생각해야 한다. 마르크스에게 고유한 시기구분 개념의 이론적 종별성은 **오로지**, 이 개념이 어떤 질문에 대한 **특수한 대답**이며 이 질문은 낡은 문제설정에 속하는 질문이고 과학의 구성에서 결정적이지 않은 질문이라는 사실에 있다. 그와 같은 상황에 필연적으로 내포되고 포괄되는 것은 마르크스가 자신의 특수한 대답을 이 층위에서 **정당화**하지 못한다는 점인데—그 대답은 실제로 이 층위에서 정당화가 불가능한 것인데—, 우리가 말하고 있는 텍스트가 아마도 이처럼 교조적 간결함을 갖는 이유가 바로 거기 있는 것이다. 게다가 마르크스는 이러한 시기구분의 진정한 이론적 개념을 정식화하지 못하는데, 왜냐하면 선형적 시간관에 근거하면서 이 시간관과 실랑이를 벌이는, 시기구분의 선행 문제설정을 사라지게 할 유일한 시기구분 방식의 개념이 바로 그것이기 때문이다.

시기구분 개념에 해당하는 것은, 「서문」에서 **경제적 토대**(주지하듯 새롭고 종별적이며 아직 정의되지 않은 개념들인 생산력, 생산관계, 생산양식에 의해 지칭되는 토대)와는 다른—사회적 구조의—상이한 심급들을 지칭하는 개념들에도 역시 필연적으로 해당한다. 이 개념들은, 이 개념들의 대상들의 고유한 절합을 지칭하는 모든 용어와 (“**조응하다**”, “위에 서 있다”) 마찬가지로, 현저히 막연한 것에 불과함에도 이데올로기들과 상부구조들의 문제에 관한 모든 마르크스주의적 성찰에 자양분을 공급해주었는데, 정작 이 개념들에는 마르크스가 이번에는 잠정적으로 **어느 방향으로 가지 않는지를 지시해주는** 기능밖에 없다. 그러므로 이 개념들은 이 층위들에 대해 그리고 이 층위들의 상호관계에 대해 인식이 아니라 단순한 실천적(분명히 이론적 실천이라는 의미에서) **위치표시**를 구성하는데, 이러한 위치표시를 통해 끌어낸 경제적 구조의 층위를 마르크스는 이제 그것의 상대적 자율성 안에서 연구하고자 한다. 그렇지만 이러한 위치표시가 가능하려면 그 진정한 의미를 구성하는 일정한 이론적 조건들이 받아들여져야 한다. 예컨대 경제적 구조는 그 개념에 대한 새로운 정의라는 조건 아래에서 상대적 자율성을 소유하며, 이 자율성이야말로 그 구조를 연구의 독자적 장으로 한정할 수 있게 해준다는 것, 심급들의 **복수성**은 본질상 모든 사회구조의 고유성이라는 것(하지만 그 심급들의 수와 이름, 그리고 그 심급들의 절합을 지칭하는 용어들은 수정을 요하는 것들로 간주될 것인데), 사회에 관한 과학의 문제는 정확히 **그 심급들의 절합의 변이형태들**의 문제라는 것 말이다.[6]

6 여기서 독해의 심각한 난점 하나에 주목하자. 그것은 『정치경제학 비판을 위하여』만이 아니라 『자본』에도 관련된다. 마르크스가 구사하는 "사회구성체"라는 용어는 구체적 분석대상으로, 말하자면 하나의 **실존**인 1860년의 잉글랜드나 1870년의 프랑스나 1917년의 러시아 등등을 가리키는 경험적 개념일 수도 있고, "사회"라는 이데올로기적 통념을 대체하면서 역사과학의 대상—규정된 생산양식의 토대 위에서 절합되는 심급들의 총체성으로서의 대상—을 가리키는 추상적 개념일 수도 있다. 이러한 애매함은 우선 하나의 과학이론 및 개념의 명시적으로 해소되지 않은 **철학적** 문제들을, 그리고 추상적 과학의 이론적 대상을 실존하는 현실성들의 단순한 "모델"로 사유하는 경험주의적 경향을 덮어버린다(이 점에 관해서는 앞의 알튀세르의 논문을 보라). 게다가 다음으로는 이러한 애매함이 역사유물론 자체의 객관적 **결핍**도 덮어버리는데, 이런 결핍을 역사유물론의 발전은 불가피하게 점진적으로 이루어진다는 특성 탓으로 돌릴 수도 있다. 말하자면 자본주의 생산양식의 추상적 이론이 서술되는 『자본』에서, 일반적으로 상이한 **복수의** 생산양식을 포함하는 구체적인 사회구성체들에 대한 분석은 다루어지지 않으니, 생산양식들의 공존과 위계의 법칙들이 이제 연구되어야만 한다는 것이다. 이 문제는 오직 묵시적이고 부분적으로만 **지대** 분석 안에(3권) 포함되며, 실천적으로는 마르크스의 역사적이고 정치적인 저작들에(『루이 보나파르트의 브뤼메르 18일』 등등) 현존한다. 오직 레닌만이, 『러시아에서 자본주의 발전』과 사회주의 이행기 저작들에서, 이 문제에 대한 이론적 검토에 착수한다.

동일한 지적이 마지막으로 "**인간들**"이라는 개념에도 해당한다. 그 모든 과정을 담지하는 "인간들" 말이다. 에두르지 않고 말하자면, 이 논문의 이어지는 부분은 우리에게 허용되었으면 하는 **비판적** 독해의 원칙에 따를 것이다. 따라서 우리는 그 용어("인간들")를 포함하는 이론적 구조 안에서 그 용어의 개념적 기능을 해명하기 전에 미리 그 용어의 의미를 예단하는 것을 자제할 텐데, 왜냐하면 그 용어의 이론적 의미는 전적으로 그 기능에 달려 있기 때문이다. "인간들"이라는 말의 "자명함"과 (여기서는 육신의 두터움을 짊어진) "투명함", 그 말의 무해한 외양은 우리가 피하고 싶은 가장 위험한 함정들이다. 그 말이 속한 이론적 체계의 필연성 안에 그 말을 자리매김하고 **정초**했다든가 아니면 아예 낯선 형체로 여겨 **제거**하거나 이 낯선 것을 다른 형체로 대체했다든가 해야만 비로소 우리는 만족하게 될 것이다. 이 1859년의 『정치경제학 비판을 위하여』 「서문」의 정식들("인간들의 실존의 사회적 생산 안에서 **인간들**은 규정된 관계들 (…) **그 관계들**의 물질적 생산**력** 안으로 **들어선다**. (…) **인간들의 존재**를 규정하는 것은 **인간들**의 의식이 아니다. (…) **인간들**이 그 안에서 의식을 갖게 되는 이데올로기 형태들이다")을 『독일 이데올로기』와 『철학의 빈곤』과 편지(특히 엥겔스가 블로흐에게 보낸 편지: "우리는(=인간들은) 스스로 우리의 역사를 만들지만, 여기에 즉각적으로 따라붙는 전제와

사회구성체 심급들의 **절합**을 가리키는 개념들을 이 최초의 밑그림에서 불충분하게 세공한 것이야말로 마르크스주의 문헌에서 **사회구성체**와 그것의 경제적 하부구조(흔히 **하나의** 생산양식과 결부되는 하부구조)를 늘 혼동했던 것의 (부정적) 원인이라는 점에 다시금 주목하자. 물론 비자본주의 또는 전 자본주의 생산양식들에 관한 현재의 논의들도 그런 점을 증언할 것이다.

조건은 상당히 규정된 것들입니다")에 있는 다른 여러 정식과 비교해 봐야 한다. 이 모든 정식을 모체로 하는 관념은 **인간들이 선행 조건들의 토대 위에서 역사를 만든다**는 것이다. 그렇다면 이 "인간들"은 누구인가? 우리가 논하는 「서문」에 대한 첫 독해, 이 "순진한" 독해에서는, **일차적으로** 인간들은 경제적 생산활동을 매개로 사회구조를 역사적으로 변형하는 과정의 행위자들로 보인다. 인간들은 자신들의 물질적 생존수단을 **생산**하는 동시에, 그들의 생산이 그 안에서 이루어지는 사회적 관계들—유지되거나 또는 변형되는 관계들—도 **생산**한다는 점을 이해해야 한다. **이차적으로는**, 사회구조 안에서 절합되는 상이한 실천들의 현실적(구체적) 담지자들이 바로 인간들이다. 정확히 이 절합은 생산과정에 참여하는 것과 함께 법적 주체이자 의식이기도 한 **인간들에 의해서만** 주어진다. 이 개념이 이론에서 완수하는 구조적 응집 기능에 따라 이 개념의 중요성은 측정될 수 있다. 하지만 이 개념의 애매함은 양립될 수 없는 개념들—이론적 개념과 비이론적 개념, 과학적 개념과 이데올로기적 개념—의 여러 체계에 동시에 소속된다는 데 있다. "인간들"이라는 개념은 이렇듯 철학적 또는 통속적 이데올로기의 영역들로 언표가 도주하는 진정한 지점을 구성한다. 인식론의 임무는 여기서 개념의 의미를 고정함으로써 언표의 도망을 중단시키는 것이다.

◆◆◆

아직도 기우뚱한 어떤 문제설정 안에 있는 실천적 개념들이자 신호-개념들인 이 개념들(시기구분, 실천들의 조응-절합, 인간들)의 애매한 지위가 정말이지 그와 같다면, 그때 하나의 임무가 필수적인 것이 된다. 나 스스로 여기서 착수하고자 하는 것은 이 "**실천적**" 개념을 마르크스주의 역사이론의 **이론적** 개념들로 **변형**하는 명시적 노동이며, 이 개념들에서 작금의 이론적 형식을 벗겨내 이 개념들로 하여금 자신들의 실천적 내용에 이론적으로 적합해지도록 하는 노동이다. 아울러 낡은 이데올로기적 문제설정의 요청들을 표현할 뿐인 개념들은 완전히 사라질 것이다. 또한 그와 함께 결핍과 열림의 지점들도 나타날 것인데, 이 지점들은 마르크스에 의해 탐사된 바로 그 영역 안에서, 새로운 이론적 개념들의 생산을 요청하며 그 생산을 가능하게 할 것이다. 사실 마르크스 저작의 풍요로운 미완성은, **가장 추상적인** 층위에서, 그 저작이 지닌 과학적 특성의 필연적 효과이다.

분석의 선취들과 요약들(또는 "결과들")이 조합된 지위를 지니는 1859년의 『정치경제학 비판을 위하여』 「서문」의 이론적 개념들이 『자본』이라는 텍스트에서 단순히 "입증"되거나 적용되는 것은 아니다. 『자본』이라는 텍스트는, 서술의 필연적 순서에 따라, 이러한 이론적 개념들을, 또는 적어도 이 개념들 중 일부를 생산하고 구성하고 정의하는 과정[그 자체]이다. 우리가 "생산양식"을 주요 분석대상으로 간주한다면, 이는 마르크스 스스로 이 서술 자체 **안에서** 『자본』의 이론적 대상을 **자본주의 생산양식 개념**이라 적시하고 있기 때문이다.

I. 시기구분으로부터 생산양식으로

생산양식 개념을 재구성하기 위해, 나는 가장 외재적인 외양을 지니는 가장 형태적인 규정들에서 출발하여 이 규정들을 점차 풍부하게 만들어보겠다. 그리하여 나는 역사이론에 대한 첫 질문으로, 즉 절단들 혹은 올바른 절단에 대한 질문으로 돌아온다. 마르크스가 일군의 텍스트에서 우리에게 건넨 일련의 언급에는 공통의 형식이 있으니, 모두 이렇게 시작한다. "생산의 역사적 시대를 정의하는 것, 그것은 …" 또는 "생산의 역사적 양식을 정의하는 것, 그것은 …의 종별적 방식이다". 그러고는 여러 정식이 이어지는데, 이 정식들을 이렇게 대조하는 것은 너무 교육적인 작업이라는 부담을 감수하는 것인바, 왜냐하면 이 정식들은 전부 원리상 **등가적**이기 때문이다. 물론 그렇다고 해서 이 등가성이 동어반복적인 것은 전혀 아니지만 말이다. 달리 말하자면, 원칙적으로 비교의 방법에 의존하는 하나의 동일한 질문에 대한 이 등가적 답변들로부터 우리가 추출하고자 시도할 수 있는 것은 "생산양식"(당분간 이 용어는 우리에겐 언제나 하나의 이름, 즉 마르크스에게 고유한 시기구분 단위의 이름일 뿐이다) 식별의 **기준들**에 대한 규정이고, 각각의 생산양식에 대해 개념을 정의할 수 있게 해주는 **타당한 차이들**에 대한 규정이다. 우리가 그와 같은 적절한 차이들을 명확히 제시하고 나면, 우리는 두 번째 임무를 만날 텐데, 그 임무는 이러한 차이들이 그 안에서 작동하는 그런 **전체들**을 특징짓는 일일 것이다.[7]

1. 생산양식mode de production: 생산하는 방식manière de produire

[생산양식을 뜻하는] 독일어 Produkionsweise는 그에 상응하는 프랑스 단어보다 훨씬 더, '양식'mode(Weise)이라는 단어의 단순한 최초의 의미, 다시 말해 '행하는 식'을 가리키는 '**방식**'manière의 의미에 대한 기억을 모조리 잃지는 않았다(예컨대 독일어의 관용적 표현인 중복어 "Art und Weise"[방식]). 이러한 지적이 우선 우리에게, 우리가 다루는 분석 유형은 형태 또는 질을 격리하는 **묘사적** 분석임을 알려준다. 따라서 처음에 "생산"양식은 『자본』의 분석이 진행되는 도중에 우리가

7 생산양식들 자체를 그 순수성 안에서 시기구분하는 것으로 사유되는 그런 시기구분이 우선 역사이론에 형식을 부여한다. 또한 마르크스의 정의의 요소들이 모여 있는 시사적 언급들 대부분은 **비교**하는 것들이다. 하지만 이러한 묘사적 용어법(인간들은 상이한 역사적 생산양식들 안에서 동일한 방식으로 생산하지 않으며, 자본주의에는 경제적 관계들의 보편적 성질이 숨어 있지 않다) 이면에는, **구조의 층위에서 비교를 가능하게 해주는** 것에 대한 시사가 있으며, "생산 일반"의 **불변적 규정들**("공통의 특성들")에 대한 탐구가 있는데, 생산 일반이란 역사적으로는 실존하지 않지만, 역사적 생산양식들은 모두 이 생산 일반의 **변이들을** 재현한다(1857년의 『정치경제학 비판 요강』「서설」 참조).

만날 다른 숱한 **양식들**과 동일한 평면에 실존한다. 예를 들어보자.

교환양식: "화폐경제와 신용경제의 범주들 안에서 강조되는 것은, 요컨대 독특한 속성으로 떨어져 나오는 것은 경제 즉 생산양식 자체가 아니다. 그것은 생산의 다양한 행위자들인 다양한 생산자들 사이에서 확립되는 교환양식이다"(Verkehrsweise).[8]

유통양식: "자본 가치 중에서 생산수단의 형태로 선대된 부분에 고정자본의 특징을 주는 규정은 이 가치의 기원적 유통양식 안에 배타적으로 거한다. 이 특수한 유통양식(diese eigene Weise der Zirkulation)은 노동수단이 생산과정 중에 자신의 가치를 생산물로 이전하며 가치요소로 포함되는 특수한 양식의 귀결이다(sich… verhält). 그리고 이 후자의 특수성은 노동수단이 노동과정 안에서 기능하는 특별한 방식의 귀결이다"(aus der besondren Art der Funktion der Arbeitsmittel).[9]

소비양식: "이른바 자연적 욕구들과 이것들을 충족하는 양식(die Art ihrer Befriedigung)의 수는 역사적 산물이다."[10]

"경제적" 영역이든 아니든 여타의 사례들도 가져와 제시할 수 있겠다.

"생산양식"이라는 표현이 지닌 묘사적이고 비교하는 특성 탓에, 처음에는 일반성으로의 경향이라는 형식 아래서만 이 표현의 응용

8 *Le Capital*, IV, p. 107[『자본』, II, 146쪽].

9 *Le Capital*, IV, p. 147[『자본』, II, 199~200쪽].

10 *Le Capital*, I, p. 174[『자본』, I-1, 255~256쪽].

범위에 대한 준거를 확보하게 된다. 반면 기계를 사용하는 공업적 생산양식이라는 제한된 의미에서 파악되는 자본주의 생산양식은 점차 다양한 공업 분야에 해당하게 되는 것을 보게 될 것이다.

> 문제가 되는 것은 필요노동의 잉여노동으로의 전화에 의한 잉여가치의 획득이니, 자본이 노동의 전통적 공정은 온전히 그대로 놔두고 단순히 노동의 지속시간만을 연장하는 것으로는 더 이상 충분치 않다. 그러므로 자본에는 기술적이고 사회적인 조건들, 즉 생산양식을 전화하는 것이 필요하다. 오직 그때에만 자본은 노동생산성을 증대할 수 있고, 그리하여 노동력의 가치를 낮출 수 있으며, 그럼으로써 노동력 재생산에 요구되는 시간을 줄일 수 있다.[11]

이 텍스트 앞에 나오는 정의는 다음과 같다.

> "생산조건에서의 혁명" 즉 "**노동도구** 혹은 **노동방법** 혹은 이 양자에서의 변화."

여기에는 공정, 방식, 방법, 형태에 대한 묘사가 있는데, 이는 **그 표현들이 배제하는** 그것에 의해서만 의미를 갖는 그러한 표현들이다. 우선 **양**적 측정이 있다. 따라서 노동의 **생산성**, 즉 생산자의 욕구를 충족하는 데 필요한 크기와 잉여노동의 크기를 상대적으로 규정하는

11 *Le Capital*, II, p. 9[『자본』, I-1, 440쪽].

이 생산성은, 매 역사적 시기마다 노동과정의 일정한 **형태**에 의지하는, 다시 말해 특정 도구들(노동수단들)이 노동조직(실제로 유용한 생산물을 획득할 수 있도록 해주는 도구들을 개별 생산자가 혼자 작동시킬 때처럼 [노동의] 비조직일 수도 있다) 형태들과 맺는 관계에 의지하는 한에서만 여기에 개입한다. 이어서, 이 표현들이 배제하는 것은 어떤 변형을 생산하거나 변형을 겪는 대상들의 물질적 **본성**에 대한 사고이니, 이는 그러한 사고가 **생산의 사회적 분할** 부문들 즉 고유한 기술공학적 특성들을 지니고 특수한 **사용**가치를 생산하는 부문들의 특수한 성격들에 관련되기에 그런 것이다. 이런 방향에서 마르크스는 이미 1857년의 『정치경제학 비판 요강』「서설」에서 기술공학이라는 용어를 두고, 19세기 초에 획득한 의미에서 "정치경제학은 기술공학이 아니다"라고 썼는데, 마르크스는 그 의미의 역사적 기원을 [자본] 1권 대공업에 대한 장에서 제시한다. 두 개의 부정적 규정이 담긴 곳은 **노동과정**에 대한 장의 텍스트이다.

> 소멸된 사회들의 경제형태들에 대한 연구에서 낡은 노동수단의 파편들이 지니는 중요성은 사멸한 종의 생명조직에 대한 인식에서 화석화된 뼈의 구조가 갖는 중요성과 동일하다. 하나의 경제적 시대를 다른 시대와 구별하는 것은 제작되는 그 무엇이라기보다는 제작의 방식이며(Nicht was… sondern wie…), 제작에 쓰일 노동수단들이다. 노동수단은 노동자 발전의 중력계이고, 노동자가 노동하는 사회적 관계들의 지표이다(Nicht nur Gradmesser der Entwicklung der menschlichen Arbeitskraft, sondern auch Anzeiger der gesellschaftlichen Verhältnisse, worin

gearbeitet wird).[12]

노동수단이 사회적 관계의 "지표"이기 위해 분명 그 노동수단은 실효성 측정 혹은 자체 요소들의 기술공학적 묘사와는 다른 유형의 분석을 받아야만 한다. 그렇게 하지 않으면 기계를 사회적 관계라고 간주하는 프루동의 오류에 다시 빠지게 된다.[13]

우리는 이러한 분석을 **형태들의 차이적 규정**détermination différentielle de formes이라 정의할 수 있으며, 하나의 "양식"을 형태들의 체계라고 정의할 수 있는데, 이 체계는 **사고되는 그 과정** 안에 반드시 들어가는 요소들 전체의 **변이 상태**를 재현한다. 내가 시험해보려 하는 이 정의는 모든 양식에 해당하는데, 이 정의에서 매번 요구되는 것은 두 가지로, 사고되는 과정에 의해 제시되는 **자리들**(또는 기능들)의 열거가 그 하나고, 이 자리들을 점하는 형태들을 구별하도록 해주는 **타당한 기준들**의 규정이 다른 하나다. 이제 우리가 앞에서 인용한 유통양식의 예를[14] 재론해본다면, 우리는 그것[노동수단]의 가치가 총체적으로 생산물에 이전되거나 생산의 여러 시기에 걸쳐 나뉘어 부분적으로 생산물에 이전된다는 사실이 바로 이 기준을 이루고 있음을 보게 된다. 또한 우리는 거기서 마르크스가 과정의 요소로서 실존을 지칭하는 개념들인 기능과 요인을 찾아낸다. 하지만 이 자리들의 열거를 위해서는 또 다른 "양식"인 "생산양식" 자체를 참조해야 했는데,

---

12 *Le Capital*, I, p. 182[『자본』, I-1, 258~259쪽].

13 *Misère de la Philosophie*[『철학의 빈곤』], Editions sociales, p. 140을 보라.

14 *Le Capital*, IV, p. 147. [『자본』, II, 199~200쪽]

[이 경우에는] 자체적인 고유한 일관성을 소유한 상대적으로 자율적인 과정을 다루는 것이 아니다. 생산양식 자체를 화두로 삼을 때는 사정이 달라, 우리는 이러한 일관성을 찾는다.

2. 형태들의 체계의 요소들

생산양식(좁은 의미에서)의 경우 그 요소들을 식별해내는 일이 여전히 남아 있다. 여기서 우리에게 필요한 것은 마르크스의 상보적인 여러 텍스트를 대조하고, 이어서 이 텍스트들에 대한 해석을 제시하는 것인데, 이하에서 그 해석의 합당함이 드러났으면 한다.

우리는 지극히 명료한 첫 번째 텍스트를 『자본』 2권에서 발견한다.

> 생산의 사회적 형태들이 무엇이든 간에, 노동자와 생산수단은 언제나 그 형태의 요인들(Faktoren)로 남아 있다. 하지만 이 요인들이 분리되어 있는 한에서 이것들은 하나같이 잠재적 상태(der Möglichkeit nach)에 있을 따름이다. 어떤 생산이든 하나의 생산에는 반드시 이것들의 결합(Verbindung)이 필요하다. 사회구조가 통과하는 상이한 경제적 시대들을 구별하는 것은 바로 이 결합을 실행하는 특수한 방식이다.[15]

15 *Le Capital*, IV, pp. 38~39[『자본』, II, 54쪽].

우리가 찾는 요소들 중 두 가지가 여기서 제시된다.

1. **노동자**(노동력)

2. **생산수단**

텍스트는 이렇게 이어진다.

> 우리를 사로잡은 사례에서, 출발점은 자유로운 노동자가 자신의 생산수단과 분리됨에서 주어진다. 우리는 어떻게, 어떤 조건에서, 이 요소들이 자본가의 수중에서 다시 통합되는가를 보았다. 그가 지닌 자본의 생산적 실존양식으로서 말이다.

여기서 곧장 우리는 세 번째 요소를 발견하는데, 이것은 앞의 두 요소가 그러하듯 "요인"이라는 이름을 가질 만하다.

3. **잉여노동을 전유하는 비노동자**. 마르크스는 다른 곳에서는 그를 "소유계급"(Grossbestizerklasse)의 대표자로 지칭한다.[16] 여기서는 그가 자본가다. 게다가 우리는 앞의 요소들 사이의 하나의 **연관**이라 부를 수 있는 상이한 성격의 요소를 발견한다. 이 연관은 분리(Trennung)/소유라는 배타적인 두 가치를 가질 수 있다.

이 텍스트에 대한 분석 결과들을, 마르크스의 미간행 초고(앞서 이미 인용한) 「자본주의 생산에 선행하는 형태들」(이하 「선행하는 형태들」)과 『자본』 3권의 「자본주의적 지대의 발생」 장에 그 핵심이 들어 있는 일련의 다른 텍스트들과 대조함으로써, 우리는 동일한 요소

16 *Le Capital*, II, p. 185 [『자본』, I-2, 703쪽].

들 및 이 요소들의 결합에 대한 자세한 묘사를 재발견한다. **노동자**는 거기서 더 정확하게 **직접생산자**가 된다. 소유관계는 여러 복합적 형태에 따라, 특히 "점유"possession(사용, 향유)와 "소유"propriété(원리적인 소유)의 이중성에 따라 종별화된다.

하지만 이 텍스트들의 본질적 흥미로움은 우리로 하여금 **첫 번째 연관과는 구별되는 두 번째 연관**을, 즉 결합"요인들" 사이의 두 번째 관계를 구조 안에 도입하도록 강제한다는 점에 있다. 이 논점은 구조에 대한 지적 파악을 좌우하기에 대단히 중요하다. 따라서 우리에게 필요한 것은 마르크스의 텍스트들 자체에서 출발하여, 이 두 번째 연관의 성격을 매우 명료하게 정의하려는 시도이다. 이 연관은 마르크스가 다채로운 용어로 **노동과정 안에서 생산자에 의한 생산수단의 현실적이고 물질적인 전유**(Aneignung, Appropriation, wirkliche Aneignung)라고, 혹은 아주 단순하게 인간에 의한 자연의 전유라고 지칭하는 그것에 조응한다. 두 논점이 명확히 확립되어야 한다.

1)이 연관은 선행 연관과 구별된다.

2)이는 또한 물론 앞서 열거된 요소들 사이의 연관 혹은 관계에 대한 것이다.

1)번 논점의 입증은 내가 거론한 텍스트들(무엇보다도 「선행하는 형태들」) 안에서 이 논점에 관한 마르크스의 어휘가 상대적으로 흔들리기에 옹색해지는데, 그 텍스트들에서 마르크스는 일련의 실천적으로 등가적인 용어(Aneignung, Appropriation; Bestiz, Benutzung 등등)을 사용하여, 생산자가 자신의 생산수단과 맺는 모든 연관을 지칭한다. 이 흔들림은 실제로 마르크스가 두 연관의 구별을 명확히 사유하느라 겪는 난점에서 기인하는데, 내가 그 난점을 규명해보겠다. 그

럼 『자본』 1권의 **절대적 잉여가치**와 **상대적 잉여가치**에 관한 텍스트를[17] 보자. 우리는 거기서 아나이그눙Aneignung(전유)이라는 한 단어가, 한 페이지 건너 두 번 사용되는 것을 보게 되는데, 분명 이것들은 그 의미가 동일하지 않으며, 내가 말한 두 연관의 각각에 조응한다.

> in der individuellen Aneignung von Naturgegenständen kontrolliert er sich selbst. Später wird er kontrolliert(자연의 대상들의 개별적 전유 안에서, 노동자는 우선 스스로를 통제하며, 이어서 그의 노동이 타자에 의해 통제된다).
>
> die Aneignung dieser Mehrarbeit durch das Kapital(이 잉여노동의 자본에 의한 전유).

두 번째 "Aneignung"이 가리키는 소유관계는 우리가 처음에 만났던 그것이다. 이 "Aneignung"은 자본주의 생산양식의 전제, 요컨대 자본이 모든 생산수단**과** 노동의 소유자이고, 따라서 생산물 전부의 소유자라는 전제를 가리킨다.

하지만 첫 번째 "Aneignung"은 소유관계를 가리키지 않는다. 오히려 그것은 마르크스가 "노동과정"이라 부른 것에 대한 분석에 속하며, 또는 차라리 그것은 노동과정 분석을 생산양식 분석의 일부로 자리매김한다. 그것은 결코 **소유자로서** 자본가를 개입시키지 않으며, 오직 노동자와 노동수단과 노동대상만을 개입시킨다.

---

17 *Le Capital*, II, p. 183 sq.[『자본』, I-2, 699쪽 이하].

이러한 구별에 비춰 우리는 이제, 예컨대 **노동과정**에 관한 장의 텍스트를 다시 읽을 수 있다.[18] 마르크스는 이렇게 쓰고 있다.

> 자본가에 의한 노동력의 소비로서의 노동과정은 두 개의 특수한 현상만을 드러낸다.
>
> 노동자는 자본가의 통제 아래 노동한다….
>
> 다음으로, 생산물은 직접생산자인 노동자가 아니라 자본가의 소유이다….[19]

자본주의 생산양식의 이 특수한 "두 현상"에서, 우리는 정확히 이 두 연관을, 자본주의 생산양식에서 이 두 연관이 띠는 종별적 형태 아래 재발견한다.

노동과정은, 소유의 관점에서, 자본가가 구매한 사물들 사이의 작업이다. "이 작업의 생산물은 자본가의 지하저장고에서 발효되는 생산물과 마찬가지로 그에게 귀속된다."

자본주의 생산양식에서의 노동과정이란 개별 노동으로는 사회의 생산수단들—그것들만이 생산수단 그 자체로서 기능할 수 있는—을 작동시키지 못하는 그런 것이다. 자본가의 "통제"는 노동과정에 기술적으로 필수불가결한 계기인데, 이것 없이는 노동이 사회적 노동이기 위해, 다시 말하자면 사회에 의해 사용되고 사회에 의해 인정되는 노동이기 위해 필수불가결한 **적합성**(Zweckmässigkeit)을 보유하

18 *Le Capital*, I, pp. 186~187[『자본』, I-1, 275쪽].

19 *Le Capital*, I, p. 187[『자본』, I-1, 275쪽].

지 못한다. 자본주의 생산양식에 고유한 적합성에는 통제 기능과 실행 기능의 협력과 분할이 내포된다. 이 적합성은 내가 말하는 두 번째 연관의 형태이며, 이 연관은 이제 **직접생산자가 사회적 생산수단들을 작동시키는 능력**으로 정의될 수 있다. 『자본』의 텍스트들에서 마르크스는 이런 연관의 여러 형태를 정의하는바 직접생산자의 **자율성**(Selbständigkeit), 그리고 생산자들의 상호 **의존**형태들(협력 등등)이 그것이다.

이 **두 번째** 연관을 개념적 독자성 안에서, "소유"연관 A와의 차이 안에서 인정하는 것이 『자본』의 매우 중요한 여러 테제의 관건임을 우리는 이미 알고 있다. 특히 자본가가 노동력의 착취자("소유")이자 생산의 조직가("현실적 전유")로서 맡는 **이중적 기능**, 마르크스가 협업과 매뉴팩처와 대공업에 관한 장들에서(I권) 서술하는 그 이중적 기능은 생산 안에서 **노동분할**의 이중성(노동의 "기술적" 분할, 노동의 "사회적" 분할)이라 불릴 그것의 지표다. 아울러 그 이중적 기능은 두 분할의 **상호의존** 또는 상호교차의 지표이기도 한데, 이러한 상호의존 또는 상호교차는 내가 구별했던 두 연관이 **단일한** "Verbindung" 즉 단일한 결합에, 다시 말해 단일한 생산양식 구조에 속한다는 것을 반영한다.

그러므로 우리는 두 연관의 구별을 통해, 헤겔적 총체성과 대립하는 마르크스주의적 총체성을 특징짓는 복합성인 결합의 **복합성**이 무엇으로 이루어지는가를 마침내 이해하게 되는 것이다. 구조적 복합성이라는 이 개념이 도입되었을 때,[20] 그것은 상대적으로 자율적인 여러 층위가 절합되는 전반적인 사회구조의 복합성이었다. 이제 우리는 **생산** 자체가 복합적 총체임을, 다시 말해 단순한 총체는 어디에도 없음을 발견한다. 그리고 우리는 이 복합성에 정밀한 의미를 부여할 수 있으니, 이 복합성은 총체성의 요소들이 두 개의 구별되는 연관에 의해 한 번이 아니라 두 번 연결되는 것으로 이루어진다. 마르크스가 **결합**이라 불렀던 것은 **모든 생산"요인들" 간에 맺어지는 단순한 관계가 아니라 이 두 연관의 관계이자 상호의존**이다.

마침내 우리는 모든 생산양식의 요소들을, 형태 분석의 상수들을 도해할 수 있다.

1. 노동자

2. 생산수단

— 1. 노동대상

— 2. 노동수단

3. 비-노동자

A. — 소유연관

B. — 현실적인 즉 물질적인 전유연관

역사 회고적인 일부 텍스트에서 마르크스가 두 연관의 구별을 사유하느라 겪는 곤란을 해명해주는 것은 바로 두 연관이 자본주의 생산양식에서 띠는 특수 형태이다. 두 연관은 모두 실제로 "**분리**"에

20 L. Althusser, "Sur la dialectique matérialiste", *Pour Marx*[「유물론적 변증법에 대하여」, 『마르크스를 위하여』, 279~381쪽].

의해 특징지어질 수 있다. 요컨대 노동자는 모든 생산수단에서 "분리"되며, 모든 소유를(자기 노동력 소유를 제외하고) 상실한다. 아울러 개별 인간으로서 노동자는 사회적 노동도구들을 홀로 작동시킬 수 있는 일체의 능력으로부터 "분리"된다. 그는 직업적 숙련을 잃어버렸으니, 이 숙련은 노동수단의 성격과 더 이상 조응하지 않는다. 마르크스가 말했듯이 노동은 더 이상 "그의 소유"가 아니다. 고유한 의미의 자본주의 생산양식에서, 이 두 "분리", 즉 이 두 상실은, 자본으로 제도화된 생산수단들에 "자유로운" 노동자가 대립하는 형상 안에서 겹치고 일치되어, 마침내 노동자 자체가 자본의 요소가 되기에 이른다. 바로 이것이 마르크스가 단일한 개념, 즉 **노동자와 노동조건의 분리**라는 개념 안에서 줄곧 두 분리를 섞는 이유다. 선행 생산양식들을 거쳐 자본주의 생산양식의 요소들의 구성 역사로 소급해가는 모든 역사적 조사에서, 마르크스는 이 개념을 중심축으로 삼는다. 그가 두 연관을 분립시키느라 겪는 곤란을, 「선행하는 형태들」의 어휘의 동요에서 명백한 그 곤란을 설명해주는 것은 바로 이것이다. 두 연관의 상동성, 즉 두 연관형태들의 겹침은 자본주의 구조를 특징짓지만 이 선행 생산양식들을 특징짓는 것은 아니기 때문이다. 마르크스는 역사를 개시하는 가설적인 "자연적 공동체"에서만 이 상동성을 재발견한다. 이 공동체에서 두 연관 각각은 도리어 노동자와 생산수단이 **통합**되고 **상호귀속**되는 형태를 띤다. 한편에는 거의 생물학적인, 토지의 집단적 소유가 있고, 다른 한편에는 노동의 생물학적 자연성이 있다("인간의 실험실"인 토지는 노동대상과 노동수단으로 구별되지 않는다).

하지만 그 분석 안에서 우리가 생산양식의 이러한 이중적 절합의 **효과들**을, 다시 말해 노동과정이자 (자본주의 형태 아래) 가치의 가치증식(Verwertung) 과정으로서 "직접적 생산과정"의 **이중성**을(이 두 과정의 구별이 1권 7장의 대상을 구성한다) 다루는 순간부터 모든 곤란이 중단되는데, 게다가 마르크스의 용어법에서 나타났던 모든 흔들림마저 중단된다.

모든 생산양식의 구조에 속하는 두 연관에 따라 이 요소들 사이에서 이루어지는 변이된 결합에 의해, 우리는 다양한 생산양식을 재구성할 수 있다. 다시 말해 우리가 이 생산양식들에 대한 이론적 인식의 "전제들"을 언표할 수 있다는 것인데, 이 전제들이야말로 생산양식의 역사적 실존조건들에 대한 개념들이다. 심지어 우리는, 일정 한도 안에서, 결코 **독립적인** 형태로 실존한 적이 없으며 고유한 의미에서 "시기구분"에 속하지 않는 생산양식들을 이런 방식으로 발생시킬 수 있으니, 마르크스가 "상품 생산양식"(자신들의 생산수단을 소유하고 이 생산수단들을 협업 없이도 가동하는 개별 소생산자들의 집합)이라 부른 것이 그러하다. 또는 사회주의 생산양식처럼 그 일반적 조건들이 다만 **예상**될 수 있을 따름인 생산양식들도 그러하다. 결국 도달하게 되는 것은 모든 동일 "요인"을 결합하는 상이한 생산양식들의 **형태들에 대한 비교표**일 것이다.

그렇지만 그것이 좁은 의미에서의 **조합**combinatoire, 다시 말해 요인들의 성격은 변하지 않고 요인들의 자리와 관계만 변하는 그러한 결합형태는 아니다. 2절에서 이 점을 제시하기에 앞서, 생산과정 형태에 의한 사회구조의 "최종심급에서의 규정"의 성격과 관련된 몇몇 결론을 이미 확증된 것으로부터 끌어내는 일도 가능하다. 이것은 내가 『정치경제학 비판을 위하여』「서문」을 인용하면서 언급했던바, 즉 시기구분에 관해 마르크스가 제안한 새로운 원리에는 역사가들의 문제설정의 완전한 변형이 포함되어 있다는 점으로 귀착되는 일일 것이다.

3. 최종심급에서의 규정

이중의 필연성에 의해, 자본주의 생산양식은 경제가 역사의 "동력"으로 가장 쉽게 인정되는 양식이며, 그와 동시에 이 "경제"의 본질이 (마르크스가 "물신성"이라고 부르는 그것 안에서) 원리적으로 오인되는 양식이기도 하다. 바로 이것이 "최종심급에서 경제에 의한 규정"이라는 이 문제와 관련하여 우리가 마르크스에게서 만나는 주요 설명들이 한결같이 물신성 문제와 연결되는 이유다. 이 설명들은 『자본』의 "상품 물신성"에 관한 텍스트,[21] "자본주의 지대의 발생"에 관한 텍스트,[22] "삼위일체 정식"에 관한 텍스트[23]에 나오는데, 거기서 마르크스는 이 "경제"를 사물들의 관계로 이해하는 잘못된 관점을 사회적 관계들의 체계로서의 경제라는 참된 정의로 대체한다. 또한 그는 자본주의 생산양식이 착취(잉여노동 강탈)가, 다시 말해 계급들을 생산 안에서 연결하는 사회적 관계의 종별적 형태가 사물들 자체 사이의 관계라는 형태 아래 "신비화되고" "물신화되는" 유일한 생산양식이라는 관념도 제시한다. 이 테제는 **상품**에 관한 논증의 직접적 결과이다. 요컨

21 *Le Capital*, I, p. 88, p. 90[『자본』, I-1, 139~142쪽].
22 *Le Capital*, VIII, pp. 164~192[『자본』, III-2, 1044~1083쪽].
23 *Le Capital*, VIII, pp. 193~209[『자본』, III-2, 1087~1109쪽].

대 상품의 현실성을 구성하는 사회적 관계에 대한 인식을 통해 물신성을 측정할 수 있게 되는데, 매우 명확하게도 이 사회적 관계는 생산관계로 된 상품관계, 다시 말해 자본주의 생산양식에 의해 일반화되는 그런 상품관계이다. 사회적("인간의") 관계가 발견되는 것은 아무 "사물"에서나가 아니라 자본주의적 관계라는 사물 아래서다.[24]

1859년의 『정치경제학 비판을 위하여』 「서문」에 있는, 최종심급에서의 규정이라는 관념을 일반론으로 도입하는, 일반적 테제에 가해진 반박에 대한 반론이 바로 이 대목에 놓인다. 우리가 거기서 항상 경제를 정의된 **관계** 구조로 사유하는 한에서만 이 반론은 우리에게 이해 가능해진다.

> 이런 반박들에 따르면, "물질적 삶의 생산양식이 사회적/정치적/지적 등등의 삶의 발전을 일반적으로 지배한다는 내 견해가 타당한 것은 물질적 이해관계에 지배되는 근대세계의 경우이고, 가톨릭이 군림하는 중세나 정치가 군림하는 아테네와 로마의 경우에는 타당하지 않다. 중세와 고대에 관해 말하는 낡고 진부한 방식을 누군가가 모를 거라고 가정하는 것이 어떤 이들에게 즐거운 일이라는 것이 무엇보다도 기이하다. 분명한 것은 중세가 가톨릭으로 살아갈 수는 없었으며 고대가 정치로 살아갈 수도 없었다는 점이다. **도리어 왜 여기서는 가톨릭이 거**

24 내가 여기서 "물신성"에 대한, 다시 말해 직접적으로 경제적 구조 안에 내포되는 이데올로기적 효과들에 대한 이론을 만들려는 것은 아니며, 이 이론에 대해 마르크스가 우리에게 넘겨준 것을 상세하게 조사하려는 것도 아니다. 다만 그가 다양한 사회구성체들의 구조 안에서 경제의 **자리**라는 문제에 물신성 문제를 명시적으로 연결함으로써 우리에게 제시한 **지표** indice를 유지하고 활용하고자 할 따름이다.

기서는 정치가 일차적 역할을 했던가를 당시의 경제적 조건들이 설명해 준다. 예컨대 로마 공화정 역사에 대한 최소한의 인식만 있어도, 이 역사의 비밀은 토지소유의 역사라는 것이 보인다. 다른 측면에서, 이미 돈키호테는 편력 기사가 사회의 모든 경제형태들과 양립할 수 있다고 믿은 걸 후회해야만 했음을 아무도 모르지 않는다.[25]

우리는 우선 한 가지를 명확히 할 수 있으니, 이는 앞선 논술이 물신성에 관해 제시했던 것과 이어지는데, 요컨대 마르크스의 테제는 자본주의와 상이한 이 생산양식들 안에서 사회적 관계들의 구조가 **행위자들에게 투명함**을 의미하지 않는다는 것이다. "물신성"은 거기서 부재하는 것이 아니라, (가톨릭, 정치 등등으로) **전위**되어 있다. 실제로 마르크스의 일부 정식화들은 이 논점에 관해 의문을 남기지 않는다. 예컨대 「선행하는 형태들」의 서두에서 마르크스는 이른바 "원시" 공동체에 관해 이렇게 쓰고 있다.

> 토지는 거대한 실험실이며, 노동의 재료뿐만 아니라 노동의 수단들을 제공하는 병기고이자, 집단의 중심지요 토대이다. 공동체의 성원들은 산 노동으로 생산되고 재생산되는 집단의 소유물과 연결되듯 **소박하게** 토지와 연결된다. 개별자 각각은 이 집단의 성원으로서만, 소유자 또는 점유자로서만 포함된다. 노동과정에 의한 현실적 전유는 이런 전제들의 토대 위에서 일어나는데, 이 전제들 자체가 노동의 생산물이 아

25 *Le Capital*, I, p. 93 note[『자본』, I-1, 146쪽, 주 33].

니라 **자연적이거나 신성한** 전제들인 것처럼 나타난다.

달리 말해, 투명함에 상응하는 것이 비-상품 생산양식 안에서 직접생산자의 자기 생산물과의 관계를 특징짓는데, 투명함에 상응하는 바로 이 "순박함"의 종별적 형태에서 하나의 공동체의 실존, 다시 말해 일정한 친족관계들과 정치조직형태들은 특수한 생산양식의 구조 안에 내포되는 것이 아니라 "자연적이거나 신성한" 것처럼 나타날 수 있다.

그런데 마르크스가 약간 성급했던(역사 자료의 부족으로 인해) 이 논점은, 그 원리 면에서 최종심급에서의 규정이라는 문제와 매우 명확하게 연결된다. 실제로 "신비화"는 분명 경제(물질적 생산양식) 자체에 해당하는 것이 아니라, 사회구조의 심급들 중에서 생산양식의 성격에 따라 규정의 자리 즉 최종심급의 자리를 점하도록 규정되는 그 심급에 해당하는 것으로 보인다.

따라서 우리는 **유사한** 원인들이 여기서 유사한 효과들을 산출할 수 있다는 것을 이해한다. 바로 그런 경우에 이러한 정식화에 정확한 의미를 부여하는 것이 가능하다. 이는 어떤 단일한 심급이 규정의 자리를 점할 때마다 "물신성"과 유사한 현상들이 행위자들의 관계 안에서 생산되는 게 보인다고 말하는 것이다. 이렇게 말한다고 해도 아마 「선행하는 형태들」에서 "아시아적" 생산양식과 관련되어 있는 이 구절을 과장하는 것은 아닐 것이다.

근본적으로 아시아적 형태들 대부분에서는, 소소한 공동체들을 전부 모아 그 맨 위에 자리하는 **단위**(Einheit)가 최고의 소유자로, 또는 유일한 소유자로 나타나며, 실제 공동체들은 세습적 점유자들일 따름이다. 그 **단위가** 실제 소유자이고 집단적 소유의 현실적 전제이기 때문에, 그 단위 자체가 각각의 여러 실제 공동체 위의 특별한 존재로 나타날 수 있으며, 따라서 고립된 개인은 사실 소유하지 못하고, 소유가 그에게는 공동체들 각각의 중재로 총괄 단위(상이한 집단들의 아버지인 폭군에게서 실현되는 단위)가 개인들에게 양도함으로써 매개되는 것으로 보인다. **잉여생산물**—또 한편으로는 노동에 의한 현실적 전유에 따라 적법하게 규정되는 것—은 **이렇게 저절로**(Von Sich Selbst) **이 최고 단위에 속한다.**

이 "저절로"를 강한 의미로 파악해야 하며, 다른 생산양식들, 예컨대 봉건적 생산양식에서는 잉여생산물이 지배계급 대표자들에게 "저절로" 속하지는 않는다는 점을 지적해야 한다. 도리어 그 이상의 무엇이 명시적으로 필요함을 보게 되는데, 가령 "순수" 폭력의 형식으로든 정비되고 개선된 법 형식으로든 어떤 정치적 관계가 필요한 것이다. 반면 "아시아적" 생산양식과 자본주의 생산양식이라는, 연대기적으로도 지리적으로도 최대한 떨어져 있는 두 생산양식에서는, 게다가 그 관계 안에 들어온 행위자들이 상이한데도 불구하고(여기서는 자본가와 임금노동자, 저기서는 국가와 공동체들), 생산과정의 기능들에 의한 동일한 **직접적** 규정이 동일한 물신성 효과들을 생산한다. 요컨대 생산물이 "저절로" 최고 "단위"에 속하는 이유는 그 생산물이 이 단위의 **작품**으로 나타나기 때문인 것이다. 마르크스는 같은 텍스트에서 조금 뒤에 이렇게 쓰고 있다.

아시아 인민에게 매우 중요한 관개나 수송로 등등의, **노동에 의한 현실적 전유의 집단적 조건들은** 최고 단위—소소한 공동체들 위에서 계획을 세우는 전제 정부—의 **작품으로 나타난다.**

이러한 설명이 『자본』의 「협업」 장에서 재론되는데, 거기서 마르크스는 아시아적 전제專制의 형식들을 자본주의적 '전제'의 형식들과 체계적으로 비교하는바, 노동과정 완수에(노동대상의 현실적 전유에) 필요불가결한 통제와 지휘 기능이 생산수단 소유 기능과 더불어 동일 수중에 통합된다는 것이다.

사회적 노동력이 자본에 비용을 야기하지 않기 때문에, 게다가 다른 측면에서는 임금노동자가 자신의 노동이 자본에 속할 때만 사회적 노동력을 발전시키기 때문에, 사회적 노동력은 자본이 **본성상** 부여받은 힘, 즉 자본에 내재적인 생산력인 것처럼 보인다. 단순협업의 효과는 고대의 아시아인들, 이집트인들, 에트루리아인들 등등의 거대한 작품들에서 경이적인 방식으로 표출된다. 아시아와 이집트의 왕들과 에트루리아의 신정 정치가들이 지닌 이러한 역량은 근대사회에서는 고립된 자본가이든 연합된 자본가이든 자본가에게 귀속된다.[26]

자본주의 생산양식에서 "상품의 모든 가치형태가 화폐형태로 투사되는 것과 마찬가지로 노동의 능력은 모두 자본의 능력으로 투사"[27]

---

26 *Le Capital*, II, p. 26[『자본』, I-1, 462~463쪽].

27 *Le Capital*, III, p. 47.

되도록 하는 현상형태들과의 유비를 아시아적 전제에서 당연히 찾아볼 수 있겠다. 실제로 이 두 생산양식 내부의 "결합"에 내재한 두 연관 사이의 관계에 대한 유비, 즉 **노동의 이중적 분할의 절합에 대한 유비에** 입각할 수도 있겠다(앞의 논의를 보라).

하지만 무엇보다도, 이 텍스트들의 함의는 사회구조의 모든 층위가, 내가 협의의 생산양식을 분석했던 바로 그 의미에서, 어떤 "양식"이라는 구조를 갖는다는 점에 있다. 달리 말해, 그 층위들 자체가 종별적인 복합적 **결합**(Verbindungen) 형태로 제시된다는 것이다. 따라서 그 층위들은 종별적인 **사회적 관계들**을 내포하며, 생산의 사회적 관계들과 마찬가지로 이 관계들은 행위자들의 상호주체성 형상이 아니고, 사고되고 있는 과정의 기능들에 의존한다. 이러한 의미에서 정치적인 사회적 관계들 또는 **이데올로기적인 사회적 관계들**에 대해 엄밀하게 말하게 될 것이다. 이 결합양식들 각각에 대한 분석에서, 타당성의 종별적 기준을 각각의 경우마다 요청하게 될 것이다.

따라서 우리가 접근하고자 하는 문제는 다음과 같다. 주어진 한 시대에 규정하는 심급은 사회구조 안에서 어떻게 규정되는가? 다시 말하자면, 생산양식 구조를 구성하는 요소들의 종별적 **결합**양식은, 사회구조 안에서 최종심급에서의 규정이 이루어질 때 그 규정의 자리를 어떻게 규정하는가? 다시 말하자면, 구조의 다기한 심급들이 맺는 관계들, 결국은 이 구조의 **절합**이라 일컬어지는 것을 종별적 생산양식이 어떻게 규정하는가?(이는 알튀세르가 생산양식이 하는 **모체**로서의 역할이라고 불렀던 그것이다).

이 질문에 대한 답변의 원칙이나마 제시하기 위해 나는 하나의 사례를 검토하겠다. 이상적인 것이 아니라 **환원된** 것인 이 사례는,

"경제적" 심급과 "정치적" 심급이라는 상이한 **두** 심급의 절합으로 환원된 사회구조의 사례다. 이를 통해 나는, **지대**와 관련해 봉건적 생산양식과 자본주의 생산양식을 비교하는 마르크스의 일부 텍스트를 상세히 따라가볼 수 있을 것이다.

마르크스는 봉건적 지대의 가장 단순한 형태인 노동지대(부역)에 관해 이렇게 쓰고 있다.

> 직접노동자가 자신의 생존수단을 생산하는 데 필요한 생산수단과 노동수단의 "점유자"로 남아 있는 모든 형태들에서는 소유관계가 **주인과 하인의 관계로**(als unmittelbares Herrschafts und Knechtschaftsverhaltnis) 도 숙명적으로 표출되어야 한다. 따라서 직접생산자는 자유롭지 않지만, 이 예속(Unfreiheit)은 부역 의무를 지는 농노에서 단순한 부과조 납부로 완화될 수 있다. 우리의 가정은 여기서 직접생산자가 자신의 생산수단을, 자기 노동을 실현하고 자기 생존수단을 생산하는 데 필요한 물질적 수단을 점유한다는 것이다. 그는 자율적 방식으로 자기 밭을 경작하며 연동된 가내수공업을 꾸린다….
>
> 이런 조건에서는 **경제외적 근거들이 필요하**며, 그 근거들이 어떤 성격이든 간에 그 근거들을 강제하여 정식 토지소유자에게 이익이 되도록 노동을 실효화해야 한다. 따라서 인격적 의존관계가 반드시 필요한데, 이것은 그 의존의 정도가 어떠하든 인격적 자유의 박탈이다. 제아무리 단순한 부속품(Zubehör)일망정 인간은 땅에 결박되어야만 하니, 요컨대 그 말의 모든 의미에서 농노가 필요한 것이다….
>
> 불불 잉여노동이 직접생산자에게서 강탈되는 종별적 경제형태가 의존관계를 규정하며, 생산 자체에서 곧바로 유래하는 이 의존관계가 이

번엔 생산에 규정적인 방식으로 반작용을 가한다. 이것이 경제공동체의 모든 형태의—생산관계에서 직접 산출되는—토대인 **동시에 그 공동체의 종별적 정치형태의 토대이기도** 하다. **가장 심층적인 비밀을, 사회적 건조물의 숨겨진 기반을, 그리하여 주권과 의존(Souveränitäts und Abhängigkeitsverhaltnis)의 관계가 취하는 정치형태의 기반을,** 요컨대 주**어진 시기에 국가가 띠게 되는 종별적 형태의 토대를 찾아야 하는 것은 언제나 생산수단 소유자와 직접생산자 사이의 무매개적 관계 안에서이다**….

지대형태들 중 가장 단순하고 가장 원초적인 것인 노동지대와 관련해, 이 지대가 원초적 형태의 잉여가치이며 게다가 잉여가치와 일치한다는 점은 분명하다. 더욱이 잉여가치가 타자의 불불노동과 일치한다는 것에는 그 어떤 분석도 필요하지 않으니, 왜냐하면 직접생산자가 스스로를 위해 실행하는 노동이 그가 토지소유자에게 제공하는 노동과 시공간적으로 분리되어 있다는 점에서 그 일치는 구체적으로 가시적이기 때문이다. 이 후자의 노동은 제3자를 위한 강제노동이라는 난폭한 형태 아래 직접적으로 나타난다.[28]

이 텍스트에는 네 가지 주요 논점이 있다(나는 이것들을 순서를 달리해 다루겠다).

—시기구분 원리의 새로운 정식화. "하나의 역사시대를 다른 시대와 구별하는 것…", 그것은 여기서 사회구조가 생산양식에 의존

28 *Le Capital*, VIII, pp. 171-172 [『자본』, III-2, 1054~1056쪽].

하는 양식, 다시 말해 사회구조의 절합양식인데, 이 양식은 마르크스에 의해 우리에게 그 개념의 관점에서 선행 규정들에 등가적인 것으로 제시된다.

— 봉건적 생산양식과 자본주의 생산양식에서의 사회적 관계의 차이(생산수단의 소유/점유)에 내포된, 노동이 잉여노동과 맺는 관계에서의 종별적 차이. 한쪽에 노동과 잉여노동이 "시공간적으로" 일치하는 동시성이 있다면, 다른 한쪽에서는 그렇지 않다.

— 노동과 잉여노동 두 과정의 비-일치는 잉여노동이 실효적으로 완수되도록 하는 "경제외적 근거"의 개입을 강제한다.

— 이 경제외적 근거는 주인으로서의 지배maîtrise/하인으로서의 예속servitude이라는 봉건적 관계형태를 취한다.

이로부터 우리는 여러 결론을 끌어낼 수 있을 것 같다.

우선 마르크스가 우리에게 말하는 것은, 이 생산양식에서는 잉여가치가 **구체적으로 가시적**이지만(in sichtbarer, handgreiflicher Form existiert), 그래도 잉여가치를 그 본질에서 확인하는 것은 오직 자본주의 생산양식에서만 가능한데, 여기서는 잉여가치가 숨어 있고 그래서 "분석"이 필요하다는 점이다. 잉여가치는 전형적으로 자본주의 생산양식의 범주인바, "가치증식과정"(Verwertungsprozess), 다시 말해 교환가치의 증대(이 교환가치는 동시에 가치형태로 일반화되는 것인데)를 목표로 하는 생산과정에 대한 분석 안에서 의미를 갖는 범주다.

이런 주장의 근저에 있는 것, 그것은 **잉여가치가** 이윤/지대/이자와 동일한 지위의 '**형태'가 아니라는** 점이다. 잉여가치는 **잉여노동 이상도 이하도 아니기** 때문이다. 자본주의 생산에서 잉여노동을 착취하는 종별적 양식은, 다시 말해 종국적으로 **수입들**을 구성하는 양식(배분répartion양식)이자, 따라서 **계급들**을 구성하는 양식인 이것은 이윤과 이자와 자본주의적 지대, 즉 마르크스가 잉여가치의 "전형된 형태들"formes transformees이라 부른 것을 구성한다. 자본주의 생산양식 안에서 계급투쟁 형태들은 우선 생산과정 일반 형태들에 기입되며, 생산과정 안에서 직접 규정되고 그 과정에서 분석 가능한 특정 **한계들**(노동일의 한계, 임금의 한계, 이윤과 그 하위부분들의 한계) 내부에서 힘들의 대치로 모습을 드러낸다.

달리 말해, 우리가 앞에서 잉여노동의 일정한 수탈 양식으로 구별된다고 말했던, 주어진 사회에서의 계급관계 구조에 대해 묻는 것이라면, 우리는 무엇보다도 이 사회에 고유한 "전형된 형태들"에 관해 묻고 있는 것이다.[29]

이 텍스트에서 봉건적 생산양식과 자본주의 생산양식 사이의 특징적 차이에 관한 논점—필요노동과 잉여노동의 일치 또는 비일치—이 또한 오직 자본주의 생산양식에 관한 것인 『자본』 안에서 이루어지는 마르크스의 모든 분석의 본질적 논점이기도 한 것이라면, 이는 우연이 아니다. 게다가 이런 일치는 **노동과정과 가치증식과정**의 일대일 일치가 표현되는 다른 방식이기도 하다. 불변자본과 가변자본의 구별은 가치증식과정을 정의하는데, 이 구별과 언제나 조응될 수 있는 것은 노동과정에 고유한 구별인 노동력과 생산수단의 구별이다. 분석이 어떻게 이런 조응에 대한 준거를 (특히 자본의 회전에 대한 분석 전체 내에서) 요청하는가를 『자본』 안의 숱한 예를 들어 보여줄 수

29 무엇보다도 이론적 순서에서는 언제나 "최종심급"에서 규정하는 것으로 시작해야 하기 때문이다. 여기서 그 근거가 보이는바, 문제들의 이름 자체가 그런 규정에 의존하는 것이다.

있겠다. 생산수단을 가동해 원료를 생산물로 물질적으로 변형하는 것은 바로 노동자의 노동이다. 생산수단의 가치와 소비된 원료의 가치를 생산물에 이전하는 노동과, 새로운 가치를 생산하는 노동은 동일 노동이고, 이 새 가치의 한 부분이—오직 한 부분만이—노동력 부분과 등가이다. 생산과정의 이중성은 이런 일치를 표현하는데, 따라서 그 이중성은 궁극적으로 "산" 노동의 이중성과 관련된다.

여기서 마르크스가 묘사한 봉건적 생산형태의 경우에 이런 일치가 두 형태 중 어느 것으로도 실존하지 않는다는 점을 보는 일은 쉽다. 요컨대 노동과 잉여노동이 "시공간적으로" 구별될 뿐 아니라, 가치 범주를 회고적으로 투사해본다 할지라도 둘 중 어느 것도 고유한 의미에서 가치증식과정이라 말할 수 없다는 것이다.

달리 말하면 다음과 같다.

—자본주의 생산양식 안에는 "시간과 공간에서" 저 두 과정의 일치가 있는데, 바로 **이것이 생산양식(경제적 심급)의 본래 특징**이다. 이 일치 자체는 자본주의 생산양식 고유의 생산과정을 이루는 요인들 사이의 결합형태의 효과, 다시 말해 소유관계와 현실적 전유관계라는 두 관계형태의 효과다. 그러니 이 사회구조 안에서 조응하는 "전형된 형태들", 다시 말해 계급관계의 형태들은 **직접적으로 경제적 형태들**(이윤, 지대, 임금, 이자)인바, 이 층위에서 **국가는 개입하지 않는다**는 점이 특히 그 함의인 것이다.

—봉건적 생산양식 안에는 "시간과 공간에서" 두 과정의 **괴리**가 있는데, 바로 이것이 언제나 그 생산양식(경제적 심급)의 본래 특징이자 그것에 고유한 결합형태의 효과다(소유관계는 여기서 '점유'-'소유'라는 이중의 형태 아래 나타난다). 그러니 잉여노동은 "경제

외적" 근거 없이는, 다시 말해 "주인-하인 관계"(Herschafts-und Knechtschaftsverhältnis) 없이는 수탈되지 못할 것이다. 우리는 "전형된 형태들" 자체를 분석하기 전에, 봉건적 생산양식 안에서는 이 형태들이 경제적 토대만의 전형된 형태들이 아니라 "주인-하인 관계"(Herschafts-und Knechtschaftsverhältnis)의 전형된 형태들이라고 결론지을 수 있다. **직접적으로 경제적인 것이 아니라, 분할될 수 없게 직접적으로 정치적이면서 경제적인 것.**[30] 궁극적으로 이것이 의미하는 바는 상이한 생산양식들은 동질적 요소들을 결합하지 않는다는 것, "경제적인 것"과 "법적인 것"과 "정치적인 것"의 차이를 유사하게 정의하고 재단하는 걸 허용하지 않는다는 것이다. 바로 이런 효과의 발견을, 대체로 이론적으로는 맹목적이지만, 오늘날 역사가들과 민속학자들이 종종 증언한다.

또한 우리는 왜 이러한 정치가 정치로 의식되지 않는지에 대해, 왜 이 정치는 "순수" 폭력의 형태로든 법의 형태로든 규정의 자리를 점하는 바로 그 순간조차 자신의 상대적 자율성을 사유하지 못하는지에 대해 아마도 이해할 수 있을 것이다. 왜냐하면 이 정치는 생산양식 자체의 전제들 중 하나로 나타나기 때문이다. 정치의 이러한 상대적 자율성에 대한 사유는 뒤늦게 오며, 그 사유가 고유하게는 "부르주

30 피에르 빌라르P. Vilar는 봉건적 생산양식에 관해 이렇게 쓰고 있다. "전반적으로 성장은 미개간지의 개간에, 자본보다는 노동에 대한 투자에 입각해 있는 것으로 보이며, 소유자 계급의 생산 징수는 경제적이지 않고 사법적이다"(lre Conference internationale d'histoire economique[제1회 경제사 국제학술회의], Stockholm, 1960, p. 36). 이 논점과 다시 연결해야 하는 일반적인 지적은 자본주의 바깥에서 종별적으로 경제적인 위기들을 찾기가 어렵다는 점이다.

아" 사유임은 주지하는 바이다.

내 생각에, 가장 상세한 텍스트들 중 하나인 이 텍스트에서, 경제에 의한 최종심급에서의 규정에 대해 정의하는 원칙을, 마르크스에게 명시적으로 현존하는 그런 원칙을 끌어낼 수 있다. 상이한 구조들 안에서, **경제가 규정적인 것은 사회구조의 심급들 중 규정적 자리를 점하는 심급을 경제가 규정한다는 점에서다**. 이는 단순한 관계가 아니라, 관계들의 관계이다. 이는 타동적 인과성이 아니라, 구조적 인과성이다. 자본주의 생산양식 안에서는 이 자리를 경제 그 자체가 점하게 된다. 하지만 각각의 생산양식 안에서, "전형"transformation에 대한 분석을 시도해야 한다. 단지 내가 여기서 제안하는 것은 이런 시각으로 『가족, 사적 소유, 국가의 기원』 서두를 다시 읽어볼 수 있으리라는 점인데, 바로 그 서두에서 엥겔스는 이러한 생각을 피력하며 이러한 생각이 마르크스의 일반적 정식들에 대한 단순한 "정정"이라고 내세운다.

> 유물론적 관점에 따르면, 역사에서 궁극적 규정 요인은 직접적 삶의 생산과 재생산이다. **하지만 이번에는, 이 생산이 이중성을 갖는다.** 한편으로는 실존수단들인, 의식주에 사용되는 대상들과 이 대상들이 필요로 하는 도구들의 생산이, **다른 한편으로는 종의 번식인, 인간 그 자체의 생산이** 있다. 특정한 나라와 특정한 역사시대에 인간들이 살아가는 그 사회의 제도들은 두 종류의 생산에 의해 규정된다. 즉 **한편으로는 노동이, 다른 한편으로는 가족이** 처해 있는 발전단계에 의해 규정된다는 것이다. 노동이 덜 발전하면… 그만큼 더 혈연적 유대의 압도적 영향력이

사회적 질서를 지배하는 것 같다.[31]

이 경이로운 텍스트는 **생산**이라는 용어를 천연덕스럽게 가지고 놀 뿐만 아니라 생산력 진보의 기술공학적 모델을 생식의 사회적 관계로 제시되는 친족 형태에 적용하도록 강제하기도 한다! 어쩌면 더 가치 있는 것은, 마르크스주의 인류학자 여럿이 그것을 시도했던바, "원시적인" 또는 "자급자족적인" 특정 사회들에서 생산양식이 어떻게 사회구조의 특정한—친족관계가 경제적 토대의 전형형태들까지 규정하는—절합을 규정하는가를 보여주는 데 있을 것이다.[32]

---

31 Engels, *Origine de la famille...*, p. 16.

32 이 논점에 관해서는 메이야수Claude Maillassoux의 다음 작업들을 특히 참조할 만하다. "Essai d`interprétation des phénomènes économique dans les sociétés d'auto-subsistance"(「자급자족 사회의 경제현상들에 대한 해석 시론」), in *Cahiers d'Études Africaines*, 1960, n. 4; *Anthropologie économique des Gouro de Côte d'Ivoire*(『코트디부아르 고우로 지역의 경제인류학』), Mouton, 1964.

II. 구조의 요소들과 이 요소들의 역사

규정된 양식에 따라 맺어지는 관계 바깥에서는 잠재적일 뿐인 (언제나 동일한) 요소들의 **결합**으로 모든 생산양식을 정의하는 것과, 이를 기반으로 결합들의 **변이** 원칙에 따라 생산양식들을 시기구분할 가능성은 그 자체만으로도 주목받을 만한 것들이다. 이런 정의와 가능성은 실제로 생산의 역사(와 이어서 사회의 역사)에 대한 마르크스주의 이론의 근원적으로 **반진화주의적** 특성을 표출한다. 이것들은 진화와 역사의 세기인 19세기, 우리가 연대기를 생각한다면 정작 마르크스 자신이 속하는 이 19세기의 지배 이데올로기에 전혀 부합하지 않는다. 후술하면서 더 잘 보겠지만, 마르크스의 개념들은 역사를 반영하고 재생하고 **모사**하는 것이 아니라 역사인식을 생산하는 것을 지향하기 때문이다. 요컨대 그것들은 역사적 효과들이 의존하는 구조들에 대한 개념들이다.

그러니 여기 있는 것은 형태들이 진보하는 **차이화의 운동**도 아니고, 모종의 운명에 비견되는 "논리"를 지니는 **진보의 선**도 아니다. 모든 생산양식이 **역사적 계기**임을 마르크스는 우리에게 확실히 말했으나, **이 계기들이 서로를 낳는다고는 말하지 않았다**. 그의 기본 개념들이 정의되는 양식은 오히려 이러한 안이한 해법을 배제한다. 이미 인용한 적 있는 1857년의 『정치경제학 비판 요강』 「서설」에서 마르크스는 이렇게 썼다. "어떤 규정들은 가장 오래된 시대나 최근의 시대에나 다 공통적인 것으로 나타날 것이다." (예컨대 협업이라든가 관리 감독과 **회계**의 일부 형태들은 다른 어떤 생산양식들보다도 '아시아적' 생산양식과 자본주의 생산양식에 공통적이다.) 형태들의 내재적 발전 법칙과 **연대기**의 동일성은 이렇듯 깨지는데, 이 동일성이야말로 "지양" 운운하는 모든 역사주의의 뿌리이듯 진화주의의 뿌리이기도 하다. 마르크스에게 문제였던 것은, 상이한 양식들의 구별은 늘 동일한 소수 요소들 사이의 연관들의 변이에, 필요하고도 **충분한** 방식으로 근거한다는 점을 보여주는 것이었다. 그래서 이 연관들 및 이 연관들을 지탱하는 항들에 대한 언표가 역사유물론의 이론적 주요 개념 및 일부 일반적 개념의 서술을 구성한다. 이 일반적 개념들은 역사유물론 설명의 원리적 시작을 형성하면서, 『자본』의 과학적 방법을 특징지으며 『자본』의 이론에 논증 형식을 부여한다. 다시 말해, 노동력과 생산수단과 소유 등등의 개념에 대한 직접적 의존 아래, 이 변이의 규정된 형태에 대해 이루어지는 언표가 『자본』의 "경제학적" 논증에 늘 필수적인 전제라는 것이다.

그렇다면 전통적으로 진화주의와 역사주의 쪽으로 굴절된 독해를 교정하기 위해, 전혀 과학적이지 않은 현행 이데올로기들과의 혼동을 부추기는 것을 각오하고 혹자들이 제안하고 싶어하는 일종의 '구조주의'가 문제인가? 확실히, 마르크스에 의해 분석된 '결합'은 변이에 의해 확보된 '공시적' 연관 체계이다. 그렇지만 결합들에 대한 이 과학은 **조합**이 아닌데, 조합에서는 요인들의 자리와 관계만 변하지 그 본성은 변하지 않으며, 그 본성은 체계 전반에 **종속**적일 뿐 아니라 **무관**하기도 하다. 그로 인해 본성을 사상할 수 있는 것이고, 체계들의 형식화로 **곧장** 나아갈 수 있는 것이다. 그래서 혹자는 생산양식들에 대한 **선험적** 과학의 가능성을, 현실적-구체적 역사에서 실현되었든 아니든, 요행에 의해 혹은 최적자 원리의 실효성에 의해 **가능한** 생산양식들에 대한 과학의 가능성을 제안한다. 그런데 역사에서 결코 지배적이었던 적이 없고 왜곡된 채로만 실존했던 이른바 "잠재적" 생산양식들을 (혹자들이 "단순 상품 생산양식"이라 부를 수 있었던 것과 마찬가지로) 예견하고 재구성하는 것을 역사유물론이 용인한다면, 이는 기존 생산양식의 변경에 근거하여 뒤에서 설명될 다른 방식에 의한 것이다. 이렇게 하는 것은 결합의 '요인들'이 내가 열거한 바로 그 개념들이라고, 이 개념들은 어떤 구축의 요소들 및 어떤 역사의 원자들을 **직접적으로** 지칭한다고 가정하는 것일 테다. 실제로는, 내가 아주 일반적으로 말했듯이, 이 개념들은 오로지 매개적으로만 구축의 요소들을 지칭한다. 내가 "형태들에 대한 차이적 분석"이라 부른 그것을 거쳐야만 비로소 노동력, 소유, "현실적 전유" 등등이 취하는 역사적 형태들을 규정할 수 있다. 이 개념들은 역사 분석의 **타당성**이라고 불릴 수 있을 오직 그것만을 지칭한다. 역사 일반이 결코 있을 수 없음에도 불구하고 역사과학의 일반적 개념들이 있는 까닭을 설명해주는 것은 바로 하나의 의제적-조합인 저 "조합"의 특성이다.

이러한 타당성이 어떻게 작동하는가를 보여주기 위해, 구별되는 두 "연관"에 관한 정의의 문제들 일부를 이제 조금 더 상세하게 재론하겠는데, 요소들("요인들")에 대한 정의에 이 절합들이 미치는 고유한 효과들이 나타나도록 "결합"의 두 절합을 따로따로 다룬다. 생산과정의 **구조**를 말하는 마르크스의 정당함이 나타나기 위해서는, 또 요인들의 결합이 단순한 묘사적 병렬이 아니고 기능작용의 통일성을 유효하게 설명하는 것이기 위해서는 이런 정밀함이 필수불가결하다.

1. "소유"란 무엇인가?

우리가 어떤 생산양식의 "결합" 안에 기입했던 첫 번째 연관은 "소유" 연관 즉 잉여노동 전유연관이라고 지칭되었다. 실제로 마르크스가 역사적 생산양식(특히 자본주의 생산양식) 특유의 "생산관계들"을 생산수단의 **소유 유형**에 의해, 이어서 거기에 의존하는 사회적 생산물 전유양식에 의해 정의하는 것을 줄곧 보게 된다. 원리적인 면에서 이러한 정의는 잘 알려져 있다. 그렇지만 이 정의의 정확한 구조적 기능을 나타내기 위해서는 약간의 정밀함이 필요하다.

앞 절에서 나는 무엇보다도 **전유**의 두 개념 사이의 차이를 제시하는 것에 열중했다. 그 개념들 각각은 모든 생산양식이 포함하는 **이중적** 생산과정의 한 측면을 가리키며, 따라서 생산"요인들"의 결합을 구성하는 두 연관 중 하나를 정의한다. 하지만 마르크스가 여러 번 시사했던 것을 재론하자면, **생산관계** 그 자체를—우리는 여기서 이것만을 다루어야 하는데— 생산관계의 "**법적 표현**"—생산구조에 속하지 않는 것으로 상대적 자율성 속에서 고려되는 것—과 구별하는 것 역시 중요하다. 그 경우에, 우리가 "소유"라 지칭했던 연관을 소유권과 명료하게 구별하는 것이 문제다. 이러한 분석이 근본적으로 중요해지는 것은 경제구조가 마찬가지로 "권역적" 구조인 "법적-정치적 형태들"의 구조에 견주어 지니는 상대적 자율성의 정도를 특징짓기 위함이며, 사회구성체 내에서 권역적 구조들 즉 심급들의 절합에 대한 분석을 개시하기 위함이다.

이론적 개념들의 역사라는 관점에서 우리는 또한 여기서 결정적으로 중요한 논점을 다룬다. 실은 이미 알튀세르가 상기시켰던바, "사회적 관계들"이 **상호주체성** 형태들을 재현하지 않고 **사물**만큼이나 인간에게도 필수적인 기능을 지정하는 관계들을 재현하는 한에서, 그 관계들에 대한 마르크스주의적 관점은 모든 고전철학과의, 특히 헤겔과의 단절을 표시하는 것이다. 고전경제학자들에게서 가져온 헤겔의 "시민사회" 개념을 마르크스는 자신의 발견들 즉 자신의 이론적 변형들이 이루어지는 주요한 **자리**로 꼽았는데, 바로 이 개념이 노동분할과 교환이라는 **경제체계**와 **민법 영역**을 **동시에** 포괄한다는 점을 추가하자. 그러니 "경제적" 의미에서의 전유와 법적 소유에는 무매개적 동일성이 있으며, 따라서 후자가 전자의 "표현"이라 지칭될 수 있다면 그건 하나의 중첩redoublement 또는 필연적으로 **적합한** 하나의 표현인 것이다.

마르크스가 생산의 사회적 관계들을 그 법적 표현과 구별하는 데 바친 가장 명료한 일부 텍스트가 정확히 토대와 상부구조의 어떤 **탈구** 가능성과 관련된다는 점을 지적하는 것은 특별히 흥미로운데, 이 탈구 가능성은 이러한 구별 바깥에서는 분명히 불가해한 채로 남을 것이다. 예컨대, '자본주의 지대의 발생'에 대한 분석에서 그는 이렇게 쓰고 있다.

일부 역사가들은 다음과 같은 점에 관해 경이로움을 표해왔다. (봉건적 생산양식 안에서) 직접생산자는 소유자가 아니라 다만 점유자일 따름이라는 점과 실제로 그의 잉여노동은 전부 원리적으로는 토지소유자에게 귀속된다는 점을 감안한다면, 부역의 의무를 진 농민 즉 농노에게, 이러한 조건에서, 말의 상대적 의미에서, 자기 재물을 늘리고 자기를 위한 부를 만들어낸다는 일이 과연 일어날 수 있을까? 생산의 이러한 사회적 관계와 그에 조응하는 생산양식 기저에 있는 원시적이고 미발전된 조건들 안에서는 전통이 반드시 우세한 역할을 한다는 것은 분명하다. 도처에서 그렇듯이 여기서도 역시 분명 사회의 지도적 분파는 **현존 상태에 법의 도장을 찍고** 관례와 전통이 쳐놓은 울타리를 법적으로 고정시키는 데 모든 관심을 기울인다. 이 별도의 고려를 떠나, 현존 상태의 토대와 그 상태의 기원적 관계들이 부단히 재생산되고 이렇게 시간이 흘러 규칙과 질서를 갖춘 형태가 됨에 따라, 이런 일은 저절로도 벌어진다. 이 규칙과 질서는 그것들 자체가 각각의 생산양식의 필수적 요인이며, 각각의 생산양식은 단순한 우연 혹은 자의성으로부터 독립적인 견고한 사회형태를 취해야만 한다(정확히 이 규칙이야말로 생산양식을 사회적으로 견고하게 하는 형태이자, 단순한 우연과 자의성으로부터 생산양식을 해방하는 형태이다.) 생산양식은 항상 재개되는 **고유의 재생산에 의해** 이러한 형태를 확보한다.[33]

법과, 일종의 하위 법 즉 강등된 법으로 나타날 수 있었던 "전통",

33 *Le Capital*, VIII, pp. 173~174[『자본』, Ⅲ-2, 1058~1059쪽].

이 둘 사이에 있는 어떤 간격 또는 불일치가 현실에서 표현하는 것은 법과 경제적 관계(개별 생산자의 자기 땅뙈기parcelle에 대한 필수적 재량) 사이의 간격 또는 불일치인데, 이는 어떤 생산양식이 형성되는 시기들, 다시 말해 어떤 생산양식이 다른 생산양식으로 이행하는 시기들의 특징이다. 동일한 효과에 대한 주목할 만한 예증이 나오는 것은, 산업자본주의 역사의 초기부터 등장하여 임금노동력에 대한 "정상적"normale 착취의 조건들을 성문화하는 **공장법**에 대한 분석에서다.[34]

법 자체의 내부에서, 법이 생산관계와 맺는 **비-조응**에 의해, 이 같은 간격이 가능하기 때문에 또는 더 정확히 말해 모순들이 도출되기 때문에, 법은 구별되는 것이고, 분석 순서에서 법이 생산관계에 비해 **이차적인** 것이다. 우리는 마르크스의 텍스트들을 대조함으로써 이를 재차 확인하게 된다. 즉, 마르크스가 "부르주아" 소유의 종별성을 명확히 하는 텍스트들 중 예컨대 다음과 같은 텍스트를 보자.

> 소유는 각각의 역사시대에 상이하게, 전적으로 상이한 일련의 사회적 관계 안에서 발전한다. 그러므로 부르주아적 소유를 정의한다는 것은 부르주아적 생산의 사회적 관계 전부를 설명하는 것에 다름 아니다. 소유를 모종의 독자적 관계로, 모종의 별도 범주로, 모종의 추상적이며 영속적인 이념으로 정의 내리려는 것은 형이상학의 미망이거나 법학의 미망일 따름이다.[35]

34 *Le Capital*, II, p. 159 sq. [『자본』, I-1, 642쪽 이하].

35 *Misère de la Philosophie*, p. 160.

그리고 이를, 유일하게 생산수단의 사적 소유를 일반화하는 자본주의 생산양식에 대한 ("로마") 소유권의 법형태의 연대기적 **선행성**antériorité과 선차성précession을 상기시키는 텍스트들과 대조함으로써 재차 확인하게 되는 것이다. 이 논점에 관해 우리는 「선행하는 형태들」이라는, 이미 인용한 텍스트(그 대상과 용어법이 너무나 법적인 텍스트)를, 그것 말고도 카우츠키에게 보내는 엥겔스의 편지를 참조할 것이다.

> 로마법은 단순상품생산의, 따라서 전 자본주의적 생산의 완성된 법이지만, 또한 **자본주의 시기의 법적 관계들을 대부분 포괄하는** 법이죠. 아주 정확하게도 이 법은 우리가 사는 이 세상의 부르주아가 비상하는 데 필요했는데 정작 그들이 지역의 관습법에서는 찾지 못하던 것이지요. —1884년 6월 26일

내가 더 앞에서 인용했던 '지대의 발생' 텍스트는 이러한 대조를 통해 회고적으로 조명된다. 이러한 대조를 통해 제시되는 것은 "전통"과 "법" 사이의 간격이라는 문제가 법이 경제관계로부터 발생한다고 보는 이론으로 해석되어서는 안 된다는 점이다. 왜냐하면 역사에는 관습으로부터 법으로의 이행도 얼마든지 있기 때문이다. 하지만 이것은 연속성이 아니라 도리어 단절이고, 법의 변화이다. 더 정확히 말하자면 **법의 본성에서의** 변화인데, 이런 변화는 이미 일단 극복된 구래의 ("로마")법의 반작용에 의해 실행된다. 법이 경제관계와 절합할 때 본질적 역할을 하는 것으로 보이는 **반복**은 따라서 이러한 발생의 요소가 아니며, 이 반복의 지속력 덕분에 해명될 것은 법전으로

체계화된 상부구조의 형성이다. 반복의 기능은 필연적으로 다르고, 그래서 우리는 모든 생산양식에 속하는 **재생산** 기능들에 대한 이론적 분석으로 돌아가는데, 우리는 이것을 뒤에서 논할 것이다. 경제관계의 재생산이 우리에게 보여줄 수 있는 것, 그것은 법이 경제관계들의 체계 그 자체와의 관계에서 지니는 필연적 기능과 이러한 사실에 의해 법이 종속되는 구조적 조건들이지, 사회구성체 안에서 법이라는 **심급** 자체의 생성이 아니다.

우선 생산관계를 그것의 "법적 표현"과 명확하게 구별하기의 어려움, 표현이라는 개념은 이질적인 두 심급의 단순한 중복이 아니라 절합을 의미한다는 데서 비롯되는 이 개념 자체의 어려움, 마지막으로 경제관계와 법형태 사이의 가능한 탈구에서 유래하는 어려움 등 이 모든 선결 사안은 우연적인 것이 아니며, 여기서 반드시 따라야 할 조사 방법을 설명해준다(마르크스 자신이 특히 전 자본주의 생산양식 관련 텍스트들에서 그 방법에 이르는 길을 제시하는데, 이 텍스트들은 체계적 서술이라기보다는 조사에 가깝다). 이 방법은 법형태 **이면에** 있는, 더 정확히 말하자면 생산과 법의 이차적 통일 이면에 있는 생산관계를 탐구하는 것이며, 우리는 이 얽혀 있는 이차적 통일을 풀어내야 한다. 오직 이러한 방법만이 마르크스가 법형태에 부여한 양가적 기능—필수적이면서도 "비합리적"인 법형태는, 각각의 생산양식이 저마다의 방식으로 정의하는 "경제적" 현실성을 **가림**과 동시에 **표현하고 성문화한다**—을 규명하면서도, 여차하면 이론적 분리의 선을 긋는 것을 가능케 한다. 따라서 역방향으로 나아가게 되는바, 이 방향에서 재차, 그러나 이번엔 그 자체로 동시성을 갖는 온전한 체계(잘 규정된 생산양식으로 여기서는 자본주의 생산양식) 내부에서, **간격**들과 차이들을 규정하고자 하는 것이며, 이 간격들과 차이들은 법형태로부터 출발하여 부정적으로 표현될 것이다. 더구나 이 대목에는 곤란한 **용어법** 문제가 있으니, 이는 생산관계가 표현되는 개념들이, **소유** 개념을 필두로 하여 경제적인 것과 법적인 것을 구별하지 않는 개념들이기 때문이다. "소유"가 생산의 상대적으로 자율적인 구조 내부에서 체계를 형성하는 것인 한에서, 그리고 해당 사회 고유의 소유권에 논리적으로 선행하는 것인 한에서, 과연 "소유"란 무엇인가 하는 문제야말로 자본주의와 관련해서도 **역시** 짚어야만 할 문제다.

자본주의 생산양식의 경제구조와 이것에 조응하는 법 사이의 관계들에 대한 분석이 이처럼 착수되고 있는데, 실은 이 분석만으로도 거기에 완전한 하나의 연구가 요청될 터이다. 이런 연유로 나는 지표 구실을 하도록 안배된 약간의 시사에 만족하고자 한다. 논증의 진행을 이렇게 요약해볼 수 있겠다.

1)직접적 생산과정에서 사회적 생산물의 유통과 배분에 이르는, 자본주의 생산양식의 경제구조 전체는 **법체계**의 실존을 전제한다. 이 체계의 근본적 요소들은 **소유권**과 **계약권**이다. 경제구조의 요소들 각각은 이 체계의 틀 안에서 법적 자격을 부여받으며, 특히 직접적 생산과정의 다양한 요소들인 생산수단의 소유자/생산수단("자본")/"자유로운" 노동자가 그렇게 법적 자격을 부여받고, 직접적 생산과정 자체는 하나의 계약이라고 법적으로 특징지어진다.

2)(당연히 역사적인 법체계 전부가 아니라) 우리가 여기서 다루는 법체계의 고유함은 **추상적인 보편주의적** 특성을 지녔다는 것이다. 이것이 뜻하는 바는, 이 체계에서는 기능을 맡을 수 있는 구체적 존재들이 두 범주로 나뉘며, 법적 관점에서 이 두 범주 안에 타당한 차이

화différenciation는 존재하지 않는다는 것이다. 이 두 범주는 **인격** 범주와 **사물** 범주이다. 소유관계는 오로지 인격이 사물과 맺는 (혹은 인격으로 간주되는 것이 사물로 간주되는 것과 맺는) 관계로만 확립된다. 반면에 계약관계는 오로지 인격들 사이에만 확립된다. 법에는 인격들의 다양성이 전혀 존재하지 않으며 법에서 인격들은 전부 소유자이고 계약자이든가 혹은 소유자이고 계약자일 수 있다. 또한 사물들의 다양성도 법에서는 전혀 존재하지 않으며 사물들은 노동수단이든 소비수단이든 간에, 소유의 용도가 무엇이든 간에 아무튼 전부 소유이든지 소유일 수 있다.

3)법체계의 이러한 보편성은 엄밀한 의미에서 또 다른 보편성을 **반영**하는데, 경제구조에 속하는 이 보편성은 곧 **상품교환의 보편성**으로서 우리는 이 보편성이 오직 자본주의 생산양식에 근거해서만 실현된다는 것을 (반면에 상품교환과 이것에 내포된 형태들은 자본주의 생산양식에 훨씬 앞서 실존했음을) 알고 있다. 요컨대 자본주의 생산양식에 근거해서만, 경제구조의 요소들 전체가 상품(노동력을 포함하여)과 교환 당사자(직접생산자를 포함하여)로 완전하게 나뉜다는 것이다. 그리하여 이 두 범주는 법체계가 정의하는 범주들(인격과 사물)과 적합한 조응을 이룬다.

또한 자본주의 생산양식과 이 양식의 기능작용이 전제하는 법체계 사이의 관계라는 일반적 문제는, 역사적으로도 이론적으로도, 또 다른 문제에 의존하는데, 직접적 생산과정의 **경제**구조와 상품유통의 **경제**구조 사이의 관계라는 문제가 바로 그것이다. 생산과정 분석 안에 "상품 범주들"이 반드시 현존한다는 점이야말로 조응하는 법적 범주들이 반드시 현존함을 설명해준다.

4)자본주의 생산양식 구조에 속하는 **사회적 생산관계**는, 이 관계의 법적 표현에서 출발하여, 비교를 통해, 그것들 사이에서 일련의 **탈구들**을 간파해냄으로써 특징지어질 수 있다.

첫째, "소유권"은 보편주의적인 것으로 특징지어지며, 소유된 사물과 그 사용에 어떤 차이도 도입되지 않는다. 반면 생산과정의 구조라는 관점에서 유의미한 유일한 소유는, 마르크스가 줄곧 되풀이하듯 생산수단이 바로 그렇게 생산수단으로 기능하는 한에서, 다시 말해 생산수단이 비생산적으로 적립되거나 소비되는 것이 아니라 생산적으로 소비되고 "산" 노동과 결합되는 한에서 **생산수단**의 소유이다. 법적 소유는 **그 무엇인가를** 소비하는 권리인 데 비해(일반적으로는, "사용하고 남용할" 권리, 다시 말해, 개별적으로, 생산적으로 소비할 권리 또는 양도(교환)할 권리 또는 "낭비할" 권리),[36] 생산수단의 경제적 소유는 생산수단을 향해 행사하는 "권리"라기보다는 생산수단을 생산적으로 소비하는 힘이며 이는 잉여노동을 전유하는 수단으로서 생산수단이 지니는 물질적 성격에, 생산수단이 노동과정 조건에 대해 갖는 적합성에 달려 있다. 이러한 힘은 권리로 귀착되는 것이 아니라, 알튀세르가 이미 시사했듯 생산수단의 배분(특히 양적으로나 질적으로 생산수단의 적절한 **집적**)으로 귀착된다. 경제관계는 "사물들"의 무차별성indifférenciation(이와 상관적인 것으로 **상품들**의 무차별성)이 아니라 오히려 그 차이différence 위에서 정립되며, 이 차이는 두 줄기의 대립을 따라 분석될 수 있다.

36 *Le Capital*, VIII, p. 203.

개인적 소비의 요소들 / 생산적 소비의 요소들

그리고

노동력 / 생산수단

(차이들의 이러한 체계가 사회적 총재생산의 부문들에 대한 분석에서 재확인된다는 것은 주지하는 바이다.) 사회적 생산관계와 소유권 사이의 간격은 이렇게, 생산구조에 의해 요청되는 분할들의 철폐로, "생산수단의 소유"로부터 소유 "일반"으로의 **넓어짐** 또는 벌어짐의 운동으로 특징지어질 수 있다.

둘째, 생산수단 소유자(자본가)와 임금노동자 사이에 확립되는 관계는, 법적으로, 특수한 형태의 계약인 **노동**계약이다. 이 계약이 확립되는 조건은 노동이 법적으로는 교환으로 간주된다는, 즉 노동력이 법적으로는 하나의 "상품" 또는 **사물**로 간주된다는 데 있다. 노동력의 상품으로의 변형과 노동계약의 확립은 그 개념상 노동력이 소비되는 **노동**이 어떤 **성격**을 지니는가와 전적으로 독립적이라는 점을 지적해두자. 바로 이런 이유로, **임금제**의 법적 형태는 전술한 바와 마찬가지로 잉여가치를 생산하는 변형으로서의 노동인 **생산적 노동**만큼이나 대개 "서비스"라는 용어로 지칭될 여타의 모든 노동도 포괄하는 보편적 형태인 것이다. 그런데 오직 "생산적" 노동만이 **생산관계**를 규정하며, 생산적 노동은 "인격들" 사이의 관계인 고용주와 임금노동자 사이의 관계에 의해서는 일반적으로 정의될 수 없다. 오히려 이 노동이 놓이는 경제**영역**(잉여가치의 원천인 직접적 생산영역), 요컨대 노동과 노동대상의 물질적 성격, 노동과 결합되는 노동수단의 성격 등을 고려하는 것이 전제된다. 전술했듯 생산수단 소유가 우리에게는, 인격이 사물과 맺는 법적 관계라는 형태 안에서, 생산수단에 대한 처분을 통해 "산" 노동에 가하는 힘으로 **나타났**으며(생산수단만이 이러한 힘을 부여한다), 이와 마찬가지로, 생산**구조에 내재**하는 관계로서의 임금노동 역시 우리에게는, 임금을 받고 행하는 서비스의 계약이라는 법적 형태 안에서, 생산적 노동에 대한 처분을 통해 생산수단에 가하는 힘으로 **나타난다**(생산적 노동만이 이러한 힘을 부여한다. 다시 말해 아무렇게나 이루어지는 소비가 아니라 적합한 소비를 규정한다). 이렇게 해서 사회적 생산관계로서의 임금노동과 노동권 사이에 있는 간격이, 전술한 것과 형식상 유사한 **넓어짐** 또는 벌어짐의 운동으로 특징지어질 수 있다.

이로부터 가장 중요한 두 가지 결론이 나온다.

— "인격"이 "사물"과 맺는 관계인 소유관계와 "인격 대 인격"의 관계인 계약관계가 법(물론 **자본주의** 생산양식 안에 내포된 법)의 관점에서는 **구별되는** 두 가지 형태인 데 비해(이 형태들이 동일한 법 주체계 위에 정립된다 하더라도), 경제구조의 관점에서는 그렇지 않다. 오히려 생산수단의 소유와 생산적인 임금노동이 **단일한 연관을, 단일한 생산관계**를 정의하는데, 이는 방금 소묘된 두 가지 분석으로부터 이 생산관계가 무매개적으로 나온다는 점에서 그러하다.

— 이 사회적 관계는 법적 성격을 지니지 않지만, 자본주의 생산양식의 성격 자체와 관련된 이유들 때문에 우리는 (그 누구보다도 마르크스는) 고유한 용어로 표현되는 법적 범주들로부터 출발하여 이 사회적 관계를 명확히 할 수밖에 없다 하더라도, 이 관계는 동일한 구체적 존재들에 의해 담지될 수 없다. 법적 관계들은 보편주의적이고 추상적이다. 그것들은 일반적으로 "인격"과 "사물" 사이에서 확립

된다. 그것들의 담지자를 사물과 대립하는 개인(인격)으로 정의하는 것이 바로 법의 체계적 구조다. 마찬가지로 생산수단은 생산과정에서 행하는 기능을 통해 경제구조의 연관을 담지하며, 이 연관은 (소유 또는 계약과는 반대로) 개인 차원이 아닌 오직 **사회계급** 또는 사회계급의 대표자 차원에서만 정의될 수 있다. 따라서 자본가계급 또는 프롤레타리아 계급에 대한 정의가 사회적 생산관계에 대한 정의에 선행하는 것이 아니라, **역으로** 사회적 생산관계에 대한 정의가 하나의 계급으로 정의되는 "담지자" 기능을 내포한다.

그런데 개인이—법적으로—**그 자신의** 소유의 주체라는 그런 의미에서 하나의 계급이 소유의 **주체**일 수는 없으며, 계약 **상대**로서 "타인"autrui일 수도 없다. 우리가 지금 다루는 것은 대상의 주체에의 내재성 또는 주체들의 상호 인정이 아니라, (마르크스가 『자본』 3권의 "생산관계와 분배distrbution관계" 장에서 제시한 것처럼) 생산수단의 상시적 배분répartition 메커니즘이자 총자본과 그에 이은 사회적 총생산물의 배분 메커니즘이다. 계급은 이 메커니즘의 주체가 아니라 담지자이고, 계급의 구체적 특성들(수입 유형, 내부의 **분절**, 사회구조의 상이한 층위들과의 관계)은 이 메커니즘의 **효과들**이다. 따라서 경제적 생산관계는 기능적으로 정의되는 세 항(소유자 계급/생산수단/피착취 생산자 계급) 사이의 관계로 나타난다. 이는 특히 1권 7편(「자본의 축적」)의 분석에서 확증되는데, 거기서 마르크스가 제시하는 것은 어떻게 자본주의 생산 메커니즘이 생산수단과 노동자의 노동력을 생산적으로 소비함으로써 노동자의 자본에의 귀속을 생산하며 자본가를 축적의 도구로, 즉 자본의 기능인으로 만들어내는가이다. 이러한 연관에는 개인적인 것이 전혀 없으며, 그러므로 이 연관은 계약이 아니라 "보이지 않는 실"인데, 이 실이 노동자를 자본가계급과, 자본가를 노동자계급과 묶어준다.[37] 생산수단 배분을 규정하는 사회적 관계는 따라서, 한 계급의 개인 각자가 반대 계급의 전체와 맺는 필연적 관계로 수립된다.

2. 생산력(수공업과 기계화)

내가 1859년의 『정치경제학 비판을 위하여』 「서문」 텍스트를 분석하면서 마르크스에게서 체계적으로 절합되어 있다고 거론했던 일반적 개념들 중, 외관상 단순함이라는 면에서 그 어느 개념도 아마 **생산력** 개념보다, 또는 더 정확히 말하자면 생산력 **수준**(혹은 발전 정도) 개념보다 더 곤란케 하는 개념은 없을 것이다. 실제로 그 개념의 언표 자체에서 즉각적으로 암시되는 두 가지 귀결은 마르크스 이론에 관한 근본적 오해들의 원천인데, 그 오해들을 모면하기가 쉽지 않음을 말해야 한다. 우선 "생산력"이나 생산의 "힘"에 대해 말함으로써 곧바로 암시되는 것은 "생산력은 인구, 기계, 과학 등등이다"라는 식의 어떤 **목록화**의 가능성이다. 그와 동시에 암시되는 것은 생산력의 "진보"가 누적적 진보라는 면모, 새로운 생산력 추가라는 면모, **특정** 생산력을 더 "강한" 생산력이 대체하는(수공업 장비를 기계가 대체하는) 면모를 띨 수 있다는 점이다. 그래서 "수준" 또는 "발전 정도"에 대한 어

37 *Le Capital*, III, p. 16, p. 20 [『자본』, I-2, 786~787쪽, I-2, 792~793쪽].

떤 해석으로, 이런 어휘 자체에 내포된 것으로 보인다는 점에서 그만큼 유혹적인 [어떤] 해석으로 이끌리게 된다. 요컨대 선형적이고 누적적인 **발전**이나 거의 생물학적인 연속성이 중시되는 것이다. 그렇다면 일반 이론에 뚜렷하게 포함되는 역사적 불연속성을, "질적 변화"나 "양의 질로의 전화"[양질전화]에 관한 이론에 의하지 않고, 다시 말해 저 불연속성의 일반적 구조를 제거하지 못한 채 운동양**태**를 묘사한 이론에 의하지 아니하고, 과연 저 불연속성을 어떻게 설명할 것인가? 역사운동에 대한 기계적 이론에서 어떻게 벗어날 것인가? 이 역사운동에서 "변증법"이란, 심급들의 척도인 이러한 발전에 견주어 여타 심급들이 처한 어떤 **탈구**, 주기적인 어떤 **지체**, 그러면서도 주기적으로 만회되고 재조정되는 그런 지체의 다른 이름에 불과한 것인데 말이다.

그런 식의 열거는 곧 현저한 난점들에 부딪친다. 이 난점들은, 마르크스의 개념을 "사실들"에 대한 묘사와 직접 일치시키고자 한다면 추가해야 할 "요소들"의 이질성과 관련된다. 마르크스에 대한 부르주아적 비판들 덕분에 어김없이 주목하게 되는 것은 다음과 같다. 즉, 궁극적으로 생산력은 기술 도구만이 아니라 이 도구를 완벽하게 만들고 교체하는 데 과학적 인식이 적용되는 것도 포함하며 마침내 과학 그 자체도 포함한다는 점, 그리고 노동력 인구만이 아니라 이 인구의 기술적이고 문화적인 습속도 포함하는데, (구래의 생산양식과 관련해서는) 역사학이, 그리고 산업적인 심리-사회학이 점점 더 이런 습속의 "두터움"과 역사학적이고 사회학적인 복합성을 보여준다는 점에 주목하게 된다. 또 기술들뿐 아니라 노동의 특정한 조직화를, 그것도 사회 정치적 조직화("계획화"는 이것의 대표적 사례다) 등등을 포함한다는 점에도 주목하게 된다. 그런데 이 난점들은 자의적이지 않다. 오히려 이것들은 마르크스의 개념을 사회학 범주들과 일치시키는 것의 불가능성을 반영하는데, 이 사회학은 기술적인 것/경제적인 것/법적인 것/사회적인 것/심리적인 것/정치적인 것 등등의 층위들을 열거하고 추가하는 경로를 밟아, 이러한 열거들 위에 특유의 역사적 분류들(전통 사회와 산업 사회, 자유주의 사회와 중앙집권적인 전체주의 사회 등등)을 정립한다. 더 나아가 이 난점들은, 우리에게는, 마르크스의 개념과 이런 장르의 범주들 사이의 **형식에서의** 본질적 차이의 지표다. 요컨대 생산력 개념이 이런 유형의 열거와 아무런 관련도 없음의 지표인 것이다. 그러니 우리는 생산력 개념의 참된 형상을 찾으러 떠나야 한다.

먼저 마르크스의 정식화 자체가 우리를 붙잡는다. 적어도 잠재적이기는 한 하나의 척도, 모종의 증대에 대한 척도의 가능성을 확실히 표현하는 이 "수준" 또는 "정도"는 생산력의 본질을 특징짓는 것으로 간주되며, 따라서 역사적 생산양식의 종별성 안에서 생산력을 정의하는 것으로 간주된다. 그런데 노동의 **생산성**이, 다시 말해 이런 발전의 "척도"가 선행 생산양식의 몇 세기보다도 산업자본주의의 몇 십 년간 훨씬 더 증가한 반면, 그러는 사이에 "생산관계"와 법적/정치적 형태들은 엇비슷한 변화 리듬을 보존했다고 지적하는 것은 상식적인 일이다. 마르크스가 "노동력 발전의 측정기(Gradmesser der Entwicklung der menschlichen Arbeitskraft)"라 부른 노동수단(장비)의 변모 역시 사정은 비슷하다. 마르크스는 다른 곳에서, 더 정확히, 이 수준이 경제 분석에서 직접적 역할을 할 때마다 말한다. **노동의** 생산력 **자체** la force productive du travail, 노동력 **자체**의 생산성la productivité de la force de travail(생산력Produktivkraft)이라고.

실제로 "생산력"은 **사물**이 아님을 [앞으로] 보게 될 것이다. 생산력이 사물이라면, 생산력의 전파나 유입이라는 문제는 역설적으로 마르크스보다 부르주아 사회학(문화적 각색이라는 약간의 "심리학적" 문제들을 지녔다는 점은 차치하고)이 풀기에 더 용이할 것이다. 왜냐하면 마르크스의 이론에서는 일정한 생산력과 일정한 사회유형 사이의 (사회적 관계에 의해 정의되는) 상관성을 필연적 연관으로 간주하기 때문이다. 용어가 빚어내는 말의 미망을 극복하면서 이미 말해진 것은 바로, "생산력"의 가장 흥미로운 측면이 생산력의 열거 또는 조립이 아니라 생산력 발전의 **리듬** 또는 **양태**인바, 왜냐하면 이 리듬이 생산관계의 성격과 생산양식의 구조에 직접 연결되어 있기 때문이라는 점이다. 마르크스가 특히 『자본』에서 논증했고 『공산주의자 선언』의 유명 구절들을 통해 암시했던 그것은 자본주의가 최초로 그리고 영원히 생산력 발전을 **자유롭게 했다**는 것이 아니라, 자본주의는 규정된 **발전유형**을 생산력에 부과했는데 이 유형의 리듬과 양태가 **자본주의에 고유한** 것들이고 자본주의 축적과정의 형태를 따른다는 것이다. 하나의 생산양식을, 묘사적으로, 가장 잘 특징짓는 것은 이런저런 특정 순간에 도달한 수준보다는 차라리 이러한 양태이다("자본에는, 노동의 생산력 증가 법칙이 **절대적 방식으로** 적용되지 않는다. 자본에는, 산 노동 일반을 절약할 수 있을 때가 아니라 과거 노동에 의해 추가되는 것보다 더 큰 절약을 산 노동의 **지불된** 부분 위에서 실현시킬 수 있

을 때에만 비로소 이 생산성이 증가된다").[38]

하지만 이론적 관점에서 보자면, "생산력"은 또한 생산양식에 내재하는 특정 유형의 연관이기도 하며, 달리 말해 **하나의 생산관계**이기도 한 것이니, 바로 이러한 생산관계를 나타내기 위해 나는 "결합" 구조의 구성적 연관들 중에서 "소유"연관 이외에, 동일 요소들(생산수단, 직접생산자, 더 나아가서는 "비-노동자", 즉 자본주의 생산양식의 틀 안에서 **임금노동자가 아닌 자**) 사이에서 이루어지는 "현실적 전유"라는 연관B를 도입했다. 내가 이제 제시하고 싶은 것은 이것이 하나의 **연관**이라는 점인데, 이를 더 엄밀하게 하나의 생산관계라고 말하자. 『자본』에서 상대적 잉여가치 형성의 방법들에 할애된 장들에 있는 분석을 따라가며 말이다. 이와 아울러 더 잘 보이게 되는 것은 형태들에 대한 차이적 분석이 무엇으로 이루어지는가이다.

마르크스의 분석은 『자본』의 세 개 장, 매뉴팩처와 대공업의 협업형태들에, 그리고 전자에서 후자로의 이행—"산업혁명"을 구성하는 것—에 할애된 바로 그 장들에서(1권, 13~15장) 펼쳐진다. 그런데 이러한 발전을 우리가 한편으로는 **노동과정**에 대한 정의에(1권 7장), 다른 한편으로는 그 결론에 해당하는 1권 16장(「절대적 잉여가치와 상대적 잉여가치」)에 준거해서 보지 않는다면, 이 발전은 이해할 수 없는 것이 된다.

매뉴팩처에서 대공업으로의 이행은 마르크스가 자본주의의 "종별적 생산양식"이라 부르는, 또는 오히려 노동의 자본으로의 "실질적

38 *Le Capital*, VI, p. 274 [『자본』, Ⅲ-1, 345쪽].

포섭"이라 부르는 그것을 개시한다. 달리 말해, 대공업이 구성하는 연관형태는 자본주의 생산양식에 유기적으로 속한다.

> 우선 자본은 역사적 발전에 의해 주어진 기술적 조건 안에서 노동을 장악한다. 자본은 생산양식을 무매개적으로 변경하지 못한다. 잉여가치 생산은, 앞서 고려된 형태 아래, 노동일의 단순연장에 의해, 생산하는 방식 안에서의 그 어떤 변화와도 무관하게 독자적으로 이루어진다.[39]

> 상대적 잉여가치의 생산은 노동의 기술적 공정과 사회적 규합형태들(die gesellschaftlichen Gruppierungen)을 두루 혁명한다. 따라서 그 생산은 **종별적으로 자본주의적인,** 고유한 방법과 수단과 조건을 갖춘 **생산양식을** 가정한다. 이 생산양식은 노동의 자본으로의 형식적 포섭이라는 기반 위에서 비로소 자연스럽게 형성되며 완벽해진다. 이어서 **노동의 자본으로의 실질적 포섭이** 형식적 포섭을 대체한다.[40]

이어질 고찰은 이 텍스트들에 대한 주석일 따름이다.

형식적 포섭과 "실질적" 포섭의 차이에 의해 우리가 즉각 확인하게 되는 것은 구조의 상이한 요소들의 형성 안에 연대기적 **탈구**가 실존한다는 점이다. 요컨대 "사회적 관계"로서의 자본—다시 말해 생산수단의 자본주의적 소유—은 "실질적" 포섭—다시 말해 자

39 *Le Capital*, I, p. 303 [『자본』, I-1, 432쪽].

40 *Le Capital*, I, p. 535, 수정된 번역임 [『자본』, I-2, 701쪽].

본주의 생산양식과 조응하는 우리의 연관(현실적 전유)의 종별적 형태—에 앞서 독립적으로 실존한다는 것이다. 이 탈구에 대한, 그리고 이와 같은 탈구들 일반의 가능성에 대한 설명은 우리로 하여금 하나의 생산양식에서 다른 생산양식으로의 **이행형태들**에 대한 이론을 참조하게끔 하는데, 그 이론은 잠시 논외로 하겠다. 다만 이 대목에서 내가 유념하는 것은 순전히 연대기적인 단순한 탈구는 우리가 연구하는 이론과 상관이 없다는 점이다. 생산양식 **개념**이 그 안에서 주어지는 그런 "공시성"은 시간성의 이러한 측면을 단순 명료하게 소거하며, 그리하여 시간에 대한 기계적 사유형태를 모두 역사이론에서 배제한다(이런 사유형태에 따르면 연대기적으로 정렬된 표에서 동렬에 나오는 것은 동일한 시간에 속한다). 생산수단의 자본주의적 소유의 출현과 "산업혁명" 사이에 탈구가 있을 뿐 아니라, 산업혁명 **자체**에서도 생산의 한 부문이 다른 부문에서 **탈구되어** 있다. 이 후자의 탈구 역시 이론에 의해 **소거된다**. 마지막으로, 단일 부문의 내부에서도 "기계"노동이 손노동을 연쇄적으로 대체하면서 이 부문이 **지속**되는데, 그러한 대체의 리듬은 구조적이고 국면적인 경제적 필요에 따른다. 그러므로 여기서 우리의 대상이 되는 "이행"은 마르크스의 용어로 보자면 좁은 의미에서의 **경향**으로, 다시 말해 자본주의 생산양식의 구조적 고유성으로 나타난다. 요컨대 자본주의 생산양식 안에서 "생산력"의 본질, 그것은 손노동에서 기계노동으로 항상 **이행하는 중**이라는 것이다.

매뉴팩처에서 대공업으로의 이러한 이행이 무엇으로 이루어지는지를 상기하자.

양자 모두 노동자들(직접생산자들)의 **협업**형태로 출현하며, 이러한 협업은 그들 모두를 동시에 고용하는 자본에 그들이 예속됨으로써만 가능하다. 따라서 양자는 생산의 유기체라 불릴 만한 것을 구성하며, "집합적 노동자"를 창출한다. **사용할**(이러한 사용이 생산적 소비이든 개인적 소비이든 간에) **완제품** 배출로 정의되는 노동과정에서는 다수의 노동자들이 종별적 조직형태에 따라 개입할 것이 요청된다. 매뉴팩처와 대공업 모두 이렇듯 개인 수공업과 대립한다. **그렇지만 진짜 단절은 거기에 놓여 있는 것이 아니다**.

모든 협업형태는 단순할 수도 복잡할 수도 있다. 단순한 협업에서는 노동자들과 작업들의 병렬이 목도된다. "노동자들은 서로를 보완하며 동일 업무 또는 유사 업무를 수행한다." 이 협업형태는 무엇보다도 농업에서 여전하다. 동업조합 장인의 작업장에서 직인들의 노동은 대부분 단순협업으로 이루어진다. 수공업 장인들을 하나의 노동 터에 단지 모아놓을 뿐인 원시적 형태의 매뉴팩처도 마찬가지다. 반대로 복잡한 협업은 노동의 얽힘이요 **착종**이다. 노동자 각자가 행하는 작업들은 연쇄적이든 동시적이든 간에 보완적이며, 그 작업들의 앙상블만이 완성된 생산물을 태어나게 한다. 이 협업형태가(어떤 부문들에서는, 예컨대 야금술에서는 이 형태가 아주 옛날부터 있었는데) **노동의 매뉴팩처적 분할**의 본질을 구성한다. 요컨대 **단일** 노동이 노동자들 사이에서 분할되어 있는 모습인 것이다(이는 [프랑스에서] 18세기까지 [단일 작업이라는 뜻에서] 단일 "외브르"œuvre, "우브라주"ouvrage라 불렀던 그것이다).

당연히 이 분할은 그 기원이 서로 다를 수 있다. 이 분할이 진정한 "분할"에서 유래할 수도 있는데, 이런 경우에는 단일 수공에 속하는 복잡한 작업들이 상이한 노동자들 사이에 배분되며 이 노동자들은 구획된 하나의 노동으로 전문화된다. 반면에 이 분할이 상이한 여러 수공들의 통합에서 유래할 수도 있으니, 이 수공들은 함께 기여한 단일 완제품 생산에 예속되며, 그리하여 구획된 노동들로 사후적으로 변형된다. 생산물의 물리적 속성에 따른 두 사례가 마르크스에 의해 분석되는데(핀 매뉴팩처와 마차 매뉴팩처), 이 형성과정은 여하튼 동일한 형태의 노동분할이라는 결과 속으로 사라지고 만다. 우리가 그 중요성을 보게 될 여기서의 기본 원칙은 **구획된 작업들이 손노동으로 실행될 가능성**이다.[41] 노동의 매뉴팩처적 분할의 모든 장점은, 각각의 부분작업에서 해당 작업의 분립과 노동자의 전문화를 통해 이루어지는 합리화로부터 유래한다. 예컨대 동작 및 도구 개량이라든가 속도 향상 등등의 전문화가 실제로 가능해야 하고, 가급적 단순한 각각의 작업이 개별화되어야 한다. 따라서 우리는 수공업과 매뉴팩처 사이에서 단절 대신 연속성을 발견한다. 노동의 매뉴팩처적 분할은 수공업에 고유한 전문화에 있는 분석적 흐름의 연장으로 나타나는데, 이러한 흐름은 기술적 작업의 완벽화 및 노동자의 노동력이 지닌 심리적-물리적 특성들에 영향을 미친다. 이것은 [그저] 단일한 발전의 두 측면이고 두 얼굴일 따름이다.

사실 매뉴팩처는 수공업적 작업을 구별해주는 특성을 극단으로 전개할 따름인데, **노동력과 노동수단의 통일**이 바로 그 특성이다. 한편으로는 노동수단(연장)이 인간유기체에 적응해야만 한다. 다른 한

41 여기서 분명 "손노동"main-d'œuvre이라는 일반적 개념을 쓸 때는, 비록 **손**main이 지배적 기관이라 하더라도 손으로 하는 행동에 국한하지 말고 심리적-생리적 유기체 전체의 노동으로 확장해서 써야 한다. 마찬가지로, "기계"를 기계장치라는 제한된 의미로 파악해서는 안 된다[프랑스어에서 'main-d'œuvre'는 '노동력' 또는 '노동자'라는 단어를 종종 대신한다].

편으로는 연장이 그 사용법을 모르는 이의 수중에선 기술적 도구이기를 멈춘다. 말하자면 그 연장의 유효한 사용법은 노동자에게 신체적/지적 자질들의 앙상블과 문화적 습속들의 총합(작업 비밀에 해당할 만한 솜씨라든가 재료에 대한 경험적 인지)을 요청한다는 것이다. 이런 이유로 수공업은 도제 수업과 떼려야 뗄 수 없이 연결된다. "**하나의 기술**"이란, 산업혁명 이전에는, 노동수단 또는 연장과, 도제 수업 및 습속을 통해 그 사용법을 익힌 **노동자**의 분리가 불가능한 **앙상블**이다. 비록 노동의 조직화는 집단적이라 하더라도, 기술은 본질적으로 개별적이다. 매뉴팩처는 이러한 속성을 보존하면서 극단으로 밀어붙인다. 따라서 구획된 노동이 애초부터 비난을 받은 단점은 매뉴팩처가 **기술적 과정**과 **인간학적 과정**의 일치를 엄격하게 유지한다는 점에서 유래한다. 그 기술적 과정이란 점점 더 차이 나는 작업들을, 점점 더 많아지고 구별되는 재료 및 생산물이라든가 점점 더 개별화되는(점점 덜 다면적인) 노동도구들에 맞춰지는 작업들을 초래하는 과정이며, 인간학적 과정이란 개인들의 능력을 점점 더 전문화하는 과정이다. [이제] 연장과 노동자는 하나의 동일한 운동을 반영한다.

이 무매개적 통일성의 주요한 귀결은 마르크스가 "사회적 생산의 조절 원칙으로서의 손노동"이라 부르는 그것이다. 이는 매뉴팩처에서의 협업이 노동자들을 오직 생산수단과의 매개에 의해서만 관계 맺도록 한다는 의미다. 예컨대 다음과 같은 강제를 고려해보면 이러한 사실이 명료하게 나타나는데, 노동력의 특성에 따른 상이한 업무에 고용되는 노동자들의 비율과 관련해 "생산 유기체"의 구성이 복종해야만 하는 강제들이 그것이다. 더 유리하게 노동이 분할되는 수작업의 수가 경험적으로 확정되어야 하며, 각각의 구획된 업무를 담당할 노동자들의 수도 모두가 항상 연속적으로 "일감을" 가지도록 경험적으로 확정되어야 한다. 이렇게 해서 성원들 중 단 한 명만 빠져도 마비되어버리는 단위집단이 조성되는데, 이는 마치 어떤 수공업 장인이 생산물을 제작하는 데 요청되는 작업들 중 하나를 어떤 이유로든 실행할 수 없어 그의 노동과정의 연속성에 마비가 일어나는 것과 정확히 같다.[42]

연장 담지자라는 기능 면에서 인력을 대체함으로써, 다시 말해 인간의 노동대상과의 직접 접촉을 제거함으로써 기계화는 노동자와 생산수단의 연관에 완전한 변형을 유발한다. 이제는 노동대상에 대한 **정보**가 노동력의 문화적으로 획득된 특성에 달려 있는 것이 아니라 생산도구의 형태에, 그리고 그 도구의 기능작용 메커니즘에 미리 규정되어 있다. **손노동 작업을 기계 작업으로 가능한 한 완전하게 대체해야 할 필요**가 노동조직화의 기본 원칙이 된다. 기계-연장은 생산의 조직화를 인간노동력의 특성으로부터 완전히 독립된 것이 되게 한다. 이와 동시에 노동수단과 노동자는 완전하게 분리되어 상이한 진화형태들을 획득한다. 전술한 관계가 뒤집혀, 도구가 인간 유기체에 반드시 적응해야만 했던 그 자리에서 이제는 그 유기체가 도구에 적응해야만 하게 된 것이다.

이러한 분리가 완전히 상이한 유형의 통일성인 **노동수단과 노동대상의 통일성**의 구성을 가능케 한다. 기계-연장은 "노동자 자신들로부터 독립된 물질적 골격"의 구성을 허용한다고 마르크스는 말한다.[43]

42 *Le Capital*, II, 37 [『자본』, I-1, 479쪽].
43 *Le Capital*, II, 56 [『자본』, I-1, 503쪽].

생산유기체는 더 이상 일련의 노동자들의 통합이 아니라, 아무 노동자들이나 수용할 태세를 갖춘 고정기계들의 앙상블이다. "**하나의 기술**", 그것은 이제부터 일정한 재료와 노동도구의 앙상블인데, 이 재료와 도구는 각각의 물리적 속성에 대한 인식과 양자의 체계의 속성에 대한 인식에 의해 연결된다. 생산과정은 동떨어진 채로 노동의 **자연적** 과정으로 간주된다. 따라서 이 과정은 노동과정의 요소들 내부에서 상대적으로 자율적인 하위 앙상블을 구성한다. 이러한 통일성은 기술공학, 다시 말해 생산기술에 자연과학이 적용되는 가운데 표현된다. 하지만 이러한 적용은 노동과정 안에서 **생산수단**(노동수단과 노동대상)의 객관적 통일성이 실존하는 기반 위에서만 가능하다.

따라서 집합노동자는 마르크스가 "**사회화된 노동**"이라 부르는 바의 규정을 획득한다. (규정된 유용한 생산물에 도달하는) 어떤 특수한 노동과정에 의해 **실효적으로 요청되는** 조건들의 총체성을 규명함에 있어 그 과정을 사회적 총생산의 요소인 부분적 노동과정으로 간주하지 않으면서 규명한다는 것은 불가능하다. 특히 그 노동과정에 대한 분석에(그 노동과정의 기술적 분할에 대한 분석에) 인식을 생산하는 **지적 노동**을 개입시켜야 한다. 그 어느 특수한 노동과정도 이러한 인식의 적용이다. 협업 안에는, 노동의 장소에 현존하지 않는 상당수의 노동자들이 있다. 지적 노동의 생산물인 과학이 자본가의 시점에서 보자면 하나의 **무상** 요소이며(달리 보자면 전혀 그렇지 않은 것이지만) 사회의 증여로 나타난다는 점이야말로 노동과정 분석에 개입되지 않는 또 다른 문제다. 마찬가지로, 동일 기술이 적용되는 작업장들 또는 공장들 전체는, 소유의 배분과는 독립적으로, 그 기술의 적용과 경험의 장이 되는 경향이 있으며, 마르크스가 "거대 규모의 실천적 경험"이라 부르는 것을 구성한다.

> 이미 이루어진 발견들을 어떻게 가장 단순한 방식으로 적용할 것인지를, 이론을 작동시켜 생산과정 안에서 활용함에 있어 과연 어떤 실천적 난점들을 극복해야만 하는지를 발견하고 제시하는 것은 오로지 집합노동자의 경험뿐이다.[44]

그리하여 우리가 깨닫게 되는 것은 결합의 요소들 사이의 관계가 변형되면 그 결과로 이 요소들 자체의 성격도 변형된다는 점이다. 생산수단들의 통일성과 결부된 이 "집합노동자"는, 다른 노동수단들을 갖고서 수공업적-매뉴팩처적 노동 특유의 통일성을 형성했던 개인과는 완전히 상이한 **개인**이다. 마찬가지로 "생산적 노동자"의 규정에서도 그 담지자가 변했다.

> 개별 생산물이 사회적 생산물로, 집합노동자의 생산물로 변형되는 그 순간부터(집합노동자의 상이한 구성원들이 재료를 다루는 것은 대단히 다기하여 때로는 가까이에서 때로는 멀리서 다루고, 심지어는 아예 다루지 않기도 한다), **생산적 노동의** 규정과 **생산적 노동자의** 규정이 필연적으로 확대된다. 생산적이기 위해서, 직접 손으로 일해야 하는 것은 이제 필요하지 않다. 집합노동자의 한 기관이 되거나 또는 그것의 아무 기능이나 채워주는 것으로 족하다. 물질적 생산의 성격 자체에서 나오

44 *Le Capital*, VI, p. 121 [『자본』, Ⅲ-1, 143쪽].

는, 생산적 노동의 시원적 규정은 단일 인격으로 간주되는 집합노동자를 놓고 보면 언제나 진실이지만 집합노동자의 구성원들 각자를 별개로 놓고 보면 해당되지 않는다.[45]

우리의 의제-조합 안에서, 우리가 여러 변이를 통해 재확인하는 것은 실제로 "구체적인" **동일 요소들**이 아니다. 그 요소들의 특수성은 단순한 자리에 의해 정의되는 것이 아니라, 생산양식을 구성하는 결합인 **구조의 매번 상이한 효과**라고 정의된다. 『자본』의 분석이 이 연관의 전모를 펼쳐내기 때문에 내가 이런 연관을 예로 들었지만, 동일 유형의 분석이 **소유**형태들에 관해 이루어질 수 있으리라는 점은 분명한데, 다만 이것은 법적 의미에서의 소유가 아니라 법형태가 전제하며 형식화하는 **생산관계**라는 의미에서의 소유이다. 마르크스는 「자본주의적 지대의 발생」(『자본』 3권)과 「선행하는 형태들」(『정치경제학 비판 요강』)의 회고적 텍스트들에서 특히 "소유"*propriété*와 "점유"possession 사이의 형태를 구별하며 이런 분석에 대한 시사를 소묘

45 『자본』 텍스트에서 이 규정의 뒤를 잇는 두 번째 규정이 나타내는 것은 "생산적 노동자"의 자격이 자본주의 생산양식에서는 임금노동자에 국한된다는 것인데, 자본가에게는 이러한 임금노동자가 가변자본의 투자분에 상응한다. 이 상반되는 두 흐름(확장-제한)은 서로 배제하지 않으며 서로 모순되지도 않는다. 두 흐름은 각각 생산양식에 내재적인 두 연관 중 하나에, 더 정확히 말하자면 두 연관 각각이 자본주의 생산양식에서 띠게 되는 종별적 형식에 따라 이 각각의 연관에 견줘 직접노동자라는 하나의 요소를 규정하는 것에 조응한다. 우리가 연구대상으로 상정한 연관 안에서는, 사회적 생산수단들을 실효적으로 작동할 능력을 소유하는 요소가 노동자 즉 임금노동자와 비-임금노동자(지식노동자)뿐 아니라 자본가가 통제와 조직화라는 기술적 기능을 맡는 한에서 이들 자본가로도 구성된다. 이 논문의 이어지는 부분에서는 생산력이 자본주의 생산양식 안에서 발전하며 갖게 되는 종별적 유형과 생산양식의 역사적 경향성이 분석될 것인데, 그때 이 이중적 흐름(확장-제한)을 재론하게 될 것이다(*Le Capital*, II, pp. 183~184[『자본』, I-2, 700쪽]).

한다. 현실적 전유에 관해 그가 밝혀낸 형태들만큼이나 복합적인 형태들을 보게 되리라는 점은 그의 시사만으로도 충분히 드러난다.[46]

3. 발전과 전위

우리가 이 분석에서 끌어낼 수 있는 차후의 귀결들을 말하기에 앞서, **노동과정**에 대한 정의 안에 포함되는 형태들의 차이화 기준들에 이 분석이 얼마나 전적으로 의존하는가를 제시하는 것이 필요하다.

> 노동과정은 여기 있는 이 단순한 요소들(die einfachen Momente)로 분해된다. 1. 인간의 개인적 활동 즉 고유한 의미의 노동(zweckmassige Tätigkeit). 2. 노동이 작용을 가하는 대상(Gegenstand). 3. 노동의 작용이 이루어지는 수단(Mittel).[47]

산업혁명에 대한 마르크스의 분석 중에서 사람들이 일반적으로 유념하는 것은, 동일 "현상"에 대한 여타 설명과 그의 분석을 구별해 주는 것이다. 요컨대 기술적이고 사회적인 전복들의 기원을 **새로운 에너지원**의 도입(증기기관)에, 즉 동력으로서의 인간이 대체된 것에 돌리지 않고 **기계-연장**의 도입에, 즉 연장 담지자로서의 인간이 대체

46 생산수단 소유의 기능은 개인, 집단, 집단의 실재적 또는 상상적 대표자 등등에 의해 충족될 수 있다. 따라서 그 기능은 단일한 형태로 나타날 수도 있고, 혹은 역으로 "소유"와 "점유" 등으로 이중화될 수도 있다.

47 *Le Capital*, I, p. 181 [『자본』, I-1, 267쪽].

된 것에 돌린다는 점이다. 그렇지만 사람들은 많은 경우 이런 독창성의 이론적 표현에는 주목하지 않는데, 이는 노동과정의 정의에 담겨 있다. 산업혁명(매뉴팩처에서 대공업으로의 이행)은, 이 개념들의 도움을 빌어, 노동수단 대체에 이어지는 **관계 변형**이라고 온전히 정의될 수 있다. 내가 앞에서 마르크스를 요약하며 이 변형에 대해 말했던 것을 원용하자면, 이 변형을 노동과정의 두 "물질적 실존형태"의 연쇄라고 묘사할 수 있을 것이다.[48]

— 노동수단과 노동력의 통일성
— 노동수단과 노동대상의 통일성

위의 경우 각각에서 세 요소[노동수단, 노동력, 노동대상] 사이의 관계 형상은 통일성과 상대적 자율성을 지닌 하위 앙상블을 표시하는 것으로 완전하게 특징지어진다.

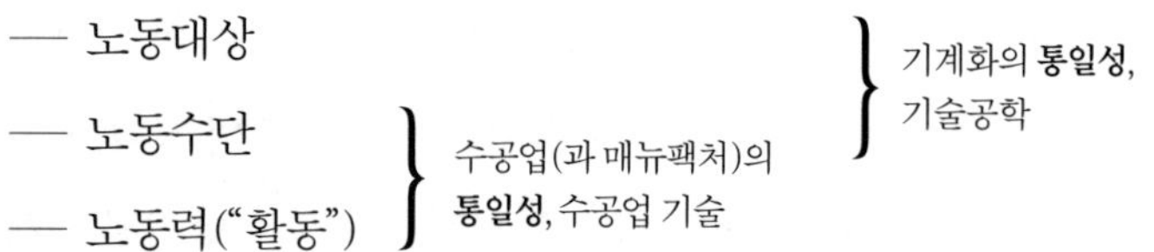

노동과정 정의의 세 개념이 경험적 묘사의 추상화(주체, 대상, "매

48 "노동수단은 기계화에서 하나의 **물질적 실존형태**(materielle Existenzweise)를 획득하는데, 인간의 힘이 자연의 힘으로 대체되는 것과 경험적 습성이 과학의 의식적 적용으로 대체되는 것은 이 형태에 의존한다"(II, p. 71. 인용자가 수정한 번역).

개")와는 아무 관련도 없다는 점이 이로써 드러난다. 이런 추상화를 다른 요소들과 구별하면서 언제든 다르게 운용할 수 있을 것이다. 연쇄적인 두 연관형태에 대한 분석과 관련해 세 개념은 파생적이지 않으며, 오히려 그 분석을 가능케 한다.

한 형태에서 다른 형태로의 운동은 완전하게 분석될 수 있다. 요컨대 이 운동은 **어떤 구조의 단순한 해소**(노동자와 노동수단의 분리)**가 아니라 어떤 구조의 다른 구조로의 변형으로** 분석되는 것이다. 또한 제아무리 기원적 구조라 하더라도 그 구조(노동의 대상과 수단이 물리적 상호작용들의 단일 체계에서 갖는 통일성)의 무로부터의 구성(또는 "과학"과 "기술"이라는 두 추상화의 수렴에 의한 그 구조의 우연적 형성)이라고도 결코 분석되지 않는 것이다. 요컨대 **변한 것은 노동과정의 형태들**인 것이다. 자본주의적 기계제 대공업이 그 첫 사례인 생산력의 새로운 체계는 목적도 절대적 기원도 아니며, 다만 체계 전반과, 자연에 대한 현실적 전유관계와, "생산력들"의 재조직화이다.

그런데 아울러 명확해지는 것은 이러한 형태 변화가 어떤 식으로든 발전의 선형적 운동으로, 일종의 **계보**로 분석될 수는 없었다는 점이다. 그러한 계보는, 수공업과 매뉴팩처 사이에서는 실존하는데 왜냐하면 우리가 보았듯 우리에게 흥미로운 관점에서 매뉴팩처를 보자면 [그것은] 수공업에 고유한 운동의 후속이자 수공업의 모든 특성을 보존하는 것으로 간주될 수 있기 때문이다. 하지만 교육된 전문적 노동력과 연장의 앙상블을 대체하는 기계는 결코 이 앙상블 진화의 산물이 아니다. 기계는 다만 **동일한 자리**를 점한다. 기계는 선행 체계를 다른 체계로 대체한다. 따라서 연속성은 요소들 또는 개인들 사이에 있는 것이 아니라 기능들 사이에 있는 것이다. 이런 유형의 변형을

전위déplacement라는 일반적 용어로 지칭할 수 있겠다.

이런 유형의 논지를, 프로이트가 **리비도의 역사**에 관한 텍스트들(특히 『섹슈얼리티 이론에 관한 세 편의 에세이』)에서 추구한 대단히 흥미로우며 놀라운 방법론에 견줘보는 식으로, 전혀 우연이 아닌 어떤 여담을 여기서 해보겠다. 이처럼 견줘보는 것을 조장하기에 충분할 정도로 그 유사성은 분명한데, 마르크스와 프로이트가 처했던 이데올로기적 상황들의 친족관계를 생각해본다면 아마 이처럼 견줘보는 것이 훨씬 더 정당해보일 터인데, 그들은 이런 상황들 안에서 혹은 이런 상황들에 맞서서 이따금은 이런 이데올로기들의 개념들 자체 안에서 자신들의 이론을 건설해야 했다. **진화주의**는 "심리학"에서 그러했던 것만큼이나 역사과학에서도 막강하게 군림했다. 『세 편의 에세이』에서 프로이트가 활용하는 용어들은 심리적 진화주의로 소급되는데, 이는 마치 마르크스의 용어들(생산력의 "수준", "발전 정도")이 역사적 진화주의로 소급되는 것과 정확히 같다(1859년의 『정치경제학 비판을 위하여』「서문」에서 마르크스는 "새롭고 우월한" 관계들에 의한 기존 사회적 관계들의 대체를 운위한다). 여기서 내게 (그 어떤 애매함도 없이) 흥미로운 것은 정신분석 대상들과 역사유물론의 대상들의 **절합**이 아니라, 마르크스의 이론적 작품과 프로이트의 이론적 작품 사이에서 **인식론적 유사성들**을 간파할 가능성이다.

어떤 면에서 실제로 우리가 프로이트의 이 텍스트들 안에서 발견하게 되는 것은 리비도(성충동)의 **발전단계들**stades de développement에 대한 완전히 생물학적인 또는 거의 생물학적이라 할 만한 이론이요, 선천적 구성, 후천적인 것, 발전해가면서 후속 단계들을 구성할 "맹아들"로 [이루어진] 문제설정이다. 우리는 발전과 그 발전의 중간 정도들에 대한 이론을 발견하는데, 이 이론에 의해 동시에 공인되는 이론은 병리적인 것을 어떤 발전단계에 고착된 것으로 또는 이 단계로 퇴행한 것으로 간주한다(하지만 퇴행이란 고착의 드러남에 불과하다).

그런데 이 진정한 진화주의 이론이라 할 만한 것과 관련하여, 심지어 이 이론의 용어들이 그대로인 가운데, 우리는 완전히 상이한 어떤 것을 또 다른 면에서 발견한다.

예컨대 다음 텍스트를 보자.

> 하나의 곤란한 그러면서도 피할 수는 없는 질문이 있으니, 유아에게서 성적 발현을 인정할 수 있는 기준이 과연 무엇인가 하는 질문이다. 정신분석이 해명하는 **현상들은 서로 묶여 있어** 그 덕분에 우리는 빠는 행위가 성적 행위라고 말할 수 있고 이런 행위에서 유아 섹슈얼리티의 본질적 속성들을 연구할 수 있는 것 같다.[49]

우리는 여기서, 프로이트가 이 연구에서 일반화하는 논증의 표현들 중 하나를 발견하는데, 이는 쾌락을 추구하는 일련의 기관들을 하나의 동일한 성충동의 연쇄적 형태들로 상정한다. "이러한 발전이 **도달하는** 성생활은 우리가 성인에게서 정상적인 것이라고 부르는 게 습관이 된 그런 생활이다." (『정신분석 입문』Introduction à la psychana-

49 *Les Trois essais sur la théorie de la sexualité*[『섹슈얼리티 이론에 관한 세 편의 에세이』(국역판은 『성욕에 관한 세 편의 에세이』)]는 1962년에 갈리마르에서 나온 총서 *Idées*[『이데』]의 프랑스어 번역본에서 인용한다(*Trois essais*, p. 73).

lyse에서는 그 연계가 더 복잡해지는데, 왜냐하면 프로이트가 자신의 정의에서 유아 섹슈얼리티와 "비정상적" 성인 섹슈얼리티를 동시에 사용하기 때문이다. 그렇게 되면 발전은 "정상적" 섹슈얼리티에도, 또 도착증과 신경증에도 도달하는데 이 도착증과 신경증은 "비정상적인 것"에서 동일한 **자리**를 점한다.) 역설적이게도, 발전의 기원들은 "성적" 특성을 가장 덜 자명하게 소유하는 단계들이다. 분석이 이 단계들에서 **하나의 동일 기능**을 발견한다는 점에서만 실제로 이 단계들은 성적 특성을 수용한다. 이 단계들의 연쇄는 하나의 연속성보다는 일련의 **전위들**로 훨씬 잘 분석될 수 있다. 여기서 전위라 함은 성감대들, 즉 어떤 주어진 리비도적 조직화 안에서 어떤 성적 "가치"가 투입된 신체 부분들의 전위이며(이와 같이 투입될 수 없는 신체 부분은 거의 없다고 프로이트는 우리에게 말한다), 애초에 성충동을 "받쳐준" 생물학적 기능들의 전위이며, 프로이트가 대상 부재라고 부르는 것—하지만 이것이 대상의 하나의 특수한 양상인데—에서부터 생식기 사랑의 대상에 이르는 충동대상들의 전위이다. 프로이트가 "부분 충동들"이라 부른 것—**복합적인 성충동 성분들**—사이의 관계들에서 일어나는 변이가 이 전위들 각각에 조응한다.

우리가 관찰했던 것은 이제껏 연구된 일련의 도착증들이 다수 요인의 **연결 작용을** 가정해야만 비교될 수 있다는 점이다. 도착증들이 분석을 허용한다면 그것들은 복합성을 지니고 있는 것이다. 이를 통해 우리가 생각해보아야 할 점은 **성충동 그 자체가 단순한 소여가 아니고** 다양한 성분들로 형성된다는 것과, 도착증의 경우에는 이 성분들이 분해된다

는 것이다. 임상 관찰도 역시 새로운 융합[을] 인식하게끔 한다….[50]

이 변이들 각각은 복합적 성충동의 조직화 체계이며, "부분충동들" 사이의 지배 또는 위계 관계를 내포한다(생식기 이전 또는 생식기적인 조직화— 생식기 성감대의 우위).[51]

이 대목에서 프로이트의 논증이 작동시키는 일련의 개념들은 개인의 진화에 대한 이론과 심층적으로는 아무 관련도 없으며 그런 이론의 생물학적 모델과도 아무 관련이 없다. 그의 논증은 **다음 두 질문에 동시에** 답해야 한다. 발전의 형태는 무엇인가? 발전의 주체는 무엇인가, 즉 발전하는 것은 무엇인가?[52] 논증은 분석의 대상인 이 "섹슈얼리티"에 대한 새로운 정의와 분리 불가능해보인다(프로이트는 섹

50 *Trois essais*, p. 49.

51 *Trois essais*, p. 94 sq.를 보라.

52 실제로 이 질문들은 모든 발전이론에, 특히 기원이라는 영역에서 반드시 제기되는데, 그것은 생물학의 영역이다(개체에 관련되든 종에 관련되든). 다윈 혁명은 발전이론들의 역사 안에서 새로운 형식의 이론 설정으로 자리매김될 수 있으며, 새로운 답을 도입한다(종에 해당하며 개체의 발전과는 구별되는 "진화"). 이 논점에 관해 이렇게 쓸 수 있었다. "처음엔 그러한 발전이 단독의 특정할 수 있는 한 개인에 대한 것으로 이해된다. 물론 (19)세기 중반엔 발전의 주체(발전하는 그것)를 잘 식별하지 못했다. 발생학적 변형들의 이 불변 요소는 면적과 부피로도(전개의 경우) 성숙한 구조로도(확대의 경우) 동화될 수 없다…. (생태주의적인 등등의) 순간성 안에서의 (하나의) 의제적인 통일성 바깥에서, 다윈의 우주에는, 연쇄성 안에서 거의 최소한으로 축소된 통일성만 존속한다. 계보학적généalogique 의미에서도(모든 종은 동일 시조에서 유래한다), 거의 수학적인 의미에서도(소소한 기초적 변이들), 연속적 계보filiation로서의 통일성. 조직화의 유형들 및 구도들이 상대적으로 존속하는 것은 그런 통일성에 의해 설명된다. **통일성은 역사의 기층도 토대도 아니다. 그것은 다만 역사의 귀결일 뿐이다**"(G. Canguilhem, G. Lapassade, J. Piquemal, J. Ulmann, *Du développement à l'évolution au XIX siècle*[『19세기에 있어서 발전으로부터 진화로』], THALES, tome 11, 1962). 프로이트주의의 (그리고 마르크스주의의) 의제적 발전 안에서 우리는 그러한 최소한을 만나지 못하며, 우리는 선재하는 통일성, 즉 맹아 또는 기원의 근원적 부재를 목도한다.

슈얼리티라는 통념의 이러한 "확장"에 대한 반박에 늘 부닥쳤는데, 이 반박들은 "생식기적인" 성적 행동을 사춘기 이전 시기로 연장하는 것과 이런 확장을 혼동했다). **마침내 명확해지는 것은 그러한 "전위들"이 분석될 수 있는 형태들의 연쇄에 의해 섹슈얼리티가 대단히 간명하게 정의된다는 점이다**. 부분 충동들의 조직화의 요소는 성적인 것이며, 그 조직화의 변이는 궁극적으로 생식기적 조직화에 도달한다.

전위들에 대한 분석을 가능하게 하는 것, 그것은 노동과정을 정의하는 개념들—노동의 활동/대상/수단—이 현실적 전유연관("생산력") 형태들에 대한 분석에서 행하는 역할과 유사한 역할을 하는 이론적 개념들의 앙상블이다. 프로이트에게서 그 개념들은 『세 편의 에세이』에서 체계적으로 구사되며, 「충동들 및 이것들의 운명」이라는 논문(메타심리학)에서도 체계적으로 제시된다. 충동의 원천(Quelle), 자극(Drang), 대상(Objekt), 목표(Ziel)가 그 개념들이다. 물론 중요한 문제는 프로이트의 개념들과 마르크스의 개념들 사이의 조응이 아니라 동일 유형의 분석이며, 따라서 그 개념들이 방법 안에서 행하는 기능들의 동일성이다.

그래서 우리는 되돌아와 마르크스의 텍스트가 제기하는 문제들을 해명해볼 수 있겠다. 특히 주목할 점은 내가 말했던 그 연관을 마르크스가 따로 다루느라 부딪친 난점인데, 달리 말하자면, "생산력 수준"을 결합의 하나의 내재적 연관으로, 즉 생산수단 소유형태와 동등한 지위를 지니는 하나의 **생산관계**로 사유하느라 부딪친 난점이다.[53]

53 알튀세르는 "기술적 생산관계"라는 용어를 제안하는데, 이 용어는 이러한 구별을 잘 나타낸다. "관계"[라는 이 용어] 자체가 **사회적** 특성을 내포한다는 점만은 기억해야 한다.

이 난점은 생산력을 **열거하라는**, 예컨대 생산력을 자연과 인간 사이에서 배분하라는 유혹과 쌍을 이룬다. 마찬가지로, 프로이트의 이 텍스트들에서 마주치는 정식화들은 분석이 묘사하는 성충동을 생물학 영역 및 심리학 영역과의 관계에서 자리매김하고자 한다. 프로이트는 결국 충동을 생물학적인 것과 심리학적인 것 사이의 어떤 **경계**limite로 정의하고, 심지어 이 애매함을 충동의 "원천" 층위에 놓는다.[54] 형태들에 대한 분석에서, 생물학적인 것은 언제나, 그 자체로는, 부재한다. 탐구되는 "경계"는, 이러한 사실에 의해, 엄밀하게는 찾을 수 없는 것이다. 하지만 부언해야 할 것은 심리학적인 것le psychologique 역시 또 다른 의미에서 부재한다는 점인데, 전통적인 관점에서 그것은 또한 생물학적인 것과의 대립과 관계에 의해 정의된다. 생물학적인 것은 그 자체로는 사라지고, 심리학적인 것은 자기 자신과는 다른 것으로 변형된 상태에 처하는데, 프로이트가 "심리적인"psychique 것이라 부르는 그것이 바로 이처럼 변형된 것이다. 그러니 여기서 목도하는 것은 프로이트 자신이 아주 명료하게 그 연결을 사유했던 **영역들의 일련의 개작들 또는 전위들**이다. 『정신분석학 입문』에서 프로이트는 이렇게 쓰고 있다.

54 *Metapsychologie*[『메타심리학』], 프랑스어판 35쪽을 보라. "충동의 **원천**이라고 이해되는 그 신체적 과정이 진행되는 신체기관 또는 신체 부분에서의 자극은 충동에 의해 심리적인 삶 안에 재현[표상]된다. 이 과정에 언제나 화학적 성격이 있는지는 알려진 바 없으며, (중략) 충동 원천들에 대한 연구는 더 이상 심리학 영역에 속하지 않는다. 충동의 기원과 신체적 원천이 충동에게는 정말로 결정적인 요소임에도 불구하고, 우리에게는 충동이 그 목표에 의해서만 심리적 삶 안에서 인지된다."

대부분 "심리적인 것"을 "의식적인 것"과 혼동하는데 우리는 반드시 "심리적"이라는 통념을 **확장**하여 의식적이지 않은 어떤 심리적인 것의 실존을 인정해야만 했다. "성적인 것"과 "생식에 관련된 것" 혹은 간단히 말해 "생식기적인 것" 사이에 혹자들이 확립하는 동일성의 경우에도 사정은 매한가지여서, "생식기적인 것"이 아니고 생식과는 아무 관련도 없는 어떤 "성적인 것"의 실존을 수긍하는 것 말고 우리가 할 수 있는 것이 없었다. 흔히 일컬어지는 그 동일성이란 형태적일 따름이며 심층적 근거들이 결핍되어 있다.[55]

간단히 덧붙일 것은, 이 "확장"이 실은 그 내용에서나 내용을 인가하는 이론적 언술의 성격에서나 공히 완전히 새로운 정의라는 점이다.

생산력 분석에서 "자연"도 마찬가지다. "노동이란 우선 인간과 자연 사이에서 벌어지는 행위이다. 인간 그 자신이 여기서는 자연을 마주보고 일종의 자연적 힘의 역할을 행한다"라고 마르크스가 쓰고 있다 하더라도, 자연이 사회적 요소의 역할을 하고 있다고 말하는 것이 아마도 역시 올바를 테니까 말이다. 이 의미에서도 "자연"이, 그 자체로는, 부재한다.

"생산력"에 대한 마르크스주의의 분석이 생산양식에 대한 정의 안에 체계적으로 기입되는 한, 다시 말해 그 분석이 생산의 "기술적" 측면들 또는 생산의 "자원들"의 단순한 열거 내지는 묘사가 아니

55 Sigmund Freud, *la psychanalyse*, 프랑스어판, Payot, 1962, p. 301.

라 생산의 "기술적인" 사회적 관계들의 변이형태에 대한 정의인 한, 그 분석은 이론적 노동의 전통적인 분업과 관련해—우리가 프로이트에게서 만났던 동일한—전위와 단절의 효과를 발휘한다. 이 단절 효과는 새로운 과학 정립 특유의 것인데, 새로운 과학은 자신의 대상을 구성하며 다양한 분과학문들이 점령하고는 완전히 무시했던 영역을 그 대상에게 정의해준다. 과학적 이론 분과로서의 역사유물론의 영역에서는, 생산력 분석이 제도들과 인간적 실천들의 어떤 "사회적" 구조가 세워질 수 있는 **조건들** 또는 기반들을 설명하는 기술적이거나 지리적인 **선행 전제**로 나타나지 않으며, 또한 역사에 부과되는 본질적이지만 외재적인 제한으로 나타나지도 않는다. 도리어 그 분석은 생산양식이라는 사회적 구조에 대한 정의에 **내재적**이다(해당 생산양식에 전형적인 생산력에 대한 정의를 포함하지 않는 그 어떤 "생산양식" 정의도 결코 만족스럽다고 간주될 수 없다). 따라서 그 분석은 "사회적인 것"의 의미를 완전히 변형한다.

하지만 우리가 보았듯이 이러한 유비는 더 멀리 나아가, 마르크스와 프로이트가 정의한 **유형**의 **대상** 및 역사로까지 펼쳐진다. 프로이트가 우리에게 말해주는 "성적인 것"은 충동들의 조직화들로 표시되는 발전의 주체가 아니듯이, 충동들의 조직화들이 엄밀히 말해 서로를 발생시키지 않듯이, **마르크스의 분석에서 우리가 목도하는 것은 결합 그 자체 및 결합의 형태들일 따름이다.** 그러니 마르크스의 경우에도 우리가 말할 수 있는 것은 **발전의 주체란 노동조직화 형태들의 연쇄** 및 이 연쇄가 실행하는 전위들**에 의해 정의되는 것에 다름 아니라는 점이다**. 그의 대상 구성의 경험적 특성이 아닌 이론적 특성을 정확하게 반영하는 것 말이다.

4. 역사와 역사들: 역사적 개별성의 형태들

이 분석의 귀결들은 역사이론에서 매우 중요하다. 연쇄적인 두 형태에 대한 이 분석의 와중에 정확히 무엇이 이루어졌는지를 실제로 자문해보자. 과연 이것이 "**하나의 역사**"라 불릴 수 있는지를 질문해보자. 이러한 정의가 명시적으로 의미를 갖는다면 그건 오직 우리가 이러한 정의와 동시에 이 역사라는 대상을 지목할 수 있는 한에서다. 이런 지목의 양식이 어떤 것이든, 개념에 의해서든, 또는 단순 명명에 의해서든, 역사 일반은 결코 연구되지 못하며 다만 언제나 **어떤 것의 역사**가 연구되는 것이다.

그런데 주목해야 할 것은 역사가들이 일반적으로 아주 최근까지도 **대상**이라는 문제에 이론적으로 답해야 할 필요를 회피해왔다는 점이다. "역사과학"에 관한 마르크 블로크Mark Bloch의 고찰을 예로 든다면, 그의 모든 노력이 오로지 **방법론** 구성으로 향한다는 것을 보게 된다. 역사가들이 하는 노동들의 대상을 정의하려는 시도는, 이 대상이 "과거"일 수 없으며 궁극적으로는 시간에 대한 순수하고 단순한 그 어떤 규정일 수 없다는 점이 제시되는 순간부터 궁지에 빠진다. "과거가 그 자체의 모습 그대로 과학의 대상일 수 있으리라는 관념은 부조리하다."[56] 부정적이지만 완벽한 설득력을 지닌 이 결론 이후에(실은—철학자들도—이런 귀결들을 언제나 끌어내는 것은 아닌데), 블로크의 그것과 같은 시도들은 자신들의 과학에 대한 **미완의** 정

56 Mark Bloch, *Apologie pour l'histoire*[『역사를 위한 변명』], p. 2

의에 머물며, 이로 인해 **대상**이라는 문제는 어떤 총체성의("인간, 혹은 더 정확히는 인간들") 불확정성으로 내던져지고 인식은 일군의 **방법**일 따름이라고 특징지어진다. 여기는 이 미완의 정의에서 결국 유래하는 경험주의를 분석할 자리가 아니지만, 이론적으로 회피된 문제는 반드시 어느 순간 실천적으로 해결된다는 점은 지적되어야 한다. 이래서 우리에게 정치사, 제도사, 사상사, 과학사, 경제사 등등이 있는 것이다.

이런 시각에서 우리는 전술한 분석이 다뤘던 대상을 "노동"이라고 틀림없이 정의할 수 있으며, **노동의 역사** 또는 이런 역사의 어느 계기가 문제였노라 말할 수 있는 것이다.

하지만 우리가 또한 보게 되는 것은 흔히 "노동의 역사" 또는 "기술들의 역사"라고 일컬어지는 것과의 관계에서 마르크스의 분석이 본질적인 논쟁적 상황에 놓인다는 점이다. 그와 같은 역사들은 실존하며, 대상들을 구성하지 않고 그냥 수용하는데, 이 대상들은 변화하는 내내 그 본성의 일정한 동일성을 보존하는 것으로 간주된다. 이 역사들을 통합해줄 어떤 "주체"가 이 역사들에는 필요한데, 이 역사들이 그 주체를 찾아내는 것은 하나의 "사실"(심지어 "문명적 사실")로 간주되는 기술 안에서, 또는 문화적인 "품행"이라 간주되는 노동 안에서다. 이 역사들이 이런 대상들을 **수용**한다고 말하는 것, 그것은 대상들의 구성 계기가 역사가들의 이론적 실천 자체에 외재적이며 다른—이론적이든 아니든—실천들에 속한다는 것을 말하는 셈이다. 이론적 실천의 견지에서 보자면, 대상의 구성은 [무엇인가를] **지목하는 것**으로, 다른 실천에 **준거하는 것**으로 스스로를 드러낸다. 따라서 이처럼 지목하는 것은 역사가의 이론적 실천이든, 정치적·경제적·이데올로기적 실천이든 이 모든 실천에 동시에 연루되는 사람들의 인격적 동일성이라는 관점에서만 가능하다. 따라서 이처럼 준거하는 것은 복합적인 **역사적 통일성**의 효과이자 이 상이한 실천들의 역사적 절합의 효과로서만 가능하며, 한 시대의 이데올로기인 특권화된 자리에서 무비판적인 방식으로 반영되고 주어지는 그런 준거이다. 하지만 또한 이 역사들은 하나의 (특히나 비판적이고자 하는) 담론으로서 자신의 대상을 구성하는 가운데 무비판적인 작업에 의존한다는 역설을 지니기 때문에, 이 역사들은 자신들의 개념화에서, 자신들의 설명의 성격에서, 이처럼 수용된 대상들의 상호 **경계들**limites이라는, 그리고 결국엔 이 부분적 역사가 다른 역사들과 맺는 관계 및 총체성의 역사와 맺는 관계라는, 해결 불능의 문제에 부딪친다. 이 역사들은, 피에르 빌라르Pierre Vilar가 경제사에 관해 말했듯이, 자신들의 고유한 대상의 변화와 운동에 대한 서술로부터, 자신들의 대상—"순수성"이라는 면에서 사고되는 대상—("순수한" 경제, "순수한" 기술 등등)보다 더 넓은 현실 안으로 이 운동을 삽입하는 것으로 귀착하는바, 이 현실은 곧 인간관계들의 총체성이며 이 변화를 설명해준다.[57] **이 역사들이 발견하는 것은 자신들의 대상이 변한다는 점이요, 자신들의 대상이 아닌 것 역시 변하기 때문에 자신들의 대상은 하나의 역사를 갖는다는 점이다**. 따라서 모든 역사의 구성적 문제는 그 역사의 대상이 역사 일반과 맺는 관계, 다시 말해 다른 역사적 대상들과 맺는 관계라는 문제임은 명백하다. 역사들이 그 문제를 해결하는 것은 바로 경험

57 Pierre Vilar, *Contributions à la première Conférence Internationale d'Histoire Économique*[『제1회 경제사 국제학술회의 발표 논문』], Stokholm 1960, p. 38을 보라.

주의를 극복하고자 할 때인데, 어떤 포괄적이며 차이화되지 않는 관계에 대한 언표—궁극적으로 "시대정신" 이론이나 "역사 심리학"에 도달하는 것—에 의해 극복하려는 경우도 있고(예컨대 프랑카스텔Francastel의 조형미술의 역사에 관한 작업들과 메이어슨I. Meyerson의 이론을 보라), 어떤 구조를 여러 번역의 기원 텍스트인 절대적 준거로 보이는 다른 구조에 완전하게 환원하는 것에 의해 극복하려는 경우도 있다(예컨대 문학사에 관한 루카치Lukacs와 그의 제자 골드만Goldmann의 작업들을 보라).

마르크스의 분석이 이러한 역사 실천과의 관계에서 논쟁적인 상황에 놓인다고 내가 말할 때, 그의 분석이 부분적 역사와 일반적 역사 사이의 관계라는 문제를—"어떤 역사"에 대해 엄밀히 말할 수 있으려면 반드시 해결되어야만 하는 그런 문제를—소거한다고 말하는 것은 아니다. 오히려 그의 분석이 제시하는 것은 역사가 자신의 대상을 **수용**하는 대신 진정으로 **구성**해야 비로소 이 문제가 해결될 수 있다는 점이다. 이런 의미에서, 마르크스가 채택한 **분석**이라는 용어는 프로이트가 "개인사에 대한 분석"에 대해 말할 때의 그 분석과 정확히 동일한 의미를 갖는다. 프로이트의 분석이 자신의 대상(섹슈얼리티, 리비도)에 대한 새로운 정의를 생산하며, 다시 말해 그 대상의 **형성체들**의 변이가 어떤 역사의 현실성임을 보여줌으로써 그 대상을 진정으로 구성하는 것과 마찬가지로, 마르크스의 분석은 자신의 대상의 연쇄적 형태들, 즉 생산양식의 구조 안에서 규정된 어떤 자리를 점하는 형태들의 역사를 연구함으로써 그 대상("생산력")을 구성한다.

부분적 역사의 대상에 대한 규정에서, 마르크스의 방법은 "준거"

의 문제를, 이론적 인식대상의 경험적 지목 또는 과학적 인식대상의 이데올로기적 지목이라는 문제를 완전히 **사라지도록** 만든다. 실제로 이런 규정이 이제 전적으로 의존하는 이론적 개념들 덕분에, 어떤 연관의 연쇄적 형태들과 이 연관이 속하는 생산양식의 구조를 차이화의 방식으로 분석할 수 있게 된다. "노동"은 생산양식의 요소들 사이에 맺어지는 어떤 연관으로 제시되며, 따라서 노동을 역사의 대상으로 구성하는 것은 전적으로 생산양식 구조에 대한 인정에 의존한다. 우리가 이런 지적을 일반화하여 말할 수 있는 것은, **결합**(Verbindung)의 요소들 각각이 틀림없이 모종의 "역사"를 소유하지만 이는 **주체를 찾을 길 없는 역사**라는 점이다. 요컨대 모든 부분적 역사의 진정한 주체는— 요소들 및 요소들의 관계가 의존하는— **결합**이니, 다시 말해 **주체 아닌 어떤 것**이다. 이런 의미에서 말할 수 있는 것은 과학으로서의 역사인 이론적 역사의 일차적 문제는 분석하고자 하는 요소들이 의존하는 결합에 대한 규정이라는 점이니, 다시 말해 마르크스가 생산과정과 그 양식들이라 부르는 그것과 같은 상대적 자율성 영역의 구조를 규정하는 것이 일차적 문제다.

실제로 이 선결 규정은 부분 대상 규정과 이 대상의 다른 대상들과의 절합을 동시에 제공한다. 이는 사회구성체의 어떤 심급을 구조적으로 인식한다는 것에는 **이 심급**의 다른 심급들과의 **절합**을 인식할 이론적 가능성이 내포된다고 말하는 셈이다. 그래서 이 문제는 분석되고 있는 심급의 역사 안에 다른 심급들이 **개입**되는 양식의 문제라고 제기된다. 바로 이 지점에서, 앞서의 분석이 우리에게 훌륭한 사례를 제공해주는바, 과학의 생산에의 적용이라는 사례, 다시 말해 자연과학의 이론적 실천이라는 또 다른 실천과 (경제적) 생산의 절합이라는 사례가 그것이다. 이윤율을 끌어올리기 위해 [자본가들의] 불변자본 절약 수단을 연구하면서 마르크스는 이렇게 쓰고 있다.

> 예를 들어 철강, 석탄, 기계, 건축 등등의 **어느 한** 생산부문에서의 노동생산력 발전은 한편에서는 지적 생산 차원에서의 진보에, 특히 자연과학과 그 적용이라는 차원 등등에 의존할 수 있다.[58]

이런 장르의 텍스트에는 "지적 생산이" [생산이라는] 용어의 경제적 의미에서 하나의 생산부문이라는 함의가 전혀 들어 있지 않다. 그럼에도 그것이 의미하는 바는 지적 생산이 **자신의 생산물로**(좁은 의미에서의) 생산양식의 역사에 개입한다는 것이며, 그 생산물은 수입이 가능한 것들(인식들)이다. 이런 개입이 어떤 형태로 왜 일어나는가를 설명해줄 수 있는 것은 오로지 내가 앞에서 생산양식에 내재적인 요소들의 전위에 대해 재연했던 그 분석뿐이다. 그 분석은 고대와 중세의 기술공학적 "관행"에 관해 제기되었던 온갖 질문을 무효화하는데, 왜냐하면 과학의 생산에의 적용은 이 과학의 "가능성들"에 의해 규정되는 것이 아니라 어떤 규정된 생산양식의 결합에 유기적으로 속하는 노동과정의 변형에 의해 규정되기 때문이다. 그 적용을 규정하는 것은 내가 노동수단과 노동대상의 통일이라 불렀던 이 체계의 구성이다. 그러므로 생산양식과 다른 실천들이 맺는 관계를 설명해주는 조건들을 생산양식 자체에 대한 분석 안에서 찾아야 할 뿐

---

58 ❖『자본』, Ⅲ-1, 112쪽.

아니라, 이 관계에 대한 정의는 생산양식 자체의 구조를 지칭하는 저 동일한 이론적 개념들에 의존하는 것이기도 하다. 다른 실천들의 종별적 형태는 그 자체로는 생산양식 자체에 부재한 것이다. 여기서 이 다른 실천들은 자신들의 종별적 생산물로 조건들에 개입하는 것인데, 더 정확히 하자면 마르크스가 말했듯 **경계들**에 개입하는 것이며, 이 경계들은 생산양식의 현행 본질을 표현한다(계급투쟁의 정치적 실천과 경제구조 간 절합에 관해 뒤에서 더 상세하게 보게 될 것이다). 이와 같은 것이 마르크스가 구사한 "방법들"의 개념적 의미들 중 하나인데, 마르크스는 이를 상대적 잉여가치 생산에 관한 대목에서[59] 구사하며 또한 본원적 축적의 (정치적) "방법들"에 관한 대목에서도 역시 구사하고 있다. 그러니 마르크스에게서 이 개념은 언제나 다른 실천에 의해 규정되는 조건들에 어떤 실천이 개입하는 것을, [그리하여] 두 실천의 절합을 지칭한다고 말해도 좋겠다.

이런 모델 위에서, 우리는 생산양식들의 역사들과는 **다른 역사들**, 그 대상들이 아직 구성되지 않은 역사들에 대한 요청을 정식화할 수 있다. 모든 역사(학)가 가능하지는 않다는 점을 역사 연구는 경제사, 사상사, 심성사[60] 등등에 관한 논쟁을 통해 예감하기 시작했으나 여전히 이 구성의 문제를 명시적으로 상정하지 못했다. 이 역사들의 대상들을 규정하는 것은 사회구성체의 상대적으로 자율적인 심급들의 규정에, 생산양식과 동일한 방식으로 어떤 **결합**의 구조에 의해 그 심급들 각각을 정의하는 개념들의 생산에 달렸다. 이러한 정의 자체

59 [40번 각주에서] 인용한 텍스트인 *Le Capital* I, p. 535 [『자본』, I-2, 701쪽].

60 ❖ 집단심성이라고도 번역되는 mentalité를 연구하는 역사학의 한 분야.

가 언제나 **논쟁적인** 정의이리라는 점, 다시 말해 이 정의가 자신의 대상을 구성할 수 있으려면 반드시 이데올로기적 분류 또는 재단—"사실"의 자명함이라는 수혜를 받는 것—을 와해시켜야만 하리라는 점이 예견된다. 푸코의 시도와 같은 것이 우리에게는 아주 좋은 전범이다.[61] 우리가 여기서 추론의 영역으로 들어서는 것이기는 하지만, 이데올로기들의 역사, 특히 철학의 역사는 아마도 체계들의 역사가 아니라 **문제설정으로 조직된 개념들**의 역사일 것이고 이 개념들의 공시적 결합을 재구성하는 것이 가능하리라는 점은 암시해둘 수 있겠다. 나는 여기서 포이어바흐와 청년 마르크스가 속한 인간학적 문제설정에 대한, 그리고 철학사 일반에 대한 알튀세르의 작업들을 참조한다. 마찬가지로 문학사도 아마 "저작들"의 역사가 아니라 또 다른 종별적 대상의 역사일 것인데, 이 대상은 이데올로기적인 것과 일정한 관계를 갖는다(이데올로기적인 것 자체가 이미 사회적 관계이다). 이 경우에도 역시, 피에르 마슈레가 제안했듯이,[62] 어떤 복합적 결합에 의해 정의된 대상을 목도하게 될 것이며, 그 결합의 형태들이 분석되어야 할 것이다. 지금으로서는 분명히 그 프로그램을 시사하는 것들에 불과하다.

그와 같은 것이 마르크스의 분석 방법에 내포된 역사이론이라면, 이 이론에 속하는 하나의 새로운 개념을 우리가 생산할 수 있는데, 나는 그 개념을 **역사적 개별성의 차이화**différentielles **형태들**이라 부르

61 무엇보다도 푸코의 *Naissance de la Clinique*[『임상의학의 탄생』](P.U.F.)를 보라.

62 Pierre Macherey, "Lénine, critique de Tolstoï"[「톨스토이에 대한 비평가, 레닌」], in *La Pensée*, n. 121, juin 1965.

겠다. 마르크스가 분석한 사례에서 우리는, "생산력" 연관의 두 연쇄적 형태에 **역사적 개별성의 상이한**différentes **두 형태**가 내포됨을 볼 수 있다. 마르크스가 분석한 사례에서 우리가 보는 것은, "생산력" 연관의 두 연쇄적 형태에 이 연관의 요소들 중 하나인 "노동자"라는 **개별성의 상이한 두 형태**가 내포된다는 점인데(다른 면에서 말하자면 생산수단의 상이한 두 형태 역시 마찬가지로 내포되는데), 첫 번째 경우에 생산수단을 작동시키는 능력은 (관습적인 의미에서) 개인에게 속하며, 이 능력은 이 생산수단들을 개인적으로 장악하는 것이지만, 두 번째 경우에는 동일 능력이 오직 "집합노동자"에게만 속하며, 이 능력이야말로 마르크스가 생산수단을 "사회적으로" 장악하는 것이라 부른 그것이다. 자본주의에 의해 발전되는 생산력은 이렇듯 그 어느 개인에게도 해당하지 않는 규격을 수립한다. 다른 측면에서 보자면 엄밀히 말해 이 역사적 차이는 고려되고 있는 결합에만 상관적인 것으로, 달리 말해 이 차이는 생산의 실천과만 관련된 것이다. 따라서 우리가 말할 수 있는 것은 상대적으로 자율적인 각각의 실천이 자신에게 고유한 역사적 개별성 형태들을 발생시킨다는 점이다. 이러한 확인의 결과로 "인간들"이라는 용어의 의미가 완전히 변형되는데, 우리는 이 용어가 1859년의 『정치경제학 비판을 위하여』「서문」을 구축하는 지주支柱로 사용되었음을 보았다. 이제 우리가 말할 수 있는 것은 이 "인간들"이란 이론적 지위에서 **구체적 인간들**이 아니라는 점, 저 유명한 정식들이 우리에게 말해주는—그저 말일 뿐인—"역사를 만드는" 그런 인간들이 아니라는 점이다. 각각의 실천에서, 이 실천의 각각의 변형에서, 개별성의 상이한 형태들은 그 개별성의 결합구조로부터 출발하여 정의될 수 있다. 알튀세르가 말했듯 사회구조에는 상이한 **시간들**이 있으며 그중 어떤 시간도 공통의 기본 시간의 반영이 아님과 마찬가지로, 게다가 동일한 근거에서, 다시 말하자면 마르크스주의적 총체성의 **복합성**이라 불려온 그것을 근거로, 사회구조에는 또한 정치적 개별성, 경제적 개별성, 이데올로기적 개별성 등등의 상이한 개별성 형태들도 있는데, 이것들은 동일한 개인들에 의해 담지되지 않으며 저마다 상대적으로 자율적인 고유한 역사를 갖는다.

더구나 마르크스는 생산의 과정 또는 "양식"이라는 구조와의 관계에서 개별성 형태들은 의존적이라는 개념을 정식화했다. 인식론에 해당하는 용어법 자체에서 그가 나타냈던 것은, "결합"에 대한 분석에서 우리는 구체적 인간들을 다루지 않고, 인간들이 구조 내부에서 규정된 일정한 기능들을 충족시키는 한에서의 인간들만을 다룬다는 점이다. 요컨대 노동력 **담지자들**(노동과정과 관련해, 분석을 정의하는 이론적 개념들의 언표에서, 마르크스는 주지하듯이 "인간" 또는 "주체"가 아니라 생산양식의 규범들에 순응하는 활동인 "합목적적 활동"zweckmässige Tätigkeit을 말한다), 그리고 자본의 **대표자들**.

그는 이런 개인들을 지칭하기 위해 트래거(Träger)라는 용어를 체계적으로 사용했는데, 프랑스어로는 이것을 흔히 쉬포르support[즉 담지자]라는 용어로 옮겼다. 이론 안에서 인간들은 구조에 내포된 연관들의 담지자들이라는 형태로만 나타나며, 그들의 개별성의 형태들은 구조의 규정된 효과들로만 나타난다.

마르크스주의 이론의 이러한 특성을 지칭하기 위하여, 어쩌면 적절성pertinence이라는 용어를 들여와 이렇게 말해볼 수도 있겠다. 사회구조의 상대적으로 자율적인 각각의 실천이 저마다의 고유한 적절성에 따라 분석되어야만 하며, 그 실천이 결합하는 요소들의 식별은 바로 이 적절성에 의존하는 것이라고 말이다. 이렇듯 상이한 방식으로 규정되는 요소들이 구체적 개인들—사회적 절합 전체의 국지적인 축소 재생산으로 나타날 개인들— 의 통일성 안에서 **합치**되리라는 근거는 전혀 없다. 그러한 공통 담지자를 가정하는 것은 도리어 심리주의적인psychologiste 이데올로기의 산물이니, 이는 선형적인 시간이 역사historique 이데올로기의 산물인 것과 정확히 동일한 방식이다. **매개들**의 문제설정 전부를 지탱해주는 것, 다시 말해 심리학적psychologique 이데올로기의 **주체들**인 구체적 개인들을, 일련의 위계적 층위들을 구성하는 체계들인—경제관계들의 구조까지도 포함하여—더욱더 외재적인 여러 규정 체계의 중심들 또는 "교차들"로 재발견하려는 시도를 지탱해주는 것이 바로 이러한 이데올로기이다. 우리가 거기서 현대적인 형태하에 재발견하는 것은 라이프니츠가 이미 완벽하게 표현했던 그것인데, 그는 어느 정도 단독적인 각각의 실체에 대해, 특히 정신에 대해, 이것들이 종별적 방식으로 온 우주를 표현한다고 말했다.

> 정신이란… **어떤 식으로든** 자기 안에서 전체를 표현하며 집중시키는데, 그러므로 정신을 일컬어 전체적 부분이라 할 수 있겠다.[63]

마찬가지로 인간들이 각각의 사회적 실천의 구조 안에서 규정된

63 G. W. Leibniz, *De rerum originatione radical*[『궁극적 근원에 관하여』], trad. fr, Vrin 1962, p. 91.

기능들의 공통 담지자들이라면, 아마도 그들 역시 사회구조 전체를 자신들 안에서 "어떤 식으로든 표현하며 집중시킬" 것인데, 다시 말해 인간들은 **중심들**일 테고 그 중심들로부터 출발하여 전체의 구조 안에서의 이 실천들의 절합을 인식하는 게 가능해질 것이다. 이와 동시에 이 실천들 각각이 실효적으로 모이는 **중심**은 이데올로기의 인간들-주체들, 말하자면 의식들일 것이다. 이리하여 "사회적 관계들"은 이러한 실천들의 구조를, 개인들이란 다만 효과들일 뿐인 이러한 구조를 표현하는 대신 이러한 다수의 중심들로부터 출발하여 발생되는 것일 테다. 다시 말해 이 관계들은 실천적 상호주관성의 구조를 소유할 것이다.

마르크스의 분석 일체는, 주지하듯, 이렇게 귀결되는 것을 배제한다. 그의 분석이 우리에게 사유하도록 강제하는 것은 중심들의 다수성이 아니라 중심의 근원적 부재이다. 사회구조 안에서 절합되는 종별적 실천들은 이 실천들의 결합관계들에 의해 정의되며, 이어서 이 실천들과 엄밀하게 상관적인 역사적 개별성 형태들을 규정한다.

III. 재생산에 대하여

앞의 논술 전체에서 내가 했던 것은 하나의 독특한 개념을 **정의**하는 것뿐이었다. 마르크스가 자본주의 생산양식을 분석하며 구사했던 용법에서 출발하여 "생산양식" 개념을 정의하는 것 말이다. 내가 소묘했던 것을 이 개념에 고유한 일차적인 이론적 효과들이라 부를 수도 있겠다. 내가 마르크스의 논술 안에서의 기능을 간파해보고자 했던 용어들은 모두 이 일차적 정의에 준거해야만 비로소 의미를 지녔다. 그러니 이 용어들의 논증 내로의 개입은 생산양식의 정의에 내포된 "전제들"의 연장된 실효성으로 나타난다. 이 용어들로 인해 역사를 사유하는 방식에 일어난 변형들, 아울러 이데올로기에서 과학으로의 이행이라는 의미를 갖는 이 변형들은 **단일한 이론적 사건의 효과들**일 따름이다. 즉, 그 변형들은 **생산양식 개념**이 시기구분의 전통적 문제설정 안에 도입된 바로 그 사건의 효과다.

하지만 우리가 거기에 머문다면, 앞에서 내가 역사가들이 통상적으로 실천하는 "부분적 역사들"에 대해 말했을 때 이미 암시된 그런 난점과 마주할 것인데, 이론적 정의로부터 출발하여 자신들의 대상을 구성하지 않고 이미 구성된 대상을 수용하는 이 역사들에 대해, 나는 역사적 대상들의 총체성 안에서 이 대상의 **획정**localisaton이라는 문제야말로 이 역사들을 좌초시키는 지점이라고 지적했다. 이러한 획정은 이론적 언술에는 (이론적이고자 하는 언술 안에서) 언제나 이미 이루어져 있는 것이며, 이 대상의 실존과 견실함이 제시되는 다소간의 무매개적 자명함에 준거한 **이론적이지 않은** 작업에 의해 이루어지는 것이다. 이러한 획정은 이제 종국적으로는, 어떤 세계의 대상들을 **보여주는 행위**에 의지하는 것으로 제시된다. [이 행위에] **뒤이어서** 이 행위의 개념적 대표자들을 이론적 언술의 한복판에서 다루어야 한다고 사람들은 말한다. 그러나 또한 우리가 알고 있는 것은 이런 행위가 겉으로만 결백할 뿐 실제로는 이데올로기의 서식처라는 것인데, 그 이데올로기는 세계를 대상들로 재단하는 것과 이 대상들을 "지각"하는 것을 동시에 지휘하는바, 이를 다르게는 이데올로기의 **암시적** 성격이라 지칭해왔다. 우리가 이를 아는 것은, 하나의 과학이 선행 대상들과 논쟁적으로 단절하면서 다른 대상들을 재단하고 구성하는 바로 그 순간부터다.

우리가 이제 마주할 것도 유사한 난점인데, 이 난점이 모조리 꾸며진 것은 아님을 우리에게 납득시킬 사례들은 부족하지 않다. 우리는 생산양식이라는 이론적 개념을 소유하는데, 더 정확히 말해 어떤 특수한 생산양식에 대한 인식의 형태로 소유하고 있다. 왜냐하면 우리가 보았듯 그 개념은 반드시 종별화되어 존재하기 때문이다. 그렇지만 우리에게는 여전히 다른 것을 알아야 할 필요가 있어보이는데, **그 개념이 언제 어디에서 "적용되는"지를**, 어떤 사회들이 자신들의 역사의 어느 순간에 자본주의 생산양식을 소유하는지를 **알아야** 하는 것이다. 진실로 시기구분의 문제 전부가 이 지점에 집중되는 것처럼 보인다. 각각의 생산양식의 "전제들"이 정식화되었던 그 계기로부터 출발하여, 그 각각의 생산양식의 구조에 의존하는 효과들에 대한 이론적 분석을 구사하는 것으로는 사실 불충분하다. 그런 전제들을 갖고 하나의 실효적인 역사를 건설해야 하는 것인데, 간명하게 말해 **실재하는 역사**이자 **우리의 역사**인 이것은 이곳저곳의 이 상이한 생산양식들을 연쇄적으로 제시한다. 우리는 참된 인식에 따라, 즉 이론적으로 자본주의 생산양식이라는 것을 알고 있지만, 또한 이러한 인식이 1840년의 잉글랜드에 대한 것인지, 1965년의 프랑스에 대한 것인지 등등을 알고자 하는 것이다. 이는 **식별** 또는 **판단**의 문제인데, 우리에게는 자본주의 생산양식 개념 아래로 떨어지는 대상들을 경험 속에서 규정하기 위한 **규칙들**이 필요해보인다. 바로 이처럼 명백한 필요에서 비롯되는 것이 이론적 실천을 "모델" 구성의 실천이라고 여기는 경험주의적 해석이다. 이를테면 『자본』 전체의 이론은 어떤 모델의 속성들에 대한 연구일 테고, 그 속성들은 구조의 "사례" 또는 "범례"인 일체의 생산에 해당될 것이다. 범례들을 식별하고 실효적으로 포섭하는 것은 어떤 식으로든 이 모델 이데올로기 안에 있으며, 그 어떤 복잡한 형태를 거쳐 진행되든 간에 그것은 하나의 실용주의적 과정이자 행위이다(내가 말하고자 하는 바는, 이러한 식별이 단박에 이루어지는 것이 아니라—구조의 요소들과 구조의 특수한 효과들이 재확인되는—일련의 부분적 식별들을 거치는 것이라 할지라도 그렇다는 것이다). 이것은 본질에 있어서 이론적이지 않은 과정이며, 개념에 의존하는 것이 아니라 식별자의 고유성들에 의존하는 과정인데, 식별자의 고유성은 혹여 학문적 양심일 경우도 있겠으나 여하튼 심리학적 고유성이라 할 수 있다. 일찍이 칸트는 잘 판단할 줄 앎이란 배울 수 없는 재능이요 판단의 토대는 (이론과 관련해서) 심원한 신비라고 말했다.

이론적 실천을 이론적이지 않은 능력에 종속시키며 뻗어가는 이러한 길이, 적어도 부정적으로는, 마치 음각되어 있는 것처럼, 『자본』에서 마르크스가 자신의 고유한 대상을 지칭하는 데 구사한 일부 용어에 들어와 있는 것으로 보인다. 내가 여기서 환기하려는 것은 이미 여러 번 논평되었던 텍스트들 중 일부일 뿐이다. 마르크스는 우리에게 자본주의 생산양식을 "그것의 이상적 평균 안에서"만 연구한다고 말한다.[64] 이는 "특수한" 효과들과 "우연적인" 정황들과 "피상적인" 속성들을 추상하여 일반적 구조 자체를 연구한다는 의미일 뿐 아니라, 어떤 순간과 어떤 장소에 특수하게 해당하지 않는 그런 구조를 연구한다는 의미이기도 하다. 잉글랜드에 대한 저 유명한 준거의 의미 역시 그러한 것이다.

> 나는 본 저작에서 자본주의 생산양식과 그에 조응하는 생산 및 교환의 관계들을 연구한다. 잉글랜드는 이러한 생산의 고전적인 장소이다. 내 이론의 전개를 예증하는 데 도움이 되는 주요 사례와 사실을 내가 이 나라에서 차용해오는 이유가 바로 그 때문이다. 혹시라도 독일의 독자가 바리새인의 어깻짓을 한다면… 나는 그에게 외쳐야만 하리라: 바로 네 이야기야.[65]

64 *Le Capital*, III, p. 208 [『자본』, Ⅲ-2, 1109쪽].

65 *Le Capital*, préface de la première édition, I, 18 [『자본』, I-1, 45쪽].

좁은 의미로 이 텍스트를 파악하여, 이론의 대상 그 자체는 어떤 규정된 추상화 층위의 이론적 대상이라고 말해야 한다. 생산양식, 생산 및 교환의 관계들, 이런 것이 『자본』에서 인식되는 것이지, 잉글랜드나 독일이 인식되는 것이 아니다. (언젠가는 마르크스주의 안에서 잉글랜드 **사례**의 이론적 운명에 관한, 이러한 패러다임 기능부터 레닌이 마르크스 자신의 일부 정치적 텍스트에 근거하여 이 사례에 부여한 예외의 기능에 이르기까지의 역사를 써야 할 것이다. 이 주제에 관해서는 레닌의 『좌익 소아병』을 보라[66]). 마르크스의 특정 텍스트들 덕분에 우리는 더 멀리 나아가, 분석은 검토되는 국가별 역사 사례들과 원리적으로 독립적일 뿐 아니라 분석되는 연관들의 확장과도 독립적이라고 말할 수 있게 된다. 분석은 가능한 모든 경제체계의 속성들에 대한 연구이며, 이 경제체계가 자본주의적 생산구조에 종속된 시장을 구성한다.

> 어떤 국민이 사치품을 생산수단 또는 일차 생필품으로 전환시키거나 그 역으로 전환시키는 데 수단이 되는 대외무역은 여기서 추상된다. 무용한 삽화들을 일반적 분석에서 소거하기 위해, 상업계를 단일한 국민으로 간주해야 하고, 자본주의 생산이 도처에 확립되어 있으며 산업의 전 부문을 장악한 것으로 가정해야 한다.[67]

66 Lénine, *Sur l'infantilisme de gauche*, Œuvres choisies, T. II, pp. 835~837, Moscou 1962 [레닌, 김남섭 옮김, 『공산주의에서의 "좌익" 소아병』, 돌베개, 1995].

67 *Le Capital*, III, p. 22 note [『자본』, I-2, 796쪽, 주 21a].

어떤 생산양식이든 사정은 동일하다.

상이한 생산양식들에서 토지소유가 취하는 연쇄적 형태들을 분석하는 『자본』 3권의 「지대의 발생」 장에서 마르크스는 이러한 인식론적 시사들을 일반화하여 [다음과 같이] 쓰고 있다.

> 동일한 경제적 기반(기본적인 조건들에 있어서 동일한 것)은, 수많은 상이한 경험적 조건과 자연적 조건들과 인종적 관계들과 역사적 외인들의 영향 아래, 이 **경험적 조건들에 대한 분석만이** 해명해줄 수 있을 무한한 변이와 뉘앙스를 초래할 수 있다.[68]

이 텍스트는, 다른 많은 텍스트처럼, 내가 말했던 이론적 실용주의를 완벽하게 표현한다. 이 텍스트를 엄밀하게[자구대로] 파악한다면, 생산양식 구조와 합치하는 "기본적 조건들"에 대한 연구에 이론적 연구라는 지위를 갖게 하는 것이, 그리고 경험적 조건들에 대한 분석 자체는 경험적 분석이라 말하는 것이 합당할 것이다.

그런데 마르크스가 여기서 성찰하는 것, 그것이 바로 내가 논의의 시작부터 규명해보고 싶었던 바로 그 작업인데, 역사과학의 일차적 운동은 명료한 "절단들"의 불가능성이 근거하는 역사의 **연속성**을 축소하는 것이었고, 역사를 불연속적 생산양식들에 대한 과학으로, 어떤 변이에 대한 과학으로 구성하는 것이었다고 나는 시작하며 말했다. 마르크스는 연속성을 하나의 실재하는 준거로, 역사의 현실성

68 *Le Capital*, VIII, p. 172 [『자본』, Ⅲ-2, 1056쪽].

에 대한 준거로 재확립하면서, 불연속성을 개념 일반의 속성으로 삼으면서 이 운동을 성찰한다. 따라서 대상의—생산양식의 과학이 바로 이 대상의 과학인데—**획정**이라는 문제는 이론 자체의 내부에서 상정되지 않는다. 이론은 모델들의 생산에 불과하기 때문이다. 그 문제는 이론의 경계frontière에서 상정된다. 더 정확히 말하자면 그 문제는 이론이 경계를 갖는다고 가정하도록 강제한다. 인식 주체가 차지하는 바로 그 경계를 말이다. "여기가 로도스다. 여기서 뛰어라"라고 그가 썼을 때, 그에게 필요한 것은 이론적 분석을 단념하고 "경험적인" 분석으로, 다시 말해 언표된 법칙들에 실효적으로 복종하는 현실적 대상들을 지목하는 것으로 이론적 분석을 보완하는 것이었다. "무한한 뉘앙스"의 차이에도 불구하고 아무튼 모델을 실현하는 사례들을 수집하는 것과 하나의 생산양식에서 다른 생산양식으로의 이행들을 적시하는 것, 달리 말해 단일한 생산양식 개념이 적용되는 곳은 어디인지, 두 개의 생산양식 개념을 연쇄적으로 적용해야 할 곳은 어디인지 말하는 것은 그러므로 정말이지 하나의 동일한 문제이다. 어느 경우든 환원 불가능한 경험으로 주어지는 어떤 잔여가 존속한다(종국적으로 확증되듯 자본주의 생산양식은 한편으로는 이론적 정의와 관련해 노동자/생산수단 등등의 일정한 관계 체계이고, 다른 한편으로는 그것의 획정과 관련해 "우리의 것"이다). 하지만 우리가 뛰지 않고 이론적 언술 안에 머물고자 애쓴다면, 그럴 때 이 잔여는 사실 **틈**으로 드러나는데, 이는 **사유되어야 함**에도 불구하고 "생산양식"이라는 이론적 개념 **하나만의** 도움으로는 엄밀히 **사유 불가능한** 어떤 것이다.

『자본』 자체에서 하나의 생산양식으로부터 다른 생산양식으로의 이행에 대한 분석으로, 다시 말해 획정 문제의 해법으로, 특정하자면 자본주의 생산양식의 **형성**에 대한 분석과 **해소**에 대한 분석으로 여길 수 있는 모든 것을 논외로 하고, 나는 기꺼이 이러한 극단적 결론으로, 이 결론을 받쳐줄 수 있는 텍스트들로 갔다. 내가 그렇게 했던 의도는, 생산양식들의 연쇄로서의 역사에 대한 이론을 구성하기 위해, 제아무리 "추상적"이라 하더라도, 생산양식 개념과 동일한 이론적 층위의 **이차적 개념**이 우리에게 실효적으로 필요함을 미리 강조하려는 것이었다. 우리에게 그런 개념이 필요한 까닭은 지금까지 발전된 그대로의 개념으로는 분명히 **연쇄**에 괄호가 쳐졌기 때문이다. 우리는 생산양식 형태들의 특이성과, 노동자/생산수단/비-노동자 등등의 결합요소들을 묶어주는 종별적 **결합**을 명확히 함으로써 비로소 생산양식이라는 것을 정의할 수 있었다. 후속 논의를 예단하지 말고, 역사유물론이 이 하나의 개념으로만 환원되었더라면 하나의 결합에서 다른 결합으로의 **이행**을 동일한 이론적 층위에서 사유하는 것의 불가능성에 처했으리라는 점을 말해두자.

그러므로 우리는 생산양식의 형성과 해소에 관한 마르크스의 분석들 일체를 읽으면서 거기서 **이 이차적 개념**을, 이 개념이 명시적이든 아니면 거기서 이끌어내야 하는 것이든 간에, 찾아내야만 한다. 더구나 우리가 이런 분석들을 순수하고 단순한 묘사들로 치부할 수는 없다. 그렇다고는 해도 마르크스의 일부 용어들에서 "모델들"의 이론을 읽어낼 수 있게 하는 애매함들을 그 자신이 남겨놓았다는 점이야말로 우리가 거기서 많은 난점을 보게 되리라는 것을 예고한다.

우리가 『자본』을 다시 잡고 거기서 하나의 생산양식으로부터 다른 생산양식으로의 이행이론을 읽어내려 시도한다면, 우리가 우선 보게 되는 개념은 역사적 **연속성**에 대한 개념 자체라고 여겨지는 것인 **재생산** 개념이다. 재생산 이론은 실제로 삼중의 연결 또는 삼중의 연속성을 확고히 하는 것 같다.

— 상이한 경제적 주체들, 이 경우에는 개별 자본들의 연결. 그것들은 사실상 단일한 "얽힘" 또는 단일한 운동을 구성한다. 자본의 재생산에 대한 연구는 이러한 착종과 얽힘에 대한 연구이다.

> 그런데 개별 자본들의 순환들이 얽혀 서로를 전제하고 서로에게 조건이 되는바, 사회적 총자본의 운동을 구성하는 것이 바로 이러한 얽힘(Verschlingung)이다.[69]

그러니 오직 추상에 의해서만, 그것도 전체의 운동은 단순 총합보다 더 복합적이기 때문에 왜곡되는 그런 추상에 의해서만 개별 자본의 운동을 생각해볼 수 있었던 것이다.

— 사회구조의 상이한 층위들의 연결. 왜냐하면 재생산에 내포되는 것이 생산과정의 비-경제적 조건들, 특히 법적 조건들의 항구성이기 때문이다. 『자본』의 「지대의 발생」 장에서 마르크스는, 실재 생산관계들에 조응하는 법의 수립에서, 생산과정의 **반복**인 재생산의 단순한 효과를 보여준다. 아래 인용문을 보라.

> 사회의 지도적 분파는 기존 상태에 법의 인장을 찍고, 관례와 전통이 남긴 장벽들을 적법하게 고정시키는 데 관심을 갖는다. 여타의 고려를

69 *Le Capital*, V, p. 9 [『자본』, II, 438쪽].

떠나서 보면, 이것은 저절로 벌어지는 일인데, 기존 상태의 기반과 그 상태의 토대에 있는 관계들이 부단히 재생산되면서 **시간이 가면** 규칙과 질서를 갖춘 형태가 되기 때문이다. 이러한 규칙과 질서는 각각의 생산양식에 필요불가결한 요인이며, 이 생산양식은 단순한 우연이나 자의성과는 독립적인 견고한 사회의 형태를 취해야 한다(생산양식의 사회적 견고화 형태와, 단순한 우연과 자의성으로부터의 상대적 해방이 분명 이러한 규칙이다). 이러한 형태를 생산양식이 획득하는 것은, 생산과정과 그에 조응하는 사회적 관계들이 일정한 안정성을 구가한다면, 생산양식의 언제나 다시 시작되는 고유한 재생산에 의해서다. 이러한 재생산이 일정 기간 지속되었을 때, 그것이 견고해져 관례와 전통이 되며, 그 결과 마침내 노골적으로 법이라고 신성시된다.[70]

— 마지막으로 재생산은 생산의 연쇄적 연속성 자체를 확고히 하며, 이런 연속성이 나머지 모두를 정립한다. 생산은 중단될 수 없으며, 그것의 필연적 연속성은 요소들의 동일성 안에 기입되는데, 생산과정에서 나와 다른 과정으로 들어가는 요소들에는 그것들 자체도 역시 생산된 것들인 생산수단들이 있고, 생산물들과 생산수단들이 일정한 방식으로 자기들 사이에서 배분되는 노동자들과 비-노동자들이 있다. 연속성을 지탱하는 것은 바로 요소들의 질료성matérialité이지만, 연속성의 종별적 형태를 표현하는 것은 재생산 개념이다. 왜냐하면 재생산 개념에 질료matière의 상이한(차이화) 규정들이 포괄

70 *Le Capital*, VIII, p. 174.

되기 때문이다. 내가 거론한 측면들 각각을 통해 그 개념은 구조가 지닌 단 하나의 동일한 의미prégnance, "잘 연결된" 역사를 제시하는 그런 의미만을 표현한다. 자신의 책 『자본의 축적』을 시작하며 로자 룩셈부르크Rosa Luxemburg는 이렇게 쓰고 있다.

> 생산의 정규적 반복은 정규적 소비의, 그에 따라 인간사회가 모든 역사형태 안에서 문화적으로 실존하는 것의 기반이요 일반적 조건이다. 이런 의미에서, 재생산이라는 통념에는 역사적-문화적 요소(ein kultur-geschichtliches Moment)가 포함된다.[71]

따라서 재생산 분석은 이제껏 정태적 형태 안에서만 보아오던 것을 제대로 운동시키고, 고립되어왔던 층위들을 서로 절합시키는 것 같다. 재생산은 생산의 일반적 조건들의 항구성의 일반적 형태로 나타나기 때문에, 게다가 생산의 일반적 조건들에는 종국적으로 사회구조 전부가 포괄되니, 재생산은 또한 **생산의 일반적 조건들의 변화 및 새로운 구조화의 형태**여야만 한다. 바로 이것이 내가 이 개념이 내포하는 바에, 전술한 것 이상으로 여기서 집중하려는 이유다.

---

71 Rosa Luxemburg, *L'Accumulation du Capital*[『자본의 축적』], trad. fr, p. 4.

1. “단순”재생산의 기능

“재생산”이라는 제목을 단 일련의 논술 안에서 마르크스는 자본주의 생산양식에 고유한 재생산인 자본주의적 **축적**(잉여가치의 자본화) 및 이것의 고유한 조건들에 관한 논술의 서두로, “단순재생산”을 다루는 논술을 언제나 앞세웠다. 마르크스는 이 단순재생산을 하나의 “추상”이라, 또는 더 낫게는 하나의 “낯선 가설”이라 부른다.[72] 이것에 관해 여러 설명이 제기될 수 있다.

그것은 하나의 **서술과정**이라고, “단순”재생산은 그저 하나의 **단순화**일 뿐이라고 생각해볼 수 있다. 2권의 층위에서는(재생산 도식), 다시 말해 상이한 생산부문들 사이의 교환들과 관련되는 재생산조건들의 층위에서는, 그러한 단순화에 대한 흥미가 아주 분명한 것 같다. 그 단순화 덕분에 연관들의 일반적 형태를 **부등식** 형태로 제시하기에 앞서 등식 형태로 제시할 수 있게 된다. 사회적 총자본의 축적 동력을 구성하는 불균형 즉 불비례는 균형의 단순한 형상과의 관계에서 이해할 수 있게 된다.

하지만 이와 달리 생각해볼 수도 있으니, 부분적으로는 동일한 것이지만, 특수한 경우가 일반적 경우보다 더 단순한 한에서 단순재생산에 대한 연구는 **특수한 경우**에 대한 연구이다. 하지만 [이런 연구라면] 서술과정만은 아닐 것이고 오히려 특정 자본들의 재생산운동에 대한 인식일 텐데, 이 자본들은 일정 기간 동안 생산을 유지하는

72 *Le Capital*, V, p. 48 [『자본』, II, 490쪽].

데 만족하며, 이 기간에 축적은 일시적으로 멈춘다.

마지막으로 생각해볼 수 있는 것은, 단순재생산에 대한 연구가 확대재생산의, 어쨌든 필수적인 한 **부분**에 대한 연구라는 것이다. 자본화되는 잉여가치 부분이 얼마가 되든지 그 부분은 기존 자본의 보존에 불과한 자동적 자본화에 추가된다. 자본화되는 잉여가치의 크기는 가변적이고, 적어도 겉으로는 자본가의 주도권에 의존한다. 크기가 주어진 어느 자본이 고려되는 순간부터는, 자본가가 명확한 정도로 축소되어 더 이상은 자본가가 아니게 되는 일이 생기지 않는 한, 단순재생산은 변경될 수 없는 것이다. 바로 이것이 단순재생산을 그 자체로 연구하고(마르크스는 이렇게 쓰고 있다. "축적이 존재하는 그 순간부터 단순재생산은 언제나 축적의 일부를 이룬다. 따라서 단순재생산은 그것 자체로 연구될 수 있으며 축적의 실재 요인을 구성한다"),[73] 그 뒤에 비로소 축적 또는 확대재생산을 단순재생산에 추가되는 일종의 **대리보충**supplément으로 연구하는 것이 바람직한 이유다. 이 대리보충은 의지적으로 추가될 수 있는 것이 아님을 분명히 해두자. 이 대리보충은 자본의 기술적 구성에 의존하는 양적 조건들에 복속해야 한다. 이 대리보충은 실효적 작동이라는 면에서 간헐적일 수 있다. 역으로 단순재생산은 자율적이고 연속적이며 자동적이다.

이 모든 설명이 틀린 것은 아니며 더욱이 양립 불가능한 것도 아니다. 그렇지만 이 설명들은 상이한 설명에 자리를 내주는데, 바로 이것이 우리에게는 훨씬 더 바람직한 설명이다. 확실히 마르크스는 『자

73 *Le Capital*, V, p. 48 [『자본』, II, 490쪽].

본』에서 우리에게 자본축적형태들을 통해, 또는 더 정확히 말하자면, 우리가 "단순한 것"과 "확대된 것"을 동시에 포괄하고자 하므로, **생산물의 자본화** 형태들을 통해 곧바로 재생산 개념을 제시하는데, 그리하여 그는 우리를 곧바로 양적 문제설정 안에 놓는다. 이제 중요한 것은 자본가 또는 전체 자본가들의 실천적 목표, 예컨대 생산의 규모를, 다시 말해 착취의 규모를, 다시 말해 전유되는 잉여가치의 양을 증대시킨다는 이러한 목표의 실현조건들을 분석하는 것이다. 이는 적어도 원리상으로는 단순재생산과 증대 사이의 실천적 **선택** 가능성을 전제하는 것이다. 하지만 실제로 우리가 알고 있으며 발견하게 되는 것은 이런 선택이 미망이고 속임수라는 점, 우리가 총자본을 사고한다면 그것은 허구적 선택이 된다는 점이다. 양자택일은 없으며, 확대재생산의 실재 조건들만 실존한다. 마르크스가 우리에게 말하기를, **단순재생산이라는 가설은 자본주의 생산과 양립 불가능하며, "달리 보자면 10년에서 11년에 걸친 산업 주기에서 어떤 해가 전년도보다 총생산이 줄어들 수 있음이 배제되지 않지만, 그래도 전년도 대비 단순재생산은 있을 수 없는 일이다.**"[74] 여기에서 다음과 같은 점이 매우 명료히 말해진다. 단순재생산과 축적 사이의 개념적 구별이 축적의 양적인 변이들을 덮어버리지는 않으며, 다양한 정황(마르크스가 분석하는 그것들)에 의존하는 이 변이들은 자본주의 축적의 일반 법칙의 효과들이라는 것 말이다.

74 *Le Capital*, V, p. 165 [『자본』, II, 649쪽].

동일 규모로의 단순재생산이 이렇듯 하나의 추상으로 보인다는 것은, 한편으로 자본주의 체계에서 축적의 부재 또는 확대된 규모에서의 재생산의 부재란 낯선 가설이라는 의미에서, 다른 한편으로 생산이 실행되는 조건들은 매해 절대 동일하게 유지되지 않으며(**흔히들 이렇게 가정하지만**) … 연간 생산물의 가치는 줄어들 수 있어도 사용가치의 총합은 그대로라는 의미에서인 것이다. 가치는 동일하게 그대로이고 사용가치의 총합이 줄어들 수도 있다. 가치 총합과 재생산된 사용가치 총합이 동시에 줄어들 수도 있다. 이 모든 것이 의미하는 바는 재생산이 전년도보다 더 유리한 조건들에서 이루어지기도 하고 더 어려운 조건들에서 이루어지기도 하므로 후자의 조건들에서는 불완전하고 미비한 재생산이라는 결과를 빚을 수 있다는 점이다. **이 모든 정황으로 인해 재생산의 상이한 요소들의 양적인 측면만이 중시되며, 재생산하는 자본 또는 재생산된 수입으로서 이 요소들이 총과정에서 행하는 역할은 중시되지 않는다.**[75]

축적의 와중에 I(v+pl)=IIc와 같은 단순재생산이 있을 때(여하간 이것은 **경제학적** 관점에서 균형상태가 아니라 위기의 표현인데), 이는 그저 어쩌다 벌어진 사단이라는 의미만 있을 따름이지 그 **어떤 특수한 이론적 의미**도 없는 것이다. 우리가 개별 자본의 재생산을 사고한다 해도 사정은 매한가지이니, 개별 자본은 확대될 수도 있고 단순하거나 그 이하일 수도 있으며, 개별 자본의 축적 리듬이 사회적 총자

75 *Le Capital*, V, p. 48 [『자본』, II, 490쪽].

본의 축적 리듬보다 더 우수할 수도, 같을 수도, 열등할 수도 있다. 이런 변이들이 그 어떤 개념적 차이도 도입할 수 없음은, 상품가격의 변이들이 **가격에 불과한** 것과 정확히 같은 방식이자 같은 이유이다. [가격을 갖는] 어떤 상품이 "제 가치대로" 유효하게 팔리는 일이 있을 수 있는데 이는 [가격과 가치의] 우연한 일치에 불과하다는 것이다. 그런데 이런 우연한 일치는 일반적 규칙으로 탐지하는 것, 즉 측정하는 것이 불가능하다. 가치가 아니라 오직 가격만이 상품의 교환 안에서 계산되니 말이다. 두 경우 모두에서, 철회가 예정된 "임시 가정"이라는 ("상품의 가격은 그것의 가치와 일치한다." "재생산의 조건들은 동일하게 유지된다.") 관대한 형식 아래 마르크스가 우리에게 제시하는 것은 구조의 두 층위 사이의, 더 정확히는 구조와 그 효과들 사이의 중요한 개념적 구별이다. **"불변의 조건들"이라는 가설은 효과들에 대한 분석이 아니라 조건들 자체에 대한 분석이다**.

이제 우리는 재생산 분석의 이러한 이중화에 대한 또 다른 설명을 추구하도록 이끌리는데 그 설명을 우리는, 마르크스의 아래와 같은 일련의 시사에서 발견한다.

> 방금 항상적인 규모의 재생산 안에서 연구한 고정자본의 사례가 인상적이다. 위기를 설명하려는 경제학자들에게 유리한 논거들 중 하나는 생산 안에서 고정자본과 유동자본의 불균형이다. 그들은 이와 같은 불균형이 고정자본의 단순한 **유지에** 의해 생길 수 있고 생겨야만 한다는 점을 이해하지 못한다. 또한 이미 기능하고 있는 **사회적 자본의 단순재생산이 존재할 때 표준적인 이상적 생산이라는 가설 안에서**(bei Voraussetzung einer idealen Normalproduktion) 이와 같은 불균형이 생길 수 있

고 생겨야만 한다는 점을 이해하지 못한다.[76]

이 "표준적인" 이상적 생산이란 분명히 **그 개념 내에서의** 생산이며, 마르크스가 『자본』에서 연구하는 바로 그 생산이고 우리에게 그것의 "표준"과 "이상적 평균"을 파악하라고 말하는 바로 그 생산이다. "단순재생산"은 서술의 단순화이기에 앞서, 우리가 앞에서 본 대로 이론적 의미가 전혀 없는 특수한 경우에 대한 연구이기에 앞서, 자본화된 가치와 이것의 상이한 부분들의 기원에 대한 양적 분석을 할 수 있도록 해주는 것이기에 앞서, **모든 재생산 형태의 일반적 조건들**에 대한 분석이다. 그리고 상이한 생산부문들 간 연관들의 일반적 형태에 대한 서술이기에 앞서, 그 용어의 수학적 의미에서 그것["단순재생산"]은 재생산과정 "형태"의 서술이다. 앞에서 어떤 생산양식의 "자본주의적 형태"를 분석했던 그런 의미에서 말이다.

이와 같은 것이 실제로 "단순재생산"에 대한 1차 논술의 의미이다.[77] 마르크스는 자신이 직전에 분석한 직접적 생산과정의 단순 **반복**으로 재생산을 정의하는 데서 출발하여 이렇게 쓰고 있다.

> 주기적으로 다시 시작되는 생산과정은 주어진 시간 안에서 동일한 국면들을 항상 거쳐가고 게다가 동일한 규모로 항상 반복될 것이다. 그렇지만 이러한 반복 또는 연속성이 일정한 새로운 특성들을 생산과정에 각인한다. **더 정확히 말하자면**(Oder Vielmehr), **생산과정이 고립된 행**

76 *Le Capital*, V, p. 117 [『자본』, II, 580~581쪽].

77 ❖『자본』 1권 23장.

위로서 드러냈던 외양적 특징들을(die Scheincharaktere seines nur vereinzelten Vorgangs) **사라지게 만든다는** 것이다.[78]

단순재생산의 핵심은 잉여가치가 부분적으로 자본화되는 대신 전부 비생산적으로 소비된다는 데 있는 것이 아니라, 미망들을 제거하여 본질을 폭로하는 데 있으며, 생산의 "1차" 과정의 본성을 회고적으로 비춰주는 반복의 미덕을 갖췄다는 데 있다(마르크스는 「선행하는 형태들」에서도 이렇게 쓰고 있다. "자본의 진정한 본성은 **2차 순환이 끝나야** 비로소 드러난다").

그런데 반복의 관점 자체에는 어떤 미망의 가능성이 내포되어 있어, 이 미망은 마르크스의 성찰이 이 논점을 지향하는 것을 무화할 수 있다. 이 성찰은 자본의 연쇄적 "행위들" 안에서 자본을 추적하려는 것이자, 생산의 "1차" 순환 이후에 자본이 "2차" 순환을 주파하고자 할 때 벌어지는 일을 이해하려는 것이다. 따라서 재생산은 생산과정 자체의 규정들에 대한 인식으로 나타나는 대신 생산의 **후속**으로 나타나며, 생산에 대한 분석의 보충으로 나타난다. 그래서 자본 분석은 자본일 법한 어떤 대상의 생애를 추적하는 것으로 보인다. 요컨대 재생산의 순간에 이 자본은 시장에서 다른 자본을 만나며, 자본운동의 자유는 제거되고(자본이 자의적인 비율로 성장할 수 없는 까닭은 다른 자본들과의 경쟁 때문이다), 사회적 자본의 운동은 개별 자본 운동의 총합이 아니라 "얽힘"이라 불리는 복합적인 고유한 운동인 것으로

78 *Le Capital*, III, p. 10[『자본』, I-2, 777~778쪽].

나타난다는 식의 분석 말이다. 예컨대 로자 룩셈부르크가 『자본의 축적』 서두에서 추적해보자고 권하는 여정이 바로 이러한 것인데, 그녀는 마르크스의 문자[마르크스를 문자 그대로 읽는 것]에서 출발하여("문자 그대로, 재생산은 단지 반복을 뜻하는데…"), 재생산이 생산과의 관계에서 어떤 **새로운 조건**을 함축하는지를 궁리한다. 내가 마르크스에게서 인용했던 구절이 우리에게 보여주는 것은, 오히려 이것이 일단은 묵시적 성격을 지니는, **동일 조건들**에 대한 것이라는 점이다(생산행위자의 눈으로 보기에는 "외양적 특징들"로 치환되고 변조되는 조건들, "직접적" 생산과정에 관한 마르크스의 서술에서는, 승인된 "가설들" 또는 "전제들"이라는 형식으로 현존하는 조건들 말이다).

단순 반복보다 더 복잡한 어떤 작업이 실제 논점이다. 마르크스의 텍스트에서 단순재생산은 우선 사회적 **총생산**에 대한 고찰과 동일시된다. 직접적 생산과정에 대한 연구에서 태어난 외양을, 또한 자본가와 노동자가 "스스로에게 표상하는"[79] 것인 그 외양을 무너뜨리는 운동은 하나의 "반복"이자 동시에 총체성으로서의 자본으로 이행하는 것이기도 하다.

> 그런데 자본가나 노동자 개인들이 아니라 자본가계급과 노동자계급을 생각해본다면, **생산의 고립된 행위들이 아니라** 지속적으로 혁신되며 사회적으로 확장되는 자본주의적 총생산을 생각해본다면 **사실들의 양상이 변한다.**[80]

79 *Le Capital*, III, p. 13: "die Vorstellung des Kapitalisten" [자본가들의 표상(재현)].

80 *Le Capital*, III, pp. 14~15 [『자본』, I-2, 784쪽].

2권의 분석이 분명하게, 상세한 방식으로, 반복에 대한(생산주기들의 연쇄에 대한) 분석과 총생산 형태로서의 자본에 대한 분석이 얼마나 서로에게 의존하는가를 보여줄 것이다. 하지만 이러한 통일성은 이미 여기에도 현존한다. "생산의 고립된 행위"는 이중으로 부정적으로 특징지어진다. 요컨대 반복되지 않는 것으로, 그리고 한 개인의 사실이라는 것으로 말이다. 더 정확히 말해보자면, "고립된 행위" 운운은 동일한 사태를 이중으로 말하는 방식이다. 고립이 제거되는 순간부터, 목도되는 것은 어떤 **행위**가 아니다. 다시 말해 수단과 목적의 의도적 구조인 어떤 주체가 목도되지는 않는다는 것이다. 마르크스가 1857년의 『정치경제학 비판 요강』「서설」에서 말했듯 "사회를 하나의 독특한 주체로 사고하는 것은 잘못된 것, 즉 사변적 관점에서 사회를 사고하는 것"[81]임이 진실이라면 말이다. 그러므로 이 분석에서는 재생산과정을 **추적**하는 것, 생산과정을 실효적으로—그리고 허구적으로—"갱신"하려는 것은 문제로 제기되지 않는다.

원리적인 면에서 이러한 분석 작업은 1857년의 「서설」이 생산양식들의 비교분석과 병렬적으로 설정했던 작업이다. 그것은 역사적 질료에서 출발하여 "생산관계들"과 "생산력들"의 "결합"의 변이들을 식별하는 것이 아니라, 마르크스가 말했듯 "주어진 사회적 단계에서 생산의 일반적 규정들을", 다시 말해 사회적 생산의 **총체성**과 이 생산의 특수한 형태들(부문들) 사이의 관계를 **주어진 공시성** 안에서 조사하는 것이다. 이제 이 용어[공시성]가 우리에게 명확해지는 것은, 생

81 *Introduction de 1857*, p. 159.

산의 "반복"—생산의 일련의 주기 속에서의 연속성—에 대한 분석이 총생산—총체성Totalität으로서의 생산—에 대한 분석에 의존하기 때문이다. 그런데 총체화가 존재하는 것은 오로지 어느 주어진 순간에 사회적 노동의 분할의 현재성 안에서이지, 자본들의 개별적 모험 안에서가 아니다. 바로 이것이야말로 마르크스가 재생산 분석은 사회적 생산을 배타적으로 그 생산의 **결과** 안에서 생각해보는 것이라고 말함으로써 표현하는 그것이다("우리가 사회적 자본의 연차적 기능을 그것의 결과 안에서 고려한다면…").[82] 주지하듯, 총생산 및 그것의 상이한 부문들로의 배분이 바로 그 결과이다. 이 결과를 명확히 제시하는 작업은, 공통의 외재적 시간에 준거하여 선택되는 하나의 계기를 잡아, 상이한 생산부문들과 상이한 자본들의 운동을 절개하는 작업, 원리와 실효적 실현이라는 면에서 이 운동에 의존하며 이루어지는 그런 절개 작업이 아니다. 이 작업은 자본들의 고유한 운동이, 분할된 각각의 생산 안에서 진행되는 생산의 운동이, 완전하게 논외로 되며, 그 어떤 식으로도 보존되지 않고 제거되는 그런 것이다. 마르크스는 단순재생산에 대한 매우 일반적인 1차 서술부터(1권) 재생산 도식체계에 이르기까지(2권) 재생산 분석 전부를, 이렇듯 연쇄의 공시성—"동시성"(그 자신의 용어는 Gleichzeitigkeit)으로의 변환 위에 정초한다. 역설적이게도, 생산운동의 연속성은 공시적 의존들의 체계에 대한 분석 안에서 자신의 개념을 찾는다. 요컨대 개별 자본들의 순환들의 연쇄와 이 자본들의 얽힘은 그런 체계에 의존한다는 것

82 *Le Capital*, V, p. 46[『자본』, II, 487쪽].

이다. 이 "결과" 안에서, **이 결과를 생산했던 운동은 필연적으로 망각되며, 그 기원은 "지워진다"**(die Herkunft ist aufgelöscht).[83]

고립된 행위로부터, 직접적 생산과정으로부터, **반복**으로, 사회적 **총**자본으로, 생산과정의 **결과**로 이행하는 것, 이것이야말로 이 모든 운동의 허구적 동시간성 안에 정착하려는 것이다. 어쩌면 마르크스의 이론적 메타포를 원용해 허구적 평면 **공간 안에** 정착하려는 것이라고 말하는 게 더 정확할 것이다. 이 공간에서는 모든 운동이 제거되고, 생산과정의 모든 계기가 자신들이 의존하는 연관들과 나란히 투사되는 것으로 나타난다. 마르크스가 1권의 「단순재생산」 장에서 처음으로 묘사한 것은 바로 이러한 이행운동이다.

2. 사회적 관계들의 재생산

우리는 이제 이 작업 안에서 일소되는 "외양들"(Scheincharaktere)을 열거할 수 있다.

우선 생산 일반의 상이한 "계기들"의 분리와 상대적 독자성이라는 외양이 있다. 예컨대 고유한 의미에서의 생산과 유통의 분리, 생산과 개인적 소비의 분리, 생산수단의 생산 및 배분과 소비수단의 분리. 우리가 생산이라는 하나의 "고립된 행위"를, 또는 심지어 그러한 "행위들"의 복수성을 사고한다면, 이 모든 계기는 생산과는 다른 **영**

83 *Le Capital*, IV, p. 102.

역sphère(마르크스가 종종 구사하는 용어인)에 속하는 것처럼 보인다. 유통은 상품들이 생산을 "빠져나와" 실효적으로 판매되리라는 확실성이 전혀 없는 채로 등장하는 **시장**에 속한다. 개인적 소비는 유통 그 자체 영역의 바깥에 놓인 사적인 행위인가?

> 생산적 소비와 노동자의 개인적 소비는 완벽하게 구별된다. 전자의 경우 그것은 자본의 추동력으로 작용하며 자본가에게 속하는데, 후자의 경우 그것은 그것 자신에게로 귀속되며 생산과정 바깥에서 생명적인 기능들을 완수한다. 전자의 결과는 자본의 삶이고, 후자의 결과는 노동자 자신의 삶이다.[84]

생산수단과 소비수단의 분배는 생산의 우발적 기원으로 나타나든지 수입으로 나타난다(이어서 그 분배는 소비영역으로 넘어간다).

> **도입 작업**(der einleitende Akt)인, 노동력 구매와 판매라는 유통행위 자체는 사회적 **생산물**의 분배에 선행하며 또한 이 분배가 전제하는 것인 생산**요소들**의 분배에 근거한다. 즉 노동자의 상품인 노동력과 비-노동자의 소유인 생산수단의 분리에 근거하는 것이다.[85]

재생산 분석이 보여주는 것은 이 계기들이 상대적 자율성도 고유한 법칙도 소유하지 않으며, 오히려 생산의 법칙들에 의해 규정된

---

84 *Le Capital*, III, p. 14[『자본』, I-2, 784쪽].
85 *Le Capital*, V, p. 39[『자본』, II, 479쪽].

다는 것이다. 사회적 총자본을 그것의 **결과** 안에서 고찰한다면, 유통 영역은 "영역"으로서는 사라지는데, 이는 모든 교환이 생산부문들의 분할 및 부문들의 생산의 물질적 성격 안에서 미리 규정되어 있기 때문이다. 노동자와 자본가의 개인적 소비 역시 사회적 총자본에 의해 생산된 소비수단의 성격과 양 안에서 미리 규정되어 있다. 요컨대 연간 생산물의 한 부분이 "그 기원에서부터 생산적 소비가 예정되어"[86] 있다면, 다른 한 부분은 그 기원에서부터(von Haus aus) 개인적 소비가 예정된다는 것이다. 개인적 소비는 **한계들** 사이에서 진폭을 보일 수 있는데, 그 한계들은 자본의 내재적 구성에 의존하며 매 계기마다 고정된다.

> 노동자의 개인적 소비는 작업장 안에서 이루어지든 밖에서 이루어지든 여하튼 자본 재생산의 계기Moment를 형성하며, 이는 노동과정 중에 이루어지기도 하고 휴지기에 이루어지기도 하는 기계 청소와 매한가지다.[87]

마침내 생산수단 및 소비수단의 분배 즉 상이한 요소들의 배분이 사실상 우발적 상태로 나타나기를 멈춘다. 일단 임금의 등가분이 소비되면 노동자는 생산과정에 들어갈 때처럼 소유하는 것 없이 그 과정에서 나오지만, 자본가는 생산과정에 들어갈 때처럼 노동생산물의 소유자인데, 게다가 이 노동생산물에는 새로운 생산수단이 포함

---

86 *Le Capital*, III, p. 9

87 *Le Capital*, III, p. 15[『자본』, I-2, 785쪽].

된다. 생산이 동일한 분배를 부단히 규정한다.

따라서 자본주의 생산양식이 유통과 소비와 분배의 양식을 규정하는 것은 명백하다. 보다 일반적으로 말하자면 재생산 분석이 보여주는 것은 **모든 생산양식이 자신의 통일성을 이루는 여러 계기로서의 유통과 분배와 소비의 양식들을 규정**한다는 것이다.

이어서 재생산 분석은 생산과정의 "시작"에 해당하는 외양을 사라지게 한다. 노동자와 자본가 사이에서 매번 갱신되는 "자유로운" 계약이라는 외양, 가변자본을 자본가가 노동자에게 주는 "선금"이라(생산물에 대한 선금, 다시 말해 생산과정의 "종료"에 대한 선금) 여기게 하는 외양 말이다. 한마디로 노동자와 자본가가, 서로 상대와 대면하여, 시장에서 노동력의 구매자와 판매자로 마주치는 것을 **우연**으로 돌려버리는 것처럼 보이는 모든 외양을 사라지게 하는 것이다. 임금노동자를 자본가계급에 묶어버리는 "비가시적인 실"이 재생산을 통해 드러난다.

> 자본주의 생산과정이 재생산하는 조건들은 노동자로 하여금 살기 위해서 자신을 팔도록 강제하며 자본가에게는 부유해지기 위해 이 노동자를 구매하는 상태에 있도록 한다. 그들이 시장에서 판매자와 구매자로 서로 마주하는 것은 우연이 아니다. 과정 자체가 이중회전(die Zwickmühle)하면서 언제나 노동자를 자기 노동력의 판매자로 시장에 내치며 그의 생산물을 언제나 자본가의 [노동력] 구매 수단으로 변환시킨다. 노동자는 개별 자본가에게 자신을 팔기에 앞서 이미 사실상

자본가계급에 속해 있다.[88]

이와 동시에 재생산이 사라지게 만드는 외양이 있고, 이 외양에 따르면 자본주의 생산에는 상품생산의 법칙이, 다시 말해 **등가교환**이 적용될 뿐이다. 매번의 노동력 매매는 이런 형태의 거래이지만, 자본주의 총생산의 운동은 노동자계급이 창출한 생산물의 일부를 자본가계급이 등가물 없이 지속적으로 전유하는 운동으로 나타난다. 이 운동에는 시작도 종료terme도 없으며(법적 계약구조, 정확히 말해 "종료가 정해진"à terme 계약[선물계약]의 구조가 표시하며 중첩시키고자 했던 것이 바로 [시작과 종료로의] 재단이다), 다시 말해 생산요소들이 마주치는 고립된 구조는 없다. 생산요소들은, 재생산 분석이 이 요소들에 관해 우리에게 주는 개념 안에서, **언제나 이미** 모여 있기 때문에 굳이 마주칠 필요가 없다.

이렇게 해서 단순재생산은 생산과정이 소유했던 **고립된 행위**라는 외양 자체를 사라지게 만든다. 말하자면 행위자들은 개인들일 테고, 이들은 규정된 조건들 안에서 사물들을 변형하는바, 이 조건들은 이들로 하여금 이 사물들을 자본가를 위한 상품들과 잉여가치로 만들어내도록 압박하는 그러한 행위 말이다. 이런 외양 안에서 개인들은 자신들의 동일성을 보존하는데, 이는 자본이 연쇄적 생산행위 일체를 거쳐 보존되는 가치 총합처럼 보이는 것과 마찬가지다.[89]

---

88 *Le Capital*, III, p. 19~20[『자본』, I-2, 792쪽].

89 "자본가는 틀림없이 그 자신이 잉여가치를 소비했고 [최초의] 자본-가치를 보존했다고 믿지만, 그가 바라보는 방식이 사실을 바꾸지는 못한다. 일정 기간이 지난 뒤에 그에게 속한 자본 가치는 같은 기간 동안에 그가 무상으로 획득한 잉여가치 총합과 동등해진다. 또한 그

그리고 역으로 보자면 이 질료적 요소들은, 이 요소들의 질료적 본성의 종별성 안에서, 모든 생산부문 및 이 부문들을 조성하는 모든 자본을 거치며 이 본성적 고유성들이 차이적으로 배분되는 가운데 이제 사회적 재생산과정의 조건들을 표현한다. 따라서 재생산이 드러내는 것은 생산행위자들 수중의 사물들은 그 행위자들이 자각하지 못한 채로 변환된다는 점이다. 생산과정이 개인들의 행위로 간주된다면 그런 자각이 가능하겠지만 말이다. 또한 이 개인들은 변화하여, 실제로 [이제는] **계급의 대표자**일 뿐이다. 그런데 이 계급들은 분명 개인들의 총합이 아니며, 이는 결코 변하지 않을 것인바, 제아무리 범위를 넓혀 개인들을 추가한들 어떤 계급도 [새로] 만들지 못할 것이다. 이는 **총생산과정의 기능들**이다. 이 기능들은 그 과정의 주체가 아니고, 도리어 그 과정의 형태에 의해 [기능들이] 규정된다.

구조의 **담지자들**Träger, 생산과정의 행위자들의 실존양식을 우리가 파악할 때 품었으면 하고 마르크스가 바라는 모든 이미지를 우리는 바로 1권의 재생산 관련 장들에서 보게 된다. 사물들이 "백일하에"[90] 드러나 그 양상이 근원적으로 변하는(ganz anders aussehen) 이 재생산 무대 위에서, 개인들은 정확히 **가면을 쓰고 움직인다**("자본가의 경제적 특성die ökonomische Charaktermaske des Kapitalisten은 한 인간의

가 소비한 가치 총합이 그가 투입한 [최초의] 가치 총합과 동등해진다. 그가 자신의 기금에서 투입한 과거의 자본 중에서는 단 하나의 가치 조각도 남아 있지 않다. 그가 언제나 수중에 쥐고 있는 자본의 크기는 변하지 않았다는 점, 그리고 그가 자신의 기업을 가동할 때 이 자본 중 일부인 건물과 기계 등등은 이미 거기에 있었다는 점은 사실이다. 하지만 여기서 논점은 자본의 가치이지 자본의 질료적 요소가 아니다"(*Le Capital*, III, pp. 12~13[『자본』, I-2, 781~782쪽]).

90 *Le Capital*, III, p. 26[『자본』, I-2, 804쪽].

화폐가 줄곧 자본으로 기능하는 그 만큼만 그 인간에게 부착된다").[91] **그들은 가면들일 뿐이다**.

이러한 분석들 안에서 마르크스가 우리에게 보여주는 것은, 하나 혹은 여러 주체를 대상화하는 행위로서의 생산 개념으로부터, 주체 없는 생산—계급들을 이 생산의 고유한 기능들로 규정하는 생산—개념으로의 이행운동(**하지만 이 이행은 하나의 단절이고** 발본적 혁신)이다. 이 운동과 관련해 마르크스는 케네에게 회고적 존경을 표하는데(케네에게는 "유통에서의 수많은 개별 행위가, 이 행위들의 사회적으로 특징지어지는 대량의 운동 안에서 무매개적으로 일괄하여 고찰된다. 규정된 경제적 기능들을 지니는 거대 사회계급들 사이에서의 유통인 것이다."),[92] 이 운동이 모범적으로 완수되는 것은 자본주의 생산양식과 관련해서지만, 원리상으로는 모든 생산양식에 해당한다. 환원의 운동과 그에 이어지는—고전철학의 초월론적 전통을 특징짓는—구성의 운동과는 반대로, 이러한 이행운동이 단번에 완수하는 확장은 생산이 주체들의 행위일 가능성을, 주체들의 실천적 코기토일 가능성을 배제한다. 이러한 이행운동이 포용하는 가능성은, 내가 여기서 다만 시사해볼 따름인, 생산 일반의 새로운 철학적 개념의 정식화 가능성이다.

단일한 운동에 의해 재생산은 사물들을 대체하고 변형시키면서도 **관계들**을 무한히 보존한다고 말함으로써 우리는 앞의 진술 전부를 요약할 수 있다. 이 관계들은 마르크스가 "사회적 관계들"이라 부

---

91 *Le Capital*, III, p. 9[『자본』, I-2, 778쪽].

92 *Le Capital*, V, p. 15[『자본』, II, 445쪽].

른 것들임이 분명하다. 또한 내가 말했던 허구적 공간 위로 "투사되고" 드러나는 관계들이다.[93] [인용된] 용어 자체는 마르크스의 것이다.

> 노동의 이 자연적 능력(새로운 가치를 창출하면서도 과거의 가치를 보존하는 능력)은, 이 능력이 합체된 자본에는, 마치 자신을 유지하는 능력처럼 나타나는데, 이는 사회적 생산력이 자본의 고유함으로 나타나는 것과 마찬가지고, 자본가에 의한 잉여가치의 지속적 전유가 자본의 지속적 자기가치화로 나타나는 것과 마찬가지다. 노동의 이 모든 능력이 자본의 능력인 것처럼 **투사되는데**(projektieren sich), 이는 상품의 모든 가치형태가 화폐형태인 것처럼 투사되는 것과 마찬가지이다.[94]

---

93 이 관계들은 1권에서 마르크스에 의해 정의되는데, 마르크스가 "사회적 자본 중 자율성으로 상향된 부분"(V, p. 9)이라 부르는 이 **추상적** 대상에 대한 분석에 의해, 그 관계들의 **개념** 안에서(그 관계들의 효과 안에서가 아니라) 정의되는 것이다. 그렇게 함으로써 분명히 이해해야 하는 것은, **에스타블레**가 지적하듯이, 자본주의적 형태의 **현실적인** 상업 또는 기업이 아니라 허구적이면서도 필연적으로 **생산적인** 자본, 게다가 상이한 "자본" 유형들(상인자본, 이자 낳는 자본 등등)에 의해 역사적으로 수용된 기능 전체를 완수하는 자본이다. 사회적 자본의 분할은 본질적 고유성이다. 따라서 자본 **일반**le capital을 **하나의** 자본un capital에 의해 재현할 수 있는 것이다.
2권 3편(사회적 총자본의 재생산과 유통)의 재생산 분석들은 재생산 **도식들**을 확립하여 경제학적 분석의 수학적 형태화를 허용하는데, 이 분석들이 사회적 총생산물의 양적-질적 조성을 불변의 조건들에 종속시킴으로써 설명하는 것은 바로 어떤 메커니즘에 의해 사회적 관계들의 재생산이 확고해지는가이다. 하지만 이 구조적 조건들은 자본주의 생산양식에 **종별적**이지 않다. 이 조건들은 생산과정의 사회적 형태에 대한 준거도, 생산물 형태("가치")에 대한 준거도 이론적 형식 안에 포함하지 않는데, 하물며 사회적 생산물의 유통유형—생산과정에 내포되는 유형—("교환")이나 이러한 유통을 지탱하는 구체적 공간("시장")에 대한 준거를 포함하지 않음은 말할 나위도 없다. 나는 특히 이 논점에 관해서는 베틀렘Charles Bettelheim이 행한 최근의 다양한 작업과 『계획화의 문제들』*Problèmes de planification* 9호(École pratique des Hautes Études)에 게재된 그의 비판적 언급들을 참조한다(1967년에 추가된 주석).

94 *Le Capital*, III, p. 47 [『자본』, I-2, 830~831쪽].

이렇게 발견된 관계들은 상호 내포적인데, 특히 소유관계와 현실적 전유관계("생산력")는 복합적 통일성 안에 있다. 그 관계들에는 이전에는 따로 떨어져 있던 "계기들"(생산, 유통, 분배, 소비)이 필연적이고 완전한 통일성을 이루며 포함된다. 아울러 그 관계들에는, 직접적 생산과정에 대한 분석이 진행되는 가운데—이 과정이 묘사되어 왔던 형태로 완수되는 데 필수적인—이 과정의 "전제들"과 "조건들"로 나타났던 모든 것이 포함된다. 예컨대 자본주의 생산에서는, 경제적 심급의 자율성 또는 상품교환형태에 조응하는 법형태, 다시 말해 사회구조의 다양한 심급들 사이의 일정한 조응형태가 그러한 전제나 조건이다. 이것을 재생산 분석에서 나타나는 그러한 구조의 "일관성"이라 부를 수 있겠다. 또한 생산양식 분석에서 논점이 되는 그러한 **구조**에 대한 정의는 마르크스에게서 생산-재생산의 개념 쌍에 들어 있다고 말할 수도 있겠다.

재생산 분석이 세우는 평면 위에서, 생산은 사물의 생산이 아니라 사회적 관계의 생산과 보존이다. 마르크스는 단순재생산에 관한 장의 말미에서 이렇게 쓰고 있다.

> 그 과정의 접속(Zusammenhang) 안에서 사고되거나 또는 재생산으로 사고되는 자본주의 생산과정은 상품이라든가 잉여가치를 생산할 뿐 아니라, **자본가와 임금노동자 사이의 사회적 관계를 생산하고 영속화한다.**[95]

95 *Le Capital*, III, p. 20 [『자본』, I-2, 793쪽].

이런 정식화가 저작[『자본』]의 말미에, 마르크스가 계급관계를 수입의 상이한 형태들에 설정하는 지점에서 재론된다.

> 게다가, 자본주의 생산양식은 생산조건들의 정의된 사회구조의 선행 실존을 전제하면서도, 이 구조를 부단히 재생산한다. 그것은 물질적 생산물을 생산할 뿐 아니라 생산이 실행되는 생산관계를 줄곧 재생산한다. 그것은 또한 조응하는 분배관계도 재생산한다.[96]

어떤 생산양식이든 사정은 동일하다. 각각의 생산양식은 자신의 기능작용이 전제하는 사회적 생산관계를 부단히 재생산한다. 「선행하는 형태들」이라는 초고에서 마르크스는 그것을 이미 표현한 바 있는데, 다만 이번에는("뿐 아니라…" 하는 식으로 말하지 않고), 조응하는 사회적 관계들의 생산과 재생산을, 단일한 결과로서 생산에 할당한다.

> 소유는 그 기원에서부터, 그러니까 아시아적 형태와 슬라브적 형태와 고대적 형태와 게르만적 형태에서, 노동하는—생산하는 또는 스스로를 재생산하는—주체와 [이 주체의] 생산 또는 재생산조건들(이 조건들이 이 주체의 것인 한에서)이 맺는 관계를 의미한다. 따라서 이러한 생산의 조건들에 따라 상이한 형태들이 있을 것이다. 생산 자체는, 생산자의 객관적 실존 조건들 안에서 그리고 이 조건들을 통해, 생산자의

96 *Le Capital*, VIII, p. 253[『자본』, Ⅲ-2, 1165쪽].

재생산을 목표로 갖는다.[97]

이러한 이중적 "생산"은 무엇을 의미하는가?

이 생산이 마르크스의 일부 정식에 대한 열쇠를 우리에게 제공했음을 우선 지적해두겠는데, 이 정식들은, 성급한 감이 없지 않지만, 역사유물론의 기본 테제들로 간주될 수도 있었다. 이 정식들에 나오는 용어들이 완전하게 정의되어 있지 않다 보니, 이 정식들에 대한 매우 상이한 독해들이 용인되어왔다. 예컨대 내가 서두에 언급했던 1859년의 『정치경제학 비판을 위하여』「서문」에 나오는 정식들을 보자. "**인간들의 실존의 사회적 생산 안에서, 인간들이 들어서는 관계들은 규정되어 있고 필연적이며, 인간들의 의지로부터 독립적이다…. 바로 이것이 인류가 자신들이 완수할 수 있는 과제가 아니라면 스스로에게 제시하지 않는 이유다.**" 또는 엥겔스가 블로흐에게 보낸 편지에 있는 정식들을 보자. "**우리는 스스로 우리 자신의 역사를 만들지만, 여기에는 즉각 매우 규정적인 전제들과 조건들이 붙는다….**" 역사유물론에 대한 모든 철학적 해석은 실제로 여기서 경합한다. 예컨대 우리가 이러한 이중적 "생산"을 문자 그대로 취한다면, 다시 말해 우리가 변형된 대상들 및 이 대상들이 지탱하는 사회적 관계들이 생산과정에 의해 동등하게 변경되고 보존된다고 생각한다면, 우리가 그것들을 가령 "**실천**"**이라는 단일한 개념 아래** 모은다면, 우리는 "인간이 역사를 만든다"는 관념에 엄밀한 토대를 부여하는 것이다. 실천-생산이라

97 *Grundrisse*, p. 395.

는 그러한 통합된 단일 개념으로부터 출발해야만 이 정식이 이론적 의미를 가질 수 있고 무매개적으로 이론적 테제일 수 있다(단순히 기계적인 유물론적 결정론에 맞선 이데올로기적 투쟁의 계기인 것이 아니라). 하지만 이 개념은 실제로 생산과 실천에 대한 인간학적 관점에 속하며, 이 관점의 분명한 중심은 인간들인데, 이들 "구체적 개인들"(특히 대중이라는 형식 아래)은 자신들의 선행 생산의 조건들을 생산하고 재생산하거나 변형한다. 이러한 활동과 관련해서, 생산관계가 강제하는 **필연성**은 이들의 활동대상이 이미 소유할 법한 형태로만, 새로운 형태를 창출할 가능성을 제한하는 형태로만 나타난다. 사회적 관계의 필연성은 단지 선행 생산활동의 작품이고, 이것은 규정된 생산조건들을 반드시 후속 활동에 물려준다.

그런데 재생산에 대한 앞서의 분석이 우리에게 보여주는 것은 이러한 이중적 "생산"이 **상이한 두 의미로** 파악되어야 한다는 것이다. 우선 그 표현에 담긴 단일성을 문자 그대로 받아들이면서 그 표현을 파악한다는 것은 생산과정을 고립된 행위로, **선행**과 **후속**이라는 규정들 안에 갇힌 행위로 만드는 **외양**을 재생산하는 것임이 분명하다. 고립된 행위에 대해 말하자면, 이 행위가 여타의 생산행위들과 맺는 연관들은 오로지 선형적인 시간적 연속성의 구조에 의해 지탱되며, 이 구조 안에서는 중단이 있을 **수 없다**(반면 재생산에 대한 **개념적** 분석에서는, 주지하듯 이 연관들이 어떤 **공간**의 구조 안에서 지탱된다). "사물들의 생산"만이 이런 종류의 활동으로 사유될 수 있으며, 이 생산은 이미 "처음의" 재료와 "마지막의" 생산물이라는 규정 안에서 이런 활동의 개념을 거의 포함한다. 하지만 "사회적 관계들의 생산"은 차라리 **사회적 관계들에 의한** 사물들과 개인들의 생산이며, 이런 생산 안에서 사회적 관계들에 의해 종별적 형태로 개인들은 생산하도록 규정되고 사물들은 생산되도록 규정된다. 다시 말해 그 생산은 주체 없는 과정인 사회적 생산과정의 기능들에 대한 규정이다. 재생산의 평면에서 생산물은 사물이 아니듯, 이 기능들은 인간이 아니다. (재)생산은, 다시 말해 자신의 개념 안에서의 사회적 생산은 좁은 의미로는 사회적 관계를 생산하는 것이 아니다. 이 생산이 사회적 관계라는 조건 아래서만 가능한 것이니까 말이다. 하지만 다른 한편으로는 이 생산이 상품을 생산하는 것은 더더욱 아니다. 이 생산이 사물—자신이 투입된 경제적 관계들의 체계로부터 일정한 사회적 자격을 **차후에** 부여받는 그러한 사물—과 대상—차후에 다른 사물들 및 인간들과의 "관계들에 들어서는" 그러한 대상—을 생산한다는 의미에서라면 말이다. 생산은 (**언제나 이미**) **자격을 부여받은 사물들**만을, **관계들의 지표들**만을 생산한다.

마르크스의 정식("생산과정은 물질적 대상뿐만 아니라 사회적 관계도 생산한다")은 **접속[의 구문]이 아니라 이접[의 구문]**이다. 요컨대 사물의 생산이거나 사회적 생산관계의 (재)생산인 것이다. 여기에는 **두** 개념이 있으니, "외양"이라는 개념과, 생산양식 구조의 실효성이라는 개념이다. 사물 생산과는 반대로 사회적 관계 생산은 선행과 후속이라는, "1차"와 "2차"라는 규정에 종속되지 않는다. 마르크스는 "모든 사회적 생산과정은 동시에 재생산의 과정이기도 하다. 생산의 조건들은 또한 재생산의 조건들이기도 하다"라고 쓴다. 게다가 그것들은 재생산이 재생산하는 조건들이기도 한 것이다. 이런 의미에서 (규정된 형태 안에서의) 생산의 "1차" 과정은 **언제나 이미** 재생산의 과정이다. 개념적으로 파악되는 생산에는, 생산의 "1차" 과정이라는 것은 없다. 따라서 사물의 생산과 관련된 모든 규정을 변형시켜야만 한다. 사회적 관계의 생산에서는, 1차 생산의 조건들로 나타났던 것이 실제로는 **다른 모든 생산을 동일하게** 규정하는 것이다.

> 이 거래—노동력의 판매와 구매—는 유통의 일부를 이루는데, 이 거래가 생산과정을 **개시할 뿐만 아니라**, 그 과정의 종별적 특성을 **묵시적으로 규정한다**.[98]

재생산 개념은 이렇듯 구조의 "일관성" 개념일 뿐 아니라 이 구조의 항구성이 생산운동을 필연적으로 규정하는 것에 대한 개념이기도 하다. 그 개념은 체계의 기능이 작동함에 있어 시초 요소들이 항구적이라는 것에 대한 개념이고, 따라서 생산의 필연적 조건들에 대한 개념인데, 이 조건들이 꼭 **생산에 의해 창출되지는 않는다**. 마르크스는 바로 이것을 생산양식의 **무궁함**éternité이라 부른다.

> 노동자의 이 지속적 재생산 즉 무궁함éternisation(Verewigung)이 자본주의 생산양식의 필요불가결한 조건이다.[99]

---

98 *Le Capital*, V, p. 39 [『자본』, II, 478쪽].

99 *Le Capital*, III, p. 13, 독일어 텍스트에 따라 재번역 [『자본』, I-2, 783쪽].

Ⅳ. 이행이론을 위한 요소들

앞에서 제기한 질문인, 한 생산양식에서 다른 생산양식으로의 이행에 대한 질문을 재론해보자. 재생산 분석은 자신의 이론적 해법 앞에 장애들만 설치했던 것 같다. 실제로는 그 분석을 통해 이행이론이 두 조건에 종속되기 때문에 그 문제가 진정한 관점에서 제기될 수 있게 된다.

첫째, 모든 사회적 생산은 하나의 재-생산, 다시 말해 제시되었던 의미에서의 사회적 관계의 생산이다. 모든 사회적 생산은 구조적인 사회적 관계에 종속된다. 한 생산양식에서 다른 생산양식으로의 이행에 대한 이해가, 어떤 구조의 기능작용에 종속되는—다시 말해 나름의 종별화된 개념을 갖는—두 "시기" 사이의 비합리적 간극 hiatus으로 나타날 수는 결코 없다. 이행은 아무리 짧다 해도 파괴의 순간일 수 없다. 이행은 그 자체로 어떤 구조에 종속된 하나의 운동이며, 그 구조는 발견되어야만 한다. 우리는 마르크스의 언급(재생산이 생산의 연속성을 표현하는 이유는 생산이 결코 중단될 수 없기 때문이라는 언급)에, 마르크스가 "자명하다"라고, "아이도 아는 것"이라면서 종종 내놓는 언급(노동자가 "공기"를 먹고 사는 일은 결코 있을 수 없다거나, "1년은커녕 단 몇 주라도 노동을 중단한다면 그 국민들은 모두 파산할 것이다." 1868년 7월 11일, 쿠겔만에게 보낸 편지)에 강한 의미를 부여할 수 있다. 이는 재생산의 불변 구조가, 각각의 생산양식에서는 특수한 형태를 취하는 이 구조(노동유지기금의 실존, 다시 말해 필요노동과 잉여노동의 구별. 마르크스가 **기원적**이라고, 혹은 자연법칙의 표현이라 부른 구별인 생산물의 생산수단과 소비수단으로의 배분 등등)가 결코 사라질 수 없음을 의미한다. 이는 또한 이행형태들 자체가 이러한 일반적 구조의 "발현의 (특수) 형태들"(Erscheinungsformen)임을 의미한다. 요컨대 이행형태들 자체도 **생산양식들**이다. 그러므로 이행형태들에도 모든 생산양식과 동일한 조건들이 내포되며, 특히 생산관계들의 복합성의 일정한 형태와, 사회적 실천의 상이한 층위들 사이의 일정한 조응형태가 내포된다(내가 곧 그 형태를 제시해보려 한다). 재생산 분석이 보여주는 것은, 우리가 두 생산양식 사이의 이행기에 속하는 생산양식들의 개념을 정식화할 수 있다면, 규정되지 않는 시간(과 장소)으로 이런 [이행기] 생산양식들이 유예되는 것이 바로 [이행기 생산양식 개념의] 그런 정식화를 통해 중단된다는 점이다. 우리가 그 생산양식들이 어떻게 연쇄적으로 이어지는가를 이론적으로 설명할 수 있다면, 다시 말해 우리가 그 생산양식들의 연쇄 계기들을 개념적으로 인식할 수 있다면, 그 생산양식들의 획정이라는 문제가 해결된다.

하지만 다른 한편으로는(두 번째 귀결) 한 생산양식에서 다른 생산양식으로의 이행이, 예컨대 자본주의에서 사회주의로의 이행이 구조가 자신의 기능작용 자체에 의해 변형되는 것으로, 다시 말해 양의 질로의 전화로 이루어질 수는 없다. 이러한 결론은 내가 재생산 분석에서는 이중적인 의미 안에서 "생산"이라는 용어를 파악해야 한다고 말했던 것으로부터 도출된다(사물의 생산과 사회적 관계의 "생산"). 구조가 자신의 기능작용 자체 안에서 자신을 변형할 수 있다고 말한다는 것은 두 운동을, 구조와 관련해 동일한 방식으로 분석될 수 없음이 명백한 두 운동을 동일시한다는 것이다. 한 측면에는 구조의 기능작용 자체가 있고 이것은 자본주의 생산양식 안에서 축적법칙이라는 특수형태를 띤다. 이 운동은 구조에 종속되며, **구조의 항구성이라는 조건에서만 가능하다**. 자본주의 생산양식 안에서 이 운동은 자본주의 사회관계의 "무궁한" 재생산과 합치된다. 역으로, 해체운동은 그 개념에 있어 동일 "전제들"에 종속되지 않으며, **구조를 변형대상으로 간주**하기 때문에 겉으로도 전혀 상이한 장르의 운동이다. 이 개념적 차이가 우리에게 보여주는 것은, "변증법적 논리"라면 문제를 해소해버릴지 모를 그곳에서 마르크스는 비-변증법적(분명히 헤겔 변증법이 아닌) 논리적 원칙들에 집요하게 매달린다는 점이다. 우리가 구별되는 본질을 통해 인정했던 것이 동일 과정으로 될 수는 없으리라는 원칙 말이다. 더 일반적으로 말해보자면, (한 생산양식에서 다른 생산양식으로의) **이행에 대한 개념이 결코 개념의** (내재적 차이화에 의한 자기와 다른 개념으로의) **이행일 수는 없으리라는 원칙 말이다**.

그런데 우리에게는 마르크스가 생산관계의 변형을 부정의 부정이라는 변증법적 과정으로 제시하는 텍스트가 있다. 「자본주의적 축적의 역사적 경향」([『자본』] 1권 32장)이 그것이다. 이 텍스트에서 단일 도식 안에 모여 있는 마르크스의 분석들은 자본주의 생산양식의 기원("본원적 축적"), 그 생산양식의 고유한 축적운동, 마르크스가

3권에서 쓴 것과 같은 의미로 여기서 그 "경향"이라 부르는 종언에 관한 것들이다. 나는 마르크스가 『자본』에서 이 계기들에 부여한 분석들 전체에 따라 각각의 계기를 별도로 재론해야 할 것이다. 하지만 우선은 이 텍스트의 주목할 만한 형식을 보여주고자 하는데, 이 형식에서 이미 일정한 결론들이 규정된다.

그 원리에 있어 마르크스가 이 텍스트에서 추구하는 논증에는 **두 이행이 동일한 본성을 갖는다**는 점이 내포되어 있다. 제1이행은 자기 노동에 기초한, 생산수단의 개인적인 사적 소유("다수의 왜소한 소유")로부터 타인 노동의 착취에 기초한, 생산수단의 자본주의적인 사적 소유("소수의 거대한 소유")로의 이행이다. 이는 제1이행이고, 제1수탈이다. 제2이행은 자본주의적 소유로부터, 자본주의 시대의 성과에 기초하며, 토지를 포함한 모든 생산수단의 공유와 협력에 기초한, 개인적 소유로의 이행이다. 이는 제2이행이고, 제2수탈이다.

이 두 개의 연쇄적 부정은 동일한 형식을 띠는데, 이것의 함의는 한편으로는 본원적 축적(기원)에 바쳐지고 다른 한편으로는 자본주의 생산양식의 경향에, 다시 말해 자본주의 생산양식의 역사적 장래에 바쳐진 마르크스의 분석들이 모두 원리상으로 유사하다는 점이다. 그런데, 이제 보게 되겠지만, 이 분석들이 **실제로는** 『자본』 안에서 주목할 만한 격차를 드러낸다. 본원적 축적에 대한 분석은 생산양식에 대한 고유 의미에서의 분석으로부터 상대적으로 독립적인 듯 보이며, 심지어는 경제이론 저작 안에서 "묘사적" 역사라는 일종의 돌출부처럼 보인다(이 대립에 관해 나는 이 책에 수록된 알튀세르의 논문을 참조한다). 반면 생산양식의 역사적 경향에 대한 분석은 자본주의 생산양식에 대한 분석의 한 계기로, 구조의 본래적 효과들의 발전으로 보인다. (자본주의) 생산양식이 "스스로에 의해", 자신의 고유한 "모순" 작용에 의해, 다시 말해 자신의 구조의 작용에 의해 변형된다는 점을 암시하는 것은 바로 이 후자의 분석이다.

「자본주의 생산양식의 역사적 경향」이라는 텍스트에서, 두 개의 변형은 이 후자의 유형으로 귀착되는데, 이는 이 텍스트가 본원적 축적의 형태들에 대한 분석의 결론을 이룬다는 점에서 그만큼 놀라운 일이다. 자본주의 생산양식 자체도 역시, 이러한 정식들을 통해, 구조의 자생적 진화 결과로 나타난다.

> 독립 소생산자들의 이 산업체제는 (…) 스스로 자기 해체의 물질적 행위자들을 발생시키는데, 이 행위자들은 이 체제의 고유한 모순 안에 들어 있다(이 체제는 생산의 진보를 배제한다).[100]

> 제2운동인 이 수탈은 자본주의 생산의 내재적 법칙들의 작용에 의해 완수되는데, 이 법칙들은 자본의 집적에 도달한다…. 노동의 사회화와 생산수단의 집적은 이것들이 자본주의적 외피(Hülle) 안에서 더 이상 유지될 수 없을 지점에 도달한다…. 자본주의 생산은 자연의 변신들을 주재하는 치명적인 힘으로 자신의 고유한 부정을 스스로 발생시킨다.[101]

자본주의 생산양식의 형성과 해체에 바쳐진 마르크스의 분석들

100 *Le Capital*, III, pp. 203~204[『자본』, I-2, 1020~1021쪽].
101 *Ibid*, pp. 204-205[『자본』, I-2, 1021~1022쪽].

을 요약해주는 이 정식들은 우리가 찾는 이행 개념 자체를 제공한다고 자처한다. 그러므로 이 정식들을 분석들 자체와 대조해보아야 한다. 하지만 이 분석들의 외관상의 격차가, 「자본주의 생산양식의 역사적 경향」에서 "부정의 부정"이라는 형식들을 통해 가정되는 통일성보다 더 우세해서는 안 된다. 오히려 그 격차는 이행 개념이 정식화될 수 있도록 축소되어야만 한다. (이는 한 생산양식에서 다른 생산양식으로의 이행 전부가 동일한 개념을 갖는다고 주장하는 것은 분명히 아니다. 도리어 그 개념은 매번 종별화되며, 이는 생산양식 자체의 개념도 그러하다. 하지만 모든 역사적 생산양식이 동일한 성격의 결합형태들로 나타났던 것과 마찬가지로, 역사적 이행들은 **동일한 이론적 성격의** 개념들을 가져야만 한다. 바로 이것이 앞의 텍스트에 엄밀하게 내포된 것이다. 심지어 이 텍스트에서 그 이론적 성격을 내재적 변증법적 지양의 성격이라 암시하더라도 말이다.) 이제 "이행들"을 하나씩 재론해보자.

1. 본원적 축적: 하나의 전사

마르크스가 "본원적 축적이라 불리는 것"(die sogenannte ursprüngliche Akkumulation)을 다루는 장들은, 재생산(자본주의적 축적) 연구에서 비롯되었으나 잠시 제쳐두었던 어떤 문제의 해법으로 제시된다. 자본의 축적운동은 자본화될 수 있는 잉여가치가 실존하기 때문에 비로소 가능하다. 이 잉여가치 자체는 선행 생산과정의 결과일 수 있을 따름이고, 그렇게 무한히 이어지는 것으로 보인다. 그런데 주어진 기술적 조건들 안에서, 자본으로 기능하도록 되어 있는 최소한의 가치

총합과 이것의 가변자본과 불변자본으로의 분할은 똑같이 주어진 것들이고, 이것들이 잉여가치 추출의 조건이다. 이 기원적 자본의 생산은 하나의 문턱을 구성하는데, 그 문턱을 넘어서는 것을 자본주의적 축적법칙의 순수하고 단순한 작용으로는 설명할 수 없다.

하지만 실제로는 가치 총합의 한도만이 논점인 것은 아니다. 재생산운동은 자본화할 수 있는 잉여가치의 연속적 기원일 뿐만 아니라, 자본주의 사회관계의 항구성도 내포한다. 그래서 재생산운동은 자본주의 사회관계의 조건 아래서만 가능하다. 따라서 본원적 축적에 대한 질문은 자본주의 사회관계의 형성에 관한 질문이기도 한 것이다.

고전파 경제학에서 본원적 축적이라는 신화를 특징짓는 것, 그것은 자본주의적 생산의 형태들과, 이 생산에 조응하는 교환 및 법의 형태들의 **회고적 투사**이다. 기원적인 최소 자본은 임금과 생산수단 형태로 지출되기에 앞서 장차 자본가가 될 자에 의해 자기 노동의 생산물로부터 절약되었던 것이라고 주장함으로써, 고전파 경제학은 등가교환의 법칙에, 생산요인 전체의 정당한 처분에 기초한 생산물 소유의 법칙에 소급적 유효성을 부여한다. 회고적 투사는, 개인적 생산이라는 가정과 관련해 필요노동과 잉여노동의 구별, 이어서 임금과 이윤의 구별에는 해당하지 않는다(왜냐하면 관례적으로 이러한 구별들은 비자본주의 생산양식들 안에서 생산물 자체의 여러 부분을 구별하는 데 이용될 수 있으며, 심지어 이런 할당분들이 상이한 계급들의 수입을 구성하지 않는 무착취 생산양식들에서도 그러하기 때문이다. 마르크스 자신이, 예를 들면 3권의 「지대의 발생」 장에서 이러한 관례를 활용한다). 회고적 투사가 분명하게 해당되는 곳은, 자본의 형성과 자본의 발전이 공통의 일반적 법칙에 종속된 단일한 운동으로 귀속된다고 생각하는 관념이다. 본원적 축적이라는 부르주아 신화의 바탕은, 절대적 가역성을 지니는 읽기 안에서, 이미 잠재적으로 자본주의적인 사적 생산의 고유한 운동에 의한 자본의 형성이자, 자본의 자기-발생이다. 그러나 자본의 운동 전체(축적운동)가 이렇듯 하나의 **기억**으로 나타난다고 말하는 것이 아마도 더 정확할 것이다. 자본가가 자기 노동과 절약에 의해 타인의 잉여노동의 생산물을 무한히 전유할 가능성을 획득했다는 시초 시기에 대한 기억 말이다. 이러한 기억이 부르주아적 **소유권** 형태 안에 기입되는데, 이 소유권은 노동생산물의 전유를 생산수단의 선행 소유 위에 무한히 정초한다.

> 애초 우리에게는 소유권이 자기 노동에 기초한 것으로 여겨졌다. 아무튼 그것을 시인해야 했는데, 왜냐하면 원리상 평등한 상품소유자들만이 서로 마주하기 때문이고, 남의 상품을 전유하는 유일한 수단은 자기 상품을 양도하는 것이기 때문이고, 자기 상품이란 노동생산물일 수밖에 없기 때문이다. 소유는 이제 자본가 측에는 타인의 불불노동이나 그 생산물을 전유할 권리로, 노동자 측에는 자기 생산물을 전유하는 것의 불가능성으로 나타난다. 소유와 노동의 분리가 어떤 법칙의 필연적 귀결이 되는데, 그 법칙이 겉으로는 소유와 노동의 동일성에서 유래했다.[102]

102 *Le Capital*, livre I, p. 612, 독일어 원본에서 재번역[『자본』, I-2, 800쪽].

만약 우리가 고전파 경제학의 관점을 채택한다면, 우리는 이 "전유 법칙"의 양면, 만인에게 평등한 상품적 권리(와 이 권리가 가정하는, 이 권리가 자신의 고유한 일관성에 의해 도출하는 가설적인 자기 노동)라는 한 면과, 자본주의적 축적과정의 본질을 표현하는 부등가 교환이라는 다른 한 면을 다 보존해야만 한다. 이 두 형태가 내내 현존하는 공간 안에 생산양식의 기억—현행 과정과 동질적인 어떤 기원의 연속된 현존—이 기입된다.

주지하듯 그것은 신화다. 마르크스는 사태가 역사적으로는 이렇게 흘러오지 않았음을 보이기 위해 노력한다. 이와 아울러 나타나는 것은 그가 신화의 "변호론적" 기능이라 부르는 것인데, 이 기능은 자본주의의 경제적 범주들의 영속성에서 표현된다. 나는 우리 모두가 이 연구에 익숙하다고 전제하고, 이 연구의 매우 주목할 만한 형식에 주의를 돌리고자 한다.

"본원적 축적"(여기서 이 이름을 그대로 쓰지만 이제는 전혀 다른 과정을 지칭한다)에 대한 연구에서는 **역사**와 **전사** 모두가 논점이다. 우선 **역사**가 논점이다. 왜냐하면 시초자본에 대한 부르주아 이론은 신화이자 회고적 구축에 불과하다는 점, 그리고 "전유 법칙" 안에서 표현되면서 자본주의적 생산구조에 입각하는 현행 구조의 투사임이 매우 분명하다는 점이 발견되었기 때문이다. 그러므로 이 전유 법칙에 기입된 "기억"은 순전히 허구적이었음이 분명하다. 그 기억은 과거라는 형식 아래 현행의 상황을 표현했고, 이 상황의 실제 과거는 완전히 상이한—하나의 분석을 요청하는—다른 형식을 소유했다. 본원적 축적 연구는 역사에 의한 기억의 대체이다. 이 연구가 우리로 하여금 자본의 기원에 있는 다른 세계를 발견하도록 한다는 뜻에서는 **전사**가 중요한 논점이다. 자본의 발전 법칙에 대한 인식은 여기서 우리에게 아무런 유용함도 없는데, 왜냐하면 동일한 조건에 종속되지 않는 완전히 상이한 과정이 논점이기 때문이다. 이렇게 하나의 완전한 단절이 나타나는데, 이 단절은 이론 안에서, [그리고] 자본(자본주의 사회관계) 형성의 역사와 자본 자체의 역사 사이에서 반영된 단절이다. 이처럼 자본주의의 기원들의 실제 역사는 기원들의 **신화**와 상이할 뿐 아니라, 그 역사의 조건과 설명 원리에서도 우리에게 자본의 **역사**로 나타나는 그것과는 상이한데, 그 역사는 전사, 달리 말해 어떤 다른 시대의 역사인 것이다.

그런데 이런 규정들이 우리에겐 전혀 모호하지도 불가사의하지도 않은데, 왜냐하면 우리는 어떤 다른 시대라는 것이 곧 **어떤 다른 생산양식**임을 알기 때문이다. 마르크스의 역사 분석을 따라 그것을 봉건적 생산양식이라 부르되, 그렇다고 생산양식들의 필연적이고 단일한 연쇄의 법칙 따위를 긍정하지는 말자. "생산양식" 개념 안에는 우리가 그런 법칙을 즉각 긍정하도록 용인하는 것이 전혀 없기 때문이다. 비록 생산양식의 본성이 정말로 변이되는 결합combinaison variée이라는 데 있다 하더라도 말이다. 실재하는 전사를 자본의 기원들의 역사 안에서 식별해낸다는 것은 곧 이 전사와 봉건적 생산양식의 역사—자본주의 생산양식의 역사와 마찬가지로 그것의 구조 개념에 의해 인식될 수 있는 역사—사이의 관계라는 문제를 제기하는 것임을 우리는 안다. 달리 말해, 우리는 이 전사가 봉건적 생산양식의 역사와 동일시되는지, 아니면 단순히 의존적이면서 구별되기까지 하는지를 따져봐야 한다. 이 문제의 조건들 전체를 마르크스는 이렇게 요약한다.

자본주의 체계의 바탕에는 생산자와 생산수단의 근원적 분리가 있다. 이러한 분리는 자본주의 체계가 일단 확립되고 난 뒤부터는 점점 더 큰 규모로 재생산된다. 하지만 저 분리가 이 체계의 기반을 이루는 만큼, 이 체계는 저 분리 없이는 확립될 수 없을 것이다. 이 체계가 등장하기 위해 필요한 것은, 적어도 부분적으로는, 생산수단을 사용하여 자기 노동을 실현하는 생산자에게서 생산수단이 이미 단도직입적으로 박탈되어 있을 것과, 생산수단을 사용하여 타인 노동에 편승하는 상품생산자가 생산수단을 이미 장악한 상태일 것이다. 노동을 그 외재적 조건들과 떼어놓는 **역사적 운동**, 바로 이것이야말로 부르주아 세계의 전사 시대에 속하기 때문에 "시초"라 불리는 축적의 진상인 것이다.

자본주의의 경제질서는 봉건적 경제질서의 태내에서 나온다. 하나의 해체가 다른 하나의 구성적 요소들을 풀어놓았다.[103]

이 문제를 마르크스는 몇몇 동일한 방법론 텍스트에서 여러 번 재론했는데 그 텍스트들의 내용을 분석하려면 그것들을 한곳으로 모아야 한다. 『자본』 안에서 1권 8편(「본원적 축적」) 말고도 3권의 「상업자본에 관한 역사적 개요」, 「전 자본주의 시기에 관한 노트」, 「자본주의 지대의 발생」이 그 텍스트들이다. 이런 분산이 우연이 아님을 우리는 보게 될 것이다. 특히 본원적 축적을 다룬 8편을 일러 마르크스는 "소묘"라 했는데,[104] 우리는 동일 주제에 관한 다양한 준비 초고들을, 무엇보다도 이미 인용한 텍스트 「선행하는 형태들」을 참조할

103 *Le Capital*, III, pp. 154~155 [『자본』, I-2, 963쪽].
104 *Le Capital*, III, p. 156.

수 있다.

이 모든 연구는 **회고**라는 공통 형식을 갖는다. 하지만 어떤 의미에서 그런지를 정확히 해야 하는데, 왜냐하면 본원적 축적이라는 부르주아 신화의 회고적 투사 형식을 방금 [우리는] 비판했기 때문이다. 본원적 축적 연구를 이끌어가는 실마리가 자본주의 구조 분석에 의해 구별된 그 요소들 자체임은 앞의 텍스트[「선행하는 형태들」]에서 명확하다. 그 요소들은 "노동자와 생산수단의 근원적 분리"라는 핵심에 담겨 있다. 따라서 분석은 회고적인데, 이는 이 분석이 자본주의 구조 자체를 역으로 투사한다는 의미에서도 아니고, 제대로 설명해야만 하는 그것을 분석이 오히려 전제한다는 의미에서도 아니고, 어디까지나 분석이 운동의 **결과**에 대한 인식에 의존한다는 의미에서다. 바로 이러한 조건에서 분석은 경험주의에서 벗어나며, 자본주의 발전에 단지 선행할 뿐인 사건들의 열거에서 벗어난다. 분석은 어떤 구조와의 본질적 연관에서 출발함으로써 통속적 묘사에서 벗어나는데, 이 구조는 "현행의"(자본주의 체계의 구조를 그 향유의 현행성 안에서 말하고자 한 것인데) 구조인 것이다. 본원적 축적에 대한 분석은, 좁은 의미에서, **자본주의 생산양식의 구조를 구성하는 요소들의 계보학**일 뿐이다. 이 운동은 「선행하는 형태들」의 텍스트 구축에서 특히 명료한데, 이 텍스트는 두 개념의 작용에 의존한다. 하나는 자본주의 생산양식의 구조에서 출발하여 사유되는 그 양식의 **전제들**(Voraussetzungen)이라는 개념이고, 다른 하나는 이 전제들이 충족되는 상태인 **역사적 조건들**(historische Bedingungen)이라는 개념이다. 상이한 생산양식들에 대해 소묘되는 역사가 이 텍스트에서는, 그 생산양식들의 연쇄와 변형에 대한 진정한 역사라기보다는, 노동자와 생산수단의 분리 및 처분 가능한 가치 총합으로서의 자본의 구성이 완수된 길들에 대한 일종의 역사적 **조사**이다.

본원적 축적 분석은 이런 점에서 보자면 하나의 파편화된 분석이다. 요컨대 계보학은 포괄적 결과로부터 출발해 이루어지는 것이 아니라, 요소별로 나뉘어 이루어진다는 것이며, 특히 이 분석은 자본주의 구조에 들어온 **두 가지** 주요 요소의 형성을 따로 고찰하는데, "자유로운" 노동자(생산자와 생산수단의 분리의 역사)와 자본(고리대금과 상인 자본 등등의 역사)이 그 요소들이다. 이런 조건들 안에서, 본원적 축적 분석은 선행 생산양식(들)의—구조에 의해 인식된—역사와 합치되지 않으며, 결코 합치될 수도 없다. 두 요소가 자본주의 구조 안에서 갖는 분리 불가능의 통일성은 이 분석에서는 소거되며, 선행 생산양식에 속하는 유사한 통일성으로 대체되지도 않는다. 이런 이유로 마르크스는 이렇게 쓴다. "자본주의의 경제질서는 봉건적 경제질서의 태내에서 나온다. **하나의 해체가 다른 하나의 구성적 요소들을 풀어놓았다**." 하나의 해체는, 다시 말해 그것의 구조의 필연적 진화는 다른 하나가 그것의 개념 안에서 구성되는 것과 동일시되지 않는 것이다. 요컨대 이행은 구조의 층위에서 사유되는 대신 요소의 층위에서 사유된다. 이런 형식은 왜 우리가 이론적 의미에서의 진정한 역사를 목도하는 것이 아닌지를 설명해준다(왜냐하면 우리가 알고 있듯 그러한 역사는 요소들이 구조와의 관계에서 갖는 의존성을 사유함으로써만 만들어질 수 있기 때문이다). 하지만 이런 형식은 우리가 매우 중요한 사실—자본주의 구조의 상이한 요소들의 형성의 상대적 독립성과, 이 형성의 **역사적 길들의 다양성**—을 발견할 수 있도록 해주는 조건이기도 하다.

자본주의 생산구조의 구성에 필수적인 두 요소는 상대적으로 독립적인 저마다의 역사를 갖는다. 다음은 「선행하는 형태들」에서, 노동자와 생산수단의 분리의 역사를 검토하고 난 뒤 마르크스가 쓴 대목이다.

> **한 측면에서,** 이 모든 것이 역사적 선결조건들을 구성하니, 그리하여 노동자는 대상성이 없는 순수하게 주관적인— 생산의 대상적 조건들을 마주하는— 노동력으로서의 자유로운 노동자로 발견된다. 생산의 대상적 조건들이 그에게는 **비-소유라**는 형태들이고, 타인의 소유라는 형태들이며, 대자적으로 실존하는 가치인 자본이라는 형태들이다. 하지만 **다른 측면에서,** 노동자가 **자신을 마주하는 자본을** 발견하려면 과연 어떤 조건들이 필수적인가를 묻는 질문이 제기된다.[105]

더 정확하게는, '**화폐**-자본 형태로 자신을 마주하는 자본을 발견하려면'이라고 해야 한다. 그래서 마르크스는 두 번째 요소인 화폐-자본 형태의 자본의 구성의 역사로 나아가며, 이 두 번째 계보학은 『자본』에서 각각 상인자본과 이자 낳는 자본을 다룬 장들에 이어, 다시 말해 자본주의 구조의 구성에 필수적인 요소들을 그 구조의 내부에서 일단 분석된 뒤에 재론될 것이다. 노동자와 생산수단의 분리의 역사는 우리에게 화폐-자본을 주지 않는다("우리는 자본가들이 기원적으로 어디에서 오는지를 아직 모른다. 왜냐하면 농민에 대한 수탈이

105 *Grundrisse*, p. 397.

직접적으로 발생시키는 것은 대토지 소유자들뿐임이 분명하기 때문이다").[106] 화폐-자본의 역사라는 측면에서는 우리에게 "자유로운" 노동자가 주어지지 않는다(마르크스는 이것을 『자본』에서 두 번, 즉 상인자본과 관련해 한 번,[107] 그리고 금융자본과 관련해[108] 한 번 언급하며, 「선행하는 형태들」에서는 이렇게 쓰고 있다.

> 자산이 단순히 화폐로 실존하고 심지어 일종의 "패권"을 잡게 된다 해도 이것만으로는 이처럼 해체되어 자본으로 되는 일이 벌어지기에 전혀 충분치 않다. 만약 그랬다면 고대 로마와 비잔틴이 자유로운 노동과 자본을 확보하여 자신들의 역사를 성취했을 수도, 혹은 새로운 역사를 시작했을 수도 있다. 거기서도 역시, 낡은 소유관계 해체는 화폐자산과 상업 등등의 발전으로 연결되었다. 하지만 이러한 해체는 산업으로 귀착되는 대신 "사실상" 도시에 대한 농촌의 지배로 귀착되었다…. (자본의) 기원적 형성은 단지 다음 사실 덕분에 일어난다. 화폐자산으로 실존하는 가치가 낡은 생산양식 해체라는 역사적 과정에 의해 한편으로는 노동의 대상적 조건들을 구매할 수 있게 되고 다른 한편으로는 자유로워진 노동자들의 산 노동 자체를 상대로 화폐와 교환할 수 있게 된다는 사실 말이다. **이 모든 계기는 주어진 것들이다. 요컨대 그것들의 분리 자체가 하나의 역사적 과정으로서의 해체과정이며, 바로 이 역사적 과정 덕분에 화폐가 자본으로 변신할 수 있게 되는 것이다.**[109]

---

106 *Le Capital*, III, p. 184[『자본』, I-2, 997쪽].
107 *Le Capital*, VI, pp. 334~336[『자본』, Ⅲ-1, 429쪽].
108 *Le Capital*, VII, p. 256[『자본』, Ⅲ-2, 813~814쪽].
109 *Grundrisse*, pp. 405~406.

달리 말하자면, 자본주의 구조가 결합하는 요소들은 상이하고 독립적인 기원을 갖는다. 자유로운 노동자와 유동적 자산을 만들어내는 것이 단일하고 동일한 운동은 아니다. 도리어 마르크스가 분석한 사례들에서 자유로운 노동자의 형성이 주로 농업구조의 변형이라는 형태 아래 나타난 반면 자산의 구성은 상인자본 및 금융자본과 관련되는 사실이며 이러한 흐름은 이 구조의 바깥에서, "주변에서" 또는 "사회의 구멍들에서" 일어난다.

일단 구성된 자본주의의 구조가 갖는 통일성이 그 구조 이전에서도 확인되는 것은 아니다. 생산양식의 전사에 대한 연구가 계보학이라는 형식을 취할 때, 다시 말해 그 연구가 **자체적으로 제기하는 질문 안에서**, 구성된 구조의 요소들에 그리고 이 요소들의 식별에—이 식별은 구조가 자신의 복합적 통일성 안에서 구조로 인식되는 것을 필요로 하는데—명시적으로 엄밀하게 의존하고자 할 때, 바로 이럴 때 전사는 결코 구조의 순수하고 단순한 회고적 투사일 수 없다. 이를 [계보학적 연구를] 위해서는 이 요소들—자신들의 접속의 결과로부터 식별되는 요소들—과 역사적 장의 마주침이 생산되었고 엄밀하게 사유된 것으로 충분하다. 이 역사적 장 안에서 이 요소들의 고유한 역사가 사유되어야 하며, 이 역사적 장은 **다른** 생산양식의 구조에 의해 정의되기 때문에 **그 개념에 있어** 저 결과와 아무 관련이 없다. (선행 생산양식에 의해 구성되는) 이 역사적 장 안에서, 계보학이 만들어지는 요소들은 "주변적인", 다시 말해 **규정적이지 않은** 상황에 놓여 있음은 분명하다. 생산양식들이 결합의 **변이들**로서 구성된다고 말하는 것, 그것은 생산양식들이 의존의 질서들을 도치시킨다고, (이론의 대상인) 구조 안에서 일부 요소들을 지배의 자리로부터 역사적 종속의 자리로 보낸다고 말하는 것이기도 하다. 나는 문제설정이 이런 형식 아래 완전하며 우리를 해법의 문턱까지 데려간다고 말하는 것이 아니다. 다만 이렇게 해서 최소한 마르크스가 이데올로기의 길들을 통과하는 도중에 그 길들을 모조리 명시적으로 닫아버리면서 본원적 축적 분석을 실천한 그 방식으로, 우리가 그 문제설정을 끌어낼 수는 있겠다는 것이다.

하지만 벌써 이 지점에서 우리는 또 다른 귀결을 도입할 수 있다. 요컨대 본원적 축적 분석은, 그것의 계보학적 형식 아래, 구조 형성과정의 기본적 특성에 적합하다는 것이다. 구조의 요소들이 구성되는 역사적 길들, 이 요소들이 접속하여 이러한 (생산양식의) 구조를 구성해내는—그 구조에 의존하며 그 **구조의 효과들로 됨**으로써 그렇게 구성해내는—그 지점까지 다다르는 역사적 **길들의 다양성**이 바로 그 특성이다(그러므로 상인자본과 금융자본이라는 형태는 자본주의 생산양식이라는 "새로운 기반" 위에서만 비로소 좁은 의미에서의 자본 형태가 된다[110]). 앞에서 거론했던 용어들을 재차 원용하자면, **전제들**의 동일한 앙상블이 여러 계열의 **역사적 조건**과 조응한다. 우리가 여기서 다루는 논점은 『자본』 1권에서 마르크스의 분석이 그 모든 정밀한 신중함에도 불구하고 그 논점을 오인케 할 수 있었기에 그만큼 중요하다. 명시적으로 이 분석은 서유럽의, 주로는 잉글랜드의 역사에서 마주치는 본원적 축적의 **일정한** 형태들 및 무엇보다도 "방법들"에 대한 분석이다. 마르크스 자신이 베라 자술리치Vera Zassoulitch에게

110 *Le Capital*, VI, pp. 335~336과 VII, p. 256을 보라[『자본』, III-2, 817~819쪽].

보낸 1881년 3월 8일 편지에서 그 논점을 아주 명쾌하게 설명했다(이 편지의 상이한 초안들을 읽어볼 필요가 있다). 구조 구성의 과정은 여럿인데, 이것들이 **모두 동일한 결과**에 다다른다. 그 과정들의 특수성은 그 과정들이 처해 있는 역사적 장의 구조에, 다시 말해 기존 생산양식 구조에 매번 의존한다. 마르크스가 잉글랜드 사례 위에서 묘사한 본원적 축적 "방법들"을, 그 경우에 지배적 생산양식(봉건적 생산양식)의 종별적 특성들에 연결시켜야 한다. 그리고 특히 경제외적(사법적·정치적·군사적) 권력의—내가 앞에서 짧게 봉건적 생산양식의 종별성 안에서 어떻게 정립되었던가를 환기시켰던 그 권력의—체계적 활용과도 연결시켜야 한다. 더 일반적으로는 변형과정의 결말이 역사적 환경의 성격에, 기존 생산양식의 성격에 의존하는데, 마르크스는 이를 상인자본과 관련하여 보여준다.[111] 「선행하는 형태들」에서 마르크스는 자유로운 노동자가 구성되는 것의(생산자와 생산수단 분리의) 구별되는 **세 형태**를 묘사하는데, 상이한 역사적 과정들을 구성하는 이 형태들은 종별적인 선행 소유형태들에 조응하며, 상이한 형태들에 대한 그만큼의 "부정들"로 지목된다.[112] 나중에 『자본』에서 이런 열거가 원용되는데, 그는 화폐-자본 구성의 구별되는 세 형태를 유사하게 묘사한다(이 형태들은 분명히 전술한 형태들[자유로운 노동자가 구성되는 것의 세 형태]과 일대일로 조응하지 않는다).

그러므로 여기에는 삼중의 이행이 있다. **첫째,** 상인이 직접 기업가가

111 *Le Capital*, VI, pp. 339~340[『자본』, Ⅲ-1, 433~444쪽].

112 *Grundrisse*, pp. 398~399.

되는 것. 이것은 상업에 기초한 수공업에서 일어나는데, 무엇보다도 사치품 관련이 그러한바, 15세기에 콘스탄티노플에서 이탈리아로 들여왔듯이 상인들은 해외로부터 원재료 및 노동자도 포함하여 이런 사치품을 들여온다. **둘째,** 상인이 소규모의 점주들을 중간상인middlemen으로 삼거나 또는 아예 독립 생산자에게서 직접 구입하는 것. 이 경우에 상인은 생산자를 명목상 독립적으로 두고 그의 생산 방법을 건드리지 않는다. **셋째,** 기업가가 상인이 되어, 상업을 목적으로 직접 다량의 생산을 한다.[113]

(아마 고리대 형태를 여기에 추가해야 할 것인데, 이 형태가 이자 낳는 자본의 전사와 자본구성과정들 중 하나를 구성한다.)

자본 구성 과정들의 상대적 독립성과 역사적 변이는 마르크스에 의해 한마디로 집약된다. 구조의 구성은 "발견"trouvaille이라는 것. 자본주의 생산양식은 이 생산양식의 구조가 결합하는 요소들을 다 형성된 상태로 "발견함"vorfinden으로써 구성된다(「선행하는 형태들」). 이 "발견"에는 분명히 어떤 우연도 내포되지 않는다. 발견이라 함은, 자본주의 생산양식의 형성은 이 형성에 필요하고 이 형성이 "발견하고" 이 형성이 "결합하는" 그 요소들의 기원 및 발생과는 전적으로 무관하다는 의미다. 그러니 내가 그 운동을 되새긴 논증은 하나의 원환으로 닫히는 것이 불가능하다. 요컨대 계보학은 발생의 이면이 아닌 것이다. 계보학은 구조와 구조 형성의 역사를 통합하는 대신에 결과

113 *Le Capital*, VI, pp. 343~344[『자본』, Ⅲ-1, 439~440쪽].

를 이 결과의 전사와 **분리**한다. 낡은 구조는 스스로를 변형했던 것이 아니라, 도리어 구조 그 자체로서는 정말로 "소멸"했다("요컨대 동업조합 체계와 장인과 직인은 자본가와 노동자가 들어서는 그곳에서 소멸한다").[114] 본원적 축적 분석은 역사를 특징짓는 근원적인 **기억 부재**의 현존 안에 우리를 놓는다(기억이란 미리 규정된 특정 장소—이데올로기, 심지어는 법—에서의 역사의 반영에 불과하며, 그러한 것이기에 전혀 충실하지 않은 것이다).

2. 생산양식의 경향과 모순

나는 여기서 본원적 축적에 대한 이 분석을 (그 모든 귀결을 끌어낸 것은 아니지만) 미뤄두고, 자본주의 생산양식의 해체라는 두 번째 계기(이는 여기서 우리에게 패러다임 구실을 한다)로 넘어가겠다. 이 두 번째 분석에 포괄되는 것은, 자본주의 생산양식의 역사적 **경향**, 그 **모순**의 고유한 운동, 그 구조의 필연성 안에 내포된 **적대들**의 발전, 사회적 생산의 새로운 조직화 요청에 대해 그 구조에서 발견될 수 있는 것 등등과 관련해 마르크스가 우리에게 주는 모든 것이다. 내가 말한바, 이 두 분석이 **원리적으로** 동일 성격의 대상(한 생산양식에서 다른 생산양식으로의 이행)을 지닌다는 것이 진실이라면—「자본주의 생산양식의 역사적 경향」[115] 텍스트가 완벽하게 명시한 대상의 동일성—,

114 *Grundrisse*, p. 405.
115 *Le Capital*, III, pp. 203~305 [『자본』, I-2, 1020~1023쪽].

이 두 분석이 마르크스에 의해 상이하게 다루어진다는 점 역시 분명하다. 차이는 문장의 실현에만 있는 것이 아니다(한 측면에는—본원적 축적과 관련하여—매우 확장적이고 상세하지만 서술의 본체와 따로 돌며 겉으로 보기에 덜 체계적인 역사 연구가 있고, 다른 한 측면에는—자본주의 해체와 관련하여—간명한 개요이지만 일반적 용어들로 정식화되어 있고 자본주의 생산양식 분석과 유기적으로 연결된 것이 있다). 또한 차이는 보완적인 두 가지 이론적 상황도 표현한다. 하나의 이론적 상황은, 계보학적으로 되짚어야 할 요소들을 우리가 식별해냈지만, 이 요소들의 개념이라는 면에서 우리에게는 이 요소들의 무대인 역사적 장(선행 생산양식의 구조)에 대한 인식이 없다는 것, 다른 하나의 이론적 상황은, 우리가 이 역사적 장(자본주의 생산양식 그 자체)에 대한 인식을 갖고는 있으나 오직 그것만 갖고 있다는 것이다. 완전한 문제설정을 정식화하기에 앞서 우리는 두 번째 예비적인 독해를 실행할 필요가 있다.

처음에 우리가 할 수 있는 일은 마르크스가 사회적 총자본의 층위에서 분석한 여러 "운동들" 사이에 엄밀한 이론적 등가성을 확립하는 것이다. 자본의(생산수단 **소유**의) 집적, (과학의 적용과 협업의 발전에 의한) 생산력의 사회화, 자본주의 사회관계의 생산부문 전체로의 확장과 세계시장 형성, 산업예비군 구성(상대적 과잉인구), 평균이윤율의 점진적 저하 등이 그 운동들이다. 자본주의적 축적의 "역사적 경향"과 그 원리상 동일시되는 것은 3권에서 분석된 "경향적 법칙"인데, 마르크스는 이것을 "자본주의 생산의 실제 경향"이라 부르며 이렇게 쓰고 있다.

일반이윤율의 점진적 저하 경향은 노동의 사회적 생산성의 진보를 표현하는, 자본주의 생산양식 고유의, 하나의 방식이다. (…) 자본주의 생산의 진보가 반드시 내포하는 것은 일반적인 평균 잉여가치율이 일반이윤율 저하로 나타난다는 점이다. 이는 자본주의 생산양식의 본질로부터 유래하는 자명한 필연성이다.[116]

사실상 평균이윤율의 경향적 저하는 자본의 평균적인 유기적 구성 증대—노동력에 지출된 가변자본에 견줘 생산수단에 지출된 불변자본이 증대되는 것—의 무매개적 효과일 따름이며, 이는 축적의 고유한 운동을 표현한다. 이 모든 운동이 이론적 등가성을 갖는다고 말하는 것은 이 운동들이 동일한 경향의 상이한 표현들로, 단지 『자본』의 (논증) **서술순서**와 관련된 필요 때문에 따로 떨어지고 별도로 서술되었노라 말하는 것이다. 하지만 그것들의 분리는 그 어떤 연쇄도 표현하지 않는다. 오히려 개념들의 **체계**라는 관점에서는 그것들이 구조 분석의 동일 계기인 것이다.

이 운동은 마르크스가 자본주의 생산양식에 고유한 **모순의 발전**이라고 부르는 그것에 다름 아니다. 우선은 매우 일반적으로, 생산력의 사회화(자본주의 생산양식 안에서 생산력 발전을 정의하는 것)와 생산관계의 특성(생산수단의 사적 소유) 사이의 모순으로 정의되는 이 모순은, 자본주의 **생산양식에 고유한 형태들 안에서**, 생산된 가치들인 이윤의 **총량** 증대와 그 **비율** 감소 사이의 모순으로 종별화된다. 그

116 *Le Capital*, VI, p. 227 [『자본』, Ⅲ-1, 285쪽].

런데 이윤 추구가, 자본주의 생산양식에서는, 생산 발전의 유일한 동력이다.

도대체 그것은 어떤 운동인가? 우리가 그 운동을 체계의 **동역학**이라고 정의할 수 있다면 그에 비해 생산양식 구조를 구성하는 복합적 결합에 대한 분석은 **정역학**의 기능을 충족하는 것으로 보인다. 이 개념쌍은 그 운동이 오로지 구조의 내적 연관들에만 의존하는 한에서, 그 운동이 이 구조의 **효과**인 한에서, 다시 말해 **시간 안에서의 구조의 실존**인 한에서, 그 운동에 대해 규명하는 것을 실제로 가능케 한다. 그 운동에 대한 인식에는, 사고되는 역사적 생산양식에 고유한 형태 안에서의 생산 및 재생산 개념 이외에 어떤 개념도 내포되지 않는다. 그렇기에 "모순"은 구조 자체에 다름 아니며, 마르크스가 말하듯 모순은 구조에 "내재적"이다. 하지만 역으로 보자면 모순은 스스로 동역학을 수반한다. 요컨대 모순은 구조의 시간적 실존 안에서만 비로소 모순이 되는 것, 다시 말해 모순적 효과들을 생산하는 것이다. 따라서, 마르크스 역시 그렇게 하듯이, 모순은 자본주의의 역사적 운동 안에서 "전개"된다고 말하는 것이 전적으로 정확하다.

그러므로 우리가 검토해야 할 질문은 이렇게 정식화될 수 있다. 구조의 동역학은 동시에—동일한 "시간" 안에서—**구조의 역사**인가? 달리 말하자면 이 운동은 동시에 자본주의의 **역사적 장래로 향하는** 운동인가? (그리고 더 일반적으로 말하자면, 사고되는 생산양식의 장래를 향하는 것인데, 왜냐하면 각각의 생산양식이 자신의 종별적 "모순"을, 다시 말해 "노동의 사회적 생산성의 진보를 표현하는 (…) 고유한 방식"을 갖기 때문이다.) 정역학이 동역학과 맺는 관계가 우리에게 모순의 전개를 구조의 효과들이 생산되는 운동 자체로 여기는 것을 용인하기 때문에, 우리는 모순의 전개가 모순 극복의 "동력"을 구성한다고 말할 수 있는 것인가? 이러한 동역학과 역사 사이에서 우리가 찾는 동일성—또는 차이—은 분명히 **개념들의 동일성**이며, 그래서 이 동일성은 단순한 경험적 시간성이 사실 그 자체에 의해 제공하는 합치에 머물 수 없다. 물론 모순의 전개가 어떤 연쇄의 연대기 안에 기입된다면 바로 그 전개가 이러한 역사이긴 하다. 도리어 우리가 건설하고자 하는 것이 두 개념의 관계이기 때문에, 마르크스의 텍스트는 가장 명시적인 개념(구조발전의 동역학)에서 출발하여 다른 개념(구조의 역사적 장래)을 향해 가도록, 혹은 가고자 시도하도록 우리를 강제한다.

마르크스가 생산양식의 "모순적" 성격[이라는 표현]과 "경향"[이라는 표현]으로 이해한 것을 우리가 더 정확히 규정하고자 한다면, 우리는 그의 반복되는 정식화들에 의해 구조와 구조의 효과들의 관계라는 문제 앞에 놓이게 된다. "경향"은 실효성의 제한, 감소, 연기, 왜곡으로 정의된다. 경향은 하나의 법칙인데, "[이 법칙의] 통합적 실현은 이를 방해하는 원인들에 의해 중단되고 약해지며 느려지거나"(entgegenwirkende Ursachen),[117] 또는 심지어 이 법칙의 효과들이(Wirkung, Verwirklichung, Durchführung) 상반되는 이 원인들에 의해 소거(aufheben)[118]된다. 경향의 특성은 이렇듯 우선 법칙의 어떤 결함으로 나타나지만, 이 외생적 결함은 법칙에 의존하지 않는 외부 정황이라는 장애로 인해 초래된 것으로 그 기원이 (지금으로서는) 설명 불

117 *Le Capital*, VI, p. 247 [『자본』, Ⅲ-1, 311쪽].
118 *Le Capital*, VI, p. 245 [『자본』, Ⅲ-1, 308쪽].

가능하다. 상반되는 원인들의 외부성은 이 원인들의 고유한 실효성이 순전히 부정적이라는 것을 정당화하기에 충분하다. 이 원인들의 개입 결과는 법칙 자체의 결과 및 법칙의 효과들의 성격이 아니라 단지 그 효과들의 생산의 연대기를 **변경**할 따름이다. 그러니 우리는 경향은 **장기적으로**만 실현되는 것으로, 경향을 지연시키는 원인들은 발전과정의 본질을 **가릴** 뿐인 일군의 경험적 정황들로 간명하게 정의하도록 이끌린다. "이렇듯 법칙은 경향이라는 형식으로만 작용하며, 경향의 효과는 규정된 정황 안에서만 그리고 장기적으로만 놀라운 방식으로 나타난다"라고 마르크스는 쓴다.[119]

이러한 정의는 만족스럽지 않은데, 왜냐하면 이 정의의 경험론적이고 기계론적인 특성 탓에 이 정의는 마르크스가 경제학자들을, 특히 리카도를 비판했던 그것으로 정확히 되돌아가기 때문이다. 어떤 구조의 통일성 안에서 공통의 기원을 발견하지 못해 이른바 독립적이라고 일컬어지는 "요인들"에 대한 연구, 정치경제학의 "대중적" 또는 "통속적" 측면에 속하는 연구가 그것이다. 이 정의는 또한 마르크스가 생산의 **법칙 자체**를 지칭하기 위해, 또는 생산의 운동이 생산의 구조에 의존하는 한에서 이 운동의 법칙을 지칭하기 위해 사용하는 경향이라는 용어의 체계적 용법을 오인한다. 『자본』 1판 서문에서 마르크스는 이렇게 쓰고 있다.

여기서 논점은 자본주의 생산의 자연적 법칙들이 낳는 사회적 적대들

119 *Le Capital*, V, p. 251 [『자본』, Ⅲ-1, 317쪽].

> 의 다소간 완전한 발전이 아니라, **이 법칙들 자체,** 철의 필연성으로 현현되고 실현되는 **경향들**이다.[120]

마찬가지로 1권에서, 상대적 잉여가치 생산의 법칙을 정식화하면서는 이렇게 쓴다.

> 이 일반적 결과를 여기서 우리는 마치 무매개적 결과이자 직접적 목표인 듯 다룬다. 어떤 자본가가 노동생산력을 증대시켜 셔츠 가격을 낮출 때, 그럼으로써 노동력의 가치를 감소시키고 노동일 중에서 노동자가 자신을 위해 일하는 부분을 단축시키겠다는 의도가 그에게 꼭 있는 것은 아니다. 하지만 결국은 이런 결과에 기여해야만 그는 일반적 잉여가치율 상승에 기여한다. 자본의 일**반적이고 필연적인 경향들**(Tendenzen)은 이 경향들이 나타나는 형태들(Erscheinungsformen)과 구별되어야 한다.
> 여기서 우리가 검토할 필요가 없는 것은 자본주의 생산의 **내재적 법칙들**(immanente Gesetze)이 어떻게 자본들의 외재적 운동 안에서 나타나는가, 경쟁의 강제적 법칙들로 평가되는가, 그럼으로써 자본가들에게 그들의 사업 동기로 관철되는가이다.[121]

여기서는 마르크스가 "외양들" 및 "표면"적 현상들의 영역에 필연적으로 속하는 외부 정황들로 인한 법칙의 제한이 **아니라 법칙 그**

---

120 *Le Capital*, I, 18[『자본』, I-1, 45쪽].
121 *Le Capital*, II, 10[『자본』, I-1, 441~442쪽].

자체를 외생적 정황 일체와 무관하게 "경향"이라고 지칭하는 것임이 명백하다. 만약 마르크스의 어휘가 여기서 엄밀하다면, 생산의 발전 법칙(이윤율 저하 등등으로 자신을 나타내는 것)이 외부에서 제한된다는 것은 첫눈에 보이는 외양일 뿐이라고 생각할 수 있다.

그런데 경향의 실현에 장애를 초래하는 이 "원인들"을 하나하나 검토해보면, 우리는 그것들이 모두 구조의 무매개적 **효과들이거나 아니면** 이 원인들의 효과들의 변이에 한계들(Grenzen)을 고정하는 구조에 의해 **규정되는 것들**임을 알게 된다. 전자에 해당하는 것들은 착취 강도의 증대, 기존 자본의 가치저하, 상대적 과잉인구와 그 저발전 생산부문으로의 그 인구의 쏠림, 생산규모의 확대(와 해외시장의 창출)이다. 반면에 임금의 자기 가치 이하로의 축소는 후자에 해당한다. 그런데 구조의 무매개적 효과들에 해당하는 모든 원인의 고유함은 **양가성**이다. 그러므로 법칙의 작용을 방해하는 이 모든 원인은 동시에 법칙의 효과들을 생산하는 원인이기도 한 것이다.

> 잉여가치율을 상승시키는 바로 그 원인들이(노동시간의 연장 자체가 대공업의 결과이다) 주어진 자본에 의해 고용된 노동력을 축소하는 경향도 있기 때문에, 그 원인들은 이윤율을 감소시키는 동시에 이런 [이윤율] 저하 운동의 속도를 늦추는 경향을 갖는다.[122]

마찬가지로, 기존 자본의 가치저하는 노동생산성 증대와 결부

---

122 *Le Capital*, VI, p. 247 [『자본』, Ⅲ-1, 311쪽].

되며, 노동생산성 증대는 불변자본 요소들의 가격을 낮추면서 불변자본의 가치가 질료적 크기와 같은 비율로 성장하지 못하도록 막는다. 일반적으로는, 사회적 총자본을 사고한다면 "이윤율 저하를 촉발하는 바로 그 원인들이 반대 효과들도 유발한다."[123] 이 대목이 핵심적인데, 왜냐하면 이것 덕분에 우리가 발전 법칙의 **경향** 상태로의 환원은 이 법칙에 외재적 규정—이 법칙의 효과들의 연대기에만 영향을 미치는 규정—이 아니라, **그 효과들의 생산의 내생적intrinsèque 규정**이라는 점을 확증할 수 있기 때문이다. 상반되는 원인들의 효과는, 다시 말해 법칙 자체의 효과는 자본주의 생산의 역사적 효과들의 지체가 아니라, 이 효과들의 생산이 지니는 종별적 리듬의 규정이다. 이런 규정이 **부정적으로**("제한" 등등으로) 나타나는 것은 노동생산력의 "자유롭고" "무제한적인" 성장(자본의 유기적 구성 증대와 이윤율 저하를 수반하는)이라는 비역사적 절대성에 준거함에 의해서만 그러하다. 다시 한번 덧붙이자면, 상반되는 원인들의 외양적 외재성의 환원을 포함하는, 구조에 고유한 작용방식의 정의는 "자본의 총체성의 단순한 부분"[124]으로서의 사회적 자본을 사고하는 것—1권 및 2권 전반부의 이론적 지주—에, 다시 말해 내가 **재생산**과 관련하여 언급했던 이론적 "공시성" 안에서 자본을 사고하는 것에 연결된다. 일반적 평균이윤율의 실존과 수준을 확정할 수 있도록 해주는 마르크스의 모든 논증은 그러한 공시성(마르크스가 동시성이라고 말하는 것)에 입각하며, 부분 단위의 자본들을 총합하는 것은 정의상 그러한 공시성

---

123 *Le Capital*, VI, p. 251 [『자본』, Ⅲ-1, 317쪽].

124 *Le Capital*, VI, p. 233 [『자본』, Ⅲ-1, 294쪽].

안에서 가능하다. 그러므로 이렇게 묻지 않을 수 없다면, 요컨대 상응하는 가변자본 가치에 비례해 불변자본 가치가 증대되는 것을 생산수단 하나하나의 가격 저하가 과연 어느 정도 저해하는가를 묻지 않을 수 없다면, 그러한 법칙을 수립하기란 불가능해질 것이다. 일반이윤율 저하를 "방해하는 원인들"의 불순한 이론적 지위는, 구조의 **발전 법칙**이 논점인 한에서, 마르크스가 이 공시성을 명시적으로 사유하느라 겪는 곤란을 (내가 인용했던) 일부 정식들에서 부각할 뿐이다. 그럼에도 역시 원환은 마르크스에 의해 사실 닫혀버리는데, **왜냐하면 자본 간 경쟁을, 다시 말해 이윤의 균등화** 및 일반적 이윤율 형성이 **실효적으로 완수되는 메커니즘을 유발하는 것은 바로 이윤율의 경향적 저하이기** 때문이다.[125] (아울러 경쟁의 자리가 정확해지며 한정된다. 마르크스는 이 경쟁 메커니즘에 대한 분석을 자본 일반에 대한 분석에서 배제하는데, 왜냐하면 그런 분석은 경쟁이 수립되는 **층위**를 규정하지 못한 채 균등화를 확실시할 뿐이기 때문이다. 특수한 상품의 시장가격도 마찬가지다.) 효과들의 생산을 (기계적으로) 내포할 뿐 아니라 종별적 리듬에 따른 효과들의 생산을 내포하는 법칙인, 경향에 따른 구조 발전이 의미하는 바는 구조의 **내재적인 종별적 시간성에 대한 정의**가 구조 자체에 대한 분석에 속한다는 점이다.

따라서 우리는 경향이 어떤 점에서 "모순적"인지 이해할 수 있으며, 마르크스에게서 모순이 갖는 진정한 지위를 해명할 수 있다. 그 사이에 모순이 있는 **항들을** 마르크스는, **동일한 원인의 모순적 효과들**

125 *Le Capital*, VI, p. 269 [『자본』, Ⅲ-1, 337쪽].

이라고 정의한다.

> 자본주의 생산양식이 진보함에 따라, 노동의 사회적 생산성의 동일한 발전이 한편으로는 이윤율의 점진적 저하 경향으로 표현되고, 다른 한편으로는 자본가가 전유하는 잉여가치 즉 이윤의 절대적 양의 일관된 성장으로 표현된다. 그리하여 요컨대 가변자본과 이윤의 상대적 저하에 양자의 절대적 상승이 조응한다. 우리가 보여주었듯이, **이러한 이중 효과**(doppelseitige Wirkung)는 총자본의 성장으로만 설명될 수 있는데, 이 총자본 상승이 이윤율 저하의 진행보다 더 빠르다…. 이윤의 양이 두 요인에 의해, 처음에는 이윤율에 의해, 다음에는 이런 이윤율로 투하되는 자본의 양에 의해 규정된다고 말하는 것은 **순전히 동어반복이**다. 이어서, 이윤율이 동시에 저하됨에도 불구하고 이윤의 양은 증대될 **수 있다고** 주장하는 것은 이러한 동어반복의 한 형태일 뿐이고, 이는 우리 논의를 전혀 진전시키지 못한다…. 하지만 이윤율을 저하시키는 **바로 그 원인들이** 축적도, 다시 말해 부가적 자본의 구성도 촉진한다면, 그리하여 부가적 자본 전체가 보충적인 노동을 작동시켜 잉여가치를 더 많이 생산한다면, 게다가 이윤율의 단순한 저하에 내포되는 것이 과거의 자본 전체에서 유래한 불변자본의 증대라면, 그럴 때 이 모든 과정은 불가사의하지 않게 된다….[126]

(앞에서 이윤율 저하가 생산 규모의 확대로 인해 늦춰진다고 말한

126 *Le Capital*, VI, pp. 236~238[『자본』, Ⅲ-1, 297~299쪽].

것이나, 여기서 축적의 양이 이윤율 저하에 의해 상대적으로 줄어든다고 말하는 것은 분명 동일한 사태이다.) 이 매우 중요한 정의는 모순에 대한 경험주의적 사유(마르크스가 리카도라는 이름과 결부시키는 그것[127])를 거부하는 것과 모순의 역할을 제한하는 것을 동시에 수반한다. 고전파 경제학의 경험주의는 어떤 "평화공존" 안에서만, 다시 말해, 구별되는 현상들—예를 들자면 모순적인 두 경향이 번갈아 지배하는 연쇄적 발전"단계들"—의 상대적 자율성 안에서만, 모순적인 항들을 발견한다. 도리어 마르크스는 모순을 이루는 두 항의 **통일성**이라는 이론적 개념을 생산하는데(그는 이것을 여기서 다시 "**결합**"이라고 표현한다. "이윤율의 경향적 하락은 잉여가치율의 경향적 상승과, 따라서 노동착취도의 경향적 상승과 결합된다(ist verbunden mit)."[128] 다시 말해 그는 모순의 토대가 (자본주의 생산)구조의 본성 안에 있다는 인식을 생산한다. 고전파 경제학의 논증은 독립적인 "요인들"에서 출발하여 이루어지는데 이것들의 상호작용은 이런저런 결과를 유발"할 수 있"으며, 따라서 모든 문제는 이 변이들을 측정하는 것이고, 이 변이들이 다른 변이들과 경험적으로 관계 맺도록 하는 것이다(상품들의 가격 및 가치와 관련해서도 사정은 동일한데, 이 가치는 임금과 평균이윤 등등의 일정한 요인들의 변이에 의존하는 것으로 가정된다). 마르크스에게서 법칙(즉 경향)은 효과들의 크기의 **변이에 대한 법칙**이 아니라, 효과들 자체의 **생산에 대한 법칙**이다. 법칙은 **한계들**에 입각하여 이 효과들을 규정하는데, 이 한계들 사이에서 효과들의 변이

127 *Le Capital*, VI, p. 261 [『자본』, Ⅲ-1, 329쪽].
128 ❖ 『자본』, Ⅲ-1, 318쪽.

가 일어날 수 있지만, 한계들은 이 변이에 의존하지 않는다(임금과 노동일과 가격, 그리고 잉여가치 배분의 상이한 부분의 경우에도 사정은 동일하다). **구조의 효과들로 규정되는 것은 이 한계들뿐이며, 따라서 한계들은 변이의 평균 결과가 되는 대신에 변이에 선행한다**. 여기서 모순이 우리에게 주어지는 것은, 단일한 원인에서 출발하여 모순을 생산하는 법칙에 의한 것이지 모순의 결과(축적의 층위)의 변이 안에서가 아니다.

하지만 이러한 정의에는 또한 모순의 역할 제한이, 다시 말해 원인과의(구조와의) 관계에서 모순은 **의존**적이라는 상황이 수반된다. 요컨대 모순은 효과들 사이에만 있고, 원인 그 자체는 분할되지 않으며 적대라는 틀로 분석될 수 없다. 모순은 기원적이지 않고 파생적이다. 효과들은 일련의 특수한 모순들로 조직되지만, 이 효과들의 생산과정은 어떤 식으로도 모순적이지 않다. 예컨대 이윤 **총량**(따라서 축적 크기)의 증대와 그 **비율**(따라서 축적의 고유한 속도)의 감소는, 자본에 의해 생산수단의 양이 증대되는 그 단일한 운동의 표현인 것이다. 이것이 바로, 원인에 대한 인식에서, **모순은 외양**으로만 발견되는 이유이다. "**외양상으로만 모순적인** 두 사태 사이의 내재적이고 필연적인 접속을 일컬어 나는 법칙이라 하겠다."[129] 구조의 효과들을 생산하는 법칙을 정의하는 내재적이고 필연적인 접속은 논리적 모순을 배제한다. 이런 관점에서 보자면, "이중효과"란 법칙의 "양면"(zwieschlächtig)[130]일 뿐이다. 마르크스가 여기서 구조의 일정한 효과들의

129 ❖『자본』, Ⅲ-1, 299쪽.
130 *Le Capital*, VI, p. 233 [『자본』, Ⅲ-1, 293쪽].

모순에는 파생적이고 의존적이라는 특성이 있음을 표현하기 위해 다시 끌어온 용어가 『자본』 서두에서 상품의 허위적인 "형용" 모순을 지칭하는 것(이 논점에 관해서는 마슈레의 논문을 보라)이었음을 특히 주목해볼 만하다. 효과들 쪽에 있는 모순은 **단순**한 모순이며(항 대 항. 예컨대 상대적 과잉인구와 상대적 과잉생산 등등), 어떤 과잉결정을 구성하지는 않으면서 단지 축적의 크기에 대한 역효과들만을 갖는 여러 모순적 측면 또는 부분적 모순들로 **분배**되는 모순이다.

모순을 생산하는 원인이 그 자체로 모순적이지는 않거니와 모순의 결과는 언제나 일정한 **평형**인데, 심지어 이 평형이 어떤 **위기**의 매개에 의해 동요하는 때라도 그러하다. 모순이 구조의 운동 안에서 경쟁과 유사한 지위를 갖는 것임은 분명하다. 모순은 구조의 경향도, 구조의 한계들도 규정하지 않으며, 모순은 국지적이고 파생적 현상이고, 이 현상의 효과들은 구조 자체 안에서 미리 규정된다.

> 이 다양한 영향들이 때로는 공간 안에서 동시적으로, 때로는 시간 안에서 연쇄적으로 발휘된다. 적대적 요인들의 갈등은 주기적으로 위기들 안에서 명확해진다. 위기란 실존하는 모순들의 폭력적이고 일시적인 해법에 다름 아니고, 깨진 평형을 당장 재확립하는 폭력적 분출에 다름 아닌데 (…) 기존 자본의 주기적 가치저하는 자본주의 **생산양식에 내재된 수단**인데, 이윤율 저하를 멈추고 새로운 자본의 형성에 의해 자본-가치의 축적을 가속화하는 수단인데, 자본의 순환 및 재생산과정이 완수되는 주어진 조건들이 이런 수단으로 인해 혼란에 빠지며, 뒤이어 생산과정의 위기와 난폭한 중단이 동반된다….

이렇듯 도래한 생산 중단은 자본주의적 한계 안에서 생산의 차후 확대

를 준비할 것이다. 이런 식으로 원환이 다시 가동될 것이다.[131]

이렇듯 모순의 내생적 단일 결과, 즉 경제구조에 전적으로 내재적인 이 결과는 모순의 극복이 아니라 모순의 조건들의 영속을 향한다. 그 단일 결과가 자본주의 생산양식의 **주기**이다. (위기가 주기적인 이유는 총자본의 재생산이 고정자본의 회전에 의존하기 때문이지만,[132] 위기는 생산양식 전부가 부동의 운동으로 움직이는 그런 원환을 표현한다고 은유적으로 말해볼 수 있다.)

마르크스는 위기가 생산양식의 **한계들**limites(Schranken)을 현현시킨다고 다시 말한다.[133]

> 자본주의적 생산은 자신에게 내재적인 이 한계들limites(immanenten Schranken)을 넘어서길 부단히 지향하지만, 새롭게 더 압도적인 규모로 자기 앞에 동일한 장벽들barrières을 세우는 수단들을 구사함으로써만 그렇게 할 수 있다.
>
> 자본주의적 생산의 **진짜 장벽**barrière(die wahre Schranke)은 바로 **자본 자체이**다….[134]

생산양식의 운동(동역학)이 향하는 "한계들"은 단계의 문제, 도달해야 할 **문턱**의 문제가 아니다. 경향이 이 한계들을 넘어설 수 없다

131 *Le Capital*, VI, pp. 262~267 [『자본』, Ⅲ-1, 329~337쪽].

132 *Le Capital*, IV, 171 [『자본』, II, 231쪽].

133 이 **한계들**을 앞에서 언급한 **변이의 한계들**(Grenzen)과 혼동해서는 안 된다.

134 *Le Capital*, VI, p. 263 [『자본』, Ⅲ-1, 330쪽].

면, 이는 한계들이 경향에 내재적이라는 뜻이고, 그렇게 내재적이라 **전혀 마주치지 못한다**는 뜻이다. 경향은 자신의 운동에서 한계들을 운반하며, 한계들은 경향을 "단순한" 경향으로 만드는 바로 그 원인들과 합치된다. 다시 말하자면 한계들은 그 경향들의 실효적 가능조건들이기도 한 것이다. 자본주의 생산양식이 내재적 한계들을 갖는다고 말하는 것은, 생산양식이란 "생산양식 일반"이 아니라 **구획되고 규정되는** 어떤 생산양식임을 말하는 것일 뿐이다.

> … 생산력의 발전 안에서, 자본주의 생산양식은 부 자체의 생산과 아무 관련이 없는 어떤 한계를 발견한다. 아주 특수한 이 제한은 자본주의 생산 체계의 제한된(Beschränktheit), 순수하게 역사적이며 과도적인 특성을 증언(bezeugt)한다. 그것이 증언하는바, 이 체계는 부를 생산하는 절대적 양식이 아니고, 오히려 일정 수준에서(auf gewisser Stufe) 부의 발전과 갈등에 빠진다.[135]

(부라는 용어는 대부분의 경우에 엄밀하게는 사용가치의 동의어로 간주되어야 한다.)

이 한계들은 그것들의 효과를 우리가 경향의 규정 안에서 이미 마주친 바 있는 바로 그것들이다. 요컨대 부 자체의 생산양식은 존재하지 않는다는 것, 다시 말해 생산양식의 성격에 의존하는 생산력 발전의 규정된 유형만 존재한다는 것 말이다. 노동생산성 증대는 이 생

135 *Le Capital*, VI, p. 255[『자본』, Ⅲ-1, 321쪽].

산성을 상대적 잉여가치 형성의 수단으로 삼는 생산관계의 성격에 의해 제한된다. 잉여가치에 관해 말하자면 그것의 강탈은 노동생산성에 의해 제한된다(노동일 변이의 한계들 내부에서, 필요노동-잉여노동 비율은 매순간 이 생산성에 의해 주어진다). 여기서 우리가 재발견하는 것은 모순이 아니라 생산양식의 **복합성**인데, 나는 이 논문의 서두에서 이 복합성을 생산양식의 이중적 절합으로 정의했다("생산력", 생산수단 소유관계). 요컨대 생산양식의 내재적 한계들은 **두 연관의 상호제한**에 다름 아닌 것, 다시 말하면 생산력과 생산관계의 "조응" 또는 생산력의 생산관계로의 "실질적 포섭"이라는 형태인 것이다.

하지만 생산양식의 한계들이 생산양식에 내재적이라면, 이 한계들은 자신들이 긍정하는 것만 규정하고, 자신들이 **부정**하는 것(다시 말해 "절대적 생산양식"이나 "부 자체의" 생산양식이라는 관념을 통한 여타의 모든—자신들의 고유한 내재적 제한을 지니는—생산양식의 가능성)은 규정하지 못한다. 오직 이러한 의미에서만 이 한계들에는 다른 생산양식으로의 이행(기존 생산양식의 역사적이고 과도적인 특성)이 내포된다. 요컨대 이 한계들은 다른 생산양식과 출구의 필연성을 가리키지만, 이 생산양식 구획은 이 한계들에 절대 포함되지 않는 것이다. 이 한계들은 생산양식의 복합적 구조 내부에서 두 연관을 절합하는 "조응"으로 이루어지기 때문에, 이 한계들을 제거하는 운동은 조응의 제거를 내포한다.

따라서 한계들의 변형은 동역학의 시간에만 속하지 않음이 분명하다. 실제로 생산구조에 내재적인 효과들은 그 자체로는 한계들에 대한 그 어떤 문제화도 구성하지 못한다 하더라도(예컨대 위기라는 "메커니즘[에 의해], 자본주의 생산은 때때로 자신이 창출하게 되는 장애들을 자발적으로 제거한다"),[136] 이 효과들은 생산구조에 외재적인 **다른 결과**의 **조건들**("물질적 토대") **중 하나**일 수는 있다. 예컨대 이러한 다른 결과를 마르크스는 자신의 서술 가장자리에서 제시하는바, 생산의 운동은 자본주의 사회 안에서 계급투쟁이 띠는 특수 형태의 조건들 중 하나를 생산의 집적과 프롤레타리아의 증대를 통해 생산한다는 점을 보여주는 것이다. 하지만 이러한 투쟁 및 이 투쟁에 내포된 사회정치적 관계들에 대한 분석은 생산구조에 대한 연구의 일부가 아니다. 한계들의 변형에 대한 분석은 경제구조와 계급투쟁의 상이한 시간들 및 이 시간들의 사회구조 안에서의 절합에 대한 이론을 요청한다. 이 시간들이 어떤 **정세**의 통일성 안에서 어떻게 연계될 수 있는가를(예컨대 다른 조건이 갖춰진다면 위기가 어떻게 생산구조의—혁명적—변형의 기회일 수 있는가를) 이해하는 것은, 알튀세르가 선행 연구에서 보여주었듯(『마르크스를 위하여』의 「모순과 과잉결정」), 그러한 이론에 의존한다.

3. 동역학과 역사

앞의 분석들은, 한 생산양식에서 다른 생산양식으로의 이행을 이론적으로 사유하는 것이 가능한 문제설정의 여전히 따로 떨어져 있는 계기들을 구성한다. 이 문제설정을 실효적으로 **절합**하는 것, 다시 말

136 *Le Capital*, III, p. 6.

해 답해야만 하는 질문들의 **통일성**을 생산하는 것은, 지금까지 제출된 개념들(역사, 계보학, 공시성-통시성, 동역학, 경향)을 서로 연결해 자리매김하고 그것들의 고유한 대상들을 차이화해 정의할 수 있어야만 가능할 것이다.

여전히 대체로 묘사적이며, 절합되지 않는 한에서는 분명히 계속 묘사적일 이 모든 개념은 우리에게는 **역사적 시간**에 대한 여러 개념화로 보인다. 앞서 알튀세르의 논문이 보여준바, 모든 (과학적이든 이데올로기적이든) 역사이론에는, 한편으로 해당 이론에 고유한 **역사 개념**의 구조(해당 이론에 고유한 사회적 **총체성** 개념의 구조에 의존하는 구조 자체)와 다른 한편으로 **시간성 개념**—이 시간성 안에서 해당 역사이론은 "변화"와 "운동"과 "사건" 또는 더 일반적으로 말해 자신의 대상에 속하는 현상들을 사유한다—사이에 하나의 엄밀하고 필연적인 상관성이 실존했다. 대체로 이러한 **이론**이 그와 같은 모습으로는 부재한다는 점, 그리고 이러한 이론이 비-이론 즉 **경험주의**의 형식 아래 숙고된다는 점은 그러한 논증과 모순되지 않는다. 시간성의 구조란 간명하게 말해 지배 이데올로기가 제공하는 구조인데, 지배 이데올로기가 전제로 기능하는 한 이 구조는 결코 성찰되지 않는다. 이미 알려진바, 헤겔의 경우, 체계의 절합이라는 관점에서, 단순한— 표출적인 헤겔적 총체성 구조에 의존하는 역사적 시간성 구조는 경험주의적 이데올로기적 시간관의 **형식 자체**를 자발적으로 계승할 따름이며 여기에 개념과 이론적 토대를 부여한다.

역시 알려진바, 이러한 시간의 형식은 연속적 선형성이었을 뿐 아니라 그 귀결로서 시간의 **단일성**이기도 했다. 바로 이렇게 시간이 단일하기 때문에, 시간의 현재가 동시간성의 구조를 갖는 것이요, 연대기적으로 동시적이라고 확증될 수 있는 모든 순간이 동일한 현행적 전체의 순간들로 반드시 규정되어야 하고 동일한 역사에 속해야 하는 것이다. 여기서 지적해야 할 것은, 이러한 이데올로기적 관점에서는 시간의 고유한 형식으로부터 출발해 역사적 대상들을 시간과의 관계에서 규정하는 것으로 나아가게 된다는 점이다. 요컨대 이러한 시간의 질서와 지속이 언제나, 어떤 현상을 "시간 안에서 펼쳐짐"이자 아울러 역사적 현상으로 규정하는 것에 선행한다. 질서 또는 지속에 대한 실효적 평가는 언제나 확실히, 특정 대상들이 지닌 시간성과의 연관 또는 그런 시간성을 향한 준거를 가정한다. 하지만 그 대상들의 가능성의 형식은 언제나 이미 주어져 있다. 실제로 이렇듯 어떤 원환 안에서 움직이게 되는 것은 사회적 총체성에 대한 지각의 효과이든가 아니면 그 총체성에 대한 이데올로기적 관점의 효과일 뿐인 시간구조를 승인했기 때문이다. 하지만 실재하는 의존의 이 운동, "역사적" 현상들을 시간 안에서 획정하는 것에 선행하는 이 운동은 자신의 전제 구실을 하는 시간재현 안에서는 그런 운동으로 사유되지 않으며, 그래서 이러한 시간의 전제된 구조를 역사의 규정들 안에서 **발견**(사실상 재발견)해보겠다는 과욕을 부려볼 수 있는 것이다. 바로 이 운동으로부터 유래하는 것이 역사적 대상을 **사건**으로 규정하는 것이다. 사건들이 있을 **뿐 아니라** 다시 말해 "단기" 지속의 현상들이 있을 뿐 아니라, 비-사건들 다시 말해 **장기 사건들** 및 **장기 지속하는 영속성들**("구조들"이라고 잘못 명명된 것)이 있다는 관념에서 심지어 이 규정은 문제시되면서도 현존한다.

마르크스가 애초 자신의 이론적 기획을 그것 안에서 사유한, 하지만 고유한 것으로서 마르크스에게 귀속되지는 않는 그 **시기구분**의 문제설정을 우리가 기억한다면, 우리는 그것으로부터 여러 귀결을 끌어낼 수 있다. 우리가 한 생산양식에서 다른 생산양식으로의 이행이라는 문제를 오직 이 문제설정 안에서만 제기한다면, 선형적인 단일한 시간형식에서 벗어나기란 불가능하다. 가능한 모든 역사적 규정에서 **틀** 또는 **공통 지주** 구실을 하는 단일한 시간 안에 각각의 생산양식 구조의 효과들과 이행의 현상들을 위치시킴으로써, 이것들을 같은 층위에서 사유해야 하기 때문이다. 어떤 생산양식의 효과들에 대한 분석과 이러한 시간의 틀 안에서 연쇄적이거나 또는 합치되는 두 생산양식의 이행에 대한 분석 사이에 원리 또는 방법의 차이들을 확립할 권리가 우리에게는 없으며, 이 시간의 "구조"에 대한 규정들에 의해서만 비로소 우리는 운동들을 장기 지속, 단기 지속, 연속성, 단속성 등등으로 구별할 수 있다. 그러므로 시기구분의 시간은 진정으로 가능한 다양성은 없는 시간이다. 역사적 시퀀스의 흐름 안에, 예컨대 한 생산양식이 다른 생산양식으로 이행하는 사이에 **삽입**되는 보충적 규정들은 생산양식들과 동일한 시간에 속하며, **그것들을 생산하는 운동은 공통적이다**.

게다가 마르크스에 대한 피상적 독해는 [만약 그것이] 『자본』의 분석에 내포된 상이한 "시간들"을 **여러 묘사적 양상들 또는 시간 일반의 종속적인 규정들**로 간주하는 데 그친다면, 이러한 미망의 형태들을 일소하지 못할 위험이 있다. 따라서 시간에 대한 이데올로기적 이론 안에 내포될 가능성이 있는 기본적 작업, 곧 **상이한 시간들의 상호 삽입**의 작업이 시도될 법하다. 분절된 시간들(노동시간, 생산시간, 유통시간)을 주기들(자본의 순환과정) 안에 기입할 수 있을 것이다. 자본의 상이한 요소들의 불균등한 회전속도 때문에 이 주기들 자체가 필연적으로 복합적 주기들 즉 주기들의 주기들일 것이지만, 전체로서의 주기들은 자본주의적 재생산(축적)의 일반적 운동 안에 삽입될 수 있을 터인데, 마르크스는 시스몽디J. C. L. Sismondi를 좇아 이를 하나의 **나선형**으로 묘사한다. 결국 이 "나선형"은 하나의 일반적 **경향**을, 한 생산양식에서 다른 생산양식으로의 이행의 방향이자 생산양식들의 연쇄의 방향이며 시기구분의 방향이기도 한 그러한 하나의 방향을 표출한다. 그러한 독해에서는, 상이한 "시간들"의 **교차** 및 이 시간들의 형태들의 착종이 분명 원리적 난점을 전혀 야기하지 않는데, 이 모든 운동의 지주 구실을 하는 시간 일반의 단일성 안에 그 **가능성**이 이미 기입되어 있기 때문이다. 오직 단계들을 식별하고 이행들을 예상함에 있어서 **적용**의 난점들만이 있을 뿐이다.

시간의 매 "순간"은 이처럼 상호 삽입된 모든 매개적 시간의 **규정**으로 동시에 사유된다는 점이 이러한 독해에 반드시 내포된다는 것이야말로 이 독해에서—곧 보겠지만 내 생각에 이것은 순전히 논쟁적인 서술기법은 아닌데—가장 주목할 부분이다. 이러한 규정이 무매개적이든 또는 역으로 단순히 매개적이든 간에 말이다. 즉시 이러한 귀결의 극단까지 가자면, 엄밀하게도 이러한 관점에서, 노동자가 자기 노동력을 지출하는 어떤 주어진 시간을 **사회적 노동의** 일정한 **양**으로, 생산과정 **주기의 한 순간**으로(여기서 자본은 생산적 자본 형태로 실존한다), 사회적 자본 **재생산의**(자본주의적 축적의) 한 순간으로, 종국엔 자본주의 생산양식의 **역사**(자본주의 생산양식의 변형이 아무리 멀리 떨어져 있어도 여하튼 그 변형을 지향하는 것)**의 한 순간**으로 규정하게 될 것이다.

경제구조 전반에 관한 마르크스주의 이론을 하나의 **동역학**으로 특징짓는 것은 바로 이 같은 이데올로기적 독해에 기초함으로써 가능하다. 마르크스를 고전 정치경제학과 근대 정치경제학에 대립시키려면 그들을 동일한 지형 위에 위치시키고 그들에게 동일한 "경제적" 대상을 부여하면서도, 이렇게 동역학이라는 개념을 다시 끌어와 마르크스를 정치경제학에서 "동역학적" 이론을 도입한 이들 중 하나로, 어쩌면 가장 중요한 하나로 만들 수 있어야만 했던 것이다(예를 들어 그랑제G. G. Granger의 『경제학 방법론』Méthodologie économique을 보라). 이렇게 함으로써 우리는 고전파 경제학과 신고전파 경제학을 **경제적 평형**에 대한, 다시 말해 경제적 구조 연관들의 "정역학"에 대한 사유로 제시할 수 있었다. 반면 마르크스의 경우에는 평형에 대한 연구가 작업 범위 중에서 잠정적인 계기이거나 서술에서의 단순화에 불과할 것이다. 마르크스의 분석에서 본질적인 대상은 『자본』의 상이한 시간들인 연쇄적 구성요소들로 분석되는 **경제구조의 진화의 시간**일 것이다.

> 마르크스주의 연구의 특수한 대상인 자본주의 생산에 관해 말하자면, 필연적으로 이 대상은 동역학적 과정으로 제시된다. 『자본』 1권의 대상은 자본주의적 축적이다. 정역학적 평형이라는 통념은 이 현상을 서술하기에 분명히 선험적으로 부적절하다. 자본의 "단순재생산"은 **이미 하나의 시간적 과정이**다. 하지만 이것은 최초의 추상화에 불과하다. 체계를 정확히 특징짓는 것은 자본의 성장과 질적이며 연속적인 변신인 "확대재생산"과 잉여가치 축적이다. 위기들은, 다양한 형태들 아래, 체계의 우발적 사고들이 아니라 만성질환으로 나타난다. **경제적 현실성**

전체는 총체적으로 동역학적인 것으로 그려진다.[137]

이와 같은 해석 안에서는 자본주의 체계의 동역학 자체가 하나의 계기로, "경제법칙들의 상대적이고 진화적인 특성에 대한 긍정"의, 하나의 국지적 측면으로 나타나는데, 내가 앞에서 소묘한 **시간들의 삽입** 구조가 이 해석에서 재확인된다. **역사** 개념과 **동역학** 개념은 그렇게 쌍을 이루어 하나는(역사 개념) 대중적인 것이 되고, 다른 하나는(동역학 개념) 어떤 구조에서 출발하여 역사적 운동을 규정하는 것을 매우 정확하게 표현할 것이기 때문에 학자적인 것이 된다. 이 두 용어에 세 번째 용어로 **통시성**을 덧붙이는 것이 가능할 텐데 통시성이라는 용어는 새로운 인식은 전혀 마련해주지 못하고 앞의 두 용어를 동일시하는 데 내포되는 단일한 선형적 시간형태만 표현할 뿐일 것이다.

하지만 실제로 마르크스에 대한 이와 같은 독해는 『자본』의 이론 안에서 시간성 개념과 역사 개념이 구성되는 양식을 완전히 간과한다. 우리의 출발점이었던 1859년의 『정치경제학 비판을 위하여』 「서문」 같은 텍스트에서는 이 개념들이 통상적 의미에서, 다시 말해 이데올로기적 용법에서 채택(암시)될 수 있었다. 요컨대 이 개념들은 거기서 **이론적 장을 표시하고 지시하는** 기능을 갖기는 하지만 **이론적 장은 아직 자신의 구조 안에서 사유되지 못한다**는 것이다. 하지만 『자본』의 분석에서는, **본원적 축적** 연구와 생산양식 **경향** 연구가 우리

137 G. G. Granger, *Méthodologie économique*, p. 98.

에게 보여주었듯이, 이 개념들이 분리되고 차이화되어 생산된다. 요컨대 이 개념들의 통일성은 시간 일반의 언제나 이미 주어진 관점 안에서 전제되는 대신 분석된 전체의 복합성을 반영하는 애초의 다양성에서 출발하여 건설되어야 하는 것이다. 마르크스가 개별 자본들의 상이한 주기들의 통일성이라는 문제를 사회적 자본의 복합적 주기 안에서 제기하는 방식은 이 지점에서 일반화될 수 있다. 요컨대 이 통일성은 원래 문제적 성격을 갖는 "얽힘"으로 건설되어야 하는 것이다. 마르크스는 이 주제에 관해 [다음과 같이] 쓰고 있다.

> 개별 자본이 자율적 기능을 하는 구성요소에 불과한 사회적 총자본의 다양한 요소들이 어떻게 유통과정에서 상호대체되는가를—잉여가치의 관점에서만큼이나 자본의 관점에서도—알고자 하는 질문은 **상품 유통 안에서의 변태들의 단순한 얽힘들에 대한,** 자본유통의 흐름과 상품의 또 다른 유통들에 공통적인 얽힘들에 대한 **연구로는 해소되지 않는다는** 점은 주지하는 바이다. **여기서 필요한 것은 다른 조사 방법이다.** 이 점에 관해 이제껏 우리는, 자세히 분석해보면, 아무 상품 유통에서든 고유한 변태들의 얽힘에서 순진하게 차용해온 모호한 관념들만을 포함하는 구절들에 만족해왔다.[138]

주지하듯 사회적 총자본의 재생산에 대한 분석을 고유하게 구성하는 이 "**다른 조사 방법**"은 사회적 생산의 상이한 부문이 맺는 관계

138 *Le Capital*, IV, p. 106[『자본』, II, 145쪽].

의 공시적 구조라는 역설적 결과에 도달한다. 이 구조에서 **주기**의 고유한 형태는 완전히 사라졌다. [하지만] 이 방법만이 상이한 개별적 생산주기들의 얽힘을 사유할 수 있게 해준다. 아울러, 역사분석의 상이한 "시간들"—사회적 관계들의 항구성에 의존하는 시간들과 사회적 관계들의 변형이 기입되는 시간들—의 복합적 통일성은 원래 문제적이다. 요컨대 이 통일성은 "**다른 조사 방법**"에 의해 건설되어야 하는 것이다.

경험주의적 또는 헤겔주의적 역사에 속하거나, 경험주의 또는 헤겔주의를 암묵적으로 재도입하는 『자본』 독해에 속하는 전술한 형태와의 관계에서 **시간** 개념과 **역사** 개념 사이의 이론적 의존관계는 이렇게 **뒤집힌다**. 역사의 구조들이 시간의 구조들에 의존하는 대신 시간성의 구조들이 역사의 구조들에 의존하는 것이다. 시간성의 구조들 및 이 구조들의 종별적 차이들은 **역사 개념의 구성과정 안에서** 이 개념의 대상에 대한 여러 필연적 규정으로 **생산된다**. 그러므로 시간성과 그 변이형태들에 대한 정의가 **명시적으로** 필요해진다. 아울러, 상이한 운동들과 상이한 시간들의 관계(이음매)를 사유해야 할 필요가 이론에는 근본적인 것이 된다.

마르크스의 이론에서, 시간에 대한 종합적 개념은 결코 미리 주어지는 어떤 것일 수 없으며 오직 하나의 **결과**일 뿐이다. 이 논문에서 전술한 분석들 덕분에 우리는 일정 정도 이 결과를 선취할 수 있고, 앞에서 혼동되던 개념들에 대해 차이화된 정의를 제안할 수 있다. **어떤 규정된 생산양식**에 속하면서 그 생산양식의 구조를 구성하는 관계들에 대한 분석은 이론적 "공시성"의 구성으로서 사유되어야 함을 우리는 이미 보았다. 이는 마르크스가 자본주의 생산양식과 관련해 **재**

생산 개념 안에서 성찰하는 것이다. 생산양식 구조의 모든 고유한 효과에 대한 분석은 반드시 이 공시성에 속한다. 한 생산양식에서 다른 생산양식으로의 **이행**의 시간, 다시 말해 구조의 이중절합을 구성하는 생산관계들의 대체와 변형에 의해 규정되는 시간에 우리는 **통시성** 개념을 안배할 것이다. 본원적 축적 분석 안에 포함된 "계보학들"이 **통시적 분석의 요소들**임은, 따라서 분명하다. 요컨대 『자본』에서 본원적 축적을 다루는 장들과 다른 장들 사이에는, 스타일 또는 문장 형식의 단순한 차이를 넘어서는, 문제설정과 방법에서의 **차이**가 이론적 완성도와 무관하게 정초되어 있음이 확인되는 것이다. 이 차이는 "공시성"과 "통시성" 사이의 엄밀한 구별의 귀결인데, 이에 해당하는 또 다른 사례 하나를 앞에서 만났으니 이 사례를 재론해보겠다. 자본주의 생산양식에 고유한 두 연관(소유, "현실적 전유")의 형태와 그것들의 관계를 내가 분석한 순간에 확인되었던 것은 이 두 형태구성에서의 "연대기적 탈구"인데, 이는 소유의 자본주의적 형태("자본주의적 생산관계")가 현실적 전유의 자본주의적 형태("자본주의적 생산력")보다 연대기적으로 앞선다는 것이다. 이 탈구는 마르크스에 의해 노동의 자본으로의 "형식적 포섭"과 "실질적 포섭"의 구별 안에서 성찰되었다. 그래서 내가 지적했던 것은 이 연대기적 탈구가 생산양식 구조의 공시적 분석 안에서 **그러한 연대기적 탈구로서는 소거되었으며** 이렇듯 이론과 무관했다는 점이었다. 실제로 그렇게 순수하고 단순하게 사라졌던 이 탈구는 통시성의 이론 안에서만 사유될 수 있으며 **통시적 분석에 관여적 문제**를 구성한다(여기서 주목해야 할 것은 "통시적 분석"이나 "통시적 이론"이라는 표현이 완벽하게 엄밀하지는 않다는 점이다. 실은 "**통시성에 대한** 분석(또는 이론)"이라 말하는 게 더 낫다. 기실, 공시성과 통시성이라는 두 용어를 내가 여기서 제안한 의미대로 구사한다면, "통시적 이론"이라는 표현은 정확히 말하자면 아무 의미도 갖지 못한다. 왜냐하면 모든 이론은 개념적 규정들의 체계적 앙상블을 논술하는 한에서 공시적이기 때문이다. 선행 논술에서, 알튀세르는 공시성-통시성 구별이 대상들 또는 어떤 동일 대상의 측면들의 **상관성**을 내포하는 한에서 이 구별을 비판했고, 사실상 이 구별이 시간의 (헤겔주의적이고) 경험주의적인 구조를 어떻게 이어받는지를 보여주었는데, 그 구조에서는 통시적인 것이 현재("공시적인 것")의 생성일 뿐이다. 여기서 제안된 용법에서는 그럴 수 없음이 즉각 분명한데, 왜냐하면 공시성은 자기-동시간적인contemporain à soi **현실적 현재**가 아니라 모든 규정이 주어져 있는 이론적 분석의 현재이기 때문이다. 따라서 이 정의는 두 개념의 **상관성을 완전히 배제**하며, 하나의 개념은 사유과정의 구조를 지칭하는 데 비해, 다른 하나의 개념은 분석의—넓게 보더라도 그 인식의—상대적으로 자율적인 특수한 대상을 지칭한다].

생산양식의 공시적 분석에는 기능적으로 상이한 여러 시간 개념의 부각이 내포된다. 그런데 이 모든 시간이 **직접적이고 무매개적으로 역사적인** 것은 아니다. 실제로 이 시간들이 건설되는 것은, 전반적 역사운동에서 출발해 이루어지는 것이 아니라 그 운동과 완전히 독립적으로, 그리고 이 시간들 상호간에도 독립적으로 이루어진다. 따라서 (생산된 가치를 측정하는) **사회적 노동시간**은 사회적으로 필요한 노동과 필요하지 않은 노동의 구별에서 출발하여 건설되는데, 이 구별은 매순간 노동생산성에 의존하며 사회적 노동이 상이한 생산부문으로 나뉘는 비율에 의존한다.[139] 사회적 노동시간은 노동자 한 명이 노동하는 경험적으로 검증 가능한 시간과 전혀 일치하지 않는다. 마찬가지로 자본 **회전**의 순환적 시간은, 상이한 순간들(생산의 시간, 유통의 시간) 및 고유한 효과들(화폐-자본의 정기적인 이탈, 이윤율 변경)을 갖는 이 시간은 자본의 변태métamorphosis 및 고정자본과 유동자본의 구별로부터 출발하여 건설된다.

마지막으로, 또한 자본주의 생산양식의 **경향**에 대한 분석은 생산력 진보가 자본축적에 의존한다는 개념을, 따라서 자본주의 생산양식 안에서 생산력 발전의 고유한 시간성에 대한 개념을 생산한다. 내가 제안했듯이, 오직 이러한 운동만이 **동역학**이라 불릴 수 있는데, 다시 말해 이것은 구조에 **내재적**이며 구조에 의해 충분히 규정되는 발전의 운동(축적운동)으로, 구조에 의해 규정되는 고유한 **리듬**과 **속도**에 따라 실행되며, 비가역적인 필연적 **방향**을 보유하고, 구조의 고유성들을 또 다른 규모로 무한히 보존(재생산)한다. 자본주의적 축적의 고유한 리듬은 위기들의 주기 안에 기입되는 것에 비해, 그 고유한 속도는 생산력 발전의 "제한"을 표현하는바, 마르크스가 말하듯이 그 발전은 빨라지기도 하고 늦춰지기도 하는데, 이는 곧 구조 안에 절합된 두 연관("생산력", 자본주의적 생산관계)의 상호제한을 표현하는 것이다. 그 운동의 필연적 방향은 가변자본에 대한 불변자본의(소비수단 생산에 대한 생산수단 생산의) 증대에 있다. 구조의 고유성 보존은 시장의 확장운동—이윤율 저하를 막기 위해 자본가 또는 전체

139 *Le Capital*, I, p. 59 이하[『자본』, I-1, 99쪽 이하]; *Histoire des doctrines économiques*(『경제학설사』), traduction française, I, pp. 292~294.

자본가가 채택하는 수단들 중 하나인 (“대외extérieur”교역을 통해) 자기 시장 범위를 넓히는 것— 안에서 특히 명확하다.

> (생산과 소비의) 이 **내재적** 모순은 생산의 **외재적**extérieur 장 확대에서 해법을 찾는다. 하지만 생산력이 발전할수록, 이 생산력은 소비관계가 근거하는 좁은 토대와 점점 더 갈등을 빚는다….[140]

이 “**대외**”extérieur 모험에서, 자본주의 생산은 언제나 자신의 고유한 **내재적** 제한과 마주하는데, 다시 말해 이 생산은 자신의 고유한 구조에 의해 부단히 규정되는 것이다.

오직 이 동역학의 “시간” 안에서**만**, 자본주의 생산 및 생산부문들 중 하나 또는 전체의 시대가 규정될 수 있다. 이 시대는 정확히 불변자본과 가변자본의 관계라는 층위에서, 다시 말해 자본의 **내재적인 유기적 구성**에 따라 측정된다.

> 자본주의 **생산의 시대가** 진전할수록, 모든 부문의 축적 총량은 커지고 값비싼 새로운 생산이 매년 이 총량에 추가하는 비율은 줄어든다는 점은 자명하다.[141]

이 논점은 매우 중요한데, 오로지 동역학의 “시간”— 내가 말했

140 *Le Capital*, VI, pp. 257~258 [『자본』, Ⅲ-1, 324쪽].
141 *Le Capital*, V, p. 120 [『자본』, II, 586쪽].

듯이 이 시간이 무매개적으로 역사의 시간인 것은 아니다[142]—안에서만 **발전의 진전과 지체**를 규정하고 평가하는 것이 가능함을 바로 이 논점이 보여주기 때문이다. 실제로 오직 이처럼 정향된 내재적 시간 안에서만 발전의 역사적 불균등성들이 단순한 시간적 탈구들로 사유될 수 있다.

> 한 나라의 다양한 **연쇄적 발전단계들에** 적용되는 것은 상이한 나라들의 **동시에 병렬적으로 실존하는 상이한 발전단계들에** 역시 적용될 수 있다. **발전되지 않은 나라**(unentwickelt)에서는 자본의 1차 구성이 평균을 나타내고 일반이윤율이 $66\frac{2}{3}$퍼센트인 데 비해, 생산이 더 높은 단계에 달한 두 번째 나라에서는 일반 이윤율이 20퍼센트인데…. 이 둘의 국가별 이윤율을 나누는 간격은 제거되거나 심지어 뒤집힐 수도 있다. **발전이 더딘 나라**에서 노동이 덜 생산적이었다면 말이다. 요컨대 노동자가 자기 시간의 더 많은 부분을 자신의 생계수단들과 이것들의 가치

142 물론 이는 **경제사**의 시간도 아니다. 생산양식의 경제적 토대의 상대적으로 자율적인 역사를 그러한 역사라고 이해한다면 말이다. 이는 두 가지 원리적 이유 때문이다. 첫째, 현실적-구체적 사회구성체들을 다루는 이 역사가 늘 연구하는 것은 여러 생산양식에 의해 지배되는 경제구조들이다. 이 역사는 고립된 생산양식들에 대한 이론적 분석에 의해 규정된 "경향들"이 아니라 여러 경향의 조립 효과들을 다룬다. 이 주목할 만한 문제는 지금 논하는 분석의 장안에는 들어오지 않으며, ("이행단계들"에 대한) 후술에서 부분적으로만 다루어진다. 둘째, 여기서 우리가 말하는 생산의 "시대"는, 주지하듯, **연대기**의 특성이 아니며, 자본주의 생산의 낡음을 암시하지도 않는다. 이는 자본주의 생산양식에 종속된 여러 경제적 영역(또는 "시장들") 사이에서 비교되는 시대이니 말이다. 이 시대의 중요성은 자본의 유기적 구성의 불균등성이 한 지역에서 다른 지역으로 또는 한 부문에서 다른 부문으로 야기하는 효과들에서 기인한다. 분석의 정교함을 따른다면, 평균적인 유기적 구성이 논점이거나 또는 자본의 유기적 구성에 대해 생산부문별로 차이화된 분석, 요컨대 경쟁 자본들 사이의 유기적 구성의 불균등성이 내포하는 불균등 발전과 지배의 효과들에 대한 연구에 다가서는 것이 논점일 터이다. 이것은 분명히 여기서 우리의 대상이 아니다. 나는 그것의 가능성만을 암시해둔다.

를 재생산하는 데 바쳐야만 했으므로, 그는 잉여노동을 덜 제공했을 것이다.[143]

시간에 대한 이처럼 차이화된 규정 및 동역학의 시간과 역사 일반의 시간의 구별이 "저발전"(모든 이론적 혼란의 선택지점lieu d`élection)에 대한 작금의 문제설정에 미칠 여파들은 여기서 논술될 수 없다. 다만 전술한 부분을 통해 최소한 그 여파들의 비판적 중요성을 예감할 수는 있다.

전술한 바와 같이, 동역학의(경향의) 이 "시간"은 생산양식의 **공시적** 분석 안에서 규정된다. 따라서 **동역학**과 **통시성**의 구별은 엄격하며, 전자는 후자의 장 안에서 하나의 규정으로 나타날 수 없고, 후자의 장에서 동역학은 마르크스가 분석한 형식으로는 관여적이지 않다. 이 구별은 "역사 없는"(이 표현은 엄밀히 말하면 아무 의미도 없지만, 마르크스가 『자본』에서 말한 인도의 공동체들처럼,[144] 동역학이 **비-발전**이라는 특수한 형상으로 나타나는 사회구조들을 지칭한다) 사회들에 대한 분석에서 차용한 역설에 의해 쉽게 조명될 수 있다. 예컨대 자본주의로 이행하는 와중에 이런 사회들과 "서구" 사회들의 마주침이(정복, 식민화 또는 다양한 상업적 연관형태들을 통해) 빚어낸 **사건**은 이런 사회들의 생산양식 변형을—난폭하게 또는 보다 완만하게—규정하기 때문에 이런 사회들의 **통시성**에는 분명히 속한다. 하지만 그 사건이 이런 사회들의 **동역학**에는 전혀 속하지 않는다. 이런 사회

143 *Le Capital*, VI, p. 228 [『자본』, Ⅲ-1, 287쪽].
144 *Le Capital*, II, pp. 46~48 [『자본』, I-1, 491~492쪽].

들의 역사에서 이 사건은 **동역학의 시간에서는 일어나지 않고 통시성의 시간에서는** 일어난다. 두 시간의 개념적 차이를 분명히 해주는 한계-사례이자, 두 시간의 절합을 사유해야 할 필연성이 이것이다.

마지막으로 **역사** 개념을 이 상이한 개념들과의 관계에서 위치시켜야 한다. 가령 우리는 시기구분이라는 낡은 문제설정을 떠올리며 역사 개념을 통시성 개념에 동화시켜야 하는가? 한 생산구조에서 다른 생산구조로의 **이행양식들**에 대한 분석을 이론적인 기본 문제로 갖는 이 통시성이 바로 "역사"라고 우리는 말할 수 있는가? 아마도 아닐 터인데, 왜냐하면 이 낡은 문제설정은 이제 변형되었기 때문에 그러하다. 이 문제설정은 더 이상 선형적 시간을 "자를" 필요에 의해, 준거 시간의 선험성을 전제하는 것에 의해 정의되지 않는다. 이제는 **이행 시기들의 본질**을 이 시기들의 종별적 형태들과 이 형태들의 변이 안에서 이론적으로 사유하는 것을 질문해야 한다. 좁은 의미에서의 "시기구분" 문제는 폐기되었거나, 또는 차라리 과학적 논증의 계기, 마르크스가 **서술의 순서**라 부른 것에는 속하지 않게 되었다(과학은 오직 서술로만 **존재**한다seule l'exposition est la science). 시기구분 그 자체는 기껏해야 **조사**의 한 계기, 다시 말해 이론적 질료들 및 이 질료들의 해석에 대한 예비적 비판의 계기이다. 따라서 차이화된 시간 형식들을 사유하기 위해 이론 안에서 생산된 특수한 계기들 중 어느 계기와도 역사 개념은 동일시되지 않는다. **종별화되지 않은 역사 일반이라는 개념은 단지** "역사이론"(역사유물론)의 어떤 구성적 **문제를 가리킨다**. 요컨대 그 개념은 이 이론이, 이론 전체 안에서, 상이한 역사적 시간들의 절합 및 이러한 절합의 변이들이라는 문제의 **장소**임을 가리키는 것이다. 이러한 절합은 시간들의 상호**삽입**이라는 단순한 모델과는 아무 관련이 없다. 이 절합은 **합치들**을, 자명함이 아니라 문제로 마주한다. 이리하여 하나의 생산양식에서 다른 생산양식으로의 이행은 경제구조의 시간, 정치적 계급투쟁의 시간, 이데올로기의 시간 등등의 충돌 또는 결탁의 계기로 나타날 수 있다. 각각의 시간이, 예를 들면 생산양식의 "경향"이라는 시간이 어떻게 역사의 시간이 **되는가**를 발견하는 것이 논점이다.

하지만 역사 일반이라는 개념이 역사이론의 어떤 구성적 문제를 가리키는 고유한 기능을 갖는다면, 그러므로, 전술한 것의 역으로, 이 개념은 이 역사이론에 속하지는 않는다. **실은, "생명" 개념이 생물학의 개념이 아니듯이 역사 개념도 역사이론의 개념이 아니다**. 이 개념들은 이 두 과학의 인식론에만 속하며, "실천적" 개념으로서 학자들의 실천에 속하면서 이 실천의 장을 가리키고 표시한다.

4. 이행단계의 특징

내가 여기서 할 수 있는 것은 "통시성"의 이론에 속하는, 그리고 한 생산양식에서 다른 생산양식으로의 이행시기들의 성격을 사유할 수 있도록 해주는 몇몇 개념을 소묘하는 것뿐이다. 실제로, 이미 보았듯 마르크스는 역사이론의 후자의 계기에는 전자의 계기에서 들인 것과 동일한 이론적 노력을 기울이지 않았다. 이 논점과 관련해 나의 목표는 그저 획득된 것을 확인하는 것에 불과하다.

본원적 축적에 대한 분석은 물론 통시적 연구의 장에 속하지만, **그 자체로는**, (자본주의를 향한) 이행시기들의 정의에는 속하지 않는다. 실제로 본원적 축적 및 자본주의 생산양식의 **기원**에 대한 분석은, 이행 시기 안에서 추적되는 동시에 선행 생산양식 안으로도 소급되는 요소별로 계보학을 진행하는 것이다. 이 분석에서 차용될 수 있는 정의에 대한 소묘는 다른 분석과 연결되어야 하는데, 이 다른 분석은 자본주의 생산양식의 **기원**이 아니라 **시작**에 대한 분석이기에 요소별로 진행되지 않으며 구조 전체의 관점에서 진행된다. 우리는 특히 **매뉴팩처** 연구에서 시작에 대한 이러한 분석의 사례를 보유한다. 이행 형태들은 실제로 그 자체가 반드시 생산양식들이다.

이 논문의 1절에서, 현실적 전유연관의 특정한 형태 즉 "생산력"의 특정한 형태로서의 매뉴팩처를 연구하면서 내가 미루어두었던 것은 자본주의 생산구조의 구성 안에서 이 구조의 종별적 소유관계 형성과 종별적 "생산력" 형성 사이의 연대기적 **탈구**에 의해 제기되는 문제이다. 내가 [이미] 보여주었듯 이 문제는 생산양식 구조 연구에 속하지 않는다. 역으로, **이 탈구가 매뉴팩처의 본질을 이행형태로 구성한다**. 마르크스가 이 탈구를 지칭하려고 채택하는 개념은 (노동의 자본 아래로의) "실질적 포섭"과 "형식적 포섭"이다. 상인자본가가 지휘하는 가내노동 형태에서 시작해 산업혁명에서 끝나는 "형식적 포섭"은 마르크스가 "매뉴팩처"라고 부르는 것의 역사를 전부 포괄한다.

대공업의 "실질적 포섭" 안에서 노동자의 자본에 대한 귀속은 이중으로 규정된다. 한편으로는 노동자가 자신이 노동할 물질적 수단들을 소유하지 못한다는 것(생산수단의 소유), 다른 한편으로는 "생산력" 형태가, 조직화되고 통제되는 협업적 노동과정 바깥에서, 사회적 생산수단을 홀로 작동시킬 능력을 노동자에게서 앗아간다는 것이다. 이 이중 규정은 생산양식의 복합적 구조를 구성하는 두 연관형태에서 **상동성**을 분명히 해준다. 요컨대 이 연관들은 둘 다 노동자와 생산수단의 "분리"로 특징지어질 수 있는 것이다. 이는 결국, 이 연관들이 자신의 "담지자"를 같은 방식으로 재단한다는 것, 이 연관들이 노동자/생산수단/비-노동자에게서 서로 중첩되는 개별성 형태들을 규정한다는 것을 말하는 셈이다. 생산과정 안에서 생산수단과의 절대적 비-소유관계에 있는 노동자들이 구성하는 집단에는 대공업의 "사회화된" 생산수단을 작동시킬 능력과 이를 통해 자연(노동대상)을 현실적으로 전유할 능력을 지닌 "집합노동자"가 포함된다. 우리가 여기서 "실질적 포섭"이라는 이름으로 재발견하는 것은 마르크스가 『정치경제학 비판을 위하여』 「서문」에서 생산관계와 생산력 수준 사이의 "**조응**"으로 도입했던 그것이다. 따라서 우리는 "조응"이라는 용어를 어떤 의미로 이해해야 하는지를 정확히 할 수 있다. 상동적 두 연관이 모두 동일 층위에 속하면서 생산구조의 복합성을 구성하기 때문에, 이 "**조응**"은 하나가 다른 하나를(생산관계가 생산력 형태를) 변환하거나 재생산하는 관계일 수 없다. 요컨대 둘 중 하나가 다른 하나에 포섭되는 것이 아니고 노동이 자본 아래로 "포섭"되는 것이며, 이러한 포섭은 이렇듯 이중으로 규정될 때 "실질적"이라는 것이다. 생산구조 "담지자들"의 독특한 재단 안에, 내가 앞에서 두 연관의 **상호제한**이라 부른 그것 안에, 조응은 온전히 위치한다. 아울러 이 조응은 자신의 본질에 있어 **사회구조의 상이한 층위들** 사이의 "조응"과는 완전히 상이한 것임이 분명하다. 이 조응은 하나의 특수한 층위(생산)의 구조 안에서 확립되며 그 구조에 전적으로 의존하는 것이다.

반면에 "형식적 포섭"에서, 노동자의 자본에 대한 귀속은 노동자가 생산수단을 절대적으로 소유하지-못함에 의해서만 규정되며, 여전히 수공업 원칙에 따라 조직되는 생산력 형태에 의해서는 전혀 규정되지 않는다. 노동자 각자에게서, 수공업으로의 회귀는 배제되지 않는 것으로 보인다. 바로 이것이 마르크스가 노동자의 자본에의 귀속이 여기서는 여전히 "우유적"accidentelle이라 말한 이유다.

> 자본의 초기 단계에는, 노동에 대한 자본의 지휘가 순전히 형식적이고 거의 우유적 특성을 지닌다. 노동자가 자본의 명령 아래 노동하는 것은 오로지 자신의 힘을 팔았기 때문이다. 그가 자본을 위해 노동하는 것은 오로지 자기 스스로 노동할 물질적 수단들을 갖지 못했기 때문이다.[145]

그렇지만 직접노동자에게 생산수단 소유가 이렇듯 부재하다는 것 자체는 전혀 "우유적"이지 않다. 그 부재는 본원적 축적이라는 역사적 과정의 결과다. 이런 조건들 안에서는, 정확히 말하자면 두 연관의 형태들 사이에 상동성은 없다. 요컨대 매뉴팩처에서 생산수단은 좁은 의미의 개인들에 의해 계속 작동되는 것이다. 비록 그들의 부분 생산물들은 시장에서 유용한 대상이 되기 위해 조립되어야만 하는 것들이더라도 말이다. 따라서 생산양식의 "복합성" 형태는 생산력과 생산관계라는 두 연관의 **조응 아니면 비-조응**일 수 있다고 말해질 것이다. 매뉴팩처 같은 이행단계의 형태인 비-조응 형태에서 두 연관의 관계는 더는 상호제한의 형식을 취하지 않고, **하나의 효과에 의해**

145 *Le Capital*, II, p. 23.

다른 하나가 변형되는 것이 된다. 이는 매뉴팩처와 산업혁명에 대한 모든 분석이 보여주는 바이며, 산업혁명에서는 생산관계의 자본주의적 성격(잉여가치를 상대적 잉여가치형태로 창출해야 할 필연성)이 생산력의 종별적으로 자본주의적인 형태로의 이행을 규정하고 조절한다(산업혁명은 사전에 고정된 모든 양적 한계 너머에서 상대적 잉여가치를 형성하는 방법으로 나타난다). 이러한 종별적 복합성의 "재생산"은 하나의 연관이 다른 연관에 대해 갖는 효과의 재생산이다.

이렇듯 조응의 경우 또는 비-조응의 경우에, 두 연관의 관계는 한 연관의 다른 연관으로의 변위transposition나 (심지어 왜곡된) 변환traduction이라는 견지에서가 아니라 **실효성과 실효성 양식이라는 견지에서** 분석될 수 있음은, 따라서 분명하다. 하나의 경우에는 두 연관의 실효성의 상호제한을 상대하는 것이고, 다른 하나의 경우에는 한 연관의 실효성에 의한 다른 연관의 변형을 상대하는 것이다.

> 사인들의 수중에서 자본의 최소 크기는 이제 우리에게 전혀 다른 측면에서 제시된다. 그것은 개별 노동들을 사회적 결합노동으로 변형하기 위해 필요한, 부의 집적이다. 그것은 생산양식이 겪게 될 변화들의 물질적 토대가 된다(여기서는 "생산양식"을 "생산력의 형태"라는 한정된 의미로 이해해야 한다).[146]

종종 생산력과 생산관계 사이의 "조응 법칙"이라 불렸던 것은,

146 *Le Capital*, II, p. 23.

베틀렘이 제안한 대로, "생산관계와 생산력 특성 사이의 필연적인 조응 또는 비-조응 법칙"이라 부르는 것이 훨씬 나을 것이다.[147] 이를 통해 표현되는 것은, "조응 법칙"이 갖는 고유한 대상은 생산구조 내부에서의 효과들에 대한 규정과 이러한 규정의 변이양식이지 기계적 인과성의 이면에 불과한 **표현적** 연관이 아니라는 점이다.

사회구조의 상이한 층위들 사이의 "조응"양식, 더 적절하게 부른다면 이 층위들의 절합양식이 의존하는 것은 바로 생산구조에 내재적인 이러한 조응의 형태다. 전술한 부분에서 이 절합을 이미 두 형태로 마주한 바 있다. 한편으로는 사회구조 안에서—해당 생산양식 고유의 결합에 의존하는—규정적 "최종심급"의 규정 안에서, 다른 한편으로는 자본에 고유한 생산력의 형태와 관련해서, 그리고 **과학**이 생산력의 역사에 개입하는—상대적으로 자율적인 하나의 실천의 효과가 다른 실천을 변경할 수 있는 **한계들**에 대한 규정으로서—양식과 관련해서 말이다. 이렇듯 경제적 생산의 실천에 과학이 개입하는 양식은 "생산력"의 새로운 고유 형태(노동수단과 노동대상의 통일성)에 의해 규정된다. 조응의 특수한 형식은 두 실천(생산이라는 실천, 이론적 실천)의 구조에 의존한다. 그것은 여기서 경제구조에 의해 규정되는 조건들 안에서 과학의 적용이라는 형식을 띤다.

우리는 상대적으로 자율적인 두 심급 사이의 이러한 관계유형을 일반화할 수 있는데, 예컨대 우리는 이것을 계급투쟁형태와 법형태와 국가형태 아래서 **경제적 실천과 정치적 실천**이 맺는 관계에서 다

147 「Problèmes de planification」, in *Les cadres socio-économiques et l'organisation de la planification sociale*, V, École des Hautes Études 1965.

시 보게 된다. 『자본』에는 계급투쟁과 법과 국가에 대한 이론이 그 자체로는 포함되어 있지 않음에도 불구하고, 여기서 마르크스의 암시들은 훨씬 더 정밀하다. 여기서 또한 조응은 하나의 실천이 다른 실천에 의해 규정되는 한계들 안에서 개입하는 양식이라고 분석된다. 경제구조가 규정한 한계들 안에서 **계급투쟁**이 개입하는 것이 바로 이에 해당한다. 예컨대 **노동일**에 관한 장과 **임금**에 관한 장에서, 구조 안에서 규정되지 않고 순수하고 단순한 힘관계에 의존하는 변이에 노동일과 임금의 크기가 종속된다는 점을 마르크스는 우리에게 보여준다. 하지만 그 변이는 구조 안에서 고정되는 일정한 한계들(Grenzen) 안에서만 일어난다. 요컨대 변이는 상대적 자율성만을 갖는 것이다. 경제적 실천에 법과 국가가 개입하는 것도 사정은 동일한데, 이것을 마르크스는 **공장 입법** 사례에서 분석한다. 요컨대 국가의 개입은 한편으로는 그것의—법의 특수 구조에 의존하는—일반성이라는 형식에 의해, 다른 한편으로는 그것의—경제적 실천 자체의 필연성에 좌우되는—효과들에 의해, 이중으로 규정된다는 것이다(가족과 교육 관련 법들이 아동 노동 등등을 규제한다).

우리는 이 경우에 더 이상 사회구조의 다양한 심급들 사이의 변위, 변환, 표현이라는 단순한 관계를 찾지 못한다. 이 심급들의 "조응"은 이 심급들의 상대적 자율성과 고유한 구조의 기초 위에서만, 하나의 실천이 다른 실천에 이런 유형으로 **개입하는 체계**라고 사유될 수 있다(나는 여기서 분명 이론적 문제의 장소를 가리키는 것일 뿐 인식을 생산하고 있는 것이 아니다). 이 개입들은 상기上記된 유형의 개입이고 따라서 원칙적으로 **가역적이지 않다**. 요컨대 경제적 실천에 법이 개입하는 형식들은, 법적 실천에 경제적 실천이 개입하는 형식들과,

다시 말하자면 경제적 실천에 좌우된 변형이 법의 체계 위에서 법의 체계성 자체(이 체계성 자체는 내재적인 "한계들"의 체계를 구성하는데) 덕분에 가질 수 있는 **효과들**과 동일시되지 않는다. 그리고 마찬가지로, 계급투쟁은 임금 및 노동일을 위한 투쟁으로 환원되지 않음이 분명한데, 임금 및 노동일을 위한 투쟁은 계급투쟁의 한 계기를 구성할 뿐이다(노동자계급의 정치적 실천의 한가운데서 이 계기를 배타적으로 사고하고 자율화하는 것이 "경제주의"의 고유함인데, 정확히 말해 경제주의란 사회구조의 비경제적인 심급들 모두를 경제적 토대의 순수하고 단순한 반영, 변위, 현상으로 환원하려는 것이다). 층위들의 "조응"이란 이렇게, 단순한 연관이 아니라, 개입들의 복잡한 전체이다.

그리하여 우리는, 구성된 생산양식과 이행단계에 국가와 법과 정치적 힘이 개입하는 것에 대한 **차이화된 분석**을 기반으로, 한 생산양식에서 다른 생산양식으로의 이행에 대한 문제들로 돌아갈 수 있다. 이처럼 차이화된 분석은 **공장 입법** 분석과[148] 본원적 축적에 속하는 "**피의 입법**" 분석에[149] 함축적으로 포함되어 있다. 본원적 축적이 우리에게 보여주는 것은 생산양식의 한계들에 의해 조절되는 개입 대신 생산양식의 한계들을 **변형**하고 **고정**하는 것을 결과로 갖는 정치적 실천이 여러 상이한 형식으로 개입하는 것이다.

> 신흥 부르주아는 국가의 항상적 개입을 포기하지 못한다. 이 개입은 임금을 "조절"하고, 다시 말해 적당한 수준으로 임금을 낮추고, 노동일

148 *Le Capital*, II, pp. 159~178[『자본』, I-1, 642~670쪽].
149 *Le Capital*, III, pp. 175~183[『자본』, I-2, 987~996쪽].

을 연장하고, 노동자 자신을 바람직한 정도의 의존에 계속 있게 하는 것을 위해 사용된다. 거기에 본원적 축적의 본질적 계기가 있다.[150]

(자본주의 시대에 피어난 본원적 축적의 상이한 방법들 중) 일부는 난폭한 힘의 사용에 근거하지만, 그 방법 모두는 예외 없이 국가권력을, 사회의—봉건적 경제 질서의 자본주의 경제 질서로의 이행을 폭력적으로 촉진하고 이행단계들을 단축하기 위해—집적되고 조직된 힘을 활용한다. 실은 힘이야말로 산통 중인 모든 낡은 사회의 산파이다. 힘은 경제적 행위자이다.[151]

이행기에, 국가의 정치와 법의 형태들은 이전에 그러했듯 적응하는(생산구조의 고유한 한계들 위에서 절합되는) 것이 아니라, 경제구조와의 관계에서 **탈구**된다. 요컨대 본원적 축적 분석은, 경제적 행위자로서의 힘과 아울러, 자본주의 경제구조 형태들에 대한 국가형태들과 **법의 선차성**précession을 보여주는 것이다. 이 괴리를 번역해 말한다면, 조응이 다시금 여기서 우리에게 상이한 층위들 사이의 **비-조응**이라는 형식으로 나타난다는 것이다. 이행기에 "비-조응"이 있는 까닭은 정치적 실천의 개입양식이 한계들을 보존하고 이 한계들의 규정 아래 이 한계들의 효과들을 생산하는 대신 이 한계들을 전위하고 변형하기 때문이다. 따라서 층위들이 조응하는 단 하나의 일반적 형식은 없으며, 한 심급이 다른 심급(과 경제적 심급)에 대해 갖는

150 *Le Capital*, III, p. 179[『자본』, I-2, 991쪽].
151 *Le Capital*, III, p. 193[『자본』, I-2, 1007쪽].

자율성의 정도에 그리고 심급들의 상호개입 양식에 의존하는 형식들의 변이가 있다.

내가 매우 도식적인 이러한 시사를 담은 이 글을 끝내며 지적하려는 것은, (경제구조 안의, 심급들 사이의) **탈구들**에 대한 그리고 비-조응 형식들에 대한 이론은—이 논문의 서두에서 정의되었던 그 의미에서—두 생산양식의 구조에 **이중으로 준거**함으로써만 비로소 가능하다는 바로 그 점이다. 예컨대 매뉴팩처의 경우에, 비-조응에 대한 정의는 한편으로는 수공업 안에서 그리고 다른 한편으로는 생산수단의 자본주의적 소유 안에서 규정되는 개별성 형태들에 대한 정의들에 의존한다. 마찬가지로 법의 선차성에 대한 이해는 자본주의 구조의 요소들에 대한 인식만큼이나 구래의 생산양식 내부의 정치적 실천 구조들에 대한 인식을 요청한다. 폭력 및 폭력의 (국가와 법의 개입에 의해) 정돈된 형태들의 사용은 봉건사회에서 정치적 심급의 형태와 기능에 의존한다.

이행기는 비-조응의 형식들과 동시에 여러 생산양식의 **공존**에 의해서도 특징지어진다. 이렇게 매뉴팩처는, 매뉴팩처의 생산력의 성격이라는 견지에서, 수공업과 연속적일 뿐 아니라 일부 생산부문에서 수공업의 항구성을 전제하며[152] 심지어 자체적으로 수공업을 발전시키기도 한다.[153] 매뉴팩처는 결코 **하나의** 생산양식이 아니며, 매뉴팩처의 통일성은 두 생산양식의 공존과 위계이다. 반면에 대공업

152 *Le Capital*, II, p. 56[『자본』, I-1, 504~505쪽].

153 *Le Capital*, II, p. 43, p. 57[『자본』, I-1, 486~487쪽, 504~505쪽].

은 한 생산부문에서 다른 모든 생산부문으로 빠르게 퍼진다.[154] 따라서 이행기에 연관들과 심급들의 **탈구**는 **두 개(혹은 그 이상)의 생산양식이 오로지 "동시성" 안에서 공존하는 것**과 **하나의 생산양식이 다른 생산양식을 지배하는 것**의 반영일 뿐임은 분명하다. 그러므로 통시성의 문제들은 역시 이론적 "공시성"의 문제설정 안에서 사유되어야 한다는 것이 확인된다. 요컨대 하나의 생산양식에서 다른 생산양식으로의 이행 및 이행형태들의 문제들은 생산양식 자체의 공시성보다 더 일반적인 공시성의 문제들인데, 여기에는 여러 체계와 이 체계들의 관계들이 포괄된다(레닌에 따르면, 러시아에는 사회주의로의 이행 초기에 공존하는 생산양식이 다섯 개까지 있었고, 이것들은 지배관계를 갖는 위계une hiérarchie à dominante 안에서 조직되고 불균등하게 발전된다). 이 **지배관계들**에 대한 분석은 마르크스에 의해 소묘되었을 뿐이고, 그의 계승자들의 탐구에 열려 있는 주요한 장들 중 하나를 이룬다.

◆◆◆

이미 보았듯 우리의 논술은 **열린** 문제들에 도달하며 열린 문제들을 표시하고 생산하겠다는 것 말고는 달리 주장할 수도 없다. 심화된 새로운 연구 없이는 이 문제들에 대해 해법을 제시하는 것이 가능하지 않기 때문이다. 우리가 숙고하고 있는 『자본』이 새로운 과학적 분과

154 *Le Capital*, II, p. 69 [『자본』, I-1, 521~522쪽].

를 제대로 정초한다는 점을, 다시 말해 과학적 연구에 **새로운 장을 연다**는 점을 사고하고자 한다면, 그러할 수밖에 없다. 이데올로기 영역의 구조를 구성하는 닫힘과는 반대로, 이 **열림**이야말로 과학적인 장에 전형적이다. 우리의 논술이 의미를 갖는다면, 이 장을 수립하고 열어주는 이론적 문제설정을 가능한 한 최대로 정의하는 것, 마르크스에 의해 이미 제기되고 해결된 문제들을 인정하고 식별하고 정식화하는 것, 그리고 마침내, 이러한 성취들 안에서, 마르크스의 개념들과 분석형식들 안에서, 마르크스에 의해 이미 해결된 문제들에 대한 분석에서 묘사되거나, 또는 마르크스에 의해 이미 탐사된 장의 지평에서 윤곽이 잡히는 새로운 문제들을 우리가 식별하고 제기할 수 있도록 해주는 모든 것을 발견하는 것, 이런 것들 이외의 다른 의미는 있을 수 없었다. 이 장場의 열림은 **해결해야 할** 이 문제들의 실존과 하나를 이룬다.

100년 된 저작인 『자본』에 대한 독해에만 입각해 우리가 제기한 문제들 중 일부가 오늘날에도 동시대의 경제적-정치적 실천에 대한 특정한 질문들의 흥미를 곧바로 불러일으킬 수 있다면 이는 우연이 아님을 나는 덧붙인다. 이론적 실천의 문제들 안에서, 이론적 문제들의 고유한 형식 아래, 다시 말해 그 문제들에 대한 인식을 줄 수 있는 개념들의 생산형식 아래 문제시되고 있는 것은 바로 여타의 실천들의 문제들과 임무들인 것이다.

5장

『자본』의 플란에 대한 시론

로제 에스타블레 / 안준범 옮김

I. 『자본』에 대한 마르크스 자신의 제시

II. 『자본』의 절합들

III. 1권과 2권의, 세공되지는 않지만 정확히 측정되는 이론적 장과 그 이름: "경쟁"

IV. 절합 2의 두 번째 부분의 대상에 대한 정의, 이 대상에 대한 선취들과 이 대상이 맺는 관계

V. 절합 2의 두 번째 부분의 하위절합들에 대한 연구

VI. 절합 2의 정의

VII. 결론

『자본』의 플란[서술체계의 구도]을 왜 성찰하는가? 『자본』은 자신의 절합들을 무매개적으로 관철하는 저작 아닌가? 목차를 읽어보는 것으로 족해보이기는 한다. 하지만 『자본』은 읽기 어려운 책이다. 그것의 개념으로 인해, 또한 이 개념들의 조직으로 인해 [그것은] 새로운 저작이기 때문이다. 따라서 독자가 마주할 [다음과 같은] 어려움들은 우선 『자본』의 이러한 새로움에서 비롯되리라고 예상한다.

— 독자는 『자본』의 구조를 이미 정리되어 있는 구조들로 환원한다. 그는 이 구조들이 마르크스의 사유와 맺는 연관을 미리, 즉 선입관에 따라 인지한다. 그는 책의 표지에서 1권의 "자본주의 생산의 발전"이나 3권의 "자본주의 생산의 총과정"이라고 적힌 것을 읽을 것이다. 그러고는 헤겔적 순서라고 결론 내릴 수 있을 터이다. 이것이 오해의 주요한 원천임을 우리는 보여줄 것이다.

— "조급하게 결론을 내리려 하고, 자신이 열중하는 즉각적 문

제들이 일반적 원리들과 맺는 관계를 인식하느라 안달인"[1] 독자는 "근대적" 분과학문들(사회학, 정치경제학) 안에서 통용되는 의제에 관해 마르크스가 말했을 법한 것을 찾으려 애쓴다. 그는 이 분과학문들이 『자본』과 맺는 인접성을 미리, 즉 선입관에 따라 인지한다. 자신의 관심사들의 질서를 자신의 독해의 질서에 관철시키는 독자는 "모델에서 모델로" 전전할 것이다. 여기서도 여전히, 겉보기와 달리, 그가 시야에서 놓치게 되는 것은 마르크스 저작의 새로움이다. 그의 관심사들의 질서를 규정하는 과학들은 좀 더 일찍 태어나지 않았다는 점에서만 새로운 그러한 과학들이기에.

참된 연계들과 참된 절단들에 따른 순서로 『자본』을 읽는 것을 우리는 마르크스 자신의 두 텍스트에서 기대해볼 것이다. 첫 텍스트는 『자본』 3권에서 뽑은 것이다.[2] 이 텍스트가 [『자본』이라는] 저작 자체와 연결하기 곤란한 독해들을 초래한 한에서, 우리는 이 텍스트를 1857년의 『정치경제학 비판 요강』 「서설」[3]에서 뽑은 텍스트와 대조할 것이다.

『자본』(3권)의 텍스트와 그 곤란들

여기 그 텍스트가 있다.

---

1 Karl Marx, Lettre à La Châtre, 18 mars 1872; *Le Capital*, Ed. sociales, t. 1, pp. 43~44[『자본』, I-1, 62쪽].

2 *Le Capital*, VI, p. 47[『자본』, Ⅲ-1, 41~42쪽].

3 *Contriution à la critique de l'économie poltique(Introduction de 1857)*, Ed. sociales, pp. 163~164.

1권에서 우리는 직접적 생산과정으로서의 자본주의 생산과정이, 즉자적으로, 제시하는 다양한 측면을 연구했고, 이러한 연구 안에서 우리는 이 과정에 낯선 요인들에서 비롯되는 모든 부차적 효과를 추상했다. 하지만 자본의 생애는 이 직접적 생산과정을 초과한다. 현실세계에서는, 2권의 대상을 이루는 **유통과정이** 직접적 생산과정을 보완할 것이다. 특히 2권 3편에서, 사회적 재생산과정을 매개하는 것으로서 유통과정을 연구함으로써, 우리는 자본주의 생산과정이 통합적으로 파악된다면 [그것은] 생산과정과 유통과정의 통일체임을 보았다. 이번 3권에서는 이러한 통일체에 관해 일반성들로 흩어지는 질문은 아예 없을 것이다. 도리어 문제는 **하나의 전체로 간주되는 자본의 운동이** 탄생시키는 구체적 형태를 발견하고 묘사하는 데 있다. 바로 이러한 구체적 형태에서 자본들은 자신들의 현실운동 안에서 서로 대면하게 되며, 자본이 유통과정 안에서처럼 직접적 생산과정 안에서도 띠게 되는 형태들은 [그저] 특수한 단계들일 따름이다. 사회 안에서, 이렇게 말해도 된다면[4] 사회의 표면에서, 다양한 자본들의 상호작용 안에서, 경쟁 안에서, 생산행위자 자신들의 평범한 의식 안에서 자본이 표출되는 형태에, 우리가 이번 3권에서 논술할 자본형태들은 점차 근접한다.

『자본』 자체의 3분편제tripartiton를 따르고 있다는 사실에서 결정적으로 연유하는 외관상의 명료함에도 불구하고 이 텍스트는 모든 곤란을 제거하는 것과는 거리가 멀다. "**이렇게 말해도 된다면** 사회의

4 ❖pourrait-on dire. 독일어 원문에는 없는 구절이다.

표면에서"라는 표현은(여기에서 '이렇게 말해도 된다면'은 **다르게 말할 수도 있음**을 의미하는데, 이는 편의적 은유에서 엄밀한 개념으로 나아가는 데 큰 곤란이 없다면 **다르게 말해야 할 것이라는** 뜻이다) 마르크스가 자신의 고유한 과학적 경로를 과학적으로 논술하려다 마주한 객관적 장애들을 잘 나타낸다. 사실상 이 텍스트는 마르크스가 실효적으로 추구한 순서를 진지하게 규명해내지는 못할 적어도 두 개의 독해를 조장한다.

a)첫 번째 부적합한 독해 1권에서 3권으로 가면서 **추상적인 것**에서 **현실적인 것**으로 나아간다고 보는 독해. 이런 해석을 맨 처음 정식화한 것은 좀바르트Sombart와 슈미트Schmidt인데, 엥겔스가 『자본』 3권에 단 보유에서[5] 그들의 이론을 비판적으로 요약한 바에 따르면, 그들에게는 1권의 대상인 가치법칙이 "논리적 사실" 또는 "필수적 허구"이다.[6] 이 경우에 3권은, 논리적 사실 또는 "필수적 허구"를 수단으로 하여, 현실적이라고 이해되는 그런 구체적인 경제적 과정들을 연구하는 것으로 나타난다. 『자본』의 플란에 대한 이런 해석은, **아래와**

---

5 *Le Capital*, VI, p. 30[『자본』, Ⅲ-2, 1183~1185쪽].

6 필수적 허구(가치법칙)/현실 연구(이윤이론)라는 대립이 『자본』에 부당한 방법론적 틈을 낸다는 점을 온전히 자각한 엥겔스는 이 텍스트에서 『자본』의 통일성을 재확립하고자 한다. 하지만 가치법칙과 이윤이론이 동일 유형의 이론적 생산임을 논증하는 대신에 그는 역사적 논증에 입각하여 그것들이 똑같이 현실적임을 확증하는 데 그친다. 그가 구사하는 논증들에 논란의 여지가 있다는 점, 주변적으로만 시장적인 생산양식들에 가치법칙을 적용하는 것이야말로 문제의 해결이라기보다는 문제를 야기하는 것이라는 점은 차치하더라도 엥겔스의 텍스트는 『자본』에서 경제적 범주들이, 이 범주들이 역사적으로 규정되었던 순서에 따라, 다시 말해 마르크스가 대단히 명확하게 부적합한 것이라고 논술했던(*Introduction de 1857*, p. 171) 바로 그 순서에 따라 서술된다는 설명에 다다른다.

같은 용어들을 강조한다는 조건에서, 우리가 인용했던 그 3권의 텍스트를 전용할 수 있다.

> 1권에서 우리는 직접적 생산과정으로서의 자본주의 생산과정이, 즉자적으로, 제시하는 다양한 측면을 연구했고, 이러한 연구 안에서 우리는 이 과정에 낯선 요인들에서 비롯되는 모든 부차적 효과를 추상했다. 하지만 자본의 **생애는** 이 직접적 생산과정을 초과한다. 현**실세계에서는,** 2권의 대상을 이루는 유통과정이 직접적 생산과정을 보완할 것이다. 특히 2권 3편에서, 사회적 재생산과정을 매개하는 것으로서 유통과정을 연구함으로써, 우리는 자본주의 생산과정이 통합적으로 파악된다면 [그것은] 생산과정과 유통과정의 통일체임을 보았다. 이번 3권에서는 이러한 통일체에 관해 일반성들로 흩어지는 질문은 아예 없을 것이다. 도리어 문제는 하나의 전체로 간주되는 자본의 운동이 탄생시키는 **구체적 형태를** 발견하고 묘사하는 데 있다. 바로 이러한 **구체적 형태에서** 자본들은 자신들의 현실운동 안에서 서로 대면하게 되며, 자본이 유통과정 안에서처럼 생산과정 안에서도 띠게 되는 형태들은 [그저] 특수한 단계들일 따름이다. **사회 안에서, 이렇게 말해도 된다면 사회의 표면에서, 다양한 자본들의 상호작용 안에서, 경쟁 안에서, 생산행위자 자신들의 평범한 의식 안에서 자본이 표출되는** 형태에, 우리가 이번 3권에서 논술할 **자본형태들은** 점차 근접한다.

그러니 1권과 2권은(2권이 1권보다는 그래도 덜하겠지만) 현실 연구에 필수적인 일군의 추상일 테고, 그런 추상들에 불과할 것이다. 혹자는 이것들을 일컬어, 미국 사회학자들과 함께 작업 개념들이라

할 테고, 계량경제학자들과 함께 모델이라 할 테고, 막스 베버와 함께 이념형이라 할 터이다.[7] 현실의 임시 도식화로 이해되는 이 추상들은 구체를, 다시 말해 이 추상들이 도식화하는 현실을 규명할 수 있게 해주는 한에서만 유효성을 획득한다. 이념형이든, 모델이든, 작업 개념이든 현실 안에서 그 모습 그대로 직접 드러나지는 않는다는 점과, 유효화의 움직임은 현실이 도식과의 관계에서 지니는 **간격들**을 정확하

---

7 막스 베버의 경우, 인간과학에서 개념들의 생산이란 어떤 주어진 현상이 일련의 동일 유형 현상들과의 관계에서 드러내는 차이로서의 간격들 모두를 집적하는 것으로 이루어지는바(이 간격들을 측정하도록 해주는 장의 통일성은 저자가 자신의 고유한 가치들에 따라 채택하는 관점에 근거한다), 차이 나는 것들의 개체적 통일성이 "이해"되어야 한다. 막스 베버는 이런 식으로 『프로테스탄티즘의 윤리와 자본주의 정신』 서문에서 자본주의 기업의 이념형을 세우려 한다. 모델을 세우는 모든 이들이 지니는 묵시적 문제설정을 이보다 더 의식적으로 사용할 줄 아는 이는 없을 터이고, 동일한 현실에 직면하여 스스로를 마르크스와 이보다 더 명료하게 구별할 수 있는 이도 없을 터이다. 실제로, 현실의 어떤 현상을 사유한다는 것이 그 현상의 도식을 세우는 것이라면, 도식화의 원리를 보유해야만 한다(왜냐하면 현실의 현상들은 재단하기에 알맞지 않거나 그 어떤 재단하기에도 다 알맞기 때문이다). 과학은 이런 원리를 제공하지 않는데, 그래도 과학이란 재단하고 도식화해야 하는 그런 것이라면, 결국은 그 원리를 외부에서 수용해야만 한다. 계량경제학자들에게는 이런 외부가 일반적으로 그 용어의 고유한 의미에서의 가치에 의해, 그리고 더 많은 이윤을 생산해야 할 필요에 의해 구성된다. 막스 베버에게는 이 외부가, 더 고귀하지만 그만큼 더 희미하기도 한 의미에서의 가치들에 의해 구성된다. 두 경우 모두, 과학을 현실의 도식화라고 생각한다는 것은 과학에서 자율적인 문제설정 일체를 떼어낸다는 것으로 귀착된다. 막스 베버와, 레몽 아롱 같은 그의 계승자들이 지닌 엄청난 장점은 자신들이 이런 전제를 갖고 있음을 완전하게 의식한다는 점에 있다. 도식들의 과학과 마르크스주의를 이보다 더 잘 대립시킬 수 있는 것은 없다. 막스 베버가 『프로테스탄티즘의 윤리와 자본주의 정신』의 서문에서 자본주의 기업의 차이로서의 간격들 모두를 집적하면서 우리에게 우리 자신들의 것이기에 완벽하게 이해해야만 하는 특정한 합리성 유형을 이 모든 간격들의 통일성으로 사유하라고 할 때, 우리가 확실히 인정하는 것은 이 현실이 마르크스가 『자본』에서 다루는 바로 그 현실이라는 점, 심지어 우리는 베버의 언표들 각각에 찬동할 수도 있다는 점이다(이 언표들은 모조리 예외 없이 마르크스에게서 끌어온 것들이니까). 하지만 이러한 언표들 사이에서 우리는 마르크스에 의해 생산된 이론적 관계들을, 마르크스와 동일한 대상에 대해 법칙을 만드는 그런 이론적 관계들을 인정할 수는 없다. 마르크스를 베버와 분리시키는 것, 그것은 마르크스주의 방법의 과학적 특성이다. 이는 베버적 방법은 그 어떤 과학적 개념도 생산할 수 없음을 뜻하는 것이 아니다. 다만 어떤 과학적 방법, 특히 마르크스의 방법이 베버적 방법일 수는 없음을 뜻할 뿐이다.

게 탐지하는 것(도식을 세울 수 있도록 해주는 것 또는 현실을 명확하게 할 수 있도록 해주는 것)으로 이루어진다는 점은 자명하다.

『자본』에 적용된 이러한 해석은 다음 몇몇 사실에서 확인된다.

가치법칙은 직접적으로 적용되지 않는다는 것. 요컨대 가치(도식, 추상)와 가격(구체, 현실) 사이에 간격이 있으며, 잉여가치율(추상, 도식)과 이윤율(구체, 현실) 사이에 간격이 있다. 도식의 자리는 당연히 『자본』 안에서 1권이다. 간격들의 자리는 3권이다. 따라서 1권은 추상의 자리이고, 3권은 현실의 자리이며, 『자본』 전체는 추상으로부터 현실을 향해 "점차 근접"해가는 움직임을 보인다.

이 같은 관점은 받아들일 수 없는 경험주의적 과학론을 전제하며, 그 점은 이 경우 『자본』에 불가해한 어떤 틈**cassure**을 끌어들일 것이다. 실제로 어떤 이론적 생산을 현실적인 방식으로 어떤 현실성에 묶어 맨다는 것은 순수 환영이다. 현실성으로부터 이론이 만들어진다고 할 때의 바로 그 현실성과 초기의 이론적 결과들 사이에 있는 **간격들**을 확인하는 것으로는,[8] 이 간격들에 대한 이론을 만들어내기에 부족하다. 이론은 온전히 "논리적" 순서를 따르는데, 이것은 이론의 대상에 대한 법칙을 세우는 순서다. 그러니 잉여가치율 개념과 이윤율 개념은 기본적으로 동일 유형에 속한다. 이것들은 이론적 생산들인 것이다. 이러한 이론적 생산들은 오로지 이론적 관계들에 입각한

---

8 이는 도식적 형태로 말했던 것을 "뉘앙스를 살려 말하는"nuancer 셈이다. 『이성의 파괴』에서 루카치는 이런 의미에서 정당하게도 "교수님들이 애지중지하는 그 뉘앙스"를 비웃는다. 하지만 이러한 비웃음이 유의미하려면 그렇게 비웃는 동시에 저 모든 도식화 시도를 비과학적이라며 모조리 거부해야 하며, 달리 말하자면 저 모든 도식화 시도를 본질적으로 저자의 의도에 반해 뒤집어버려야 한다.

이 생산의 내부에서만 구별될 수 있다. 예컨대 이윤 범주를 세공하기 위해서는 우선 잉여가치 범주를 세공하는 것이 필수적이지만, 이윤 범주는 잉여가치 개념 이외의 다른 개념들과의 관계도 전제하기 때문에 이윤 범주가 더 풍부한 내용을 보유한다.

우리는 이러한 비판으로부터 전적으로 부정적이지만 그래도 중요한 교훈을 끌어낼 수 있다. 추상/현실이라는 경험주의적 구별은 『자본』의 순서에 관해 우리에게 아무것도 가르쳐주지 않는다는 그것이다. 자본주의 현실에서 쉽게 탐지할 수 있는 현상들을 1권보다 3권에서 더 많이 확인할 수 있다고 말하는 것이 매우 대략적으로 정확하다 하더라도, 이런 언표는 방법의 구조에 관한 것이 아니라 결과들에 관한 것이다. 더구나 이 언표는 매우 대략적으로만 정확한 것이니, 이 언표를 하나의 인식으로 간주하게 되면 결국에는 노동일 관련 노동자 투쟁에 대한 이론을 간과하게 되는데, 이 투쟁이야말로 역사적 현실 안에서 쉽게 탐지되는 현상으로서 1권 초반부터 다뤄진 것이다. 이 언표는 마침내 막시밀리안 루벨Maximilien Ruble의 자의적 『자본』 판본(플레이아드 총서)에까지 이르게 되는데, 그의 판본은 이 [노동자 투쟁에 관련되는] 텍스트들을 1권 말미로 몰아버리고는 추상적 도식들의 (현실을 통한) 구체적 예증이라는 부차적인 이론적 역할로 축소해버린다.

b)두 번째 부적합한 독해 1권에서 3권으로 가면서, **미시**-경제적인 것에서 **거시**-경제적인 것으로, 다시 말해 **현실적으로 단순한 것**의 추상적 **모델**들로부터 **현실적으로 복합적인 것**의 추상적 **모델**들로 나아간다고 보는 독해(모리스 고들리에Maurice Godelier가 매우 중요한

논문 「칼 마르크스의 『자본』의 방법의 구조들」[9]에서 옹호한 이론이 그러한 독해이다).[10]

『자본』의 플란에 대한 이러한 해석에서, 전술한 추상/현실이라는 대립은 설명적이기를 그친다. 왜냐하면 이러한 대립은 아래 도식에 따라 『자본』 1~3권에 모두 들어 있기 때문이다.

	1권, 2권 1편~2편	2권 2편, 3권
현실	기업	기업들의 앙상블
이론	기업의 모델	앙상블의 모델

이러한 독해가 앞의 독해보다 더 엄밀하게 **모델**이라는 통념을 활용하는 한에서, 이러한 독해는 자신의 대상에 훨씬 덜 적합하다(『자본』에 대한 어떤 독해든 **모델**이라는 전적으로 **부적합한 경험적** 개념을 더 사용할수록 그만큼 덜 적합해질 개연성이 있다). 실제로 그것의 기이한 결과는 바로 이것이다. 즉 이론은 그 어떤 자율적 경로도 지니지 못하며, 오히려 **현실 자체에 의해 순서가 부과되는** 그러한 연쇄적

---

9 Maurice Godelier, *Économie et Politique*[『경제와 정치』], juin 1960.

10 고들리에의 해석에 대해 이처럼 반박을 시도하면서도 우리는 그의 위상을 꼭 인정해주고 싶다. 마르크스주의자들이 마르크스주의 이론의 (과학적 또는 정치적) 적용에 더 몰두하던 시절에 고들리에는 고독하게 『자본』의 방법이라는 문제를 제기했다는 데 그 탁월함이 있다. 고들리에는 가치와 가격 사이의 관계를 다루는 독창적 작업에서(『라팡세』*La Pensée* 게재) 자신의 초기 사유 여정을 스스로 정정하고자 시도했던바, 이제 두 범주의 연관은 미시-경제적인 것/거시-경제적인 것의 구별에 입각하지 않고 오히려 논리적으로 상대적 단순성과 복잡성이라는 관점에서 사유된다. 넓은 틀에서 보자면, 이러한 입장은 우리가 여기서 전개하는 관점에 합류한다.

도식들로 제시된다는 점이다. 매우 다행스럽게도 현실이 이론에 부합하는데, 왜냐하면 이론이 시작될 수 있을 단순한 현실(기업)과 이론이 끝나게 될 복잡한 현실(실제 기업들의 앙상블[11])이 현실에서 분간될 수 있기 때문이다.

엄밀히 보면, 『자본』의 플란에 대한 이러한 관점을 기각하는 데는 다음 같은 사항으로 충분하다. a)마르크스가 자신의 방법을 정의하기 위해 현실과정과 사유과정을 완벽하게 구별하는 1857년의 『정치경제학 비판 요강』「서설」 텍스트[12]와 이 관점을 대조하는 것. b)이 관점의 기본적 전제를, 즉 현실과 이론 사이에서 **미리 확립되는 조화**가 규명될 길은 없으나 사실상 실존한다는 그 전제를 밝혀내는 것. 그렇지만 『자본』 3권의 텍스트가 **아래와 같이 일부 요소들이 강조된다는 조건에서** 이 독해가 정당화될 수 있는 것은 사실이다.

> 1권에서 우리는 **직접적 생산과정**으로서의 자본주의 생산과정이, 즉자적으로, 제시하는 다양한 측면들을 연구했고, 이러한 연구 안에서 우리는 이 과정에 낯선 요인들에서 비롯되는 모든 부차적 효과를 추상했다. 하지만 자본의 생애는 이 직접적 생산과정을 **초과**한다. 현실세계에서는, 2권의 대상을 이루는 유통과정이 직접적 생산과정을 **보완할 것**이다. 특히 2권 3편에서, **사회적** 재생산과정을 매개하는 것으로서 유통과정을 연구함으로써, 우리는 자본주의 생산과정이 **통합적으로** 파악

---

11 ❖ Ensemble. 문맥에 따라 전체, 전부, 집합 등으로 상이하게 번역하는 대신, 다소 어색하더라도 일관되게 '앙상블'로 음역한다.

12 *Introduction de 1857*, pp. 165~166.

된다면 [그것은] 생산과정과 유통과정의 통일체임을 보았다. 이번 3권에서는 이러한 통일체에 관해 일반성으로 흩어지는 질문은 아예 없을 것이다. 도리어 문제는 **하나의 전체로 간주되는 자본의 운동**{마르크스 자신이 강조하듯 (이러한 독해의) 독자도 이 대목을 강조}이 탄생시키는 구체적 형태들을 발견하고 묘사하는 데에 있다. 바로 이러한 구체적 형태에서 자본들은 자신들의 현실운동 안에서 서로 대면하게 되며, **자본이 유통과정 안에서처럼 생산과정 안에서도 띠게 되는 형태들은 [그저] 특수한 단계들일 따름이다.** 사회 안에서, 이렇게 말해도 된다면 사회의 표면에서, **다양한 자본들의 상호작용 안에서, 경쟁 안에서,** 생산행위자 자신들의 평범한 의식 안에서 자본이 표출되는 형태에, 우리가 이번 3권에서 논술할 자본형태들은 점차 근접한다.

따라서 고들리에의 독해는 가능하다. 『자본』에서 연쇄적으로 활용되는 현실과정 요소들에 국한하면 그의 독해는 사유과정에 의해 근사적 확인을 얻게 된다는 점을 부언하자. 실제로 1권에서는 고립된 기업에서만 사례를 택하는 데 비해(임금 이론과 산업예비군 이론이 예외라는 점이 매우 중요하다), 3권에서는 자본가 전부와 증권거래소와 은행 등등을 개입시킨다. 사례라는 개념을 잠시 보존하자. 그러면 분명해지는 것은 하나의 이론이 자신의 고유한 이론적 필요에 따라 자신의 사례들을 **선택**한다는 점인데, 현실과정 요소들은 사례라는 역할을 하지만 그렇다고 해서 [이 요소들이] 이러한 이론적 필요를 규정할 수는 없다. 1권의 사례들을 통해 고립된 기업에 대해 질문하고 있는 것이라고 가정해보자. 여기에서 고들리에가 설명하지 못하는 것은 다음과 같다.

1)고립된 기업이 현실적으로 단순한 것임과 동시에 이론적으로 단순한 것(도대체 어떤 우연에 의해?)이라고 가정하지 않는 한, 도대체 어떤 이론적 근거에서 사정이 이러한가[를 설명하지 못한다]. 이는 우리를 2)로 이끈다.

2)마르크스는 고립된 기업에 대해 1권 수준에서 사유과정에 충분한 것만을 활용한다[는 점을 설명하지 못한다]. 일정 기간 동안의 어떤 구체적인 기업의 현실운동을 사유해야 했다면 **『자본』 전체**를 소환해야 했을 **뿐 아니라** 『자본』이 제공하는 개념들에 입각하여 **새로운** 개념들도 제공해야 했을 터이다.

그런데 우리가 짤막하게 해명하고 넘어가고자 하는 다음 두 가지 이유로 아마 그러한 설명은 제공될 수 없을 것이다. 우선, 1권은 **기업**을 대상으로 갖지 않는다. 다음으로는, 『자본』 안에서 사유/현실 관계를 말하기 위해 기필코 **모델**이라는 통념을 보존하려 했다면 이는 수학자들에 의해 규정된 통념과 가까운 의미에서 그런 것이지 계량경제학자들에 의해 활용된 통념에서 그런 것이 아니다. 요컨대 그 의미를 뒤집어야 한다는 것이다.

1권에서 질문은 **전혀 기업**에 대한 것이 아니라 이론적으로 정의된 대상인바, 즉 "사회적 자본 중 자율성으로 상향된 부분"[13]에 대한 것이다. 이 부분을 자율성으로 상향시켜야만 한다면, 그것은 이 부분이 현실 기업과 등가가 아니기 때문이다. 현실 기업이라면 마르크스가 상향시키는 것을 기다릴 것도 없이 충분히 자율적임을 누구나 안

---

13 *Le Capital*, II, t. V, p. 9, III, t. VI, p. 54[『자본』, II, 436쪽].

다. 따라서 이것은 이론적 상향 또는 이론적 자율성으로 상향된 이론적 대상의 이론적 분할의 결과다. 우리는 이러한 작업을 이론적으로 규명하고자 노력해보겠다.

이제 "모델"에 관해 남는 논점은, 기업에 관해 모델 운운하는 것은 『자본』의 구조를 설명하는 것이 아니라 1권에 대해 교육pédagogie(다시 말해 가능한 교육들 중 하나의 교육)을 하는 것이라는 점이다. 그 이유는 이러하다. 이론이 상정하는 대상이 "사회적 자본 중 자율성으로 상향된 부분"이라는 사실을 이론이 규명할 수 있었다고, 다시 말해 이론이 그런 사실에 대한 정의와 법칙을 수립했다고 하자. 그럴 때 이론의 교육가는 현실과정으로 선회하여 대략 이런 말을 내놓는 것이 가능해질 터이다. "당신은 X…를 알고 있다. 그의 개인적 취향과 정치적 기반을 추상시키고자 해보라. 당신은 그가 상당히 부자였음을 알게 된다. 그의 투자 재능을 추상해보자. 위기의 부재와 가격 상승이라는 가설을 만들어보자. 요컨대 다른 모든 조건들이(이 조건들의 이론적 형식에 관해 내가 막 언급한 그 조건을 제외하고) 동등하다고 가정해보자. 우리가 생각하는 X…는 일정량의 화폐 보유자로서 이 화폐를 생산수단으로 변환시키는 순간에 놓여 있다. 나는 Y나 Z를 사례로 택할 수도 있었을 것이다. 글쎄, 이론이 당신에게 막 정의해준 이 조건들 안에서, 오로지 이 조건들 안에서만, 당신은 우리가 지금 그 개념을 생산하고 있는 중인 대상이 현실에서 조응하는 그 무엇에 대해 생각해볼 수 있다. X…를 자기 사업에 놔두고 우리의 대상으로 돌아가자. 왜냐하면 문제는 그 대상이지 X…가 아니니까."

그러면 모델이란 무엇인가? 모델이 현실의 도식인 경우. 그럴 때 모델은 의제-과학에서만 유효성을 갖는데, 이런 과학은 현실에 모종의 실천적 조작을 가할 수 있도록 현실에 대한 근사치 표상을 만드는 것 말고는 관심이 없다. 실은, 도식을 말하는 자는 재단裁斷을 말하는 것이고, 재단을 말하는 자는 재단의 원리를 말하는 것인데, 재단의 원리를 말하는 자는 둘 중 하나이니, 재단에 대한 이론을 만들어 본질적으로 도식 없이 해내거나 아니면 이론을 만들지 않고 도식에 머무르는바, 그의 진짜 만족은 다른 곳에 있음이다. 이와 같은 것이 평범한 계량경제학에서 "모델"이 하는 모든 실천의 기능이다. 모델이 이론적 대상의 이미지인 경우, 그 대상을 이론의 조건들에 복속시키면서도 현실 안에서 적시할 수 있는데, 그와 같은 것이 대략[14] 수학자의 개념이다. 『자본』에 대해 말하는 데 기필코 모델 개념을 쓰고자 한다면, 개별 기업은 1권에서 이론화되는 대상의 가능한 모델들 중 하나라고 말해야만 할 것이다. 하지만 무엇보다도 이렇게는 말하지 말아야 할 것이다. 1권의 대상은 기업 모델이라고. 우리는 다음을 확인했다고 믿는다.

1)『자본』의 단계들 각각에서 정확히 사례들인 것(이것들이 모델이다. 모델은 교육의 목적을 갖는다).

2)사례들의 특성들에 입각하여 단계들의 순서가 이해될 수는 없

---

14 직접 가르치는 이론과 필연적인 근사치 관계만을 맺는 그런 교육에 대해 규명하는 것과, 하나의 교육이 — 교육 자체의 법칙을 교육이 가르치는 대상의 법칙으로 언표함으로써 — 어떻게 자기기만에 빠지는가를 저 규명을 통해 풀어내는 것이 주요 논점이기 때문에, 우리는 탁월한 대중서로서 블랑슈M. Blanche의 『공리학』*L'Axiomatique*에 따라 "모델"을 정의하는 데 그친다(L'initiation philosophique, P.U.F., p. 38). "가정에 의해 언표된 연관들의 앙상블을 충족시켜 주는 다수의 가치 체계들이 발견된다면, 이에 대한 다양한 구체적 해석들을 언제나 제시할 수 있거나, 또는 달리 말해, 다수의 실현들 중에서 선택할 수 있다. 하나의 공리의 이러한 구체적 실현들을 그 공리의 모델이라 부른다."

다(『자본』은 모델들의 연쇄가 아니다).

결론

이 텍스트는, 이 문제적 텍스트가 『자본』의 구조에 관해 조장할 수 있는 오해들을 통해 우리에게 전해져왔다. 우리는 이 텍스트의 독자들이 범한 오해들에 대해 정작 이 텍스트가 져야 할 책임의 정확한 정도를 뒤에서 검토할 것이다. 당장 우리가, 이 텍스트에도 불구하고, 이 텍스트 덕택에 알 수 있는 것은 다음과 같다.

— 『자본』의 순서는 온전히 이론적 순서라는 것. 따라서 추상으로부터 현실로 가는 것도, 단순한 현실로부터 복잡한 현실로 가는 것도 아니다.

— 도식/현실 관계는 『자본』의 순서도, 그 각각의 단계도 규명하지 못한다.

— 순서가 온전히 이론적이라면, 순서는 그 대상에 대한 형태 개념에만 의존할 수 있다.

— 『자본』의 대상은 규정된 생산양식이기 때문에 『자본』의 순서는 생산양식에 대한 형태 개념에 본질적으로 의존해야만 한다.

이러한 이유에서 우리는, 결을 거슬러 논평했던 그 곤란한 텍스트를 잠시 놔두고, 1857년의 『정치경제학 비판 요강』「서설」의 한 구절로[15] 돌아가려 하는데, 생산양식에 대한 형태 개념을 정의하는 것이 분명 이 구절의 의도다.

15 *Introduction de 1857*, pp. 163~164.

I. 『자본』에 대한 마르크스 자신의 제시

이제 1857년의 『정치경제학 비판 요강』「서설」의 텍스트[16]를 고찰해 보자.

주지하듯 1857년의 『정치경제학 비판 요강』「서설」은 마르크스가 『자본』의 결과들을 선취하는 텍스트로, 세간에서 이러한 선취를 결과로 착각하여 이를 완전히 세공되고 논증된 것으로 간주하는 것이 두려워 마르크스가 출간을 포기했던 텍스트이다. 그 말인즉슨 이 텍스트를 조심스럽게 읽어야 한다는 것이요, 또한 이 텍스트가 『자본』의 대상을 선취하는 한에서 우리는 이 텍스트 덕분에 『자본』의 구조를 선취할 수 있다는 것인데, 『자본』의 구조라는 바로 이것이 플란에 대한 시론의 목표 자체이다.

우리에게 흥미로운 텍스트는 이것이다.

16 *Introduction de 1857*, pp. 163~164.

우리가 도달한 결과는 생산과 분배distribution와 교환과 소비가 동일하다는 것이 아니라 그것들이 어떤 총체성의 요소들이면서 어떤 통일성 내부의 차이화들이라는 것이다. 생산은 다른 계기들을 넘어서는 것만큼이나, 자기 자신에 대한 반정립적 규정들 안에서 자신의 고유한 틀을 넘어선다. 바로 이러한 생산으로부터 출발하여 과정이 시작된다. 교환과 소비가 그 과정을 끌어가는 것일 수 없음은 자명하다. 생산물의 분배로서의 분배의 경우에도 사정은 동일하다. 하지만 생산행위자들의 분배로서의 분배는 그 자체가 생산의 한 계기이다. 규정된 생산이 규정된 소비와 규정된 분배와 규정된 교환을 규정하며, 이 생산이 **자신의 상이한 계기들의 상호규정적 관계들도 또한 조절한다.** 진실로, 생산도 역시, **자신의 배타적 형태 아래**, 다른 계기들에 의해 규정된다. 예컨대 교환 영역인 시장이 팽창할 때, 생산의 양은 증대되고 시장은 생산을 통해 매우 심층적으로 분할된다. 상이한 계기들의 상호작용이 있으니, 이는 그 어떤 유기적 총체성에도 다 해당하는 경우이다.

우리의 화두를 떠올려보면, 이 텍스트는 아래의 언급들을 요청한다.

1)**모든 생산양식**("논증된 추상" 또는 정치경제학의 대상에 대한 형태 개념)은, 하나의 **지배관계**를 갖는 구별되는 요소들의 **복잡한 구조**라는 것은 확증되어 있다(지배관계를 갖는 복잡한 구조라는 개념에 관해서는 루이 알튀세르, 「유물론적 변증법에 대하여」, 『마르크스를 위하여』 참조). 요컨대 생산이 바로 이러한 지배관계인 것이다.

우리의 텍스트에 따르면 이 지배관계는 두 가지 양상을 갖는다. 한편으로 생산양식은 구별되는 모든 요소의 통일체이고, 생산양식은 여기서 경제적 실천의 앙상블이라고 **넓은** 의미에서 정의된다. 다른 한편 **좁은** 의미에서의 생산과정, 즉 어떤 자연적 소여 또는 이미 세공된 소여가 어떤 규정된 사회적 필요에 부합하는 완결된 생산물로 변형되는 과정으로서의 생산과정이, 이러한 통일체의 내부에서, 최종심급에서의 규정적 요소라는 것이다.

2)이와 같은 것이 모든 생산양식에 대한 형태 개념이라면, 하나의 규정된 생산양식에 대한 연구는 규정하는 체계(좁은 의미에서의 생산과정 또는 전술한 『자본』 3권 텍스트에 나오는 **직접적 과정**으로서의 생산양식)에 대한 연구에서 시작되어야만 할 것이고, 규정하는 것과 규정되는 것들 간의 통일성에 대한 이론에 의해서만, 다시 말해 넓은 의미에서의, 혹은 정확히는, 완전한 의미에서의 생산양식에 대한 이론에 의해서만 완결될 수 있을 것이다.

3)다음의 도식대로 규정되는 시작과 종결.

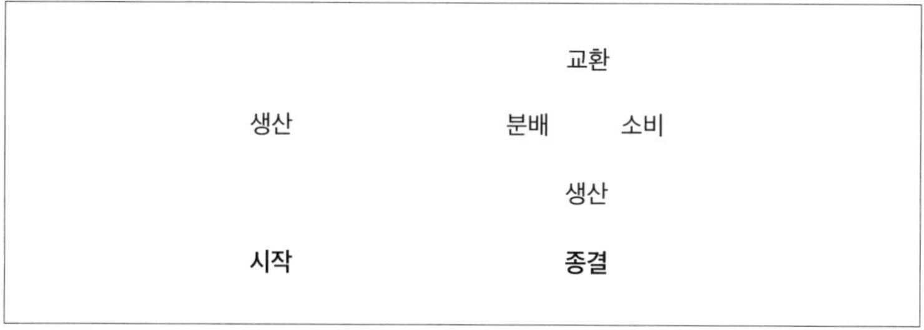

수순들은 또한 이러하다. 구조의 규정되는 요소들에 대한 이론을 벗어나, 이 요소들이 직접적 생산과정에 상호규정détermination réciproque을 가하는 한에서, 직접적 생산과정과의 관계에서 이 요소들이 지니는 종별적인 것으로 가야 하리라는 것.

이러한 방법론적 도식이 『자본』에 (거의) 완벽하게 들어맞는다는 것을 지적해야 마땅하다.

시작 좁은 의미에서의 자본주의 생산양식 또는 직접적인 자본주의 생산과정에 대한 이론. 1권.
종결 구조의 상이한 요소들의 통일성에 대한 이론 또는 완전한 의미에서의 자본주의 생산양식에 대한 이론. 3권.

중간 수순들은 여기서 통일성으로 환원된다. 요컨대 유통을 그것의 종별성에서 연구하고 이어서 좁은 의미에서의 생산과정과 맺는 통일성에서 연구하는 것. 이것이 2권의 대상이다. 이러한 부적합은 분명히 문제를 야기한다. 우리는 이 점에 관해 재론할 것이다.

4)하지만 이 문제가 중요하다고 해도 그것이 다른 문제를 은폐해서는 안 된다. 『자본』의 순서와 1857년의 『정치경제학 비판 요강』「서설」에서 정의된 그러한 생산양식 개념 사이에 조응이 가능하다면, 이는 오로지 이 형태 개념이 『자본』 안에서의 규정된 생산양식에 대한 과학적 연구의 결과들을 선취하는 것이기 때문이다. 1857년 「서설」 텍스트는 『자본』의 구조와 비교해 오직 교육적 우선성만을 갖는다. 이 텍스트가 이 구조에 대한 완전히 틀리지는 않은 전반적 시야를 취하도록 해준다 해도, 이 구조를 정초하거나 완전하게 서술하는 데 이르지는 못한다.

5)1857년 「서설」 **텍스트는** 『자본』의 **조직화를 정초하도록 해주지 못한다**.

우리가 논한 텍스트는 "우리가 도달한 결과"라는 말로 시작한다. 요컨대 그 텍스트는 어떤 이론적 노동의 결과로 제시되는 것이다. 이러한 이론적 노동은 전적으로 특수한 유형에 속하는데, 이 유형의 유효성의 한계들은 극도로 협애하다. 요컨대 그것은 **장구한 입론**인 것이다. 실제로 마르크스는 자신이 촘촘한 비판을 가했던 고전 정치경제학의 어떤 결과(생산 = 자연; 분배 = 사회; 교환과 소비 = 개별성)에서 출발했다. 이러한 테제와는 반대로, 마르크스는 범주들 사이의 구별들이 동일한 앙상블(대단히 모호한 개념인 사회적인 것)의 내부에 모두 자리한다고 확증한다. 이와 동시에 그는 그것들의 차이화가 동일한 장의 내부에서만 가능하다는 것을 입증한다. 마침내 그는 앞에서 정의된 두 범주에 대한 이 통일성의 지배를 확증한다. 논증은 어떤 테제에 대한 비판적 검토인바, 테제의 정정은 독자에게 경제적 문제들에 대한 확장된 인식을 호소하는 식으로 실행된다. 인용된 텍스트가 그 결과인 이론적 시도는 과학적 질서에 따르지 않고 오히려 전통적 수사학 법칙에 따라 구성된다. "교환과 소비가 그 과정을 끌어가는 것일 수 없음은 자명하다. 생산물의 분배로서의 분배의 경우에도 사정은 동일하다"에 있는 저 "자명하다"가 뚜렷이 입증하는 것은 마르크스의 진짜 논거들이, 그러니까 진정한 이론적 시도가 다른 곳에 있음이니, 정확히 『자본』이 그곳이다. 그러니 『자본』의 매우 중요한 측면들 중 하나는 그것의 고유한 조직화의 과학적 유효화에 있어야 하는 것인데, 이 조직화가 여기서는 박식한 수사학적 논의 방식 위에서 그저 **정당화될** 뿐이다.

6)1857년의 『정치경제학 비판 요강』 「서설」 **텍스트는** 『자본』의 **조직화를 완전하게 서술하도록 해주지 못한다**.

서술형식이 전반적으로 엄밀하지 않거나 또는 제한적 엄밀함만을 지닌다면, 이로부터 반드시 귀결되는 것은 그것의 결과—생산양식에 대한 형태 개념의 정의—가 근사치에 불과할 수 있다는 점이다. 이로 인해 "이는 그 어떤 유기적 총체성에도 다 해당하는 경우이다"라는 은유에 의지하게 되는데, 이 은유는 『자본』이 지향해야 할 결과를 잘 암시하지만 그 결과를 인식하도록 해주지는 못한다.

결론

교육적 입문이 반드시 지니기 마련인 한계들, 즉 교육이란 진리들의 확증보다는 주요한 오류들의 일소에 더 제격이라는 데서 비롯하는 그 한계들을 수반하는, 있는 그대로의 이 텍스트가 우리에게 주는 경고는 다음과 같다.

1)『자본』의 조직화는 특수한 것에서 전체적인 것으로 또는 추상적인 것에서 현실적인 것으로 가는 경로의 조직화가 아니라, 규정하는 것에서 규정되는 것으로 가서 결국 규정의 완전한 체계까지 가는 경로의 조직화이다.

2)『자본』의 조직화는 전반적으로 선형적일 수 없다. 그렇지만 원환의 은유와 이 은유를 유효화하는 사례들이 충분히 보여주는 것은, 규정하는 것에 대한 이론을 상호규정 체계 안에서 만들려면 규정되는 요소들에 대한—이 요소들을 잠정적으로 이해하게 해주거나 또는 이 요소들의 효력을 무화하도록 해주는—최소한의 이론을 만들어야 한다는 점이다.

3)앞의 두 경고는 『자본』 자체에서만 엄밀한 의미를 획득할 수 있다.

II. 『자본』의 절합들

『자본』 자체로 방향을 돌려야 한다. 이는 분명 『자본』을 요약하자는 것이 아니다. 설혹 이 요약이 1857년의 『정치경제학 비판 요강』「서설」에서 정의된 순서에 부합할 수 있음을 보여주기 위함이라 하더라도 역시 요약하자는 것은 아니다. 말하자면 우리가 『자본』의 이론적 내용은 인지되어 있다고 가정하는 만큼, [또한] 이 내용과 관련된 것에서 우리는 앞서 이 책에서 이미 세공된 모든 설명에 전적으로 의존하는 만큼 그저 요약은 아닌 것이다. 우리는 다만 『자본』의 주요 절단들을 명확히 표시하고자 하는 것이며, 이 절단들에 내포된 논리적 연결고리를 설명하려는 것이요, 요컨대 『자본』의 구조 안에서 부분들의 이론적 기능을 규정하려는 것이다. 우리는 『자본』의 각 권 사이에서 그리고 각 권의 편들 사이에서 이루어지는 너무나 명료한 절합에 맹목적이지 않는 쪽을 선택했는데, 왜냐하면 결국 우리의 화두는 그 절합을 반복하는 것이 아니라 설명하는 것이기 때문이다.

우리가 서술의 편의와 논리적 중요도에 따라 "절합 1" "절합 2"

"절합 3"이라 부를 세 개의 주요 절합을 (정당화 없이) 정의해보자.[17]

우리의 논술순서를 정당화하기 위해 바로 말해두어야 할 것은 절합 1과 절합 3이 별로 문제들을 야기하지 않는다 하더라도, 달리 말해 이 두 절합이 나누는 요소들의 이론적 기능을 해명하는 일은 쉽다 하더라도 절합 2의 사정은 그렇지 않다는 점이다. 실제로 그것의 이론적 의미작용은 별로 분명치 않을 뿐 아니라 그것이 확립되도록 해주는 절단 자리의 정확한 위치도 논란의 여지가 없지 않다.

절합 1은 두 개의 이론적 요소(한편에는 1권의 1편과 2편, 다른 한편에는 [나머지] 『자본』 전체)의 앙상블로, 이 앙상블은 **1권의 2편과 3편 사이에서 이루어지는 절단에 의해 규정**된다.

절합 2는 두 개의 이론적 요소(한편에는 1권과 2권, 다른 한편에는 3권)의 앙상블로, 이 앙상블은 **2권과 3권 사이에서 이루어지는 절단**에 의해 규정된다(우리는 이 절단의 자리를 뒤에서 정정할 것이다).

절합 3은 두 개의 이론적 요소(한편에는 1권, 다른 한편에는 2권)의 앙상블로, 이 앙상블은 **1권과 2권 사이에 위치하는 절단에 의해 규정**된다.

절합 1과 절합 3에 대한 연구에서, 그리고 이 두 절합이 규정하는 이론적 요소들의 내부에서 정의될 수 있는 하위 절합들에 대한 연구에서 시작해보자. 그렇지만 절합 3은 절합 2 없이는 사유될 수 없으므로 우리는 절합 2의 기능을 1857년의 『정치경제학 비판 요강』 「서설」에 입각하여 잠정적으로 정의하고(절합 2는 모든 생산양식에 대한 연

17 우리는 어떤 **절단**의 양쪽에 위치하는 두 개의 이론적 요소로 구조화되는 앙상블을 절합이라 이해한다.

구를, 규정하는 요소로부터 출발해 구조의 요소들을 연구하는 것과, 규정의 완전한 체계를 연구하는 것으로 나누는 절합이다), 절단이 벌어지는 것처럼 보이는 바로 그곳에서(2권과 3권 사이에서) 절단이 정말로 벌어진다고 가정한다.

A)절합 1 연구

저작 전체를 차지하는 사유과정에서 『자본』의 1편과 2편이 규정적 기능을 충족하는 한에서 이 두 편은 완전하게 분립되어야 한다. 요컨대 마르크스가 이데올로기적 언술을 **과학적 문제**로 변형함으로써, 평범한 경제학자들에게서 통용되는 언술에 대해서와 마찬가지로 자본주의(또는 혹자들이 원하는 식으로 하자면 부르주아 사회, 산업사회, 우리 사회)에서 통용되는 평범한 언술에 대해서도 가하는 이론적 변형이 완수되는 곳은 바로 이 두 편인 것이다. 루이 알튀세르가 확증했듯(『마르크스를 위하여』) 이 변형에는 다음과 같은 것들이 전제된다.

— 문제의 정식화.

— 문제정립의 자리에 대한 정의.

— 문제'정립'의 구조의 규정, 다시 말해 문제의 정식화에 의해 요구되는 개념들의 규정.

우리가 말하고자 하는 바는 『자본』 전체의 사유과정이 거기에서 [1편과 2편에서] 잠재성의 양식으로 완전하게 정식화되고 자리 잡고 구조화된다는 것이 아니라, "우리 사회"에 관한 일반성 1들이 일반성 2들에 의해 변형되는 것이 1편과 2편에서 실행되는데 바로 이러한

변형이 일반성 3들의 생산과정을 비가역적으로 규정한다는 것이다.[18]

이 점을 서둘러 논증하자. 1편과 2편에서 마르크스는 동일한 구조의 논리적 경로를 따르는데, 여기에는 다음과 같은 단계들이 포함된다.

—**1단계** 마르크스는 ("상품의 거대한 집적"으로서의 자본주의 사회라는,[19] A' = A+ΔA로서의 잉여가치라는[20]) 명목적 정의에서 출발하는데, 이런 정의는 자명함의 지위를 지니며 이 정의의 구성적 요소들은 유통영역에서 차용된다.

—**2단계** 마르크스는 이 명목적 정의를 **분석**과 **정식화**의 시험에 부친다.[21] 분석과 정식화가 언표되는 층위에서, 다시 말해 유통의 영역에서 시험에 부치는 것이다. 이 시도의 결과는 모순의 확인인데, 이는 이론의 대상에 있는 속성으로서의 주요모순과 부차모순을 운운하는 의미에서 그런 것이 아니라, 정식화가 정의되는 층위에서 정작 이 정식화의 대상에 관해 언표될 수 있는 것은 조정이 불가능한 불가해적인 연관들뿐이라는 의미에서 모순이 확인된다는 뜻이다. 달리 말하자면, 이런 연관들이 조정 불가능한 불가해적인 것들로 지속될 수 없는 한에서 **자명함은 문제로 전화**된다.

—**3단계** 우리는 이것을 조금 뒤에서 정의하겠다.

—**4단계** 앞서 **정식화된** 모순적 연관들을 조정하고 가해적인 것

18 Louis Althusser, *Pour Marx*.

19 *Le Capital*, t. I, p. 52 [『자본』, I-1, 87쪽].

20 *Le Capital*, t. I, p. 155 [『자본』, I-1, 231쪽].

21 이 개념들에 관해서는 이 책의 2장 피에르 마슈레의 「『자본』의 서술방식에 대하여(개념의 노동)」를 보라.

들로 만들기 위해 마르크스는 문제의 **자리**를 전치시켜야 할 필연성을 확증한다. **사회적 평균노동**이라는 개념과 소비되어 가치를 생산하는 상품으로서의 **노동력**이라는 개념은 **이러한 전치 필연성**을 입증하는 것 이외에 **다른 이론적 기능을 갖지 않는다**. 실제로 이 개념들이 해법의 자리를 암시하기는 해도 이 층위에서 해법일 수는 없으니, 왜냐하면 이 개념들이 도입되는 이론적 형식에서는 이 개념들이 너무나 문제적일 수밖에 없기 때문이다. 이 전치는 다음처럼 언표될 수 있다. 유통영역의 층위에서 정식화된 문제를 과학적으로 제기하려면 사회적 평균노동 개념과 노동력 개념이 완전하게 세공될 수 있는 영역 내부에서, 즉 생산 영역에서 그 문제를 제기해야만 한다고 말이다. 문제를 해소하기 위해서는 먼저 이 영역에 대한 완전한 개념을 세공해야만 한다.

아주 엄밀하게 2단계에서 4단계로 갈 수 있으려면, 정식화 자체의 가능조건들에 대한, **다시 말해 화폐에 대한** 이론을 만드는 것이 필요했다. 이는 왜냐하면 그 이론 덕분에 정식화될 수 있는 모순들에 대해서는 그 이론이 감당하는 것으로 간주될 수 있도록, 그 이론이 그 모순들의 해결의 자리로 간주될 수 있도록, 그 이론 덕분에 언표될 수 있는 모순들에 그 이론 자체가 복속되도록 해야 했기 때문이다. 따라서 화폐이론은 문제의 이러한 이론적 전치(1편과 2편의 기본적 이론 작업)에서 결정적 단계로 나타나는데, 왜냐하면 화폐이론이 논증하는 것은 유통에 속하는 대상들만이 아니라 유통영역의 형식적 조건도, 게다가 이 영역을 관장하는 법칙들의 앙상블까지도 가능조건들에—유통 자체의 층위에서는 이론화가 불가능한 조건들에—종속된다는 것이기 때문이다.

절합 1의 이론적 토대를 설명하는 것, 다시 말해 1편과 2편이 『자본』 전체의 사유과정과의 관계에서 규정적 기능을 보유한다고 할 때 그 정확한 한도—범위와 한계들—를 정의하는 것이 이제는 가능하다. 『자본』 전체의 사유과정이 1편과 2편에서 규정되는 이유는, 경험적 소여들로부터 엄밀한 정식화와 정의된 자리를 보유한 문제로의 변형이 이 두 편에서 완수됨으로써, 그 사유의 대상에 최초의 과학적 형식이 주어지기—또는 최초의 과학적 형식 아래 그 사유의 대상이 주어지기—때문이다. 게다가 이 변형과정은 해결 경로의 최초 구조를 이 과정 자체가 규정한다는 그러한 조건들 안에서 실행된다. 실제로 이 과정은 두 영역 사이에서 어떤 **규정관계**와 동시에 **어떤 접속의 필연성**을 확립한다. 이로써 사유과정에 최초의 이론적 목표(접속을 사유하기)가 주어지며, 아울러 사유과정의 경로에 관한 일반적 시사(규정하는 것에 대한 이론을 먼저 만들고 이어서 규정되는 것에 대한 이론을 만들기)도 주어진다. 이렇게 정초되는 것, 바로 그것이 절합 3의 일반적 구조다.

하지만 이러한 연구에서 귀결되는 것은 1편과 2편의 규정하는 기능이 사유과정 전체와의 관계에서 **엄밀하게 제한적**이라는 점이다. 실제로, 1편과 2편에 의해 일반적 구조가 정의되는 절합 3은 **이론적으로 부차적인 절합**이다. 우리가 논했던 모든 텍스트에서 마르크스가 기본적이라고 인정했던 절합은 절합 2이다. 그런데 이 절합은 1편과 2편에 의해 정의되는 것이 전혀 아니다. 그러므로 마르크스와 그의 주석가들이 절합 2를 정초하고자 시도했을 때의 바로 그 문제설정—단순한 것과 복잡한 것의 문제설정, 개별적인 것과 전체적인 것의 문제설정, 추상적인 것과 현실적인 것의 문제설정—을 이 두 편에서 찾는 것은 허사다. 다시 말해, 서두의 두 편이 『자본』 전체의 사유과정을 규정한다면 **이러한 규정은 문제적인데,** 왜냐하면 이 규정은 과정의 내용 전부를 직접 규정하는 것도 아니요 과정 전체의 구조를 규정하는 것도 아니기 때문이다. 달리 말해, 서두의 두 편이 『자본』 전체와 관련해 결정적 역할을 한다 해도 이는 두 편이 『자본』의 문제설정 전부를 잠재성의 양식으로 배태하고 있기 때문이 아니다. 서두의 두 편에서 일반적 구조(절합 3)가 주어지는 문제를 해결해가는 와중에 비로소 절합 2의 문제설정이 생산될 수 있을 것이다. [그리하여] 서두의 두 편이 그 안에서 『자본』 전체를 결정하는 정확한 한계들이 정의될 수 있다. 요컨대 이 결정적 역할은 **간접적으로 결정적**이거나 또는 **최종심급에서**만 결정적이라는 것이다. 절합 2의 문제설정이 1편과 2편에서 제기되는 문제에—1편과 2편에서 정식화되고 자리와 구조가 제시되는 이 문제의 해결에 의해 저 문제설정의 정식화와 자리와 구조가 규정되는 한에서(또는 저 문제설정의 정식화와 자리와 구조가 이 문제의 해결을 이론적 가능성의 조건으로 갖는 한에서)—**의존하는** 것이라 해도, **저 문제설정은 결코 이 문제의 발전이 아니다**. 이보다 더 명확하게 『자본』의 조직화를 헤겔적 순서와 구별해줄 수 있는 것은 없다. 『정신현상학』 서문에서 이 순서에 대한 최상의 정의가 주어진다. "지식에는, 진행의 계열만큼이나 필연적으로 고정되는 목표[가 있다]. 그것은 지식이 자기 자신 너머로 갈 필요가 없는 곳에, 지식이 스스로 자신을 찾는 곳에, 개념이 대상과 조응하는 곳에 있다."[22]

22 G. W. F. Hegel, *la Phenomenologie de l'esprit*(『정신현상학』), Trad. Hyppolite, Aubier, Paris, p. 71.

이러한 정의에 내포된 것은, 어떤 인식의 종결이 최초의 비-인식 안에 이미 들어 있지 않았다면, 그러니까 이 비-인식에 대한 최초의 인정에 이미 들어 있지 않았다면, 요컨대 "그 종결이 애초부터 우리 곁에 즉자-대자적으로 있지 않았고 있고자 하지 않았다면"[23] 그 어떤 인식도 가능하지 않으리라는 점이다. 또한 **감각적 확실성**이 『정신현상학』 전체뿐 아니라 무엇보다도 이 총체성의 형세를, 다시 말해 이 형세에서 형상들의 순서를 규정하는 데 반해, 『자본』의 1편과 2편은 물론 사유과정 전부를 규정하지만 그 과정의 총체성 또는 완전한 구조를 규정하지는 않는다. 그 규정은 헤겔과 마르크스에게서 동일한 의미를 갖는 것이 아니다. 요컨대 헤겔에게는 최초에 있는 것이 기원이지만, 마르크스에게 최초에 있는 것은 시작이다. 그리고 기원은 미리 형상화함으로써 규정하는 데 반해, 결정적 시작은 최초의 형상화만을 규정할 수 있으며, 다른 모든 형상화가 이 최초의 형상화에 의존하기는 하지만 이는 이론적 연결에 의해 최초의 형상화와 통일되는 한에서이고, 최초의 형상화는 이러한 이론적 연결을 부분적으로 결정하는 것이라 결코 의존이 반복을[24] 뜻할 수는 없으며, 모든 새로운 형상화가 정말로 새로운 형상화라는 점을 무시할 권리는 그 누구에게도 없다.[25]

23 *Ibid*., p. 66.

24 기원, 시작, 반복. 우리는 이 개념들을 캉길렘에게서 차용한다. 캉길렘의 저작에서 이 개념들이 지니는 정확한 의의와 이 개념들이 과학사에서 점하는 중요성에 관해서는 Pierre Macherey, "La philosophie de la science de G. Canguilhem"(「캉길렘의 과학철학」), *La Pensée*, février 1964, n. 113 참조.

25 우리가 형상화figuration라는 헤겔적 개념을 마르크스의 저작에 "덧붙이는" 것은 다만 두 사유과정 사이의 거리를 측정하기 위함으로, 이 개념이 그 이외의 다른 것에 소용될 수 있다고

B)절합 3 연구

절합 3의 절단에 의해 나뉘는 두 부분의 상대적인 이론적 기능은 **보완**관계라고 언표될 수 있다.[26] 마르크스는 이 기능을 3권 1편의—우리가 이 작업의 서두에서 논했던—텍스트에서 이렇게[즉 보완적이라고] 제시한다. "1권에서 우리는 직접적… 과정으로서의 **자본주의 생산과정**이, 즉자적으로, 제시하는 다양한 측면들을 연구했고, (…) 2권의 대상을 이루는 유통과정이 **직접적 생산과정을 보완할** 것이다." 보완 관계가 가능하기 위해 필요한 것은, 보완적인 두 이론적 요소가 동일한 이론적 대상과 관련된 동일한 문제의 해결을 목표로 갖는 것이다. 이 경우가 정확히 그러하다. 두 권의 끝에 가서야 비로소 해결이 완료되는 그러한 단일한 문제가 1권 1편과 2편에서 제기된 문제, 다시 말해 가치와 잉여가치에 공히 관련되는 질문들이다. 이 문제를 완전하게 해결하기 위해 1권과 2권에서 법칙이 수립되는 이론적 대상은 "사회적 자본 중 자율성으로 상향된 부분"[27]으로, 다시 말해 1권의 155쪽[28]에서 정식화된 명목적 정식화가 부여될 수 있는 모든 대상이다. 유통영역에 그 운동이 기입되는 모든 대상은, A' = A+ΔA와 같은 일반적 등가교환 법칙에 의해 정의되는, 사회적 자본 중 자율성으로 상향된 부분이라는 정식화이다. 형식의 관점에서, **부분**이라는 개

주장하는 것은 아니다.

26 절합 3은 이론적 요소들(한편에는 1권, 다른 한편에는 2권)의 앙상블로, 이 앙상블은 1권과 2권 사이에 위치하는 절단에 의해 규정된다.

27 *Le Capital*, t. V, p. 9[『자본』 II, 436쪽].

28 ❖『자본』 I-1, 231쪽.

념은 정의의 귀결이다. 요컨대 유통영역을 자리로 갖는 정식화의 논리적 법칙에 따라, 사회적 자본은 자신의 부분들의 총합과 다르지 않으며 그 총합 이상도 아닌 것이다("하나의 전체로 고찰되는 사회적 자본"은 이러한 이론적 층위에서는 할당 가능한 그 어떤 의미도 갖지 못한다). "자율성으로[의] 상향"이라는 개념은, 이러한 이론적 층위에서, 이론적 대상과 이 대상에서 끌어낼 수 있을 모든 구체적 모델 사이의 차이만을 표시하는 개념이며, 현실의 개별 자본에 관해 이 개별 자본의 현실적 자율성은 전적으로 상대적인 것임을 입증하는 데 충분한 그 최소한도를 적시하는 개념이다.[29] 절합 3에 의해 나뉘는 두 이론적 요소 사이의 보완성은 이론적으로 정립되는데, 왜냐하면 1권의 1편과 2편[에서 제기된] 문제에 대한 해법으로서 1권과 2권에서는 하나의 동일한 대상에 대한 법칙들의 앙상블이 생산되기 때문이다. **보완성** 개념이 해결하지 못하는 유일한 문제는 2권 3편의 이론적 지위의 문제다. 요컨대 이 3편에서 새로운 개념들과 새로운 문제설정이 도입되면서 생산되는 법칙들의 이론적 대상은 **새로운 대상**인 것이다. 보완성 개념은 절합 3을 분할하는 것의 통일성을 정의하는 데 충분할 정도의 엄밀한 개념으로 자신을 드러냈으니, 통일성과 통일성 개념이 위태로워지는 2권 3편을 우리는 잠정적으로 추상하겠다.

절합 3이 분할하는 것의 통일성이 보완관계로 사유되어야 한다 해도, 이는 두 이론적 요소가 동일 평면 위에 있음을 뜻하지 않는다. 1권에서 2권으로의 이행이라는 서술순서는 두 요소 사이의 이론적

29 여기서 문제시되는 것은 기업의 현실적 자율성도 아니고 현실적인 경제적 과정들의 앙상블에 대한 기업의 현실적 의존도 아니다.

위계를 가정한다. 이 위계를 이렇게 언표할 수 있겠다. 즉, 2권에서 세공된 그 어떤 이론적 법칙들도 1권에서 세공된 법칙들의 앙상블이 없었다면 확정되고 논증될 수 없었으리라고 말이다. 상호성은 우리가 재론할 일부 외양과는 달리 참이 아니다. 이 논점은 1권에서 대상의 법칙들이 생산되는 것에 대한 연구에 의해서만 완전히 논증될 수 있을 것이다. 지금 우리가 할 수 있는 것은 다음처럼 이중의 증거를 제시하는 것이다. 즉, 한편으로는 오직 생산만이 유통의 일반 법칙 및 자본 유통의 특수 법칙을 규명할 수 있었음은 1권의 1편과 2편에서 확증되었다는 것, 그리고 다른 한편으로는 2권에서 생산된, 유통에 의해 생산 자체에 부과되는 3개의 주기로 환원될 수 있는, 대상의 새로운 법칙들의 앙상블을 고려한다면 이 법칙들을 정식화하는 데 도움이 되는 모든 개념이 주기라는 통념 자체를 포함해 어떤 예외도 없이 1권 내부에서 정의되었음이 쉽게 입증되리라는 것이다. 이는 결국 생산의 법칙들이 유통의 법칙들을 규정한다는 말이다. 이것이 다가 아니다. 마르크스가 2권 1편 4장과 5장에서 논증하는바, 생산의 법칙들과 유통의 법칙들 사이의 보완성은 생산의 법칙들에 의해 규정된다.[30] 2권 3편의 문제가 이런 관점에 의해 쉽게 해결될 수 있을 것이다. 요컨대 마르크스는 사회적 **자본**의 재생산과정이 [이 과정의] 앙상블 속에서 파악된다면 [이 과정은] 생산과정과 유통과정의 통일성을 규정한다고 확증함으로써 2권 1편의 4장과 5장에서 확증된 논증을 **일반**

30 실제로 마르크스가 논증하는 것은 3개 주기의 공존이 세 개의 탈구된 운동의 생산공간 안에서의 공존으로서만 가능하다는 점과, 이 공존에 대한 이론은 생산에 의해 규정된 범주인 가치 추상을 통해서만 사유될 수 있다는 점이다.

화하는 것 아니냐고 말이다. 하지만 이 해법은 적합하지 않다. 실제로 2권 3편에는 **3개 주기에 대한 질문도 이 주기들의 통일성에 대한 질문도 없다**. 마르크스는 이 문제를 해결된 것으로, 그것도 실제로 생산과정의 법칙들에 의해 해결된 것으로 간주한다. 1권과 2권에서 생산되는 법칙들의 보완성에 대한 이론은 이미 완전하게 정식화되어 있다. 게다가 3편에서는 대상과 문제들이 변한다. 반복이라는 용어를 어떤 의미로 구사하든 2권의 3편과 그 나머지 부분 사이의 관계는 **반복**이 아니다.

절합 3은 보완적인 두 이론적 요소 사이에서 일의적 규정의 순서를 정의한다. 그렇지만 2권에서 생산된 새로운 법칙들은 선행 법칙들에 단순히 추가되는 것이 아니다. 오히려 그것들이 선행 법칙들을 정정한다. 2권 2편(「자본의 회전」)에서 가장 중요한 결과를 끌어내는 이러한 정정의 일반적 양상은 단순한 주기성의 구조적 시간을 복잡한 주기성의 구조적 시간으로 대체하는 것으로 사유될 수 있다. 그런데 법칙들의 두 앙상블 사이에서, 일의적 규정관계와, 일련의—국지적이라 하더라도—상호 정정을 동시에 시인하는 것은 모순일 것이다. 우리의 인간과학들이 지닌 (헤겔) 변증법적 양심이, 논리적 모순을 대상의 모순에 전가함으로써, [또] 논리적 혼동을 변증법적 방법으로 변형함으로써 이 헛디딤에서 쉽게 빠져나온다는 것은 사실이다. 여기서 변증법은 전체와 전체가 상호규정하는 언표로서, 혼동에 관한 혼동된 언술이라는 정의를 획득한다.[31] 그렇지만 규정되는 법칙들에

31 이 순환성은 그것을 변증법의 우월한 정교함으로 부각하는 이에게 나타나는데, 응용의 수준에서, 이 순환성이 정작 자신이 응용하는 것에 대해 너무나 모른다 해도, 이 순환성은 대립물

의한 규정하는 법칙들의 정정은 마르크스에게서 전혀 다른 엄밀함을 갖는다. 규정하는 법칙들이, 자신들이 규정한 법칙들에 의해 [그렇게] 규정될 수 있다면, 이는 규정하는 법칙들이 확증한 관계들은 **유효성과 관련해** 정의된 **한계들을** 갖기 때문이요, 이 관계들은— 자신들이 그 안에서 규정될 수 있는— 한계들을 정의하기 때문이다. **규정되는 법칙들에 의한 규정하는 법칙들의 정정들**은— 구체적 모델을 세울 때 이러한 정정들이 대단히 중요할 수 있다 해도— **모두 이 한계들의 내부에서 실행된다**. 화폐-자본을 전부 생산수단으로 전환시키는 것 대신 이 자본을 항구적으로 보존해야 할 필요가 확대재생산 법칙에— 이 법칙이 고정한 한계들 내부에서— 새로운 규정을 부과한다. 요컨대 법칙 자체를 전혀 변형하지 않으면서 말이다. 1857년의 『정치경제학 비판 요강』 「서설」 텍스트는 이러하다. "규정된 생산이 규정된 소비와 규정된 분배와 규정된 교환을 규정하며, 이 생산이 **자신의 상이한 계기들의 상호규정적 관계들도 또한** 조절한다. 진실로, 생산도 역시, **자신의 배타적 형태 아래**, 다른 요인들에 의해 규정된다."[32] 이 텍스트는 『자본』에서 엄밀하게 논증되고 정식화된다.

절합 3의 이론적 토대가 정의되었으며, 이 절합에 의해 나뉘는 이론적 요소들의 상대적 기능이 고정되었으므로 이제 우리는, 규정하는 이론적 요소의 절합들을 연구해야 한다. 바로 1권에서 말이다.

들의 통일에 대한— 대립물들의 동일성을 어떤 단일한 기원적 통일성의 기원적 분할로 전제하는— 헤겔적 관점에서 자신의 엄밀한 토대를 갖는다. [앞으로] 보게 되겠지만, 헤겔적 이론도, 이것의 맹목적 응용도 생산의 법칙들과 유통의 법칙들 사이의 관계를 사유하기에는 적당하지 않다. 변증법은 완벽하게 적당해야만 하는 것으로 보이겠지만 말이다.

32 *Introduction de 1857*, p. 164.

C)1권의 절합들에 대한 연구

1권은 "**사회적 자본 중 자율성으로 상향된 부분**"을 **생산**의 영역이라는 "하나의 영역"에 위치시켜 이 부분의 규정하는 법칙들을 제공한다. 이 개념의 무매개적인 구체적 의미작용에도 불구하고, 또한 유통/생산이라는 대립의 무매개적인 구체적 의미작용에도 불구하고 마르크스는 이에 대한 과학적 개념을 생산한다. 하나의 특수한 생산양식에 대해 여기서 시도된 이론적 연구만이 아니라 모든 생산양식 연구에 적합한 개념을 말이다. 연구의 이론적 장을 과학적으로 정의하는 데 필요한 기본 개념은 "**노동과정**"이라는 개념인데, 이 [노동]과정의 본질적 요소들은 연구의 초입에서(1권 3편 8장) 정의되지만 다른 많은 요소는 1권의 종별적 대상에 대한 법칙들을 확정하는 데 필요할 때 비로소 도입되는데, 그렇다고 해서 이런 사태가 저 법칙들이 논리적으로 동일 유형에 속하는 것을 저지하지는 못하니, 이 유형은 바로 1권의 일반성 2들이다. 발리바르가 앞서 이 책에서 이런 유형의 개념을 정의하는 중요한 작업을 해냈으므로,[33] 나는 이 개념들의 의미는 이미 인지되었다고 가정하겠다. [『자본』] 1권 8편 「본원적 축적」에서는 특수한 문제들이 제기되는데 이 8편을 논외로 하면, 1권에서 2개의 하위절합을 구별할 수 있겠다. 우리가 **하위절합 a**와 **하위절합 b**라고 부르는 이것들은 다음과 같이 텍스트를 분할한다.

---

33 Cf. dans le present ouvrage, t. II [프랑스에서 두 권으로 분책 출간된 『"자본"을 읽자』 1판의 2권을 참조하라는 의미로, 우리 번역서에서는 4장 발리바르의 논문 「역사유물론의 기본 개념들에 대하여」를 가리킨다].

— **하위절합** a의 절단에 의해, 3~6편으로 구성된 앙상블과 7편으로 구성된 앙상블이 구별된다.

— **하위절합** b의 절단에 의해, 3편은 4~6편으로 구성된 앙상블과 구별된다. 이 요소들은 『자본』에서 이미 명칭을 갖고 있어 다음과 같이 쓸 수 있다.

하위절합 a 잉여가치 생산/자본 축적.

하위절합 b 절대적 잉여가치 생산/상대적 잉여가치 생산.

주지하듯이, 마르크스가 선택한 명칭들은 세공된 이론적 결과들에 따른 것인데, 왜냐하면 명칭 구실을 하는 개념들이 자본주의 생산양식의 범주들로서만 의미를 지니기 때문이다. 그렇지만 이 명칭들은 이 결과들의 세공 양식을 규명해줄 수 없다. 우리가 다루어야 하는 것은 바로 이러한 세공이므로, 우리는 두 개의 하위절합에 의해 나뉘는 이론적 요소를 1권 전체의 이론적 장을 정의하는 개념 즉 노동과정 일반이라는 개념에 입각하여 명명할 것이다. 따라서 우리가 얻은 명칭들은 다음과 같다.

하위절합 a 자본주의 노동과정 연구/이 과정의 조건들의 재생산 연구.

하위절합 b 자본주의 생산관계 연구/ 자본주의 생산력 조직화 연구.

우리가 설명할 이 단순한 명명들은 엥겔스가 2권의 1885년 서문에서 쓴 것, 즉 『자본』의 과학적 특성이라 말할 수 있는 그 새로움이 자본주의 사회에 관한 몇몇 새로운 명제에 있는 것이 아니라 본질적으로는 **그 명제들이 생산되는 과학적 과정에** 있다는 것을 드러내기에 충분한 명명들이다.

하위절합 a는 자본주의 생산과정에 대한 연구를, 다시 말해 "사회적 자본 중 자율성으로 상향된 부분" 전부에 대한 기본 법칙들의 생산을 모든 생산양식에 해당하는 이론적 필연성— 모든 생산과정이 자신의 고유한 조건들을 재생산해야 한다는 것—에 따라 나눈다. 이는 생산과정이 자신의 **요소들**(대상, 수단, 노동자)뿐 아니라 이 요소들의 **이중결합**— 생산과정을 생산의 종별적 관계이자 생산력의 종별적 체계로 정의하는 것— 도 재생산해야만 한다는 뜻이다. 그리하여 하위절합 a는 자신의 두 이론적 요소 사이에서 **일의적 규정 관계**를 정의하는데, 이 관계는 재생산 법칙의 완전한 세공이 생산과정 구조들의 완전한 세공을 전제하는 그러한 관계로, 이 관계는 상호적이지 않다. 아울러 하위절합 a는 **보완관계**도 정의하는데, 이 관계는 자본주의 노동과정에 대한 이론은 생산과 재생산을 관장하는 법칙군에 불과한 것일 수 있다는 [의미에서의] 관계다.

재생산의 법칙들이 생산의 법칙들에 대해 행하는 이론적 보완은 자본주의 노동과정의 **종별적인 구조적 시간을 세공하는 데** 있다. 실제로 생산의 법칙들의 세공에서는 노동일의 양적 시간이자 노동의 양적 척도인 시간이 구조의 요소로만 사유된다. 재생산의 법칙들에서는 시간이 **구조 자체의 법칙들 중 하나로** 나타난다. 이러한 시간 개념은 다음 특징들에 의해 규정된다. 요컨대 [이 시간은] 시간 단계들의 반복 및 연쇄라는 질서가 유일한 원리에 따른다는 점에서 **단순한 주기성의 시간**인 동시에, 시간 단계들의 질서가 불가해한 것이 되지 않는 한 절대 뒤집힐 수 없다는 점에서 **비가역적 시간**이다. 확대된 축적만큼이나 단순한 축적도 전자의 조건에 복속되며, 이 중 자본주의 노동과정 특유의 **확대된 축적만이 두 가지 조건**에 복속된다. 이 시간은 마르크스에 의해, 모델을 운위하는 언어로 말하자면 새로운 "바로미터"로 추가되지 않으며, 지금 유행하는 언어로 말하자면 새로운 "차원"으로 추가되지 않는다. 오히려 이 시간 개념은 구조의 법칙들에 입각하여, 아주 정확하게 말하자면, 한편으로는 잉여가치와 자본 사이의 관계에 입각하여, 다른 한편으로는 생산력의 종별적 조직화에 입각하여 생산된다. 일단 이 개념이 생산되면, 이 개념은 앞서 확증된 관계들을 새로운 조건들에 복속해 정정하며, 특히 경향적 기본 법칙을 세공할 수 있도록 하는데, 자본의 유기적 구성의 전화 법칙이 그것이다(**불변자본**에 비해 **가변자본**이 감소하는 법칙).

하위절합 a	원리	생산	재생산
	일반적 결과	비시간적인 구조적 법칙들	시간적인 구조적 법칙들

이렇게 하위절합 a의 이론적 토대는 완전하게 설명된다. 그래도 어떤 모호함을 일소하는 것이 좋겠다. 그 모호함이 등장할 위험이 있는 것은 우리의 정식화와 "공시성/통시성"이라는 유행하는 정식화 사이의 친연성 탓이다. 마르크스의 개념들을 서술하기에 후자의 정식화는 일반적 비-관여성을 지닌다는 점을 알튀세르가 논증했는데,[34] 정확히 이번 경우에도 이것이 비-관여적이라는 점이 쉽게 입증될 수 있다. 한편으로 공시성/통시성 쌍의 통상적 활용에서 이 쌍은 **구조**와 **시간성**의 **구별**을 함의하는바, 공시성은 구조를 정의하기에 충분하고 통시성은 구조가 시간 안에 잠길 때 벌어지는 일만을 감당하는 것

34 *Lire «Le Capital»*, t. II[이 책의 3장 「『자본』의 대상」 참조].

인 데 반해, 우리가 방금 제시한 바에 따르면 **비시간적인 구조적 법칙들과 시간적인 구조적 법칙들이 똑같이 동등하게**—1권의 대상인—**구조의 법칙들**이라는 점, 그러므로 복합적 전체의 복합성에 대한 이론의 요소들로서의 이 법칙들은 동등하게 **공시적**이라는 점이 명확하다.[35] 다른 한편으로는, 그러면서도 상관적으로, "공시성/통시성" 대당은, 지면에 줄 하나 긋는 것 말고는 딱히 세공이랄 것도 없이 구조들을 거기에 담가버림으로써 벌어지는 일을 **보려는** 자에게 제공되는 그런 단순하고 텅 빈 시간을 가정한다. 이는 1권에는 전혀 해당하지 않는 경우인데, 당연히 그런 것이, 하나의 시간적 법칙이 구조적 법칙으로 고찰되는 그 순간부터 이 시간의 개념을 생산하고, 그렇게 함으로써 이 시간의 구조를 정의해야 하기 때문이다.

하위절합 b 연구

이 하위절합은 『자본』에서 가장 자명한 것들 중 하나인데, 이것이 생산관계/생산력이라는 마르크스주의에서 잘 알려진 두 개념에 의존하기 때문이다. 하위절합 b가 1권의 이론적 대상을 바로 이러한 구별에 복속시키는 것은 다음 문제를 제기하면서다. **어떤 노동과정이 인간의 규정된 필요에 상응한 완결된 대상의 생산임과 동시에 자본의 가치증식과정이기 위해서는 과연 이 노동과정의 요소들 사이에서 어떤 결합들이 작동되어야 하는가?** 하위절합 b에 의해 규정되는 두 부분 안

35 Cf. Louis Althusser, t. II, preface et t. I.[이 책의 서장과 3장의 알튀세르 논문 참조].

에서 결합의 요소들은 동일한 것들인데, 노동대상과 노동수단과 직접노동자와 비노동자가 바로 그 요소들이다. 결합은 **연관들**을 통해 실행되는데 하나의 부분에서 다른 하나의 부분으로 변화하는 것은 바로 이 **연관들**이다. 요컨대 전자의 부분에서 기본적 연관이 **소유**propriété연관이라면 후자의 부분에서는 점유possession연관이다. 하위절합 b의 두 부분 사이에 보완관계가 있음을 예견하는 것은 어렵지 않다. 생산력과 생산관계 사이의 이 연관은 상호적이면서도 [그] 주요 규정은 생산력이라고들 알고 있다. 그런데 여기서 이 연관으로 말미암아 사태는 혼란스러워질 뿐이다. 마르크스가 자신의 논술을 바로 생산관계에서 시작하기 때문이다. 충만한 원인이 온전한 효과와 동등하다면, 인식 근거ratio cognoscendi인 충만한 원인을 찾기 위해 존재 근거ratio essendi의 순서를 역으로—이런 경우가 빈번하기에—밟아 먼저 온전한 효과를 탐지하는 게 좋겠다고 말할 수 있을 터이다. 하지만 이 관계는 하위절합 b에 따라 나뉘는 법칙들의 보완성을 전혀 해명하지 못하는데, 왜냐하면 생산력과 생산관계 사이의 관계에 관한 저 유명한 텍스트들이 다루는 대상과 1권의 대상이 동일하지 않기 때문이다. 저 유명한 텍스트들은 흐릿하거나 일반적이거나 교육적임에도 불구하고 경제사의 진화 법칙들을 언표하는데, 이 법칙들은 저 텍스트들이 더 정밀해질 때라야 비로소 상이한 생산양식들의 공존의 법칙들과 생산양식 이행의 법칙들에 대한 과학적 연구에 기여할 따름이다.[36] 생산력과 생산관계 사이에 실존하는 관계가 하나의 생

36 『철학의 빈곤』에서 물레방아와 증기기관에 관한 텍스트와, 1859년의 『정치경제학 비판을 위하여』 「서문」에서 생산력 발전 정도와 현실적인 사회적 구조 사이의 조응에 관한 텍스트는

산양식에서 다른 하나의 생산양식으로의 이행 법칙들에 대한 언표와 관련될 때, 이 관계는 **하나의 사태**, 즉 마르크스주의 이론에서 하나의 자율적 이론 지형이다. 생산관계와 생산력 사이에 실존하는 관계가 특수한 노동과정으로서 종별적 생산양식 법칙들에 대한 확정과 관련될 때, 다시 말해 본질적으로 이 생산양식의 **정의**—1권의 대상인 것—에 대한 확정과 관련될 때, 이 관계는 **다른 하나의 사태**, 즉 이론의 다른 하나의 자율적 지형이며 이론적으로 선행하는 것이다. 저 유명한 텍스트들의 이론적 지형 내부에서 생산력과 생산관계를 통합하는 연관과 1권의 이론적 지형 내부에서 이것들을 통합하는 연관은 그 어떤 관계도 결코 가질 수 없다. 따라서 하위절합 b에 의해 규정된 두 이론적 요소 사이의 연결을 사유하기 위해서는 [앞에서 지적한] 가능성을 고려해야만(다시 말해 저 유명한 텍스트들을 망각해야만) 한다. 한편으로는 특수한 생산관계로서 자본주의적 노동과정에 관해 언표된 법칙들과 다른 한편으로는 생산력 조직화의 특수한 체계로서 자본주의적 노동과정에 관해 언표된 법칙들 사이의 보완성을 엄밀하게 정의하기 위해 우리는 두 부분의 연계를 연구하겠다.

첫 부분에서 단순하게 언표되는 것은 자본주의 생산과정에 대한 과학적 정의와 이러한 정의에서 귀결되는 법칙들이다. 여타의 모든 관계(특히 생산력 조직화)에서의 그 어떤 노동과정이든 가릴 것 없이 [노동과정이] 자본주의적인 것으로, 다시 말해 잉여가치를 생산하는

명백하게 첫 유형에 속한다. 이 「서문」에서 마르크스가 생산력 발전에서 출발하여 경제적 혁명들에 대한 이론을 사유하고자 시도하는 텍스트는 두 번째 유형에 속할 것이다. 이 문제들에 관해서는 이 책에 실린 발리바르의 논문을 보라.

것으로 정의되려면 다음과 같은 것이 필요하며, 그것들로 충분하다.

1)요소들의 종합이 거기서 구매와 판매에 의해 실행될 것. 따라서 **소유**관계는 규정적이다.

2)이 종합의 실행자는 비-노동자일 것.

3)비-노동자는 직접노동자에게서 그의 노동이 아니라 노동력을 가치대로 구매한다. 이러한 조건들의 앙상블이 **자본주의 생산관계**를 자본과 임금노동 사이의 관계로 정의한다. 또한 이 앙상블 덕분에 잉여가치를 이것의 형성적 요소들에 입각하여 사유할 수 있는 것이며, 자본의 내부에서 두 기능적 요소를 차이화할 수 있는 것이고, 잉여가치와 노동일을 통합하는 관계의 한계들을 확정할 수 있는 것이다. 일단 이렇게 확정이 되면, 그러고 나서 동일한 요소들 사이의 새로운 결합에 대한 검토를 필요로 하는 (이 층위에서 미해결인) 문제는 과연 무엇인가? 이 문제는 **역사적 순서**에 관한 것이 아니다. 간명하게 말해 이 문제는 여기서 결합된 요소들의 기원을 찾는 것이 아니다. 또한 기계가 원인 구실을 하는 인과적 연쇄를 확정하는 것도 아니다. 미해결 문제는 방금 해결된 문제와 동일 유형이다. 요컨대 자본주의 생산과정을 사고할 수 있게 해주는 구조들에 입각하여 이 과정을 정의하는 문제인 것이다. 이 문제는 다음과 같다. 비-노동자와 직접노동자 사이에서, 착취(잉여가치로서의 잉여노동)인 동시에 자유(노동력의 구매-판매)이기도 한 그런 관계를 정의하는 것은 어떻게 가능한가? 하위절합 b의 두 번째 부분의 대상은, 자본주의 생산과정을 정의하기 위해서는 동일 요소들의 다른 결합이 필수적임을 제시함으로써 이 문제를 해결하는 것이다. 이 새로운 결합은 노동의 기술적 분할, 또는 생산력의 특정한 조직화와 관련된다. 이제 기본 범주는 **점유**라는 범

주인데 이것의 함의는 **분리**이다.[37] 이 새로운 결합 덕분에 다음 해법을 세공할 수 있게 된다. 요컨대 자본주의 생산관계는 직접노동자가 더 이상 생산수단의 **점유자**가 아닌 자인, 다시 말해 생산수단에서 **분리된** 자인 그러한 기술적 조직화를 전제한다는 것이다. 이는 생산의 주체가 고립된 생산자가 아니라 집합노동자인 그러한 노동과정이요, 기술적으로 규제적인 요소가 직접적 노동자가 아니라 노동수단들의 앙상블인 그러한 노동과정이다. 그리하여 자유/착취 문제는 해결된다. 요컨대 한 사회의 생산력이 이러한 구조에 따라 조직되는 바로 그 순간부터, 노동자는 자신의 노동력을 판매해야만 비로소 이 노동력을 유용하게 지출할 수 있는 것인데, 왜냐하면 그의 노동력은 다른 노동력들과 연합된다는, 그리고 과정을 규정하는 조건들(노동수단들)에 따라 실행된다는, 그런 이중적 조건에서만 비로소 유용할 수 있기 때문이다. 노동조건들(노동대상+노동수단)의 소유자인 자본가만이 이러한 종합을 실행할 수 있다.[38]

이제 우리는 하위절합 b에 의해 나뉜 두 이론적 요소의 상대적

---

37 점유possession와 분리라는 개념들에 관해서는 이 책에 실린 발리바르의 논문[4장]을 보라.

38 하위절합 b의 두 번째 부분의 **역사적** 측면을 우리가 규명하지 않은 것이 이상해 보일 수도 있겠다. 이 역사적인 것은 **논증**의 **도구**일 뿐이다. 요컨대 매뉴팩처의 이행기적 특성을 규명하는 데 필요한 개념들은 자유/잉여노동 문제의 해법을 사유하는 데 도움이 되는 개념들과 동일하다는 것이다. 4편 텍스트에서 자본주의 체계 진화 법칙에 관한 언표를 읽고자 한다면 이러한 생각은 중대한 오해를 빚을 것이다. 망투P. Mantoux는 이 지점에서, 매뉴팩처가 잉글랜드에서조차 언제나 대공업에 선행했던 것도 아니고 심지어 대부분 선행했던 것도 아니기 때문에 마르크스를 폄훼할 수 있다고 믿었다. 하지만 매뉴팩처가 실존한 모든 경우마다 매뉴팩처는 하나의 이행단계였을 뿐이라는 점이야말로 마르크스가 자신의 논증에서 역사적으로 입증되었다고 가정하는 모든 것이다. 이 사실의 이유는 생산관계와 생산력 체계 사이의 부분적 부적합화에 있다. 부적합화의 이유를 파악하려면 생산력 체계에 대한 비-경험적 개념을 생산해야 한다. 요컨대 1권 4편의 본질적 대상은 바로 여기에 있는 것이다.

기능을 규정할 수 있다. 그 요소들의 대상은 동일하다. 즉 직접적 노동과정을 자본주의적이라고 **정의**하는 것이 그 대상인 것이다. 그 요소들의 결과는 이러하다. 직접적 노동과정을 **자본주의 생산양식**이라 **정의**할 수 있도록 하는, 생산관계와 생산력에 관련된 법칙들의 **통일성**이 바로 그 결과인 것이다. **정의**의 이론적 기능에 입각해야, 오직 이 기능에만 입각해야 법칙들의 두 앙상블의 통일성과 이들 중 한 앙상블이 다른 앙상블에 대해 지니는 선행성이 동시에 사유될 수 있다. 법칙들의 두 앙상블의 통일성이란 첫 번째 앙상블이 두 번째 앙상블 없이는 완전하게 이해되지 못하는 그런 것으로, 우리는 이를 논증했다. 이러한 보완성을 이렇게 언표할 수도 있다. 자본주의 생산양식은, 직접적 노동과정으로서, 구조적인 법칙들의 두 앙상블의 통일성에서 귀결되는 복합적인 구조적 통일성이라고 말이다. **법칙들의 두 앙상블의 통일성**이 이론적 세공에서 점하는 상대적 중요성은 하나의 앙상블이 다른 앙상블에 대해 지니는 **선행성**을 규정한다. 달리 말해 자본주의 생산양식은 생산관계와 생산력과 관련된 법칙들의 통일성으로만 정의할 수 있으며, 이 통일성은 생산관계와 관련된 법칙들에 입각해야만 자신의 종별적 형태 안에서 정의될 수 있다.

이를 다음 도식으로 요약해볼 수 있겠다.

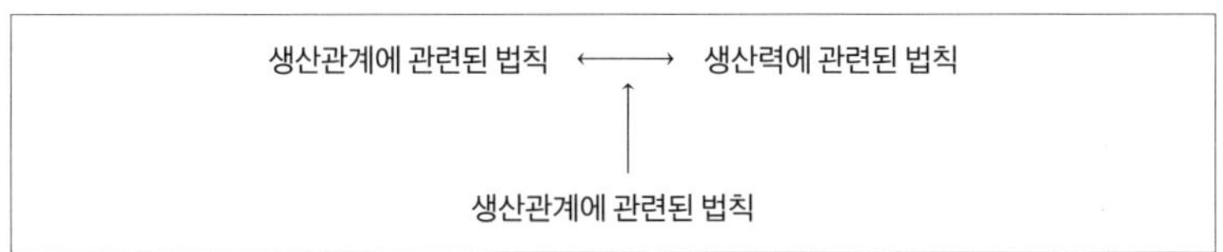

하위절합 b의 두 부분 사이에서, 보완관계와 일의적 규정순서는 이렇듯 동시에, 모순 없이 확증된다. 이는 4편 텍스트 전체에 의해 쉽

게 논증될 수 있다. 4편에서 마르크스는, 검토되는 노동과정 특유의 기술적 분할형태들은 생산관계에 의해 규정되는 구조 안에서 이 형태들이 처한 위치에 의해 규정됨을 설명한다. 4편의 일반 이론적 의의는 3권 23장의 다음 텍스트[39]에서 완벽하게 정의된다.

> 자본가의 노동이 생산과정의 배타적으로 자본주의적인 본성에서 초래되지 않는다면, 다시 말해 그 노동이 자본 자체와 함께 끝나버리지 않는다면, 타인 노동을 착취하는 기능에 제한되지 않는다면, 그 노동이 노동의 사회적 형태의 귀결이고 다수의 개인들이 공통의 결과를 바라보면서 결합하고 협력한 귀결이라면 이러한 형태가 자신의 자본주의적 외피를 조각내버린 이래로 자본에 대해 독립적인 것과 마찬가지로 그 노동은 자본에 대해 독립적이다. 자본가의 노동이요 기능인 것을 그 노동의 필연성이라 주장하는 것은, 속류 학자들(대다수의 정치경제학자)이 자본주의 생산 안에서 발전된 형태들이 자체적인 모순적 특성에서 풀려나와 자유로워진 것을 표상하지 못하는 무능력을 뜻하는 것에 불과하다.

이것이 의미하는바, 이러한 무능력에서 벗어나기 위해서는, 자본주의 생산 안에서 발전된 형태들을, 자본주의 체계 안에서 이 형태들에 "이 형태들의 모순적 특성"을 부여하는 것, 즉 **생산관계**에 입각하여 생산력의 사회화된 조직화와 생산관계의 통일성으로 정의해야 한

39 *Le Capital*, t. VII, pp. 51~52[『자본』 III-1, 508~509쪽].

다는 것이다. 하위절합 b의 이론적 기능을 이보다 더 잘 정의하지는 못할 것이다.

8편의[40] 문제: "본원적 축적"

1권의 절합들에 대한 이 연구에서 [『자본』의] 가장 유명한 텍스트인 8편 "본원적 축적"을 전혀 고찰하지 않는 것이 놀라워 보일 수 있겠다. 이는 우리가 이 텍스트의 중요성을 망각했기 때문이 아니라 그 중요성이 상이한 이론적 층위에 속하기 때문이다. 실제로 이 텍스트 없이도, 직접적 생산과정으로서 자본주의 생산양식(다시 말해 이 생산양식을 관장하는 법칙들의 앙상블)에 대한 정의는 완벽하게 성취될 것이다. 더욱이 이것은 8편이 전제하는 사항이다. 8편의 (자율적) 기능이 1권의 이론의 결과들을 이론의 다른 부문에서의 과학적 문제로 변형하는 데 있는 한에서 말이다. 요컨대 1권의 결과들에 근거하여, 구조의 시초 요소들의 **역사**가 아니라 **계보학**을 수립함으로써, 8편에서 제안하는 것은 하나의 생산양식에서 다른 생산양식으로의, 아주 정확히는 봉건적 생산양식에서 자본주의 생산양식으로의 이행이론에 대해 정식화되는 문제다. 그런데 이 문제가 잘 정식화된다 하더라도 그것이 이 이론을 대신하지는 못한다는 것을 강조해야 한다. 요컨대

40 이 책에서 저자들은 프랑스에서 오늘날까지도 정본으로 통용되는 조제프 루아 번역의 『자본』 1권을 기준으로 삼는다. 체제상의 차이로 인해 한국어판 『자본』이 7편에서 끝나는 것과 달리 루아판 『자본』은 8편에서 끝나며, 그래서 여기에서 저자가 8편에 대해 언급하는 것이다. 3판 편자 서문에서 발리바르 등이 이미 지적하고 있으나 독자의 혼동 여지가 여전히 있어 따로 지적해둔다.

"본원적 축적"을 실제로 자본주의로의 이행이론으로 간주하는 것은 결국 이 이행을 다음의 모델, 곧 요소들이 구조로 재통합된 후에도 요소들의 자율적 발전이 이어진다는 모델 위에서 사고한다는 뜻이다. 피에르 빌라르에게서 방법론적 구별들 중 하나를 원용해오자면,[41] "본원적 축적"은 현상의 주요한 기호들을 제시하는 데 그치는 것이고, 하나의 생산양식에서 다른 생산양식으로의 이행에 대한 이론이 그 현상의 법칙들과 이에 따른 규정 논리를 세공해야만 하는 것이다. 아무리 이 이론의 일정한 기초를 세우는 결과를 『자본』이 거두었다 하더라도 이 이론을 세공하는 것은 『자본』의 대상이 아니므로 『자본』의 논리적 절합들을 확증하고 설명함에 있어 "본원적 축적"이 왜 괄호 안으로 들어갈 수 있는지가 이해된다.

D)절합 2 연구

우리가 여기서 착수할 연구인 절합 2[42]에 대한 연구가 단연 가장 까다로운 것임은 이 연구와 본질적 관련을 지닌 3권 텍스트가 우리에게 이미 보여준 바이다. 이 절합이 제기하는 문제들에 대하여 우리가 제

41 "이 수단은 모든 역사적 현상을… 연쇄적인 세 가지 방식으로 사고하는 것이다. 우선은 그 현상을 **기호로** 간주하고 검증과 분석으로 나아가는 것이고, 이어서 시선을 후방에 두고 그 현상을 **결과로** 사고하는 것이며, 마지막으로 시선을 전방에 두고 그 현상을 **원인으로** 사고하는 것이다." P. Vilar, "Histoire sociale et philosophique de l'histoire", *La Pensée*, n. 118, p. 76.

42 절합 2는 두 이론적 요소의(한편에 1권과 2권, 다른 한편에 3권) 앙상블과 관련되며 이 앙상블을 규정하는 것은 2권과 3권 사이에서 일어나는 절단임을 상기하자.

시해보려는 해법에는 곤란한 논점에 관해 논의의 요소들을 제안해보려는 것 이외의 다른 의도가 있을 수 없다.

1)절합 2에 의해 초래되는 곤란들에 대한 새로운 검토

전술한 결과들에 비추어 우리는 절합 2에 의해 제기되는 문제들을 더 명확하게 정식화할 수 있다. 다시 말해, 마치 우리가 3권 텍스트를[43] 설명하며 그랬듯 그 문제들과 관련된 하나의 텍스트를 통해 그 문제들을 제기하는 것이 아니라, 『자본』의 조직화에 대해 우리가 이미 알고 있는 것에 입각해 그 문제들을 제기할 수 있다.

우선적 곤란은 절합 2의 본질적인 이론적 요소인 3권이 미완이라는 특징에서 연유한다. 이 곤란들은 우리에게는 부차적인 것으로 보인다. 요컨대 3권의 미완성이 일관성을 구속하는 경우에만 이 곤란들은 주요하고 심지어는 해결 불능의 것들이 될 터이다. 하지만 3권은 그런 경우가 아니다. 외려 3권은 분명하게 구별되는 두 부분으로, 이윤율 법칙을 세공하는 첫 부분(1~3편)과 이윤 배분répartition 법칙을 세공하는 다음 부분(4~7편)으로 확고하게 구조화되어 있다. 묵시적이든 명시적이든 간에 여하튼 조직화 원리가 없는 구조란 존재하지 않는다. 이로부터 귀결되는 것은, 3권이 왜 그리고 어떤 점에서 미완인지를 알고자 할 때(이는 우리의 화두가 아니다) 3권의 후속을 상상하는 것은 전혀 도움이 되지 않으리라는 점이다. 3권의 **조직화 원리**

43 *Le Capital*, t. VI, p. 47 [『자본』 III-1, 41~42쪽].

가 정의(이는 우리의 화두이다)되지 않는 한에서는 그렇다는 말이다. 이 원리를 명확히 할 수 있기만 하다면, 3권을 **미완성 안에서 완성되는** 텍스트로 만드는 그것이 정의될 터이고, 절합 2 안에서 3권의 이론적 기능이 규정될 수 있을 터이다.

주요한 문제들을 제기하는 것은 분명 이 원리다. 그런데 마르크스가 이 원리를 서술하고자 시도하는 텍스트들에서, 3권에서 그의 서술이 **모호함**을 초래하기 때문이든, 1857년의 『정치경제학 비판 요강』「서설」에서 그의 서술이 이론적으로 명확할 수 없기 때문이든 여하간 이 원리는 명시적이지 않다. 그렇지만 하나의 사태는 확실하다. 요컨대 한편으로는 이 원리가 실존한다는 것이고, 다른 한편으로는 이 원리가 종별적으로 마르크스주의적 용어로만 언표될 수 있다는 것이다. 이런 언표를 시도하기에 앞서, 우리는 1권과 2권을 연구하며 획득한 결과들에 비추어 이 두 텍스트에 의해 제시되는 곤란들을 재검토하겠다.

3권의 이미 검토된 그 텍스트는, 주석가들의 독해를 사실상 이끌었으면서도 정작 그들의 주목을 끌지 못했던 것이기 때문에 우리가 아직 고찰하지 않았던 어떤 독해에 알맞은 것일 수 있다. 이 독해에 따르면 절합 2로 인해 우리는 현실 구조에 대한 연구에서 구조의 외양에 대한 연구로 넘어가는데, 이는 즉자/대자라는 헤겔적 모델에 따라 이루어진다. 이 독해는 다음 용어들에 매달릴 수 있겠다.

> 1권에서 우리는 (…) 자본주의 생산과정이, **즉자적으**로, 제시하는 다양한 측면들을 연구했고, (…) 사회 안에서 (…) 자본이 **표출되는** 형태에, 우리가 이번 3권에서 논술할 자본형태들은 점차 근접한다.

우리는 어떻게 1권과 2권이 자본주의 생산양식의 기본 구조들을 정의하면서 자기충족적 "사고-구체"concretum-de-pensée를 구성했는지를 실제로 제시했다. 그런데 3권에서 제시되는 다량의 기본적 텍스트는 생산행위자들이 구조 안에서, 이 구조 자체 위에서 점하는 자리에 따라 품게 되는 "**미망들**"에 대한 규명을 지향한다. 3권의 객관적 법칙들의 앙상블이 갖는 기능은 미망에 사로잡히는 자들-미망을 거는 자들이 구조 안에서 점하는 자리를 확정하여 그들의 미망의 진리를 규정하는 것에 다름 아니다.[44] 혹여 이러한 독해가 부적합하다 해도, 이 독해가 이윤율의 경향적 저하 법칙 또는 이윤 배분 법칙이 명백히 구조의 법칙들이며 새로운 법칙들이라는 사실을 규명하지 못하기 때문에 부적합하다 해도 그 독해의 가능성을 고찰해야 할 것이다. 다시 말해 절합 2의 문제설정이 "평범한 생산행위자 자신들의" **미망들**과 어떻게 연결되는지를 규정해야 할 것이다.

3권의 법칙들의 **새로운** 특성과 **대상**을 정확하게 규정하는 것이 두 번째 문제인데, 3권의 조직화 원리를 명확히 하려면 이 문제를 풀어야 한다. 확실히 1857년의 『정치경제학 비판 요강』 「서설」은 이 새로운 대상에 대한 하나의 관념을 우리에게 줄 수 있다. 1권과 2권에서 3권으로 넘어가면서 어떤 복합적 구조의 **요소들**이 상호규정되는 한에서 이 요소들을 연구하는 것으로부터, 규정들의 완전한 체계로서의 **구조 자체의 법칙들로** 넘어가게 된다는 관념이 그것이다. 그런고로 1권과 2권에서는 이론이 "사회적 자본 중 자율성으로 상향된 부

44 이 논점들과 관련해 나는 랑시에르의 논문[이 책의 1장 「1844년의 『경제학-철학 수고』에서 『자본』까지의 비판 개념과 정치경제학 비판」]을 참조한다.

분"의 법칙들을 언표하는 데 한정될 수 있었던 데 비해 이제 이론은 하나의 전체로 간주되는 사회적 자본의 법칙들을 확증해야 한다. 3권에서 새로운 법칙들이 확증되는 까닭은 모두 알다시피 전체는 그 부분들의 총합과 다른 것이고 그 이상인 것이기 때문이다. 이런 앎은 뒤르켐Durkheim과 게슈탈트Gestalt 이론 이래로 모든 인간과학이 자신의 대상을 예단하는 방식이 된다. 이는 1857년의 『정치경제학 비판 요강』「서설」의 선취가 반드시 하나의 예단이라는 뜻이 아니라, 단지 3권의 새로운 대상과 이것이 1권의 대상과 맺는 관계를 정의하기에는 그 용어들이 몹시 흐릿하다는 뜻이다. 전체라는 것이 문제임은 확실한데, 도대체 이는 **어떤 종류의 전체**인가? 이 전체의 종별성에 대한 질문을 해명하지 못함으로써, 미시-경제적인 것과 거시-경제적인 것의 오류에 다시 빠지는 위험이 커질 터인데, 이 오류로 인해 불가해적인 것이 되는 것은 3권에서 확립되는 기본 법칙들 중 하나인 이윤율의 경향적 저하 법칙이다. 이 법칙에는 앙상블이, 총합에 속하는 부분과 맺는 관계가 우선적으로 내포되어 있다. 사회적 자본을 CS, 사회적 자본의 유기적 구성을 V/C, 사회적 자본 중 자율성으로 상향된 부분들을 $FC_1, FC_2, FC_3, \cdots FCn$, 이 부분들 각각의 유기적 구성을 $V_1/C_1, V_2/C_2, V_3/C_3, \cdots Vn/Cn$이라 하자.

$$CS = FC_1 + FC_2 + FC_3 + \cdots FCn$$

$$\frac{V}{C} = \frac{V_1 + V_2 + \ldots V_n}{C_1 + C_2 + \ldots C_n}$$

그러므로 사회적 자본의 부분들 각각에게서 $V_1/C_1 \ldots Vn/Cn$ 관계와 관련된 경향적 법칙을 언표할 수 있다면 이 법칙은 사회적 총자본에 대해서도 역시 단순한 추가에 의해 참일 것이다. 바로 여기에 이윤율 법칙을 세공하는 요소들 중 하나가 있다. 주지하듯 1~2권과 3권 사이의 연결은 부분과 전체의 상동성에 근거하지 않으며(3권의 법칙들은 새로운 것들이다), 구성 요인들의 다른 규정 없이 "유기적 총체성"으로 질적 비약을 하는 것에 근거하지도 않는다.

절합 2를 규명하는 것, 그것은 첫 분석에서 확실히 부적합한 방식으로 **즉자와 대자의 관계**라고, **요소들의 총체성과의 관계**라고 언표될 수 있는 어떤 관계에 대한 마르크스주의적 규명을 시도하는 것이다. 이제 이러한 고찰들은, 2권에 관해 마주한 문제들과 연계되어, 절합의 절단이 『자본』의 권별 조직화와 관련하여 전치되는 것을 용인하기에 충분하다. "자율성으로 상향된 부분들"에 대한 법칙들로부터, **자본들의 "얽힘"**의 법칙들에 대한 연구 또는 하나의 전체로 간주되는 사회적 자본에 대한 연구라고 임시적으로 언표할 수 있는 바로 나아가면서, 우리가 이유를 모르는 채로 연구의 대상이 변하는 정확한 연결 지점은 **3권의 서두가 아니라 2권 3편이다**.

> {2권의—1권에서도 그렇다는 점을 부연해두자.} 2편에서처럼 1편에서도 언제나 문제가 되는 것은 개별 자본이며, 자율성으로 상향된 자본 부분의 운동이다.
>
> 그렇지만 개별 자본들의 주기는 서로 얽히며 중첩되고 조건이 되므로, 정확히 이 얽힘이야말로 사회적 총자본의 운동을 구성하는 것이다.[45]

45 *Le Capital*, Introduction à la section III du livre II, t. V, p. 9[『자본』, II, 436쪽].

그리하여 3권의 텍스트 안에는,[46] 이 편[2권 3편]에 부여된 특별한 지위가 있고("무엇보다도 3편에서"), 이 3편에서 확증된 "통일성"과 3권을 통합하는 관계를 서술하는 데 기울인 마르크스의 정성이 있다. 마르크스는 3권의 목표가 "이러한 통일체에 관해 일반성들로 흩어지는 것"이 아니라고 선언한다. 그 통일체의 개념 즉 법칙들을 계속 생산하는 것이 아니라면 과연 그는 다른 어떤 목표를 가질 수 있을까? 그래서 우리는 절합 2에 이러한 절단, 즉 '1권, 2권 1~2편' / '2권 3편, 3권'이라는 절단을 부여해 [절합 2를] 연구하는 것을 제안하겠다.

2)해결 방법

절합 2에 의해 나뉘는 두 요소 사이에 규정 가능한 연결이 실존한다면, 이 연결은 쉽게 탐지 가능한 것이어야 한다. 분명 마르크스는 자신의 선행 연구들에 총체성의 "차원"을 추가하는 즐거움을 누리기 위해 "전체"와 "얽힘"과 "하나의 전체로 간주되는 자본"에 대한 이론을 만든 것이 아니다. 새로운 법칙들의 필연성은 오직 낡은 법칙들의—현실과정을 파고들기에 불충분하다는 것이 아니라 완전하게 법칙이 되기에는 불충분하다는 의미에서—불충분함에만 근거할 수 있다. 1권과 2권에는 **세공되지는 않지만** 정확히 **측정되는** 이론적 장이 실존할 수밖에 없는데, 사유과정은 이 층위에서 이러한 이론적 장을 중립화해 이러한 장의 대상에 대한 법칙들을 수립할 필요가 있다.

46 *Le Capital*, t. VI, p. 47 [『자본』, III-1, 41~42쪽].

따라서 1권과 2권에는 3권의 과학적 대상에 대한 최소한의 이론이, 따라서 문제적이며 여전히 이데올로기적인 형식 아래 실존할 수밖에 없다. 이 최소한의 이론은 한편으로는 저 대상을 임시로 대신해야 하고, 다른 한편으로는 저 대상의 이론적 필연성을 입증해야 한다. 세공되지는 않지만 정확히 측정되는 이러한 이론적 장이야말로 우리가 1권과 2권에서 찾으려는 것이다.

III. 1권과 2권의, 세공되지는 않지만 정확히 측정되는 이론적 장과 그 이름: "경쟁"

1권과 2권의 세공되지 않은 장이 두 권 내부에서, 2권 3편과 3권의 필연성을 규정하는데, 이처럼 세공되지 않은 장이 지닌 이름은 이 장에 대한 **인식**connaissance을 제공하는 것이 아니라 이 장에 대한 **인정** reconnaissance을 표시한다. 새로운 이론적 장의 텅 빈 연결을 음성적 방식으로 가리키는 그 이름은 **경쟁**이다. [경쟁이라는] 이 개념이 1권과 2권의 층위에서 사유되지 못하게끔 하는 것과 사유해야 한다고 가리키는 것을, 우리는 두 개의 텍스트를 놓고 제시해보겠다.

두 개의 텍스트는 다음과 같다.

> 1권 3편 10장:
>
> 그 앙상블 속에서 파악되는 사태는 개별 자본가의 선의 또는 악의에 달려 있지 않다는 것이 참이다. 자유경쟁은 자본주의 생산의 내재적 법칙을 외재적 강제 법칙으로서 자본가에게 강제한다.[47]
>
> 1권 7편 24장:
>
> 자본주의 생산의 발전은 기업에 투하된 자본의 지속적 증대를 필요로

하며, 자유경쟁은 자본주의 생산의 내재적 법칙을 외재적 강제 법칙으로서 개별 자본가 각자에게 강제한다. 자유경쟁 탓에 개별 자본가는 자기 자본을 성장시키지 않고는 보존도 할 수 없고, 전진적 축적 없이는 자기 자본의 성장도 지속시킬 수 없다.[48]

이 텍스트들의 위치를 서둘러 말해두자. 앞 텍스트는 자본가에게서 차용한 어휘의 형식으로 노동일과 이윤의 관계에 대한 검토를 마무리한다. 뒤 텍스트는 재생산(잉여가치의 자본으로의 전화) 원리에 대한 일반적 서술과 재생산 형태들에 대한 연구 사이에 위치한다.

이 두 텍스트는 우선 하나의 **미망**, 마르크스가 1권과 2권 층위에서 이론화하는 대상 자체와 관련된 미망을 언표한다. 마르크스의 대상은 여기서 "자본주의 생산"의 "법칙들"의 구축이다. 이러한 구축의 과학적 형식 덕분에 마르크스는 "자본주의 생산의 **내재적** 법칙들"이라고 쓸 수 있는데, 여기서 "내재적"이란 "법칙들은 자체적으로 부여한 대상을 갖는다는" 혹은 "대상 자체의 구조적 법칙들이라는" 것을 뜻하지, "이 동일 대상의 경험적 법칙들이든 다른 대상이 이 대상과 인공적 관계를 맺는 법칙들이든" 그런 법칙을 뜻하지 않는다. 개별 자본가의 입장이 구조 안에서 특수하게 고려된다면, "내재적 법칙들"은 그 자본가의 실천의 본질을 정의한다. 요컨대 어떤 개인의 실천을 자본가의 실천이라고 노동과정 내부에서 정의할 수 있게 해주는 것은 바로 "내재적 법칙들"이다. 그런데 개별 자본가의 관점에서는 **내**

47 *Le Capital*, t. I, p. 265[『자본』, I-1, 382쪽].

48 *Le Capital*, t. III, p. 32[『자본』, I-2, 811쪽].

재적인 법칙들이 경쟁 법칙의 형식 아래 외재적인 강제 법칙들로 나타난다. 자본가는 마르크스와 마찬가지로 법칙들을 통해 경쟁을 떠올리지만, 외재적인 필연성의 형식을 이 법칙들에 부여하기에 이 법칙들의 참된 의미작용을 인정할 수 없다. **경쟁**은 우선 **어떤 미망의 언표**, 다시 말해 구조에서 규정된 위상을 점하는 자에게 구조가 취하는 기만적 형식의 언표다. 따라서 경쟁에 관한 모든 언술은 완벽하게 이데올로기적이다.

이렇게 말한다 해도, 인용된 두 텍스트의 유효 범위와 이론적 기능을 좁혀서 결국 동일 법칙들의 과학적 형식과 이데올로기적 형식의 차이만을 본다는 것은—논리적으로—불가능하다. 어떤 의미에서, 1권과 2권의 마르크스의 과학적 언술이 경쟁에 관한 이데올로기적 언술과 맺는 관계는 확실히 반박 관계다. 요컨대 "내재적 법칙들"의 이론은 "외재적 강제 법칙들"로 간주되는 동일 법칙들에 관한 이데올로기적 언술의 "참과 허위 구별의 시금석"인 것이다. 자본가가 노동일의 한계들을 전적으로 경쟁에 의해 규정되는 것으로 제시할 때, 그는 **질문에서 빗나간** 것이고, 가치를 생산한 노동시간과 노동력의 가치를 생산한 노동시간 사이의 관계들에 입각하여 이러한 한계들을 과학적으로 확정하는 것은 이러한 탈구décalage의 논증이다. 자본가가 자본의 유기적 구성의 경향적 변경을 경쟁이 자신에게 강제하는 절제의 결과로 제시할 때, 그는 전적으로 **질문에서 빗나간** 것이고, 자본주의 노동과정 조건들의 재생산의 과학적 생산은 이러한 탈구의 논증이다. 하지만 다른 의미에서는, 마르크스의 이론적 언술이 경쟁에 관한 이데올로기적 언술을 내재적 법칙들 자체를 확립하는 잠정적인 이론적 가능성들의 조건들 중 하나로 활용한다. 실제로 "외재적 강제 법칙들"은 1권과 2권에서 생산된 "내재적 법칙들"의 이데올로기적 이름으로서의 다른 이름이기만 한 것은 아니다. 그것들은 또한 1권과 2권의 내재적 법칙들의 세공에 필수적이지만 그러면서도 이데올로기적 언술 안에서 갖는 자격 이외의 다른 자격을 1권과 2권에서는 받을 수 없는 법칙들의 특정한 앙상블의 **임시** 이름이기도 하다. 실제로 **노동일** 관련 텍스트에서 "경쟁"은 노동력과 노동 사이의 관계를 설명하지 못한다 하더라도 "내재적 법칙들"에 의해 확정된 한계들 내부에서의 이 관계의 변이들은 설명(또는 설명을 임시로 대신)한다. 훨씬 더 중요한 것은 재생산의 내재적 법칙들의 세공에서 경쟁이라는 이데올로기적 개념이 채우고 있는 이론적 자리이다(두 번째 인용 텍스트). 실제로 자본주의적 축적과 관련된 법칙들의 구축은, **이 법칙들의 구조와 관련해서는, 그리고 1권과 2권에서 생산된 구조 안에서 이 법칙들의 자리와 관련해서는,** 경쟁과 아무 상관이 없다. 그렇지만 **단순재생산이 아닌 확대재생산이 자본주의 재생산의 종별적 형태라는 사실에 대한 설명**은, 1권의 층위에서, 경쟁에 관한 텍스트에 의해 확정된 이론적 지위 말고는 다른 이론적 지위를 얻지 못한다.

> 자본주의 생산의 발전은 기업에 투하된 자본의 지속적 증대를 필요로 하며, **자유경쟁은** 자본주의 생산의 내재적 법칙을 외재적 강제 법칙으로서 개별 자본가 각자에게 강제한다. **자유경쟁 탓에 개별 자본가는 자기 자본을 성장시키지 않고는 보존도 할 수 없고,** 전진적 축적 없이는 자기 자본의 성장도 지속시킬 수 없다.

이 텍스트는 "**사회적 자본 중 자율성으로 상향된 부분"에 대한 연**

구의 조건들을 갖추기 위해, "사회적 자본 중 자율성으로 상향된 부분"의 재생산 법칙들의 다른 이름뿐 아니라, 결산되기에 앞서 계산되어야 하는 그런 **실효적 규정들의 앙상블**도, 자유경쟁의 이름 아래 측정하고 있음이 분명하다. 이 계산은 이데올로기의 부적합한 용어들로만 임시로 이루어질 수 있다.

우리는 이제 1권과 2권에서 **경쟁** 개념이 행하는 정확한 이론적 기능을 정의할 수 있다. 이 기능은 『자본』 서두의 두 편[1편과 2편]에 있는 "부르주아 사회, 축적, 부, 상품"이라는 이데올로기적 앙상블에 속하는 기능과 정확히 동일시된다. 이 "부르주아 사회, 축적, 부, 상품"이라는 앙상블은, 『자본』에 최초의 과학적 형식 아래 대상을 부여하고자 문제로 변형될 필요가 있는 언표들의 앙상블을 구성한다. 이와 마찬가지로, "경쟁"이라는 이데올로기적 개념은 『자본』에 완전한 형식 아래 이론적 대상을 부여하기 위해 문제로 변형되어야 할 실효적 규정들의 앙상블에 대한 이데올로기적 언표다. 이것이 전부가 아니다. **경쟁** 개념이 1권과 2권을 거치며 "내재적 법칙들"과 "외재적 강제 법칙들"의 대조에 의해 **겪은** 비판은, 1권의 처음 두 편에서 상품이라는 이데올로기적 개념이 겪은 비판과 정확히 동일한 유형이다. **이 비판은 곧 분석이다**. 요컨대 마르크스는 "사회적 자본 중 자율성으로 상향된 부분"에 대한 법칙들을 제공함으로써, **경쟁**의 이름 아래 지칭되는 실효적 규정들의 앙상블 중에서, [다음 두 가지를] **구별**할 수 있게 된다는 것이다. 하나는, **이 개념 아래 탐지될 필요가 전혀 없는**, 그러면서 1권과 2권의 법칙들의 앙상블을 구성하는 규정들이다. 다른 하나는, 이 개념 덕분에 인식되는 것은 아니라 하더라도 측정은 되기 위해 **이 개념이 여전히 필요한** 규정들이다. 따라서 경쟁이라는 혼합적 개념은 마르크스가 1편과 2편에서 **상품**이라는 통념이 겪도록 한 환원에 비견되는 **결정적 환원**을 1권과 2권에서 겪는다. 더 정확히 말하면, 경쟁 개념은 텅 빈 이론적 장에 대한 이론을 임시로 절약하는économiser바, 바로 이 텅 빈 이론적 장이 여기서 자신에 대한 엄밀한 제한들을 수용하는 것이다.

이러한 텅 빈 이론적 장에 자본주의 노동과정 구조의 내재적 법칙들의 생산이 부과하는 한계들을 연구해보자.

1)**경쟁**은 이 구조를 수립하는 데 필수적인 개념들의 앙상블을 지칭하지 않는다.

2)**경쟁**은 유통과 생산의 관계, 이 관계 내부에서 "시장법칙"으로서 유통의 법칙들의 이른바 지배, 심지어 이 지배관계를 뒤집은, 생산의 법칙들에 대한 유통의 법칙들의 상대적 실효성, 그 어느 것도 지칭하지 않는다.

그러므로 경쟁 개념을 실효적인 이론적 장의 여전히 이데올로기적인 지표로 간주하고자 한다면, 이 개념을 수립하는 데 흔히 쓰이는 자리(유통, 시장법칙)에 견주어 **정식화의 새로운 자리를** 이 개념은 수용해야 하며, 따라서 이 개념이 평범한 이데올로기적 언술 안에서 저 자리의 한가운데에서 수용하는 전반적 설명 기능을, 이 개념은 포기해야 한다. 그리하여 실효적 규정들의 앙상블에서 출발하여 텅 빈 이론적 장에 새로운 자리가 부여될 수 있으며, 새로운 자리는 이 규정들의 실효성 측정을 임시로 허용한다. 경쟁이라는 이데올로기적 개념을 새로운 이론적 대상으로 변형시킬 수 있도록 해주는 새로운 자리가 바로 여기 있다. 요컨대 경쟁이라는 말이 지칭하는 것은 아주 정확히, **자본주의 생산과정들의 공존을 관장하는 법칙들의 앙상블**이다. 따라서 우리는 **절합 2**가 나누는 두 개의 이론적 요소에 대한 정의를 제시할 수 있다. 요컨대 종별적 노동과정으로서의 자본주의 생산양식에 대한 이론이 그 하나이고, 직접적 노동과정들의 공존 법칙으로서의 자본주의 생산양식 이론이 다른 하나다. 이러한 정식화들은 우리가 곧 해결하려는 문제들을 제기한다. 이제 우리는 지금껏 미해결로 남아 있던 몇몇 문제를 해결할 수 있다.

1)3권의 텍스트에서 마르크스는 이러한 절합을 정당화하고자 시도하는데 이 텍스트에서 그가 우리로 하여금 사유할 수 있게 해주는 것은, 1권과 2권에서 3권으로의 이행이 생산행위자 자신들의 "**미망**"에 대한 이론들로의 이행과 연결되었다는 점이다. **경쟁이라는 이데올로기적** 개념에 의해서만 우선 측정될 수 있는 어떤 장에 대한 과학적 세공이 3권에서 이루어지는 한에서, **미망 일반에 대한 이론을 만드는 것이 3권에서 목표가 되지는 않을 것이며**, 말하자면 우리로 하여금 구조의 즉자에서 대자로 나아가도록 하는 것이 목표가 되지는 않을 것이다. 하지만 분명한 것은 "**경쟁의 미망**"**이라는 잘 정의된 미망**을 결정적으로 청산하겠다는 것, 다시 말해 2권 3편과 3권에서 이론화되는 장에 대한 이데올로기적 개념과 이 장에 조응하는 대상에 대한 과학적 개념 사이의 차이를 완전히 설명해내겠다는 것이 이러한 목표들 중 하나라는 점이다.

2)절합 2에 의해 나뉘는 두 이론적 요소의 보완성을 우리가 아직 설명할 수 없다 해도 우리는 그 **보완성의 실존 필연성**을 논증했다. 이는 미시-경제와 거시-경제, 추상과 현실, 부분과 전체의 구별에 근거해 해낼 수 있는 일은 아니다.

IV. 절합 2의 두 번째 부분의 대상에 대한 정의, 이 대상에 대한 선취들과 이 대상이 맺는 관계

마르크스는 1857년의 『정치경제학 비판 요강』 「서설」에서 생산양식 이론은 완전한 규정 체계에 대한 연구에 의해 완성되어야 함을 암시했다. 절합 2를 설명하기 위해 자본주의 생산양식 이론과 직접적 노동과정들 간 공존관계 이론 사이의 구별을 도입했으니, 우리가 1857년의 『정치경제학 비판 요강』 「서설」의 야심이 『자본』에서 실현되는 것을 찾고자 했던 일을 단념한 것으로 비칠 수 있다. 사정은 전혀 그렇지 않으니, 이 야심이 실현된 것이 직접적으로는 읽히지 않는다면 그것은 이 야심이 종별화되었기 때문이요, 고유하게 마르크스주의적 형식을 취했기 때문이다.

2권 3편과 3권에서 연구가 시도된 이 새로운 대상을 더 잘 정의해보자. 마르크스에게는 모든 사회구성체가 그 생산양식에 의해, 다시 말해 지배적 노동과정 구조에 의해(자본주의 생산양식의 경우 이것은 1권과 2권의 대상이다), 그리고 노동과정들 사이의 특유의 관계들의 구조(자본주의 생산양식의 경우 이것은 2권 3편과 3권의 대상이다)에 의해 정의된다. 노동과정들 사이의 특유의 관계들의 구조를 일반적 방식으로 지칭하기 위해 마르크스는 "노동의 사회적 분할"division sociale du travail(생산부문들과 분야들로의 분할)이라는 개념을 사용한다. 일체의 애매함을 피하기 위해 우리는 "**사회적 노동의 분할**"division du travail social이라는 용어를 더 선호하되, "**생산의 사회적 관계들"의 동의어로 "노동의 사회적 분할" 개념을 남겨두고 "노동의 기술적 분할" 개념은 모든 협업과정에서의 생산력 조직화에 해당하는 것으로 남겨둔다**. 마르크스의 일차적 독창성은 "노동과정" 개념에 입각하여 "사회적 노동의 분할" 개념 또는 "사회적 생산의 분할" 개념을 생산한 데 있다. 따라서 그는 이것을, 교환의 필요에 근거한 인류학적 설명 또는 사회들의 증대되는 차이화에 근거한 유기체론적 설명으로 정당화가 가능한 경험적 사실로 받아들이지 않는다.

그렇게 해서 우리는 1857년의 『정치경제학 비판 요강』「서설」과 재회할 수 있다. 경제적 실천의 완전한 구조를 규정하는 것, 그것은 생산양식을 관장하는 법칙들의 앙상블, 다시 말해 종별적 노동과정의 구조적 법칙들일 뿐 아니라 노동과정들 사이의 종별적 관계들의 구조적 법칙들이기도 하다. 경제적 실천의 구조를 그 앙상블 안에서 연구하는 것과 그 완전한 의미에서의 생산양식을 관장하는 법칙들을 연구하는 것은 그 대상이 단일하고 동일하다. 하지만 3권의 대상과, 1857년의 『정치경제학 비판 요강』「서설」에서의 이 대상에 대한 선취 사이의 이러한 연결은 2권 3편과 3권에 있는 하위절합들을 연구함으로써만 명확하게 나타날 수 있다.

V. 절합 2의 두 번째 부분의 하위절합들에 대한 연구

절합 2의 두 번째 부분에서 다음과 같은 본질적인 두 가지 하위절합을 간파할 수 있다.

1권, 2권 1편과 2편 / 2권 3편

절합 2

하위절합 1: 2권 3편, 3권 1~3편 / 3권 4~7편

하위절합 2: 2권 3편 / 3권 1~3편

하위절합 1은 2권 3편과 3권 1~3편을 3권 4~7편에서 분리함으로써 **보완적 법칙들을** 확립하는 기능을 한다. 보완적 법칙들의 이러한 앙상블은 **자본주의 생산양식의 그 앙상블에서의 기본 법칙을 종별적 구조의 노동과정들 사이에서 사회적 노동이 분할되는 것의 종별적 법칙으로 정의하며, 그리하여 자본주의의 모든 경제적 실천의 기본 법칙을 구별되는 요소들(유통, 분배, 소비)의 지배 내 절합으로** 정의한다.

우리가 연구하는 여러 편에서 최초로 과학적 형식 아래 언표되며 1권과 2권의 **사고되지 않은 것**le non-pensé을 구성하는 이 법칙은 바로 **가치법칙**이다.

하위절합 2의 두 이론적 요소의 보완성도 분명하다. 다만 마르크스가 이윤율 관련 법칙들에 대한 언표에서 출발해 어떤 상품의 생산가격과 가치의 차이를 확증할 수 있다는 사실 때문에 이 보완성이 흐려질 위험이 있다. 이러한 사실에 대해서는, 2권 3편과 3권 1~3편을 같은 앙상블에 넣을 정도로 맹목적일 수 있다. 1권과 2권으로 구성되는 첫 번째 앙상블은 잉여가치와 가치가 군림하는 영역일 것이고, 두 번째 앙상블인 3권은 이윤과 가격이 군림하는 영역일 것인데도 말이다. 그리하여 망각되는 것은 3권 1~3편에서 **문제시되는 것이 오직 가치법칙뿐**인 데 비해 2권 3편을 제외한 1권과 2권에서는 이 법칙이 **이론적으로 생산**되지 않고 단지 **가정된다는** 그 점이다. 생산가격이라는 통념은 가치법칙 자체의 이론적 결과일 따름이다. 실제로 모든 혼동을 일소하기 위해 가치법칙을 사회적 필요노동과 생산가격 사이의 관계를 조절하는 법칙이라고 잠정적으로 언표할 수 있을 것이고, 그렇게 마르크스가 쓴 바 그대로를 견지할 수 있겠다. "생산의 모든 분야의 앙상블을 고려할 때 생산된 상품의 생산가격의 총합은 이것들의 가치의 총합과 동등하다."[49] 하위절합 2의 두 요소 사이의 보완성이 규정되는 이유는, 동일 대상(자본주의 생산양식의 종별적인 사회적 노동의 분할)의 동일 법칙(가치법칙)을 두 개의 계기에서 세공하는

49 *Le Capital*, t. VI, p. 176[『자본』, Ⅲ-1, 218쪽].

것이 주요 논점이기 때문이다.

그럼에도 여전히 사유해야 할 것으로 남아 있는 것은 이 규정의 두 계기를 구별하는 이론적 원리다. 한편으로는 2권 3편의, 다른 한편으로는 3권 1~3편의 **결과들을** 고려하며 다음과 같은 구별을 확증할 수 있다. 요컨대 가치법칙이 우선은 사회적 노동의 자본주의적 분할의 **균형 법칙**으로, 이어서 [사회적 노동의 자본주의적 분할의] **동역학적 법칙**으로 언표된다는 것이다. 실제로 2권 3편에서 가치법칙은 생산의 상이한 분야들 사이에서 노동의 비례적 배분의 종별적인 자본주의적 형태인데, 바로 이 배분은 **모든 생산양식에서** 사회적 생산 및 재생산의 실존조건을 구성한다. 사실 2권 3편의 이론적 공헌은 1부문과 2부문 사이의 상품교환에 의해 수립되는 비례적 관계 안에서 요약될 수 있는데, 바로 이 관계 안에서 사회적 노동이 본질적으로 분할된다. 하지만 이러한 정역학적 법칙의 언표는 완전한 형태를 갖춘 가치법칙이 아니다. 실제로 마르크스는 그것을 이렇게 설명한다.[50]

> 자본주의 생산의 틀 안에서, **특수한 생산부문들의 비례성은 어떤 항상적 과정을 거쳐 그것들의 불비례성에서 태어나는 것으로 보인다.** 요컨대 총생산의 상호의존은 생산행위자들에게는, 생산자들의 연합된 이성이 이해하고, 나아가 지배할 그런 법칙이기는커녕, 요컨대 생산자들이 생산과정을 자신들의 집단적 통제 아래 복속시킬 수 있도록 해주는 법칙이기는커녕 하나의 맹목적 법칙으로 강제된다.

50 *Le Capital*, t. VI, p. 269 [『자본』, Ⅲ-1, 339쪽].

달리 말해, 비례성(사회적 노동의 분할의 **정역학**)이 확립되는 층위가 2권 3편에서 잘 확정된다 해도, 이 층위가 항상적 조정 메커니즘(사회적 노동의 분할의 **동역학**)을 규정하지는 않는다. **가치법칙**을 구성하는 것은 바로 사회적 노동의 자본주의적 분할의 정역학과 동역학의—여기에서 정역학과 동역학은 물론 공시적인 것들인데—앙상블이다. 이것이야말로 마르크스가 2권 3편부터 "가치법칙"이라는 용어를 도입하지 않는 이유인데, **사회적 노동의 분할의** 정역학**이란 법칙 세공에서 하나의 이론적 계기에 불과하기에** 그랬던 것이다. 이렇게 이론적 결과들의 층위에서, 하위절합 2의 두 요소(2권 3편 / 3권 1~3편)의 상대적인 이론적 기능이 규정된다.

하지만 거기 있는 것은 두 요소의 상대적 기능에 대한 일차적 규정일 뿐인데, 왜냐하면 우리가 밝혀내고자 하는 것은 결과들의 보완성이 아니라 결과들의 세공을 주재하며 하위절합 2를 규정하는 원리이기 때문이다. 이 하위절합의 문제설정은 2권 3편과 3권 1~3편에서 이론화되는 그 대상의 형태 개념, 즉 **사회적 노동의** 종별적인 **분할**[51]에 입각해 사유되어야 한다. 사회적 노동의 분할이라는 개념은 거시경제에 관한 일반적 언술이 경험적으로 규정되는 것처럼 그렇게 경험적으로 규정되는 것이 아니다. 그 개념은 종별적 노동과정으로서의 생산양식 개념에 입각하여 과학적으로 규정된다. 즉 사회적 생산이 독립적 생산 분야로 나뉜다면, 독립적 분야들 사이에는 각각의 독립적 노동과정이 발견할 수 있는 그런 비례성 관계가 실존해야 하는바,

51 우리가 마르크스의 "노동의 사회적 분할"이라는 정식을 정정하면서 앞에서 이 용어를 정의했던 그런 의미에서 말이다.

어떤 노동과정의 재생산 조건들은 다른 노동과정들의 생산의 결과 안에 있다는 식으로 말이다. 이로부터 귀결되는 것은, 비례성 관계가 확립되어야 하는 항들이 각각의 생산양식에서 해당 노동과정의 종별적 구조에 의해 규정된다는 점이다. 그런데 자본주의 노동과정은 이중 과정이다. 요컨대 종별적인 물질적 조건들을 점유한 사용가치 생산과정이자 자본의 가치증식과정인 것이다. 바로 이 기본적 구별에 하위절합 2의 원리가 들어 있으니 다음 표는 이를 나타낸 것이다.

하위절합 2		
	2권 3편	3권 1~3편
대상	사회적 노동의 자본주의적 분할의 비례성을 관장하는 법칙	
원리	사용가치 생산과정들 사이	자본의 가치증식과정들 사이
결과	비례성의 정역학	비례성의 동역학
일반적 결과	가치법칙	

사회적 노동의 분할에 대한 연구를 규정하는 것은 바로 노동과정 구조라는 점을 논증하기 위해 우리는 2권 3편에서 그것을 확증하는 데 만족하겠다. 주지하듯 이 [3]편에서 연구된 분할은 사회적 생산 전체를 두 부문으로—생산수단 생산부문과 소비수단 생산부문으로—나누는 분할이다. 그런데 분할 개념은 자본주의적 노동과정이 한편으로는 이 과정의 조건들로(대상+수단), 다른 한편으로는 노동력으로 종별적으로 구별되는 것에 근거한다. 이 논증을 하위절합 2의

두 번째 부분으로 연장하기 위해, 우리는 마르크스의 아래 텍스트[52]를 인용하는 데 만족하겠다.

> 모든 곤란이 유래하는 것은 상품들이 단순하게 그 자체로 교환되지 않고 **자본들의 생산물들로**서 교환된다는 점에 있는데, 이 생산물들은 자신들의 크기에 비례하여 잉여가치의 총량을 분유하고자 하며 동등한 크기에는 동등한 분유를 주장한다. 주어진 일정 기간 동안 생산된 상품들의 총가격은 이러한 주장을 만족시키게끔 되어 있다.

달리 말해, 사회적 노동의 종별적 분할의 동역학과 정역학 모두는 노동과정을 사유할 수 있도록 해주는 개념들에 입각해 규정된다.

자본주의적인 경제적 실천의 규정적 법칙의 생산을 구별되는 두 이론적 계기로 나눌 수 있게 해주는 이러한 문제설정은 노동과정 법칙들에 근거하여 사회적 노동의 분할 법칙들을 생산하는 것으로 정의된다. 그러므로 이제 하위절합 1의 원리들을 규정해보자.

하위절합 1 연구

하위절합 1은 절합 3의 두 번째 부분을 구별되는 두 이론적 계기로 나누는 것임을 상기하자. 요컨대 한편에는 2권 3편 및 3권 1~3편의 앙

52 *Le Capital*, t. VI, p. 191 [『자본』, Ⅲ-1, 236쪽].

상블이 있고, 다른 한편에는 3권의 나머지 편들의 앙상블이 있는 것이다. 또한 이 절합의 문제설정이 일반적 형태에서 명료함을 상기하자. 요컨대 규정하는 법칙들의 확립, 이어서 동일 대상에 대한 규정되는 법칙들의 확립[이라는 문제설정]. 그리고 사회적 노동의 분할 법칙이 지배소를 차지하는 절합된 체계로서 자본주의적인 경제적 실천[이라는 문제설정].

그렇지만 일반성의 지형을 벗어나, 우리가 이번 연구에서 내내 시도했듯이, 어떤 유형의 보완성이 하위절합 1의 두 이론적 요소를 통일하는지를 엄밀하게 정의하고자 할 때 심대한 곤란들에 부딪치게 된다. 실제로 우리가 두 이론적 요소의 보완성을 정의할 때마다 우리는 두 요소 각각이 **동일 대상**에 대한 법칙들의 생산 안에서 하나의 계기를 구성함을 제시하고자 노력했다. 그런데 우리가 2권 3편과 3권 1~3편의 대상이 사회적 노동의 자본주의적 분할임을 논증했다면, 3권 4~8편[53]은 **동일 대상을 갖지 않는** 것으로 보인다. 확실히, **이윤의 배분법칙과 수입에 대한 이론**이 사회적 노동의 분할 법칙에 의존한다는 것은 전적으로 자명하다. 하지만 그것들은 또 다른 지형을 다루는 것으로 보이는데, 이 지형의 통일성은 3권이 미완성인 만큼 식별하기가 더 어렵다. 아마도, 만일 우리가 후반 편들에서 확증되는 법칙들의 구체적 모델을 제공하고자 한다면, 이 모델은 어떤 현실 지형에 적용될 것이다. 이 지형은 3권의 전반 편들의 법칙들의 지형과 동일한 것으로 국민회계la comptabilité nationale이다. 하지만 어떤 이론적 대상

53 ❖ 여기서 '8편'은 '7편'의 오기로 보인다. 즉 '3권 4~7편'을 가리킬 것이다.

의 본성에 관해 그 적용 지형에 입각하여 결론을 내릴 수는 없는 것이다. 그런데 우리가 이 문제에 대해 하나의 해법을 제시하는 데 이르지 못한다면, 이는 우리가 제안했던 『자본』 플란 해석을 전부 다시 문제 삼는 셈이다. 왜냐하면 다음 두 사태는 택일적이기 때문이다.

— 2권 3편과 3권으로 구성되는 이론적 앙상블이 하나의 절합된 이론적 장이고, 이 장에서 동일 대상에 대해 생산된 법칙들은 규정하는 법칙들과 규정되는 법칙들로 나뉜다.

— 3권 3편 이후에, 『자본』의 새로운 주요 절합을 정의하는 새로운 절단을 규정해야 한다. **하지만 4편에서 그 이론이 시작될 새로운 대상을 우리는 정의할 수 없으며**, 여하튼 3권의 미완성으로 말미암아 이 새로운 대상의 정의 시도는 극도로 모험적인 것이 될 터이다.

위의 양자택일적 대안 중 첫 번째 항의 유효성을 논증할 필요가 있다. 우리는 다음 경로를 채택하겠다.

— 첫째, 우리는 2권 3편과 3권 1~3편에서 언표된 기본 법칙이 어느 정도나 **미완의 법칙**인가를 논증하고자 시도할 것이다.

— 둘째, 우리는 어떻게 후속 편들에서 확증된 법칙의 이론적 목표가 **그 미완의 법칙을 보완하는 데 있는지**를 탐구할 것이다.

— 마지막으로, 우리는 가치법칙 및 이 법칙을 보완하는 법칙들을 자신의 법칙들로 갖는 그러한 대상을 엄밀하게 정의하고자 할 것이다.

a)생산과정들의 공존 메커니즘들 중 기본적인 가치법칙에 의해 일의적으로 규정되지 않는 것이 있음을 탐지해내기는 너무 쉽다. 사회적 노동의 분할 체계의 정역학으로서의 가치법칙은 시장을 매개로 한 등가교환이—사회적 노동을 비례적으로 나누는—종별적으로

자본주의적 과정이라는 것을 확증할 수 있게 해준다. 동일한 체계의 동역학으로서의 가치법칙은 시장이론을 만들 수 있도록 해주는 기본 범주 즉 **생산가격**을, **생산가격**(생산비용+평균이윤)의 총합이 **가치총합**과 동등하다는 점을 언표할 수 있도록 해주는 일련의 매개관계(자본 간 경쟁, 평균이윤율 확립)의 끝에서, 일의적으로 규정한다. 그렇지만 시장의 법칙들은 가치법칙에 의한 이러한 일의적 규정으로 환원되지 않는다. 왜냐하면 교환이 평균적으로 실행되는 수준(**시장가치**)과 하나의 상품이 교환될 때 이 수준과의 편차(**시장가격**)는, 이 [가치] 법칙에 의해 확정되는 한계들 안에서, 고전 정치경제학이 수요공급 관계라고 정의하는 변동들(**엄밀한 의미에서의 경쟁**)에 종속되기 때문이다. 수요와 공급 사이에는 언제나 균형이 존재하기 때문에, 시장가격과 시장가치의 변동을 규명한다는 것은 **가치법칙**에 의해 확정되는 한계들 내부에서 이 균형의 **수준**을 정의하는 법칙들을 규정하는 것으로 귀착된다. 마르크스는 이를 아주 명료하게 표현한다.[54]

> 수요와 공급은 가치의 시장가치로의 변형을 전제하며, 이것들이 자본주의 기초 위에서 작동하는 한, 요컨대 상품이 자본의 생산물인 한, 이것들은 상품의 단순한 구매 및 판매와는 다른 복잡한 자본주의적 생산과정을 전제한다. 이 과정 안에서 주요 논점은 상품가치의 가격으로의 형태 전환, 다시 말해 단순한 형태 변화가 아니다. 오히려 주요 논점은 시장가치 및 생산가격에 대한 시장가격의 일정한 양적 편차이다. 단순

54 *Le Capital*, t. VI, p. 209 [『자본』, Ⅲ-1, 259~260쪽].

한 구매와 판매에서는, 상품생산자들을 그 모습 그대로 대면하는 것으로 충분하다. 분석을 더 밀어붙일 때 **확인하게 되는 것은, 사회의 총수입을 자신들 사이에서 나누고 그 수입을 소비하며 그 수입이 허용하는 수요를 유발하는 상이한 계급들—과 이 계급들의 하위분할—의 실존을 수요와 공급은 전제한다는 점이다.** 게다가 이 수요와 공급이 어떻게 생산자들 한가운데에서 발생하는가를 파악하고자 한다면 자본주의 생산과정의 구조 전체에 대한 이해가 필요하다.

우리의 화두에서 이 텍스트는 근본적인데, 가치법칙에 입각하여 제기되고 가치법칙 덕분에 제기되는 어떤 문제의 형식 아래, 3권의 마지막 편들(집필된 편들과 집필되지 못한 편들)의 플란이 이 텍스트에서 언표되기 때문이다.

b)결말은 사회적 소비의 주체들로서의 **사회계급이라는 개념**의 생산이다. 이 개념의 생산은 3권의 미완성으로 인해 중단되는데, 3권 7편에서 시작된 연구가 종별적인 사회적 소비의 법칙들에 대한 이론으로 완결되었더라면 3권 또한 완결되었을 것임은 분명하다. 계급 개념이 생산되기 위해서라면 **계급의 하위분할이라는 개념이 동시에 생산되어야만 한다**. 그러므로 **생산관계**에 입각한 규정은 불충분하다. 분배관계가 생산관계와 절합되는 한에서 **분배관계**에 입각해 개념을 규정해야 한다. 이와 같은 것이 4~6편의 이론적 목표다. 우리는 생산관계에 입각하여 자본가계급 개념을 (분배관계를 매개로) 간접적으로 생산하는 것이 노동자계급에는 해당되지 않는다는 사실, 그래서 결과적으로 소비주체로서의 노동자계급 개념을 생산관계에 입각하여 직접적으로 생산할 수 있다는 사실에 단순히 놀랄 수 있다. 거기에 문

제적인 논점이 놓여 있는 것인데, 생산 범주로서의 임금이 분배 범주로서의 임금을 규정한다면 이 두 범주는 확실히 겹치지 않기 때문이다. 인용된 텍스트[55]에 설정된 이론적 목표를 달성하기 위해서라면, 임금 범주를 통해 사회적 수입을 분류하는 것으로 정의되며 또한 모든 노동과정에 필수적인 생산적 노동자 및 비생산적 노동자를 전부 포괄하는 노동자계급과, "임금/잉여가치" 또는 "임금노동자/자본가"라는 양극관계 안에서 생산 범주로서의 임금에 의해 규정되며 또한 생산적 노동자만을 포괄하는 노동자계급 사이의 차이를 마르크스는 규명해야 할 것이다. 그런데 분명한 것은 사회적 소비에 대한 이론이 노동자계급에 대한 완전한 개념을 전제한다는 점이며, 이 계급은 분배관계에 의해 정의되고 이 분배관계 자체는 생산관계에 의해 규정된다는 점이다. 이 논점에서, 『자본』의 미완성은 우리로 하여금 **어떤 결핍**에 직면하게 한다.

c)우리는 이제 2권 3편과 3권의 공통 대상을 명확히 함으로써, 그리고 이 대상에 대한 법칙들의 생산을 두 요소로 나누는 원리를 정의함으로써 하위절합 1의 이론적 원리를 정의할 수 있게 된다.

2권 3편과 3권 전체의 공통 대상은, 3권 제목이 나타내듯 "자본주의 생산의 총과정"이다. 이 정식화는 다음처럼 종별화될 수 있다. "자본주의 생산의 총과정"에 대한 완전한 이론을 만든다는 것, 그것은 생산의 상이한 부문들 및 분야들로의 사회적 노동의 배분에 대한 이론을 만든다는 것이라고 말이다. 이 배분은 지배관계를 갖는 복잡한 구

55 *Le Capital*, t. VI, p. 209 [『자본』, Ⅲ-1, 259~260쪽].

조를 갖는다. 하지만 매우 중요하게 강조되어야 하는 것은, 지배관계를 지닌 복잡한 구조라는 개념이 마르크스에 의해 『자본』에서 생산되는데, 1857년의 『정치경제학 비판 요강』「서설」에서 이루어진 이 개념의 선취에 따라 이 구조를 사유할 수는 없다는 점이다. 실제로 자본주의 생산의 총과정의 법칙들의 생산은, 1857년의 『정치경제학 비판 요강』「서설」에서 제시되는 총체성의 계기들에 따라 절합되는 것이 아니다. 지배적 계기(가치법칙을 법칙으로 하는 생산)에 대한 연구로부터 종속적 계기들에 대한 연구로 넘어가는 것이 아니며, 종속적 계기들은 우선은 그 자체로 사고될 것이고 그다음에는 규정하는 계기와의 통일성 안에서 사고될 것이다. 분배와 소비는 여기서 연구되지 않는데, 왜냐하면 이를 위해서는 정치경제학의 이러한 전통적 범주들에 대한 연구를 경유해야 하기 때문이다. **분배와 소비는 이것들이 생산의 상이한 부문들 및 분야들로의 사회적 노동배분에 대한 법칙을 규정할 수 있도록 해주는 한에서만 연구된다.** 실제로 배분이 실행되는 부문들과 분야들의 노동과정의 종별적 구조에 의해 본질적으로 규정되는, 이 배분의 기본 법칙—가치법칙—은 일정한 한계들 내부에서만 그 구조를 일의적으로 규정한다. 이 한계들 내부에서의 변동들에 대한 연구, 분배와 소비에 대한 연구를 **필요로 하는** 이 연구는 배분에 대한 법칙의 보완적이고 종속적인 규정일 뿐이다. 하위절합 1은 생산양식 일반이라는 개념, 동일한 이름 아래 도처에서 찾아낼 수 있을 "계기들"을 갖는 개념, 연구되는 생산양식이 어떤 것이든 간에 동일한 순서로 서술해야 할 "계기들"을 갖는 그러한 개념 위에 정초되는 것이 아니다. 하위절합 1은 자본주의 생산양식 안에서 사회적 노동이 배분되는 종별적 구조 위에 정초된다. 하위절합 1의 첫 번째 부분은 구조의 지배소 즉 가치법칙에 바쳐진다. 두 번째 부분은 종속적 앙상블에 바쳐지는데, 마르크스가 이 앙상블의 자리를 정확하게 정하고 이론적 생산에 착수하지만, 이 앙상블의 이론적 세공이 미완이기 때문에 이 앙상블에 하나의 이름을 주는 것은 무모한 일일 것이다.

VI. 절합 2의 정의

절합 2는 자본주의 생산양식에 대한 연구를 종별적 노동과정에 대한 이론과 사회적 노동의 종별적 배분에 대한 이론으로 나눈다. 사회적 노동의 배분이 종별적인 사회적 노동과정에 입각해야만 정의될 수 있는 한에서, 종별적 노동과정에 대한 이론을 만들기 위해 아직 세공되지 않은 배분 이론의 자리를 이데올로기적 개념(경쟁)에 내줘야 하는 한에서 [위의] 두 요소는 정말로 보완적이다. **보완성**complémentarité이 **모호성**équivoque을 뜻하지는 않는다는 것, 또는 결국 동일한 말이지만, 규정들의 완전한 상호성réciprocité을 뜻하지는 않는다는 것은 자명하다. 확대재생산은 시간적인 구조적 법칙이라는 **사실**(우선은 '경쟁'에 의해 설명되는)을, 이윤율의 경향적 저하가 **회고적으로는** 설명한다 하더라도 이윤율의 경향적 저하는 이 사실의 **개념**을 전혀 규정하지 못한다. 다른 한편, 사회적 노동의 배분 비례의 정역학과 동역학으로서의 가치법칙은 생산과정의 구조적 법칙들 없이는 절대로 정식화될 수 없을 것이다. 따라서 절합 2의 두 이론적 요소 사이에는 일의적 규정관계가 실존하는데 이 관계의 토대는 정확히 이것이다.

즉 모든 생산양식에 대한 이론에서, 1857년의 『정치경제학 비판 요강』「서설」에서 암시되는 총과정의 구조 안에서 생산영역이 언제나 규정하는 영역이기 때문이 아니라, 오히려 **생산과정의 구조 개념에 입각해야만 총과정의 구조 개념이 생산될 수 있기 때문에** 이론적으로 규정하는 요소는 **생산과정의 구조 개념이라는** 것이다. 또한 바로 이렇기 때문에, 1편과 2편에서 『자본』에 최초의 과학적 형식 아래 그 최초의 대상을 부여하는 문제의 전위가, 우리가 규명했던 절합 2를, 비록 절합 2의 원리가 명시적으로든 묵시적으로든 정식화되지 않지만, 그럼에도 **최종심급에서** 규정한다. 이러한 시작이 결정적이라면, 기원적인 사전적 규정이 아니면서도 이처럼 결정적이라면, 이는 모든 생산양식에 대한 이론의 세공에서 종별적인 생산과정 구조라는 개념이 점하는 이론적 규정이라는 그 위치 때문이다.

VII. 결론

이 작업은 『자본』의 절합들을 밝혀내고 그 원리들을 규정하는 것 이외의 다른 목표를 상정하지 않았다. 이 시론의 자연스러운 연장은 우리가 정의한 구조를 사유과정에 부여할 수 있게 해준 그 방법에 대한 개념을 생산하는 일일 것이다. 이 결론 지면에서 착수할 의향은 없는 그런 이론적 주요 임무에서 우리는 잘 설정된 문제제기에 만족할 것이다. 그런데 마르크스가 자신의 저작 플란을 제시하는 데 바친 텍스트들을 논평하면서 우리가 확인했던바, 이 문제를—그것도 기초적인 이 문제를—잘 설정하는 일의 곤란은 마르크스 자신이 자기 방법에 관해 말했던 그것으로부터 부분적으로는 유래했다.

실제로 우리는 마르크스 자신이 『자본』의 조직화에 대한 개념을 생산하는 텍스트[56]에서 출발했다. 그런데 이 텍스트에 부여되는 의의가 어떤 것이든 간에 이 텍스트에서 유래한 『자본』의 조직화라는 개

56 *Le Capital*, t. VI, p. 47 [『자본』, Ⅲ-1, 41~42쪽].

념은 정작 이 개념의 대상(『자본』의 실효적 절합들의 앙상블)에 부합하지 않는다. 결론적으로 우리는, 개념과 대상의 부적합은 과연 어느 정도로, 선입관을 지닌 주석가들에 의해 이 텍스트[자체]에 덧붙여진 문제설정만이 아니라 이 텍스트의 문제설정에도 내재적인가를 그저 질문할 뿐이다.

이를 위해서는, 텍스트에 대한 모든 해석(개별적인 것으로부터 전체적인 것으로의, 본질로부터 현상으로의, 미시경제적인 것으로부터 거시경제적인 것으로의 이행), 즉 자신들의 대상과 모순적이며 자신들끼리도 모순됨이 드러나는 이 모든 해석은 자신들의 대상에 대한 참된 개념과 실효적으로 대조된다는 조건에서야 비로소 이러한 모순을 표출한다는 점을 제시하는 것만으로도 충분하다. 이러한 조건의 바깥에서 이 해석들은 진정한 일관성을 가지며, 이 일관성은 이데올로기의 질서에, 더 정확히는 헤겔적 이데올로기의 질서에 속한다. 그런데 이러한 이데올로기적 일관성이 또한 마르크스의 텍스트를 통합하는 원리이기도 하다.

우리가 모든 주석가에게서—함축적으로—읽어낸 주요한 절합은 "심층/표면"이라는 대당에 근거한다. 실제로 『자본』의 플란에 대한 다기한 해석들 모두를 이 대당에 입각하여 쉽게 정립할 수 있다.

		심층	표면
추상/현실		본질	현상
미시경제적인 것	거시경제적인 것	원자	분자
논리적 귀결		단순	복잡

"**표면**"의 은유 뒤에서 헤겔적 문제설정을 재발견하는 데는 "생산행위자 자신들의 평범한 의식"과 **표면**의 동일성을 읽어내는 것으로, 그리하여 심층의 부재하는 은유가 가리키는 바를 복원하는 것으로 충분하다. 요컨대 구조의 비-의식적-존재l'être-non-conscient de la structure인 "**즉자적**" 구조에 불과한 것의 복원 말이다. "1권에서 우리는 (…) 생산과정이, 즉자적으로, 제시하는 다양한 측면을 연구했고…." 즉자로부터 대자로의 헤겔적 이행은 구조의 비-의식적-존재라는 "**즉자적**" 구조의 사실을 완벽하게 규명한다. 요컨대 추상적인 것으로부터 구체적인 것으로의, 개별적인 것으로부터 전체적인 것으로의, 본질로부터 현상으로의 이행 말이다.

3권의 텍스트[57]가 **비헤겔적 대상**(『자본』의 조직화)에 대한 **여전히 헤겔적 정식화**인 한에서, 헤겔에 대한 묵시적 준거만이 이 텍스트의 **정식화들의 일관성**을 규명할 수 있는 한에서, 마르크스의 서술순서를 실효적으로 관장하는 원리들과 헤겔적 서술순서 원리들을 표면적으로라도 근접시키는 것이 전혀 없는 한에서 이 텍스트는 **근본적으로 모호**하다.

우리가 특히 보여주었듯, 헤겔에게서 이론적 **이행들**을 또는 **통과들**을 허용하는 이론적 기능을 갖는 변증법적 방법에 따라서는 『자본』의 그 **어떠한** 연결고리도 사고될 수 없다. 요컨대 『자본』의 절합들 또는 하위절합들 중 그 어느 것도 지양Aufhebung, 대립물들의 통일, 상호규정이라는 관점에서는 이해될 수 없다.

57 *Le Capital*, t. VI, p. 47 [『자본』, III-1, 41~42쪽].

결론적으로 우리는 하나의 문제를 정식화할 수 있다. 요컨대 마르크스가 추구했던 **서술방법**, 정작 그는 이 방법을 배반하는 낡은 언어로 어쩔 수 없이 서술해야 했던 그 서술방법의 새로움은 과연 무엇인가? 이 방법의 종별적 차이를 측정하기 위해 도대체 왜 마르크스는 언제나 **변증법**을 불러들이는가? 헤겔에게서 이 [변증법이라는] 개념으로부터 하나의 정확한 개념을 만들어내는 함의들 중 그 어느 것도 마르크스주의적 서술순서를 참되게 설명할 수 없는데도 말이다.

해제

『“자본”을 읽자』를 어떻게 읽을 것인가?

진태원

1. 미지의 책, 『"자본"을 읽자』

여기 국내의 독자들에게 한 권의 책을 번역하여 내놓는다. 이 책은 국내의 독자들에게 오랫동안 미지의 책으로, 유령으로만 떠돌던 책이다. 역자들로서는 이 책을 번역하여 국내 독자들에게 내놓는 지금 특별한 감회를 갖게 된다. 그것은 단지 『"자본"을 읽자』라는 제목의 이 책이 20세기 마르크스주의의 기념비적 저작이자 유럽 철학의 걸작 중 하나이기 때문만은 아니다. 실로 20세기 마르크스주의의 역사에서 이 책과 비견될 만한 철학 저작은 지외르지 루카치의 『역사와 계급의식』이나 안토니오 그람시의 『옥중수고』 정도를 꼽을 수 있을 것이다. 각각 한 시대를 풍미했고 오늘날에도 여전히 폭넓은 반향을 불러일으키는 이 두 권의 책과 마찬가지로 『"자본"을 읽자』는 출간된 이후부터 오늘날까지 마르크스주의 연구에 지속적으로 영향을 미쳐왔다. 오랜 시간에 걸쳐 끊임없이 토론과 논쟁, 새로운 작업을 산출할 수 있는 역량을 고전을 정의하는 특성으로 이해한다면, 『"자본"을 읽자』는 이론의 여지 없는 고전이라고 말할 수 있다. 찬성하든 반대하든 간에 이 책에서 제기된 테제들과 문제들은 현대 마르크스주의의 향방에 관해 숙고하려는 이들에게는 우회할 수 없는 도전이었고 또 여전히 그렇게 남아 있다.

더 나아가 1960년대 프랑스 철학과 마르크스주의의 마주침의 상징과도 같은 이 책은, 마르크스주의의 경계를 넘어 현대철학 및 인문사회과학 전반에도 뚜렷한 흔적을 남겼다. 『"자본"을 읽자』는 증상적 독서, 구조적 인과성, 인식대상과 현실대상의 구별과 같은 개념들을 산출했고 무엇보다도 **『자본』 및 마르크스주의를 현대 철학 안에 기입했다**는 점에서, 곧 **철학으로 하여금 자신의 한계와 직면하게 만들었다**는 점에서, 넓은 의미의 구조주의 운동[1]이 산출한 자크 라캉의 『에크리』나 미셸 푸코의 『말과 사물』, 자크 데리다의 『그라마톨로지에 대하여』나 질 들뢰즈의 『차이와 반복』 같은 걸작들과 어깨를 겨룰 만한 저작으로 평가할 수 있다.

그렇다면 1980년대 말~1990년대 초의 정세, 현실 사회주의의 해체와 신자유주의적 세계화라는 이중적 사건으로 특징지을 수 있는 정세가 산출한 인식론적 단절의 계기에 왜 이 책이 우리말로 번역·소개되지 않았을까 하는 질문이 자연스레 떠오르게 된다. 이것은, 『"자본"을 읽자』에 응축되어 있는 알튀세르 사상의 특성을 드러내주는 질문이지만 또한 알튀세르가 국내에서 어떻게 수용되어왔는가에 대해서도 많은 것을 알려주는 질문이다. 당시 알튀세르는 국내 인문사

1 다시 말하면, '구조주의 대 포스트구조주의'라는 식으로 영미 학계에서 통용되는 다분히 저널리즘적인 구별을 넘어서는, **철학적 운동**으로서의 구조주의.

회과학의 중심에 자리 잡고 있었다. 과잉결정(또는 '중층결정'), 호명 같은 개념은 당시 한국 인문사회과학계의 대논쟁이었던 '한국사회성격' 논쟁 또는 그것을 종결짓는 '포스트 담론' 논쟁에서 강단 PD파를 넘어 폭넓게 활용되고 있었고 『마르크스를 위하여』, 『레닌과 철학』, 『아미엥에서의 주장』 같은 알튀세르 저작들도 (이런저런 번역의 문제점을 지닌 채) 속속 번역되었다.[2] 그리고 사실 이 책도 이미 1991년에 『자본론을 읽는다』라는 제목으로 우리말 번역이 된 바 있다.[3] 하지만 그 번역본은 이 책의 축약본에 해당하는 1968년 판본, 곧 알튀세르와 발리바르의 글로만 이루어진 판본의 영역본을 중역한 것이었을 뿐 아니라, 번역의 문제점으로 인해 한국에서 거의 아무런 효과도 남기지 못했다.

그러므로 여기 우리가 내놓는 이 번역본은 그동안 무성한 소문으로만 남아 있던 『"자본"을 읽자』가 어떤 책인지, 따라서 (초기) 알튀세르 사상의 진수가 어떤 것인지 독자들이 직접 살펴보고 (재)평가해볼 최초의 기회를 제시해준다고 해도 지나침이 없을 것이다.

---

2 한국의 인문사회과학에서 알튀세르 수용의 방식 및 쟁점에 관한 고찰로는, 진태원, 「필연적이지만 불가능한: 한국에서 알튀세르 효과」, 『황해문화』 108호, 2020년 가을호를 참조하고, 포스트 담론 논쟁에 관해서는 진태원, 『애도의 애도를 위하여』, 그린비, 2019 중 1장과 2장을 참조.

3 루이 알튀세르, 김진엽 옮김, 『자본론을 읽는다』, 두레, 1991.

2. 알튀세르의 이론적 슬로건: 마르크스를 위하여 『자본』을 읽자

『"자본"을 읽자』는 『마르크스를 위하여』와 더불어 초기 알튀세르 사상을 대표하는 저작이다. 1947년 가스통 바슐라르의 지도 아래 「헤겔 철학에서 내용의 개념」이라는 논문으로 파리고등사범학교를 졸업한 뒤 모교에 남아 조교 및 강사로 일하던 청년 시절의 알튀세르는 1950년대 몇 편의 글과 더불어 『몽테스키외: 정치와 역사』[4]라는 연구서를 내고 포이어바흐의 글들을 편역한 『철학 선언』[5]이라는 책을 펴내는 것 이외에 뚜렷한 학술활동을 전개하지 않았다.

그러다가 1960년대에 알튀세르는 본격적으로 이론적 작업을 시작하게 되었는데, 그 계기가 된 것이 「청년 마르크스에 대하여」(1961)라는 글이었다. 이 글은 1950년대 마르크스주의와 국제 공산주의 운동에 닥친 위기를 배경으로 하고 있다. 1953년 스탈린이 사망하고 흐루쇼프의 스탈린 비판이 이루어지면서 국제 공산주의 운동에서는 탈스탈린주의 운동이 시작된다. 이론적으로 이는 교조주의적인 마르크스 이해에서 벗어나 청년기 저작에서 마르크스 사상의 본질을 파악하려는 시도로 표현되었다. 청년 마르크스의 저작에는 후기 저작에서 쉽게 찾아보기 어려운 인간주의적이고 윤리적인 측면이 풍부하게 담겨 있다는 것이 그 이유였다. 그리고 그 핵심은 소외론이었다. 왜냐하면 소외론은 자본주의에서 일어나는 인간 노동력의 착취 및

---

4 Louis Althusser, *Montesquieu, la politique et l'histoire*, PUF, 1959; 「몽테스키외: 정치와 역사」, 김석민 옮김, 『마키아벨리의 고독』, 새길, 1992.

5 Ludwig Feuerbach, *Manifestes philosophiques*, ed. & trans., Louis Althusser, PUF, 1960.

그에 따른 인간성의 상실을 파악할 수 있게 해주며, 마르크스주의는 비인간적인 자본주의에 맞선 인간 해방의 사상이라는 점을 납득시켜 주기 때문이다. 따라서 청년 마르크스의 소외론에 입각할 때 우리는 『자본』의 철학적 메시지도 올바르게 이해할 수 있다는 것이 이들의 주장이었다.

이러한 인간주의적 마르크스 이해에 맞서 알튀세르는 마르크스 사상의 전개과정에 대한 새로운 이해방식을 제안한다. 그가 보기에 마르크스 사상은 초기부터 후기에 이르기까지 동일한 것이 아니었으며 연속성을 지닌 것도 아니었다. 마르크스는 엥겔스와 공동으로 집필한 『독일 이데올로기』(1846) 무렵부터 청년기의 저작과 인식론적 절단coupure épistémologique을 이룩한 이후 비로소 자기 자신의 이론을 세울 수 있었다. 『독일 이데올로기』가 절단의 징표가 되는 이유는 이 저작에는 청년기 저작에서는 찾아볼 수 없는 마르크스 자신의 고유한 개념들, 곧 생산양식이나 이데올로기 같은 개념이 담겨 있기 때문이다. 이는 곧 마르크스 사상의 정수는 헤겔과 포이어바흐의 문제설정에 사로잡혀 있는 청년기 저작이 아니라 『자본』을 중심으로 한 후기 저작이라는 알튀세르의 입장을 표현하는 것이다.[6]

6 그렇다고 해서 청년 마르크스의 사상이 무가치하다고 말할 수는 없을 것이다. 실제로 지난 30여 년 동안 프랑스에서는 마르크스 초기 저작에 대한 재평가 작업이 활발하게 진행된 바 있다. 특히 주목할 만한 저작들로는, Michael Löwy, *La théorie de la révolution chez le jeune Marx*, Éditions sociales, 1997; Miguel Abensour, *La démocratie contre l'Etat: Marx et le moment machiavélien*, PUF, 1997; Franck Fischbach, *La production des hommes: Marx avec Spinoza*, PUF, 2005; Emmanuel Renault ed., *Lire les Manuscrits de 1844*, PUF, 2008 등 참조. (흑백논리에 사로잡힌 사람들이 적지 않다 보니 노파심에서 지적해두자면) 역으로 초기 저작의 중요성에 대한 재평가가 알튀세르의 인식론적 절단 테제를 무효화하는 것은 아니다.

하지만 알튀세르가 인식론적 절단을 주장한다고 해서, 그가 절단 이후의 마르크스 사상이 동질적이거나 완결되어 있다고 보는 것은 아니다. 오히려 알튀세르의 논점은 절단을 이룩한 이후에도 마르크스 사상은 여전히 이데올로기적 요소들을 포함하고 있으며 불완전하고 불균등한 상태로 남아 있다는 것이다. 그리고 이 때문에 마르크스주의 내에서 스탈린주의나 사회주의적 인간주의 같은 여러 가지 이론적 편향이 발생하며, 이는 다시 정치적 오류 및 마르크스주의 자체의 위기를 낳게 된다. 따라서 알튀세르가 보기에 불완전한 상태로 남겨진 마르크스 사상을 개조하고 좀 더 완전한 상태로 발전시키는 것은 이론적으로만이 아니라 정치적으로도 중요한 과제였다. 그리고 이러한 작업에서 중심을 이루는 것이 바로 마르크스의 『자본』이다. 『자본』은 이론의 여지 없이 마르크스의 가장 중요한 저작이지만, 마르크스 생전에 1권만 완성·출판되었을 뿐, 2권과 3권은 사후에 엥겔스의 편집에 따라 출간된 미완의 저작이다.[7] 더욱이 알튀세르에 따르면 『자본』이라는 저작은 과학만이 아니라 철학에서도 혁명적인 저작이었지만 (또는 미증유의 이론적 혁명이 발생하는 중심이었다는 **바로 그 이유 때문에**) 과거의 이론적 유산들(영국의 정치경제학, 헤겔의 관념론적 변증법 등)을 충분히 절단하지 못한 채 그것의 영향을 곳곳에 지니고 있었다. 따라서 미완의 상태로 남아 있는 『자본』의 이론적 혁명을 완수하고 마르크스주의 철학을 올바르게 개념화하는 것이 알튀세르의 가장 중요한 목표였다.

7 게다가 『자본』 1권이 완성되었다는 것 역시 절대적 의미보다는 상대적 의미로 이해되어야 한다.

이러한 목적에 입각하여 알튀세르는 '마르크스를 위하여 『자본』을 읽자'라는 이론적 슬로건[8](이것은 두 권의 책의 제목에 그대로 반영되어 있다) 아래 마르크스 및 그 이후의 마르크스주의자들이 미완의 상태로 남겨놓은 마르크스의 이론적 혁명(역사에 대한 과학으로서 역사유물론과 그것을 이론화하는 데 필수적인 조건으로서 마르크스주의 철학이라는 이중의 혁명)을 더욱 진척시키기 위해 『자본』을 비롯한 마르크스의 저작들에 대한 독서에 착수한다. 『마르크스를 위하여』가 1960~1965년 알튀세르가 발표했던 논문 모음집의 성격을 띠고 있다면, 『"자본"을 읽자』는 파리고등사범학교의 제자들인 에티엔 발리바르, 자크 랑시에르, 피에르 마슈레, 로제 에스타블레와의 공동 저작의 형태를 띠고 있다. 그리고 전자가 청년 마르크스에서부터 러시아혁명에 대한 재해석과 사회주의적 인간주의에 대한 비판에 이르기까지 마르크스주의에 관한 폭넓은 고찰을 전개하고 있다면, 후자는 마르크스의 『자본』을 집중적 탐구 대상으로 삼고 있다.

그럼에도 이 두 권의 저작은 문제설정 및 개념적 차원에서 긴밀하게 연결되어 있다. 실제로 『마르크스를 위하여』에서 제시된 여러 테제 및 개념, 예컨대 청년 마르크스와 노년 마르크스 사이에 또는 1844년의 『경제학-철학 수고』와 『자본』 사이에 인식론적 절단이 존재한다는 테제, 헤겔 변증법과 구별되는 마르크스주의 변증법의 종별성을 사유하려면 과잉결정 및 "지배소를 갖는 복잡한 전체"struc-

8 "[내 저술들의] 이론적 목표는 내 저작의 제목인 『마르크스를 위하여』, 『"자본"을 읽자』에서 읽을 수 있다. 왜냐하면 이 제목은 또한 구호이기 때문이다." Louis Althusser, "Soutenance d'Amiens", in *La solitude de Machiavel et autres textes*, ed., Yves Sintomer, PUF, 1998, p. 206; 「아미엥에서의 주장」, 『아미엥에서의 주장』, 김동수 옮김, 솔, 1991, 140쪽.

ture complexe à dominante 같은 개념이 필수적이라는 테제, 마르크스가 수행했던 이론적 실천 또는 생산으로서의 인식은 일반성 I, 일반성 II, 일반성 III으로 이루어진다는 테제 등은 『"자본"을 읽자』의 필자들이 공통의 전제로 삼고 있는 것들이다. 반면 이 책에서 알튀세르와 그의 공저자들이 수행한 새로운 『자본』 읽기는 『마르크스를 위하여』에서 제시된 테제들을 구체화하면서 또한 풍부하게 만드는 것이라고 이해할 수 있다(물론 두 저작 간에는 긴장과 갈등의 여지도 존재한다).

3. 『자본』을 철학적으로 읽는다는 것

이 책은 알튀세르의 글 두 편과 공저자 네 사람의 글 네 편으로 이루어져 있다. 여섯 편의 글이 모두 개성 있고 독창적인 주제의식과 엄밀한 분석 능력을 보여주지만, 저작 전체의 목적과 이후의 영향력을 고려해본다면 역시 이 책에서 가장 중요한 글은 알튀세르의 글 두 편과 발리바르의 글이며, 오늘날의 시점에서 보면 랑시에르의 글도 상당한 중요성을 지닌다(이것은 물론 마슈레나 에스타블레의 글이 의미가 없다는 뜻은 아니다). 사실 알튀세르를 제외한다면 당시 모두 약관 20대 초·중반에 불과한 이 책의 필자들이 각자의 글에서 보여주는 이론적 성숙함과 치밀함은 경탄할 만한 수준이다. 더욱이 발리바르와 랑시에르의 논문은 자기 나름의 방식으로 60년의 세월을 넘어 오늘날에도 여전히 숙고할 만한 질문들(그 답변들보다 더 중요한)을 제기하고 있는데, 알튀세르의 치밀한 지도 아래 쓰인 글이라는 점을 감안한다 해도, 오늘날 세계적인 철학자가 된 두 저자의 사유 역량이 뒷받침되지 않는다면 불가능한 작업이었을 것이다.

이 책의 가장 두드러진 특성은, 알튀세르를 비롯한 공저자들이 아주 잘 자각하고 있듯이, 마르크스의 **『자본』을 철학적으로 읽고 있다**는 점이다. 그리고 『자본』에 대한 철학적 읽기라는 바로 그 특성으로 인해 이 책은 마르크스주의 사상사에서 한 이정표가 되었고 현대 철학에 깊은 흔적을 남겼다. 하지만 얼핏 간단해 보이는 이 문구, 『자본』에 대한 철학적 읽기가 뜻하는 바가 무엇인지는 자명한 것이 아니다. 그것은 단순히 철학자(들)가 『자본』을 읽는다는 것을 의미하지 않는다. 알튀세르 이전과 이후에 여러 철학자가 『자본』을 읽고 그것에 관해 글을 써왔지만, 루카치의 『역사와 계급의식』, 더 정확히 말하면 그 책의 철학적 핵심을 이루는 「사물화와 프롤레타리아 의식」만이 『"자본"을 읽자』와 비견될 만한 영향력을 발휘할 수 있었다.[9]

더욱이 『자본』을 철학적으로 읽는다는 것은, 『자본』에 대한 **철학적 주석**을 제시한다는 것을 의미하지도 않는다(사실 알튀세르는 그것이 마르크스이든 스피노자이든 아니면 마키아벨리이든 또는 루소이든 프로이트이든 간에 어떤 철학자나 이론가에 관해서도 단지 주석가로만 남을 수 없는 철학자다). 이런 측면에서 보면 오늘날에도 탁월한 연구서를 여럿 꼽아볼 수 있다. 무엇보다 『"자본"을 읽자』에 깊은 영향을

---

9 1993년 출간된 데리다의 『마르크스의 유령들』은 지난 30여 년 동안 마르크스에 관한 철학 저작 중 가장 큰 영향력을 발휘한 책이라고 할 수 있다. 하지만 이 책은 『자본』을 부분적으로만 다루고 있을뿐더러, 이 책의 철학적 영향력이 반드시 마르크스(주의)에 관한 철학적 독해 덕분이라고 보기도 어렵다. 이 책은 무엇보다도 유령론hantologie에 관한 저작으로 읽혀왔으며, 또 그것이 적합한 철학적 평가라고 할 수 있다. 자크 데리다, 진태원 옮김, 『마르크스의 유령들』, 그린비, 2014.

받은 자크 비데의 저작들은 깊이와 박식함, 철저함에서 주목할 만하다.[10] 또한 독일의 마르크스 연구자인 미하엘 하인리히의 저작들도 이런 종류의 작업으로 이해할 수 있다.[11] 그 밖에도 영미권에서 알튀세리엥들의 연구와 독자적인 입장에서(심지어 비판적이거나 대립적인 입장에서) 이루어진 여러 저작, 예컨대 『자본』에서의 노동, 시간에 관한 모이셰 포스톤의 좌파 비판이론적 연구, 변증법에 관한 크리스 아서의 연구,[12] 또는 존 벨라미 포스터나 사이토 코헤이, 제이슨 무어 등의 마르크스주의 생태학에 관한 연구,[13] 최근에 낸시 프레이저가 시도하고 있는 '식인 자본주의'에 관한 연구도 『자본』 내지 마르크스주의에 관한 주목할 만한 철학적 연구들이다.[14] 이 책들은 『"자본"을 읽자』를 비롯한 기존의 『자본』 연구의 이런저런 한계를 비판하면서 그것을 넘어설 수 있는 새로운 『자본』 읽기의 가능성을 제시해주고 있다. 하지만 그렇다고 해서 이 후자의 저작들로 인해 『"자본"을 읽자』의 가치와 중요성이 훼손되었다고 볼 수는 없다. 오히려 『자본』에 대

---

10 자크 비데, 박창렬·김석진 옮김, 『자본의 경제학, 철학, 이데올로기』, 새날, 1995; 배세진 옮김, 『마르크스의 생명정치학』, 오월의봄, 2020.

11 미하엘 하인리히, 김강기명 옮김, 『새로운 자본 읽기』, 꾸리에, 2016; 김원태 옮김, 『맑스의 『자본』을 어떻게 읽을 것인가』, 에디투스, 2021.

12 Moishe Postone, *Time, Labor, and Social Domination: A Reinterpretation of Marx's Critical Theory*, Cambridge University Press, 1993; Chris Arthur, *The New Dialectic and Marx's Capital*, Brill, 2002.

13 존 벨라미 포스터, 김민정·황정규 옮김, 『마르크스의 생태학: 유물론과 자연』, 인간사랑, 2016; JasonW. Moore, *Capitalism in the Web of Life: Ecology and the Accumulation of Capital*, Verso, 2015[김효진 옮김, 『생명의 그물 속 자본주의』, 갈무리, 2020]; 사이토 코헤이, 추선영 옮김, 『마르크스의 생태사회주의』, 두번째테제, 2020.

14 Nancy Fraser, *Cannibal Capitalism: How our System is Devouring Democracy, Care, and the Planet—and What We Can Do About It*, Verso, 2022[낸시 프레이저, 장석준 옮김, 『좌파의 길: 식인 자본주의에 반대한다』, 서해문집, 2023]. 또한 Nancy Fraser·Rahel Jaeggi, *Capitalism: A Conversation in Critical Theory*, Polity, 2018도 참조.

한 새로운 읽기를 시도하는 저작들의 출현이 『"자본"을 읽자』가 실천한 철학적 읽기의 독창성을 더 뚜렷하게 드러내주는 계기가 될 것이다(더욱이 내가 보기에 비데와 하인리히는 알튀세르의 직접적인 이론적 자장 안에서 작업하는 사람들이다).

『"자본"을 읽자』의 철학적 읽기의 독창성은 첫 번째, 『자본』의 이중적인 이론적 쟁점을 주장한다는 점이다. 다시 말해 우선 마르크스의 저작, 특히 『자본』을 비롯한 정치경제학 비판 저작들을 독해함으로써 고전 정치경제학과 마르크스의 정치경제학 비판 사이의 차이점을 찾아내고 그것은 사실 마르크스가 수행했던 새로운 과학의 정초, 곧 역사유물론이라는 역사과학의 정초를 쟁점으로 한다는 점을 발견하는 것이 첫째 측면이다. 그리고 마르크스가 정초한 역사과학을 견고한 토대 위에 올려놓기 위해 **마르크스 자신보다 더 마르크스적인** 마르크스(주의)의 철학을 이론화하는 것이 둘째 쟁점이다. 더욱이 알튀세르와 그의 공저자들이 『자본』에 담겨 있는 마르크스(주의) 이론은 과학 및 철학 자체에서의 혁명을 이룩하는 것이었다고 이해한 만큼, 마르크스 자신보다 더 마르크스적인 철학을 이론화하려는 시도는, 마르크스가 『자본』에서 수행한 철학에서의 유례없는 이론적 혁명을 인식하고 그것을 완성하려는 시도와 다른 게 아니었다. 『"자본"을 읽자』가 추구하는 이러한 이론적 목표의 높이와 깊이를 염두에 두지 않는다면, 이 책에 수록된 글들의 핵심 논점을 제대로 파악할 수도 없거니와 이 책을 제대로 활용하기도 어렵다.

이 책의 두 번째 철학적 독창성은, (이 책의 모든 필자가 공유하는 것은 아니지만) 알튀세르가 마르크스 자신보다 더 마르크스적인 철학을 이론화하기 위해 가스통 바슐라르에서 조르주 캉길렘에 이르는 프랑스의 과학철학, 프로이트와 라캉의 정신분석,[15] 스피노자의 철학과 같은 비마르크스주의 사상의 이론적 자원들을 활용했다는 점이다. 우선 대개 프랑스 과학철학 내지 프랑스 인식론이라고 불리는 이론적 자원의 활용이 주목할 만한데(알튀세르는 이 책에서 바슐라르와 캉길렘, 카바예스 또는 쿠아레와 푸코를 이러한 전통의 대표자로 거론하면서 자신이 그들에게 지고 있는 이론적 빚에 대해 공개적으로 감사의 표시를 하고 있다[16]), 그것은 알튀세르와 그의 공저자들이 『자본』 독해와 관련된 이러한 이중적 쟁점을 해명하기 위해 엄밀한 인식론적 입장을 견지하기 때문이다. 알튀세르에게 『자본』은 경제학이나 정치경제학 저작이라기보다는 오히려 정치경제학 비판을 통해 새로운 역사과학(역사유물론)을 정초하는 저작이며, 이 때문에 『자본』이라는 저작에 대한 철학적 독해는 당연히 과학사 및 과학철학의 견지에서 이루어져야 한다. 곧 전前 과학적 이데올로기와 과학 사이의 '인식론적 절단'의 지점은 어디인지, 마르크스는 어떤 이론적·정치적 조건 속에서 이러한 절단을 수행할 수 있었는지, 인식론적 절단 이후 미완의 상태로 남아 있는 역사과학으로서의 역사유물론을 발전시키기 위해서는 어떤 철학적 혁명이 필요한지 등에 관한 질문이 제기될 것

---

15 『"자본"을 읽자』에 수록된 글들 가운데 프로이트에 제일 많이 준거하는 글은 발리바르의 글이다. 『마르크스를 위하여』에 비하면 『"자본"을 읽자』에서 정신분석의 역할은 제한적인 편이다.

16 알튀세르와 프랑스 인식론 전통의 관계에 대한 고찰로는 도미니크 르쿠르, 박기순 옮김, 『프랑스 인식론의 계보』(1972), 새길, 1996 및 Etienne Balibar, "Le concept de 'coupure épistémologique' de Gaston Bachelard à Louis Althusser", in *Écrits pour Althusser*, Éditions la Découverte, 1991; 「바슐라르에서 알튀세르로: '인식론적 단절' 개념」, 『이론』 13호, 1996; *Lieux et noms de la vérité*, Éditions de l'Aube, 1994를 각각 참조.

이며, 실제로 바로 이러한 견지에서 알튀세르와 공저자들은 『자본』을 읽고 있다. 그리고 이러한 독해는 역으로 이 독해를 가능하게 해주었던 기존의 과학사 및 과학철학을 개조하는 효과를 산출할 것이며, 철학에 대한 새로운 정의를 낳게 해줄 것이다. 이때의 철학, 정확히 말하면 마르크스주의 철학은 "이론적 실천들의 이론" 내지 "이론적 실천의 역사에 대한 이론"(「『자본』에서 마르크스의 철학으로」 18절, 본문 159쪽) 또는 "마르크스주의 철학과 일체를 이루는 인식생산의 이론"(「『자본』의 대상」 3절, 주 43, 본문 454쪽)이나 "인식생산의 역사에 대한 이론"(「『자본』의 대상」 1절, 본문 417쪽)을 가리키게 될 것이다. 독자들은 이 책을 읽을 때 항상 이 점을 염두에 둘 필요가 있다.

세 번째, 특히 이 책에 수록된 알튀세르의 두 편의 글(그리고 마슈레의 글)은, 「이데올로기와 이데올로기적 국가장치들」과 더불어 알튀세르의 저술 가운데 가장 스피노자주의적인 저술이라고 할 수 있을 만큼 스피노자 철학에 심층적으로 의지하고 있다는 점이 주목할 만하다. 감히 말하자면 스피노자 철학에 대한 충분한 이해 없이는 그 진의를 제대로 파악하기 어려울 만큼 알튀세르의 글들은 속속들이 스피노자주의적 영감으로 가득 차 있다. 이 책의 몇몇 대목에 나타나는 스피노자 철학에 대한 예찬, 예컨대 "스피노자의 철학은 철학의 역사 내에서 전례 없는 하나의 이론적 혁명을 도입하며, 아마도 이 이론적 혁명은, 철학적 관점에서 우리가 스피노자를 마르크스의 유일한 직계 조상이라고 간주할 수 있을 정도로까지 모든 시대의 철학적 혁명들 중 가장 거대한 이론적 혁명일 것이다"(「『자본』의 대상」, 본문 488쪽) 같은 문구가 이를 잘 보여준다. 유고로 출판된 여러 저술에서도 이런 식의 예찬이 지속적으로 등장하는 데서 알 수 있듯이,[17] 알튀세르에게 스피노자는 『"자본"을 읽자』만이 아니라 그의 이론적 작업 전체에 걸쳐 늘 동행할 만큼 본질적 중요성을 지닌 철학자였다.

마르크스 자신부터 미하일 플레하노프, 안토니오 라브리올라에 이르기까지 마르크스주의 역사에서 스피노자는 낯선 존재가 아니었지만,[18] 알튀세르처럼 체계적인 방식으로 스피노자를 활용하여 이론적 작업을 전개한 경우는 그 이전까지 존재하지 않았다. 역으로 본다면 스피노자주의의 역사에서 알튀세르는 가장 독창적인 방식으로 스피노자를 읽고 전유한 사상가 중 한 사람으로 평가할 만하다. 알튀세르는 1974년에 출판된 『자기비판의 요소들』에서 이렇게 말한 바 있다. "만약 스피노자가 이 세상에 출현한 이단이 남긴 가장 위대한 교훈 가운데 하나일 수 있다면, 이단적 스피노자주의가 되는 것은 거의 스피노자주의의 일부를 이루는 것이다!"[19] 이러한 선언은 알튀세르의 스피노자 독해 및 활용을 이끌고 있는 입장이 어떤 것인지 단적으로 보여준다. 이단적 스피노자주의자 되기, 이단적 마르크스주의자 되기, 이 양자의 상호성에 입각하여 마르크스가 이룩한 과학과 철학에서의 이중적 혁명을 사고하기. 이것이 바로 『"자본"을 읽자』에서 알

---

17 예컨대 연인이었던 프란카 마도니아와의 편지에서 알튀세르는 스피노자를 "나의 유일한 스승"이라고 칭하고 있으며(Louis ALthusser, *Lettres à Franca(1961~1973)*, Stock/IMEC, 1998, p. 528), 『철학에서 마르크스주의자가 된다는 것』에서는 "위대한 유물론 철학자이며, 내가 보기에는 모든 시대를 통틀어 가장 위대한 철학자인 스피노자"라고 말하고 있다. Louis Althusser, *Être marxiste en philosophie*, ed. G. M. Goshgarian, PUF, 2015, p. 153.

18 마르크스주의 역사에서 스피노자 수용 양상에 관해서는 앙드레 토젤, 김문수 옮김, 「스피노자라는 거울에 비친 맑스주의」, 『트랜스토리아』 5호, 2005 참조.

19 Louis Althusser, "Éléments d'autocritique", in *Solitude de Machiavel et autres textes*, *op. cit*., p. 182.

튀세르가 추구했던 근본 목표라고 할 수 있다. 사실 알튀세르의 스피노자 전유에서 놀라운 점은 다른 연구자들과 달리 스피노자에 관한 독자적 저작이나 심지어 논문 한 편 남기지 않았음에도 현대 스피노자 연구에서 들뢰즈와 비견될 수 있을 만큼 강력한 영향을 미쳐왔다는 점이다. 그는 생전에 『자기비판의 요소들』에서 짤막한 한 장을 할애하여 자신을 비롯한 그의 제자들이 세평과 달리 구조주의자가 아니라 스피노자주의자였음을 밝히는 글을 썼을 뿐, 스피노자 연구에 관한 독자적 저술은 남기지 않았다. 그가 했던 것은 이단적 마르크스주의자로서 스피노자 철학의 이런저런 요소 또는 이런저런 개념을 활용하여 마르크스를 (이단적으로) 읽은 것이고, 이러한 이단적 스피노자주의를 바탕으로 마르크스 자신보다 더 마르크스적인 철학을 개념화하고자 한 것이다.[20]

이단적-되기가 중요한 이유는, 스피노자주의이든 마르크스주의이든 아니면 마키아벨리주의이든 또는 헤겔주의이든 간에, 모든 사상이나 철학은 항상 이데올로기와의 지속적 투쟁 속에서만 성립하고 전개될 수 있기 때문이다. 이러한 투쟁은 외부의 적에 맞선 투쟁만이 아니라 내부의 적에 맞선 투쟁, 곧 이런저런 교조주의나 이런저런 수정주의와의 투쟁도 포함하는 것이다. 철학은 외부의 적 및 내부의 적

20 일찍이 알튀세르의 이론적 작업에서 스피노자가 근본적 중요성을 지니고 있음을 파악한 사람은 페리 앤더슨이었다. Perry Anderson, *Considerations on Western Marxism*, Verso, 1976[류현 옮김, 『서구 마르크스주의 읽기』, 이매진, 2003]. 그는 인식대상과 현실대상의 구별 및 '생산'의 일반 개념, 지식에 대한 법적 관점(진리의 보증) 비판, 구조인과성 같은 알튀세르 사상의 근간 개념들이 스피노자 철학에서 직접 유래한 것이라고 적절히 지적하고 있지만, 동시에 그는 스피노자에 대한 이러한 의존이 마르크스 이전으로의 퇴보라고 비판한다.

과의 지속적 투쟁과정과 다르지 않다. 알튀세르가 칸트의 『순수이성비판』 「서문」에 나오는 "전장Kampfplatz으로서의 철학"이라는 비유를 즐겨 사용한 이유가 여기에 있다. 더욱이 마르크스나 스피노자, 또는 마키아벨리와 같이 지배 세력에 맞서 인민대중의 해방을 위해 투쟁하는 것을 철학의 본질적 역할로 이해한 철학들은 더욱더 그렇다. 따라서 이단적 스피노자주의자 되기, 이단적 마르크스주의자 되기, 이단적 마키아벨리주의자 되기는 "이론 안에서의 계급투쟁"[21]이라는 유명한 정의를 실천하는 알튀세르의 수행적 방식이라고 말할 수 있다.

그리고 바로 이러한 작업 덕분에 알튀세르는 스피노자에 관한 독자적 저술을 아무것도 남기지 않았음에도 오늘날 스피노자 연구를 주도하는 여러 연구자, 예컨대 프랑스의 피에르 마슈레나 에티엔 발리바르, 피에르 프랑수아 모로 같은 스피노자 연구의 대가들과 그 후배 세대에 속하는 파스칼 질로, 또는 스페인에서는 가브리엘 알비악, 이탈리아에서는 비토리오 모르피노, 영어권에서는 워런 몬탁이나 제이슨 리드, 하사나 샤프, 중남미에서는 나탈리아 호메 등의 작업에 깊은 흔적을 남겼다.[22] 따라서 최근 알튀세르와 스피노자의 관계를 다

21 루이 알튀세르, 진태원 옮김, 「레닌과 철학」, 루이 알튀세르 외, 『레닌과 미래의 혁명』, 그린비, 2008.

22 피에르 마슈레, 진태원 옮김, 『헤겔 또는 스피노자』, 그린비, 2010; 에티엔 발리바르, 진태원 옮김, 『스피노자와 정치』, 그린비, 2014; Pierre-François Moreau, *Spinoza*, Seuil, 1975; 피에르 프랑수아 모로, 류종렬 옮김, 『스피노자』, 다른세상, 2008(이 번역본은 번역에 문제가 많아서 참조하기 어렵다); Gabriel Albiac, *La Sinagoga Vacía: Un estudio de las fuentes Marranas del Espinosismo*, Hiperión, 1987; *La Synagogue vide. Les sources marranes du spinozisme*, PUF, 1994; Pascale Gillot, *Althusser et la psychanalyse*, PUF, 2008; 정지은 옮김, 『알튀세르와 정신분석』, 그린비, 2013; "Pour une politique de la vérité: le rationalisme matérialiste de Spinoza", *L'Enseignement*

루는 주목할 만한 두 편의 저작(두 편 모두 박사학위 논문을 기반으로 한)이 출간된 것은 우연이 아니지만,[23] 여러모로 주목할 만한 이 저작들로도 알튀세르의 스피노자 전유의 독창성이 충분히 해명되는 것은 아니다.[24] 사실 이것은 알튀세르 철학의 독창성을 해명하는 일과 다르지 않으며, 필연적으로 현대 프랑스 철학 및 마르크스주의 전체의 좌표에 대한 재고찰을 요구할 것이다.

하지만 스피노자 철학에 대한 이해가 깊지 않은 독자들이 그 함의를 온전히 파악하기는 쉽지 않으며, 알튀세르의 이론적 작업의 고유한 스타일 때문에 그 어려움은 더 가중된다. 알튀세르는 자신의 사유과정("발견"의 과정)을 낱낱이 드러내기보다는(또는 예컨대 데카르트나 데리다처럼 그 사유과정을 잘 구성된 문학작품처럼 꼼꼼하게 드라마화하기보다는) **그 사유과정의 결과**만 보여주는 철학자다. 우리는

---

philosophique, vol. 73, no. 3, 2023; Vittorio Morfino, *Plural Temporality: Transindividuality and the Aleatory Between Spinoza and Althusser*, Haymarket Books, 2015; Warren Montag, *Bodies, Masses, Power: Spinoza and His Contemporaries*, Verso, 1999; 정재화 옮김, 『신체, 대중들, 역량』, 그린비, 2019; *Althusser and His Contemporaries: Philosophy's Perpetual War*, Duke University Press, 2013; Jason Read, *The Politics of Transindividuality*, Brill, 2022; Hasana Sharp, *Spinoza and the Politics of Renaturalization*, The University of Chicago Press, 2011; Natalia Romé, *For Theory: Althusser and the Politics of Time*, Rowman & Littlefield, 2021; "Towards a Revolutionary Science", *Crisis & Critique*, bol. 8, no. 1, 2021.

23 Juan Domingo Sanchez Estop, *Althusser et Spinoza, détours et retours*, Editions de l'Université de Bruxelles, 2022; Jean Matthys, *Althusser lecteur de Spinoza: Genèse et enjeux d'une éthico-politique de la théorie*, Mimesis Éditions, 2023.

24 일례로 앞의 두 권의 저작처럼 알튀세르와 스피노자의 관계를 직접적 주제로 삼고 있지는 않지만, 알튀세르의 철학, 특히 그의 『자본』 독해의 핵심을 헤겔주의적인 부정의 변증법에 대한 대안으로서 스피노자주의적인 실정적 유물 변증법positive materialist dialectic에서 찾고 있는 다음 저작은 여러모로(곧 긍정적 의미에서든 부정적 의미에서든 또는 두 측면 모두를 포함하는 복합적인 의미에서든 간에) 주목할 만하다. Nick Nesbitt, *Reading Capital's Materialist Dialectic: Marx, Spinoza, and the Althusserians*, Brill, 2024.

알튀세르가 어떻게 해서 인식론적 절단이라는 개념을 고안해내기에 이르렀는지, 과잉결정 개념은 어떤 사유과정을 거쳐 도출되었는지, 또는 일반성 I, II, III에 관한 통찰은 어디에서 비롯한 것인지 알지 못한다. 마치 알튀세르는 이 모든 개념이 간단한 착상을 통해 떠오른 것처럼 대수롭지 않게 활용하지만, 몇몇 대목에서는 매우 힘겨운 작업 끝에 이런 통찰을 얻게 되었음을 토로하고 있다. 예컨대 이 책의 서론이라고 할 수 있는 「『자본』에서 마르크스의 철학으로」 8절 주 26(본문 95쪽)에서 알튀세르는 마르크스 변증법의 고유성, 따라서 과잉결정에 관한 자신의 통찰이 "정말이지 힘겨운 성찰" 끝에 나온 것임을 밝히고 있다.

이는 스피노자 활용의 경우도 마찬가지다. 알튀세르는 「『자본』의 대상」에서 인식대상과 현실대상의 구별에 관해 논의하며 자유롭게 스피노자 철학을 활용하고 있고 「『자본』에서 마르크스의 철학으로」에서도 스피노자 철학을 바탕으로 증상적 독서라는 새로운 개념을 제안하며 이것이 자신(들)의 『자본』 독서의 준거를 이루고 있음을 밝히지만, 스피노자 철학에 익숙하지 않은 독자들은 이것이 얼마나 독창적이고 새로운 발상인지, 그러한 제안 뒤에는 얼마나 오랜 숙고와 성찰 과정이 있었는지 파악하기 어렵다. 하지만 발리바르가 워런 몬탁과 주고받은 편지의 한 대목은 그것이 "정말이지 힘겨운 성찰"의 결과로 가능했음을 짐작하게 해준다. 몬탁은 알튀세르의 스피노자 강의록을 찾기 위해 프랑스 국립현대문서기록원IMEC에 있는 "알튀세르 문고"를 샅샅이 뒤져봤지만 실망스럽게도 강의록 대신 600쪽가량 되는 이상한 원고 꾸러미 하나만을 발견했다고 전하고 있는데, 그 원고는 일종의 "스피노자 용어사전"이었다. 곧 알튀세르는 『윤리학』을 비롯한 스피노자 저작에서 발췌한 인용문들을 주석과 함께 용어별로 정리하여 자신의 작업에 참조하기 위해 스피노자 용어사전을 만든 것이었다.[25] 이것은 알튀세르가 스피노자를 얼마나 열심히, 그리고 꼼꼼하게 읽었는지 단적으로 보여주는 일화다. 그럼에도 알튀세르는 자서전 『미래는 오래 지속된다』에서 자신이 철학사에 대해 잘 모르고, 그저 마르크스나 스피노자에 대해 약간의 지식이 있을 뿐이라고 말한 바 있다. 알튀세르의 이 말을 액면 그대로 받아들인 일부 비평가들이 (순진한 착각과 더불어) 뭐라고 폄훼하든 간에,[26] 스피노자든 다른 철학자든 간에 그 철학에 관한 자기 나름의 용어사전을 만들어본 사람들이라면 이런 작업이 얼마나 많은 시간과 노력을 요구하는지 잘 알 것이다.

4. 『자본』에 대한 철학적 독서의 네 가지 범주

이 책에서 수행된 철학적 독서를 적절히 음미하기 위해서는 무엇보다 「『자본』의 대상」이라는 알튀세르의 글에서 시작하는 것이 좋다. 논문이라기보다는 한 권의 단행본이라고 할 만한 부피를 지닌 이 글

25 Etienne Balibar, "Philosophy and the Frontiers of the Political: A Biographical-Theoretical Interview with Emanuela Fornari", *Iris*, vol. II, no. 3, 2010, p. 26.

26 그들은 기본적으로 알튀세르의 자서전 자체가 모종의 정신착란 요소를 포함하고 있으며, 그것은 무엇보다 자기소멸 및 자기부정에 관한 충동이라는 점을 이해하지 못한다. 이 점에 관해서는 진태원, 「이것은 하나의 자서전인가? 『미래는 오래 지속된다』 재출간에 부쳐」, 루이 알튀세르, 권은미 옮김, 『미래는 오래 지속된다』, 이매진, 2008 참조.

은 책 전체의 인식론적 토대를 제시하고 있으며, 알튀세르 자신이 생각하는 마르크스의 "유례없는 이론적 혁명"의 논점을 빠짐없이 제시해주고 있다는 점에서 이 책의 핵심 중 핵심이라 할 만한 글이다. 맨 마지막에 쓰인 알튀세르의 서론 및 다른 공저자들의 글은 모두 이 글을 자기 논의의 토대로 삼고 있다. 주목할 만한 것은 알튀세르의 글이 몇 개의 기본 범주를 중심으로 전개되고 있다는 점이다. 특히 인식론적 절단, 증상적 독서, 인식대상과 현실대상의 구별, 구조적 인과성이라는 네 개의 범주가 『"자본"을 읽자』의 인식론적 주춧돌을 이룬다.

1)인식론적 절단

이 개념은 많은 경우 '인식론적 단절'이라는 표현으로 쓰이기도 하지만, 이 두 용어는 꽤 분명한 이론적 차이를 지닌다. 인식론적 절단이 이데올로기와 분리하여 새로운 과학이 창설되는 것을 표현하는 개념이라면, 인식론적 단절은 과학 내에서의 혁명적 변화들(예컨대 뉴턴과 아인슈타인, 또는 오히려 고전역학과 양자역학)에 적용된다.[27] 인식론적 절단은 이중의 이론적 원천에서 유래한 개념이다. 한편으로 그것은 20세기 프랑스 인식론의 아버지라고 할 만한 바슐라르(그는 알튀세르의 석사학위 논문 지도교수이기도 했다)에 기원을 두고 있다. 바슐라르는 『과학정신의 형성』에서 "인식론적 장애물"obstacles

27 '인식론적 절단'과 '인식론적 단절'의 차이에 관해서는 Etienne Balibar, "Le concept de 'coupure épistémologique' de Gaston Bachelard à Louis Althusser", *op. cit*.[「바슐라르에서 알튀세르로: '인식론적 단절' 개념」, 앞의 글(위의 구별을 염두에 두면 이 번역은 발리바르 논문의 제목을 잘못 번역하고 있음을 알 수 있다)]; *Lieux et noms de la vérité*, *op. cit*.를 각각 참조.

épistémologiques이라는 개념과 더불어 일상적 지식과 과학적 인식, 경험적 관찰과 실험 사이의 불연속성을 표현하기 위해 "단절"rupture이라는 용어를 사용하면서 과학적 인식은 항상 일상적 지식 및 경험적 관찰과의 단절을 전제한다고 주장한 바 있다.[28] 다만 바슐라르에게는 인식론적 단절이라는 용어가 드물게 출현할 뿐 인식론적 절단이라는 용어는 등장하지 않는다. 따라서 발리바르가 주장하듯 인식론적 절단이라는 개념은 알튀세르 자신이 창안한 것이라 할 수 있다.

알튀세르는 『마르크스를 위하여』에 수록된 「청년 마르크스에 대하여」에서 처음 이 용어를 사용한 후, 이 책의 「『자본』의 대상」에서는 이 개념을 마르크스의 이론적 혁명, 곧 고전 정치경제학과 마르크스의 정치경제학 비판의 차이를 해명하기 위한 중심 범주로 활용하고 있다. 「『자본』의 대상」이 보여주려고 하는 바는, 마르크스의 『자본』은 경제학 내지 정치경제학 저술이 아니라 부르주아 이데올로기로서의 정치경제학과 인식론적 절단을 수행함으로써 **역사에 관한 과학**(이것을 통상적 의미의 역사학과 혼동해서는 안 된다[29])을 정초한 저작이

28 Gaston Bachelard, *La Formation de l'esprit scientifique: Contribution à une psychanalyse de la connaissance objective*, Librairie philosophique J. Vrin, 1938.

29 이 점은 나중에 프랑스어판 『자본』 1권에 붙인 「서문」에서 알튀세르가 마르크스의 과학적 발견을 인류 역사 전체에 걸친 "세 가지 위대한 과학적 발견 중 하나"로 규정할 때 더 분명히 드러난다. 세 가지 위대한 과학적 발견은, 고대 그리스에서 "수학의 대륙"의 발견, 갈릴레이에 의한 "물리학의 대륙"의 발견, 그리고 마르크스에 의한 "역사의 대륙"의 발견이다. "Avertissement aux lecteurs du Livre I du Capital", in Karl Marx, *Le Capital*, Garnier-Flammarion, 1969. 이 글은 온라인에서 읽을 수 있다. https://www.marxists.org/francais/marx/works/1867/Capital-I/althusser_cap.htm(2024. 6. 25. 최종 접속); 영역본으로는 "Preface to Capital Volume One", in *Lenin and Philosophy and Other Essays*, trans. Ben Brewster, Monthly Review Press, 1971. 따라서 알튀세르가 "역사에 관한 과학"이라고 부르는 것은 우리가 보통 '인문사회과학'이라고 부르는 영역 전체를 지칭하는 것이지 좁은 의미의 역사학을 가리키는 게 아니라는 점을

며, 그러한 정초 작업을 통해 철학에서의 혁명을 개시한 저작이라는 점이다. 이것은 이중삼중의 의미에서의 인식론적 절단을 보여주려는 작업이라고 말할 수 있다. 왜냐하면 이러한 테제를 논증하기 위해서는 우선 마르크스가 『자본』에서 실행한 정치경제학 비판이 왜 애덤 스미스와 데이비드 리카도의 정치경제학과 연속적인 경제학 이론이 아니라, 오히려 그것과 절단하는 이론적 작업인지 보여주어야 하기 때문이다. 그것은 일차적으로 '노동'과 '노동력' 개념의 차이에 관한 것이다. 마르크스 자신이 지적하는 바와 같이 고전 정치경제학은 "노동자의 존립과 재생산을 위해 필요한 생필품 가치"를 "노동가치"로 규정했지만, 이것은 사실 "노동력 가치"라고 해야 제대로 이해될 수 있는 규정이다. '노동'과 '노동력'의 차이는 단어 하나의 차이인 것처럼 보이지만, 마르크스는 이러한 차이에서 "지반의 변경", "문제의 항들 자체의 완전한 변경"을 발견한다. 그것은 알튀세르가 말하듯이, 노동력 가치라는 개념만이 잉여가치, 고전 정치경제학이 스스로 생산했지만 그것이 무엇인지 인식하지 못했던 잉여가치를 개념화할 수 있게 해주기 때문이다. 더욱이 잉여가치는 착취라는 개념을 함축하고, 착취는 다시 적대적 계급구조 및 필연적 계급투쟁을 나타내기 때문에, 노동가치와 노동력 가치의 차이는 단순한 용어의 차이에 그치는 것이 아니라, 문제설정problématique에서의 완전한 차이, 곧 인식론적 절단을 표현하는 것이다.

인식론적 절단 개념의 또 다른 이론적 원천은, 대개 잘 알려져 있

유념해야 한다.

지 않지만 스피노자 철학이다. 스피노자 철학에는 '인식론적 단절'이라는 개념이 등장하지 않을뿐더러 '단절'이라는 용어도 쓰이지 않지만, 스피노자 철학은 명백히 알튀세르의 인식론적 절단 개념의 이론적 원천 중 하나로 간주될 수 있다.[30] 그것은 특히 스피노자가 『윤리학』 2부 정리 40의 주석 2에서 인간의 인식을 세 가지 유형으로 분류하는 것과 관련된다.[31] 스피노자에 따르면 '상상'imaginatio이라고 불리는 1종의 인식은 한편으로는 '무작위적인 경험'experientia vaga에서 생겨난 통념과 다른 한편으로는 '기호'에서 생겨난 통념으로 이루어져 있다. 1종의 인식은 "거짓의 유일한 원인"(『윤리학』 2부 정리 41)으로서, 우리에게 부적합한 인식을 제공해주는 것이다. 반면 '이성'이라 불리는 2종의 인식은, "우리가 실재의 특성들에 대한 공통 통념notiones communes 및 적합한 관념을 갖고 있다"는 점에서 생겨난 것으로, 사물들의 특성에 대한 참된 인식 또는 적합한 인식을 제공해주는 것이다. 이 두 가지 인식 유형이 "보편적 통념"을 형성하는 것인 데 반해, "직관적 지식"scientia intuitiva이라 불리는 3종의 인식은 신의 속성들에 대한 적합한 관념들로부터 사물들의 본질에 대한 적합한 인식을 제공해주는 인식이다.

그렇다면 스피노자가 세 가지 유형의 인식에 관한 이론을 통해 인간의 인식을 두 가지 방식으로 구별하고 있음을 알 수 있다. 한편으로는 1종의 인식과 2종 및 3종의 인식 사이에 구별 및 단절이 존재하

30 이 점에 관한 좀 더 상세한 논의는, Juan Domingo Sanchez Estop, *Althusser et Spinoza, détours et retours*, *op. cit*. 중 2장 2절 참조.

31 세 가지 종류의 인식에 대해서는 진태원, 『스피노자 윤리학 수업』, 그린비, 2022 중 6강 1장 참조.

는데, 왜냐하면 1종의 인식은 "부적합한 인식"인 데 반해 2종 및 3종의 인식은 "적합한 인식"이기 때문이다. 다른 한편으로는 1종 및 2종의 인식과 3종의 인식 사이에 구별이 존재하는데, 왜냐하면 전자의 두 유형의 인식은 "보편적 통념"을 제시해주는 데 반해, 후자인 3종의 인식은 독특한 사물의 본질에 대한 인식을 제공해주기 때문이다.

따라서 알튀세르의 인식론적 절단이라는 개념 및 세 가지 일반성 개념은 스피노자 인식론의 이 대목에 한 가지 원천을 두고 있다고 할 수 있다. 스피노자가 부적합한 인식이라고 부르는 1종의 인식은 알튀세르식으로 말하자면 이데올로기적인 인식, 또는 이 책의 용어법에 따르면 **경험론적 인식**에 해당하는 것이다. 그리하여 알튀세르는 『마르크스를 위하여』에 수록된 「유물론적 변증법에 대하여(기원들의 불균등성에 관하여)」 및 「『자본』의 대상」에서 세 가지 일반성을 구별하고, 이를 바탕으로 『자본』의 과학적 논의를 분석하고 있다. 일반성 I은 우리에게 주어져 있는 추상(스피노자가 '보편적 통념'이라고 부른 것), 한마디로 이데올로기적 표상으로 이루어진 추상을 가리킨다. 이때 이데올로기적 추상은 일상적인 표상일 수도 있고 이런저런 전 과학적 영역 내에 존재하는 표상일 수도 있다. 예컨대 알튀세르가 「『자본』의 대상」에서 공들여 분석하듯이, 고전 정치경제학에서 '노동력' 대신 '노동'으로 표현하는 것이 이런 의미의 이데올로기적 추상에 해당한다. 또는 화학사에서 산소 개념이 발견되기 이전에 사용되던 플로지스톤phlogiston이라는 모종의 연소성 물질에 관한 표상이 또한 일반성 I로서의 이데올로기적 추상이라고 할 수 있다. 반면 일반성 II는 일반성 I을 가공하여 일반성 III이라는 과학적 지식으로 생산하는 생산수단에 해당하는 것이다. 따라서 생산수단으로서의 일반성 II는 우리가 이미 갖고 있는 과학적 개념들 및 그것이 형성하는 이론이라고 할 수 있다. 마르크스의 경우에는 잉여가치, 생산양식, 이데올로기 같은 개념이 여기에 해당한다.

흥미롭게도 랑시에르는 이 책의 1장 「1844년의 『경제학-철학 수고』에서 『자본』까지의 비판 개념과 정치경제학 비판」에서 알튀세르의 세 가지 일반성 개념에 준거하면서도 알튀세르 자신과 달리 그것을 "이론적 실천" 일반에 관한 개념들로 활용하고 있다. 그리하여 알튀세르가 세 개의 일반성 개념을 『자본』과 같은 과학적 저작(또는 적어도 그 과학적 내용)에 한정하여 사용하는 데 반해, 랑시에르는 이 개념을 알튀세르가 헤겔-포이어바흐 및 정치경제학의 이데올로기적 문제설정에 사로잡혀 있는 저작으로 간주하는 청년 마르크스의 1844년의 『경제학-철학 수고』에서의 국민경제학 비판에 대해 적용하고 있다. 게다가 『자본』의 비판 개념에 대한 논의에서는 세 개의 일반성 개념을 활용하지 않는다. 이는 랑시에르가 이 저작의 공저자로 참여하고 있음에도 이미 알튀세르나 발리바르 또는 마슈레와 다소 상이한 인식론적 관점을 지니고 있음을 알려준다. 어쨌든 스피노자 철학이 인식론적 절단 개념 및 알튀세르의 인식론 전체에 대해 아주 중요한 이론적 원천으로 쓰이고 있음은 이론의 여지가 없다.

2)증상적 독서

인식론적 절단과 더불어 증상적 독서라는 개념은 이 책의 3장 「『자본』의 대상」 및 서장 「『자본』에서 마르크스의 철학으로」의 논의의 또 다른 핵심을 이루는 개념이다. 그것은 고전 정치경제학과 마르크스의 정치경제학 비판 사이의 차이, 곧 '노동가치' 대 '노동력 가치'의 차이를 설명하기 위해 고안된 개념이지만, 고유한 의미의 정치경제학 비판 및 마르크스주의 이론의 영역을 넘어서 좀 더 광범위한 반향을 불러일으킨 알튀세르의 가장 독창적인 개념 중 하나다.

이 개념은 국내에서는 많은 경우 '징후적 독해'나 '징후 읽기'로 번역되어 쓰이곤 하지만, 프랑스어 단어를 고려해볼 때나 알튀세르 자신의 이론적 배경을 염두에 둘 때 '징후'보다는 '증상'이라는 용어가 이 개념의 논점을 전달하기에 적절하다. lecture symptomale에서 symptomal은 symptôme, 곧 의학적이거나 정신분석학적인 의미의 '증상'이라는 용어에서 유래한 것이지 '징후'sign를 가리키는 것이 아니다. 실제로 징후라는 것이 병증의 원인과 그 증세 사이의 상대적 일치를 표현하는 것이라면, 증상을 특징짓는 것은 원인과 증세 사이의 괴리 내지 불일치다. 팔이 저린 것이 팔의 이상을 나타내는 것이 아니라 목 디스크의 증상이 되는 것 또는 잦은 배뇨가 당뇨병의 증상이 되는 것이 그 사례다. 더욱이 정신분석적 의미에서 증상과 그 원인 사이의 괴리는 우연적 현상이 아니라 억압과 관련되어 있듯이, 증상적 독서에서 증상은 가시성의 비가시적 조건이라는 문제와 연결돼 있다. 곧 증상은 가시적인 어떤 것 자체가 비가시성을 함축하는 것을 가리킨다. 분명히 보고 파악하고 이해하고 있지만, 그 봄과 이해함 자체가 맹목의 증상이며 비가시성의 표현이 된다. 따라서 증상이 함축하는 비가시성은 가시적인 바깥에 존재하는 어두운 영역이 아니라, "가시적인 것 자체에 내적인 배제의 내적 어둠"(「『자본』에서 마르크스의 철학으로」, 본문 90쪽)이다. 증상은 무언가가 가시적인 것의 장 내에서 배제되어 있다는 사실을 표현하는 것이며, 증상적 독서는 이러한 증상을 증상으로 파악하고 그 증상이 무엇을 배제한 흔적인지 해명하는 독서를 가리킨다.

따라서 일차적으로 증상적 독서의 핵심은 주어진 인식이나 이론에서 **제기되지 않은 질문**을 발견하는 것, "언표된 단어들 아래에서 침묵의 담론—이 침묵의 담론은, 말해진 담론 내에서 돌발함으로써, 엄밀함의 결여로서의 공백들을, 혹은 말해진 담론의 노력의 극단적 한계들을 이 말해진 담론 안에서 촉발한다.—을 식별"(「『자본』의 대상」, 본문 446쪽)하는 것이다. 이를 잘 보여주는 것이 고전 정치경제학에 대한 마르크스의 독서다. 앞에서 언급한 바와 같이 마르크스는 고전 정치경제학에서 "노동가치"라고 지칭되는 것은 사실 "노동력 가치"라고 해야 올바르다고 지적한다. 그것은 애덤 스미스가 "노동가치"라고 쓰고 있는 대목을 "노동(…)가치"(「『자본』에서 마르크스의 철학으로」, 본문 81쪽)로 읽는 것, 겉보기에는 틈새나 균열, 또는 빠진 것 없이 충만한 텍스트의 문자들 사이에 드러나지 않게 현존하는 공백을 발견하는 것, 그 공백을 제기되지 못한 어떤 질문의 자리로 파악하는 작업이다. 이런 의미에서 증상적 독서는 이중적 독서, 정치경제학의 텍스트를 읽으면서 그 텍스트가 증상으로 표현하면서 감추고 있는 또 다른 텍스트를 독서하는 작업이라고 말할 수 있다.

마르크스는 어떻게 고전 정치경제학이 보지 못했던 것을 볼 수 있었을까? 마르크스가 고전 정치경제학자들에 비해 탁월한 지적 능력이나 뛰어난 감식안을 지니고 있었기 때문일까? 만약 그렇다면 증상적 독서는 개인의 감식 능력의 정도 차이 문제에 불과할 것이고 심리주의적 개념에 그칠 것이다. 반면 알튀세르는 증상적 독서의 핵심은 새로운 문제설정을 생산하는 것이라고 지적한다. 마르크스가 "노동가치"를 "노동(…)가치"로 파악하고, 비어 있는 부분을 채워 넣어 그것을 "노동력 가치"라고 독서할 때, 마르크스는 이미 애덤 스미스의 정치경제학 지반과 다른 지반에 서 있는 것이며, 정치경제학의 문제설정이 은폐하고 배제하는 또 다른 문제설정을 생산하는 것이다. 그것은 착취에 관한 문제설정이고 생산양식 및 계급투쟁에 관한 문제설정이다. 마르크스는 이미 이러한 문제설정에 기초를 두고 있었기 때문에 애덤 스미스를 비롯한 고전 정치경제학자가 보면서도 보지 못하는 것, 자신도 모르게 생산해낸 새로운 개념(잉여가치)을 포착할 수 있었던 것이다. 따라서 증상적 독서에는 모종의 순환성이 존재할 수밖에 없다. 증상적 독서는 한편으로 이미 인식론적 절단, 문제설정의 변경이 이루어졌음을 전제하면서 동시에 다른 한편으로는 그 독서를 통해 절단과 변경을 강화하고 확장하는 작업이기 때문이다.

두 번째, 증상적 독서 개념과 관련하여 우리가 놓쳐서는 안 되는 논점은 마르크스에 대한 알튀세르 및 공저자들의 독서 역시 증상적 독서의 형태를 띤다는 점이다. "내가 제안한 것은, 마르크스 및 마르크스주의의 저작들에 대한 '증상적' 독서, 곧 독서의 대상들을 가시적으로 만들고 빛을 비출 수 있는 문제설정의 성찰을 체계적이고 전진적으로 생산하는 것, 여전히 암시적이거나 실천적인 실존 이외의 다른 실존을 갖지 못한 것을 볼 수 있게 해주는 가장 심층적인 문제설정을 생산하는 것과 다른 것이 아니었다."(「『자본』에서 마르크스의 철학으로」 9절, 본문 102쪽) 알튀세르는 1964년 논문 「프로이트와 라캉」에서 라캉이 자신의 새로운 철학을 만들려 하지 않고 한 사람의 생애 전체를 바쳐도 이루기 어려운 '프로이트로 돌아가기'에 전념한다고 예찬한 바 있다.[32] 그는 1950~1960년대의 정세에서 '마르크스를 위하여 『자본』을 읽자'는 기획, 곧 '마르크스로 돌아가기'라는 기획을 추구했으며, 이렇게 '~로 돌아가기'라는 형태 아래 마르크스주의와 정신분석이라는 두 개의 혁명적 과학의 본질을 탐구하려 했다는 점에서 라캉의 작업과 자신의 작업 사이의 상동성을 발견하고 양자 사이의 전략적 동맹의 가능성을 추구했던 것이다.[33] 하지만 라캉이 추구했던 '프로이트로 돌아가기'도 마찬가지이지만 알튀세르의 '마르크스로 돌아가기'를 (충직하지만 게으른 이들이 곧잘 하듯이) 순수한 기원으로의 회귀, 곧 150년간의 마르크스주의 역사에서 다양하게 수행된 이런저런 해석에 오염되지 않은 채 그 자체의 고유한 본질을 이미 갖추고 있는 마르크스로 돌아가는 것, 있는 그대로의 마르크스를 읽어내는 것으로 오해해서는 안 된다. 알튀세르가 이 책의 서장 「『자본』에서 마르크스의 철학으로」에서 강조하듯이 독서는 항상 이미 독서의 대상을 전환하는 것인데, 이는 독서는 인식이며 인식은 곧 생산이기 때문이다. 생산이 생산수단을 통해 생산의 재료를 전환하여 새로운 생산물을 산출하는 활동이듯이, 인식 역시 자신의 생산수단을 통해 인식의 재료를 새로운 대상으로 산출하는 활동이다.

---

32 Louis Althusser, "Freud et Lacan", in *Écrits sur la psychanalyse*, Stock/IMEC, 1993[「프로이트와 라깡」, 『아미엥에서의 주장』]. 반면 1975년에 쓴 「프로이트 박사의 발견」에서는 라캉이 프로이트에서 벗어나 자기 자신의 철학, '정신분석의 철학'을 만들려 시도한다고 비판하고 있다. Louis Althusser, "La découverte du docteur Freud", in *Écrits sur la psychanalyse*, *op. cit*.[윤소영 옮김, 「프로이트 박사의 발견」, 『알튀세르와 라캉』, 공감, 1996].

33 하지만 『정신분석에 관한 글들』에 수록된 유고들이 보여주듯이, 라캉에 대한 예찬은 항상 유보와 비판을 수반하는 것이었다. 이 점에 관해서는 진태원, 「라깡과 알뛰쎄르: '또는' 알뛰쎄르의 유령들 I」, 김상환·홍준기 엮음, 『라깡의 재탄생』, 창비, 2002 참조.

따라서 알튀세르가 추구했던 마르크스로 돌아가기는 필연적으로 마르크스를 전환하는 작업이며, 증상적 독서의 형태를 띤 작업이다. 여기에서 또 다른 순환이 작동한다. 왜냐하면 알튀세르가 말하듯이 "『자본』에 대한 철학적 독서는 우리의 탐구 대상 자체인 것, 곧 마르크스의 철학의 적용으로서만 가능"(「『자본』에서 마르크스의 철학으로」 9절, 본문 106쪽)한 반면, 마르크스의 철학이 무엇인가는 증상적 독서를 통해서만 밝혀질 수 있는 것, 또는 더 정확히 말하면 생산될 수 있는 것이기 때문이다. 이러한 순환은 마르크스가 이룩한 이론적 혁명을 받아들이고 그 원리에 입각하여 마르크스의 텍스트에서 증상에 해당하는 것을 밝혀냄으로써 그 혁명을 강화하고 확장하는 작업이다. 알튀세르는 마르크스의 『자본』에서 특히 두 가지 증상에 주목한다. 첫 번째 증상은 인식대상과 현실대상의 구별이 함축하는 인식론에 관한 것이고, 두 번째 증상은 구조적 인과성과 관련된 것이다. 구조적 인과성에 대해서는 뒤에서 더 자세히 논의하기로 하고 여기에서는 첫 번째 증상에 관해서만 간략히 언급해두겠다.

알튀세르는 마르크스가 고전 정치경제학이 "노동가치"라고 부른 것을 "노동력 가치"로 정정함으로써 증상적 독서를 할 수 있었지만, 고전 정치경제학 담론에 깔려 있는 경험주의적 인식론에 대해서는 제대로 문제화할 수 없었다고 지적한다(「『자본』의 대상」 3절 "고전파 경제학의 이점"). 여기에서 고전 정치경제학과 마르크스의 정치경제학 비판 사이에는 대상의 연속성이 존재하며, 양자의 차이는 방법에서의 차이, 곧 고전 정치경제학은 "형이상학적" 방법을 채택하는데 반해 마르크스는 "변증법적" 방법을 채택한다는 점에서 찾아야 한다는 통상적 주장이 나오게 된다. 이런 주장에 따르면, 마르크스의 정치경제학 비판의 핵심은 리카도에게 물려받은 경제라는 대상과 관련하여 이 경제가 영원하다고 착각하는 정치경제학자들에 맞서, 헤겔로부터 물려받은 변증법적 방법을 채택하되, 물구나무 서 있는 관념론적 변증법을 전도하여 두 발로 서서 걷게 만듦으로써 이 경제는 유한한 것이며 필연적으로 다른 경제 시스템으로 대체될 수밖에 없음을 보여주었다는 점이다. 따라서 비판가들이 보기에 마르크스는 고전 정치경제학에 대해 형이상학적 비판을 했을 뿐 경제학적으로 별로 기여한 바가 없다는 평가가 따르게 되며, 역으로 마르크스주의 옹호자들이 보기에 마르크스 이론의 핵심은 프롤레타리아 계급의 견지에서 파악된 정치경제학, 혁명적 정치경제학이라는 주장이 제시된다. 알튀세르는 대상의 연속성이라는 가설을 가능하게 만든 요인이 비판가나 지지자들만이 아니라 마르크스 자신의 담론에도 존재한다고 지적한다. 그것은 마르크스가 경험론에서 자유롭지 못했다는 것을 보여주며, 이러한 인식론적 한계는 마르크스의 대상이 갖는 종별성을 파악하기 어렵게 할뿐더러 마르크스의 유물변증법 개념의 미완의 성격도 인식하기 어렵게 만든다. 따라서 알튀세르는 마르크스 자신의 텍스트, 1857년의 『정치경제학 비판 요강』「서설」에 근거하여 경험론적 한계를 넘어설 수 있는 인식론적 기반을 마련하려고 시도한다. 이것이 인식대상과 현실대상의 구별이 함축하는 쟁점이다.

스피노자는 증상적 독서 개념의 한 가지 이론적 원천을 제공해준다. 알튀세르는 「『자본』에서 마르크스의 철학으로」에서 독서의 문제와 관련하여 스피노자와 마르크스 사이에 존재하는 본질적 연관성을 다음과 같이 지적하고 있다.

> "읽기의 문제, 따라서 결과적으로 글쓰기의 문제를 제기했던 최초의 인물인 스피노자는 또한 역사이론과 동시에 직접적인 것의 불투명성에 관한 철학을 세상에서 최초로 제시했던 인물이다. 그와 더불어 세상에서 처음으로 한 인간이 상상적인 것과 참된 것의 차이에 관한 이론을 통해 읽기의 본질과 역사의 본질을 결부시켰다는 것, 바로 이 사실은 왜 마르크스가 오직 [한편으로] 역사이론과 [다른 한편으로] 이데올로기와 과학 사이의 역사적 구별에 관한 철학을 정초함으로써만 마르크스가 될 수 있었는지, 그리고 왜 최종 분석에서 이러한 정초가 독서에 관한 종교적 신화의 소멸 속에서 정점에 이르게 되었는지 우리가 이해할 수 있게 해준다."(본문 68~69쪽)

여기서 알튀세르가 "읽기의 문제, 따라서 결과적으로 글쓰기의 문제"라고 말한 것은 스피노자의 『신학정치론』을 염두에 둔 말이다. 주지하다시피 스피노자는 성서에 관한 이른바 '역사주의 비평'을 처음으로 제시한 인물 중 하나인데, 역사주의 비평이란 성서를 유대교나 기독교 신자의 관점에서 신성한 텍스트로 읽기보다는 히브리 민족의 역사 맥락 속에서 일종의 역사적 텍스트로 파악하려는 태도를 가리킨다. 실제로 『신학정치론』은 1장에서 15장까지 구약과 신약에 대한 역사비평적 분석을 제시하고 있으며, 16장에서 20장까지는 정치학의 문제를 다룬다(여기에서 책의 제목이 유래했다). 더욱이 17~18장이 모세가 창설한 히브리 신정神政을 분석하고 있다는 점을 감안하면, 『신학정치론』은 성서라는 역사적 텍스트(프랑스어로 성서는 대문자를 써서 '기록'L'Écriture이라고 표현하기도 한다)에 대한 독서라고 할 수 있다. 더욱이 이것은 단순한 독서가 아니라 **증상적 독서**

라고 할 수 있는데, 알튀세르가 스피노자를 "역사이론과 동시에 직접적인 것의 불투명성에 관한 철학"을 처음으로 제시한 인물이라고 표현한 것은 이를 나타낸다. 여기서 길게 논의할 수는 없지만, 알튀세르는 스피노자가 성서를 히브리 민족의 역사 맥락에서 분석하면서 이로부터 일종의 역사이론을 제시하고 있다고 본다.[34] 이것은 발리바르가 『스피노자와 정치』에서 지적하듯이 스피노자의 성서 비평은 "이차 수준의 역사"(또는 스피노자의 표현대로 하면 "비판적 역사")를 구성하고 있음을 함축한다. 다시 말해 성서는 히브리 백성들의 상상에 기초를 둔 하나의 역사적 담론이며, 스피노자의 성서 비평은 이러한 역사적 담론에 대한 이차적 담론, 곧 비판적 역사라는 의미다. 더 나아가 성서는 서사로 이루어져 있으며, 이러한 서사는 히브리 민족의 고유한 역사적 기록/글쓰기의 관행에 기초를 두고 있음을 지적한다. 따라서 스피노자는 알튀세르의 표현대로 "글쓰기/기록"이라는 문제, 그리고 이에 대한 "읽기/독해"의 문제를 역사의 문제이자 철학의 문제로 제기한 최초의 인물인 셈이다.

더욱이 이러한 역사는 "직접적인 것의 불투명성", 곧 대중의 상상이라는 문제와 직결되어 있는 역사다. 이것은 두 가지 함의를 갖는다. 첫째, 우선 자신들의 역사에 대한 대중들의 무지가 있다. 이는 출

34 『신학정치론』에서 스피노자의 역사철학 내지 역사이론을 이끌어내려는 시도로는, 에티엔 발리바르, 『스피노자와 정치』 중 1부 2장; André Tosel, "Théorie de l'histoire ou philosophie du progrès historique chez Spinoza", in *Du matérialisme de Spinoza*, Éditions Kimé, 1994; Thomas Hippler, "Spinoza et l'histoire", *Studia Spinozana*, vol. 16, 2008; "L'éthique de l'historien spinoziste. Histoire et raison chez Spinoza", *Astérion: Philosophie, histoire des idées, pensée politique*, no. 10, 2012(https://journals.openedition.org/asterion/2307. 2024. 6. 25. 최종 접속).

애굽 당시 대부분 문맹자였던 히브리 인민의 무지를 함축하지만, 더 일반적으로 본다면 자신들의 행위의 의미나 방향, 인과성에 대해 알지 못하는 집합적 행위자들의 구조적 무지를 가리킨다.[35] 대중들의 상상은 비판적 역사의 필연적 구성요소인데, 왜냐하면 이러한 비판적 역사의 소재를 이루는 성서 내지 히브리 인민의 삶 자체가 상상의 요소에 따라 이루어지기 때문이다. 이처럼 대중들의 삶이 상상으로 이루어지는 것은 대부분의 인간이 자신들의 삶의 조건을 구성하는 실제 원인에 대해 알지 못하고, 이를 상상에 따라 재구성하기 때문이다. 이는 스피노자의 일반적인 인간학적 테제, "사람들은 자신들의 개별 의지volitio와 욕구는 의식하지만, 그들로 하여금 욕구나 개별 의지에 사로잡히게 만든 원인은 모르기 때문에 그것에 관해서는 꿈에서도 생각하지 않기 때문이다"(『윤리학』 1부 「부록」)라는 테제에서 따라 나온다. 그다음 히브리 신정국가 구성의 기초가 되었던 정치적 상상의 요소가 있다. 스피노자는 『신학정치론』 17장에서 성경에 나오는 히브리 신정국가의 구성을 분석하고 있는데, 그가 주목하는 것은 히브리 국가의 구성이 일종의 계약에 따라 이루어졌다는 점이다. 그런데 이 계약은 단순한 계약이 아니라 이중적 계약의 형식을 띠고 있다. 곧 이는 주권자와 신민들 사이에 맺어지는 정치적 계약이면서 동시에 야훼라는 신에 대한 개개의 신자들(곧 개개의 히브리인들) 사이에 맺어진 종교적 계약이기도 하다. 따라서 스피노자가 『신학정치론』에서 재구성하는 성서의 히브리 민족의 역사는 이차 수준의 역사이며,

35 Catherine Colliot-Thélène, "L'ignorance du peuple", in Gérard Duprat ed., *L'ignorance du peuple. Essais sur la démocratie*, PUF, 1998 참조.

이러한 역사는 그 자체로 증상적 독서를 요구한다는 점을 이해할 수 있다. 알튀세르의 증상적 독서는 스피노자가 『신학정치론』에서 수행했던 성서에 대한 증상적 독서에 기반을 두고 있다.

3)인식대상과 현실대상

이 책을 읽으면서 독자들이 아마도 가장 당혹스럽게 여길 만한 개념 중 하나가 인식대상과 현실대상의 구별일 것이다. 그것은 한편으로는 매우 낯선 이 구별이 왜 알튀세르의 두 편의 글에서 핵심적 위상을 지니고 있는지 잘 이해하기 어렵기 때문이며, 다른 한편으로는 이러한 구별의 철학적 토대를 제공해주는 스피노자 철학, 특히 이른바 '평행론'의 문제에 대해 독자들이 충분한 지식을 갖고 있지 못하기 때문에 생겨나는 현상이다. 역으로 말하자면 인식대상과 현실대상의 구별이라는 문제는 『"자본"을 읽자』에서 알튀세르의 스피노자주의의 핵심을 이루는 문제라고 할 수 있다.

위에서 살펴본 두 개념과 마찬가지로 이 개념 역시 다중적 쟁점을 지니고 있다. 『자본』 및 마르크스의 정치경제학 비판과 관련해본다면, 인식대상과 현실대상의 구별은 역사와 논리의 관계라는 문제, 주석가들이 보통 '논리-역사주의'라고 부르는 문제와 관련된다. 논리-역사주의는 현실적인 역사의 전개과정과 정치경제학 비판의 범주들 사이에 역사적 상응성이 존재한다고 보는 관점을 지칭한다. 이런 관점에 따르면 『자본』 1권에서 마르크스의 서술이 가치에서 상품, 자본으로 전개되는 것은 사실은 역사적 발생과정을 표현하는 것이며, 자본주의적 상품생산에 선행하는 단순한 상품생산 사회가 실존했다는 것을 가정하는 것이다. 아울러 이런 관점에 따르면 가치는 자본주의 사회 이전에도 존재하는 초역사적인 것으로 간주되며, 가치 실체라고 할 수 있는 추상노동 역시 생리학적 의미에서 노동력의 지출 현상으로 이해되어 초역사적 현상으로 파악된다. 이렇게 되면 가치와 화폐 사이의 필연적 연관성을 사고할 수 없게 되며, 화폐 역시 교환의 편리를 위해 등장한 우연적 매체로 간주될 뿐이다.[36] 요컨대 논리-역사주의는 고전 정치경제학과 마르크스 정치경제학 비판의 차이를 충실히 사고할 수 없게 만드는데, 알튀세르는 이러한 한계는 사실 마르크스(및 엥겔스) 자신의 경험주의적 인식론에서 기원한다고 비판한다.

따라서 마르크스에 대한 증상적 독서를 위해서는 이러한 한계를 넘어설 수 있는 이론적 근거를 마르크스 자신의 텍스트에서 찾아야 하는데, 알튀세르는 『자본』 자체보다는 1857년의 『정치경제학 비판 요강』 「서설」("과학적 실천에 대한 하나의 이론을 … 정초하는 바를 포함하는 마르크스의 유일한 체계적 텍스트", 「『자본』의 대상」 3절, 본문 447쪽)에서 인식대상과 현실대상의 구별에 관한 마르크스의 인식론적 입장을 발견한다. 여기에서 이 구별은 "현실-구체"와 "사고-구체"의 구별로 나타나는데, 이것은 두 가지 테제를 함축하는 것이다. 첫째, 현실적인 것이 이 현실적인 것에 대한 사고에 대해 지니는 우위를 표현하는 유물론 테제와 둘째, 현실적인 것 및 현실적 과정에 대해

36 논리-역사주의에 관한 더 상세한 비판적 논의로는 김원태, 「새로운 마르크스-독해에서 무엇이 새로운가? 새로운 마르크스-독해의 형성과 쟁점」, 『마르크스주의연구』 23권 3호, 2023 참조.

사고 및 사고과정이 지니는 특수성이라는 또 다른 유물론 테제가 바로 그것이다. 알튀세르는 이 두 가지 테제 및 그것을 표현하는 이 구별을 유념하지 않는 한, 현실적인 것과 그에 대한 사고의 차이를 사고 그 자체 내부의 차이로 환원하는 헤겔식의 사변적 관념론에 빠지거나 아니면 그것을 현실적인 것 자체 내부의 차이로 사고하는 경험주의적 관념론에 빠지게 된다고 경고한다.

마르크스의 이러한 구별을 바탕으로 알튀세르는 두 편의 글에서 인식대상과 현실대상의 구별이라는, 좀 더 일반적이고 체계적인 **반反경험주의적 인식론**을 제시하려 시도하고 있다. 단 이때의 경험주의는 철학사에서 확립된 경험주의의 의미보다 더 폭넓은 범위를 지닌 이론을 가리킨다. 알튀세르는 심지어 헤겔이나 (청년) 마르크스 역시 이런 의미의 경험주의에 속하는 철학자로 파악한다. 이렇게 이해된 경험주의적 인식론은 세 가지 특징을 지니는데, 첫 번째는 (소박한) 실재론적 입장, 곧 인식이란 주관 내지 정신 바깥에 존재하는 현실적 실재의 본질을 "추상"작용을 통해 파악하는 활동이며, 진리는 현실과 관념의 일치라고 이해하는 입장이다. 두 번째는 법적인 인식론인데, 데카르트와 칸트를 통해 고전적으로 확립된 이러한 인식론은 참과 거짓을 구별하는 보편적 기준 내지 초월론적 기준을 제시함으로써 인식의 진리성을 근거 짓고 적법한 인식과 적법하지 않은 인식(칸트가 초월론적 변증론에서 말하는 '대상 없는 인식') 사이에 경계선을 설정하는 것을 근본적 목표로 삼는다. 세 번째, 따라서 이 인식론은 주체와 객체, 인식주관과 대상 사이의 밀접한 연관성 및 거울관계를 전제하는데(「『자본』에서 마르크스의 철학으로」 15절), 알튀세르는 이러한 주체와 대상 사이의 거울관계는 "신화적 주체와 신화적 대상 사이의 내면적이고 동시간적인 관계"를 함축한다고 지적한다. 그것은 엄밀한 의미에서 인식connaissance을 표현하는 게 아니라 이데올로기적 (재)인지reconnaissance를 나타내는 것이다.

알튀세르가 경험론적 인식론을 문제 삼는 일차적 이유는 앞에서 말했듯이 이런 인식론이 마르크스의 정치경제학 비판의 독창성을 이해하기 어렵게 만들기 때문이다. 더 나아가 이것은 마르크스가 설립한 역사과학의 특성도 제대로 밝힐 수 없게 한다는 점에서도 문제적이다. 마르크스는 『철학의 빈곤』에서부터 『자본』에 이르기까지 고전 정치경제학이 자본주의 사회에 대해서만 타당한 범주들을 초역사적인 것으로 간주한다고 비판한 바 있는데, 알튀세르는 이러한 비판, 인식 범주들의 역사성에 입각한 이 비판은 표면적으로는 타당하지만 여기에 그치게 되면 마르크스주의를 역사주의로 오해하는 오류를 범할 수 있다고 주장한다. "마르크스주의는 역사주의가 아니다"라는 제목이 붙은 「『자본』의 대상」 5절에서 알튀세르가 집중적으로 해명하는 문제가 바로 이것이다.

인식대상과 현실대상의 구별 및 근저에 있는 반경험주의적 인식론은 알튀세르가 「『자본』의 대상」에서 그람시의 "절대적 역사주의"를 비판하는 근거를 이룬다. 알튀세르는 한편으로 그람시의 이론적 탁월함을 높이 평가하면서도 다른 한편으로는 그람시의 역사주의는 과학을 상부구조의 한 차원으로 환원함으로써 이론적 실천의 자율성 내지 독자성을 긍정할 수 없으며, 이에 따라 과학의 역사를 유기적 이데올로기의 역사와 구별할 수 있는 근거를 배제한 채로 전자를 후자 및 사회·정치적 역사로 환원하는 결과를 낳게 된다고 비판한다(그리고 이 맥락에서, 카우츠키와 레닌이 각자 주장했던 바, 마르크스주의 이론은 노동자 운동 바깥에서 그 내부로 수입된다는 주장을 긍정한다). 이는 결국 마르크스주의 철학과 과학의 차이에 대한 실천적 부정을 산출하며, 역사유물론과 구별되는 변증법적 유물론 내지 유물변증법의 고유성, 그 종차種差의 중요성을 간과하는 한계로 이어진다는 것이다. 그리하여 그람시의 절대적 역사주의는 마르크스주의적 총체성의 고유성을 사고하지 못한 채 그것을 헤겔적 총체성의 한 변종으로 환원하는 오류를 범하게 된다.[37] 따라서 이것은 네 번째 범주로서의 구조적 인과성의 문제와 연결된다.

하지만 알튀세르가 겨냥하는 증상적 독서는 『자본』에 대한 문헌학적 주석에 한정되지 않으며, 이 때문에 인식대상과 현실대상이라는 개념의 범위 역시 마르크스주의 주석가들의 주요 논제 중 하나인 논리와 역사의 관계 문제로 축소되지 않는다. 알튀세르가 인식대상-현실대상 문제를 다루기 위해 지속적으로 스피노자를 원용하는 이유가 바로 여기에 있다. 인식대상과 현실대상의 구별을 사유하기 위해 알튀세르는 일차적으로 스피노자의 유명론에 준거하고 있다. 『지성교정론』 같은 초기 저술만이 아니라 『윤리학』에서 뚜렷이 나타나는 이 유명론은, 어떤 물체와 그 물체의 관념의 구별이라는 형태로 나타난다. "원과 원의 관념은 별개"(『지성교정론』 33절)의 것이고, 원의 관

37 그람시에 대한 알튀세르의 독해에 관해서는 다수의 반론이 제기된 바 있다. 특히 다음 논의들을 참조. 에티엔 발리바르·파비오 프로시니·비토리오 모르피노, 서관모 옮김, 「알튀세르와 그람시: 에티엔 발리바르와의 대담」(I)-(II), 웹진 인-무브, https://en-movement.net/183; https://en-movement.net/184(2024. 6. 25. 최종 접속); Peter D. Thomas, "Gramsci's Plural Temporalities", in Vittorio Morfino & Peter D. Thomas ed., *The Government of Time: Theories of Plural Temporality in the Marxist Tradition*, Brill, 2018.

념은, 물체로서의 원과 달리 원주도 중심도 갖지 않는다는 명제가 대표적이거니와, 알튀세르는 「『자본』의 대상」에서 인식대상과 현실대상의 구별이 스피노자의 유명론에 준거하고 있음을 명확히 밝힌다. "스피노자가 이미 지적했듯 개라는 개념은 짖을 수 없다는 사실과 마찬가지로, 역사 개념이 경험적일 수 없다는, 다시 말해 사람들이 흔히들 사용하는 범박한 의미에서 역사적일 수 없다는 점을 명료하게 바라보고 이해해야만 한다."(「『자본』의 대상」, 본문 495쪽)

스피노자 철학에서 유명론적 관점은 보통 '평행론'parallelism이라 불리는 이론에 의거해 있다. 이 용어는 스피노자 자신은 사용한 적이 없고 오히려 라이프니츠가 처음 고안해낸 것임에도 스피노자의 철학, 특히 『윤리학』 2부 정리 7이나 『윤리학』 3부 정리 2의 주석 등에서 표현되는 그의 이론을 지칭하기 위한 개념으로 널리 사용되어왔다. 들뢰즈 역시 『스피노자와 표현 문제』에서 두 장에 걸쳐 스피노자 형이상학의 핵심 개념으로서 평행론을 다룬 바 있다.[38] 하지만 과연 '평행론'이라는 이 용어가 스피노자 철학을 해명하기 위해 적절한 것인가에 대해서는 여러 연구자가 설득력 있는 비판을 제기한 바 있는데,[39] 알튀세르는 이 책에서는 이 용어를 사용하지 않지만 유고집에서

---

38 Gilles Deleuze, *Spinoza et le problème de l'expression*, Minuit, 1968[현영종·권순모 옮김, 『스피노자와 표현 문제』, 그린비, 2019 참조].

39 특히 Chantal Jaquet, *L'unité du corps et de l'esprit: Affects, actions et passions chez Spinoza*, PUF, 2004 1장; "Pourquoi parler d'union corps/esprit chez Spinoza?", *Különbség*, vol. 21, no. 1, 2021; Maxime Roert, "La tentation du parallélisme, un fantasme géométrique dans l'histoire du spinozisme", in Chantal Jaquet éd., *Le modèle spinoziste des relations corps/esprit*, Hermann, 2010의 간명하고 설득력 있는 논의 참조. 국내의 중요한 연구로는 이혁주, 「스피노자의 평행론」, 연세대학교 철학과 박사학위 논문, 2015 참조.

는 여러 차례에 걸쳐 '평행론'에 관해 흥미롭고 독창적인 논의를 전개한 바 있다.[40]

"관념들의 질서와 연관ordo et connexio은 실재들의 질서와 연관과 같은 것이다"(『윤리학』 2부 정리 7) 및 "신체의 관념과 신체, 곧 (2부 정리 13에 의해) 정신과 신체는 하나의 동일한 개체"(2부 정리 21의 주석) 같은 명제, 또는 "우리 신체의 능동과 수동의 질서는 본성상 정신의 능동과 수동의 질서와 하나를 이루고 있다"(3부 정리 2의 주석)라는 명제로 대표되는 스피노자의 '평행론'은 여러 가지 논점을 포함한다. 첫째, 그것은 스피노자가 속성들이라는 개념으로 표현하는 복수의 존재론적 질서의 자율성 내지 독립성을 가리킨다. 사유 속성과 연장 속성은 서로 상이한 존재론적 질서를 표현하며, 양자 사이에는 인과작용이나 간섭작용이 존재하지 않는다. 더욱이 스피노자는 정신과 신체로 이루어진 인간이 인식할 수 있는 속성은 사유 속성과 연장 속성뿐이지만 속성들은 무한하게 많이 존재한다고 주장하기 때문에, 존재론적 복수성은 무한성을 함축한다. 둘째, 하지만 그럼에도 사유 속성과 연장 속성(또는 속성들의 무한한 복수성)은 하나의 동일한 질서와 연관을 표현한다. 이것이 2부 정리 7의 명제 또는 2부 정리 7의 주석에 나오는 명제("우리가 자연을 연장 속성 아래에서 인식하든 사유 속성 아래에서 인식하든 아니면 다른 어떤 속성 아래에서 인식하든 간에, 우리는 하나의 동일한 질서 또는 하나의 동일한 원인들의 연관

40 Louis Althusser, *Être marxiste en philosophie*, *op. cit*. 참조. 사실 한 연구에 따르면, 1948년에 작성된 스피노자의 '평행론'에 대한 비판적 고찰은 알튀세르의 스피노자주의의 기원을 이룬다. Jean Matthys, *Althusser lecteur de Spinoza: Genèse et enjeux d'une éthico-politique de la théorie*, *op. cit*. 중에서 특히 p. 121 이하 참조.

을 발견하게 될 것이다")가 지시하는 것이다.

셋째, 더 나아가 '평행론'은 인식론적 측면에서 보면, 형상적 존재esse formale로서의 대상과 표상적 존재esse objectiva로서의 관념 사이의 일치 및 구별을 나타낸다. 스콜라철학에서 유래하는 이 두 개념은 사실 스피노자 철학에서 관념이라는 개념이 갖는 이중성의 문제와도 연결돼 있다. 형상적 존재는 독자적인 인과적 실재로서의 양태를 가리키며, 표상적 존재는 정신 안에서 표상의 대상으로 존재하는 한에서의 실재를 가리킨다. 따라서 인식한다는 것은, 지성 바깥에 있는 어떤 형상적 실재를 정신 안에서 표상적 존재로 재현하는 것이라 할 수 있다. 그런데 스피노자에게 관념이라는 양태는 한편으로는 표상적 존재이지만 동시에 다른 한편으로는 형상적 실재이기도 하다. 왜냐하면 사유 속성에 속하는 양태로서의 관념들은 연장 속성에 속하는 물체들과 동등한 존재론적 지위를 지니고 있고, 따라서 물체들이 인과작용을 수행하듯이 관념들도 인과작용을 수행한다. 스피노자에게 관념은 물체만큼이나 견고한 하나의 실재다.

인식의 문제와 관련하여 스피노자 철학은 한편으로 매우 교조주의적 인식론으로 비칠 수 있다. 왜냐하면 각각의 속성들이 동일한 질서와 연관을 표현하기 때문에, 예컨대 사유 속성에 속하는 관념이라는 양태와 연장 속성에 속하는 물체라는 양태 사이에는 존재론적 동일성이 존재하고, 이는 곧 관념과 그 대상 사이의 합치convenientia 내지 상응correspondentia 관계에 대한 존재론적·논리적 근거로 작용하기 때문이다. 하지만 다른 한편으로 보면 스피노자는 매우 비판적이면서 독창적인 인식이론을 전개하는데, 그것이 앞에서 살펴봤던 생산으로서의 인식에 관한 이론이다.[41] 이런 관점에서 보면 인식은 1종의 인식과 단절하는 2종과 3종의 인식의 생산으로 나타나며, 특히 2종의 인식은 1종의 인식을 변형하여 3종의 인식을 생산하는 생산도구의 역할을 수행하는 것으로 파악된다(알튀세르의 일반성 II 개념에 해당하는 것). 그렇다면 스피노자는 교조주의적 인식론을 전개하는 철학자이기는 고사하고, 법적 인식론에 맞서 **인식의 역사 또는 역사로서의 인식**이라는 관념을 제기한 인물로 이해될 수 있다. 아울러 연장속성과 구별되는 사유 속성은, 다른 심급들(경제, 법, 이데올로기 등)과 구별되는 독자적인 심급으로서의 인식 내지 이론, 곧 다른 실천들과 구별되는 독자적인 실천으로서의 이론적 실천을 사고할 수 있는 길을 열어준다.[42]

흥미로운 것은 알튀세르가 스피노자의 유명론 및 '평행론'에 준거하면서도, 평행론이 함축하는 존재론적 동일성이라는 원칙은 철저하게 배제한다는 점이다. 그 이유는 이러한 '평행론'이 관념의 질서와 현실적 질서 사이에 독단적 상응관계를 설정하는 것을 정당화할 수 있고, 이것은 다시 알튀세르가 벗어나려 했던 경험론적 문제설정을 도입하거나 아니면 관념론으로 회귀하는 결과를 낳을 수 있기 때문이다. 따라서 알튀세르는 사유과정과 현실과정 사이의 존재론적 동

41 알튀세르의 논의에 입각한 스피노자 인식론에 관한 좀 더 체계적인 연구는 마슈레의 저작에서 찾아볼 수 있다. 피에르 마슈레, 『헤겔 또는 스피노자』, 2부 참조.

42 다른 한편 이는 1970년에 발표된 「이데올로기와 이데올로기적 국가장치들」에서 "이데올로기의 물질성"이라는 테제로 표현된다. 이 점에 관한 좋은 연구로는 Warren Montag, "Materialism, Matter and Materiality in the Work of Althusser", *Síntesis. Revista de Filosofía*, vol. 4, no. 2, 2021 참조.

일성을 배제하는 가운데 두 과정의 환원 불가능한 독립성이라는 논제를 견지한다.

4)구조적 인과성

스피노자의 '평행론'에 담겨 있는 존재론적 다원성 내지 복수성은 구조적 인과성 개념과 연결된다. 사실 구조적 인과성은 『"자본"을 읽자』에서 가장 유명한 개념 중 하나이며, 마르크스에 대한 알튀세르의 증상적 독서의 또 다른 대상이 되는 개념이다.

구조적 인과성은 고전 정치경제학의 대상과 구별되는 마르크스의 정치경제학 비판의 대상을 설명하려는 알튀세르의 기본적인 문제설정에서 따라 나오는 개념이다. 정치경제학은 생산, 분배, 소비 같은 경제적 현상을 동질적 경제라는 공간 안에 존재하는 측정 가능하고 수량화 가능한 소여로 이해한다. 더욱이 이러한 경제에 대한 규정은 욕구하는 인간으로서의 경제적 주체에 대한 이데올로기적 인간학과 필연적으로 결부되어 있다. 경제와 마찬가지로 욕구하는 인간homo oeconomicus은 정치경제학 담론에서 항상 이미 주어져 있는 것으로 가정된다. 반면 마르크스는 소비와 분배 내에 이미 사회적 생산관계, 곧 계급관계가 작동하고 있음을 보여줄 뿐만 아니라, 생산이라는 개념 자체에서도 고전 정치경제학과 근본적 절단을 이룩한다. 생산은 경제적 주체로서의 인간이 자연을 가공하는 활동 일반을 가리키는 것이 아니라, 노동과정과 생산의 사회적 관계가 분리할 수 없이 결부

되어 있는 결합체, 곧 생산양식 개념을 함축하기 때문이다.[43]

정치경제학과 정치경제학 비판 사이에서 이루어진 인식론적 절단을 통해 마르크스는 역사에 대한 과학을 정초할 수 있었으며, 역사과학의 정초는 역사에 대한 기존의 이데올로기적 관념들, 특히 역사철학적 관념들과의 절단을 함축한다. 절단의 핵심은 **생산양식** 개념이다. 마르크스의 토픽Topik 또는 장소론에 따르면 생산양식은 상부구조와 하부구조로 이루어진 사회라고 하는 건축물에서 토대에 해당하는 것으로, 관념론적 역사관과 달리 토대로서의 생산양식, 곧 생산력과 생산관계의 변증법적 관계야말로 역사의 동력을 이룬다는 것이 역사유물론의 가장 기본적인 원리를 이룬다.

그것은 전혀 독창적인 주장이 아니며, 모든 마르크스주의자, 특히 정통 마르크스주의자라면 누구나 익히 알고 있는 초보적인 원리라고 반박할 수 있다. 실제로 그것은 1859년의 『정치경제학 비판을

43 따라서 푸코가 『"자본"을 읽자』 출간 다음 해인 1966년에 펴낸 『말과 사물』 8장에서 다음과 같이 말한 것은 사실 알뛰세르의 테제에 대한 전면적 부정을 함축하는 것이다. "세기의 전환기에 변한 것, 돌이킬 수 없는 변화를 겪은 것은 인식하는 주체와 인식대상 사이에 전제되어 있는, 분할 불가능한 존재양식으로서의 지식 자체"이며, "생산비용이 연구되기 시작하고, 가치 형성을 분석하기 위해 더는 이상적이고 원시적인 물물교환의 상황이 활용되지 않게 된 것은, 고고학의 층위에서 생산이 지식의 공간에서 기본적인 형상으로 교환을 대체하게 되면서 한편으로는 (자본 같은) 인식 가능한 새로운 대상이 출현하고 다른 한편으로는 (생산양식의 분석 같은) 새로운 개념과 방법이 규정되었기 때문"(미셸 푸코, 이규현 옮김, 『말과 사물』, 민음사, 2011, 351~352쪽. 번역은 수정)이다. 알뛰세르는 리카도에서 정점에 이른 고전 정치경제학과의 인식론적 절단을 통해 마르크스의 정치경제학 비판 및 역사과학의 창설이 이루어졌다고 주장하는 반면, 푸코는 마르크스의 작업이 18세기 말~19세기 초에 이루어진 고전주의 에피스테메에서 근대 에피스테메로의 변환 덕분에, 그리고 "부의 분석"에서는 리카도의 정치경제학이 대표하는 이러한 변환 덕분에 비로소 가능하게 되었다고 응수하고 있는 것이다. 그에 따르면 "서양 지식의 심층적인 수준에서 마르크스주의는 어떤 실질적인 절단coupure도 도입하지 않았"으며, "마르크스주의는 마치 물고기가 물속에 들어 있듯이, 19세기의 사유 속에 들어 있었"(같은 책, 364~365쪽. 번역은 수정)다.

위하여』「서문」 이래 역사유물론의 ABC가 되어온 것이다. 문제는 그 과정에서(사실 마르크스 자신에게서 이미) 그것이 통속화되고 교조주의화되어 목적론적 진화론 도식으로 굳어졌다는 점이다. 이 경우 역사유물론은 원시공산제, 노예제, 봉건제, 자본제, 공산주의와 같이 선형적인 역사적 시간의 흐름에 따라 순차적으로 전진하는 필연적인 단계론적 법칙에 대한 인식으로 환원되는데, 알튀세르는 이것을 나중에 "빈자의 헤겔주의"[44]라고 부른 바 있다. 생산력의 발전에 따라 역사가 필연적으로 진보한다는 생각은 계급투쟁에 대한 망각을 수반하며, 사회주의는 자본주의에서 공산주의로의 이행기가 아니라 독자적 "생산양식"을 구성한다는 생각, 따라서 현존 사회주의 체제에 대한 정당화의 담론을 산출한다. 알튀세르는 "제2인터내셔널의 사후복수"[45]로서의 스탈린주의는 역사유물론에 대한 이러한 그릇된 관점에 기초를 두고 있다고 보았다.

그렇다면 마르크스가 창설한 역사과학에 대한 적합한 이해를 위해서는 생산양식 개념 및 사회구성체 개념을 엄밀하게 이해하는 것이 중요해진다(「『자본』의 대상」 8절 "마르크스의 비판" 및 발리바르, 「역사유물론의 기본 개념들에 대하여」). 이것은 두 가지 핵심 논점을 포함한다. 첫째, 생산양식 개념을 생산관계의 우위에 입각하여 재규정하는 것이다. 이를 위해서는 먼저 노동과정이라는 것이 고전 정치경제학의 이데올로기적 인간학과 달리 경제적 인간의 창조적 활동으

44 Louis Althusser, "Soutenance d'Amiens", in *Positions*, *op. cit*.[「아미엥에서의 주장」, 『아미엥에서의 주장』].

45 Louis Althusser, *Réponse à John Lewis*, François Maspero, 1973.

로서의 노동이 이루어지는 과정이 아니라, 노동수단의 우위에 따라 노동의 대상과 수단, 노동력이 결합된 과정이라는 것을 밝힘으로써 노동과정의 물질적 조건을 명확히 하는 것이 필요하다. 이는 이미 생산관계의 규정력이 노동과정 속에서 작용함을 분명히 해준다. 더 나아가 알튀세르는 (인간주의 이데올로기가 주장하는 바와 달리) 생산관계는 인간들 사이의 상호주관적 관계가 아니라 생산수단과 행위자들 사이의 결합관계라는 점을 강조한다. 이러한 결합관계에서 행위자들은 생산수단의 소유자와 직접적 행위자로 분할된다. 그리고 이러한 분할은 지배와 복종 관계를 함축하며 이를 통해 착취가 이루어지고, 이러한 "경제적 공동체의 구조화"에 입각하여 "그 경제적 공동체의 특수한 정치적 구조"(마르크스, 『자본』 3권)가 세워지게 된다. 따라서 생산양식은 노동력, 생산수단, 직접적 노동자, 생산수단의 소유자 같은 서로 환원할 수 없는 상이한 요소들 사이의 결합(Verbindung, combinaison)이라고 정의될 수 있다.

둘째, 마르크스의 이 대목에 입각하여 사회구성체를 개념화할 수 있는데, 이 책에서 생산양식 및 사회구성체 개념에 대한 본격적 분석을 제시하는 것은 사실 발리바르의 글이다. 발리바르는 알튀세르의 글에 의지하여 생산양식과 사회구성체를 엄밀하게 정의한다. 그는 우선 '시기구분'이라는 역사학의 핵심 원리에 대해 비판적으로 고찰하면서 역사상의 여러 시기를 구분하는 종래 역사학의 자의적 기준을 문제 삼는다. 예컨대 왕조를 시기구분의 기준으로 삼는다면 그 근거는 무엇인가? 또는 "세기"(내지 문학사 연구자들이 흔히 하듯이 "10년")를 단위로 역사를 구별한다면 그 근거는 어떤 것인가? 고대와 중세, 근대, 현대라는 잘 알려진 단위들은 어떤 근거에 따라 설정된 시기구분의 단위들인가? 그러한 구분 자체는 어떤 합리적인 근거를 지닌 것인가 아니면 편의적이거나 실용적인 이유로 사용되는 것인가? 아니면 단기 지속과 장기 지속 등을 구별할 때에도 여전히 같은 질문이 제기될 수 있다. 발리바르는 시기구분이라는 것은 사실 이데올로기적 문제설정에 불과하다고 비판하는데, 왜냐하면 이것은 역사가 **선형적** 전개과정이라고 간주할 뿐 아니라, 역사적 현상들이 아무리 다양하고 복수적인 것이라 해도 결국 역사는 **단일한 시간성**으로 이루어져 있다는 전제에 기반을 두기 때문이다.

따라서 발리바르는 마르크스가 진정한 의미에서 역사에서의 혁명을 이룩했다면, "하나의 이론적 과학을, 따라서 하나의 추상적 과학"을 제시한 것이라면, 역사과학으로서 역사유물론은 상이한 역사적 시대를 구별할 수 있는 합리적 기준을 제시하면서 동시에 역사의 단일성이라는 전제를 넘어 역사적 현상들의 복잡성, 다시 말해 **복수의 시간성**을 사고할 수 있게 해주는 원리를 제시해주어야 한다고 말한다. 마르크스에게서 그러한 원리에 해당하는 것이 생산양식과 사회구성체 개념인데, 단 이것은 "실천적 개념"의 상태에 머물러 있기 때문에 이를 엄밀하게 개념화하는 작업이 중요해진다.

발리바르는 이를 위해 생산양식 개념을 이중의 연관에 따라 재구성한다. 두 개의 연관은 노동자, 생산수단, 비노동자라는 생산양식의 기본적 요소들을 관계 짓는 두 가지 상이한 방식이다. 자본주의 생산양식에서 첫 번째 소유연관은, 생산수단을 소유하는 비노동자와 생산수단에서 분리되어 있는 노동자 사이의 연관으로 나타난다. 자신의 생계를 유지할 수 있는 생산수단과 분리된 노동자는 먹고살기 위해 자신의 노동력을 생산수단을 소유한 비노동자에게 판매할 수밖에 없으며, 이것이 곧 자본주의적 생산관계 즉 착취관계의 구조적 기원을 이룬다(이러한 소유연관의 기원을 설명하는 것이 마르크스의 '이른바 본원적 축적'에 관한 논의다). 두 번째 전유연관은 노동과정 및 노동자가 생산수단과 맺는 관계와 관련되어 있다. 기계 및 대공업의 발전과 더불어 노동자는 이전의 생산양식에서와 달리 더 이상 생산수단과 관련하여 '주체'의 지위를 유지할 수 없게 되며,[46] 오히려 기계장치가 진정한 '주체'의 위치를 차지하는 "집합노동자"의 한 '기관'을 형성하게 된다. 그리고 기계장치의 소유자가 바로 자본가이기 때문에, 자본가는 노동과정의 방향을 통제하는 위치를 차지하게 된다. 이런 발리바르의 통찰은 생산력 내에서 기술적 분업에 대한 사회적 분업의 우위, 따라서 생산력에 대한 생산관계의 우위라는 알튀세르의 논점을 더 정확히 표현해준다.

마르크스의 장소론에서는 생산양식이 사회의 토대 자리에 놓여 있고 그 위에 상부구조가 세워지는 것으로 제시되는데, 발리바르는 생산양식이 토대에 있다는 것은 무엇인가를 질문한다. 그것은 마르크스주의적 용어법에서는 '최종심급에서의 결정'이라는 개념으로 표

46 또는 더 정확히 말하면 사실 노동자가 생산수단 및 기술 일반과 관련하여 주체의 지위에 있었던 적은 한 번도 없었다고 해야 할 것이다. 근대 자본주의의 발전은 인간이 기술과 맺고 있는 관계가 주체와 도구의 관계가 아니라는 점을 명확히 드러내주었다고 보는 것이 기술적 진화의 양상을 정확히 파악하는 데 더 적합하다. 이것은 기술에 대한 도구주의적 관점이 아닌 구성주의적 관점을 요구한다. 이 점에 관한 흥미로운 논의로는 마르크스주의와 질베르 시몽동의 기술철학을 결합하고자 한 안드레아 바르딘의 일련의 저술 참조. 특히 Andrea Bardin, "Simondon Contra New Materialism: Political Anthropology Reloaded", *Theory, Culture and Society*, vol. 38, no. 5, 2021; Andrea Bardin & Fabio Raimondi, "Shall we forget human nature? Political anthropology and technics from Marx and Engels to Simondon", *Contemporary Political Theory*, vol. 22, no. 1, 2023.

현된다. 요컨대 역사의 변화 및 발전은 물질적 생산양식 내지 경제에 의해 결정되지만, 이러한 결정은 기계론적 결정이 아니라 사회를 구성하는 심급들의 상대적 자율성을 인정하는 가운데 이루어지는 최종심급에서의 경제에 의한 결정이라는 것이다. 이 점을 발리바르는 더 엄밀하게 재규정하려고 하는데, 이것은 두 가지 과제를 함축한다. 한편으로는 구조주의적 조합combinatoire 개념과 구별되는 마르크스주의적 결합combinaison 개념의 의미를 더 정확히 밝히는 것이고 다른 한편으로는 '최종심급'의 의미를 철학적으로 더 정확히 규정하는 일이다. 우선 첫째로, 조합과 결합의 차이를 해명하는 것이 중요한 이유는, 조합이라는 개념에는 생산양식 및 사회구성체를 구성하는 요소들(경제, 정치, 이데올로기)이 생산양식의 변화에도 불구하고 초역사적으로 불변적이라는 전제가 함축되어 있기 때문이다. 하지만 이 경우 역사유물론이 왜 **역사적** 유물론인지 설명이 불가능해질 것이다. 구조주의적 조합 개념에 따르면, 생산양식의 변화란 불변적 요소들이 단순히 서로의 위치만 이동한 것에 불과할 것이기 때문이다. 따라서 알튀세르와 발리바르가 조합과 결합의 구별을 지속적으로 강조하는 이유는, 생산양식의 변화 내지 역사적 이행에서는 생산양식을 구성하는 요소들 자체의 변화가 수반되며, 이 경우에만 진정으로 역사적 변혁 내지 이행이 가능하기 때문이다. 이것은 철학적으로 말하면, **요소들에 대한 관계의 우위**를 함축한다. 곧 결합 이전에 불변적 요소들이 미리 존재하는 것이 아니라, 결합으로서의 관계가 각각의 요소들을 그 결합관계의 요소들로 만드는 것이다. 사실 하나의 생산양식(예컨대 자본주의 생산양식)이 생산양식으로서 존재한다는 것은 생산관계가 자신을 구성하는 요소들(노동자, 자본가, 생산수단)을 형성하고 재생산한다는 것과 다르지 않다. 따라서 조합이 아니라 결합이라는 개념을 통해서만 진정한 의미의 정치(곧 변혁으로서의 정치)의 여지도 존재할 수 있다. 이 때문에 알튀세르는 헤겔식의 관념론적 변증법과 달리 마르크스주의 변증법만이 정치에 대한 사고를 가능하게 한다고 역설한다.

둘째, 따라서 조합과 구별되는 결합 개념은 **최종심급 개념의 의미 자체의 변화**를 수반한다. 왜냐하면 고전 마르크스주의에서도 그랬거니와 대개의 마르크스주의 연구자들이 가정하듯이, 고대 노예제 생산양식이든 중세 봉건제 생산양식이든 아니면 자본주의 생산양식이든 간에 항상 최종심급에서 결정하는 지위를 갖는 것이 불변적 요소로서의 경제라고 이해하는 것은, 사실 구조주의적 조합의 원리를 전제하는 것이기 때문이다. 이것은 진정으로 역사-유물론적인 설명이라고는 할 수 없다. 따라서 조합과 구별되는 일관성 있는 결합의 원리에 따라 역사유물론을 구성하려면 최종심급에서 경제가 결정한다는 것을 상이하게 파악해야 한다. 발리바르는 경제의 두 가지 의미를 구별한다. 한편으로 좁은 의미의 경제가 존재하는데, 이것은 사회를 구성하는 다른 요소들과 구별되는 한 요소로서의 경제다. 최종심급에서 결정하는 역할을 수행하는 것은 이러한 한 요소로서의 경제와 구별되는 의미의 경제, 요컨대 구조적 원리로서의 경제다. 이것을 발리바르는 "생산양식 구조를 구성하는 요소들의 종별적 결합양식"(「역사유물론의 기본 개념들에 대하여, 755쪽)이라고 부른다. 이런 관점에서 보면 고대적 생산양식에서는 정치가 지배적 결정의 자리에 놓일 수 있고 중세 봉건제 생산양식에서는 가톨릭이 지배적 결정의 자리에 놓일 수 있는데, 단 이렇게 정치와 종교가 지배적 결정의 자리에

위치할 수 있도록 최종심급에서 결정하는 것은 구조적 원리, 또는 구조적 인과성의 원리로서의 경제다.[47]

따라서 최종심급에서의 결정에 대한 발리바르의 새로운 설명은, 알튀세르가 제안하는 구조적 인과성 개념에 철학적 기반을 두고 있음을 알 수 있다. 알튀세르는 『마르크스를 위하여』에서 "지배소를 갖는 복잡한 전체"라는 개념을 통해 헤겔의 총체성 개념과 구별되는 마르크스주의적 전체 개념의 고유성을 설명하려 한 바 있는데, 이제 그 개념은 『"자본"을 읽자』에서 상이한 심급들 내지 층위들의 위계적 절합articulation 관계에 따라 구성된 전체라는 개념으로 좀 더 구체화된다. 그리고 이렇게 전체로서의 구조와 그것을 구성하는 요소들 내지 심급들 사이의 복잡한 관계를 설명하기 위해 도입되는 것이 구조적 인과성이라는 개념이다.

알튀세르는 세 가지 유형의 인과성을 구별한다(「『자본』의 대상」 9절). 첫 번째 인과성은 데카르트가 제안한 기계적 인과성으로, 이는 부분들 사이의 외재적 관계만을 설명할 뿐 부분과 전체의 관계를 설

47 한편 알랭 바디우는 『마르크스를 위하여』, 『"자본"을 읽자』에 대한 서평 형식으로 발표한 1967년 논문에서 알튀세르와 발리바르의 이러한 제안이 근본적으로 '경제주의'를 모면하기 어렵다고 비평하면서, 그 대신 '심급'instance과 '실천'practice 개념을 구별하면서 전자는 한 사회구성체 내의 규정된 한 실천으로서의 심급(경제)으로 규정하고 후자는 각각의 사회구성체의 구조에 대하여 그 "구조성" 자체를 규정하는 실천으로 규정함으로써 실천이라는 개념에 대해 "부재하는 인과성"으로서 구조적 인과성의 지위를 부여하려 시도한 바 있다. Alain Badiou, "Louis Althusser. (Re)commencement du matérialisme historique", in *Aventure de la philosophie française*, La Fabrique éditions, 2015, p. 130 이하. 하지만 아르헨티나 철학자 에밀리오 데 이폴라가 적절하게 비평한 것처럼, 바디우의 시도는 동일한 문제를 다른 표현으로 반복한 것에 불과하다. Emilio de Ípola, *Althusser, the infinite farewell*, Duke University Press, 2018(스페인어 초판, 2007), p. 57.

명하지는 못한다. 두 번째는 라이프니츠 및 헤겔이 발전시킨 표현적 인과성으로, 이는 전자와는 반대로 각각의 부분들 속에서 전체의 표현을 발견할 뿐, 부분들 각각이 지닌 자율성을 사고하지 못한다. 세 번째 인과성은 스피노자가 개념화한 구조적 인과성으로, 알튀세르는 이러한 인과성만이 마르크스가 이룩한 이론적 혁명, 곧 역사유물론의 독창성을 잘 표현해줄 수 있다고 주장한다. 구조적 인과성은 구조가 자신의 부분들 바깥에 있거나 그것을 초월하여 존재하지 않고 그 부분들에 내재해 있음을 가리키는 개념이다. 구조는 그것을 구성하는 요소들 사이의 독특한 결합과 다른 어떤 것이 아니다. 따라서 구조라는 원인은 그 효과들의 결합일 뿐 그것들과 구분되는(그리고 그것들보다 상위에 있는) 독자적 실체가 아니라는 의미에서 부재하지만, 또한 그 효과들 각각에 대하여 원인으로서 작용한다는 점에서 실효성 있는 원인이라고 말할 수 있다.

요컨대 구조적 인과성이라는 범주는 자신의 부분들이나 심급들에 선행하여 미리 존재하는 모종의 실체가 아니라 부분들 내지 심급들 간의 결합 내지 절합 관계로서의 전체, 따라서 부분들 내지 심급들의 (상대적) 자율성을 전제하면서도 동시에 자신의 부분들 내지 심급들에 대해 모종의 인과적 효력을 행사하는 그런 전체를 가리키는 범주다. 구조적 인과성 개념은 토대와 상부구조 사이의 직접적이고 단순화된 인과작용에 따라 역사와 사회의 변화를 설명하고, 상부구조를 구성하는 여러 요소(법, 이데올로기 등)의 역할을 경시하는 전통 마르크스주의의 결함을 정정할 수 있게 해준다. 이러한 인과성에 의거할 경우 사회는 여러 가지 상이한 요소로 이루어진 복잡한 전체로 이해되며, 각 심급들 내지 부분들은 다른 부분들에 의해 일방적으로 규정되지 않고 서로 상호규정하기 때문에 역사적 변화를 좀 더 현실성 있게 설명할 수 있다.

주목할 만한 것은 구조적 인과성이 **복수의 시간성**을 함축한다는 점이다. 「『자본』의 대상」 4절인 "고전파 경제학의 결점: 역사적 시간 개념 개요"에서 알튀세르는 고전 정치경제학이 경제라는 것을 동질적 공간으로 이해하고 경제적 범주들의 초역사성을 가정하는 것은 사실 선형적이고 단일한 시간성을 전제하기 때문이라고 비판하면서 이러한 시간성의 철학적 표현으로서 헤겔의 역사적 시간 개념을 고찰한다. 헤겔의 시간 개념은 두 가지 요소로 이루어져 있는데, 동질적 연속성과 시간의 동시대성이 바로 그것이다. 시간의 동질적 연속성은 발리바르가 비판적으로 분석한 시기구분의 문제설정, 따라서 통상적인 역사학의 근저에 놓여 있는 관점이다.[48] 이런 관점에 따르면 역사학의 본질은 시기구분의 문제이며, 시기구분은 동질적으로 전개되는 선형적 역사 내에서 어떤 단위에 따라 불연속적인 역사적 하위 집합들을 분절할 것인지를 핵심 쟁점으로 삼게 된다. 반면 구조적 인과성에 입각한 알튀세르와 발리바르는 모두 시기구분이라는 문제를 폐기하거나 "연구의 한 계기"에 불과한 것으로 간주한다. 시간의 동질적 연속성 자체는 두 번째 요소인 시간의 동시대성에 근거해 있으며, 알튀세르는 시간의 동시대성의 핵심을 "본질적 절단면"(「『자본』

48 이것은 발터 벤야민이 말하는 "동질적이고 텅 빈 시간"(「역사의 개념에 대하여」 열세 번째 테제) 개념과 비교 가능한 것이다. 벤야민에게 이 개념은 근대적 진보 개념, 따라서 생산력주의에 입각한 역사발전 개념의 근저를 이루는 것이다. 또한 디페시 차크라바르티는 벤야민의 이 개념에서 영감을 받아 탈식민주의적 견지에서 그 나름대로 "역사주의"에 관한 이론을 제안한 바 있다. 김택현·안준범 옮김, 『유럽을 지방화하기』, 그린비, 2014 참조.

의 대상」, 본문 467쪽)에서 찾는다. 본질적 절단면이란, 어떤 사회적 총체의 모든 요소가 동일한 역사적 현존 안에 공존하고 있어 그것을 수직으로 잘라내면 그 요소들이 서로 무매개적 관계를 맺고 있음이, 따라서 사실은 하나의 동질적 본질을 공유하고 있음이 드러나는 것을 가리킨다. 따라서 어떤 사회적 총체가 현상적으로는 아무리 복잡하고 다양한 요소로 이루어져 있는 것으로 보일지라도 그것들은 전체의 통일성 원리와 무매개적 관계를 맺고 있으며, 그 원리를 투명하게 표현한다("전체적 부분"). 이 때문에 알튀세르는 헤겔의 시간성 개념은 표현적 인과성에 입각해 있으며, 표현적 인과성이 가능한 것은 전체가 정신적 통일성의 원리에 따라 구조화되어 있기 때문이라고 비평하고 있다.[49]

반면 구조적 인과성에 따라 사고되는 마르크스주의적 전체는 "복잡한 구조적 통일체 내에서 (최종심급에서는 경제라는 수준 혹은 심급에 의해 고정되는 특수한 결정양식들에 따라 서로가 서로에 대해 절합되면서) 공존하고 있는 그러한 변별적이며 '상대적으로 자율적'인 수준들 혹은 심급들이라고 우리가 부를 수 있는 바를 포함하고 있는 하나의 구조화된 전체"(「『자본』의 대상」, 본문 475쪽)를 가리킨다.

---

49 헤겔의 시간 개념에 대한 알튀세르의 독해에 대해서도 여러 반론이 제기된 바 있다. 특히 Gérard Lebrun, "'La plus haute dialectique'", in *La Patience du concept*, Gallimard, 1972; Jamila M.H. Mascat, "Hegel and the Ad-venture of the Totality", in ed. Christoph F. E. Holzhey & Manuele Gragnolati eds., *De/Constituting Wholes: Towards Partiality Without Parts*, Turia+Kant, 2017 참조. 주의할 점은 알튀세르가 3년 뒤 발표한 「헤겔과 마르크스의 관계에 대하여」라는 글에서는 "주체도 목적도 없는 과정"이라는 범주를 기반으로 헤겔에 대한 새로운 해석을 제안한다는 점이다. "Sur le rapport de Marx à Hegel"(1968), in Jacques d'Hondt ed., *Hegel et la pensée moderne*, PUF, 1970. 알튀세르와 헤겔의 관계, 또한 알튀세르에서 헤겔과 스피노자의 관계는 알튀세르 사상의 여정에 존재하는 다수의 헤겔들 간의 관계를 먼저 고려해야 한다.

이 경우 각각의 부분들은 전체의 통일성 원리로 환원되지 않으며, 사실 전체 자체가 부분들의 절합관계에 대하여 상위에 있거나 독립해서 존재하는 것도 아니다. 전체는 구조의 심급들 내지 층위들 사이의 위계화된 절합관계와 다른 것이 아니다.

구조적 인과성에서는 세 가지 특징이 본질적이다. 첫째, 구조의 부분들 내에서, 또는 부분들 사이에서 이루어지는 인과적 작용이 구조적 인과성에 **존재론적으로 의존**한다는 점이다. 이 점은 1966년 원고인 「발생에 관하여」에서 아주 명확히 해명되고 있다.

> 구조적 인과성이라는 개념은 무엇을 의미하는가? 그것은 (매우 거칠게 말해) (요소로 간주된) **효과 B가** (또 다른 요소인) **원인 A**의 효과가 아니라, 이 **요소 A**가 그 속에서 '응고'pris되고 위치하는 **구조를** 구성하는 **관계들 속에 삽입되어 있는** 한에서, 요소 A의 효과라는 것을 의미한다. 이는 단순하게 말해, 효과 B의 생산을 이해하기 위해서는 (효과 B와 관계된 직접적으로 또는 가시적으로 선행하는) 원인 A만을 고려하는 것으로는 충분하지 않고, 원인 A를 원인 A가 응고되어 자리를 잡고 있는 어떤 구조의 요소로서 고려해야 한다는 것을 의미한다. 다시 말해 원인 A를 관계에, 즉 문제가 되는 구조를 정의하는 종별적인 구조적 관계에 종속된 것으로 고려해야 한다.[50]

요컨대 부분 A와 부분 B가 인과관계를 맺기 위한 존재론적 조

50 루이 알튀세르, 배세진·이찬선 옮김, 『역사에 관한 글들』, 오월의봄, 2023, 93~94쪽.

건은 이 양자가 구조적 관계에 종속되어 있다는 점이다. 따라서 구조적 인과성으로 인해 구조의 부분들의 자율성이 훼손되는 것이 아니라 오히려 구조적 인과성 **덕분에** 부분들 내에서, 그리고 부분들 사이에서 상대적으로 자율적인 인과작용이 이루어진다고 할 수 있다. 이 점에서 알튀세르는 스피노자 철학을 충실히 따르고 있는데, 스피노자에게서도 실체와 양태의 관계는 이런 의미의 구조적 인과성의 성격을 띠고 있다.[51] 이것은 특히 『윤리학』 1부 정리 15 이하에서 정리 36에 이르는 후반부의 논의를 통해 잘 드러나며, 『윤리학』 1부 정리 36이 말하듯 양태들은 그것이 실체라는 원인에 의해 생산되었다는 점 때문에 독자적 원인으로서 역량을 지닐 수 있는 것이다.[52]

둘째, 부분들 사이의 관계가 지닌 **우연성**이라는 특징이다. 사실 이 점은 조합과 결합 개념의 차이에 함축되어 있는 논점이다. 생산양식들은 각각의 고유한 결합관계에 따라 규정되고 그 생산양식들이 불연속성을 띠고 있다면, 하나의 생산양식을 규정하는 결합관계에서 또 다른 생산양식을 규정하는 결합관계로의 이행은 필연적인 것이 아니라 우연적일 수밖에 없으며, 우연의 성격을 띠는 이행이야말로 진정한 이행의 자격을 지닌다고 말할 수 있다. 역으로 말하면 하나의 생산양식이 생산양식으로 성립하고 재생산된다는 것은 이러한 시초의 우연성이 필연적인 것으로 굳어진다는 것, **우연이 필연-화된**

---

51 이 점에 관한 흥미로운 논의는 Owen Hulatt, "Structural causality in Spinoza's *Ethics*", *European Journal of Philosophy*, vol. 27, no. 1, 2019.

52 "주어진 그 본성으로부터 어떤 결과가 따라 나오지 않는 것은 아무것도 실존하지 않는다." 『윤리학』 1부 정리 36. 이 정리는 증명에서 알 수 있듯이 1부 정리 25의 따름정리와 정리 34, 그리고 뒤에 나오는 3부 정리 6~7(코나투스 정리)과 관련하여 이해해야 한다.

다는 것devenir-nécessaire du contingent을 의미한다. 그리고 목적론은 이러한 우연의 필연-화를 역사의 실제 경로로 파악하는 것과 다르지 않다. 따라서 관계의 우연성은 목적론적이거나 진화론적인 역사 이해에서 벗어나는 데 필연적으로 요구되는 논점이라고 할 수 있는데, 알튀세르는 마지막에 쓴 서론, 곧 「『자본』에서 마르크스의 철학으로」에서 이 점을 명시적으로 지적하고 있다. 그는 계몽주의 및 헤겔의 역사관을 이성의 목적론적 전개로 규정하면서 마르크스의 역사과학은 "역사를 근본적인 불연속성(예컨대 새로운 과학이 이전의 이데올로기적 형성체의 배경에서 분리될 때 일어나는)과 심층적 개조에 따라 구획되는 역사로 인식"(본문 126쪽)하는 것이라고 주장한다. 이런 역사 개념에 도달하기 위해서는 "일체의 이성의 목적론을 포기하고, 어떤 결과가 자신의 조건들과 맺는 역사적 관계를 표현관계가 아니라 생산관계로 인식해야 한다는 과제, 따라서 고전적인 범주들의 체계와 어긋나고 이러한 범주들 자체를 대체할 것"(본문 127쪽)이 요구되는데, 알튀세르는 이를 한마디로 "**그 결과의 우연의 필연**"(같은 곳)이라고 규정하고 있다. 우연의 필연-화가 아닌 우연의 필연. 이것은 구조적 인과성과 마주침의 유물론을 연결해주는 핵심적 규정이다.[53]

셋째 특징이 바로 **복수의 시간성**이다. 사실 부분들의 인과성이 구조적 인과성에 존재론적으로 의존하는 것과 동시에, 관계의 우연 또는 우연의 필연성을 사고하기 위해서는 복수의 시간성이 요구된

53 이것은 또한 구조적 인과성에 대한 과거의 이런저런 비판들, 대개 구조적 인과성을 구조주의적 인과성이나 심지어 구조주의적 결정론으로 해석하곤 했던 비판들을 재검토해야 하는 지점이기도 하다. 더 상세한 논의는 뒤의 6장 1절 참조.

다. 만약 복수의 시간성이 존재하지 않는다면, 구조적 인과성에 대한 부분들의 인과성의 의존은 표현적 인과성으로 환원되어 부분들 내지 요소들의 (상대적) 자율성이 성립할 수 없을 것이다. 그리고 부분들 및 그것들 사이의 인과성의 자율성이 존재하지 않는다면, 관계의 우연도 성립하지 않을 것이고 역사는 결국 모종의 목적론을 피하기 어려울 것이다. 역으로 말한다면, 복수의 시간성은 구조적 인과성 및 관계의 우연을 전제할 경우에만 평범한 경험주의적 역사 및 시간의 다수성을 넘어서는 개념적 의미를 얻을 수 있다.

따라서 알튀세르가 「『자본』의 대상」 4절에서 사회적 전체 또는 사회구성체 내에서 서로 다른 여러 수준에 고유한 역사를 말하고, 그리하여 생산력 발전의 고유한 시간과 역사, 생산관계의 고유한 시간과 역사, 정치적 상부구조의 고유한 시간과 역사, 철학의 고유한 시간과 역사, 과학의 고유한 시간과 역사, 미학의 고유한 시간과 역사 등에 관해 말할 때 그 평범한 외관에 현혹되지 않도록 주의해야 한다. 생산력의 역사와 시간이 존재하고 생산관계의 역사와 시간이 존재하고, 정치의 역사와 시간, 법의 역사와 시간, 철학의 역사와 시간 등등이 존재한다는 것은 퍽 자명해 보이는 일이다. 그것은 각 분야 전문가들의 고유한 탐구 영역일 뿐 아니라 우리가 일상에서 흔하게 경험하는 대상이기도 하다. 이렇게 다양한 부분 및 수준에서 상이한 역사와 시간이 존재한다는 것을 우리가 평범하고 무심하게 여기는 것은, 이러한 다양성에도 불구하고 그 배후에는 이것들 모두를 포괄하거나 그것들 전체를 하나로 꿰뚫어주는 무언가 **근본적인 단일한 역사와 시간**이 존재한다고 가정하기 때문이다. 예전에는 그것을 막연하게 세계사로서의 역사와 시간이면서 동시에 그 일부를 이루는 민족 내지 국민의 역사와 시간이라고 가정했다면, 아마도 오늘날의 역사가들은 (민족주의 역사가들에게는 여전히 "민족"이 불변의 준거로 존재하겠지만) "지구사"global history나 "거대사"big history라는 이름으로 유럽중심주의적 역사관의 한계를 넘어서거나 자연과학과 인문학의 이른바 "통섭"을 위한 새로운 역사를 구성하려고 시도할 것이다.[54] 문제는 그것을 **하나의** 역사로 만드는 것이 가능한가, 그렇다면 그 근거는 무엇인가 하는 점인데, 지구사나 거대사를 수행한다고 하는 역사가들 가운데 스스로 이런 질문을 엄밀하게 던지는 이들을 찾아보기는 쉽지 않은 것 같다.[55] 하지만 구조적 인과성 및 복수의 시간성이라는 개념으로 알튀세르가 제기하고자 하는 질문이 사실 바로 이것이다.[56]

알튀세르 자신이 명시적으로 언급하듯이 구조적 인과성 개념은 스피노자 철학에서 유래한 것이다. 스피노자 철학의 어떤 부분에서 이런 착상을 얻게 되었는지 알튀세르가 명시하고 있지는 않으나 그것이 『윤리학』의 논의, 보통 존재론이라고 하기도 하고 형이상학이

54 조지형·김용우 엮음, 『지구사의 도전: 어떻게 유럽중심주의를 넘어설 것인가』, 서해문집, 2008; 데이비드 크리스천·신시아 브라운·크레이그 벤저민, 이한음 옮김, 『빅 히스토리: 우주와 지구, 인간을 하나로 잇는 새로운 역사』, 웅진지식하우스, 2022.

55 역사학의 기본 범주들(과거, 현재, 미래, 시간, 역사적 인식, 시대구분 등)에 대한 역사가들의 자생적인 철학적 고찰로는 François Hartog, *Régimes d'historicité. Présentisme et expériences du temps*, Seuil, 2003; Aleida Assmann, *Is Time out of Joint: On the Rise and Fall of the Modern Time Regime*, Cornell University Press, 2020; Zoltán Boldizsár Simon & Lars Deile eds., *Historical Understanding: Past, Present, and Future*, Bloomsbury Academic, 2022를 각각 참조.

56 마르크스주의 전통에서 복수의 시간성에 관한 사유를 전개한 것은 물론 알튀세르만이 아니다. 거기에는 무엇보다 발터 벤야민과 에른스트 블로흐 및 비서구 마르크스주의 이론가들의 사상이 포함되어야 하며, 마르크스 자신의 여러 저작에 존재하는 다수의 시간성 개념도 고려되어야 한다. 이 주제에 관한 좋은 논의는 Harry Harootunian, *Marx After Marx: History and Time in the Expansion*, Columbia University Press, 2015; Vittorio Morfino & Peter D. Thomas, eds., *The Government of Time: Theories of Plural Temporality in the Marxist Tradition*, op. cit. 참조.

라고 하기도 하는 논의에서 유래했다는 점은 분명해 보인다.[57] 하지만 구조적 인과성 개념이 스피노자 철학을 단순히 마르크스주의에 **적용**한 결과라고 이해하는 것은 잘못된 생각이다. 알튀세르는 그것이 마르크스주의이든 정신분석이든 아니면 스피노자 철학이나 마키아벨리의 정치학이든 어떤 철학이나 이론을 있는 그대로 받아들여서 그것을 자신의 대상에 적용하는 철학자가 아니다. 이단적 마르크스주의자이자 이단적 스피노자주의자로서 알튀세르는 자신이 적용하거나 활용하는 사상 자체를 그러한 적용이나 활용 자체를 통해 심원하게 변형하는 사상가다. 따라서 구조적 인과성 개념이 스피노자 철학을 역사유물론에 적용하여 산출한 개념이라고 말할 수 있다면, 그러한 적용 자체가 스피노자 철학에 대한 우리의 이해를 크게 변형시키는 것이라는 점을 유념해야 한다. 뒤에서 더 논의하겠지만, 알튀세르의 스피노자 독서 및 스피노자 전유가 스피노자 철학에 대한, 더 나아가 서양철학사에서 스피노자의 위상에 대한 우리의 이해를 어떻게 변화시킬 수 있는가 하는 점은 알튀세르에 대한 증상적 독서의 주요 쟁점 중 하나다.

57 물론 '존재론'이나 '형이상학'이라는 용어는 우리가 무비판적으로 마냥 편리하게 쓸 수 있는 용어가 아니다. 특히 스피노자 철학, 더욱이 알튀세르에 의해 재해석되고 재전유된 스피노자 철학에 대해 이런 용어를 사용하는 것은 얼마간 퇴행적 효과를 산출할 수도 있다.

5. 『"자본"을 읽자』 이후 또는 『"자본"을 읽자』에 대한 증상적 독서를 위하여

이것으로 『"자본"을 읽자』의 논점이 정리될 수 있을까? 아마도 30년 전쯤, 그러니까 1980년대 말~1990년대 초 한국에서 이전까지의 마르크스주의 및 민중 담론을 대체하는 포스트 담론이 물밀듯 쏟아져 들어오던 바로 그 시기, 그리고 아직 알튀세르의 유고들이 출간되기 이전의 그 시기에 이 책이 번역·출간되었다면, 고전적인 '구조적 마르크스주의'의 특성을 다루는 이 정도의 논점으로 논의 범위가 한정되었을 것이다. 사실 이 정도의 논점들도 그 당시 한국 알튀세르 연구의 수준에 비춰보면 매우 폭넓고 다면적인 것이라고 말할 수 있다. 하지만 지난 30년 동안 알튀세르에 대한 우리의 이해는 커다란 변화를 겪었다. 이는 무엇보다 알튀세르가 생전에 출간했던 저작들보다 훨씬 더 많은 분량으로 이루어진 유고집 출간이 산출한 효과 때문이다. 2024년 현재까지 23권이 출간된 유고집은 양적 측면만이 아니라 질적 측면, 내용 자체의 측면에서 알튀세르 사상에 대한 기존 관념을 뿌리째 뒤흔들고 있다.[58] 반면 국내에서는 이러한 효과를 자기 나름의 방식대로 증폭시키는 것은 고사하고 그 반향이 어떤 것인지 제대로 인식되지도 못하고 있다.

우발성의 유물론matérialisme aléatoire 내지 마주침의 유물론

---

58 알튀세르 유고집 목록은 루이 알튀세르, 배세진 옮김, 『검은 소: 알튀세르의 상상 인터뷰』, 생각의힘, 2018에 대한 해제인, 진태원, 「필연적이지만 불가능한 것: 『검은 소』 한국어판에 부쳐」 참조. 이 목록에 2022년 출간된 다음 저작을 추가해야 한다. Louis Althusser, ed., G. M. Goshgarian, *Socialisme idéologique et socialisme scientifique et autres écrits*, PUF, 2022.

matérialisme de la rencontre이라는 이름으로 집약될 수 있는 알튀세르 사상의 사후적 출현은 몇 가지 의미 있는 효과를 산출했다.[59] 첫째, 생전의 저작에서는 제대로 찾아보기 어려웠던 마주침의 유물론 및 우발성의 유물론에 관한 유고들은, 1980년 정신착란 상태에서 부인을 목 졸라 살해한 후 오랫동안 이론적 논의에서 자취를 감췄던 알튀세르 사상에 대한 새로운 관심을 촉발했다. 한국어를 비롯한 여러 나라 언어로 유고집이 속속 번역되었고,[60] 다수의 학술지에서 특집이 마련되었으며, 많은 저작과 논문이 발표되었다. 이로써 알튀세르는, 살인자 철학자, 특히 살인자=마르크스주의자라는 오명을 딛고 철학자이자 마르크스주의자로서 온당하게 평가받을 기회를 얻게 되었다.

둘째, 이는 알튀세르 사상의 '시기구분'에 관한 문제(발리바르가 이데올로기적 문제설정이라고 부른 그 문제)를 제기했다. 이전까지 알튀세르 사상은 『마르크스를 위하여』, 『"자본"을 읽자』에서 체계화된 구조적 마르크스주의로 대표되는 초기 사상과 1968년 이후 이러한 초기의 체계를 해체하고 '(최종심급에서) 이론 안에서의 계급투쟁'이

---

59 '우발성의 유물론'과 '마주침의 유물론'이라는 표현은 모두 알튀세르 자신이 사용한 것이다. 이 두 가지 표현 중 더 핵심적인 것, 따라서 유고집의 알튀세르를 표현하기에 더 적절한 것은 무엇인가? 이것은 적절한 답변을 얻기 위해서는 꽤 심층적인 논의가 필요한 질문이다. 하지만 알튀세르의 텍스트의 한 대목에 의지한다면, 우발성의 유물론보다는 마주침의 유물론이 일차적이라고 보는 게 적절할 듯하다(적어도 '따라서'라는 접속사를 포함관계가 아니라 연역관계로 이해하는 한에서. 그리고 여기에는 충분한 이유들이 존재한다). "철학사에서 거의 완전히 알려지지 못한 어떤 유물론 전통 … 마주침의 유물론, 따라서 우발성 및 우연성의 유물론이 존재한다", Louis Althusser, in *Écrits philosophiques et politiques*, vol. 1, Stock/IMEC, 1994, p. 540; 서관모·백승욱 옮김, 「마주침의 유물론이라는 은밀한 흐름」, 『철학과 맑스주의: 우발성의 유물론을 위하여』, 새길, 1996, 36쪽.

60 마주침의 유물론과 관련된 국역본으로는, 특히 루이 알튀세르, 『철학과 맑스주의: 우발성의 유물론을 위하여』; 서관모·백승욱 옮김, 『철학에 대하여』, 동문선, 1997 참조.

라는 철학에 대한 새로운 테제를 중심으로 전개된 후기 알튀세르로 구별되었다.[61] 더욱이 이러한 구분법에 따르면 후기의 알튀세르 저작은 양적이고 질적인 측면에서 초기 알튀세르 저작에 비할 바가 못 되는 다분히 퇴행적인 것으로 평가되었다. 「이데올로기와 이데올로기적 국가장치들」(1970)을 예외로 하면[62] 후기 알튀세르는 무언가 생산적이고 독창적인 저술을 거의 남기지 못한 채 일련의 자기비판들 속에서 소진된 늙은 마르크스주의자, 더욱이 엉뚱하게도 스탈린주의의 이론적 핵심으로 간주되었던 변증법적 유물론(과 역사유물론의 구별) 및 프롤레타리아 독재를 끝까지 붙들고 포기하지 않았던 교조적 마르크스주의자로 간주되었을 뿐이다.[63] 게다가 이미 1970년대에는 그의 제자 내지 후배들인 미셸 푸코, 자크 데리다, 그리고 질 들뢰즈 등이 그를 대신하여 프랑스 철학의 총아로 떠오르고 있었다. 어떤 의미에서 그는 이미 (당시 프랑스에서 유행하던 어법을 사용한다면) "과거의 인물"has been이 되고 있었다.

하지만 마주침의 유물론으로 상징되는 유고집이 출간되면서 과

61 이를 대표적으로 보여주는 저작이 그레고리 엘리어트, 이경숙·이진경 옮김, 『알튀세르: 이론의 우회』, 새길, 2009이다.

62 Louis Althusser, "Idéologie et les appareils idéologiques d'État", in *Positions*, *op. cit*.[「이데올로기와 이데올로기적 국가장치」, 『아미엥에서의 주장』]. 이 논문은 사실 알튀세르가 1969년에 저술한 『재생산에 대하여』라는 원고에서 발췌한 '짜깁기'였다. 이 원고는 1995년 자크 비데가 편집을 맡아 유고집 중 한 권으로 출간되었다. Louis Althusser, ed., Jacques Bidet, *Sur la reproduction*, PUF, 1995(2011)[김웅권 옮김, 『재생산에 대하여』, 동문선, 2007].

63 우리가 사후에 알게 된 또 하나의 사실은, 알튀세르가 1968년 5월혁명 직전에 정신착란을 일으킨 후 1972년까지 4년 동안 심각한 우울증에 빠져 아무런 작업도 수행하지 못했다는 점이다. 알튀세르는 1969년 잠깐 건강을 회복했는데, 그 당시 저술된 원고가 『재생산에 대하여』이다.

거의 시기구분은 거의 아무런 의미가 없는 것이 되었다. 이제 알튀세르 사상에서는 "드러난"exoteric 알튀세르(곧 생전에 출간된 저작의 알튀세르)와 "감춰진"esoteric 알튀세르(곧 유고집의 알튀세르) 사이의 관계가 논의의 초점을 이루게 되었다. 그리고 그 관계는 단순하지 않다. 왜냐하면 1940년대 청년기의 원고부터 1980년대의 원고까지 40여 년 동안 쓰인 이런저런 글로 이루어진 유고집은, 생전에 출간된 저술들 사이의 논리적 관계만으로는 포착하기 어려웠던 알튀세르 사상(과 생애)의 다면적이고 갈등적인, 하지만 매우 풍부한 측면들을 보여주기 때문이다. 예컨대 지금까지 출간된 유고집에 따르면 알튀세르는 이미 1966년, 그러니까 구조적 마르크스주의의 가장 완성된 형태를 구현하는 『마르크스를 위하여』, 『"자본"을 읽자』가 출간된 것과 거의 같은 시기에 작성된 「발생에 관하여」에서 마주침의 유물론에 관한 아이디어를 제시하고 있다.[64] 또한 이데올로기 국가장치와 호명interpellation이라는 유명한 개념들을 통해 이데올로기적 예속화를 탐구하고 있는 「이데올로기와 이데올로기적 국가장치들」을 발표한 지 얼마 안 되는 1972년에 작성한 『마키아벨리와 우리』에서는 마주침의 유물론의 관점에서 정치적 주체화에 관한 새로운 사상을 피력하고 있다.[65] 그뿐만 아니라 1976년 프랑스공산당 제22차 당대회에서 "프롤레타리아 독재" 개념을 당 강령에서 폐기하기로 한 결정에 맞서

64 루이 알튀세르, 「발생에 관하여」, 『역사에 관한 글들』. 알튀세르 유고 편집자인 고슈가리언은 마주침의 유물론에 관한 착상("반反철학")이 1957년까지 거슬러 올라간다고 주장한다. G.M. Goshgarian, "Préface", in Louis Althusser, *Être marxiste en philosophie*, *op. cit*.

65 Louis Althusser, *Machiavel et nous*, Tallandier, 2009. 이 책에는 (알튀세르 유고 편집자였던) 프랑수아 마트롱과 에티엔 발리바르의 해설 논문이 함께 수록돼 있다.

발리바르와 함께 프롤레타리아 독재 개념의 중요성을 강조하는 글을 쓰던 시기에,[66] 알튀세르는 가장 많은 유고를 (광기의 어두운 그늘 아래에서) 집중적으로 저술한다. 생전에 출간된 바 있는「마르크스와 프로이트에 대하여」(1976) 같은 글[67] 이외에도『검은 소』,『비철학자를 위한 철학 입문』,『철학에서 마르크스주의자가 된다는 것』및『역사에 관한 글들』, 그리고「철학의 변혁: 그라나다 대학 강연」등이 바로 이 시기에 저술되었다.[68] 이전까지 알튀세르의 지적 역량이 쇠퇴하던 시기로 간주되었던 바로 그 시기에 알튀세르는 가장 정력적으로 이론적 작업을 수행하고 있었던 것이다.

또 하나 주목할 만한 것은 다음과 같은 점이다. 알튀세르 유고집 가운데 가장 주목을 받았던「독특한 유물론의 전통」(1993),「마주침의 유물론이라는 은밀한 흐름」(1993),[69]『철학에 대하여』(1994) 같은 저술, 곧 데모크리토스와 에피쿠로스에서 시작하여 마키아벨리, 홉스, 스피노자, 루소를 거쳐 헤겔, 마르크스, 하이데거, 비트겐슈타인, 들뢰즈, 데리다의 계보로 이어지는 마주침의 유물론과 우발성의 유물론의 핵심 테제들이 고스란히 담겨 있는 이 유고들이 출간

---

66 프롤레타리아 독재에 관한 생전에 출간된 저술은 다음과 같다. Louis Althusser, *22e congrès*, François Maspero, 1977; 이진경 옮김,「22차 당대회」,『당 내에 더 이상 지속되어선 안 될 것』, 새길, 1992; Etienne Balibar, *Sur la dictature du prolétariat*, François Maspero, 1976; 최인락 옮김,『민주주의와 독재』, 연구사, 1988. 유고집으로는『검은 소: 알튀세르의 상상 인터뷰』참조.

67 루이 알튀세르,「마르크스와 프로이트에 대하여」,『알튀세르와 라캉』.

68 루이 알튀세르,『검은 소: 알튀세르의 상상 인터뷰』; 안준범 옮김,『비철학자를 위한 철학 입문』, 현실문화, 2020;『역사에 관한 글들』;「철학의 전화」,『철학에 대하여』; *Être marxiste en philosophie*, *op. cit*.

69 Louis Althusser, "Le courant souterrain du matérialisme de la rencontre", *Écrits philosophiques et politiques*, vol. 1, *op. cit*.;『철학과 맑스주의』.

되던 초기에는 이 글들이 모두 알튀세르가 정신착란에 휩싸여 있던 1980년대에 쓰인 것으로 간주되었다. 하지만 최근 출간된 유고집들은 마주침의 유물론 및 우발성의 유물론을 대표하는 이 글들이 사실은 1970년대 중반에 쓰인 저술들에서 발췌한 원고였다는 점을 명확히 보여주고 있다. 흥미롭게도 알튀세르 사상에서 가장 유명한 두 편의 글, 곧 「이데올로기와 이데올로기적 국가장치들」과 『철학에 대하여』가 모두 '짜깁기' 원고인 셈이다. 그렇다면 지금까지 사람들이 당연한 것으로 간주해왔던 알튀세르 사상의 시기구분, 곧 구조적 마르크스주의 시기(1960~1967), 자기비판의 시기(1968~1980), 마주침의 유물론 시기(1981~1990) 같은 구분법은 아무 의미가 없다고 할 수는 없을지 몰라도 적어도 그 타당성이 상당히 훼손될 수밖에 없다.

셋째, 그렇다면 알튀세르를 어떻게 읽을 것인가, 알튀세르를 읽는다는 것은 무엇인가 하는 질문이 제기된다. 생전에 출간된 저작들보다 더 방대한 유고가 출간되고, 더욱이 유고들 가운데 가장 주목을 받았던 글들이 사실은 1970년대 중반에 집중적으로 쓰인 원고들이라는 점이 밝혀진 이상 알튀세르 읽기는 근저에서 다시 시작해야 하는 과제가 된 것이다. 스피노자를 원용해 말한다면, 우리가 지금까지 (특히 한국에서) 알고 있던 알튀세르는 매우 **단편적일 뿐만 아니라 혼란스러운** 알튀세르, 곧 "부적합한" 알튀세르라고 할 수 있지 않을까?[70] 독일의 마르크스 연구자 미하엘 하인리히는 언젠가 마르크스주의란 마르크스에 대해 제기되어온 잘못된 해석들의 집합이라고 도발적으

70 주지하다시피 스피노자는 부적합한 인식을 "잘려 나가고 혼란스러운"mutilatam et confusam 인식(『윤리학』 2부 정리 29의 따름정리)이라고 규정한 바 있다.

로 주장한 적이 있는데, 아마 알튀세르에 관해서도 비슷한 주장을 제시해도 좋을 것이다. 그런 만큼 이제 알튀세르 사상에 관한 "지성의 교정"emendatio intellectus, 그리고 더 나아가 알튀세르에 관한 증상적 독서를 본격적으로 시도할 때가 되었다고 말할 수 있다. 그리고 여기 우리가 펴내는 『"자본"을 읽자』는 그와 같은 지성의 교정을 수행하기 위한 일차적 **대상**이자 필수적 **준거**가 될 것이다.

알튀세르 다시 읽기, 알튀세르에 대한 지성의 교정 내지 증상적 독서를 어떻게 수행할 수 있을까? 아마도 여기에는 여러 가지 방식이 존재할 텐데, 그 방식이 어떻든 간에 그 작업은 "드러난" 알튀세르와 "감춰진" 알튀세르 사이의 관계에 대한 재구성이 중심을 이룰 수밖에 없다. 그리고 그것은 이중적 측면에서 진행되어야 할 재구성 작업이다.

한편으로는 유고집으로 출간된 알튀세르의 미발표 원고들에 입각하여 생전에 출간된 저작들의 이론적이고 논리적인 연관성을 재고찰하는 작업이 수행되어야 한다. 하지만 이것은 마주침의 유물론을 알튀세르 사상에서의 "이행" 내지 "전회"Kehre로 이해하는 것과는 다른 성격의 작업이다. 예컨대 안토니오 네그리는 알튀세르 유고집이 본격적으로 출간되기 이전에 알튀세르 유고에 대한 독자적 연구를 통해 1980년대에 쓰인 마주침의 유물론 내지 우발성의 유물론은 1970년대까지의 알튀세르 사상과 불연속적이라고 주장하면서 그것은 알튀세르 사상에서의 전회를 표현한다고 주장한 바 있다.[71] 그리하

71 Antonio Negri, "Pour Althusser. Notes sur l'évolution de la pensée du dernier Althusser", in *Sur Althusser, Passages*, L'Harmattan, 1993. 영어 번역본으로는, Antonio Negri, "Notes on the

여 한편으로는 마주침의 유물론의 새로움과 독창성을 강조하는 이들이 존재하는데, 이들은 마주침의 유물론에서 부각되는 철학자들, 특히 마키아벨리와 알튀세르의 관계에 주목한다.[72] 또한 다른 한편으로는 우발성의 유물론 내지 마주침의 유물론을 비합리주의적인 것(또는 '구조적 마르크스주의'의 핵심을 전면적으로 포기하는 것)으로 치부하면서 간단히 기각하는 이들도 존재하는데, 실제로 우리나라의 마르크스주의 연구자들 대부분이 이런 태도를 보인 바 있다.

하지만 이런 평가는 1970년대까지의 알튀세르와 1980년대의 알튀세르를 두 개의 상이한 본성을 가진 실체적 집합으로 (아울러 마치 두 집합이 각각 표현적 인과성에 따라 구성되어 있는 본질주의적 전체들인 것처럼) 이해하면서 전자와 후자의 관계를 (바람직한 것이든 부정적인 것이든 간에) 전자에서 후자로의 이행이나 전회로 파악하지만, 오늘날 우리가 알튀세르 유고들에 관해 더 포괄적이고 정교한 인식을 갖게 됨에 따라 이런 조야한 이해방식은 더 이상 유지하기 어렵게 되었다. 무엇보다도 마주침의 유물론은 이미 1960년대와 1970년대, 곧 '구조적 마르크스주의' 및 '자기비판'의 저작들이 출간되던 시기에 **알튀세르 사유의 또 다른 측면**을 형성하고 있었기 때문이다. 따라서 이행이나 전회에 관한 질문을 제기하는 대신, 오히려 다음과 같은 질문들을 제기해야 한다. 마주침의 유물론이나 우발성의 유물론

Evolution of the Thought of the Later Althusser", in Antonio Callari & David F. Ruccio, eds., *Postmodern Materialism and the Future of Marxist Theory: Essays in the Althusserian Tradition*, Wesleyan University Press, 1995.

72 이는 특히 다음 저술에서 뚜렷하게 나타난다. Miguel Vatter, "Machiavelli After Marx: The Self-Overcoming of Marxism in the Late Althusser", *Theory & Event*, vol. 7, no. 4, 2005.

에 관한 테제들은 구조적 인과성이나 '최종심급에서 이론 안에서의 계급투쟁으로서의 철학' 같은 범주들을 중심으로 한 알튀세르의 이론에 대한 우리의 이해를 어떻게 교정할 수 있는가? 생산양식이나 사회구성체 개념을 마주침의 유물론에 입각하여 재구성할 수 있을까? 마주침의 유물론은 구조적 인과성의 스피노자를 어떻게 교정하고 변형하고 확장하는가? 그리고 그것은 오늘날 어떤 의미 있는 이론적 효과를 발휘할 수 있을까? 또는 『마키아벨리와 우리』는 이데올로기적 예속화 및 정치적 주체화에 관해 어떤 새로운 통찰을 가져다주는가? 그것은 정치에 관한 어떤 전망을 열어놓는가?

하지만 다른 한편으로 이 작업은 "드러난" 알튀세르에 기초하여 "감춰진" 알튀세르를 평가하고 근거 짓는 방향으로 전개되어야 한다. 그것은 무엇보다 알튀세르가 생전에 자신의 이름으로 출간한 저작들이 알튀세르의 이론적 작업의 중심이라는 것을 함축한다. 『마르크스를 위하여』, 『"자본"을 읽자』, 또는 『레닌과 철학』 및 「이데올로기와 이데올로기적 국가장치들」 같은 저작을 대체할 수 있는 유고는 존재하지 않으며, 아마 앞으로도 존재하지 않을 것이다. 실제로 양자 사이의 관계는 **대체와는 다른 유형**의 것인데, 이는 우리가 시도해야 할 알튀세르에 대한 증상적 독서는 **어떤 시기의 알튀세르가 진정한 알튀세르인가** 하는 문제를 쟁점으로 한다기보다는, "드러난" 알튀세르와 "감춰진" 알튀세르를 포함한 **알튀세르 사상(들)이 증상으로서 표현하면서도 배제하고 은폐하는 것이 무엇인지** 밝혀내는 것을 목표로 하기 때문이다. 구조적 알튀세르인가 정세적 알튀세르인가 하는 유의 질문들, 양자 중 어느 한쪽을 선택해야 하며, 한쪽의 참됨이 다른 쪽의 거짓을 함축한다는 사고방식은 부질없고 어리석다.

6. 증상적 독서의 몇 가지 쟁점

1)알튀세르에 대한 푸닥거리: 구조주의, 구조적 인과성, 마르크스주의

따라서 알튀세르에 대한 증상적 독서를 수행하기 위해 일차적으로 필요한 것은, 알튀세르에 대한 증상적 독서를 가로막는 장애물(사실 그 자체가 하나의 증상을 형성하는)을 인식하고 제거하는 작업이다. 그것은 알튀세르가 지난 60년 동안 동시대의 다른 프랑스 철학자들과 비교해볼 때 유독 더 가혹하고 자극적인 비판의 대상이 되어왔으며, 데리다의 어법을 빌려 표현한다면 "마르크스를 푸닥거리하기"[73]와 비견될 만한 **알튀세르를 푸닥거리하기**가 대대적으로 전개되어왔다는 점과 관련되어 있다. 실로 오늘날 알튀세르를 읽으려는 사람들은 우선 알튀세르에 관한 부정적 통념 내지 이데올로기에서 시작하게 된다. 그것은 모든 이론적 작업에서 불가피한 것이긴 하지만, 알튀세르의 경우에는 거의 대부분 부정적 통념들로 둘러싸여 있다는 독특한 점이 있다. 그는 한마디로 ("구조적" 마르크스주의자도 아니고) "구조주의적" 마르크스주의자이며, 따라서 이중 삼중의 측면에서 시대에 뒤떨어진 인물로 간주된다. 구조주의자이기 때문에 역사의 변화 및 주체의 능동성을 설명하지 못하고, 마르크스주의자이기 때문에 '전체주의'의 면모를 지니고 있고, 게다가 과학과 이데올로기의 이분법 위에서 무지한 대중을 깨우치고 지휘하려고 했기 때문에 엘리트

---

73 이것은 『마르크스의 유령들』 2장의 제목이다.

주의자(또는 플라톤주의자)라는 비판을 면하기 어렵다. 그렇다면 도대체 알튀세르에게 무언가 긍정적인 측면이 남아 있기는 한 것일까?

왜 그는 이처럼 오랫동안 가혹하고 자극적인 비판의 대상이 되어왔을까? 여기에는 부인을 목 졸라 살해한 철학자라는 선정적 측면이 주요 원인 중 하나로 작용했겠지만, 알튀세르의 경우는 정신착란 상태에서 자신이 가장 사랑했던 부인을 살해했다는 비극적 에피소드가 오히려 마르크스주의 철학자로서 그의 작업에 대한 조롱과 폄훼의 이유로 활용되곤 했다는 점을 기억해야 한다.[74] 그렇다면 사실 알튀세르에 대한 푸닥거리는 두 가지 쟁점으로 집약된다고 할 수 있다. 하나는 알튀세르가 **마르크스주의 철학자**였다는 사실과 관련되고, 다른 하나는 그가 몇 차례에 걸친 부인에도 불구하고 지속적으로 **구조주의자**로 호명된다는 점과 관련된다.

실제로 알튀세르에 대한 수십 년간의 푸닥거리는 거의 같은 주제를 되풀이하는 단조로운 변주곡과 비슷하다. 역사에 대한 부정, 인간 또는 주체에 대한 부정, 기능주의, 이데올로기와 과학의 이분법, 이론주의 및 엘리트주의 등이 바로 알튀세르에 관해 집요하게 반복되는 비판의 주제들이다. 제일 잘 알려진 비판은 이 책의 공저자인 자크 랑시에르가 『알튀세르의 교훈』에서 제기했던 이론주의 및 엘리트주의(플라톤주의)에 관한 비판과 영국의 마르크스주의 역사가 E. P. 톰

74 이 점에 관해서는, Warren Montag, "Introduction", *Althusser and His Contemporaries: Philosophy's Perpetual War, op. cit.* 참조. 다른 한편 여기에는 정상과 병리, 광인과 (정상) 시민의 관계라는 문제, 젠더의 문제 같은 또 다른 복합적 쟁점이 존재한다는 점을 부인해서는 안 된다. 이 점에 관한 흥미로운 토론은, Laurent de Sutter, "Louis Althusser et la scène du procès", *Décalages*, 2.1, 2016.

슨이 제기한 바 있는 이론주의와 반역사주의, 스탈린주의라는 비판이다.[75] 비판의 대상에 대해 무언가를 알려주기보다는 오히려 비판가들 자신의 이해력의 한계와 그 이론적·정치적 입장(그리고 아마도 성정)만을 보여주는, 따라서 당연히 오늘날에는 왜 이 탁월한 지식인들이 이런 엇나간 비판들을 제기했는지가 더 관심을 끄는, 이런 유의 비판들 이외에도 1960년대부터 오늘날까지 거의 똑같은 비판들이 반복되고 있다.[76]

누군가는 실제로 알튀세르와 그의 동료들의 이론이 그런 특징을 지니고 있기 때문에 몇 십 년 동안 동일한 비판이 제기되는 것 아닌가 질문할 수 있을 것이다. 뒤에서 더 언급하겠지만, 사실 알튀세르 텍스트의 어떤 대목들, 그리고 특히 발리바르의 논문에는 구조주의에 대한 의식적 거리두기에도 불구하고 엄밀한 의미에서 "구조주의적"이라고 불릴 수 있는 논의들, 특히 "이행"의 문제와 관련하여 아포리아

75 Jacques Rancière, *La leçon d'Althusser*, Gallimard, 1974; E. P. Thompson, *The Poverty of Theory and Other Essays*, Merlin Press, 1978. 톰슨의 책은 국역본이 있지만 오역이 많아 전혀 참조할 수 없다. 변상출 옮김, 『이론의 빈곤』, 책세상, 2013. 랑시에르에 대한 반비판으로는 Warren Montag, "Ranciere's Lost Object", *Cultural Critique*, no. 84, 2013을 참조하고, 톰슨에 대한 반비판으로는 Perry Anderson, *Arguments within English Marxism*, Verso, 1980; Pedro Benítez Martín, "Thompson versus Althusser", *Crítica Marxista*, no. 39, 2019를 각각 참조.

76 몇 가지 사례를 지적하자면 다음과 같다. Alfred Schmidt, *Geschichte und Struktur: Fragen einer marxistischen Historik*, Carl Hanser, 1971; 미리암 글룩스만, 정수복 옮김, 『구조주의와 현대 마르크시즘』, 한울, 1994(영어 원서는 1974); Barry Hindess and Paul Hirst, *Pre-Capitalist Modes of Production*, Routledge & Kegan Paul, 1975; Perry Anderson, *In the Tracks of Historical Materialism*, Verso, 1983; Ted Benton, *The Rise and Fall of Structural Marxism: Louis Althusser and His Influence*, Palgrave Macmillan, 1984; Gregory Elliott, *The Detour of Theory*, *op. cit.*; Ellen Meiksins Wood, *Democracy Against Capitalism: Renewing Historical Materialism*, Cambridge University Press, 1995; Alain Badiou, *Abrégé de métapolitique*, Seuil, 1998; 알랭 바디우, 김병욱·박성훈·박진영 옮김, 『메타정치론』, 이학사, 2018; Miguel Vatter, "Machiavelli After Marx: The Self-Overcoming of Marxism in the Late Althusser", *Theory & Event*, art. cit.

를 산출하는 논의들이 나타난다. 하지만 핵심적인 것은 알튀세르와 그의 동료들에 대한 비판이 **상투적 이분법**에 기반을 두고 있으며, 이들의 텍스트에 대한 **환원주의적 독서**를 바탕으로 하고 있다는 점이다. 요컨대 구조냐 역사냐(또는 '공시성'이냐 '통시성'이냐), 자유냐 필연이냐, 과학이냐 이데올로기냐, 과학(또는 이론)이냐 실천이냐 또는 경제냐 정치냐 등과 같은 양자택일적 이분법, 알튀세르를 비롯한 이 책의 공저자들이 가장 공력을 기울여 비판하려고 했던 바로 그 이분법을 전제해야 성립할 수 있는 비판들이 수십 년 동안 반복되고 있는데, 앞의 각주에서 제시한 텍스트들의 몇 대목을 보면 이 점이 뚜렷이 드러난다. 예컨대 메익신스 우드는 알튀세르가 "마르크스주의자들에게 구조와 역사, 절대적 결정론과 환원 불가능한 우연, 순수 이론과 순전한 경험주의 사이에서의 선택"을 제시하고 있으며, 그 결과 1960년대에는 구조주의자였던 이들이 1980년대에는 포스트 마르크스주의자로 전향하여 이번에는 "절대적이고 무조건적인 구조의 규정들이 특수한 '정세'의 절대적이고 환원 불가능한 우연에 자리를 물려주었다"[77]고 비판한다. 테드 벤턴은 스피노자 철학에 준거하는 구조적 인과성을 문제 삼으면서 이렇게 말한다. "문제는 자신을 온전히 유지하고 존속하고 자기 자신을 재생산할 수 있는 일군의 사회적 관계의 능력을 설명하는 것인가? 만약 그렇다면, 그리고 스피노자에 대한 준거를 진지하게 받아들인다면, 구조적 인과성 개념은 너무나 효과적인 것이다. 자기 산출적이고 자기 유지적인 총체성으로서 스피노자의

---

77 Ellen Meiksins Wood, *Democracy Against Capitalism: Renewing Historical Materialism*, pp. 51~52.

'자신의 효과들 속에 내재하는 원인'은 영원하다. 그렇다면, 만약 알튀세르의 말을 엄밀하게 받아들일 경우, 마르크스주의 기획의 중심적 특징, 요컨대 사회적 세계의 유동적이고 본질적으로 일시적이며 변혁 가능한 성격은 포기되고 만다."[78] 또한 페리 앤더슨은 알튀세르주의의 실패에 관해 이렇게 단언한다. "알튀세르 연구의 전반적 방향이 정정되지도 않았고 발전되지도 못했기 때문에, 『"자본"을 읽자』에서 착수된, 역사적 주체를 구조적 인과성의 기계장치 속으로 집어넣는 문제는 단순히 비일관성을 산출했을 뿐이다. 이전의 저작과 비교 가능한 어떠한 새로운 종합도 나타나지 못했다."[79]

이런 비판들에서는 앞서 언급한 상투적 이분법과 환원주의적 독서가 전형적으로 나타나며, 스피노자에 관한 오래된 통념들도 등장한다. 이 비판들에서는 알튀세르가 준거하는 스피노자가 그들이 익히 알고 있는 스피노자(요컨대 헤겔을 비롯한 독일 관념론의 프리즘에 따라 굴절된 범신론자로서의 스피노자)와 같은 스피노자인지 아니면 그것과는 전혀 다른 새로운 스피노자, 1960년대 말 마르샬 게루, 알렉상드르 마트롱, 질 들뢰즈 등이 산출한 혁신적 재해석 속에서 탄생한 스피노자,[80] 더욱이 알튀세르 자신이 훨씬 더 이단적으로 재구성한 스피노자인지 같은 질문은 제기될 여지가 없다. 그리고 이 새로운 스피노자주의가 정확히 문제 삼고 있는 것이 바로 자유 대 필연, 구조 대 주체(또는 스피노자 철학의 어법으로 하면 실체와 양태)의 양자택일,

---

78 Ted Benton, *The Rise and Fall of Structural Marxism: Louis Althusser and His Influence*, p. 65.

79 Perry Anderson, *In the Tracks of Historical Materialism*, p. 39.

80 1960년대 이후 프랑스를 중심으로 한 현대 스피노자 연구의 동향에 관해서는 진태원, 「범신론의 주박에서 벗어나기: 프랑스에서 스피노자 연구 동향」, 『근대철학』 1권 1호, 2007 참조.

상상 대 이성의 양자택일이라는 점 역시 고려 대상이 되지 못한다.

이런 쟁점은 에르네스토 라클라우와 샹탈 무페나 또는 알랭 바디우의 저작에서는 역으로 나타난다. 그들은 포스트마르크스주의를 제창하는 『헤게모니와 사회주의 전략』에서 전통 마르크스주의의 헤게모니 개념의 한계를 극복하기 위해 새로운 헤게모니의 논리를 모색하는 과정에서 알튀세르의 이론적 역할에 주목한다.[81] 그들은 알튀세르 저작의 논리적 모순 내지 이율배반의 지점을 과잉결정 대 구조적 인과성의 대립에서 찾는다. 곧 "과잉결정의 영역은 본질적 결정과는 대립되는 우연적 변이의 영역"[82]인 데 반해, "본질주의의 새로운 변종"[83]으로서 구조적 인과성은 "최종심급에서 경제에 의한 결정"을 뒷받침하는 이론적 계기에 불과하다. 따라서 알튀세르 자신은 헤겔의 표현적 인과성이 총체성의 각 부분 내에서 오직 전체의 본질을 표현하는 데 불과한 반면 구조적 인과성은 부분들의 (상대적) 자율성을 사고 가능하게 해주는 개념이라고 강조하지만, 이들이 보기에 그것은 "총체성의 본질주의로부터 요소들의 본질주의로 옮겨 간 것에 불과"[84]한 것이다. 그렇다면 라클라우와 무페가 알튀세르에 대해 제기하는 비판 역시 이분법적 논리에 기반을 두고 있음을 알 수 있다. 곧 구조적 인과성은 구조주의적 본질주의의 다른 표현에 불과하며, 과잉결정 개념만이 역사적 우연성, 따라서 헤게모니의 논리를 표현해

---

81 에르네스토 라클라우·샹탈 무페, 이승원 옮김, 『헤게모니와 사회주의 전략』, 후마니타스, 2012 중 3장 「사회적인 것의 실정성을 넘어서: 적대와 헤게모니」.

82 같은 책, 181쪽.

83 같은 책, 179쪽.

84 같은 책, 188쪽.

줄 수 있다는 것이다.[85] 하지만 이처럼 과잉결정과 구조적 인과성을 양자택일적 선택지로 제시하고 전자를 위해 후자를 배제한 결과, 그들이 제창한 포스트마르크스주의가 자본주의 및 신자유주의에 대한 비판, 요컨대 정치경제학 비판을 결락하고 담론의 정치학(급진민주주의와 좌파 포퓰리즘)으로 축소되어가게 된 것은 아닌지 반문해볼 수 있다.

바디우에 관해서도 비슷한 논평을 제시해볼 수 있다. 바디우는 알튀세르에게서 '계급'의 두 가지 의미를 규정하는데, 하나는 경제에 의해 규정되는 역사과학의 대상이라는 의미이고 다른 하나는 과잉결정에 의해 규정되는 정치적인 것, 따라서 주체적인 것이라는 의미다. 그에게 구조적 인과성에 의해 규정되는 경제는 계급을 질서정연한 정태성의 자리로 고정하는 것인 반면, 과잉결정은 계급을 정치적 주체성으로 열어놓는 것이다.[86] 그는 지젝과 더불어 2008년 금융위기가 바로 이러한 의미의 정치를 개방하는 과잉결정의 계기라고 보고 파리, 베를린, 뉴욕, 서울과 같은 글로벌 메트로시티를 순회하면서 '공산주의라는 이념'이라는 주제로 일련의 철학 학술대회를 개최했지만, 그것이 과연 얼마나 생산적인 정치적 효과를 산출했는지는 매우 의

85 이와 비슷한 이분법적 논의는 미겔 바터에게서도 나타난다. 그는 마르크스주의는 경제주의적 법칙과 결정론으로 역사를 환원하는, 따라서 정치의 가능성, 특히 "구성적 권력"constituent power의 가능성을 사고 불가능하게 만드는 이론인 데 반해, 알튀세르는 마키아벨리에 기반을 둔 마주침의 유물론을 통해 자신이 "구조주의적 마르크스주의" 시기까지 견지해왔던 마르크스주의의 한계를 넘어섰다고 주장한다. Miguel Vatter, "Machiavelli After Marx: The Self-Overcoming of Marxism in the Late Althusser", *op. cit*.

86 Alain Badiou, "Althusser: le subjectif sans sujet", in *Abrégé de métapolitique*, *op. cit*.; 알랭 바디우, 김병욱·박성훈·박진영 옮김, 「알튀세르: 주체 없는 주체성」, 『메타정치론』.

심스럽다.[87] 어쨌든 그들의 작업이 알튀세르의 사상을 이분법적으로 해체하는 것을 전제로 하는 작업이었다는 점은 분명하다.

그렇다면 우리가 『"자본"을 읽자』를 비롯한 알튀세르와 그의 동료들의 저작을 증상적으로 읽기 위해서는 우선 단조로우면서도 집요하게 반복되는 이러한 비판들의 전제를 문제 삼을 줄 알아야 한다. 일차적으로 알튀세르와 그의 동료들의 독창적 구조 및 구조적 인과성 개념을 '구조주의'나 심지어 '구조기능주의'로 환원하려는 집요한 노력의 기저에 존재하는 것이 이론적 인간주의(곧 '인간'을 역사적·사회적 인과관계에 대한 설명의 중심에 놓으려는 시도)의 잔재가 아닌지 질문해볼 필요가 있다.[88] 그리고 이렇게 해서 설정된 구조 대 역사 내지 구조 대 인간이라는 이분법이 이해 불가능하게 만드는 것은 결국 구조주의 운동의 계보학이 아닌지 생각해볼 필요가 있다. 더 나아가 알튀세르에 대한 이러한 푸닥거리가 마르크스에 대한 푸닥거리를 **대체 보충하는** 것이라는 점을 또한 잘 유념할 필요가 있다. 유고집이 출간되기 전까지 10년이 훌쩍 넘는 기간 동안 알튀세르가 공적 무대에서 퇴출당한 것, 그리고 그 이후에도 꽤 오랫동안 여전히 공론장에서 단편적이고 혼란스러운 모습으로만 출현하고 있는 것은 그가 마르크스주의 철학자였으며, 철학에서 마르크스주의자가 된다는 것을 자신

87 '공산주의라는 이념' 학술대회 회의록 중 1권만 국역되어 있다. 슬라보예 지젝·코스타스 두지나스 엮음, 김상운 외 옮김, 『공산주의라는 이념』, 그린비, 2022.

88 알튀세르와 마슈레의 구조 개념의 독창성에 관한 좋은 논의로는 Warren Montag, "Althusser: Structuralist or Anti-Structuralist?", in David H. Richter ed., *A Companion to Literary Theory*, Blackwell, 2018; Panagiotis Sotiris, "Structure Revisited", in *A Philosophy for Communism: Rethinking Althusser*, Brill, 2020 참조.

의 평생의 화두로 삼았던 철학자라는 사실과 무관하지 않다. 반마르크스주의와 반공주의(또는 반사회주의)는 오늘날 자연과학 및 공학 분야는 말할 것도 없거니와 인문사회과학 분야의 공론장에 진입하기 위한 제도적·이론적 조건을 이루고 있다. 지난 반세기 동안 영미 학계에 큰 영향을 미친 이른바 "프랑스 이론"French theory, 또는 우리식으로 표현하자면 포스트 담론에서 알튀세르가 매우 주변화된 인물이라는 것은 잘 알려진 사실이지만, 그러한 주변성은 상당 부분 영어권 포스트 담론의 반마르크스주의적 지향에서 기인한다고 보아야 할 것이다. 예컨대 미국의 포스트 담론에서 이매뉴얼 월러스틴이나 데이비드 하비 같은 이론가들이 논의되는 것은 극히 드문 일이며, 예전에 깁슨-그레이엄을 비롯한 일부 연구자가 포스트모던 마르크스주의 또는 "포스트구조주의 정치경제학"을 시도했었지만 포스트 담론 분야에서는 거의 반향을 일으키지 못했다.[89]

놀라운 점은 60년 동안 지속적으로 되풀이되는 이런 비판에도 불구하고, 더욱이 인문사회과학적 공론장의 반마르크스주의적이고 반공주의적인 조건에도 불구하고, 오늘날에도 알튀세르는 가장 널리 읽히고 토론되는 마르크스주의 철학자라는 점이다. 심지어 여러 비판가가 알튀세르에 대한 사상적 사망선고를 내렸던 1980년 이후 40여 년이 지난 지금 "제2의 알튀세르 물결" 내지 "제2의 알튀세르 수용"이 거세게 몰아치고 있다고 말할 수 있는데, 이는 최근 20여 년 동

89 J. K. 깁슨-그레이엄, 이현재·엄은희 옮김, 『그따위 자본주의는 벌써 끝났다』, 알트, 2013(원서 초판은 1996); J. K. Gibson-Graham & Stephen Resnick eds., *Re/Presenting Class: Essays in Postmodern Marxism*, Duke University Press, 2001.

안 여러 나라 언어로 출간된 알튀세르에 관한 새로운 연구들이 입증해주는 바다.[90] 이 연구들은 그레고리 엘리어트나 로버트 폴 레슈의 저작처럼,[91] 알튀세르의 유고집이 출간되기 이전까지 알튀세르에 관한 가장 충실한 연구들로 간주되었던 것들을 이제는 여러 측면에서 "부적합한"(다시 한번 스피노자주의적 개념을 사용하자면) 연구들로 평가하게 만들 만큼 풍부하고 혁신적인 진전을 이뤄내고 있다.

역사도 부정하고 주체도 부정하고, 현존 체계를 옹호하는 기능

---

90 여러 학술지의 "특집호"나 논문들은 차치해두고 단행본 저술만 꼽아본다면, 지난 20여 년 동안 출간된 주목할 만한 저작들로 다음과 같은 것이 있다. Jacques Derrida, *Politique et amitié: entretiens avec Michael Sprinker sur Marx et Althusser*, Galilée, 2011; Emilio de Ípola, *Althusser, the infinite farewell*, *op. cit.*; 사토 요시유키, 김상운 옮김, 『권력과 저항: 푸코, 들뢰즈, 데리다, 알튀세르』, 난장, 2012(프랑스어 초판, 2007); Jean-Claude Bourdin ed., *Althusser: une lecture de Marx*, PUF, 2008; Mikko Lahtinen, *Niccolo Machiavelli and Louis Althusser's Aleatory Materialism*, Brill, 2009; Andrea Cavazzini, *Crise du marxisme et critique de l'État. Le dernier combat d'Althusser*, Le clou dans le fer, 2011; Katja Diefenbach et al. eds., *Encountering Althusser: Politics and Materialism in Contemporary Radical Thought*, Bloombury, 2013; Laurent de Sutter ed., *Althusser and Law*, Routledge, 2013; Samuel A. Chambers, *Bearing Society in Mind: Theories and Politics of the Social Formation*, Rowman & Littlefield International, 2014; Marc Berdet & Thomas Ebke eds., *Anthropologischer Materialismus und Materialismus der Begegnung*, xenomoi Verlag, 2014; Agon Hamza ed., *Althusser and Theology: Religion, Politics and Philosophy*, Brill, 2016; Idem, *Althusser and Pasolini: Philosophy, Marxism, and Film*, Brill, 2016; Nick Nesbitt ed., *The Concept in Crisis: Reading Capital Today*, Duke University Press, 2017; Pedro Karczmarczyk et al. eds., *Coloquio internacional: 50 años de Lire le Capital*, Ediciones de la Fache, 2017; Ted Stolze, *Becoming Marxist: Studies in Philosophy, Struggle, and Endurance*, Brill, 2019; Fabio Bruschi, *Le matérialisme politique de Louis Althusser*, Mimesis, 2020; Panagiotis Sotiris, *A Philosophy for Communism: Rethinking Althusser*, *op. cit.*; Jonathan Fardy, *Althusser and Art*, John Hunt, 2020; Natalia Romé, *For Theory: Althusser and the Politics of Time*, *op. cit.*; Jean-Baptiste Vuillerod, *La naissance de l'anti-hégélianisme: Louis Althusser et Michel Foucault, lecteurs de Hegel*, Éditions ENS, 2022; David I. Baker, *Althusser and Education: Reassessing Critical Education*, Bloomsbury, 2022. 국내 저작으로는 진태원 엮음, 『알튀세르 효과』, 그린비, 2011; 강경덕, 『구조와 모순: 구조주의적 마르크스주의의 논점들』, 서광사, 2014; 최원, 『라캉 또는 알튀세르』, 난장, 2016 참조.

91 Gregory Elliot, *The Detour of Theory*, *op. cit.*; Robert Paul Resch, *Althusser and the Renewal of Marxist Social Theory*, University of California Press, 1992.

주의자에다가 이론적 실천에만 몰두하고 현실적 실천, 혁명에는 무관심했던 무능력하고 아카데믹한 철학자가 어떻게 지난 수십 년 동안 급진 사상 및 운동의 지속적 관심의 대상이 될 수 있었는지 놀라운 일이 아닐 수 없다. 하기야 역사에는 알튀세르와 비견될 만한, 아니 어쩌면 그보다 더 가혹한 비판과 배제의 대상이 되었던 철학자(들)가 있으니, 그것은 바로 알튀세르가 이 책에서 또 유고들에서 지속적으로 준거하는 스피노자(와 마키아벨리)다.[92] 사실 스피노자야말로 지난 350년 동안, 알튀세르에게 제기된 것과 거의 유사한 비판의 대상이 되어왔는데, 바로 자유에 대한 부정, 주체에 대한 부정, 독단주의적 합리주의자(요컨대 이데올로기와 과학의 이분법), 현실에 무관심한 범신론자 등이 비판의 주요 주제였다. 이런 측면에서 본다면 알튀세르에 대한 푸닥거리는, 마르크스에 대한 푸닥거리에 대한 대체보충이기에 앞서 스피노자에 대한 350년 동안의 푸닥거리에 대한 대체보충이라고 해야 마땅할 것이다. 그런 만큼 알튀세르에 대한 증상적 독서를 시도하는 것은 사실 서양 근대 사상에 관한 증상적 독서의 한 표현이라고 보는 것이 적절할 것이다.

---

92 알튀세르는 마키아벨리와 마르크스, 프로이트를 비철학, 곧 공식적 철학에서 배제되고 무시되어온 철학의 세 가지 사례로 언급하기도 한다. 루이 알튀세르, 『비철학자들을 위한 철학 입문』.

2)알튀세르의 자기비판을 어떻게 읽을 것인가? 갈등적이고 분파적인 과학의 가능성

이 주제는 알튀세르 생전에 가장 많이 거론된(또는 더 정확히 말하면 주로 비판된) 주제 중 하나였다. 이 책의 서두에 있는 「3판 편자 서문」에 인용되어 있는 1968년 축약본 「서문」에서 알튀세르는 자신이 『마르크스를 위하여』와 『"자본"을 읽자』 초판에서 제시한 바 있는 "이론적 실천의 이론"이라는 철학에 대한 정의가 잘못된 정식화라며 자기비판하고 있다. 이것은 사실 1967년에 작성한 「이탈리어판 서문」에서 이 정의를 "이론주의적"이라고 자기비판했던 것을 되풀이한 것이다. 그리고 알튀세르는 1968년 프랑스 철학회 강연인 「레닌과 철학」에서 철학에 대한 새로운 정의, 곧 철학은 과학 내지 이론의 영역에서 정치를 "표상/대표/상연한다"représente[93]는 테제를 제시한다. 이 새로운 테제는 과학과 정치 사이에서 철학의 역할, 말하자면 **실천**으로서의 역할을 분명히 하면서 또한 철학을 "이론", 그것도 대문자로 표기된 "이론"Théorie으로 간주하지 않고, 오히려 유물론과 관념론 사이에서 경계선을 긋는 활동, 따라서 "[관념론과 유물론 사이에] **거리를 냄**

---

93 더 정확히 표현하자면 알튀세르는 다음과 같이 말한다. "철학은 이론의 영역에서, 좀 더 정확히 말하면 과학에 대해 정치를 표상/대표/상연한다고 할 수 있다. 그리고 역으로 철학은, 정치에서, 계급투쟁에 관여하고 있는 계급들에 대해 과학성을 표상/대표/상연한다고 할 수 있다." 루이 알튀세르, 진태원 옮김, 「레닌과 철학」, 『레닌과 미래의 혁명』, 321쪽. 그리고 알튀세르는 1973년 『존 루이스에 대한 답변』에서 더 잘 알려진 다음과 같은 철학에 대한 정의를 제시한다. "철학은, 최종심급에서, 이론 안에서의 계급투쟁이다." Louis Althusser, *Réponse à John Lewis*, François Maspero, 1973, p. 11.

으로써 생겨난 공백"[94]의 연속과 다르지 않은 것으로 정의한다. 따라서 이제 철학에 대한 마르크스의 기여는, 『마르크스를 위하여』, 『"자본"을 읽자』에서 주장한 것과 달리 이론적 실천에 관한 [대문자]이론을 구성할 수 있게 해주었다는 점이 아니라, "철학의 새로운 실천"을 전개했다는 점으로 간주된다. 이는 마르크스주의 정치가 "정치의 새로운 실천"으로 규정되는 것과 쌍을 이루는 것이며,[95] 이 점은 「철학의 변혁」(1976)에서 탁월하게 개진되고 있다.

그런데 이러한 자기비판 또는 오히려 자기비판에 대한 지배적 표상들은 이중적 의미에서 문제적이다. 우선 자기비판을 "이론주의적"이라고 규정함으로써 알튀세르는 『마르크스를 위하여』 및 『"자본"을 읽자』에서 자신이 수행했던 이론적 작업이 (정치적) 실천과는 무관한 작업, 적어도 실천에 별로 도움이 되지 않는 작업이라고 평가를 내린 게 된다. 하지만 이는 알튀세르가 계속 문제 삼고자 했던 이론과 실천의 이분법을 본의 아니게 다시 수용하는 것일 뿐만 아니라, 두 저작, 특히 『"자본"을 읽자』에서의 작업 전체를 무효화하는 듯한 함의를 띤다는 점에서도 문제적이다. 아마도 알튀세르는 "이론적 실천의 [대문자]이론"이라는 (마르크스주의) 철학에 대한 자신의 정의가, 존재하는 모든 것, 심지어 존재하지 않는 것까지도 모두 포괄적으로 설명하려고 하는 서양철학의 지배적 전통, 곧 관념론적 전통에 충실하게 질서정연한 체계로서의 철학, "과학들의 과학"으로서의 철학

---

94 루이 알튀세르, 「레닌과 철학」, 309쪽.

95 에티엔 발리바르는 1974년 저작인 『역사유물론 연구』에서 마르크스주의 정치, 곧 공산주의의 핵심을 "정치의 새로운 실천"으로 규정한 바 있다. 에티엔 발리바르, 배세진 옮김, 「『공산주의자 선언』의 정정」, 『역사유물론 연구』, 현실문화, 2019.

이라는 관념을 재생산하는 것은 아닐까 하는 문제의식에서 자기비판을 전개했을 터이다.[96] 하지만 자기비판 이후 알튀세르가 생전에 출판한 저작이 양적으로나 질적으로 빈약하다는 점[97]에 더하여 정치경제학 비판 및 과학이라는 주제에 관해 극히 드물게 논의했다는 점 때문에[98], 알튀세르의 자기비판, 그리고 그 앞에 붙은 "이론주의적"이라는 관형어는 더욱 파괴적인 절단의 효과를 산출했던 것으로 보인다. 그런데 알튀세르의 자기비판이 이렇게 절단의 시도로 간주되면 그 이전의 작업은 당연히 효력을 상실하게 되지만, 동시에 그 이후의 작업 역시 질적이고 양적인 빈곤함으로 인해 또한 자동적으로 효력을 부여받을 수 없다. 그것은 알튀세르의 이론적 역량의 쇠퇴의 징표로 간주될 뿐 아니라, "알튀세르주의의 몰락"의 증거로 간주되는 것이다.

따라서 우리가 알튀세르를 증상적으로 독서하려고 한다면 이러한 자기비판을 어떻게 읽을 것인가 하는 문제가 중요한 화두로 떠오를 수밖에 없다. 이 문제에 관해 이미 발리바르는 「마르크스와 프로

96 루이 알튀세르, 『비철학자를 위한 철학 입문』.

97 「레닌과 철학」(1972), 『존 루이스에 대한 답변』(1973), 『자기비판의 요소들』(1974), 『철학과 과학자들의 자생적 철학』(1974), 『입장들』(1976)(국역본 제목은 『아미엥에서의 주장』), 『22차 당대회』(1977), 『당 내에서 더 이상 지속되어선 안 될 것』(1978) 정도가 자기비판 이후 출간된 저작이다. 이 가운데 가장 영향력 있는 글은 『입장들』에 재수록된 「이데올로기와 이데올로기적 국가장치들」 정도이며, 나머지는 질적이거나 양적인 측면에서 『마르크스를 위하여』나 『"자본"을 읽자』와 비교되기 어려운 저작들이다.

98 생전에는 거의 주목받지 못했지만, 이 주제와 관련해서는 다음 논문들이 특히 중요하다. 루이 알튀세르, 「마르크스와 프로이트에 대하여」, 『알튀세르와 라캉』; 「오늘의 마르크스주의」(1978), 서관모 엮음, 『역사적 맑스주의』, 새길, 1993; 배세진 옮김, 「제라르 뒤메닐의 저서 『"자본"의 경제법칙 개념』의 서문」(1978), 웹진 인-무브, https://en-movement.net/484(2024. 6. 25. 최종 접속). 이 마지막 글에 관해서는 뛰어난 연구가 나와 있다. Fabio Bruschi, "Splitting Science: The Althusserian Interpretation of *Capital*'s Multiple Orders of Exposition", *Rethinking Marxism*, vol. 30, no. 1, 2018.

이트에 대하여」 및 「오늘날의 마르크스주의」 같은 알튀세르 후기 논문에 주목하면서 알튀세르의 자기비판을 "절단"에서 "장소론"topique으로의 전환이라는 시각에서 재해석한 바 있다.[99] 요컨대 초기 저작에서 알튀세르는 이데올로기와 과학 사이의 인식론적 절단이라는 관점에서 마르크스주의를 사고하려고 했지만, 후기 저작에서는 장소론의 시각에서 과학과 이데올로기의 문제를 사유하게 되었고, 이 때문에 마르크스주의와 정신분석의 공통점을 "장소론을 갖는 과학"science à topique 또는 "갈등적이고 분파적인 과학"science conflictuelle et scissionnnelle(「마르크스와 프로이트에 대하여」)으로 재규정하게 되었다. 따라서 초기 저작에서 장소론(마르크스에게는 사회를 '토대/상부구조'와 같은 건축물의 비유로 표현한 것)은 과학적 개념들로 개조되어야 할 일종의 이데올로기적 통념 내지 "실천적 지식"으로 간주되었지만, 후기 저술에서는 오히려 존재조건을 자신의 본질 안에 내재적으로 포함하고 있는 유물론적 과학의 특성으로 간주된다. 절단의 관점에서 보면 유물론적 과학의 본질은 이데올로기와의 절단에서 찾을 수 있지만, 장소론의 관점에서 보면 유물론의 핵심은 (대중의) 이데올로기 속에서 자신을 구현하는 것이다.

발리바르의 제안은 알튀세르의 자기비판을 재해석하는 매우 설득력 있고 효과적인 제안이지만,[100] 당연히 이것이 자기비판을 해석하

99 Etienne Balibar, "L'objet d'Althusser", in Sylvain Lazarus ed., *Politique et Philosophie dans l'œuvre de Louis Althusser*, PUF, 1992; 윤소영 옮김, 「(철학의) 대상: 절단과 토픽」, 『알튀세르와 마르크스주의의 전화』, 이론, 1993.

100 발리바르의 제안의 반향은 오늘날 다음 저작들에서 찾아볼 수 있다. Fabio Bruschi, *Le matérialisme politique de Louis Althusser, op. cit.*; Natalia Romé, *For Theory: Althusser and the*

는 유일한 방식이라고 생각할 수는 없을 것이다.[101] 더욱이 이러한 해석을 우리가 받아들인다면, 증상적 독서를 위해서는 여러 가지 추가 질문이 제기되어야 마땅하다. 그것은 일차적으로 토픽을 중심에 놓는 이러한 자기비판이 인식론 분야에서 어떤 새로운 통찰을 가져다줄 수 있는가 하는 질문이다. 이 책의 여러 대목에서 드러나듯이 알튀세르와 그의 제자들은 바슐라르, 캉길렘, 카바예스, 쿠아레 등의 프랑스 과학철학 및 과학사 연구를 적극적으로 수용하여 『자본』을 새로운 역사과학을 정초하는 저작으로 독서하려고 시도했다. 하지만 자기비판 이후 알튀세르가 생전에 출간한 저작들에서는 프랑스 과학철학 전통을 증상적으로 독서하려는 노력을 거의 찾아보기 어렵다. 이는 물론 알튀세르가 『"자본"을 읽자』 이후에 자신의 제자들 내지 동료들과 일종의 이론적 분업을 시도했다는 사실과 무관하지 않다. 예컨대 역사유물론 분야에서는 발리바르,[102] 인류학 분야에서는 에마뉘엘 테레Emmanuel Terray,[103] 사회주의의 (정치경제학적) 역사 분야에서

Politics of Time, op. cit.

101 예컨대 알튀세르의 철학에 대한 정의와 관련해 최근에 몇몇 흥미로운 연구들이 제시된 바 있다. Panagiotis Sotiris, "Althusser's Struggle with the Definition of Philosophy", in *A Philosophy for Communism: Rethinking Althusser, op. cit*.; David Maruzzella, "Materialism, Realism, Naturalism: Althusser's Philosophy Reconsidered", *Décalages: A Journal of Althusser Studies*, vol. 2, no. 4, 2022 참조.

102 또한 또 한 명의 이단적 제자인 니코스 풀란차스가 정치학 분야에서 수행했던 작업, 그리고 경제학 분야에서의 쉬잔 드 브뤼노프의 작업도 넓은 의미에서 알튀세르적 정치경제학 비판 작업의 일환으로 포함할 수 있을 것이다. Nicos Poulantzas, *Pouvoir politique et classes sociales*, François Maspero, 1968; 홍순권 옮김, 『정치권력과 사회계급』, 풀빛, 1986; *L'État, le pouvoir, le socialisme*, PUF, 1978; 박병영 옮김, 『국가·권력·사회주의』, 백의, 1994. Suzanne de Brunhoff, *État et capital*, François Maspero, 1976; 신현준 옮김, 『국가와 자본』, 새길, 1992; *Les rapports d'argent*, François Maspero, 1979; *L'heure du marché: critique du libéralisme*, PUF, 1986.

103 알튀세르와의 이론적 관계에 대한 테레의 회고를 참조. Fabio Bruschi, Vittorio Morfino,

는 샤를 베틀렘,[104] 담론 이론 분야에서는 미셸 페슈[105] 등이 알튀세르와 긴밀하게 협력하여 작업을 진행했고, 과학철학 및 과학사 분야에서는 도미니크 르쿠르Dominique Lecourt가 주도적으로 작업을 진행했으며,[106] 발리바르도 독자적 관점에서 인식론적 연구(특히 인문사회과학을 위한)를 진행해왔다.[107] 하지만 도미니크 르쿠르 이후 알튀세르적인 인식론 비판 작업은 오늘날에는 거의 명맥이 끊겼다고 볼 수 있다.[108]

Warren Montag & Panagiotis Sotiris, "Entretien avec Emmanuel Terray. Centre Culturel International Cerisy, Juillet, 2018", *Décalages: A Journal of Althusser Studies*, vol. 2, no. 3, 2020.

104 샤를 베틀렘은 오늘날 거의 잊힌 인물이 되었지만, 사회주의의 역사에 관한 그의 작업은 여전히 핵심적 중요성을 지닌다. Charles Bettelheim, *Les Luttes de classes en URSS*, vol. 1~4, Seuil/Maspero, 1974~1983.

105 이전에는 보통 '미셸 페쇠'라고 표기되었지만, 원어의 발음을 고려하여 미셸 페슈라고 고쳐서 표기했다. 아쉽게도 페슈의 저작은 국내에 여태 소개되지 못했다. Michel Pêcheux, *Les Vérités de La Palice*, Maspero, 1975; & Françoise Gadet, *La langue introuvable*, Maspero, 1981; Denise Maldidier ed., *L'inquiétude du discours: textes de Michel Pêcheux*, Paris, Cendres, 1990. 국내에는 다음 저작에서 페슈의 작업 일부가 소개되었다. 다이안 맥도웰, 임상훈 옮김, 『담론이란 무엇인가』, 한울, 2010.

106 도미니크 르쿠르, 『프랑스 인식론의 계보』; *Une crise et son enjeu: essai sur la position de Lénine en philosophie*, Maspero, 1973; 이성훈 옮김, 「레닌의 철학적 전략」, 『유물론, 반영론, 리얼리즘』, 백의, 1995; *L'ordre et les jeux: Le positivisme logique en question*, Grasset, 1981; Humain, post-humain, PUF, 2003(권순만 옮김, 『인간복제 논쟁』, 지식의풍경, 2005). 『인간복제 논쟁』에 관한 서평으로는 진태원, 「프로메테우스의 모험: 현대 과학기술의 철학적 의미」, 『사회운동』 제62호, 2006년 3월호 참조(https://www.pssp.org/bbs/view.php?board=j2021&nid=2089, 2024. 6. 25. 최종 접속).

107 발리바르의 인식론 작업은 다음 저작들에 집약돼 있다. Etienne Balibar, *Lieux et noms de la vérité*, *op. cit.*; *Passions du concept: Épistémologie, théologie et politique. Écrits II*, Éditions La Découverte, 2022[배세진 옮김, 『개념의 정념들』, 후마니타스, 근간].

108 이탈리아의 알튀세르 연구자인 마리아 투르케토는 이 분야에서 지속적인 연구를 수행하는 거의 유일한 인물이라고 볼 수 있다. 투르케토와 모르피노를 중심으로 한 이탈리아 알튀세르 연구에 관해서는, Maria Turchetto, Vittorio Morfino, Fabio Bruschi & Fabrizio Carlino, "L'Associazione "Louis Althusser". Intervista a Maria Turchetto e Vittorio Morfino", *Cahiers du GRM*, no. 7, 2015(https://journals.openedition.org/grm/631, 2024. 6. 25. 최종 접속). 사실 이탈

그런데 오늘날이야말로 알튀세르와 그의 동료들이 수행했던 바와 같은 비판적 인식론 작업이 절실히 요구되는 시기다. 몇 가지 예를 들어보자. 불과 몇 년 전만 해도 우리는 100년 만에 닥친 세계적 유행병인 코로나 팬데믹으로 인해 범세계적 또는 전 지구적 충격을 경험한 바 있다. 지금은 '정상적' 상황으로 복귀하여 코로나 팬데믹의 충격이 제기했던 질문들과 쟁점들이 거의 망각되고 있는 것으로 보인다. 하지만 어떤 측면에서 보면 코로나 팬데믹에 대한 이러한 손쉬운 망각이야말로 사실 코로나 팬데믹을 가능하게 했던 그 구조적 조건들이 여전히 견고하게 존속하고 있고 작동하고 있다는 사실에 대한 증상일 수 있다.[109] 코로나 팬데믹에 대한 인식과 대응은 특정한 한 분과학문만으로 가능하지 않으며, 자연과학과 사회과학 및 인문학을 가로지르는 공동의 작업을 요구한다. 코로나 팬데믹을 가능하게 했던 자본주의적 농업 체계와 분업구조, 물류 및 통신망 확산에 대한 분석, 생명공학 분야에서의 자본과 권력, 지식의 복잡한 연관망으로서 테크노사이언스 분석,[110] 인간, 환경, 동물, 건강의 생태계적 상호연관성을 강조하지만 자본과의 관계를 누락하고 있는 원헬스One health 개념에 대한 대안으로서 구조적 원헬스Structural One health 개념 등

리아는 알튀세르에 관한 가장 창의적이고 풍부한 수용 및 변용이 이루어진 나라 중 하나다. 이탈리아에서 알튀세르 수용의 역사에 관해서는 좋은 연구가 나와 있다. Cristian Lo Iacono, *Althusser in Italia. Saggio bibliografico(1959-2009)*, Mimesis, 2011.

109 진태원, 「거짓 문제로서의 포스트코로나: 코로나 팬데믹에 대한 증상적 독서」, 『비평과 이론』 26권 3호, 2021.

110 김명진, 『모두를 위한 테크노 사이언스 강의』, 궁리, 2022; 김동광, 『생명은 어떻게 정보가 되었는가? 정보로서의 '생명' 개념의 등장과 생명의 분자화, 그리고 신자유주의』, 궁리, 2023 참조.

에 대한 연구야말로 알튀세르적 인식론 비판 작업이 자신의 이론적 적합성을 가늠해볼 수 있는 주제 중 하나일 것이다.[111] '인류세'나 '자본세' 등으로 표현되는 기후재난의 문제라든가 2022년 말에 등장한 챗GPT가 불러일으킨 인공지능의 충격 등에 대해서도 마찬가지로 이야기할 수 있다.

3)구조적 인과성의 다면성

구조적 인과성의 문제는 알튀세르 유고의 주제들 가운데 우발성의 유물론 내지 마주침의 유물론이 가장 주목을 끌면서 다시 한번 알튀세르 연구의 주요 주제로 부각되었다. 이 책에서 알튀세르가 구조적 인과성이라는 범주를 가장 중요하게 생각한 이유, 따라서 마르크스에 대한 증상적 독서의 핵심 주제 중 하나로 간주한 이유는, 한편으로 보면 그것이 헤겔의 총체성 개념과 구별되는 마르크스주의적 전체 개념의 고유성을 사고할 수 있게 해주며, 또한 다른 한편으로 보면 역사변증법, 따라서 해방의 정치의 실효성을 사고할 수 있게 해주는 범주였기 때문이다. 요컨대 구조적 인과성은 마르크스주의 변증법의

111 이 문제에 관한 알튀세리엥들의 고찰로는 Etienne Balibar, "Un monde, une santé, une espèce: Pandémie et cosmopolitique", in *Cosmopolitiques: Des frontières à l'espèce humaine–Écrits III*, Éditions la Découverte, 2022; Warren Montag, "Covid-19, Capital and the Right to Existence", in *Human Rights Agenda in the Post-pandemic Era Symposium Proceedings*, Human Rights Foundation of Turkey, 2021 참조. 마르크스주의적 관점에서 팬데믹에 관한 기존의 연구로는 특히 롭 월러스, 『팬데믹의 현대적 기원: 거대 농축산업과 바이러스성 전염병의 지정학』, 구정은·이지선 옮김, 너머북스, 2020; 구정은·이지선 옮김, 『죽은 역학자들: 코로나19의 기원과 맑스주의 역학자의 지도』, 너머북스, 2021 참조.

고유성을 이론화하기 위해 필수적인 범주였다.

그런데 이 범주는 두 가지 이유로 인해 오늘날 우리에게 **알튀세르 자신에 대한** 증상적 독서의 주요 대상 중 하나를 이룬다.

(1)알튀세르는 1972년 저술된 『자기비판의 요소들』에서 이 범주의 의의와 한계를 명시적으로 지적한 바 있다. 헤겔과 마르크스의 차이를 설명하기 위해 스피노자로 우회하는 것이 알튀세르의 일반적인 철학적 전략이었다면, 구조적 인과성은 특히 마르크스주의 변증법의 고유성을 설명하기 위한 핵심 범주였다. 그것은 이 범주가 "자신의 부분들에 대한 전체의 효력 및 전체 속에서 부분들의 능동성을 설명해 주는 인과성" 범주, 따라서 "자신의 부분들 간의 능동적 관계에 불과한, 울타리 없는 어떤 전체un Tout sans clôture"[112]를 사고할 수 있게 해 주는 범주이기 때문이다. 반면 알튀세르는 이 범주를 채택하기 위해서는 마르크스주의가 치러야 할 대가가 존재하는데, 그것은 바로 "**모순**"이라는 범주라고 지적한다.

하지만 만약 이런 이유로 인해 알튀세르가 구조적 인과성 개념, 그리고 그 철학적 토대인 스피노자 철학을 포기했다면, 자기비판 이후 알튀세르의 유고들에서 스피노자에 대한 논의는 사라졌어야 마땅할 것이다. 그러나 유고로 출판된 1976년 저술 『마르크스주의에서 철학자가 된다는 것』에서 스피노자 철학은 주요한 논의 주제로 남아 있고,[113] 마주침의 유물론 및 우발성의 유물론에 관한 글에서도 여전히

---

112 Louis Althusser, "Éléments d'autocritique", in *Solitude de Machiavel et autres textes*, *op. cit*., p. 188.

113 하지만 여기에서도 스피노자에게는 "모순" 또는 "부정적인 것의 노동"이 부재한다는 동일한 주장이 제기된다. Louis Althusser, *Être marxiste en philosophie*, *op. cit*., p. 253.

스피노자는 새로운 시각에서 논의되고 있다. 더욱이 알튀세르와 가장 가까운 제자이자 동료였던 피에르 마슈레는 1979년 『헤겔 또는 스피노자』를 출간했는데, 헤겔의 스피노자 독해에 대한 반비판을 주제로 한 이 저작에서 그는 헤겔 철학과 구별되는 스피노자 철학의 핵심 중 하나를 "물질적 변증법"[114]을 사고할 수 있게 해준다는 점이라고 지적한다. 그렇다면 구조적 인과성 범주의 한계에 대한 알튀세르의 지적은 이 범주 및 스피노자 철학을 포기하겠다는 선언을 뜻하기보다는 구조적 인과성에 기반을 둔 유물론적 변증법을 더 정밀하게 사고해야 할 필요성에 대한 지적으로 읽는 것이 옳다고 볼 수 있다.[115]

(2)이는 사실 구조적 인과성 개념에 대한 좀 더 엄밀한 사고와 더불어 유물론적 변증법에 대한 재고찰을 요구하는 것이며, 내가 보기에는 이것이 결국 마주침의 유물론 및 우발성의 유물론에 대한 알튀세르의 숙고로 이어졌다. 그리고 이는 어떤 의미에서는 라클라우와 무페가 제안한 포스트마르크스주의, 그리고 그 논리적 핵심으로서 기호학적 절합 개념에 대한 **선취된 비판**을 함축한다고 생각해볼 수 있다. 왜냐하면 두 사람은 우리가 이 해제의 6장 1절("알튀세르에

114 피에르 마슈레, "그렇다면 스피노자가 실제로 따른 것은 아닐지라도 새로운 길이 열리게 된다. 곧 실체의 변증법, 다시 말해 필연적으로 관념적인 목적론을 수단으로 자신의 최초의 조건들 속에서 자신의 완성을 전제하지 않는 물질적 변증법의 문제가 제기되는 것이다. 그런데 이런 변증법은 헤겔에게는 사유 불가능한 것이다." 『헤겔 또는 스피노자』, 276쪽. 또한 다음 대목도 참조. "사상의 물질적 역사에서 **모든 변증법**이라는 표현은 완전히 의미가 결여된 것이다. 진정한 질문은 다음과 같은 것이다. 관념론적 변증법과 유물론적 변증법을 분리하는 경계는 어떤 것인가? 어떤 조건에서 변증법은 유물론적으로 될 수 있는가?" 같은 책, 339쪽.

115 이 문제에 관한 새로운 고찰로는 Nick Nesbitt, *Reading Capital's Materialist Dialectic: Marx, Spinoza, and the Althusserians*, *op. cit*. 참조.

대한 푸닥거리")에서 본 바와 같이, 구조적 인과성과 과잉결정을 양립 불가능한 두 가지 논리(본질주의 대 절합의 다원성)로 제시하면서 전자를 포기하고 후자를 선택한 데 비해, 『자기비판의 요소들』 이후 저술된 알튀세르 유고들의 논리적 핵심은, 범박하게 말하면 구조적 인과성과 과잉결정 양자를 절합할 수 있는 가능성을 모색하는 데 있기 때문이다. 「마주침의 유물론이라는 은밀한 흐름」이나 「독특한 유물론적 전통」,[116] 또는 『철학에 대하여』 같은 유고는 알튀세르가 마주침의 유물론 및 우발성의 유물론에 관한 논의에서 구조적 인과성을 포기하지 않고 오히려 과잉결정의 관점에서, 또는 더 정확히 말하면 과잉결정과 **동시**에 과소결정을 사유하려는 관점에서 구조적 인과성 범주를 개조하려고 했음을 잘 보여준다.

여기에서는 이 두 번째 주제와 관련하여, 구조적 인과성 개념에 대한 비판자들이 생각하는 것처럼 이 개념이 그리 단순하지 않으며, 그 자체로 복합적 개념이라는 점을 한 가지 쟁점을 중심으로 부연해 보겠다. 내가 보기에 구조적 인과성에 대한 증상적 독서는 알튀세르 및 다른 저자들의 텍스트에서 이 개념에 관한 **상이한 세 가지 규정**이 출현한다는 사실에서 출발할 수 있다.[117] 첫째, 앞에서 언급한 바와 같이 구조적 인과성은 무엇보다 **스피노자주의적인** 개념으로 제시된다. 스피노자주의적 개념으로서 구조적 인과성은 이중의 차이로 규정되

116 Louis Althusser, "L'unique tradition matétialiste", *Lignes*, no. 8, 1993; 「독특한 유물론적 전통」, 『철학과 맑스주의』. 프랑스어 원제 및 알튀세르의 이론적 의도를 고려해보면, 이 글의 제목은 「유일한 유물론의 전통」이라고 하는 것이 더 적절하다.

117 이 점을 처음으로 밝힌 사람은 비토리오 모르피노다. Vittorio Morfino, "The Concept of Structural Causality in Althusser", *Crisis and Critique*, vol. 2, issue 2, 2015.

는 개념이다. 곧 그것은 한편으로 기계적 인과성과 달리 서로 독립적인 개체들 내지 부분들 사이의 선형적 인과성으로 인과성 범주를 한정하지 않고 전체가 부분들에 대해 지니고 있는 인과적 효력을 긍정한다(A). 하지만 동시에 그것은 다른 한편으로는 표현적 인과성과 달리 각각의 부분들에서 전체의 본질의 표현만을 발견하고 따라서 부분들의 (상대적) 자립성 내지 자율성을 박탈하는 것이 아니라, 전체를 부분들의 복잡한 결합관계와 다르지 않은 것으로 규정함으로써 부분들의 (상대적) 자율성에 입각하여 전체를 사고하려는 것이기도 하다(B). 그렇다면 스피노자주의적 개념으로서 구조적 인과성은 구조의 인과적 효력을 긍정하면서 동시에 그 구조 자체를 부분들의 결합의 효과로 사고하려는 시도라고 이해할 수 있다. 이것은 그 자체로 매우 복잡하고 풍부한 함의를 갖는 규정이다. 왜냐하면 이전의 주석가들이나 비판가들이 그랬던 것처럼 A의 측면에만 주목하게 되면, 구조적 인과성은 "최종심급에서의 결정"을 정당화하기 위한 개념, 따라서 일종의 초월론적 근거로 이해될 수 있지만, 우리가 동시에 B의 측면에 주목하게 되면, 구조라든가 "최종심급"은 부분들 사이의 결합의 효과와 다르지 않은 것임을 알 수 있기 때문이다. 그렇다면 구조적 인과성은 초월론적 범주라기보다는 오히려 **유사-초월론적**quasi-transcendental 범주에 가까운 것이라고 말할 수 있을 것이다. 내가 보기에 마주침의 유물론에 관한 사유를 통해 알튀세르가 사유하려고 했던 것이 이 점이었다.

둘째, 이것만으로도 매우 흥미로운 주제이지만, 구조적 인과성 범주는 또 다른 측면을 지니고 있다. 「『자본』의 대상」 9절에서 알튀세르는 구조적 인과성과 거의 등가적인 따라서 교환 가능한 범주로서

"환유적 인과성"causalité métonymique에 대해 언급한다. "구조의 자신의 효과에 대한 '환유적 인과성' 내에서 원인의 부재는 경제적 현상들에 대한 구조의 외부성의 결과가 아니다. 오히려 이와는 정반대로 이는 구조의 효과들 내에서 구조의 내부성이 구조로서 취하는 형태 그 자체다."(본문 692쪽) 라캉의 정신분석에서 영감을 받아 자크-알랭 밀레르가 고안한 이 개념은 무엇보다 **원인의 부재**를 강조하는 개념이다. 원인이 부재한다는 것은, 구조적 원인이 자신의 부분들과 **동일한 존재론적 수준에 놓여 있지 않다는 것**을 의미한다. 구조는 부분들과 같은 수준, 같은 차원의 것이 아니지만, 그럼에도 부분들에 대해 인과적 효력을 발휘하는 것이다. 따라서 구조가 부분들과 같은 방식으로 실정적으로 현존하지 않는다고 해서, 또는 우리가 구조라는 실재를 경험적으로 실증할 수 없다고 해서 구조가 아무것도 아니라고, 그것은 무에 불과하다고 말할 수는 없다. 오히려 구조가 부재하는 원인으로서 작용한다는 점이야말로 구조적 인과성을 다른 두 개의 인과성 범주와 구별되는 것으로 만들어주는 핵심 논점이다.

그렇다면 구조적 인과성의 첫 번째 측면과 두 번째 측면 사이에는 아무런 차이가 없는 것일까? 그렇게 보기에는 우선 텍스트상에서 예사롭지 않은 측면이 존재한다. 우선 1965년 초판과 1968년 2판(우리가 번역 대상으로 삼은 3판과 동일한 내용을 지닌) 사이에서 환유적 인과성 범주와 관련된 중요한 차이가 존재한다. 초판에 나오지만 2판에서는 삭제된 대목들 중 한 곳에서 알튀세르는 모두 "표상" 내지 "재현"으로 번역될 수 있는 독일어 Vorstellung과 Darstellung 사이의 차이를 다음과 같이 설명한다. 전자의 경우는 앞에 제시된 것Vor-Stellung, pré-position **배후에** 무언가 어떤 것이 존재한다는 것을 함축하는 반면, 후자의 경우는 배후에 아무것도 남아 있지 않고 모든 것이 '여기에'Da 제시되어 있다는 의미를 나타낸다. 따라서 알튀세르는 "'다르슈텔룽'Darstellung이야말로 자신의 효과들 속에서 구조의 현존이라는 개념, 부재의 효력을 통한 효과들의 변형이라는 개념"[118]을 잘 표현한다고 주장한다. 그러면서 그는 환유적 인과성을 이 개념과 직접 연결시키며 이렇게 정의한다. "바로 이런 의미에서 랑시에르는, 라캉에 관한 세미나 도중에 자크-알랭 밀레르가 심오하게 만들어낸 '환유적 인과성'이라는 결정적 개념을 활용했다. 나는, 부재하는 원인의 효력에 대한 개념으로 이해된 이 개념은, **효과들의 존재의 눈높이의 시점** perspective rasante에서 고려된 효과들 속에서 구조의 실물의 부재를 지칭하기에 놀라울 만큼 유용한 개념이라고 믿는다."[119] 그러고 나서 덧붙이기를, "하지만 우리는 현상의 다른 측면, 곧 **현존**이라는 측면, 자신의 효과들에 대한 원인의 내재성, 달리 말하면 자신의 효과들 속에서 **구조의 실존**이라는 측면에 대해 강조해야 한다."[120] 따라서 알튀세르는 환유적 인과성이라는 개념이 구조적 인과성의 한 측면을 잘 포착한다는 점을 인정하면서도 그것을 원인의 현존 또는 "구조의 실존"을 나타내는 측면과 대비시킨다.[121]

---

118 Louis Althusser et al., *Lire le Capital*, PUF, 1996, p. 646. 2판 이후에 삭제된 대목들을 모아놓은 프랑스어 원서의 '부록' 부분은 이 책에는 실려 있지 않다.

119 Louis Althusser, 같은 곳. 강조는 인용자.

120 Louis Althusser, 같은 곳.

121 알튀세르가 여기에서 언급한 환유적 인과성이 개념화된 텍스트는 「구조의 작용」이라는 글이다. 이 글은 1964년에 작성되었지만 실제 출간된 때는 1968년이었다. Jacques-Alain Miller, "L'action de la structure", *Cahiers pour l'analyse*, no. 9, 1968. 하지만 당시 알튀세르의 주요 제자 중 한 사람이었던 이브 뒤루Yves Duroux의 회고에 의하면, 이 글은 자크-알랭 밀레르가 단독으로 작성한 것이 아니라, 밀레와 뒤루, 그리고 장-클로드 밀네르Jean-Claude Milner가 공

그렇다면 왜 알튀세르는 초판에 나오는 이 대목을 2판 이후에는 삭제한 것일까? 이것에 관해서는 생략된 대목 전체를 인용하면서 더 상세히 논의할 필요가 있겠지만,[122] 무엇보다도 환유적 인과성 개념이 가리키는 '부재하는 원인'의 측면을 지칭하면서 **"효과들의 존재의 눈높이의 시점"**이라고 말하는 것이 눈에 띈다. 이것은 효과들과 원인 사이에 존재론적 수준의 차이, 또는 시점의 수준의 차이가 존재한다는 점을 함축한다. 여기에서 하이데거의 존재론적 차이와 존재적

동으로 작성한 글이었다고 한다. Étienne Balibar, Yves Duroux, Fabio Bruschi & Eva Mancuso, "Althusser: une nouvelle pratique de la philosophie entre politique et idéologie. Conversation avec Étienne Balibar et Yves Duroux (Partie I)", *Cahiers du GRM*, no. 7, 2015, p. 5. 이 인터뷰는 온라인에서 읽을 수 있다(https://journals.openedition.org/grm/641, 2024. 6. 25. 최종 접속). 1960년대 파리고등사범학교의 인식론적·정치적 활동의 지주 역할을 했던 두 개의 학술지 중 하나였던 『카이에 푸흐 라날리즈』는 영국의 철학자 피터 홀워드Peter Hallward가 편집 책임을 맡아 "개념과 형식"Concept and Form이라는 표제 아래 전체가 온라인에 복간되었으며, 여기에는 영어 번역본 및 풍부한 주석과 관련 철학자들의 인터뷰들이 추가되어 있다(http://cahiers.kingston.ac.uk/, 2024. 6. 25. 최종 접속). 이것은 또한 2권짜리 인쇄본 책자로 출간되었는데, 여기에는 학술지에 수록된 주요 논문들 및 관련 철학자들의 인터뷰 영역본이 수록되었다. Peter Hallward & Knox Peden ed., *Concept and Form*, vol. 1~2, Verso, 2013. 또 하나의 중심적인 학술지는 『카이예 마르크시스트-레니니스트』*Cahiers marxiste-léniniste*였다. 이 학술지는 전자에 비하면 상당히 불완전한 형태이기는 하지만 알튀세르, 발리바르, 바디우, 마슈레 같은 주요 필자들의 글을 원문으로 읽을 수 있다(https://adlc.hypotheses.org/archives-du-seminaire-marx/cahiers-marxistes-leninistes, 2024. 6. 25. 최종 접속). 『카이예 마르크시스트-레니니스트』와 『카이예 푸흐 라날리즈』를 둘러싼 흥미로운 지적·정치적 관계에 대한 대담으로는 특히 에티엔 발리바르와 이브 뒤루와의 대담 참조. "A Philosophical Conjuncture: An Interview with Étienne Balibar and Yves Duroux" (2007), in *Concept and Form*, vol. 2, *op. cit*.

122 이 누락의 이유를 몬탁은 초판 당시 알튀세르의 구조 및 구조적 인과성 개념에 담겨 있는 애매성, 특히 구조 개념이 함축하는 "깊이" 내지 "잠재성"latence 같은 표현은 구조적 인과성과 표현적 인과성의 차이를 말소하는 경향이 있기 때문이라고 분석한다. Warren Montag, *Althusser and His Contemporaries: Philosophy's Perpetual War*, p. 87 이하. 몬탁의 분석에 대한 흥미로운 비평으로는 Giorgos Fourtounis, "On Althusser's immanentist structuralism: reading Montag reading Althusser reading Spinoza", *Rethinking Marxism*, vol. 17, no. 1, 2005; Ed Pluth, "Freeing Althusser from Spinoza: A Reconsideration of Structural Causality", *Crisis & Critique*, no. 3, 2014를 각각 참조.

차이의 구별, 따라서 존재Sein와 존재자Seiende의 구별까지는 한 걸음의 거리에 불과하다. 더 나아가, 뒤의 4절에서 부연하겠지만, 랑시에르가 환유적 인과성 개념에 주목하고 그것을 자신의 논문에서 활용하는 방식은 알튀세르나 발리바르의 것과는 상이하다는 점이 중요하다. 곧 랑시에르는 환유적 인과성 개념을 "가치형태" 개념을 설명하기 위해, 그리고 "물신숭배", 그것도 "자본의 물신숭배"를 설명하기 위해 활용하지만, 알튀세르는 가치형태 개념이나 물신숭배 개념에 대해 그것을 헤겔주의적 영향의 결과로 간주하여 거의 논의의 주제로 삼고 있지 않다. 그렇다면 이것은 구조적 인과성 내에 스피노자주의적 측면과 헤겔적 또는 하이데거적 측면 간의 길항관계가 존재한다는 것을 뜻하는가? 또한 가치형태나 물신숭배를 설명하기 위해서는 헤겔적인 구조적 인과성으로서 환유적 인과성 개념이 반드시 필요하다는 것을 함축하는가? 또는 랑시에르의 환유적 인과성 개념이 라캉 정신분석에서 유래한 것이라면, 문제는 오히려 구조적 인과성을 사고하는 스피노자적 방식과 라캉적 방식 사이의 차이라고 보아야 하는가?

셋째, 방금 인용했던 초판의 "Darstellung"에 관한 논의에서 시사되고 있지만, 알튀세르는 구조적 인과성 개념을 "저자 없는 연극"이라는 비유를 통해 규정한다. 즉 「『자본』의 대상」 맨 마지막 부분에서 마르크스의 Darstellung 개념을 "저자 없는 연극"과 비유하면서 이렇게 말한다.

> 따라서 우리는 'Darstellung'이라는 고도로 증상적인 이 용어를 기억할 수 있게 되며, 이 용어를 '기계류'라는 용어와 상호접근케 할 수 있게 되

고, 이 용어를 문자 그대로, 그러니까 이 기계류가 자신의 효과들 내에서 실존하는 것 그 자체 — 이는 바로 미장센mise en scène 즉 연극으로서의 실존양식인 것인데, 여기에서 이 미장센 혹은 연극은 그 고유의 무대, 그 고유의 텍스트, 그 고유의 행위자들[배우들][과 동일한 것]이며, 이 연극의 관객들은 그들이 우선 강제로 무대에 오르게 된, (본질적으로 저자[당사자] 없는 연극이라는 이유에서) 자신들이 그 저자[당사자]일 수는 없는 그러한 텍스트와 역할[배역]의 강제에 사로잡힌 행위자들[배우들]인 경우에만 이 연극의 관객들일 수 있다 — 로 취할 수 있게 된다.(본문 702~703쪽)

매우 함축적이고 다면적인 쟁점을 지닌 이 대목을 여기에서 상세히 논의할 수는 없다.[123] 다만 알튀세르가 여기에서 "자신의 효과들 내에서 실존"하는 것을 구조적 인과성의 세 측면의 공통 특징으로 간주하고 있음을 알 수 있으며, 나머지 두 측면과 달리 "저자[당사자] 없는 연극"이라는 규정은 구조적 인과성을 가장 평면화하면서 그것을 인간학적 차원 내지 실천적 차원과 연결하고 있다는 점이 주목할 만하다. 구조적 인과성을 평면화한다는 것은 이런 뜻이다. 알튀세르는 우리가 연극에 대해 보통 갖고 있는 통념과 달리 이 대목에서 연극에 "저자/당사자"가 존재하지 않을 뿐 아니라 연극 공연에 앞서 미리 대본이 존재하는 것도 아니라는 것, 따라서 연기를 하는 배우들도 이미 존재하는 대본에 따라 무대에서 상연을 하는 것이 아니라는 점, 오

123 이 대목에 관한 좋은 논의로는 Warren Montag, "Althusser's Authorless Theater", *Differences*, vol. 26, no. 3, 2015.

히려 이 연극이 상연되면서 극본도 쓰이고 연극의 저자가 누구인지도 만들어진다는 것, 다시 말해 연극의 상연 자체가 연극을 만들고 대본을 만들고 그 저자를 만든다는 것을 시사하고 있다. 그리고 이 저자 없는 연극은 Darstellung에 대한 알튀세르 자신의 개념적 번역이며, Darstellung은 자신의 효과들 속에서 실존하는 것으로서의 기계장치를 나타내는 것이자 자본주의 체계를 표현한다는 점을 고려하면, 저자 없는 연극이 가리키는 것은 자본주의라는 연극이라고 할 수 있다. 이 연극의 관객들은, 역설적이게도 연극의 배우일 경우에만 관객으로서 연극에 참여할 수 있다. 따라서 이것은 자본주의 체계의 재생산과 이데올로기(따라서 이데올로기적 국가장치들과 호명)의 관계를 구조적 인과성의 관점에서 표현하는 한 방식으로 이해할 수 있다.

결국 많은 이들에게 구조적 인과성은 무언가 자명한 개념, 본질주의적일 수도 있고 구조주의적일 수도 있는, 하지만 이제는 더 이상 이론적 효력을 지니지 못한 개념으로 간주돼왔다. 그러나 지금까지의 논의를 살펴보면 구조적 인과성은 전혀 자명한 것이 아니라는 점이 분명해졌을 것이다. 또는 오히려 더 정확히 말한다면, 구조적 인과성에 대한 자명한 이해(이데올로기적 표상이기도 하고 부적합한 통념이기도 한)를 비판하고 개조하고 교정하는 것이 『"자본"을 읽자』에 대한 증상적 독서의 주요 쟁점 중 하나라고 할 수 있다.

4)새로운 정치경제학 비판의 방향

토픽을 갖는 과학을 역사유물론의 본질적 특성으로 받아들일 때 『"자본"을 읽자』에서 수행한 바와 같은 정치경제학 비판, 또는 『자본』

에 대한 독서를 상이한 방식으로 어떻게 수행할 수 있는가 하는 질문이 제기된다. 토픽을 갖는 과학이라는 규정은 『자본』에 대한 우리의 이해를 어떻게 변화시킬 수 있는가? 그것은 정치경제학 비판 또는 역사유물론을 어떻게 변형하고 확장할 수 있는가?[124] 이 문제와 관련하여 미리 지적해두어야 할 점은, 알튀세르와 이 책의 공저자들은 마르크스를 마르크스로 만든 절단의 지점을 고전 정치경제학과 정치경제학 비판의 차이로, 더 나아가 "역사에 관한 과학"의 창설의 차이로 사고했지, 한편으로 부르주아 정치경제학 내지 근대경제학과 다른 한편으로 정치경제학 내지 마르크스 경제학의 차이로 제시하지 않는다는 점이다. 요컨대 그들이 추구했던 것은 마르크스(주의) 경제학이 아니다. 그것은 내가 보기에는 『"자본"을 읽자』 이후에도 알튀세르와 발리바르가 시종일관 견지했던 입장이며, 오늘날에도 마찬가지다. 이것은 마르크스주의적 관점을 지닌 경제학 연구자들이 비판적 (정치)경제학을 이론화하려 하는 시도가 가치가 없다는 뜻은 아니다. 지배적 경제학 담론 내에서 비판적이고 이단적인 작업을 실행하고 확장하는 것은 매우 중요한 일이다. 『"자본"을 읽자』의 목표가 마르크스(주의) 경제학이 아니었다는 말의 뜻은, 알튀세르 그리고 그 이전에 마르크스 자신이 정치경제학을 포함한 부르주아적 학문 제도 및 분류법과 **상이한** 인식론적 관점에서 사고하고 있으며, 그 인식론을 자본주의의 **변혁**이라는 관점에 근거 짓고 있다는 것이다. 『"자

124 이는 발리바르가 최근 10여 년 동안 제기하고 있는 새로운 정치경제학 비판이라는 주제와 관련되어 있다. 에티엔 발리바르, 배세진 옮김, 『마르크스의 철학』, 오월의봄, 2018의 「부록」으로 수록된 논문들 참조.

본"을 읽자』에서 알튀세르와 그의 동료들이 마르크스 사상의 "과학성"을 강조하는 것은 그들이 이미 그것을 혁명의 가능성 및 그 장애물과 관련하여 사고하고 있기 때문이다. 발리바르가 이 책의 「3판 편자 서문」에서 당시 그들이 추구했던 것은 "스피노자적 영감으로부터 출발하는 공산주의적 정치"라고 말하는 것이 이를 입증해준다. 따라서 마르크스(주의) 경제학이 경제학이라는 불변적 학문 제도를 전제한 가운데 주류 경제학과 경쟁할 수 있는 과학적 담론을 지칭하는 것이라면, 그것은 알튀세르와 그의 동료들이 추구하는 목표가 아니었다. 이런 측면에서 보면, 분파적이고 갈등적인 과학의 문제설정은 이미 『"자본"을 읽자』의 근저에 놓여 있다고 말할 수 있다.

(1)가치형태와 물신숭배

알튀세르의 저작에 관한 증상적 독서에 입각한 새로운 정치경제학 비판은 최근 들어 활발하게 제기되고 있는 주제다.[125] 물론 마르크스

125 자크 비데와 에티엔 발리바르도 새로운 정치경제학 비판을 위한 다양한 작업을 진행해 온 바 있다. Jacques Bidet, *Explication et reconstruction du Capital*, PUF, 2004; *L'État-monde, Libéralisme, Socialisme et Communisme à l'échelle mondiale, Refondation du marxisme*, PUF, 2011; 『마르크스의 생명정치학』; 배세진 옮김, 『마르크스와 함께 푸코를』, 생각의힘, 2021; & 제라르 뒤메닐, 김덕민 옮김, 『대안 마르크스주의』, 그린비, 2014; Etienne Balibar, "Politics of the Debt", *Postmodern Culture*, vol. 23, no. 3, 2013; 에티엔 발리바르, 이보경 옮김, 「21세기의 비판을 향하여: 정치경제학은 여전히, 종교는 새롭게」, 『문화과학』 95호, 2018; 에티엔 발리바르, 배세진 옮김, 「잉여가치」, 『문화과학』 98호, 2019; "Towards a New Critique of Political Economy: From Generalized Surplus Value to Total Subsumption", in Peter Osborne et al. eds., *Capitalism: Concept, Idea, Image– Aspects of Marx's Capital Today*, CRMEP Books, 2019; "Absolute Capitalism", in William Callison & Zachary Manfredi eds., *Mutant Neoliberalism: Market Rule and Political Rupture*, Fordham University Press, 2020; "Exiles in the Twenty-First Century: The New 'Population Law' of Absolute Capitalism", in Mtthieu de Nanteuil & Anders Fjeld eds., *Marx and Europe: Beyond Stereotypes, Below Utopias*, Springer, 2024 등 참조. 또한 새뮤얼 체임버스

주의의 다른 사조들(예컨대 이탈리아의 포스트 오페라이스모post operaismo라든가 영어권의 헤겔주의적 마르크스 연구, 독일의 "새로운 마르크스 독해" 등)이나 비마르크스주의적인 비판(예컨대 푸코의 통치성 이론에 입각한 신자유주의 비판)과 비교해볼 때 지난 20여 년 동안 알튀세르적 정치경제학 비판이 상대적으로 부진했던 것은 사실이지만, 그것은 여전히 풍부한 잠재력을 지니고 있다. 알튀세르적인 새로운 정치경제학 비판을 수행하기 위해서는 『"자본"을 읽자』에 대한 증상적 독서에서 특히 두 가지 주제에 주목해야 한다. 첫 번째는 가치이론 및 물신숭배에 관한 문제다. 사실 이 주제는 그동안 알튀세르와 발리바르를 비롯한 알튀세리엥들의 정치경제학 비판에 관한 논의의 약점 내지 한계로 간주되어온 주제다. 이 책에서 알튀세르와 발리바르, 그리고 마슈레와 에스타블레의 글에는 가치 및 가치형태에 관한 분석이 나오지 않으며, 물신숭배에 관해서도 「『자본』의 대상」 말미에서 간략하게 그동안의 연구 경향을 비판적으로 언급한 것이 전부다. 더욱이 알튀세르는 『자본』 1권에 대한 「서문」(1968)[126]이나 『입장들』에 수록된 「『자본』을 어떻게 읽을 것인가」(1969)라는 글[127]에서 가치 및 가치형태에 관한 『자본』 1권에서의 논의, 특히 1권 1편 1장의 「상품」

와 레베카 카슨의 최근 작업들도 넓은 의미의 알튀세르적 문제설정에 기반을 둔 주목할 만한 정치경제학 비판 작업으로 간주될 수 있다. Samuel A. Chambers, *Bearing Society in Mind: Theories and Politics of the Social Formation*, *op. cit*.; *Capitalist Economics*, Oxford University Press, 2022; Rebecca Carson, *Immanent Externalities: The Reproduction of Life in Capital*, Brill, 2023 등 참조.

126 Louis Althusser, "Avertissement aux lecteurs du Livre I du *Capital*", *op. cit*.; "Preface to *Capital* Volume One", *op. cit*.

127 Louis Althusser, "Comment lire le Capital?", in *Positions*, *op. cit*.; 「『자본론』을 어떻게 읽을 것인가?」, 『아미엥에서의 주장』.

에 관한 논의와 물신숭배에 관한 부분은 헤겔에게서 물려받은 용어법과 관련되어 있다는 점에서 건너뛰고 읽을 것을 독자들에게 권하고 있다.[128] 이 때문에 마르크스 연구자들, 특히 마르크스 가치이론의 독창성과 정치경제학 비판에서 그 이론이 지닌 핵심적 지위를 강조하는 헤겔마르크스주의적인 연구자들이나 독일에서 이루어진 이른바 "새로운 마르크스 독해"를 지지하는 연구자들은 『"자본"을 읽자』에서 수행된 『자본』에 대한 독서가 불완전하고 왜곡된 것이라고, 또는 "전통주의적인 독해" 수준에 머물러 있다고 비판한 바 있다. 아울러 상당수의 알튀세르 연구자들도 가치이론에 대한 분석이나 물신숭배 개념에 대한 분석이 부재한다는 점을 알튀세르의 『자본』 독서의 한계라고 인정한 바 있다.

하지만 그러한 비판에 얼마간의 정당한 이유가 있다는 점을 인정한다 해도 『"자본"을 읽자』에 이에 관한 논의가 전혀 부재한 것은 아니다. 공교롭게도 이 책에서 이 문제에 관해 독창적이고 흥미로운 분석을 제공한 사람은 바로 랑시에르다.[129] 내가 "공교롭게도"라고

---

128 흥미롭게도 알튀세르는 1967년 엘렌 리트만에게 보낸 편지에서 다음과 같이 말하고 있다. "혹시 에티엔[발리바르]을 보거든 내가 다음과 같은 개념들에 대해 물어보려고 한다고 전해줘. 1)가치-**형태**란 무엇인가? 2)**가치**와 **교환가치**(마르크스는 이것이 가치가 아니며 가치의 발현형태Erscheinungsform라고 말하지)의 차이는 무엇인가? 3)어쨌든, 마르크스가 형태라는 단어에 관해 유희하고 있는, 가치-형태와 교환가치 사이에 어떤 관계가 존재하는 것 아닌가? 에티엔은 내가 암시하고 있는 것에 관해 틀림없이 알고 있을 거야." Louis Althusser, *Lettres à Hélène: 1947~1980*, ed. Olivier Corpet, Éditions Grasset & Fasquelle, 2011, p. 507. 강조는 원문; Kyle Baasch, "The theatre of economic categories: Rediscovering *Capital* in the late 1960s", *Radical Philosophy*, 2.08, 2020, p. 22에서 재인용.

129 랑시에르 논문에 관한 최근의 좋은 논의로는 John Milios, "Rethinking Marx's Value-Form Analysis from an Althusserian Perspective", *Rethinking Marxism*, vol. 21, no. 2, 2009; Panagiotis Sotiris, "Althusserianism and Value-form Theory: Rancière, Althusser and the Question of

말한 것은 몇 가지 이유 때문이다. 첫째, 『"자본"을 읽자』 이후, 특히 1968년 5월 이후 랑시에르는 알튀세르(및 다른 알튀세리엥들)와 상이한 지적 경로를 밟았을 뿐 아니라 심지어 적대적 관계를 견지했다. 이것을 상징적으로 드러낸 책이 1974년에 출간된 『알튀세르의 교훈』이었다.[130] 아마도 어떤 점에서 랑시에르는 이 책 이후 알튀세르만이 아니라 마르크스주의, 그리고 마르크스 자신과도 인식론적이고 정치적인 단절("절단"이라고 말할 수는 없겠지만)을 했다고 말할 수 있을 것이다. 『철학자와 그의 빈자들』이나 『불화: 정치와 철학』 같은 랑시에르의 대표적 저작들은 그가 마르크스(주의)에 대해 얼마나 비판적이었는지 잘 보여준다.[131] 둘째, 하지만 내가 보기에 『"자본"을 읽자』에서 이미 랑시에르는 알튀세르나 발리바르, 마슈레와 다소 상이한 이론적 지향을 보여주는데, 이는 무엇보다도 스피노자와 관련돼 있다. 앞에서 말한 것처럼, 그리고 참여자들의 증언 및 유고들이 보여주는 바와 같이, 『"자본"을 읽자』는 「이데올로기와 이데올로기적 국가장치

Fetishism", *Crisis & Critique*, vol. 2, no. 2, 2015; Uroš Kranjc, "The Absent Cause and Marx's Value Form", *Filozofski vestnik*, vol. 40, no. 3, 2019; Alya Ansari, "The Substance of Capital: Appearance qua Expression", *Décalages: A Journal of Althusser Studies*, vol. 2, no. 4, 2022를 각각 참조.

130 또한 이 책의 「3판 편자 서문」에서 지적하는 바와 같이 1973년에 소책자 네 권으로 된 『"자본"을 읽자』 2판의 완결본이 출간될 당시 이미 이 책의 일반적 입장 및 자신의 기고문 자체에 대해 비판적 입장으로 전회한 랑시에르는 자신의 글 앞에 「『"자본"을 읽자』 신판 사용설명서」라는 제목의 자기비판적인 글을 추가하고자 했으나 다른 필자들 전체의 동의를 얻지 못해 무산되자, 『현대』 지에 그 글을 실은 바 있다. Jacques Rancière, "Mode d'emploi pour une réédition de *Lire le capital*", *Les Temps Modernes*, no. 328, 1973, pp. 788~807.

131 Jacques Rancière, *Le philosophe et ses pauvres*, Flammarion, 1983; 진태원 옮김, 『불화: 정치와 철학』(1995), 도서출판 길, 2015. 물론 이것은 그가 잘못했다는 뜻이 아니다. 랑시에르의 비판적 독서 덕분에 우리는 노동자들의 삶과 운동에 대해 더 정확한 이해를 가질 수 있게 되었고, 보통 '공상적 사회주의'라고 (가치폄하되어) 불리는 19세기 노동자들의 자생적 사회주의가 얼마나 풍부한지 알 수 있게 되었다.

들」과 더불어 알튀세르의 (이단적) 스피노자주의가 가장 잘 드러나는 책이다. 반면 랑시에르의 글에서는 스피노자의 영향을 거의 찾아볼 수 없을뿐더러, 앞에서 언급한 바와 같이 가장 스피노자주의적인 개념 가운데 하나라고 할 수 있는 구조적 인과성 개념의 용법에서도 다른 공저자들과 미묘한 차이를 보여준다. 따라서 『자본』에 대한 철학적 독서를 시도하는 이 책에서 랑시에르가 유일하게 청년 마르크스의 저작을 분석하고 다른 공저자들은 거의 논의하지 않는 가치형태와 물신숭배의 문제에 주목하는 것을 그저 우연적인 일이라고 할 수는 없다.

하지만 그렇다고 해서 랑시에르의 논문을 『"자본"을 읽자』에서 배제하는 것은 정당하지도 바람직하지도 못한 일이다. 주지하다시피 『"자본"을 읽자』는 파리고등사범학교 세미나(수업) 발제문들 중 일부를 선별하여 구성된 저작이며, 이 책은 알튀세르가 수록 논문들을 한 줄 한 줄 세심하게 검토하고 수정하는 과정을 거친 이후에 출간될 수 있었다. 따라서 랑시에르의 글이 이 책에 수록되었다는 사실, 그리고 축약본에서는 제외되었지만 나중에 다시 (저자 자신의 반대에도 불구하고) 아무 수정 없이 통합된 판본으로 재출간되었다는 사실[132]은 이 글이 『"자본"을 읽자』의 온전한 일부를 이루고 있음을 잘 보여준다. 더욱이 랑시에르의 논문까지 포함한 전체로 고려될 때에만 『"자

132 이 책의 출판을 둘러싼 에피소드는, 「3판 편자 서문」에서 언급하고 있는 것보다 더 복잡하고 갈등적인 쟁점을 담고 있다. 그것은 1968년 5월을 전후한 파리고등사범학교의 알튀세르 제자들 사이의 지적·정치적 갈등, 더 나아가 급진 구조주의 운동에 참여하고 있었던 철학자 및 이론가들 사이의 갈등과 분리될 수 없는 쟁점이다. 이 문제는 차후에 좀 더 포괄적이고 세심하게 검토해볼 만한 주제다.

본"을 읽자』는 그 "갈등적이고 분파적인" 과학성에 따라 좀 더 풍부하게 독서되고 정확하게 평가될 수 있을 것이다.

어찌 됐든 출간 당시에는 덜 주목을 받았다가 나중에야 비로소 그 가치를 인정받기 시작한 랑시에르의 글[133]은 마르크스의 "정치경제학 비판"에서 "비판"이 뜻하는 바가 무엇인지 탐구하는 것을 중심 주제로 삼고 있다. 이를 위해 랑시에르는 초기 저작, 특히 1844년의 『경제학·철학 수고』(이하 '『수고』'로 약칭)에서 제시된 비판 개념과 『자본』의 비판 개념을 비교·고찰하는 방법을 택하고 있다. 먼저 랑시에르는 『수고』의 중심 주제 역시 정치경제학 또는 당시의 용어법으로 하면 국민경제학에 대한 비판이라는 점을 상기시킨다. 그런데 『수고』의 비판은 『자본』과 달리 과학의 관점에서 제기되는 비판이 아니라 무엇보다 **철학적** 비판 또는 **인간학적** 비판이라는 특징을 지닌다. 이것은 마르크스가 『수고』에서 정치경제학을 어떤 과학적 담론으로서, 따라서 독자적인 대상 및 진리성을 지닌 영역으로 간주하기보다는 소외론의 관점에서 소외된 경제적 현실을 반영하는 "사변적 담론"의 지위로만 파악하고 있음을 보여준다("거울로서의 정치경제학").

따라서 마르크스의 비판 역시 소외론에 입각한 비판인데, 이것은 이중적 절차에 따라 이루어진다. 첫째, 그것은 "모순의 심층적 의

133 여기에는 『"자본"을 읽자』 외국어 번역본들이 대부분 1968년에 출간된 2판 축약본을 저본으로 삼고 있다는 점도 큰 영향을 미친 것으로 보인다. 랑시에르의 논문은 1971~1972년 영국 알튀세리언들의 전위적 학술지였던 『이론적 실천』Theoretical Practice에 부분적으로 번역되었다가 1976년 영국의 사회과학 저널인 『경제와 사회』Economy and Society에 마지막 부분이 번역되었지만, 이 글이 마르크스주의 연구자들에게 본격적으로 주목받기 시작한 것은 2000년대 이후의 일이다.

미의 명시화"를 추구한다. 다시 말해 정치경제학의 주요 범주, 노동, 사적 소유, 자본, 화폐 같은 범주가 사실은 소외된 현실을 반영하는 범주라는 것을 보여주는 일이다. 마르크스의 다음 대목은 이를 뚜렷하게 보여준다. "노동자가 부를 생산하면 할수록, 노동자의 생산이 양적으로나 질적으로 증가할수록, 노동자는 그만큼 더 빈곤해진다. 노동자가 더 많은 상품을 창조할수록, 노동자는 그만큼 비참한 상품이 된다. 인간 세계의 가치절하(Entwertung)는 사물 세계의 가치증가(Verwertung)와 비례하여 커진다."(칼 마르크스, 『수고』, 85쪽, 랑시에르, 본문 196쪽에서 재인용) 사물 세계의 가치증가와 인간 세계의 가치절하가 모순적으로 전개되는 과정이 자본주의 사회의 경제적 현실의 특성이며, 정치경제학은 이러한 현실을 반영하고 있지만 그 의미 내지 본질은 파악하지 못한다는 것, 이것이 『수고』에서 마르크스의 비판이 첫 번째로 보여주려고 하는 점이다.

두 번째 절차를 랑시에르는 "근원적 통일의 재발견", 곧 "주체와 그 본질의 통일"(본문 188쪽)을 제시하는 것으로 규정한다. 이것은 첫 번째 절차에서 드러난 경제적 현실의 모순의 본질, 곧 그 인간학적·철학적 의미를 드러내는 것이다. 마르크스는 포이어바흐가 『기독교의 본질』을 비롯한 여러 저술에서 헤겔 철학을 비판하기 위해 사용했던 소외론의 도식, 특히 주어와 술어의 전도라는 도식에 입각하여 자본주의 사회의 경제적 현실이 지닌 소외와 그 극복의 가능성에 대해 논의한다. 이를 위해 마르크스는 정치경제학의 사변적 담론이 보여주는 경제적 현실의 모순을 인간학적·철학적 범주들로 번역하는 작업을 수행한다. 이것은 다음과 같은 질문들에 대하여 "정치경제학의 수준"에서 답변하는 것이 아니라(『수고』의 마르크스에게 정치경제학은 그 자체로 아무런 진리성도 갖고 있지 않기 때문에 비판을 위한 견고한 토대를 제공해줄 수 없다), 그보다 상위의 수준, 곧 철학적 비판의 수준에서 답변하는 일이다. 사물 세계의 가치가 증가할수록 인간 세계의 가치가 절하되는 경제적 현실의 모순적 현상은 왜 생겨나는 것일까? 노동자들이 더 많은 부를 생산할수록 왜 노동자들은 더욱더 가난해지는 것인가?

마르크스는 그 이유를, 자본주의 사회의 경제적 현실에서 노동자가 수행하는 노동이 소외된 노동이라는 것, 곧 노동생산물이 노동자를 그 대상에 예속시키는 결과를 낳고 그리하여 노동 자체가 인간에게 낯선 힘으로 대립하게 되는 결과를 초래한다는 사실에서 찾는다. 인간의 유적 삶의 실현을 위한 활동이어야 할 노동이 인간 자신을 도구화하고 예속화하는 소외의 원천으로 작용하는 것이다. 청년 마르크스주의의 현재성에 주목했던 이들은 바로 이러한 소외론이 자본주의 사회의 비인간적 성격을 비판할 수 있는 근거를 제공해준다고 강조해왔다. 하지만 랑시에르는 알튀세르의 인식론적 절단 테제에 입각하여, 『수고』에서 제시되는 노동 개념은 『자본』과 달리 과정으로서의 노동 내지 생산이 아니라 주체/객체라는 관념론적인 철학적 틀 안에서 추상적인 철학적 범주로서의 인간의 본질을 표현하는 것으로 나타난다는 점, 그런 한에서 과학적 담론으로서의 정치경제학 비판을 수행할 수 없었으며, 자본주의 사회의 특성에 대한 과학적 인식에 이를 수 없었다고 비판한다. 그리고 그런 만큼 『수고』에서 마르크스가 제시하는 공산주의 역시 헤겔의 목적론적 지양의 변증법에 따라 파악된 사변적 공산주의에 불과하다.

논문의 두 번째 부분에서 랑시에르는 『자본』에서 "비판" 개념을 알튀세르의 인식론에 입각하여 재해석하는 것을 목표로 삼고 있다. 랑시에르 논의에서 특히 흥미로운 것은 두 가지 주제인데, 하나는 가치형태를 구조적 인과성 또는 더 정확히 말하면 "환유적 인과성"에 입각하여 재해석하는 것이고, 다른 하나는 물신숭배가 소외론 내지 주체철학적 주제, 곧 주체의 가상을 가리키는 것이 아니라 자본주의적 생산과 재생산의 구조적 가상의 계기를 구성한다는 점을 보여주는 것이다. 요컨대 랑시에르는 가치형태와 물신숭배라는 주제가 알튀세르의 인식론적 관점과 양립 불가능한 것이 아니라 그 관점 내에서 재해석될 수 있음을 보여준다.

가치형태 개념과 관련하여 랑시에르는 알튀세르와 마찬가지로 가치라는 것이 리카도적 관점과 달리 투하 노동에 의해 규정되고 측정될 수 있는 것이 아니라 관계를 표현하는 증상이라고 주장한다. 이 때의 관계는 당연히 사회적 관계이며, 궁극적으로는 계급적 관계를 표현하는 것이다. 더욱이 랑시에르는 가치 개념과 관련하여 마르크스에게 중요한 것, 따라서 고전 정치경제학의 문제설정과 절단의 징표를 나타내는 지점은 **왜** 자본주의 사회에서 가치가 **이런 형태로 표현되는가** 질문하는 일이라고 지적한다. "왜 그런 내용은 그런 형태를 띠는가? 왜 노동은 가치로 표상되고, 노동의 지속시간에 의한 노동의 측정은 생산물의 가치 크기로 표상되는가?"(본문 227~228쪽) 랑시에르는 이 질문에 대한 마르크스의 답변을 분석하기 위해 단순한 가치형태를 알튀세르적 문제설정에 따라 분석하는 데 집중한다. 랑시에르는 단순한 가치형태를 표현하는 "x량의 상품 A = y량의 상품 B" 등식을 "불가능한 등식"(본문 233쪽)이라고 부른다. 그가 볼 때 이 등식은 고전 정치경제학과 마르크스의 차이, 초기 마르크스와 후기 마르크스의 차이를 보여주는 핵심 등식이다. 랑시에르의 논점이 집약된 대목을 그대로 인용해보자.

> 경제적 대상들이 관계 맺는 공간을 특징짓는 형식적 조작들은 사회적 과정을 감추면서 드러낸다.① 우리는 더는 주관성의 활동에 준거하는 인간학적 인과성이 아닌 전적으로 새로운 인과성과 마주하고 있다. 우리는 이 인과성을 자크-알랭 밀레르가 폴리체르에 대한 비판적 서술에서 정식화한 개념을 빌려 환유적 인과성이라 부를 수 있다.② 우리는 이 인과성에 대해 다음과 같이 진술할 수 있다. 결과들 사이의 연관(상품들 사이의 관계)을 규정하는 것은 부재하는 한에서의 원인(생산의 사회적 관계들)이라고 말이다. 이 부재하는 원인, 그것은 주체로서의 노동이 아니라 추상적 노동과 구체적 노동의 동일성으로, 이것을 일반화할 때 자본주의 특정 생산양식의 구조가 표현된다.③
> 달리 말해, 등식 "x량의 상품 A = y량의 상품 B"는 이미 보았듯 불가능한 등식이다. 마르크스가 장차 수행할 것, 그리고 그를 고전파 경제학과 근본적으로 구별해주는 것, 그것은 이 불가능한 등식의 가능성에 대한 이론이다.④ 고전파 경제학은 이 이론이 없어 자본주의적 생산이 분절되는 체계를 생각해내지 못한다. 이 부재하는 원인을 알아보지 못하기에, 고전파 경제학은 상품형태를 자본주의 생산양식이라는 특정 생산양식의 "가장 일반적이고 가장 단순한 형태"로 알아보지 못한다. 고전파 경제학은 비록 상품 분석에서 노동이라는 실체를 알아보았지만, 자본주의적 생산과정의 더 전개된 형태들을 이해하지는 못할 수밖에 없다.⑤ (본문 233~234쪽)

이 대목은 몇 가지 주석을 요구한다. 우선 랑시에르는 ①에서 "경제적 대상들이 관계 맺는 공간을 특징짓는 형식적 조작들", 곧 "x량의 상품 A = y량의 상품 B" 같은 등식은 "사회적 과정을 감추면서 드러낸다"고 지적한다. 이처럼 감추면서 드러내는 것에 대해 탐구하는 것은 앞에서 본 것처럼 증상적 독서의 기본적 특성이다. 따라서 우리는 랑시에르가 가치형태에 대해 증상적 독서를 시도하고 있음을 알 수 있다. 과연 이 등식은 무엇을 드러내면서 동시에 그러한 드러냄을 통해 무엇을 감추는 것일까? 이를 탐구하기 위해서는 청년 마르크스가 『수고』에서 준거한 인간학적 인과성(주어와 술어의 전도관계에 입각한)이 아니라 새로운 범주가 필요하다고 랑시에르는 ②에서 말한다. 그것은 바로 자크-알랭 밀레르가 개념화한 환유적 인과성 개념으로, 이 개념의 의미는 ③에서 "결과들 사이의 연관(상품들 사이의 관계)을 규정하는 것은 부재하는 한에서의 원인(생산의 사회적 관계들)"인 것으로 제시된다. 곧 단순한 가치형태에서 나타나는 상품 A와 상품 B의 관계 같은 결과들 사이의 관계는 이러한 결과들(곧 유통과정)의 수준에서는 드러나지 않고 부재하는 원인으로서의 생산과정에 입각할 때 비로소 과학적으로 설명될 수 있는 것이다.

하지만 랑시에르는 이 부재하는 원인은 『수고』와 같은 초기 저작에서 주장하듯 "주체로서의 노동"이 아니라, "추상노동과 구체노동의 동일성"이라고 지적한다. 구체노동은 사물의 사용가치를 만들어내는 노동이고 추상노동은 "노동들이 상품교환에서 취하는 공통적인 사회적 형태"(『자본』 1권 1장), 따라서 상품의 가치실체를 형성하는 것을 가리킨다. 이러한 노동의 이중성은 사실 상품의 이중성에서 유래하는데, 왜냐하면 어떤 상품은 단지 유용한 성질만으로 상품이 되는 것이 아니라, 시장에서 교환하기 위한 목적으로 만들어졌을 때 비로소 상품으로서 성립하기 때문이다. 그렇다면 어떤 상품이 지닌 가치를 어떻게 측정할 수 있는가 하는 문제가 제기될 것이고, 이 문제를 해명하기 위해 마르크스가 전개하는 것이 바로 가치형태의 변증법이다. 가치형태의 변증법은 일반적 등가물로서의 화폐가 상품들의 교환에서 필수적 매개 역할을 한다는 점을 보여준다. ④에서 말하듯이 이러한 가치형태 이론의 핵심을 이루는 것이 랑시에르가 불가능한 등식이라고 부르는 "x량의 상품 A = y량의 상품 B" 등식이며, 이를 통해 마르크스는 고전파 경제학과 근본적으로 구별되는 정치경제학 비판을 전개할 수 있었다. 역으로 ⑤에서 지적하듯 이러한 등식을 만들어내지도 못하고 이해하지도 못한다는 점이 바로 고전파 경제학의 근본적 한계라고 말할 수 있다.

이것이 랑시에르가 불가능한 등식이라고 말할 때 염두에 둔 첫 번째 측면이다. 두 번째 측면은 305쪽에서 논의되는 또 다른 불가능한 등식, 곧 "A =A'"(또는 독일어 표현대로 하면 G = G') 등식과 연결되어 있다. 이것은 『자본』 2권에 나오는 화폐자본의 순환정식과 관련된 것이다. 이 정식의 온전한 형태는 다음과 같다.

$$A \text{ — } A \text{ — } M \begin{cases} T \cdots\cdots P \cdots\cdots M' \text{ — } A' \text{ — } A' \\ Mp \qquad\quad (M+m) \qquad\quad (A+a) \end{cases}$$

이 온전한 등식은 화폐 A에서 증가된 화폐 A'로 이행하는 과정에는 잉여가치를 생산하는 과정[특히 노동력(T)과 생산수단(Mp)의 구매]이 포함되어 있음을 보여준다. 따라서 착취관계로서 생산관계가 자본의 가치증식을 산출하는 근본 원인이지만, 자본주의 사회 내의 행위자들에게는 이 과정이 오직 A—A'로만, 곧 화폐자본의 순환으로만 지각될 뿐이다. 하지만 "A = A'"는 왜 화폐의 증대, 자본의 증식이 이루어지는지 설명이 불가능하다는 점에서 불가능한 정식이라고 할 수 있으며, 랑시에르는 마르크스의 용어를 사용하여 이것을 "무개념성"Begriffslosigkeit이라고 부른다. 이러한 화폐자본의 순환의 핵심적 특징은, "자본의 재생산 과정, 즉 자본과 임금노동의 생산관계로 가능해진 가치의 자기증식 과정의 이러한 규정된 형태는 그 **결과** 안으로 사라지는 경향을 보인다"(본문 310쪽)는 점이다. 이것은 왜 랑시에르가 환유적 인과성 범주를 그처럼 중요하게 여기는지 잘 드러내준다. 환유적 인과성은 자본주의 생산양식에서 구조적 원인(생산관계)은 있는 그대로 나타나지 않으며, 그 결과들 속에서 사라진다는 점, 따라서 무개념성 또는 구조적 가상은 자본주의 생산양식의 재생산의 필수적 계기를 이룬다는 점을 설명해주는 개념인 것이다.

바로 이 점에서 랑시에르 논문의 또 다른 이론적 기여를 찾아볼 수 있다. 랑시에르는 루카치에서 유래하는 마르크스주의 전통과 달리 『자본』 1권 1장 4절에 나오는 "상품의 물신숭배"를 소외론의 견지에서 받아들이거나 비판하는 대신, 『자본』 3권에 등장하는 자본의 물신숭배에 주목한다. 엔리케 두셀을 비롯한 연구자들이 강조하듯이[134] 자본 물신숭배 개념은 『자본』 1권에서 제시되는 상품 물신숭배가 마르크스 물신숭배 개념의 유일하거나 최선의 형태가 아니라는 것, 오

134 엔리케 두셀, 염인수 옮김, 『미지의 마르크스를 향하여: 1861~63년 초고 해설』(2014), 갈무리, 2021; Dimitri Dimoulis and John Milios, "Commodity Fetishism vs. Capital Fetishism: Marxist Interpretations vis-à-vis Marx's Analyses in *Capital*", *Historical Materialism*, vol. 12, no. 3, 2004.

히려 자본 물신숭배는 상품 물신숭배 개념의 인간주의적 한계를 드러내주면서, 그것을 물신숭배에 빠진 이들이 지각하는 방식을 이론화한 것으로 파악할 수 있게 해준다.

랑시에르는 『자본』 3권에 등장하는 "이자 낳는 자본"에서 앞에서 말한 무개념성이 완성된 형태로 나타난다고 주장한다. 이는 여기에서 가장 구체적이고 매개적인 자본의 형태가 제시될뿐더러, 이러한 매개과정 전체가 그 결과 속에서 사라져버리기 때문이다. 그리하여 자본주의적 과정 전체가 화폐자본이 자신과 맺는 직접적 관계로 나타나고, 신비하게도 화폐자본은 스스로 가치증식하는 것으로 나타나게 된다. 랑시에르는 다시 한번 바로 이러한 "무개념적 형태"가 환유적 인과성의 근본적 측면이라고 주장한다.

여기에서 중요한 문제가 제기될 것이다. 앞에서 본 것처럼 알튀세르와 발리바르가 개념화한 구조적 인과성은, 랑시에르가 의지하는 환유적 인과성 개념과 동일한 것으로 평가할 수 없다. 전자는 스피노자주의에 철학적으로 기초를 두고 있다면 후자는 라캉의 정신분석에 입각하여 개념화된 것이다. 또한 전자가 (**역사**)**과학의 관점**에서 파악된 생산양식의 구조 및 그 이행 가능성을 설명하기 위해 제시된 개념이라면, 후자는 무개념성이나 물신숭배 같은 필연적 가상이 왜 자본주의 생산양식에, 그것의 재생산에 필수적인지 설명하기 위해 고안된 개념이다. 특히 환유적 인과성 개념은 스스로 증식하고 스스로 이윤과 이자를 낳는 "자동기계"와 같은 자본의 운동이 "한편으로 생산의 사회적 규정들의 사물화[와] (…) 다른 한편 생산의 물질적 토대들의 주체화, 즉 생산의 사회적 규정을 표상하며 감추는 사물의 주체화"(본문 316쪽)라는 이중의 운동을 포함하고 있음을 보여준다.

그렇다면 랑시에르가 제시하는 환유적 인과성 개념은 구조적 인과성과 표현적 인과성의 관계를 새롭게 사고할 계기를 제공해준다고 볼 수 있을 것이다. 요컨대 알튀세르에게 이 두 개념 가운데 전자는 사회와 역사를 과학적으로 파악할 수 있게 해주는 범주인 반면 후자는 관념론적 입장에서 사회와 역사를 이해하게 하는 범주로 제시된다. 따라서 마르크스가 창설한 역사과학을 발전시키기 위해서는 전자를 택하고 후자는 버려야 할 것이다. 반면 우리가 환유적 인과성 개념을 택한다면 표현적 인과성은 자본주의 사회를 이해하는 그릇된, 또는 "무개념적" 범주이기는 하지만, 그렇다고 해서 단순히 관념론적이거나 이데올로기적인 범주에 불과하다고 기각해버리면 되는 것이 아니다. 왜냐하면 표현적 인과성은, 자본주의적 생산과정을 가능하게 하는 모든 매개가 사라지고 오직 기원과 목적만을 드러내는, 그리하여 자본의 운동을 자동기계의 운동과 같은 것으로 표상하게 만드는 자본주의적 과정에 고유한 필연적 가상의 계기를 잘 보여주기 때문이다. 요컨대 표현적 인과성은 단순한 가상이나 주관적 착각을 가리킨다기보다는, 확고한 헤게모니를 구축하여 자기 자신을 안정적으로 재생산하게 된 자본주의적 과정을 표현하는 범주로 이해할 수도 있는 것이다.

그런 만큼 구조적 인과성과 환유적 인과성을 양자택일의 대상으로 삼는 것은 바람직하지 않으며, 가능하지도 않을 것이다. 하지만 그렇다고 해서 양자를 마냥 상보적 관계로 이해할 수도 없는데, 양자 사이에는 긴밀한 연관성과 더불어 쉽게 어울리기 어려운 불화의 요소들이 존재하기 때문이다.

(2)이행의 문제

새로운 정치경제학 비판의 방향에서 두 번째로 주목해야 할 주제는 이행transition이라는 문제다. 이 책에서 이 문제는 발리바르 글의 중심 주제 중 하나다. 앞에서 살펴본 바와 같이 발리바르는 생산양식 및 사회구성체 개념을 엄밀하게 정의하는 것을 목표로 삼고 논의를 전개하는데, 그 과정에서 이행이라는 문제에 직면하게 된다. 왜냐하면 조합과 결합의 구별에 따를 경우 생산양식들 간의 차이는 생산양식을 구성하는 요소들의 결합의 변이variation 원칙에 따라 해명되어야 하기 때문이다. 알튀세르와 발리바르는 불변적인 몇 가지 요소들 간의 무한(정)한 조합에 의지하여 구조를 설명하려는 엄밀한 의미의 구조주의(특히 레비스트로스의)와 달리, 그리고 표현적 총체성의 원리에 입각한 헤겔식의 목적론적 변증법과 달리 구조적 인과성에 의거한 결합이라는 개념은 목적론이나 역사주의의 함정에 빠지지 않는 가운데 역사적 변화 및 이행을 설명할 수 있으며, 따라서 자본주의 생산양식을 변혁하는 정치를 사고할 수 있게 해준다고 주장하고 있다. 하지만 결합이라는 개념만으로 역사적 변화, 특히 한 생산양식에서 다른 생산양식으로의 이행을 엄밀하게 설명해줄 수 있는지는 불확실하며, 실제로 풀기 어려운 아포리아에 빠지게 된다는 점은 이미 지난 수십 년 동안 여러 비판가가 지적한 바 있다.

(2-1)발리바르 이행이론의 아포리아

이 해제의 2장 4절에서 본 것처럼 발리바르는 「역사유물론의 기본 개념들에 대하여」에서 역사학의 핵심을 이루는 "시기구분"의 문제설정을 비판하면서 결합 개념에 근거하여 생산양식의 이행이라는 문제를 설명하려고 시도한 바 있다. 이러한 시도가 직면하는 난점은, 알튀세르 및 발리바르가 역사유물론의 핵심 범주로 간주한 구조적 인과성 개념의 독창성과 결부되어 있기 때문에 더 근본적인 난점이었다. 이들이 파악한 구조적 인과성 범주에 따를 경우 하나의 사회구성체는 각자 상이한 시간성을 지닌 다수의 심급들이 그것을 지배적으로 규정하는 특정한 생산양식에 입각하여 위계적 절합관계에 따라 구성된 복잡한 전체다. 그리고 하나의 생산양식은 소유연관 및 전유연관이라는 이중적 연관에 따라 직접노동자, 생산수단, 비노동자(생산수단의 소유자)라는 기본 요소들 사이의 일정한 결합관계에 따라 규정된다. 따라서 하나의 생산양식과 다른 생산양식, 예컨대 봉건적 생산양식과 자본주의 생산양식은 이러한 요소들 사이의 결합관계의 차이에 따라 상이한 생산양식으로 구별된다. 이러한 차이를 설명하는 것이 바로 구조적 인과성인데, 왜냐하면 한 생산양식을 규정하는 요소들 사이의 결합관계는 각각의 요소들이 구조 전체에 의해 규정되는 관계, 또는 어떤 구조의 효력이 각각의 요소들을 인과적으로 규정하는 관계이기 때문이다.

어려운 점은, 이렇게 구조적 인과성에 입각하여 생산양식의 차이를 규정하는 것이 가능하다고 해도, 이러한 차이를 **역사화하는** 것이 어떻게 가능한가 하는 것은 다른 문제라는 점이다. 요컨대 봉건제 생산양식과 자본주의 생산양식의 **차이**라는 문제는, 봉건제 생산양식에서 자본주의 생산양식으로의 **이행**이라는 문제와는 전혀 다른 문제인 것이다. 봉건제 생산양식에서 직접노동자와 생산수단, 비노동자 사이의 결합이 자본주의 생산양식에서의 이 요소들 사이의 결합과 상이하다는 점은 이해할 수 있지만, 설명이 필요한 문제는 **왜 이러한**

차이가 발생했는가, 봉건제 생산양식의 결합관계에서 자본주의 생산양식의 결합관계로의 이행이 왜, 어떻게 발생했는가 하는 점이다. 그럴 경우에만 구조적 인과성은 다만 "공시적" 설명을 위한 범주에 그치는 게 아니라 역사적 변화 및 이행을 "과학적으로" 설명할 수 있게 해주는 기본 범주의 지위를 정당하게 주장할 수 있기 때문이다. 그러나 이것은 『"자본"을 읽자』에서의 알튀세르와 발리바르의 관점에서는 설명하기가 거의 불가능한 문제였다. 왜냐하면 이들에게 구조적 인과성은 특정한 결합관계 또는 위계적 절합관계가 하나의 생산양식을 바로 그 생산양식이게끔 해주는 것을 설명할 수는 있어도, 왜 그러한 결합관계가 다른 생산양식을 규정하는 또 다른 결합관계로 전환하는지 또는 이행하는지 설명할 수 있게 해주는 인식 가능성의 원리까지 제시하지는 않기 때문이다.

이 문제를 마르크스의 텍스트에 입각하여 설명하기 위해 발리바르는 『자본』 1권에 나오는 두 가지 대목에 주목하는데, 하나는 "이른바 본원적 축적"에 관한 대목이고, 다른 하나는 자본의 형식적 포섭이 이루어지는 매뉴팩처에 관한 대목이다. 발리바르는 이 두 가지가 고유한 의미의 생산양식과 구별되는 **이행기 생산양식**을 표현하는 대목이라고 간주한다. 우선 본원적 축적의 경우는 봉건제 생산양식에 속한다고 할 수 없지만 그렇다고 자본주의 생산양식에 속한다고 할 수도 없는 시기, 따라서 이를테면 자본주의의 "전사"前事, pre-history라고 부를 수 있는 시기를 가리킨다. 발리바르는 "이른바 본원적 축적"에 관해서는 상반된 두 가지 관점이 대립한다고 지적한다. 하나는 부르주아적 입장을 대표하는 고전 정치경제학의 관점으로, 이 관점에 따르면 "본원적 축적"은 근면과 절약, 합리적 이윤추구 활동을 통해 자본가가 자신의 자본을 축적하게 된(그리고 역으로 프롤레타리아는 게으름과 낭비, 비합리적 활동을 통해 결국 노동을 판매해서 먹고살게 된) 과정을 지칭하는 이름이다. 하지만 발리바르는 이는 부르주아적 관점의 "회고적 투사", 이데올로기적 가상에 불과하다고 비판한다. 반면 마르크스의 관점에서 보면 본원적 축적은 강탈과 폭력으로 점철된 과정이었는데, 발리바르에게 중요한 것은 목적론적 설명의 함정에 빠지지 않기 위해서는 이것을 자본주의 **생산양식의 전사**로 파악해서는 안 된다는 점이다. 왜냐하면 그 경우 본원적 축적은, 그것이 아무리 폭력적 강탈과 착취를 수반한 것이라 해도(또는 어쩌면 바로 그렇기 때문에 더욱더) **결국** 자본주의를 산출하기로 예정되어 있던 계기로 파악되기 때문이다. 이런 의미에서 발리바르는 본원적 축적에 대한 분석은 "**자본주의 생산양식의 구조를 구성하는 요소들의 계보학**"(발리바르, 「역사유물론의 기본 개념들에 대하여」, 본문 862쪽, 강조는 원문)일 뿐이라고 지적한다. 그렇다면 이것만으로는 자본주의 생산양식으로의 이행이라는 문제가 제대로 해명될 수 없다.

그리하여 두 번째로 발리바르는 매뉴팩처 분석에 주목하는데, 앞의 경우와 달리 매뉴팩처는 이미 자본주의 생산양식 **내부에서** 일어나는 이행을 나타낸다는 점에서 이행의 내적 동력 내지 원리에 관해 무언가 실마리를 제시해줄 수 있지 않을까 기대해볼 수 있다. 발리바르는 매뉴팩처 시기가 자본의 실질적 포섭과 구별되는 형식적 포섭이 이루어진 시기라는 점에 주목한다. 그는 이러한 차이를 조응과 비-조응의 차이로 파악한다. 곧 매뉴팩처 이후 기계제 대공업 시기에 이루어지는 자본의 실질적 포섭은 자본주의적 생산력과 생산관계 사이에 본래적인 조응이 이루어지는 계기를 나타낸다면, 형식적 포섭은 아직 생산력이 본래적인 자본주의적 생산관계에 의해 충분히, 제대로 포섭되지 못한 계기, 따라서 생산력과 생산관계 사이의 비-조응의 계기를 나타낸다. 그렇다면 형식적 포섭에서 실질적 포섭으로 나아가는 것은 비-조응의 계기에서 조응의 계기로 이행하는 것, 따라서 엄밀한 의미에서의 이행이 이루어지는 것으로 파악될 수 있다. 문제는 여기에서도 여전히 앞의 경우와 같은 난점이 제기된다는 점이다. 곧 왜 이러한 이행이 이루어지는가, 구조 내부의 어떤 원리로 인해 이러한 차이화, 변이가 발생하는가 하는 문제가 여전히 해명되지 않은 채 남게 된다.[135] 더욱이 이러한 관점에서 파악된 이행은 다시 한 번 목적론을 도입하게 된다. 왜냐하면 형식적 포섭에서 실질적 포섭으로의 이행은 자본주의 생산양식이 성립하기 위해 또는 자본주의 생산양식으로 제대로 기능하기 위해 이루어져야 하는 자연스러운 이행으로 간주되기 때문이다.

이 문제가 끝내 해명되기 어려웠던 이유는 발리바르가 부지불식간에 구조주의적 인식론의 기본 전제 중 하나인 공시성과 통시성의 이원론에 사로잡혀 있었기 때문이다. 실제로 발리바르는 공시성과 통시성이라는 구조주의적 범주들에 대한 비판적 거리 두기의 필요성을 강조하면서도 지속적으로 이 두 범주를 사용하며 이행의 문제를 설명하려고 시도한다. 하지만 이러한 이원론을 따르게 되면, 구조적 인과성은 **자기완결적인 통일성의 원리**가 되고 변증법적 모순은 목적

135 이 점에 관해 가장 철저한 비판을 제기한 이들은 힌데스와 허스트였다. Barry Hindess and Paul Hirst, *Pre-Capitalist Modes of Production*, *op. cit.*, p. 262 이하. 또한 Robert Paul Resch, *Althusser and the Renewal of Marxist Social Theory*, *op. cit.*, p. 90 이하 참조.

론을 함축하는 "경향"이라는 개념으로 전환된다. 그리고 이 경우 알튀세르의 애초 제안과 달리 구조적 인과성과 표현적 인과성의 차이가 무엇인지 이해할 수 없게 된다. 따라서 이처럼 본질주의적 관점에서 사고된 구조적 인과성에 입각하는 한 생산양식 내에서 그 생산양식의 해체dissolution 내지 전환transformation의 계기를 발견하는 것은 불가능하며, 이행이나 변혁 또는 혁명, 요컨대 계급투쟁은 생산양식 개념 외부에 놓이게 된다.

(2-2)발리바르의 자기비판

이후에 발리바르는 몇 차례에 걸쳐 『"자본"을 읽자』에서 자신이 개진한 바 있는 이행이론에 관해 자기비판을 시도한 바 있다.[136] 이러한 자기비판 가운데 뒤의 두 텍스트가 주목할 만한데, 그것은 이 두 개의 자기비판이 고전적인 알튀세르적 문제설정이 종료된 이후 제시된 것이며, 발리바르의 면밀한 논의에도 불구하고 몇 가지 오해의 여지를 포함하기 때문이다. 두 텍스트의 공통점은 『"자본"을 읽자』의 난점 내지 아포리아의 핵심을 "구조와 모순" 또는 "구조와 부정성"을 함께 사고하지 못했다는 데서 찾는다는 것이다. 따라서 이것은 영미 사회과학, 특히 분석 마르크스주의의 "구조 대 행위"의 이분법, 또는 알튀

136 에티엔 발리바르, 「역사변증법에 관하여. 『"자본"을 읽자』에 관한 몇 가지 비판적 소견」(1973), 『역사유물론 연구』; "Les apories de la 'transition' et les contradictions de Marx", *Sociologie et société*, vol. 22, no. 1, 1990[윤소영 옮김, 「이행의 아포리들과 맑스의 모순들」, 『맑스주의의 역사』, 민맥, 1992]; "Structural Causality, Overdetermination and Antagonism", in *Postmodern Materialism and the Future of Marxist Theory: Essays in the Althusserian Tradition*, *op. cit*. 이 세 번째 글은 1990년에 처음 발표되고 수정·보완되어 논문집에 수록된 글인 만큼, 두 번째와 세 번째 글은 거의 같은 시기에 쓰인 것이라고 할 수 있다.

세르 비판가들이 지칠 줄 모르고 제기했던 "구조 대 역사"의 이분법과는 전혀 다른 문제설정이다. 또한 그것은, 라클라우나 바디우가 각자 제기한 것처럼 구조적 인과성과 과잉결정을 양자택일의 관계(구조냐 정세conjoncture[137]냐 또는 구조냐 사건이냐)로 사고하는 것과도 전혀 다른 문제설정이다. 마찬가지로 구조적 인과성을 중심으로 한 『"자본"을 읽자』의 알튀세르와 마주침의 유물론 내지 우발성의 유물론을 중심으로 한 유고집의 알튀세르를 분리하거나 대립시키는 것과도 다른 것이다. 실제로 발리바르는 두 글에서 여전히 "구조적 인과성"이라는 범주를 사용하고 있으며, 이 범주를 구조와 모순을 사고하기 위한 기본 전제로 삼고 있다. 그것은 무엇보다 이 범주가 마르크스 자신의 저작을 포함한 전통적 마르크스주의 역사유물론의 근저에 놓여 있는 선형적인 역사적 인과성과 단절할 수 있는 철학적 기초를 제공해주기 때문이다. "구조적 인과성은 역사적 시간과 실천의 관계를 사고하는 다른 사유방식을, 적어도 원칙적으로 도입했다. 역사적 시간은 더는, 그 속으로 실천이 사후적으로 삽입되는 외재적이고 '우주론적인'cosmological 틀로 남아 있을 수 없다."[138]

두 글은 또한 공통적으로 이러한 아포리아가 집약되는 쟁점을 "이행"의 문제로 제시하고 있다. 「'이행'의 아포리아들과 마르크스의 모순들」은 특히 알튀세르와 발리바르 자신의 이론적 작업을 "이행"의 문제를 사고하기 위한 세 차례의 시도로 간주한다. 첫 번째, 『"자

137 대부분의 국내 알튀세르 연구자들의 생각과 달리 알튀세르의 콩종크튀르 개념을 오늘날의 시점에서 "정세"라고 번역하는 것은 썩 만족스럽지 않지만, 더 좋은 대안이 없는 만큼 일단 기존의 관례대로 "정세"라고 표현하겠다.

138 Etienne Balibar, "Structural Causality, Overdetermination and Antagonism", *op. cit.*, p. 118.

본”을 읽자』에서 이행은 “생산양식”의 관점에서 고찰되었으며, 이 경우 이행은 “구조들의 변화”로 나타난다. 두 번째, 「이데올로기와 이데올로기적 국가장치들」 및 『역사유물론 연구』, 그리고 『프롤레타리아 독재에 관하여』에서 이행은 “국가”의 관점에서 고찰되었으며, 이 경우 이행은 권력의 본성을 혁명적으로 변혁하는 문제로 나타난다. 세 번째로 이행은 (1980년대 발리바르 자신의 작업에서) “이데올로기”의 관점에서 사고되었는데, 이 경우 이행은 “집합적 사고양식의 변화”의 문제로 이해된다. 중요한 것은 이행을 사고하려는 이 세 가지 시도를 **대체의 관계**로 이해해서는 안 된다는 점이다. 곧 1980년대 이후 발리바르에게 이행의 문제는 생산양식의 전환이나 권력관계의 변혁의 문제와 무관해진 것이 아니라, 세 가지 시도에서 제기된 쟁점들의 절합이라는 문제로 제기되는 것이다. 그것은 특히 한편으로 “구조” 내지 “구조적 인과성”에 대한 새로운 사고를 요구하는 것이며, 다른 한편으로 “이행”이라는 개념을 개조하는 문제다. 여기에서 다음과 같은 발리바르의 논평이 나온다.

> 이렇게 해서 『“자본”을 읽자』의 지도적 관념이었던 것을 재발견하게 되는데, 그것은 ‘경제’의 외관상의 견고함consistance을 탈구축하여 ‘사회적 관계’의 견고함이 생성되도록 하자는 것이다. 하지만 이는 전적으로 다른 전제들에 입각하여 이루어져야 한다. 곧 심층적 구조 내지 잠재적latente 인과성의 견지에서가 아니라, 항상 이미 주어져 있는 사회적 실천들 및 투쟁들의 역사적 복잡성의 견지에서 이루어져야 하는데, 이 후자에서는 필연적으로 제도의 계기 및 제도들의 위기가 출현하

게 된다.[139]

또한 이행과 관련해서는 이렇게 말한다.

> 모순들 자체의 복합체, 모순들의 '불균등성', 또는 알튀세르의 표현을 빌리면 모순들의 과잉결정이 **구조적인** 것으로 간주되어야 한다. 곧 실천에 대해 내재적이지만, 그러나 집합적 의지 자체의 기대를 벗어나는 것으로, 이상적으로는idéalement 그 의지의 기획들에서 '자유로운' 것으로 간주되어야 한다. 이 때문에 실존하는 사회적 관계를 그 위기에서 보존해내는 것은 어떠한 심급, 어떠한 국가장치의 능력으로도 감당할 수 없는 일이다. 하지만 또한 어떠한 혁명도 그 결과를 '계획화'하기 위해 그 혁명의 역사를 총체적으로 '제어'할 수는 없다. 이행은 계급사회의 구조적 인과성 안에 객관적으로 기입되어 있는 가능성으로 남아 있지만, 어떠한 예정된 진화의 경로 안에도 기입되어 있지 않다.[140]

이 점은 세 번째 글의 경우에서도 확인할 수 있다. 발리바르는 한편으로 구조적 인과성의 문제를 역사유물론의 기본 범주로 사고하기 위해서는 "동일성"과 "변화"의 양자택일, 달리 말하면 재생산과 변혁의 양자택일에서 벗어나야 한다고 주장한다. 왜냐하면 자본주의 생산양식 내지 사회구성체의 재생산은 아무런 변화 없이 동일한 것이

139 Etienne Balibar, "Les apories de la 'transition' et les contradictions de Marx", art. cit., p. 88. 엄밀한 독서를 위해 국역본은 인용하지 않겠다. 윤소영 교수를 중심으로 1990년대 초에 집중적으로 번역된 바 있는 알튀세르와 발리바르의 글들 대부분은 전면적으로 재번역되어야 한다.

140 Etienne Balibar, *Ibid*., p. 90. 강조는 원문.

그대로 반복되는 것을 가리키지 않으며, 오히려 끊임없는 변화를 함축하기 때문이다. 더 정확히 말하면, 자본주의가 자기 자신을 재생산하기 위해서는 끊임없이 자신을 변혁해야 하며, 지속적으로 이행을 시도하지 않을 수 없다. 혁신하지 않을 경우 자본주의는 무너지고 만다. 따라서 자본주의의 재생산은 자본주의의 끊임없는 변화, 끊임없는 이행을 함축하며, 이 때문에 자유방임 자본주의, 수정 자본주의, 신자유주의 등과 같이 자본주의의 역사적 시기를 구별하려는 시도가 제기된다.

(2-3)공산주의 또는 사회주의

다른 한편으로 자본주의에서 "사회주의" 내지 "공산주의"로의 이행이라는 문제도 상이하게 파악되어야 한다. 사실 『"자본"을 읽자』에서 제시된 구조적 인과성이 복수의 시간성을 함축하고 있는 한에서, 이행의 문제는 예컨대 더 이상 봉건제 생산양식→자본주의 생산양식→공산주의 생산양식과 같은 선형적인 역사적 발전 내지 전개과정의 프레임으로는 사고될 수 없다. 더욱이 이러한 선형적 이행론이 현존사회주의 및 공산당의 정당화 담론으로서 "사회주의 생산양식론"으로 귀결되기 때문에, 알튀세르와 발리바르는 1970년대 내내 사회주의와 공산주의의 차이를 개념화하기 위해 노력한 바 있다. 그것은 특히 프롤레타리아 독재와 공산주의에 대한 재정의의 문제로 집중되었는데, 세 번째 글에서 발리바르는 1970년대의 이론적 작업을 계승하면서도 그것과 다소 상이한 논점을 제기한다. 다시 말해 그는 "사회주의 생산양식론"을 기각하는 점에서는 이전과 동일한 입장을 취하지만, 이제 공산주의를 생산양식이 아닌 **"가능태"**the possible의 문제로 제시한다. 더욱이 가능태로서의 공산주의는 자본주의의 진화과정(생산력의 발전)의 맨 마지막에 그것의 목적지로서 도래하는 것이 아니라, "자본주의 역사의 각각의 연속적인 정세 안에서 생성되는"[141] 것으로, 『공산주의자 선언』 당시에 가능했고 파리코뮌 당시에도 가능했으며 1917년 러시아혁명 당시에도 가능했던 것으로 제시된다. 아울러 각각의 정세마다 가능했던 이 공산주의는 불변적 본질을 지닌 어떤 것(예컨대 "생산양식")이 아니다. 그것은 오히려 "자본주의의 **독특한** 역사 안에 있는 '비판적이고 혁명적인 경향'으로서 항상 자기 자신과 차이화되어야만 하는 것"[142]이다.

주지하다시피 사회주의/공산주의에 관한 발리바르의 사유는 2000년대 이후 상당한 변화를 보인다.[143] 이 문제를 이 자리에서 상세히 토론할 수는 없지만, 그 핵심 논점을 간단히 지적해본다면 이렇게 말할 수 있다. 첫째, 발리바르는 더 이상 공산주의를 "객체적인" 어떤 것, 생산양식이나 체계, 구조 등으로 사고하지 않는다. 그것은 오히려 "무엇"이 아닌 "누구"의 문제로 사고되며, 따라서 공산주의란 무엇인가 하는 질문이 아닌 누가 공산주의자인가 하는 질문을 중심으로 사고된다. 곧 공산주의자는 마르크스주의를 수용하고 반자본주의 혁명을 추구하는 이들(만)을 가리키는 게 아니라, 각각 자신이 처해 있는

141 Etienne Balibar, "Structural Causality, Overdetermination and Antagonism", *op. cit*., p. 116.

142 Etienne Balibar, *Ibid*. 강조는 원문.

143 사회주의/공산주의에 관한 발리바르의 주요 저술의 국역본은 웹진 인-무브에서 읽을 수 있다. https://en-movement.net/category/EC9DB8-EBACB4EBB88C20Translation/EBB09CEBA6ACEBB094EBA5B42C20EAB3B5EC82B0ECA3BCEC9D98EBA5BC20EC82ACEAB3A0ED9598EB8BA4(2024. 6. 25. 최종 접속).

정세적 조건 속에서 자기들 나름의 방식대로 해방의 실천을 전개하는 이들(그가 비정규직 노조 운동가이든 반인종주의 활동가이든 성적 소수자 인권운동가이든 장애운동가이든 아니면 기후정의운동가이든 간에)을 지칭한다. 요컨대 공산주의는 유명론적일 뿐 아니라 수행적 명칭이다. 이것은 사실 풀란차스에 관한 1999년의 글 「공산주의와 시민성」에서 "외적인 공산주의"[국가권력의 장악 및 이것에 기초하여 생산양식을 변혁하려는 객관적 체계(당, 국가의 이중권력으로 표현되는)로서의 공산주의]와 "내적인 공산주의", 곧 다양한 분야에서 다양한 방식으로 전개되는 "사회적·정치적·지적 실천에 내적인 공산주의"를 구별한 이래 공산주의에 관한 발리바르 사고의 지속적 준거를 이루는 것이다(웹진 인-무브에 실린 번역본 참조). 공산주의에 관한 이러한 관점은 한편으로 『독일 이데올로기』에서 공산주의를 "현존하는 상태를 철폐하는aufhebt 현실적 운동"으로 규정한 것에 근거를 둔 것이며, 다른 한편으로는 『공산주의자 선언』에서 진정한 의미의 공산주의자들을, 노동자계급을 조직하고 그들의 이해관계만을 대표하는 이들이 아니라, 더욱이 **우리**나라의, **우리** 정파의, **우리** 조직의 이해관계만을 대표하는 이들이 아니라, "모든 혁명운동"을 대표하며, "모든 나라의 민주주의 당파들의 통합 및 상호 일치"를 위해 활동하는 이들로 정의한 것에 기초를 둔 것이다.

둘째, 그렇다면 아마도 적지 않은 이들이 공산주의에 대한 이러한 정의가 너무 주관주의적인 것 아닌가, 어쨌든 이행이나 변혁을 사고하기 위해 공산주의는 무언가 객체적인 것으로, 실질적인 실재성을 지닌 것으로 이해되어야 하지 않는가 하고 비판적 질문을 제기할 수 있을 것이다. 그런데 내가 보기에 발리바르에게 이러한 의미의 객체적인 것, 더 정확히 말하면 전략적 실천들의 구조 내지 연관망 같은 것, 따라서 탈성장을 위한 생산과 (탈)소유의 조직화 및 권력의 탈구축적 제도화, 교육 체계 및 민주주의적 공론장의 구성 등을 이행의 쟁점으로 사고하고 실천할 수 있게 해주는 준거 역할을 할 수 있는 것은 오히려 **사회주의**의 문제로 제기된다. 발리바르는 특히 최근 출간된 『종결될 수 없는 역사. 한 세기에서 다른 세기로: 저작집 1권』의 결론, 곧 「규제, 봉기, 유토피아: 21세기의 사회주의를 위하여」에서 사회주의를 "자본주의에 대한 대안"으로서 새롭게 사고하고 실천적 의제로 제기할 것을 주장하고 있다.[144] 이러한 주장은 국내의 발리바르 독자들에게는 매우 놀라운 소식일 것이다. 특히 1970년대 알튀세르와 발리바르의 프롤레타리아 독재론을 알튀세르주의의 불변의 정치적 진리로 간주하는 이들에게는 더더욱 놀라운 주장(또는 아마도 배신)으로 여겨질 것이다. 하지만 내가 보기에 이는 1990년대 이래 발리바르의 이론적 작업, 특히 공산주의에 관한 작업과 매우 일관적인 것일뿐더러, 오늘날 우리가 직면해 있는 다중적 재난, 다시 말해 생태적 재난

---

144 Etienne Balibar, "Régulations, insurrections, utopies. Pour un 'socialisme' du 21ème siècle", in *Histoire interminable, d'une siècle à l'autre. Ecrits I*, Editions La Découverte, 2020. 또한 다음 두 개의 대담도 참조. "Le communisme, c'est une subjectivité collective agissante et diverse: Entretien avec Étienne Balibar", *L'Humanité*, 2020. 2. 21. https://www.humanite.fr/en-debat/etienne-balibar/etienne-balibar-le-communisme-cest-une-subjectivite-collective-agissante-et-diverse(2024. 6. 25. 현재 프랑스어판 원문은 접속이 어렵다); 우리말 번역본은, 「발리바르: 공산주의는 능동적이고 다양한 집합적 주체성입니다」, 플랫폼C, https://platformc.kr/2020/08/active-and-diverse-collective-subjectivity/(2024. 6. 25. 최종 접속); "Socialism and Democracy Are Intrinsically Related Ideas: An Interview with Étienne Balibar", *Jacobin Magazine*, 2023. 12. 3. https://jacobin.com/2023/12/etienne-balibar-socialism-liberty-equality-democracy-theory-marx(2024. 6. 25. 최종 접속).

이기도 하고 보건 재난이기도 하며 사회적 재난이기도 하고 젠더적 재난이자 지정학적 재난이기도 한, 그리고 무엇보다도 자본주의적으로 조직된 사회적 관계 그 자체의 재난이기도 한 다중적 재난에 전략적으로 대응하기 위한 매우 설득력 있고 시의적인 제안이기도 하다.

하지만 이미 너무나 길어진 이 해제에서 이 문제까지 상세하게 논의할 여지는 없으므로 왜 내가 이 제안이 아주 일관된 것이라고 생각하는지만 간단히 몇 마디 덧붙여보겠다(발리바르의 제안에 대해서는 앞으로 더 상세하고 다각적인 연구와 토론이 뒤따라야 할 것이다). 첫 번째 이유는 알튀세르와 발리바르가 항상 사회주의는 독자적 생산양식이 아니라 "이행기"라고 간주했다는 점 때문이다. 이 점에서 그들은 사회주의에 대한 레닌의 정의를 매우 중시했는데, 그것은 레닌의 정의가 사회주의를 **모순적 이행기**로 규정하기 때문이다. 곧 사회주의는 자본주의적 요소들과 공산주의적 요소들이 공존하는 시기이자, 국가이면서 비-국가로 특징지을 수 있는 시기, 따라서 피지배계급으로서의 프롤레타리아를 지배계급으로 조직하는 것과 위계적 권력의 질서로서 국가적인 것에 맞서는 피지배 민중들의 무정부주의적(랑시에르가 말한 '안-아르케'an-arkhe의 의미에서) 또는 반反국가적 역량을 최대한 전개하는 것이 서로 경합하면서 작용하는 시기이다.[145]

---

145 따라서 아나키즘의 문제 역시 새로운 방식으로 제기될 수밖에 없다. 아나키즘에 관한 주목할 만한 철학적 연구로는 Catherine Malabou, *Au voleur! Anarchisme et philosophie*, PUF, 2022 참조. 또한 발리바르와 말라부의 토론으로는, "Anarchism, Philosophy and the State Today: A conversation", In Peter Osborne ed., *Afterlives: Transcendentals, Universals, Others*, CRMEP Books. 2022, pp. 163~186 참조. 이 책은 다음 주소에서 무료로 내려받을 수 있다. https://www.kingston.ac.uk/faculties/kingston-school-of-art/research-and-innovation/crmep/crmep-books/ (2024. 6. 25. 최종 접속). 이 대담의 우리말 번역본은 현대정치철학연구회 옮김, 「대담: 아나

만약 우리가 역사의 최종 목적지로서 공산주의(생산양식) 같은 것을 전제한다면,[146] 사회주의는 그것이 아무리 장기적 과정이라 하더라도 결국 잠정적이고 미완의 **단계**에 불과하겠지만, 공산주의라는 관념에서 목적론적이고 종말론적인 의미를 제거하여 그것을 "능동적이고 다양한 집합적 주체성"subjectivité collective agissante et diverse으로 이해한다면, "모순적 이행기"로서의 사회주의는 사실 자본주의에서 반자본주의anti-capitalism(포스트자본주의가 아니라)로의 이행을 사고하기에 훨씬 적합한 범주라 할 수 있다.

둘째, 그렇다면 발리바르가 강조하듯이 사회주의와 공산주의의 관계는, 1970년대의 알튀세르와 발리바르가 강조한 바와 같이 잠정적 이행기 대 목적지의 관계도 아니고 이데올로기적 통념 대 과학적 개념의 관계도 아니며, 오히려 **상보적** 관계라고 말해야 한다. 하지만 이러한 상보성이 마냥 조화롭고 호혜적인 관계라고 이해해서는 안 된다. 그것은 발리바르가 '공산주의'를 유명론적이면서 수행적인 방식으로 재정의하는 데 이미 함축되어 있는 점인데, "발리바르: 공산주의는 능동적이고 다양한 집합적 주체성입니다"라는 대담 제목에서 이 점은 특히 "다양한"이라는 용어로 나타난다. 프랑스어 divers(e)는 아마도 영어의 diverse와 달리 라틴어 diversus의 어원적 의미, 곧 등을

키즘, 철학 그리고 오늘날의 국가」, 『푸코와 맑스주의: 정치와 미학』, 현대정치철학연구회, 2023(비매품).

146 내가 보기에 1970년대 알튀세르와 발리바르의 프롤레타리아 독재에 관한 사유는 공산주의에 관한 목적론적이거나 종말론적인 개념화에서 자유롭지 못했다. 이 점에 관해서는 진태원, 「알튀세르와 68: 혁명의 과소결정?」, 한국프랑스철학회 엮음, 『철학, 혁명을 말하다』, 이학사, 2018 참조.

돌린, 대립하는, 상반된이라는 의미가 더 많이 함축되어 있다고 볼 수 있을 것이다. 그렇다면 제목에서 사용된 divers(e)라는 용어는 단지 공산주의라는 개념이 서로 상이한 지향을 지닌 다양한 운동, 예컨대 비정규직 철폐운동이나 (미등록)이주자인권운동, 성소수자운동, 주민자치운동, 기후정의운동이나 장애인차별철폐운동 같은 다양한 운동을 포괄하다는 점을 가리킬 뿐만 아니라, 그 운동들 사이에 본래적 갈등과 심지어 적대적 경향을 포함하는 것으로 이해할 수 있다. 발리바르가 새롭게 정의하는 공산주의는 고유한 의미의 반자본주의 정치를 넘어서는 다양한 지향을 함축한다는 점에서도 유명론적이지만, 이러한 정치와 갈등하거나 심지어 적대할 수 있는 운동까지 포괄한다는 점에서 더욱더 유명론적이고 수행적이다. 곧 그것은 미리 정해진 내용이나 내적 갈등과 적대의 해결 원리를 지니고 있지 않다. 그것은 운동 속에서 풀어나가야 할 과제다. 그리고 이 때문에 전형적으로 유럽중심적 성격을 띠는 '공산주의'라는 명칭 자체가 상대화될 수밖에 없으며, 앞으로 더 많은 토론이 뒤따라야겠지만 내 생각에는 비유럽적 문화와 사회에서 그 명칭을 마치 급진적 해방의 정치의 불변적 상징이라도 되는 양 고수하는 것은 필요하지도 바람직하지도 않다.

(2-4)알튀세르의 이행론: 마주침과 우발성

지금까지 다소 길게 논의한 것은 결국 『"자본"을 읽자』에서 제출된 '이행'에 관한 구조적 마르크스주의 테제에 대한 발리바르 자신의 자기비판 또는 증상적 독서의 논점을 중심으로 한 것이었다. 그렇다면 '이행'에 관한 알튀세르의 자기비판 내지 증상적 독서는 어떻게 전개되었을까? 이 문제에 관해서는 역시 알튀세르 유고집에서 가장 관심을 많이 끌었던 마주침의 유물론 내지 우발성의 유물론이 논의의 초점을 이룰 수밖에 없다. 우선 마주침의 유물론에 관한 알튀세르의 생각은 이미 1966년에 저술된 「발생에 관하여」라는 글에 뚜렷하게 나타나 있다는 점, 따라서 마주침의 유물론을 말년의 한 시기(1980년대)에 고안된 것으로 생각하는 것은 불가능하다는 점을 다시 한번 강조해둘 필요가 있다. 이 글에서 알튀세르는 "발생에 대한 이데올로기적 (종교적) 범주를 대체하기 위해… '마주침의 이론' 또는 '공접합 conjonction'의 이론"[147]의 가능성을 탐색하고 있다. 그런데 이 공접합이라는 개념은 『"자본"을 읽자』의 중심적 탐구 주제였던 생산양식 개념을 새롭게 사고하기 위해 고안된 것임이 여러 대목에서 드러난다.

첫째, 알튀세르는 이 개념이 생산양식이라는 구조를 "**공접합**의 효과"로 사고하기 위해 도입되었다고 언급한다. 이는 "구조의 돌발"-surgissement[148]을 선형적 계보를 따라 전승되는 "친자관계의 선형적 인과성"[149]이나 그것과 사실상 다르지 않은 헤겔의 변증법적 인과성과 다른 식으로 파악하려는 알튀세르의 의도를 나타낸다. 이는 알튀세르가 그 전해에 출간된 『"자본"을 읽자』에서 제시된, 한 구조에서 새로운 구조로의 이행이론에 대해 만족스럽게 생각하지 않고 있었다는 점을 잘 보여준다. 하지만 여전히 헤겔의 변증법과 거리를 두면서, 그것이 계승하는 목적론의 논리에서 어떻게 벗어날 것인지가 중심적 주제가 된다.

147 루이 알튀세르, 『역사에 관한 글들』, 91쪽.
148 루이 알튀세르, 같은 책, 같은 곳.
149 같은 책, 92쪽.

둘째, 더 나아가 알튀세르는 『"자본"을 읽자』에서 생산양식을 엄밀하게 개념화하기 위해 사용한 중심 범주, 곧 마르크스의 Verbindung이라는 독일어에 상응하는 프랑스어 "결합"combinaison이라는 범주를 대신하여 "공접합"이라는 개념을 제시하고 있다.

> 마르크스에 의해 정의 내려진 요소들은 서로 "결합한다"combiner. ('Verbindung'이라는 용어를 번역하기 위해) 나는 어떤 새로운 구조 속에서 〔그 요소들이〕 "응고"되는 방식으로 "공접합한다"conjoindre고 말하는 것을 선호한다. (…) 하지만 새로운 구조의 공접합 속에서 서로 결합하는 요소들 **각각**(이 경우에, 축적된 화폐-자본, "자유로운" 노동력, 즉 자신들의 노동수단들을 빼앗긴 노동력, 기술적 혁신들)은 그 자체로 하나의 **생산물**, 하나의 **효과**이다.[150]

왜 알튀세르는 얼마 지나지도 않은 시점에, 자신이 공들여 개념화한 결합이라는 범주가 아니라 새롭게 "공접합"이라는 범주를 도입하여 이행의 문제 또는 새로운 구조의 형성이라는 문제를 사유하려고 하는가? 그 이유를 정확히 파악하는 것은 불가능하지만, 한 가지 점은 지적해둘 수 있다. 그것은 공접합, 곧 conjonction이라는 이 개념이 알튀세르가 『마르크스를 위하여』에서, 특히 「모순과 과잉결정」에서 공들여 개념화한 '정세' 내지 콩종크튀르conjoncture라는 개념을 염두에 두고 제시되었다는 점이다. 이는 알튀세르 사유의 방향이 구

150 같은 책, 91~92쪽. 강조는 원문.

조적 인과성과 과잉결정을 결합하려는 것, 또는 과잉결정의 기반 위에서 구조적 인과성을 다시 사유하려는 것임을 말해준다.

이 글에서 또 하나 주목할 만한 점은, 발리바르가 자신의 글에서 엄밀한 의미의 생산양식의 이행이론에는 미치지 못하는 "자본주의 생산양식의 구조를 구성하는 요소들의 계보학"이라고 부른 것을 공접합 개념의 특성을 잘 보여주는 논점으로 재전유한다는 점이다.

> 마르크스의 논증에서 중요한 것은, 바로 이러한 세 요소들이, 유일하며 동일한 한 상황의 **동시적인** 산물들이 아니라는 것이다. 달리 말해, 봉건적 생산양식이 혼자의 힘으로, 섭리적인 목적성을 따라, 새로운 구조가 "응고되기" 위해 필수적인 **세 요소들을 동시에** 야기하는 것이 아니다. 이러한 요소들 각각은 각자의 고유한 "역사" 내지는 (발리바르가 이와 관련해서 성공적으로 사용한 바 있는 니체의 개념을 다시금 취해보자면) 각자의 고유한 **계보를** 지니며, 이 세 계보는 상대적으로 **독립적이다**. 우리는 심지어 마르크스가, 동일한 한 요소("자유로운" 노동력)가 **완전히 상이한** 계보들에 의해 결과로 생산될 수 있음을 밝혀준다는 것을 볼 수 있다.[151]

이러한 요소들의 계보학이 중요한 것은, 저 유명한 "맹아" 관념, 곧 "자본주의 생산양식이 봉건적 생산양식 속에 '**맹아로**' 포함"되어 있다고 보는 목적론적 논리로서의 발생의 논리를 배제할 수 있게 해

151 같은 책, 92쪽.

주기 때문이다.

이 구절은 마주침의 유물론의 핵심 텍스트 중 하나로 간주되는 「마주침의 유물론의 은밀한 흐름」의 한 대목을 더 정확히 읽을 수 있게 해준다. 이 대목에서도 여전히 알튀세르는 생산양식 개념에 주목한다.

> 생산양식이란 무엇인가? 우리는, 마르크스와 더불어 그것[생산양식]을 요소들 간의 특수한 "결합"combinaison이라 말한 바 있다. 이 요소들이란 금융적 축적(…), 생산의 기술적 수단들(…)의 축적, 생산 소재(자연)의 축적 그리고 생산자들(일체의 생산수단을 박탈당한 프롤레타리아들)의 축적이다. 역사 속에서 이러한 요소들은 한 생산양식이 **존재하도록 하기 위해** 존재하는 것이 아니다. 그것들은 그것들의 "축적"과 "결합" 이전에는 "떠다니는" 상태로 존재한다. 이 요소들 각자는 모두 각자의 역사의 산물이며, 그중 어느 것도 다른 것들의 산물이거나 이 요소들의 역사의 목적론적 산물이 아니다.① 마르크스와 엥겔스가 프롤레타리아는 "대공업의 산물"이라 말했을 때 그들은 크게 어리석은 말을 한 것이다.② 생산양식을 구성하는 요소들의 하나인 이 박탈되고 헐벗은 대량의 사람들을 프롤레타리아로 생산하는(재생산하는 것이 아니라) "마주침"의 우발적 논리③ 속에 자리 잡는 것이 아니라 **프롤레타리아의 확대재생산이라는 완수된 사실**(기성 사실)fait accompli의 **논리**④ 속에 자리 잡으면서 말이다. 이렇게 함으로써 그는 생산양식에 대한 첫 번째 관념, 역사적·우발적 관념으로부터 본질주의적이고 철학적

인 두 번째 관념으로 넘어간다.⑤[152]

①은, "공접합"이라는 범주를 제외한다면, 「발생에 관하여」에서 알튀세르가 말했던 것과 거의 동일하다. 반면 ②~⑤에서 알튀세르는 마르크스와 엥겔스가 "완수된 사실의 논리", 곧 목적론의 논리에 여전히 사로잡혀 있는 대목을 지적하면서 이것을 "마주침의 우발적 논리"와 대비시킨다는 점에서 「발생에 관하여」보다 한 걸음 더 나아가 있다. 여기에서 핵심은 ④인데, 이것은 바로 자본의 관점에서 자본의 축적에 필요한 잉여가치의 산출자로서, 더 나아가 자본의 한 요소로서 프롤레타리아를 이해하는 관점이다. 알튀세르는 ⑤에서 이와 대비되는 "마주침의 우발적 논리"라는 것을 제시한다. 이는 봉건제 생산양식 내부에서 우연적 마주침에 의해 자신의 농지를 상실하고 이곳저곳을 떠돌아다니게 된 '박탈되고 헐벗은 대량의 사람들'이 돈 많은 사람들과 우연적으로 마주치는 계기를 표현한다. 이것은 프롤레타리아가 성립하기 위해 필수적인 마주침이지만, 아직 자본의 일부로서 프롤레타리아로 포섭되기 이전의 마주침이다. 알튀세르는 이 두 가지 프롤레타리아를, 마르크스와 엥겔스가 혼동하고 있다고 비판하는 것이다. 그리고 그는 이 점을 다음과 같이 부연한다.

> 우리는 거기에서 우리가 그 결과를 아는 역사적 현상, 즉 영국에서 일어난, 전체 농촌 주민으로부터 생산수단을 박탈한 현상, 그러나 그 원

152 L. Althusser, "Le courant souterrain du matérialisme de la rencontre", in *Écrits philosophiques et politiques*, *op. cit*., p. 586[『철학과 맑스주의』, 85~86쪽], 번역은 다소 수정.

인들이 그 결과 및 그 결과의 효과들과 무관한 현상이 산출되는 것을 본다. 그것은 넓은 사냥터들을 확보해두기 위한 것이었는가? 아니면 양을 사육하려 끝없이 넓은 들판을 남겨두기 위한 것이었는가? 폭력적인 이 박탈과정의, 특히 그 폭력성의 지배적 이유가 어떤 것이었는지를 확실히 알 수는 없으며, 더욱이 그것이 중요하지도 않다. 중요한 것은 이 과정이 발생하였고, 궁핍한 일손을 찾는 "돈 많은 사람들"이 추정했던 그 과정의 가능한 목적에서 즉각 일탈한 하나의 결과로 귀착했다는 사실이다. **이러한 일탈은 이 과정의 비목적성의 표시이며**, 이 과정의 결과가, 그러한 결과를 가능하게 했지만 그 결과와는 전적으로 낯선 것이었던 한 과정 속에 기입되었다는 표시다.[153]

영국에서 일어났던 인클로저 운동이 결국 자본주의 생산양식의 구성으로 귀결되었던 과정을 묘사하는 이 대목에서 알튀세르가 강조하는 것은 이 운동을 발생시킨 원인과 그 결과 및 효과 사이의 **괴리, 일탈**이다. 인클로저 운동은 화폐자본의 축적을 목적으로 수행된 것도 아니고 생산수단을 박탈당하고 또한 중세적 신분관계에서 유리된 프롤레타리아를 형성하기 위한 것도 아니었지만, **결과적으로** 이 운동은 자본의 축적과 이중의 의미에서 자유로운 프롤레타리아를 산출함으로써 자본주의 생산양식을 낳게 되었다는 것이다. 그가 이러한 괴리와 일탈을 강조하는 것은, 어떤 과정을 시작한 원인과 그 과정이 전개된 끝에 산출된 결과 사이의 이러한 괴리야말로 이 과정(더 나아가

153 L. Althusser, "Le courant souterrain du matérialisme de la rencontre", in *Écrits philosophiques et politiques*, tome 1, p. 587 [『철학과 맑스주의』, 86~87쪽], 번역은 다소 수정.

모든 역사적 과정)의 근원적인 비목적성을 나타내는 표시이기 때문이다. 그리고 알튀세르에 따르면 근원적인 비목적성이야말로 유물론의 진정한 징표라는 점을 감안하면,[154] 이러한 괴리와 일탈은 역사를 유물론적으로 파악하려는, 따라서 유물론의 우위에 변증법을 종속시키려는 알튀세르의 관심에 잘 부합하는 것이라고 할 수 있다.

따라서 우발성의 유물론 내지 마주침의 유물론을, 일부에서 주장하듯이 비합리주의의 징표로 치부할 수는 없다. 그것은 오히려 변증법에 사로잡히지 않는, 따라서 **기존의 체계의 재생산의 원환에 사로잡히지 않는**[155] 돌발의 가능성, 근원적으로 새로운 생성의 가능성을 모색하려는 시도의 표현이라고 할 수 있다. 핵심은 어떤 요소가 어떤 체계의 한 요소로 생산되는 과정과 그러한 체계가 성립한 이후 그 요소가 그 체계의 요소로 재생산되는 것을 두 가지 상이한 논리에 속하는 두 가지 사태로 엄밀히 구별하는 것이다. "프롤레타리아의 생산을 사고한다고 믿으면서 실은 그것의 **재생산**을 사고함을, 프롤레타리아가 완수되어감devenir-accompli을 사고한다고 믿으면서 실은 완수된 사실을 사고함…."[156]

154 알튀세르는 이러한 유물론의 기원(중 하나)을 스피노자에게서 찾는다. "나는 스피노자에서 많은 영향을 받았다. (…) 기원도 종말도 없는 이 사상보다 더 유물론적인 것은 없다. 나는 훗날 바로 이 사상에서, 역사와 진리를 목적도 없고 (…) **주체도 없는** (…) **과정**이라고 한 나의 명제를 끌어내게 되었다. 왜냐하면 목적을 근원적 원인으로(근원과 목적이 거울에 반사되는 것으로) 파악하기를 거부하는 것, 그것이 바로 유물론적으로 사고하는 것이기 때문이다"(『미래는 오래 지속된다』, 287쪽).

155 알튀세르가 "변증법은 **의심스러운 정도를 넘어서 해롭다는 것**, 즉 항상 다소 목적론적"(『철학에 대하여』, 153쪽)이라고 주장하는 것은 변증법이 기본적으로 재생산의 논리라고 보기 때문이다.

156 L. Althusser, "Le courant souterrain du matérialisme de la rencontre", in *Écrits philosophiques et*

이것은 결국 마주침의 유물론에서 알튀세르가 고심했던 문제는, **어떤 체계 속에 존재하지만 그 체계로 환원되지 않는** 요소, 그 체계의 재생산 과정 속에 포함되어 있고 또 그러한 재생산을 **통해서만 실존할 수 있지만, 그러나 동시에 그 재생산에 대해 이질적으로 남아 있는** 요소, 따라서 그 체계 **내부의 외부적 요소**를 어떻게 사고할 것인가 하는 문제였음을 의미한다. 이것은, 프롤레타리아 또는 프롤레타리아로 실존하는 대중masses은 자본주의 생산양식의 구성적 요소로서, 그 체계의 재생산과정 속에서 실존할 수밖에 없지만(따라서 변증법적 모순은 역사의 운동을 이끌어가는 기본 동력이다), 동시에 그 체계의 재생산과정 속으로 환원될 수는 없으며, 환원되어서도 안 된다는 알튀세르의 지속적인 이론적 입장의 표현인 것이다.

그렇다면 알튀세르의 마주침의 유물론 또는 우발성의 유물론이 이행의 문제와 관련하여 시사하는 것은, 세 가지 우발성의 관념이라고 할 수 있을 것이다. 첫째, **기원의 우발성**이라는 점이다. 그것이 생산양식이 되었든 국가가 되었든 어떤 것은 처음부터 존재하게 예정되어 있던 것이 아니라 또는 어떤 맹아로 존재하는 것이 아니라, 우연적 마주침의 역사적 산물이다. 둘째, **재생산의 우발성**이라고 할 수 있는 관념도 존재한다. 처음에는 자본주의의 형성을 목표로 하지 않은 어떤 부유하는 요소들(마주침 이전에는 "유령적 실존existence fantômatique"[157]만을 지니고 있는 원자들)이 마주침을 통해 자본주의의 성립을 낳았다면(이른바 본원적 축적), 이렇게 성립된 자본주의적 구조는

politiques, tome 1, p. 587 [『철학과 맑스주의』, 87쪽].

157 L. Althusser, *Ibid*., p. 556 [같은 책, 39쪽].

산업자본과 자유로운 노동력을 결합하여 자본주의적 생산관계를 형성함으로써 구조적 효력을 낳는다. 그리하여 구조적 효력이 공고해지는 어느 시점에 이르면(형식적 포섭에서 실질적 포섭으로), 자본주의는 역사적 전개과정에서 하나의 **획기의 기점**이 된다.

곧 자본주의 이전과 이후로(또는 근대 이전과 이후로) 역사가 구별되고, 어떻게 전 자본주의 또는 봉건제에서 자본주의로의 이행이 이루어지게 됐는가 여부를 따지는 것(그 이행의 결정적 요인은 무엇이었는가, 그러한 이행은 왜 유럽에서만 전형적으로 나타나고 다른 지역에서는 '왜곡'되거나 '불순한' 형태로 나타나는가 등)이 역사가들의 주요 과제 중 하나가 된다. 이렇게 자본주의가 하나의 구조 또는 시대로 구조화되면, 자본주의 안에 여러 가지 이질적 요소가 존재한다고 해도, 그것은 한편으로 유제(봉건적 유제)로 나타나든지 아니면 부차적이거나 예외적인 것, 또는 시정되거나 바로잡아야 할 왜곡된 현상 내지 병리적 요소(전근대적 비합리성 등)로만 표현된다. 곧 구조의 재생산 논리가 헤게모니를 획득하게 되는 것이다. 그리고 확고한 헤게모니의 성립을 표현하는 것이 바로 알튀세르가 라이프니츠-헤겔적인 인과성 범주로 귀속시킨 바 있는 표현적 인과성이라는 범주다.

마주침의 유물론이 보이고자 하는 것은, 이러한 구조의 재생산은 필연적인 것이 아니며 그것의 기저에는 **우발적 마주침의 요소들이 지속적으로 잠재해 있다**virtual는 점, 또는 자본주의 구조의 재생산은 매번 그것을 구성하는 요소들 사이의 **우발적 마주침을 필연적인 것 내지 규칙적인 것으로 만드는 데**(곧 표현적 인과성을 지배적 논리로 구축하는 데) **의존한다는 점**이다. 자본주의 재생산의 논리에서 볼 때 전자본주의적 유제로 나타나거나 주변적 요소 내지 심지어 병리적 현상으로 표현되는 것은, 자본주의적 체계로 완전히 포섭되지 않은, 또는 그 논리에 이질적인 요소들이며, 심지어 자본주의 체제에서 가장 중요한 요소, 곧 노동자들까지도 완전히 포섭되지 않는다. "프롤레타리아의 확대재생산"이라는 구조적·목적론적 논리의 작용이 존재한다면, 또한 예측된 목표에서 벗어나는 우발적 마주침("프롤레타리아의 생산")의 가능성도 늘 존재하게 된다. 이는 구조의 성립 및 재생산 자체가 그 요소들 사이의 마주침에 의존하기 때문이다.

셋째, 따라서 **이행의 우발성**이라는 관념도 존재한다. 사실 자본주의 체제의 성립 자체가 우발적으로, 봉건제 체제의 재생산의 논리에서 봤을 때 목표했거나 예측하지 않았던 힘들의 마주침에 의해 이루어졌거니와, 알튀세르에 따르면 비자본주의 체제의 형성 역시 이러한 우발성에 따라 이루어질 수밖에 없다. 그리고 이행은 예전의 마르크스주의적 관점과 달리 미래의 특정한 시기에, 그것도 역사의 목적 내지 종착지로서 이루어지는 것이 아니라, **이미 다양한 방식으로 일어나고 있다**는 것이 마주침의 유물론의 관점이다. 실제로 알튀세르는 공산주의를 자본주의 내부에 존재하는 "틈새" 내지 "섬들"이라고 표현한다. 비자본주의적 요소들은, 자본주의 체제 내부에 섬들처럼, 틈새처럼 이미 존재하고 있고 작동하고 있다는 것이다. 바로 이런 의미에서 알튀세르는 「제국주의에 관하여」(1973)에서 "**공산주의**는 **도대체 언제부터** 존재하기 시작하는가?"라고 질문하면서 "이 질문에 대한 답은 공산주의가 자본주의적 생산양식이 존재하기 시작하자마자 존재하기 시작한다"[158]고 답변한다.

발리바르와 달리 알튀세르는 생애의 말년까지 사회주의와 공산주의를 비대칭적인 것으로서 사고한다. 곧 그에게 진정으로 의미 있는 것은 공산주의, 그것도 생산양식으로서의 공산주의이며, 사회주의 생산양식 같은 것은 존재하지 않는다. 더욱이 사회주의는 공산주의의 일부로서 실천되는 한에서만 존재가치를 얻을 수 있다. 알튀세르가 더 오래 살았다면 생각이 달라졌을까? 부질없는 질문이다. 오히려 중요한 것은 이행에 관한 사유에서 알튀세르와 발리바르의 사고의 차이,[159] 그리고 그 간격은 알튀세르 및 알튀세르의 문제설정에 대한 증상적 독서를 위한 더 풍부한 요소들을 제공해준다는 점이다.

에릭 홉스봄은 20세기의 역사를 "극단의 역사"로 규정한 바 있는데, 다른 측면에서 보면 이는 20세기의 역사가 "이행의 역사"였음을 의미한다. 첫 번째 이행은 20세기 벽두에 있었던 러시아 사회주의 혁명이 함축하는 이행, 곧 자본주의에서 사회주의로 또는 공산주의로의 이행이었다. 2차 세계대전 이후 중국혁명 및 동유럽에서의 연쇄적 혁명, 그리고 베트남혁명, 쿠바혁명 같은 제3세계에서의 혁명을 통해 사회주의 내지 공산주의로의 이행은 20세기의 역사를 이행의 역사로 규정할 수 있게 해주는 첫 번째 요소였다. 두 번째 이행은 제국주의에 의해 식민화되었던 국가들의 민족해방운동이 대표했던 이행, 곧 식민지에서 독립국가로의 이행이었다. 한국을 포함한 아시아, 아

---

158 루이 알튀세르, 『역사에 관한 글들』, 183쪽. 강조는 원문.

159 이것은 사실 1970년대 말 이미 시작된 것이다. Etienne Balibar, "Etat, Parti, Transition", *Dialectiques*, no. 27, 1979 참조. 또한 「공산주의와 시민성」(웹진 인-무브)도 참조.

프리카, 중남미 등에서 연쇄적으로 전개된 민족해방운동은 자본주의에서 공산주의로의 이행과 여러모로 중첩되지만 그것으로 환원될 수 없는 또 다른 이행의 운동, 이행의 역사였다. 세 번째 이행은, 정치학자들이 '민주화 이행'이라고 부르는 이행, 대개는 한국을 비롯하여 두 번째 이행을 통해 독립한 국가들이 독재 체제 또는 권위주의 체제에서 벗어나 민주화되는 이행을 가리키는 이행이었다. 마지막(그런데 정말 '마지막'이라고 말할 수 있는가?) 네 번째 이행은, 다소 역설적이게 공산주의에서 자본주의로의 이행이었다. 1989년 베를린장벽의 붕괴를 신호탄으로 하여 소련을 비롯한 동유럽 사회주의 체제가 연쇄적으로 붕괴하면서 일어난 이러한 이행은, 20세기 벽두에 일어난 자본주의에서 사회주의/공산주의로의 이행의 실패를 알리면서 신자유주의적 세계화의 본질적 요소를 이루었다.

아마 그 밖에 여러 이행이 더 존재할 것이다. 특히 인류세anthropocene나 자본세capitalocene 또는 플랜테이션세Plantationocene 같은 용어로 표현되는, 기후 위기, 종 다양성 파괴, 해양환경 오염 같은 생태적 재앙에 직면하여 우리가 시급하게 대응해야 할 생태적 이행의 문제가 존재할 것이고, 좀 더 포괄적으로는 "정의로운 전환" 같은 이행도 존재할 것이다.

알튀세르와 발리바르가 『"자본"을 읽자』 이래 수십 년 동안 전개해온 이행론은, 우리에게 과제로 주어지는 다양한 이행을 사고하는 데 적지 않은 도움을 줄 것이다. 특히 부지불식간에 이행을 선형적 시간성에 따라 사고하는, 따라서 근본적으로는 단일한 시간성에 입각하여 역사와 사회를 사유하는 일반적 사유 습관을 극복하는 데 좋은 준거가 되어줄 것이다. 그렇다면 아마도 이행 개념 자체를 새롭게 개념화하는 일이야말로 알튀세르에 대한 증상적 독서의 핵심 과제 중 하나라고 말할 수 있을 것이다.

감사의 말

이 책은 옮긴이 네 명의 공동작업의 산물이다. 이 글을 쓰는 필자로서는 무엇보다 공역자 중 한 사람인 배세진 선생에게 깊은 감사의 말을 전하고 싶다. 오랫동안 교착상태에 있던 번역의 진전을 가능하게 해주고, 번역서 출간과 관련된 온갖 번거로운 일을 도맡아 처리해준 선생의 노력이 없었다면 아마도 이 번역은 불가능한 과제로 남아 있었을 것이다. 또한 안준범 선생과 김은주 선생께도 깊은 감사의 말을 전하고 싶다. 안준범 선생은, 그의 다른 번역물을 경험해본 독자들이라면 익히 알겠지만, 한국에서는 보기 드물게 개성적인 스타일을 갖춘 세련되고 기품 있는 번역을 해주었고, 김은주 선생은 낯선 용어로 가득 찬 논문들을 묵묵히 꼼꼼하게 번역해주었다. 그 덕분에 한국의 독자들은 『"자본"을 읽자』의 진면목을 살펴볼 기회를 얻게 되었다.

오랜 시간을 들인 번역 과정과, 역시 오랜 시간을 끌었던 "해제" 작성 과정을 끝없는 인내로 견뎌주신 그린비 유재건 사장님과 이진희 편집장 그리고 남미은 편집자께도 깊은 감사의 말씀을 전한다.

2024년 겨울

옮긴이들을 대신하여

진태원

지은이

루이 알튀세르 Louis Althusser

1918년 출생. 1939년 파리고등사범학교 합격 직후 징집되어 전쟁포로로 5년간 독일 수용소에서 지냈다. 학교 졸업 뒤 그곳에서 교수자격시험 지도 강사 및 철학 교수로 재직하면서 자크 데리다와 알랭 바디우를 포함해 『"자본"을 읽자』의 공저자들인 피에르 마슈레, 에티엔 발리바르, 자크 랑시에르, 로제 에스타블레 등 후에 저명한 학자가 된 수많은 제자를 지도했다. 1965년 『마르크스를 위하여』와 집단 저작 『"자본"을 읽자』를 집필해 '구조적 마르크스주의'를 정초하고 세계적인 마르크스주의자가 되었다. 하지만 곧이어 자기비판에 돌입하면서 이데올로기 개념에 관한 연구에 집중해 『이데올로기와 이데올로기적 국가장치들』(1970) 등을 집필하면서 자신의 구조적 마르크스주의를 포함해 기존 마르크스주의 전체를 개조하는 길로 나아갔다. 1980년 정신착란으로 아내 엘렌 리트만을 교살하고 정신병원과 자택에 유폐되어 마르크스주의 그 자체를 탈구축하는 우발성의 유물론에 관한 이론화를 전개한 뒤 1990년 사망했다.

에티엔 발리바르Étienne Balibar

1942년생. 마르크스와 스피노자의 철학 그리고 좌파 정치철학을 집중적으로 사유했다. 알튀세르의 '구조적 마르크스주의' 연구 프로젝트에 참여해 『"자본"을 읽자』를 공저했다. 파리 1대학과 파리 10대학에서 철학교수로 재직했고, 은퇴 후에는 미국 캘리포니아대학 어바인캠퍼스 특훈교수, 미국 컬럼비아대학 프랑스어학과 방문교수로 재직했다. 루이 알튀세르와 함께 1980년까지 마르크스주의 개조 작업을 이끌었으며, 1980년대 이후에는 독자적인 마르크스주의 탈구축 작업과 좌파 정치철학 작업을 개시했다. 스피노자 철학에 관한 연구로 『스피노자와 정치』(1990) 등을, 마르크스 철학에 관한 연구로 『역사유물론 연구』(1974)와 『마르크스의 철학』(1994), 『대중들의 공포』(1997) 등을, 좌파 정치철학 연구로 『정치체에 대한 권리』(1998)와 『우리, 유럽의 시민들?』(2001), 『폭력과 시민다움』(2010) 등을 집필했다. 현재 파리 10대학 명예교수.

로제 에스타블레 Roger Establet

1938년생. 사회학자로서 학교와 교육에 관한 사회학적 분석에 집중했다. 알튀세르의 '구조적 마르크스주의' 연구 프로젝트에 참여해 『"자본"을 읽자』를 공저했다. 그 뒤 사회학 분과 연구에 집중해 1984년 사회학과에서 박사학위를 취득했다. 1970년 이래로 동료 연구자 크리스티앙 보들로(Christian Baudelot)와 함께 학교와 교육에 관한 여러 사회학적 저서를 집필했다. 현재 프로방스대학교 명예교수.

피에르 마슈레 Pierre Macherey

1938년생. 스피노자 철학과 문학적 철학을 집중적으로 사유했다. 알튀세르의 '구조적 마르크스주의' 연구 프로젝트에 참여해 『"자본"을 읽자』를 공저했다. 1980년대 이후에는 스피노자 철학에 관한 연구에 전념하여 『스피노자와 함께』(1992), 『스피노자 "윤리학" 입문』(전 5권, 1994~1998) 등을 집필했다. 이와 함께 문학적 철학에 관한 연구에도 몰두하여 『문학 생산의 이론을 위하여』(1966)와 『문학은 무엇을 사유하는가?』(1990) 등을 집필했다. 현재 릴 3대학 명예교수.

자크 랑시에르 Jacques Rancière

1940년생. 미학과 철학 그리고 정치 간 관계를 집중적으로 사유했다. 파리 8대학에서 1969년부터 2000년까지 미학과 철학을 가르쳤다. 알튀세르의 '구조적 마르크스주의' 연구 프로젝트에 참여해 『"자본"을 읽자』를 공저했다. 하지만 68혁명을 경험하면서 알튀세르와 알튀세르주의자들이 주장하는 과학적 마르크스주의와 그 귀결인 지식인과 대중 간 지적 불평등을 비판하게 되었다. 스승을 정면으로 비판한 『알튀세르의 교훈』(1974)을 집필했고, 지적 평등이라는 원칙하에 노동자 자신의 말을 탐구하는 국가박사학위논문 『프롤레타리아의 밤』(1981)과 『무지한 스승』(1987) 등을 발표했으며, 정치의 몰락과 민주주의에 대한 증오에 맞서 『정치적인 것의 가장자리에서』(1990)와 『불화』(1995), 『민주주의에 대한 증오』(2005) 등도 집필했다. 1990년대 중반부터는 미학과 정치의 관계를 사유하는 데 집중하면서 『감각적인 것의 나눔』(2000)과 『미학 안의 불편함』(2004) 등을 집필했다. 현재 파리 8대학 명예교수.

옮긴이

진태원

성공회대학교 민주자료관 연구교수, 『황해문화』 편집주간. 저서에 『을의 민주주의』, 『애도의 애도를 위하여』, 『스피노자 윤리학 수업』, 『알튀세르 효과』(편저) 등이 있다. 옮긴 책으로 자크 데리다의 『마르크스의 유령들』, 에티엔 발리바르의 『스피노자와 정치』 등이 있다.

배세진

연세대학교 신문방송학과 졸업. 같은 대학 커뮤니케이션대학원 미디어문화연구 전공에서 석사학위를 취득. 이후 프랑스 파리-시테대학교(구 파리-디드로 7대학) 사회과학대학의 '사회학 및 정치철학' 학과에서 푸코와 마르크스에 관한 논문으로 정치철학 박사학위를 취득했다. 현재 연세대학교 매체와예술연구소 연구원이자 연세대학교 커뮤니케이션대학원 미디어문화연구 전공 강사이다. 옮긴 책으로 루이 알튀세르의 『무엇을 할 것인가?』와 『검은 소』, 에티엔 발리바르의 『마르크스의 철학』과 『역사유물론 연구』 등이 있다.

김은주

서울대 국어교육과와 같은 대학 철학과 졸업. 프랑스 리옹고등사범학교에서 스피노자 연구로 철학 박사학위를 받았다. 현재 연세대 철학과 부교수로 있다. 대표 저서로 『스피노자의 형이상학』, 옮긴 책으로 스피노자의 『지성교정론』과 알렉상드르 마트롱의 『스피노자 철학에서 개인과 공동체』(공역) 등이 있다.

안준범

성균관대학교 사학과에서 박사학위 취득. 성균관대학교 사학과에서 강의했다. 옮긴 책으로 가야트리 차크라보르티 스피박의 『읽기』, 자크 랑시에르의 『프롤레타리아의 밤』과 『역사의 이름들』, 토마 피케티의 『자본과 이데올로기』, 루이 알튀세르의 『비철학자들을 위한 철학 입문』, 폴 긴스버그의 『이탈리아 현대사』, 디페시 차크라바르티의 『유럽을 지방화하기』(공역)가 있다.